ES GIBT IMMER WAS ZU TUN.

Dieses Buch entstand in Zusammenarbeit zwischen der HORNBACH Baumarkt AG und dem Werner & Ulli Bomans Verlag GbR

Projektleitung: Thomas Auer, HORNBACH Baumarkt AG
Konzeption, Inhalt: Werner Bomans
Künstlerische Leitung, Layout: Ulli Bomans
Autoren: Daniela Trauthwein, Theresa Bullmann, Hans-Uwe Strumberger, Werner Bomans
Illustration: Finn Croucher, Gerd Kornmann, Wanja Schaub
Fotografie: Michael Weis
Bildarchiv: HORNBACH Baumarkt AG
Ideenfindung: Heimat Werbeagentur GmbH
Lektorat: Wieners+Wieners
Druckvorlage: Martin Geßner
Druck: Mohn Media
Vertrieb: Callwey Verlag

1. Auflage, März 2007
ISBN 978-3-7667-1708-5

Die Deutsche Nationalbibliothek verzeichnet diese Publikation in der Deutschen Nationalbibliografie; detaillierte bibliografische Daten sind im Internet über <http://dnb.ddb.de> abrufbar.

HINWEIS!

Die jeweiligen Autoren der einzelnen Beiträge haben diese auf Grundlage sorgfältiger Prüfung erstellt, und zwar nach bestem Wissen und derzeitigem Stand der Technik. Die Autoren und der Verlag übernehmen jedoch keine Garantie oder Haftung für die Fehlerlosigkeit der Inhalte dieses Werkes. Bei Verwendung von Materialien oder Werkzeugen in Zusammenhang mit beschriebenen Arbeiten und Arbeitsschritten sind im Zweifel die Herstellermontageanleitungen oder -bedienungsanleitungen vorrangig.

Die beschriebenen Inhalte entbinden insbesondere nicht von der individuellen Verpflichtung zur umsichtigen und sorgsamen Arbeitsweise und der vorherigen kritischen Prüfung der eigenen handwerklichen Leistungsfähigkeit. Im Zweifel sind daher dargestellte Arbeiten und deren Arbeitsschritte von Fachhandwerkern vornehmen zu lassen.

Irrtümer, Rechtschreibfehler und jederzeitige Änderungen bleiben vorbehalten.

AN DEINEN TATEN WERDEN SIE DICH MESSEN, NICHT AN DEINEN WORTEN!

Dieses Buch ist all jenen Menschen gewidmet, die ihr Zuhause lieben.
Menschen, die die schöpferische Kraft ihrer Hände wieder spüren wollen.
Menschen, die sich nicht scheuen selbst anzupacken,
wenn es drauf ankommt.

Schmutz, Schweiß und Schwielen sind ihre Begleiter.
Stolz, Glück und Zufriedenheit ihr Lohn.
Denn nichts ist schöner, als ein Projekt zu vollenden.
Und nichts macht mehr Spaß, als ein neues in Angriff zu nehmen.

Dieses Buch bietet rund 50 professionelle Projektanleitungen,
die Ihr Zuhause dauerhaft schöner machen.
Ob Neubau, Umbau oder Renovierung, ob Dachbodenausbau,
Badsanierung oder Gartengestaltung:

Es gibt immer was zu tun!

SO GELINGEN DIE PROJEKTE.

AM ANFANG STEHT DIE PLANUNG.

Eine gewissenhafte Planung ist schon die halbe Miete. Nehmen Sie sich Zeit dafür. Je besser das Projekt vorbereitet ist, umso besser wird es gelingen. Je umfangreicher die anstehenden Arbeiten sind, desto ausführlicher sollte geplant werden. Informieren Sie sich auf den nachfolgenden Seiten über die wichtigsten Arbeitsabläufe und beziehen Sie diese in Ihre Planung mit ein. Bei schwierigen Arbeiten kann es durchaus sinnvoll sein, einen Fachmann hinzuzuziehen. Bei der Ausführung der Arbeiten kann wieder selbst Hand angelegt werden.

WERKZEUG UND MATERIAL BESORGEN.

Ohne Material kein Projekt – das richtige Werkzeug brauchen Sie natürlich auch. Bei jedem Thema finden Sie einen Werkzeug- und Materialzettel, auf dem alle Zutaten aufgelistet sind. Je nach Arbeitsmethode können die benötigten Werkzeuge und Materialien auch abweichen. Prüfen Sie auch nach, welche Werkzeuge schon in Ihrem Werkzeugsortiment vorhanden sind und ergänzen Sie dann alles, was zur geplanten Arbeit fehlt. Beim benötigten Material sollte nicht zu sparsam geplant werden. Zu viel Gekauftes lässt sich in den meisten Fällen in ungeöffneter Originalverpackung wieder zurückgeben. Verwenden Sie nur Material, das auch für den Selbstbau konzipiert ist.

WERKZEUG.

- ✓ Tapeziertisch
- ✓ Zollstock
- ✓ Senklot
- ✓ Bleistift
- ✓ Tapeziermesser/Schere
- ✓ Kunststoff- und Metallspachtel
- ✓ Kleisterbürste
- ✓ Kunststoffeimer
- ✓ Tapezierbürste
- ✓ Nahtroller
- ✓ Cuttermesser
- ✓ Leiter
- ✓ Besen

MATERIAL.

- ✓ Tapetenablöser
- ✓ Isoliergrundierung
- ✓ Füllspachtel
- ✓ Tapetenkleister
- ✓ Tapeten

SICHERES ARBEITEN.

Verwenden Sie stets die entsprechenden Sicherheitsartikel, wie z. B. Schutzbrille, Arbeitshandschuhe, Sicherheitsschuhe, Gehörschutz. Diese sollten bei allen Arbeiten, die ein Sicherheitsrisiko beinhalten können, benutzt werden. Sie gehören zu jedem Werkzeugsortiment selbstverständlich dazu. Aber auch Gerüst, Leiter oder Sicherheitsnetz sind bei entsprechenden Arbeiten Grundvoraussetzung für sicheres Arbeiten.

ZUSÄTZLICHE HÄNDE.

Auch wenn Sie vielleicht der Einzelkämpfer auf der Baustelle sind, Teamwork ist in manchen Fällen durchaus sinnvoll. Ein paar zusätzliche Hände sind schnell gefunden und dann gehts gleich viel einfacher und schneller. Haben Sie bei den geplanten Arbeiten ein gesundes Selbstvertrauen. Wenn Sie unsicher sind, dass Sie Ihr Vorhaben bewältigen können, ziehen Sie jemanden hinzu, der auf entsprechendem Gebiet mehr Erfahrung hat und Ihnen gerne behilflich ist.

FACHMANN GEFRAGT.

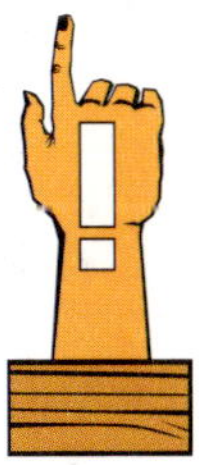

Trauen Sie sich ruhig etwas zu, aber haben Sie Achtung vor bestimmten Arbeiten, wie z. B. vor Arbeiten an Elektroanlagen. In Abstimmung mit einem Elektriker kann aber auch der Laie ungefährliche Teilarbeiten an der Elektroinstallation ausführen. Der Elektriker informiert Sie dann auch, in welchen Bereichen Sie selbst Hand anlegen dürfen, wie z. B. beim Einziehen von Leitungen. Auch bei allen Arbeiten, die die Statik des Gebäudes betreffen, ist der Fachmann erforderlich. Anschlüsse an die öffentlichen Versorgungsnetze (Strom, Gas, Wasser) dürfen ebenfalls nur von einem autorisierten Fachmann ausgeführt werden. Lassen Sie jedes Bauvorhaben entweder von einem Architekten oder direkt bei Ihrer zuständigen Gemeinde prüfen. Die Bauordnungen der Bundesländer sowie die Bebauungspläne müssen eingehalten werden. Holen Sie bei Ihren Behörden entsprechende Genehmigungen ein, wenn dies bei Ihrem Projekt erforderlich ist. Berücksichtigen Sie auch, dass sich die in diesem Buch genannten Bestimmungen und Vorschriften jederzeit ändern können. Informieren Sie sich daher immer über den aktuellen Stand der Bestimmungen. Trotz aller Einschränkungen bleiben aber noch jede Menge Betätigungsfelder übrig, bei denen Sie sich nach Herzenslust austoben können.

PROJEKTÜBERSICHT:

BAUEN. ab Seite 10

AUSBAUEN. ab Seite 104

FENSTER, TÜREN & CO. ab Seite 152

WOHNRÄUME GESTALTEN. ab Seite 222

BAD & WC.
ab Seite 322

LICHT & ENERGIE.
ab Seite 406

GARTENBAU. ab Seite 444

BAUEN.

ab Seite

ES GIBT
IMMER
WAS ZU TUN.

FUNDAMENT BETONIEREN.

FUNDAMENT BETONIEREN.

WIR WOLLEN ALLE SICHER SEIN, DASS UNS NICHT DER BODEN UNTER DEN FÜSSEN WEGRUTSCHT. ER IST DAS FUNDAMENT AUF DEM WIR STEHEN. OHNE UNTEN KEIN OBEN, OHNE BASIS KEIN DACH. GEBEN SIE SICH MÜHE DAMIT UND TUN SIE ES MIT LIEBE. PROFIS, DIE FUNDAMENTE HERSTELLEN HEISSEN ÜBRIGENS NICHT FUNDAMENTALISTEN, SONDERN BETONBAUER.

DIE MISCHUNG MACHT'S.

Hier werden keine Sandkuchen gebacken oder Strandburgen gebaut, auch wenn die verwendeten Stoffe ähnlich sind. Beton besteht zwar auch aus Wasser und Sand, doch im Unterschied zur Sandburg soll ja Ihr Fundament nicht beim nächsten Regen weggeschwemmt werden. Deshalb brauchen Sie noch Zement und Kies. Welche Sorte und wie viel Sie davon beimischen müssen, hängt ganz von Ihrem geplanten Bauvorhaben ab. Außerdem können Sie noch andere Zusatzmittel, wie z. B. Fließmittel oder Stabilisierer, dazuschütten, um die Eigenschaften und die Qualität des Betons entsprechend zu beeinflussen. Auf den folgenden Seiten erfahren Sie mehr darüber.

FUNDAMENT ALLGEMEIN.

Ein Fundament hat die Aufgabe, die Last des Bauwerks gleichmäßig auf den Baugrund zu verteilen. Ein guter Baugrund ist aus stabilem, festem Material. Dazu gehören Lehm, Ton und Felsen. Kies, Sand und Moor sind schlechte Baugründe und ein Grund mehr für ein stabiles Fundament. In solchen Fällen verwendet man meist ein stahlbewehrtes Plattenfundament, denn dieses verteilt die wirkenden Kräfte über die ganze Fläche.

Fundamente müssen bis in eine frostfreie Tiefe reichen, jedoch mindestens 80 cm! Im Zweifelsfall entscheidet der Statiker über die Tiefe. Kleine Fundamente können Sie selbst herstellen, große, stark belastete überlassen Sie aber lieber einem Fachmann (Statiker), denn mit der Basis Ihres Hauses ist nicht zu scherzen.

BETONTABELLE.

Neue Klasseneinteilung für Beton nach DIN EN 206-1 und DIN 1045-2.

Expositions-klasse	Druckfestigkeitsklasse	Frühere Betonklasse
X0	C 8/10	B10
XC 1	C 12/15	B15
XC 4; XF 1	C 20/25	B25

BETONKLASSEN.

Alle Richtlinien rund ums Betonieren sind in der DIN EN 206-1 und in der DIN 1045-2 festgelegt. Bei Beton unterscheidet man zwischen Leicht-, Normal- und Schwerbeton. Bei Leichtbeton wird poröser Zuschlagsstoff verwendet, Schwerbeton wird mit Stahlsand oder Schwerspat versetzt. Normalbeton, womit Sie es zu tun haben, wird mit einem Sand-Steine-Gemisch hergestellt. Die Steine sorgen für die Härte, der Sand dafür, dass alle Hohlräume in der Masse gut geschlossen werden.

Alle Eigenschaften von Beton werden in verschiedene Klassen unterteilt. Die Qualität von Beton wird durch die sogenannte Expositionsklasse („Klasse der Umgebung") definiert. Je nachdem wie die Umgebung des Bauteils beschaffen ist, muss die entsprechende Expositionsklasse gewählt werden (z. B. „X0" für unbewehrtes und frostfreies Fundament). Ein weiteres Merkmal für die Betonqualität ist die Druckfestigkeitsklasse. Sie richtet sich erstens nach der gewählten Expositionsklasse und zweitens nach dem vorgegebenen Bauteil. Sie wird mit dem Buchstaben „C" ausgedrückt. Um die Festigkeitsklasse („charakteristische Mindestdruckfestigkeit") eines Betons festzulegen, gibt es zwei verschiedene Prüfverfahren: a) Zylinder und b) Würfel. Diese beiden Verfahren werden durch zwei Zahlenwerte angegeben (z. B. 12/15). Ein Beton mit der Bezeichnung „C 12/15" beispielsweise gibt die Werte für die gemessene Druckfestigkeit aus den jeweiligen Prüfverfahren a) und b) an. Die Bezeichnung „C 8/10" z. B. kennzeichnet einen Beton mit geringerer Druckfestigkeit, „C 20/25" dagegen einen mit hoher Druckfestigkeit.

Das Fließverhalten und die Festigkeitsentwicklung von Beton können mit entsprechenden Zusatzmitteln beeinflusst werden (z. B. Steinmehl, Flugasche). Wie der richtige Beton gemischt werden muss, um den gegebenen örtlichen Ansprüchen zu entsprechen, kann nur ein Tragwerksplaner (Statiker) berechnen. Nach seinen Berechnungen wird der Bewehrungsplan erstellt und das Fundament geplant.

WICHTIG: Lassen Sie Ihr Bauvorhaben bei Ihrer zuständigen Gemeinde prüfen, denn die Bauordnungen sowie die Bebauungspläne müssen eingehalten werden.

BETON = ZEMENT + CO.

Zement ist der Kleber, der aus so harmlosen Dingen wie Sand und Wasser steinharten Beton macht. Ohne Zement und damit ohne Beton gäbe es weder Tiefgaragen noch Wolkenkratzer und viele andere Bauwerke auch nicht. Es liegt auf der Hand, dass für die unterschiedlichen Zwecke nicht die

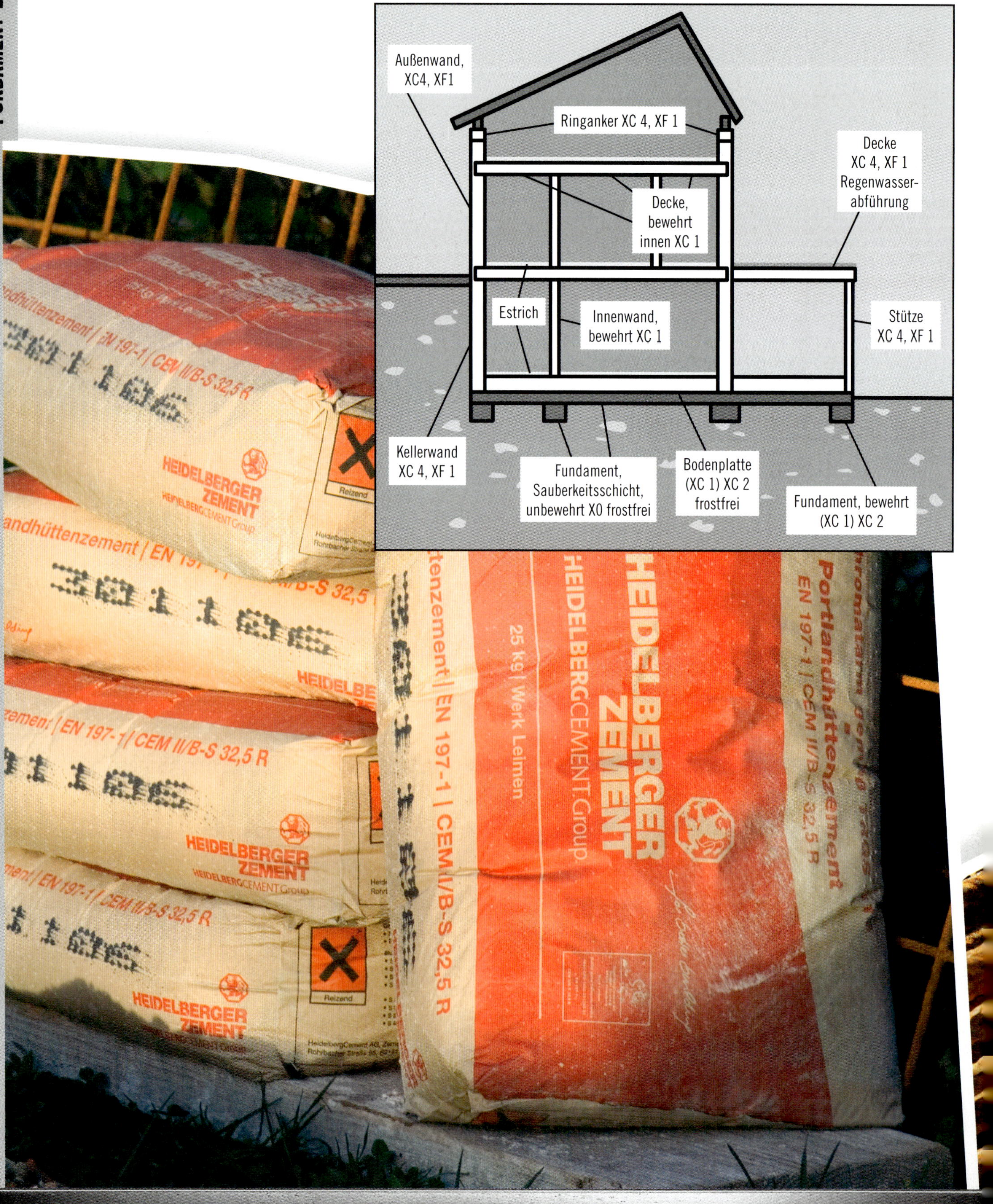

gleichen Stoffe verwendet werden. Eine Außenwand beispielsweise wird aus einem anderen Beton gefertigt als das Fundament. Was kommt eigentlich so alles rein in Beton? Hier ein Überblick über Zement, Sand und Kollegen.

MATERIALÜBERSICHT.

MATERIAL	ANWENDUNG
Grober Zuschlag/ Kies	Den Hauptbestandteil von Beton bilden Steine mit einer Korngröße über 2 mm. Größen bis 32 mm sind im Heimwerkerbereich üblich. Feinbeton enthält Zuschlag bis 16 mm Korngröße. Grober Zuschlag kann lange gelagert werden, sollte aber gegen Verschmutzungen und Frost geschützt werden, da der Beton sonst nicht gelingt.
Schalungs-material	Am besten geeignet sind spezielle Schaltafeln. Aber auch bereits vorhandene Bretter können als Schalung verwendet werden. Wichtig ist jedoch, dass diese noch intakt sind und die Betonmasse ohne Verformung halten.
Bewehrung	Die Bewehrung beim Fundament besteht i. d. R. aus Bewehrungsstahl (auch Betonstahl oder nach seinem Erfinder Moniereisen genannt). Man spricht bei dem damit hergestellten Beton von Stahlbeton. Je nach Anwendung sind verschiedene Ausführungen erhältlich.
Zement	Zement besteht aus pulverisiertem Kalk und Ton. Es gibt grauen Portlandzement (PZ) und weißen, den man für dekorativen weißen Beton oder Mörtel benutzt. Hochofenzement (HOZ) ist für Beton, der Meerwasser oder sulfathaltige Böden aushalten muss. Verwenden Sie keinen Maurerzement, dieser enthält Zusatzstoffe wie Abbindeverzögerer und Plastifizierer.
Sand	Als Sand bezeichnet man Steinmaterial, das durch ein 2-mm-Sieb fällt. Es gibt scharfen Sand, der gröber ist als Maurersand und zum Betonieren verwendet wird sowie den feineren Quarzsand, mit dem man weißen Beton oder Mörtel herstellt. Sand muss trocken gelagert werden, im Freien am besten unter einer Plane.

BETON MISCHEN.

Sparen Sie sich eine Runde Fitnessstudio, denn Sand, Zement und Wasser zu einem Brei zu verrühren, ist echte Muskelarbeit. Wenn Sie lieber andere für sich schaffen lassen: Leihen Sie sich eine Betonmischmaschine. Einfach alle Zutaten reinschütten und fertigen Beton auskippen.

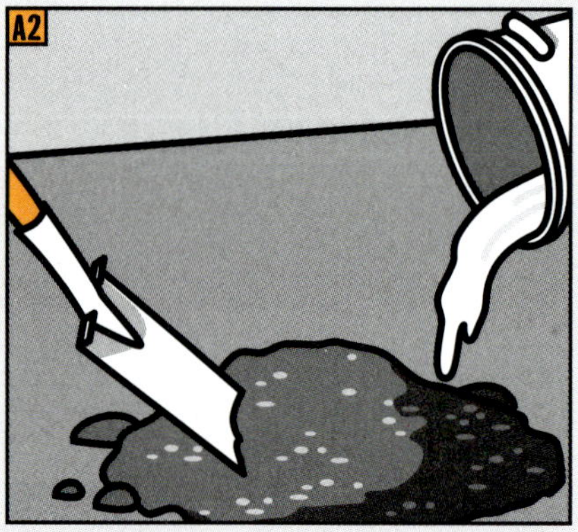

Von Hand

A1 Schütten Sie die nötige Menge Sand und Zement auf eine saubere Unterlage oder in einen Eimer. Mit einer Schaufel das Ganze gut vermischen. **A2** Schütten Sie nach und nach die entsprechende Menge Wasser dazu, bis die Masse eine feste Konsistenz hat. Wenn die Schalung sehr verwinkelt ist, sollte die Mischung etwas flüssiger sein, damit Sie sich gut verteilt. **A3** Statt auf dem Boden können Sie die Mischung auch direkt in einer Schubkarre anrühren – so lässt sich der Beton bequem zum Einsatzort fahren. Tipp: Nach getaner Arbeit Werkzeug und Betonmischer gründlich mit Wasser reinigen. Achtung, nicht ins Abwasser leiten, Verstopfungsgefahr! Eingetrockneten Beton abzukratzen, ist fast nicht mehr möglich. Vermeiden Sie direkten Hautkontakt, denn Beton reizt die Haut. Wenn Beton ins Auge gelangt, sofort ausspülen.

Mit Betonmischer

B Eine Betonmischmaschine stellen Sie dort auf, wo Wasser, Zement und Sand direkt in der Nähe sind. Wenn Sie sich in einer Wanne neben der Maschine einen Wasservorrat schaffen, können Sie es mit einem Eimer schneller in die Maschine schütten als mit einem Schlauch. Außerdem lässt sich die Menge per Eimer genauer abmessen. Auch hier erst Sand und Zement vermischen. Nach der Zugabe des Wassers sollte die Maschine noch mindestens eine Minute laufen, ehe Sie den Beton ausschütten. Es gibt auch Fertigbeton, der gebrauchsfertig, in Säcken verpackt, nur mit Wasser angerührt werden muss. Manche der Mischungen trocknen besonders schnell. **C** Sollten Sie große Mengen benötigen, lassen Sie diese besser als Frischbeton anliefern.

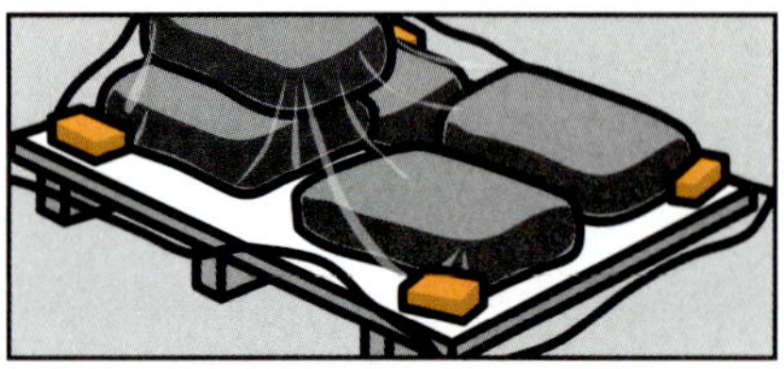

Vergessen Sie bloß nicht, die Zementsäcke gut abzudecken, während diese im Freien auf ihren Einsatz warten. Wenn der Regen das Zeug erwischt, wird es unbrauchbar.

WERKZEUG.

- ✓ Eimer
- ✓ Schaufel
- ✓ Schubkarre
- ✓ Betonmischer

MATERIAL.

- ✓ Sand
- ✓ Zement
- ✓ Kies oder anderer Zuschlag
- ✓ Wasser
- ✓ Schalung

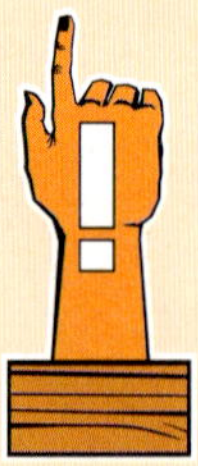

HINWEIS!

Das richtige Mischungsverhältnis des Betons muss in Absprache mit einem Statiker festgelegt werden. Der Fachmann wird vor Ort die baulichen Gegebenheiten prüfen und dementsprechend die Betonqualität festlegen.

SCHALUNG HERSTELLEN.

Beton ist erst mal eine batzige Masse. Um sie in die richtige Form zu bringen, baut man eine Schalung. Das ist vergleichbar mit einer Springform zum Kuchenbacken. Wenn die Masse hart ist, nimmt man die Form ab.

1
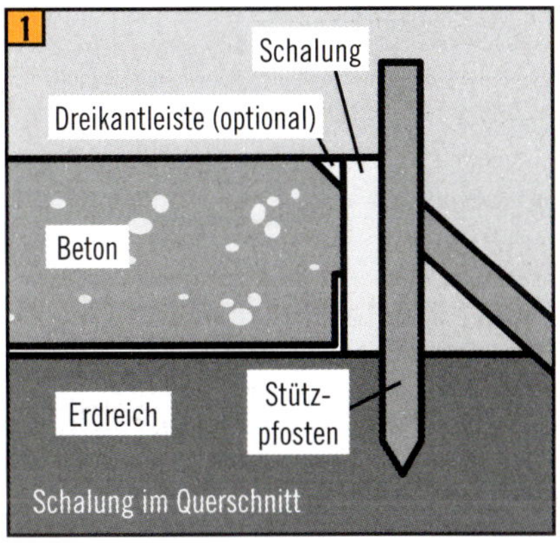

2
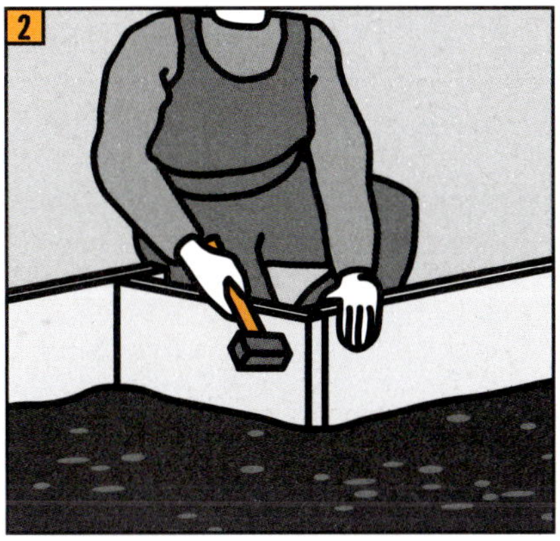

3

1 Eine Schalung wird direkt auf dem zuvor ausgehobenen, eingeebneten Boden aufgestellt. Die Schalungsbretter sollten die Höhe des fertigen Fundaments haben. Von außen werden die Bretter mit Holzpflöcken abgestützt. Mit der Wasserwaage den senkrechten und waagerechten Stand der Bretter prüfen. Bei später sichtbaren Kanten kann optional eine Dreikantleiste am Schalungsbrett angenagelt werden. Man erhält dann eine abgeschrägte Betonkante. **2** Schalungen über Eck werden einfach mit entsprechend gekürzten Brettern genagelt. **3** In die fertige Schalung wird noch eine 0,2 mm starke Baufolie (überlappend) eingelegt. **4** Höhere Schalungen werden seitlich zusätzlich mit Schraubzwingen gesichert. **5** Schalungen können auch ausgeliehen oder gebraucht gekauft werden. Das ist u. U. sinnvoll bei speziellen Ausführungen und Formen, wie z. B. gekrümmten Schalungen. **6** Aber auch andere Werkstoffe können als Schalung dienen, wie etwa Rohre oder Pflanzsteine.

4

5
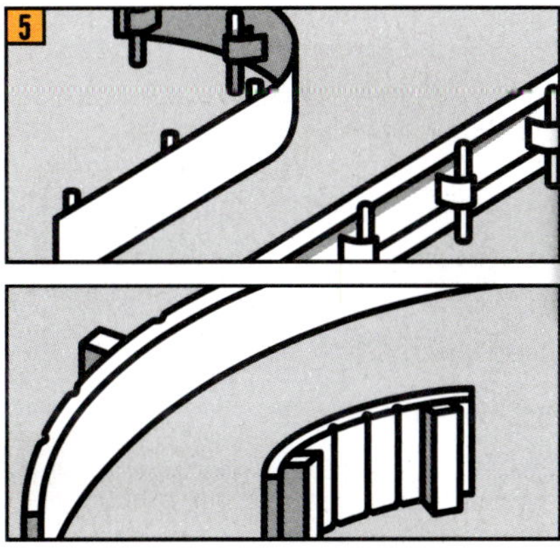

6
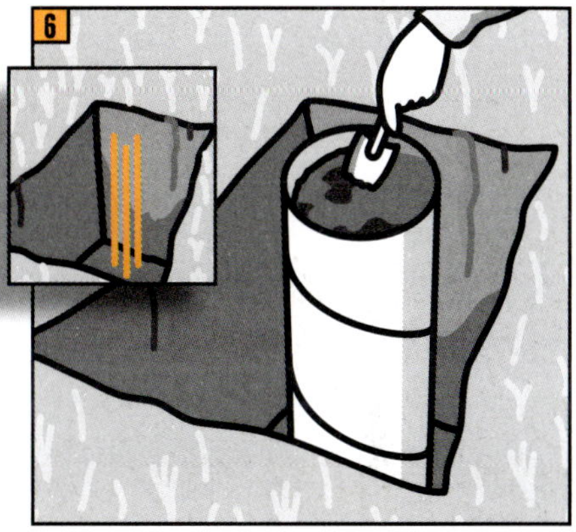

WERKZEUG.

- ✔ Wasserwaage
- ✔ Hammer
- ✔ Maurerdreieck
- ✔ Maurerschnur
- ✔ Holzsäge
- ✔ Abstandshalter
- ✔ Schraubzwinge

MATERIAL.

- ✔ Bretter
- ✔ Pflöcke
- ✔ Lange Nägel

BEWEHRUNG.

Beton hat zwar eine hohe Druckfestigkeit, aber eine geringe Zugfestigkeit. Damit er bei Zugbelastungen nicht reißen kann, wird er mit einer Stahlbewehrung versehen. Die Berechnung der Bewehrung muss ein Statiker vornehmen.

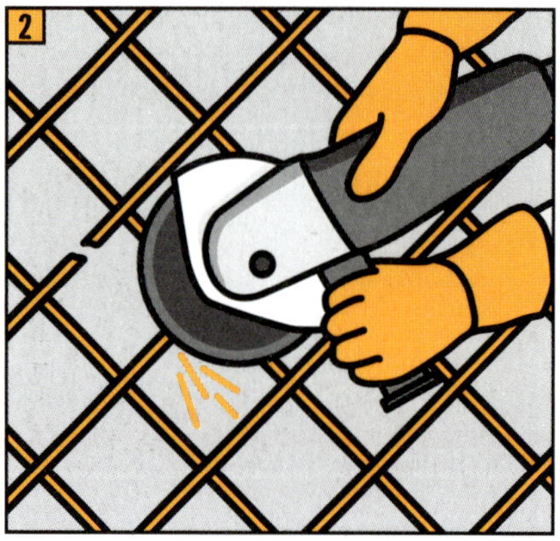

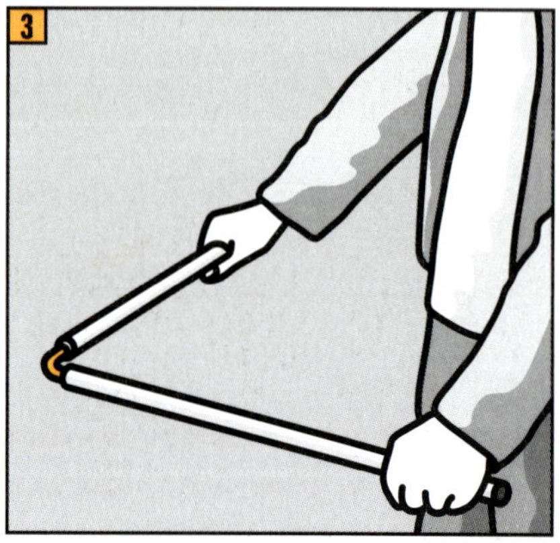

1 Mit einer Monierzange werden die Betonstahlstäbe durchtrennt. Stabdurchmesser von 12 mm sind damit kein Problem. **2** Wenn keine Monierzange zur Hand ist, tut es auch ein Winkelschleifer. Auch mit ihm kann Betonstahl mühelos durchtrennt werden. **3** Das „Selber"-Biegen von Betonstahl ist ohne geeignete Biegeeinrichtung normalerweise nicht möglich. Mit einem Trick lässt sich aber auch dieses Problem lösen. Stülpen Sie einfach zwei Wasserrohre über den Stahlstab. Durch die Hebelwirkung lässt sich der Stab problemlos biegen. **4** Bewehrungsstahl wird so in die Schalung eingebracht, dass er vollständig vom Beton umschlossen wird. Kunststoffabstandshalter fixieren den Stahl so, dass er nicht am Boden aufliegt. **5** Oft müssen Stäbe oder Bewehrungsmatten verbunden werden. Mit dem Rödeldraht wird eine Schlaufe um die Verbindungsstelle gelegt und mit einer Kneifzange verdrillt.

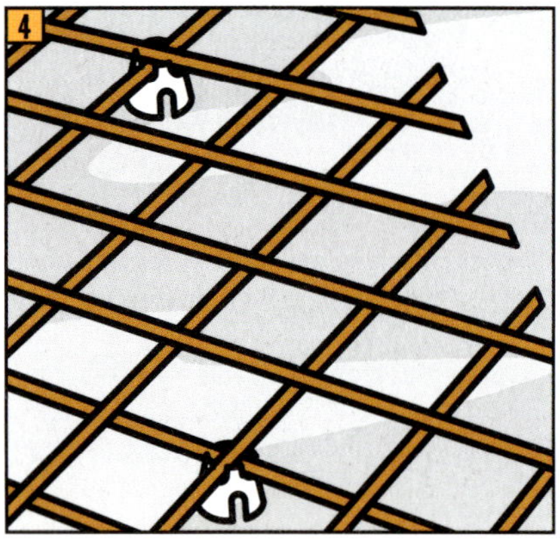

HINWEIS!

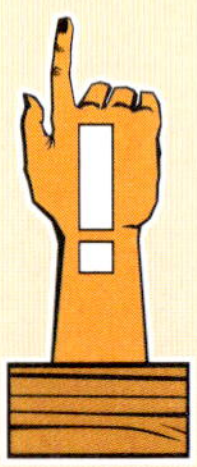

ACHTUNG, STATIK.

Wie und welche Bewehrung z.B. in ein Fundament eingebaut werden muss, legt der Tragwerksplaner (Statiker) fest. Nach seinen Berechnungen wird ein Bewehrungsplan erstellt. Anhand des Bewehrungsplanes wird der benötigte Betonstahl abgelängt, gebogen und für die Baustelle entsprechend vorbereitet. Die eingebaute Bewehrung wird vor dem Einfüllen des Betons nochmals vom Statiker geprüft.

WERKZEUG.

- ✓ Monierzange oder Winkelschleifer
- ✓ 2 Wasserrohre
- ✓ Kneifzange

MATERIAL.

- ✓ Bewehrungsmatten
- ✓ Bewehrungsstahl
- ✓ Rödeldraht

STREIFENFUNDAMENT. FÜR GARTENMAUER.

Besonders bei sandigen oder moorigen Böden ist ein Fundament unter der Gartenmauer erforderlich. Hätten sich die Bauherren in Pisa vor knapp 1 000 Jahren den Boden besser angeschaut, wäre ihnen das mit dem Turm nicht passiert – die Welt hätte aber eine Attraktivität weniger.

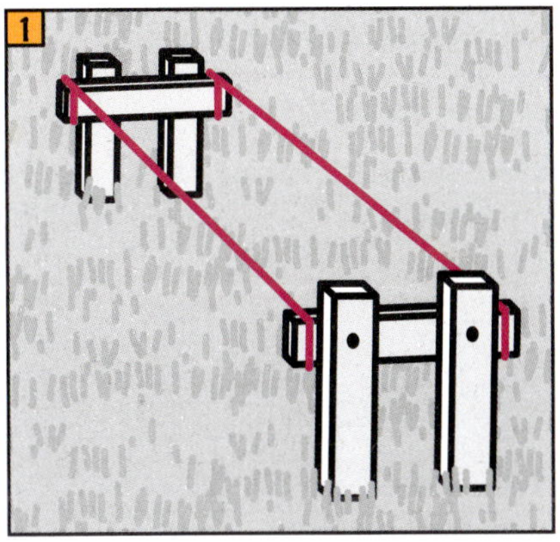

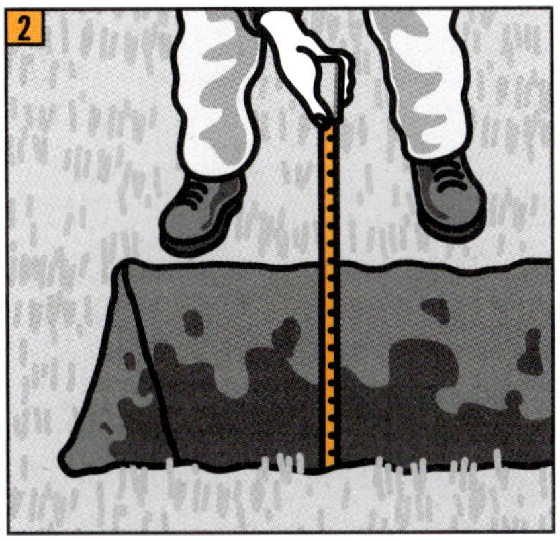

1 Zuerst muss der Grundriss der Mauer abgesteckt werden. **2** Heben Sie den Graben 80 cm tief aus (Frosttiefe). Am besten geht das mit einem Spaten und einer Kartoffelhacke. Ist der Boden fest, brauchen Sie keine Verschalung. Wenn die Ränder aber abbröckeln, müssen Sie den Graben mit Holzbrettern verschalen. Die Oberkanten des Grabens müssen eben sein. **3** Füllen Sie den Graben zur Hälfte mit Beton aus, verdichten Sie die Schicht und legen Sie darauf die Bewehrung aus Stahlmatten. Diese dürfen nicht über den seitlichen Rand hinausragen und müssen sich um drei Gitterquadrate überlappen. Dann den Graben komplett mit Beton aufschütten und die Fläche bündig und eben abziehen. Damit sich der Beton gleichmäßig verteilt, sollten Sie ihn langsam einbringen. Am besten stoßen Sie mit der Schaufel mehrmals in die Betonmasse hinein, damit Luftblasen entweichen und eine homogene Masse entsteht.

4 Bei größerem Gefälle werden die Fundamente abgestuft, indem die Schalung in regelmäßigen Abständen quer über den Graben gestellt wird. Die Höhen und Längen der einzelnen Abstufungen an den Abmessungen der verwendeten Steine (z. B. für Gartenmauer) ausrichten. Jeweils an den Stufenübergängen Bewegungsfugen einfügen. Das Fundament sollte eine Woche aushärten. Schützen Sie es während der Trocknungszeit mit einer Folie vor Wettereinflüssen.

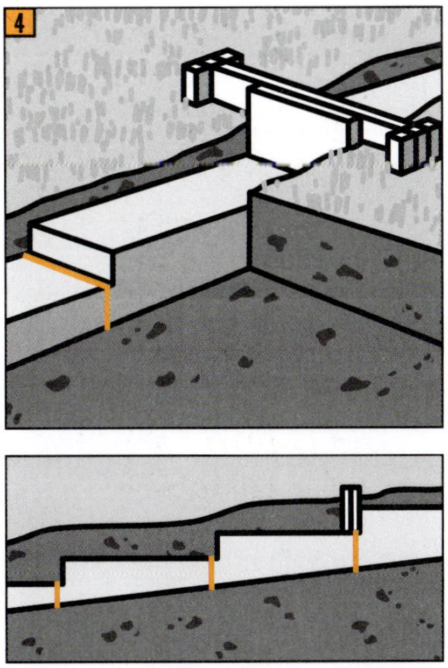

WERKZEUG.

- ✔ Spaten
- ✔ Hacke
- ✔ Handstampfer
- ✔ Hammer
- ✔ Wasserwaage
- ✔ Schere
- ✔ Schaufel
- ✔ Schubkarre
- ✔ Zollstock
- ✔ Maurerkelle
- ✔ Richtlatte

MATERIAL.

- ✔ Beton
- ✔ Nägel
- ✔ Schalbretter
- ✔ Pflöcke
- ✔ Schnüre
- ✔ Abziehlatte
- ✔ Hartfaserstreifen
- ✔ Holzlatten

FUNDAMENT HERSTELLEN. FÜR GARTENHAUS.

Sie bauen keineswegs „nur“ ein Gartenhäuschen. Für die meisten Behörden ist das ein Gebäude, wofür Sie eine Baugenehmigung brauchen. Also, bevor Sie loslegen, erst Genehmigung besorgen! Zu zweit macht dieses Projekt übrigens mehr Spaß und geht leichter von der Hand.

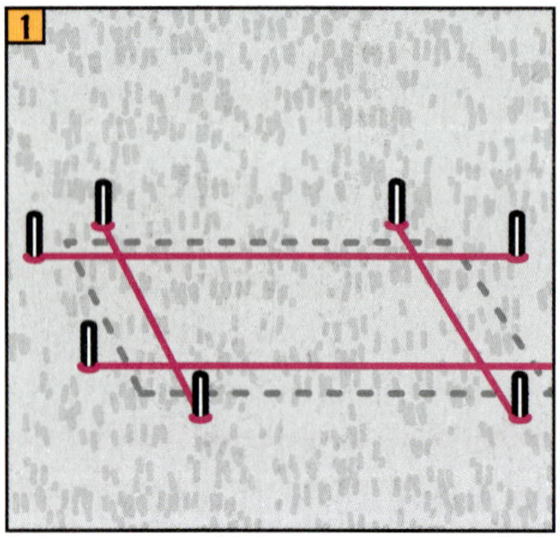

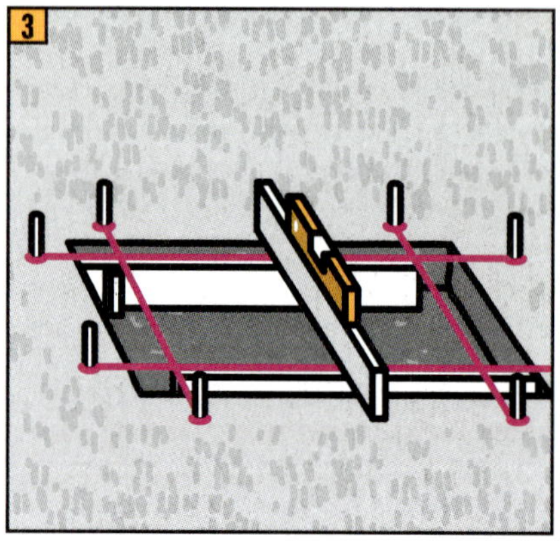

1 Zum Herstellen der Fundamentplatte stecken Sie den Grundriss des Gartenhauses mit Pflöcken und Schnüren ab. Heben Sie die Fläche 30 cm tief aus, mit einem Zuschlag von 10 cm ringsum für die Verschalung. **2** Dann wird eine 15 cm dicke Kiesschicht in die Grube eingebracht. Der Kies (am besten ungewaschenes Kies-Sand-Gemisch), auch „Füllstoff“ genannt, verhindert, dass Feuchtigkeit aufsteigt. Die Schicht sollte gut verdichtet bzw. eingestampft werden. **3** Verschalen Sie die Grube mit Brettern. Die Verschalung mit einer Wasserwaage ausrichten. Legen Sie eine dicke PE-Folie als Sperrschicht auf den Kies. Schneiden Sie die Bewehrungsmatten so zu, dass sich drei Quadratreihen überlappen, wenn sie ausgelegt werden.

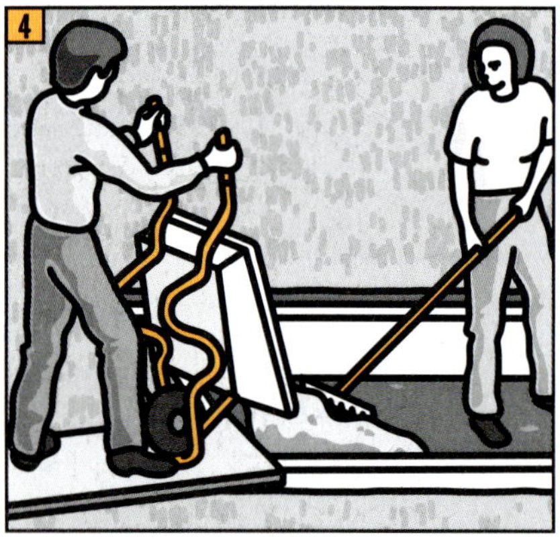

4 Mischen Sie den Beton an, füllen Sie eine etwa 5 cm dicke Schicht in die Grube und legen Sie die Matten darauf. Die Matten dürfen nicht auf dem Boden aufliegen. Der entsprechende Abstand wird durch Kunststoffabstandshalter unter den Matten erreicht. **5** Füllen Sie die Grube mit Beton auf und verdichten Sie ihn mit einem Kantholz. Arbeiten Sie langsam, damit sich der Beton gut verteilt. **6** Ziehen Sie schließlich die Fläche mit einer Richtlatte ab. Das geht zu zweit besser als allein. Sobald der Beton angezogen hat, bedecken Sie ihn mit einer Plane. Diese verhindert, dass er zu schnell austrocknet. Die Plane nach drei Tagen entfernen. Die Schalung kann bereits nach einem Tag entfernt werden. Beachten Sie: Damit der Beton im Sommer nicht zu schnell trocknet, müssen Sie ihn während der Arbeiten feucht halten.

FUNDAMENT HERSTELLEN. FÜR GARTENWEG.

Bei Schnee und Matsch ist ein befestigter Gartenweg der beste Freund des Gärtners, das wissen alle, die schon mal mit der Schubkarre im Schlamm versunken oder im Schnee stecken geblieben sind. Damit Sie auf sicheren Pfaden wandeln, stellen Sie Ihren Gartenweg auf ein festes Fundament.

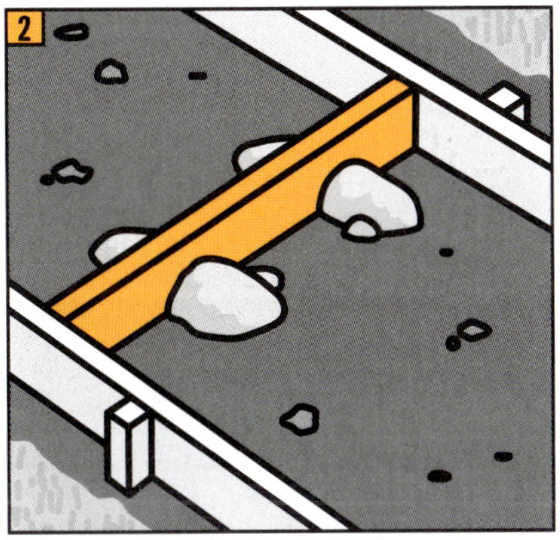

1 Die Wegfläche in der benötigten Breite abstecken und eine Schalung beidseitig anbringen. Die Höhe der Schalung und damit die Dicke des Fundaments richtet sich nach der späteren Belastung. Bauen Sie zur Seite ein 2%iges Gefälle ein, damit Regenwasser abläuft. **2** Damit der Beton nicht reißt, wird in Abständen von 2 m jeweils eine Dehnungsfuge eingesetzt. Hierzu jeweils ein ca. 12 mm dickes Brett aus Weichholz in Höhe der Schalung quer einsetzen und mit Betonmasse fixieren. **3** Nun Beton in den ersten Abschnitt einfüllen und mit einem Rechen verteilen. **4** Mit einem Abziehbrett die Betonfläche an der Schalung abziehen. Arbeiten Sie immer abschnittweise. **5** Das Fundament kann nun so, wie es ist, als Weg verwendet oder mit einem entsprechenden Plattenbelag versehen werden.

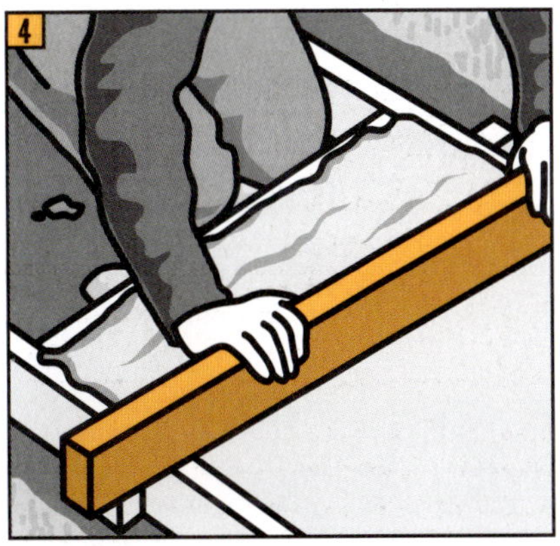

BETONFLÄCHE STRUKTURIEREN.

A Die glatte Oberfläche von Reibebeton bekommt man durch das Glätten mit dem Holzreibebrett oder einem Stahlglätter. Den Beton zuvor etwas antrocknen lassen, damit das Wasser im Beton nicht an die Oberfläche kommt. Die Betonoberfläche würde später sanden oder stauben.
B Mit Besen oder Bürste lässt sich die Oberfläche nach Wunsch auch strukturieren.
C Waschbeton erhalten Sie, wenn Sie angefeuchteten Kies auf die frische Betonoberfläche streuen und mit einem Holzklotz in die Masse drücken. Nach dem Verdunsten des Wassers an der Oberfläche sprühen Sie die Fläche mit Wasser ein und fegen den Zement zwischen den Kieselsteinen weg, bis diese an der Oberfläche hervorragen. Den Beton dann abdecken und nach 24 Stunden erneut abwaschen. Nochmals abdecken, bis der Beton ausgehärtet ist.

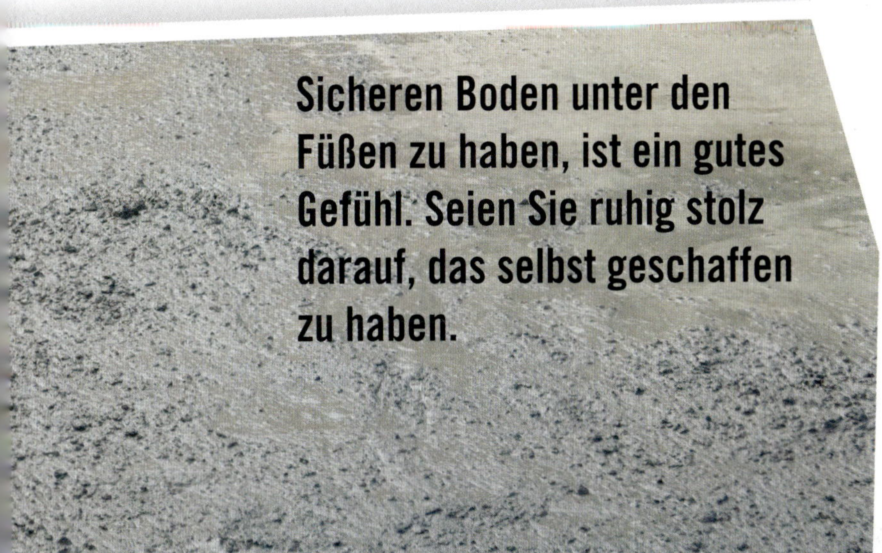

Sicheren Boden unter den Füßen zu haben, ist ein gutes Gefühl. Seien Sie ruhig stolz darauf, das selbst geschaffen zu haben.

MAUERN.

MAUERN.

KEINE FRAGE – KEIN ANDERES THEMA FASZINIERT HEIMWERKER MEHR. HIER GEHT ES UM DEN STOFF, AUS DEM DIE HÄUSER SIND. BEI DIESEM PROJEKT WIRD ZUGEPACKT UND ORDENTLICH GESCHWITZT. DINGE WERDEN HERVORGEBRACHT, DIE LÄNGER HALTEN ALS EIN MENSCHENLEBEN.

BEVOR ES LOSGEHT.

Stein auf Stein gemauert ist immer noch die solideste Bauweise. Doch welche Steinarten gibt es und wie werden sie verarbeitet? Wer z. B. seine Gartenmauer selbst mauern will, braucht andere Steine als für die Herstellung einer Trennwand im Dachgeschoss.

WAS GIBT'S ZU BEACHTEN?

Mauern kann eigentlich jeder. Niemand sollte sich aber diese Aufgabe schwerer gestalten als unbedingt erforderlich. Und das ist wörtlich gemeint. Denn es gibt leichte Steine, kleine Steine, große Steine. Alle haben Sie ihre Vorteile und ihre Nachteile. Letzteres trifft freilich hauptsächlich auf das Mauern selbst zu. Je kleiner der Stein, umso mehr Fugen, umso mehr Arbeit. Porenbetonsteine benötigen Mörtel. Gasbetonsteine sind bereits mit einer recht dünnen Kleberschicht zufrieden. Was auch immer Ihr Vorhaben sein mag, prüfen Sie, ob Sie aus baurechtlichen und auch aus statischen Gründen tatsächlich problemlos loslegen können. Nichts ist ärgerlicher als eine Auflage zum Rückbau, umkippende Gartenmauern oder Decken, die kurz vor dem Einsturz stehen. Natürlich sollten Sie auch mit dem nötigen Werkzeug ausgerüstet sein, bevor Sie zur Tat schreiten. Wir haben in diesem Kapitel alles zusammengestellt, was auch den „Neuling“ beim Mauern rasch zum handfesten Hochziehen von Wänden aus Stein befähigt.

Die Höhe der Mauer muss statischen Gesetzmäßigkeiten entsprechen. Je größer das Mauerwerk werden soll, desto mehr Fachwissen sollte beim Mauern vorhanden sein. Eine ehrliche Selbsteinschätzung tut hier ganz gut.

WICHTIGE MASSE FÜR FREISTEHENDE MAUERN.

Stützpfeiler

Damit ein freistehendes Mauerwerk auch stabil ist, gilt es, bestimmte Richtmaße einzuhalten (DIN 1053). Je nachdem wie lang die Mauer werden soll, müssen Stützpfeiler in bestimmten Abständen eingefügt werden.

Bewegungsfugen

Freistehende Mauern müssen ab einer gewissen Länge Bewegungsfugen haben. In der Regel werden diese Fugen 2 cm breit ausgebildet.

Mauermaße		Stützpfeiler
Dicke	Höhe	
11,5	1,0	alle 4 m
	1,5	alle 3 m
	2,0	alle 2 m
17,5	1,5	alle 3,5 m
	2,0	alle 2,5 m
	2,5	alle 2 m
24	2,0	alle 5 m
	2,5	alle 4 m
	3,0	alle 3 m

Steinmaterial	Bewegungsfugen
gebrannte Steine (Ziegel)	alle 10–12 m
gebundene Steine (Betonstein)	alle 6–8 m

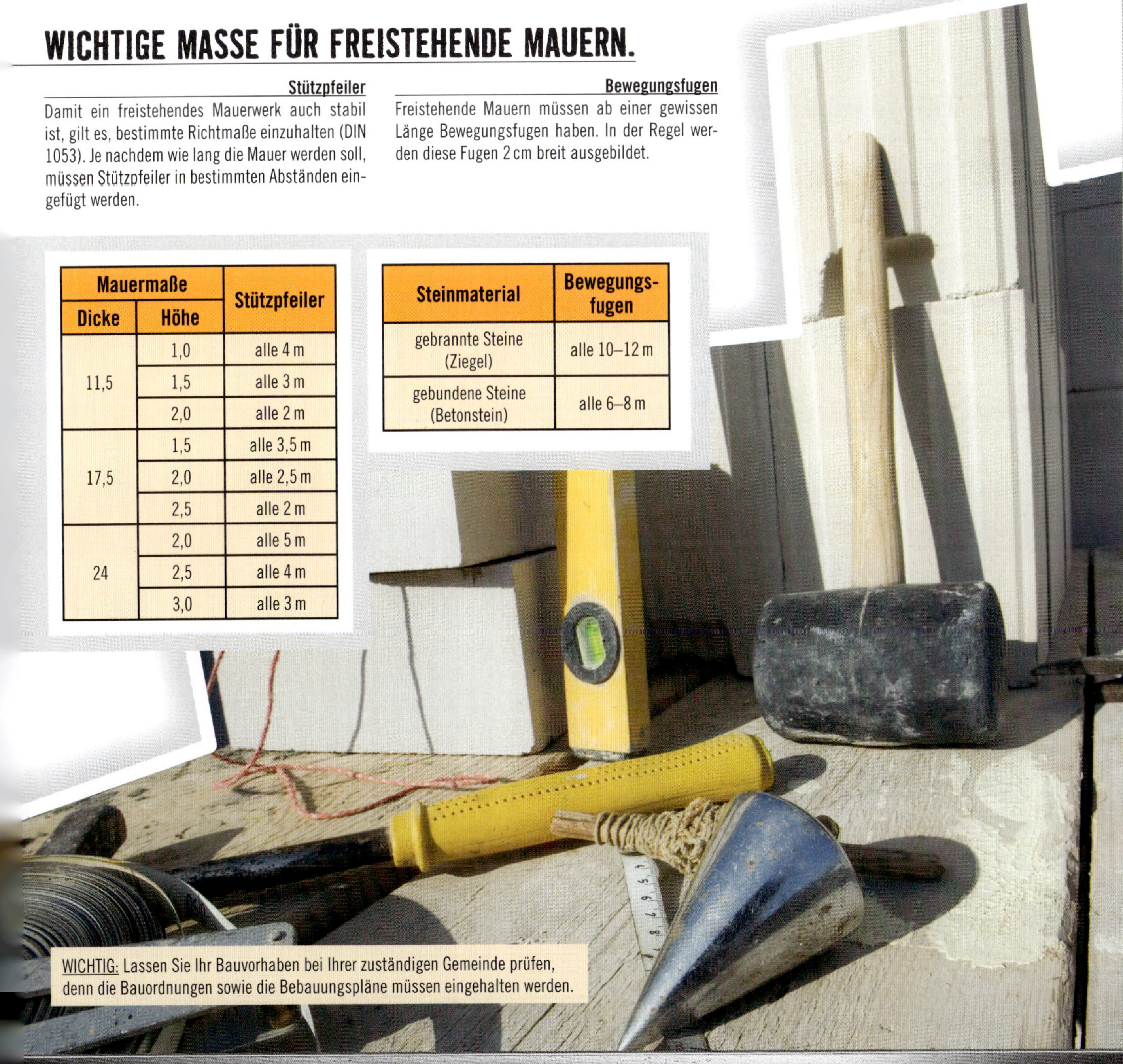

WICHTIG: Lassen Sie Ihr Bauvorhaben bei Ihrer zuständigen Gemeinde prüfen, denn die Bauordnungen sowie die Bebauungspläne müssen eingehalten werden.

DER STOFF, AUS DEM DIE MAUERN SIND.

Nur wenige Dinge dürften den Menschen wichtiger sein als die eigenen vier Wände. Wer den Bau eines Hauses plant, sollte auch auf die Beschaffenheit der Steine seiner Wände achten. Je nach Landstrich kommen Favoriten zum Zuge.

STEINÜBERSICHT.

STEIN	FORMAT	ANWENDUNG
1 Mauerziegel		
Vollziegel 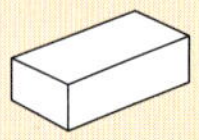	1DF–3DF (Vorzugsgrößen)	Backstein oder kurz Ziegel ist der älteste künstliche Mauerstein. Ton, teilweise Lehm, Sand und Schamotte sind die Ausgangsmaterialien zur Herstellung von Mauerziegeln. Lochziegel dienen zur Gewichtsverminderung und besseren Wärmedämmung. Hochlochziegel (Lochung senkrecht zur Auflagefläche) können tragend eingesetzt werden; Langlochziegel (Lochung waagerecht zur Auflagefläche) besitzen eine weniger gute Tragfähigkeit. Beim Leichthochlochziegel wird durch porenbildende Zusätze eine erhöhte Wärmedämmung bei gleichzeitiger Gewichtsreduzierung erreicht. Er ist ein typischer Stein für Außenwände beim Hausbau.
Lochziegel 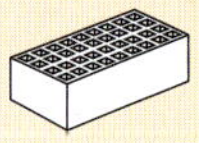 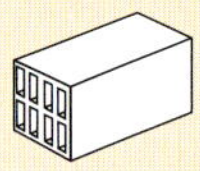	1DF–3DF	
2 Porenbetonsteine		
Blockstein 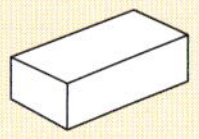	L: 33,2/39,9/ 49,9/59,9/ 62,4 H: 19,9/24,9 B: 11,5/15/ 17,5/20/24/ 30/36,5	Dieser verhältnismäßig leichte, mineralische Baustoff ist leicht zu verarbeiten. Seine hohe Festigkeit zeichnet ihn aus und macht ihn für den Mauerwerksbau einsetzbar. Für Außen- und Innenwände wird er genauso genutzt wie für leichte Trennwände, Decken und Dächer. Sogar für den individuellen Innenausbau ist der Porenbetonstein bestens geeignet, da er vielseitige Bearbeitungsmöglichkeiten bietet.
Planstein 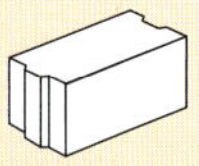	L: 33,2–62,4 H: 19,9/24,9 B: 17,5–36,5	
Planbauplatten 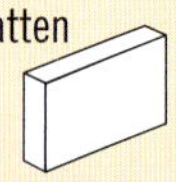	Planbauplatten L: 33,2–62,4 H: 19,9/24,9 B: 5–15	

STEINFORMATE.

Form und Beschaffenheit eines modernen Mauersteins sorgen für verschiedene gewollte Eigenschaften. Kalksandsteine schlucken prima den Schall. Sie stehen auch als unverputzte Wand ganz sauber da. Ziegelsteine aus Poroton sorgen drinnen für prima Klima.

STEINÜBERSICHT.

STEIN	FORMAT	ANWENDUNG
3 Betonsteine		
Mauerblock 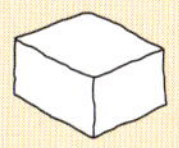	Verschiedene Abmessungen	Betonvollblöcke finden im dekorativen Mauerwerksbau Anwendung. Z. B. werden zum Herstellen von Gartenmauern oder auch für Treppenstufen im Gartenbau Betonvollblöcke verbaut.
4 Leichtbetonsteine		
Bims-betonsteine	1DF–10DF	Leichtbetonsteine bestehen aus Zement, Zuschlägen, wie z. B. Bims oder Blähton, und Wasser. Die Steine haben hohe wärmedämmende Eigenschaften und eignen sich für Mauerwerke aller Art, Decken sowie Außenwände. Sie sind als Hohlblöcke, Vollsteine und Vollblöcke erhältlich.
Blähtonsteine 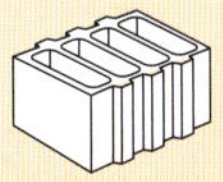	1DF–10DF	
5 Kalksandsteine		
Vollstein (KS)	DF–12DF	Der Kalksandstein wird im Rohbau als Trennschutzwand oder Außenwand genutzt, bietet eine hohe Schalldämmung und eignet sich deshalb gut um zwei Bauteile von einander zu trennen. Er sorgt für ein gutes Raumklima, erfordert jedoch bei Außenwänden eine Wärmedämmung. Grundsätzlich gilt, je dicker das Mauerwerk ausgelegt wird, desto dünner kann die Wärmedämmung sein. Durch ein Nut-Feder-System können die Steine ohne Mörtel an den Stoßfugen rationell verarbeitet werden.
Lochstein (KSL)	2DF–12DF	
Blockstein (KS-R) 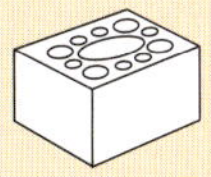		
Systemwandbausteine		
Systemwand-bausteine 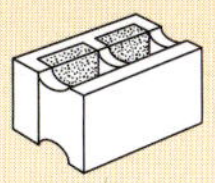 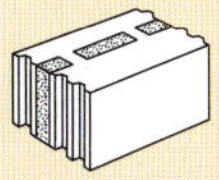	Verschiedene Abmessungen	Die großformatigen Leichtziegel- oder Leichtbetonsteine mit integrierten zusätzlichen Wärmedämmschichten werden für hoch wärmedämmende, verputzte Außenwände verwendet.

Die Abmessungen industriell gefertigter Mauersteine sind nach DIN geregelt. Das Normalformat (NF) und das Dünnformat (DF) bilden die Berechnungsgrundlage der Abmessungen beim Mauern. Das Baurichtmaß von 25 cm wird immer dann perfekt eingehalten, wenn das Steinmaß plus die Höhe der Lagerfuge gerechnet wird. Eine Ausnahme gibt es hierzu: Steine, die geklebt werden, benötigen nur ganz dünne Lager- und Stoßfugen. Die Abmessungen dieser Steine (z. B. Porenbeton) werden nicht als NF- oder DF-Format, sondern in cm angegeben.

VERSCHIEDENE STEINFORMATE.

Bei der Steingröße werden Klein-, Mittel- und Großformate unterschieden. Nach der Handlichkeit unterscheidet man Ein- oder Zweihand-Steine.

Kurzbeschreibung	Maße in cm			Gruppen	
	Länge	Breite	Höhe		
1DF (Dünnformat)	24	11,5	5,2	Kleinformate	Einhandsteine
NF (Normalformat)	24	11,5	7,1		
2DF	24	11,5	11,3		
3DF	24	17,5	11,3	Mittelformate	Einhandsteine (mit Grifföffnung)
4DF	24	24	11,3		
5DF	30	24	11,3		
6DF	36,5	24	11,3		
8DF	24	24	23,8	Großformate	Zweihandsteine
10DF	30	24	23,8		
12DF	36,5	24	23,8		
16DF	49	24	23,8		
20DF	49	30	23,8		

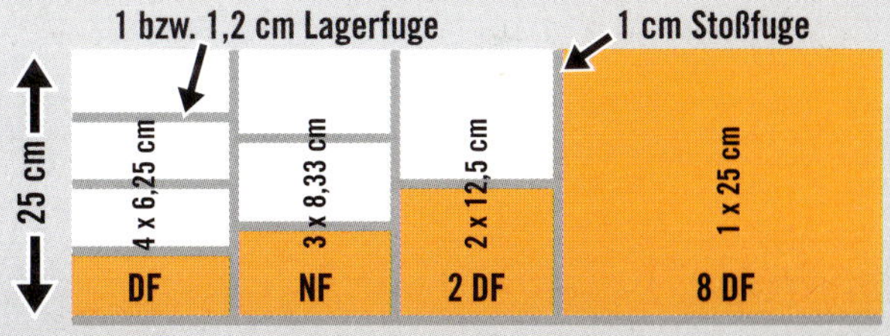

Mit den DF- und NF-Normformaten plus Lagerfugendicken von 1 cm bzw. 1,2 cm kommt man immer genau auf das Baurichtmaß von 25 cm.

DF (Dünnformat)
24 x 11,5 x 5,2

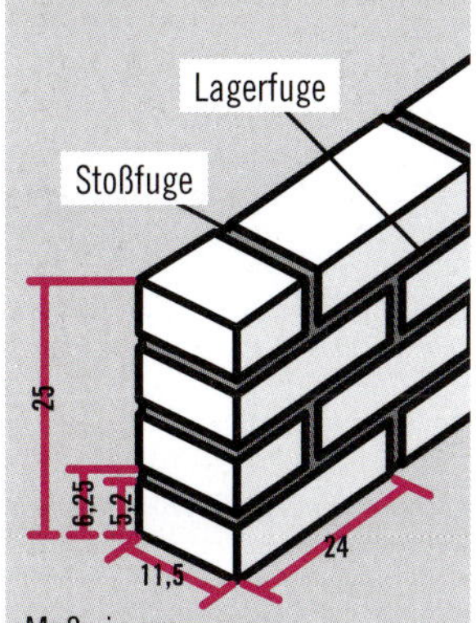

Maße in cm

NF (Normalformat)
24 x 11,5 x 7,1

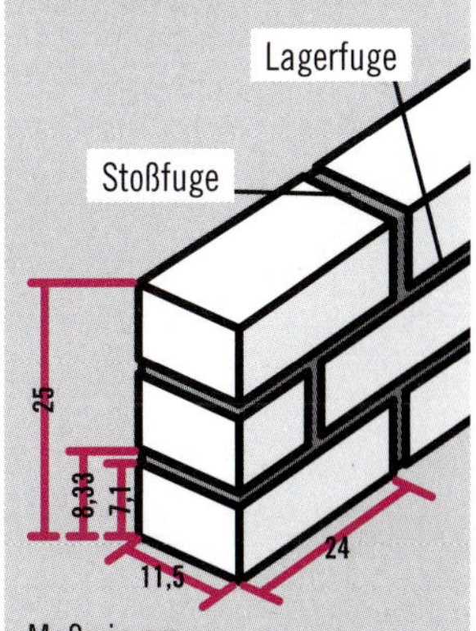

Maße in cm

MÖRTEL, KLEBER & CO.

Wer mauert, muss auch gut verbinden. Ziegel- und Kalksandsteine werden mit Mörtel vermauert, der unter Beachtung einer speziellen Rezeptur leicht herzustellen ist. Auch der Klebemörtel, mit dem z. B. Gasbetonsteine rasch und sauber zur Mauer hochgezogen werden, ist schnell angerührt.

MÖRTEL SELBST HERSTELLEN.

Zur Herstellung von Mörtel braucht es Sand, Zement und Kalkhydrat. Letzteres sorgt für die Geschmeidigkeit und verhindert, dass der Mörtel beim Abbinden zwischen den Steinen schwindet und reißt. Werden Außenwände nicht verputzt, benötigen Sie eine „fette Mischung" (d. h. mehr Zement), bei allen anderen Wänden genügt die „normale Mischung". Für kleinere Mengen empfiehlt sich auch vorgemischter Trockenmörtel, der wohlportioniert, sackweise erhältlich ist. Einfach mit entsprechender Wassermenge verrühren und loslegen. Starten Sie aber zunächst mit kleineren Mengen, da angerührter Mörtel relativ schnell abbindet und dann nicht mehr zu verwenden ist. Übung macht den Meister, und Sie können dann leichter abschätzen, welche Mörtelmenge Sie tatsächlich zeitgerecht verbrauchen können. Mörtelmischen erfordert eine saubere Unterlage oder eine Mischmaschine, zwei saubere Schaufeln, die getrennt für Sand und Zement zum Einsatz kommen, und einen Eimer mit Maßeinteilung. Auf der ausgewählten Betonfläche wird die Mörtelrezeptur einfach mit einer Schaufel unter Zugeben von Wasser zügig vermischt. Den Mischer müssen Sie nur anschalten und entsprechend befüllen.

Mörtelgruppen nach Bindemittel	Mischungsverhältnis der Bindemittel		
	Gebrannter Kalk	Sand	Zement
P I: Kalkmörtelgruppe	2 Teile	6 Teile	1 Teil
P II: Kalk-Zement-Mörtelgruppe	1 Teil	6 Teile	1 Teil
P III: Zementmörtelgruppe	——	5 Teile	1 Teil
Die angegebenen Mischungsverhältnisse sind Produktunabhängige Durchschnittswerte. Bei Abweichungen folgen Sie bitte den Angaben des Herstellers.			

KLEBEMÖRTEL BENUTZEN.

Klebemörtel ist Trockenpulver plus Wasser. Er verbindet z. B. Gasbetonsteine zur festen Wand. Einfach die gewünschte Menge in einen großen Kunststoffeimer geben und verrühren. Am besten geht das mit einem großen Rührquirl, den Sie in das Bohrfutter Ihrer Bohrmaschine stecken. Alles gut und blasenfrei unter Zugabe von Wasser verquirlen. Und schon haben Sie einen perfekten Klebemörtel.

ACHTUNG! PROFITIPP

Rühren Sie am Anfang nur kleine Mörtelmengen an, um den notwendigen Verbrauch besser abschätzen zu können. Angerührter Mörtel wird nämlich je nach Wetterlage in maximal zwei Stunden fest.

STEINVERBAND.

Man kann sich vorstellen, dass es viele verschiedene Arten gibt, wie Steine zu Mauern zusammengesetzt werden können. Wir zeigen Ihnen hier zwei klassische Varianten, die mit Sicherheit gut funktionieren – schließlich wurden sie über Generationen immer wieder angewendet.

11,5ER-MAUER LÄUFERVERBAND

Der Läuferverband einer 11,5er-Mauer verbindet Stein auf Stein hälftig versetzt. Jede zweite Reihe fängt mit einem halben Stein an. So ist für eine sichere Statik und eine perfekte Optik bestens gesorgt. Aus Stabilitätsgründen sollten bei diesem Mauertyp (in Abhängigkeit zur Mauerhöhe) alle 2–4 m und an den Enden Pfeiler eingesetzt werden (siehe Tabelle Seite 27). Der 11,5er-Läuferverband eignet sich besonders für Innentrennwände.

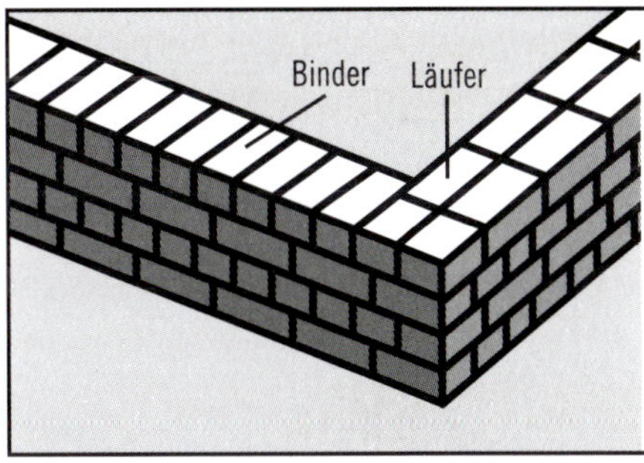

24ER-MAUER BLOCKVERBAND

Beim Blockverband wechselt jede zweite Reihe. Angefangen wird mit einer paarweise vermauerten Läuferschicht, also immer zwei Steine längs nebeneinander. Die nächste Reihe bilden dann quer vermauerte Steine. Man nennt diese Reihe auch die Binderschicht. Auf diese kommt dann wieder die Läuferschicht usw.

MAUERN MIT MÖRTEL. Z.B. GARTENMAUER.

Auch der ungeübte Heimwerker kann richtig mauern. Ein paar Steine und ein Eimerchen Mörtel genügen, um den Umgang mit der Kelle zu trainieren. Danach einfach die Steine rasch vom Probemörtel säubern und richtig loslegen.

1
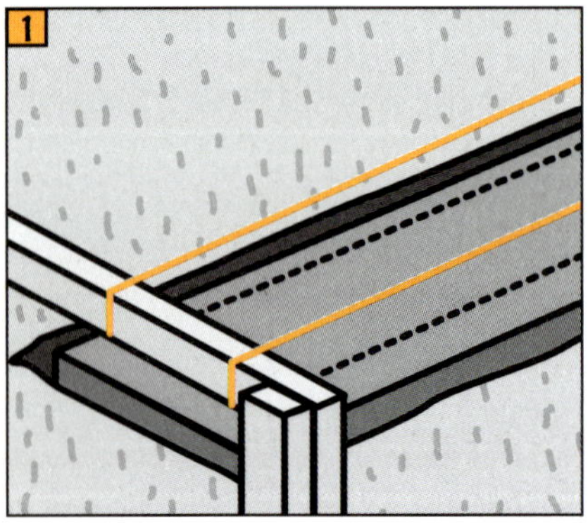

2

3
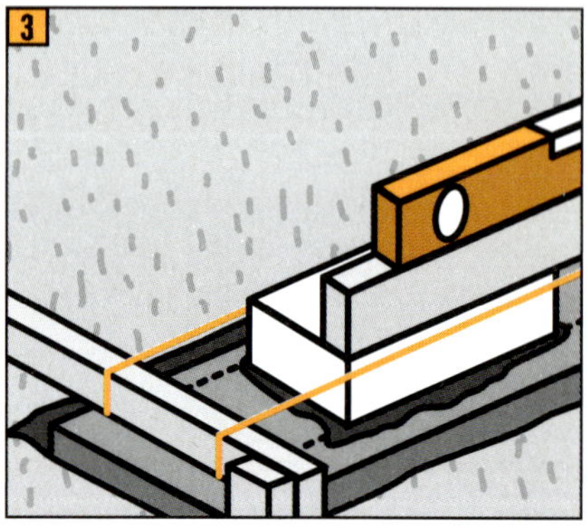

1 Zum Herstellen einer Gartenmauer wird ein Streifenfundament benötigt (siehe Seite 21). Auf das Streifenfundament eine Mörtelschicht auftragen und anschließend einen Streifen Bitumenpappe auflegen. Für die erste Steinschicht Richtschnüre vom Anfang bis zum Ende rechts und links des Fundaments anbringen. **2** Mit der Kelle den Mörtel für den ersten Stein auftragen. Möglichst exakt zwischen den Schnüren bleiben. Das spart jede Menge Mörtel und sorgt für ein relativ sauberes Mauern. **3** Jetzt den Stein mit Hilfe der Wasserwaage ausrichten. Mit dem Griff der Maurerkelle kann man den Stein durch Klopfen perfekt positionieren. Unter dem Stein herausquellenden Mörtel streifen Sie gleich ab. **4** Bevor Sie einen Stein an den anderen setzen, bringen Sie auf den Steinkopf den Mörtel für die Stoßfugen auf. Auch hier gilt! Weniger ist mehr. Spätestens beim dritten Stein haben Sie den Dreh raus. **5** Nachdem Sie die erste Schicht gesetzt haben, beginnen Sie die zweite Reihe mit einem halben Stein. Der nächste Stein schließt zur Hälfte versetzt an. So erzielen Sie die richtige Verzahnung der Mauer. **6** Wenn Sie immer schön jede zweite Reihe mit einem halben Stein beginnen, den Mörtel gleichmäßig verteilen und fleißig mit der Wasserwaage die Position prüfen, dürfen Sie sich bald an einer perfekt selbstgemauerten Wand erfreuen.

4
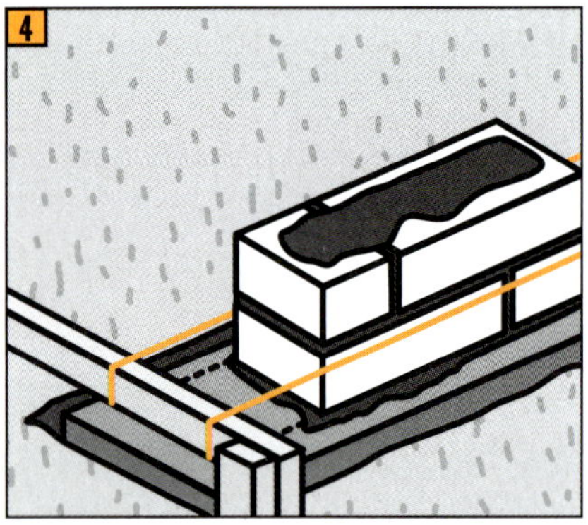

5

6
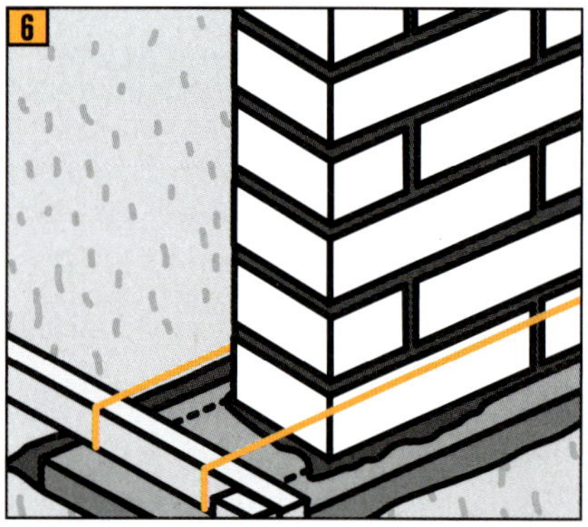

Senklot

Verwenden Sie zum Prüfen der Senkrechten ein Senklot. Die Anwendung ist einfach, effektiv und der Wasserwaage oftmals überlegen. Das Senklot hängt beim Prüfen in geringem Abstand senkrecht an der Mauerkante. Kleinere Unebenheiten durch Mörtelreste usw. beeinflussen somit nicht das Prüfergebnis. Auch können so größere Distanzen einfach geprüft werden.

ALTERNATIVE: GARTENMAUER AUS NATURSTEINEN.

A

B

Beim Verarbeiten von Natursteinen, z. B. bei einer Gartenmauer, gelten die gleichen Regeln wie bei üblichen Steinen. **A** Zuerst eine Lage Bitumenpappe auf einem zuvor hergestellten Fundament auslegen. Unter die Bitumenpappe kommt eine Schicht Mörtel. **B** Die Natursteine haben keine genormten Größen, sonst wären es ja keine Natursteine. Die benötigten Abmessungen werden mit einer Trennscheibe zugeschnitten. Um den natürlichen Charakter der Steine zu erhalten, sollten die Steine nach Möglichkeit nur an einer Seite beschnitten werden. **C** Die Steine in jeder Reihe um einen halben Stein versetzt mit Mörtel mauern. **D** Auch bei der Natursteinmauer mit Wasserwaage und Senklot arbeiten.

C

D

BESTIMMUNGEN BEIM MAUERN.

Wer seine Garage, die Seitenwand eines Carports oder eine Gartenmauer in Eigenleistung errichten möchte, ist gut beraten, sich zuvor über statische und baurechtliche Auflagen Gedanken zu machen. Es handelt sich dabei weniger um behördliche Schikane als vielmehr um Ihre persönliche Sicherheit. Gartenmauern z.B., die keine Verankerung haben, sollten nicht besonders hoch gemauert sein, weil sie sonst leicht einstürzen könnten. Natürlich dürfen auch bei entsprechender Verankerung an Hauswänden oder sinnvoller Eckverzahnung behördliche Auflagen nicht missachtet werden. Schauen Sie deshalb einfach in Ihren Bebauungsplan oder fragen Sie bei Ihrer zuständigen Baubehörde nach, um böse Überraschungen zu vermeiden. Garagen beispielsweise unterliegen in der Regel ohnehin der Genehmigungspflicht. Höhe, Länge und Abstand zur Straße müssen auflagengerecht eingehalten werden. Nur so vermeiden Sie unnötigen Stress mit Amt und Nachbarn.

WERKZEUGKUNDE VON PROFIS!

MIT DEM SCHICHTENMASS ARBEITEN.

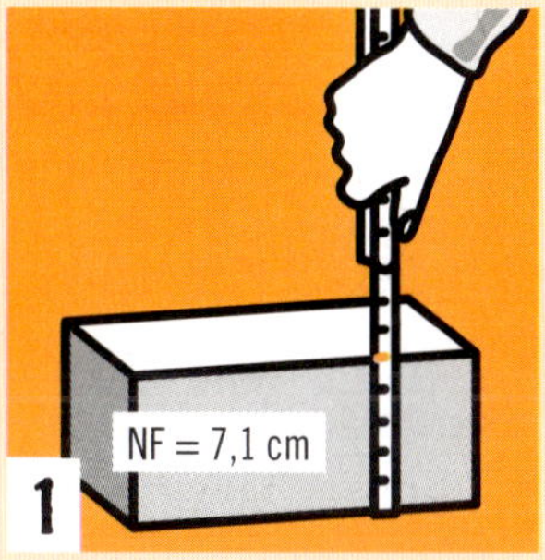

Das Arbeiten mit dem Schichtenmaß ist eine bewährte Prüfmethode, ob man mit seiner Mauer auch nach mehreren Reihen noch auf der richtigen Höhe ist. Nehmen Sie zunächst das Höhenmaß eines Ihrer verwendeten Steine.

Jetzt brauchen Sie ein möglichst gerades, längeres Holzbrett bzw. eine Latte, auf die Sie den ermittelten Wert plus eine Zugabe für die Mörtelschicht, die auf jede Steinreihe kommt, übertragen. Füllen Sie die komplette Latte mit Linien, immer im selben Abstand.

Während des Mauerns kann nun immer wieder überprüft werden, ob die Mauer noch die Höhe hat, die Sie in der entsprechenden Reihe haben sollte. Ist der Strich zu weit oben, dann haben Sie wahrscheinlich zu wenig Mörtel benutzt, ist er zu weit unten, haben Sie evtl. zu viel Mörtel benutzt.

RICHTIG VERFUGEN.

A Fugen können auf verschiedene Arten und Weisen ausgeformt werden. In diesem Beispiel ist die Fuge nach unten abgeschrägt. Das Wasser kann ablaufen.

B Hier wurde die Fuge flächig gefüllt. Auch in diesem Fall kann Wasser problemlos ablaufen.

C So sollten Ihre Fugen auf keinen Fall aussehen. Wasser kann sich in dieser Fuge sammeln und Feuchtigkeitsschäden verursachen.

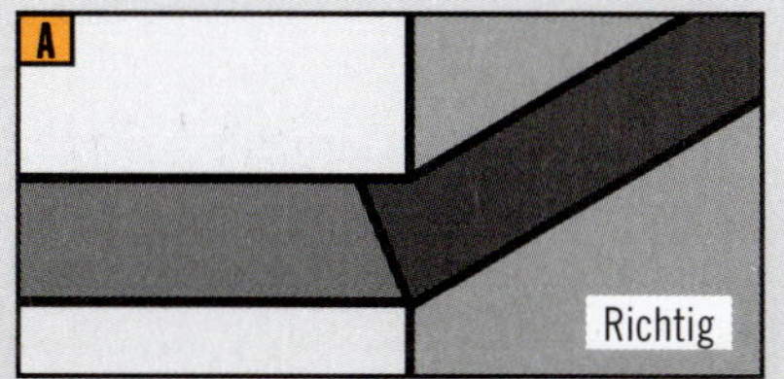

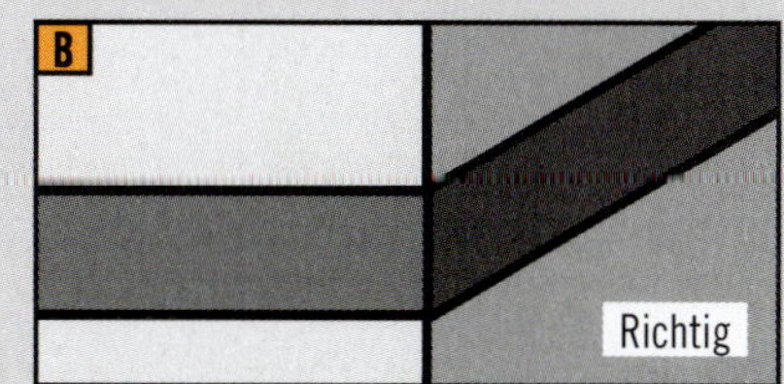

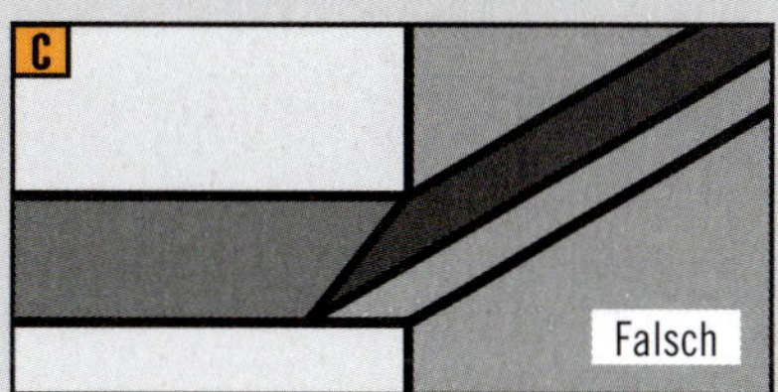

WERKZEUG.

- Mischer oder Quirlaufsatz für Bohrmaschine
- Kunststoffeimer
- Maurerkelle
- Wasserwaage
- Richtschnüre
- Steinschneider/Flex
- Steinsäge (Gasbeton)

MATERIAL.

- Steine nach Wahl
- Zement
- Sand
- Kalkhydrat
- Bitumenpappe

STEINE KLEBEN. Z. B. PORENBETON.

Mit Gasbetonsteinen kann man sich hoppladihopp in die Kindheit zurückversetzen: Sie sind so leicht zu vermauern wie früher die Klötzchen auf der Kinderzimmerbaustelle, nur verwendet man Kleber. Auch kommt nicht der Nachbar und haut alles zusammen wie einst im Sandkasten.

1 Das Wichtigste beim Steinekleben ist die erste Steinreihe. Sie wird mit Mörtel gesetzt und Stein für Stein ausgerichtet. Diese Arbeit können Sie auch einem Fachmann übertragen und das nachfolgende Kleben der anderen Steinreihen dann selbst übernehmen. **2** Sitzt die erste Steinreihe, wird mit Kleber weitergearbeitet. Der Kleber wird mit einem speziellen Kleberschlitten aufgetragen. Tragen Sie immer nur für zwei, drei Steine den Kleber auf, dann können Sie gelassen weitermauern. **3** Setzen Sie Stein auf Stein zur Hälfte versetzt, das ergibt genau die richtige Verzahnung für jede Wand. Bei Gasbeton ist es zwar nicht erforderlich, die Stoßfugen zu verkleben, wer aber die Steinköpfe vor dem Setzen einschmiert, ist gleich doppelt auf der sicheren Seite.

WERKZEUG.

- ✓ Mischer oder Quirlaufsatz für Bohrmaschine
- ✓ Kunststoffeimer
- ✓ Maurerkelle
- ✓ Wasserwaage
- ✓ Richtschnüre
- ✓ Steinschneider/Flex
- ✓ Steinsäge (Gasbeton)

MATERIAL.

- ✓ Steine nach Wahl
- ✓ Zement
- ✓ Sand
- ✓ Kalkhydrat
- ✓ Bitumenpappe

VERARBEITUNGSTIPPS.

A Sollte einmal der letzte Stein einer Reihe in der Mitte eingefügt werden, schneiden Sie diesen leicht schräg durch. Die erste Hälfte wird einfach eingesetzt. Die zweite kann man dann schön von der Seite hineinkeilen. **B** Porenbetonsteine können von Hand gesägt werden. Es gibt dafür spezielle Vorrichtungen, die exaktes Sägen im rechten Winkel ermöglichen. **C** Unebenheiten auf Gasbetonsteinen schleift man ab, damit die nächste Reihe wieder exakt sitzt.

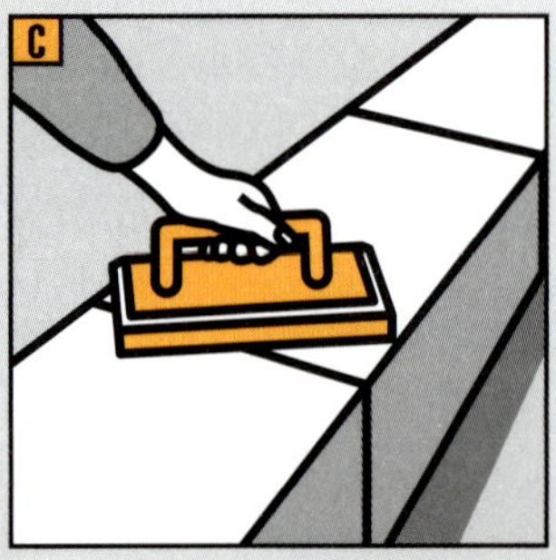

TRENNWAND MIT PORENBETON MAUERN.

Ihnen fehlt eine Rumpelkammer, ein Kinderzimmer, ein Gästezimmer? Vergessen Sie die Kleinanzeigen in der Zeitung – statt durch Umzug lässt sich auch durch eine Trennwand aus Porenbetonsteinen ein zusätzliches Zimmer gewinnen. Aus einem großen werden einfach zwei Räume.

1
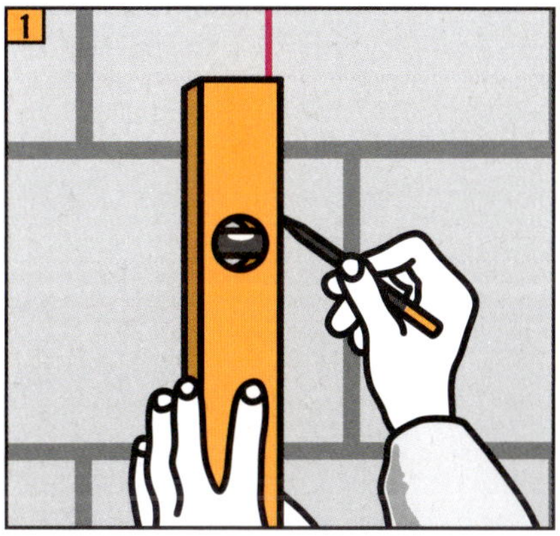

2

3

1 Damit die Trennwand sicher steht, müssen Maueranker verwendet werden. Sie halten die Mauer rechts und links auf Position. Die Lage der Ankerschiene an der Wand markieren. **2** Mit Bohrer, Dübeln und Schrauben ist die Befestigung nahezu ein Kinderspiel. Das Ausrichten der Ankerschiene lässt sich mit einer Wasserwaage leicht bewerkstelligen. **3** Nachdem zwei parallele Richtschnüre knapp über dem Boden und zwischen den Wänden exakt als Trennwandführung gespannt sind, der Mörtel angerührt ist, Wasserwaage und Kelle bereitliegen, kann es mit dem Mauern bzw. Kleben losgehen. Die

4

5

erste Steinreihe wird in ein Mörtelbett gesetzt und exakt ausgerichtet. Die weiteren Steinreihen werden geklebt. Die Maueranker werden jeweils mit in die Fugen eingelegt. Bei geklebten Steinen sind die Lagerfugen evtl. zu dünn für das Einlegen von Mauerankern. Dann muss der benötigte Raum am Stein ausgestemmt werden, damit der Maueranker eingesetzt werden kann. **4** Die Lage der Steinreihen immer wieder mit der Wasserwaage prüfen. **5** Die Senkrechte mit Senklot oder Wasserwaage prüfen. **6** Die letzte Steinreihe auch zur Decke hin mit Mörtel verbinden.

6

WERKZEUG.

- ✔ Mischer oder Quirlaufsatz für Bohrmaschine
- ✔ Kunststoffeimer
- ✔ Maurerkelle
- ✔ Wasserwaage
- ✔ Richtschnüre
- ✔ Steinschneider/Flex
- ✔ Richtlatte
- ✔ Bohrmaschine
- ✔ Bleistift

MATERIAL.

- ✔ Porenbetonsteine
- ✔ Mörtel
- ✔ Kalkhydrat
- ✔ Mauerankerband

MAUERWERKSABDECKUNGEN.

Mit einem Dach über dem Kopf hält in der Regel alles länger. Bei Mauern ist das auch so. Mauerabdeckungen schützen die Mauer von oben vor Feuchtigkeit und sehen obendrein noch gut aus. Sie können aus denselben Steinen wie die Mauer, aber auch aus anderen Sorten bestehen.

1 Hier wurde eine Granitplatte als Mauerwerksabdeckung verwendet. 2 Die Mauerwerksabdeckungen können auch aus derselben Steinsorte wie die Mauer hergestellt werden. Eine schöne Lösung ergeben am Rand angeschrägte Steine. 3 Hier wurden als letzte Mauerreihe schräge Ziegel verwendet. Das mag so manchem etwas verrückt erscheinen, hat aber den praktischen Nutzen, dass das Regenwasser sofort ablaufen kann.

Da steht Sie, die Mauer, von eigener Hand erschaffen! Sie trotzt Sturm, Regen, Hagel und Schnee. Nichts kann sie so leicht erschüttern. Sie bietet Schutz und bleibt Ihnen ein Leben lang treu.

AUF´M BAU MUSS ES ORDENTLICH RAUSCHEN!
SOLID STATE
BAT / ELECTRIC
SUPER-POWER
FM MHz
LW KHz
MW KHz
FM/LW/MW
SOUND 4000

UNSER SPECIAL-TIPP.

WENN DER SOUND ZU GUT IST ...

... EINFACH ANTENNE ABBRECHEN
UND MIT DRAHT NACH
BELIEBEN NEU GESTALTEN.

VERPUTZEN.

VERPUTZEN.

ALLE, DIE SCHON IMMER MAL SO RICHTIG MIT DRECK IN DER GEGEND HERUMSCHMEISSEN WOLLTEN, KOMMEN JETZT AUF IHRE KOSTEN. PUTZ WIRD NÄMLICH AN DIE WAND GEWORFEN. MIT DER KELLE – NICHT MIT DER HAND! UND AUCH NICHT VÖLLIG WILD UND WILLENLOS, SONDERN NACH EINEM BESTIMMTEN SCHEMA.

PUTZ – WOZU?

Putz ist für die Menschheit nichts Neues. Schon die alten Griechen haben ihre Gebäude mit kalkhaltigen Außenputzen gegen Verwitterung geschützt, die sich zum Teil bis in unsere Zeit erhalten haben. Mit Asche oder Bims als Zusatz verliehen die Römer dem Putz größere Festigkeit. Heute verwenden wir dafür Zement und Kalk.

FUNKTIONEN UND AUFGABEN DES PUTZES.

Putz dient nicht nur als Unterlage für Tapeten und Farbe – zweifelsohne ist es keine gute Idee, das offene Mauerwerk zu tapezieren oder zu streichen. Putz ist auch ein Schutz. Er muss die Wohnfeuchtigkeit aufnehmen und abgeben, und in Bad und Küche die Durchfeuchtung der Wand von innen verhindern. An den Außenwänden hält er Feuchte und sogar Schlagregen vom Mauerwerk fern. Gleichzeitig ist er dampfdurchlässig, so dass die Wand atmen kann und die Wohnfeuchtigkeit nach außen abzieht. Das erhält die Wärmedämmfähigkeit der Mauer und schützt sie vor Frostschäden.

Auch schützt der Putz die Mauern vor UV-Strahlung, Schmutz und Luftschadstoffen. Diese würden sonst kontinuierlich an der Zersetzung des Mauerwerks arbeiten, und das klappt ziemlich gut, wie an der zerfressenen Substanz mancher Denkmäler zu sehen ist. Putz muss auch so elastisch sein, dass er die Spannungen im Mauerwerk aufnehmen kann, ohne zu reißen. Solche Spannungen entstehen durch hohe Temperaturschwankungen.

ACHTUNG! PROFITIPP

Verwenden Sie immer zueinander passendes Material. Bei Gipsputz nimmt man auf Gips, bei Zement auf Zement basierende Mörtel und Haftgründe.

WICHTIG: Lassen Sie Ihr Bauvorhaben bei Ihrer zuständigen Gemeinde prüfen, denn die Bauordnungen sowie die Bebauungspläne müssen eingehalten werden.

WELCHE PUTZE GIBT ES?

Man kann sich gut vorstellen, dass sich im Lauf der Zeit, in den verschiedensten Ecken der Welt, die Putze entsprechend der baulichen Gegebenheiten unterschiedlich entwickelt haben. Noch heute bestimmen Einsatzort und Baumaterial darüber, welcher Putz für welche Wand geeignet ist.

Man unterscheidet zwei Hauptgruppen: a) mineralischen Putz und b) Kunststoffputz. Mineralischer Putz besteht aus Sand und Bindemittel (wie Zement, Kalk oder Gips). Je nach Einsatzgebiet kann man sich den geeigneten Putz selbst anmischen. Sie wollen es lieber auf die bequeme Art? Dann empfehlen wir eine fertige Mischung. Die ist im Vergleich zwar etwas teurer, dafür aber auch einfacher zu handhaben. Kunstharzputz besteht aus organischen Bindemitteln. Er ist leicht zu verarbeiten und bestens als Dekorputz geeignet. Man kann Kunstharzputz nur fertig angerührt kaufen. Da er dünn aufgetragen wird, muss der Untergrund absolut eben sein. Für jede Wandbeschichtung – innen oder außen – gibt es den geeigneten Kunstharzputz.

Putz kann einlagig aufgetragen werden. Das ist beispielsweise bei Dekorputzen der Fall. Die Schicht ist dann nur wenige mm dick. Außenputz dagegen wird in mehreren Lagen, ca. 20 mm dick aufgetragen.

ÜBERSICHT ÜBER PUTZE.

Putzart	Putzsorte	Anmerkung
Innenputz	Kalk-Mörtel	Feuchtigkeitsregulierend.
	Gips-Mörtel	Sehr atmungsaktiv; nicht für Feuchträume geeignet.
	Anhydrit-Mörtel	Ähnlich wie Gipsmörtel; wird für Estriche benutzt.
Außenputz	Kalk-Zement-Mörtel	Elastisch und gleichzeitig sehr fest.
	Zement-Mörtel	Wenig elastisch, aber sehr fest, hält Feuchte gut aus; für Keller und Sockelbereiche.
Fertigputz	Thermoputz	Dämmung und Putz in einem; energiesparend, bei innerer und äußerer Verwendung.
	Silikatputz	Mineralischer Reibeputz, der sich gut einfärben lässt. In verschiedenen Körnungen erhältlich.
	Feuchtraumputz	In 4 Beanspruchungsgruppen unterteilt: für Küche, Bad etc.

ACHTUNG! PROFITIPP

Für einen glatten Untergrund kann man statt Spritzbewurf spezielle Haftmörtel als Haftbrücken verwenden. Sie sind leichter zu verarbeiten, da man sie wie Fliesenkleber aufträgt.

DIE PUTZVORBEREITUNG.

Damit der Putz sich optimal mit dem Untergrund verbindet, müssen einige Vorbereitungen getroffen werden. Die Wand muss sauber, staubfrei und gleichmäßig saugend sein. Ist das nicht der Fall, verweigert der Mörtel die Haftung und fällt einfach wieder runter.

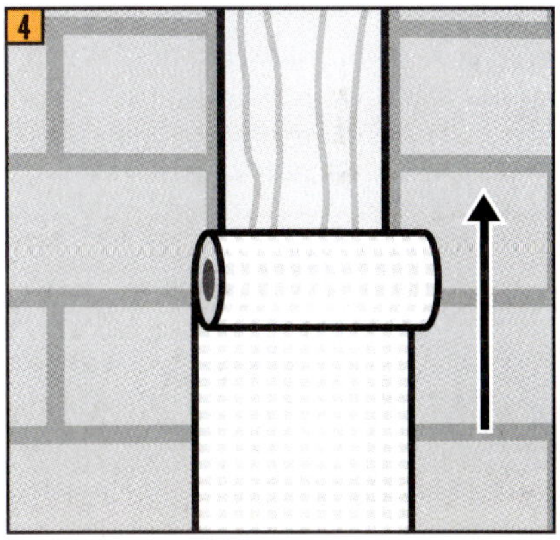

1 Bürsten Sie Staub ab und entfernen Sie lose Teile. Bei Neubauten überprüfen Sie, ob sich noch Öl von der Schalung auf dem Beton befindet, indem Sie die Wand mit Wasser bespritzen. Perlt es ab, müssen Sie die Wand mit Spülmittel und Wasser waschen. **2** Wenig saugende Wandmaterialien wie Ziegel, Kalksandstein oder rauer Beton behandelt man mit Vorspritzmörtel. Dieser bildet einen idealen Untergrund für Putz. Er soll dünnflüssig und grobkörnig sein, so dass er fast von der Kelle fließt. Älteres Mauerwerk bedeckt man ganzflächig mit Spritzbewurf – als Ausgleichsschicht gegen die vielen Unregelmäßigkeiten. Vermischen Sie ein Teil Zement, zwei Teile Sand und Wasser mit Haft-Emulsion zu einer sämigen Masse. Mit einer Kelle locker aus dem Handgelenk an die Wand werfen – viel Spaß! **3** Stark saugende Wände werden mit Wasser vorgenässt oder mit einem zum Putz passenden Haftanstrich (meist Kunststoffdispersion) vorbehandelt. **4** Stahlträger, Holzpfosten, Mauerschlitze oder andere Materialübergänge bespannt man mit einem Putzträger. Das kann ein Rippenstreckmetall oder eine Fugenarmierung von der Rolle sein. Dann bringt man Mörtel auf, drückt ihn durch das Gitter und zieht ihn ab. Ehe der Unterputz draufkommt, muss das Ganze über Nacht trocknen.

ACHTUNG! PROFITIPP

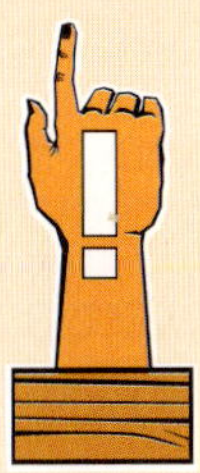

Verputzen Sie nicht bei Regen oder arbeiten Sie zumindest unter einem schützenden Dach. Ein Gerüst kann hier auch dienlich sein. Ideal ist trockenes Wetter und eine Außentemperatur über 10 °C. Vermeiden Sie dagegen Temperaturen unter 5 °C sowie Zugluft und direkte Sonneneinstrahlung. Denn dann trocknet der Putz zu schnell und bekommt Risse. Ein frischer Kunstharzputz wird vom Regen sogar wieder abgelöst.

AUSSENWAND VERPUTZEN.

Außenputz ist Schichtarbeit. Um die notwendige Festigkeit für draußen zu erhalten, müssen mehrere Schichten Putz aufgetragen werden. Eine Putzschicht wird auch als „Putzlage“ bezeichnet. Mit jeder Schicht bzw. Putzlage nimmt die Festigkeit nach außen hin zu.

1 Nageln Sie in einem Abstand von 50 cm senkrecht Putzlatten auf die Mauer. Die Latten sind etwa 2 cm dick. Sie können stattdessen auch spezielle Schnellputzleisten verwenden. Diese werden mit Mörtelbatzen im Abstand von 50 cm an der Wand befestigt. Ob Latte oder Leiste – beides genau waagrecht und senkrecht ausrichten! **2** Den Putz in einem Eimer anrühren – dafür verwenden Sie am besten eine Bohrmaschine mit Rührquirl. **3** Die Wand zuerst vornässen. Dann wird der Spritzbewurf an die Wand geschmissen. Mit einer leichten, schnellen Drehung aus dem Handgelenk werfen Sie den Putz schräg von unten nach oben an die Wand. Nehmen Sie wenig Putz und versuchen Sie, den richtigen Schwung zu finden. Wenn

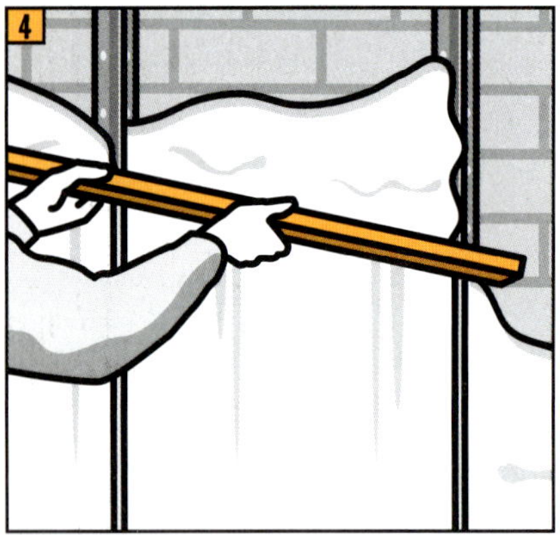

der Putz nicht hält, kann das daran liegen, dass er entweder zu trocken oder zu nass ist. Profis verwenden für diesen Arbeitsschritt eine Putzmaschine. **4** Den Bereich zwischen zwei Latten ziehen Sie mit einem Brett oder einer sogenannten Kartätsche ab. Das Brett muss etwas breiter als der Lattenabstand sein. Wenn der Mörtel etwas angezogen hat, bildet sich Wasser an der Oberfläche. Dann reiben Sie den Putz mit einem Reibebrett ab. Wenn der Putz Schlieren bildet, warten Sie noch ein bisschen – bildet er Rillen, nässen Sie ihn ein wenig nach. Die Putzlatten werden nach dem Antrocknen entfernt und die Zwischenräume ebenfalls mit Putz ausgefüllt. **5** Für das Verputzen von Außenecken eignen sich spezielle Eckschienen aus Blech. Diese werden entweder angenagelt oder mit Putz angeklebt. Die vorgewölbte Kante dient als Abziehhilfe und verstärkt die Außenkante.

Sobald der Unterputz vollständig getrocknet ist, wird der Oberputz genauso hergestellt. Oberputz sollte nur wenige Millimeter dick sein, da sich sonst Risse bilden können.

Halten Sie unbedingt die Trockenzeiten für den Putz ein! Andernfalls kann der Putz reißen oder instabil werden. Eine Faustregel besagt, dass pro Millimeter Unterputz ein Tag Trockenzeit vorzusehen ist. Ein Wärmedämmputz trocknet mindestens 7 Tage lang – drei Tage pro 10 mm Unterputz.

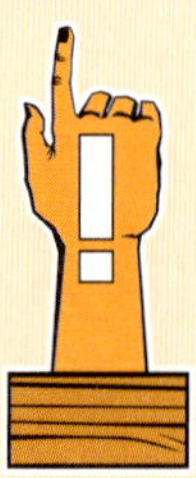

PROFITIPP!

Rühren Sie nie mehr Putz an, als Sie auftragen können, und tragen Sie nur so viel Putz auf, wie Sie in der Trocknungszeit glätten können. Große Flächen sollten ohne Unterbrechungen nass in nass fertiggestellt werden.

AUSSENPUTZ REPARIEREN.

Mauern müssen einiges aushalten können: Fußball spielende Kinder, extreme Temperaturschwankungen oder Materialspannungen. Das kann den Putz in Mitleidenschaft ziehen. An den Übergängen von Mauer zu Holz beispielsweise entstehen Risse und Sprünge, die früh erkannt werden müssen.

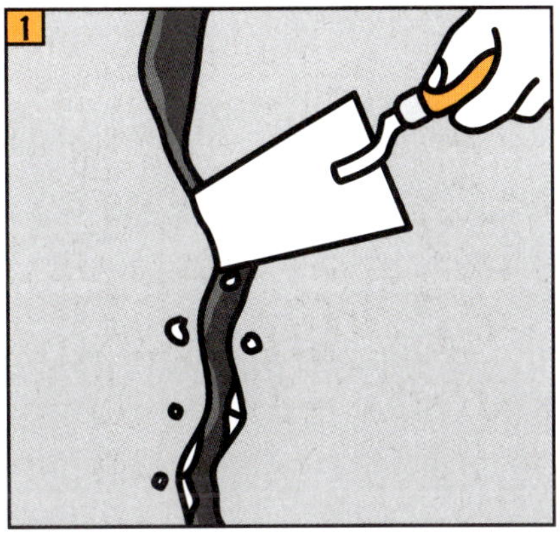

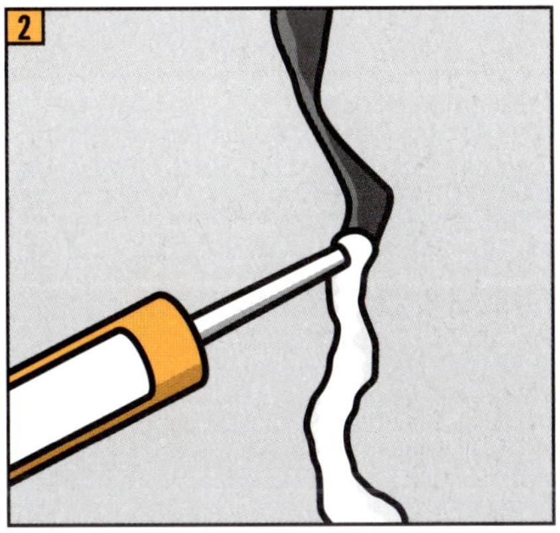

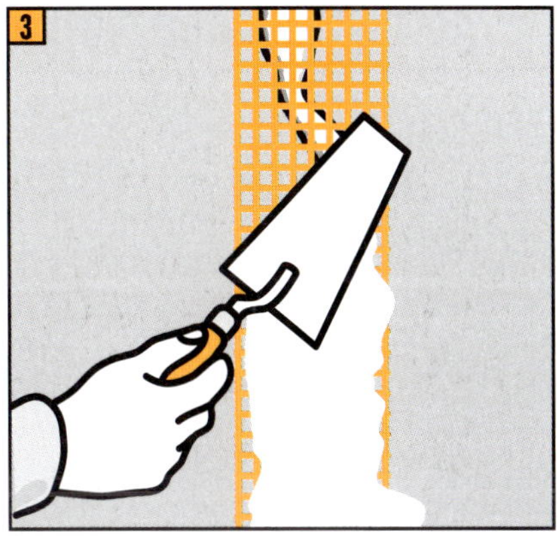

Risse

1 Risse mit einer Kelle auf mindestens 5 mm Breite und Tiefe vergrößern. **2** Die Fuge mit Acryl-Dichtmasse zu 3/4 ausfüllen und mit Universalspachtel auf Zementbasis überdecken. **3** In die frische Spachtelmasse drückt man eine Fugenarmierung und bedeckt diese mit einer Schicht Kunstharzputz.

Große Schadstellen

4 Entfernen Sie alle losen Teile mit einer Metallbürste und den Staub mit einem Besen. Benetzen Sie dann den Untergrund mit Wasser. **5** Werfen Sie Vorspritzmörtel (beschrieben unter „Putzvorbereitung") auf die beschädigte Stelle. Nachdem dieser getrocknet ist, kann der entsprechende Putz aufgetragen werden. Besonders an den Übergängen zum alten Putz sollten Sie sorgfältig vorgehen, damit keine Kanten zu sehen sind. Möglicherweise müssen Sie mehrere Schichten auftragen. Mit einem Quast die verputzte Stelle glätten und an den umliegenden Putz anpassen.

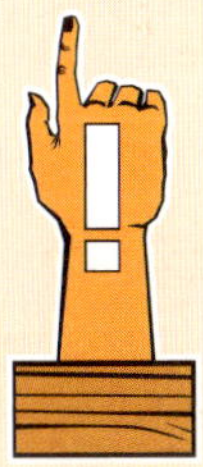

PROFITIPP!

Renovierputz:
Der Untergrund muss sauber und gut vorgenässt sein, damit der Putz haftet. Man bringt ihn in einer Dicke bis 10 mm auf, passt ihn mit einer Schwammscheibe an die alte Putzfläche an und zieht ihn glatt. Die Trocknungszeit beträgt ein Tag für 1 mm Dicke. Danach kann Oberputz aufgetragen werden.

INNENPUTZ REPARIEREN.

Typische Macken im Innenputz sind Löcher von Bilderhaken oder Regalbefestigungen. Ecken sind oft im Weg, wenn beim Umziehen große Möbelstücke getragen werden müssen – entsprechend „mitgenommen“ sehen sie dann auch aus. Risse entstehen durch Mauerwerksbewegungen. Diese

ALTER PUTZ – ERKENNEN, WAS MAN VOR SICH HAT.

Hat der Putz feuchte Stellen oder Schimmelflecken, sollten Sie sich zuerst um deren Ursachen kümmern, sonst tritt das Problem immer wieder auf. Schimmel muss mit Fungiziden behandelt werden – in schweren Fällen muss der Putz an der Stelle großflächig runter. Lockeren Putz erkennen Sie durch Abklopfen der Wand mit dem Stiel eines Hammers. Klingt es hohl oder fängt der Putz sogar an zu bröckeln, muss er bis in den festen Bereich abgeklopft werden. Putzrisse müssen an den Rändern trägfähig sein, damit sie zugespachtelt werden können, sonst muss der gesamte morsche Bereich abgeklopft werden. Putz, der stark sandet, ist schwer zu reparieren und weiter zu bearbeiten. Meist ist er einfach von schlechter Qualität oder alt und porös. Man kann solchen Putz mit Tiefengrund behandeln. Meist macht eine Erneuerung der gesamten Putzschicht mehr Sinn – wenn auch mehr Arbeit.

PUTZ ENTFERNEN.

An der betreffenden Stelle zunächst mit einem Maurerhammer alle lockeren Teile abklopfen. Festen Putz bearbeitet man mit Hammer und Meißel. Entfernen Sie lieber zu viel als zu wenig, sonst besteht der Schaden weiter und Sie müssen das Ganze wiederholen. Beschädigen Sie das Mauerwerk dabei möglichst wenig. Anschließend müssen lose Teilchen und Staub abgebürstet werden.

und andere Gebrauchsspuren machen einen Innenputz zum Sanierungsfall. Wer in einem Altbau wohnt, hatte vielleicht schon mal mit sogenanntem „Keksputz“ (sandender Nachkriegsputz) zu tun. Wie ein trockener Keks bröckelt dieser Putz in alle Richtungen, wenn man einen Nagel einschlägt.

SCHADSTELLEN REPARIEREN.

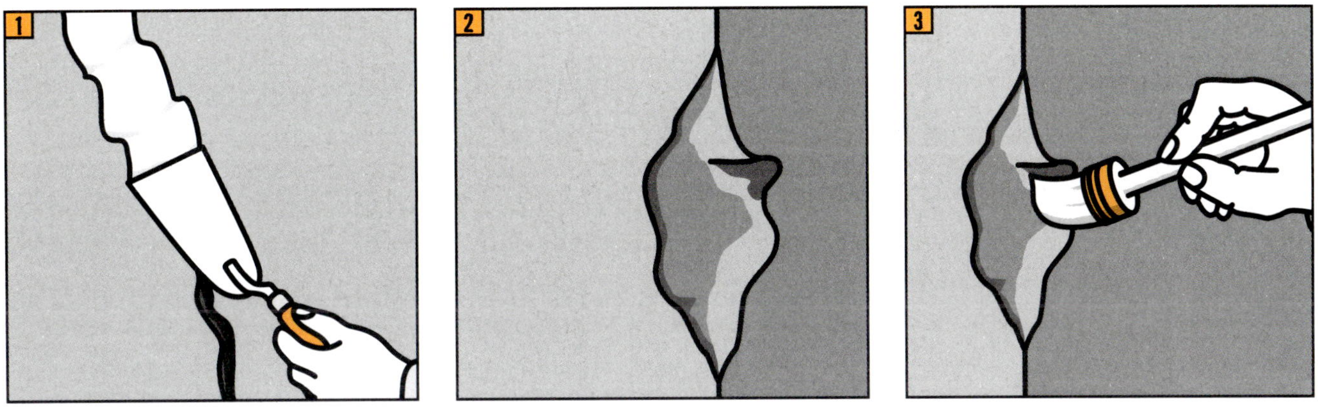

1 Dünne Risse zuvor mit einem Spachtel etwas aufkratzen bzw. erweitern und dann den Riss mit Spachtelmasse füllen. **2** Abgebrochene Kanten entstehen häufig nach Umzügen und sind ein Ärgernis, wenn sie nicht repariert werden. **3** Einfach die Schadstelle mit einem Pinsel oder Handbesen vom Staub befreien, damit die Spachtelmasse nachher auch hält. Dann die Stelle etwas anfeuchten. Am besten gelingt das mit einer Sprühflasche. **4** Von der einen Seite nun eine Glättkelle an die Schadstelle bündig mit der Kante anlegen. Der Hohlraum kann nun mit Hilfe der Maurerkelle mit Füllspachtelmasse gefüllt werden. **5** Zum Schluss mit einem Glätter oder Schwamm die Fläche glätten. Nach der erforderlichen Trockenzeit kann die Schadstelle mit Wandfarbe gestrichen werden.

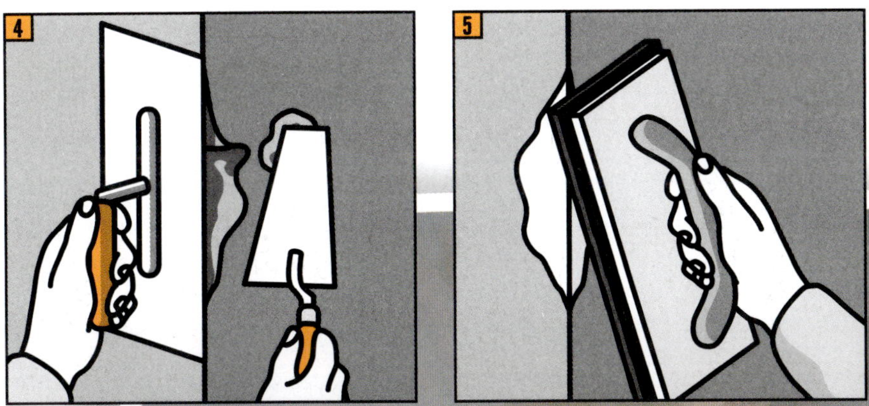

ACHTUNG! PROFITIPP

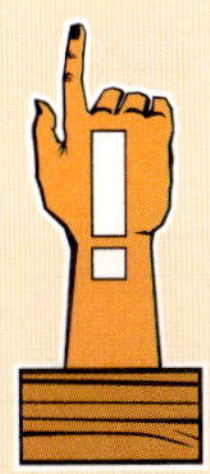

Wenn die Spachtelmasse zu flüssig geraten ist, streuen Sie kein Pulver nach, das führt zu Klumpen. Warten Sie, bis die Masse anzieht, und tragen Sie sie dann schnell auf. Größere Mengen, die sich nicht so schnell verarbeiten lassen, müssen weggeschmissen werden.

NEUER INNENPUTZ.

Innen ist der Putz nicht so starken Belastungen ausgesetzt, zumal er noch durch Tapeten oder Farbanstriche geschützt wird. Deswegen ist bei idealem Untergrund eine Putzlage ausreichend. Gipsputz oder Kunstharzputz für dekorative Oberflächen kommen hier zum Einsatz.

1 Im Innenbereich setzt man meist Gipsputz ein, der eine ideale Basis zum Streichen und Tapezieren darstellt. Der Untergrund muss sauber sein und darf keine Öl- oder Fettflecken haben. Stark saugende Wände werden mit Wasser vorgenässt. Bei Porenbeton ist ein Haftanstrich nach Herstellerangaben aufzutragen. Die Haftung auf Beton verbessert man mit einem Spritzbewurf. 2 Wie beim Außenputz nagelt man senkrechte Latten auf den Untergrund, über die man den Putz gleichmäßig abziehen kann. Die Latten sind so stark, wie der Putz dick sein soll. 3 Auf Porenbetonwänden kann man nach dem Haftanstrich einen speziellen Gipsputz benutzen, der wie ein feiner Oberputz nur 4 mm dick aufgetragen wird. 4 Statt Spritzbewurf gibt es als Unterputz für schwach saugende

Oberflächen auch spezielle Haftbrücken, die man wie Fliesenkleber aufträgt. 5 Auf die vorbereitete Wand ziehen Sie eine 10 mm dicke Gipsputzschicht. Geben Sie einen Batzen Putz auf die Kelle und drücken Sie den Putz mit wenig Kraft und einer Bewegung von unten nach oben auf die Wand. Halten Sie die Kelle dabei in einem Winkel von etwa 45°. 6 Am Schluss zieht man den Putz über die Latten ab und reibt ihn mit einem Reibebrett glatt. Hierauf können Sie streichen, tapezieren oder noch eine 2 mm dünne Schicht aus Gips auftragen – das macht eine noch glattere, weichere Oberfläche.

Tür- und Fensteröffnungen verschalt man übrigens mit Brettern, die so weit hervorstehen, wie die Putzschicht dick werden soll. Die Schalung sollte sowohl im Lot als auch fluchtgerecht sein, damit die Kanten nicht schief werden.

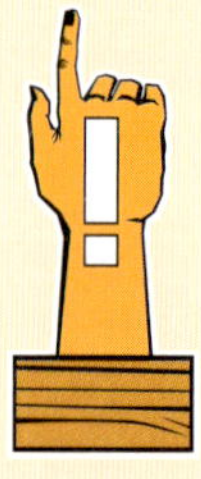

PROFITIPP!

Es empfiehlt sich, die Werkzeuge direkt nach dem Einsatz zu säubern, da sich alter Mörtel fast gar nicht mehr entfernen lässt.

Seit dem Sandkasten hat man nicht mehr so ausgiebig mit Dreck gespielt. Genießen Sie es, die klebrigen Batzen an die Wand zu werfen, zu pressen und zu streichen.

WERKZEUG.

- ✔ Maurerkelle
- ✔ Stuckateureisen
- ✔ Stuckateurkelle
- ✔ Fugenkelle
- ✔ Stahlglätter/ rostfreie Glättkelle
- ✔ Reibebrett
- ✔ Maurerquast
- ✔ Bürste
- ✔ Wasserwaage
- ✔ Eimer
- ✔ Rührquirl
- ✔ Bohrmaschine
- ✔ Abziehbrett
- ✔ Arbeitshandschuhe
- ✔ Gipsbecher
- ✔ Spachtel
- ✔ Schwammbrett
- ✔ Hammer

MATERIAL.

- ✔ Grundputz
- ✔ Zementputz
- ✔ Gipsputz
- ✔ Grundierung
- ✔ Putzlatten
- ✔ Nägel
- ✔ Putzprofile
- ✔ Armierungsgewebe

MAUER ABDICHTEN.

MAUER ABDICHTEN.

ES RIECHT MODRIG, AN DER WAND SIND KOMISCHE FLECKEN UND IN DEN ECKEN HAT SICH SCHWARZER BELAG GEBILDET. FÜR EINEN MITTELALTERLICHEN FOLTERKELLER MAG DAS NORMAL SEIN, ABER IN IHREM KELLER SIND DAS KRANKHEITSSYMPTOME. FEUCHTIGKEIT IST EINGEDRUNGEN, SCHIMMEL HAT SICH GEBILDET: IHR HAUS LEIDET AN INKONTINENZ!
DOCH KEINE ANGST, MIT DIESEM CRASHKURS ZUM MAUERDOKTOR WERDEN SIE ES HEILEN KÖNNEN.

WARUM GRUNDMAUERSCHUTZ?

Feuchtigkeit in Gebäudemauern lässt das Mauerwerk erkalten, Schimmel und Schwämme befallen und zersetzen in der Folge die Mauern, der Putz bröckelt und die Farbe platzt ab. Das modrige Klima in den betroffenen Räumen kann die Gesundheit beeinträchtigen. Je früher die Feuchte bekämpft wird, desto besser kann die Bausubstanz erhalten werden.

Wie kommt die Feuchtigkeit überhaupt in die Wand?

Niederschlag – Regen, Schnee, Tau etc. – durchnässt das Erdreich. Je nachdem aus welchen Bestandteilen der Boden besteht und wie durchlässig er ist, sickert das Niederschlagswasser mehr oder weniger schnell ab. Neben dieser normalen Erdfeuchtigkeit gibt es kurzzeitig staues Wasser, das entsteht, wenn etwa nach heftigeren Regenfällen wasserundurchlässiger Boden den Niederschlag nicht schnell genug ableitet. Drückendes Wasser ist Grundwasser, das von allen Seiten einen permanenten hydrostatischen Druck auf die Wand ausübt. In diesem Fall müssen wesentlich umfassendere Maßnahmen eingeleitet werden, die hier aber nicht behandelt werden. Kapillarwasser ist aufsteigende normale Bodenfeuchte, die sich durch winzige Röhren im Material nach oben zieht. Ist die Grundmauer des Hauses mangelhaft oder gar nicht gegen Wasser geschützt, dringt dieses ungehindert in die Wand. Aber auch Pilze, starker Frost und Baumwurzeln können Risse in der Mauer verursachen, durch die das Wasser eintreten kann.

Es ist wichtig, zu klären, mit welcher Form der Feuchtigkeitsbelastung man es zu tun hat, bevor man mit Schutzmaßnahmen beginnt. Es kann nämlich auch ein Rohr undicht sein, dann helfen alle Absperrmaßnahmen nicht, solange man das Leck nicht gefunden und behoben hat.

Lassen Sie die Situation im Zweifelsfall unbedingt von einem herstellerunabhängigen Spezialisten klären, damit Sie keine falschen oder ungeeigneten Maßnahmen ergreifen.

Was tun?

Die Maßnahmen für den Schutz der Grundmauer richten sich nach der Ursache der Durchfeuchtung. Gegen Bodenfeuchte, stauendes und drückendes Wasser dichtet man die Wand mit wasserdichten Materialien ab. Sich ständig an der Wand sammelndes Wasser muss mit einer Dränage abgeleitet werden. Gegen aufsteigende Feuchte muss eine horizontale Sperre in die Mauer gespritzt werden. Dabei ist zu beachten: Man sperrt die Feuchtigkeit immer dort aus, wo sie eindringt, nicht dort, wo sie austritt und stört – also immer an der Außenwand, nicht an der Innenwand!

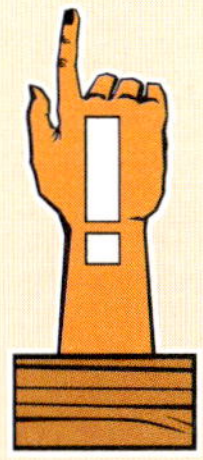

HINWEIS!

Nässe in den Wänden ist nicht nur schlecht für die Bausubstanz und führt zu krankmachendem Schimmel, Wasser ist auch eine Wärmebrücke: An der betroffenen Stelle ist die Dämmung nicht mehr so gut.

WICHTIG: Lassen Sie Ihr Bauvorhaben bei Ihrer zuständigen Gemeinde prüfen, denn die Bauordnungen sowie die Bebauungspläne müssen eingehalten werden.

ABDICHTUNG BEIM NEUBAU.

Bei einem Neubau hat man die Möglichkeit, gleich alles richtig zu machen, um sich spätere Ausgrabungen zu ersparen. Sofern man es nicht mit drückendem Grundwasser zu tun hat, wird alles ähnlich gemacht wie bei der Sanierung einer alten Grundmauer.

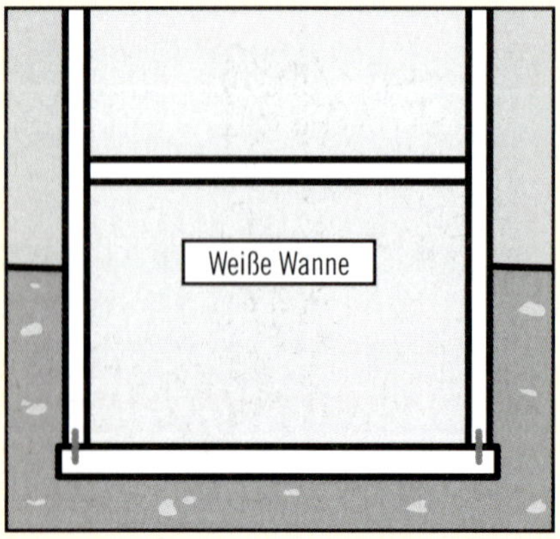

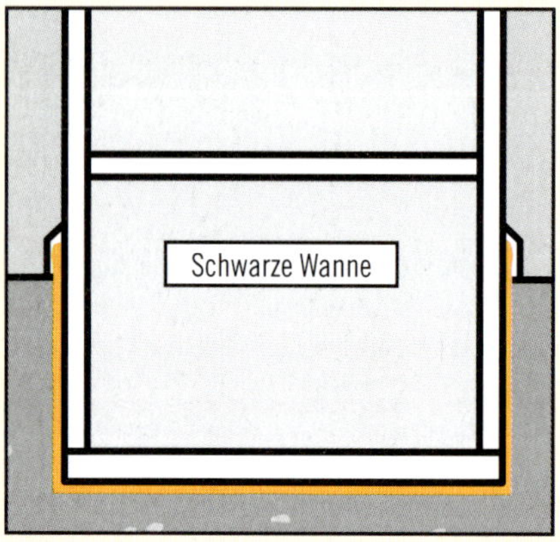

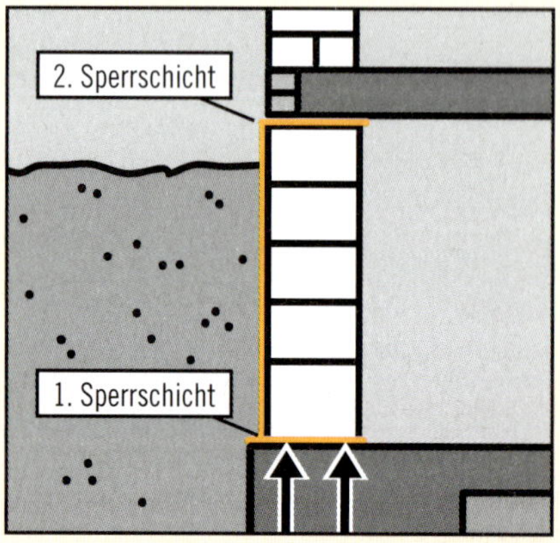

Schwarze und weiße Wanne

Sitzt der Keller in drückendem Wasser, stellt man eine „weiße Wanne" her. Dabei wird für Fundament und Grundmauer ein spezieller, wasserundurchlässiger (WU-)Beton eingesetzt. Der Keller befindet sich also in einer wasserundurchlässigen „Wanne". Das bedeutet, dass sie nicht 100%ig wasserdicht ist, sondern ein wenig Feuchte in die Wand eindringen kann, wo sie aber abtrocknet. Für die Bauwerksbewegungen müssen statt Bewegungsfugen gesicherte Sollbruchstellen in den Beton gesetzt werden. Außerdem braucht man Dichtungen an der Fuge zwischen Boden und Wand (waagrecht) und zwischen den einzelnen Wandscheiben (senkrecht). Für die Konstruktion einer „weißen Wanne" selbst gibt es übrigens keine DIN, lediglich für den WU-Beton.

Das Herstellen einer „weißen Wanne" überlassen Sie unbedingt Fachleuten, da es sich um eine Konstruktion mit hohem Anspruch handelt. Undichtigkeiten und Probleme mit der „weißen Wanne" treten meistens aufgrund mangelhafter Ausführung auf. Ganz rissfrei kann selbst der beste Profi sie nicht herstellen, Risse, die kleiner als 0,2 mm sind stellen jedoch kein Problem dar.

Eine „schwarze Wanne" stellt man nur her, wenn kein Grundwasser auf die Mauern drückt. Sie wird so genannt, weil man den Keller rundherum, auch unter dem Boden, mit Bitumen abdichtet und Bitumen ist ja bekanntlich schwarz.

Die Horizontalsperre

Einige Zentimeter über der Oberkante des Kellerbodens wird in die Mauer eine erste Sperrschicht, meist Bitumenpappe, eingebaut. Sie stoppt das von unten heraufziehende Wasser. Natürlich muss die Lage dick und stabil genug sein, um nicht zu reißen oder zu brechen, und sie muss ohne Unterbrechung auf ganzer Breite und Länge in der Mauer liegen. Eine zusätzliche Sicherheit wird durch eine zweite Sperrschicht unterhalb der Kellerdecke erreicht.

Das nachträgliche Einbauen einer Horizontalsperre ist problematisch und nur von Fachfirmen ausführen zu lassen.

So wird eine Hohlkehle gemacht.

MAUER FREILEGEN.

Keine falsche Scham, gehen Sie Ihrem Haus an die Grundmauer! Sie sind der Arzt, der die Ursachen der Schimmelkrankheit behebt. Dazu muss das alte Mäuerchen ans Tageslicht gebracht und eindringlich untersucht werden.

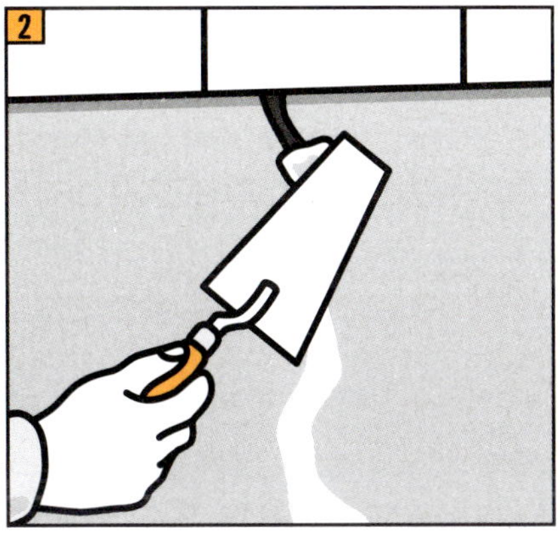

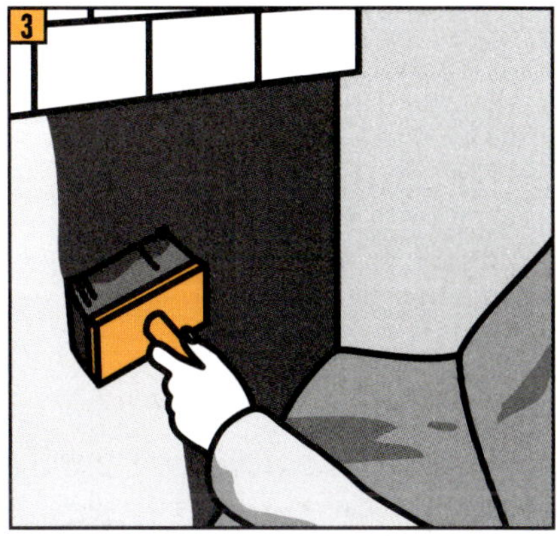

1 Zunächst einmal heißt es: entlang der Fundamentmauer einen Graben ausheben. Dabei kann ein gemieteter Minibagger hilfreich sein. Der Graben ist Ihr Arbeitsraum, er muss mindestens 80 cm breit sein. Die Böschung sollte ca. 30° geneigt sein, damit Sie nicht von abbröckelnder Erde verschüttet werden. Graben Sie bis zur Fundamentoberkante. Für die Dränage dürfen Sie auch bis 30 cm darunter graben, aber keinesfalls tiefer, das gefährdet die Statik des Hauses! **2** Wenn nicht schon vorher klar war, um welche Form der Feuchtebelastung es sich handelt, gilt es, dies jetzt herauszufinden. Möglicherweise brauchen Sie dafür einen Experten. Abhängig vom Ergebnis dieser Untersuchung ist, ob Sie eine Dränage benötigen. Wir empfehlen aber in jedem Fall eine, da Sie so auf Nummer sicher gehen, dass auch in Zukunft keine Probleme mehr auftreten werden. Alle Unebenheiten und Verunreinigungen (loser Putz, Dämmstoff- und Bitumenfarbreste) an der Mauer müssen beseitigt, Löcher und Risse im Mauerwerk glatt verspachtelt werden. **3** Die nun freistehende Wand muss völlig austrocknen. Falls eine stärkere Feuchtigkeitsbelastung vorlag, muss sie mechanisch getrocknet werden, bevor Sie weitermachen können (siehe „Die Feuchte aussperren" auf der nächsten Seite). Nach der Trocknung verfugt man sämtliche Risse und Löcher mit Dichtschlämme oder speziellem Sperrputzmörtel. **4** Schenken Sie dem Übergang von Mauer zu Fundament besondere Aufmerksamkeit. Dieser Winkel wird in Form einer Hohlkehle mit Dichtschlämme dick verfugt, damit sich hier kein Wasser sammeln und eindringen kann.

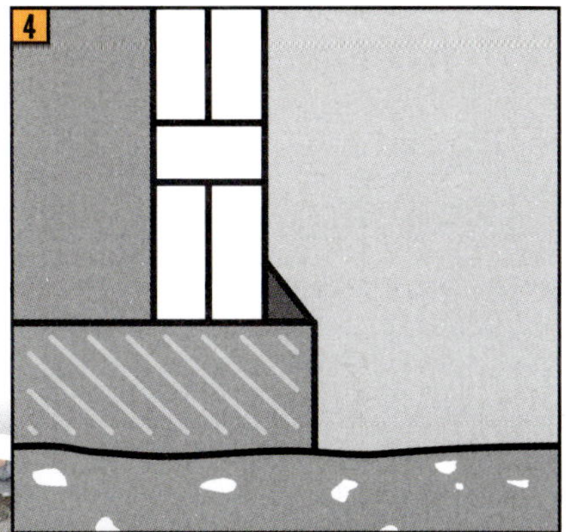

HINWEIS!

Vorsicht bei Grabungen im Bereich des Fundaments! Nie mehr als 30 cm in die Tiefe graben, da ansonsten die Statik des Hauses gefährdet wird! Im Zweifelsfall lieber einen Fachmann zu Rate ziehen.

DIE FEUCHTE AUSSPERREN.

Nach der Operation am offenen Mauerwerk kommt jetzt die Bandage. Zuerst wird die Mauer mit einem Bitumen-Voranstrich behandelt. Welches Verbandszeug Sie danach auf der Wand benutzen, hängt davon ab, ob und wie stark Sie diese dämmen wollen. Denn als Wohn- und Aufenthaltsraum

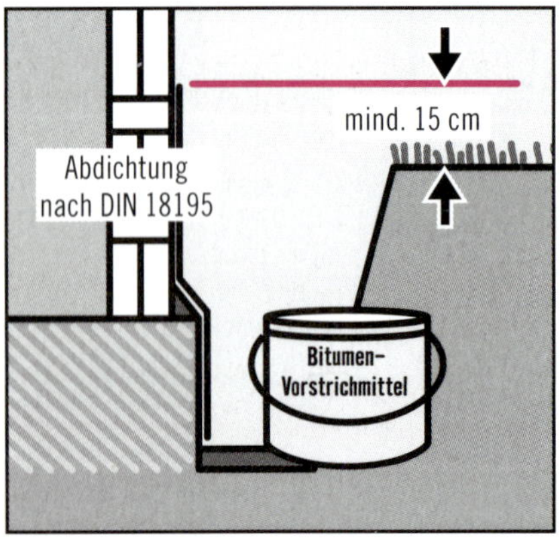

Die Abdichtung der Wand muss nach DIN 18195 mindestens 15 cm über den Rand des Erdreichs hinausreichen. Außerdem muss der Untergrund eben sein. Eine saugfähige Wand muss vorgrundiert werden. Um die natürliche Bodenfeuchte auszusperren genügt es, die gesamte Wandfläche mit einem Quast dünn mit Bitumen-Vorstrichmittel anzustreichen. In der Regel sind ein Voranstrich und drei Deckaufstriche notwendig. Tragen Sie Schutzkleidung, denn Bitumen lässt sich nicht mehr aus der Kleidung entfernen! Beachten Sie auch die Hinweise der Herstellerfirma.
Um die Kellerwand vor Fließwasser (z. B. Regenwasser) zu schützen, müssen Sie mehrlagig geklebte Sperrbahnen oder Kunststoffbahnen anbringen.

FÜR DIE WEITERE VORGEHENSWEISE GIBT ES VIER VARIANTEN.

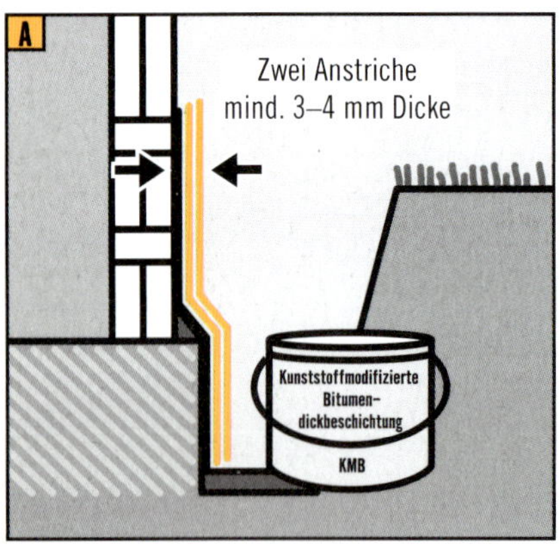

A Haut aus Bitumenbeschichtung

Bitumenbeschichtung ist resistent gegen Tausalz, lässt auf jeden Fall keine Wurzeln durch und überbrückt dank ihrer Elastizität problemlos Risse bis 2 mm. Wenn der Voranstrich getrocknet ist, tragen Sie zwei Schichten kunststoffmodifizierte Bitumendickbeschichtung (KMB) auf. Sie können die KMB frisch auf frisch mit einer Putzkelle oder einer Kartätsche aufziehen. Halten Sie während des Trocknens Regen von ihr fern, auch Frosteinwirkung ist auszuschließen. Am Ende sollte die Trockenschichtdicke der KMB mindestens 3 mm betragen, bei zeitweise aufstauendem Sickerwasser mindestens 4 mm. Die dazu notwendige, vom Hersteller angegebene Nassschichtdicke darf maximal doppelt so dick werden, da die Schicht sonst nicht richtig durchtrocknet. Das Trocknen dauert 3–7 Tage.

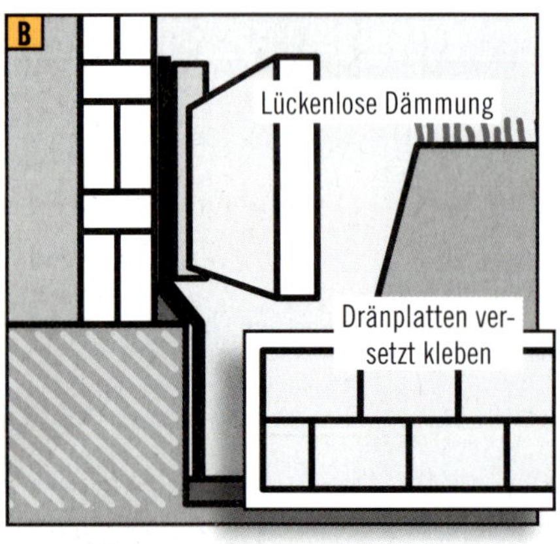

B Dämmplatten anbringen

Spezielle Dämmplatten für den erdberührenden Bereich heißen Perimeterplatten. Sie sind aus EPS-Hartschaum und gehören zur Wärmeschutzklasse 035. Man klebt sie auf eine KMB-Haut, wodurch diese praktischerweise auch noch vor Verletzungen durch spitze Steine oder Wurzeln geschützt wird. Es gibt Perimeterplatten, die mit Ablaufkanälen für ankommendes Wasser ausgestattet sind. Meist sind sie dann auf der Außenseite noch mit Filtervlies versehen, damit die Kanäle nicht mit Schwemmstoffen verstopfen. Diese Perimeterdränageplatten sind für unterschiedliche Einbautiefen zugelassen (bis 3 oder 6 m). Bei drückendem Wasser können sie nicht eingesetzt werden. Geben Sie als Klebemittel einen Wulst und einzelne Häufchen aus KMB auf die Rückseite der Matten. Die Matten werden lückenlos und versetzt zueinander auf die Wand geklebt, d. h. es sollten sich keine Kreuzfugen bilden. Die Verklebung muss abbinden, ehe Sie den nächsten Schritt vornehmen.

ist der Keller oft zu kühl. Wenn Sie den Keller zum Wohnen nutzen, aber sich nicht bankrott heizen wollen, ist es sinnvoll, die Mauern schön dick einzupacken. Für einen Weinkeller oder Lagerraum dürften dünnere, preiswertere Varianten ausreichen.

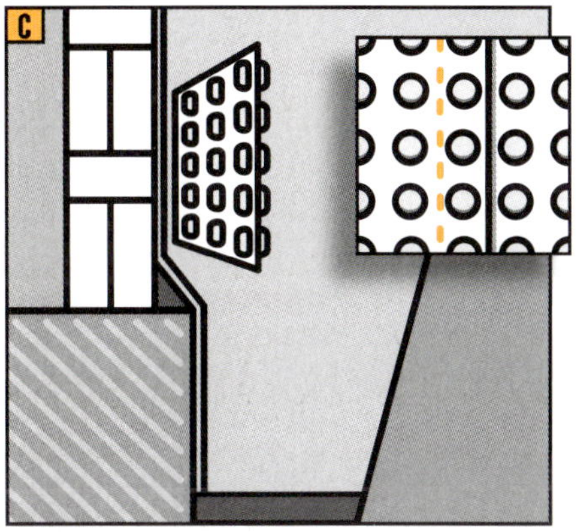

C Abdichtung mit Kunststoff-Noppenbahnen
Noppenbahnen haben gleich mehrere Vorteile. Die Noppen bilden Kanäle, in denen Luft zirkuliert und einlaufendes Wasser nach unten abläuft. Sie schützen den Bitumenanstrich vor spitzen Steinen und Wurzeln. Außerdem haben sie den gleichen Wärmedämmeffekt wie eine 17 cm dicke Betonwand. Die Noppenbahnen verlegt man von der Rolle mit den Noppen nach außen. Sie werden einfach in die Baugrube gestellt. Aussparungen sind mit Schere oder Cutter auszuschneiden. Die Bahnen lassen sich auch leicht knicken, damit man um Ecken und Kanten herumkommt. Zwei Bahnen schließt man überlappend aneinander an. Mit Holzlatten stützt man die Bahnen gegen Umkippen ab, bis die Grube verfüllt wird. Schlagen Sie die Oberkanten um und fixieren Sie diese mit Stahlnägeln, die dann unter einem Profil verschwinden. Das Profil ebenfalls mit Stahlnägeln anbringen. Achtung: Die Abdichtung so weit über den Boden hinausführen, dass die Nägel oberhalb des abzudichtenden Bereichs liegen, sonst zieht sich an den Nägeln wieder Feuchtigkeit in die Wand.

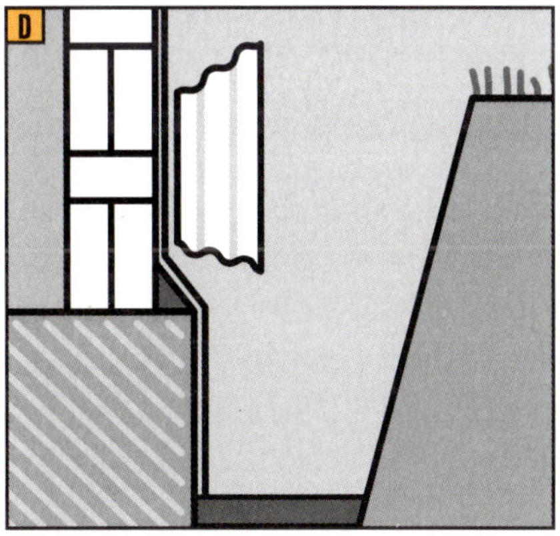

D Preiswerter Schutz mit Bitumenwellpappen
Diese Platten sind aus Naturfasern, die unter Hochdruck mit Bitumen getränkt und dann gehärtet wurden. Die Platten im Graben an die Wand lehnen und mit Latten fixieren, bis der Graben verfüllt ist. Aussparungen können Sie mit einem Fuchsschwanz einfach zusägen. Oben bildet ein Profil aus Schaumgummi den Abschluss. Es wird eingesteckt und hält von selbst.

DRÄNAGE.

Bevor Sie beginnen, sollten Sie wissen, wohin das Wasser abtransportiert werden kann. Gibt es einen Kanalanschluss und dürfen Sie diesen nutzen? Die Einleitung in die Mischwasser- bzw. Schmutzwasserkanalisation muss von Ihrer zuständigen Behörde genehmigt werden.

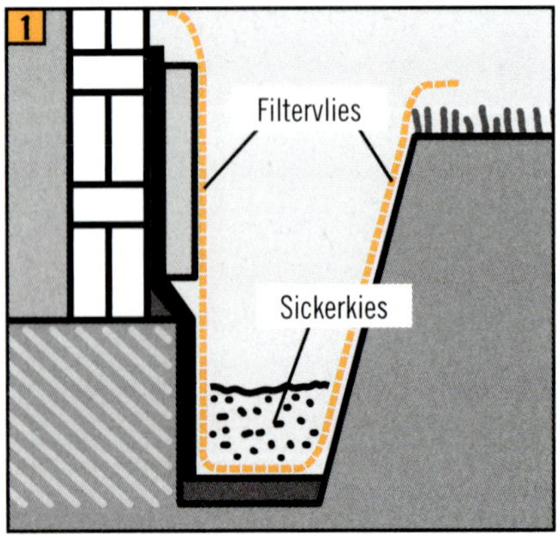

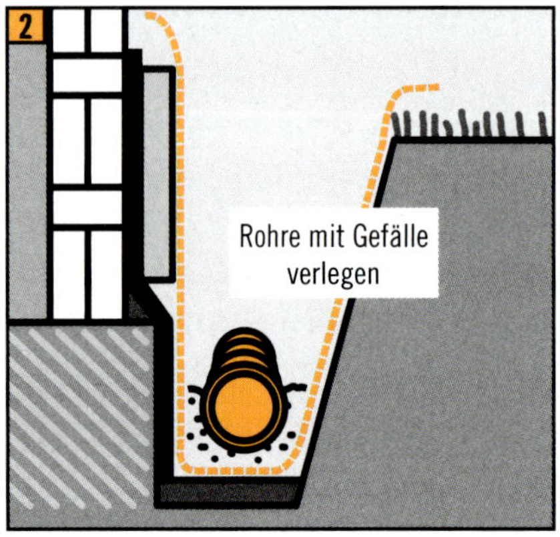

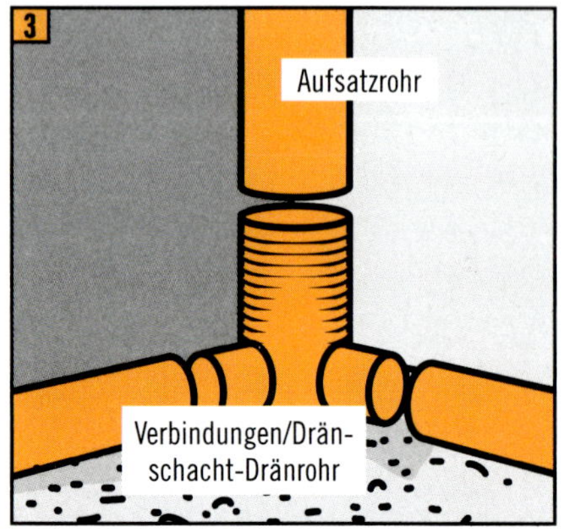

1 Das Grabenbett wird am besten so mit Filtervlies ausgelegt, dass seitlich Vlies zum Umschlagen übersteht. Darauf schütten Sie eine mindestens 15 cm dicke Schicht speziellen Sickerkies. **2** Verlegen Sie auf diesem Kiesbett das Dränrohr mit 1,5 % Gefälle vom Rohrscheitel (höchster Punkt) ausgehend. Dieser befindet sich 20 cm unter der Fundamentoberkante (DIN 4095). Der tiefste Punkt ist der Anschluss an den Kanal oder Sickerschacht. So fließt das Wasser immer richtig ab. **3** An jeder Richtungsänderung – also an allen Ecken – bauen Sie ein T-Stück und einen Dränschacht (auch Revisionsschacht genannt) nach oben ein. Dies ist das Spül- oder Kontrollrohr, durch das Verunreinigungen in der Dränage weggespült werden. **4** Das Dränrohr lässt sich beliebig zuschneiden und einfach an die Verbindungsstücke zum Dränschacht und Kanal anschließen.

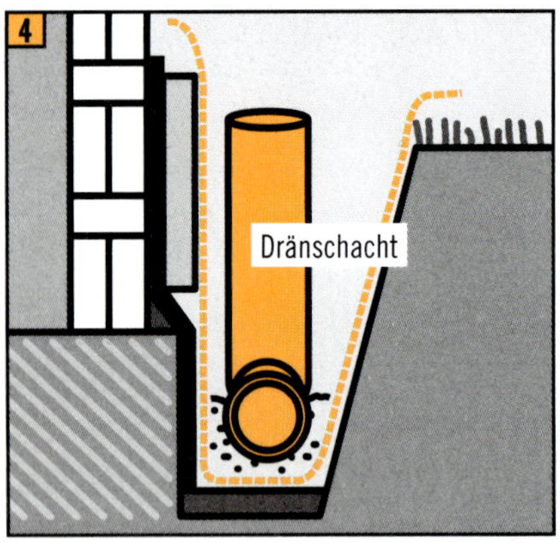

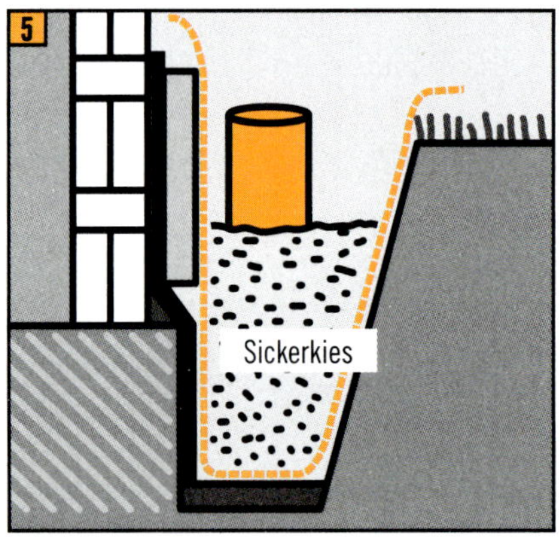

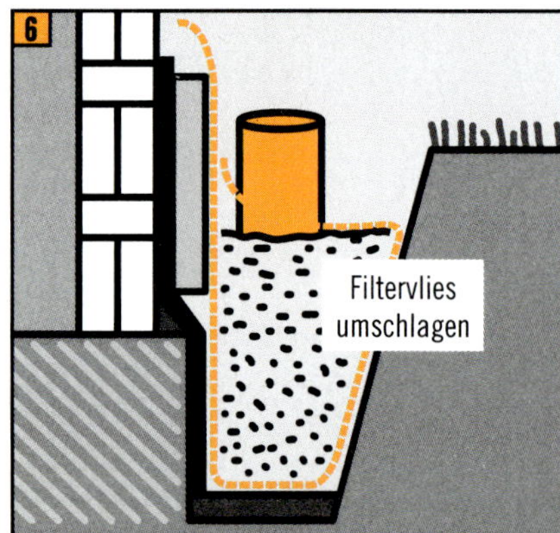

5 Wenn der Anschluss an den Kanal oder Sickerschacht gemacht ist, füllen Sie Kies in den Graben, bis die Dämm- bzw. Dränplatten an der Hauswand 50 cm hoch bedeckt sind. **6** Schlagen Sie die Enden des unteren Vlieses um und bedecken Sie zusätzlich die gesamte Kiesfläche und die Dämmplatten bis oben zum Rand mit Filtervlies. Während der Arbeiten können Sie das Vlies provisorisch an den Platten befestigen. Die gesamte Dränage und ihr Kiesbett sind so vor Verunreinigung durch Schwemmteilchen im absickernden oder aufsteigenden Wasser geschützt. **7** Den Rest des Grabens füllen Sie nun lagenweise auf – entweder mit dem Erdaushub oder, falls dieser sich nicht eignet, mit einem anderen Füllstoff, der Wasser gut nach unten absickern lässt. Immer abwechselnd eine Lage Füllstoff einfüllen, diese verdichten und wieder mit einer neuen Lage auffüllen.

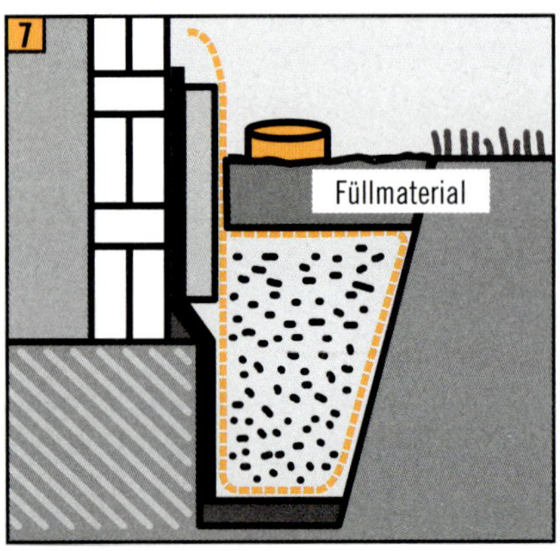

DAS INJEKTIONSVERFAHREN.

Diese Methode zum Austrocknen von Wänden eignet sich für alle üblichen Mauerwerke aus Beton, Kalksandstein, Ziegel usw. Es kann sowohl bei Innen- als auch bei Außenwänden, als vorbeugende Maßnahme bei trockenen Wänden genauso wie bei bereits feuchten Wänden eingesetzt werden.

Es gibt verschiedene Flüssigkeiten, die als Kapillarsperren in die Wand injiziert werden können. Viele wurden im Tunnelbau entwickelt, aber nicht alle eignen sich gleich gut für Häuser. Von auf Wasser basierenden oder Wasser enthaltenden Sperrflüssigkeiten ist abzuraten. Lassen Sie auch die Finger von Harzen, weil sie zu dickflüssig sind und mit Wasser spontan zu einer ledrigen Haut reagieren können. Esoterisch anmutende Verfahren mit elektrischem Strom oder Funkwellen haben eine mindestens zweifelhafte Wirkung. Am besten haben sich Sperren aus Spezialparaffin bewährt. Paraffin ist keine schlimme Chemiekeule, sondern das, woraus die meisten Kerzen sind, nämlich Wachs. Das Wachs fließt in die Poren des getrockneten Mauerwerks und verschließt sie dauerhaft gegen Wasser. Es macht sich dabei den Kapillareffekt zu eigen und steigt durch die gleichen Kanäle, durch die sonst das Wasser fließen würde. **1** Zu Beginn

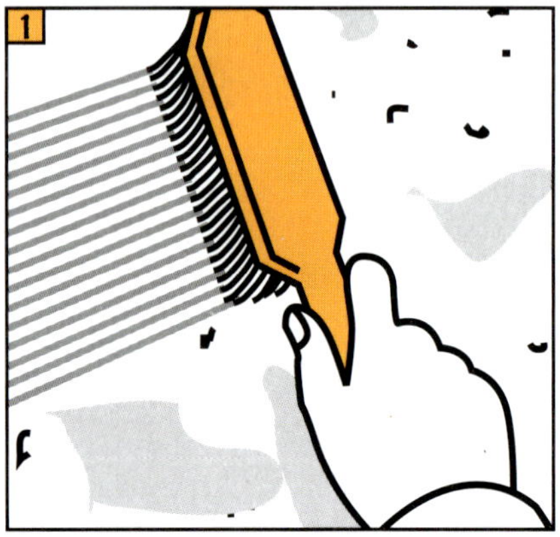

müssen Sie mit einer Stahlbürste alle alten Anstriche, lose Putzteile, beschädigte Materialien sowie Schmutz und Staub von den zu sanierenden Innenwänden entfernen. **2** Jetzt wird gebohrt! Und zwar

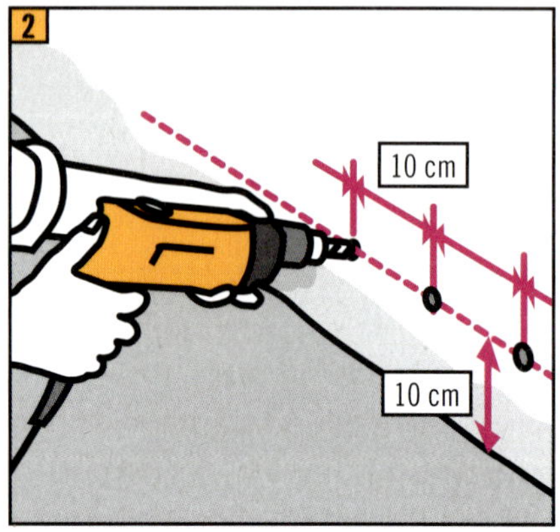

so: Bringen Sie etwa 10 cm über dem Boden an der zu sanierenden Wand eine erste Bohrlochreihe an. Dabei sollte der Abstand zwischen den Löchern nicht mehr als 10 cm betragen. **3** Eine zweite

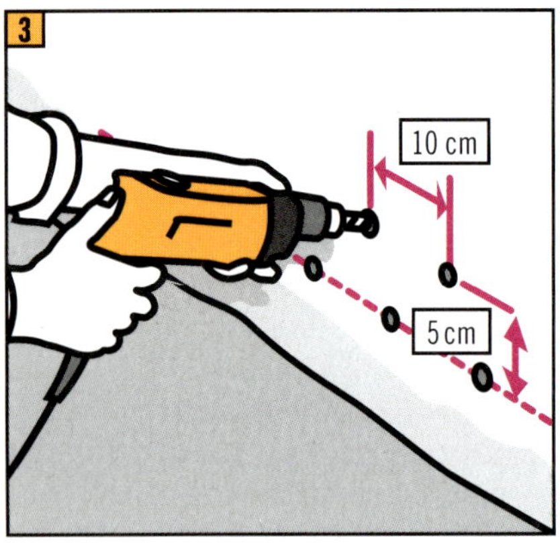

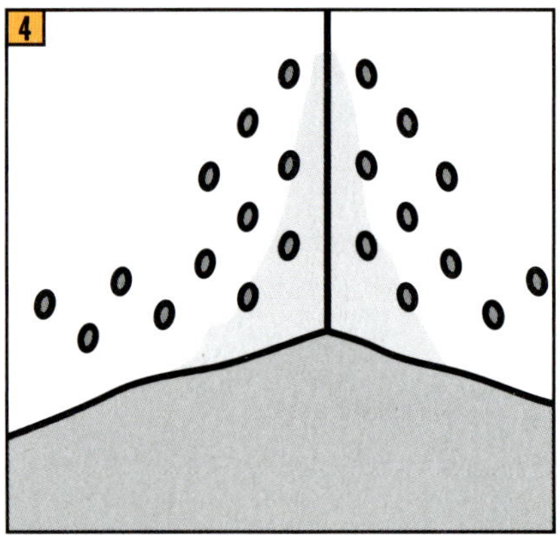

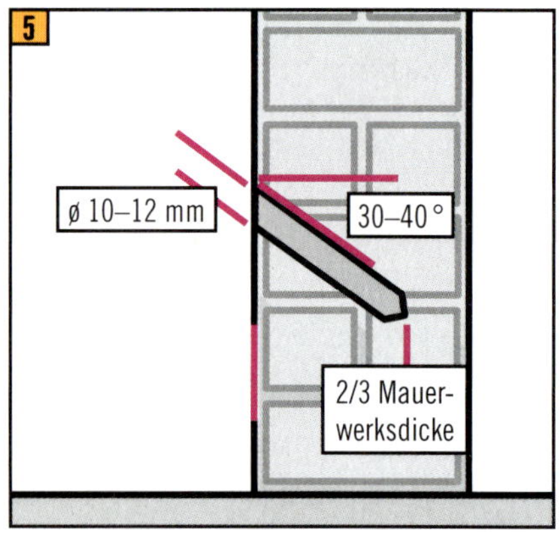

Reihe Bohrlöcher kommt mittig versetzt in einem Abstand von 5–6 cm über die erste Bohrlochreihe. **4** Da sich die Feuchtigkeit in Mauerecken besonders gern breitmacht, sollten Sie an solchen Stellen die Bohrlochreihen doppelreihig weiter nach oben führen. **5** Die Löcher selbst sollten so aussehen: Bohren Sie mit einem Durchmesser von 10–12 mm und in einem Winkel von 30–40°. Die Tiefe des Bohrlochs sollte jeweils zwei Drittel der Mauerwerksdicke betragen. Die Bohrlöcher mit einem Staubsauger aussaugen.

6 Zum Einfüllen der Sanierflüssigkeit werden auf die Bohrlöcher sogenannte Injektionstrichter aufgesteckt. Dadurch lässt sich die Sanierflüssigkeit leichter einfüllen und kontrollieren.

WERKZEUG.

- ✓ Stahlbürste
- ✓ Meißel
- ✓ Hammer
- ✓ Zollstock
- ✓ Bleistift
- ✓ Bohrhammer
- ✓ Bohrer (10/12 mm)
- ✓ Glättkelle

MATERIAL.

- ✓ Sanierflüssigkeit
- ✓ Bohrlochschlämme
- ✓ Injektionstrichter

Wichtig: Die Wand wird von innen her ausgetrocknet, nachdem sie von außen gegen Feuchte abgesperrt wurde.

6
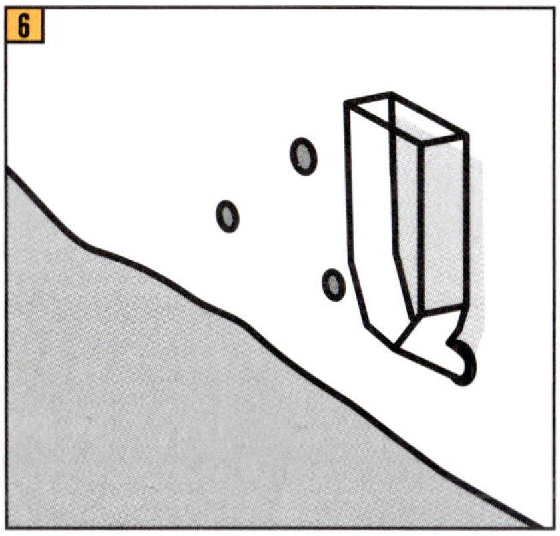

7

8

9
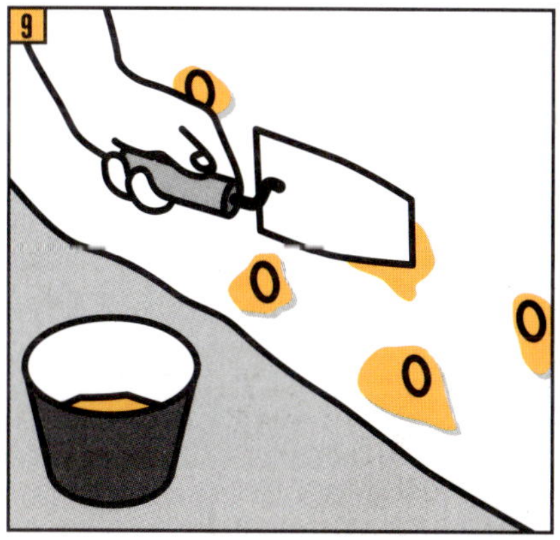

7 Die Flüssigkeit nun so in die Trichter einfüllen, dass sie langsam in das Mauerwerk einsickern kann. So lange Sanierflüssigkeit nachfüllen, bis das Mauerwerk gesättigt ist. Die Sättigung ist erreicht, wenn über die Injektionstrichter keine Sanierflüssigkeit mehr nachläuft. Der Injektionsvorgang dauert je nach Mauerstärke in der Regel 6–14 Tage. 8 Danach müssen die Bohrlöcher wieder verschlossen werden. Dazu benutzen Sie Dichtungsschlämme oder eine vom Hersteller des Dichtungssystems empfohlene Materialmischung. Zum Füllen der Löcher einen Einfülltrichter benutzen. Die angerührte Masse wird mit einem Stab durch den Trichter ins Bohrloch gedrückt. 9 Danach die überschüssige Masse mit einer Kelle glatt streichen.

Der Keller ist wieder in trockenen Tüchern! Das fühlt sich gut an, oder?

ACHTUNG! PROFITIPP

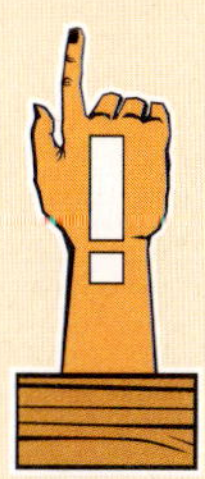

Schadhafte Stellen, offene Fugen, Löcher und Risse sowie Hohlblocksteine müssen vor dem Einbringen der Sanierflüssigkeit mit Bohrlochschlämme verfüllt werden. Die Hohlkammern werden dazu angebohrt und die Bohrlochschlämme mit einem speziellen Injektionstrichter eingefüllt. Nach dem Abbinden des Materials kann die eigentliche Sanierung erfolgen.
Bei nichtsaugendem Natursteinmauerwerk (z. B. Granit) wird Feuchtigkeit nur über die Fugen aufgenommen. Deshalb die Bohrlöcher hier ausschließlich in die Fugen setzen. Das Verfüllen und die weitere Behandlung erfolgen dann wie bei normalem Mauerwerk.

GRUND-LEITUNGEN VERLEGEN.

GRUNDLEITUNGEN VERLEGEN.

UNSER TÄGLICHES GESCHÄFT AUF DEM STILLEN ÖRTCHEN SOWIE DAS WASSER, DAS SPÜL- UND WASCHMASCHINEN HINTERLASSEN, WENN SIE IHRE ARBEIT GETAN HABEN, UND VIELES MEHR MUSS AUF SAUBEREM WEG DAS HAUS VERLASSEN KÖNNEN. DIESEN JOB ÜBERNEHMEN ZUVERLÄSSIG DIE GRUNDLEITUNGEN. DAMIT DIES AUCH EINWANDFREI FUNKTIONIERT, MÜSSEN DIE KG-ROHRE SORGFÄLTIG VERLEGT WERDEN.

WELCHES WASSER FLIESST WOHIN?

Bei der Hausentwässerung unterscheidet man Schmutzwasser und Regenwasser. Schmutzwasser ist all solches Wasser, das aufgrund seiner Verunreinigung aufbereitet werden muss, ehe es wieder dem Wasserkreislauf zugeführt werden kann. In der Regel werden Schmutz- und Regenwasser nicht zusammen abgeführt, sondern haben getrennte Rohrsysteme. Meistens dürfen die beiden gar nicht zusammengeleitet werden. Sollte dies ausnahmsweise doch der Fall sein, spricht man von Mischwassersystemen.

Schmutzwasser wird heutzutage in Kunststoffrohren verschiedener Durchmesser vom Abfluss der Dusche, Wanne, Waschmaschine, Toilette etc. in die Kanalisation geführt. Dabei unterscheidet man gemäß DIN 1986 verschiedene Leitungsabschnitte:

- Die Anschlussleitung führt vom Siphon oder Wasserablauf bis zum nächstgrößeren Rohr, der Fallleitung.
- Das Fallrohr oder die Fallleitung leitet das Wasser aus den verschiedenen Stockwerken in die Sammelleitung. Das Fallrohr ist über das Dach entlüftet, damit kein Sog entsteht und das Wasser optimal abfließt.
- Die Sammelleitung führt das Abwasser in die Grundleitung.
- In der Grundleitung wird das Abwasser in den Kanal eingeleitet. Sie befindet sich außerhalb des Gebäudes. Erst hier werden bei Mischwassersystemen Regen- und Schmutzwasser zusammengeführt. Revisionsschächte an den Grundleitungen ermöglichen das regelmäßige Kontrollieren und Reinigen der Rohre.
- Die Lüftungsleitung ist der Teil des Fallrohrs, der kein Abwasser führt und nur zur Entlüftung dient.
- Eine Umgehungsleitung braucht man, wenn es zu einem Abwasserstau kommen kann. Sie ist für mehrstöckige Häuser vorgeschrieben.
- Regenfallleitungen leiten das Regenwasser vom Dach aus der Dachrinne in einen Sickerschacht, eine Tonne, eine Zisterne, eine Sammelleitung oder in die Grundleitung.

Wasser in die öffentliche Kanalisation einzuleiten, ist kostenpflichtig. Da man das nicht messen kann, wird die Menge des zugeleiteten Trinkwassers als Berechnungsgrundlage genommen. Flüssigkeiten wie Benzin, Säure, Fett, Öl etc. dürfen nicht in das Abwasser gelangen! Eine Rückstausperre verhindert, dass Abwasser die Leitung hinaufgedrückt wird, wenn der Kanal verstopft ist oder bei starkem Regen viel Wasser auf einmal anfällt.

ACHTUNG: Rückstauschutz ist nur was für den Fachmann und nicht für den Selbermacher!

HINWEIS!

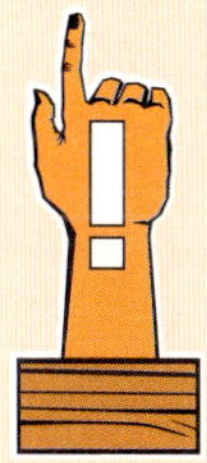

Regenwasser

In den meisten Gemeinden darf man Regenwasser nicht der Kanalisation zuführen, sondern muss es versickern lassen, damit es ins Grundwasser gelangt und dem natürlichen Wasserkreislauf erhalten bleibt. Dafür braucht man einen entsprechenden Sickerschacht, damit es sich nirgends staut und auf die Mauern drückt oder das Fundament unterspült. Man kann Regenwasser aber auch nutzen: zum Gartenbewässern, für die Toilettenspülung und sogar für die Waschmaschine. Mehr dazu im Kapitel „Regenwasser nutzen“ ab Seite 594.

Weitere Informationen zur Rohrverlegung finden Sie im Projekt „Wasserzu- und -ablauf installieren“ ab Seite 324.

WICHTIG: Lassen Sie Ihr Bauvorhaben bei Ihrer zuständigen Gemeinde prüfen, denn die Bauordnungen sowie die Bebauungspläne müssen eingehalten werden.

WELCHE ROHRE NIMMT MAN?

Früher waren Abflussrohre gusseiserne Monster, die ein ziemliches Gewicht auf die Waage brachten und ganz gerne auch mal durchrosteten. Auch die andere Variante aus Keramik, in deren Frostrisse Baumwurzeln eindrangen und das Rohr aufsprengten, wird immer seltener. Heutzutage sind Ab-

Durchmesser und Gefälle

Abwasserrohre haben einen größeren Durchmesser als Zuleitungen. Sie stehen nicht unter Druck, denn hier fließt Wasser nur, wenn Sie welches benutzt und abgelassen haben. Welchen Durchmesser man nimmt, hängt vom angeschlossenen Sanitärobjekt ab. Ist der Durchmesser zu groß, kann das Abwasser das Rohr nicht ganz ausfüllen und die festen Stoffe erreichen nur eine geringe Schwimmtiefe. Diese setzen sich mit der Zeit ab und verstopfen das Rohr. Bei zu engem Durchmesser kann es zu Geruchsbelästigungen und Gurgelgeräuschen kommen, weil das Wasser sich nicht schnell genug durch das Rohr zwängen kann.

Planen Sie bei allen außer den senkrecht verlaufenden Fallrohren ein Rohrgefälle von 2 cm/m ein. Ist das Gefälle größer, fließt das Wasser zu schnell ab und Schwemmstoffe können sich absetzen. Ein kleineres Gefälle verlangsamt den Fluss des Wassers so sehr, dass es die Schwemmstoffe nicht mehr mit sich führen kann. Beides führt zu Rohrverengungen und damit zu Verstopfung. Denken Sie außerdem daran, dass Abzweigungen nicht in einem Winkel gegen die Fließrichtung gebaut werden dürfen, sondern mit weniger als 45° mit dem Fluss. Bei Fallrohren sind bis 88° in Fließrichtung möglich.

ROHRMATERIAL

Name	Material	Verwendung
KG-Rohr (Kanal-Grundrohr)	PVC	Verlegung im Erdboden und unter der Kellersohle, auch Fall- und Sammelleitungen. Durchmesser 100, 120, 150, 200, 250, 300, 400, 500 mm. Farbe: Rotbraun.
HT-Rohr (Hochtemperatur-Rohr)	Polypropylen (PP)	Innenbereich. Halten heiße Abwässer aus, können aber nicht im Erdreich verlegt werden. Durchmesser: 40, 50, 70 und 100 mm. Farbe: Grau.

Leitungen, die das Abwasser aus mehreren Einzelableitungen sammeln, um es zum Fallrohr zu führen, müssen einen entsprechend größeren Durchmesser haben.

HINWEIS!

Verwenden Sie lediglich Rohre, die entsprechend als Abwasserrohre gekennzeichnet sind und eine Zulassung des Deutschen Instituts für Bautechnik (DIBt) haben. Neben dem PA-Zeichen müssen Material (PP für Polypropylen bzw. PVC) und Durchmesser angegeben sein.

KG-Rohre dürfen nicht im Haus verbaut werden, da diese bei Überhitzung giftige Dämpfe entwickeln.

HT-Rohre hingegen sind nicht für den Außenbereich geeignet.

flussrohre aus Kunststoff: im Innenbereich aus hitzebeständigem Polypropylen (PP) und Polyethylen (PE); die Grundleitungen sind dagegen aus unverrottbarem PVC. Sie sind säure- und lösemittelresistent, kosten nicht viel, rosten nicht und zerbrechen so schnell nicht.

VERSCHIEDENE EINZELTEILE

Name	Verwendung
KGEM: Rohr mit einer Muffe ❶	Gerade KG-Rohrstücke, die ineinander gesteckt werden können.
KGB: Bogen ❷	Winkel: 15°; 30°; 45°; 67,5°; 87,5°; gebogenes Rohrstück für Ecken etc.
KGRE: Reinigungsrohr ❸	Rohrstück mit Öffnung, um die Leitung reinigen zu können.
KGEA: Einfachabzweig ❹	Winkel: 45°; 87,5°; damit führt man der Leitung eine kleinere Leitung zu.
KGR: Reduktion, exzentrisch	Vergrößert bzw. verkleinert den Leitungsdurchmesser.
KGUG: Anschluss an Gussrohr	Anschlussstück für die Verbindung des KG-Rohrs mit einem Gussrohr.
KGUSM: Anschluss an Steinzeugrohr Muffenende	Anschlussstück für die Verbindung des KG-Rohrs mit dem Muffenende eines Steinzeugrohrs.
KGUS: Anschluss an Steinzeugrohr spitzes Ende	Anschlussstück für die Verbindung des KG-Rohrs mit dem spitzen Ende eines Steinzeugrohrs.
KGMM: Doppelmuffe	Verbindet zwei muffenlose Rohrenden.
KGM: Muffenstopfen	Verschluss für ein Rohrende mit Muffe.
KGU: Überschiebmuffe	Verbindungsstück, wird z. B. beim Reparieren eines Rohrs gebraucht.
Rückstausicherung ❺	Bauteil, das bei verstopftem Kanal verhindert, dass das Schmutzwasser zurück in die Abwasserleitungen fließt.
Dichtungsringe	Zur Abdichtung bei Rohrverbindungen.

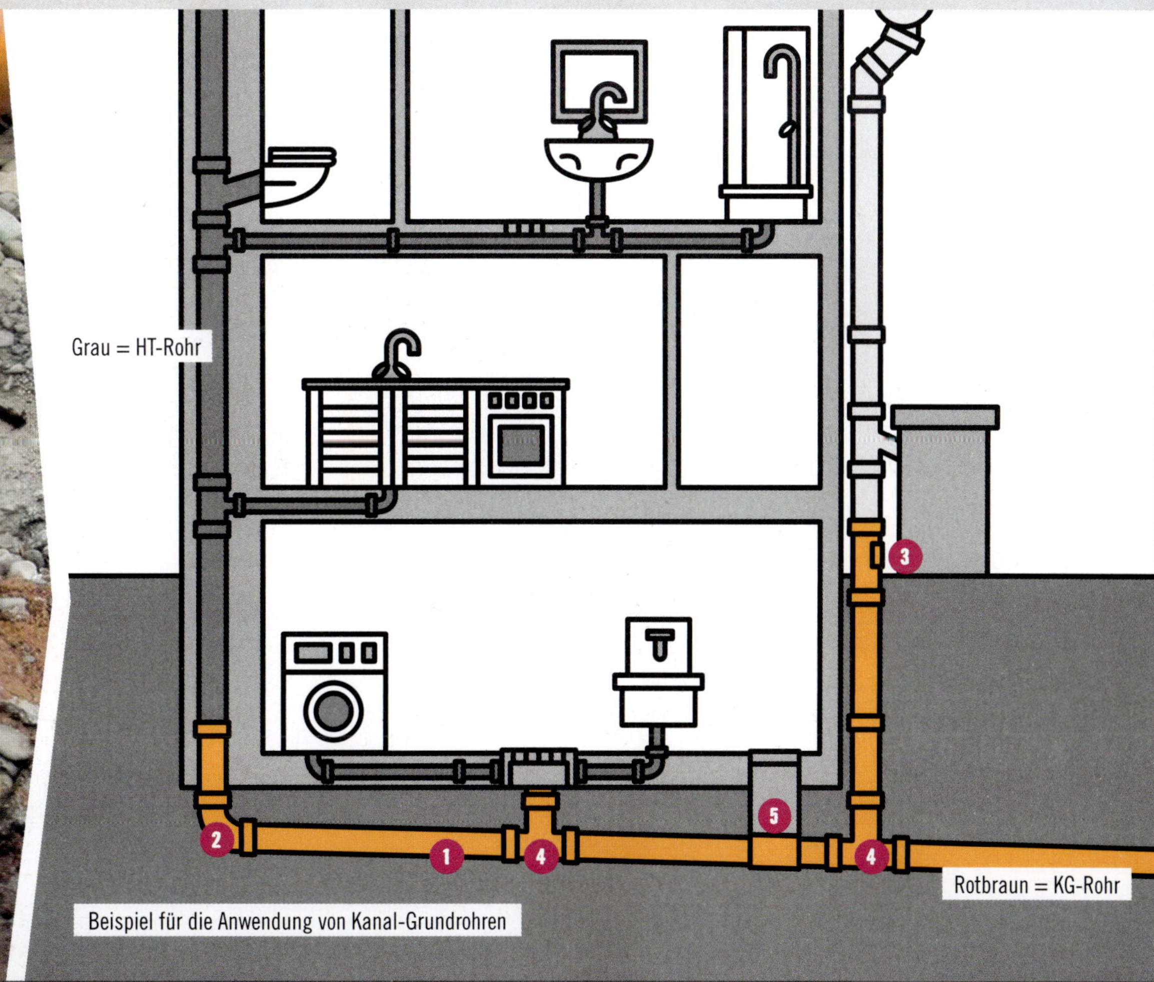

Beispiel für die Anwendung von Kanal-Grundrohren

ROHRE VERARBEITEN.

Bevor Sie ans Werk gehen, zeichnen Sie am besten eine maßstabsgetreue Skizze der Räume und der Rohrwege. Dann finden Sie leichter heraus, welche und wie viele Rohrstücke Sie brauchen. Denken Sie nicht nur an Bögen in den richtigen Winkeln, sondern auch an genügend Montageschellen.

1

2
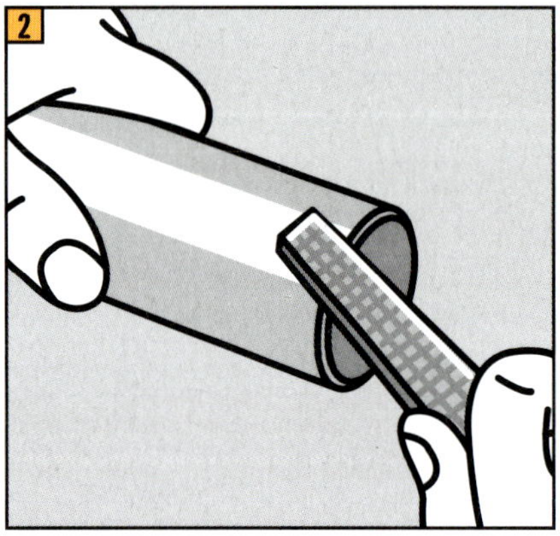

3

Abwasserrohre verlegt man in der Wand, in Rohrschächten, im Hohlraum des Vorwandsystems oder hinter einem Verkleidungssockel. In Kellerräumen reicht es, die Rohre auf der Wand zu verlegen. **1** Nehmen Sie den Dichtungsring aus dem Muffenende. Dann das Rohr auf die richtige Länge zusägen. Abgesägt wird immer das schmale und nicht das Muffenende! Damit der Schnitt gerade wird, benutzen Sie eine Schneidlade. Behelfsmäßig können Sie auch ein Blatt Papier um das Rohr wickeln und entlang der Papierkante sägen. **2** Mit einer Feile den Schnittrand innen und außen entgraten und Spülmittel oder spezielles Gleitmittel auftragen. **3** Schieben Sie die beiden Enden bis zum Anschlag ineinander und

4
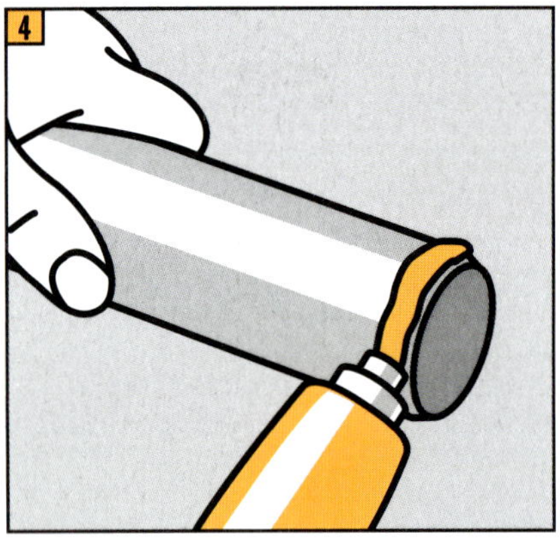

5
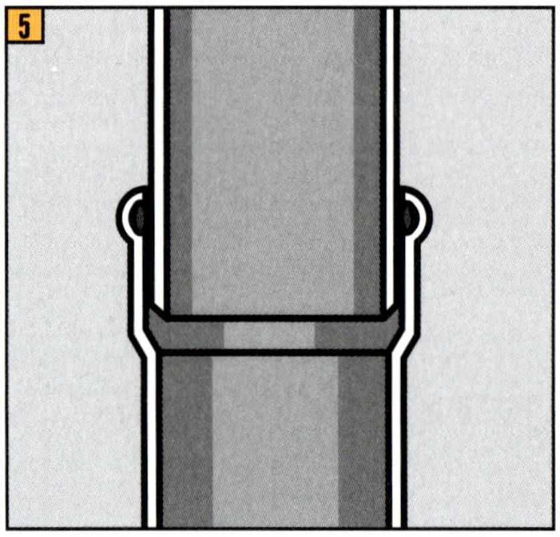

6
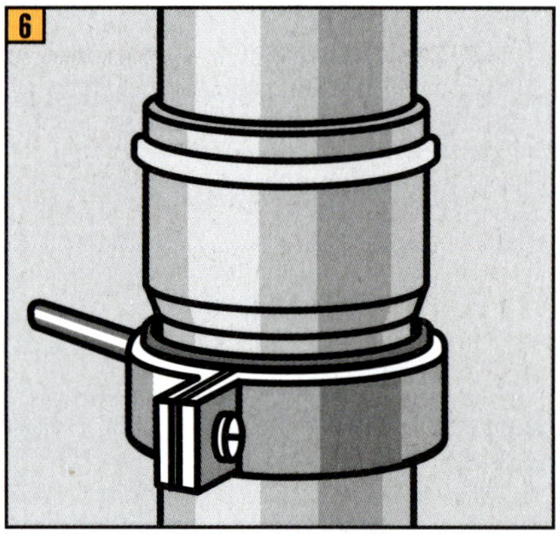

markieren Sie mit einem Stift das Ende der Muffe auf dem Rohr. **4** Die Rohre wieder auseinanderziehen und den Dichtungsring einlegen. Wenn Sie die Rohre miteinander verkleben wollen, tragen Sie jetzt den speziellen Kleber auf. Dann stecken Sie die Rohre wieder zusammen. **5** Ziehen Sie das eine Rohr nun 1 cm weit aus der Muffe heraus. Den Abstand können Sie an der Markierung, die vorhin gemacht wurde, ablesen. Dieser Dehnungsausgleich ist nötig, damit sich das Material bewegen kann, wenn heißes Wasser durch die Leitung fließt. **6** Die Befestigungsschellen direkt unterhalb der Muffen anbringen, sonst können die Rohre auseinanderrutschen. Bei Fallrohren darf maximal 2 m Abstand zwischen den Schellen sein, bei liegenden Rohren beträgt der Abstand den zehnfachen Rohrdurchmesser. Zum Schallschutz die Rohre mit schalldämmendem Material ummanteln.

KG-Rohre (Kanal-Grundrohre) sind an ihrer rotbraunen Farbe erkennbar.

ROHRABSCHNITTE TAUSCHEN.

Als Gleitmittel fürs Zusammenstecken reicht in der Regel Spülmittel, falls nicht, müssen Sie spezielles Gleitmittel einkaufen. Sind die Rohre mal zu lang – kein Problem, man kann sie problemlos zusägen. Nach getaner Vorbereitung ist das Verlegen dann babyleicht.

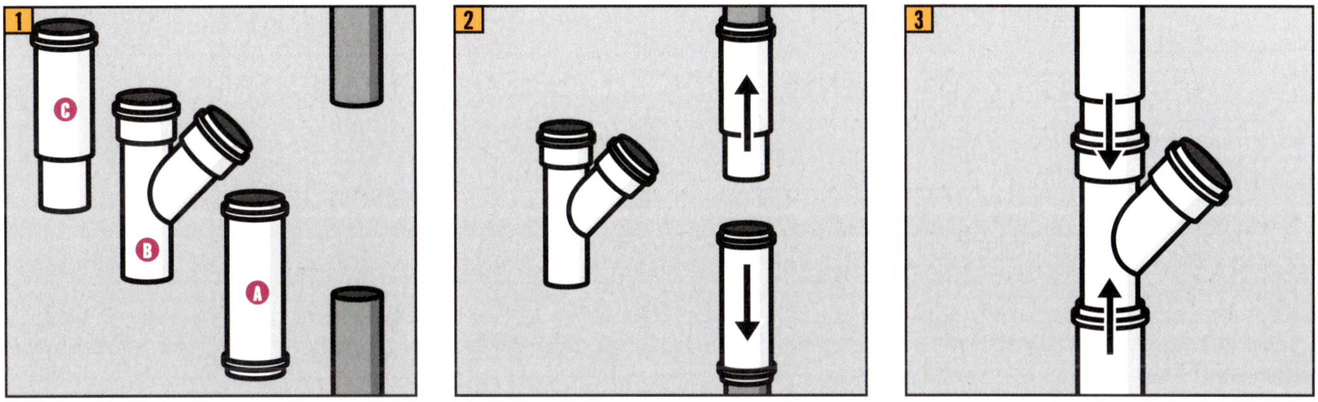

Abzweig einsetzen

1 Man braucht eine Überschiebmuffe A, den entsprechenden Abzweig B und eine Langmuffe C. 2 Überschiebmuffe und Langmuffe werden jeweils über die beiden freien, schmalen Enden der Rohre geschoben. 3 Dann steckt man den Abzweig auf die Langmuffe und schiebt die Überschiebmuffe über das entsprechende Ende des Abzweigs. Falls keine Rohrverlängerung erforderlich ist, kann man die Langmuffe auch weglassen und den Abzweig direkt auf das freie, schmale Ende des Rohrs setzen. Dann wird einfach noch die Überschiebmuffe drübergeschoben – und fertig.

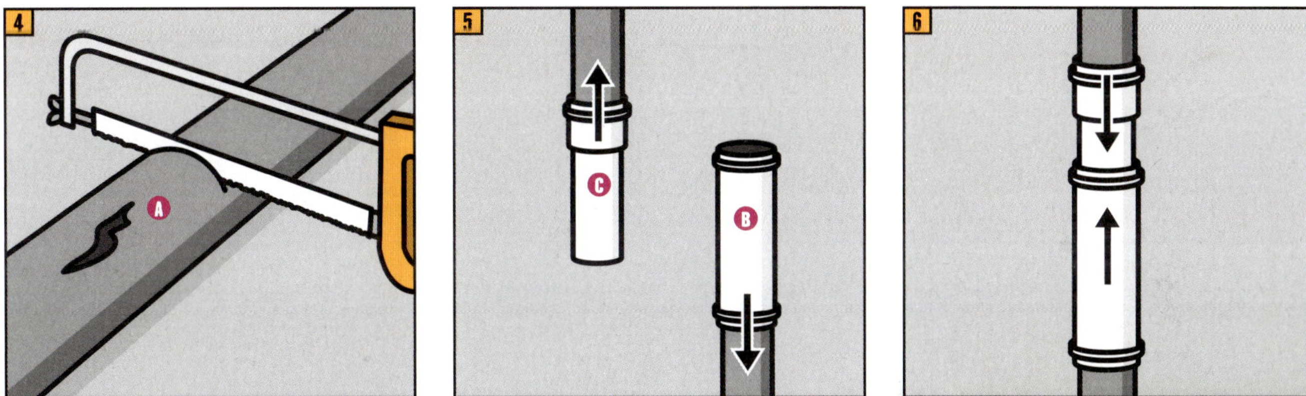

Rohrstück austauschen

Zuallererst dafür sorgen, dass kein Wasser durch die Leitungen fließen kann, während Sie arbeiten. 4 Sägen Sie nun das defekte Stück A heraus. 5 Stecken Sie eine Überschiebmuffe B in Fließrichtung über das untere Rohr. Sägen Sie ein neues Stück Rohr C in benötigter Länge zu bzw. nehmen Sie eine Langmuffe. Rohr bzw. Langmuffe auf das obere Rohrende schieben. 6 Schieben Sie nun die beiden eingesetzten Teile übereinander – fertig.

VERSCHIEDENE ANSCHLÜSSE.

Um das alte Eisen mit dem neuen Plastik zusammenzubringen, gibt es spezielle Verbindungsstücke. Dasselbe gilt für alle Übergänge von Ablaufgarnituren zu HT-Rohren, von diesen zu den KG-Rohren und von da zum Kanal.

Verbindung KG-Rohr zu Gussrohrmuffe: Das schmale Ende des Kunststoffrohrs wird gut eingeschmiert und mit einer Doppeldichtung in die Gussrohrmuffe eingeschoben.

Verbindung Gussrohr zu KG-Muffe: Das Verbindungsstück KGUG wird in die KG-Muffe eingesetzt. Mit einer Doppeldichtung schiebt man das schmale Gussrohrende in das Anschlussstück.

Verbindung KG-Rohr zu Steinzeugmuffe: Mit dem Verbindungsstück KGUSM finden das schmale KG-Rohrende und die Steinzeugmuffe zusammen. Beide Enden gut einschmieren.

Verbindung Steinzeugrohr zu KG-Muffe: Verwenden Sie das Verbindungsstück KGUS. Die Enden gut einschmieren.

Das ging recht schnell und war gar nicht so kompliziert, oder? Und es hält fast ewig. Wenn Sie immer die richtigen Durchmesser genommen haben, dürfte Ihnen die Abwasserleitung lange Zeit keinen Ärger bereiten.

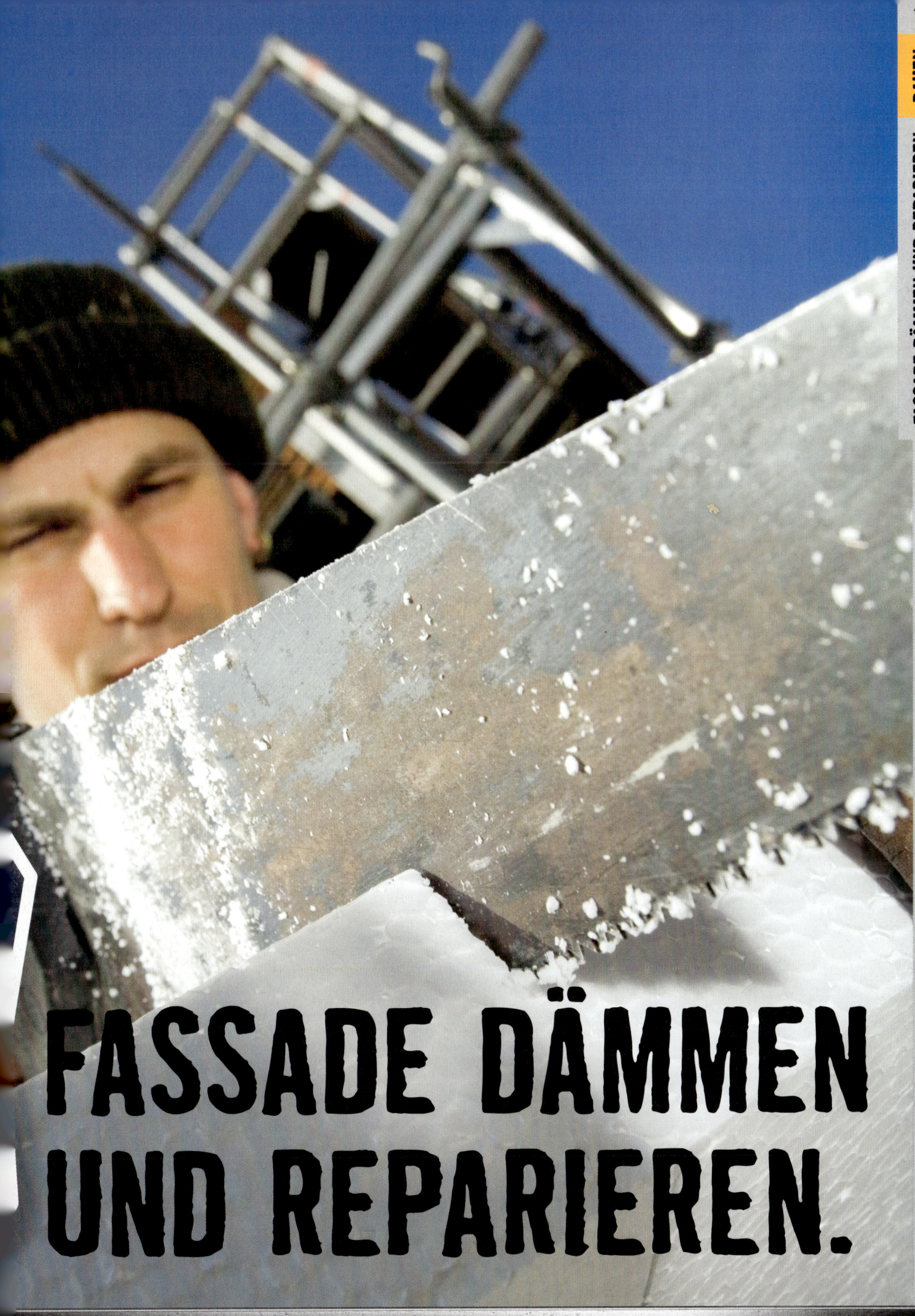

FASSADE DÄMMEN UND REPARIEREN.

FASSADE DÄMMEN UND REPARIEREN.

FASSADEN SIND HAUT, SONNENCREME, REGENJACKE UND WINTERMANTEL IN EINEM. KLAR, DER ERSTE EINDRUCK IST WICHTIG: AUSSEHEN, FARBE, STRUKTUR. DOCH WAS WIRKLICH ZÄHLT, IST, WAS DAHINTER STECKT!

MEHR ALS NUR FACELIFTING.

Na, bröckelt's? Die Außenhaut des Hauses muss man etwa alle 20 Jahre mal erneuern oder zumindest streichen. Wenn der Putz beschädigt ist und Sie ihn ausbessern oder erneuern, bietet es sich an, dem Haus nicht nur ein neues Make-up, sondern gleich einen Rundum-Schutzanzug zu verpassen. Wer mehr als 20 % des Putzes am Haus erneuert, ist laut EnEV dazu ohnehin verpflichtet. Dämmung hilft nicht nur, die Kälte besser draußen zu halten, sie steigert sowohl den Wert des Hauses als auch den Wohnkomfort.

Warum sich für die Dämmung der Außenwand entscheiden?

Außer dass Sie Heizkosten und damit Energie sparen und weniger Abgase in die Luft pumpen, hat das Dämmen der Außenwand noch den Vorteil, dass Sie im Haus keinen Raum durch eine Dämmschicht verschenken. Insgesamt erhöht eine gut gedämmte Außenwand so die Wohnqualität.
Am einfachsten geht das mit dem so genannten Wärmedämm-Verbundsystem (WDVS). Man montiert das Dämmmaterial direkt außen auf die Wand und verputzt darüber. Das Wärmedämm-Verbundsystem können Sie sowohl auf altem Mauerwerk, altem Putz oder auf Neubauwänden verwenden.

Aber wie finden Sie überhaupt heraus, ob sich eine Dämmung lohnt bzw. ob sie nötig ist? Schließlich ist das Ganze auch ein erheblicher, nicht zuletzt finanzieller Aufwand! Der einfachste Weg, Klarheit zu gewinnen, ist eine Infrarot-Thermografie. Dabei wird das Haus mit einer speziellen Infrarotkamera fotografiert. Auf dem Bild kann man dann durch die unterschiedliche Farbgebung die Stellen sehen, die gut isoliert sind, und solche, die Wärme hindurchlassen und gedämmt werden müssen. Die Verwendung von Thermografie ist nicht billig, wird aber staatlich gefördert. Erkundigen Sie sich nach Fördermöglichkeiten in Ihrer Region.

Ehe Sie der Fassade Ihres Hauses zu Leibe rücken, sollten außerdem noch folgende Fragen geklärt werden:

- Muss ein Gerüst aufgestellt werden?
- Wie ist das Gebäude bisher gedämmt?
- Welches Dämmmaterial sollte verwendet werden?
- Wie dick sollte das verwendete Dämmmaterial sein?
- Sind aufgrund baulicher Gegebenheiten zusätzliche Arbeiten erforderlich, z. B. neue Fensterbänke?
- Ist der Austausch von Fenstern/Haustür ratsam?
- Muss der Sockel auch gedämmt werden?
- Müssen Vorarbeiten, z. B. das Entfernen von Erdreich, geleistet werden?
- Sind Zufahrtswege und ein Abstellplatz für das Material vorhanden?
- Mit welchem Material und welcher Farbe soll die Fassade am Ende wieder gestaltet werden?

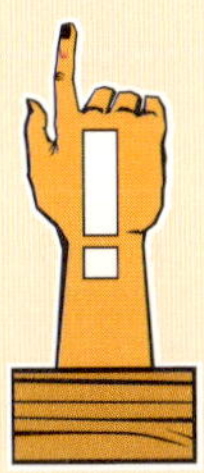

HINWEIS!

Falls Sie Ihr Haus irgendwann verkaufen wollen, benötigen Sie ab Januar 2008 einen Energiepass. Darin kann der potentielle Käufer den Energieverbrauch des Objekts ablesen. Erkundigen Sie sich bei den zuständigen Behörden über die Einzelheiten.

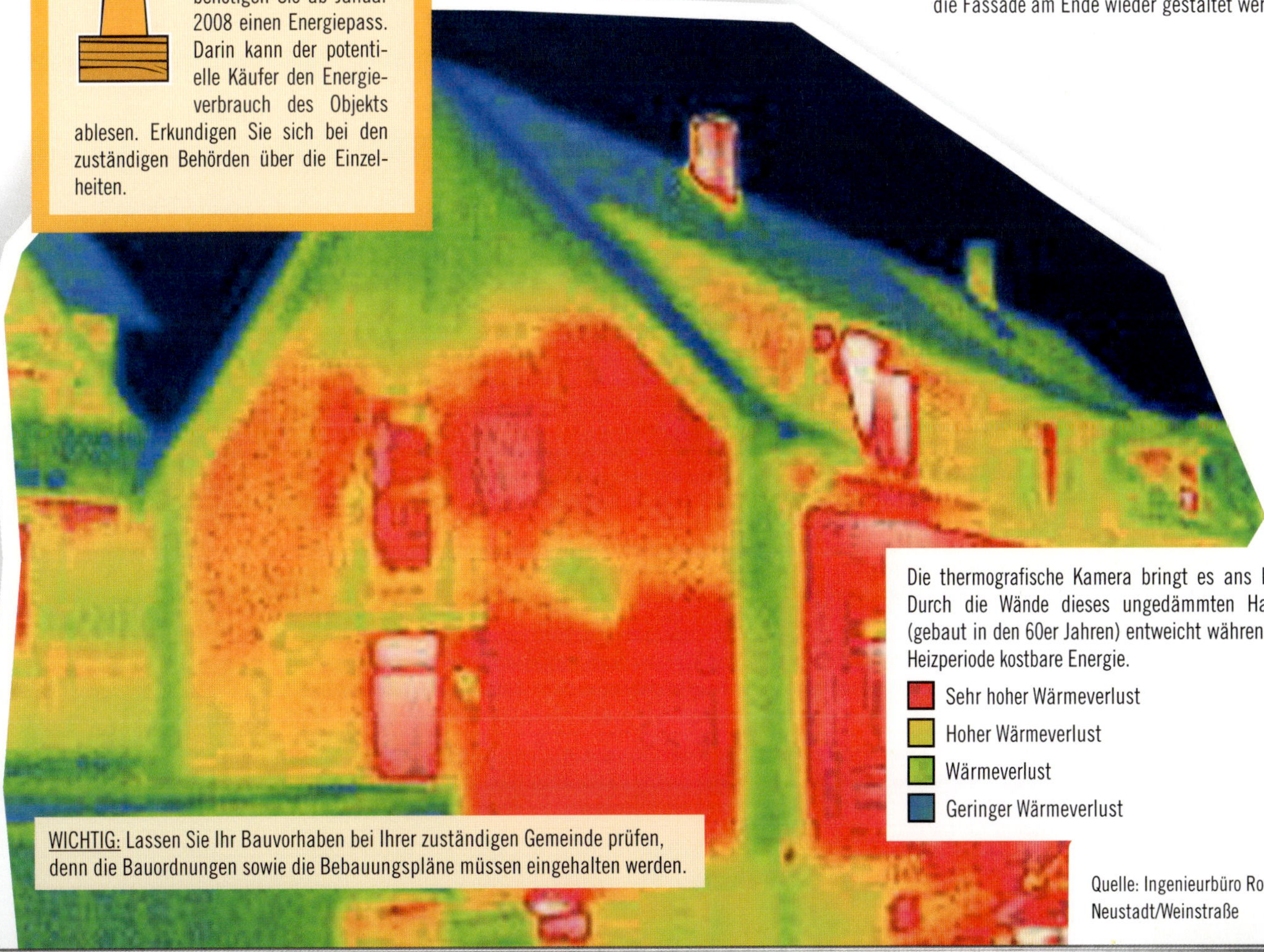

Die thermografische Kamera bringt es ans Licht: Durch die Wände dieses ungedämmten Hauses (gebaut in den 60er Jahren) entweicht während der Heizperiode kostbare Energie.

- Sehr hoher Wärmeverlust
- Hoher Wärmeverlust
- Wärmeverlust
- Geringer Wärmeverlust

Quelle: Ingenieurbüro Roman Müller Neustadt/Weinstraße

WICHTIG: Lassen Sie Ihr Bauvorhaben bei Ihrer zuständigen Gemeinde prüfen, denn die Bauordnungen sowie die Bebauungspläne müssen eingehalten werden.

WELCHES DÄMM-MATERIAL?

Der eine vertraut Mutter Natur, der andere der Industrie. Beide bieten so einiges an Material für die Außendämmung. Wichtig ist, dass das gewählte Material nicht brennbar oder wenigstens schwer entflammbar ist. Auch eine gewisse Atmungsaktivität sollte gegeben sein, damit das Haus nicht

Dämmstoffe in der Übersicht:		
MATERIAL	**EIGENSCHAFTEN**	**WÄRMELEIT-GRUPPE**
EPS/XPS-Polystyrol-Dämmplatte (Styropor)	Schwer entflammbar (Baustoffklasse B1) und nicht brennend abtropfend. Frei von FCKW, HFCKW und HFKW, formaldehydfrei und diffusionsoffen. Im Brandfall können Giftstoffe freigesetzt werden; WDVS-geeignet.	040
Mineralwolle	Nicht brennbar (Baustoffklasse A2), leicht zu verarbeiten und vielseitig einsetzbar. Sie ist diffusionsoffen sowie gegen Schimmel, Fäulnis und Ungeziefer resistent. WDVS-geeignet.	035–040
Sockel Dämmplatte/ Perimeterplatte	Diese speziellen Platten sind schwer entflammbar (Baustoffklasse B1), verrottungsfest, alterungsbeständig und durch ihre besondere Widerstandsfähigkeit ideal für die Sockeldämmung aus Hartschaum.	030–040
Polyurethanschaum (PUR)	Enthält überwiegend Polyisocyanat, das aus Erdöl gewonnen wird. Vielseitiges Material, wird auch zum Ausschäumen von Rissen und Spalten beim Bauen benutzt. Alterungsbeständig, schimmel- und fäulnisresistent, schwer entflammbar (Baustoffklasse B2), verrottet nicht. Im Brandfall werden Giftstoffe freigesetzt, nicht recyclebar, WDVS-geeignet.	030
Hanfwolle	Isoliert auch im Sommer gut gegen Hitze von außen. Mit einem gesundheitlich unbedenklichen Flammschutzmittel behandelt. Von Natur aus resistent gegen Ungezieferbefall und Schimmelpilz, normal entflammbar (Baustoffklasse B2), klimaneutrale Herstellung. Neuere Produkte sind WDVS-geeignet.	040
Schafwolle-Dämmmatten	Diffusionsoffen, reguliert Feuchtigkeit, von Natur aus Brand hemmend – normal entflammbar (Baustoffklasse B2), absorbiert Schall, hohe Dampfdurchlässigkeit, leicht zu verarbeiten, hautsympathisch, weitgehend fäulnisresistent, WDVS-ungeeignet.	040
Schilfrohr-Dämmplatten	Bestehen aus eng aneinanderliegenden Schilfrohren, keine weiteren Zusätze, tragfähig, steif und normal entflammbar (Baustoffklasse B2), WDVS-geeignet.	055
Faserzementplatten	Sind heutzutage natürlich asbestfrei! Die Platten werden in zahlreichen Farben und Strukturen angeboten. Sie können alten Fassaden den Look eines Designerhauses geben. Resistent gegen Fäulnis und Korrosion, hohe Schlag- und Stoßfestigkeit, witterungsbeständige und lichtbeständige Beschichtung, wartungsarm, fäulnis- und korrosionsbeständig, nicht brennbar (Baustoffklasse A2), WDVS-geeignet.	050–060
Holzfaserdämmplatten/ Weichfaserplatten (WF)	Holzfasern von Nadelholzresten, die mit holzeigenem Kleber verbunden werden. Hoher Energieaufwand bei der Herstellung, imprägniert, daher nicht kompostierbar und gesundheitlich bedenklich, gute Schalldämmeigenschaften, normal entflammbar (Baustoffklasse B2), WDVS-geeignet.	040–50
Kokosmatten	Kokosfasern werden aus dem Bast von Kokosnüssen gewonnen. Baubiologisch erstklassiger Dämmstoff: einsetzbar, wo sonst nur künstliche Dämmstoffe benutzt werden, hochelastisch, gute Wärme- und Schalldämmeigenschaften, verrottungsbeständig, diffusionsoffen, Feuchte ausgleichend, feuchtebeständig, strapazierfähig, formbeständig und insektensicher, langlebig und elektrostatisch nicht aufladbar, normal entflammbar (Baustoffklasse B2), WDVS-geeignet.	040–050
Glasschaumplatten	Aus 60 % Altglas, der Rest ist natürliches Gestein; Schaumglas ist formstabil, nicht brennbar (Baustoffklasse A1), hochdruckfest, wasser- und dampfdicht, d. h. NICHT diffusionsoffen („atmet nicht"), ungeziefer- und säureresistent, FCKW-, HFCKW- und HFKW-frei. Hoher Energieaufwand bei der Herstellung. WDVS-geeignet.	040
Zellulose-Dämmstoffe	Werden aus Altpapier gewonnen, zur Verbesserung des Brandschutzes werden ca. 12 % Aluminiumsulfat und Borsalze zugegeben, normal entflammbar (Baustoffklasse B2). Nicht tragfähig, daher nur im Innenbereich anwendbar.	040
Korkplatten	Umweltfreundlich, alterungsbeständig, schalldämmend und hochbelastbar, gute Wärmespeicherfähigkeit, atmungsaktiv. Kork ist verrottungs- und fäulnisresistent, normal entflammbar (Baustoffklasse B2), WDVS-geeignet.	045
Kalziumsilikatplatten/ Mineralschaumplatten	Völlig faserfrei und unbrennbar (Baustoffklasse A1), gleichzeitig diffusionsoffen, schimmelresistent, druckfest, formstabil, Schall hemmend und kapillaraktiv. Sie bestehen aus Sand, Kalkhydrat und Zement und lassen sich problemlos mit dem Bauschutt entsorgen. Ähnlich leicht zu verarbeiten wie Porenbetonplatten, WDVS-geeignet.	050
Flachs	Aus den Fasern der einheimischen Flachspflanze (Leinen) gemacht, durch Kartoffelstärke gebunden, als Flammschutzmittel wird natürliches Borsalz zugesetzt. Diffusionsoffen, Feuchtigkeit regulierend, normal entflammbar (Baustoffklasse B2), Schall absorbierend, verarbeitungsfreundlich. Durch natürliche Bitterstoffe resistent gegen Schädlingsbefall. WDVS-ungeeignet.	040

„schwitzt“, denn es muss seine „Winterjacke“ ja auch im Sommer tragen. Nicht alle Dämmstoffe, die man innen verwenden kann, eignen sich für die Außendämmung. Da sich die Dämmstofftechnik ständig fortentwickelt, empfehlen wir Ihnen, nach neuesten Infos Ausschau zu halten.

Unterschiedliche Dämmstoffe

Man unterscheidet Materialien zur Dämmung zunächst nach ihrem Rohstoff in drei Gruppen.

- Mineralische Dämmstoffe: Mineralwolle (Glaswolle, Steinwolle), Kalziumsilikat und Schaumglas.
- Dämmstoffe aus Erdöl: Styropor (Polystyrolschaum), Polyurethanschaum (PUR).
- Dämmstoffe aus nachwachsenden Rohstoffen*: Hanf, Zellulose, Holzfasern, Schafwolle, Flachs, Stroh, Schilf, Kork, Kokos.

*Für den Einsatz dieser Dämmstoffe gibt es Förderprogramme auf Bundesebene und bei der KfW-Bank. Erkundigen Sie sich. Besonders Menschen mit gesundheitlichen Problemen ist zur Verwendung dieser Materialien zu raten, da sie ein sehr gesundes Wohnklima herstellen.

Stehende Luft ist übrigens der beste Dämmstoff. Deswegen werden in viele Dämmplatten Poren eingearbeitet, die mit Luft gefüllt sind.

Wärmedämm-Verbundsystem (WDVS) – Was ist das?

Dabei handelt es sich um ein System, Außenwände durch eine Schichtung verschiedener, aufeinander abgestimmter Komponenten zu dämmen. WDVS wird auch Vollwärmeschutz oder Thermohaut genannt. Es ist aus mindestens drei Schichten aufgebaut:

- Wärmedämmschicht aus Dämmstoffen
- Armierungsschicht
- Schlussbeschichtung zur Gestaltung der Oberfläche.

Als Außenwandkonstruktion muss eine Thermohaut bestimmte Anforderungen laut Bauordnungen erfüllen. Sie muss sich selbst tragen, die Kräfte des Windes aushalten und starke Temperaturunterschiede problemlos verkraften. Die äußere Schicht darf nicht anfällig für Schimmelbildung sein. Weder Schlagregen noch Tau dürfen ihr etwas anhaben. Das für Wohnhäuser verwendete Material muss mindestens der Brandschutzklasse B1 (schwer entflammbar) genügen. Des Weiteren muss die Verkleidung lange halten, der Umgebung angepasst aussehen (evtl. Auflagen!) und auch Schallschutzqualitäten haben.

Feuchte Fassade – was tun?

An Nord- und Westwänden bekommt die Fassade eine Menge Feuchtigkeit, aber nicht genug Sonne ab, was dazu führen kann, dass sich Algen, Pilze und Bakterien ansiedeln. Während Algen an sich nicht schädlich sind und nur hässlich aussehen, produzieren Pilze Säure, die die Wand angreift. Dagegen kann man mit entsprechenden Zusätzen im Putz angehen. Diese werden jedoch meist nach einer Weile durch den Regen ausgewaschen und geraten so ins Grundwasser. Am besten ist es, Regen möglichst durch bauliche Maßnahmen (Dachüberstand etc.) von der Wand fernzuhalten. Verwenden Sie Putze und Anstriche, die keine organischen Zusätze enthalten, da diese als Nährstoffe für die Mikroorganismen dienen.

HINWEIS!

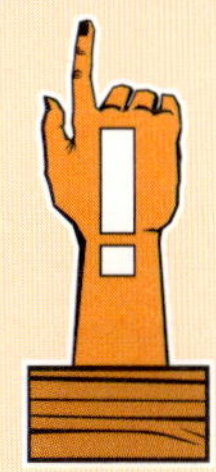

Die Dämmplatten müssen vor der Verarbeitung geschützt gelagert werden. Besonders Sonnenlicht kann den Platten vor der Verarbeitung schaden. Belassen Sie diese daher bis zur Verarbeitung in der Folienumhüllung. Staub und Schmutz auf den Platten müssen vor dem Kleben entfernt werden, damit eine ausreichende Haftung gegeben ist.

PLATTENMENGE ERMITTELN.

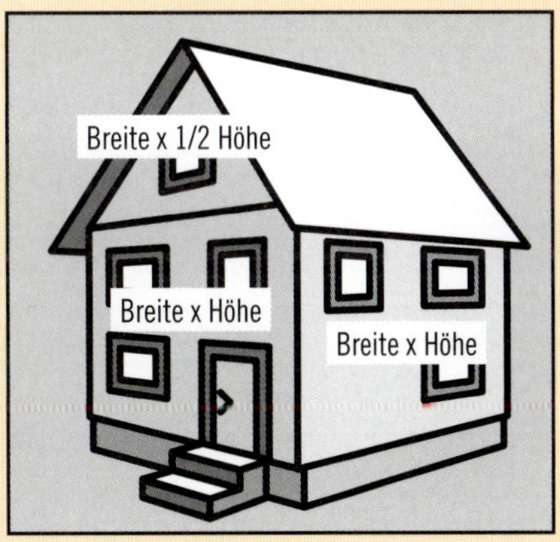

Den Bedarf an Dämmplatten können Sie ganz einfach ermitteln: Von der ermittelten Fassadenfläche die Tür- und Fensteröffnungen abziehen und insgesamt ca. 5–10 % Verschnitt hinzurechnen.
Bei einer Plattengröße von 100 x 50 cm werden zwei Platten pro Quadratmeter benötigt.

WÄRMEDÄMMUNG SPART ENERGIE.

Bei den derzeitigen Heizmittelpreisen wollen Sie bestimmt nicht mehr zu jenen 60 % der deutschen Haushalte gehören, die mangelhaft wärmegeschützt sind. Wärmedämmung ist ein Preisfaktor – Sie sparen richtig Bares! Und: Sie helfen, den CO_2-Ausstoß zu vermindern, was dem Weltklima guttut.

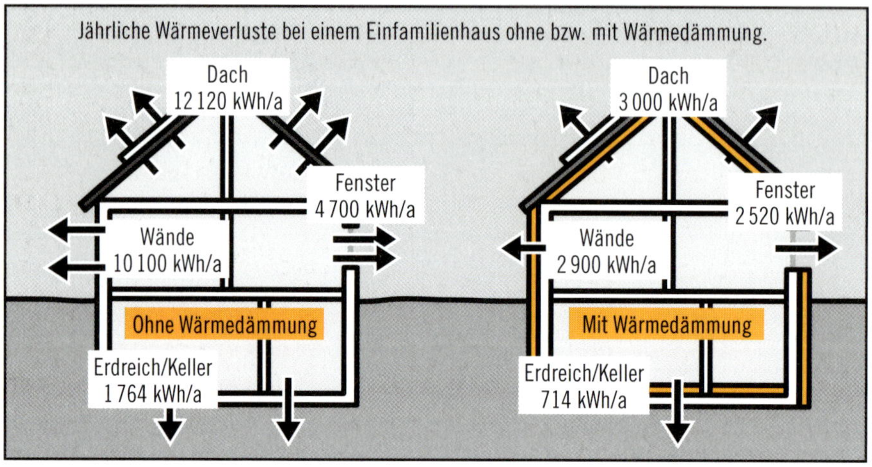

Was versteht man unter Wärmedämmung?

Wärme entweicht durch dünne Außenwände, Wände aus wärmeleitendem Material, undichte Fenster, Türen und Dächer und durch so genannte Wärmebrücken – Bereiche in Bauteilen, durch die die Wärme schneller nach außen entweicht, als durch die übrigen Bauteile. Mit Wärmedämmung sind alle Maßnahmen gemeint, die den Wärmeverlust von Gebäuden verringern. Das bedeutet: gut dämmende Baustoffe verwenden, Fenster aus Wärmeschutzglas einbauen und unkontrollierten Luftaustausch vermeiden. Dabei muss die Dämmschicht beheizte Räume möglichst lückenlos bedecken. Jede Lücke ist eine Wärmebrücke!

Oder anders ausgedrückt: Ein ungedämmtes Haus verbraucht pro Quadratmeter Wohnfläche 4- bis 6-mal soviel Heizmittel wie ein nach modernen Standards gemäß EnEV gedämmtes Haus. Bei einem schlecht gedämmten Haus ist es immerhin noch 2- bis 3-mal so viel. Das macht sich logischerweise finanziell deutlich bemerkbar. Da lohnen sich die Ausgaben für die Dämmung sehr schnell, wie Sie sich selbst ausrechnen können: Wie viel würde es ausmachen, je nach Bausubstanz nur noch die Hälfte bzw. ein Viertel der Heizkosten zu zahlen? Im Schnitt rechnen sich die Kosten in 5 Jahren.

Was ist der U-Wert?

Um die Qualität des Wärmeschutzes Ihres Hauses beurteilen zu können, brauchen Sie den Wärmedurchlässigkeits-Koeffizienten der Bauteile, auch U-Wert (früher k-Wert) genannt. Der U-Wert wird in $W/(m^2K)$ angegeben. Er gibt die Wärmemenge an, die in einer Sekunde durch einen Quadratmeter eines Bauteils hindurchgeht, wenn der Temperaturunterschied zwischen Innen- und Außenluft 1 K (Kelvin) beträgt. Je kleiner der U-Wert ist, desto besser, weil weniger Wärme durch das Bauteil geleitet wird. Der U-Wert beschreibt aber nur die Wärmeleitung. Andere Vorgänge wie Luftzug, Speicherung oder Wärmestrahlung werden dabei nicht berücksichtigt. Diese Tabelle soll Ihnen einen Überblick über die U-Werte verschiedener Bauteile vermitteln. Unter „sehr gut" sind die Werte des Niedrigenergiehauses angegeben, die in der EnEV als Standard festgelegt sind. Mit dem U-Wert nicht zu verwechseln ist die Wärmeleitfähigkeit eines Stoffes, die beschreibt, wie gut ein Baustoff Wärme leitet, und zwar unabhängig davon, wie dick er ist. Auch hier gilt natürlich, je niedriger der Wert desto besser. Dämmstoffe werden in Deutschland in Wärmeleitfähigkeitsgruppen (WLG) klassifiziert. Die Ziffern der Gruppe beziehen sich auf die Kommastelle der Wärmeleitziffer: Ein Stoff mit der Wärmeleitfähigkeit 0,020 ist in der WLG 020.

U-WERT

Bauteil	Sehr schlecht	Schlecht	Mittel	Gut	Sehr gut
Dach	≥ 1,00	0,60	0,30	0,22	≤ 0,15
Massivwand	≥ 1,50	0,80	0,40	0,30	≤ 0,20
Fenster	5,20	3,50	1,80	1,40	≤ 1,20

EnEV – was hat's damit auf sich?

Mit der Energie-Einsparverordnung (EnEV) soll der Heizenergiebedarf bei Neubauten um 30 % gesenkt werden. Auch bei der Altbausanierung kommt die EnEV zur Geltung. Ihre Einhaltung ist besonders bei der Einreichung von Fördermitteln vorgeschrieben.

1. Steildach
   U ≤ 0,3 $W/(m^2K)$
2. Fenster Austausch Verglasung
   U ≤ 1,5 $W/(m^2K)$
3. Außentür
   U ≤ 2,9 $W/(m^2K)$
4. Flachdach
   U ≤ 0,25 $W/(m^2K)$
5. Außenwand Außendämmung
   U ≤ 0,35 $W/(m^2K)$
6. Wände und Decken
   gegen unbeheizten Raum oder Erdreich
   Dämmung auf beheizter Seite
   U ≤ 0,5 $W/(m^2K)$
   Dämmung auf unbeheizter Seite
   U ≤ 0,4 $W/(m^2K)$

UNTERGRUND VORBEREITEN.

Wie in der Kosmetik muss erst das alte krümelige Make-up runter, ehe man sich an eine Rundumerneuerung macht. Sonst kann es passieren, dass die neue Haut nicht richtig hält oder nicht richtig dicht ist, und dann hat man den Schlamassel.

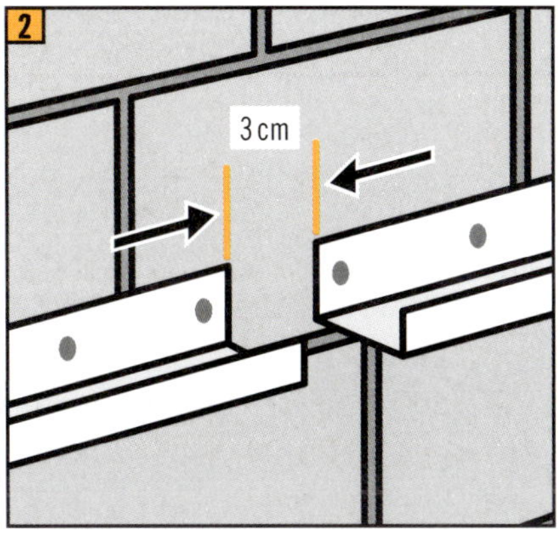

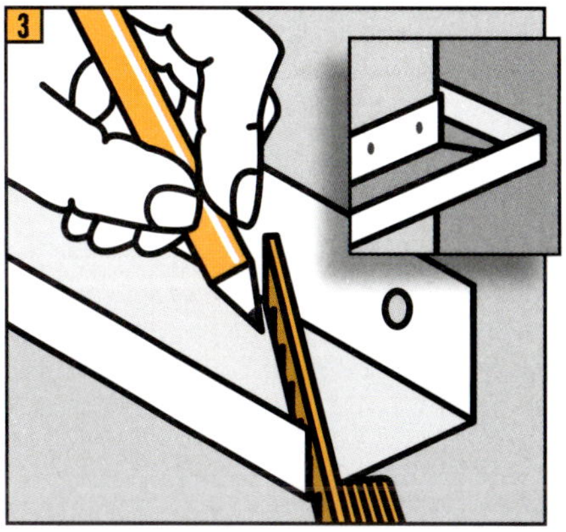

Der Untergrund muss eben, trocken und tragfähig sein. Lose Teile sind zu entfernen. Fensterbänke, Brüstungsabdeckungen und sonstige Abschlüsse müssen vor Arbeitsbeginn vorhanden sein. Unebenheiten bis zu 10 mm können mit Klebespachtel ausgeglichen werden. Größere Unebenheiten sollten vor dem Kleben der Dämmplatten mit Putz ausgeglichen werden. Sandende Untergründe müssen vor Befestigung der Dämmplatten mit Tiefengrund behandelt werden. Bei altem Mauerwerk müssen offene Mauerwerksfugen mit Mörtel verschlossen werden. Alter Außenputz muss sorgfältig auf hohle Stellen überprüft werden. Den Altputz säubern und Hohlstellen mit Putz füllen. Bei Anstrichen auf dem Altputz die Fläche aufrauen. Neubauwände sind überwiegend so beschaffen, dass die Dämmung ohne weitere Vorbereitungsarbeiten direkt nach dem Setzen der Sockelprofile aufgebracht werden kann. Fenster- und Türrahmen und Ähnliches abkleben, damit sie nicht beschmutzt und beschädigt werden. **1** Sockelprofil anbringen: Es sollte sich mindestens 30 cm über dem Boden befinden und fluchtgerecht sowie waagerecht sein. Legen Sie zuerst den Verlauf des Sockelprofils fest und übertragen Sie diesen auf die Wand. Dazu spannt man mit Hilfe einer Wasserwaage eine Schlagschnur, bei größeren Distanzen kann man auch eine Schlauchwasserwaage oder ein Lasergerät nehmen. **2** Je nach Dämmplattendicke werden entsprechende Sockelprofile befestigt. Man benutzt drei Befestigungsdübel pro lfd. Meter. An den Schienenenden links und rechts auch jeweils einen Dübel setzen. Zwischen zwei Schienenenden sollte ein Spalt von etwa 3 cm sein. Die Dübellöcher bohren Sie mit einer Schlagbohrmaschine, nachdem Sie deren Position angezeichnet haben. Das Bohrloch muss mindestens 1 cm tiefer sein, als der Dübel lang ist. **3** An den Hausecken schneiden Sie den hervorstehenden Teil der Schienen auf Gehrung. Einen 45°-Winkel erhalten Sie, indem Sie die Breite des Schienenteils als Länge anzeichnen und von diesem Punkt aus eine Diagonale zur Ecke anzeichnen. Zum Schneiden eignet sich eine Blechschere. Auch an der Ecke lässt man übrigens 2–3 mm Luft zwischen den Schienenenden.

WERKZEUG.

- ✓ Richtlatte
- ✓ Wasserwaage
- ✓ Bleistift
- ✓ Zollstock
- ✓ Schlagschnur
- ✓ Schlagbohrmaschine
- ✓ Blechschere

MATERIAL.

- ✓ Klebespachtelmasse
- ✓ Mörtelputz
- ✓ Tiefengrund
- ✓ Malerkrepp und Abdeckfolie
- ✓ Sockelprofil
- ✓ Dübel und Schrauben

PLATTEN ANBRINGEN.

Jetzt wird das Haus warm eingepackt. Platte für Platte bekommt es eine dicke Wärmeschicht, die künftig alle Kälte draußen hält, damit Sie es schön warm haben. Achten Sie bitte darauf, keine Kreuzfugen zwischen den Platten entstehen zu lassen. Das macht die Verkleidung instabil.

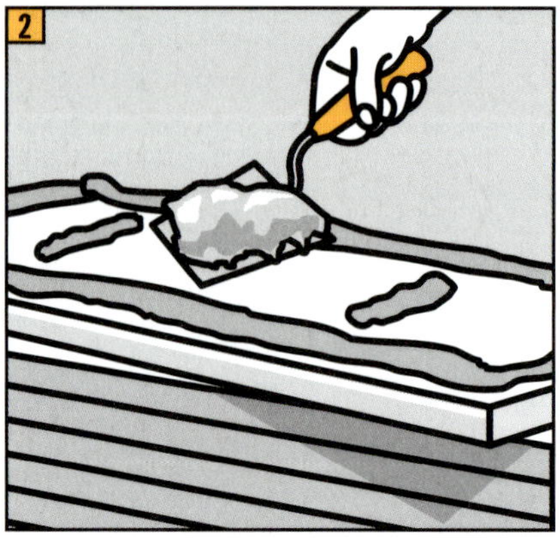

1 Zuerst wird der Kleber hergestellt. Die benötigte Menge Klebespachtel (Fertigmörtel + Wasser, ca. 5–6 kg/m²) in einem Mörteleimer anmischen. Gut geeignet zum Verrühren ist ein stabiler Rührquirl. Mischen Sie den Klebespachtel gut durch, so dass eine homogene, klumpenfreie Masse entsteht. **2** Die Dämmplatten werden umlaufend mit einer Klebewulst versehen. In der Plattenmitte werden einzelne Klebepunkte gesetzt. Tragen Sie so viel Klebespachtel auf, dass nach der Verklebung 40 % der Plattenfläche mit dem Untergrund verklebt sind. Bei der ersten Plattenreihe schneiden Sie vorher unten den Stufenfalz ab, damit die Platten bündig in der Leiste stehen. **3** Nach dem Auftragen des Klebespachtels werden die Platten gleich verarbeitet. Beginnen Sie an einer Hausecke und setzen Sie die erste Platte in die Sockelleiste ein. Die Platten müssen auf Stoß montiert werden, da sich sonst später Armierungsmasse in die Fugen drückt. Das kann zu Schäden in Form von Rissen und Wärmebrücken führen. **4** Die Dämmplatten immer im Versatz montieren, so dass die Plattenfugen mindestens 25 cm versetzt zueinander sind. Im Bereich von Fenstern und Türen werden die Platten so angeordnet, dass an den Ecken keine Plattenfugen sind. Ansonsten besteht die Gefahr von Rissbildungen. Hervorquellenden Kleber sollten Sie immer direkt abwischen, sonst können Wärmebrücken aus gehärtetem Kleber entstehen. Zum Zuschneiden der Platten eignet sich am besten eine Handsäge.

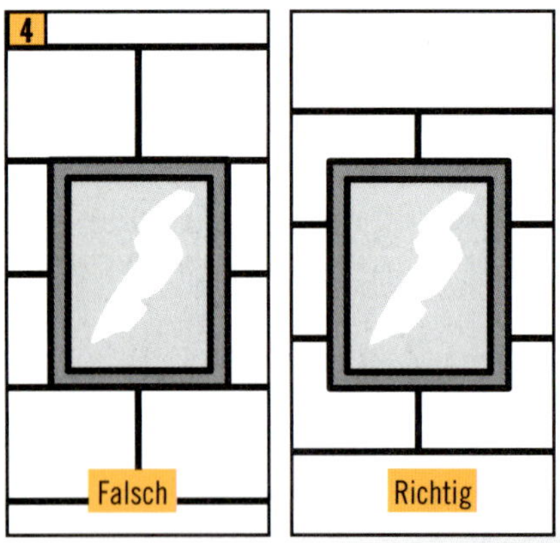

WERKZEUG.

- ✓ Eimer
- ✓ Bohrmaschine und Rührquirl
- ✓ Mörtelkelle
- ✓ Säge
- ✓ Lumpen

MATERIAL.

- ✓ Kleber
- ✓ Dämmplatten

ARMIERUNG AUFTRAGEN.

Sind die Platten an der Wand, kriegt das Ganze noch eine Armierung, damit die folgende Fassadenverkleidung auch gut hält. In der Regel wird die Fläche am Schluss verputzt.

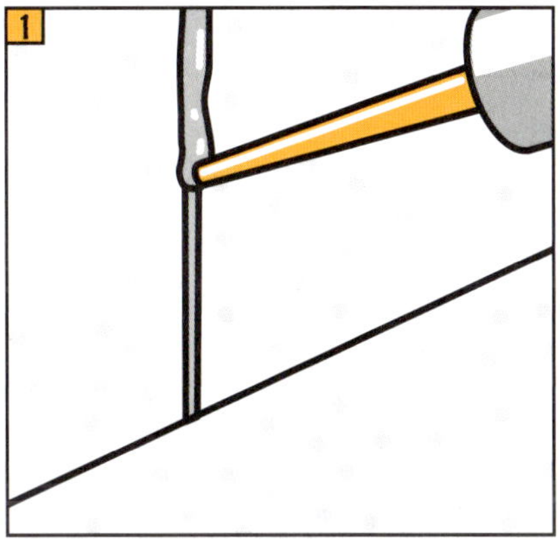

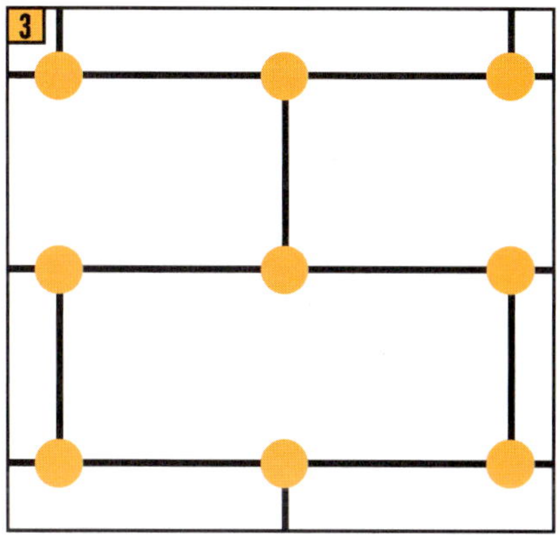

1 Selbst bei genauem Arbeiten sind Fugen nicht immer zu vermeiden. Größere Abstände werden mit Streifen aus den verwendeten Dämmplatten geschlossen. Schmale Fugen können mit geeignetem Füllschaum geschlossen werden. **2** Wenn der Kleber getrocknet ist (mindestens drei Tage), kommt die Armierung. Bei unzureichender Tragfestigkeit der Wand, z. B. bei Altbauten, werden die Platten zusätzlich mit 4 bis 6 Tellerdübeln pro Quadratmeter gesichert. Die Dübel werden mit einem Hammer eingeschlagen und müssen bündig auf den Platten sitzen. Dübel sind Wärmebrücken, verwenden Sie

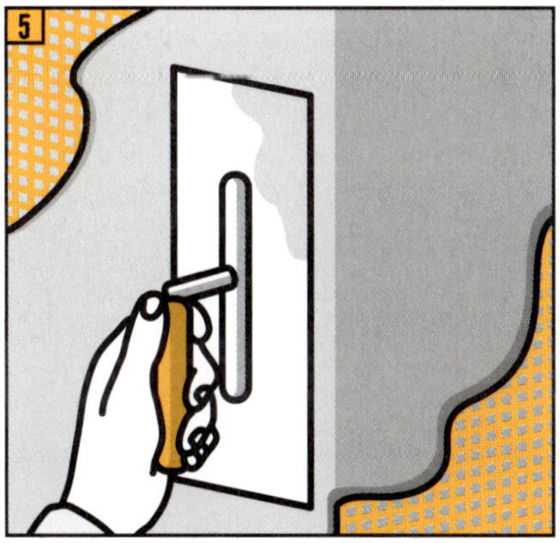

isolierte Spezialdübel. **3** So werden die Dübel auf der Fläche verteilt. **4** Auf die Dämmplatten eine ca. 4 mm dicke Schicht Klebespachtel auftragen und mit der Zahnkelle 10 x 10 mm durchkämmen. **5** Mit einem Glätter nun das Armierungsgewebe in senkrechten Bahnen faltenfrei in das Kleberbett eindrücken. Lassen Sie die einzelnen Gewebebahnen mindestens 10 cm überlappen. Anschließend mit dem Flächenspachtel abziehen. Das Gewebe muss vollflächig in der Kleberschicht eingebettet sein. **6** Fläche grundieren: So sieht Ihre Wand zum jetzigen Zeitpunkt im Querschnitt aus.

WERKZEUG.

- ✓ Hammer
- ✓ Zahnkelle
- ✓ Glätter
- ✓ Flächenspachtel

MATERIAL.

- ✓ Füllschaum
- ✓ Armierungsgewebe
- ✓ Tellerdübel
- ✓ Klebespachtel
- ✓ Grundierung

DÄMMUNG UM FENSTER UND TÜREN.

An Mauerwerksöffnungen ist besondere Vorsicht geboten. Hier hat man es mit vielen Ecken und Kanten zu tun, bei denen leicht mal eine Lücke entstehen kann. Außerdem sollte man die Außenecken gegen Stoßschäden schützen.

1 Zur Vermeidung von Rissen und dadurch eindringende Feuchtigkeit müssen Wandanschlüsse vor dem Anbringen der Armierung abgedichtet werden. Legen Sie in die Fugen ein vorkomprimiertes Dichtband ein, so z. B. zwischen Dachüberstand und Dämmplatte, zwischen Laibungsdämmplatte und Fensterrahmen bzw. Fensterbank, unter der Fensterbank etc. **2** Damit keine Schwachstellen in der Dämmung auftreten, ist eine lückenlose Dämmung im Bereich von Fenster und Türen wichtig. Schneiden Sie aus den Dämmplatten entsprechend große Streifen heraus und befestigen Sie diese in der Laibung, so dass sie zur Wanddämmung bündig abschließen. Wenn in der Laibung nicht genügend Raum für die Dämmstreifen ist, kann mit Hammer und Meißel nachgeholfen werden. Im Bereich des Fenstersturzes müssen bei Dämmstoffdicken > 10 cm statt EPS-Dämmplatten Mineralwolle-Dämmplatten oder Mineralwolle-Lamellen verwendet werden. Diese Materialien sind nicht brennbar und in diesen Bereichen vorgeschrieben. **3** Im Eckbereich von Fenstern und Türen ist immer eine Diagonalarmierung durch Gewebestreifen ca. 20 x 30 cm in die Armierungsschicht einzulegen. Achten Sie darauf, dass die Gewebestreifen dicht an die Ecken der Gebäudeöffnungen herangelegt werden. **4** Um lotrechte und stoßfeste Gebäudekanten auszubilden, werden Eckwinkel oder Eckschienen vollflächig in den Armierungsspachtel eingebettet und ausgerichtet. Bei nachfolgender Armierung der Gesamtfläche wird das Armierungsgewebe mit 10 cm Überlappung auf das Gewebe der Eckwinkel aufgelegt. **5** Nach dem Durchtrocknen der Armierungsschicht (mindestens drei Tage!) wird ein Putzgrund aufgetragen. Dann stellt sich die Frage nach dem Putz und der weiteren Verkleidung. Weitere Informationen dazu finden Sie im Kapitel „Wände verputzen“ ab Seite 40.

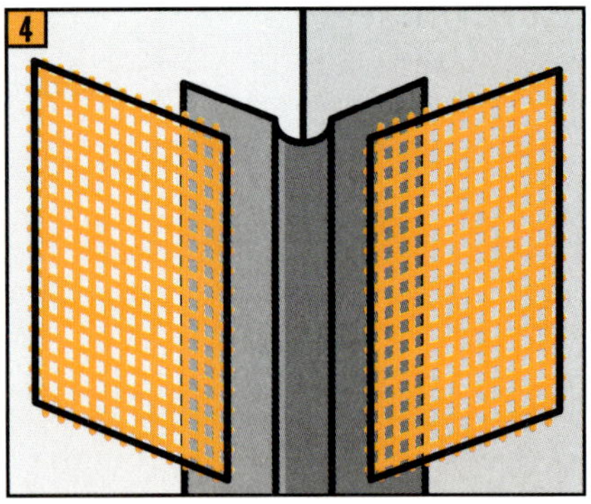

HINWEIS!

Beachten Sie, dass ein mit dem Wärmedämm-Verbundsystem gedämmter Sockel keine abdichtende Funktion hat. Feuchtigkeitsabdichtungen müssen bereits vor der Dämmung vorhanden sein. Grundsätzlich sollte Niederschlagswasser von der Fassade weggeleitet werden. Platten- oder Pflasterbeläge am Haus müssen mit einem Gefälle vom Haus weg ausgeführt werden. Im Erdanschüttungsbereich wird das Dämmsystem mit einem geeigneten Bitumenanstrich geschützt. Mehr dazu in unserem Kapitel „Mauer abdichten“ ab Seite 52.

ACHTUNG! PROFITIPP

Besonders für die strapazierten Flächen des Sockels wird ein spezieller Sockelputz, der sog. Mosaikputz, verwendet. Er ist in verschiedenen Musterungen erhältlich. Mineralische Edelputze oder Silikatputz eignen sich hierfür nicht!

Schön warm eingepackt – in so einem Haus fühlt man sich auch im Winter pudelwohl. Und man muss keine Angst haben, bei der Heizkostenabrechnung einen Herzinfarkt zu bekommen.

DACH REPARIEREN UND ENTWÄSSERN

DACH REPARIEREN UND ENTWÄSSERN.

SIND SIE SCHWINDELFREI? JA? DANN KANN'S JA LOSGEHEN!

RUND UMS DACH.

Sie haben einen Dachschaden?! Das tut uns leid zu hören. Ist aber nicht so schlimm, so was kann man heutzutage heilen. Bei leichten Fällen können Sie selbst Hand anlegen. Ein paar alte und neue Hausmittel für die Dachrenovierung finden Sie auf den folgenden Seiten.

WAS GIBT'S ZU BEACHTEN.

Zunächst natürlich ist das Maß aller Dinge, auch beim Dach, das Bauamt. Höhen, Formen und Farben finden in Vorschriften ihre amtlich gesetzten Grenzen, die es zu beachten gilt. Mitunter muss die Zustimmung von Nachbarn eingeholt werden, um sicherzugehen, dass die sich später nicht beschweren und den Rückbau oder eine Entschädigung verlangen. Wer sich dieser Bedingungen bewusst ist, kann nun getrost ans Planen gehen. Moderne Architektur setzt gerne auf eine andere Optik. Dabei bleiben alte, bewährte Erfahrungen bisweilen auf der Strecke: Die Dächer werden immer flacher. Je steiler ein Dach aber angelegt ist, umso besser fließt der Regen ab. Abdichtungen und Dämmungen sind bei Flachdächern schwieriger zu gestalten. Wenn Reparaturen anfallen, sind meist größere Flächen betroffen als der eine oder andere Dachziegel eines konventionellen Steildachs.

Für die Eindeckung stehen vielfältige Materialien zur Auswahl an. Vom Flachziegel über den Falzziegel bis hin zu Bitumenbahnen ist auf einem Dach nahezu alles möglich. Falzziegel sind besonders hervorzuheben, da sie am einfachsten einzudecken sind. Sie greifen ineinander und erfordern keine besonderen Befestigungen.

Damit Sie einen umfassenden Überblick bekommen, was überhaupt alles mit „Dach decken" zu tun hat, haben wir Ihnen auf den nächsten Seiten die wichtigsten Infos zusammengestellt.

HINWEIS!

Bei Dachsanierungen sollten Sie auf jeden Fall einen Fachmann zu Rate ziehen. Bei einer undichten Dacheindeckung könnte auch ein Schaden am Dachstuhl entstanden sein. Dieser Schaden muss vor einer neuen Dacheindeckung bzw. Reparatur fachmännisch behoben werden. Kritische Stellen sind auch die Übergänge zwischen Kamin und Dacheindeckung. Diese müssen sorgfältig abgedichtet sein.

WICHTIG: Lassen Sie Ihr Bauvorhaben bei Ihrer zuständigen Gemeinde prüfen, denn die Bauordnungen sowie die Bebauungspläne müssen eingehalten werden.

DACHEINDECKUNGEN IM ÜBERBLICK.

Vom Tonziegel über Mehrkammerplatten bis hin zu Bitumenschindeln reicht die Spannweite des Deckmaterials für Dächer. Jedes Material hat seine Vor- und Nachteile, doch nicht jedes Material eignet sich für jedes Dach. Neben dem optischen Erscheinungsbild geht es auch um die richtige

SORTE	ANWENDUNG
1 Hohlziegel	Für ein sehr dichtes Deckbild ist der Hohlziegel zuständig. Ohne Verfalzung und mit lang angeschnitten Ecken ziert er Dächer von besonderem Anspruch.
2 Falzziegel	So heißen Dachziegel, die einen Falz aufweisen, also nicht durchgehend flach sind. An den Seiten und an den Kopfenden greifen sie ineinander. Mit ihnen ist ein Dach recht schnell gedeckt. Die Eindeckung insgesamt hat wenig Gewicht.
3 Flachdachziegel	Der Flachdachziegel ist für Dächer gedacht, die nicht ganz so steil gehalten sind. Obwohl er freilich auch auf richtig steilen Dächern bestens liegt. Er zeichnet sich durch perfektes Ableiten von Regenwasser aus und deckt durch seine speziellen Falze ein Dach besonders wasserdicht.
4 Biberschwanzziegel	Dieser klassische, qualitativ hochwertige Ziegel ist nicht nur altbewährt, er erfreut sich auch immer noch größter Beliebtheit. Für die Neueindeckung von Dächern ist der Biberschwanzziegel zu teuer. Daher wird er hauptsächlich zur Sanierung historischer Bausubstanzen verwendet.

Funktion des Daches. Niederschlagswasser muss rasch abfliesen können und Feuchtigkeit darf sich nicht unter dem Dach stauen. Bei der Auswahl von Ziegeln ist zu beachten, dass sie nicht im Laufe der Jahre zum Nährboden für daumendicke Moosschichten verkommen.

SORTE	ANWENDUNG
5 Mehrkammerplatten	Diese Dacheindeckung eignet sich hervorragend für Carports oder Pergolen. Da sie aus Kunststoff, durchsetzt mit Luftkammern, bestehen, sind sie relativ leicht.
6 Metall-Dachpfanne	Sieht aus wie ein Ziegeldach, ist aber wesentlich schneller zu verarbeiten und billiger. Wer aufs Geld schauen muss, auf die gewohnte Optik aber nicht verzichten möchte und eine clevere Dacheindeckung sucht, ist mit den „Metallziegeln" bestens beraten.
7 Trapezbleche	In verschiedensten Formen und Farben sind Trapezbleche am laufenden Meter verfügbar. Schnell auf dem Dach und schnell verschraubt bieten diese Bleche eine interessante Alternative für alle, die ein kostengünstiges und modernes Dach wünschen. Einsatz auf Hallen, Garagen und auf Wohnhäusern.
8 Bitumenwellplatten	Wartungsfrei und kostengünstig sind Bitumenwellplatten, die mittlerweile in verschiedensten Farben zur Verfügung stehen. Lange Lebensdauer und einfache Verlegung erfreuen den Heimwerker, der Pergola, Garage oder Gartenhaus zu bedachen gedenkt.

INTERESSANTES AM RANDE.

Wussten Sie eigentlich, dass sich Mönche und Nonnen gleich massenweise auf Dächern umklammern und gar nicht mehr voneinander loskommen? So heißen nämlich die Schalenziegel, die übereinander gelegt oftmals in Mittelmeerländern die Klöster bedecken. Unten liegt die Nonne. Oben der Mönch. So heißt es zumindest.

DACHFORMEN UND DACHAUFBAU.

Für alle Häuslebauer, die noch unsicher sind, welches Dach ihr Heim schmücken soll, ist der Überblick auf dieser Seite gedacht. Hier können Sie sich darüber informieren, welche Dachformen überhaupt zur Auswahl stehen.

TYPISCHE DÄCHER SEHEN SO AUS.

SATTELDACH

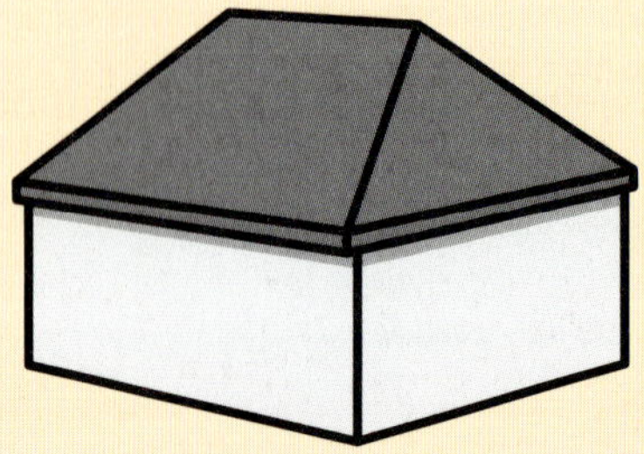

WALMDACH

KRÜPPELWALMDACH

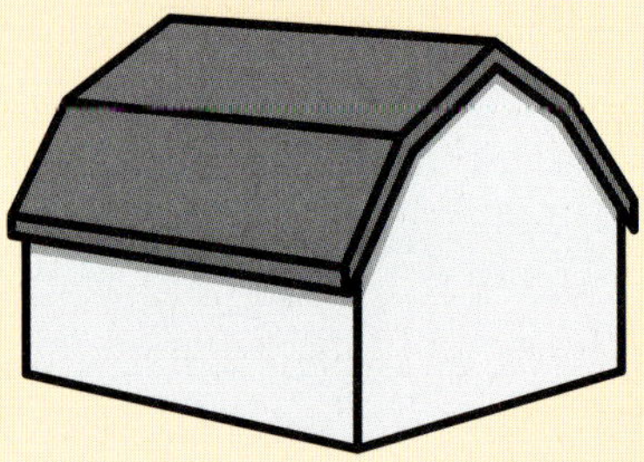

MANSARDENDACH

PULTDACH

FLACHDACH

ÜBLICHE DACHSTUHL-FORMEN.

Die roten Pfeile zeigen die Richtung, in die die Last des Daches geleitet wird.

PFETTENDACH.

Senkrechte Längsträger, die Pfetten genannt werden, tragen die Sparren des Daches. Unten tragen die Fußpfetten. Und oben übernimmt diesen Job die Firstpfette, die selbst von Pfosten getragen wird. Vorteil des Pfettendaches sind die zwei getrennten Dachhälften. Die Sparren müssen nicht direkt gegenüberliegen. Dachfenster oder Schornstein können letztlich beliebig eingeplant werden. Nachteil sind die tragenden Pfosten unterm Dach, die einen großzügigeren Ausbau verhindern. Bei größeren Spannweiten sind es sogar entsprechend mehr Pfosten.

SPARRENDACH.

Wie der Name schon sagt, wird das Sparrendach fast ausschließlich von den Sparren gebildet. Diese treffen oben am First zusammen und werden über ein Firstbrett fest miteinander verbunden. Die Last des Daches wird von den Sparren nach unten auf Gegenlager verteilt. Von hier verteilt sich die Last meist über einen Kniestock in die Decke. Das Sparrendach bietet einen großen Dachraum ohne Pfosten oder Balken.

Ein perfektes Dach muss nicht nur vor Regenwasser schützen. Es muss außerdem gut hinterlüftet sein und für die notwendige Wärmedämmung sorgen. Im Sommer wehrt es das Eindringen von Hitze ab. Im Winter verhindert ein gutes Dach, dass wohlige Wärme nach draußen verschwindet.

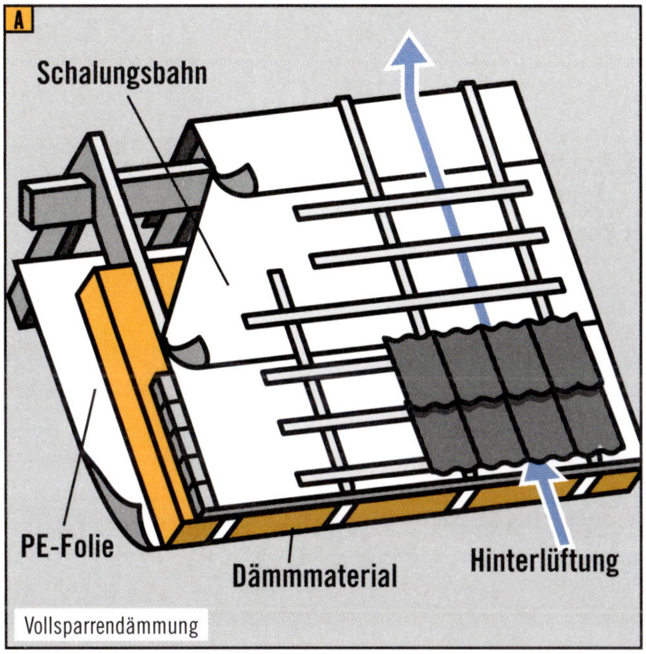

Vollsparrendämmung

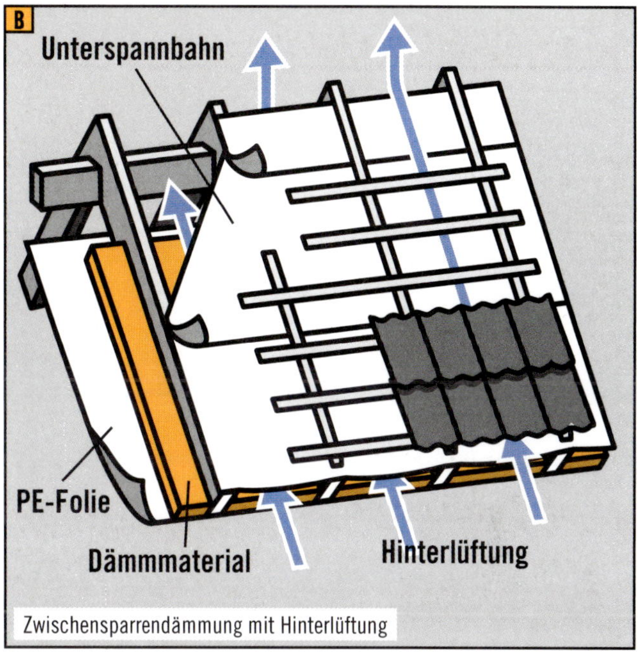

Zwischensparrendämmung mit Hinterlüftung

Hinterlüftung des Daches

Die Hinterlüftung eines Daches ist dann besonders notwendig, wenn es ausgebaut werden soll. Zwischen Latten, Folien und Ziegeln sollte stets ein Lüftchen durchwehen können, das Staunässe verhindert. Sonst bildet sich Schimmel, der langsam, aber sicher durch die Decke wandert. Der Luftstrom wird entweder zwischen den Sparren oder A durch die Trägerlatten der Ziegel Richtung First geleitet B oder beides. Um die Ziegel direkt zu hinterlüften werden, die Trägerlatten mittels Unterlatten erhöht. Diese werden, nachdem die Dachfolie angebracht ist, direkt längs auf die Sparren genagelt. Die Entlüftung findet direkt über den First statt, falls dieser dafür vorbereitet ist. Andernfalls werden Entlüftungsziegel eingesetzt. Hier sollte man nicht unbedingt sparen. Ein trockenes, schimmelfreies Dach ist der Dank.

WARNUNG! Arbeiten am und auf dem Dach sollten von ungeübten Personen nicht vorgenommen werden!

Wer auf dem Dach arbeitet, muss sich entsprechend absichern. Über 3 m Höhe sehen Sicherheitsbestimmungen den Einsatz eines Gerüsts vor. Höhe der Dachrinne und Giebelhöhe sind dabei entscheidend. Ein Fangnetz am Gerüst ist an der Traufseite geneigter Dächer ebenfalls Pflicht.
Wer freilich weniger als zwei Stündlein auf dem Dach arbeitet, für den ist der Anseilschutz mit Fanggurten als einzige Schutzmaßnahme erlaubt. Die Einhaltung der Bestimmungen bedingt letztendlich auch den Leistungsfall der BG-Versicherung.

Bitte informieren Sie sich!

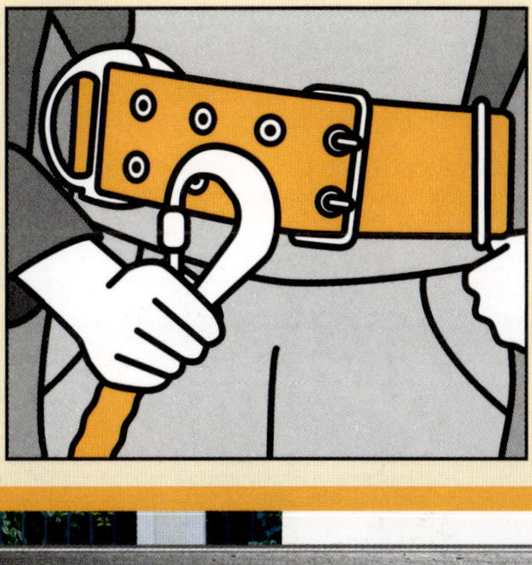

DACH DECKEN. MIT DACHZIEGELN.

Die wohl beliebteste und in unseren Breitengraden bewährteste Dacheindeckung ist das gute alte Ziegeldach. Dachziegel werden heute in der Regel maschinell gefertigt und existieren in verschiedensten Formen und Farben. Renommierte Hersteller bieten eine große Auswahl an idealen

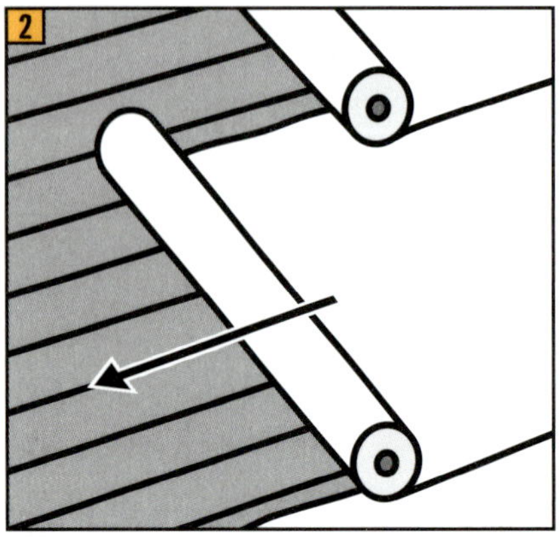

1 Der Dachüberstand wird verschalt. Im Bereich der Verschalung werden die Sparren ausgeklinkt bzw. tiefergelegt, damit die Lattung später bündig über den Dachüberstand verlaufen kann. **2** Folienbahnen werden quer über die gesamte Dachfläche einschließlich Dachüberstand ausgerollt und fest getackert. **3** Jetzt werden Dachlatten auf Sparrenhöhe angenagelt. Sie dienen als Unterkonstruktion für die Trägerlatten und sorgen für einen festen

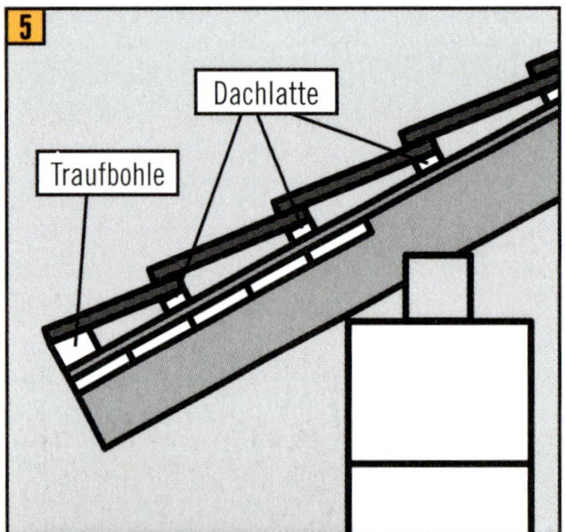

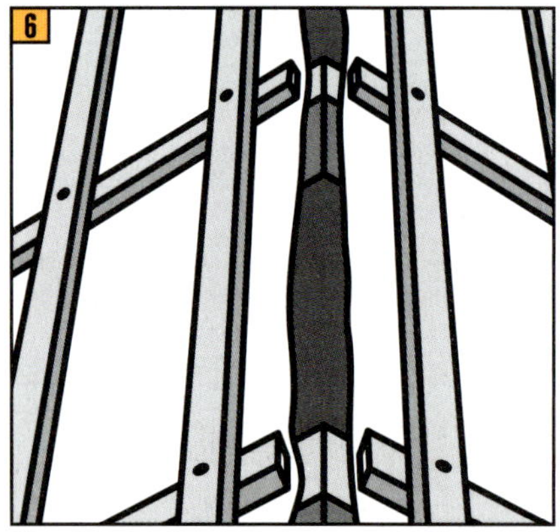

Sitz der Folie sowie für ausreichende Hinterlüftung. **4** Nun ist die waagrechte Trägerlattung an der Reihe. Die Abstände der Trägerlatten entsprechen den Breiten der Ziegel. Mit einem Lattmaß können die Trägerlatten perfekt angelegt und festgenagelt werden. **5** Als unterste Trägerlatte wird eine sogenannte Traufbohle verwendet. Sie verhindert, dass die erste Ziegelreihe später nach unten kippt. **6** Wer auch unterhalb der Folie über den First entlüften möchte, teilt die Dachfolie über dem First, damit der lüftende First auch tatsächlich funktioniert.

Dacheindeckungen, die bis ins Detail sicher stellen, dass ein Dach nicht nur dicht ist, sondern auch alle anderen Anforderungen an moderne Dachtechnologie erfüllt. Vom Dachrinnenanschluss über den Ortgang bis zum First ist alles perfekt geregelt.

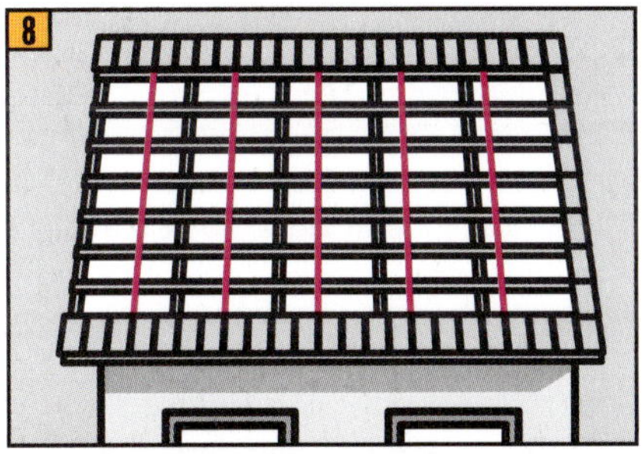

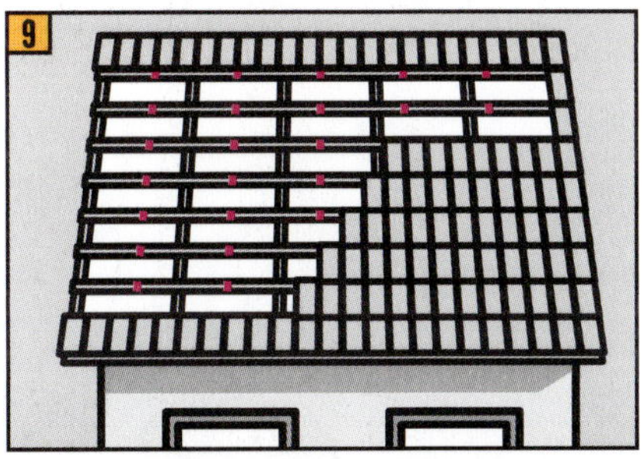

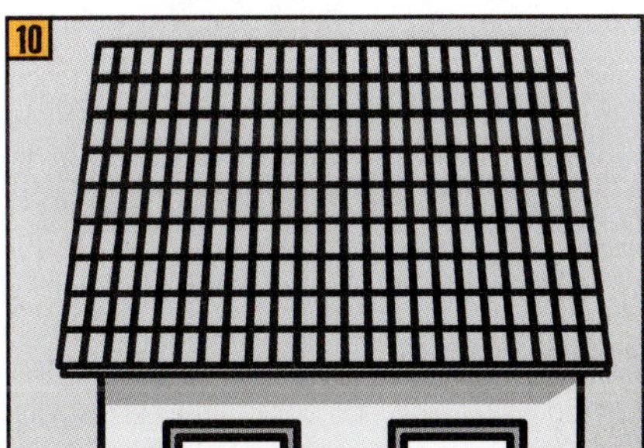

7 Los geht's mit dem Ziegeln! Zuerst werden an der rechten Seite die Ortgangziegel von unten nach oben angebracht. Diese sind speziell gewinkelt und für die Verwendung am Rand hergestellt. Sie können je nach Fabrikat seitlich festgeschraubt oder -genagelt werden. **8** Anschließend wird die unterste und oberste Reihe verlegt. Bei jedem 4. Ziegel wird eine Richtschnur senkrecht über das Dach gespannt. Diese hilft, bei der Eindeckung genau zu arbeiten. Wenn Sie mit einer Schlagschnur arbeiten, sind die entsprechenden Stellen auf den Trägerlatten gut sichtbar. **9** Arbeiten Sie sich jetzt von rechts nach links und von unten nach oben diagonal über das Dach vor. Am Ende jeder Ziegelreihe wird jeweils ein Ortgangziegel angebracht. **10** Bei der zweiten Reihe von oben wird der jeweils darüberliegende Ziegel leicht angehoben, um den anderen darunter zu schieben. **11** Zum Schluss die Entlüftungsrolle über der Firstlatte ausrollen und diese den Dachziegeln durch Formen mit der Hand anpassen. Nun die Firstziegel verlegen. Dabei die Metallhalter durch die Entlüftungsrolle mit der Firstlatte verschrauben.

WERKZEUG.

- ✓ Tacker
- ✓ Hammer
- ✓ Lattmaß
- ✓ Akku-Schrauber
- ✓ Richtschnur

MATERIAL.

- ✓ Bretter
- ✓ Folie
- ✓ Dachlatten
- ✓ Nägel
- ✓ Bohlen
- ✓ Dachziegel
- ✓ Schrauben
- ✓ Metallhalter

DACH DECKEN. MIT DACHELEMENTEN AUS STAHLBLECH.

Im ewigen Wettstreit mit den Nachbarn haben Sie beim Dach jetzt einen Täuschungsvorteil: Dachpfannenelemente aus verzinktem Stahlblech sehen aus wie echte Ziegel, sind aber viel billiger. Und mit Hilfe von speziellen selbstbohrenden Schrauben sind sie schnell montiert.

1
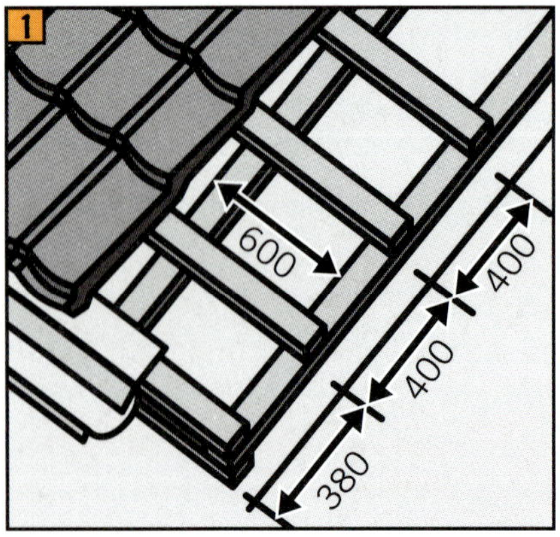

2A
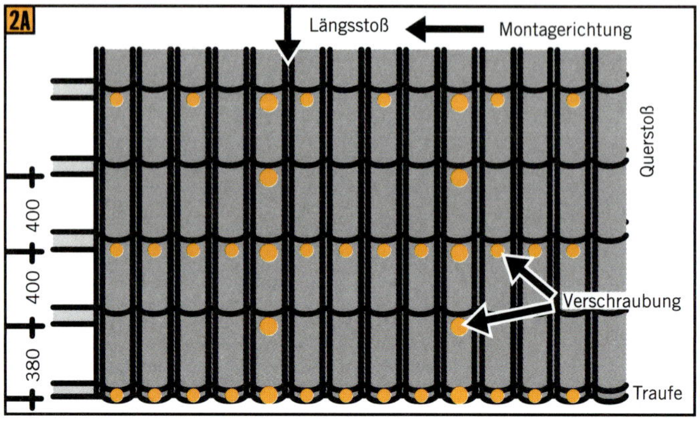

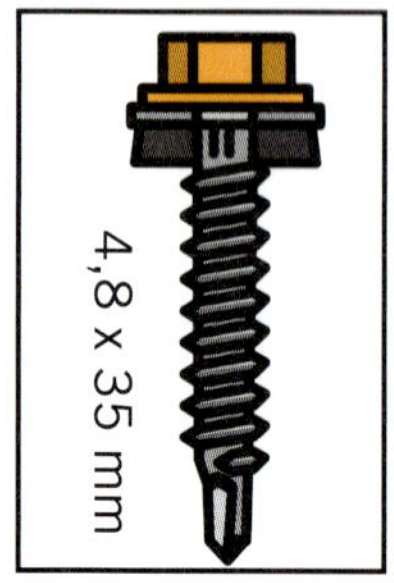

2B
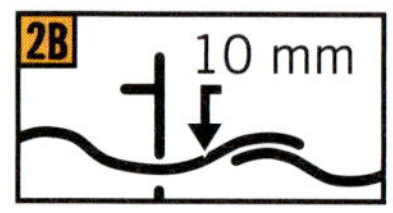

1 Das Unterdach muss stabil und tragfähig sein. Die Unterkonstruktion besteht aus einer Holzlattung (40 x 60 mm). Beachten Sie die entsprechenden Lattenabstände, die der Hersteller vorgibt. **2A** Festgeschraubt werden die Elemente mit selbst bohrenden Schrauben in jedem zweiten Wellental und auf jeder zweiten Latte. Im Randbereich (Giebel, Traufe, First, Querstöße) muss in jedem Wellental der Längsstoß auf jeder Latte verschraubt werden. Die Schraube ist dann fest angezogen, wenn die Dichtscheibe ca. 1 mm unter der Unterlegscheibe hervortritt. **2B** Befestigen Sie die Schraube im

3
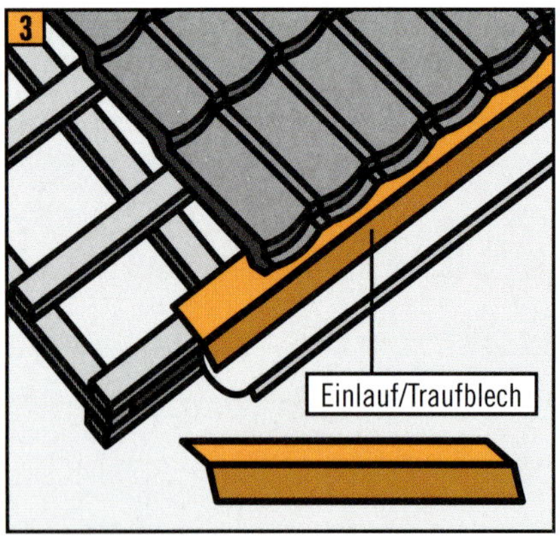

4
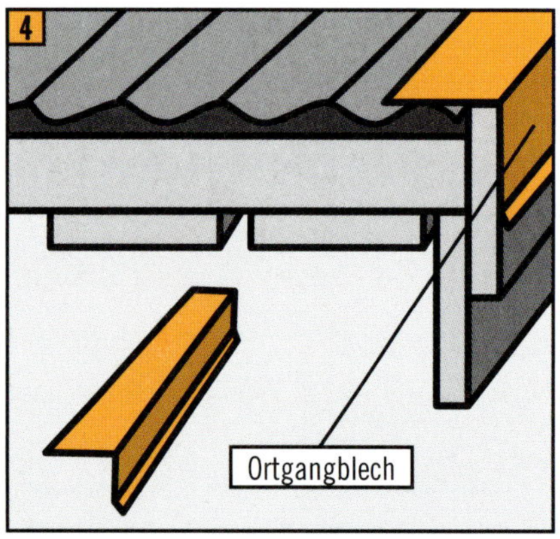

5
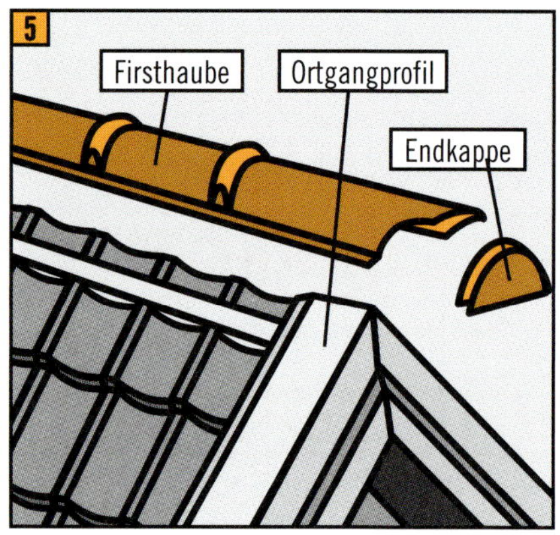

Längsstoß ca. 10 mm von der Mitte versetzt, damit die Überlappung fest anliegt. Sorgen Sie vor der Montage dafür, dass zwischen Giebel und Traufe ein rechter Winkel besteht, denn die Platten müssen im rechten Winkel zur Traufe verlegt werden. Legen Sie die ausgerichteten Platten übereinander und schrauben Sie das unterste Element neben den Längsstößen fest. Dann die darüberliegenden Elemente so weit verschieben, dass das Ende des untersten Elements sichtbar wird. Verlegen Sie von unten nach oben und von rechts nach links. Vergewissern Sie sich, dass die Dachpfannenelemente rechtwinklig liegen. **3** Abschließend wird das Einlauf- oder Traufblech über der Regenrinne, zwischen Traufbohle und den unteren Dachpfannenelementen, eingelegt und verschraubt. **4** Den Giebel verkleiden Sie mit einem Ortgangblech. Verschrauben Sie es seitlich am Stirnbrett im Abstand von 30–40 cm. **5** Die Firsthauben auf jedem Wellenberg mit Bohrschrauben befestigen. Die äußerste Haube zuschneiden und mit der Endkappe verschließen. Bei belüfteten Firsten müssen die Wellentäler der Platten aufgebogen werden.

WERKZEUG.

- ✓ Zollstock/Bandmaß
- ✓ Akku-Schrauber

MATERIAL.

- ✓ Holzlatten
- ✓ Dachpfannenelemente
- ✓ Einlauf/Traufbleche
- ✓ Ortgangblech
- ✓ Firsthaube und Endstück
- ✓ Bohrschrauben (4,8 x 20 und 4,8 x 35 mm)

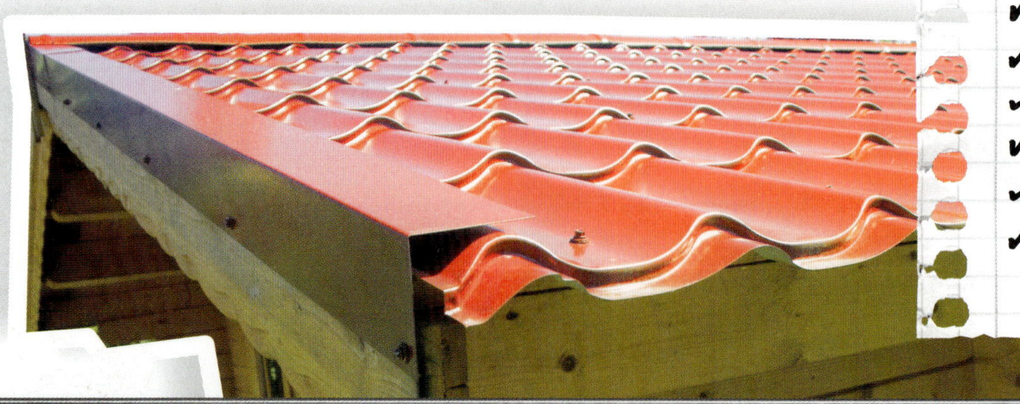

DACH DECKEN. MIT BITUMENSCHINDELN.

Einfach zu schneiden, einfach zu biegen, einfach zu kleben und zu nageln. Wer es versteht, auch die kritischen Stellen perfekt mit Bitumenschindeln zu belegen, wird sich lange an seinem selbst gedeckten Dach erfreuen.

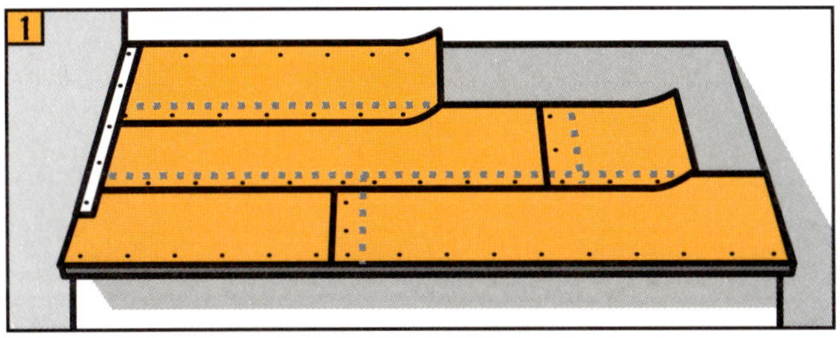

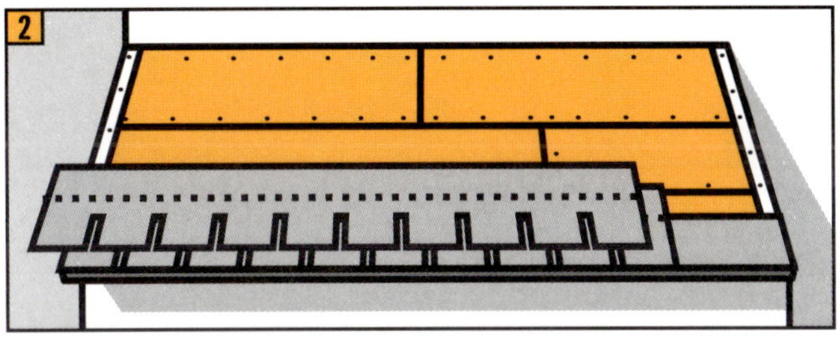

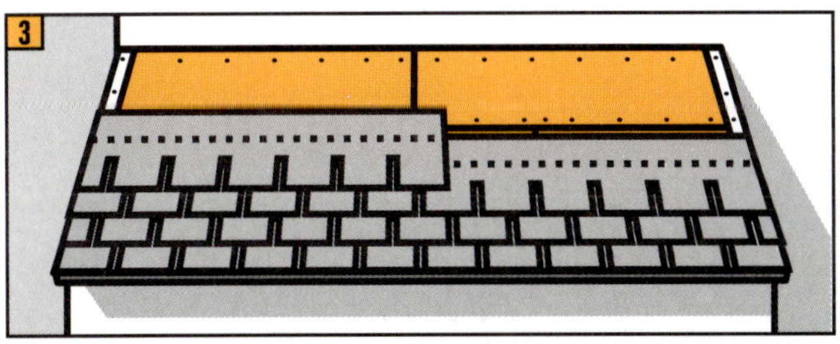

1 Decken Sie die Gesamtfläche mit einer geeigneten Vordeckbahn (z. B. V 13). Die Vordeckbahn muss parallel zu den Traufen, mit einer waagrechten Überlappung von mindestens 5 cm und 10 cm Endüberlappung verlegt werden. Sichern Sie die Vordeckbahn nur mit so vielen Nägeln wie nötig, um sie auf der Dachfläche festzuhalten. Installieren Sie sie so flach wie möglich, damit keine Unebenheiten auf die Schindeloberfläche übertragen werden. **2** Bereiten Sie die Anfangsreihe vor, indem Sie die Schindelzungen bis zum Ende des Blatteinschnittes abschneiden. Kürzen Sie diese Anfangsreihe in der Länge um eine halbe Zunge, damit die Stoßfugen versetzt übereinanderliegen. Die Anfangsreihe muss die Traufe wie auch den Rand (Giebel) 6 bis 10 mm überragen. Erste Reihe: Beginnen Sie mit einer vollständigen Schindel, die Sie an Traufe und Seitenrand bündig zur Anfangsreihe verlegen. Zweite Reihe: Schneiden Sie eine halbe Zunge von einer Schindel ab und beginnen Sie am Seitenrand. Nageln Sie die Schindeln so, dass die unteren Enden der Zungen bündig mit der Spitze der Blatteinschnitte der ersten Schindelreihe verlegt werden. **3** Weitere Reihen: Beginnen Sie die dritte Reihe wieder mit einer ganzen Schindel und schneiden Sie bei der folgenden Reihe wieder eine halbe Zunge ab. Verfahren Sie bei den weiteren Reihen genauso. Somit liegen die Stoßfugen nicht übereinander. Für einen optimalen Schutz gegen Wind und Regen sollten Sie die Schindeln an den Dachrändern mit Bitumenschindel-Kleber verkleben. **4** Frisch gedeckt ist der Hausanbau oder das Gartenhaus.

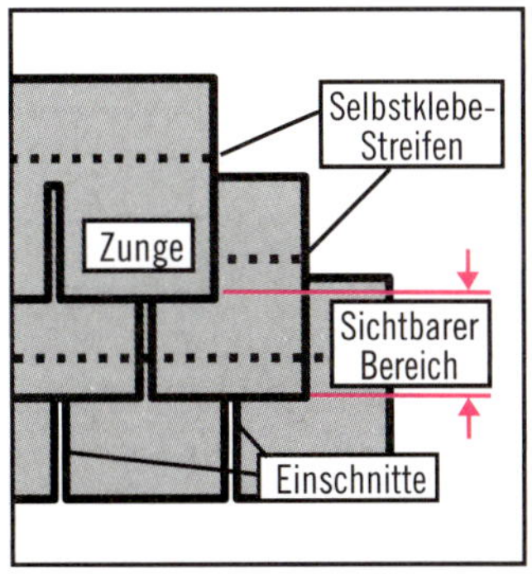

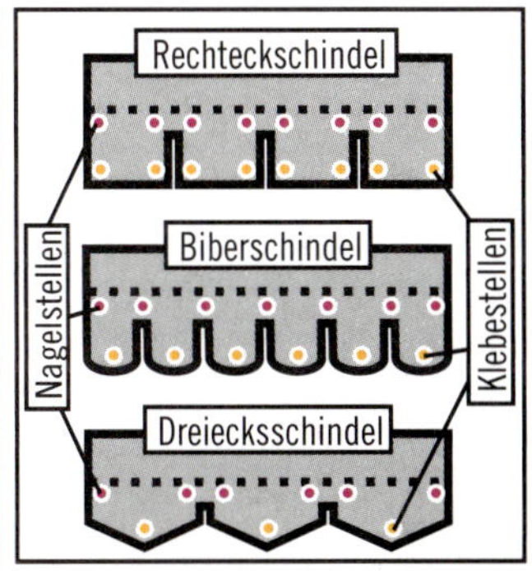

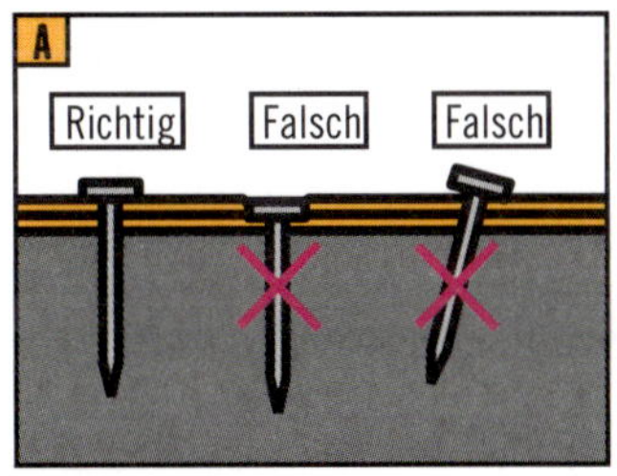

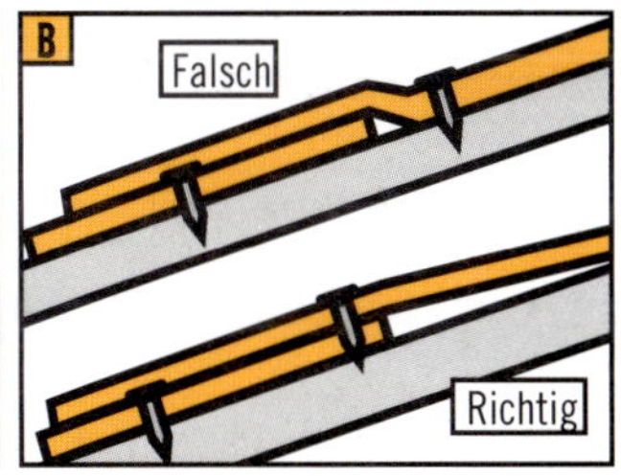

A Schlagen Sie die Nägel gerade ein. Die Nagelköpfe müssen mit der Schindeloberfläche bündig sein.
B Nageln Sie stets 2 cm oberhalb des Blatteinschnittes und 2,5 cm von allen Rändern entfernt.

WERKZEUG.

- ✓ Zollstock
- ✓ Hammer
- ✓ Cuttermesser
- ✓ Richtlatte

MATERIAL.

- ✓ Vordeckbahn
- ✓ Nägel
- ✓ Bitumenschindelbahnen
- ✓ Kleber

DACHEINDECKUNG REPARIEREN.

Mag ein Dach noch so perfekt gedeckt sein – Wind und Wetter setzen selbst den besten Materialien zu. Auch Dachbegehungen durch den Schornsteinfeger oder andere Handwerker können leichte Risse in Ziegeln verursachen, die im Laufe der Zeit zu Schäden führen. Daher gilt: Schadhafte Ziegel

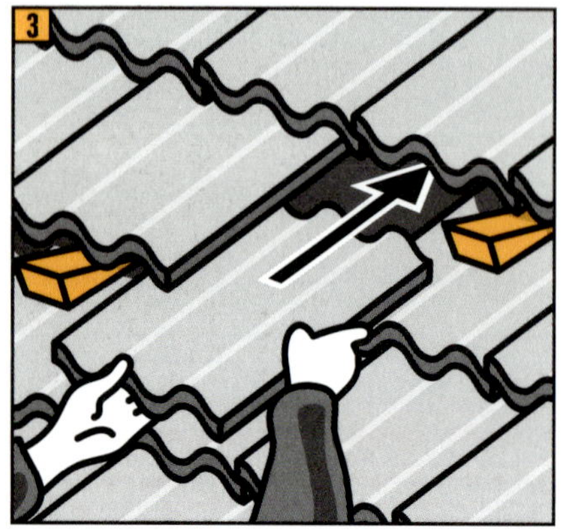

Falzziegel austauschen

1 Gilt es, einen schadhaften Falzziegel auszuwechseln, schieben Sie einfach kleine Holzkeile unter die Nachbarziegel. **2** Jetzt haben Sie den nötigen Freiraum gewonnen, um den defekten Ziegel problemlos anzuheben und herauszuziehen. **3** Rückwärts geht's genauso gut. Einfach den neuen Ziegel einführen, absenken und die Keile wieder herausnehmen.

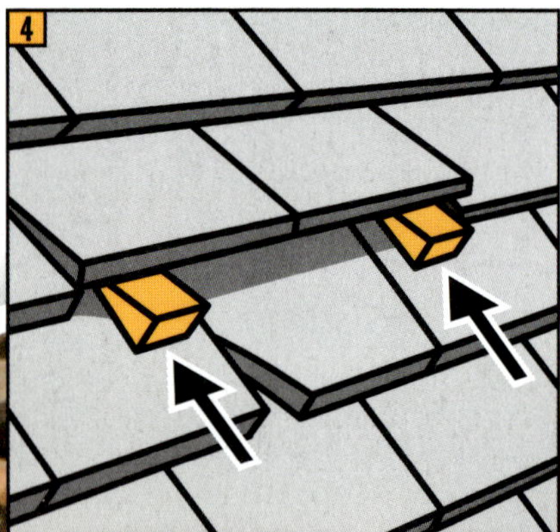

Flachziegel austauschen

4 Beim Ersetzen schadhafter Flachziegel werden die beiden darüberliegenden Ziegel mit Holzkeilen angehoben. **5** Heben Sie nun den auszuwechselnden Ziegel mit einer Maurerkelle an und ziehen Sie ihn heraus. Wenn er angenagelt ist, versuchen Sie, die Nägel mit seitlichen Bewegungen zu lösen. In hartnäckigen Fällen mit einem Meißel die Nägel durchtrennen. Anschließend den neuen Ziegel einsetzen. Er braucht nicht angenagelt zu werden. Nun die Keile wieder entfernen.

oder Platten so ersetzen, dass alles wieder optimal gedeckt und geschlossen ist. Pluspunkt für Sie, wenn Sie sich Reste von Ziegeln oder Schieferplatten für solche Fälle aufgehoben haben. Freundliche Dachdecker lassen einen solchen „Vorrat“ meist gerne zurück.

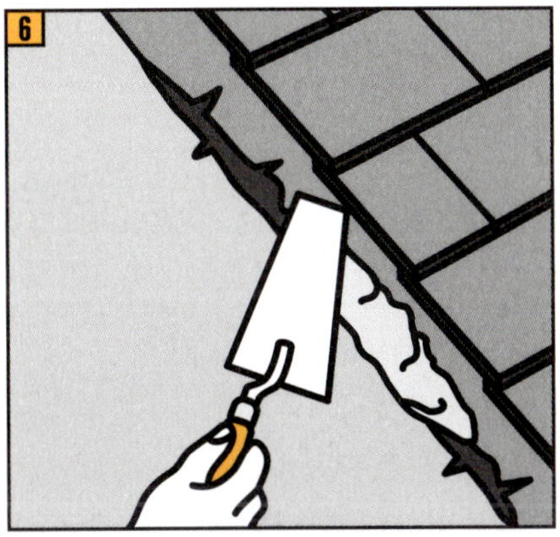

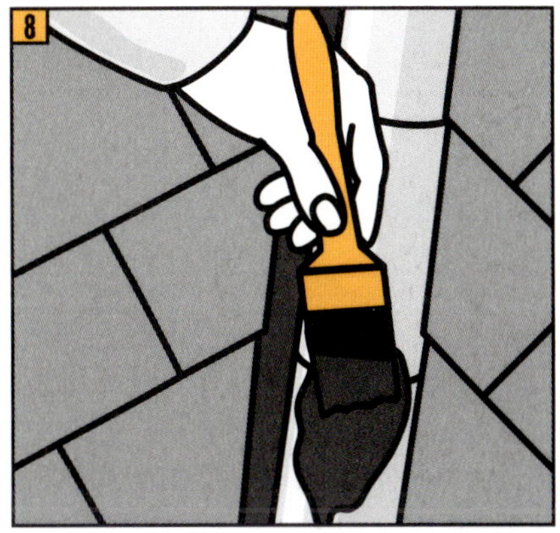

Dachreparatur mit Mörtel

Überall wo die Dacheindeckung nicht mit Ziegeln oder sonstigem Deckmaterial abgeschlossen werden kann, hilft Mörtel weiter. Ist er mit der Zeit rissig und wasserdurchlässig geworden, muss er an den entsprechenden Stellen erstmal raus. **6** Dann frisch angerührten Mörtel gleichmäßig auftragen. **7** Auch die Ziegelränder dicht im Mörtel einbetten. Hierzu wird der Mörtel mit der Spachtel direkt unter die Ziegel gedrückt. **8** Wo zwischen Dachflächen Rinnen liegen, kann es zu undichten Stellen kommen. Rinne abheben und das Dach mit flüssiger Bitumenmasse bestreichen.

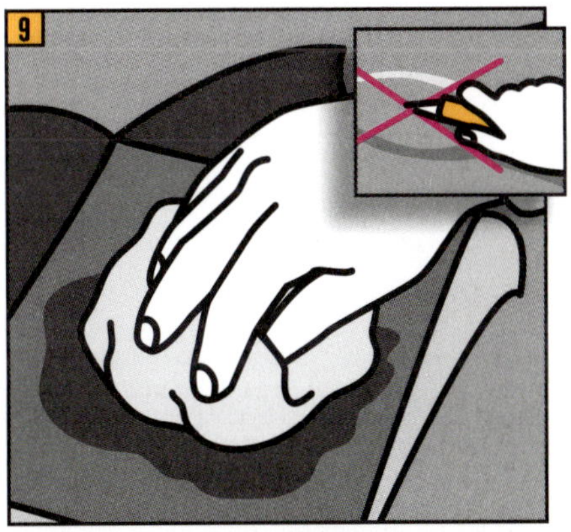

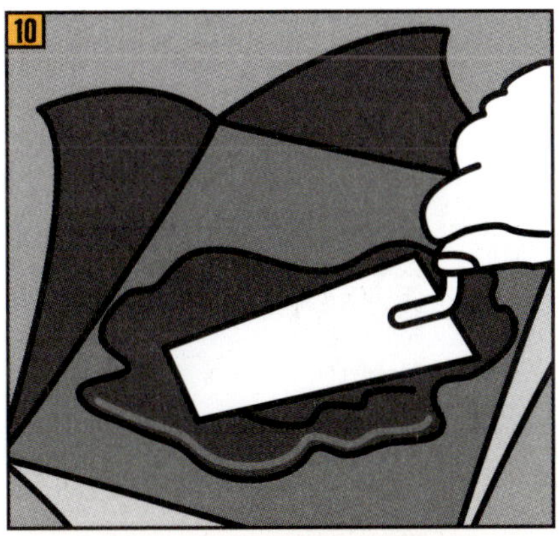

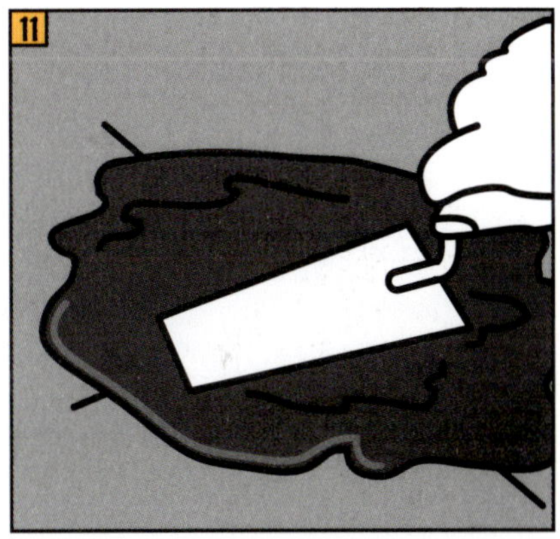

Bitumendach reparieren

Auch ein Bitumendach kann mal tropfen. Wer die Stelle z. B. auf seinem Gartenhausdach ausfindig gemacht hat, kann sich mit einem Teppichbodenmesser bewaffnet helfen. **9** Einfach die Bitumenbahn an betreffender Stelle kreuzweise aufschneiden und aufklappen. Mit einem saugfähigen Lappen den feuchten Untergrund trocknen und warten, bis dieser ganz trocken ist. **10** Anschließend Bitumenkleber mit einer Kelle gleichmäßig auftragen und etwas anziehen lassen. **11** Schließlich die „Dachwunde“ wieder zuklappen und zusätzlich von außen mit Kleber dicht bestreichen. Fertig.

SICHERHEIT!

Bedenken Sie bei allen Arbeiten rund ums Dach, dass diese für Ihre körperliche Unversehrtheit durchaus ein Risiko darstellen. Sichern Sie sich entsprechend ab und verwenden Sie nur stabile Leitern. Überlassen Sie große Dacharbeiten lieber den Profis.

WERKZEUG.

- ✔ Holzkeile
- ✔ Spachtel/Kelle
- ✔ Hammer
- ✔ Teppichmesser
- ✔ Lappen

MATERIAL.

- ✔ Neue Ziegel/Schindeln
- ✔ Nägel
- ✔ Mörtel
- ✔ Bitumenmasse
- ✔ Bitumenkleber

DACHENTWÄSSERUNG MONTIEREN.

Bereits vor der Eindeckung sollten die Dachrinnenhalter montiert werden. Im Abstand von ca. 60 cm angebracht, halten Sie jede Rinne zuverlässig. Der passende Winkel zum Dachrand wird durch entsprechendes Biegen erreicht. Die Rinne selbst erhält mittels Metallsäge die exakt benötigte Länge.

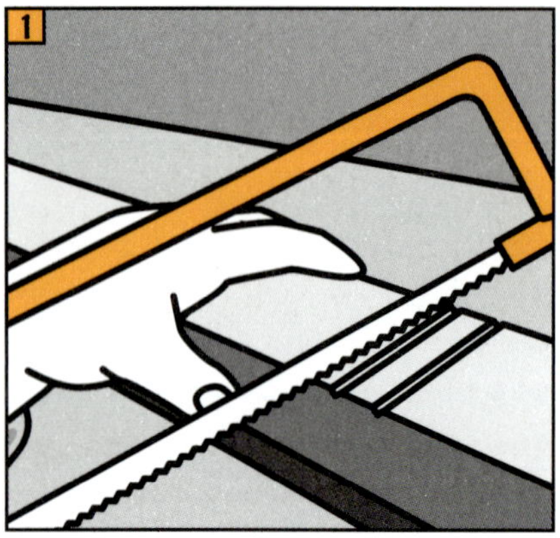

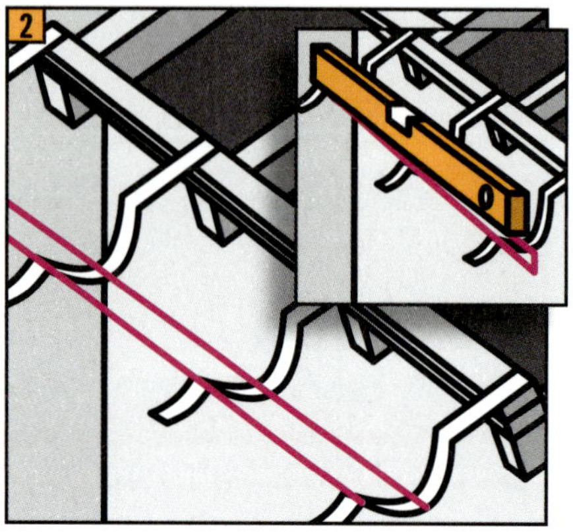

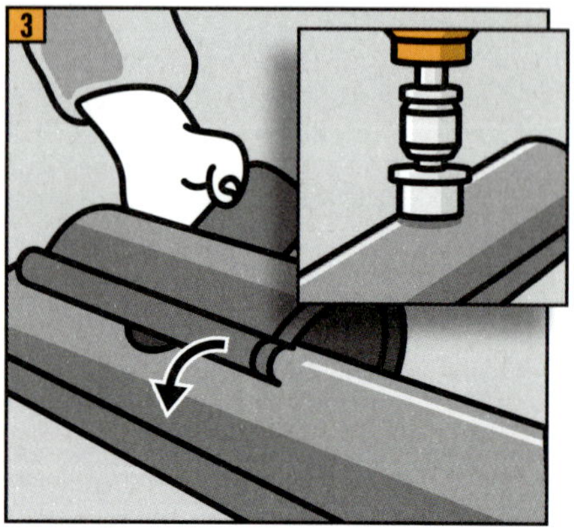

1 Die Dachrinne wird in Rinneisen gehängt. Damit diese bündig mit der untersten Dachlatte verlaufen, müssen Sie eine Kerbe in die Dachlatte sägen und ausstemmen. In dieser Kerbe befestigen Sie später die Rinneisen. Diese sollten zueinander einen Abstand von 50–70 cm haben. 2 Die Rinneisen müssen so gebogen werden, dass in der Rinne ein Gefälle von 3 mm/m in Richtung Fallrohr entsteht. Spannen Sie an der Vorderkante und dort, wo die Rinnenmitte wäre, je eine Schnur. Alle Rinneisen daran ausrichten. Beginnen Sie an der Seite des Fallrohres mit der Rinnenmontage. Legen Sie das erste Rinnenstück probeweise an und markieren Sie die Position des Ablaufstutzens am Übergang zum Fallrohr. 3 Schneiden Sie ein Loch in die

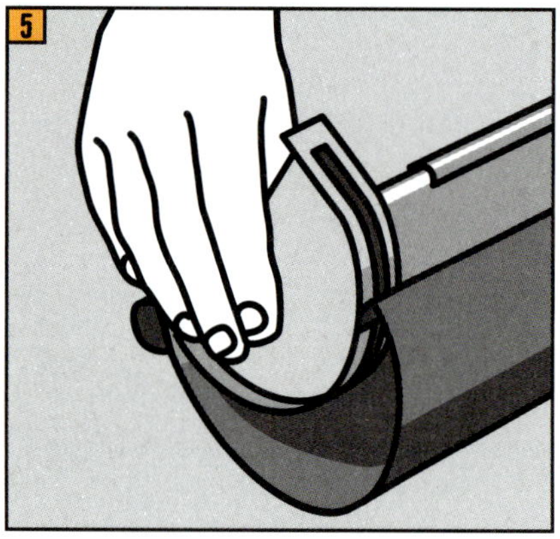

Rinne, dessen Durchmesser etwas kleiner ist als der des Fallrohres. Stecken Sie den Ablaufstutzen so auf, dass er seitlich auf der Rinne einschnappt. 4 Ein Laubauffangkorb verhindert das Verstopfen des Rohres mit Schmutz und Laub. 5 Stecken Sie das Endstück ein, es soll schön fest sitzen. Manche Endstücke sind mit einem Dichtungsgummi ausgestattet. Das erste Rinnenstück nun endgültig einsetzen. Hängen Sie es am vorderen Wulst des Rinneisens ein und drehen Sie es nach hinten in Stellung. Die Rinneisenfedern werden dann umgebogen, damit die Rinne fest in den Rinneisen sitzt. Die Rinnenteile nicht fest, sondern über spezielle Verbindungsstücke miteinander verbinden, so können sie sich materialbedingt noch ein bisschen verziehen. 6 Zuerst das Fallrohr an der Hauswand befestigen. Dann die Bögen am Ablaufstutzen und am Fallrohr aufstecken. Ermitteln Sie dann das Maß für das Verbindungsstück und schneiden Sie es in entsprechender Länge zu. Das Verbindungsstück erst am Fallrohrbogen einschieben und dann mit dem Ablaufstutzen verbinden.

WERKZEUG.

- ✓ Metallsäge
- ✓ Zollstock
- ✓ Zange
- ✓ Richtschnur
- ✓ Akku-Schrauber
- ✓ Hammer
- ✓ Bohrmaschine mit Kreisschneideaufsatz
- ✓ Bleistift
- ✓ Wasserwaage

MATERIAL.

- ✓ Dachrinne bzw. Kastendachrinne
- ✓ Rinneisen
- ✓ Rinnenendstück
- ✓ Fallrohr
- ✓ Schrauben
- ✓ Nägel
- ✓ Wellplattenhalter
- ✓ Spezialkleber und Reiniger

DACHENTWÄSSERUNG. VON NEBENGEBÄUDEN MIT KASTENDACHRINNEN.

Auch auf dem kleinen Hausanbau oder dem Schuppen im Garten sammelt sich einiges an Wasser, wenn es ordentlich regnet. Es empfiehlt sich, hier Kastendachrinnen zu montieren, um das Regenwasser in kontrollierte Bahnen zu lenken.

1

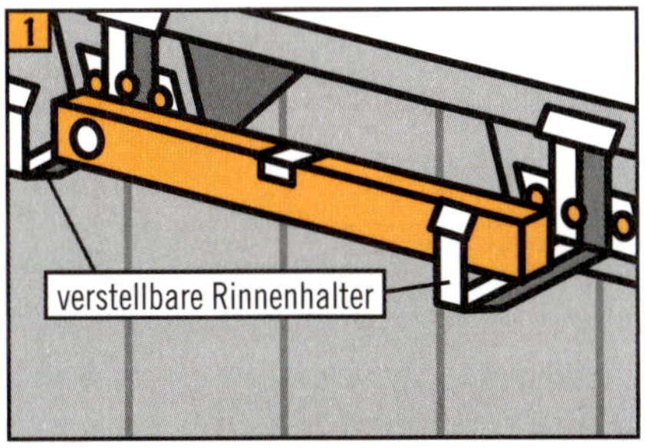

2

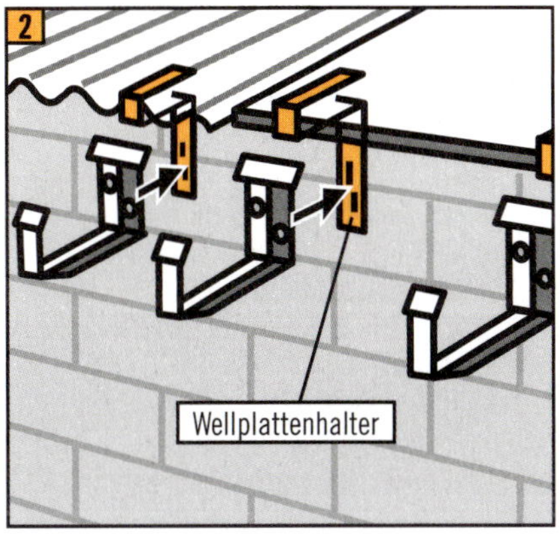

3

1 Die Kastendachrinne montieren Sie direkt an den Stirnseiten der Dachsparren. Die verstellbaren Rinnenhalter können bis zu einem Winkel von 25 ° verwendet werden. Schrauben Sie diese so an die Stirnseiten, dass zum Fallrohr hin ein Gefälle von 2–3 mm je laufenden Meter Dachrinne entsteht. **2** Bei Well- oder Stegplatten stecken Sie zuerst sogenannte Wellplattenhalter auf die Well- oder Stegplatten und schrauben Sie daran die Rinnenhalter fest. **3** Für die Montage am Stirnbrett oder direkt am Mauerwerk sind die oben gezeigten Rinnenhalter geeignet. Die Rinne wird am oberen Rinnenwulst eingeklemmt. Dies ist jedoch nur bei den leichten Kastendachrinnen zu empfehlen. **4** An unterschiedlichen Dachflächen können

4

5

6

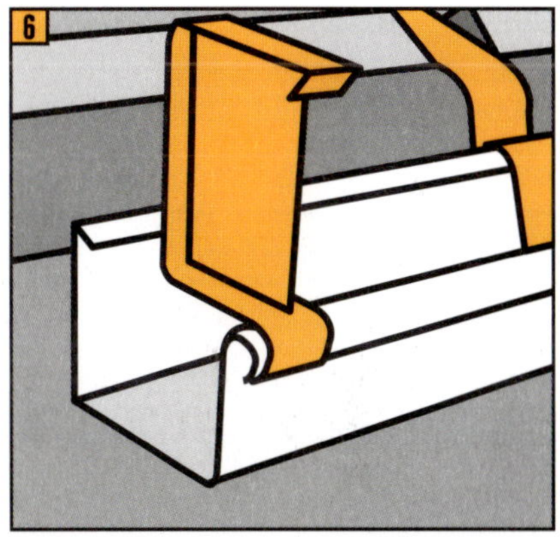

mit abgewinkelten Flacheisen entsprechende Befestigungen geschaffen werden. **5** Alle Rinnenelemente werden mit Spezialkleber und Verbindungsschalen miteinander verbunden. Zuvor müssen die Klebestellen mit einem speziellen Reiniger gereinigt werden. Achten Sie bei allen Übergängen auf eine einwandfreie Verbindung. **6** Zum Verschließen der Rinnenenden kleben Sie passende Endstücke ein. Diese Abschlusselemente sind für linke und rechte Abschlüsse verwendbar.

7

8

7 Um das Fallrohr anzuschließen, schneiden Sie mit einem entsprechenden Kreisschneideaufsatz an der Bohrmaschine eine Öffnung aus der Rinne. **8** Setzen Sie nun den Rinnenstutzen über die hintere Abkantung und lassen ihn am vorderen Wulst einrasten. Verkleben Sie den Stutzen dann mit der Kastendachrinne. Danach kann das Fallrohr montiert werden.

HINWEIS!

Je nach Standort sollte überlegt werden, ob die Montage eines Laubfanggitters auf der Regenrinne sinnvoll ist. Als Minimalschutz gegen die Verstopfung des Fallrohres sollten Sie auf jeden Fall einen Laubfangkorb am Ablaufstutzen einbauen.

DACHZUBEHÖR.

Begehung, Lüftung, Schneesicherung – für alles Wichtige auf dem Dach gibt es entsprechendes Zubehör, das sich harmonisch in das Gesamterscheinungsbild der Deckung einfügt. Manche setzen sich zum Schmuck auch gerne „Firstgockel", „Schlafwandler" oder Ähnliches aufs Dach.

Halterung für Antenne oder Satellitenschüssel

Falls Sie gerne fernsehen und Ihnen kein Kabelanschluss zur Verfügung steht, können Sie sich eine Antenne oder eine Satellitenschüssel auf Ihr Dach packen. Das ist gar nicht so kompliziert. **1** Als Erstes muss die ausgewählte Stelle freigelegt werden. Entfernen Sie hierfür ein paar Ziegel. **2** Die spezielle Halterung wird nun zwischen den Sparren verschraubt. **3** Bis auf einen Ziegel kann das Dach nun wieder zugedeckt werden. Um die Halterung herum wird ein Bleimantel gelegt, der das Eindringen von Regenwasser verhindert. Zur regendichten Abdeckung wird noch ein Abdeckkragen aufgeschoben.

Sinnvoll in schneereichen Regionen ist eine Schneefangsicherung auf dem Dach, z. B. über dem Eingangsbereich oder über sonstigen schützenswerten Stellen.

Wer eine gründliche Kaminreinigung wünscht, bietet dem Schornsteinfeger eine stabile Dachbegehung, die sich problemlos in das Dachbild integrieren lässt.

Taifun oder Gewitter-
sturm: Beim nächsten
Regen lauschen Sie entspannt
dem Trommeln der Tropfen,
denn Sie haben alles unter
Dach und Fach gebracht.
Ein dichtes, stabiles Dach
überm Kopf ist einfach
Gold wert.

AUSBAUEN.

ES GIBT IMMER WAS ZU TUN.

DACH DÄMMEN.

DACH DÄMMEN.

WÄRME STEIGT NACH OBEN, DAS WISSEN WIR NOCH AUS DER SCHULE. UND DAS BEDEUTET, DASS DIE GANZE SCHÖNE WARME LUFT, DIE SIE SICH TEUER ERHEIZT HABEN, RICHTUNG DACH WANDERT. FINDET SIE DORT KEINE DÄMMSCHICHT VOR, ENTSCHWINDET SIE FLUGS NACH DRAUSSEN, UND SIE HABEN ERFOLGREICH DIE ATMOSPHÄRE GEHEIZT. 22 % DER WÄRME VERSCHWINDEN AUF DIESEM WEG. ANGESICHTS DER STETIG STEIGENDEN HEIZMITTELPREISE UND DER KNAPPHEIT FOSSILER BRENNSTOFFE SOLLTE MAN WAS GEGEN DEN WÄRMEVERLUST TUN.

WARUM DAS DACH DÄMMEN?

Egal, ob Sie das Dachgeschoss als Atelier nutzen, ein Gästebad einrichten, Ihre elektrische Eisenbahn im Kreis fahren lassen oder nur den ganzen unnützen Hausrat dort lagern wollen: Dämmen ist das Gebot der Stunde. Wer mehr als 20 % des Hauses renoviert oder neu baut, ist ohnehin dazu gezwungen und muss sich an die diesbezüglichen Bestimmungen der Energie-Einsparverordnung (EnEV) halten. Übrigens verbessert Dämmung das Raumklima, was wiederum den Wohnwert insgesamt erhöht. Und gegen Schall sind die Räume ebenfalls besser isoliert.

Hier geht die Energie verloren!

Wenn Sie den Dachboden nur als Stauraum nutzen, sollten Sie die Zwischendecke zum darunter-liegenden Wohnraum gut dämmen.

Die Dämmung anderer Bereiche ist ebenfalls in diesem Buch beschrieben: z. B. Fassade dämmen Seite 74, Mauerwerk abdichten Seite 52.

Kaltdach

Ein Kaltdach ist typisch für Häuser mit Giebeldach und unbeheiztem Dachboden. Seine Dachkonstruktion ist mehrschalig und besteht aus Außenschale und innerer Wärmedämmschicht. Die Außenschale hält nur den Regen ab und muss hinterlüftet werden. Sowohl vor als auch hinter der Außenschale herrscht das gleiche Temperaturverhältnis. Durch die Hinterlüftung wird die Dämmschicht von außen her getrocknet. Nach innen ist die Dämmschicht mit einer Dampfbremse vor Kondenswasser geschützt.

Warmdach

Ein Flachdach ist ein typisches Warmdach. Es besteht aus einer mehrschichtigen Verbundkonstruktion, die nicht hinterlüftet ist. Das Warmdach muss Temperaturschwankungen ausgleichen können. Einerseits muss es Feuchtigkeit von draußen abwehren, andererseits die Wärme im Haus halten. Auch hier muss eine schützende Dampfbremse angebracht sein.

HINWEIS!

Wärmeschutz im Sommer: Die Wärmedämmung des Daches schützt nicht besser vor Hitze im Sommer. Die Dachgeschosswohnung wird in erster Linie durch die Fenster aufgeheizt, dementsprechend ist der Hitzeschutz abhängig von ihrer Beschattung, der Lüftung nachts sowie der Wärmespeicherfähigkeit der Innenbauteile.

ZWISCHEN- UND AUFSPARRENDÄMMUNG.

Glücklicherweise muss man das Dach nicht abdecken, um es zu dämmen, weil man das Zeug einfach von unten zwischen die Sparren klemmt. Dabei machen Sie wahrscheinlich mit ein paar Spinnweben Bekanntschaft. Das sollte Sie aber nicht von Ihrem Vorhaben abhalten.

SICHERHEIT!

Beim Arbeiten mit Dämmstoffen, vor allem Mineral- oder Glaswolle, wegen der kleinen Flugpartikelchen immer eine Atemschutzmaske und Arbeitshandschuhe tragen!

Dämmmaterial gibt es in Rollen-, Platten- oder Keilform. Die Keile eignen sich besonders, wenn die Sparrenabstände sehr unterschiedlich sind, weil man da nicht so viel zuschneiden muss. Sehr praktisch ist Klemmfilz, da er auf die Hälfte seines Volumens zusammengepresst ist. Er entfaltet sich beim Abrollen und kann einfach zwischen die Sparren geklemmt werden. Es gibt auch bereits mit Alufolie kaschierten Filz. Dieser eignet sich aber nur für sehr gleichmäßige Sparrenabstände, sonst hat man viel Arbeit mit Abmessen und Zuschneiden.

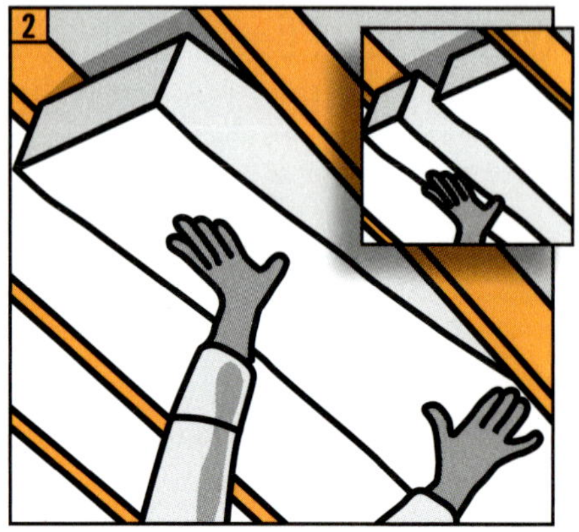

Zwischensparrendämmung bei gleichmäßigen Sparrenabständen

1 Rollen Sie die erste Klemmfilzrolle flach auf dem Fußboden aus und messen Sie das erste Sparrenfeld unter Zugabe von 1 cm aus. Zum Abschneiden der benötigten Anzahl Klemmfilzplatten legen Sie ein Schneidbrett auf und drücken den Klemmfilz damit zusammen. Schneiden Sie nun mit dem Dämmstoffmesser die ersten Platten zu. **2** Die zugeschnittenen Dämmplatten werden mit leichtem Druck zwischen die Sparren geklemmt. Achten Sie auf fugendichte Anschlüsse der Platten untereinander. Die Platten halten bis zu einem Sparrenabstand von etwa 1 m perfekt von selbst. Verfahren Sie bei allen anderen Sparrenfeldern genauso. Verschnittreste (vom Rollenende) können problemlos zusammengefügt werden. Dadurch haben Sie eine effiziente Arbeitsweise und nur minimale Verschnittreste bei Arbeitsende. Denken Sie an den nötigen Abstand zwischen Dämmung und Dach, wenn keine diffusionsoffene Folie vorhanden ist!

ACHTUNG! PROFITIPP

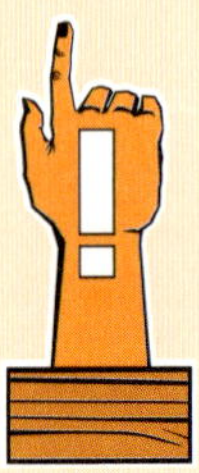

Wenn die Sparren nicht tief genug sind, um die vorgesehene, vielleicht auch laut EnEV vorgeschriebene Dämmungsdicke einzubauen, schrauben Sie zusätzliche Latten auf die Sparren. So sind diese im Nu groß genug. Bei sehr geringen Sparrenhöhen (beispielsweise im Altbau) empfiehlt sich eine zusätzliche Untersparrendämmung.

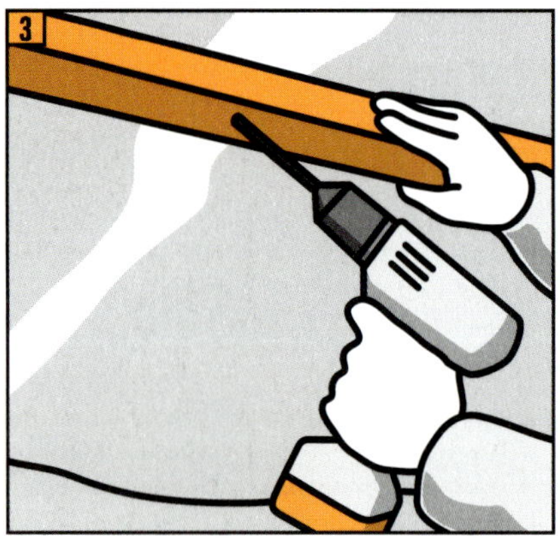

Zusätzliche Untersparrendämmung

Bei der Altbausanierung kann eine zusätzliche Untersparrendämmung erforderlich werden, denn die Sparrenabstände sind hier oftmals zu klein und dadurch der „Holzanteil“ an der zu dämmenden Gesamtfläche zu groß. Mit der zusätzlichen Untersparrendämmung kann der benötigte Wert von 0,30 W/m²K erreicht werden. Ist der Anteil der Untersparrendämmung kleiner als 40 % der Gesamtdicke, kann die Dampfbremsfolie zwischen den beiden Dämmschichten verlegt werden. **3** Schrauben Sie eine Konterlattung aus 80/60 mm starken Latten im Abstand von 40 cm auf die gedämmten Sparren. **4** Das Dämmmaterial entsprechend zuschneiden und in die Lattung einklemmen. Alles genauso wie bei der Zwischensparrendämmung.

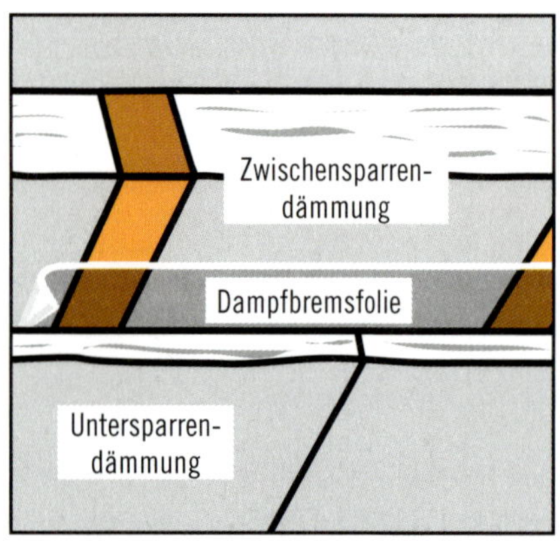

DAMPFBREMSE ANBRINGEN.

Nicht nur ein römisches Dampfbad hat eine hohe Luftfeuchtigkeit, schon die normale Wohnluft kann, besonders im Sommer, sehr feucht sein. Das Wasser setzt sich mit Vorliebe in den Dämmstoffen fest, worüber sich Schimmelpilz & Co. freuen, die sich dann am Holz zu schaffen machen.

1

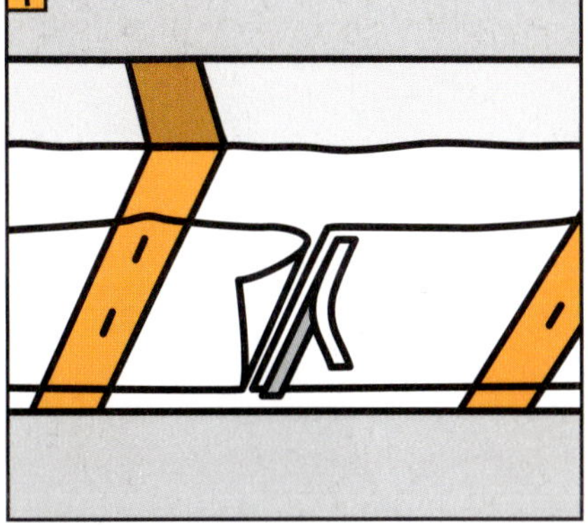

2

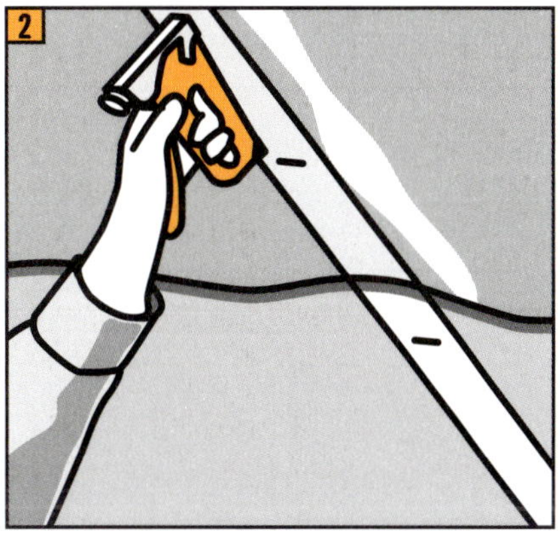

3

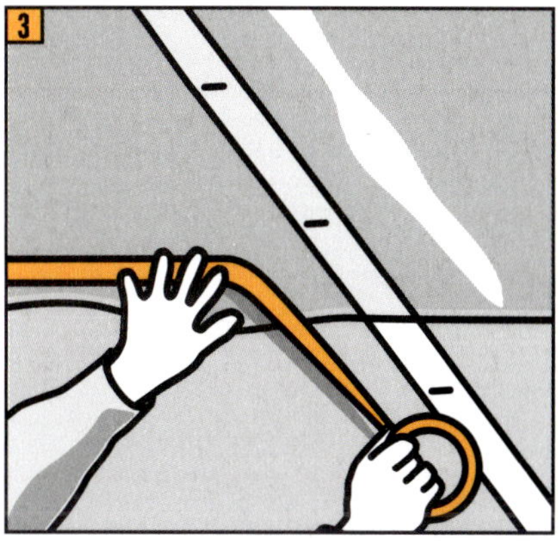

1 Wenn die Sparren komplett gedämmt sind, wird die Dampfbremsfolie senkrecht oder waagrecht über die gedämmte Fläche gezogen. Zusammengesetzte Folienbahnen lassen Sie 10 cm überlappen. Die Dampfbremsfolie ist eine spezielle Polyamidfolie, die im Gegensatz zu herkömmlicher PE-Folie auch für alle Holzschutzmittel undurchlässig ist. 2 Die Folie im Abstand von etwa 10 cm an die Sparren tackern. Sie sollte spannungsfrei, mit leichtem Durchhang (ca. 3 cm pro Sparrenfeld) verlegt werden. Verwenden Sie breite Klammern und einen elektronisch regelbaren Tacker, damit die Folie nicht durchschlagen wird. Wenn Sie nichts Derartiges zur Verfügung haben, legen Sie einen Kartonstreifen als Schutz zwischen Folie und Klammer. 3 Die Überlappungsbereiche werden mit doppelseitigem Klebeband luftundurchlässig verbunden. Dazu das Klebeband auf der unteren Folie im Überlappungsbereich aufkleben, das Schutzpapier abziehen und die obere Folie dicht andrücken. Lassen Sie die Folie auch zu allen Bauteilen, wie z. B. den Giebelwänden, ca. 10 cm überstehen. Diesen Überstand benötigen Sie für die spätere Ausführung winddichter Anschlüsse.

A

B

DÄMMKEILE.

Wenn Sie allein arbeiten müssen oder die Sparrenabstände extrem unterschiedlich sind, bieten sich Dämmkeile an. A Nach dem Ausmessen des ersten Sparrenfeldes verschieben Sie ein Dämmkeilpaar auf die benötigte Breite zuzüglich 1 cm. Die Überstände werden mit dem Dämmstoffmesser abgetrennt. B Aufgrund der kurzen Faserstruktur können die Dämmkeile immer passgenau zugeschnitten werden. Da das Material sehr steif ist, lässt es sich gut fugendicht verkeilen. Die abgeschnittenen Dreiecke können später in den Anschlussbereichen zu den Giebeln usw. verwendet werden.

WERKZEUG.

- ✓ Dämmstoffmesser/ Universalmesser
- ✓ Hand- oder Elektrotacker
- ✓ Rollbandmaß
- ✓ Akku-Bohrschrauber
- ✓ Bauleiter
- ✓ Arbeitshandschuhe
- ✓ Knieschoner
- ✓ Schneidbrett
- ✓ Zollstock
- ✓ Bleistift
- ✓ Staubmaske
- ✓ Schutzbrille (bei Arbeiten über Kopf)

MATERIAL.

- ✓ Dämmstoff
- ✓ Dampfbremsfolie
- ✓ Klebeband
- ✓ Dichtband
- ✓ Dachlatten
- ✓ Allzweckschrauben
- ✓ Tackerklammern

WANDANSCHLÜSSE.

An Wänden, Säulen, Rohren oder Balken muss alles dicht abschließen, sonst entweicht die kostbare warme Luft durch diese kleinen Spalten. Die Hersteller bieten hierfür zum Dämmstoff passende, selbstklebende, komprimierte Dichtbänder an. Damit geht das perfekte Abdichten ganz leicht.

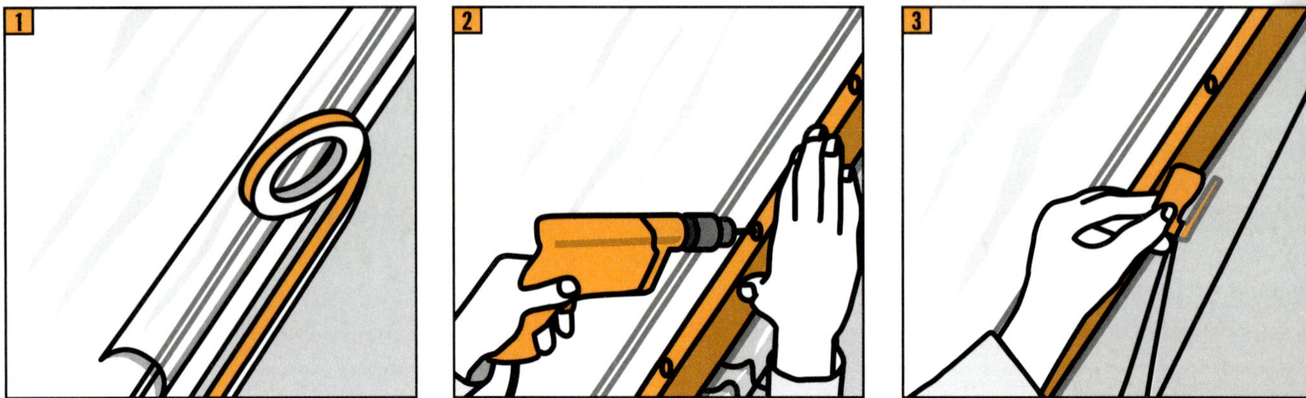

1 Das doppelseitig klebende Dichtband auf der Wand festkleben. **2** Die überlappende Folie mit der Anpresslatte (kann auch eine Fußbodenleiste, Zierleiste, Dachlatte o. Ä. sein) über das Klebeband ziehen und fest andrücken. Die Anpresslatte wird nun zusammen mit der Folie und dem Dichtband an der Giebelwand verschraubt. **3** Die überstehende Folie kann abgeschnitten werden (die Folie nicht reißen!). Führen Sie alle anderen Anschlüsse ebenso aus. Überprüfen Sie, ob alle Anschlüsse wirklich winddicht sind.

... UND DANN: VERKLEIDUNG.

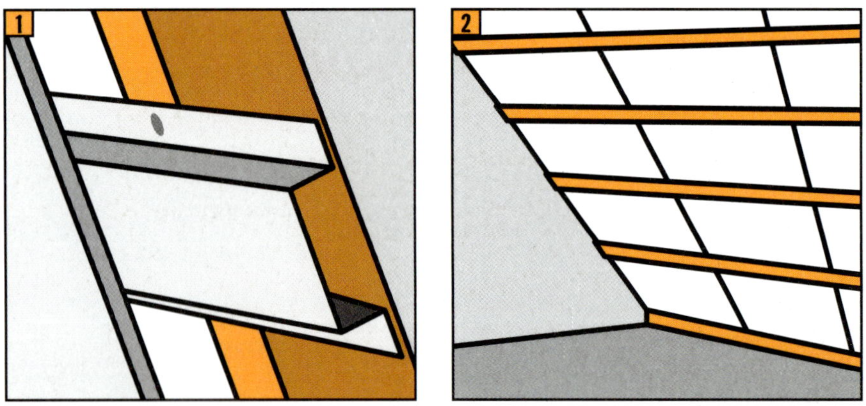

Auf die Dämmung folgt eine irgendwie geartete Verkleidung: Bretter oder Schindeln aus Holz, Gipskartonplatten, vielleicht auch Putz oder Fliesen.

1 Die Unterkonstruktion der Verkleidung besteht meist aus Holzlatten, die quer zur Lattenkonstruktion der Dämmschicht angebracht werden. Man kann aber auch Aluprofile, z. B. das Hut-Profil, benutzen. **2** Anschließend bringt man die Verkleidung seiner Wahl an. Als Untergrund für Fliesen und Dekorputz eignen sich Gipskartonplatten, die man auf die Latten schraubt. Für Feuchträume nehmen Sie die speziellen Feuchtraumplatten. Mehr zur Verarbeitung von Gipskartonplatten und Profilschienen im Kapitel „Trennwände einziehen" auf Seite 114.

ACHTUNG! PROFITIPP

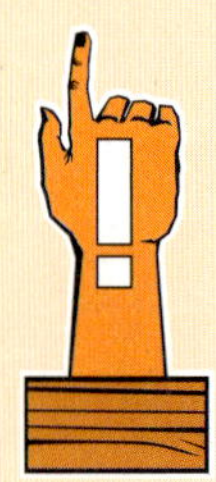

Dämmung mit Hartschaumplatten

Hartschaumplatten haben ein Nut- und Federprofil, wodurch sie sich prima ineinander stecken lassen. Man kann sie bequem mit dem Fuchsschwanz zuschneiden und einfach zwischen die Sparren stecken. Man braucht keine Dampfbremsfolie, muss dafür aber unbedingt für gute Hinterlüftung sorgen. Der Abstand zum Dach sollte 4–6 cm betragen.

So schön warm und gemütlich! Nie mehr in der Zugluft schlafen! Jetzt können Sie so richtig um die Wette kuscheln.

TRENNWÄNDE EINZIEHEN.

TRENNWÄNDE EINZIEHEN.

WENN ES – WOMIT NATÜRLICH NIEMAND GERECHNET HATTE – AM ENDE ZWILLINGE GEWORDEN SIND ODER PAPI MIT 60 DOCH NOCH LUST AUF EIN EIGENES MODELLEISENBAHNZIMMER UNTERM DACH BEKOMMEN HAT, DANN SIND TRENNWÄNDE GENAU DIE RICHTIGE LÖSUNG, UM DAS DACHGESCHOSS ZU UNTERTEILEN.

PLANUNG.

Bevor Sie jetzt vor lauter Vorfreude auf Ihren neuen Hobbyraum wild loslegen, empfiehlt es sich, zu planen, wo eine Tür, ein Waschbecken, Steckdosen o. Ä. eingebaut werden sollen, denn das müssen Sie beim Montieren der Wandständer bereits berücksichtigen und zum Teil gleich mit einbauen.

Also, welchen Raum wollen Sie unterteilen? Es gibt keinen, in dem man das nicht mit Leichtbauwänden machen könnte: Toilette vom Bad trennen, Kinderzimmer vom Elternschlafzimmer abteilen, Proberaum für die Band im Keller einrichten. Und wenn Sie mit Ihren kettenrauchenden Bandkollegen am liebsten bei Kerzenschein so richtig abrocken wollen: kein Problem: Richtig gebaut sind Leichtbauwände nicht nur gut schallisoliert (bis 72 dB), sondern entsprechen auch einigen Brandschutznormen (bis F120). Wenn's richtig wild wird: Sie können auch Ballwurfsicherheit gewährleisten. Leichtbauwände widerstehen außerdem Feuchtigkeit sehr gut und eignen sich sogar als Strahlenschutzwände, aber wir nehmen mal nicht an, dass Sie an einem eigenen Atomkraftwerk bauen.
Der konstruktive Aufbau der Wand lässt eine einfache Installation sämtlicher Sanitär- und elektrischen Anschlüsse im Wandinnenraum zu. Auf der Oberfläche der Leichtbauwände können Sie sich nach Herzenslust ausleben. Sie ist der ideale Untergrund für Anstriche, Tapeten, Fliesen und dekorative Putze. Regale oder Hängeschränke können sicher mit Hohlraumdübeln befestigt werden. Schließlich sind Leichtbauwände auch eine kostengünstige Alternative zur massiven Mauer, solange sie keine statischen Aufgaben übernehmen sollen. Als tragende Wände eignen sie sich nämlich nicht.

AUFBAUSCHEMA.

Man braucht zwei verschiedene Arten von Profilen: U-Profile für Boden und Decke sowie C-Profile für die Seiten und die vertikalen Streben in der Mitte. An Wänden, Boden und Decke werden die Profile alle 50 cm mit Drehstiftdübeln angeschraubt. Dazwischen werden Gummistreifen als Isolierung eingefügt. Miteinander verbunden werden die Metallteile anhand von Stahlblindnieten oder Blechschrauben. Die Mittelstreben werden mit einem Achsabstand, der halb so breit ist wie die Gipskartonplatten, eingesteckt, wobei eventuelle Türöffnungen oder Installationen berücksichtigt werden. Die ganze Konstruktion wird mit feuerfestem Dämmmaterial (Mineralfaserwolle) gefüllt und beidseitig mit einer oder mehreren Schichten Gipskartonplatten verkleidet. Zum Befestigen nimmt man Schnellbauschrauben (Länge = Plattendicke + 1 cm), in einem regelmäßigen Abstand von 25 cm. Es dürfen nirgends Kreuzfugen entstehen. Die Oberfläche wird mit Fugenspachtel verfugt und kann dekoriert werden.

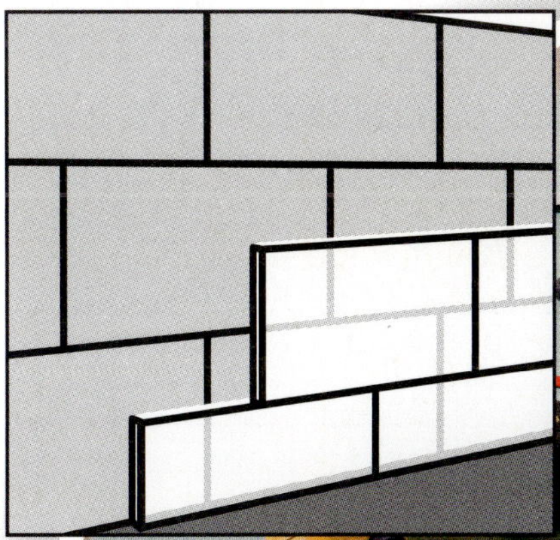

ACHTUNG! PROFITIPP

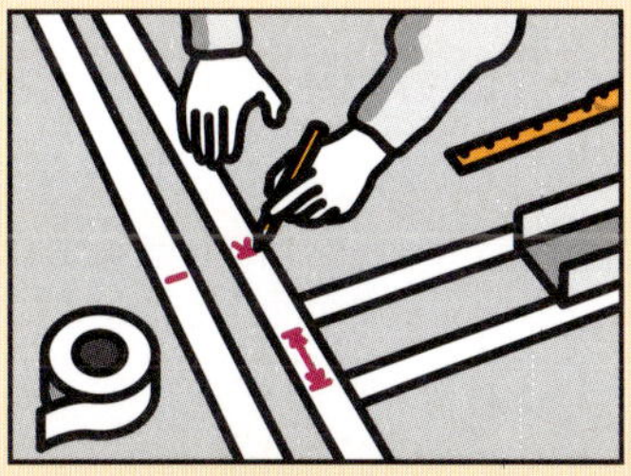

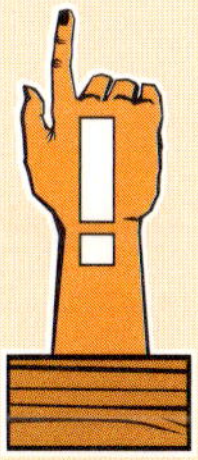

Um möglichst exakt arbeiten zu können, kleben Sie den Wandverlauf am besten mit Klebestreifen auf den Boden. Auf diesen können sie dann genau die Positionen der Profile markieren.

PROFILE – DAS SKELETT DER WAND.

Eine Leichtbauwand besteht wie der Mensch aus einem Skelett, Innereien und Haut. Das Skelett bilden die Metallständerprofile, die rippenartig in der Wand stehen und sie tragen. Dabei gibt es je nach Verwendungszweck noch viele andere verschiedene „Knochen“ bzw. Profile.

PROFIL	BESCHREIBUNG
❶ CW-Profil	C-förmiges Ständerprofil; wird in das UW- Profil eingesetzt, um eine Wand zu konstruieren.
❷ UW-Profil	U-förmiges Rahmenprofil, in das CW-Ständerprofile eingesteckt werden.
❸ CD-Profil	C-förmiges Profil zum Abhängen von Decken.
❹ UD-Profil	U-förmiges Profil, das für den Wandanschluss abgehängter Decken zuständig ist.
❺ UA-Profil	Aussteifungsprofil, das für den Einbau größerer Türen nötig ist. Das Blech ist 2 mm dick.
❻ LW-Profil	L-förmiges Profil zum Konstruieren von Ecken.
❼ HUT-Profil	Profil zur Verkleidung von Holzbalkendecken.
❽ Eckenschutz	Kantenschutzprofil für verschiedene Arten von Gipsplatten.
❾ Türsturzprofil	Zum leichteren Einbauen von Türöffnungen in einer Leichtbauwand.

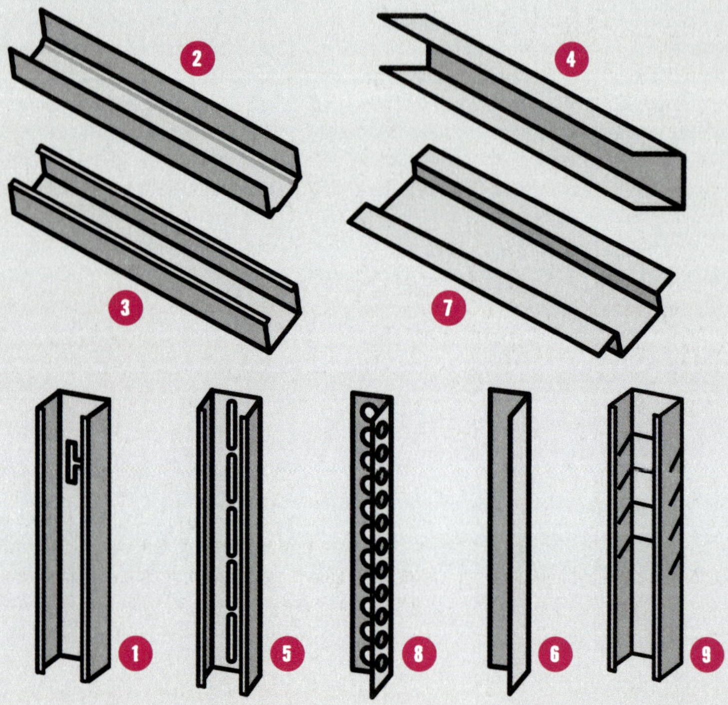

WERKZEUGKUNDE VON PROFIS!

VERBINDUNGS-ZANGE.

Um Metallständerprofile aneinander zu befestigen, brauchen Sie eine sogenannte Verbindungszange. Zuvor wird das Ständerprofil an gewünschter Position in das Rahmenprofil gesteckt. An den Punkten, an denen sich die beiden Metallprofile treffen, kommt die Zange zum Einsatz. Die Quetschflächen der Verbindungszange haben ein grob strukturiertes Stanzprofil. Beim Zusammenpressen der Zangenarme wird dieses Profil in die Verbindungsstelle gestanzt. Ständer- und Rahmenprofil werden sozusagen miteinander „verstanzt“. Doch erst wenn die Platten für die Wandfläche einmontiert sind, erreicht die gesamte Konstruktion die notwendige Stabilität.

PROFILE MONTIEREN.

Los geht's mit dem Gerippe. Das muss am richtigen Fleck aufgestellt werden. Alle Funktionen wie Tür, Fenster oder Ähnliches müssen jetzt schon vorgesehen werden. Wenn Sie nichts Ultrakompliziertes vorhaben, ist das Ineinanderstecken der Profile recht simpel.

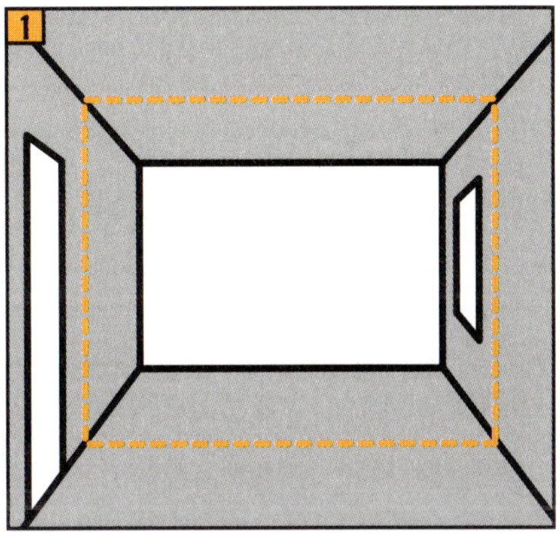

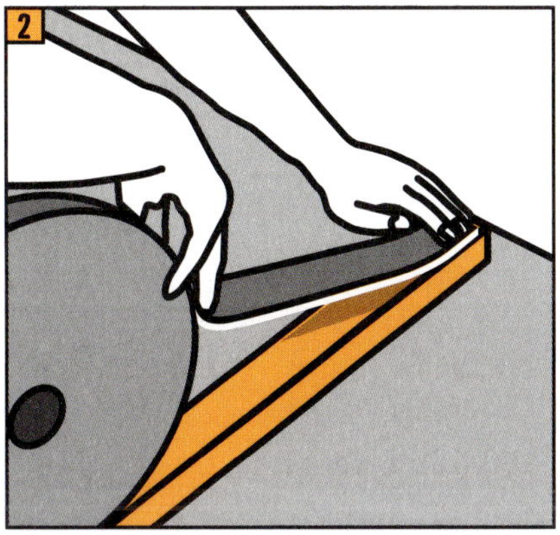

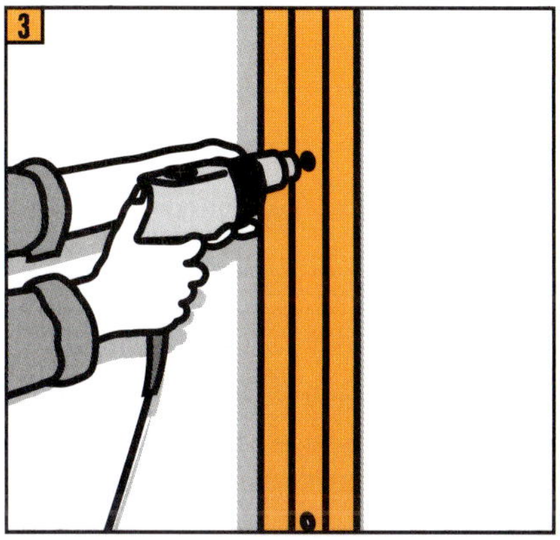

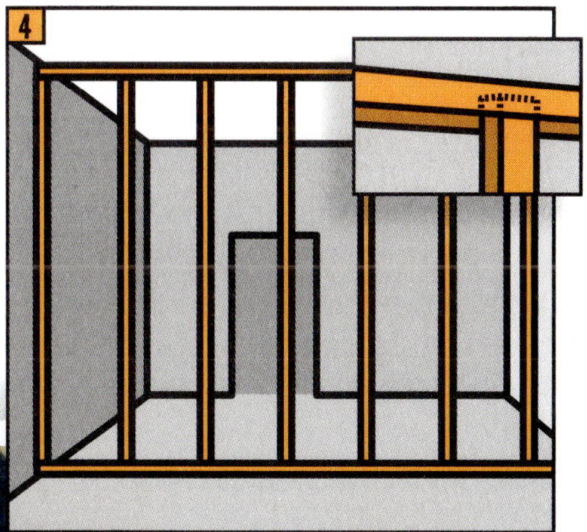

1 Wo soll die Wand denn stehen? Markieren Sie den Verlauf der Wand auf dem Boden mit einer Richtschnur. Diesen Verlauf übertragen Sie dann mit Hilfe eines Richtscheits und einer Wasserwaage auf die Wände und die Decke. **2** Die UW- und CW- Profile werden mit einer Blechschere oder einer Metallbügelsäge auf die richtige Länge zugeschnitten. Auf die Rückseite der Profile kleben Sie auf ganzer Länge die Anschlussdichtung. **3** Befestigen Sie zuerst die Profile mit Drehstiftdübeln in Decke und Boden. Die Schrauben müssen in einem Abstand von 50 cm angebracht werden. Dann stecken Sie die CW-Profile ein, die an der Seite angebracht werden, und verschrauben Sie diese ebenso.
4 Die Ständerprofile werden zuerst in die untere und dann in die obere Anschlussschiene eingedreht. sie müssen mindestens 1,5 cm in das Deckenprofil eingreifen. Richten Sie die Ständerprofile auf den richtigen Achsabstand (1⁄2 der Gipsplattenbreite) ein und drehen Sie alle mit der offenen Seite in die gleiche Richtung. Die Ständerprofile werden nicht verschraubt!

WERKZEUG.

- ✓ Richtschnur
- ✓ Wasserwaage
- ✓ Richtlatte
- ✓ Blechschere oder Metallbügelsäge
- ✓ Akku-Schrauber
- ✓ Bohrmaschine
- ✓ Zollstock

MATERIAL.

- ✓ Diverse Metallprofile
- ✓ Dichtungsband
- ✓ Drehstiftdübel
- ✓ Schrauben
- ✓ Eventuell Blechschrauben
- ✓ Gipskartonplatten

TÜR EINBAUEN.

Für den Fall, dass Sie nicht ganz von dieser Welt sind und durch Wände gehen können, brauchen Sie natürlich keine Tür, um in Ihren neu abgetrennten Raum zu gelangen. Alle Normalsterblichen aber gehen immer noch durch Türen. Eine solche zu konstruieren, ist gar nicht so schwer.

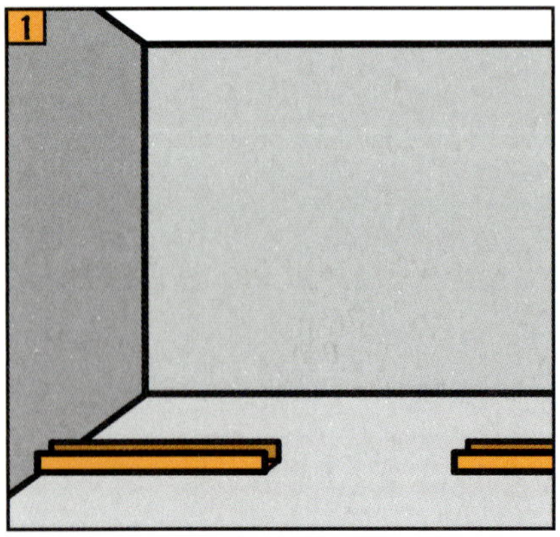

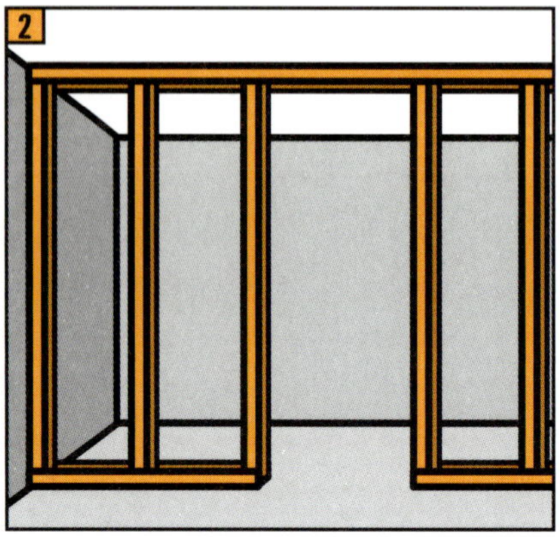

1 An der Stelle, wo die Tür entstehen soll, lassen Sie im UW-Profil eine Lücke, die so breit ist, wie die Tür sein soll. Das Profil lässt sich mit einer Metallschere oder -säge zuschneiden. Das Bodenprofil muss links und rechts der Türöffnung mit je zwei Dübeln am Boden fixiert werden. **2** Als Türständer dient ein CW-Ständerprofil, über das zur Verstärkung noch ein UW-Profil geschoben wird. Stellen Sie als Erstes an den beiden Enden der Türlücke im Bodenprofil die CW-Ständer ein und befestigen Sie Ständer und Bodenprofil mit Blindnieten oder Blechschrauben aneinander. Die Ständer sollen mit der offenen Seite zur Türlücke zeigen. Schieben Sie dann

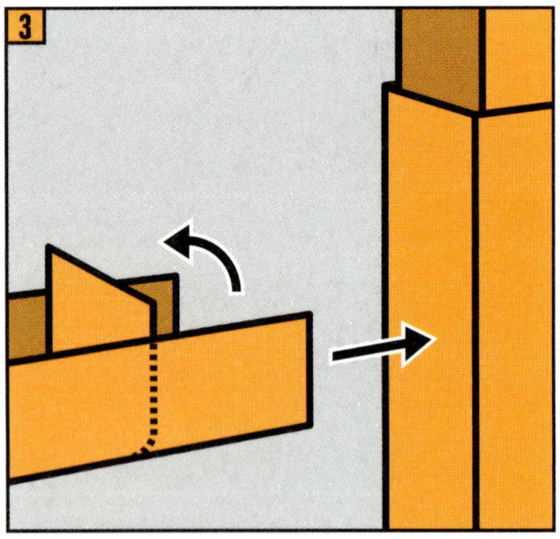

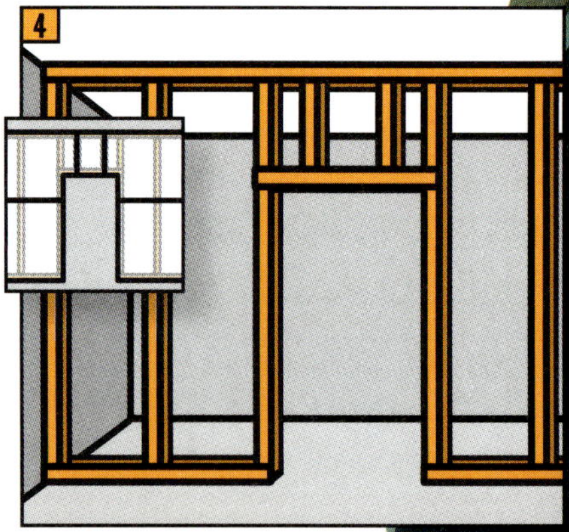

von außen das Rahmenprofil über den Ständer und fixieren Sie die beiden ebenfalls mit Blindnieten oder Schrauben aneinander. **3** Der Türsturz wird aus einem UW-Profil konstruiert. Schneiden Sie ein Rahmenprofil auf die Länge der Türöffnung plus die Breite der beiden eben erstellten Türständer zu. Dann wird dieses Stück an beiden Enden am Rücken um die Breite eines Ständers eingeschnitten und der Rücken nach innen umgebogen. Bauen Sie den Sturz ein, indem Sie die verbleibenden Seitenschenkel auf die Ständer schieben und in der gewünschten Höhe mit Blindnieten oder Schrauben fixieren. **4** Die Plattenfugen der Beplankung müssen mindestens 20 cm entfernt vom Türständer verlaufen, die Platten dürfen nicht auf einem der Türständer aufeinanderstoßen. Stellen Sie dafür zwei zugeschnittene CW-Profile oberhalb des Türsturzes ein und schneiden Sie gegebenenfalls Ihre Platten so zu, dass die Platten oberhalb der Tür auf einem der eingestellten Ständer aufeinandertreffen.

VORAUSSETZUNGEN:

Für diese Befestigungstechnik müssen Sie beachten, dass

a) die Wandhöhe maximal 260 cm beträgt,
b) die Türöffnung maximal 88,5 cm breit ist,
c) das Türblatt maximal 25 kg schwer ist.

Wird einer oder mehrere dieser Werte überschritten, müssen statt der einfachen CW-Profile spezielle Aussteifungsprofile (UA) verwendet werden, die direkt an Boden und Decke verdübelt werden. Damit kann die Tür auch unter ungünstigen Bedingungen gebaut werden.

HINWEIS!

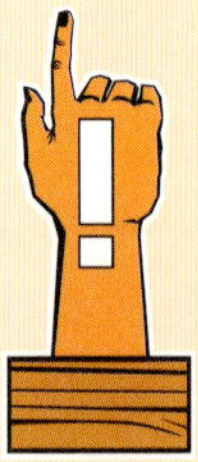

Wenn Sie einteilige Zargen verwenden, können Sie diese vor der Verkleidung montieren. Mehrteilige Zargen werden nach Fertigstellung der Wand eingebaut. Den Hohlraum zwischen Profil und Zarge müssen Sie mit einer Dämmung ausfüllen. Bei Brandschutztüren kann es auch notwendig werden, die Hohlräume mit Mörtel auszufüllen. Beachten Sie hierbei die Türzulassung und die speziellen Hinweise des Zargen- und Türenherstellers.

DECKE VERKLEIDEN.

Gleicht Ihr Zimmer mit der extrem hohen Decke eher einer Kathedrale und verursacht unglaubliche Heizkosten? Oder gefällt Ihnen – aus welchen Gründen auch immer – die Decke nicht? Mit Gipsplatten können Sie die Decke verkleiden, zusätzlich dämmen und tiefer hängen.

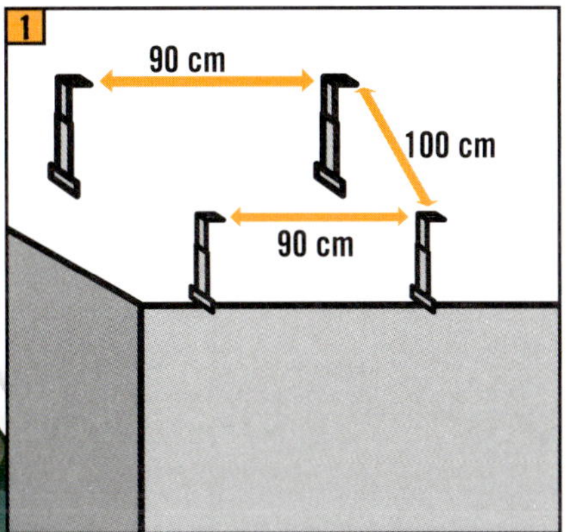

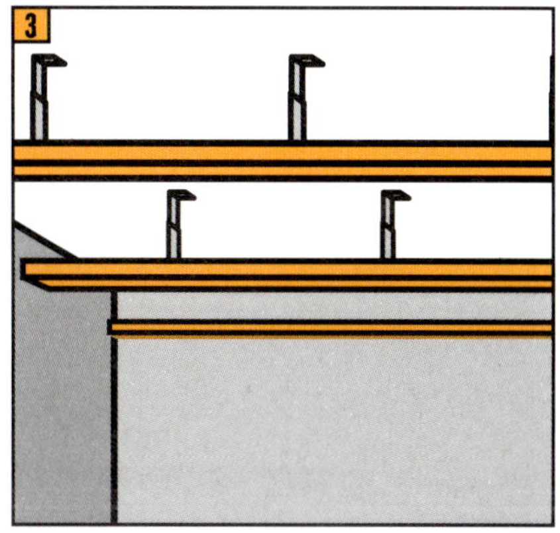

1 Befestigen Sie die Abhänger mit den entsprechend zugelassenen Dübeln an der Decke. Längs der Grundprofile haben sie einen Achsabstand von 90 cm zueinander, der Achsabstand der Grundprofile zueinander beträgt 100 cm. **2** Markieren Sie an der Wand die Höhe der Deckenabhängung und ziehen Sie davon ausgehend einen horizontalen Strich. Die UD-Profile werden mit Dichtungsband beklebt und mit einem Schraubenabstand der Schnellbauschrauben von 50 cm an der Wand angebracht. **3** Schieben Sie die CD-Profile in die Abhänganker und richten Sie sie am Wandprofil waagerecht aus. Die Deckenprofilunterkante reicht bis zur Oberkante des Seitenprofils. **4** Nun werden mit Winkelankern die CD-Tragprofile quer an den Grundprofilen angebracht. Der Abstand der Tragprofile zueinander beträgt 50 cm. Diese müssen in die Wandprofile eingreifen. Sie können anhand der Tragprofile überprüfen, ob die Decke gerade hängt, indem Sie eine

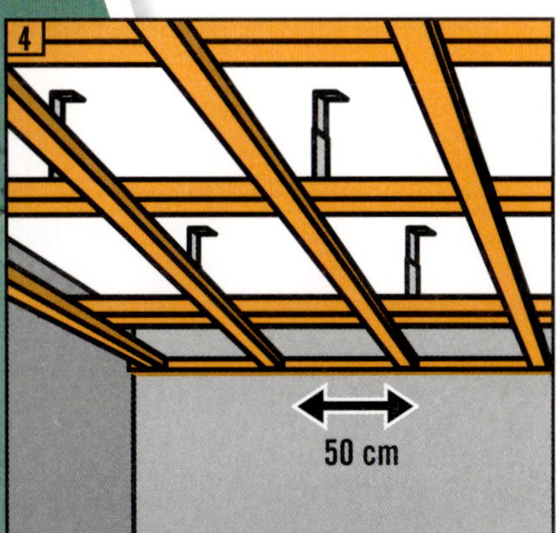

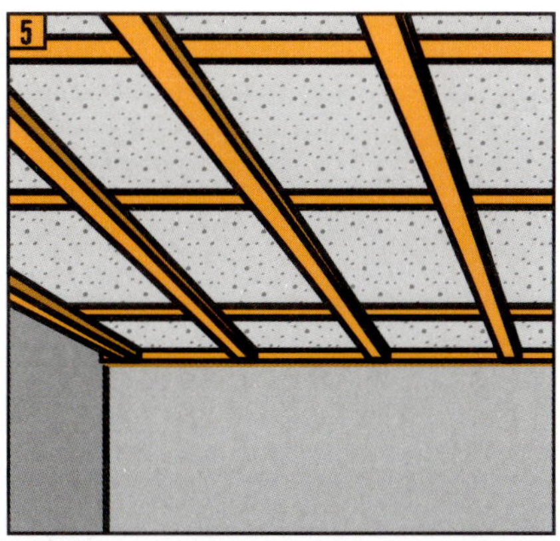

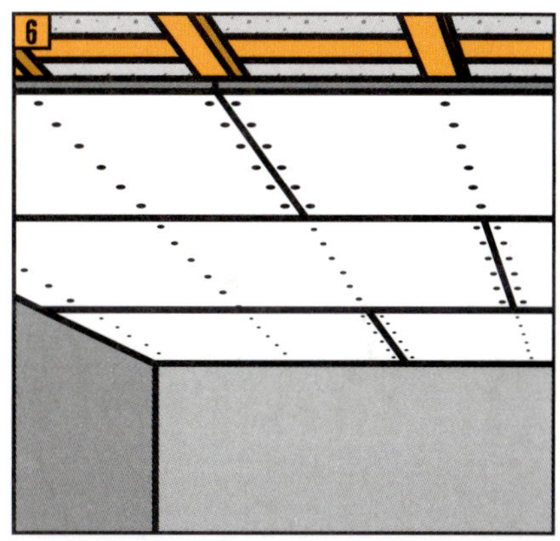

Wasserwaage auf die Trag- und die Grundprofile legen und die Abhänger nachjustieren. **5** Die Dämmung aus Mineralfaserbahnen wird parallel zu den Grundprofilen auf die Unterkonstruktion gelegt. Schneiden Sie passende Streifen zu, die zwischen den Abhängankern auf die Grundprofile gelegt werden. **6** Verschrauben Sie die Gipsplatten auf den Tragprofilen mit Schnellbauschrauben in einem Abstand von 17 cm. Hier brauchen Sie ein bis zwei Helfer, die die Platten halten. Es sei denn, Sie sind Superman und jonglieren Gipsplatten problemlos über Kopf. Die Längskanten verlaufen quer zu den Tragprofilen, an der Wand schließen die Platten bündig ab, werden aber nicht mit dem Wandprofil verschraubt! Die Fugen wie gehabt vergipsen.

SICHERHEIT GEHT VOR!

Beim Arbeiten über Kopf sollte immer eine Person zusätzlich bereitstehen, damit die Platten sicher an der richtigen Stelle befestigt werden können. Verwenden Sie nur zugelassene Befestigungsdübel und Abhänger. Die Rohdecke muss für das Gewicht der Deckenabhängung ausreichende Tragfähigkeit gewährleisten. Erkundigen Sie sich gegebenenfalls bei einem Fachmann.

GIPSKARTON- UND FASERPLATTEN.

Die Vielfalt kann einen überwältigen. Es gibt viele unterschiedliche Arten von Platten in verschiedenen Dicken, Längen und Breiten. Deshalb können wir Ihnen nur eine grobe Übersicht über die Produkte geben, die Sie am ehesten brauchen werden.

Plattenart	Besondere Eigenschaften	Verwendung	Brandschutz	Luftschalldämmung
Gipskarton-Bauplatte (GKB)	Feuchtigkeitsregulierend, nicht wasserbeständig.	In der Dicke 12,5 mm ideal zum Verkleiden von Metallständerwänden geeignet.	Gilt ab 12,5 mm als unbrennbar.	Gering; gut bei Doppelbeplankung.
Gipskarton-Putzträgerplatte (GKP)	Stark saugender Spezialkarton; für gute Putzhaftung.	Als Untergrund für gipshaltige Putze.	Gilt ab 12,5 mm als unbrennbar.	Gering.
Imprägnierte Gipskarton-Bauplatte (GKBi)	Gipskern und Karton sind mit Kunstharz gegen Feuchtigkeitsaufnahme geschützt und der Karton ist mit Fungiziden gegen Schimmelpilzbildung imprägniert. Nimmt Wasser nicht so leicht auf und gibt es wesentlich schneller ab; feuchtigkeitsregulierend; wasserbeständiger als GKB, aber nicht dauerbelastbar.	Ab 12,5 mm für Zwischenwand in Feuchträumen (Küche, Bad) geeignet.	Gilt ab 12,5 mm als unbrennbar durch Kristallwassergehalt (Brandklasse A2).	Wie GKB.
Gipskarton-Feuerschutzplatte (GKF)	Mit Glasfaserarmierung für Feuerschutz; Gipskern zusätzlich verfestigt.	In der Dicke 20–25 mm zur Bekleidung nichttragender Feuerschutzwände und zum Schallschutz einsetzbar.	Glasfaserarmierung verstärkt Zusammenhalt der Struktur im Brandfall, Brandklasse A2, Feuerschutzklasse F30, in mehreren Schichten bis F90.	Ab 20 mm mittel, gut bei Doppelbeplankung.
Imprägnierte Gipskarton-Feuerschutzplatte (GKFi)	Mit Glasfaserarmierung und Imprägnierung gegen Feuchtigkeitsaufnahme.	Ab 12,5 mm für Zwischenwände in Feuchträumen, wenn außerdem nach Brandschutz verlangt wird.	Wie GKF.	Wie GKF.
Gipsfaserplatte (GKP)	Etwa 50 % schwerer und härter als Gipskarton, schalldämmend, feuchtraum- und feuerschutzgeeignet. Mit speziellem Fugenkleber fest verbindbar. Grundierung vor gestaltender Beschichtung nötig.	Wie GKF.	Wie GKF.	Wie GKF.
Gipskarton-Putzträgerplatte (GKP)	Stark saugender Spezialkarton für gute Putzhaftung.	Als Untergrund für gipshaltige Putze.	Gilt ab 12,5 mm als unbrennbar.	Gering.

HINWEIS!

Profis arbeiten übrigens mit einer Plattendicke ab 12,5 mm, da alles, was darunter liegt, für handfeste Zwecke (Stabilität, Isolierung, Brandschutz etc.) kaum zu gebrauchen ist.

SCHALLSCHUTZ.

Es mag ja interessant sein, was der Besuch Ihrer Nachbarin zu erzählen hat. Aber wollen Sie auch das Schnarchen nachts hören? Um sich vor solchen Zumutungen zu schützen, müssen Sie sich um die Schalldämmung der Zwischenwand bemühen. Es gibt zwei Arten des Schallschutzes: Luftschalldämmung und Körperschalldämmung. Ersteres wehrt Lärm ab, der durch die Luft ankommt, das Zweite verhindert die Übertragung des Schalls von einem Bauteil auf das nächste. Je schwerer ein Baustoff ist, desto besser ist seine Schalldämmung. Das bezieht sich auf die Dicke der Beplankung ebenso wie auf die Dichte und Schwere des Dämmmaterials. Aber nicht nur Anzahl und Dicke der Beplankungsschichten zählen, sondern auch die Dicke der Wand insgesamt, also die Breite der verwendeten Profile. Außerdem wird der Schallschutz verbessert, wenn der Baustoff biegeweich ist, also mitschwingen kann, anstatt den Schall zu übertragen. Dafür darf er nicht eingekeilt und eingespannt sein. Sämtliche „Schallbrücken" – also alle starren Verbindungen zwischen zwei Lagen wie Mörtelbrücken, Kanthölzer, Holzleisten, Nägel etc. – wirken sich auf den Schallschutz negativ aus. Türöffnungen verringern die Schalldämmung einer Trennwand. Auch hier gibt es Unterschiede von Produkt zu Produkt.

ANSCHLÜSSE UND INSTALLATIONEN.

Alle Anschlussfugen werden mit der zu den Platten und Raumgegebenheiten passenden Spachtelmasse und Bewehrungsstreifen verfugt, schräge Decken sind gar kein Problem und für den Einbau von Sanitärobjekten gibt es auch die passende Lösung.

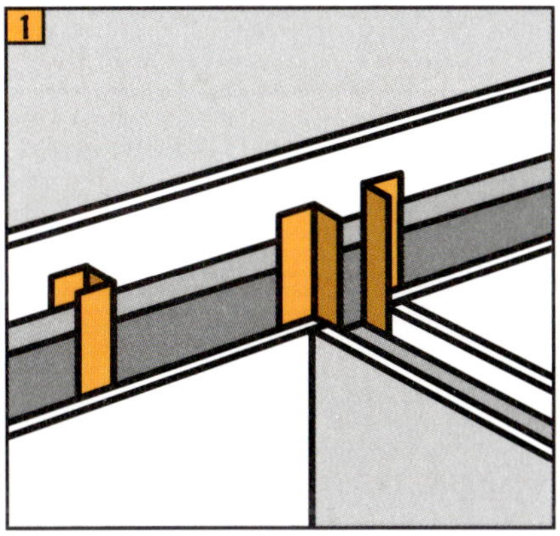

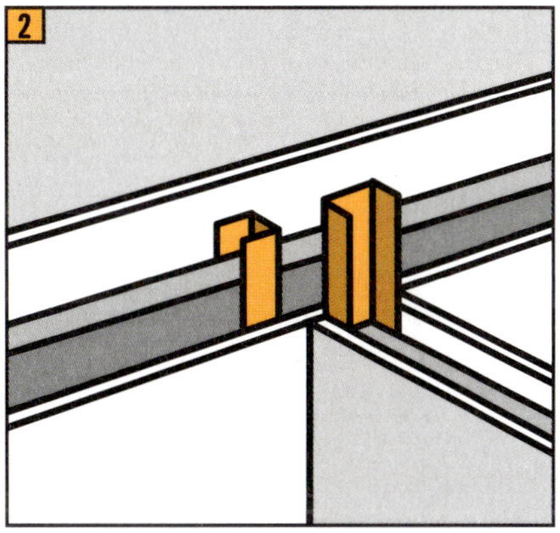

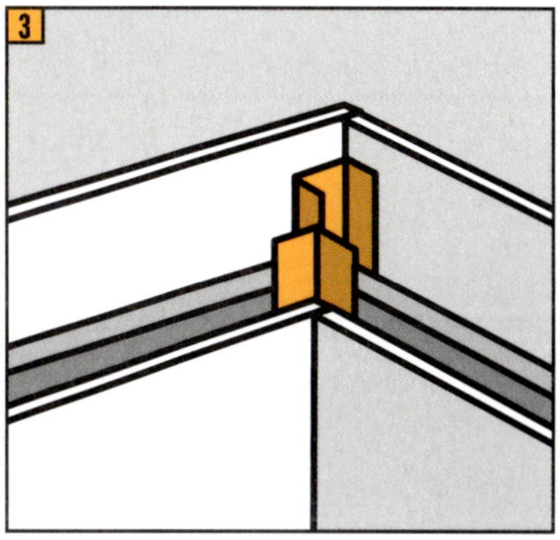

1 Um eine Leichtbauwand an eine andere anzuschließen, verwendet man aus Schallschutzgründen am besten zwei LW-Profile. So ist die Längsweiterleitung des Schalls unterbrochen. Das LW-Profil wird am Bodenprofil beider Wände fixiert. Das nächste Ständerprofil in der anzuschließenden Wand erfolgt im ermittelten Achsabstand (= 1⁄2 Breite der Gipsplatte). **2** Wenn die eine Wand bereits besteht und nicht an der entsprechenden Stelle geöffnet werden kann, um einen Wandanschluss zu konstruieren, geht es auch so. Das Prinzip ist exakt das gleiche wie beim Anschluss an eine Massivwand. Wenn möglich, sollte die Wand im Bereich eines Ständerprofils der bestehenden Wand angeschlossen werden. Allerdings lässt der Schallschutz in dieser Variante stark zu wünschen übrig. **3** Ecke konstruieren: Verlegen Sie die Bodenprofile so, dass sie sich überlappen. Am Ende des äußeren Bodenprofils montieren Sie ein Ständerprofil, das ergibt die Außenecke. Im inneren Teil der Ecke befestigen Sie ein L-Profil an beiden Bodenprofilen. Die Beplankung muss sich ebenfalls im Bereich der Ecken überlappen. **4** Für den Anschluss einer Wand an eine schräge Decke benutzen Sie ein UD-Profil. Dieses wird durch seine Kante an der Decke – am besten an einem Balken oder an einem unter der Verkleidung liegenden Metallprofil – verschraubt. Boden und Ständer errichten Sie passend dazu aus UD- bzw. CD-Profilen. Die Beplankung steht über die Oberkante des UD-Profils hinaus, so dass sie bündig mit der Dachschräge abschließt. **5** Um die Außenecke gegen Abstoßen zu schützen, spachteln Sie eine Kantenschutzleiste aus Metall, Kunststoff oder Kraftpapier ein. **6** Sanitärwände müssen besonders gut halten. Daher installieren Sie hier eine Doppelständerwand, deren Innenraum für die benötigten Rohre breit genug ist. Es gibt besondere Tragständer für WC, Urinale, Waschbecken und Bidets oder Universal-Traversen. Montieren Sie diese Spezialträger nach dem Einstellen der Trägerprofile. Mehr zum Thema Vorwandsystem gibt es im Kapitel „Wasserzu- und Ablauf installieren" ab Seite 324.

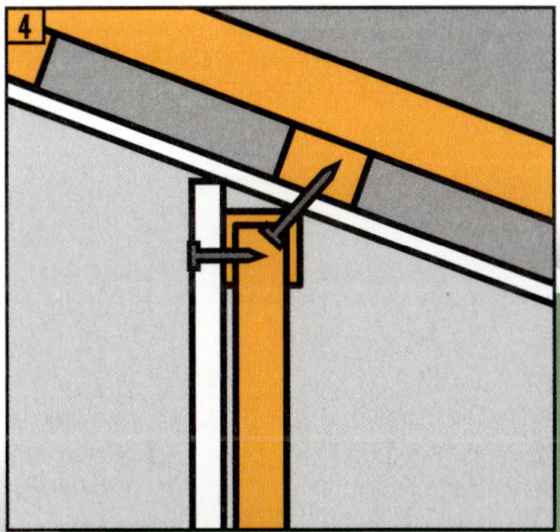

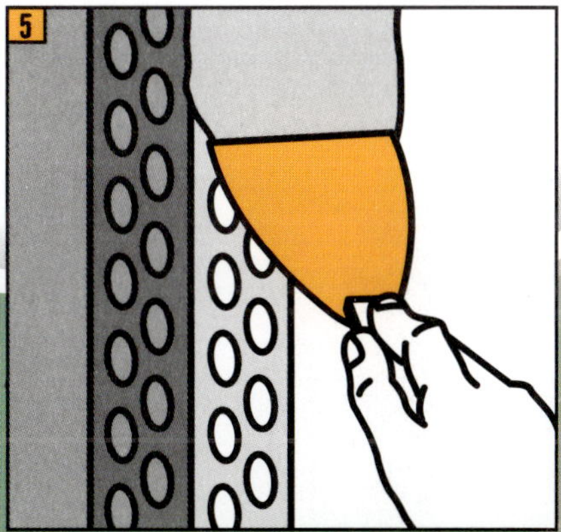

Sieht aus wie eine richtige Wand,
funktioniert wie eine richtige Wand,
ist auch eine richtige Wand –
nur eben nicht aus Stein und Beton.

DACHFENSTER UND ROLLLADEN EINBAUEN.

DACHFENSTER UND ROLLLADEN EINBAUEN.

DIE ERFINDUNG DES DACHFLÄCHENFENSTERS HAT DEN DACHAUSBAU REVOLUTIONIERT. IN GRAUEN VORZEITEN NUR ALS RUMPELKAMMER TAUGLICH, BIETET DER DACHBODEN HEUTZUTAGE WERTVOLLE WOHNFLÄCHE. MIT DACHFLÄCHENFENSTERN VERLEIHEN SIE IHREM DACHGESCHOSS EINE FREUNDLICHE ATMOSPHÄRE.

DACHFENSTER-ABC.

Der Einbau eines Dachfensters ist nicht besonders kompliziert. Da Dachfenster aber extremen Witterungsbedingungen ausgesetzt sind, ist präzises Arbeiten absolute Pflicht. Schon die kleinste Ungenauigkeit kann zu massiven Bauschäden führen. Hitze und Kälte, Hagel und Schnee – ein Dachfenster muss allen Wetterbedingungen Paroli bieten.

WORAUF ACHTEN?

Dachflächenfenster unterscheidet man hauptsächlich in Schwing- und Klappschwingfenster. Schwingfenster drehen sich beim Öffnen um ihre Mittelachse. Bei Klappschwingfenstern sind alle Öffnungsarten vereint. Der Fensterflügel lässt sich in jede beliebige Stellung bringen.

Bevor Sie mit der konkreten Planung beginnen, fragen Sie lieber erst beim Bauamt nach, ob Sie eine Baugenehmigung brauchen. Klären Sie vor der Planung auch mögliche statische Probleme der Dachkonstruktion.

Dachflächenfenster können unterschiedlich konstruiert sein. Beachten Sie daher auch die beiliegenden Einbauhinweise, damit eine sichere Funktion des Fensters gewährleistet ist. Für Ihre Sicherheit sollten Sie Dacharbeiten stets mit einer Helferperson durchführen.

HINWEIS!

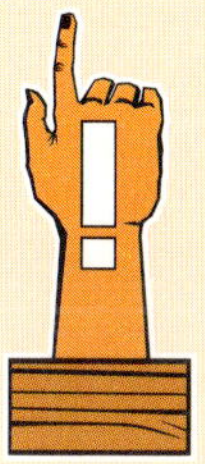

Dachflächenfenster gehören zu den Bauelementen mit den meisten Zubehörteilen. Innenbeschattung, Außenrollo, oder Elektroantrieb sind praktische Ergänzungen. Bauliche Einschränkungen gibt es kaum, denn zu allen Besonderheiten gibt es entsprechende Anpassmöglichkeiten.

Schwingfenster

Klappschwingfenster

WICHTIG: Lassen Sie Ihr Bauvorhaben bei Ihrer zuständigen Gemeinde prüfen, denn die Bauordnungen sowie die Bebauungspläne müssen eingehalten werden.

MONTAGEÖFFNUNG VORBEREITEN.

Wenn der Statiker grünes Licht gegeben hat, dann können Sie jetzt ein Loch ins Dach sägen. Allerdings bitte erst, wenn das Fenster gekauft ist und bereitsteht. Schwindelfreie Bekannte sind als Helfer dabei ganz dienlich.

Einbausituation

Am besten findet der Einbau des Dachflächenfensters noch vor dem Dachausbau statt, denn die Dachsparren und die Lattung sind noch leicht zugänglich. Ist das Dach wärmegedämmt, wird zuerst die Unterspannbahn im Bereich der Fensteröffnung kreuzweise eingeschnitten und weggeklappt. Das Dämmmaterial entfernen und für die Fugendämmung nach der Montage aufheben.

Position des Fensters festlegen

1 Idealerweise ist die Oberkante des Fensters etwa 185–220 cm über dem Fußboden. Wenn Sie auch im Sitzen noch rausschauen wollen, orientieren Sie sich an der Fensterunterkante. Diese darf dann nicht höher als 90–110 cm vom Fußboden entfernt sein. **2** Da, wo einmal das Fenster sein soll, wird der Fensterumriss angezeichnet. Von innen die Dachziegel an der entsprechenden Stelle abnehmen. Die Öffnung um eine Ziegelreihe größer machen, als das Fenster groß ist. Dann die Dachlatten entsprechend der Fenstergröße heraussägen. **3** Ideal ist der Einbau zwischen zwei Sparren. Ist der Sparrenabstand zu breit, muss entsprechend aufgefüttert werden. Bei zu geringem Sparrenabstand wird der mittlere Sparren in der benötigten Höhe durchtrennt und zwei Querwechsel eingezogen. Überlassen Sie diese Arbeiten wegen der Statik des Daches einem Zimmermann. **4** Zur Befestigung des Blendrahmens werden Dachlatten mit den benötigten Abständen (siehe Einbauanleitung des Herstellers) an der Fensteröffnung montiert. Die genauen Abstände hierfür sind in der Zeichnung dargestellt.

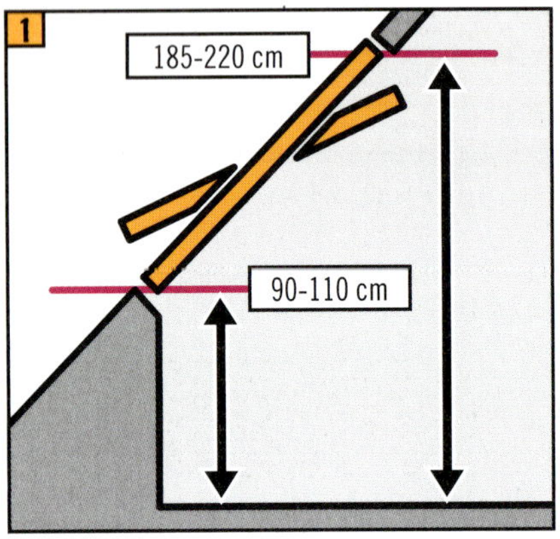

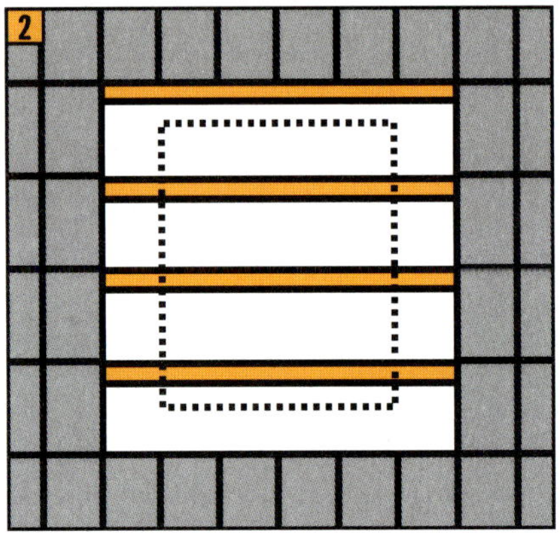

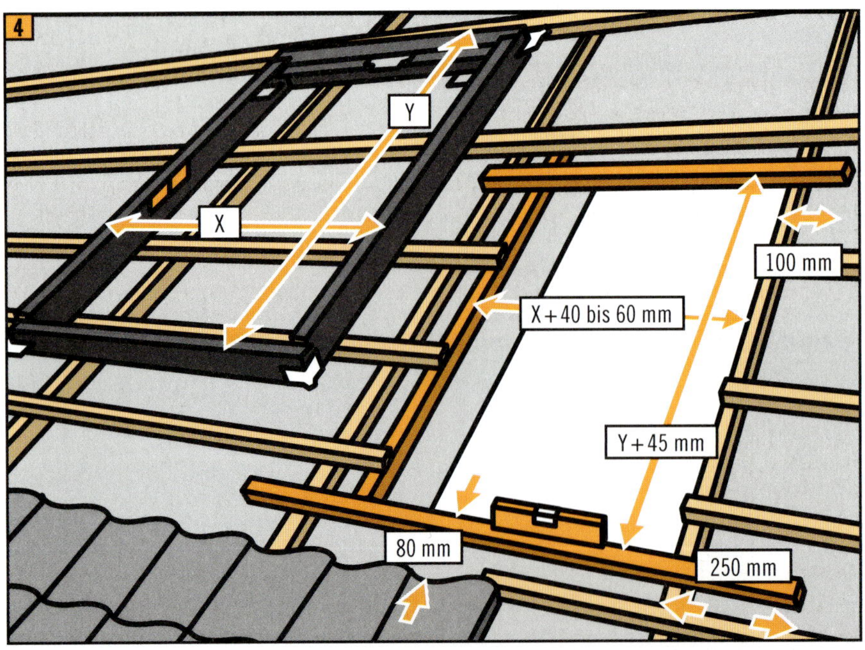

WERKZEUG.

- ✓ Zollstock
- ✓ Wasserwaage
- ✓ Bleistift
- ✓ Cuttermesser
- ✓ Holzsäge
- ✓ Hammer
- ✓ Latthammer/Kunststoffhammer
- ✓ Kreuzschraubendreher

MATERIAL.

- ✓ Dachflächenfenster
- ✓ Unterdachschürze
- ✓ Eindeckrahmen
- ✓ Dachlatten
- ✓ Hölzer für Hilfssparren
- ✓ Nägel
- ✓ Eventuell Solarrollladen-Einbausatz

MONTAGE DES DACHFLÄCHENFENSTERS.

Auch schwindelfreie Menschen sollten nicht allzu lange auf dem Dach herumturnen – der Rest des Einbaus wird vom Zimmer aus gemacht. Aber auch hier ist es nett, wenn Ihnen jemand hilft, denn allein das Fenster zu halten und einzuhängen, ist schwer und macht Kreuzschmerzen.

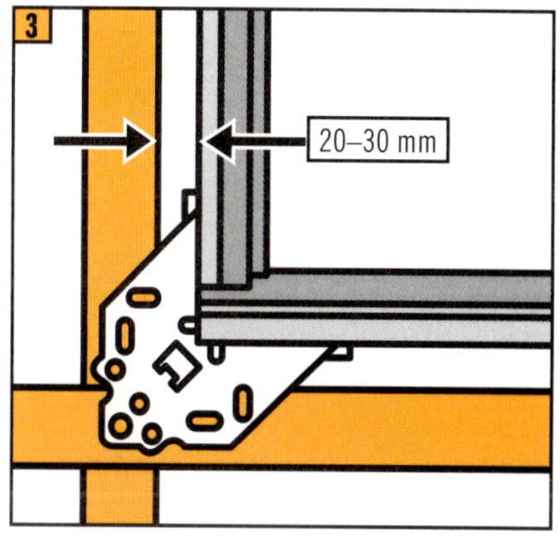

1 Zur Montage des Dachflächenfensters hängen Sie den Fensterflügel aus dem Blendrahmen und entfernen die Transportsicherung. Halten Sie sich dabei an die Einbauanleitung des Herstellers. **2** Meistens werden die Montagewinkel direkt am Blendrahmen befestigt. Anzahl und Position der Winkel richten sich nach dem Fenstermodell und der Fenstergröße. **3** Befestigen Sie nun den Blendrahmen mit den Montagewinkeln an den Dachlatten. Schrauben Sie die beiden unteren Montagewinkel so an die Dachlatten, dass der benötigte Abstand zwischen Blendrahmen und Dachlatten

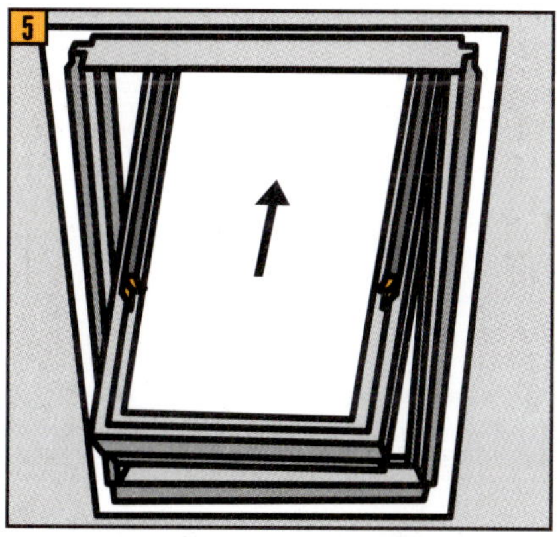

eingehalten wird. **4** Die beiden oberen Montagewinkel werden zunächst provisorisch durch die Langlöcher befestigt. Auf diese Weise können Sie das Ganze noch genau justieren. **5** Dann wird der Fensterflügel wieder eingehängt. Ein eventuell vorhandener Sicherungsknopf springt dabei wieder heraus. **6** Prüfen Sie, ob die Fugen zwischen Flügel und Blendrahmen parallel verlaufen und korrigieren Sie diese gegebenenfalls durch Gegenschieben am Blendrahmen. **7** Nach dieser Justierung können die beiden oberen Montagewinkel endgültig mit jeweils zwei Schrauben durch die runden Löcher befestigt werden. Alle Anschlussfugen zwischen Fenster und Sparren müssen wieder gedämmt werden. Schieben Sie dazu den Dämmstoff von innen bis zu den Montagewinkeln und befestigen Sie die eingeschnittene Unterspannbahn winddicht am Blendrahmen.

UNTERDACH MONTIEREN.

Der ZDVH (Zentralverband des deutschen Dachdeckerhandwerks) fordert einen regensicheren Anschluss des Dachflächenfensters an eine vorhandene Unterspannbahn. Mit einer Anschlussschürze und Wasserableitrinne bleibt alles trocken und die Dachdecker vom ZDVH sind auch zufrieden.

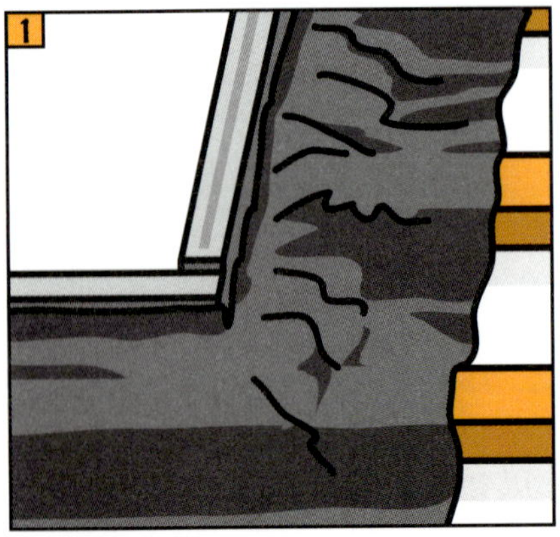

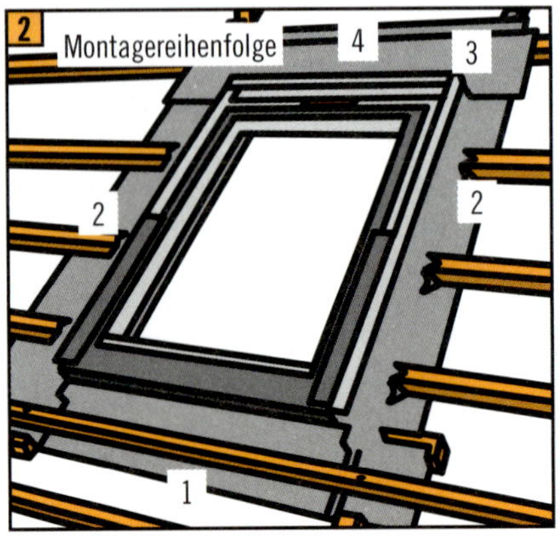

1 Das Unterdach muss für einen regensicheren und winddichten Anschluss mit dem Fenster verbunden werden. Dies kann man selber bauen oder man verwendet eine für bestimmte Fenstermodelle erhältliche Anschlussschürze. Die Schürze wird seitlich und oberhalb des Fensters über die Dach- bzw. Konterlatten geführt. **2** Arbeiten Sie bei der bauseitigen Lösung von unten nach oben. So überlappen sich die Bauteile schuppenartig und Regenwasser kann nicht in die Fugen eindringen. **3** Ist der Anschluss fertig, wird oberhalb des Fensters eine Wasserableitrinne montiert. Klemmschienen, die man dafür braucht, werden meist mitgeliefert.

HINWEIS!

Je nach Fensterhersteller sind Anschlussschürze und Wasserableitrinne im Lieferumfang des Dachflächenfensters enthalten. Informieren Sie sich darüber bei Ihrem Händler!

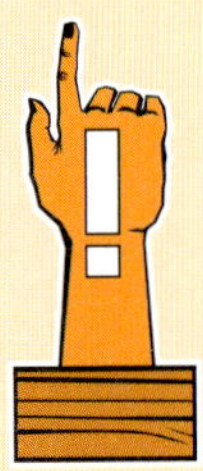

EINDECKRAHMEN MONTIEREN.

Eindeckrahmen sichern einen wasserdichten Anschluss zwischen Fenster und Bedachung und bieten Schutz gegen Pulverschnee, Schlagregen und Schmutz. Sie können Bestandteil des Fensters sein – besser sind jedoch Eindeckrahmen als separates Bauteil.

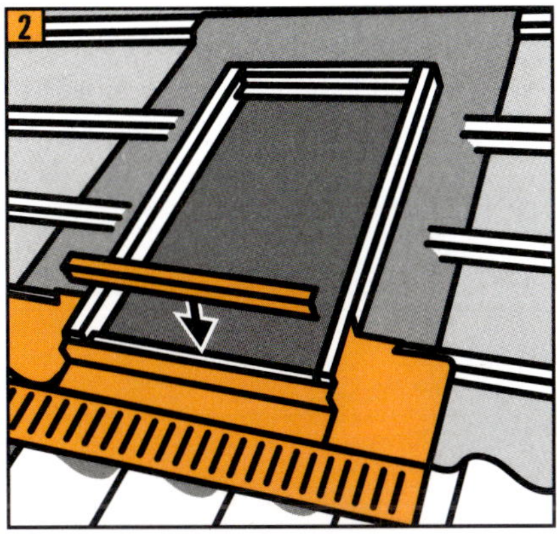

Da es viele, auch farblich unterschiedliche Dacheindeckungen gibt, ist es sinnvoll, den Rahmen genau auf die Dacheindeckung abzustimmen. Es gibt verschiedene Profile, die sich harmonisch in die Dacheindeckung integrieren. 1 Hängen Sie den Fensterflügel zum Schutz vor Beschädigung aus. 2 Beginnen Sie die Montage mit dem unteren Querstück des Eindeckrahmens. Schrauben Sie das Querstück und das Solbankblech fest. 3 Schieben Sie jetzt die Seitenteile des Eindeckrahmens in die Führungslaschen des Querstücks und fixieren Sie diese mit Klipsen und Nägeln. 4 Als Nächstes müssen noch die seitlichen Abdeckbleche der Blendrahmen aufgeschoben und mit dem Unterteil verschraubt werden. 5 Stecken Sie das Oberteil

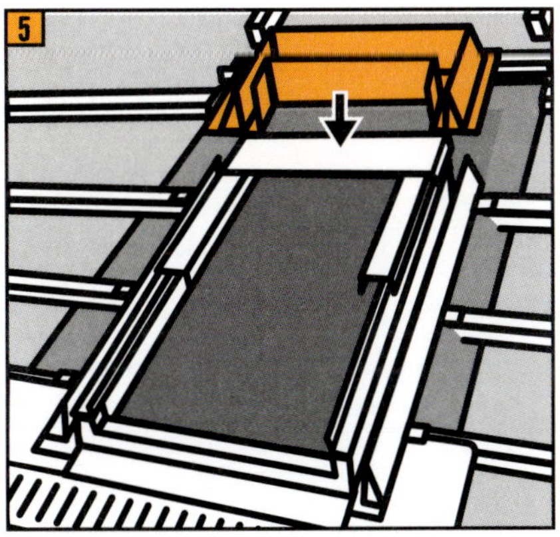

des Eindeckrahmens in die Seitenteile und fixieren Sie es mit Klipsen. 6 Ist alles fertig fixiert und verschraubt, wird die leicht verformbare Bleischürze an der Unterkante des Eindeckrahmens dem Dachmaterial angepasst. Anschließend noch das entsprechende Unterteil seitlich umklappen. 7 Jetzt können Dämmung, Ziegel und was sonst an Dachmaterial entfernt wurde, wieder um das Fenster herum vervollständigt werden. Möglicherweise müssen dabei die Schaumstoffstreifen angepasst werden. 8 Den Fensterflügel wieder einhängen und Ihr Dachfenster ist komplett. Wir wünschen Ihnen viele sonnige Stunden!

ROLLLADEN ANBRINGEN.

Unterm Dach wird man im Sommer gebraten und im Winter gefroren. Aber es gibt Abhilfe. Wenn die Sonne an heißen Tagen aufs Dach knallt, machen Sonnenschutzrollläden das Leben unterm Dach erträglicher. Und an kalten Tagen verhindern sie, dass Wärme nach draußen entweicht.

Vor der Montage des Sonnenschutzrollladens prüfen Sie den Packungsinhalt auf Vollständigkeit und legen Sie alle Teile für die Montage zurecht. Lesen Sie die Montageanleitung des Herstellers durch, und verschaffen Sie sich einen Überblick über die Montageschritte. Bei manchen Herstellern müssen vorab Bohrungen o. Ä. vorgenommen werden. **1** Sind alle Vorbereitungen erledigt, werden die beiden Abdeckbleche auf dem Fensterflügel vorläufig entfernt. Diese bitte aufheben, sie werden anschließend wieder benötigt. Beinhaltet Ihr Rollladen-Montageset Sturmbeschläge, werden diese auf dem Fensterflügel befestigt. **2** Montieren Sie nun das zum Lieferumfang gehörende Abdeckblech an das untere Ende des Fensterflügels. Positionieren Sie zunächst das Blech und bohren Sie durch die beiden Markierungen jeweils ein 3 mm breites Loch (ca. 10 mm tief) in den Fensterrahmen. Mit den beiliegenden Schrauben wird das Blech dann auf dem Rahmen befestigt. Die beiden zuvor entfernten Flügelrahmen-Abdeckbleche können nun wieder festgeschraubt werden. **3** Entfernen Sie danach die beiden Blendrahmenabdeckbleche. Die freigewordenen Bohrlöcher werden mit dem beiliegenden Dichtungsmaterial abgeklebt. **4** Messen Sie die Breite des Rollladenkastens. Schrauben Sie entsprechend dieser Breite die Seitenbleche des Rollladens durch die vorgebohrten Löcher auf dem Blendrahmen fest. Danach können die zuvor entfernten Abdeckbleche wieder aufmontiert werden. **5** Das Rollladen-Oberteil wird in die beiden Führungsnuten der Seitenbleche eingeschoben. Achten Sie darauf, dass die Gummischürze glatt und dicht am Eindeckrahmen-Oberteil anliegt. Drücken Sie das Rollladen-Oberteil so weit wie möglich herunter, jedoch ohne dass das Dachmaterial berührt wird! **6** Zum Schluss die beiden Führungsschienen des Rollladens montieren. Am oberen Ende werden sie mit einem Splint befestigt. Dadurch lassen sich die Führungsschienen nach oben klappen. Am Schienenabschluss stecken Sie Öffnungsbegrenzer auf, damit der Rollladen zum Lüften einige Zentimeter nach oben geklappt werden kann.

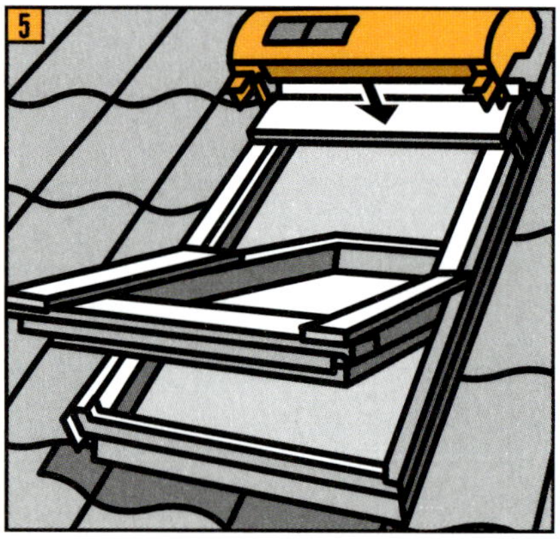

HINWEIS!

Hinweis: Beachten Sie bei der Montage alle speziellen Hinweise der Herstelleranleitung. Die einzelnen Fenstermodelle können sich in der Montage unterscheiden.

FRAGEN & ANTWORTEN.

Die folgenden Fragen sollten Sie beantworten können, ehe Sie ein Dachflächenfenster einbauen. Für alle, denen zu viele Fragezeichen über dem Kopf schweben, gibt es hier noch einmal die wichtigen Infos in Kurzform und zum Auswendiglernen.

Wie unterscheiden sich Schwing- und Klapp-Schwing-Fenster?

Schwingfenster schwingen stufenlos bis zum Anschlag. Sie werden durch die oben liegende Griffleiste bedient und sind mit Dauerlüftungsklappe und Luftfilter ausgestattet. Das Putzen der Außenscheibe ist durch einen Putzriegel mit Putzriegelbuchse ziemlich bequem möglich.

Klapp-Schwing-Fenster haben neben der Schwingfunktion eine zusätzliche Klappfunktion mit stufenlosem 45°-Öffnungswinkel und einem Öffnungsgriff unten. Bei freiem Zugang zum Fenster hat man mit ihnen den besten Ausblick.

Ist ein Eindeckrahmen für den Einbau von Dachwohnfenstern erforderlich und welche Funktion hat er?

Zur Abdichtung des Übergangs zwischen Fenster und Dach ist für jedes Dachwohnfenster ein Eindeckrahmen erforderlich. Er leitet das von der Dachfläche herabfließende Wasser seitlich am Fenster vorbei und sorgt für eine sichere Abdichtung, durch die weder Wasser noch Staub und Flugschnee ins Dach eindringen können.

Wie oft sollte ich den Fensterrahmen streichen?

Lackierte oder angestrichene Fenster sind ab Werk imprägniert und endbehandelt. Schäden im Lack können Sie jedoch selbst ganz leicht ausbessern: Die ganze beschädigte Oberfläche mit feinem Schleifpapier anschleifen und danach eine Schicht Acryllack-Anstrich auf Wasserbasis auftragen. Fenster in Räumen mit einer hohen Luftfeuchtigkeit (z. B. in Küche oder Bad) sollten Sie etwa alle drei Jahre nachbehandeln, Fenster in anderen Räumen etwa alle 5 Jahre. Nähere Hinweise entnehmen Sie bitte der Bedienungsanleitung. Fenster, die ab Werk lediglich grundimprägniert wurden, sollten Sie innerhalb von 6 Monaten nach dem Einbau mit Holzschutzmittel- oder Acryllack-Anstrich auf Wasserbasis nachbehandeln. Folgeanstriche sind etwa alle 3–5 Jahre erforderlich.

Kann ich auch nachträglich noch einen Sonnenschutzrollladen an meinem Dachfenster anbringen?

Klaro! Damit der Sonnenschutz perfekt funktioniert, sollten Fenster und Rollladen vom gleichen Hersteller sein. Notieren Sie sich Fenstertyp, Fenstergröße und Produktnummer. In der Regel finden Sie diese Angaben auf dem Typenschild am Fensterflügel. Sie benötigen diese Angaben, um einen geeigneten Rollladen für Ihr Fenster auszuwählen.

Bei meinem Nachbarn habe ich gesehen, dass die Dachflächenfenster von außen beschlagen! Was hat er falsch gemacht?

Da kann Ihr Nachbar ausnahmsweise mal nichts dafür! Denn Tauwasserbildung ist eine normale Naturerscheinung und kein Mangel am Fenster. Es ist so: Die Außenluft enthält eine gewisse Menge Feuchtigkeit. Nachts, wenn sich die Temperatur verringert, kühlen Materialien mit guter Wärmeleitung wie Metall und Glas schneller aus als zum Beispiel die Luft. An diesen Stellen wird daher der Sättigungsgrad der Luft früher erreicht, das heißt, Feuchtigkeit wird sich als Tauwasser, im Winter als Reif absetzen – wie man das zum Beispiel auch bei parkenden Autos beobachten kann. Bei jedem Gebäude kühlen die Scheiben im Dach schneller aus als in der Fassade, da sie sich nicht in einer geschützten Mauernische befinden. Es ist daher völlig normal, dass sich die Feuchtigkeit der Luft als Tauwasser auf den Scheibenaußenseiten absetzen kann. Dies ist ein rein physikalischer Vorgang. Er wird durch den guten Wärmedämmwert der Scheibe noch verstärkt. Die Außenseite kühlt besonders stark ab, weil zu wenig Wärme von innen nach außen abgegeben wird. Bei früheren Scheiben mit schlechteren Wärmedämmwerten trat die Tauwasserbildung deutlich weniger auf. Durch diese Scheiben ging aber zu viel Wärme verloren. Es bleibt also nur zu warten, bis die Luft wieder warm genug ist und die Feuchtigkeit aufnimmt – oder einfach wischen!

Kuckuck! Jetzt haben Sie Durchblick zum Himmel, Überblick über Haus und Hof und Ausblick auf die Landschaft.

BODEN AUSGLEICHEN, ESTRICH VERLEGEN.

BODEN AUSGLEICHEN, ESTRICH VERLEGEN.

EIN BISSCHEN SCHIEF HAT GOTT LIEB, SAGT DER VOLKSMUND. WIR WISSEN NICHT, WER DIESE IDEE IN DIE WELT GESETZT HAT. EINES ABER WISSEN WIR: DAS KANN FATALE FOLGEN HABEN – EINFALLENDE WÄNDE, EINBRECHENDE FUSSBÖDEN, EINSTÜRZENDE NEUBAUTEN. DESWEGEN SORGEN SIE UNBEDINGT FÜR EINEN EBENEN, GERADEN UND STABILEN BODEN.

WARUM EBENE BÖDEN WICHTIG SIND.

Bevor Sie zur Tat schreiten und Ihren Boden mit einem neuen Belag versehen, müssen Sie prüfen, ob der Untergrund auch optimal dafür vorbereitet ist. Der bestmögliche Untergrund für alle Bodenbeläge ist ein absolut ebener Boden. Dieser muss fest, trocken, staub- und rissfrei sein. Nur so können Sie sichergehen, dass der Belag lange hält. Denn wenn der Untergrund instabil ist oder Hohlräume aufweist, kann der Belag brechen und reißen. Arbeitende Untergründe, wie etwa Holzdielen, führen zu Spannungen. Das kann Risse im Belag verursachen und Feuchtigkeitsschäden nach sich ziehen.

UNTERGRUND PRÜFEN.

Zur optimalen Untergrundvorbereitung sind folgende Bedingungen unerlässlich:

Ebenheit

Prüfen Sie die Ebenheit mittels Richtlatte und Messkeil. Die Richtlatte (mindestens 2 m Länge) wird auf den Untergrund gelegt und die hohl liegende Stelle mit einem Messkeil unterfüttert. Anhand der Skala auf dem Messkeil kann nun die Tiefe eines eventuellen Hohlraumes abgelesen werden. Statt des Messkeils können Sie auch einen einfachen Holzkeil verwenden und am Messpunkt die Höhe markieren. Dann einfach mit dem Zollstock das Maß ablesen.

Staubfreiheit

Der Untergrund muss staubfrei sein. Saugen Sie die Bodenfläche kurz vor den Belagsarbeiten mit einem Staubsauger ab, hartnäckigen Staub müssen Sie feucht wegwischen. Den Untergrund vor der Weiterverarbeitung trocknen lassen.

Rissfreiheit

Der Untergrund darf keine Risse aufweisen, wie es oft bei alten Estrichen oder Betondecken der Fall ist. Anleitungen, wie man Risse reparieren kann, finden Sie auf den folgenden Seiten.

Oberflächenfestigkeit

Wenn Oberflächen nicht fest genug sind, verbinden sich Untergrund und Bodenbelag nur unzureichend. Deshalb prüft man die Oberflächenfestigkeit. Sie wird durch eine Gitternetzprüfung mit einem Stahlnagel, einem Meißel oder Ähnlichem durchgeführt. Ritzen Sie dabei 2–3 Linien parallel zueinander in die Estrichoberfläche und anschließend 2–3 Linien quer dazu. Dabei sollte an den Schnittpunkten nichts aus- oder abbrechen. Im Zweifelsfall können Sie auch eine Probeklebung vornehmen. Wenn Sie den Kleber abreißen, gewinnen Sie einen Eindruck von der Festigkeit der Oberfläche. Diese Prüfung ist bei Trockenestrichen nicht nötig.

Trockenheit

Feuchtigkeitsprüfung mit einem CM-Messgerät: Alle nass und gerade frisch eingebrachten Estriche benötigen eine gewisse Trockenzeit, die von Dicke, Art und Raumklima abhängig ist. Nach der Trocknung bleibt immer eine gewisse Restfeuchte bestehen, die als Haushaltsfeuchte bezeichnet wird und je nach Materialart (Zement, Anhydrit usw.) verschieden ist. Vor dem Verlegen sollten Sie daher grundsätzlich mit einem CM-Messgerät die Feuchtigkeit überprüfen.

Feuchtigkeits-Messgeräte können Sie im Baumarkt ausleihen. Für eine absolut exakte Messung müssen Sie einen Fachmann ranlassen.

Statik

Prüfen Sie auf jeden Fall immer die Tragfähigkeit der Decke, bevor Sie einen Estrich aufbringen. So ein Estrich kann mitunter ein erhebliches Gewicht auf die Waage bringen.

RISSIGE BÖDEN REPARIEREN.

Kann sein, dass unter dem abgerissenen Teppich eine Landschaft zum Vorschein kommt, die aussieht wie der Boden in der Sahelzone bei Dürre. Nun sollen Sie es nicht regnen lassen, aber die Risse müssen weg. Und hier steht, wie Sie das machen können.

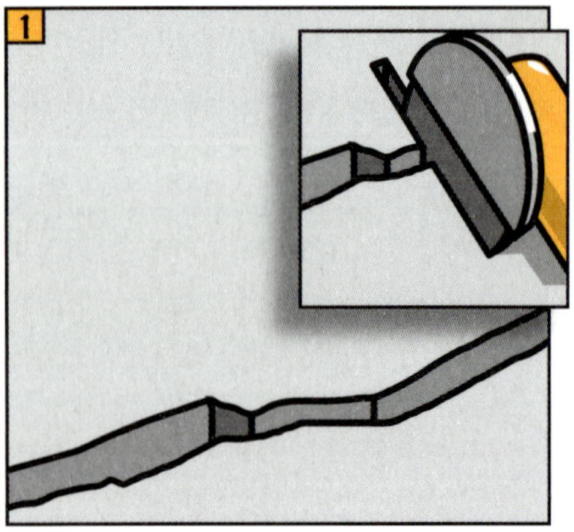

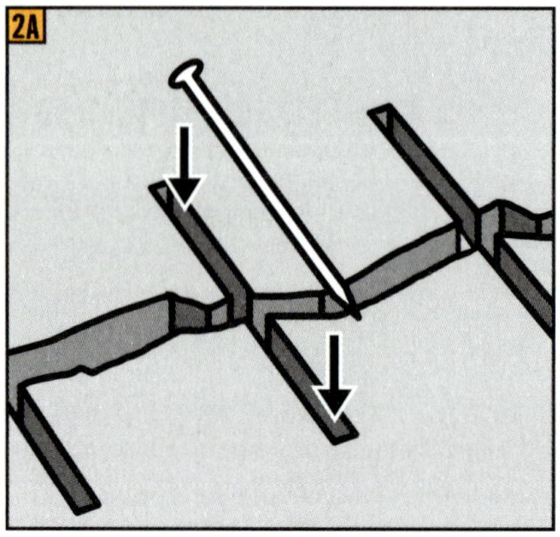

WERKZEUG.

- ✓ Winkelschleifer
- ✓ Staubsauger
- ✓ Spachtel

MATERIAL.

- ✓ Gießharz
- ✓ Stahlnägel, Wellenverbinder, Estrichklammern
- ✓ Quarzsand

Stahlnagel-/Wellenverbinder-Technik

Hinweis: Bevor Sie beginnen, sollten Sie zuerst von einem Fachmann die Ursache der Risse klären lassen. Der kann Ihnen dann auch genau sagen, wie Sie den Schaden am besten beheben können. In der Regel entstehen Risse in der Oberfläche durch Spannungen des Materials während des Abbindens oder Aushärtens. Zum einen sind es Haar- und Feinrisse, mit Breiten zwischen 0,05 und 0,3 mm, die nur in der Oberfläche des Bodens zu finden sind. Zum anderen sind es Setzrisse, die sich auch im späteren Bodenbelag fortführen, wenn sie nicht verschlossen werden. Diese Risse müssen dauerhaft verschlossen werden. Man kann sie jedoch nicht einfach mit irgendeiner Spachtel- oder Klebermasse füllen, denn sie „arbeiten" weiter und sind eines Tages auch im Oberbelag sichtbar. Deshalb verschließt man sie „kraftschlüssig" mit Gießharz.

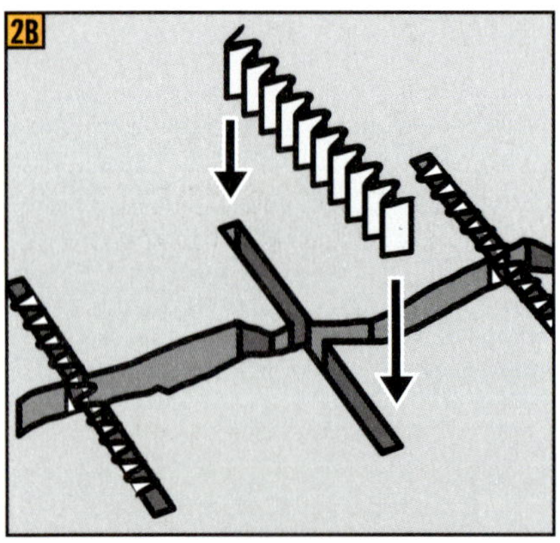

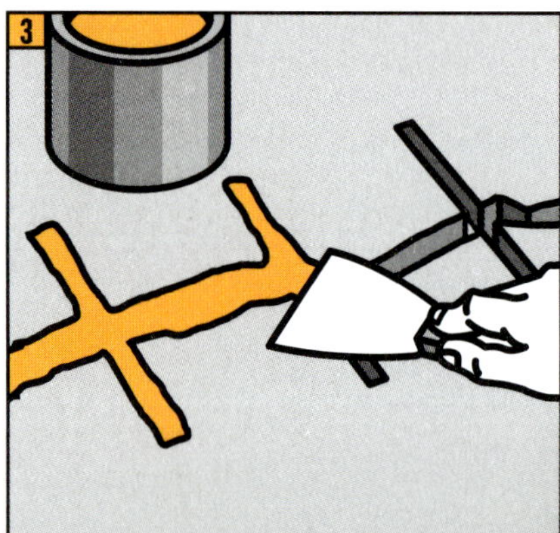

1 Mit einem Winkelschleifer quer zum Rissverlauf im Abstand von 20 cm ca. 8 cm lange und 1 cm tiefe Schlitze einfräsen. Reinigen Sie den Riss gründlich. Am besten saugen Sie ihn mit dem Staubsauger aus. **2A** In die sauberen Risse nun die Stahlnägel einsetzen und die benötigte Menge Gießharz vorbereiten. **2B** Anstatt Nägeln können Sie auch so genannte Wellenverbinder oder Estrichklammern benutzen. **3** Füllen Sie die Risse bis zur Oberfläche mit Gießharz und streuen die Fläche sofort danach mit Quarzsand ab. Dadurch wird die spätere Haftung des Spachtelauftrages verbessert.

Haar- oder Feinrisse müssen nicht auf diese Art verschlossen werden, sie werden mit der aufzutragenden Spachtelmasse ausreichend gefüllt. Winkelschienen, Abschlussprofile und Ähnliches können übrigens auch mit Gießharz in Beton oder Estrich verankert werden.

Rand- und Dehnungsfugen

Bei allen Estricharten dürfen Randfugen und konstruktionsbedingte Dehnungsfugen keinesfalls mit Spachtelmasse o. Ä. geschlossen oder mit Bodenbelag überklebt werden, sondern müssen mit Dehnungsprofilen überdeckt werden.

LÖCHER IM BODEN VERSPACHTELN.

Löcher in Beton oder Estrichböden, die z. B. nach der Verlegung von Rohrleitungen oder sonstigen Installationen entstanden sind, werden am besten mit einem Beton-Reparaturspachtel gefüllt. Risse und Löcher in Holz füllen Sie mit Epoxydharz- oder Polyesterharzspachtel.

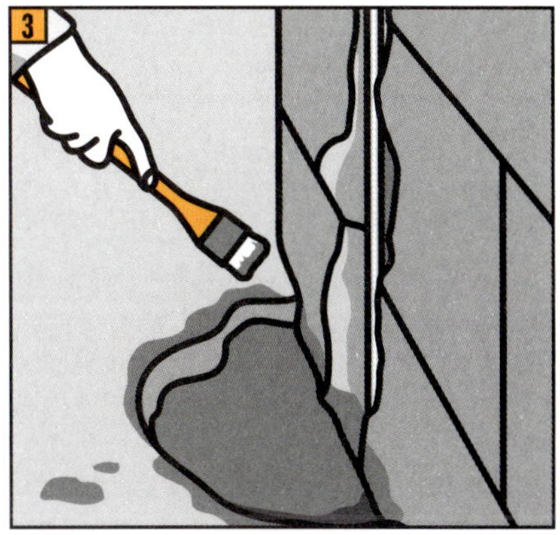

1 Die Reparaturstelle zuerst mit einem Staubsauger gründlich aussaugen. Alle losen Partikel sollten dabei entfernt werden. **2** Nach dem Aussaugen und Entfernen der losen Teile wird die Reparaturstelle komplett mit einer Bürste vorgenässt. **3** Grundieren Sie nun mit dünnflüssig angemischtem Beton- und Reparaturspachtel besonders die Flanken des Lochs vor. **4** Rühren Sie Beton- und Reparaturspachtel mit Wasser an. Nach einer bestimmten „Sumpfzeit" (Herstellerangaben beachten) tragen Sie die Spachtelmasse auf die noch frische Grundierung auf. **5** Die Oberfläche der Reparaturstelle mit der Mörtelkelle glätten. Die Übergänge des Ausbruches zum bestehenden Beton werden mit einem angefeuchteten Malerpinsel angeglichen. Risse und Löcher in Holz füllen Sie übrigens mit Epoxydharz- oder Polyesterharzspachtel.

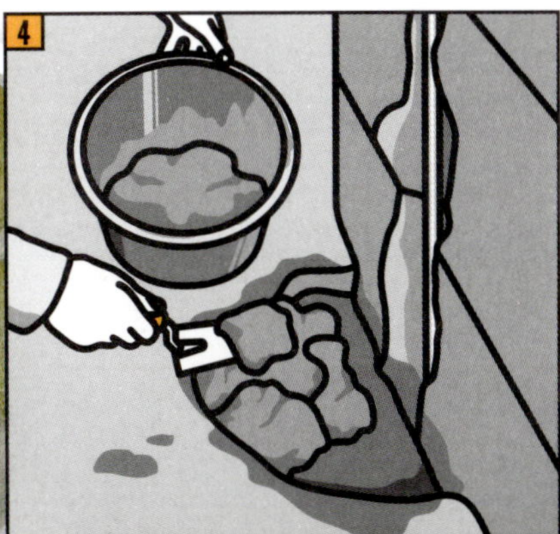

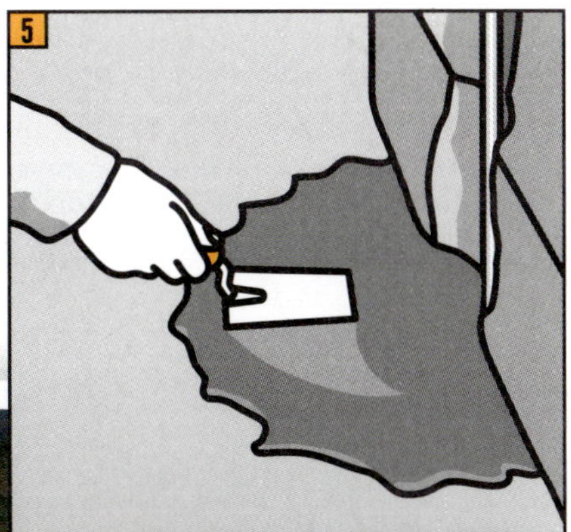

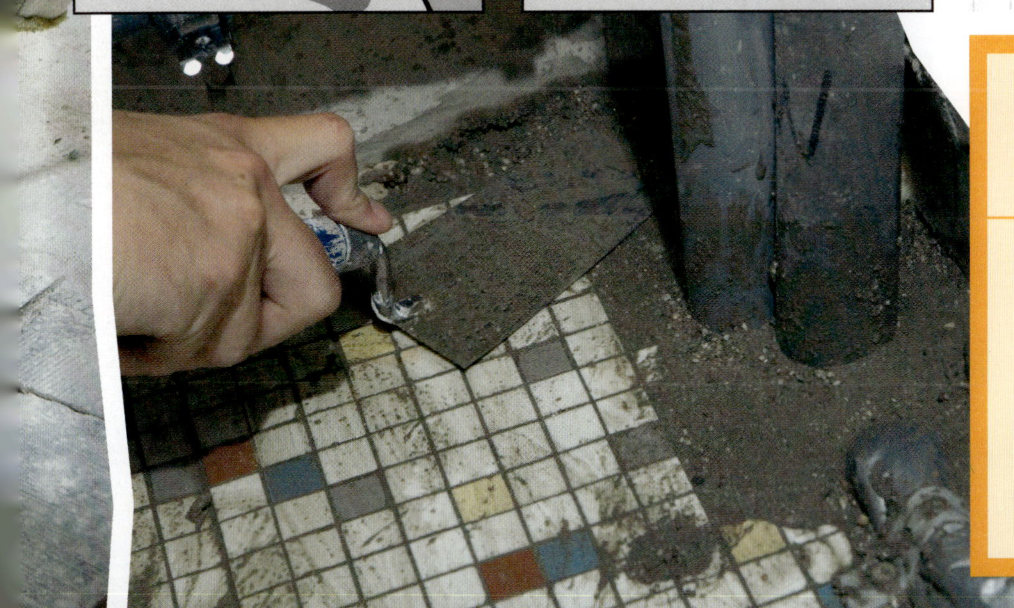

WERKZEUG.

- ✓ Staubsauger
- ✓ Malerbürste
- ✓ Spachtel
- ✓ Mörtelkelle
- ✓ Malerpinsel

MATERIAL.

- ✓ Grundierung
- ✓ Beton- und Reparaturspachtel

ACHTUNG! PROFITIPP

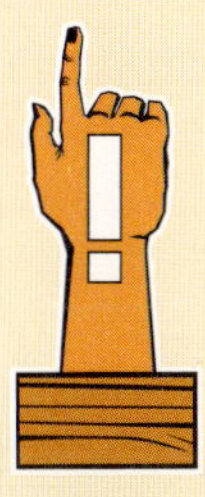

Rühren Sie die Spachtelmasse lieber etwas steifer an, denn verdünnen können Sie immer noch. Eine zu flüssige Spachtelmasse kann man dagegen nicht mehr eindicken, denn beim nachträglichen Einrühren von Mörtelpulver bilden sich unweigerlich die allseits unbeliebten Klümpchen.

BETONBÖDEN AUSGLEICHEN.

Mit dem Füllen von ein paar Rissen ist es nicht getan. Die Ebenheit der gesamten Untergrundfläche ist wichtig, bevor weitere Beläge darauf verlegt werden können. Am besten geht das mit selbst verlaufender Ausgleichsmasse. Der Vorteil ist, dass diese auch die feinen Haarrisse gut verschließt.

Die Handhabung der Masse ist denkbar einfach. Das Material verläuft quasi von selbst und ergibt schon nach kurzer Zeit einen ebenen Boden. Beachten Sie die erforderlichen Schichtdicken der Ausgleichsmasse bei den unterschiedlichen Bodenbelägen:

- für Bodenbeläge wie Fliesen und Teppichböden 2 mm
- für Parkett und Laminat 5 mm
- für Nutzschichten, z. B. in Kellern, Hobbyräumen, auf Balkonen und Terrassen 5 mm
- für Nutzschichten in Einzelgaragen 5 mm.

1 Reinigen Sie den Boden von Staub und losen Partikeln und grundieren Sie die Fläche mit einer auf die Ausgleichsmasse abgestimmten Grundierung (Herstellerangaben beachten), indem Sie diese zuerst grob über die Fläche schütten und anschließend mit einem Besen verteilen. Die Grundierung nach Herstellervorgabe entsprechend lang einziehen lassen. **2** Kleben oder tackern Sie Randdämmstreifen aus Styropor an die Wand. Diese Streifen verhindern Schallübertragungen zur Wand und geben der Ausgleichsmasse einen gewissen Bewegungsspielraum, damit es nicht zu Spannungen und damit zu Schäden im Boden kommt. **3** Mischen Sie die Ausgleichsmasse im

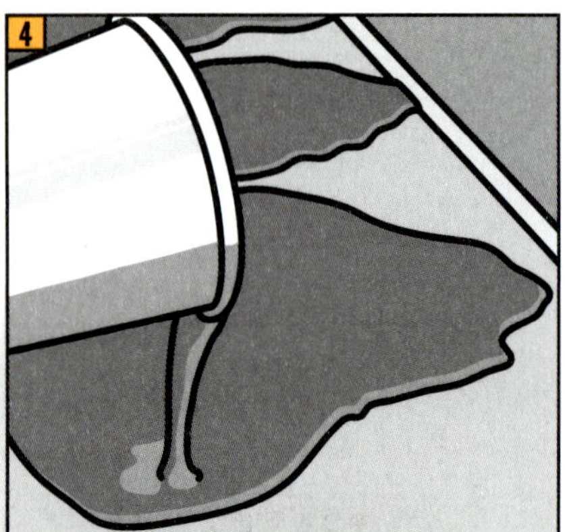

Mischverhältnis laut Herstellerangaben mit Wasser an. Am besten geht das mit einem Rührquirl in stabilen Eimern. **4** Anschließend wird die Ausgleichsmasse aufgegossen. Haben Sie ein Vlies (siehe auch nächste Seite) verwendet, muss es gut von der Masse durchdrungen und bedeckt werden. **5** Die Verteilung der Estrichmasse kann auch hier mit einer Glättkelle unterstützt werden.

Bereits nach einem Tag kann die Arbeit am Boden weitergehen, z. B. mit der Verlegung der Fliesen. Den Randstreifen schneidet man erst ab, wenn der Oberbelag verlegt ist.

WERKZEUG.

- ✓ Besen
- ✓ Tacker
- ✓ Eimer
- ✓ Bohrmaschine und Rühraufsatz
- ✓ Gummiwischer
- ✓ Glättkelle

MATERIAL.

- ✓ Grundierung
- ✓ Doppelseitiges Klebeband
- ✓ Styropordämmstreifen
- ✓ Ausgleichsmasse

HOLZBÖDEN AUSGLEICHEN.

Auch alte Holzböden kann man so vorbereiten, dass sie als Untergrund für alle möglichen neuen Beläge dienen. Vor allem in Altbauten mit alten, abgenutzten Dielenböden bietet sich diese Variante an, wenn man die Dielen nicht erneuern will oder einen grundsätzlich anderen Belag wünscht.

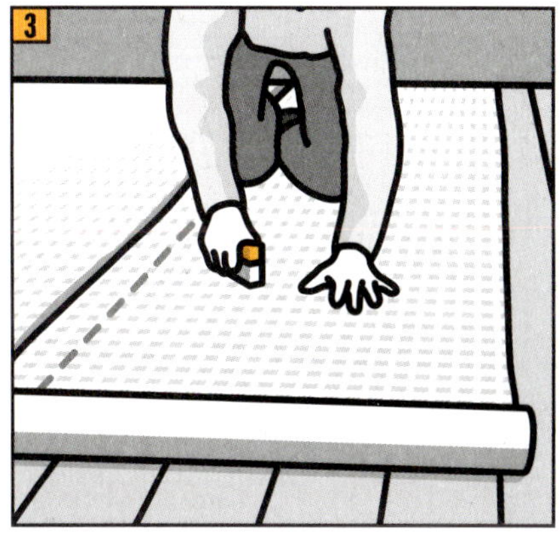

Zunächst sollten Sie die alten Dielen abschleifen und im Abstand von maximal 60 cm fest mit den Auflagebalken verschrauben. Der Schleifstaub und anderer Schmutz müssen danach abgewischt werden. Breite Fugen spachteln Sie mit Silikon- oder Acrylspachtelmasse aus. **1** Dann wird der Boden mit der zur Ausgleichsmasse passenden, wassersperrenden Grundierung vorbehandelt. **2** An der Wand ringsum werden Randdämmstreifen angeklebt, damit keine Schallbrücken zur Wand entstehen und der Boden sich spannungsfrei bewegen kann. **3** Manche Hersteller empfehlen, vor der Ausgleichsmasse ein Gewebevlies auf den Holzboden auszubreiten. Wenn Sie ein solches verwenden, verlegen Sie es mit 5 cm Überlappung und tackern Sie es am Boden fest. **4** Anschließend wird die Ausgleichsmasse wie beim Ausgleichen von Betonböden angerührt und aufgetragen. Ein verwendetes Vlies muss gut von der Masse durchdrungen und bedeckt werden. **5** Die Verteilung der Estrichmasse kann auch hier durch eine Glättkelle unterstützt werden.

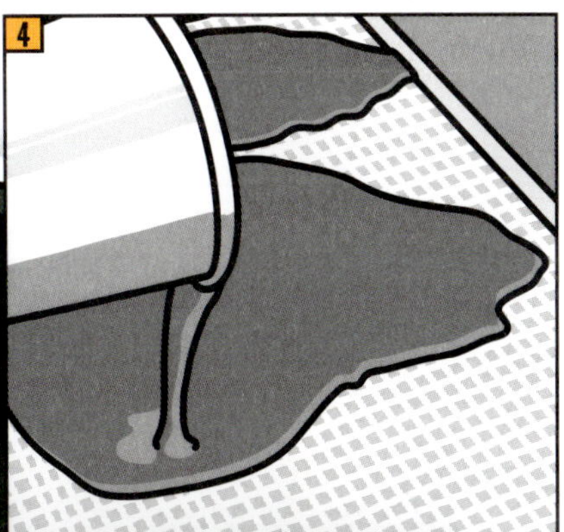

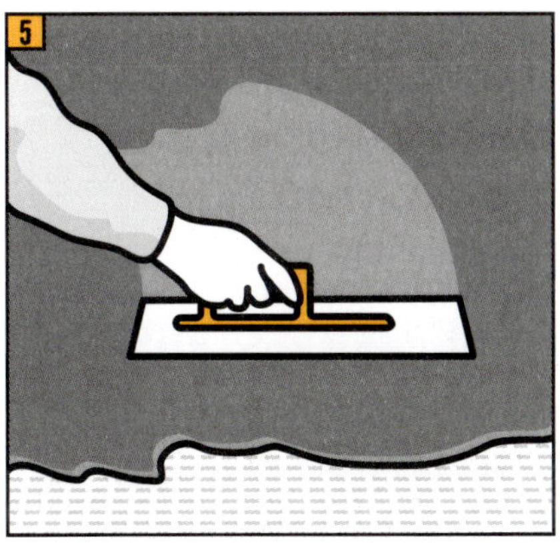

WERKZEUG.

- ✔ Handschleifmaschine
- ✔ Akku-Schrauber
- ✔ Spachtel
- ✔ Eimer
- ✔ Besen
- ✔ Bohrmaschine und Rühraufsatz
- ✔ Gummiwischer
- ✔ Glättkelle
- ✔ Tacker

MATERIAL.

- ✔ Schrauben
- ✔ Lappen
- ✔ Spachtelmasse (Silikon/Acryl)
- ✔ Grundierung
- ✔ Styropordämmstreifen
- ✔ Doppelseitiges Klebeband
- ✔ Gewebevlies
- ✔ Ausgleichsmasse

WELCHE ESTRICHSORTEN GIBT ES?

Eine Variante, einen plan ebenen Untergrund zu erhalten, ist die Verwendung von Estrich. Man unterscheidet zwischen Nass- und Trocken-Estrich, also Verlegeplatten. Nass-Estrichmasse wird auf den Untergrund gegossen. Sie passt sich allen Unregelmäßigkeiten des Bodens an.

VERSCHIEDENE ESTRICHSORTEN IM ÜBERBLICK

Name	Bestandteile	Eigenschaften
Trocken-Estrich	Es gibt Holzspanplatten, Holzweichfaserplatten, Gipsfaserplatten, Gipskartonplatten oder Betonfertigelemente.	Die Vorteile sind, dass sie leicht aufzubauen sind, keiner Wartezeit nach dem Verlegen bedürfen und keine Materialspannung aufbauen, da sie nicht trocknen. Dafür ist der Schallschutz nicht so gut und bei größeren Belastungen besteht die Gefahr, dass sie sich absenken oder einbrechen. Außerdem sind sie feuchtigkeitsempfindlich.
Zement-Estrich	Zement, Wasser und Sand.	Er ist unempfindlich gegen Feuchtigkeit und kann innen wie außen verwendet werden. Leider hat er eine lange Trocknungsdauer. Erst nach 20–30 Tagen können Sie Teppich, Fliesen etc. darauf verlegen.
Anhydrit-Estrich	Gips, Wasser und Zuschlagsstoff.	Er muss gegen Feuchtigkeit geschützt werden, weil Gips leicht Wasser aufnimmt. Daher ist er in Feuchträumen nur bedingt, im Außenbereich gar nicht einsetzbar. Er ist schneller begehbar als Zementestrich, ökologisch unbedenklich und leicht zu verarbeiten. Besonders gut eignet er sich als Heizestrich, da er Wärme sehr gut speichert und leitet, nicht brennbar ist und nur wenig Materialspannung aufbaut.
Magnesit-Estrich	Magnesiumchlorid, Magnesia (Pulver aus Dolomitgestein, wird u. a. beim Klettern verwendet) und Zuschlagsstoffe (Sägespäne, Textilfasern, Quarzsand etc.).	Er wird aufgrund seiner speziellen Eigenschaften selten verwendet: Er ist elektrisch leitfähig und staubarm, weswegen er für Antistatikböden geeignet ist. Außerdem ist er extrem schlag- und stoßfest, sehr gut wärme- und schalldämmend und immun gegen Mineralöle, Lösemittel und Treibstoffe. Aufgrund seiner Empfindlichkeit gegenüber Nässe kann er aber außen und in Feuchträumen nicht eingesetzt werden.
Gussasphalt	Bitumen, Sand, Splitt und Füllstoffe.	Er ist nach einem Tag belegfertig, geruchlos, staub- und wasserfrei. Er lässt sich gut außen und in Nassräumen verwenden und hat sehr gute Wärme- und Schallschutzeigenschaften. Allerdings wird er bei Temperaturen zwischen 220–250 °C aufgetragen. Das macht ihn für die Verwendung im Heimwerkerbereich untauglich.

DREI AUFBAUVARIANTEN FÜR TROCKEN-ESTRICH.

Estrichplatten kann man auf drei verschiedene Arten verlegen. Für welche Sie sich entscheiden, hängt davon ab, was Sie wollen. Gut, wer weiß das schon, aber orientieren Sie sich doch erstmal daran, mit welchem Untergrund Sie's zu tun haben.

Auf Ausgleichsschüttung (Seite 147)

Estrichplatten werden direkt auf einer Schüttung aus porigen, mineralischen Körnern verlegt. Diese verkrallen sich ineinander und sorgen so für eine hohe Standfestigkeit. Trockenschüttung ist sehr leicht, nicht brennbar und dämmt gut gegen Schall und Wärmeverlust. Auf Holzdecken muss vorher ein Rieselschutz ausgelegt werden, damit die Körner nicht durch die Ritzen fallen.

Auf Kanthölzern (Seite 146)

Eine sehr gute Variante ist es, die Estrichplatten auf Kant- oder Lagerhölzern zu verlegen. Zwischen die Hölzer steckt man Dämmstoffmatten. Schallschutz und Wärmedämmung sind auch hier sehr gut. Dafür eignet sich die Version nicht für feuchte Räume. Wenn Sie später Holzdielen oder Parkett verlegen wollen, brauchen Sie übrigens keine Estrichplatten, sondern können den Holzboden direkt auf die Unterkonstruktion montieren.

Auf Dämmplatten (Seite 145)

Estrichelemente werden direkt auf speziellen Estrichdämmplatten verlegt. Die Dämmplatten wiederum liegen einfach auf dem Untergrund, dazwischen ist lediglich eine Absperrfolie auf Kunststoff, um zu verhindern, dass Feuchtigkeit durchdringt.

TROCKEN-ESTRICH. AUF DÄMMPLATTEN.

Wenn Sie es sich ganz leicht machen wollen, entscheiden Sie sich für diese Variante. Dafür ist die Isolierung aber nicht so der Hit – das sollten Sie bei Ihrer Entscheidung berücksichtigen. Verwenden Sie Ihrer Gesundheit zuliebe möglichst formaldehydfreie Spanplatten.

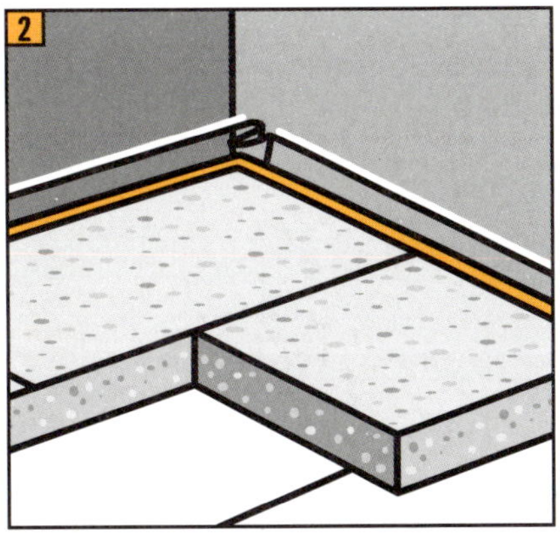

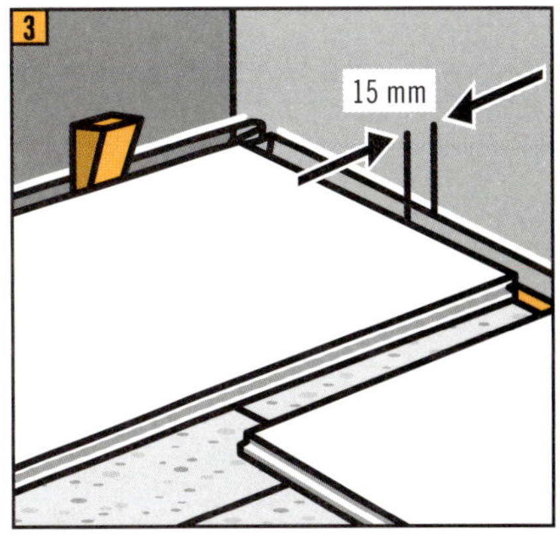

1 Putzen Sie erstmal! Die Rohdecke muss trocken und sauber sein. Dann verlegen Sie 0,2 mm dicke Polyäthylenfolie zum Absperren gegen Feuchtigkeit. Die Folie sollte 30 cm überlappen und an den Rändern ca. 10 cm hochstehen. An eben diesen Rändern befestigen Sie auch Randstreifen als Dämmung und Dehnungsfuge. Das geht mit doppelseitigem Klebeband ganz gut. **2** Dann legen Sie die Dämmplatten (z. B. aus Styropor) fugendicht auf Stoß aus. Vermeiden Sie Kreuzfugen. **3** Darauf kommen dann die Estrichelemente. Beginnen Sie in der hinteren Raumecke. Die Elemente müssen 15 cm Wandabstand halten, dafür sorgen Holzkeile, die Sie dort einklemmen. Diese Lüftungsfuge darf später auch nicht von irgendeinem Bodenbelag verdeckt werden. **4** Die Nut der nächsten Platte wird mit Kunstharzleim eingeschmiert und an die vordere Platte fugendicht angesetzt. Das letzte Stück pro Reihe wird passend zugeschnitten, mit dem Rest beginnt man die nächste Reihe. So vermeiden Sie Verschnitt und es entstehen keine Kreuzfugen. Nach 24 Stunden ist der Leim trocken, die Fugenkeile können herausgenommen, der Plastikfolienrand abgeschnitten und der restliche Belag verlegt werden. Die Lüftungsfuge überdecken Sie mit einer speziellen, hinterlüfteten Bodenleiste.

ACHTUNG! PROFITIPP

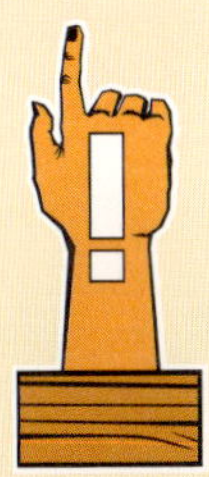

Zum Schneiden der Estrichelemente eignet sich die Handkreissäge mit Führungsschiene und Staubsauger, eine elektrische Stichsäge oder eine Handsäge, wie z. B. der Fuchsschwanz.

TROCKEN-ESTRICH. AUF KANTHÖLZERN.

Das ist die zweiteinfachste Methode: Nichts rieselt, staubt und krümelt wie bei einer Schüttung, und trotzdem ist die Dämmqualität hoch.

1 Beginnen müssen Sie mit dem Üblichen: Boden schrubben, PE-Folie auslegen und Randstreifen ankleben – wie auf der vorigen Seite beschrieben. **2** Dann legen Sie die Dämmstreifen auch auf der Folie aus – den ersten direkt an der Wand entlang. Die Kanthölzer werden auf die Dämmstreifen gelegt. Diese Maßnahme dient der Trittschalldämmung. **3** Beginnen Sie mit dem Verlegen der Estrichplatten. Lassen Sie eine Dehnfuge von 2 cm an den Wandanschlüssen offen, indem Sie Keile zwischen Platte und Wand klemmen. **4** Die Platten werden im Nut- und Federsystem ineinandergesteckt, geben Sie dabei Leim in die Nut. Verlegen Sie die Platten versetzt, vermeiden Sie Kreuzfugen.

5 An den Auflagepunkten verschrauben Sie Platten und Kanthölzer mit rostgeschützten Schnellbauschrauben. Versenken Sie die Schrauben und spachteln Sie Schraubenköpfe und Plattenfugen zu. Sie können jetzt auch die Fugenkeile an der Wand wieder herausnehmen. Am Ende das Ganze noch mit Estrichgrund einstreichen.

TROCKEN-ESTRICH. AUF AUSGLEICHSSCHÜTTUNG.

Hier wird es schon etwas aufwendiger. Dafür sind die Wärme- und Schalldämmeigenschaften einer Schüttung sehr gut. Die hohe Trittfestigkeit der Schüttung macht es außerdem möglich, die Platten ohne Lagerbalken zu verlegen.

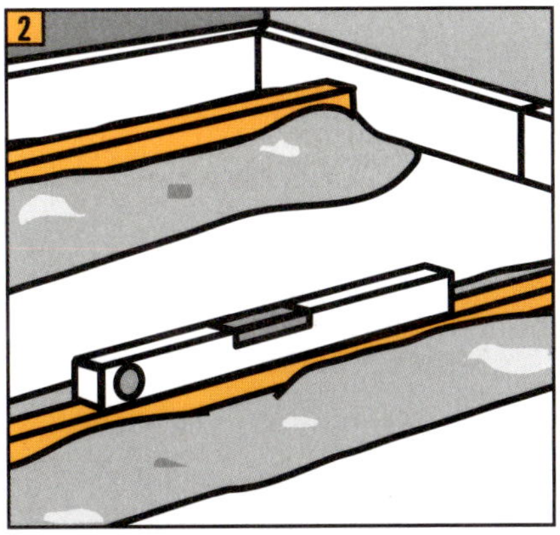

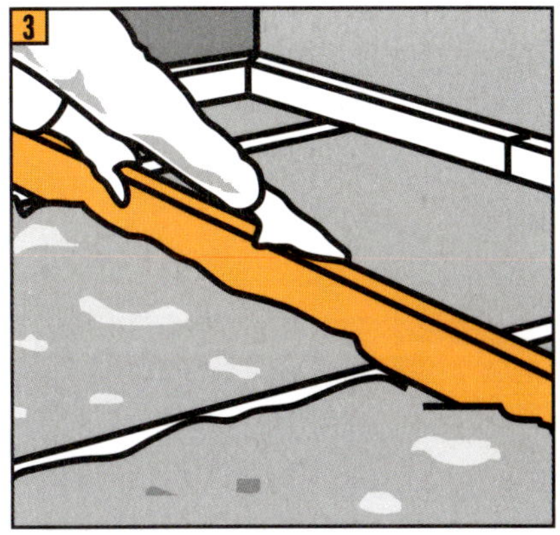

1 Verlegen Sie auf Holzdecken zuerst einen Rieselschutz. Geeignet hierfür ist z.B. fugendicht verlegtes Kraft- oder Natronpapier. Auf Betondecken kann eine 0,2 mm starke PE-Folie verlegt werden. An den Wänden des Verlegeraumes bringen Sie Randdämmstreifen an. **2** Schütten Sie nun mit Ausgleichsschüttung ca. 20 cm breite, parallele Dämme in der vorgesehenen Schütthöhe auf. Auf die Dämme jeweils eine Abziehlatte legen und die Zwischenräume mit Ausgleichsschüttung füllen. Sorgen Sie bei der Ausbringung der Trockenschüttung für ausreichend Lüftung und verwenden Sie einen Atemschutz, da sich eine Menge Staub entwickeln kann. **3** Die Ausgleichsschüttung mit einer Richtlatte abziehen. Die Abziehlatten dürfen nicht in der Schüttung bleiben! Hinweis: Betreten Sie die Schüttung nie direkt, sondern arbeiten Sie kniend auf einer lose auf die Schüttung gelegten Platte. **4** Beginnen Sie mit der Verlegung der Estrichelemente an der Wand gegenüber der Tür. Tragen Sie jeweils auf den Stufenfalz Estrichkleber auf und verbinden dann die Elemente. Vermeiden Sie Kreuzfugen, d.h. die Estrichelemente immer im Versatz verlegen. **5** Danach die Elemente mit Schnellbauschrauben im Bereich des Stufenfalzes verschrauben. Nach dem Aushärten (24 Stunden) können Sie ausgetretenen Kleber entfernen. Bevor Sie den Bodenbelag verlegen, grundieren Sie den Estrich noch mit Estrichgrund.

NASS-ESTRICH VERLEGEN.

Nass-Estrich gießt man als nasse Masse auf den Untergrund. Beim Verbundestrich ist das direkt der Betonboden, ansonsten ist mindestens eine Trennschicht in Form einer Dampfsperrfolie vorhanden. Am gebräuchlichsten, weil optimal wärme- und schallgedämmt, ist der „schwimmende Estrich".

Schwimmender Estrich

1 Zuerst kleben Sie an der Wand ringsum einen Randdämmstreifen an, am besten mit doppelseitigem Klebeband. Dann legen Sie die Dämmplatten aus – fugendicht und versetzt. Auf der Dämmung wird eine Plastikfolie ausgelegt, sie dient als Sperrschicht gegen Feuchtigkeit. Die Folienteile müssen sich überlappen und auf allen Seiten den Randstreifen nach oben mit abdecken. **2** Die Estrichmasse anmischen und auf den Untergrund auskippen. **3** Verteilen Sie die Masse gleichmäßig auf dem Boden **4** und ziehen Sie die Fläche mit Hilfe einer Richtlatte und einer Wasserwaage ab. Fangen Sie an einer Seite an und arbeiten Sie sich abschnittsweise vor. **5** Mit dem Reibebrett die abgezogenen Teilflächen ein erstes Mal glätten. **6** Am Schluss wird die Fläche noch mit einem Stahlglätter endgültig geglättet.

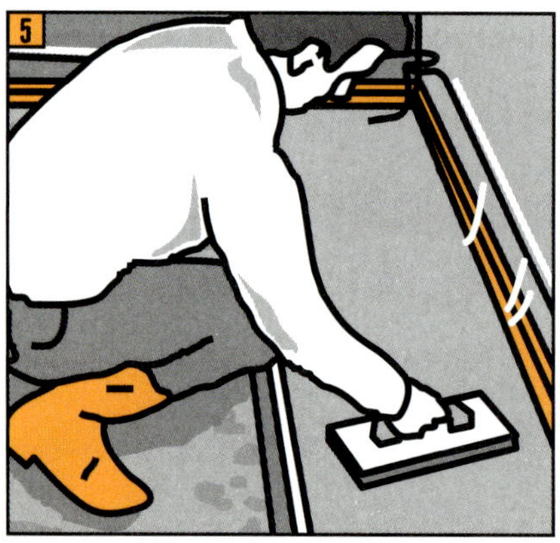

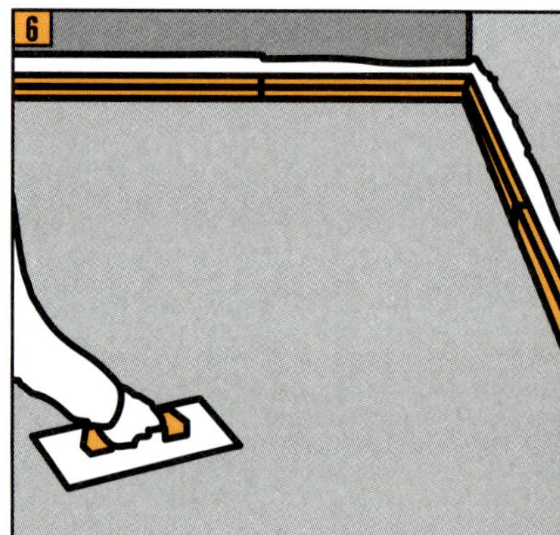

DREI VERSCHIEDENE AUFBAUARTEN VON NASSESTRICH

Bezeichnung		Beschreibung
Verbundestrich	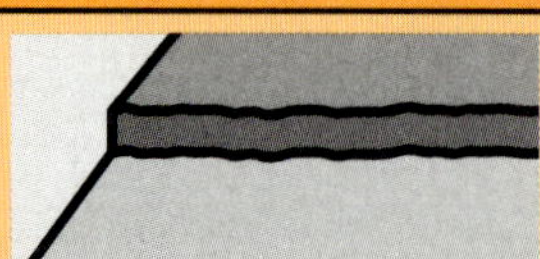	Hier ist die Estrichmasse direkt mit dem Untergrund verbunden. Es ist keine Trittschall- oder Wärmedämmung vorhanden.
Estrich auf Trennschicht	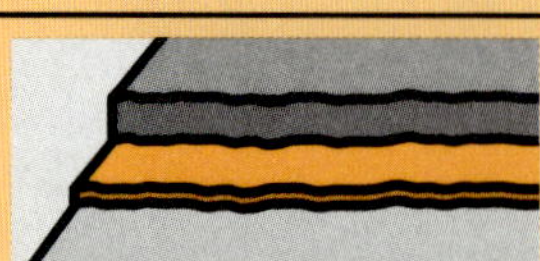	Dieser Estrich ist auf einer Zwischenlage (z. B. PE-Folie) verlegt. Dadurch wird aufsteigende Feuchtigkeit geblockt.
Schwimmender Estrich	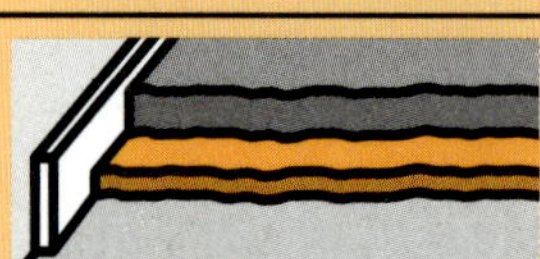	Dieser Estrich hat keine Verbindung zu angrenzenden Bauteilen. Er wird auf einer Dämmschicht verlegt und ist von den umlaufenden Wänden mit Randdämmstreifen abgegrenzt. Die Trittschall- und Wärmedämmung ist optimal.

ACHTUNG! PROFITIPP

Estrich benötigt ein gemäßigtes Raumklima, um ganzheitlich abtrocknen zu können. So werden Spannungen und damit Risse vermieden. In großen Räumen sollten zudem rasterförmig Bewegungsfugen eingezogen werden.

EBENER BODEN UND WAS JETZT?

Das Schöne an Estrich als Unterkonstruktion ist, dass wirklich jeder erdenkliche Belag darauf verlegt werden kann. Alles, was Sie jetzt noch tun müssen, ist, zu wissen, was Sie wollen, und sich zu entscheiden. Hier ein kleiner Überblick über Bodenbeläge:

WAS KANN JETZT DRAUF VERLEGT WERDEN?

Holzböden

Holz fühlt sich an den Füßen warm an, weil es Wärme nur schlecht leitet und elastisch ist, was der Fußmuskulatur guttut. Holz kann man auf unterschiedliche Art verlegen: als Fertigparkett, konventionelles Parkett, Holzpflaster oder Dielenboden. Wegen des zerstörerischen Raubbaus an den Urwäldern verzichtet man dabei heutzutage weitestgehend auf exotische Sorten.

Steinböden

Man kann aus einem großen Sortiment an Natursteinen wählen oder Kunststein nehmen. Das sind Platten aus mit Zement verbundenen Natursteinsplittern, auch Farbe kann zugesetzt werden. Stein hat eine bessere Wärmeleitfähigkeit als Holz, daher eignet er sich als Belag für beheizte Fußböden. Sonst fühlt sich Stein eher kalt an den Füßen an.

Keramikböden

Keramik ist gebranntes oder geformtes Tonmaterial. Man unterscheidet Fliesen und Platten. Fliesen werden aus trockenem Pulver in Formen gepresst und gebrannt. Sie sind porös, weshalb sie mit einer Lasur überzogen sind. Terrakotta- und Cotto-Fliesen jedoch sind unglasiert. Platten werden aus Steingut hergestellt. Sie sind fester, witterungsbeständiger und nicht so porös wie die Fliesen.

Metallböden

Diese Variante ist zugegebenermaßen sehr selten. Man benutzt sie in hoch beanspruchten Bereichen, weil sie gegen alles Mögliche resistent und leicht zu reinigen sind. Im Heimwerkerbereich kommen sie eigentlich nicht zum Einsatz, aber wer weiß ...?

PVC-Boden

PVC ist ein äußerst strapazierfähiger Kunststoff und dabei ziemlich preisgünstig. Meist sieht es aber nicht so schön aus und leider ist die Entsorgung umwelttechnisch problematisch: PVC gehört zum Sondermüll.

Linoleumboden

Der Grundstoff Linoxyn entsteht durch die Oxidation von Leinöl. Dieser Grundstoff wird mit Kork oder Holzmehl vermengt und noch heiß auf eine Juteschicht gegossen. Heute ersetzt man das Linoxyn oft mit Kunstharz. Linoleum ist schwer entflammbar, strapazierfähig und hat eine geringe Wärmeleitfähigkeit.

Korkboden

Korkparkett wird aus mit Kunstharz gepresstem Korkschrot gemacht. Es ist angenehm fußwarm und elastisch. Wenn es versiegelt oder gewachst wird, ist es sogar gegen Benzin o. Ä. resistent.

Elastomerboden

Der Hauptbestandteil dieses Gummibelags ist Kautschuk. Elastomer ist sehr elastisch und nicht rutschig, weswegen das Laufen darauf sehr angenehm ist. Außerdem dämmt es Schall ziemlich gut und ist nicht rutschig.

Teppichböden

Es gibt mehrere tausend verschiedene Teppichböden: Muster, Materialien, Farben und Formen können variieren. Teppich dämmt Trittschall und Wärme ziemlich gut und ist angenehm an den Füßen, ist aber schwierig zu reinigen. Manche Teppichböden neigen zu elektrostatischer Aufladung, was unangenehm sein kann (d. h. Sie bekommen einen leichten elektrischen Schlag, wenn Sie Kunststoffschuhe tragen und z. B. ein Metallgeländer anfassen).

Schreiten Sie divengleich über den neuen Boden, mit ellenlangen Pfennigabsätzen an den hohen Stiefeln. Auf einem ebenen Boden werden Sie nicht stolpern.

ES GIBT IMMER WAS ZU TUN.

FENSTER, TÜREN & CO.

FENSTER EINBAUEN.

FENSTER EINBAUEN.

**FENSTER SIND DIE AUGEN DES HAUSES.
VERPASSEN SIE IHNEN DAS RICHTIGE MAKE-UP!**

WISSENSWERTES VORAB.

Ganz gleich ob Sie einen Neubau planen oder einen Altbau renovieren wollen – hochwertige Fenster sollten auf Ihrer Liste ganz oben stehen. In puncto Wärmedämmung, Schallschutz und Sicherheit gibt es da schon Unterschiede – auch preislich. Da sollten ein paar Euro mehr oder weniger nicht ausschlaggebend sein.

WORAUF ACHTEN?

Fenster müssen vielfältigen Ansprüchen und Anforderungen gerecht werden, um uns eine zeitgemäße Lebensqualität zu ermöglichen. Einerseits müssen sie ausreichend Schutz vor Witterungs- und Umwelteinflüssen (Regen, Wind, Kälte, Lärm) bieten, andererseits sollen sie sich harmonisch in die Architektur der Fassade bzw. des Gebäudes einfügen. Sie sollen maximalen Schutz und höchste Sicherheit bieten und ebenso ihre Aufgabe als Tageslichtspender und Frischluftlieferant erfüllen. Für die richtige Fensterauswahl dienen gesetzliche Bestimmungen und Richtlinien sowie Gütezeichen als Orientierungshilfe.

Die Renovierung von historischen Gebäuden muss vorher vom Denkmalamt genehmigt werden. Bitte informieren Sie sich bei den Denkmalschutzbehörden der jeweiligen Länder.

Planen Sie einen Neubau, können Sie aus einem vielfältigen Angebot an hochwertigen Fenstersystemen wählen. Ihren persönlichen Gestaltungswünschen sind dabei fast keine Grenzen gesetzt. Sogar bei ausgefallenen Formen und Farben garantieren Gütesiegel eine hochwertige Produktqualität. Wohnkomfort und Lebensqualität, Sicherheit und Wirtschaftlichkeit sind Faktoren, auf die Sie bei der Fensterauswahl Wert legen sollten. Dies gilt ebenso für die geplante Altbaurenovierung. Hier spielt besonders der Aspekt der Wärmedämmung eine wichtige Rolle. Wärmedämmende Verglasung sowie moderne Fenster- und Rahmensysteme sind nicht nur enorm wirtschaftlich, sie sorgen außerdem für erstklassigen Wohnkomfort. Staatlich finanzierte Fördergelder ermöglichen eine Auswahl hochwertiger, speziell für Altbaurenovierungen entwickelter Fenstersysteme. Doch auch optisch muss bei der Altbaurenovierung alles stimmen – Fenstertyp, Baustil und Proportionen müssen miteinander harmonieren. Den optimalen „Durchblick“ bietet Ihnen unser Überblick auf den folgenden Seiten.

EINZELTEILE DER FENSTER.

1. Sturz
2. Oberlicht
3. Blendrahmen oder Fensterstock
4. Flügel
5. Riegel oder Kämpfer (die horizontale Unterteilung eines Fensters)
6. Pfosten
7. Sohlbank oder Unterstück des Rahmens
8. Sprosse
9. Stock-Oberstück
10. Unterlicht

WICHTIG: Lassen Sie Ihr Bauvorhaben bei Ihrer zuständigen Gemeinde prüfen, denn die Bauordnungen sowie die Bebauungspläne müssen eingehalten werden.

FENSTER IM ÜBERBLICK.

Für jede Öffnung gibt es das passende Fenster. Ihren individuellen Wünschen entsprechend können Sie aus unterschiedlichen Rahmenmaterialien wählen. Holz, Kunststoff oder Aluminium – einzeln oder im Verbund – alle Kombinationen sind möglich. Für die Raumlüftung ist die Öffnungsweise eines

VOR- UND NACHTEILE VERSCHIEDENER MATERIALIEN.

MATERIAL	VORTEILE	NACHTEILE
Holzfenster	• Gute bis sehr gute Wärmedämmeigenschaften • Geringe Wärmedehnung • Leicht zu bearbeiten • Sehr stabil • Gute bauphysikalische Eigenschaften • Lange Lebensdauer • Große Farbauswahl • Viele Formen in jeder Größe und Ausführung möglich • Umweltfreundlichkeit durch problemlose Entsorgung • Behagliche Wohnatmosphäre	• Regelmäßiger Anstrich nötig • Mäßige Beständigkeit gegen Witterung
Holz-Aluminium-fenster	• Außen: witterungsbeständig • Innen: Wohnbehaglichkeit • Lange Lebensdauer • Sehr gute Wärmedämmeigenschaft • Extrem pflegeleicht • Nahezu wartungsfrei • Vielseitige Gestaltungsmöglichkeiten	• Im Vergleich teurer als Holz- und Kunststofffenster
Kunststofffenster	• Sehr gute Wärmedämmeigenschaften • Hervorragende Form- und Farbbeständigkeit • Witterungs-, korrosions-, licht- und farbbeständig • Lange Lebensdauer • Große Farbauswahl • Viele Formen in jeder Größe und Ausführung möglich • Umweltfreundlichkeit durch Recyclebarkeit • Nahezu wartungsfrei • Geringe Instandhaltungskosten • Pflegeleicht • Kostengünstig	Keine

Fensters von wichtiger Bedeutung. Pfosten und Riegel teilen die Fensterrahmen und ermöglichen es, verschiedene Öffnungsarten miteinander zu kombinieren. So entstehen zwei- oder mehrflügelige Fensterelemente, ganz nach Ihrem Wunsch.

ÖFFNUNGSARTEN BEI FENSTERN.

FENSTER	FUNKTIONSWEISE	ANWENDUNG
Drehkippflügel-Fenster 	Im heutigen Wohnungsbau sind Drehkippflügel-Fenster gang und gäbe. Zum Stoßlüften können sie vollständig nach innen geöffnet werden oder zur Dauerlüftung in Kippstellung gebracht werden. Ihre Ausführung in Holz oder Kunststoff sowie in verschiedenen Normgrößen und Qualitätsstufen ist Standard.	Moderner Wohnbereich
Schwingflügel-Fenster 	Dieser Fenstertyp eignet sich besonders für breite Fensteröffnungen. Mit dem um die horizontale Achse drehbaren Flügel kann man sowohl Stoß- als auch Dauerlüften. Nachteil: Geräusche und Wärme von außen werden durch die Luftströmung in den Raum geleitet.	Dachfenster, Fenstertüren mit Schiebekonstruktion, großflächige Fenster
Wendeflügel-Fenster 	Der Wendeflügel dieses Fensters dreht sich um eine senkrechte Achse. Im geöffneten Zustand ragt der Flügel zur Hälfte in den Raum hinein und bietet nur unzureichenden Schutz vor Wind und Wetter. Äußerst problematisch gestaltet sich die Rollladenbenutzung im geöffneten Zustand.	Keller- und Nebenräume, als Oberlicht
Schiebefenster 	Bei dieser Konstruktion ist die Ausführung als Horizontalschiebefenster zu empfehlen. Es ist einfach zu handhaben, ermöglicht eine großflächige Lüftung und bietet einen rahmenlosen freien Blick nach draußen.	Balkon- und Terrassentüren
Feststehende Verglasung 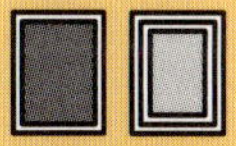	Bei dieser Fensterkonstruktion gibt es keinen Flügelrahmen. Die Verglasung wird direkt in den Fensterrahmen eingesetzt.	Treppenhausfenster, Fassadenfenster, Blumenfenster oder Wintergarten
Drehflügel-Fenster 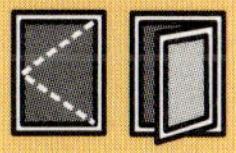	Meistens sind Drehflügelfenster als Doppelfenster mit insgesamt 4 Flügeln konzipiert. Dadurch gewährleisten sie eine gute Wärmedämmung. Vertikal nach innen öffnend, sind sie gut zum Stoßlüften, zur Dauerlüftung jedoch ungeeignet. Sie sind mit oder ohne Sprossen erhältlich sowie mit klappbarem Oberlicht.	Historische Bauwerke und Altbauten
Kippflügel-Fenster 	Unten angeschlagen und horizontal nach innen kippend (ca. 15°), eignen sich Kippflügel-Fenster nur zum Dauerlüften. Stoßlüftung ist mit ihnen nicht möglich. Die Außenreinigung erweist sich als äußerst schwierig.	Keller- und Nebenräume, als Oberlicht
Klappflügel-Fenster 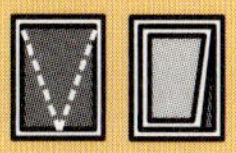	Öffnen unten horizontal (ca. 15°) nach außen oder nach innen. Bei beiden Öffnungsarten kommt Frischluftzufuhr von unten. Lärm und Wärme können ungehindert in den Raum dringen. Auch hier ist die Außenreinigung fast unmöglich.	Blumen- oder Dachfenster

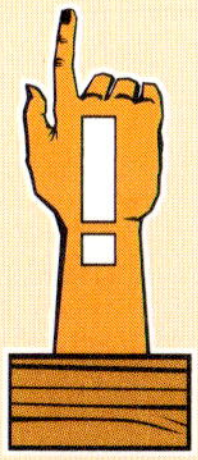

PROFITIPP!

Aufgrund der Wärmeausdehnung bei Kunststofffenstern sollten bei Südseiten weiße bzw. helle Farbtöne für Fensterrahmen gewählt werden.

VERSCHIEDENE GLASARTEN.

Die Wahl des richtigen Glases entscheidet, ob Sie ausreichend vor Lärm, Sommerwärme und Winterkälte geschützt sind. Also sparen Sie nicht an der Verglasung, es geht eben um mehr als nur ums Durchschauen.

FENSTERFORMEN.

Beeinflussen Sie das Aussehen Ihrer Häuserfassade mit den passenden Fensterformen. Kreativität kennt keine Grenzen, auch nicht im Fensterbau. Sollen es mal nicht die klassischen Fensterformen – Rechteck-, Rundbogen- und Stichbogenfenster – sein, können auch symmetrische und asymmetrische Dreieck-, Giebel- oder Erkerkonstruktionen eingesetzt werden. Hier die gängigsten Formen im Überblick ...

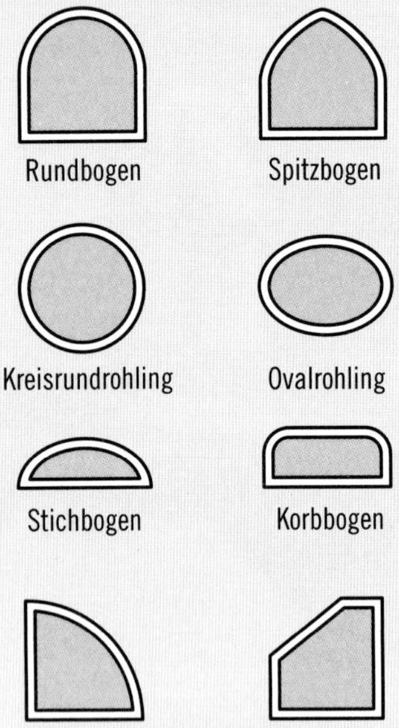

Beispiele für asymmetrische Fensterformen

HINWEIS!

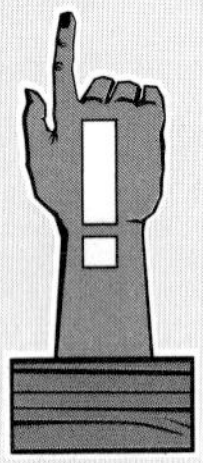

Wussten Sie, dass ... Glas aus den Rohstoffen Quarzsand, Kalk und Soda hergestellt wird, die bei einer Temperatur von etwa 1 500 °C in einem Ofen geschmolzen werden?

GLASARTEN IM ÜBERBLICK.

GLASART	EIGENSCHAFTEN	ANWENDUNG
Einfachglas	Es ist in verschiedenen Farben erhältlich. Nach heutigen Bauvorschriften ist Einfachglas nicht im Wohnungsbau erlaubt.	Bilderrahmen, Möbel, als einfaches Trennglas
Floatglas	Floatglas entsteht in modernen Herstellungsverfahren und wird in allen Isolierglasarten eingesetzt.	Fensterverglasung für Alt- und Neubauten
Gussglas (Ornamentglas)	In seine Glasoberfläche ist eine Struktur oder ein Muster eingeprägt. Mit seiner hohen Lichtdurchlässigkeit eignet es sich als Sichtschutzglas.	Sanitär- und Hygienebereich
Drahtglas	Gussglas mit integriertem Stahldrahtgeflecht, das bei Bruch ein Herausfallen von Glassplittern verhindert und insgesamt sehr widerstandsfähig ist.	Kellerfenster
Antik- und Tiffanyglas	Diese Glasart wird bis heute mundgeblasen. Mit seiner unregelmäßigen Oberfläche eignet es sich als Dekorglas.	Dekorbereich
Isolierglas	Eine Verglasungseinheit, die aus zwei oder mehreren Glasscheiben hergestellt wird. Die Glaszwischenräume sind entweder mit getrockneter Luft oder Spezialgas gefüllt.	Altbaurenovierung und Wohnungsbau

Schallschutz

Alltägliche Lärmbelästigungen in unserem Wohnumfeld gefährden die Gesundheit und beeinflussen unser Wohlbefinden. Die meisten Lärmquellen können wir nicht ausschalten. Wir sind daher jeden Tag den unterschiedlichsten Lärmbelästigungen ausgesetzt. Für den Wohnungsbau stellen sich daher in puncto Schalldämmung anspruchsvolle Aufgaben. Vom Gesetzgeber ist die Schalldämmung von Fenstern in sogenannte Schallschutzklassen unterteilt worden.

Klasse	Schalldämmung in Dezibel (dB)	Empfohlen bei:
1	25–29	Wohnstraßen mit 10–50 Kfz pro Stunde, über 35 m Abstand zwischen Haus und Straße.
2	30–34	Wohnstraßen mit 10–50 Kfz pro Stunde, 26–35 m Abstand zwischen Haus und Straße.
3	35–39	Wohnstraßen mit 50–200 Kfz pro Stunde, 26–35 m Abstand zwischen Haus und Straße.
4	40–44	Hauptverkehrsstraßen mit 1 000–3 000 Kfz pro Stunde, 100–300 m Abstand zwischen Haus und Straße.
5	45–49	Hauptverkehrsstraßen mit 1 000–3 000 Kfz pro Stunde, 36–100 m Abstand zwischen Haus und Straße.
6	> 50	Hauptverkehrsstraßen mit 3 000–5 000 Kfz pro Stunde, < 100 m Abstand zwischen Haus und Straße.

ISOLIERENDE GLÄSER.

Um auch den höchsten Anforderungen zu entsprechen, wurden hochwertige Verbundkonstruktionen entwickelt, die mehrere Schutzfunktionen miteinander verbinden. Neben Wärme- und Schalldämmung geht es um Schutz vor Einbrechern und gegen den Fußball der bolzenden Kinder.

ISOLIERGLÄSER IM ÜBERBLICK.

GLASART	EIGENSCHAFTEN	ANWENDUNG
Schallschutz-Glas	Isolierglas, das die Schallübertragung reduziert. Durch einen vergrößerten Scheibenzwischenraum, einen asymmetrischen Glasaufbau oder eine Spezialgasfüllung im Scheibenzwischenraum können Geräusche von außen erheblich verringert werden.	Altbaurenovierung und Wohnungsbau
Sonnenschutz-Glas	Sonnenschutz-Gläser können entweder Sonne reflektieren oder absorbieren (verschlucken). Die Sonnenstrahlen werden durch eine reflektierende Spezialbeschichtung der Außenscheibe reflektiert. Eine grüne, braune oder graue Einfärbung der Außenscheibe führt zu einer Absorption der auftreffenden Strahlen.	Dachfenster, Panoramafenster, Terrassenfenster
Sicherheits-Glas	Eine angriffshemmende Verglasung bietet aktiven Schutz vor Durchwurf, Einbruch, Durchbruch, Durchschuss und Explosionsdruck.	Für verglaste Türen, niedrige Fenster, Duschabtrennungen, Regalböden, Tischplatten
Wärmeschutz-Glas	Wärmeschutz wird erzielt durch eine Vergrößerung des Scheibenzwischenraumes oder eine Metallbeschichtung des Isolierglases.	Altbaurenovierung und Wohnungsbau

Funktionsweise von Wärmeschutz-Isolierglas
Das Sonnenlicht und die damit verbundene Wärme können ungebremst durch das geschlossene Fenster ins Haus dringen. Umgekehrt jedoch verhindert das Wärmeschutz-Isolierglas weitgehend, dass Wärme von innen nach außen entweicht.

U-Wert
Achten Sie beim Fensterkauf auf den U-Wert. Er gibt an, wie viel Wärme durch einen Quadratmeter Fensterglas fließt, wenn die Außentemperatur um ein Grad kälter ist als die Innentemperatur. Als Faustregel gilt: je niedriger der U-Wert, desto höher die Wärmedämmung. Nach der aktuellen Wärmeschutzverordnung sollte der U-Wert zwischen 1,0 und 1,4 W/m²K liegen. Siehe auch „Fassade dämmen und reparieren“ ab Seite 74.

Baustoff	U-Wert
Einfachfenster	4,9
Doppelfenster	3,0
Fenster mit Isolierverglasung	2,8–3,0
Fenster mit Wärmeschutzverglasung	ca. 1,2
Fenster im Passivhausstandard	0,6

ALTES FENSTER RAUS.

Zu jeder Fassade und jedem Baustil gibt es die passenden Fenster. Sowohl Holz- als auch Kunststofffenster können problemlos vom geübten Heimwerker ausgewechselt und eingebaut werden. Vorher müssen allerdings die alten Fenster ausgebaut und die Fensterumgebung renoviert werden.

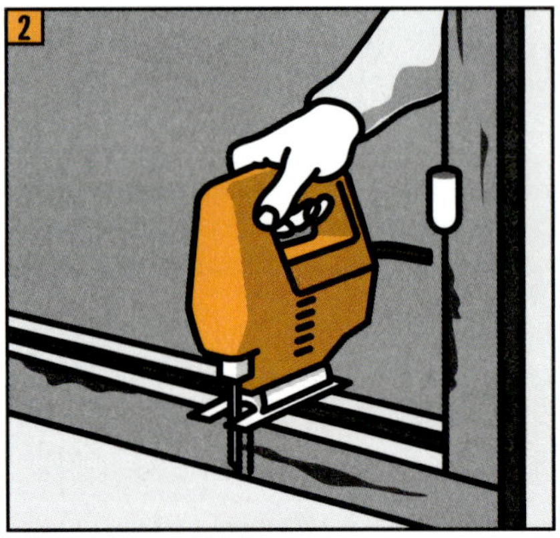

1 Als Erstes wird der alte Fensterflügel ausgehängt und 2 der alte Rahmen durchgesägt. 3 Nun können die Einzelteile Stück für Stück herausgenommen werden. Eventuell vorhandene Putz-, Mauer- und Dämmschäden können nun ausgebessert werden.

WICHTIG: Achten Sie beim Aus- und Einbau von Fenstern auf Ihre Sicherheit. Schützen Sie sich gegen einen Absturz. Das ist vor allem bei Arbeiten ab dem ersten Stock und höher erforderlich. Aber auch im Erdgeschoss ist sicheres Arbeiten wichtig.

NEUES FENSTER REIN.

Für den Fenstereinbau benötigen Sie zusätzliche Zubehörteile, die nicht im Lieferumfang enthalten sind. Informieren Sie sich beim Fensterkauf, welche Schrauben, Dübel und Dichtungsbänder Sie für den Einbau benötigen.

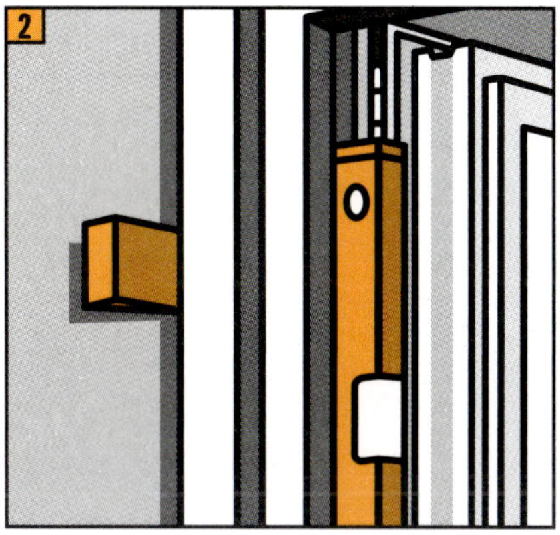

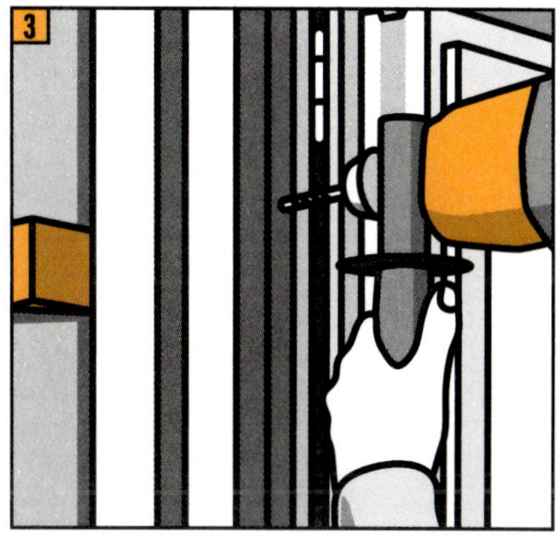

Die Fenstermontage sollte nach den Richtlinien der „Gütegemeinschaft Fenster" durchgeführt werden. Bevor Sie das neue Fenster einbauen können, müssen Sie den Schließzapfen des neuen Fensters herausschlagen und den Fensterflügel aus dem Rahmen nehmen. Schlagen Sie die Unterlegklammern aus Stahlblech ein und bohren Sie die Dübellöcher in den Fensterrahmen. **1** Kleben Sie anschließend das mitgelieferte Dekompressionsband zur Abdichtung zwischen Zarge und Mauerwerk auf den Fensterrahmen. **2** Stellen Sie den Fensterrahmen so in die renovierte Maueröffnung, dass er grob nach allen Seiten ausgerichtet ist, fixieren Sie ihn mit Holzkeilen und richten Sie ihn gleichmäßig aus. Testen Sie die Funktion des Fensterflügels, indem Sie ihn provisorisch in den Rahmen einhängen und ausprobieren. Das Fenster muss dabei fest in der Fensteröffnung sitzen. **3** Bohren Sie danach die Dübellöcher ins Mauerwerk und führen Sie die Rahmendübel ein. Nun können Sie den Flügel wieder einhängen und nochmals die Funktionen überprüfen. **4** Mit den Schrauben können Sie eine Feinjustierung durchführen. **5** Jetzt muss nur noch der Spalt zwischen Fensterrahmen und Mauerwerk mit Montageschaum vollständig gefüllt werden. Achten Sie darauf, dass die Fuge innen dampfdicht ist. Ist der Schaum trocken, können Sie die überstehenden Reste abschneiden und die Keile entfernen. Dann die Hohlräume nochmal nachschäumen.

WERKZEUG.

- ✓ Bohrmaschine
- ✓ Wasserwaage
- ✓ Metermaß
- ✓ Schraubendreher
- ✓ Inbus-Schlüssel
- ✓ Cuttermesser

MATERIAL.

- ✓ Fenster
- ✓ Holzkeile
- ✓ Schrauben
- ✓ Dübel
- ✓ Montageschaum
- ✓ Dichtungsband

FENSTERBÄNKE UND INSEKTENSCHUTZ.

Zum stilvollen und komfortablen Wohnen gehört auch das entsprechende Zubehör. Setzen Sie Akzente mit dekorativen Fensterbänken oder sperren Sie lästige Fliegen, Mücken, Spinnen und anderes Getier mit Insektenschutzgittern aus.

Innenfensterbänke

Innenfensterbänke dienen als Abschluss der Fensterbrüstung und gehören zur klassischen Fenstergestaltung. Ausführungen in beliebigen Breiten, Farben und Mustern stehen zur Auswahl. Ob aus Holz, Marmor oder Stein – Innenfensterbänke müssen hohen Anforderungen gerecht werden.

Eine Fensterbank sollte gegenüber Feuchtigkeit und Hitze unempfindlich sein und ihre Form nicht verändern. Leichtes und bruchsicheres Material zeichnet sie ebenso aus wie eine kratzfeste Oberfläche. Ihre Montage sollte problemlos und ohne Schwierigkeiten durchzuführen sein.

Außenfensterbänke

Außenliegende Fensterbänke verhindern das Eindringen von Feuchtigkeit und Regenwasser in die Außenwand. Sie müssen Wasser ableiten und frost- und wetterbeständig sein. Außenfensterbänke bestehen meist aus profiliertem Aluminium-, Kupfer- oder Zinkblech. Auch Naturstein oder Naturwerkstein sind möglich. Hohe Schlagfestigkeit und Farbbeständigkeit bieten Aluminiumfensterbänke. Nervende Trommelgeräusche bei starken Regenfällen können mit einer Antidröhnfolie gedämpft werden.

A

B

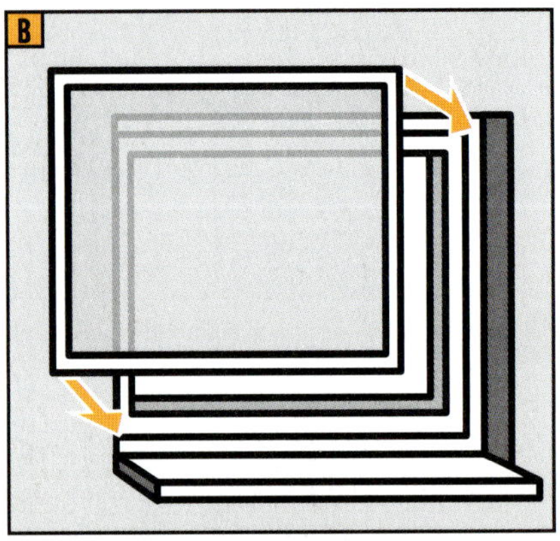

C

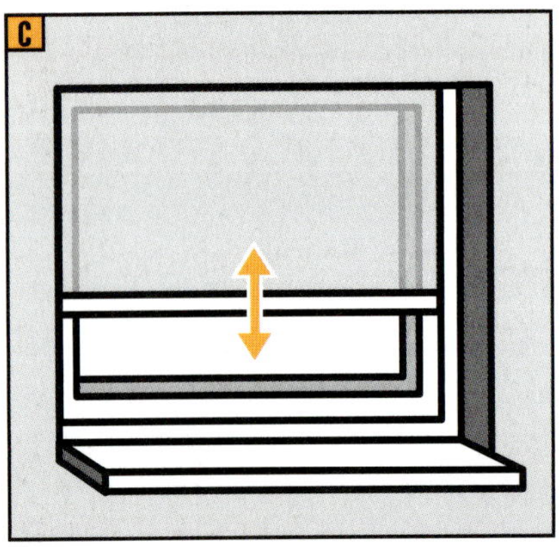

D

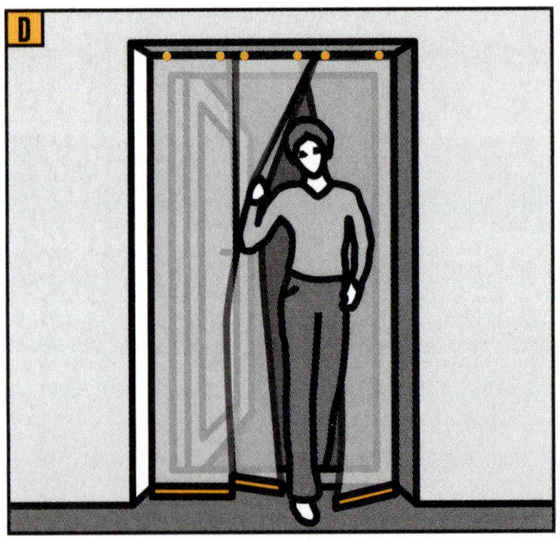

Insektenschutz

Wirkungsvoller Insektenschutz steigert die Lebensqualität. Für Industrie, Handel und Gesundheitswesen ist er unumgänglich. Moderne Insektenschutzgitter bieten perfekten Schutz für alle gängigen Fenster. Das umständliche Einkleben von Fliegennetzen in den Fensterrahmen ist Vergangenheit. Ob Gitter, Rahmen oder Rollo – alle sind einfach zu montieren.

A Dreh- oder Schieberahmen sind eine gute Lösung für Fenster und Türen, die mehrmals täglich geöffnet werden.

B Für die Montage von Vorsatzgittern bzw. Spannrahmen muss nichts gebohrt oder geschraubt werden. Sie werden je nach Bedarf einfach ein- oder ausgehängt.

C Insektenschutz-Rollos können problemlos an alle Fenster und Türen montiert werden. Ein Montage-Set besteht in der Regel aus einem Aluminiumkasten inklusive aufgerolltem Rollo und zwei seitlichen Führungsschienen. Man kann sie auch in den Rollladenkasten montieren oder man nimmt gleich Rollladenkästen mit integriertem Insektenschutz-Rollo.

D Insektenschutzlamellen einfach per selbstklebenden Klettstreifen oben am Fenster- bzw. am Türrahmen befestigt – fertig!

SICHERHEIT UND BESCHLÄGE.

Fenster und Terrassentüren sind in Bezug auf Sicherheit die Schwachstellen des Hauses. Durch sie werden die meisten Einbrüche (87 %) begangen. Fast die Hälfte aller Einbruchsversuche kann mit technischen Sicherungen – sprich Beschlägen – an Fenstern und Türen verhindert werden.

Wie funktionieren Beschläge?

Beschläge sind mechanische Teile, die die Öffnungs- und Schließfunktion eines Fensters steuern. Fensterbeschläge verbinden den Fensterflügel mit dem Fensterrahmen. Das Fenster ist somit gegen Einbruch geschützt. Obendrein dienen Beschläge als Kinderschutz.

Welches Profil muss ein Fenstersystem haben, damit es die notwendigen Sicherheitsanforderungen erfüllt?

- Fensterglas mit durchbruchhemmenden Eigenschaften
- Feste Verankerung des Fensterrahmens im Mauerwerk
- Sicherheitsgeprüfte Beschläge
- Fachgerechte und stabile Montage

Was muss ich bei der Wahl von Fensterbeschlägen beachten?

Wenn Sie auf Nummer sicher gehen wollen, entscheiden Sie sich für einbruchhemmende Sicherheitsbeschläge mit Pilzkopfzapfen und abschließbare Fenstergriffe. Diese Sicherungen sind sehr stabil und schützen Ihre Fenster vor Aushebelung.

Die Einbruchhemmung ist in 4 verschiedene Sicherheitsstufen (Widerstandsklassen) unterteilt. Jeder Widerstandsklasse (WK) ist ein „Einbrecherprofil" zugeteilt. Standardfenstersysteme werden in der Regel den Widerstandsklassen 1–3 zugeordnet. In der folgenden Tabellenübersicht stellen wir Ihnen die verschiedenen Widerstandsklassen vor.

WELCHE ART VON BESCHLÄGEN GIBT ES?

Beschlag	Funktion und Einsatz
Fensterschloss	Es wird an Rahmen und Fensterflügel montiert, wobei zwei massive Riegel den Flügel verschließen.
Doppelschwenkriegel	Dieser Beschlag wird zur Sicherung von Doppelflügelfenstern eingesetzt. Ein Klickmechanismus verriegelt das Fenster auch ohne Schlüssel.
Zusatzschloss	Diese Sicherung wurde speziell für Kippfenster entwickelt. Es sichert verschlossene Fenster genauso wie Fenster in Kippstellung.
Vierkantriegel	Massive Vierkantriegel sperren Fensterflügel in geschlossenem oder in leicht geöffnetem Zustand. Sie ermöglichen ein sicheres Lüften in Abwesenheit.
Stahlwinkel	Eine Fenstersicherung mit Stahlriegel ist einfach und praktisch in der Handhabung. Das Fenster wird ohne Schlüssel verriegelt. Für die Montage muss der Fensterflügel nicht angebohrt werden.

DIE 4 WIDERSTANDSKLASSEN IM ÜBERBLICK.

Widerstandsklasse	Angenommene Arbeitsweise des Täters
WK 1	Der Täter versucht, durch körperlichen Gewalteinsatz (Gegentreten, Gegenspringen, Schulterwurf, Hochschieben, Herausreißen etc.) das verriegelte Bauteil aufzubrechen.
WK 2	Der Täter versucht, mit einfachen Werkzeugen wie Schraubendreher, Zange oder Kelle das verriegelte Bauteil aufzubrechen.
WK 3	Der Täter versucht, zusätzlich mit einem Schraubendreher und einem Kuhfuß das verriegelte Bauteil aufzubrechen.
WK 4	Der Täter setzt zusätzlich schwere Hebel- und Schlagwerkzeuge ein, um das verriegelte Bauteil aufzubrechen.

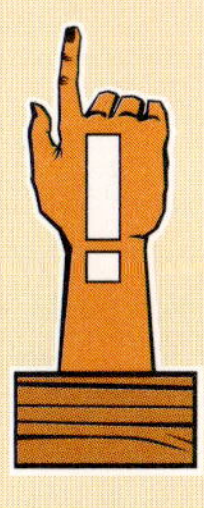

HINWEIS!

Überstreichen Sie nie die Beschläge Ihrer Fenster, da ihre Funktionstüchtigkeit dadurch verringert wird!

PFLEGE, WARTUNG, REPARATUREN.

Fenster sind tagtäglich allen Witterungen und Luftverschmutzungen ausgesetzt. Da kommt es schon mal vor, dass Dichtungen, Beschläge und Rahmen überholt werden müssen. Durch regelmäßige Pflege und Wartung verlängern Sie die Funktionsdauer Ihrer Fenster!

Beschläge und Entwässerungsöffnungen

Gelegentliches Fetten und Ölen der Beschläge erhält ihre Leichtgängigkeit. Sicherheitsrelevante Beschlagteile sollten einmal im Jahr auf festen Sitz und Verschleiß geprüft werden. Mit einer harten Bürste können die Schließbleche gereinigt werden. Somit verhindern Sie ein Klemmen des Schließzapfens.

Damit kein Schmutz die Entwässerungsöffnungen Ihrer Fenster verstopft, reinigen Sie die Öffnungen regelmäßig mit einem dünnen, flexiblen Draht. Nur wenn die Entwässerungsöffnungen frei von Staub und Schmutz sind, kann eventuell eingedrungenes Wasser wieder schnell nach außen abfließen.

Justierung

Weist der Auflaufbock des Fensterrahmens Schleifspuren auf oder schließt ein Fensterflügel nicht mehr richtig, ist das ein Zeichen dafür, dass das Fenster neu justiert werden muss. Bei modernen Fenstern lassen sich über die Schließzapfen die Höhe, die Seite und der Anpressdruck fein justieren. Auch ein bisschen Fett auf den Auflaufbock geben!

Lüften

Richtiges, kontrolliertes Lüften verhindert Schäden durch Feuchtigkeit. Lüften Sie, wenn möglich, morgens alle Räume etwa 10 Minuten lang, damit Feuchtigkeit entweichen kann. Je nach Raumklima ist mehrmaliges Stoßlüften am Tag ratsam.

Kunststoff- und Aluminiumfenster — Reinigung

Reinigen Sie verschmutzte Kunststoff- und Aluminiumoberflächen mit Wasser und handelsüblichem Spülmittel. Starke Verschmutzungen entfernen Sie am besten mit Spezialreinigungsmitteln, die vom Hersteller empfohlen und angeboten werden.

Absolut verboten sind alle lösungsmittelhaltigen Reinigungsmittel sowie Nagellackentferner und Kunststoffreiniger!

Kunststoff- und Aluminiumfenster — Wartung

Befreien Sie umlaufende Dichtungen regelmäßig von Staub und anderen Ablagerungen. Prüfen Sie ihren Sitz in den Dichtungsfugen, denn nur eine richtig eingezogene Dichtung kann Zugluft und Wasser abwehren.

Auch die Abdichtungsfuge zum Mauerwerk sowie unter der Fensterbank sollte überprüft und bei Beschädigung erneuert werden.

Holzfenster — Holzschutz

Die Oberflächenbeschichtung von Holzfenstern sollte einmal im Jahr geprüft werden. Bei starker Verwitterung müssen sie neu lackiert werden. Ansonsten gilt: alle zwei Jahre lasieren und alle drei Jahre lackieren. Mehr zu diesem Thema finden Sie ab Seite 608 im Kapitel „Farbe, Lack und Holzschutz".

Holzfenster — Reinigung

Vorsicht beim Reinigen von Holzfenstern! Der schützende Anstrich bzw. die Lasur darf nicht beschädigt werden. Benutzen Sie für die Reinigung nur Schwamm und Leder. Verwenden Sie keine scheuernden und aggressiven Reinigungsmittel!

Holzfenster — Reparatur und Instandsetzung

Was tun, wenn der Anstrich eines Holzfensters renovierungsbedürftig ist?

Entfernen sie zunächst lose Farbschichten mit Schleifpapier (220–280 Körnung), damit ein staub- und fettfreier Untergrund entsteht. Grundieren Sie danach die Holzteile – je nach Beanspruchung kann die Grundierung mehrmals aufgetragen werden. Falls nötig, zwischenschleifen. Anschließend kommt der Schlussanstrich auf die Außenfläche. Verwenden Sie wenn möglich Farbe auf wasserlöslicher Basis. Damit die Beschichtung nicht Flügel und Rahmen verklebt, sollten die Fenster für längere Zeit geöffnet bleiben.

FRAGEN & ANTWORTEN.

Falls jetzt immer noch irgendwas unklar ist, sollten Sie sich auf jeden Fall diese Seite ansehen. Vielleicht ist genau Ihre Frage dabei. Falls nicht, dann kann es auch nicht schaden, hier mal reinzuschauen.

Welches Fensterrahmenmaterial ist das Beste?
Ob Sie Holz- oder Kunststoffrahmen wählen, hängt ganz von Ihren Ansprüchen ab. Holzfenster verbreiten eine behagliche Wohnatmosphäre, Kunststofffenster sind günstiger im Preis und brauchen weniger Pflege.

Warum soll man regelmäßig lüften?
Neue Fenster sind luftundurchlässig. Luftfeuchtigkeit sammelt sich im Wohnraum und schlägt sich an kalten Innenwänden und Fenstern nieder. Auf Dauer können so Schimmelpilze entstehen, die zum Auslöser vieler Allergien werden können.

Wie lüfte ich meine Räume richtig?
Um Schäden durch Feuchtigkeit zu vermeidenn sollten Sie morgens alle Räume 10–15 Minuten stoßlüften, d.h. die Fenster werden vollständig geöffnet, damit ein kompletter Luftaustausch stattfinden kann.

Welches Isolierglas ist für den privaten Wohnungsbau geeignet?
Für die Verglasung privaten Wohnraumes bietet sich Wärme- und Schalldämmglas an. Beide Funktionen können in einem Fensterglas vereint sein, so dass Sie vor Wärme und Lärm gleichzeitig geschützt sind. Sicherheitsglas kommt für Glastüren und niedrige Fenster in Frage.

Sollte man beim Fensterkauf auf Gütezeichen achten?
Unbedingt sollten Sie beim Kauf Ihrer Fenster darauf achten, dass sie mit einem Gütezeichen ausgezeichnet sind. Diese Zeichen gewährleisten die Einhaltung der Vorgaben der Energie-Einsparverordnung.

Kann man auch nachträglich noch Rollläden einbauen?
Sie können sowohl Vorbau- als auch Aufsatzrollläden nachträglich einbauen. Vorbaurollläden werden allein für sich außen an den Fensterrahmen oder auf der Wand montiert. Aufsatzrollläden werden in Kombination mit einem neuen Fenster eingebaut.

Welcher Sonnenschutz eignet sich am besten um direkte Sonneinstrahlung abzuwehren?
Als wirksamer Sonnenschutz haben sich Außenjalousien bewährt. Mit ihren verstellbaren Lamellenwinkeln gewähren sie eine optimale Anpassung an verschiedenste Einstrahlungs- und Lichtverhältnisse.

Kann ich meine Fenster auch mit einfachen Mitteln sicher machen?
Mit abschließbaren Fenstergriffen können Sie bereits ein hohes Maß an Sicherheit für Ihre Fenster erreichen. Sie sind ohne weiteres nachträglich installierbar und für jeden Geldbeutel erschwinglich.

Wie oft sollten Holzfenster gestrichen werden?
Holzfenster sollten alle zwei bis drei Jahre eine neue Lasur und alle drei Jahre einen neuen Lackanstrich bekommen.

Sie haben jetzt hoffentlich auch den Durchblick!

ACHTUNG! PROFITIPP

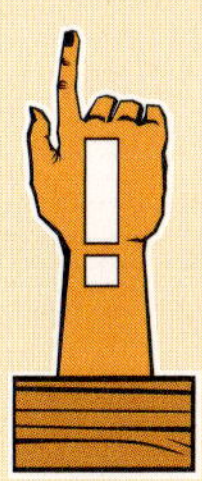

Wärmeschutz:
Planen Sie die Fenster auf der Nordseite Ihres Hauses nur so groß, dass sie die Innenräume ausreichend mit Tageslicht versorgen.
Als Licht- und Wärmespender bietet sich die Südseite des Hauses an, die dafür mit großzügigen Glasflächen bedacht werden sollte.

ROLLLADEN MONTIEREN.

ROLLLADEN MONTIEREN.

MACHEN SIE DIE LUKEN DICHT, WENN ES DRAUSSEN HEISS IST ODER DER NACHBAR WIEDER MAL NEUGIERIG UMS HAUS SCHLEICHT. ROLLLADEN RUNTER UND GENIESSEN: RUHE, SCHUTZ UND PRIVATSPHÄRE.

LADEN AUF, LADEN ZU.

Schon in der Römerzeit wurden Klappläden aus Holz als Sichtschutz vor den Fenstern angebracht. Später dann, im 18. Jahrhundert, haben die Franzosen die „Jalousie" draus gemacht, die man mit Bändern zusammenziehen konnte. Irgendwann hat man das Ganze weiterentwickelt und über eine Welle gerollt. Das nannte man damals „Rolljalousie" -- die Oma unseres heutigen Rollladens, der mittlerweile sogar voll automatisch betrieben werden kann.

WISSENSWERTES.

Rollläden sind in verschiedenen Farben, Materialien und Größen erhältlich. Man kann sie wunderbar dem Stil von Fenstern und Fassade anpassen. Rollläden können auch nachträglich noch am Fenster montiert werden. Entsprechend Ihren gestalterischen Ansprüchen können Sie zwischen zwei Varianten wählen: Aufsatz-Rollläden und Vorbau-Rollläden. Bei beiden Rollladenversionen sollte die Revisionsblende des Rollladenkastens für Wartungsarbeiten frei zugänglich bleiben (DIN 18358 Rollladenarbeiten).

6-facher Schutz

Rollläden bieten ein Rundum-Schutzpaket:

- Sonnenschutz
- Einbruchschutz
- Schallschutz
- Sichtschutz
- Wärmeschutz
- Wetterschutz

Aufsatz-Rollladen

Aufsatz-Rollläden liegen Unterputz und sind somit von außen nicht sichtbar. Man setzt sie oft im Neubau und bei der Fensterrenovierung ein. Sie sind passgenau und dichten sehr gut ab: Die Werte von Wärme- und Schalldämmung sind sehr gut. Das wirkt sich auch positiv auf die Heizkostenabrechnung aus.

Vorbau-Rollladen

Sie sind erste Wahl, wenn es um Wärme- und Schalldämmung oder um Sicherheit geht. In immer mehr Neubauten werden Vorbau-Rollläden benutzt, um Wärmebrücken zu vermeiden. In erster Linie eignen sie sich aber zum nachträglichen Einbau. Den Vorbau setzt man vor die Laibung oder, wie es hauptsächlich bei Altbauten der Fall ist, in die Laibung. Die Führungsschienen werden auf dem Mauerwerk oder auf dem Blendrahmen des Fensters montiert. Dank seiner Konstruktion kann der Vorbau-Rollladen problemlos von außen gewartet werden.

Kombi-Rollladen

Beim Kombi-Rollladen ist zusätzlich ein Insektenschutz integriert. Ein luftdurchlässiges Netz bewegt sich unabhängig vom Rollladen in eigenen seitlichen Führungsschienen. Das Netz befindet sich hinter dem Rollladenpanzer und ist so vor Witterungseinflüssen bestens geschützt.

Sicherheits-Rollladen

Das ist ein Rollladen, der vom Prüfinstitut Türentechnik und Einbruchsicherheit mit dem Prüfsiegel für einbruchhemmende Wirkung der Widerstandsklasse WK 2 ausgezeichnet ist. Die Führungsschienen des Sicherheits-Rollladens sind im Frontbereich verstärkt und mit einer Demontagesicherung versehen. Selbst der Rollladenpanzer ist mit einer stabilen Hochschiebesicherung ausgestattet.

Montage-Vorbereitungen

Bei älteren Rollläden, die mit einem elektrischen Antrieb ausgestattet werden sollen, müssen Sie eine eventuell vorhandene Holzwickelwelle gegen eine Stahlwickelwelle austauschen, sonst passt der Motor nicht in die Welle rein. Nehmen Sie die Einzelteile aus der Verpackung und vergewissern Sie sich, dass der Bausatz vollständig ist. Prüfen Sie vor Montagebeginn auch noch einmal die Maße der Bauöffnung und gleichen Sie diese mit den Rollladenmaßen ab. Falls erforderlich, entfernen Sie die Nieten von der Kastenblende des Rollladens. Ist der Rollladenpanzer auf die Panzerwelle gerollt, wickeln Sie diesen auf und nehmen die Bügel ab. Wählen Sie für die spätere Befestigung der Bausatzteile geeignete Schrauben und Spreizdübel aus, falls diese nicht im Lieferumfang enthalten sind. Machen Sie sich mit der Montageanleitung des Herstellers vertraut und legen Sie sich das benötigte Werkzeug zurecht. Jetzt kann's losgehen ...

ACHTUNG! PROFITIPP

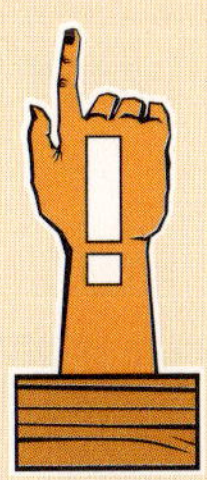

Im Fenster- und Rollladenkastenbereich sind häufig sogenannte „Wärmebrücken" vorzufinden. Das sind Bereiche, in denen Materialien unterschiedlicher Wärmeleitfähigkeit bzw. Wärmedämmung eingebaut sind. Einbauteile wie Rollladenkästen und Gurtwickler sind meist unzureichend gedämmt und geben kostbare Wärme nach außen ab. Dämmen Sie deshalb Ihren Rollladenkasten (bei Aufsatz-Rollläden) gut ab, und statten Sie Ihren Vorbau-Rollladen lieber mit einem Elektroantrieb aus als mit einem herkömmlichen Gurtwickler. Da brauchen Sie nämlich nur ein kleines Loch für das Elektrokabel durch die Wand zu bohren und haben eine Wärmebrücke weniger.

VORBAU-ROLLLADEN MONTIEREN.

Das sieht schwerer aus, als es wirklich ist. Breiten Sie mal alle Teile aus, die zum Bausatz dazugehören. Na, sehen Sie, es sind ja gar nicht so viele. Das, was am kompliziertesten ist, haben die im Werk schon für Sie zusammengebaut. Jetzt nur noch bohren und schrauben und fertig.

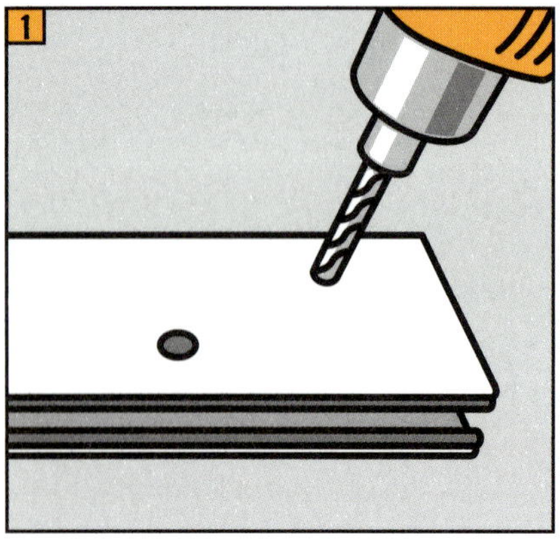

Je nachdem wie tief die Fensterlaibung ist, können Sie den Vorbau-Rollladen entweder vor oder in der Laibung befestigen. Bei der Montage in der Laibung ist zu berücksichtigen, dass der Fensterrahmen mind. 55 mm breit sein muss, damit die Führungsschienen für den Rollladenpanzer aufmontiert werden können. Der obere Fensterbereich ist u.U. durch den Rollladenkasten abgedeckt. Die Gurtdurchführung in den Innenraum müssen Sie entweder durch den Blendrahmen am Fenster oder durch das Mauerwerk machen. Wie Sie die Bohrung für die Kabel- oder Gurtdurchführung vornehmen müssen, entnehmen Sie bitte der Montageanleitung des Rollladenherstellers. Bequemer ist die elektromotorische Bedienung. **1** Falls sich werkseitig keine Befestigungslöcher auf den Schienen befinden, bohren Sie die Löcher entsprechend den Herstellerangaben. **2** Nun werden die Führungsschienen am Rollladenkasten befestigt. **3** Zum Markieren der Bohrstellen für die Dübel die Führungsschienen mit dem Rollladenkasten senkrecht an die Wand bzw. an den Fensterrahmen stellen. Das Ganze wieder zur Seite legen und die Befestigungslöcher bohren. Bohrlöcher aussaugen und bei der Wandbefestigung Spreizdübel reinstecken, Führungsschienen mit Rollladenkasten an der Wand anlegen und mit Schaftschrauben befestigen. **4** Die Abdeckung für den Rollladenkasten einhängen, einrasten und festschrauben. Jetzt fehlt nur noch die Befestigung des Gurts bzw. des Kabels. Wie das gemacht wird, hängt ganz von Ihrem Rollladenmodell ab. Orientieren Sie sich deshalb an der Montageanleitung des Herstellers.

WERKZEUG.

- ✓ Bohrmaschine
- ✓ Wasserwaage
- ✓ Akku-Schrauber/ Schraubendreher
- ✓ Bleistift
- ✓ Metermaß
- ✓ Hammer
- ✓ Feile
- ✓ Leiter
- ✓ Metall- und Betonbohrer
- ✓ Metallsäge

MATERIAL.

- ✓ Rollladenbausatz
- ✓ Spezialschrauben
- ✓ Spezialdübel

ELEKTRISCHEN ANTRIEB EINBAUEN.

Sind Sie es nicht schon langsam leid, tagtäglich die Rollläden im ganzen Haus hoch- und runterzuzerren? Dabei kann es so einfach sein – per Knopfdruck. Man kann so einen elektrischen Antrieb auch auf eine bestimmte Uhrzeit programmieren, dann geht das ganz von allein.

Montage vorbereiten

1 Erst mal den Rollladen ganz runter lassen. Den Gurtwickler ausbauen und den Gurt bis zum Anschlag aus dem Wickler ziehen. Achtung, Federspannung! Die Blechnase herausbiegen, damit der Gurt nicht wieder zurückschnallen kann. Nun je nach System den Gurt lösen. **2** Nun den Rollladenkasten öffnen und je nach Modell entweder das Gurtband lösen oder die Montagefeder des Rollladenpanzers aushaken. **3** Wickelwelle herausheben und die Gurtscheibe mit dem Rollladengurt abnehmen. **4** Dann muss die Achtkantwelle auf das benötigte Maß gekürzt werden (lichtes Maß minus Länge Adapter minus Länge Walzenkapsel). Anschließend die Schnittstelle innen und außen mit einer Feile entgraten.

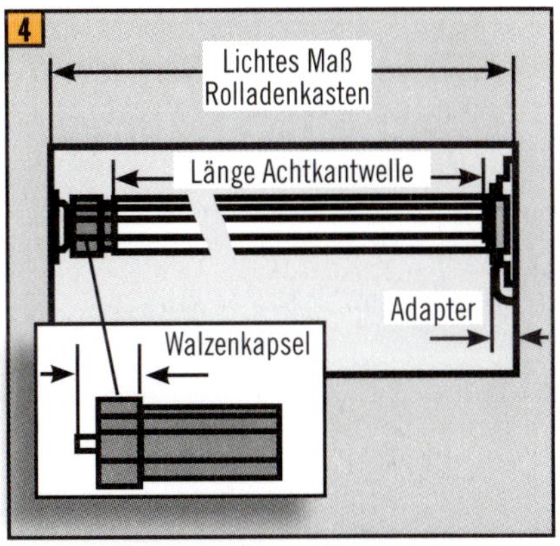

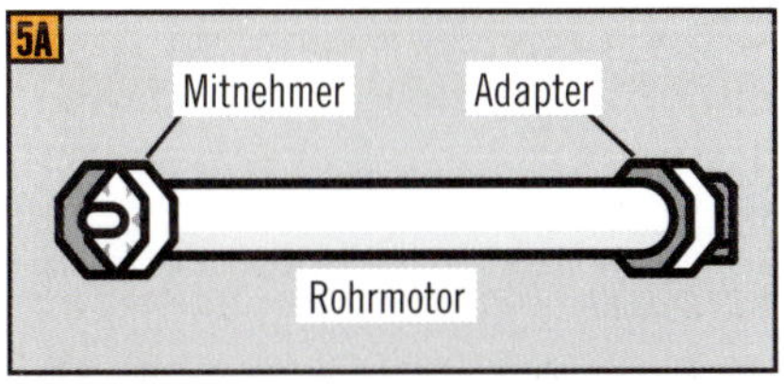

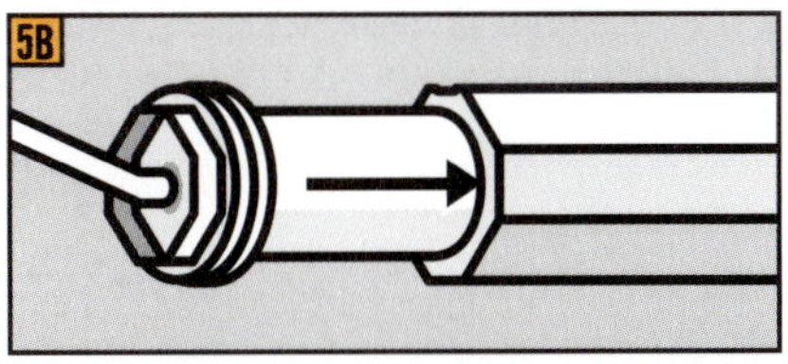

Rohrmotor montieren

5A Der Rollladenantrieb besteht aus Rohrmotor, Mitnehmer und Adapter. **5B** Schieben Sie nun vorsichtig den Rohrmotor mit dem Mitnehmer zuerst in die Achtkantwelle – auf keinen Fall einschlagen! Drücken Sie dann die Welle vollständig auf den Adapter. **6** Jetzt wird noch die Walzenkapsel in das Ende der Achtkantwelle geschoben.

Rohrmotor einsetzen und Rollladenpanzer befestigen

Den Rohrmotor mit dem Adapter in das Antriebslager setzen und entsprechend der Einbauanleitung des Herstellers sichern. Auf der anderen Seite des Motors wird die Walzenkapsel mit dem Kugellager in das Gegenlager eingehängt. Durch Verschieben der Walzenkapsel (maximal 1/3 der Kapsellänge) können Maßungenauigkeiten korrigiert werden. Die Walzenkapsel abschließend mit einer Schraube fixieren. Den Rollladenpanzer wieder an der Achtkantwelle befestigen.

Achtung: Den elektrischen Anschluss nur von einem autorisierten Fachmann ausführen lassen!

HINWEIS!

Achtung! Nie im Bereich des elektrischen Antriebs bohren oder schrauben! Der Motor könnte dadurch beschädigt werden. Machen Sie sich unbedingt mit den Sicherheits-Regeln im Umgang mit Strom auf Seite 411 vertraut.

**Müdes Haus, geht zur Ruh',
macht die Fenster-Augen zu,
legt den Rollladen an,
auf dass man besser schlafen kann.**

MARKISE ANBRINGEN.

MARKISE ANBRINGEN.

WENN DIE SONNE GNADENLOS AUF IHRE TERRASSE ODER IHREN BALKON BRUTZELT, KÖNNEN SIE SICH ENTWEDER IM HAUS VERKRIECHEN ODER UNTER SCHÜTZENDEM TUCH UNTERSCHLUPF FINDEN. MARKISEN SCHÜTZEN SIE VOR SONNENSTICH UND SONNENBRAND.

FARBENFROHER SONNENSCHUTZ.

In erster Linie schützen Markisen effektiv vor direkter Sonneneinstrahlung. Sie filtern die UV-Strahlen aus dem Sonnenlicht und spenden richtig viel Schatten. Die Stoffe sind so robust und wetterfest, dass sogar ein Regenguss der Markise nichts anhaben kann. Wobei das nicht heißen soll, dass man im Regen gemütlich unter der Markise Kaffee trinken soll. Das verkraftet der Stoff dann doch nicht. Bevor man die Markise wieder einholt, muss sie abgetrocknet sein, denn sonst wird sie gammelig.

WISSENSWERTES.

Markisen gibt es als Kurbelvariante oder mit elektrischem Motorantrieb, als Gelenkarm- oder Fallarmmarkise und sogar mit automatisch gesteuertem Wind- und Sonnensensor. Zu den komfortableren Modellen gehört die Gelenkarmmarkise. Direkt unter der Bespannung befinden sich zwei Gelenkarme, mit deren Hilfe die Markise ein- und ausgefahren wird. Dieser Markisentyp ist in einer Breite bis zu 6 Metern erhältlich, mit einem maximalen Ausfall von 3,5 Metern. In Kombination mit Kassettenunterbringung sind Gelenkarmmarkisen komplett vor Witterungseinflüssen geschützt.

Befestigung

Markisen sind schwer und müssen z. T. großen Windstärken standhalten. Da kommt man mit einfachen Kunststoffdübeln nicht weit. Hier muss Material eingesetzt werden, das für Schwerlasten geeignet ist: Edelstahldübel, Verbundmörtel und Gewindestangen, um das Teil bombenfest an die Wand oder an die Decke zu bekommen. Die Tragkonstruktion der Markise wird entweder an der Fassade, der Traufe oder der darüber liegenden Balkonplatte befestigt. Welche Befestigungsmethode in Frage kommt, ist abhängig von Statik und Bauuntergrund des Gebäudeteils. Bei Betonuntergründen kommen meistens Schwerlastanker in Frage, während bei Wänden mit Vollwärmeschutz mit Gewindestangen gearbeitet wird, die mit Verbundmörtel ins Mauerwerk eingeklebt werden. Die Dicke der Außendämmung wird mit Abstandshülsen überbrückt. Der Montageaufwand richtet sich im Wesentlichen nach diesen Montageuntergründen. Übernehmen Sie die Montage nur, wenn Sie sicher im Umgang mit den nötigen Materialien und Werkzeugen sind. Verwenden Sie Leitern, die den aktuellen Sicherheitsstandards entsprechen, denn hier muss ein großes Gewicht sicher an den richtigen Platz gebracht und befestigt werden.

Zubehör

Zubehörteile erleichtern die Bedienung und bieten mehr Komfort. Wer z. B. die Markise nicht immer mühselig rein- und rauskurbeln möchte, sollte sich einen elektrischen Antrieb zulegen. Ein Wind- und Sonnensensor sorgt frühzeitig dafür, dass die Markise bei entsprechenden Wetterverhältnissen automatisch ein- bzw. ausfährt. Eine bequeme Sache, wenn man nicht immer zur rechten Zeit zu Hause sein kann. Für Markisen, die nicht in einer Kassette liegen und dem Wetter ausgeliefert sind, gibt es passende Regenschutzdächer.

Pflege

Die Pflege Ihrer Markise darf natürlich auch nicht zu kurz kommen. Vermeiden Sie es, Ihre Markise Wind und Wetter auszusetzen. Falls sie doch einmal nass werden sollte, auf keinen Fall feucht einfahren, denn das gibt Schimmel! Ab und an kann man die Metallteile abwischen. Das verhindert die Bildung von Rost und sieht einfach schöner aus.

MARKISE RICHTIG ANBRINGEN.

Um eine Markise richtig zu befestigen, brauchen Sie auf jeden Fall einen kräftigen Helfer. So ein Ding ist nämlich ganz schön schwer. Damit die Markise auch hängen bleibt, sollte das Befestigungsmaterial entsprechend dem Untergrund ausgewählt werden.

Beachten Sie vor der Montage die folgenden Punkte, damit die Markise sicher an den vorgesehenen Platz kommt und damit Sie unbeschwert darunter Platz nehmen können:

- Wie ist der Montageuntergrund beschaffen? Für die Wahl des Befestigungsmittels ist es wichtig, ob der Untergrund z. B. aus Beton, Ziegel- oder Kalkstein, Lochstein oder Porenbeton ist.
- Wählen Sie die vorgeschriebenen Befestigungsmittel und Dimensionen (Länge/Dicke).
- Arbeiten Sie nur auf Leitern, die den aktuellen Sicherheitsstandards entsprechen.
- Holen Sie sich Hilfe und arbeiten Sie nicht allein.
- Die Montagereihenfolge richtet sich immer nach der Beschreibung der jeweiligen Markise.

Nach dem Festlegen der richtigen Montagehöhe werden die Befestigungslöcher für die Tragekonsolen angezeichnet. Gehen Sie beim Ausmessen der Bohrlöcher von der Fenstermitte aus. Nach dem Setzen der Konsolen wird das Tragrohr (4-Kant-Rohr) montiert. Nach der kompletten Montage erfolgt ein erster Probelauf. Erst wenn alles voll funktionsfähig ist, kann die Markise in Betrieb genommen werden.

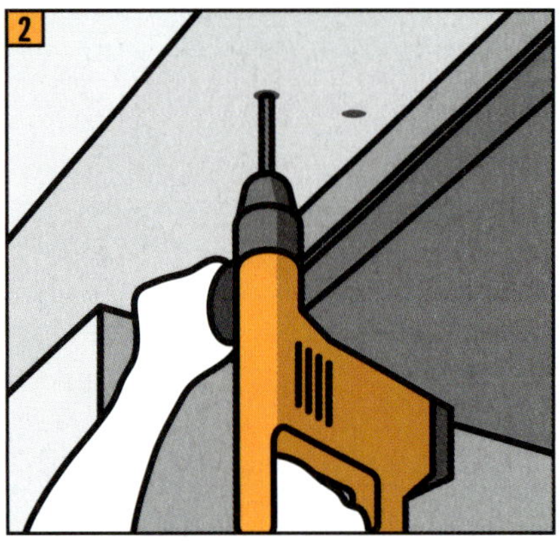

Trägerprofile montieren

1 Zuerst kommt das Einmessen der Befestigungskonsolen. Je nachdem, ob die Markise an der Wand oder an der Decke befestigt wird, müssen die mitgelieferten Konsolen platziert werden. Entsprechend der Markisenlänge können mehrere Konsolen zur Befestigung im Lieferumfang enthalten sein. Bei mehr als zwei Konsolen müssen Sie auf eine exakte Flucht und Rechtwinkligkeit der Träger achten. **2** Die Bohrlöcher müssen anhand des vorhandenen Untergrundes, z. B. Beton, und des dafür gewählten Befestigungsmaterials gesetzt werden. Sie sollten hierbei Erfahrungen im Umgang mit diesen Befestigungsmethoden haben. **3** Zuerst die äußeren Halter anschrauben, dann die mittleren. Diese dann untereinander genau ausrichten. **4** Mit Hilfe von Richtscheit und Wasserwaage können Sie die Waagrechte überprüfen. Notfalls Unterlagen in die Träger einschieben, bis die Waagrechte gewährleistet ist. Jetzt erst die Schrauben fest anziehen. **5** Zu zweit nun das Tragrohr in die Konsolen einsetzen und festschrauben. Weitere Montageschritte nach Montageanleitung der Markise vornehmen.

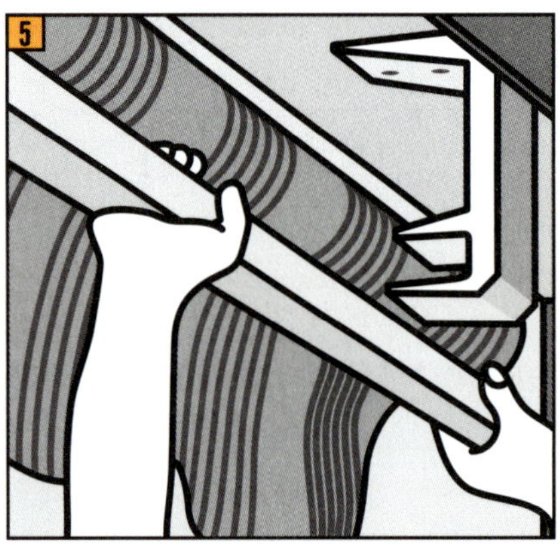

PROJEKT-TIPPS.

- Eine nach einem Regenschauer durchnässte Markise müssen Sie zuerst wieder trocknen lassen, bevor diese geschlossen wird, sonst gammelt und schimmelt der Stoff in seinem Kasten munter vor sich hin.
- Markise bei Wind und Regen nicht benutzen.
- Markisen können z. B. noch durch einen Elektromotor oder Wind- und Sonnenwächter ergänzt werden.

Den Ausblick genießen, draußen sein, die Wärme spüren, ohne von der Sonne geblendet oder verbrannt zu werden.

WERKZEUG.

- ✓ Bohrmaschine
- ✓ Wasserwaage
- ✓ Drehmomentschlüssel
- ✓ Akku-Schrauber
- ✓ Schraubendreher
- ✓ Bleistift
- ✓ Metermaß
- ✓ Leitern, Gerüst

MATERIAL.

- ✓ Markise
- ✓ Befestigungsmittel, je nach Untergrund

TÜREN SETZEN.

TÜREN SETZEN.

SPÄTESTENS BEIM KAUF VON NEUEN TÜREN WIRD EINES KLAR: EINE TÜR IST NICHT BLOSS EINE TÜR! STARKE MATERIELLE UND FUNKTIONALE UNTERSCHIEDE MACHEN MANCHEN TÜRENKAUF ZUM HÜRDENLAUF. DIE WICHTIGSTEN THEMEN RUND UM DIE NEUE TÜR HABEN WIR FÜR SIE ZUSAMMENGESTELLT.

TÜR AUF, TÜR ZU.

Jedem Türchen sein Pläsierchen – so könnte man die Vielfalt an Formen, Farben und Designs moderner Haus- und Innenraumtüren beschreiben. Für jeden Geschmack ist was dabei, zu jedem Baustil gibt's was Passendes. Ein riesiges Angebot an Füllungen, Verglasungen, Farben und Holzdekoren steht zur Auswahl.

Unsere Lebensqualität hängt entscheidend von der Ausstattung unserer Wohnungen ab. Bauteile wie z. B. Türen müssen vielen Ansprüchen gerecht werden. Speziell Haustüren müssen maximalen Schutz und höchste Sicherheit bieten. Zusätzlich sollen sie Witterungs- und Umwelteinflüssen gut standhalten und vom Design her auch zum Rest des Hauses passen. Bei Innenraumtüren werden Schallschutz und Stabilität großgeschrieben. Gerade im Kinderzimmer sollte am Material nicht gespart werden. Sogenannte Billigtüren mit Hohlraumfüllung oder Wabeneinlage halten starker Beanspruchung selten stand und sind für diesen Einsatz nicht empfehlenswert. Die Stabilität einer Tür resultiert hauptsächlich aus der Zusammensetzung ihrer Mittellage. Etwas stabilere Türen haben mindestens Röhrenspanstreifen als Kern. Mit einer entsprechenden Oberflächenbeschichtung kann sowohl die Stabilität einer Tür als auch ihre Schallschutzleistung zusätzlich verbessert werden. Um eine Wohnungstür einbruchssicher zu machen, stehen verschiedene Sicherheitsmaßnahmen und Verriegelungsmöglichkeiten zur Wahl. Miteinander kombiniert können Türspione, Sicherheitsschlösser und Schutzbeschläge ausreichenden Schutz vor Eindringlingen gewährleisten.

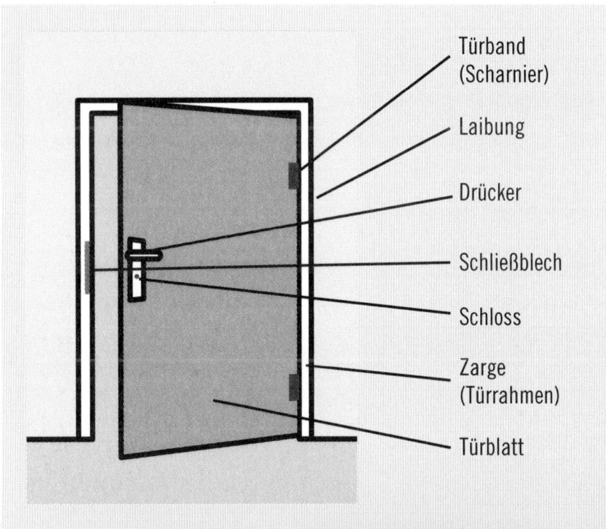

TÜREN IM ÜBERBLICK.

Lassen Sie sich nicht von gutem Aussehen verführen! Äußerliche Attraktivität täuscht oft über ein minderwertiges Innenleben hinweg. Auch bei Türen gilt, was sich im menschlichen Miteinander täglich bestätigt: Die inneren Werte zählen! Deshalb sollten Sie beim Türenkauf besonderes Augenmerk auf

TÜR	BESONDERHEIT/EIGENART	VERWENDUNG
Glatte Tür 	Glatte Türen (auch Sperrtüren) bestehen aus einem leichten Holzrahmen, der beidseitig mit einer Platte verkleidet ist. Die Füllung (Kern) dazwischen kann unterschiedlich stabil sein. Ein Wabenkern aus Presspappe ist die einfachste Variante. Besonders stabil dagegen ist diese Tür mit einer Spanplatte als massivem Kern. Zudem schützt sie Wohnräume gegen Schall oder Wärmeverlust.	Wohnungstür, Innenraumtür
Füllungstür 	Füllungstüren (auch Rahmentüren) bestehen aus mehreren Teilstücken. Ihr Türblatt ist aus Rahmenelementen (Friese) und Füllungen (z. B. Sperrholz, Vollholz) aufgebaut. Die Angebotspalette reicht von verschiedenen Massivhölzern, über echtholzfurniert bis kunststoffbeschichtet (mit oder ohne Lackierung).	Haus- und Eingangstüren, Terrassentüren
Glastür 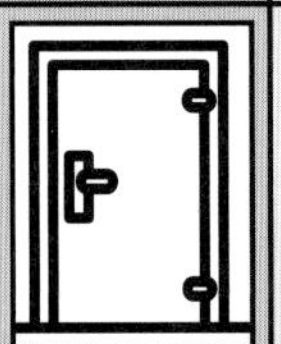	Eine Glastür besteht in der Regel aus einem ca. 8 mm dicken Sicherheitsglas. Dieses kann strukturiert, mit Siebdruck verschönert oder auch sandgestrahlt sein. Der Schallschutz bei dieser Tür ist jedoch nur schwach ausgeprägt.	Innentüren
Falt- und Harmonikatür 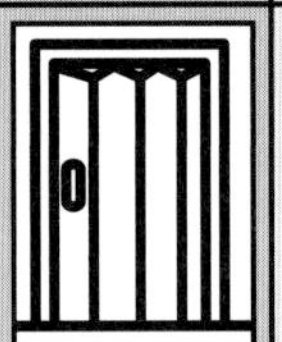	Sie sind Schiebetürvariationen, deren Tafeln zickzackförmig gefaltet werden. Falttüren sind nur an je einer Tafelkante aufgehängt und brauchen deshalb eine Führung im Boden. Harmonikatüren dagegen brauchen keine zusätzliche Führung, da sie in der Tafelmitte aufgehängt werden und somit im Gleichgewicht sind.	Platzsparende Innenraumtür, sehr gut geeignet für die Abtrennung von Speise- und Abstellkammern
Schiebetür 	Diese platzsparende Tür gibt es in zwei möglichen Ausführungen: Sie kann vor oder in der Wand verlaufen.	Innenraumtür
Raumspartür 	Sie kann die Lösung sein, wenn für eine Schiebetür kein Platz ist und der Öffnungswinkel einer normalen Tür zu weit ist. Durch ein zusätzliches Scharnier in der Türmitte wird die Raumspartür beim Öffnen zur Hälfte gefaltet.	Innenraumtür
Landhaustür/ Stiltür 	Die Landhaustür ist eine Füllungstür aus Massivholz. Als weiße Füllungstür hat sich die Stiltür einen Namen gemacht. Sie kann auch aus Echtholzfurnier oder Kunststoff sein. Eine weitere Variante der Landhaustür ist die Klöntür, die horizontal in der Mitte geteilt werden kann.	Haus- und Eingangstüren, Terrassentüren
Metalltür 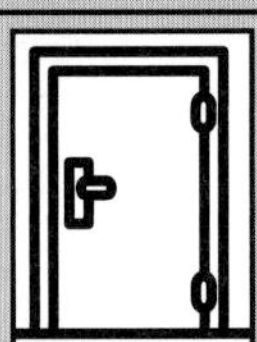	Metalltüren werden häufig in Kellern eingesetzt. Sie sind äußerst witterungsbeständig, feuerfest und lärmundurchlässig.	Kellertüren, Garagenzugangstüren

Mittellage und Oberfläche der Türblätter richten – also auf das, was drin ist und was obendrauf ist. Die Kombination dieser zwei Komponenten ist maßgeblich für die Türqualität verantwortlich. Wenn sie dann noch schön ist, haben Sie die richtige gefunden.

QUALITÄTSMERKMALE BEI HOLZTÜREN.

OBERFLÄCHEN.

Beim Kauf einer neuen Tür stehen Ihnen verschiedene Oberflächen zur Auswahl. Drei gängige werden hier vorgestellt.

- Dekor: Robuste, pflegeleichte Folienbeschichtung mit weitgehend naturidentischer Maserung. Für alle Einsatzbereiche, in denen eine Tür schon mal was aushalten muss.
- Duralit: Laminatbeschichtung, dadurch besonders hohe Kratz-, Abrieb- und Stoßfestigkeit. Naturidentische Holzreproduktionen. Dauerhafte Schönheit und Eleganz.
- Furnier: Messerfurniere in ausgewählter Qualität, geschützt und veredelt durch eine UV-gehärtete Mehrschicht-Acryllackierung. Alle Lacke sind besonders umweltfreundlich.

MITTELLAGEN.

Bei der Qualität der Tür ist die Mittellage der Türblätter entscheidend.

1. Spezialwabenkern: Durch die Wabenstruktur wird die Tür besonders leicht, besitzt trotzdem eine ausgezeichnete Oberflächenruhe und hält hohen Flächenbelastungen stand.
2. Röhrenspankern: Wenn Sie Wert auf gute Stabilität und Basisschallschutz legen, sollten Sie zu einer Tür mit Röhrenspaneinlage greifen.
3. Vollspankern: Türen, deren Kern aus einer massiven Sperrholzplatte besteht, eignen sich für Bereiche mit besonders hoher Lärmbelastung (z. B. Wohnungstüren in Mehrfamilienhäusern).

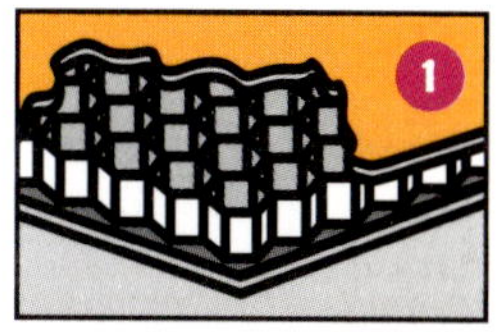

ZIMMERTÜR MONTIEREN.

Sie haben sich für eine neue Zimmertür entschieden? Prima! Wir zeigen Ihnen in einfachen Schritten, wie Sie die neue Tür problemlos montieren können. Mit dem richtigen Werkzeug und etwas handwerklichem Geschick haben Sie die neue Tür im Handumdrehen eingebaut. Erledigen

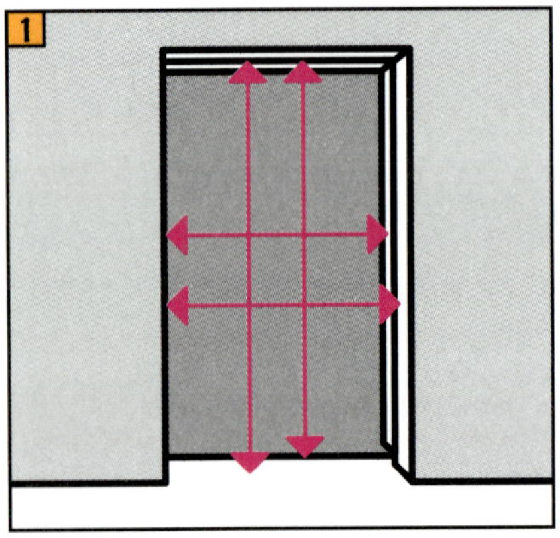

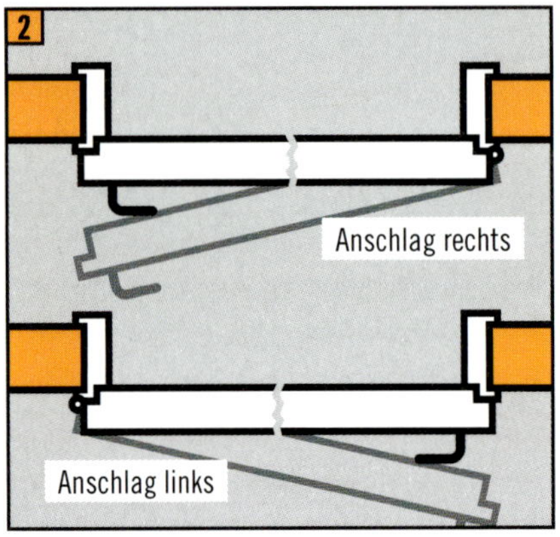

1 Vor dem Kauf Ihrer neuen Tür muss ein Aufmaß an der Maueröffnung gemacht werden. Dabei sollten alle Maße sowie Putzdicke und Bodenaufbau berücksichtigt werden. Machen Sie eine Skizze und nehmen Sie diese zum Einkauf mit. **2** Unter Rechts- oder Linksanschlag ist bei der Tür die Seite gemeint, an der die Bänder (Scharniere) angebracht sind. **3** Entfernen Sie die Bandunterteile (die Bandoberteile befinden sich am Türblatt) aus den aufrechten Zargenteilen. Hierzu die Innensechskantschraube lösen. **4** Legen Sie die Zargenteile mit der Falzbekleidung nach unten in

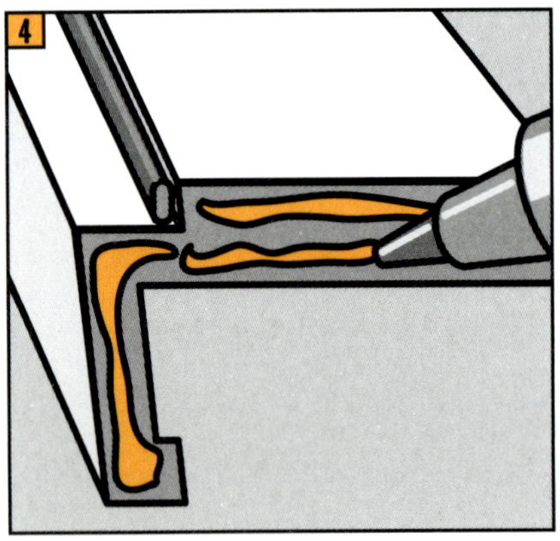

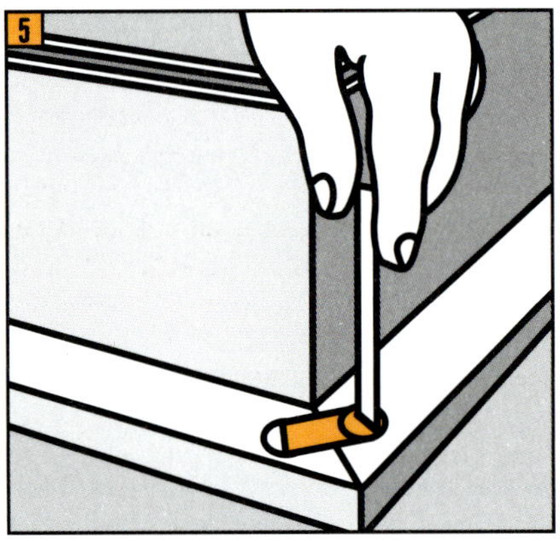

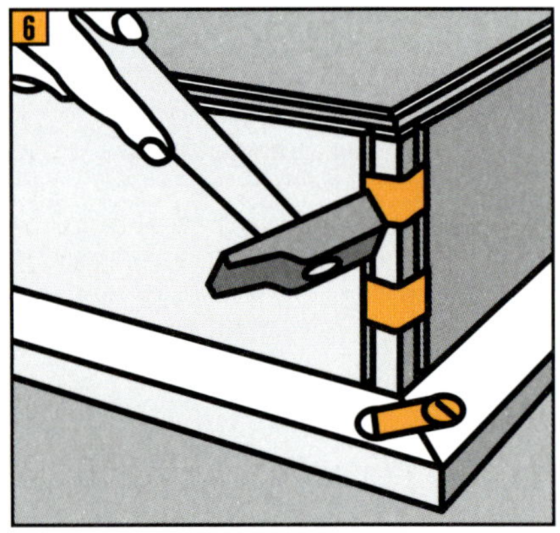

U-Form auf eine saubere Unterlage. Nun auf die Gehrungsschnittflächen Weißleim auftragen und die Zargenteile zusammenfügen. **5** Diese dann an den vorgesehenen Öffnungen mit Spann-Exzentern versehen. Durch Drehen des Kunststoffteils nun die Spannbügel festspannen. Alternativ: Gewindeschrauben mit Krallenmutter. **6** An den Verbindungsecken die Stahlklammern einseitig in eine der beiden Nuten stecken und mit dem Hammer in die jeweilige Gegennut einschlagen (herstellerabhängig!). **7** Jetzt die Zarge in die Wandöffnung stellen. Die vorher entfernten Bandunterteile wieder einsetzen und mit etwa 2 mm Abstand zur Falzbekleidung festschrauben. Fixieren Sie die Zarge an den oberen Eckpunkten mit Holzkeilen. **8** Bei

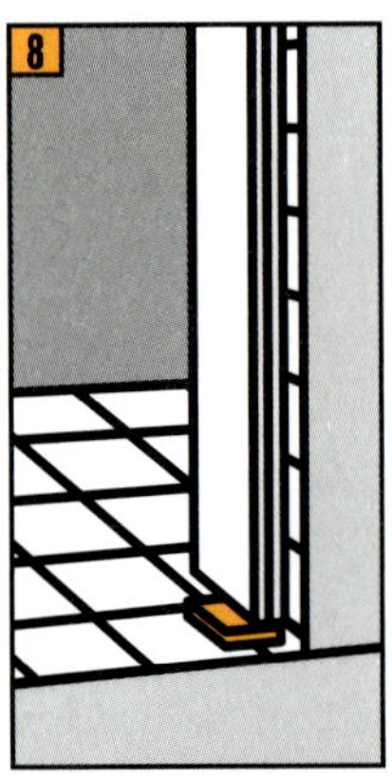

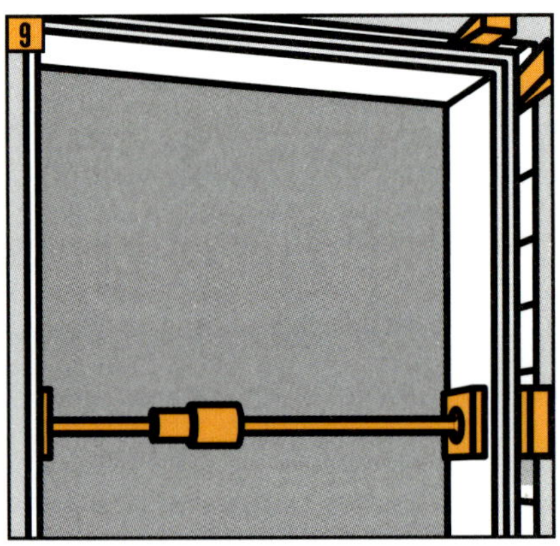

Fliesen, Laminat, Parkett u. ä. Untergründen muss die Zarge einen Bodenabstand von 2–3 mm haben (Holzplättchen unterlegen!). Diese Fuge später mit Silikon ausspritzen. Wichtig ist jetzt der lotrechte Sitz der Zarge. Prüfen Sie mit der Wasserwaage die senkrechten Zargenteile sowie das Kopfteil der Zarge. Bei Abweichungen muss korrigiert werden. **9** In Höhe der Bänder und des Schließblechs wird der Spalt zwischen Zarge und Wand beidseitig aufgefüttert. Nun drei Spreizen zwischen den Seitenteilen der Zarge einsetzen. Diese sollten in Höhe der Bänder und des Schließbleches sitzen. Die lichten Abstände müssen gleich sein. Das Türblatt können Sie nun probeweise einhängen, um die Funktion zu prüfen. Eventuell muss der Sitz der Zarge noch

Sie Renovierungsarbeiten wie Tapezieren oder Wändestreichen vor dem Einbau der Türzarge. Überprüfen Sie den Lieferumfang der neuen Tür. Vergleichen Sie Ihre Maße mit denen der Maueröffnung. Stimmt alles? Dann schnappen Sie sich Ihr Werkzeug und ... los geht's!

11

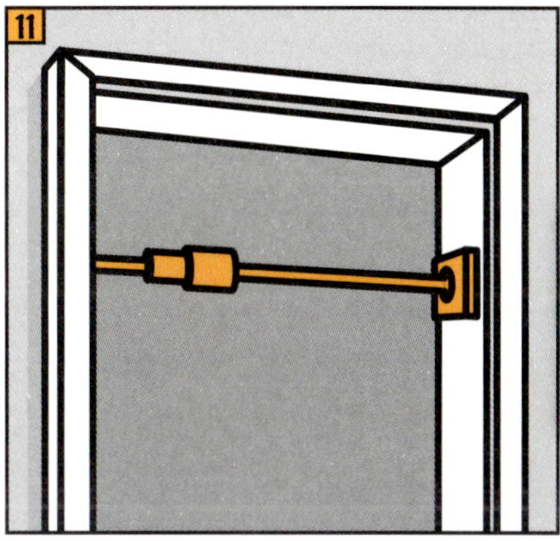

12

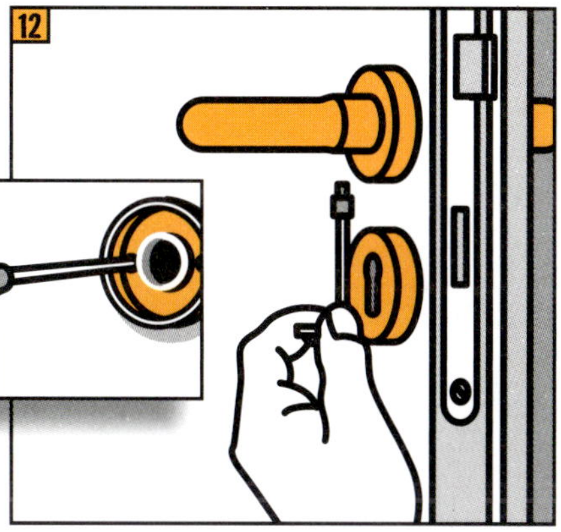

korrigiert werden. **10** Bevor Sie die Zwischenräume zur Wand mit Montageschaum ausschäumen, die Türzarge im Anschlussbereich mit Malerkrepp bekleben. So bleibt die Zarge schaumfrei. Da sich der Montageschaum stark ausdehnt, lieber sparsam in die Spalten spritzen. Nach dem Aushärten des Schaums können die Überreste mit einem Messer abgeschnitten werden. Die Holzkeile werden nicht entfernt, sondern bündig zum Mauerwerk abgesägt, falls sie überstehen. **11** Die Zierbekleidung der Zarge wird ebenfalls vormontiert und punktweise mit Leim versehen. Dann die Bekleidung so weit in die Nut der Zarge einschieben, dass sie gleichmäßig an der Wand anliegt. Hängen Sie jetzt das Türblatt ein und entfernen Sie die Spreizen. Letzte Korrekturen können nun an den Bändern vorgenommen werden. **12** Bei neuen Türen sind die Schlösser normalerweise schon eingebaut. Sie benötigen nur noch einen passenden Türbeschlag. Bei der hier gezeigten Rosettengarnitur werden zuerst die Rosettenunterteile am Türblatt mit zwei Schrauben fixiert. Die Rosettenteile dürfen nur so fest wie nötig angezogen werden, da sonst der Schlosskasten zusammengedrückt werden kann. Zum Schluss nur noch die Abdeckung aufstecken. Der Drücker wird nach dem Zusammenstecken von unten mit einer Madenschraube fixiert.

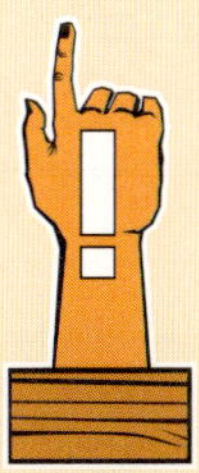

PROFITIPP!

Montageschaumreste entfernen Sie am besten mit einem Schaumreiniger, so lange der Schaum noch feucht ist. Ist der Schaum erst einmal getrocknet hilft nur Abkratzen. Vermeiden Sie Hautkontakt mit feuchtem Montageschaum – das Zeug bekommen Sie nur schwer wieder weg.

WERKZEUG.

- ✓ Bohrmaschine
- ✓ Wasserwaage
- ✓ Metermaß
- ✓ Schraubendreher
- ✓ Inbus-Schlüssel
- ✓ 3 Türspreizen
- ✓ Cuttermesser

MATERIAL.

- ✓ Tür
- ✓ Ca. 8 Holzkeile
- ✓ Holzklötze
- ✓ Schaumreiniger
- ✓ Dübel
- ✓ Montageschaum
- ✓ Dichtungsband

HAUSTÜR EINBAUEN.

Beim Einbau einer Haustür ist handwerkliches Können gefordert. Der geübte Heimhandwerker sollte hier unbedingt auf die Maßgenauigkeit der Türöffnung achten. Schon die kleinsten Ungenauigkeiten können sich negativ auf Funktion, Stabilität und Sicherheit der Tür auswirken. Damit Sie jahrelang

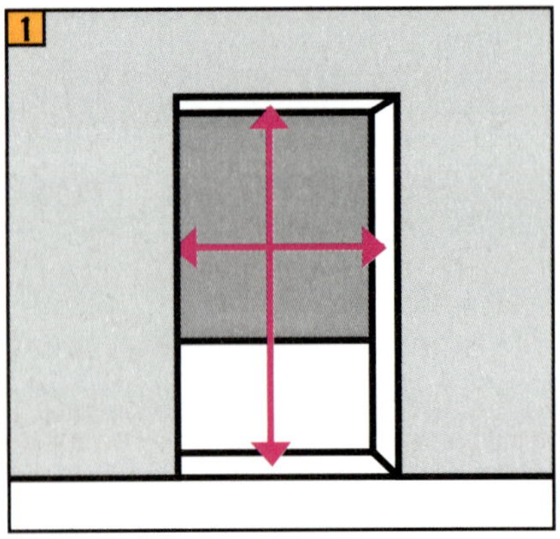

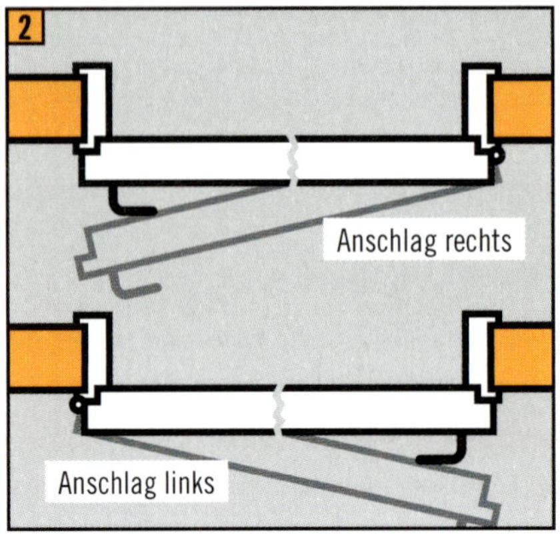

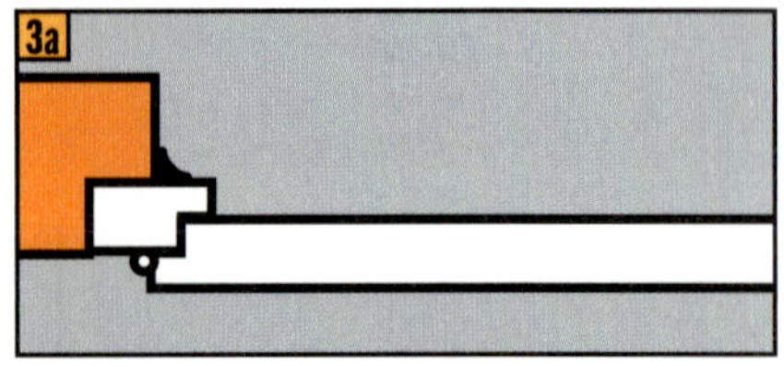

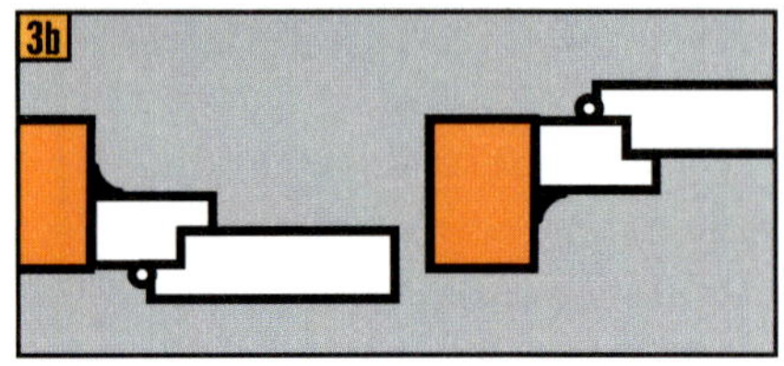

1 Ermitteln Sie zuerst die lichte Breite und Höhe der Türöffnung an mindestens drei Stellen. Machen Sie sich eventuell eine kleine Skizze und nehmen Sie diese zum Einkauf mit. **2** Unter Rechts- oder Linksanschlag ist bei der Tür die Seite gemeint, an der die Bänder angebracht sind. Dabei wird sie von dem Raum betrachtet, in den sie zu öffnen ist. (Bei der Bestellung angeben!) **3a** Je nach Einbausituation kann die Tür in einem Mauerfalz oder **3b** in der Laibung nach außen öffnend eingebaut werden. **4** Die Tür sollte vor dem Einbau nochmals auf eventuelle Fehler überprüft werden. Stellen Sie

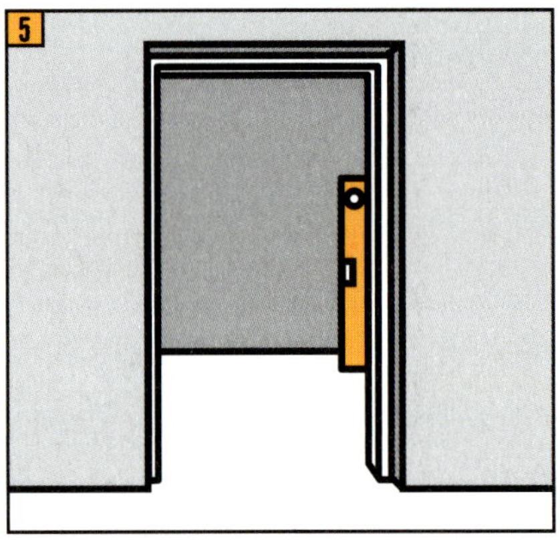

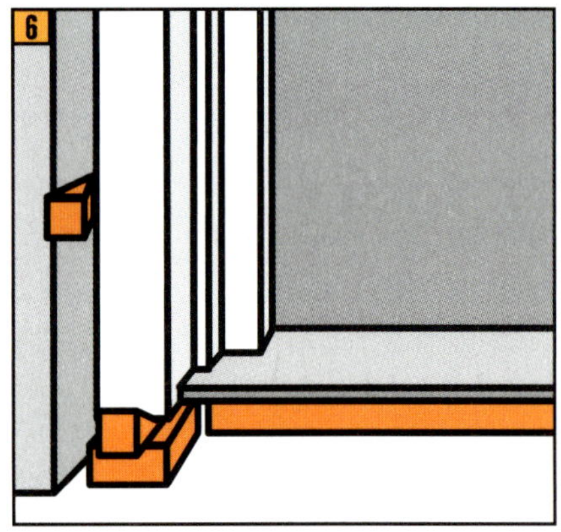

die Tür nicht verkantet, sondern leicht schräg zur Wand auf. So kann sie sich bis zum Einbau nicht verziehen. Haustüren aus Holz oder Kunststoff sind in der Regel einbaufertig. Lediglich bei grundierten Holzhaustüren ist noch ein mehrfacher Anstrich mit Dickschichtlasur erforderlich (Hinweise des Herstellers beachten!). **5** Für eine leichtere Montage nehmen Sie den Türflügel heraus (Transportsicherung im Türflügel vorher entnehmen!). Nun kann der Blendrahmen in die Rohbauöffnung gestellt und ausgerichtet werden. **6** Unterfüttern Sie die aufrechten Blendrahmenstücke sowie die Schwelle. Diese muss vollständig unterlegt werden. Richten Sie den Blendrahmen mit der Wasserwaage nach allen Seiten aus. **7** Beachten Sie dabei einen Ab-

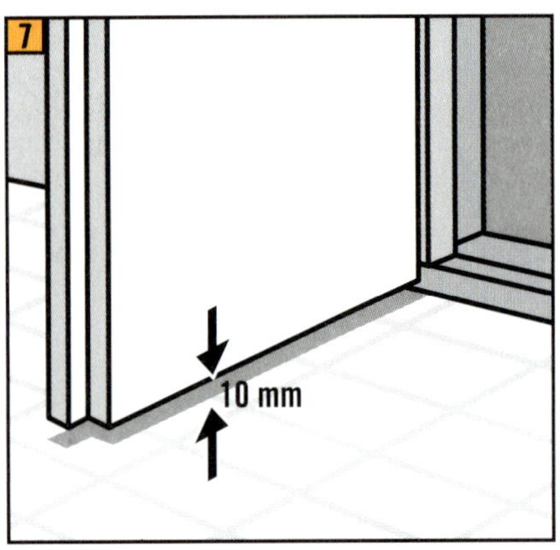

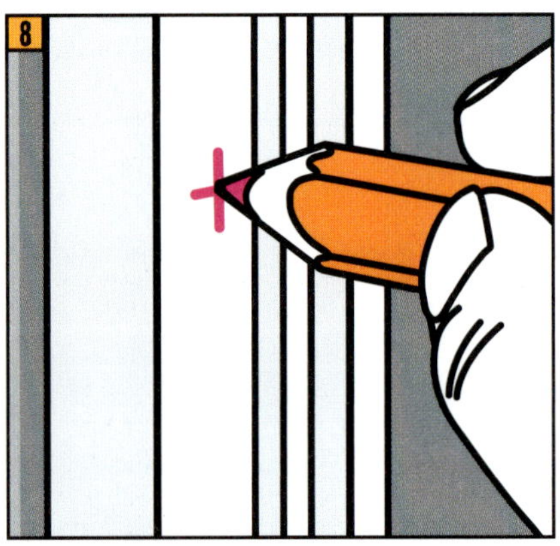

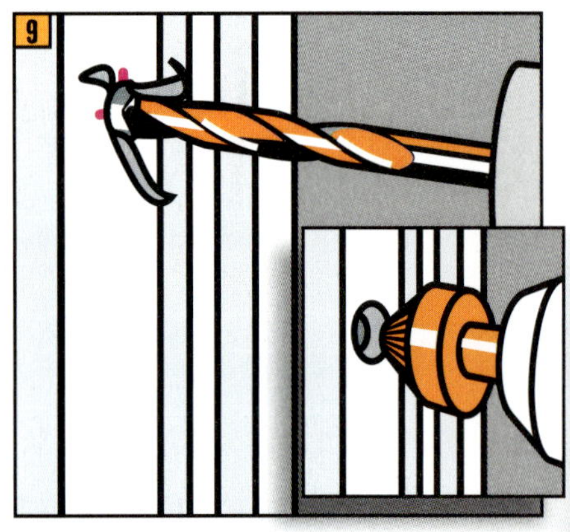

stand von ca. 10 mm zwischen eingehängtem Türblatt und Fußboden. Ein zu kleiner Abstand könnte durch eingeklemmte Steinchen den Fußboden beschädigen. **8** Markieren Sie nun die Punkte für die Dübellochbohrungen: mindestens 15 cm aus der Ecke heraus und ca. 50 cm zwischen den Bohrungen. Vermeiden Sie Bohrungen in Mauerfugen! **9** Nun am Blendrahmen die Befestigungslöcher bohren. Bei einer Kunststoffhaustür verwenden Sie hierzu einen 10,5 mm starken Metallbohrer und bei einer Holzhaustür einen Holzbohrer. Für einen guten Sitz des Schraubenkopfes empfiehlt es sich, die Bohrungen mit einem Senker bis zum Schraubenkopfdurchmesser auszuweiten. **10** Jetzt werden mit einem 10-mm-Steinbohrer die Dübellöcher durch

Freude an Ihrer neuen Haustür haben, sollten Wartung und Pflege nicht zu kurz kommen. Ab und zu einfach mal die Beschläge nachfetten, damit die Tür leicht geht und sich die Bänder nicht abnutzen. Das könnte nämlich die Sicherheit der Tür negativ beeinflussen.

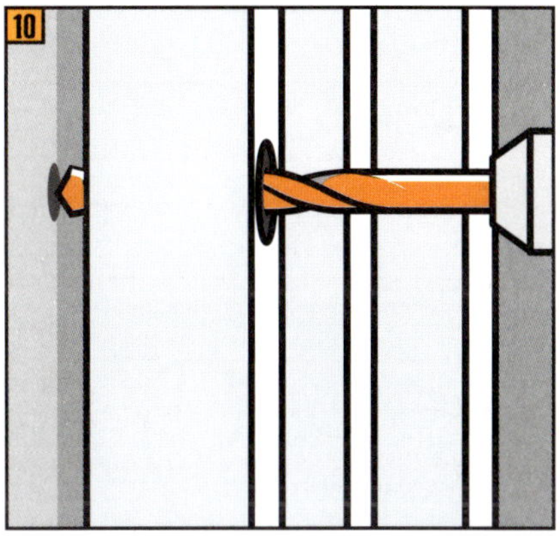

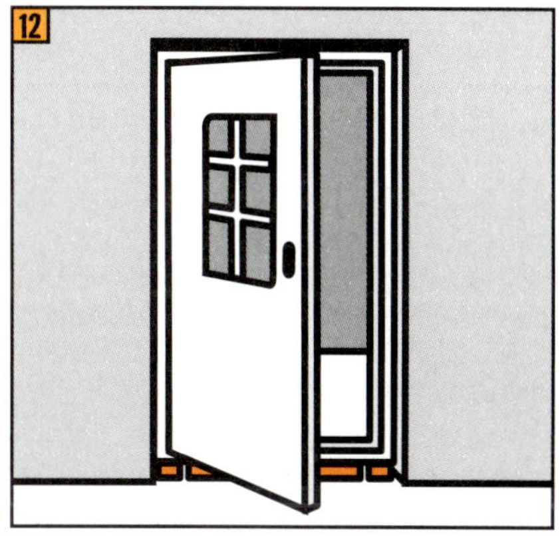

den Blendrahmen hindurchgebohrt. **11** Bringen Sie die Schrauben zuerst an der Bandseite an, mit Rahmendübeln aus Kunststoff oder Metall in den Abmessungen 10 x 135 mm (z. B. Typ S 10 RL 135). **12** Nun den Türflügel wieder einhängen und die Schlossseite nach dem Türflügel ausrichten und eventuelle Korrekturen durch Nachsetzen der Keile vornehmen. **13** Die Schlossseite verschrauben Sie wie die Bandseite. Prüfen Sie danach die einwandfreie Gangbarkeit und Schließfunktion der Tür. **14** Erst dann füllen Sie die Fugen zwischen Blendrahmen und Mauerwerk mit Isoliermaterial

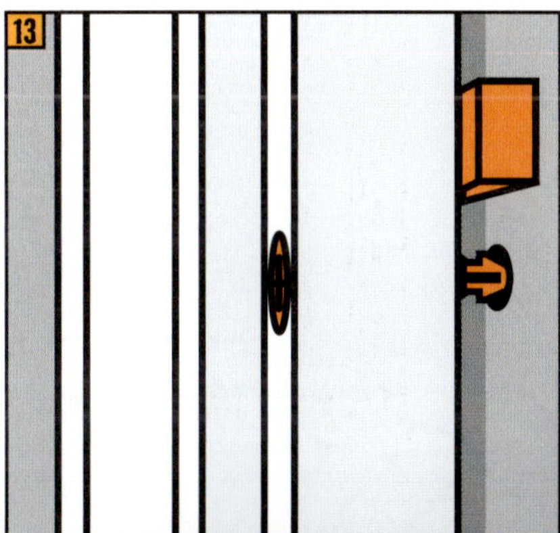

oder Montageschaum aus. Hierzu unbedingt den Rahmen aussteifen. Bevor Sie die Zwischenräume zur Wand mit Montageschaum ausschäumen, die Türzarge im Anschlussbereich mit Malerkrepp bekleben. So bleibt die Zarge schaumfrei. Da sich der Montageschaum stark ausdehnt, lieber sparsam in die Spalten spritzen. Nach dem Aushärten des Schaums werden die Überreste abgeschnitten. Die Türfunktion kann man an den Bändern nachregulieren. Diese haben je nach Ausführung verschiedene Stellschrauben und erlauben eine Einstellung in waagrechter als auch in senkrechter Richtung. Eine Höhenverstellung wird zuerst am unteren Band vorgenommen und die oberen Bänder nur nachgestellt.

WERKZEUG.

- ✓ Bohrmaschine
- ✓ Wasserwaage
- ✓ Metermaß
- ✓ Schraubendreher
- ✓ Inbus-Schlüssel
- ✓ Cuttermesser
- ✓ 3 Türspreizen
- ✓ Holz- Steinbohrer
- ✓ Senker
- ✓ Bleistift
- ✓ Pinsel

MATERIAL.

- ✓ Tür
- ✓ Ca. 8 Holzkeile
- ✓ Holzklötze
- ✓ Schaumreiniger
- ✓ Dübel und Schrauben
- ✓ Montageschaum
- ✓ Dichtungsband
- ✓ Dickschichtlasur (bei Bedarf)

DIE SICHERE TÜR.

Wenn man dem Rat der Sicherheitsexperten glaubt, sollte eine Gegensprechanlage zur Grundausstattung jeder Wohnungstür gehören. Aber auch mit weniger aufwändigen Maßnahmen können Sie Ihren Eingang sicherer machen. Mit einem Spion weiß man immer, wer vor der Tür steht, ehe man

Türspion

Ein erster Schritt in Richtung Sicherheit ist das Anbringen eines Türspions. Bei üblichen Haus- und Wohnungstüren ist der Einbau eines Türspions ein Klacks. 1 Es ist lediglich eine Bohrung in Augenhöhe notwendig, entsprechend des angegebenen Durchmessermaßes. 2 Die zwei Teile des Türspions werden entweder jeweils von außen und von innen ineinander gesteckt und gegebenenfalls miteinander verschraubt oder je nach Modell nur von einer Seite montiert.

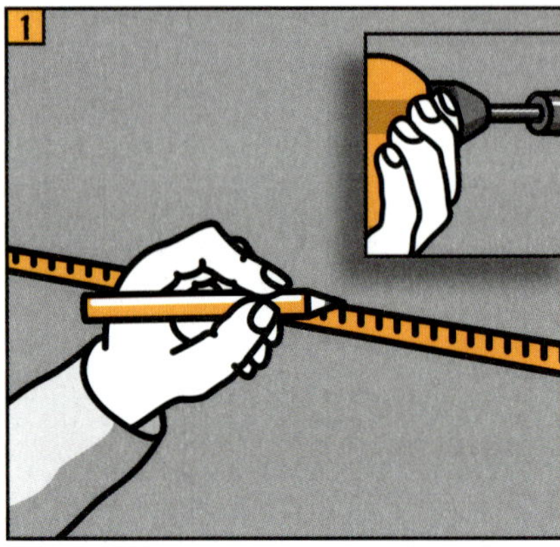

Sicherheitsbeschlag/Sicherheitsschließblech

Massive Sicherheitsbeschläge sind von innen angeschraubt und können unmöglich von außen abmontiert werden. Mit einem zusätzlichen Kernziehschutz wird die Einbruchhemmung eines Sicherheitsbeschlags noch verbessert. Doch erst in Kombination mit Einsteckschloss und Sicherheitsschließblech kann ein Sicherheitsbeschlag effektiv Einbrüche verhindern. Mit körperlicher Gewalt gegen die Tür können gewöhnliche Schließbleche aus ihrer Befestigung herausgerissen werden. Ein Sicherheitsschließblech kann eine Tür vor solch gewaltsamem Aufbrechen schützen. Empfehlenswert sind Schließbleche, die mit langen Schrauben im Mauerwerk verankert werden. Achtung: Ermitteln Sie vor dem Einkauf von Schließzylinder und Sicherheitsbeschlag jeweils die Maße von der Schlossmitte zur Türaußen- und Türinnenseite sowie von Türdrücker bis Zylindermitte. Im Baumarkt erhalten Sie entsprechend Ihrer Maße einen geeigneten Profilzylinder mit passendem Beschlag.

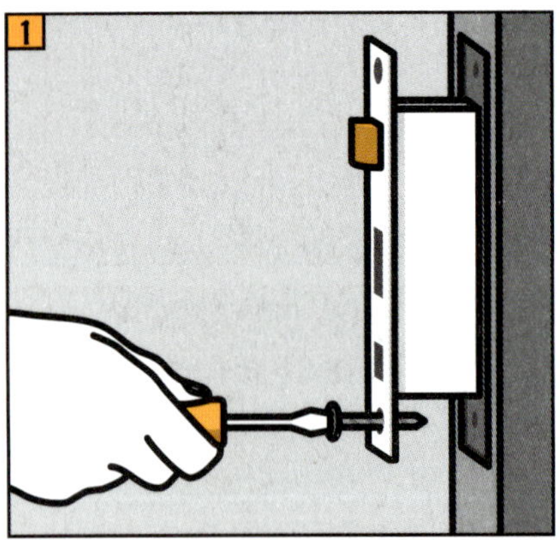

1 Zuerst den alten Beschlag mitsamt Schließblech abschrauben. Vorhandene Bohrlöcher im Türblatt, falls notwendig, erweitern. Beiliegende Bohrschablone benutzen! Bohren Sie die Löcher einen Tick größer als notwendig. Dadurch verhindern Sie beim Festschrauben ein Verspannen des Beschlags und eine mögliche Funktionshemmung des Schlosses. 2 Übertragen Sie die äußeren Konturen des Schließblechs auf die Türzarge. 3 Entsprechend der Größe des neuen Schließblechs muss die Zarge nachbearbeitet werden. 4 Fixieren Sie das neue Schließblech und verankern Sie es mit entsprechenden Rahmendübeln im Mauerwerk. Wichtig: Das Schließblech muss flächenbündig mit der Zarge sein! 5 Ist Ihr Sicherheitsbeschlag mit einem Kernziehschutz ausgestattet, müssen Sie diesen außen auf den herausstehenden Zylinder stecken. Darüber wird dann das Außenschild samt Türknauf gesetzt. 6 Nun können Sie Außen- und Innenschild von der Türinnenseite her miteinander verschrauben. Der Türdrücker für die Innenseite wird auf dem nach innen ragenden Rechteckstift befestigt.

Sollte die Montage eines Sicherheitsbeschlags nicht möglich sein, kann mit einer sogenannten Sicherheitsrosette der Schließzylinder vor Abdrehen und Herausziehen geschützt werden.

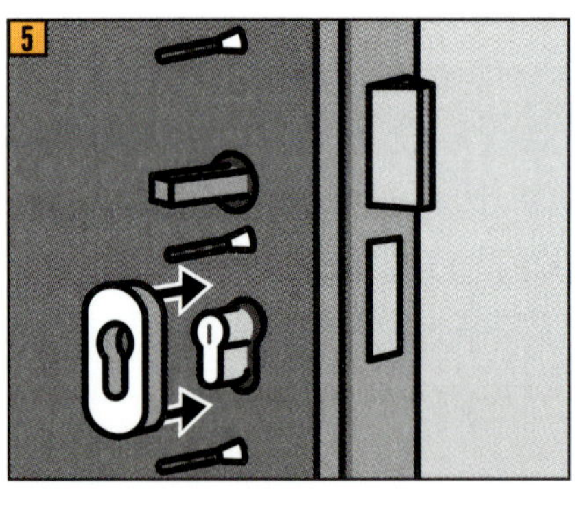

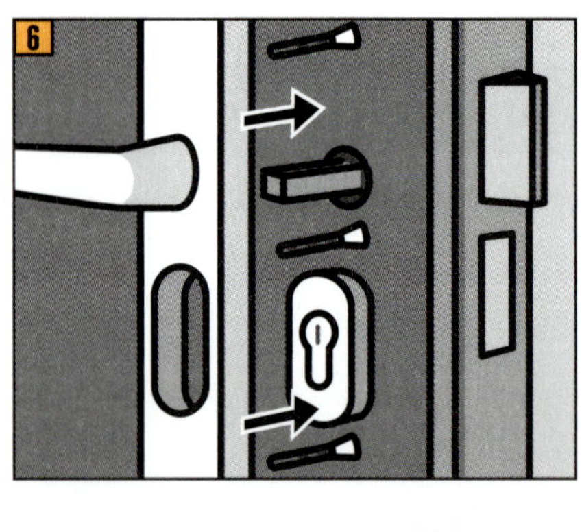

aufmacht – oder auch nicht! Einfache Türbeschläge kann man gegen einbruchhemmende Sicherheitsbeschläge austauschen, und wem das nicht reicht, der kann noch zusätzliche Schlösser und Riegel einbauen.

1
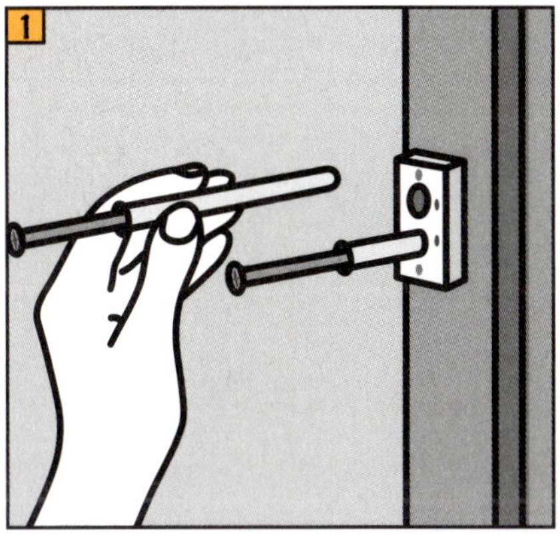

2

3

Kastenzusatzschloss mit Sperrbügel

Dieses Sicherheitsschloss mit Spaltsperre kann auf zwei Arten verschlossen werden: Zweimal abschließen bedeutet, die Tür ist fest verriegelt. Einmal abschließen aktiviert die Spaltsperre (Überrumpelungsschutz), d. h. die Tür kann einen Spalt weit geöffnet werden. **1** Zuerst wird die Falzunterlage am Türrahmen fixiert. Dann durch die vorbereiteten Löcher tief ins Mauerwerk bohren. Danach werden die Rahmendübel mit passenden Schrauben eingesetzt und die Unterlage fest in der Wand verschraubt. Die Montageschablone dient als Positionierhilfe für die notwendigen Bohrungen. **2** Nachdem die Löcher für die Befestigungsschrauben und den Zylinder ins Türblatt gebohrt sind, wird der Zylinder von außen eingesetzt und innen mit der Grundplatte des Schlosskastens verschraubt. **3** Abschließend wird auf der Innenseite die Abdeckung des Schlosskastens befestigt.

4
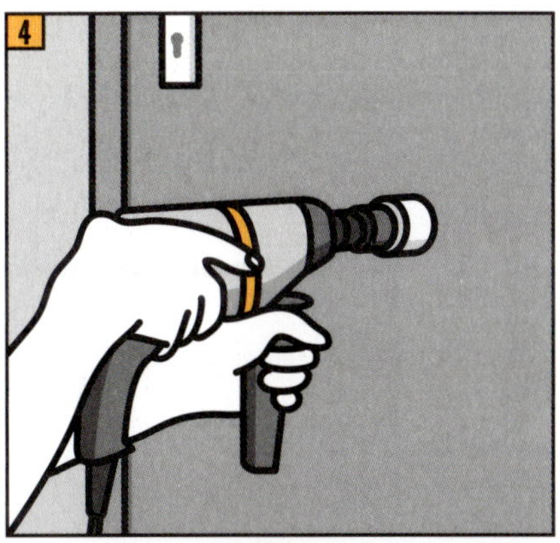

5
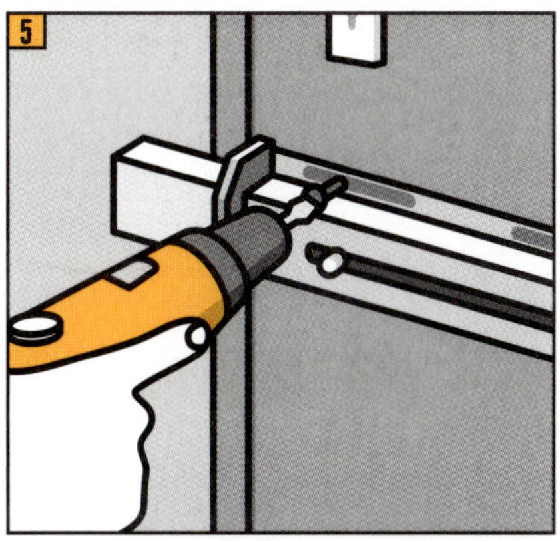

6

7

Querriegelschloss/Panzerriegelschloss

Ein Querriegelschloss bietet den größten Einbruchschutz. Bei Türen mit geringer Stabilität kann durch die Montage eines Querriegelschlosses eine hohe Sicherheit erreicht werden. Es kann von innen und von außen verschlossen werden. Die Schließkästen werden tief im Mauerwerk verankert und bieten erheblichen Widerstand gegen Aufhebelversuche. Der Querriegel sollte unterhalb der Hüfthöhe angebracht werden. Dadurch wird das Aufdrücken der Tür mit dem Fuß verhindert. **4** Markieren Sie in Hüfthöhe und in der Mitte der Türbreite den Bohrpunkt für den Schließzylinder. Durchbohren Sie das Türblatt im angegebenen Maß des Durchmessers. **5** Verschrauben Sie den Schlosskasten des Querriegels waagrecht auf dem inneren Türblatt. **6** Fixieren Sie anschließend rechts und links des Türrahmens die Grundplatten der beiden Schließkästen mit Schrauben. Beachten Sie dabei die Angaben des Herstellers. **7** Zum Schluss werden die Schließkästen befestigt, die beiden Riegel eingestellt und die Abdeckung des Schlosskastens aufgesetzt.

SICHERHEITSTECHNIK.

Gegensprechanlage

Für eine Gegensprechanlage muss eine Verbindung von Wohnbereich und Türstation hergestellt werden. Die Montage erfordert ausreichende Sachkenntnis im Bereich Elektroinstallation und sollte von einem Fachmann vorgenommen werden.

Videosprechanlage

Eine Videosprechanlage ist mit einer Videokamera, einem Bildschirm und mit der Gegensprechanlage gekoppelt. Die Montage der Videokamera und des Bildschirms erfordert keine besonderen fachmännischen Kenntnisse. Lediglich die Verbindung zur Gegensprechanlage sollte aus Sicherheitsgründen von einem Fachmann hergestellt werden.

PROFITIPP!

Damit das Holz der Tür beim Bohren nicht splittert, auf der Gegenseite ein Brett dagegenhalten und mit zwei Schraubzwingen fixieren. So können Sie eine saubere Bohrung machen.

AUS ALT MACH NEU.

Gegen Verschleißerscheinungen ist auch die beste Tür nicht gefeit. Manche Türen sind auch einfach stilmäßig total aus der Mode. Auf dieser Seite haben wir Ihnen hilfreiche Tipps und Tricks zur Ausbesserung und Erneuerung von Türen zusammengestellt.

1

2

3

4

Stahlzarge verkleiden

Unattraktive Stahlzargen aus der Nachkriegszeit können hinter Renovierungsholzzargen versteckt werden. Je nach Hersteller werden die optisch zur Tür passenden Holzzargen ohne viel Aufwand über die vorhandenen Zargen gesetzt. Beachten Sie hierbei, dass sich die Türöffnungsmaße verkleinern! 1 Als Erstes hängen Sie das vorhandene Türblatt aus der Stahlzarge aus. 2 Dann wird die fertig verleimte Ummantelungszarge in die Türöffnung gestellt. Die vorhandene Stahlzarge bleibt im Mauerwerk und wird von der neuen Ummantelungszarge komplett umschlossen. 3 Die Zarge wird jetzt bei eingehängtem Türblatt ausgerichtet. 4 Am Schluss wird die Zierbekleidung angepasst und angeleimt. Damit haben Sie den sauberen Wandanschluss.

AUSBESSERN UND JUSTIEREN.

Spalte gegen Zugluft abdichten

Es gibt mehrere Möglichkeiten eine Tür gegen Zugluft abzudichten. Am einfachsten ist das Befestigen von Dichtungsstreifen. Diese sind selbstklebend und werden rundum in den Zargenfalz eingeklebt. Kalte Luftströme an der Türunterseite können mit dem Ankleben einer Bürstendichtung am Türblatt verhindert werden. Bodendichtungen arbeiten mit Magneten oder Druckfedern und sind die montageaufwändigsten Dichtungsvarianten. Bei geschlossener Tür schließen beide Varianten absolut dicht.

Klemmende Türen reparieren

Zunächst sollten Sie sich Gewissheit darüber verschaffen, in welchem Türbereich das Problem auftritt, wodurch es ausgelöst wird und wie man es beheben kann. Sind Türbänder vorhanden, kann bereits durch Justieren des Türblatts das Klemmen der Tür abgestellt werden. Oftmals kommt es vor, dass der Farbanstrich zu dick ist und dadurch die Tür klemmt. In diesem Fall sollte die entsprechende Stelle abgeschliffen werden. Wichtig dabei ist, dass gleich danach die betreffende Stelle wieder dünn mit Farbe gestrichen wird, damit das Holz nicht quellen kann. Und wenn all das nichts hilft, muss der Hobel ran. Achten Sie beim Abhobeln darauf, dass Sie von außen nach innen arbeiten. Sie verhindern dadurch ein Wegbrechen der Außenkanten.

Schiefe Türen richten

Sollte das Türblatt einmal schief in der Zarge hängen, können sie durch Drehen des Türbandes die Schiefstellung beheben. Klemmt eine Tür im oberen Falz, kann man durch Heraus- oder Hineindrehen des Lochteils am Türblatt die Türstellung regulieren.

Türen anheben

Das Schleifen einer Tür am Boden ist häufig eine Verschleißerscheinung. Durch Einlegen von Ringen oder Scheiben in das Türband lässt sich dieses Problem ohne viel Mühe beheben. Eine weitere Möglichkeit wäre ein Türheber oder das Austauschen der normalen Bänder gegen sogenannte Hebebänder, die beim Öffnen der Tür automatisch das Türblatt maximal anheben. Ist ein neuer Bodenbelag vorgesehen, kommt man um das Kürzen des Türblatts nicht herum.

Kratzer ausbessern

Oberflächliche Schäden können leicht mit Wachskittstangen oder Retuschierstiften ausgebessert werden. Im Baumarkt werden Retuschierstifte in allen gängigen Holzfarben angeboten. Der Kratzer wird mit dem Retuschierstift abgedeckt. Abschließend wird ein Matt- oder Glanzlack als Schutzschild aufgetragen.

Wer schon mal ohne Türen wohnen musste – vielleicht in einem Neubau oder in den Siebzigern – der weiß diese scheinbar banale Erfindung zu schätzen. Tür zu und schon ist Ruh' – herrlich!

TREPPE EINBAUEN, GELÄNDER MONTIEREN.

TREPPE EINBAUEN, GELÄNDER MONTIEREN.

TREPPEN VERBINDEN NICHT NUR STOCKWERKE MITEINANDER, SONDERN AUCH ARCHITEKTUR UND SICHERHEIT. DANK EINFACHER FORMEN UND KONSTRUKTIONEN IST DER SELBSTEINBAU VON SYSTEMTREPPEN KEIN PROBLEM.

DER SICHERE WEG NACH OBEN.

Viele Wege führen nach oben. Nicht alle sind sicher genug! Vor dem Eigeneinbau einer Treppe sollten sicherheitsrelevante Aspekte geklärt werden. Schrittmaßregel, Auftritt, Durchgangshöhe, Lauflinie ... hä? Keine Sorge. Ihr Fachmann berät Sie gerne!

Treppen sind zu einem wichtigen Stilelement geworden. Draußen vervollständigen sie das Erscheinungsbild eines Hauses. Drinnen sind sie für die Gestaltung des Wohnbereichs bedeutend. Heimhandwerker können aus einem umfangreichen Angebot an Wangen-, Spindel- und Mittelholmtreppen ihre individuelle Wunschtreppe auswählen. Unterschiedliche Materialien, Farben und Formen ermöglichen die ideale Anpassung an jeden Wohnstil.

Bei der Treppenplanung spielt Sicherheit eine wichtige Rolle. Damit Treppen sicher und begehbar sind, hält die Landesbauordnung eine Reihe von Vorschriften parat. Auftritt, Treppensteigung, Durchgangshöhe oder Steigungsverhältnis sind in dem Regelwerk festgelegt. Eine korrekt berechnete Statik und Verankerung ist für die Treppenkonstruktion äußerst wichtig. Vor allem für die Treppenmontage in Altbauten ist eine Belastbarkeitsprüfung von Decken und Wänden unerlässlich. Erst dann sollte der Treppentyp ausgewählt werden.

Das Treppengeländer ist Absturzsicherung und Gestaltungselement in einem. Es sollte mindestens 90 cm hoch und überkletterungssicher sein. Zum Schutz kleiner Kinder darf der Sprossenabstand nicht breiter als 12 cm sein.

TREPPEN IM ÜBERBLICK.

Treppen sind zu wichtigen Stil- und Gestaltungselementen geworden. Zahlreiche Formen, Bauweisen und Konstruktionen ermöglichen eine perfekte Anpassung an den Wohnraum. Sie können sich durch den Raum schlängeln oder platzsparend eine Ecke verschönern.

Bodentreppe

Geschosstreppe

Spindeltreppe

Raumspartreppe

VERSCHIEDENE TREPPENARTEN.

Nicht nur der Verwendungszweck einer Treppe ist entscheidend beim Treppenkauf, sondern auch die räumlichen Gegebenheiten. Verschiedene Bauweisen und Konstruktionen bieten für jede Anforderung eine optimale Lösung.

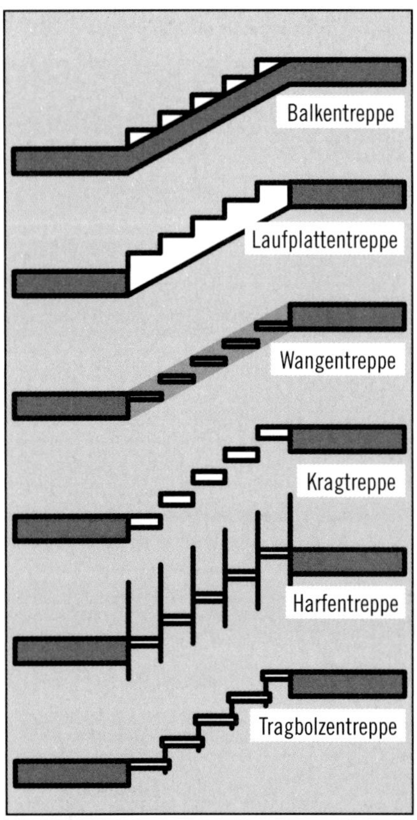

Balkentreppe

Diese Treppe ist eine Konstruktion aus einem oder mehreren Tragbalken (Tragholmen) und daraufliegenden Platten- oder Keilstufen. Je nach Anzahl der Holme werden Balkentreppen als Einholm-, Zweiholm- oder Mehrholmtreppen ausgeführt.

Laufplattentreppe

Eine Laufplatte aus Stahlbeton bildet die stützende Konstruktion dieser Treppe. Darüber sind die Stufenkeile entweder aufgelegt oder aufbetoniert.

Wangentreppe

Die Wangentreppe ist eine Sonderform der Balkentreppe. Sie besteht aus geschlossenen Platten- oder Keilstufen, die zwischen zwei rechteckigen Wangen an den Seiten gehalten werden.

Kragtreppe

Bei einer Kragtreppe sind die Stufen einseitig an der Treppenwand befestigt oder in eine Spindel eingespannt. Auf der anderen Seite ragen die Stufen unbefestigt ins Freie.

Harfentreppe

Die einzelnen Stufen der Harfentreppe werden von senkrechten Seilen oder Stäben aus Edelstahl zusammengehalten, die üblicherweise am Boden und an der Decke befestigt sind.

Tragbolzentreppe

Bei dieser Treppenart sind die einzelnen Stufen auf einer Seite in der Mauer verankert. Auf der anderen Seite sind die Stufen durch Stahltragbolzen fest miteinander verbunden.

DAS OPTIMALE TREPPENMASS.

Wer sich schon einmal eine steile Burgtreppe hochgequält hat, weiß, wie anstrengend es ist, hohe und schmale Treppenstufen zu erklimmen. Schlaue Rechenköpfe der Neuzeit haben zum Glück ein optimales Treppenmaß errechnet, damit Sie zumindest zu Hause nicht aus dem Tritt kommen.

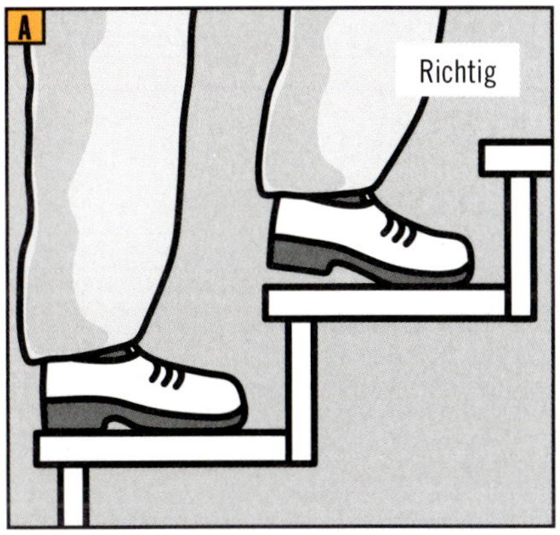

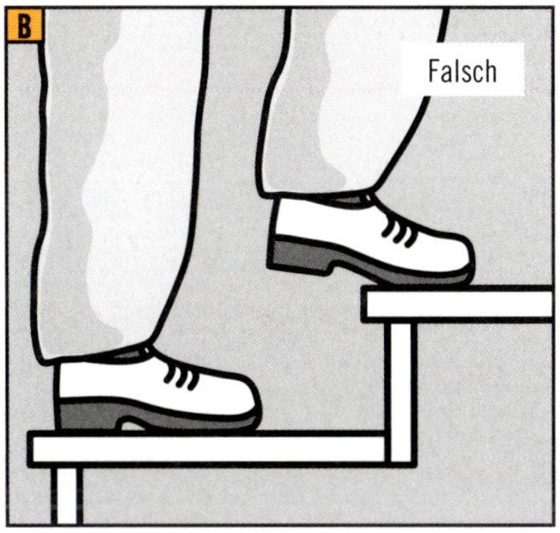

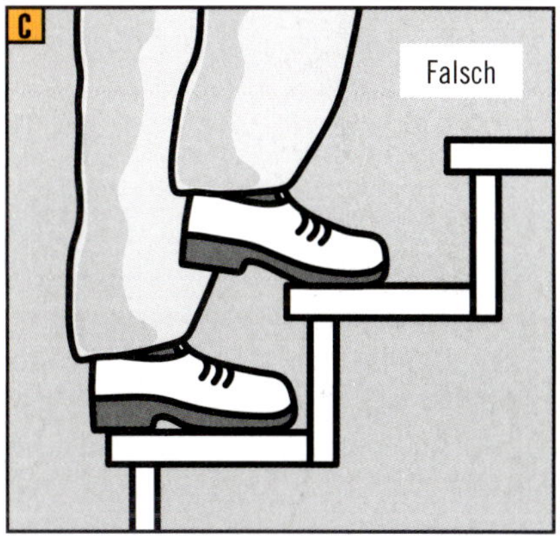

Treppensteigen ist wie Bergsteigen. Doch auf Schweißausbrüche möchte man beim Treppenaufstieg gerne verzichten. Treppenstufen sollten deshalb so angeordnet sein, dass man ohne größere Anstrengung das Treppenende erreichen kann. Abbildung A veranschaulicht das ideale Maß für Auftritt und Steigung. Ein zu breiter B oder zu schmaler Auftritt C stört den harmonischen Bewegungsablauf beim Treppensteigen.

OPTIMALES TREPPENMASS	
Steigung:	16–20 cm
Auftritt:	23–31 cm
Laufbreite:	mind. 80, besser 90–100 cm
Lauflinie (gewendelte Treppen):	Entfernung bis zum Treppenauge 40–50 cm
Lichte Durchgangshöhe:	mind. 200 cm
Höhe des Geländers:	mind. 90 cm
Abstand der Geländerstäbe:	maximal 12 cm

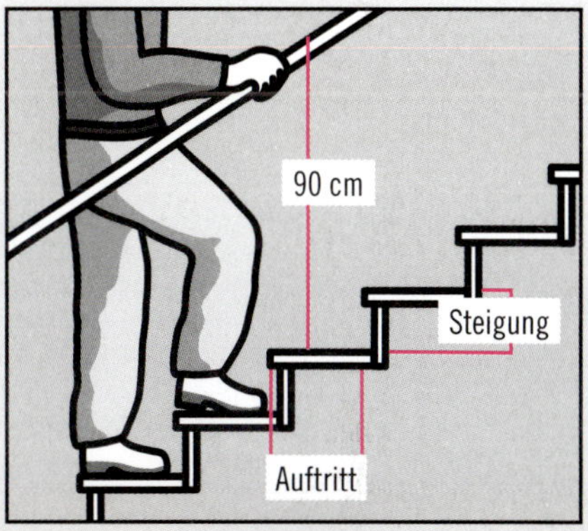

GÜNSTIGE STEIGUNGSHÖHEN

Geschosshöhe	Stufenanzahl	Steigungsanzahl	Steigungshöhe
260 cm	13	14	18,6 cm
270 cm	14	15	18,0 cm
280 cm	14	15	18,7 cm
290 cm	15	16	18,1 cm
300 cm	15	16	18,8 cm
310 cm	16	17	18,2 cm

MITTELHOLMTREPPE MONTIEREN.

Messen – justieren – kontrollieren! Genaues Messen ist das A und O bei der Treppenmontage. Immer wieder prüfen und nachmessen heißt die Devise. Jedes Element muss exakt lot- und waagrecht montiert sein. Nur so führt Sie Ihre Treppe auch sicher nach oben!

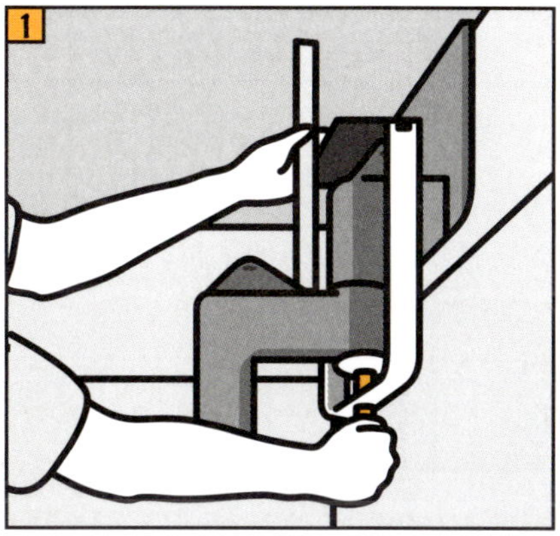

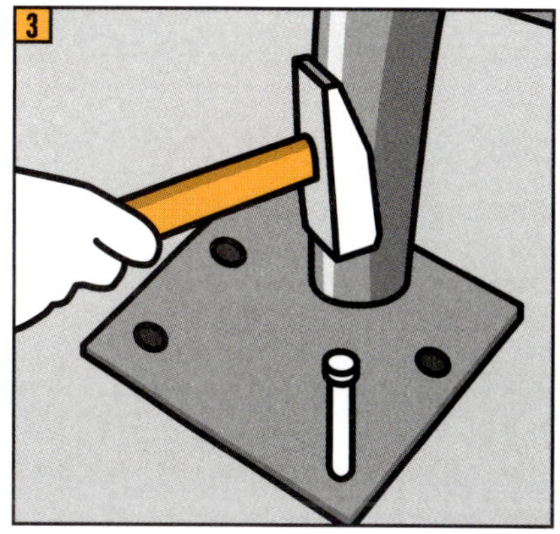

1 Beginnen Sie an der Oberkante des Fußbodens des oberen Geschosses. Befestigen Sie das Decken-Element so, dass es hohen Krafteinflüssen standhalten kann. Ist für das Obergeschoss ein neuer Bodenaufbau geplant, sollten Sie ein Probestück als Richtmaß verwenden. Nun kommt die Tritthöhen-Lehre zum Einsatz. Mit ihr werden die Teile des Mittelholms nacheinander millimetergenau ausgerichtet. Bevor Sie die Teile miteinander verschrauben, sollten sie lot- und waagrecht justiert werden. **2** Im mittleren Treppenbereich werden an der seitlichen Wand Stützen und Aufleger montiert. Sie werden in der Wand verdübelt und geben der Treppe später die nötige Stabilität. **3** Die Bodenplatte des Mittelholms wird mit Spreizankern am Boden befestigt. **4** Zur Trittschalldämmung werden Gummipuffer zwischen Holm-Auflagefläche und Trittstufe installiert. Bevor Sie mit der Verschraubung der Trittstufen beginnen, sollten Sie die Waagrechte der Auflageflächen mit der Wasserwaage nochmals prüfen. **5** Jetzt werden die Trittstufen vermittelt und mit einer Zwinge gegen Verrutschen gesichert. Problemlos können sie nun die Treppenstufen am Holm festschrauben. Die letzte Stufe müssen Sie vorbohren, da Sie mit dem Akku-Schrauber am unteren Teil nicht mehr rankommen. **6** Zuletzt wird das Geländer montiert. Pro Steigung werden zwei Geländerhalter am Trittbrett verschraubt.

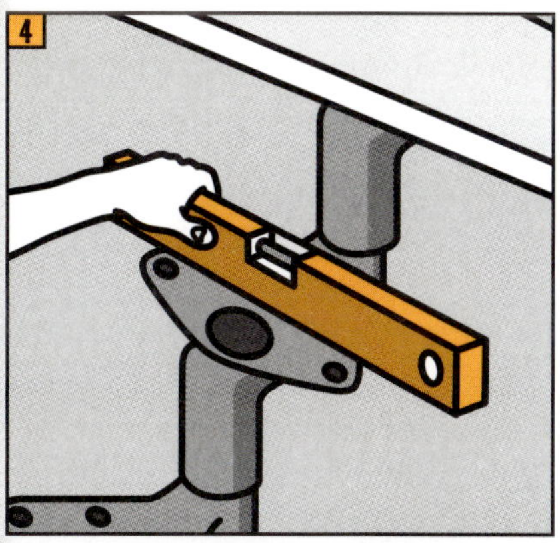

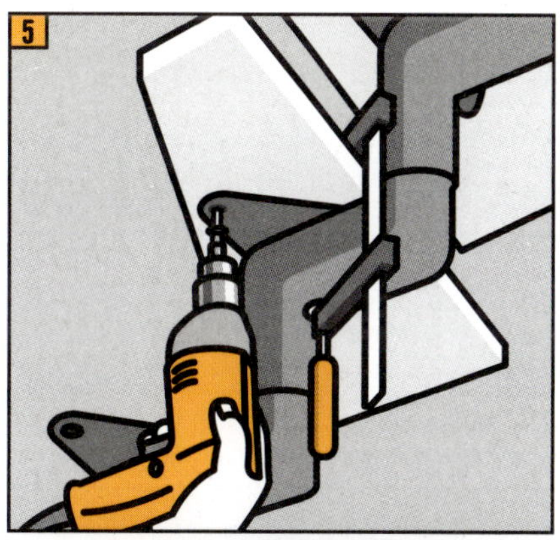

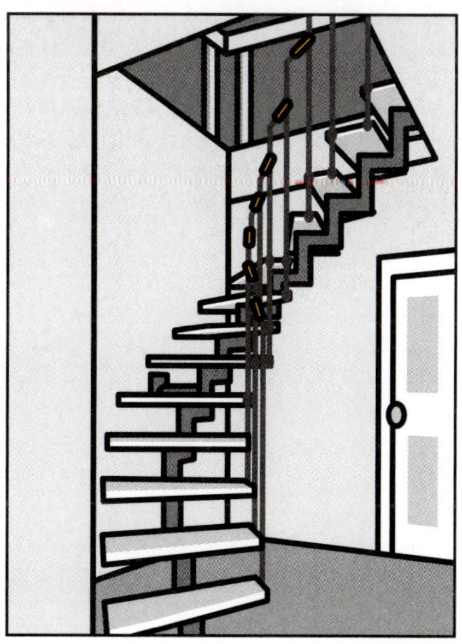

WERKZEUG.

- ✓ Tritthöhen-Lehre (ausleihbar)
- ✓ Akku-Schrauber
- ✓ Schlagbohrmaschine
- ✓ Hammer
- ✓ Wasserwaage
- ✓ Metermaß
- ✓ Schraubendreher
- ✓ Zwingen

MATERIAL.

- ✓ Schrauben
- ✓ Dübel
- ✓ Spreizanker
- ✓ Gummipuffer
- ✓ Treppenbausatz

SPEICHERTREPPE EINBAUEN.

Für einen Speicher, den man selten besucht, braucht man keine umwerfend schöne Treppe im Raum. Hier tut's auch eine Bodentreppe zum Ausklappen oder Ausfahren. Sperrige und schwere Gegenstände kann man allerdings nicht über diese Treppe transportieren.

Speichertreppe

Als Speichertreppe kommen Raumspar- oder Kleintreppen in Frage. Diese sind jedoch nicht als Zugang zu permanent bewohntem Raum zugelassen. Wenn Sie eine solche Fertigtreppe einbauen wollen, darf der Dachboden lediglich als Speicher, Galerie oder Ähnliches benutzt werden. Es handelt sich dann um eine Nebentreppe, für die auch die Vorschriften über Mindestmaße nicht gelten. Aus Sicherheitsgründen sollte aber keine Treppe schmaler als 75 cm sein.

Wichtige Fragen für die Treppenauswahl

- Welche Gegenstände müssen eventuell über diese Treppe transportiert werden?
- Wer benutzt die Treppe? Eine steile Treppe mit großen Trittabständen ist für Kinder kaum zu bewältigen und auch zu gefährlich. Ist sie zu eng konstruiert, haben große Erwachsene Probleme, sie zu erklimmen. Kinder und ältere Menschen brauchen außerdem dringend ein gutes Geländer.
- Wie viel Platz haben Sie für die Treppe zur Verfügung? Was machen Sie mit dem Platz unter der Treppe, wenn es eine einläufige Variante sein soll?
- Soll die Treppe mitten im Raum sein oder ist ein Platz an der Wand besser geeignet?

WERKZEUG.

- ✔ Bohrmaschine/Bohrer
- ✔ Akku-Schrauber
- ✔ Hammer
- ✔ Leiter
- ✔ Pinsel/Quast/Farbrolle etc.

MATERIAL.

- ✔ Bodentreppe
- ✔ Holzlatten
- ✔ Nägel
- ✔ Rahmendübel
- ✔ Tapete/Farbe etc.

Bodentreppe einbauen

1 Die Treppe befindet sich in einem Kasten. Dieser Kasten muss bündig in die Decke integriert werden. Stellen Sie also einen Deckenausschnitt her, der exakt den Maßen des Kastens entspricht. Wenn Sie bei Ihrer Deckenkonstruktion nicht sicher sind, wie das geht, fragen Sie einen Profi. **2** Setzen Sie den Kasten ein und stützen Sie ihn mit zwei T-förmigen Trägern aus Latten ab. Achten Sie darauf, dass der Kasten bündig mit der Decke abschließt. **3** Mit der

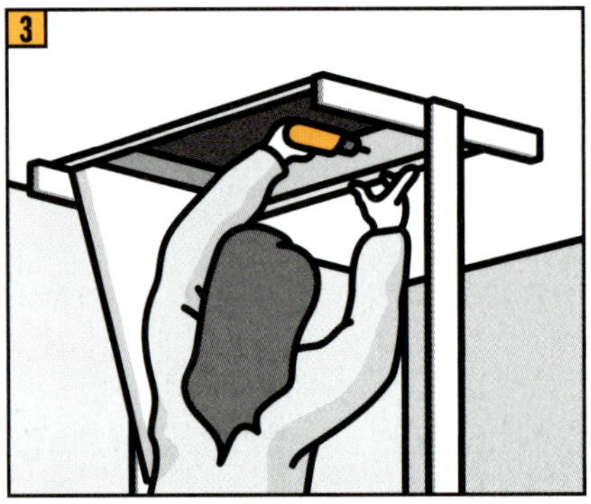

Bohrmaschine durch die Laibung des Kastens ein paar tiefe Löcher bohren und das Ding mit Durchsteckdübeln und stabilen Schrauben festschrauben. **4** Die Teile der Leiter vorschriftsmäßig an der Luke befestigen. Das variiert mit dem Produkt, für das Sie sich entschieden haben. Sehen Sie in der Montageanleitung nach. Zum Abschluss können Sie den Übergang von Kasten zu Decke noch mit Abdeckleisten verschönern und die Luke in der Deckenfarbe streichen oder tapezieren.

AUSBESSERN UND RENOVIEREN.

Starke Beanspruchung hinterlässt ihre Spuren. Abgewetzte und ausgetretene Treppenstufen, Löcher oder Risse müssen Sie nicht verzweifeln lassen. Mit ein paar Handgriffen können auch Sie Ihre Treppe wieder auf Vordermann bringen. Soll ein neuer Belag die Treppe schmücken? Auch kein

HOLZTREPPE.

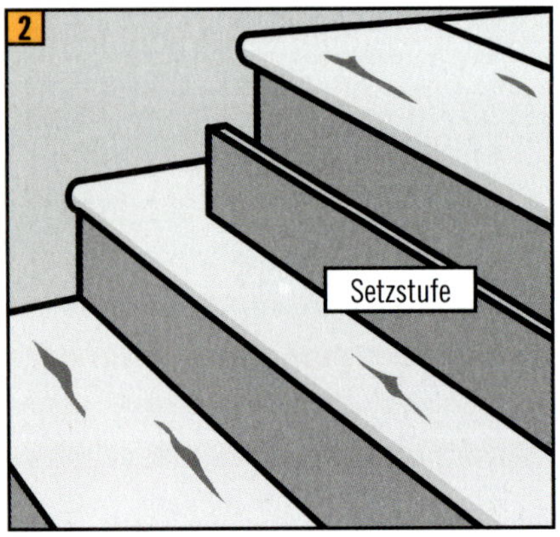

1 Zur Sanierung einer Holztreppe reicht unter Umständen ein neuer Anstrich. Hierzu werden die Stufen gründlich abgeschliffen und damit alle Putz- und Glanzmittel entfernt. Die Stufen können dann mit einem geeigneten Anstrich versehen werden. **2** Soll der natürliche Charakter einer Holztreppe erhalten bleiben, bietet sich eine Sanierung z. B. mit Parkettdielen oder passendem Laminat an. Die Stufenkanten werden zuerst begradigt, damit die Kantenprofile montiert werden können. Nun die benötigten Setz- und Trittstufen zuschneiden. Bei gewendelten Treppen fertigen Sie sich pro Stufe eine Papierschablone an, mit der Sie dann die benötigte Form auf die Parkettdiele oder das Laminat übertragen können. Die Stufen dann entsprechend der Schablonen zusägen. Montieren Sie je nach verwendetem Kantenprofil zuerst die Setzstufen (senkrechte Stufenteile) mit Montagekleber

WERKZEUG.

- ✓ Schleifmaschine
- ✓ Bohrmaschine
- ✓ Akku-Schrauber
- ✓ Wasserwaage

MATERIAL.

- ✓ Schleifpapier
- ✓ Kantenprofile
- ✓ Spachtel- oder Ausgleichsmasse
- ✓ Parkettdielen
- ✓ Holzleim
- ✓ Montagekleber
- ✓ Holzschrauben
- ✓ Holzfarbe bzw. Versiegelung
- ✓ Acryldichtmasse

oder Holzleim **3** und dann die Trittstufen. **4** Die Kantenprofile werden mit Spax-Schrauben an den Treppenkanten angeschraubt. **5** Wenn Sie alle Elemente montiert haben, werden die Übergänge zwischen Setz- und Trittstufen mit Acryldichtmasse verschlossen.

Hinweis: Kantenprofile gibt es in verschiedenen Ausführungen, wodurch die einzelnen Arbeitsschritte und die Reihenfolge der Montage von der hier beschriebenen Vorgehensweise abweichen können.

Problem! Mal ehrlich – versinken Sie lieber in weichem Teppichboden oder lieben Sie das Klappern Ihrer Schuhe auf Holz und Fliesen? Sie können sogar dem Verschleiß des Belags an scharfkantigen Stufen vorbeugen, indem Sie die Kanten leicht abrunden.

BETONTREPPE.

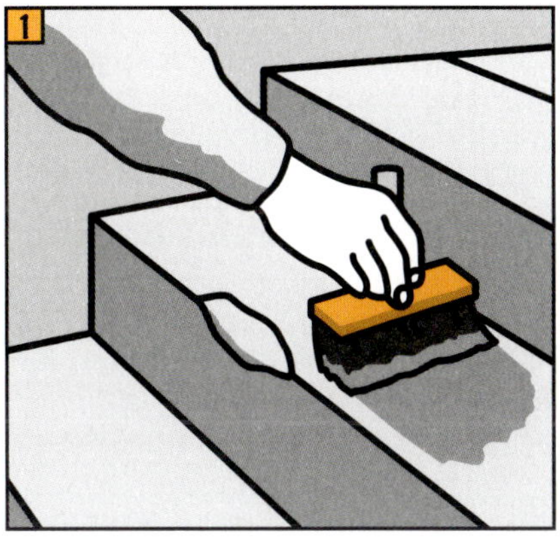

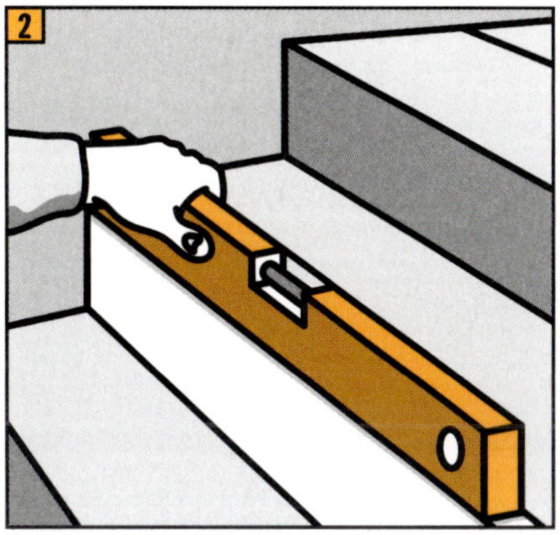

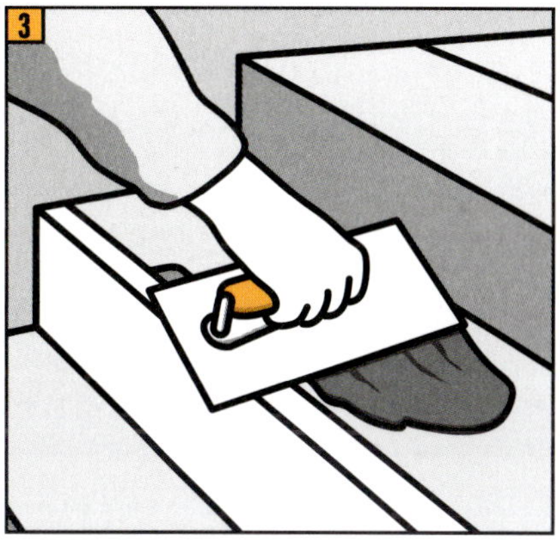

Bevor Sie beginnen, sollten Sie die Treppe gründlich von Staub und Schmutz befreien. Für eine bessere Haftung werden die Stufen mit einer Bürste vorgenässt. **1** Als Haftbrücke wird nun der Beton- und Reparaturspachtel vollflächig auf die feuchte Treppe aufgetragen. Achten Sie darauf, dass die Spachtelmasse flüssig und streichfähig ist. **2** Richten Sie anschließend die Schalungsbretter gerade aus. Fixieren Sie die Bretter an den Stufen mit seitlich eingeschlagenen Nägeln. Die Oberkante des Schalungsbrettes entspricht der späteren Trittkante der Stufe. **3** Schließlich wird der Beton- und Reparaturspachtel den Herstellerangaben entsprechend angerührt. Die Masse wird auf den Stufen verteilt und mit dem Stahlglätter geglättet. Wenn der Beton nach ca. zwei Tagen ausgehärtet ist, werden die Bretter wieder entfernt. Nun können die Stufen je nach Bedarf weiterverarbeitet werden.

WERKZEUG.

- ✓ Bürste
- ✓ Malerpinsel
- ✓ Stahlglätter
- ✓ Richtscheit
- ✓ Straßenbesen
- ✓ Mörteleimer
- ✓ Bohrmaschine mit Rührquirl
- ✓ Wasserwaage

MATERIAL.

- ✓ Beton- und Reparaturspachtel
- ✓ Schalungsbretter
- ✓ Lange Nägel
- ✓ Versiegelung

TREPPENGELÄNDER MONTIEREN.

Treppengeländer erfüllen mehrere Aufgaben. Als Absturzsicherung sind sie Pflicht für jedes Treppensystem, als Gestaltungselement sorgen sie für eine schöne Optik. Damit die Sicherheit dabei nicht zu kurz kommt, gelten auch hier die Richtlinien nach DIN 18065.

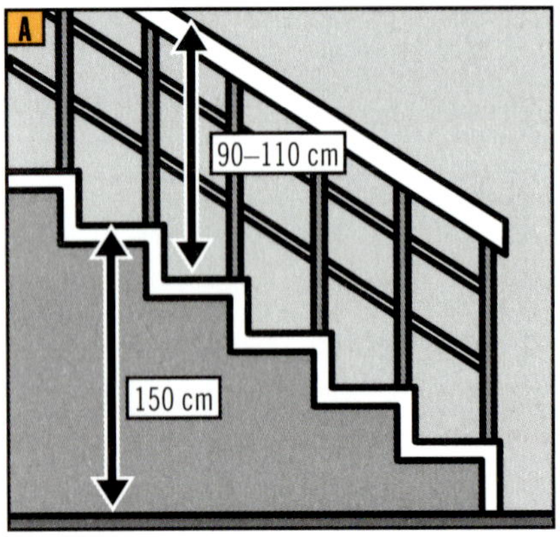

A Treppengeländer müssen ab einer Absturzhöhe von 150 cm an der freien Seite einer Treppe angebracht werden. In erster Linie sollen sie stürzende Personen schützen. Auch die Geländerhöhe ist für die Sicherheit des Treppenbenutzers entscheidend. Mindestens 90 cm muss ein Geländer hoch sein, um eine stürzende Person vor dem Fall in die Tiefe zu schützen. Die Höhe des Treppengeländers richtet sich nach der Absturztiefe und kann maximal bis zu 110 cm hoch sein. Dies ist der Fall bei einer Absturztiefe über 12 m. Ab einer Treppenbreite von 150 cm muss eine Treppe beidseitig mit Geländern ausgestattet sein, bei einer Breite unter 150 cm reicht ein Geländer aus.

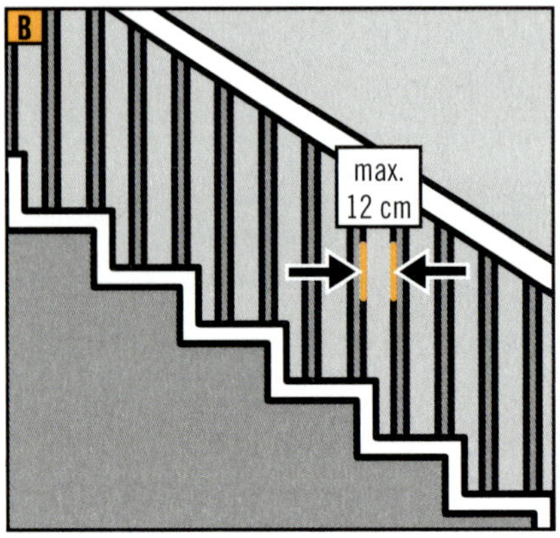

B Familien mit Kleinkindern sollten Geländerkonstruktionen wählen, die ein Durchrutschen verhindern und das Überklettern erschweren. Für die Kindersicherheit dürfen Geländerstäbe (laut DIN 18065) einen maximalen Abstand von 12 cm nicht überschreiten.

GELÄNDERFÜLLUNG.

Geländerkonstruktionen werden in Metall und Holz angeboten. Sie können mit senkrechten oder waagrechten Stäben, Rohren oder Gittern ausgeführt sein. Als Geländerfüllung stehen Drahtglas oder Sicherheitsglas, Holz oder Kunststoff, Drahtgeflechte, Drahtseile oder Drahtverspannungen zur Auswahl. Die häufigste Form von Geländerfüllungen sind Füllungsprofile, die senkrecht zur Treppensteigung verlaufen. Für eine ausreichende Kindersicherung müssen zusätzlich entweder Füllstäbe oder Knieleisten angebracht werden.

HANDLAUF.

Handläufe müssen ab vier aufeinanderfolgenden Stufen an der freien Seite der Treppe angebracht werden. Um ein Übergreifen zu vermeiden, sollte der Handlauf durchgehend sein. Damit man den Handlauf bequem greifen kann, sollte er nicht tiefer als 80 cm und nicht höher als 115 cm angebracht sein. Üblicherweise befindet sich der Handlauf in einer Höhe von 90 cm (für Kinder in 75 cm Höhe). Bei einer Treppenbreite ab 150 cm muss zusätzlich auch an der Wand ein Handlauf angebracht werden. Insgesamt müssen Wandhandläufe etwa 30 cm über die erste und die letzte Treppenstufe geführt werden und an den Enden so beschaffen sein, dass man nicht hängen bleiben kann. Damit es beim Greifen nicht zu einer Verletzung der Fingerknöchel kommt, muss der Abstand zwischen Handlauf und Wand mindestens 5 cm betragen.

An was er wohl denkt? Vielleicht an sein Lieblingslied „Stairway to heaven“.

HINWEIS!

KINDER-SICHERHEIT.

Die Anwesenheit von Kindern in einem Haushalt erfordert ein Plus an Sicherheit. Treppen sind potenzielle Gefahrenzonen und sollten durchgängig gegen Durchrutschen und Überklettern gesichert sein. Berücksichtigen Sie deshalb bei der Treppenplanung, dass auch die offenen Bereiche zwischen den Stufen absturzgefährdend für Kleinkinder sein können.

GARAGENTOR MONTIEREN.

GARAGENTOR MONTIEREN.

MITTLERWEILE LEGT JEDER HAUSEIGENTÜMER WERT AUF EINE HARMONISCH GESTALTETE AUSSENFASSADE. AN GARAGENTORE WERDEN DESHALB NICHT NUR FUNKTIONALE ANSPRÜCHE GESTELLT. EINE EBENSO GROSSE ROLLE SPIELEN MATERIAL UND DESIGN, WOBEI DIE SICHERHEIT NATÜRLICH NICHT ZU KURZ KOMMEN DARF.

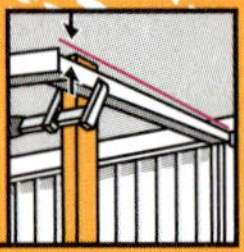

WICHTIG: Lassen Sie Ihr Bauvorhaben bei Ihrer zuständigen Gemeinde prüfen, denn die Bauordnungen sowie die Bebauungspläne müssen eingehalten werden.

WAS SIE WISSEN SOLLTEN.

Viele Hersteller von Garagentoren bieten Tore in Kombination mit Haustüren an, die sich einheitlich in die Außenfassade integrieren. Stahlblech, Holz, Kunststoff und Aluminium sind die gängigsten Materialien für die Verkleidung von Garagentoren. Ein „Highlight" für jedes Garagentor sind Einlässe aus Glas, die den Garagenraum mit Tageslicht fluten.

GARAGENTORTYPEN.

Platzsparen, Komfort und Sicherheit sind Ansprüche, die Garagentore erfüllen müssen. Maßgebend hierfür sind Funktionsweise und Öffnungsmechanismus, die sich mit einer Automatik noch leichter bedienen lassen.

Schwing- oder Kipptor

Das Schwingtor schwingt beim Öffnen unter die Garagendecke. Die einfache Ausführung besitzt zwei seitlich angeordnete Zugfedern, die das Torblatt hoch- und runterhieven. Dabei schiebt sich das Torblatt ein Stück weit auf den Garagenvorplatz. Soll das Garagentorblatt nicht nach außen schwingen, muss es innerhalb der Garagenmauer laufen. Bei dieser Variante ist die Durchfahrtshöhe durch erforderliche Deckenlaufschienen eingeschränkt.

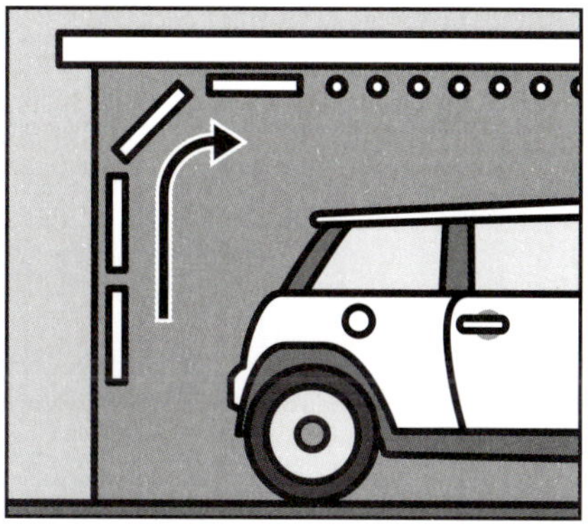

Deckensektionaltor

Deckensektionaltore öffnen sich senkrecht nach oben und werden in Deckenlaufschienen geführt. Wie beim Seitensektionaltor werden Durchfahrtshöhe und Garagenvorplatz dadurch nicht reduziert. Horizontale Lamellen oder Paneele aus Stahl, Holz, Aluminium oder Kunststoff bilden den Torflügel. Für beheizte Garagen werden auch wärmegedämmte Tore angeboten. Sektionaltore sind allgemein außerordentlich platzsparend und funktionsleise.

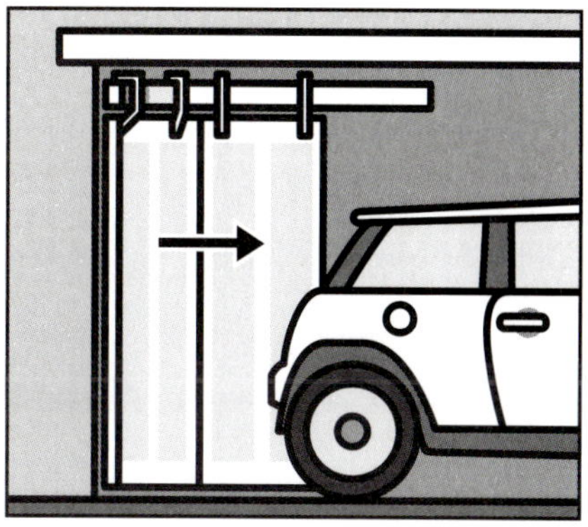

Seitensektionaltor (Rundlauftor)

Dieses Garagentor besteht aus Lamellen, die senkrecht miteinander verbunden sind. Sie werden in seitlichen Laufschienen geführt und können zu beiden Seiten hin geschoben werden. Ein großer Vorteil dieses Tores ist die uneingeschränkte Durchfahrtshöhe und die komplette Nutzung des Vorplatzes. Besonders geeignet ist das Rundlauftor für bogenförmige Toröffnungen.

DIE RICHTIGEN MASSE ERMITTELN (ANGABEN IN MILLIMETERN).

A	B	RAM		C	D		E
Öffnungsbreite	Innenmaß Garage	Rahmenbreite/-höhe	Bestellmaß Breite	Öffnungshöhe	Deckenhöhe	Bestellmaß Höhe	Garagentiefe
2 335	2 490	2 480/2 195	2 375	2 095	2 175	2 125	2 125
2 460	2 615	2 605/2 195	2 500	2 095	2 175	2 125	2 125

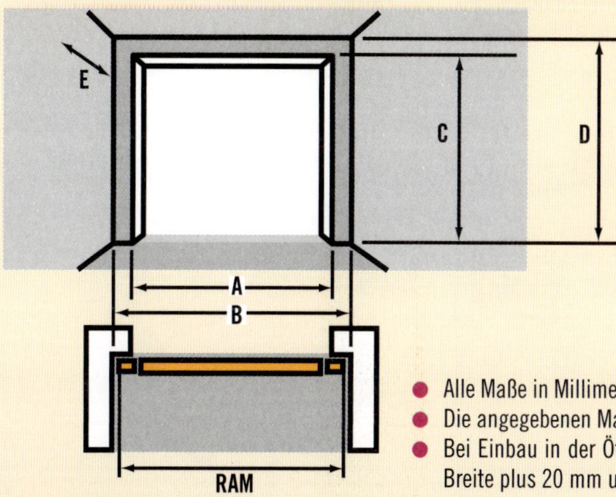

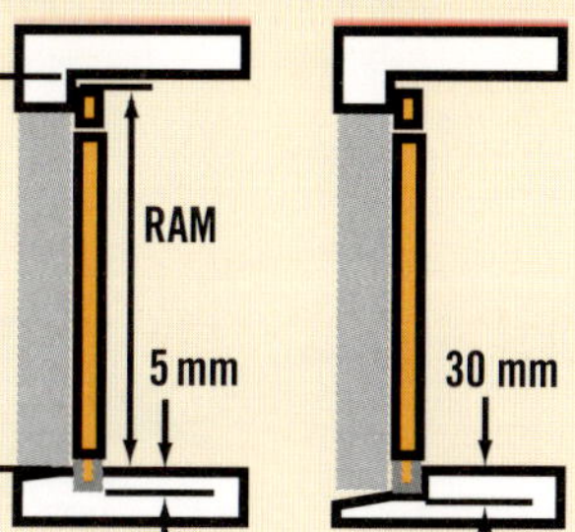

Einbau ohne Anschlag unten

Einbau mit Anschlag unten

- Alle Maße in Millimetern.
- Die angegebenen Maße sind Mindestmaße.
- Bei Einbau in der Öffnung beträgt das Maß A RAM. Breite plus 20 mm und C RAM Höhe minus 20 mm.

EINBAUSITUATIONEN.

Der Einbau eines Schwingtors kann sowohl in als auch hinter der Toröffnung erfolgen.

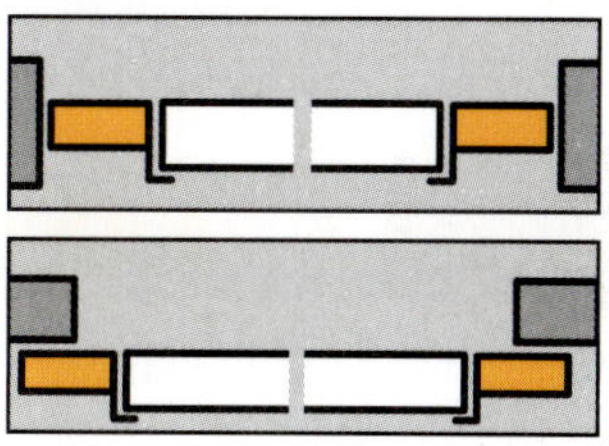

Sektionaltore baut man generell hinter der Laibung im Garageninnenraum ein. Sektionaltore sind ideal für niedrige Toröffnungen.

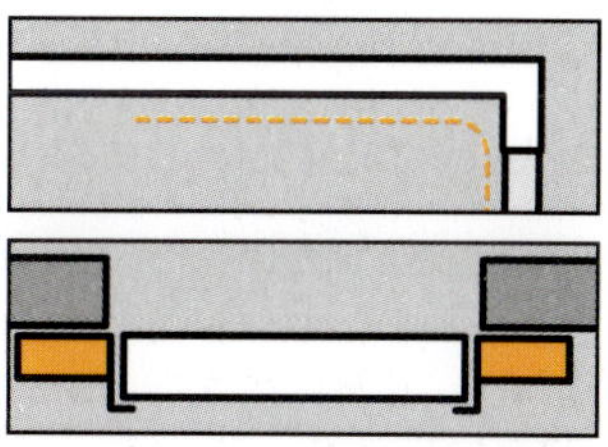

SCHWINGTOR EINBAUEN.

Sie haben sich für das einfachste Tormodell entschieden? Gut, dann zeigen wir Ihnen, wie Sie ebenso einfach Ihr neues Garagentor einbauen können. Organisieren Sie sich am besten einen kräftigen Helfer … und los geht's!

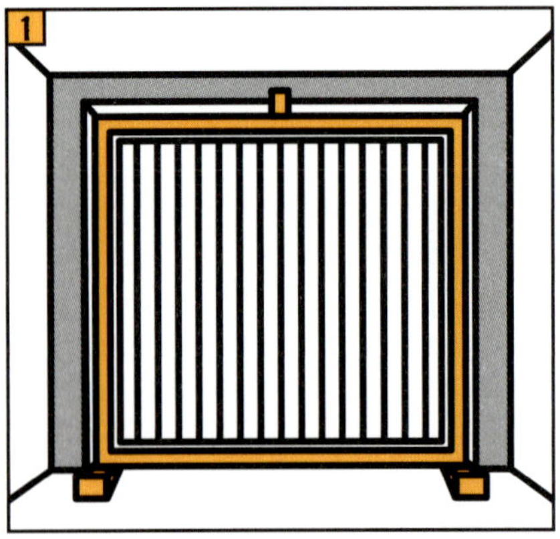

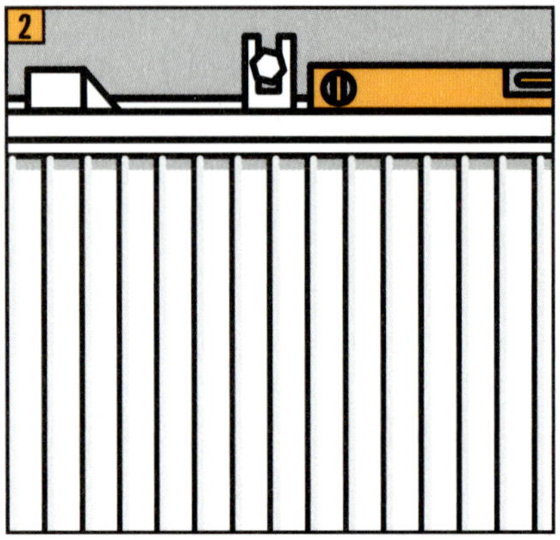

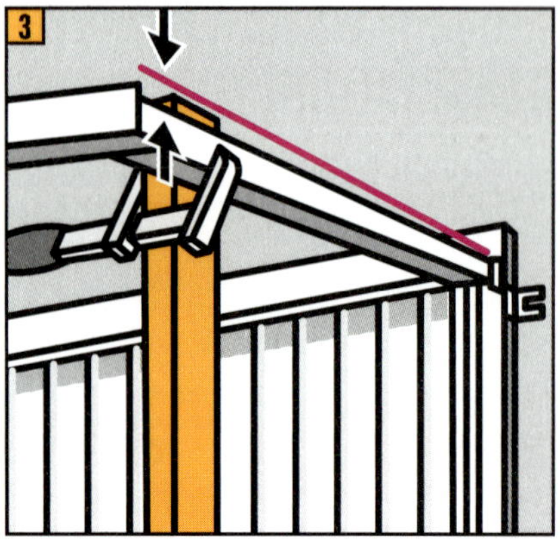

Montieren Sie zuerst den Öffnungsgriff und entfernen Sie dann die Transportsicherung (siehe Montageanleitung des Herstellers). **1** Stellen Sie das Garagentor in bzw. hinter die Toröffnung und sichern Sie es mit Holzkeilen. Bei durchgehend fertigem Estrich werden die Rahmenfüße 5 mm in den Boden eingelassen. **2** Richten Sie das Tor nun mit der Wasserwaage aus und fixieren Sie es provisorisch mit einem Anker. Tore ohne Füllung müssen gegen Aufspringen gesichert werden. Klappen Sie hierzu die Laufschienen hoch **3** und sichern Sie diese durch Abstützen. Achten Sie hierbei auf einen

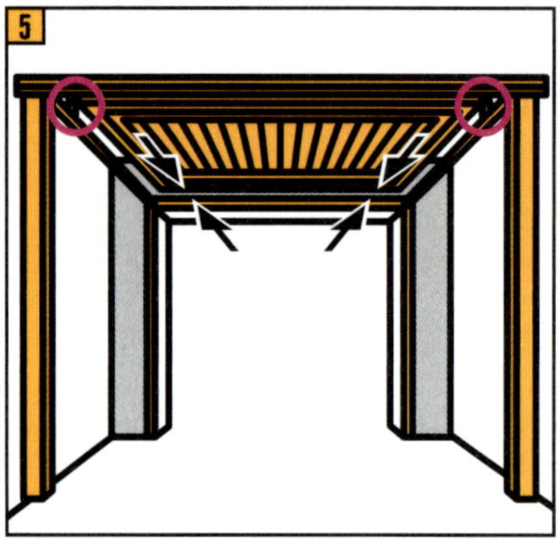

Deckenabstand von etwa 30 mm. Kontrollieren Sie von außen, ob die Abstände zwischen Torrahmen und Torblatt gleich sind. **4** Das Tor wird nun mit Ankern seitlich befestigt. Für die Montage in der Öffnung werden die Schrauben an die Rahmen-Stirnseite umgesetzt. **5** Öffnen Sie das Tor und richten Sie die Laufschiene so aus, dass das Torblatt mit den Gummipuffern gleichmäßig an der Querschiene anliegt und vorne einen gleichmäßigen Abstand zum Rahmen hat. **6** Die Laufschienen können nun seitlich an den Garagenwänden oder oben an der Garagendecke befestigt werden. Die Querschiene muss dabei absolut waagrecht liegen. **7** Wenn die Rahmenfüße nicht einbetoniert wurden, bringen Sie eine Befestigung mit einem Zargenfußwinkel am Garagenboden an. Anschließend wird die untere Anschlagschiene entfernt.

WERKZEUG.

- ✔ Wasserwaage
- ✔ Zollstock
- ✔ Bleistift
- ✔ Bohrmaschine
- ✔ Steinbohrer (10 mm)
- ✔ Metallbohrer (5 mm)
- ✔ Gabelschlüssel 10/13
- ✔ Schraubendreher
- ✔ Holzkeile/Holzklötze
- ✔ Schutzbrille
- ✔ Arbeitshandschuhe
- ✔ Metall-Bügelsäge
- ✔ Schraubzwingen

MATERIAL.

- ✔ Schwing- oder Sektionalgaragentor (Befestigungsmaterial liegt dem Tor bei)

DECKENSEKTIONALTOR EINBAUEN.

Hier wird's schon etwas aufwändiger. Das platzsparende Sektionaltor wird hinter der Garagenöffnung montiert. Sektionaltore sind ideal, wenn die Garage direkt an der Straßenfront liegt, weil das Tor nicht nach außen schwingt.

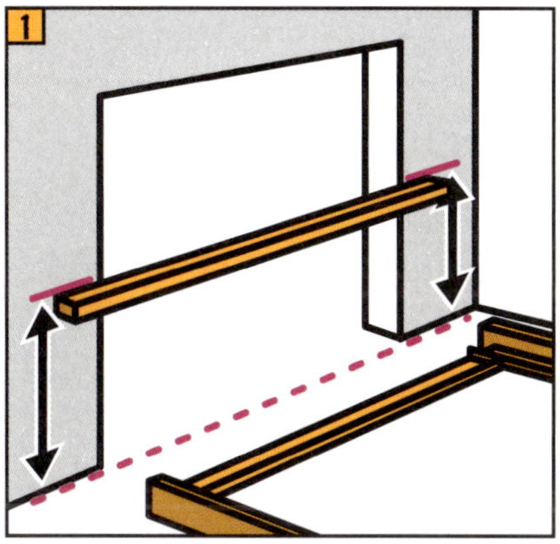

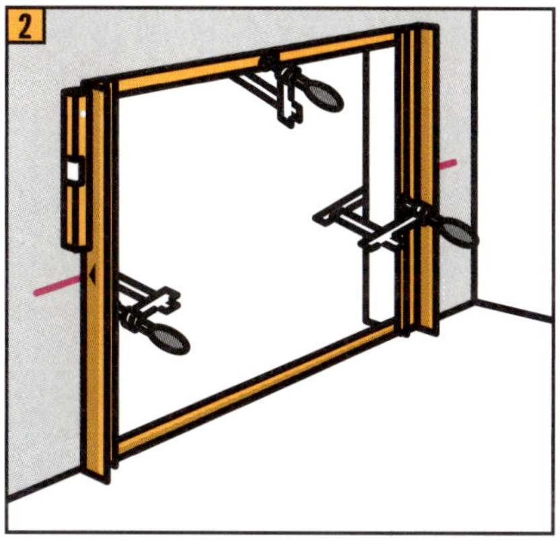

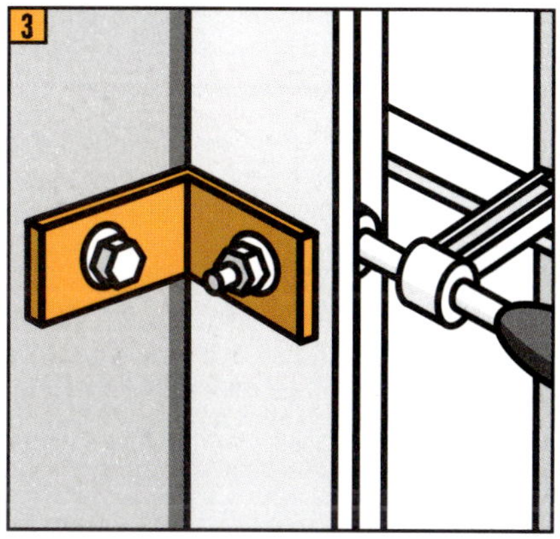

1 Ziehen Sie vor der Montage auf der Innenseite der Toröffnung eine Maßlinie in 1 m Höhe über dem Garagenboden. Nun kann der Torrahmen vormontiert und hinter der Toröffnung bereitgelegt werden. **2** Stellen Sie den Torrahmen senkrecht auf und richten Sie die Markierungen des Rahmens an der 1-m-Maßlinie aus. Befestigen Sie den Rahmen provisorisch mit Schraubzwingen an der Laibung. **3** Nach dem genauen Ausrichten erfolgt die endgültige Befestigung mit Ankern – innerhalb oder außerhalb des Rahmens. **4** Die beiden waagrechten Laufschienen können jetzt an der

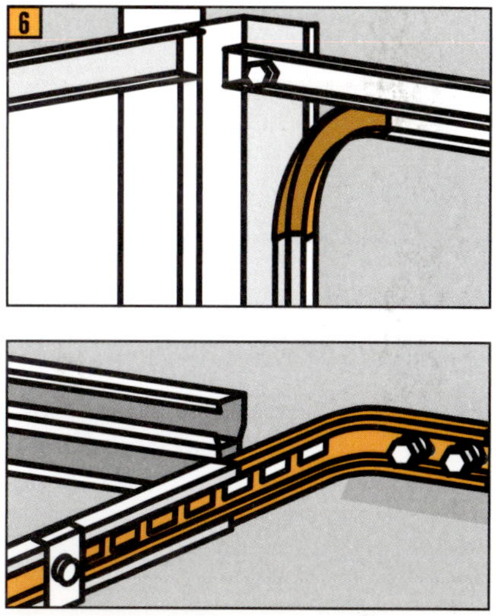

Oberseite des Rahmens angeschraubt werden und dann mit der Querschiene verbunden werden. **5** Bringen Sie die angeschraubte Laufschienenkonstruktion in eine waagrechte Lage und sichern Sie diese gegen Herabfallen. **6** Nach dem Einbau der beiden Kurvensegmente werden die Laufschienen an den Seitenwänden oder der Garagendecke befestigt. **7** Die einzelnen Torsegmente werden nun eingesetzt und mit den Bändern verbunden.

Die danach folgenden Arbeitsschritte, wie z. B. das Montieren der Torseile und Spannfedern sind Herstellerabhängig und in der Montageanleitung des jeweiligen Garagentors detailliert beschrieben.

DAS SICHERE GARAGENTOR.

Checkliste für die Sicherheit Ihres Garagentors:
(Punkt 1–5 zutreffend für Schwingtor; Punkt 1–8 zutreffend für Sektionaltor)

1. Laufschienen: Ist die gesamte Tragkonstruktion des Tores rostfrei und sitzen die Schrauben fest?
2. Stopper: Sind die Laufschienen mit sogenannten Endanschlägen (Stoppern) versehen?
3. Seilsystem: Ist das Tor im Falle eines Feder- oder Seilbruchs gegen Absturz gesichert?
4. Tragseile: Verlaufen die Tragseile zwischen Torblatt und Zarge?
5. Automatischer Stopp (bei Toren mit elektrischem Antrieb): Verfügt das Tor über Sensoren, die für einen automatischen Stopp und das Zurückfahren des Torblatts sorgen, wenn das Tor auf einen Widerstand trifft? (Besonders wichtig bei Toren in unmittelbarer Straßennähe).
6. Federzugsystem: Liegen die Federn geschützt, so dass bei einem Federbruch niemand verletzt wird?
7. Finger-Klemmschutz: Verfügen die Torelemente auf der Innen- und der Außenseite über einen Finger-Klemmschutz?
8. Scharniere: Sind die Scharniere durch einen Eingreifschutz gesichert?

AUTOMATISCHER GARAGENTORANTRIEB.

Mit einem funkgesteuerten Torantrieb können Sie Ihr Garagentor einfach und bequem per Knopfdruck öffnen und schließen. Während es draußen regnet oder schneit, sitzen Sie im warmen Auto und betätigen die Fernbedienung: Das Tor öffnet sich und Sie kommen trockenen Fußes ins Haus.

Elektrischer Antrieb fürs Garagentor

So gut wie alle Garagentore können mit einem elektrischen Torantrieb aufgerüstet werden. Sie benötigen nur einen 230-V-Stromanschluss und eine Garage, die mindestens 3,235 m tief ist.

Montageschritte

Einen elektrischen Torantrieb montiert man üblicherweise in folgenden Schritten:

1 Befestigung der Haltebeschläge für die Führungsschiene am Sturz und den Führungsarm am Garagentor.
2 Befestigung der Führungsschiene am Beschlag.
3 Befestigung der Schiene mit biegbarem Halter an der Garagendecke.
4 Fixierung der Endpunkte (Tor auf/Tor zu) des Schlittens.
5 Installation des Motors und Verbindung des Motorantriebs mit dem Torblatt.

Wichtig: Machen Sie sich auf Seite 411 mit den wichtigsten Grundregeln im Umgang mit Strom vertraut.

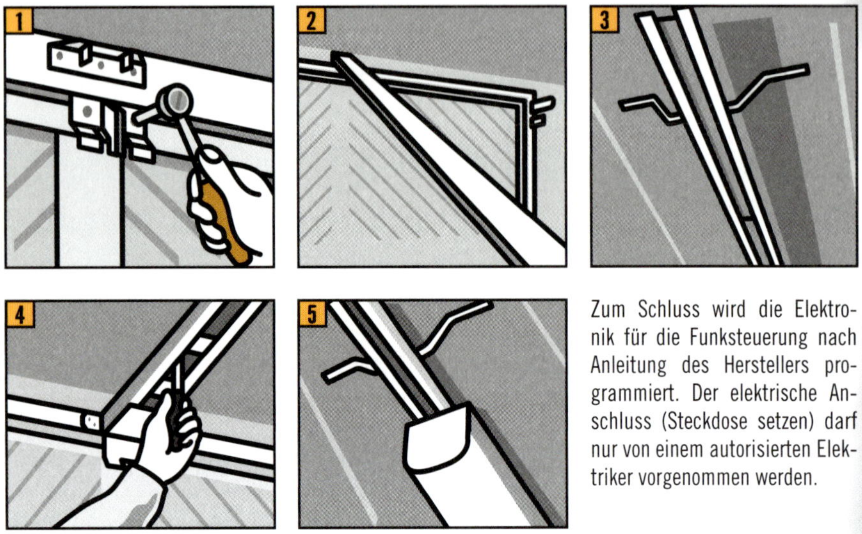

Zum Schluss wird die Elektronik für die Funksteuerung nach Anleitung des Herstellers programmiert. Der elektrische Anschluss (Steckdose setzen) darf nur von einem autorisierten Elektriker vorgenommen werden.

WARTUNG UND PFLEGE.

Auch an Garagentoren nagt irgendwann der Zahn der Zeit. Nachlässigkeit macht sich nicht nur optisch, sondern auch in der Funktion des Tores bemerkbar.

Tipps für ein einwandfrei funktionierendes Garagentor

Ein Tor mit Roststellen oder Löchern, mit verbogenen Schienen oder Quietschgeräuschen kann schnell zur Gefahr werden. Prüfen Sie deshalb halbjährlich alle Bauteile und Sicherheitseinrichtungen auf Vollständigkeit, Zustand und Wirksamkeit. Wechseln Sie schadhafte Torseile aus. Stellen Sie eine mangelhafte Zugfederspannung wieder optimal ein. Überprüfen Sie die Befestigungspunkte auf einen festen Sitz. Laufrollen müssen bei geschlossenem Tor von Hand leicht drehbar sein – bei Bedarf neu einstellen. Die Scharniere und Rollenhalter regelmäßig ölen. Den Schließzylinder bei Schwergängigkeit auf keinen Fall ölen! Mit ein wenig Graphitstaub machen Sie ihn wieder leichtgängig.

Halbjährliche Wartung der Feder

Beim Schwingtor ist die Feder werksseitig auf das Gewicht des Torblattes eingestellt. Die Feder hat dann die richtige Spannung, wenn das Torblatt in halb geöffneter Stellung stehen bleibt. Ist die Federspannung zu groß, zieht das Torblatt nach oben und umgekehrt. In diesen Fällen muss die Spannung durch Nachstellen an der Federeinhängung korrigiert werden.

Beim Sektionaltor funktioniert die Prüfung genauso: Tor halb öffnen und, falls nötig, durch Umsetzen der Federeinhängung korrigieren. Aufgepasst: Die Feder dreht sich beim Aushängen – also gut festhalten! Für beide Torarten gilt: Bei Arbeiten an der Federeinhängung wegen der Verletzungsgefahr immer Handschuhe tragen!

Garagentor mit Dämmmaterial isolieren

Eine Dämmung von innen ist nur dann sinnvoll, wenn die Garage auch beheizt werden soll. Das eigentliche Dämmen ist kein Problem. Wichtig ist, dass Sie anschließend die Federspannung auf das geänderte Gewicht des Torblattes einstellen. Zusätzlich sollten Sie auch für eine ausreichende Belüftung des Garageninnenraumes sorgen, vor allem bei feuchtem Wetter.

Schutz gegen Wind und Wetter

Je nachdem aus welchem Material Ihr Garagentor gefertigt ist, muss die Oberfläche zum Schutz vor Wind und Wetter behandelt werden.

Eine Torfüllung aus Holz muss je nach Verwitterung alle 2–3 Jahre neu lasiert bzw. lackiert werden. Aluminium- oder Stahltore sollten regelmäßig von Schmutz befreit und gegen Rost geschützt werden.

WERKZEUG.

- ✓ Wasserwaage
- ✓ Zollstock
- ✓ Bleistift
- ✓ Bohrmaschine
- ✓ Steinbohrer (10 mm)
- ✓ Metallbohrer (5 mm)
- ✓ Gabelschlüssel 10/13
- ✓ Kreuzschlitz-Schraubendreher
- ✓ Arbeitshandschuhe
- ✓ Metall-Bügelsäge

MATERIAL.

- ✓ Garagentor
- ✓ Befestigungsmaterial (liegt dem Tor bei)
- ✓ Garagentorantrieb

Auto drin – Klappe zu – alles gut. Manche Dinge sind angenehm einfach. Kein Marder zerbeißt das Bremskabel, kein Betrunkener knickt die Antenne um und kein falscher Impuls löst die Alarmanlage am Auto aus.

VORDACH ANBRINGEN.

VORDACH ANBRINGEN.

SIE STEHEN VOLLBEPACKT VOR IHRER HAUSTÜR, ES GIESST IN STRÖMEN UND SIE FINDEN DEN OLLEN SCHLÜSSEL NICHT. WAS WÜNSCHEN SIE SICH JETZT? A) JEMANDEN, DER DEN REGEN ABSTELLT, B) EIN ANDERES LEBEN ODER C) EIN VORDACH ÜBER DER TÜR?

AKZENTE SETZEN.

Vordächer über Hauseingängen schützen Sie und Ihre Besucher vor Wind und Wetter. Seitlich befestigte Windfänge bieten zusätzlichen Windschutz, vor allem wenn sich der Eingangsbereich im Norden befindet. Damit Haustür, Vordach und der Rest des Eingangs gut aufeinander abgestimmt sind, nehmen Sie das Vordach am besten beim Türkauf schon mit.

Vorsicht, Wasser

Damit Ihr Vordach auch schön dicht ist, sollten Sie darauf achten, dass der Anschluss an die Fassade sauber und fachgerecht ausgeführt wird, sonst läuft das Regenwasser am Gebäude herunter. Das Regenwasser wird über Wasserspeier, Dachrinnen und Regenfallrohre oder Regenablaufketten abgeleitet. Doch Vorsicht, lassen Sie das Regenwasser nicht von Ihrem Vordach auf den Gehweg fließen. Bei Minusgraden verwandelt sich dieser schnell in eine Eisbahn, auf der ungeübte Eisläufer leicht ausrutschen.

Material und Befestigung

Vordächer können aus verschiedenen Materialien sein: Stahlbeton mit Metallabdeckung, Stahl-, Aluminium-, Holz- und Kunststoffkonstruktionen, Kunststoffplatten, Faserzement, Drahtglas, Sicherheitsglas, um nur ein paar zu nennen. Im Handel werden mittlerweile Vordächer als Fertigelemente, mit Seitenblende und allem nötigen Befestigungszubehör angeboten.

Die Beschaffenheit der Trägerwand entscheidet darüber, wie das Vordach festgemacht wird. Unter Umständen werden unterschiedliche Schrauben und Dübel benötigt, die für verschiedene Wandmaterialien (wie Holz, Beton, Stein, Wärmedämmung) geeignet sind.

Reinigung muss sein

Mit der Zeit setzt sich immer mehr Schmutz auf Ihrem Vordach ab. Da reicht es irgendwann nicht mehr, auf den nächsten reinigenden Regen zu warten. Dann heißt es rauf auf die Leiter und schrubben oder, wenn Sie ein Klappdach haben, Klappvorrichtung lösen, Dach nach unten kippen, saubermachen, wieder hochklappen und fertig.

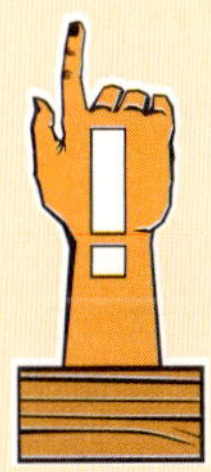

HINWEIS!

Die obere und untere Schutzfolie sowie den äußeren Kantenschutz sollten Sie erst nach der Montage entfernen.

Vordachvariationen

VORDACH ANBRINGEN.

Ein Vordach in Selbstmontage anzubringen, ist nicht kompliziert. Rechts und links die entsprechenden Bohrlöcher ins Mauerwerk bohren und das vorbereitete Vordach anschrauben. Was Sie dabei aber unbedingt brauchen, sind zwei Helfer zum Halten des Vordaches. Achten Sie auf die

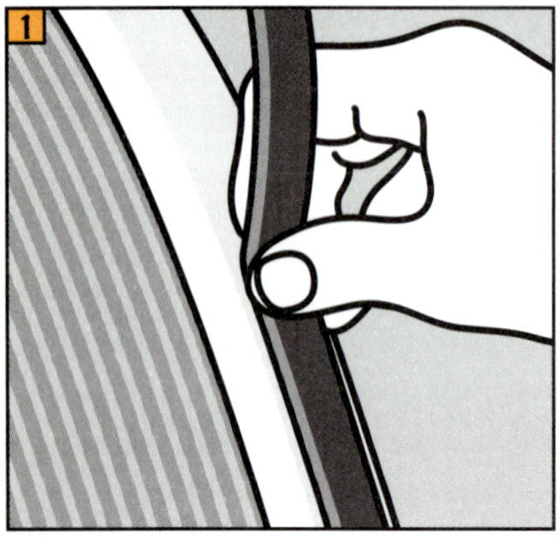

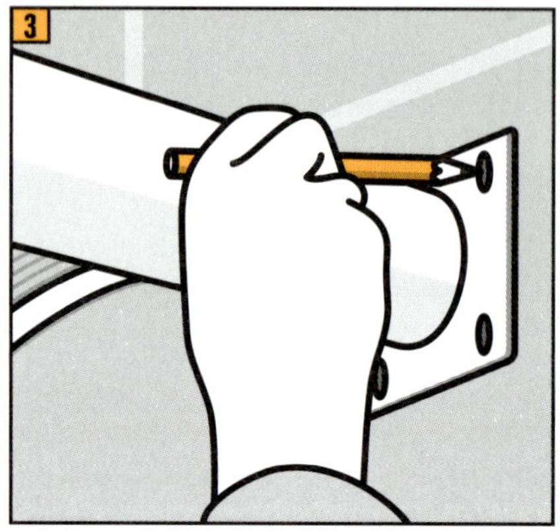

1 Bringen Sie zuerst im Wandanschlussbereich des Vordachs ein selbstklebendes Dichtungsband an. Es verhindert das Eindringen von Wasser zwischen Vordach und Hauswand. Montieren Sie vorhandene Außenbeleuchtungen ab, wenn diese die Montage behindern. **2** Zeichnen Sie über der Mitte der Türöffnung eine senkrechte Hilfslinie, damit Sie das Vordach mittig ausrichten können. Nun müssen zwei Personen das Vordach an die Hauswand halten. Eine dritte Person kann mit Richtlatte und Wasserwaage das Vordach in Position bringen und genau ausrichten. **3** Jetzt können die Bohrlöcher für die Befestigungsschrauben markiert werden. Bohren Sie anschließend mit einem zur Dübelgröße passenden Steinbohrer die Löcher an den eingezeichneten Stellen.

vorgeschriebene Befestigungsmethode des Herstellers und die dazu passenden Dübel und Schrauben. Sie wollen ja, dass das Dach auch bei Sturm und Regen sicher hält.

4

5

Wichtig: Bohrstaub aus den Löchern saugen! **4** Nach dem Einstecken der Dübel in die Wand wird das Vordach mit zwei Helfern auf beiden Seiten fest angeschraubt. **5** Je nach Wunsch kann zur Ableitung des Regenwassers ein Überlauf montiert werden oder eine Kette senkrecht vom Vordach heruntergelassen werden. Abschließend kann die Außenbeleuchtung wieder befestigt werden.

WERKZEUG.

- ✓ Schlagbohrmaschine/ Bohrhammer
- ✓ Betonbohrer
- ✓ Wasserwaage
- ✓ Richtlatte
- ✓ Drehmomentschlüssel
- ✓ Akku-Schrauber
- ✓ Schraubendreher
- ✓ Bleistift
- ✓ Metermaß
- ✓ 2–3 Leitern oder Gerüst

MATERIAL.

- ✓ Vordach
- ✓ Selbstklebendes Dichtungsband
- ✓ Überlauf oder Ablaufkette
- ✓ Spezialdübel
- ✓ Spezialschrauben

Praktische Sache so ein Vordach – Ihre Gäste, die sich bei strömendem Regen die Finger wund klingeln, während Sie noch unter der Dusche stehen, werden es Ihnen danken!

HINWEISE!

- Vordächer werden in der Regel ohne Abdichtungs- und Befestigungsmaterial geliefert. Wählen Sie diese entsprechend der örtlichen Gegebenheiten aus. Es sollten ausschließlich Befestigungsmittel aus Edelstahl verwendet werden.
- Verankern Sie das Vordach auf jeden Fall an allen vorgesehenen Punkten im Beton oder Mauerwerk (Hohllochziegel/Kalksand-Lochsteine der Festigkeitsklasse 12), damit die statische Belastbarkeit gewährleistet ist.
- Arbeiten Sie generell mit zwei Helfern, um eine sichere Montage zu ermöglichen.
- Sorgen Sie für sichere Arbeitsbedingungen. Die Leitern müssen auf jeden Fall sicher auf dem Boden stehen, ohne zu wackeln.
- Beachten Sie sorgfältig die Montageanleitung des Herstellers.

ES GIBT
IMMER
WAS ZU TUN.

WOHNRÄUME GESTALTEN.

ab Seite

WÄNDE UND DECKEN

WÄNDE UND DECKEN MIT HOLZ VERKLEIDEN.

WÄNDE UND DECKEN MIT HOLZ VERKLEIDEN.

DER HÖHLENMENSCH STECKT ZWAR IN UNS ALLEN, ABER MIT KALTEN STEIN- ODER BETONWÄNDEN MAG KEINE RECHTE GEMÜTLICHKEIT AUFKOMMEN. SO RICHTIG BEHAGLICH WIRD DIE EIGENE HÖHLE BZW. WOHNUNG MIT VERKLEIDUNGEN AUS HOLZ AN WAND UND DECKE. DAS HÄTTEN DIE STEINZEITMENSCHEN BESTIMMT AUCH GERNE GEHABT.

DER WÄNDE NEUE KLEIDER.

Stehen Sie mehr auf echte Holzoptik oder soll's was Kreativeres sein? Egal wie Sie die Wandverkleidung gestalten, ob Sie Paneele nehmen oder Massivholzbretter – das Praktische ist, dass Kabel und Rohre dahinter verschwinden. Dünne Zwischenwände bekommen eine nachträgliche Schalldämmung und wo es an Außendämmung fehlt, kann eine Wärmedämmschicht eingebaut werden. Dieses Projekt ist zwar etwas arbeitsintensiv, aber die einzelnen Schritte sind einfach und von jedem Heimwerker zu bewältigen.

WÄNDE UND DECKEN MIT PROFIL.

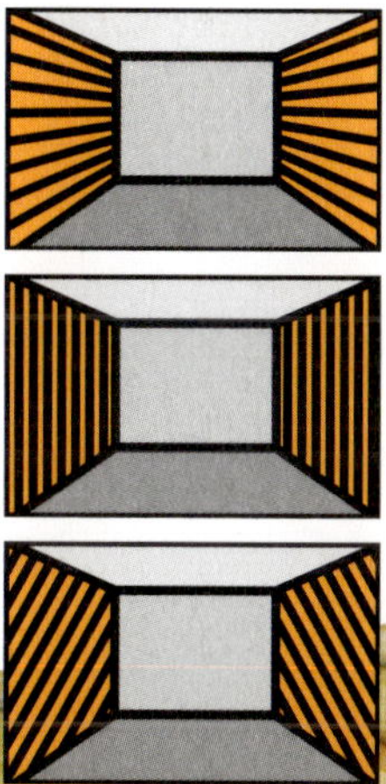

Raumwirkung und Gestaltung

Die Art der Verlegung beeinflusst die Raumwirkung. Waagerechte Fugen machen den Raum breiter, bei senkrechten erscheint der Raum höher und luftiger. Diagonal verlegt bringen Sie ein bisschen Dynamik in den Raum. Ist die Decke sehr hoch, kann man sie bei der Verkleidung ein Stück abhängen, das spart auch Heizkosten.

Stimmen Sie die Holztöne von Wandverkleidung, Boden und Möbel aufeinander ab. Je edler die Holzart, desto schlichter sollte das Muster sein. Farbige Leisten und ausgefallene Profile setzen eigene Akzente.

Materialbedarf berechnen

Die Anzahl der Latten für die Unterkonstruktion ist einfach herauszufinden. Da sie im Abstand von 50 cm verlegt werden, braucht man doppelt so viele, wie der Raum in Metern lang bzw. breit ist – je nach Verlegerichtung, plus eine für den Wandanschluss.

Bei unserem Beispiel ist das:

A (4 x 2) + 1 = 9. Sie brauchen 9 Latten à 6 m.

B (6 x 2) + 1 = 13. Sie brauchen 13 Latten à 4 m.

Verlegung quer zur Fläche:

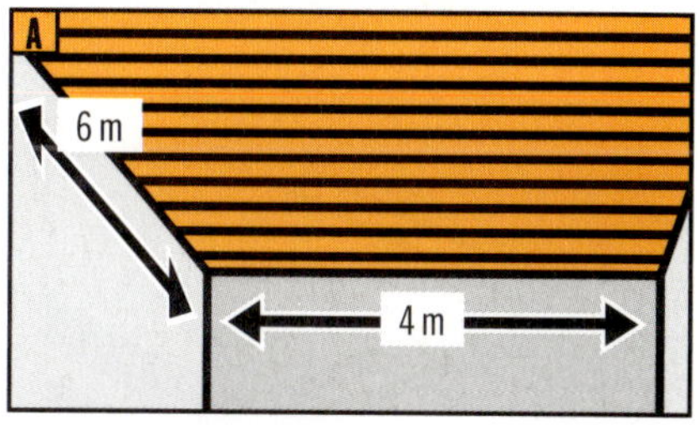

Verlegung längs zur Fläche:

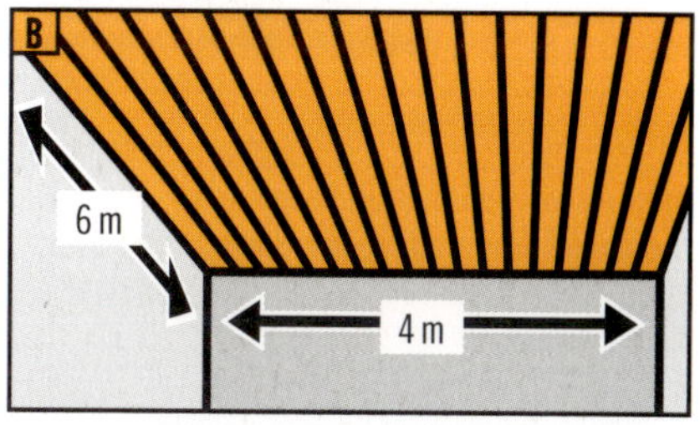

Die Anzahl der Bretter errechnet sich aus dem Deckmaß und der Decken- oder Wandlänge bzw. -breite, je nachdem, in welche Richtung Sie verlegen. Die Länge der Fläche wird durch das Deckmaß eines Brettes geteilt, das Ergebnis wird aufgerundet.

Für unsere Beispiele haben wir ein Deckmaß von 120 mm gewählt:

1. 6 000 mm Deckenlänge : 120 mm Deckfläche = 50. Sie benötigen 50 Bretter à 4 m.
2. 4 000 mm Deckenlänge : 120 mm Deckfläche = 33,3. Sie benötigen 34 Bretter à 6 m.

Für jeden Punkt, an dem ein Brett auf einer Latte aufliegt, wird eine Befestigungsklammer, ein Stift oder etwas Ähnliches gebraucht. Für die genaue Stückzahl multiplizieren Sie die Anzahl der Bretter mit der Anzahl der Latten.

PROFILHOLZ ODER PANEELE?

Wie soll man sich bloß im Dschungel der unzähligen Bretter und Hölzer zurechtfinden? Was ist überhaupt Profilholz? Und was ist eigentlich der Unterschied zwischen Profilholz und Paneelen? Fragen über Fragen – wer lieber Bretter an der Wand als vorm Kopf hat, der ist auf diesen Seiten genau

Profilholz

Diese Bretter aus Massivholz haben an den Längsseiten meist eine Nut bzw. eine Feder und lassen sich leicht ineinanderstecken. Es stehen viele verschiedene Profile zur Auswahl. Eine ganze Reihe Holzarten wird zu Profilbrettern verarbeitet. Wenn Sie die Bretter deckend lackieren wollen, reicht eine Holzart in B-Sortierung. Soll die Holzoberfläche sichtbar sein, nehmen Sie lieber das teurere A-Sortiment.

System-Profilholz

Diese Massivholzbretter haben auch an den Kopfseiten Nut und Feder. Somit kann man diese Bretter nach allen Seiten stabil miteinander verbinden.

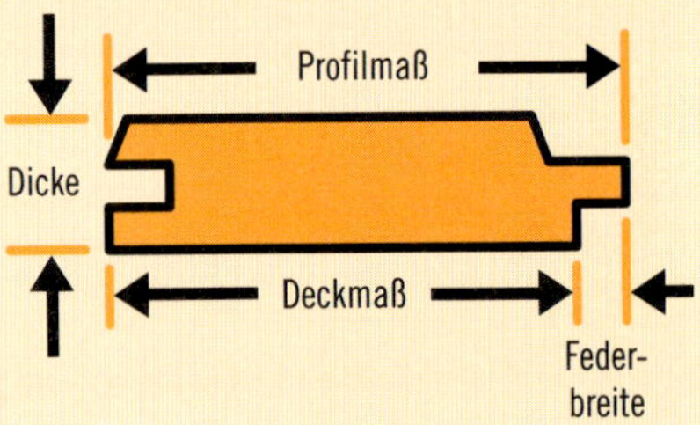

Paneele

Der Kern dieser Bretter besteht meist aus MDF oder einem anderen Holzwerkstoff. MDF ist mit Kunststoff, Furnieren oder kunstharzgetränktem Papier beschichtet. Daraus resultiert die riesige Vielfalt an Farben und Oberflächen. Für Bad und Küche gibt es spezielle feuchtebeständige Paneele. Paneele haben an den Längsseiten, manchmal auch an allen vier Seiten Steckprofile, mit denen man sie verbindet. Das kann eine umlaufende Nut (Nut-Nut-Paneel) oder ein Nut-Feder-Profil sein.

A Bei einer losen Feder sind die Gestaltungsmöglichkeiten durch eine individuelle Wahl der Feder groß. Lose Federn sind in passenden Dekoren, farbig oder mit Spiegeloberfläche erhältlich. Sollen große Flächen gegliedert bzw. unterbrochen werden, eignen sich Paneele mit loser Feder am besten.

B Paneele mit fester Feder haben je nach Ausführung eine fest vorgegebene Fugenbreite, eine variable Fugenbreite oder einen fugenlosen Übergang. Bei Letzterem entsteht eine großzügige Gesamtfläche, was sich bei kleineren Räumen vorteilhaft auswirkt.

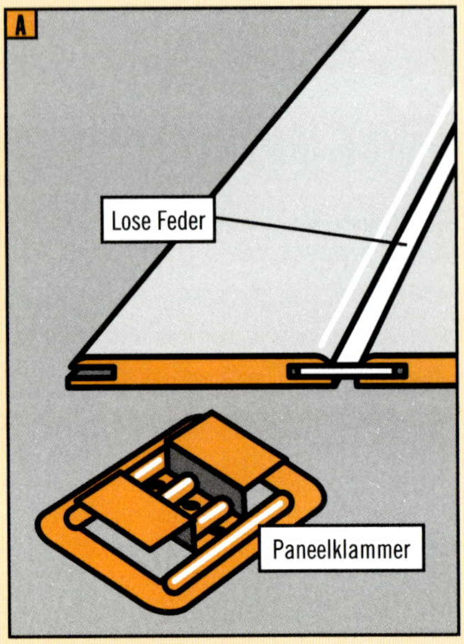

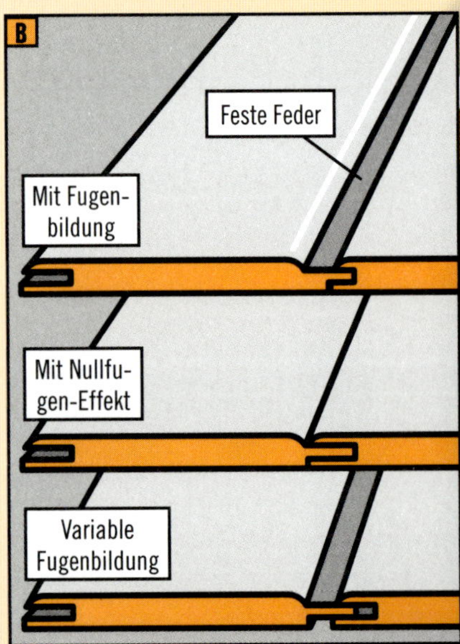

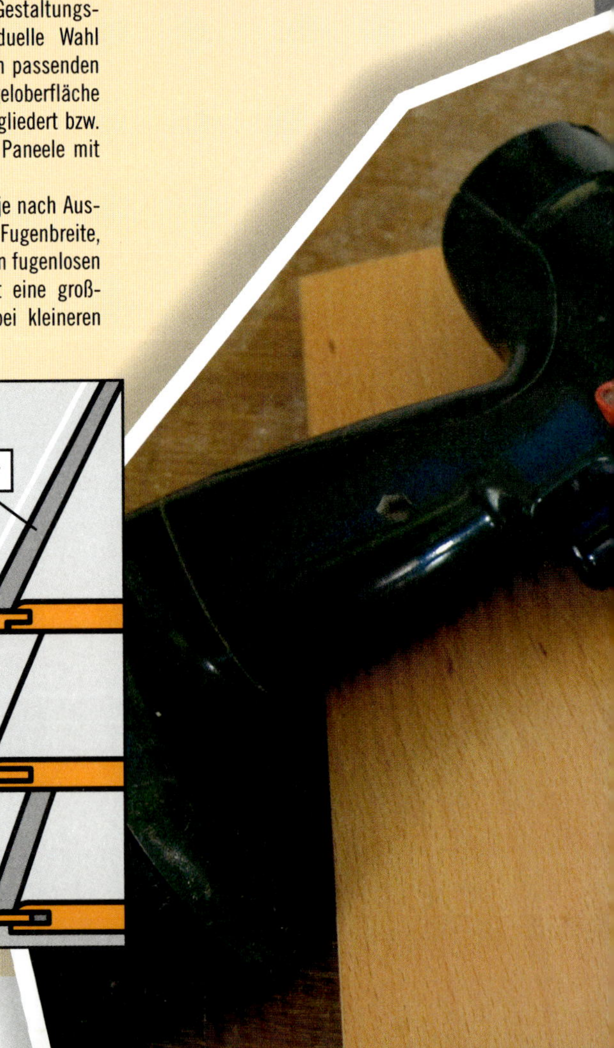

richtig. Mit dem gewonnenen Überblick lässt sich einmal tief durchatmen, planen, entscheiden und richtig einkaufen. Klären Sie auch die Frage der Dämmung, besonders wenn Sie vorhaben, Kellerräume zu verkleiden. Na, dann mal gut Holz!

Die Frage der Dämmung

Wärmedämmung an Innenwänden ist nicht besonders effektiv, da es zu viele Wärmebrücken gibt. Wenn eine Außendämmung nicht möglich ist, kommt man um die Innendämmung natürlich nicht herum. Meistens aber ist an Innenwänden eher die Schalldämmung interessant.

Die Dämmstoffe – Matten oder Platten – werden zwischen die Lattung gesteckt, so dass sie stramm sitzen. Die Dämmlage sollte mindestens 40 mm dick sein. Die Lattung muss genauso dick sein wie die Dämmschicht. Über diese Schicht wird als Dampfsperre eine PE-Folie gezogen und luftdicht verklebt. Die Wandverkleidung wird dann auf eine Konterlattung montiert, die kreuzweise an die Grundlattung geschraubt wird. So ist die Verkleidung ausreichend hinterlüftet.

❶ Lattung
❷ Dämmstoff
❸ PE-Folie
❹ Konterlattung

Geeignete Dämmstoffe

Eigentlich eignen sich alle organischen und mineralischen Dämmstoffe, wobei die organischen ein besseres Wohnklima erzeugen: Holzwolleplatten, Flachsmatten, Zelluloseplatten, Hanfmatten, Kokosfasermatten, Schafwollematten. Auf Fäulnis- und Feuchteresistenz, Insektenschutz und Brandschutzklasse achten!

MATERIALÜBERSICHT.

Für die Wand- und Deckenverkleidung gibt es viele Gestaltungsmöglichkeiten. Profilholz – lackiert, gewachst oder gebeizt – sorgt für ein angenehmes Raumklima. Paneele in allen Farben und Furnieren passen einfach in jeden Raum. Da kann die Entscheidung schon mal schwerfallen!

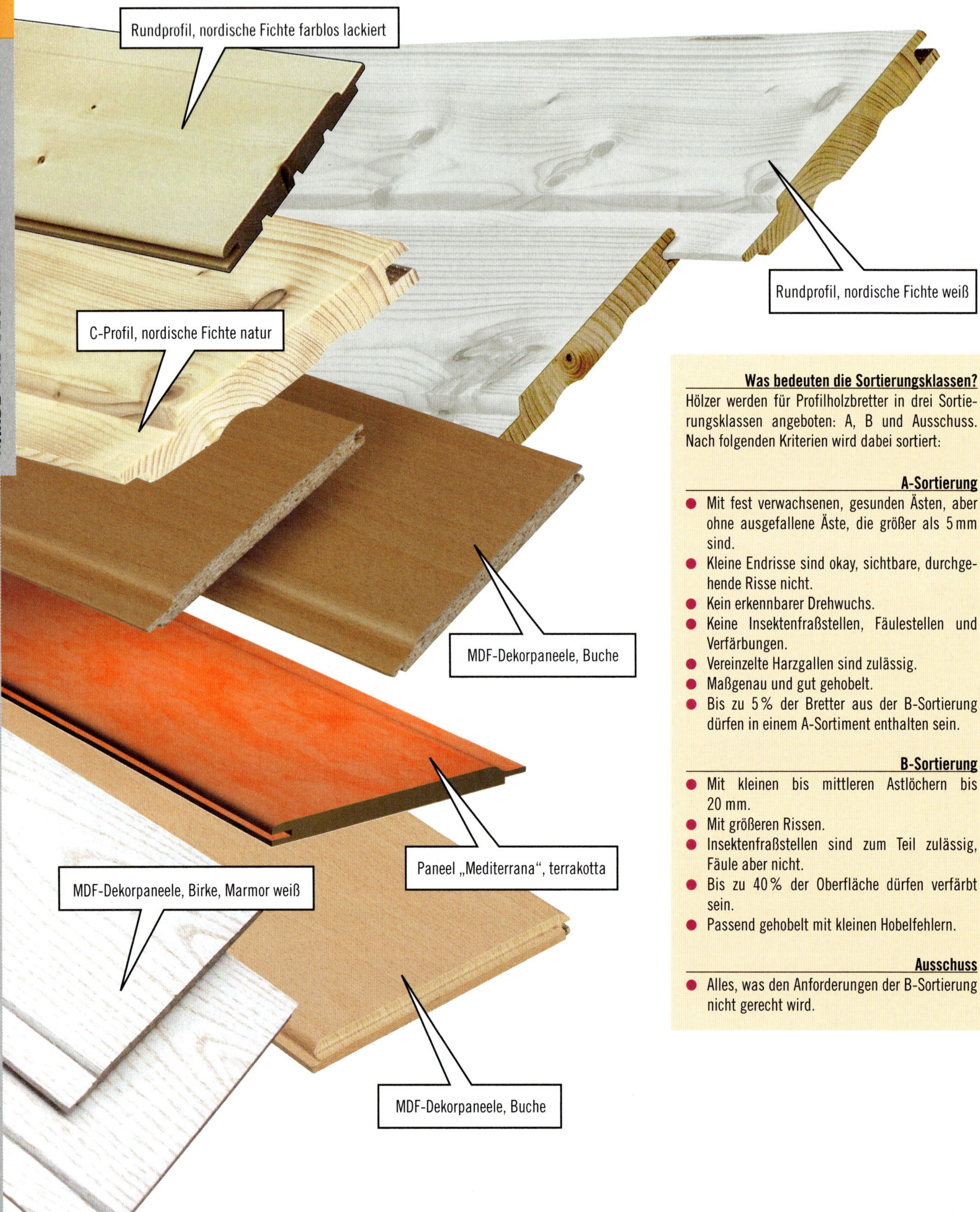

Was bedeuten die Sortierungsklassen?

Hölzer werden für Profilholzbretter in drei Sortierungsklassen angeboten: A, B und Ausschuss. Nach folgenden Kriterien wird dabei sortiert:

A-Sortierung

- Mit fest verwachsenen, gesunden Ästen, aber ohne ausgefallene Äste, die größer als 5 mm sind.
- Kleine Endrisse sind okay, sichtbare, durchgehende Risse nicht.
- Kein erkennbarer Drehwuchs.
- Keine Insektenfraßstellen, Fäulestellen und Verfärbungen.
- Vereinzelte Harzgallen sind zulässig.
- Maßgenau und gut gehobelt.
- Bis zu 5 % der Bretter aus der B-Sortierung dürfen in einem A-Sortiment enthalten sein.

B-Sortierung

- Mit kleinen bis mittleren Astlöchern bis 20 mm.
- Mit größeren Rissen.
- Insektenfraßstellen sind zum Teil zulässig, Fäule aber nicht.
- Bis zu 40 % der Oberfläche dürfen verfärbt sein.
- Passend gehobelt mit kleinen Hobelfehlern.

Ausschuss

- Alles, was den Anforderungen der B-Sortierung nicht gerecht wird.

GÄNGIGE PROFILE.

QUERSCHNITT	BEZEICHNUNG	QUERSCHNITT	BEZEICHNUNG
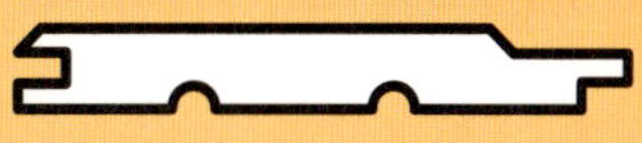	Schattennutprofil 30° (Sauna Profil)		Softlineprofil (Rundprofil)
	Landhausprofil		Stabprofil
	Blockhausprofil		Akustikprofil
	Fasebrett (Faseprofil)	 Gespundet (mit Nut und Feder)  Gefalzt	Stülpschalung
	Schweinsrückenprofil		
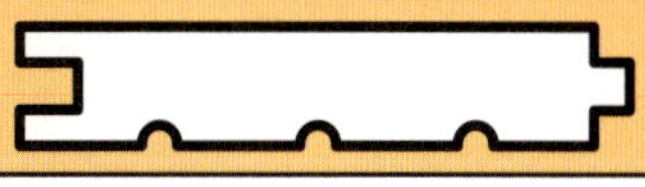	Hobeldiele		Rauspund

BEFESTIGUNGSMETHODEN.

Sie können die Profilholzbretter festnageln oder schrauben. Das kann dekorativ sein, wenn Sie immer genau die Mitte treffen und sich ein regelmäßiges Muster ergibt.
Eher nagelt man die Bretter unsichtbar durch den unteren Teil der Nut. Vorsicht beim Nageln, dass Sie dabei nicht die Nut beschädigen.

Besser und sauberer geht es mit einem Elektrotacker. Die Klammern werden durch den unteren Teil der Nut geschossen.

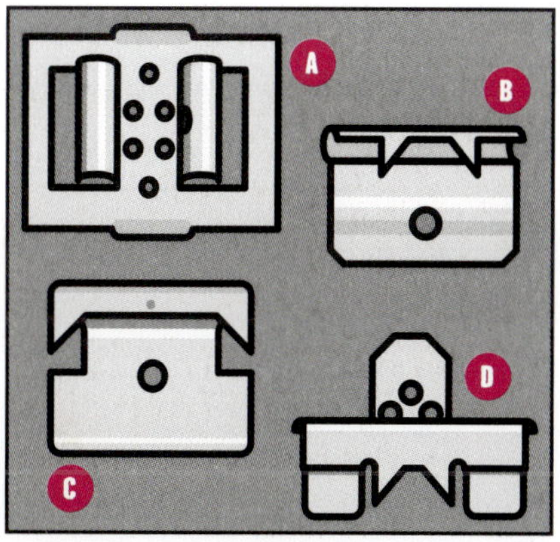

Die einfachste Methode sind Befestigungskrallen, die man auf die Trägerlatten nagelt. Für Paneele gibt es spezielle Klammern und Krallen, die jeweils für das erste Paneel und für die Anschlusspaneele zum Einsatz kommen.
(A) Paneel- oder Nut-Nut-Kralle;
(B) Anfangskralle;
(C) und (D) Standardmontagekrallen

MATERIAL RICHTIG VERARBEITEN.

Wenn Sie diese Verarbeitungstipps beachten, wird Ihnen das Projekt leicht von der Hand gehen. Dann müssen Sie sich nicht über ausgefranste, gerissene oder verzogene Bretter ärgern. Am meisten Spaß macht das Zuschneiden und Montieren übrigens zu zweit – dann geht's auch schneller. Besonders

12 goldene Regeln für den Umgang mit Profilholz:
1 Für Längsschnitte verwenden Sie eine Säge mit nach vorne geneigten Sägezähnen. Führen Sie die Schnitte auf Stoß aus.
2 Für Schnitte quer zur Maserung verwenden Sie eine gleichmäßig gezahnte Säge.
3 Sägen Sie mit einer Kreissäge, sollte das Sägeblatt maximal 3 mm über die Profilholzdicke hinausragen. Bei einer Tischkreissäge reißen die Fasern nach unten aus, also sägen Sie die Bretter mit der Sichtfläche nach oben. Bei Handkreissägen ist es andersherum. Abstehende Holzfasern können nach dem Sägen mit Sandpapier geglättet werden.
4 Gleichmäßiges Anklopfen mit einem Klopfholz gewährleistet saubere, parallel verlaufende Profilhölzer.
5 Für exakte Abschlusskanten von 90° oder 45° eine Schnittführung oder Gehrungslade verwenden.
6 Wenn Sie allein sind, hilft Ihnen die Profilholzzange. Mit ihr kann auch langes Profilholz von nur einer Person angebracht werden.
Immer ein passendes, scharfes Sägeblatt benutzen, damit das Holz nicht ausbricht oder splittert.
Bei Elektrostichsägen die Sichtfläche der Bretter nach unten legen, da die Fasern nach oben ausreißen.
Lagern Sie Profilholzbretter vor der Verarbeitung ein paar Tage ausgepackt im Verlegeraum, damit sie sich der Raumtemperatur anpassen können. Dabei die Enden fest mit Kreppband umwickeln, damit sich die Bretter nicht verziehen können.
Unbehandeltes Material unbedingt VOR der Montage streichen oder lasieren. Wenn Sie nur die fertige Verkleidung streichen, sieht man später unbehandelte Flächen, wenn das Holz sich verzieht.
Sehen Sie sich die Bretter vor dem Zuschneiden genau an und schneiden Sie das schlechtere Ende weg.
Bretter aus dunklen Hölzern mit hellem Splint (z. B. Zeder) gut durchmischen, damit sich ein kontrastreiches, schönes Gesamtbild ergibt.

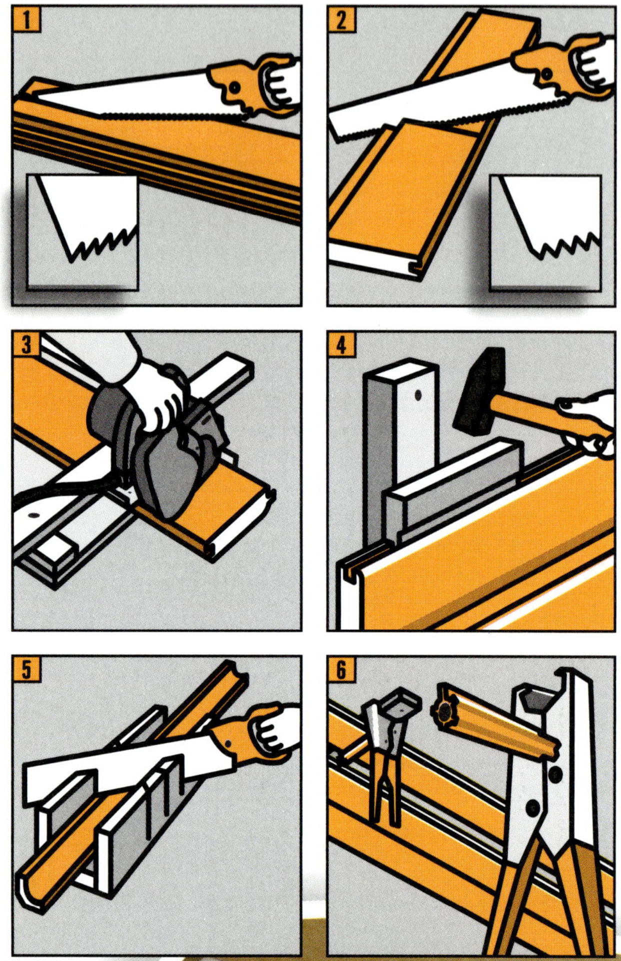

handwerksbegabt braucht der Helfer nicht zu sein. Die Handgriffe sind denkbar einfach, und man wird auch nicht arg schmutzig dabei. Für'n Kasten Bier oder 'ne Einladung ins Kino hilft Ihnen Ihr Kumpel bestimmt gerne.

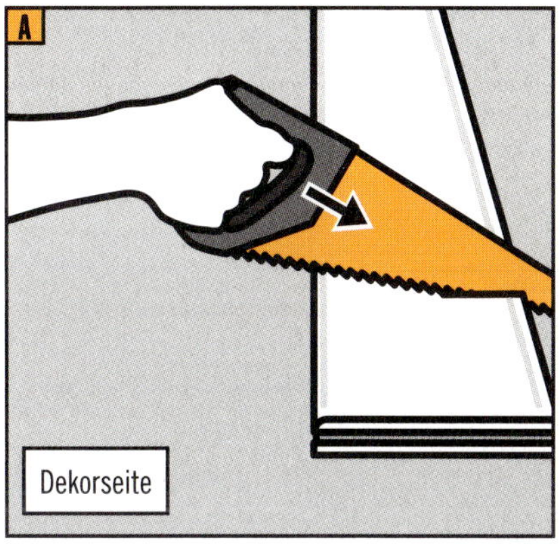

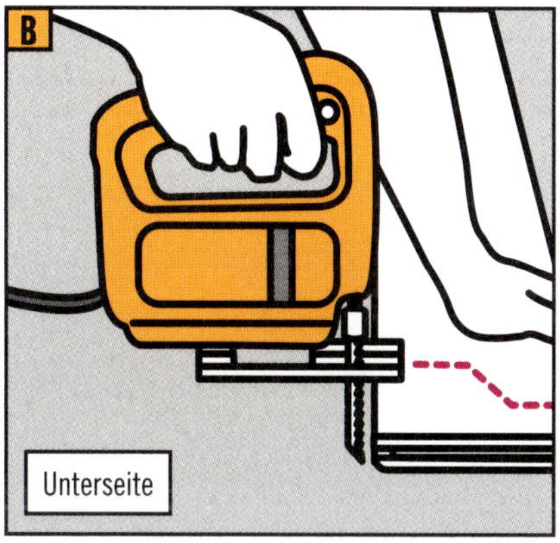

Paneele verarbeiten

Bei der Montage von Paneelen sind je nach Verlegemuster kürzere Brettabschnitte nötig. **A** Sägen Sie die Paneele mit einer Feinsäge so, dass die Sägezähne gegen die Paneeloberfläche laufen. Beim Arbeiten mit einer Kapp- und Gehrungssäge wird von der Rückseite her gesägt.

B Für Ausschnitte aus einzelnen Brettern arbeiten Sie am besten mit einer Stichsäge, und zwar von der Brettrückseite her.
Wenn die Innenwand trocken und sehr eben ist, kann man Paneele auch mit Montagekleber aufkleben und spart so die Unterkonstruktion.

Profilholz verbinden

C Beim Zusammenfügen von Profilbrettern immer einen Holzklotz (Abfallbrett aus Profilholz) verwenden und nicht direkt mit dem Hammer auf die Brettkanten schlagen. **D** Die eigentliche Befestigung erfolgt mit Profilbrettkrallen. Die Befestigungsnägel sind nach der Montage nicht sichtbar.

WERKZEUG.

- ✓ Feine Holzsäge
- ✓ Stichsäge
- ✓ Kappsäge
- ✓ Gehrungssäge
- ✓ Kreissäge
- ✓ Hammer
- ✓ Gehrungslade
- ✓ Kreppband

MATERIAL.

- ✓ Paneele
- ✓ Profilbretter
- ✓ Stück Brett oder Kantholz
- ✓ Lack/Lasur/Beize und Pinsel

DECKE VERKLEIDEN.

Zeitlos und immer aktuell – Paneele bieten ein unerschöpfliches Spektrum an Oberflächen, Farben und Dekoren. Ganz nach Ihrem Geschmack können Sie die Gestaltung Ihrer Zimmerdecke in Angriff nehmen. Ungünstige Raumverhältnisse lassen sich ganz leicht mit einer pfiffigen Deckengestaltung

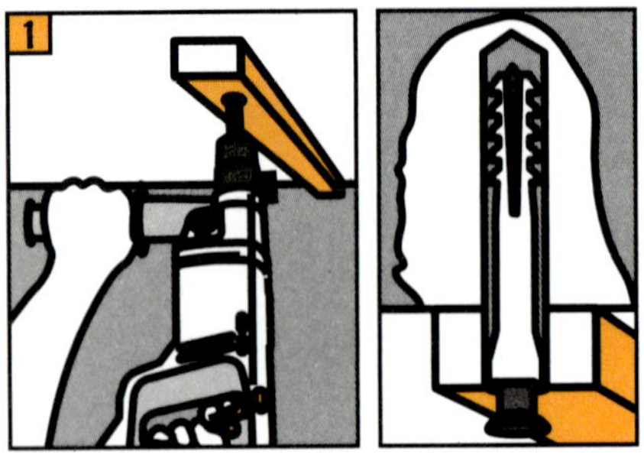

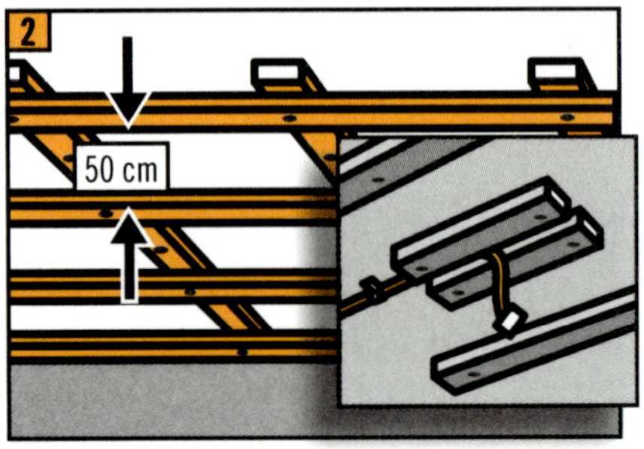

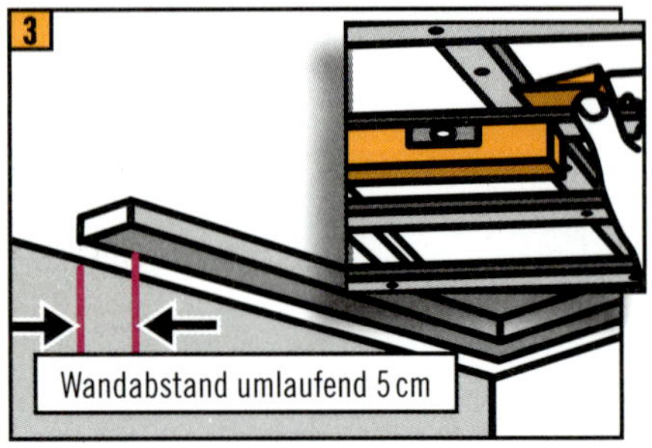

Unterkonstruktion herstellen

Zur Deckenverkleidung mit Profilholz oder Paneelen benötigen Sie eine Unterkonstruktion aus Dachlatten. Diese Lattung wird stabil an der Montagedecke befestigt (Lattenabstand 50 cm). **1** Bei Betondecken ist eine Befestigung mit Durchsteckdübeln geeignet. Hierzu werden die Dachlatten und die Decke im Dübeldurchmesser gebohrt. Nach dem Setzen des Dübels durch die Latte kann sofort geschraubt werden. Der Abstand zwischen den Dübeln sollte 80–100 cm betragen. **2** Im Befestigungsbereich von Beleuchtungen muss auf die zusätzliche Gewichtsbelastung geachtet werden. Am besten bringen Sie hier eine Verstärkung durch zusätzliche Latten an. **3** In Räumen mit aufsteigender Feuchtigkeit (z. B. Sanitärräume) wird eine Hinterlüftung benötigt. Halten Sie hier einen umlaufenden Wandabstand von ca. 5 cm ein. Eine Konterlattung unterstützt die Luftzirkulation hinter der Verkleidung und bietet zusätzlichen Hohlraum. Denken Sie daran, dass die erste Lattung dann in Richtung der Paneele verlegt werden muss, da diese quer zur Konterlattung montiert werden! Die Ebenheit mit der Wasserwaage prüfen und gegebenenfalls mit kleinen Keilen oder Holzblättchen ausgleichen.

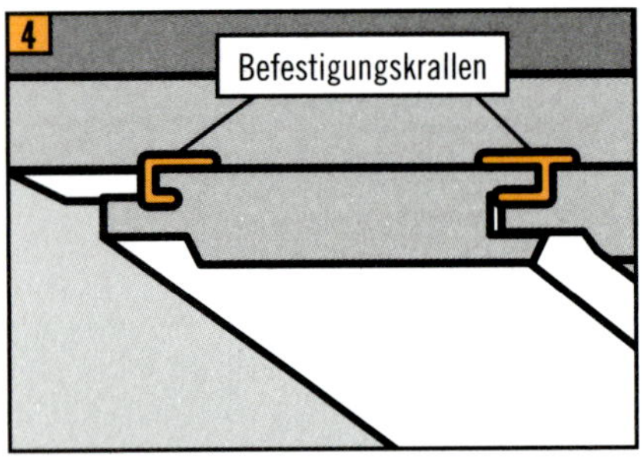

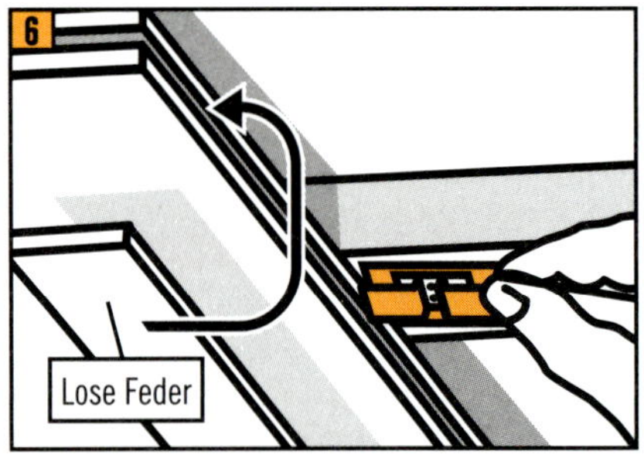

Profilholz und Paneele mit fester Feder befestigen

4 Die Profilholzbretter und Paneelen mit fester Feder werden mit entsprechenden Befestigungskrallen an die Unterkonstruktion genagelt. Anfangskrallen halten das erste Brett. Hierzu zuerst die Krallen an der Unterkonstruktion festnageln und dann das erste Brett mit der Feder an den Krallen ansetzen. Nun das Brett mit Krallen an der Nut befestigen. Das nächste Brett ansetzen und an der Nutseite ebenfalls mit Krallen festnageln. So geht's Schritt für Schritt weiter, bis die Verkleidung komplett ist.

Paneele mit loser Feder befestigen

5 Mit Anfangskrallen wird das erste Brett befestigt. Hierzu zuerst die Krallen an der Unterkonstruktion annageln und dann das erste Brett mit der Nut an der Kralle ansetzen. **6** Anschließend eine lose Feder einsetzen und ein weiteres Paneel anbringen; dieses ebenfalls mit Krallen befestigen und so Schritt für Schritt die Verkleidung vervollständigen.

korrigieren. Wenn Sie mehr auf Natur stehen, dann wäre eine Decke aus Profilholz das Richtige für Sie. Das Verlegen ist durch das Nut-Feder-Prinzip ein Kinderspiel. Achtung: für Feuchträume geeignetes Material wählen!

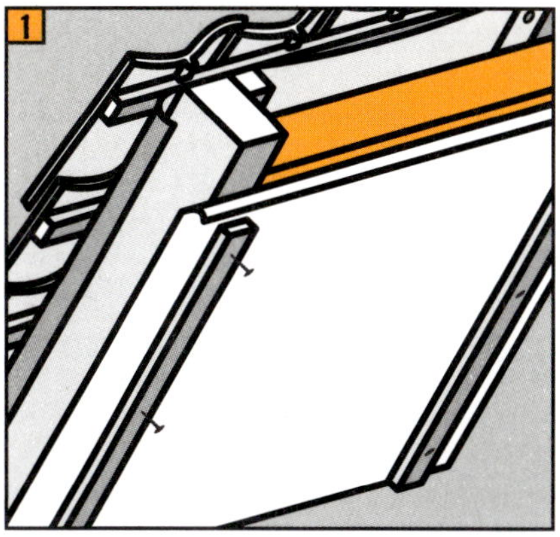

Profilholz an Dachschrägen

Die Deckenverkleidung findet an Dachschrägen häufig Anwendung. **1** Hier kann eine Wärmedämmung zwischen die Sparren eingebaut werden. Mehr zum Thema „Wärmedämmung“ erfahren Sie ab den Seite 106. **2** Die Profilbretter werden quer angebracht. Bei nicht fluchtgerecht verlaufenden Sparren mit Holzplättchen ausgleichen. **3** Reicht die Sparrendicke für die benötigte Wärmedämmung nicht aus, kann in einer zweiten Lage eine weitere Dämmschicht angebracht werden. Da hierbei eine Konterlattung erforderlich ist, ist danach ein Anbringen der Profilbretter in vertikaler Richtung möglich.

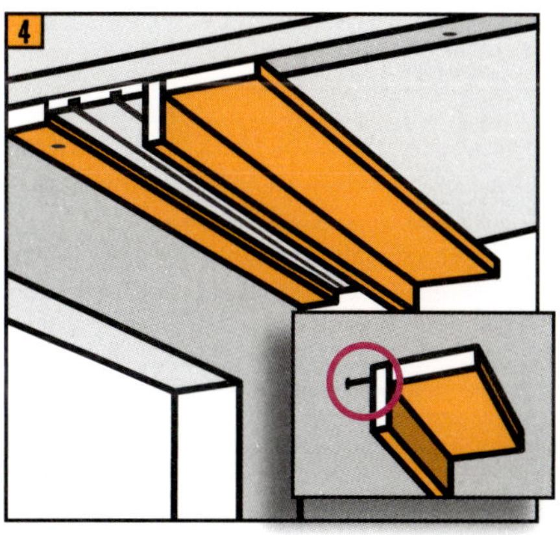

Gardinenleisten

4 Gardinenleisten können mit oder ohne Sichtblende in die Decke eingebaut werden. Zuerst sägen Sie sich aus einem Deckenelement die benötigte Breite zu, um den gewünschten Abstand zwischen Gardinenleiste und Fensterfläche zu erhalten. Bei bodenlangen Gardinen ist auch der Heizkörper zu berücksichtigen. **5** Als Nächstes die Gardinenleiste an der Unterkonstruktion anschrauben. Bei Sichtblenden verwenden Sie ein ca. 8 cm breites Brett (a) mit glatten Kanten und nageln es mit einem Profilbrett (b) zusammen. **6** Am Profilbrett die Feder entfernen. Nach dem Befestigen dieses Winkels im direkten Anschluss an die Gardinenleiste können weitere Profilbretter angebracht werden. Beim Verzicht auf die Sichtblende kommen die Profilbretter im direkten Anschluss an die Gardinenstange.

WERKZEUG.

- ✓ Zollstock
- ✓ Bleistift
- ✓ Bohrmaschine
- ✓ Universalbohrer
- ✓ Hammer
- ✓ Elektroschrauber
- ✓ Nagelhalter
- ✓ Profilbrettzange
- ✓ Fuchsschwanz/Holzsäge
- ✓ Handkreissäge
- ✓ Gehrungslade
- ✓ Wasserwaage

MATERIAL.

- ✓ Dachlatten
- ✓ Durchsteckdübel/ Schrauben
- ✓ Schattenfugenbretter
- ✓ Gardinenleisten
- ✓ Randleisten
- ✓ Profilholzbretter
- ✓ Profilbrettkrallen
- ✓ Befestigungsnägel

DECKE ABHÄNGEN.

Für alle, die nicht mehr wissen wohin mit dem ganzen Erinnerungskram – den unzähligen Sportklamotten oder sonstigen wichtigen Sachen, von denen man sich einfach nicht trennen kann –, gibt es Rettung: Decke abhängen, hübsch verkleiden und das ganze Zeug darin verstauen.

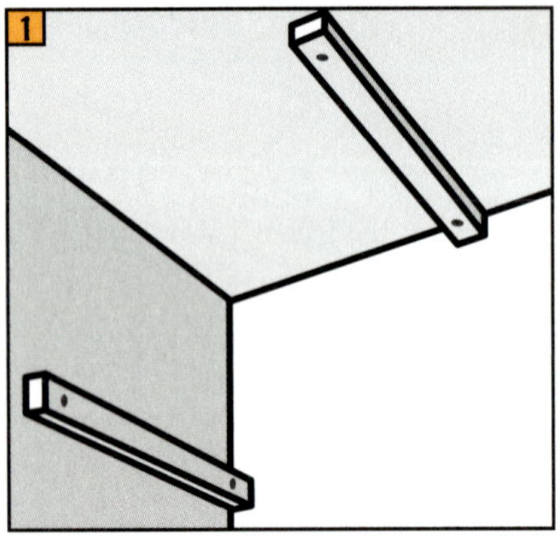

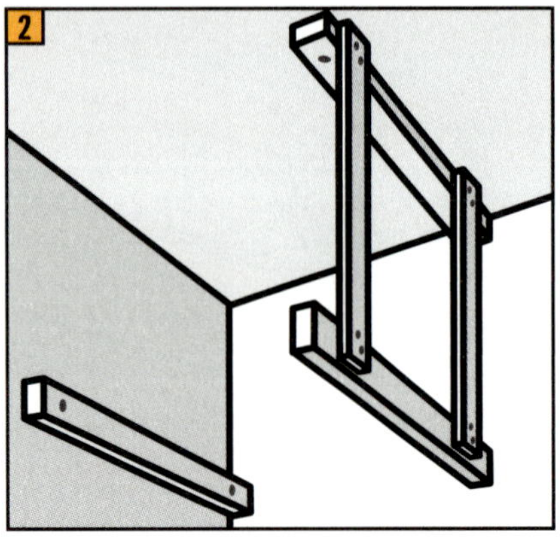

Lüftungsschächte, Elektroleitungen und Ähnliches können hinter einer abgehängten Decke verschwinden. **1** Die Unterkonstruktion muss fest verankert werden. Prüfen Sie, ob die Decke entsprechende Lasten tragen kann. Bei Betondecken ist das kein Problem. Bei Altbaudecken ist ein genaues Prüfen des Zustandes wichtig. Wenn die Decke für eine Deckenabhängung geeignet ist, kanns losgehen. **2** Montieren Sie die Aufhängelatten im Abstand von 50–80 cm an die Decke. Auf der gewünschten Deckenhöhe schrauben Sie umlaufend Traghölzer an die Wand. Hier ist das genaue Ausrichten mit der Wasserwaage sehr wichtig, sonst wird die Decke schief! **3** An die Aufhängelatten werden im Abstand von 60 cm Abhänger aus Latten geschraubt. An diesen befestigen Sie die Traghölzer und richten diese genau mit der Wasserwaage aus. Sie müssen sich auf gleicher Höhe mit den Traghölzern an der Wand befinden. Überstände der Abhänger absägen.

SCHATTENFUGEN.

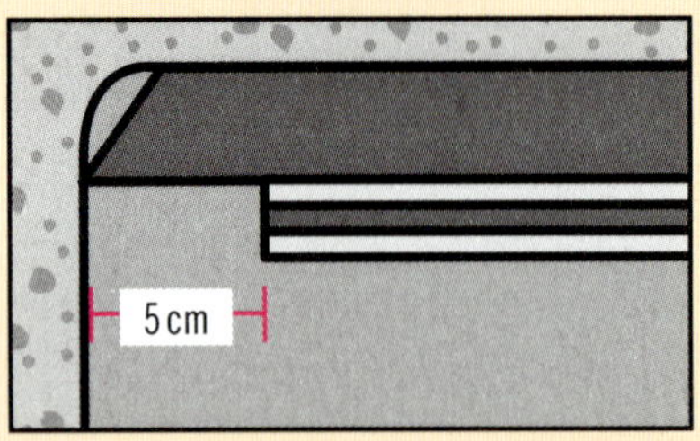

So bezeichnet man einen umlaufenden Abstand zwischen dem Rand der abgehängten Decke und den Wänden. Das kann sehr elegant aussehen. Dazu benutzen Sie statt der äußersten Latte der Unterkonstruktion eine besondere Schattenfugenlatte, auf die Sie die Paneele oder Profilhölzer montieren. Wenn Sie diese Latte hervorheben möchten, können Sie diese zum Beispiel auch vor dem Einbau farbig streichen. Damit der Abstand gleichmäßig gelingt, nehmen Sie ein Abstandsholz zu Hilfe.

Metallabhänger

Eine andere Möglichkeit bieten fertige Metallabhänger. Diese werden im Abstand von 140 cm in die eine und 60–80 cm in die andere Richtung an die Decke gedübelt. Verstellbare Abhänger können Unebenheiten der Decke elegant ausgleichen. Die Traglattung im Abstand von 50 cm an die Grundlattung schrauben.

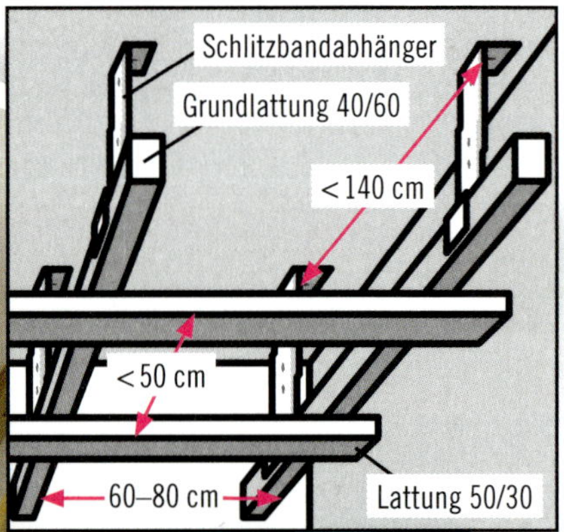

HALOGENSTRAHLER EINBAUEN.

Lauter kleine Halogenstrahler in der Decke schaffen Atmosphäre. Am besten noch einen Dimmer anschließen, dann werden gemütliche Räume noch lauschiger. Mit Energiesparbirnen entlasten Sie sogar Ihren Geldbeutel.

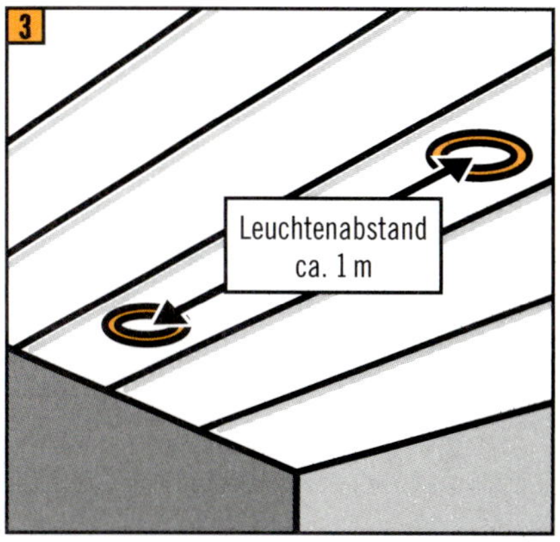

Zum Einbauen von Beleuchtungen in eine Paneelvertäfelung ist normalerweise genügend Arbeitsraum hinter den Paneelen vorhanden. Planen Sie die Position einzelner Einbauleuchten bei der Montage der Paneele gleich mit. Die Stromleitungen muss man natürlich vorher legen. **1** Die Öffnungen für einzelne Strahler können entweder vor der Montage oder am montierten Brett ausgeschnitten werden. Dafür benutzt man den Dosenschneider- oder Lochsägenaufsatz an der Bohrmaschine. **2** Hängen Sie vor dem endgültigen Einbau der Beleuchtung die Niedervoltlampen zur Probe auf. Ein Leuchtenabstand von ca. 1 m ist üblich. **3** Nach dem Verdrahten können die einzelnen Leuchten in die Öffnungen eingesetzt und die Paneelverkleidung fertig gestellt werden.

WICHTIG: Machen Sie sich mit den Sicherheitsregeln im Umgang mit Strom vertraut (Seite 411 im Kapitel „Schalter und Steckdosen setzen").

HINWEIS!

Leuchtkörper werden heiß! Die Kabel nicht zu nah an der Leuchtenverkleidung vorbeiführen, es besteht die Gefahr eines Schmorbrands! Zu wenig Luft hinter der Verkleidung führt zu Wärmestau und Verfärbung der Paneele oder Profilholzbretter. Verwenden Sie daher nur Beleuchtungen, die auch für den Einbau hinter einer Vertäfelung geeignet sind.

WAND VERKLEIDEN.

Hinter Wandverkleidungen kann man so einiges verstecken, wie z. B. Strom- und Lautsprecherkabel, Comics oder Schuldscheine. Vergessen Sie nicht im Eifer des Gefechts, die Löcher für Lichtschalter und Steckdosen in die Bretter zu bohren. Nachträglich könnte sich das nämlich als schwierig

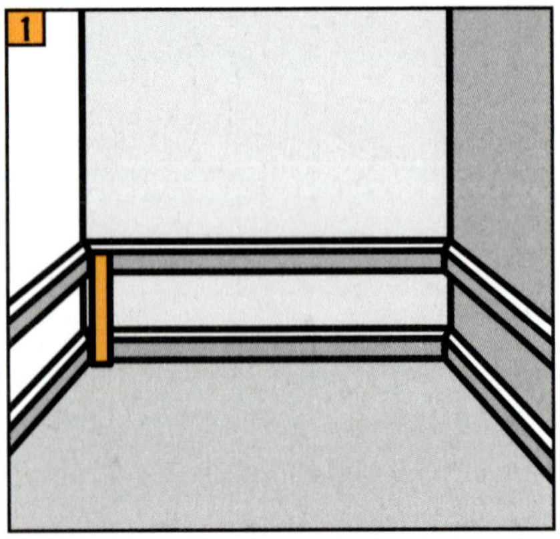

Wände senkrecht verkleiden

Eine senkrechte Wandverkleidung wird auf eine waagerechte Lattung geschraubt. Die Latten haben einen Abstand von 50 cm zueinander. An Innen- und Außenecken verschraubt man sie bündig überlappend. **1** Beginnen Sie in einer Raumecke. Mit Anfangskrallen wird das erste Brett befestigt. Hierzu zuerst die Krallen an der Unterkonstruktion annageln und dann das erste Brett mit der Feder an der Kralle ansetzen. **2** Nun an der Nut das Brett mit Krallen befestigen. Ein weiteres Brett ansetzen und an der Nutseite ebenfalls mit Krallen annageln.

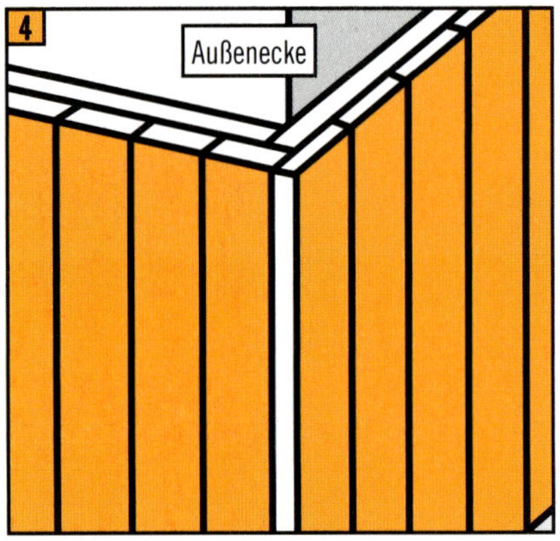

Die weiteren Bretter genauso montieren. An der nächsten Raumecke angekommen, das letzte Brett einer Wandseite passend zuschneiden und vom ersten Brett der anstoßenden Wandseite die Feder entfernen. Diese beiden Bretter rechtwinklig zusammennageln. **3** Nun wie gehabt die nächsten Bretter befestigen. **4** An Außenecken die beiden aufeinandertreffenden Bretter passend zuschneiden und rechtwinklig miteinander verleimen.

WERKZEUG.

- ✔ Zollstock
- ✔ Bleistift
- ✔ Wasserwaage
- ✔ Bohrmaschine
- ✔ Universalbohrer
- ✔ Hammer
- ✔ Elektroschrauber
- ✔ Nagelhalter
- ✔ Fuchsschwanz/Holzsäge

MATERIAL.

- ✔ Schattenfugenbretter
- ✔ Eckleisten/Winkelleisten
- ✔ Profilholzbretter
- ✔ Profilbrettkrallen
- ✔ Befestigungsnägel

Übergänge zur Decke

A Die Anschlüsse im Deckenbereich können mit Schattenfugen oder einer Eckleiste gestaltet werden. Für Schattenfugen gehobelte Bretter anstatt der obersten Leiste umlaufend am Übergang zur Decke an die Wand schrauben. **B** Bei der Verwendung von Eckleisten lassen Sie wenige Millimeter Abstand zwischen Brettern und Decke. Darüber wird die Leiste geschraubt oder genagelt. An Ecken einen Gehrungsschnitt machen und die Leisten so zusammenfügen.

erweisen. Für die Verlegung an Ecken und Kanten oder in Feuchträumen haben wir für Sie ein paar hilfreiche Tipps zusammengestellt.

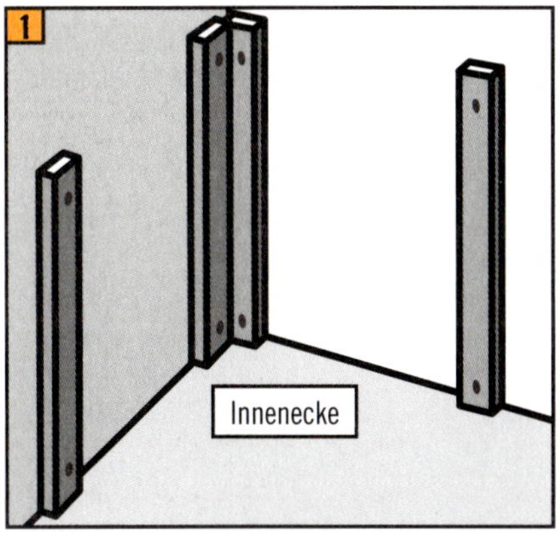

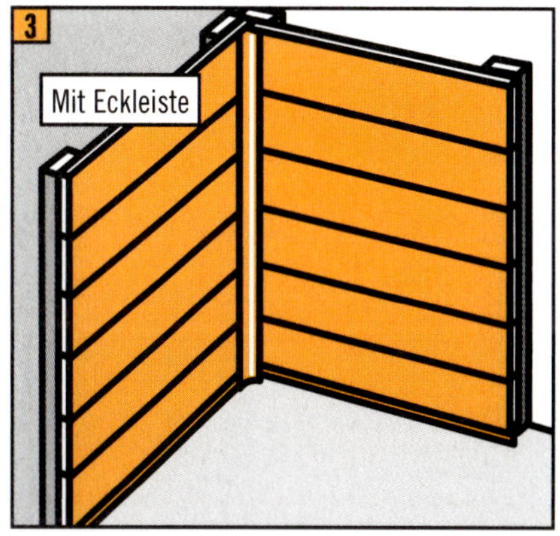

Wände waagrecht verkleiden

Für eine waagerechte Wandverkleidung muss die Unterkonstruktion senkrecht sein. An Außen- und Innenecken werden zwei Leisten bündig überlappend montiert. **1** Man beginnt unten, das erste Brett weist mit der Feder nach unten. Die Feder wird jedoch abgeschnitten. **2** An Innenecken ist ein stumpfes Anstoßen der Bretter in den Ecken die einfachste Methode. **3** Mit einer Hohlkehlleiste werden die Schnittkanten verdeckt. Die Leiste wird mit feinen Drahtstiften genagelt. Diese sind später kaum sichtbar. **4** Eine weitere Möglichkeit, Innenecken auszuführen, sind Gehrungsschnitte. Diese Ausführung erfordert etwas mehr Aufwand. Die Bretter werden im Eckbereich mit einem 45°-Winkel angeschnitten. Beim Zusammenfügen der Bretter ist darauf zu achten, dass die Gehrungsschnitte gut zusammenpassen. **5** Bei Außenecken die Unter-

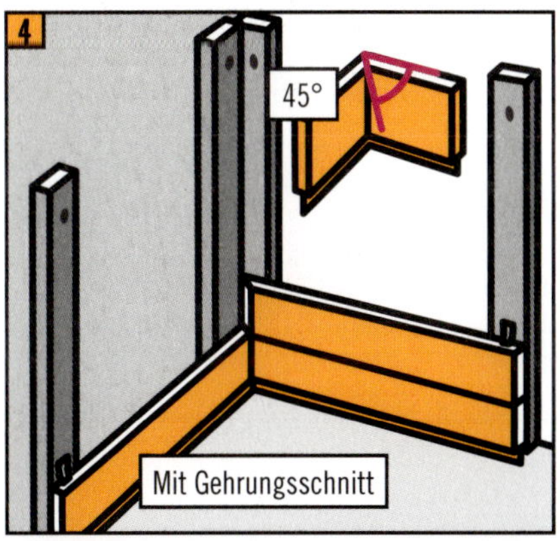

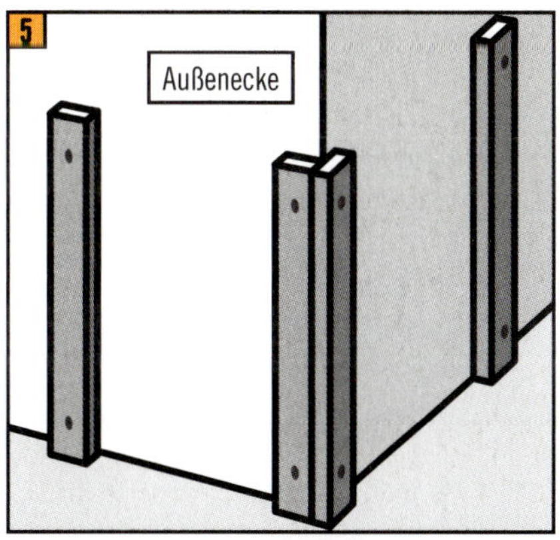

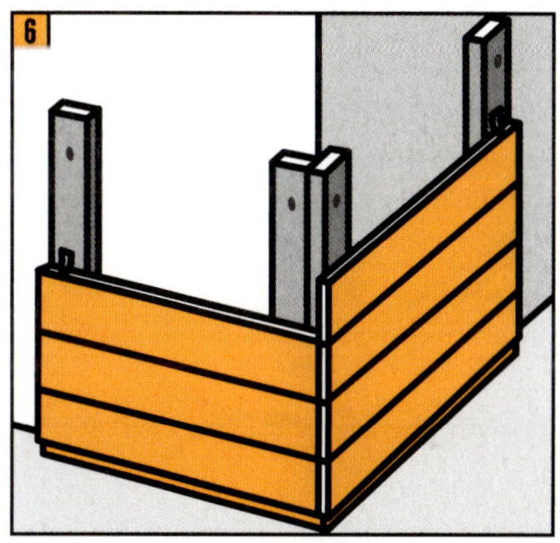

konstruktion so anbringen, dass im Eckbereich eine Befestigung der Brettelemente wie oben gezeigt möglich ist. **6** Die Bretter auf Maß ablängen und so montieren, dass sie stumpf zusammenstoßen. Die zusammenstoßenden Brettenden werden genagelt. Bei sauberen Schnitten und geschliffenen Kanten könnten Sie diese Verbindung (in Nutzräumen) so belassen. **7** Im reinen Wohnbereich wird jedoch mehr Anspruch an die Optik gestellt. Hier wird die Außenecke mit einer Winkelleiste aus Holz ausgeführt. Diese vernageln und die Nagelköpfe später mit Wachskitt abdecken.

STECKDOSEN UND LICHTSCHALTER.

Dort, wo Steckdosen oder Lichtschalter angebracht werden sollen, empfehlen wir, zusätzlich Leisten in der Unterkonstruktion anzuschrauben, und zwar 30 mm über und unterhalb der Dosen. So sitzt die Hohlwanddose stabil und reißt nicht aus, wenn mal stärker an einem Kabel gezogen wird. Das Loch schneiden Sie mit dem entsprechenden Aufsatz auf der Bohrmaschine in das Brett.

VERKLEIDUNG VON FEUCHTRÄUMEN.

Hier geht's ums Eingemachte. Wenn Sie hier das falsche Material einsetzen, dann wird es richtig interessant. Die coolsten Verformungen und Quellungen können Sie beobachten, wenn Feuchtigkeit auf eine ungeschützte und saugfähige Fläche trifft. Lassen Sie's lieber nicht drauf ankommen!

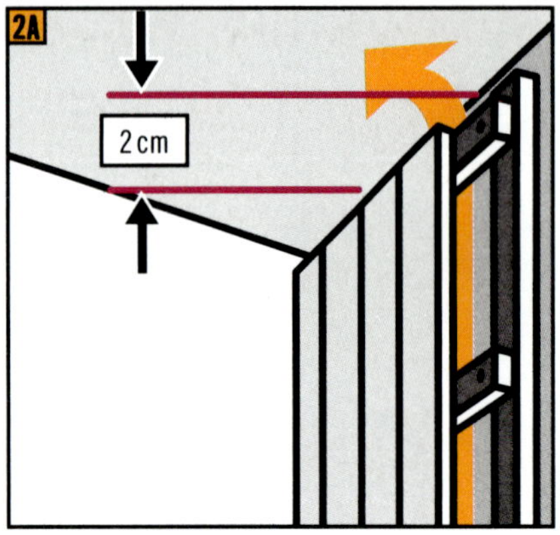

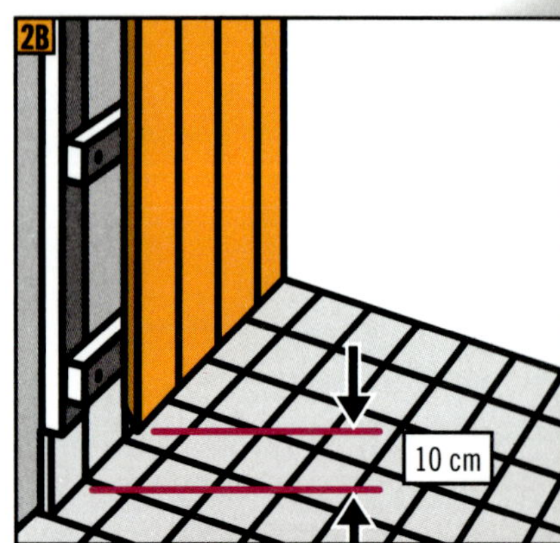

Profilholz in Feuchträumen

In Feuchträumen kann endbehandeltes Profilholz problemlos verwendet werden. Beachten Sie hierbei, dass eine Zirkulation hinter dem Holz möglich ist. **1** Je nach Montagerichtung der Profilholzbretter und der dafür erforderlichen Unterkonstruktion wird eine Konterlattung benötigt. Montieren Sie die Profilbretter bei waagerechter Anordnung so, dass die Federn der Bretter nach oben zeigen. Somit kann sich im Hohlraum der Nut keine Feuchtigkeit ansammeln. **2A** Im Deckenbereich muss ein Ausströmen der zirkulierenden Luft ermöglicht werden. Ein Abstand von 2 cm zur Decke reicht dafür aus. Man arbeitet von der Decke zum Boden. **2B** Beim Bodenanschluss ist ebenfalls eine ausreichend große Öffnung einzuhalten. Bei senkrecht montierten Brettern werden die unteren Kanten nach hinten im 45°-Winkel abgeschrägt, um ein schnelles Abtropfen von Spritzwasser zu ermöglichen.

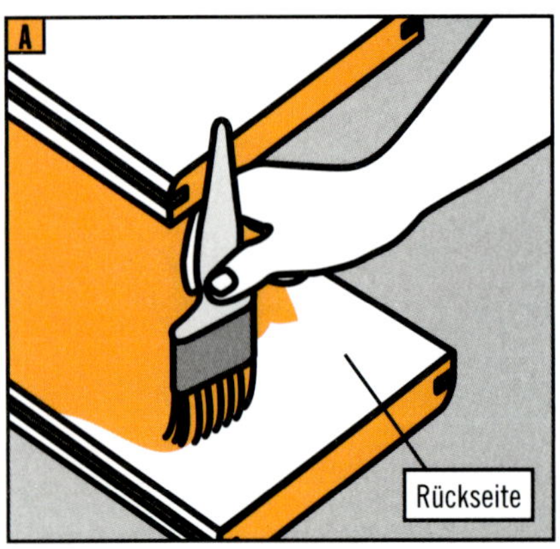

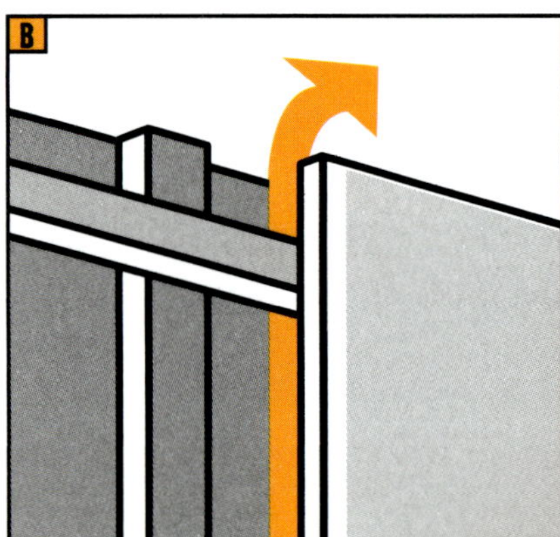

Paneele in Feuchträumen

Paneele haben entweder einen Spanträger oder einen MDF-Träger. Mit MDF-Träger sind Paneele üblicherweise auch für Feuchträume geeignet (Herstellerangaben beachten). **A** Empfehlenswert ist eine zusätzliche Imprägnierung der Paneel-Rückseiten und -stirnflächen mit einem lösemittelfreien Holzschutzmittel. **B** Am besten die Verkleidung senkrecht anbringen, damit Feuchtigkeit ablaufen kann. Im direkten Spritz- bzw. Nassbereich sind Paneele nicht geeignet. Die Unterkonstruktion erfordert eine Konterlattung für ausreichende Luftzirkulation.

Das Licht wird wärmer reflektiert als von einer nackten weißen Wand. Ein schönes Profil lässt Licht und Schatten auf der Fläche spielen.

PARKETT UND LAMINAT LEGEN.

MAC ALLISTER

PARKETT UND LAMINAT LEGEN.

NIE KANN HOLZ SO KALT WIE STEIN SEIN. MIT NACKTEN FÜSSEN ÜBER EINEN HOLZBODEN GEHEN – DAS FREUT DIE FUSSSOHLE, AUCH IM WINTER.

AUF SCHRITT UND TRITT.

Die Suche nach dem perfekten Fußboden kann mitunter zur echten Herausforderung werden. Erst mal – da sind wir uns einig – muss er schön aussehen. Dann soll er natürlich etwas aushalten können, möglichst preiswert sein und am besten auch noch ewig halten. Ganz schön anspruchsvoll. Doch keine Angst, das Marktangebot ist so vielfältig, dass auch der anspruchsvollste Selbermacher seinen Wunsch-Bodenbelag findet. Also, keine Abstriche machen. Wunschliste erstellen und ab zum Baumarkt!

WICHTIGES VORAB.

Zuerst nehmen wir den Verlegeraum einmal genauer unter die Lupe und überprüfen die Ecken auf Rechtwinkligkeit. Ebenso sollten Sie die korrekte Raumgröße ermitteln, um den Materialverschnitt ausrechnen zu können. Bei kleinen, verwinkelten Räumen fällt mehr Verschnitt an als bei großen, rechtwinkligen Flächen. Zur ermittelten Raumgröße müssen 5–10 % für den Verschnitt dazugerechnet werden. Für den Bedarf an Sockelleisten, die den Boden optisch zur Wand abschließen, werden die Wandlängen abgemessen und ebenfalls 5–10 % Verschnitt hinzugerechnet.

Am besten wirkt der Bodenbelag, wenn die Fugen mit dem Licht verlaufen – also vom Fenster weg. Bei besonders langgezogenen Räumen dagegen sollte der Fugenverlauf quer zur langen Seite verlegt werden.

Der Härtegrad eines Parkettholzes wird durch die „Brinell-Härte“ angegeben. Dabei werden in einem Industrie-Standard-Test die verschiedensten Oberflächenhärten ermittelt. Ermittelt wird die Härte eines Holzbodens mit einer Stahlkugel (10 mm Durchmesser), die 30 Sekunden lang mit einem Gewicht von 100 kg auf den Boden einwirkt. Die Tiefe des dabei entstandenen Eindrucks bestimmt den „Brinellwert“. Je höher dieser Wert ist, desto härter ist ein Parkettholz. Der kanadische Ahorn zählt mit einem Brinellwert von ca. 4,8 zu den widerstandsfähigsten Holzarten. Die Fichte dagegen zählt mit einem Wert von etwa 1,3 zu den weichsten Hölzern. Im Vergleich dazu: Merbau ca. 4,9, Esche ca. 4,0, Buche ca. 3,8, Eiche ca. 3,7, Kirsche ca. 3,0, Birne ca. 2,6 und Kiefer ca. 1,6.

HOLZBODENMATERIAL IM ÜBERBLICK.

Bodenmaterial:	Laminat	Fertigparkett	Massivholzdielen
Eigenschaften	• Strapazierfähig (Druck-, Stuhlrollenfestigkeit, Abriebbeständigkeit) • UV-Lichtbeständigkeit • Ausführung in Nut-/Feder- oder Klick-Verbindung • Große Dekorauswahl • Pflegeleicht und preiswert	• Problemloses Verlegen • Sofort begehbar • Formstabil, auch bei Feuchtigkeitsschwankungen • Ausführung in Nut-/Feder- oder Klick-Verbindung	• Naturprodukt ohne Bindemittel oder Klebstoffe • Verdeckte oder sichtbare Befestigung möglich • Lange Lebensdauer
Untergrund	Jeder, außer Teppichböden, Nadelfilzböden oder Steinholz-Estrichen.	Verlegung auf nahezu jedem ebenen Untergrund, außer Teppichboden.	Verlegung auf allen ebenen Estricharten oder auf Lagerhölzer.
Verlegung	Schwimmend	• Schwimmend • Vollflächiges Verkleben	• Schwimmend • Vollflächiges Verkleben • Vernagelung
Abschlussarbeiten	Keine	Keine	• Abschleifen • Oberflächenbehandlung
Nachteile	• Eingeschränkte Reparatur von Oberflächenkratzern • Feuchtigkeitsempfindlich	Abnutzungsspuren können nur durch Abschleifen der Oberfläche entfernt werden.	• Hoher Materialbedarf • Hoher Aufbau, dadurch nachträglicher Einbau nur begrenzt möglich

MATERIALÜBERSICHT. LAMINAT.

Laminat ist ein Tausendsassa unter den Holzböden. Er kann auf fast jedem Untergrund verlegt werden, auch auf Fußbodenheizungen. Variationsreiche Designs, hohe Belastbarkeit und Stabilität machen die große Beliebtheit von Laminatböden aus.

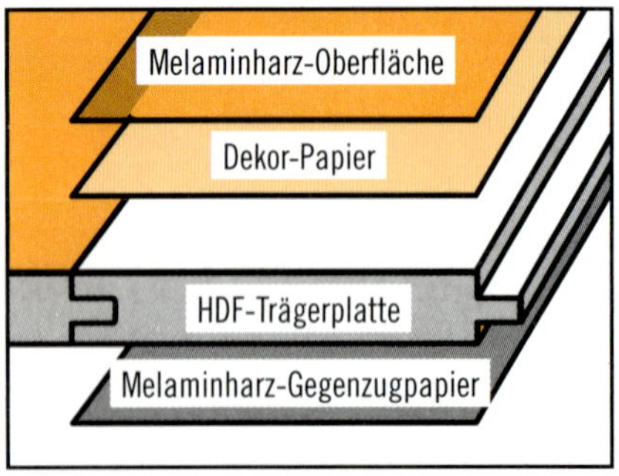

Aufbau

Laminat besteht im Wesentlichen aus einer Trägerplatte, einer Dekorschicht, einer Oberflächenschicht und dem Gegenzug auf der Unterseite. Die Qualität der Trägerplatte ist entscheidend für die Druck- und Stoßunempfindlichkeit. Das Dekor-Papier ist sozusagen der sichtbare Teil und für die Optik verantwortlich. Die Melaminharz-Oberfläche macht das Laminat z. B. kratzunempfindlich und lichtecht. Der Gegenzug gleicht die Spannungen, die durch den Schichtaufbau entstehen, auf der Unterseite aus. Das richtige Zusammenspiel der einzelnen Schichten ist entscheidend für die Gesamtqualität des Laminats.

Abriebfestigkeit

Zur Bewertung der Qualität von Laminat sind über 20 verschiedene Prüfungen notwendig, von denen Stoßbeanspruchungen, Fleckenunempfindlichkeit, Lichtechtheit, Zigarettenglut- und Dimensionsstabilität herausragende Bedeutung haben. Die Summe aller Prüfungsbereiche führt zur Einteilung in die entsprechende Nutzungsklasse (siehe Tabelle unten).

1. Fleckenunempfindlich
2. Stuhlrollengeeignet
3. Lichtecht
4. Unempfindlich gegen Zigarettenglut
5. Fußbodenheizunggeeignet
6. Druckfest
7. Erfüllt die E1-Norm

Farbabweichungen

Das optische Erscheinungsbild erhält der Laminatboden durch Holz- oder Fantasiedesigns. Um dem Boden eine möglichst attraktive natürliche Ästhetik zu verleihen, sind Farbunterschiede und Kontraste, wie sie auch bei exklusiven Naturwerkstoffen vorkommen, beabsichtigt und bereits durch den Dekorfilm vorgegeben.

Umwelt

Laminatböden enthalten keine PVC-haltigen Materialien, PCB-Dioxine oder Ähnliches. Nach langer Nutzung können sie sowohl energetisch als auch stofflich problemlos entsorgt werden. Laminatböden gelten nicht als Sondermüll, denn sie bestehen zu über 90 % aus dem Werkstoff Holz. Bei der Herstellung werden überwiegend Holzspäne und Holzschnitzel verwendet – Holzreste der Sägeindustrie und Waldrundholz aus Durchforstungen heimischer Wälder.

QUALITÄTSBEURTEILUNG.

Die Qualität von Laminatböden wird in sogenannte Nutzungsklassen (gemäß EURONORM 685) unterteilt. Jede Klasse ist zugleich eine Empfehlung für den geeigneten Einsatzbereich des Bodens. Für den Verwendungsbereich werden 6 Nutzungsklassen unterschieden, die mit entsprechenden Piktogrammen auf den Verpackungen gekennzeichnet sind.

Nutzungsklasse nach EN 13329	Verwendungsbereich	Benutzungs-intensität	Abriebbeanspruchungsklasse	Stoßbeanspruchungsklasse	Beanspruchungs-beschreibung	Einsatzbeispiele
 21	Wohnen W1 Bereich für private Nutzung	Leicht	AC 1 IP ≥ 900	IC 1	Geringe oder zeitweise Benutzung	Schlafzimmer Gästezimmer
 22	Wohnen W2 Bereich für private Nutzung	Mittel	AC 2 IP ≥ 1800		Ständige, normale Benutzung	Wohnzimmer Esszimmer Innenflure
 23	Wohnen W3 Bereich für private Nutzung	Stark	AC 3 IP ≥ 2500		Intensive, verstärkte Benutzung	Treppenflure Eingangsbereiche Küchen
 31	Gewerbe (Objekt) W3 Bereich für öffentliche und gewerbliche Nutzung	Leicht	AC 3 IP ≥ 2500		Geringe oder zeitweise Benutzung	Hotelzimmer Kleinbüro Konferenzräume
 32	Gewerbe (Objekt) W4 Bereich für öffentliche und gewerbliche Nutzung	Mittel	AC 4 IP ≥ 4000	IC 2	Ständige, normale Benutzung	Kindergärten Büros, Warteräume Hotelhallen, Boutiquen
 33	Gewerbe (Objekt) W5 Bereich für öffentliche und gewerbliche Nutzung	Stark	AC 5 IP ≥ 6500	IC 3	Intensive, verstärkte Benutzung	Korridore, Großraumbüros, Kaufhäuser Mehrzweckhallen Klassenräume

MATERIALÜBERSICHT. PARKETT UND DIELEN.

Fertigparkett setzt sich in der Regel aus Trägerschicht, Nutzschicht und Gegenzug zusammen. Die Schichten werden über Kreuz miteinander verleimt, was den Boden sehr stabil macht. Als Oberfläche sind zahlreiche Holzarten wählbar, von Ahorn über Bambus bis hin zu Merbau oder Wenge.

2-Schicht-Klebeparkett

Mehrschichtparkett aus zwei miteinander verleimten Schichten mit massiver Echtholznutzschicht ist für eine mehrfache Renovierung geeignet. Es ist ideal für große Räume und solche, bei denen nur geringe Aufbauhöhen möglich sind. Durch die direkte Verklebung mit dem Untergrund entsteht ein optimaler Wärmefluss bei Warmwasser-Fußbodenheizungen.

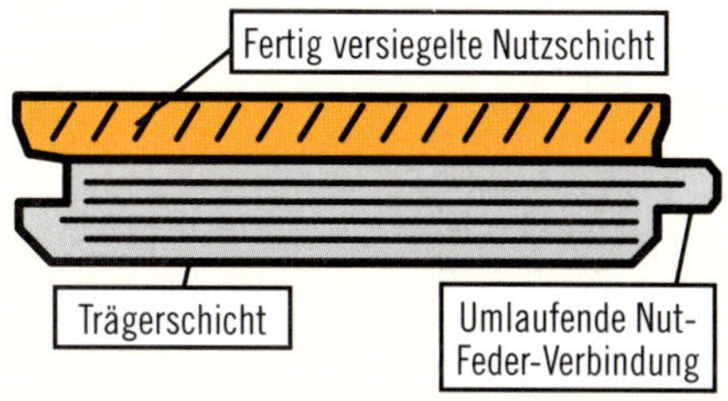

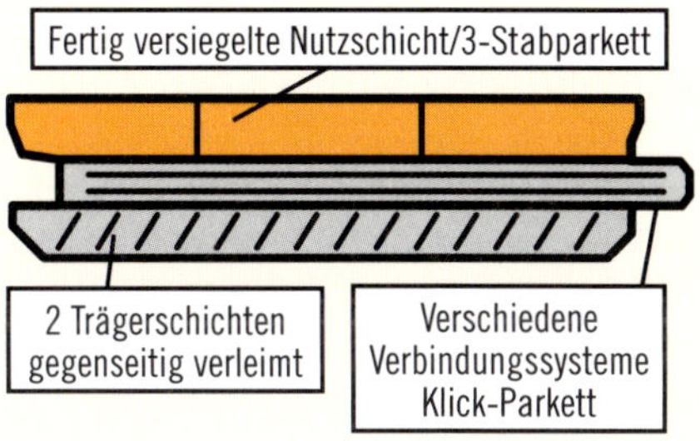

3-Schicht-Parkett

Das Parkett besteht aus insgesamt drei miteinander verleimten Schichten. Die Echtholznutzschicht kann man mehrfach renovieren. Das ideale Parkett zur schwimmenden Verlegung und wegen seiner fertigen UV-versiegelten Oberfläche sofort begehbar. Mit modernen leimlose Verbindungssystemen einfach zu verlegen.

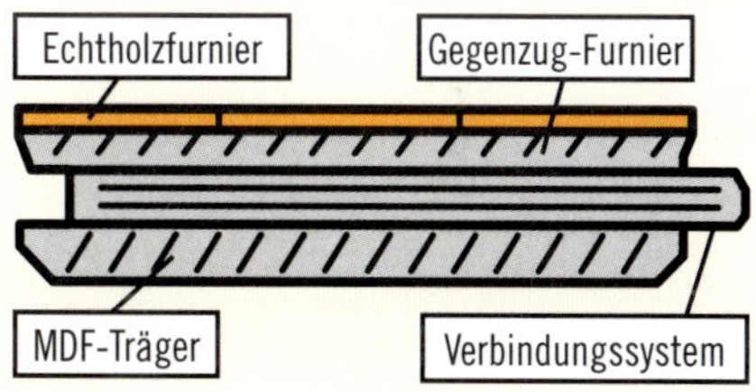

Furnierparkett

Die preiswerte Alternative insbesondere zu sehr edlen Holzarten. Die Nutzschicht besteht aus einem Edelholzfurnier und ist optimal für Renovierungen, wenn geringe Aufbauhöhen gefordert sind. Ideal zur schwimmenden Verlegung wegen seiner fertigen UV-versiegelten Oberfläche sofort begehbar.

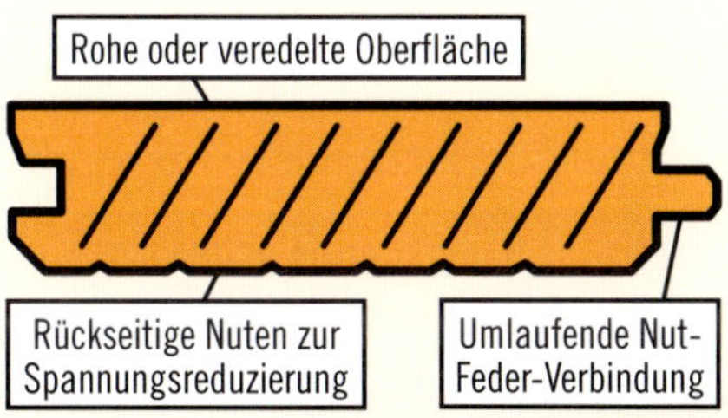

Massivholzdielen

Massivholzdielen (1-Stab-Dielen) bestehen aus einem Stück Holz. Sie werden je nach Ausführung vernagelt, auf einer Unterkonstruktion verschraubt oder schwimmend (Klick-Klammern) verlegt. In der Regel sind sie aus massiven Laub- oder Nadelhölzern gefertigt. Sie werden unbehandelt im Rohzustand angeboten oder auch mit veredelter Oberfläche. Massivholzdielen „arbeiten“, d. h. je nach Feuchtigkeitsgrad der Umgebung dehnen sie sich bzw. ziehen sie sich zusammen.

UNTERGRUND VORBEREITEN.

Laminat und Parkett können auf fast allen sauberen und ebenen Untergründen verlegt werden. Kleine Unebenheiten im Untergrund? Kein Problem! Einfach mit Spachtelmasse ausgleichen. Auf Estrichen Dampfbremse und Trittschalldämmung nicht vergessen!

Untergrund

Laminat und Parkett kann auf nahezu allen Untergründen verlegt werden. Diese müssen nur eben, fest und absolut tragfähig sein. Rissbildungen und Ausbrüche müssen vor der Verlegung beseitigt werden. Am besten geht das mit Ausgleichsmassen und geeigneten Voranstrichen. Ungeeignete Untergründe sind: alte Teppichböden, Nadelfilzböden (unhygienisch, teilweise zu weich, fehlende Dampfbremse) und Steinholz-Estriche (zu hohe Restfeuchte).

Ebenheit prüfen

Die Ebenheit einer Fläche prüfen Sie am einfachsten mit einer Richtlatte, die Sie quer über die Fläche legen. Soll der Laminatboden verklebt werden, gelten folgende Richtwerte:

Abstand Auflagepunkte	Max. Abweichung nach unten erlaubt
1 m	3 mm
2 m	4 mm

Für die leimlose Verlegung sind die Anforderungen an die Ebenheit höher:

Abstand Auflagepunkte	Max. Abweichung nach unten erlaubt
1 m	2 mm
2 m	3 mm

Sind die Abweichungen zu groß, müssen Sie den Untergrund begradigen. Im Kapitel „Boden ausgleichen und Estrich verlegen“ ab Seite 136 zeigen wir Ihnen, wie Sie einen ebenen Untergrund herstellen können.

Dampfbremse

Bei allen Holzfußböden, die auf mineralischen Untergründen (Estrich, Natursteine, Fliesen usw.) verlegt werden, muss zur Feuchtigkeitsisolierung immer zuerst eine Dampfbremse verlegt werden. Welche Untergründe eine solche Dampfbremse erfordern, sehen Sie in unserer Tabellenübersicht unten. Als Dampfbremse wird eine mindestens 0,2 mm starke PE-Folie ausgelegt. Die Folienbahnen lässt man am besten jeweils 20 cm überlappen und verklebt sie dann miteinander. Auch an den Randbereichen zur Wand sollten sie so weit überstehen, dass sie später oberhalb der abschließend montierten Wandleisten abgeschnitten werden können.

Verlegung auf Fußbodenheizung

Bevor mit der Verlegung der PE-Folie begonnen wird, muss bei Laminat auf Heizestriche zuerst ein Auf- und Abheizprotokoll vom Heizungsbauer erstellt werden. Etwa drei Tage nach der Verlegung des Laminatbodens kann die Oberflächentemperatur des Fußbodens langsam erhöht werden. Wie stark Sie den Laminatfußboden maximal beheizen dürfen, erfahren Sie in den Herstellerangaben.

Trittschalldämmung

Kleinere Unebenheiten im Unterboden können mit einer Trittschalldämmunterlage ausgeglichen werden. Diese dämpft Gehgeräusche nach unten und innerhalb des Raumes. Hersteller bieten mittlerweile Laminatdielen mit integrierter Trittschalldämmung an. Die Dämmung wird auf die Dampfbremse, in gleicher Richtung wie die Diele verlegt. Als Trittschalldämmung sind PE-Schaumfolie, Rippenpappe, Kork, Holzfaserdämmplatten und Filz geeignet.

Untergrund	Trockenzeit	Restfeuchte CM-%	Trittschall-dämmung	Dampfbremse unbedingt erforderlich
Zement-Estrich	1 Woche je cm	< 2,5 %	Ja	Ja
Anhydrit-Estrich	2 Wochen je cm	< 0,3 %	Ja	Ja
Gussasphalt	Ab 18 °C	–	Ja	Nein
Magnesia-Estrich	–	Ausgleichsfeuchte	Ja	Ja
Mineralische Nivelliermassen	Nach Angabe des Herstellers	–	Ja	Ja
Trocken-Estrich-System	Schlicht, natürlich, anpassungsfähig, Behaglichkeit durch warmen Beigeton	–	Ja	Nein
Verlegespanplatten	–	–	Ja	Nein[2]
Holzdielen	–	–	Ja	Nein[2]
PVC (verklebt)	–	–	Ja	Nein[1]
Keramikfliesen	–	–	Ja	Ja

1) Wenn der Untergrund unbeschädigt ist.

2) Die Holzkonstruktion muss ausreichend hinterlüftet sein. Grundsätzlich darf ein Untergrund aus Holz (Spanplatten, Holzdielen usw.) durch Aufbringen anderer Werkstoffe nicht luftdicht geschlossen werden, da sonst unterhalb der Absperrung ein ideales Kleinklima für Mikroorganismen entsteht und diese den Unterboden zerstören. Insofern muss für eine ausreichende Be- und Entlüftung gesorgt werden. Beim Wandanschluss sind Leisten mit Hinterlüftung einzubauen und Durchlässe durch die Fußbodenkonstruktion und den Fußboden herzustellen. Es muss gewährleistet sein, dass der vorhandene Lufthohlraum unterhalb der Konstruktion dauerhaft trocken ist, so dass die Gleichgewichtsfeuchte der Holzkonstruktion zu keiner Jahreszeit gestört ist und somit auf eine PE-Folie als Dampfbremse verzichtet werden kann.

VERLEGETECHNIKEN.

Leimlose Verlegetechniken verdrängen immer mehr die klassischen Varianten. Kleben und Schrauben war gestern. Heute ist „Lock“ oder „Click“ angesagt. Ab jetzt brauchen Sie keinen Schreiner mehr. Ihren Boden können Sie in Zukunft problemlos selbst verlegen.

VERLEGETECHNIKEN IM ÜBERBLICK.

Verlegeart	Beschreibung
Vollflächige Verklebung	Grundsätzlich kann jeder Parkettboden vollflächig auf geeignetem Untergrund verklebt werden. Nachteil: laute Laufgeräusche.
Nageln und Schrauben	Beliebte Alternative zur vollflächigen Verklebung. Geeignet für Parkett-Elemente und Massivholzdielen, die auf eine geeignete Unterkonstruktion genagelt oder geschraubt werden.
Schwimmende Verlegung	Bevorzugte Verlegeart für Fertigparkett und Laminat. Die einzelnen Dielen werden entweder durch Verleimen oder Verhaken („Click“- und „Lock“-System) fest miteinander verbunden. Zusammen bilden Sie eine „schwimmende“ Bodenplatte, die weder mit dem Untergrund noch mit anderen Bauteilen verankert wird.

DIE 4 SCHÖNSTEN VERLEGEMUSTER.

Flechtmuster

Würfelmuster

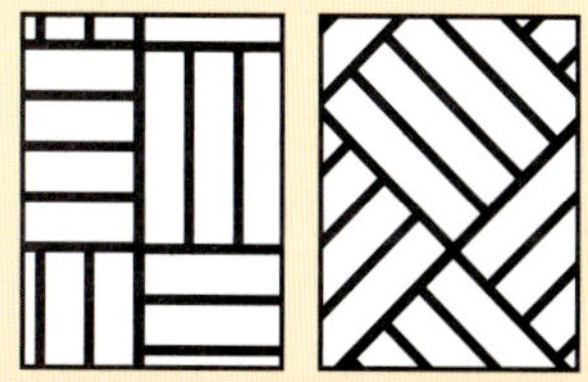

Schiffsboden

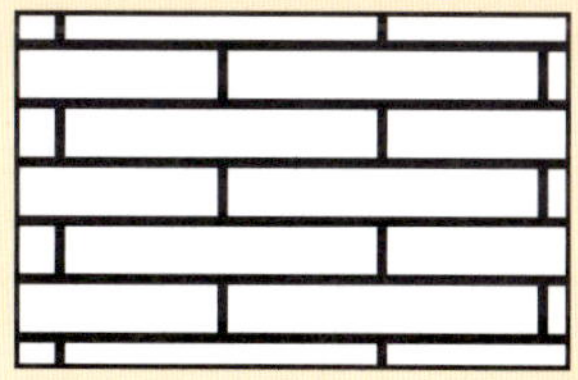

Fischgrät

WICHTIG!

Das Fertigparkett muss vor der Verarbeitung ca. 48 Stunden im Verlegeraum gelagert werden, damit es sich an das Raumklima anpassen kann. Damit Parkettdielen keine Feuchtigkeit aus der Umgebung aufnehmen können, sollten sie original verpackt im Verlegeraum gelagert werden. Öffnen Sie die Pakete nacheinander erst unmittelbar vor der Verlegung.

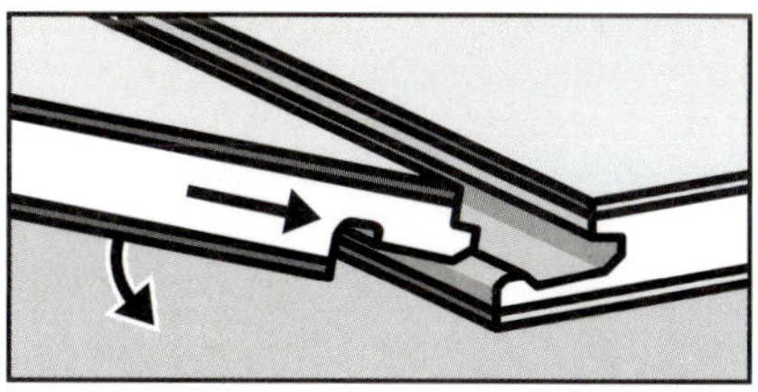

„Lock“-Technik

Die einfachste Art der Verlegung – ideal für den Selbermacher. Nut und Feder werden ohne Kraftaufwand einfach zusammengesteckt. Dabei wird die anzufügende Diele mit der Nut schräg zur Feder angesetzt und nach unten gedrückt, bis es einrastet. Vorteil: Der Boden kann problemlos wieder aufgenommen und woanders verlegt werden. Nachteil: Unter Türzargen ist die Verlegung problematisch, da kein Platz zum Schrägansetzen vorhanden ist. Lösung: An der Türzarge mit der ersten Verlegereihe beginnen und die unterzuschiebende Diele vorsichtig unter die Zarge schieben.

„Click“-Technik

Mit dieser Technik wird eine ausgezeichnete Stabilität des Bodens erreicht. Mit Hammer und Schlagklotz werden die Dielen horizontal zusammengetrieben, wobei sie über die gesamte Länge auf gleicher Höhe liegen müssen. Beim Zusammenschieben der Dielen spreizt die spezielle Form der Federflanken die Öffnung der Nut etwas auf. Ist die Feder in der Nut eingerastet, sind die Dielen durch die Click-Verbindung permanent und fest aneinander fixiert. Die Präzisionsfräsung garantiert höchste Passgenauigkeit. Vorteil: problemloses Verlegen unter Türzagen. Nachteile: Ohne Hammer und Schlagklotz geht gar nix. Sind die Dielen einmal zusammengefügt, bekommt man sie nur schwer wieder voneinander los.

ZU BEACHTEN!

Zusätzliche Dehnfugen müssen eingefügt werden:

- in größeren Räumen nach 8 m in Richtung der Dielenbreite,
- in größeren Räumen nach 10 m in Richtung der Dielenlänge,
- zu angrenzenden Bodenbelägen,
- unter jeder Tür,
- bei Raumeinschnürungen,
- bei Dehnfugen im Unterboden.

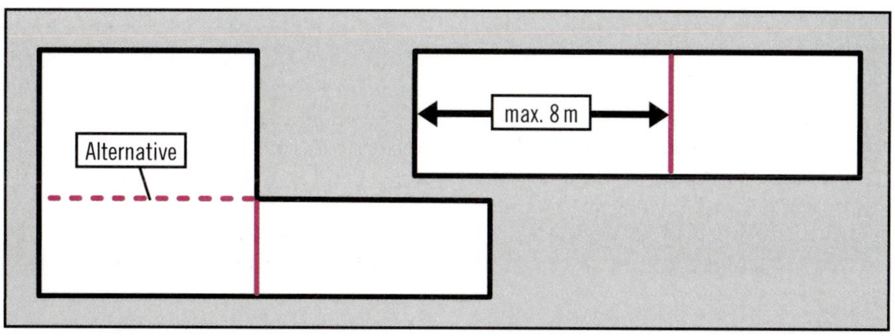

SCHWIMMENDE VERLEGUNG. „LOCK“ & „CLICK“.

Ist auch was für Nichtschwimmer. Schwimmende Verlegung hat nichts mit Wasser zu tun. Damit ist nur gemeint, dass der Belag nicht fest mit dem Untergrund verbunden wird. Einfach Feder an der Nut anlegen, einrasten, klick und fertig! Der Clou ist: Sie können mit dem Boden sogar umziehen!

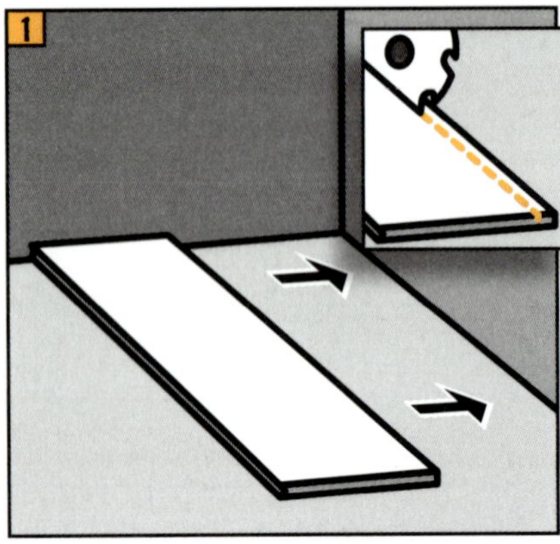

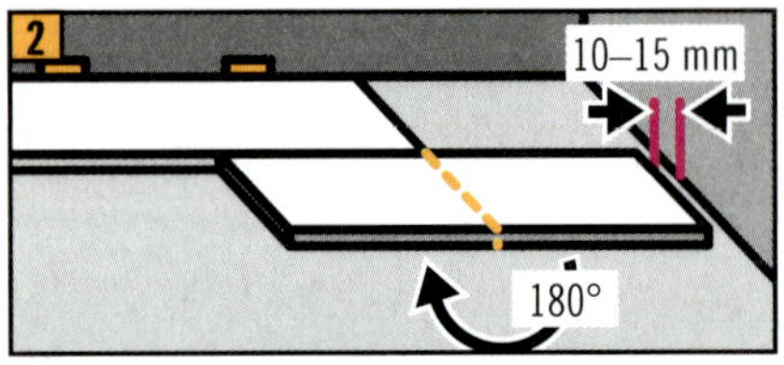

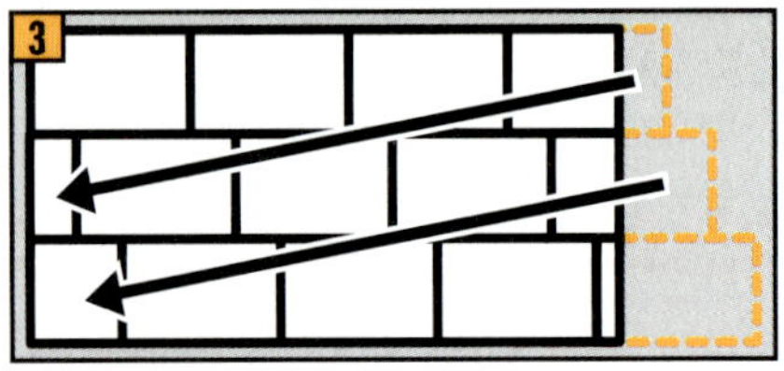

Schwimmende Verlegung

Zuerst mal prüfen, ob die letzte Dielenreihe zugesägt werden muss. Ein ausgewogenes Gesamtbild erhalten Sie, wenn die erste und die letzte Dielenreihe gleichmäßig schmal sind. **1** Für die erste Verlegereihe die Feder an der Längsseite der Dielen abschneiden und mit dieser Seite zur Wand anlegen. Mit Distanzkeilen werden Dehnfugen von ca. 10–15 mm zur Wand gesichert. Legen Sie weitere Dielen probeweise an. **2** Die letzte Diele einer Reihe wird um 180° gedreht. Dann an der Wand anlegen und die Diele entlang der Kante des vorletzten Elements absägen. Um Kantensplitterungen zu vermeiden, sägen Sie mit der Handsäge immer von der Dekorseite her und mit der Elektrosäge von der Unterseite her. Darauf achten, dass die erste Reihe genau dem Verlauf der Wand folgt! **3** Das Reststück der ersten Reihe können Sie nun für den Anfang der zweiten Reihe verwenden. Die gesägte Kante wird dabei zur Wand hin angelegt. Um einen stabilen Verbund der Reihen zu erhalten, sollten die Stöße mindestens 40 cm versetzt sein. Verwenden Sie zum exakten Ausrichten eine Richtschnur. Achten Sie bei den ersten drei Reihen darauf, dass sie exakt gerade liegen! **4** Mit dem Zugeisen die Dielen an den Kopfseiten vorsichtig zusammenfügen. **5** Weitere Dielenreihen verlegen und dabei die Kopfenden zur Wand ebenfalls mit Distanzkeilen sichern. **6** Am Ende noch die exakte Breite der letzten Dielenreihe ermitteln. Dazu eine Diele exakt deckungsgleich auf die vorletzte Dielenreihe legen. Dann eine weitere Diele, die Sie als Lineal benutzen, auflegen und mit der Nut zur Wand schieben (Dehnfuge berücksichtigen!). Nun die benötigte Breite auf der letzten Dielenreihe aufzeichnen. **7** Letzte Reihe passgenau zusägen und mit dem Zugeisen die letzte Diele fugendicht anfügen.

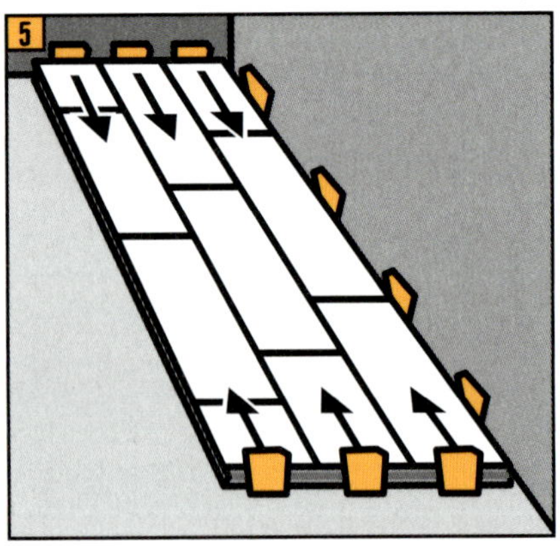

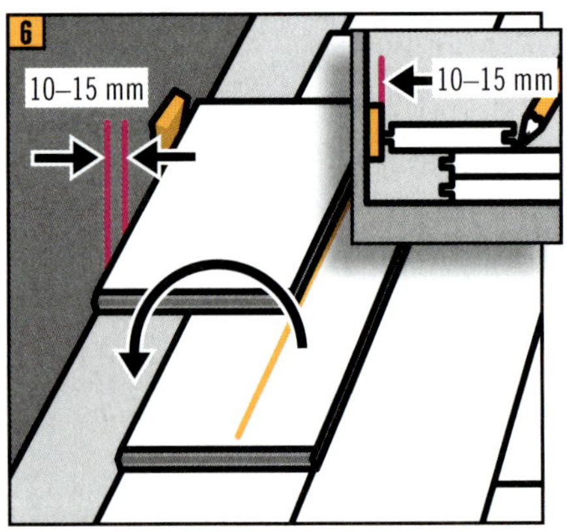

WERKZEUG.

- ✔ Kapp- und Gehrungssäge
- ✔ Distanzkeile
- ✔ Fuchsschwanz
- ✔ Hammer u. Zugeisen
- ✔ Zollstock u. Bleistift
- ✔ Bohrmaschine

MATERIAL.

- ✔ Parkett/Laminatdielen
- ✔ Heizungsrohr-Rosette
- ✔ Parkettsilikon
- ✔ Trittschalldämmunterlage
- ✔ Dampfbremsfolie

Dann müssen Sie einfach nur die Dielen wieder voneinander lösen, zusammenpacken und im neuen Zuhause wieder neu verlegen. An der Stabilität ändert sich nichts – vorausgesetzt die Dielen haben nicht zu sehr unter dem Umzug gelitten.

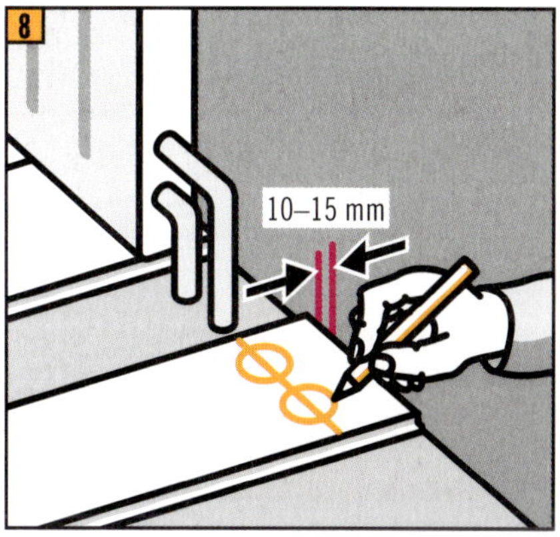

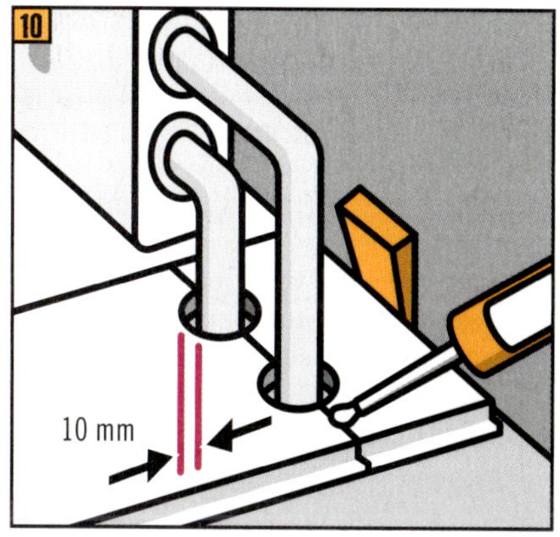

Verlegung an Heizungsrohren

8 An Heizungsrohren die benötigte Diele bis zur Wand (abzüglich Dehnfuge) zuschneiden, die Position des Rohrs auf der Diele markieren. **9** Den Rohrdurchmesser zuzüglich 20 mm (2 x 10 mm) herausbohren. Dann den Rest der Markierung aus dem Element heraussägen. **10** Das herausgesägte Stück in die Lücke zwischen Wand und Heizungsrohr leimen. Die Dehnfuge mit einem Keil sichern.

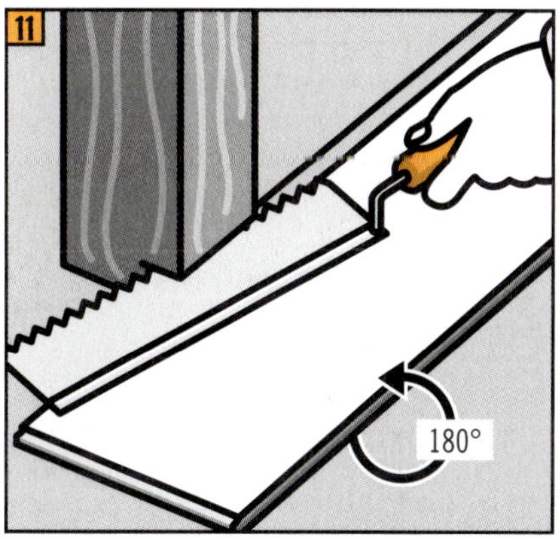

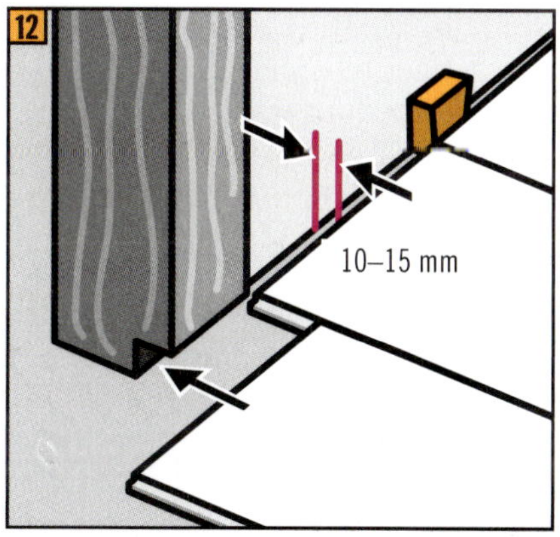

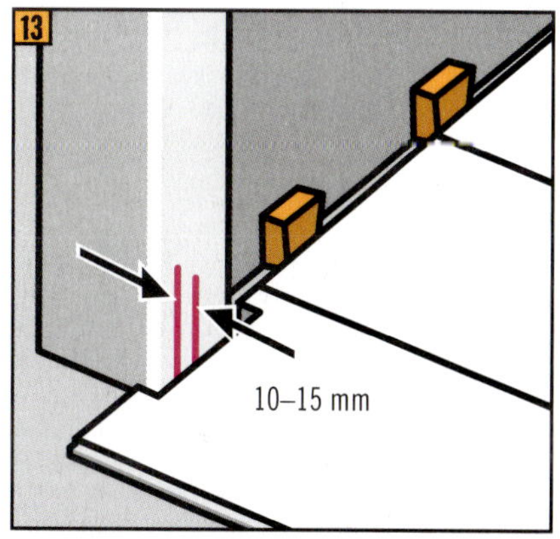

Verlegung an Türzargen

Damit Ihr Holzboden unter die Türzarge geschoben werden kann, ist es meistens notwendig, die Zarge entsprechend zu kürzen. **11** Legen Sie dazu eine Diele, als Führung für die Säge, mit der Dekorseite nach unten an die Zarge. Sägen Sie die Zarge am besten mit einer Feinsäge oder einem Fuchsschwanz entlang der Führungsdiele ab. **12** Nun können Sie die zu verlegende Diele unter die Türzarge schieben. **13** An Metalltürzargen muss die Diele entsprechend ausgeschnitten werden. Berücksichtigen Sie die Dehnungsfuge von 10–15 mm, die Sie später mit Parkettsilikon ausfüllen. Hilfreich beim Ausschneiden an Metalltürzargen ist die Konturenlehre (siehe Werkzeugkunde).

WERKZEUGKUNDE VON PROFIS!

KONTUREN ÜBERTRAGEN.

Schwierige Konturen von Türzargen oder Heizkörpern überträgt man mit einer Konturenlehre passgenau auf die Diele. **A** Die Konturenlehre an die Heizungsrohre andrücken und die benötigte Form somit auf die Konturenlehre übertragen. **B** Mit der Konturenlehre dann die Form auf das Parkett übertragen.

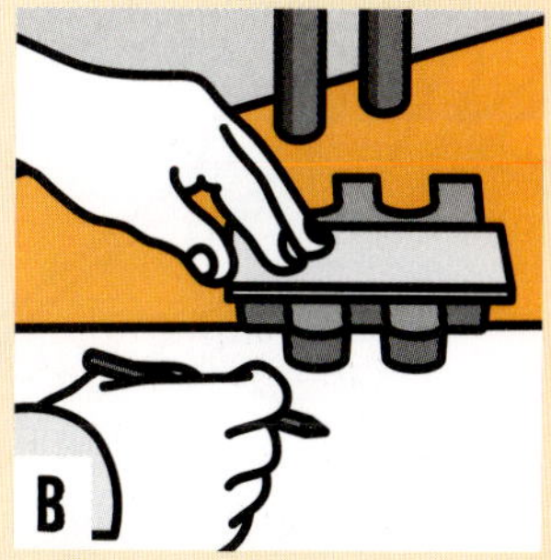

MASSIVHOLZDIELEN VERLEGEN.

Bevor der Teppichboden die Bodenflächen eroberte, gehörten Massivholzdielen zur Standardausstattung eines Hauses. Heute sind die guten alten Dielen wieder im Kommen. Sie schaffen ein angenehmes Raumklima, stärken die Fußmuskulatur und sind dazu auch noch preiswert.

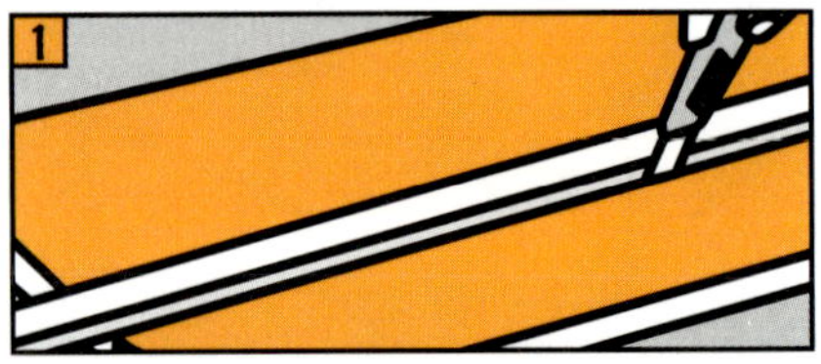

Unterkonstruktion für klassische Verlegung bauen

Dielen werden auf einer Konstruktion aus Lagerhölzern (mit einer maximalen Holzfeuchte von 15 %) befestigt. In die Hohlräume wird geeignetes Dämmmaterial gefüllt. Denken Sie daran, dass die Bodenhöhe ein paar Zentimeter zunimmt, entsprechend der Höhe von Lagerkonstruktion und Dielen. Falls die Lagerhölzer bereits durch den vorherigen Fußbodenaufbau vorhanden sind und keine Mängel aufweisen, können Sie direkt mit der Verlegung loslegen. **1** Eine geeignete Trittschalldämmung erreichen Sie mit druckfesten Dämmplattenstreifen, die in der Breite der Lagerhölzer zugeschnitten werden. Mit diesen Streifen werden dann alle Lagerhölzer unterlegt. **2** Richten Sie nun die Lagerhölzer mit den unterlegten Dämmstreifen im Abstand von etwa 50 cm auf dem vorbereiteten Untergrund aus. Bei Bodenunebenheiten die Hölzer mit Keilen unterlegen. **3** Eine quer verschraubte Hilfslatte verhindert das Verrutschen der Lagerhölzer. Nach dem Befestigen des ersten Dielenbretts muss die Hilfslatte dann wieder entfernt werden. **4** Die Zwischenräume der Lagerhölzer werden mit Dämmmaterial aus Mineralwolle gefüllt.

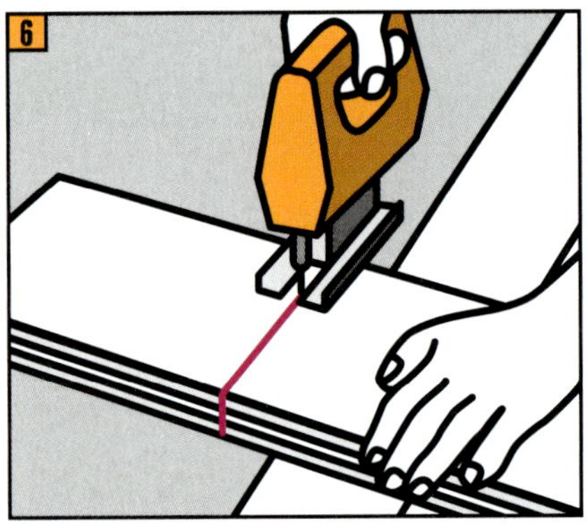

Massivholzdielen klassisch verlegen

5 Die erste Dielenreihe wird nun mit der Nut zur Wand verlegt. Halten Sie mit Hilfe von Distanzkeilen eine Dehnfuge zu den Wänden von 15 mm ein. Die Dielen in der Flucht ausrichten und zur Wandseite hin mit Nägeln fixieren. Die Nagelköpfe können versenkt und später mit Hartwachs ausgekittet werden. **6** Massivholzdielen können endlos verlegt werden. Hierzu wird das abgesägte Reststück einer Dielenreihe als erstes Stück der nächsten Reihe verwendet. Sägen Sie die Dielen mit der Stichsäge immer von der Dielenrückseite her zu. **7** Fügen Sie die Dielen mit einem Schlagklotz zusammen. An den Stirnseiten die Dielen miteinander verleimen. **8** Zur Befestigung werden die Dielen oberhalb der Feder im 45°-Winkel vorgebohrt und mit den Spax-Schrauben fixiert. **9** Hinweis: Die Kopfstöße müssen nicht auf den Lagerhölzern liegen. In der nächsten Reihe sollten sie jedoch durch eine durchgehende Diele gesichert werden. Die Endstücke mit dem Zugeisen fugendicht anfügen. Bei der letzten Verlegereihe werden die Dielen ebenfalls mit dem Zugeisen dicht angefügt. Auch hier ist ein Dehnfugenabstand zur Wand von 15 mm erforderlich.

WERKZEUG.

- ✓ Wasserwaage
- ✓ Schlagklotz
- ✓ Hammer/Fäustel
- ✓ Zugeisen
- ✓ Metermaß/Maßband
- ✓ Stichsäge
- ✓ Gehrungssäge
- ✓ Bleistift
- ✓ Akku-Schrauber
- ✓ Bohrmaschine

MATERIAL.

- ✓ PE-Unterlagsfolie/Baufolie
- ✓ Lagerhölzer
- ✓ Dämmplatten (druckfest)
- ✓ Mineralwolle
- ✓ Massivholzdielen
- ✓ Spax-Schrauben (ca. 3,5 mm dick/ dreifache Dielenstärke lang)
- ✓ Parkettsockelleisten
- ✓ Übergangsschienen

MASSIVHOLZDIELEN RENOVIEREN.

Unter altem Teppich oder Linoleum verbirgt sich manch schmucker Dielenboden. Ist die obere Schmutzschicht erst einmal ab, kommen oft die tollsten Maserungen zum Vorschein. Dann noch mit Öl oder Siegellack veredelt ... – der Aufwand lohnt sich!

Alte Bodenbeläge entfernen

1 Entfernen Sie die Altbeläge restlos. Alle lose sitzenden Teile müssen vor dem Abschleifen befestigt oder entfernt werden. **2** Überstehende Nagelköpfe werden mit dem Senker etwa 8 mm ins Holz eingeschlagen und die Nagellöcher mit Holzwachs verschlossen.

Massivholzdielen abschleifen

3 Damit die Massivholzdielen wieder eine schöne Oberfläche bekommen, werden sie mit einer Fußbodenschleifmaschine abgeschliffen. Diese Maschine kann für die Dauer der Arbeit ausgeliehen werden. Schleifen Sie zuerst mit grober Körnung (20er) und dann immer feiner werdend bis zur 80er-Körnung. Für die richtige Schleifrichtung beachten Sie bitte die Herstellerangaben der Schleifmaschine. In der Regel schleift man beim ersten groben Schliff quer zur Faserrichtung des Holzes, beim zweiten, feineren Schliff diagonal dazu und beim letzten, feinen Schliff entlang der Faserrichtung. **4** Die Randbereiche und sonstige schwer zugängliche Stellen schleifen Sie mit einer Randschleifmaschine oder einem Schwingschleifer.

Oberfläche nachbehandeln

Nach dem letzten Feinschliff wird der Boden gründlich abgesaugt und gereinigt. Die Oberflächenvergütung am besten mit einem Fellwischer gleichmäßig in Dielenrichtung auftragen. Nach 24 Stunden die Dielen erneut mit feinem Schleifpapier kurz abschleifen. Schleifstaub abwischen und nächste Schicht Vergütung auftragen. Bei Versiegelung diesen Schritt 24 Stunden später nochmals wiederholen. Die Anwendung von Oberflächenvergütungen kann variieren. Beachten Sie bitte deshalb auch die Verarbeitungshinweise der Hersteller.

Fugenbildung von 1–2 mm Breite ist charakteristisch für Dielenböden. Holzdielen müssen entsprechend den jahreszeitlichen Feuchteschwankungen „arbeiten“ können. Aus diesem Grund keine Mittel verwenden, die die Dielen miteinander verkleben.

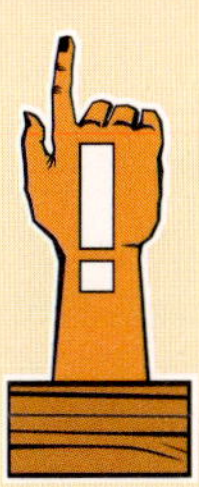

PROFITIPP!

Erledigen Sie Maler- und Tapezierarbeiten vor der Renovierung des Bodens. Sie vermeiden so Beschädigungen der Oberfläche durch Farbe und Kleister.

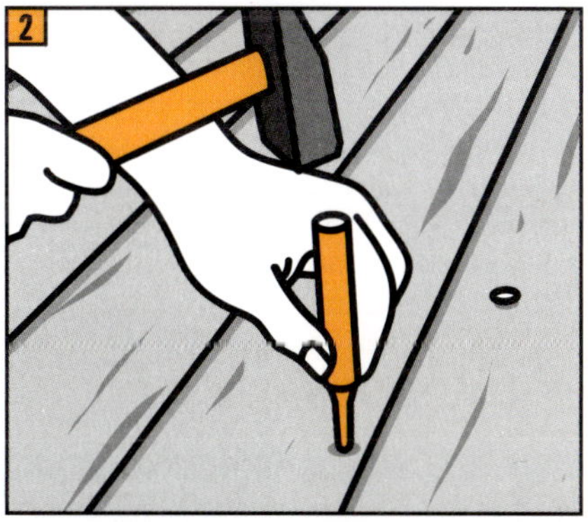

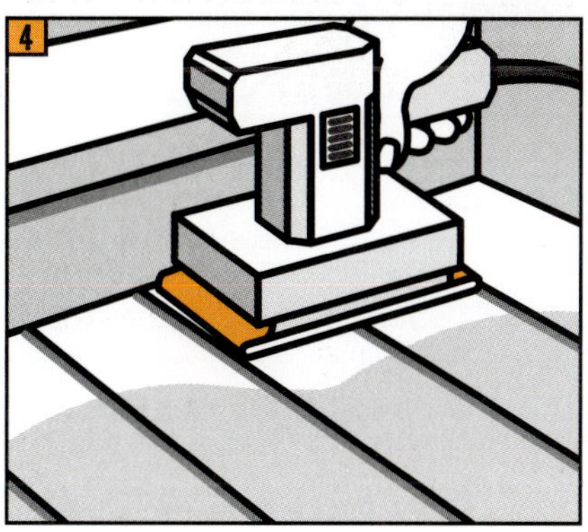

OBERFLÄCHEN-VERGÜTUNG.

Wassersiegel

- Ein auf Wasser basierendes Versiegelungsmittel.
- Geringer Lösemitteleinsatz, daher kaum Geruchsbelästigung.
- Leicht zu verarbeiten.
- Chemikalienbeständig, schnell trocknend, nicht brennbar.

Polyurethan-Siegel (PUR-Siegel)

- Ein- oder Zweikomponenten-System.
- Beinhaltet Lösungsmittel.
- Einsatz, wenn besonders hohe Ansprüche an die Oberfläche gestellt werden.
- Sehr gute Haftung zum Holz.
- Wasserfest.
- Hoher Widerstand gegen mechanische Einflüsse.

Öl-Kunstharzsiegel

- Durch die natürlichen Öle wird die Holzfarbe intensiviert.
- Elastischer, rutschhemmender Oberflächenfilm.
- Besonders gut für Parkett auf Heizestrichen, Holzpflaster und Dielenfußböden geeignet.

Grundsiegel

- Grundierung für das Holz, die den Holzfarbton beeinflusst (macht ihn überwiegend heller).
- Für alle Versiegelungssysteme geeignet.
- Wirkt isolierend.

Öl-Wachs-Systeme

- Öl dringt ins Holz ein und wirkt imprägnierend; Wachs bleibt auf der Oberfläche (wasser- und schmutzabweisend).
- Erhalten den natürlichen Charakter der Holzoberfläche.
- Holzoberfläche bleibt atmungsaktiv, was sich positiv auf das Raumklima auswirkt.
- Boden kann partiell nachgebessert werden.
- Erhöhter Pflegebedarf.

ÜBERGÄNGE HERSTELLEN.

Unschöne Übergänge zwischen Holzböden und anderen Bodenbelägen kann man mit Übergangsschienen elegant kaschieren. Entsprechend der Höhe und Beschaffenheit der Bodenbeläge nimmt man Kunststoff-, Holz- oder Metallleisten.

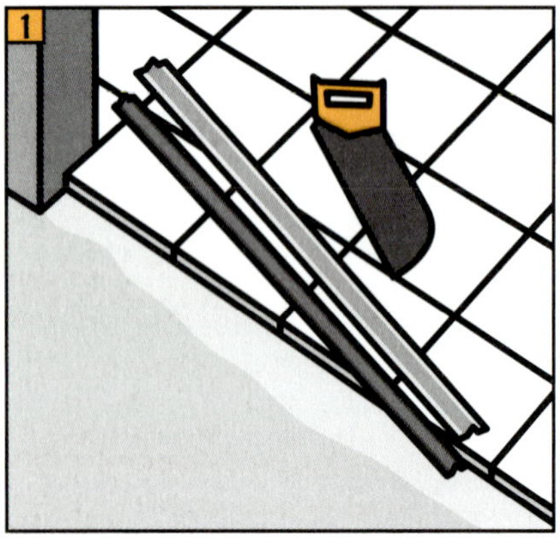
1

2

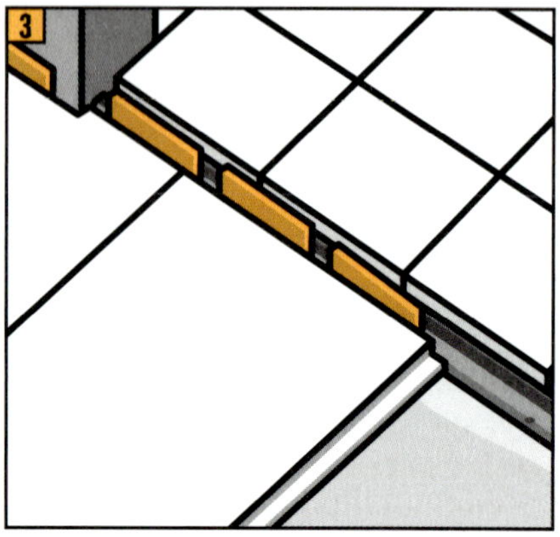
3

Übergangsschiene

Dort wo unterschiedliche Bodenbeläge aufeinandertreffen, entstehen leicht Stolperkanten, z. B. im Türbereich. Mit sogenannten Übergangsschienen kann man solche Kanten abdecken. 1 Schneiden Sie entsprechend des Türmaßes die Übergangsschiene zu. Die Dicke der herausgenommenen Türzarge ziehen Sie dabei rechts und links von der Schienenlänge ab. 2 Grundschiene in die Aussparung im Boden einsetzen (Randabstand beachten!). Dübellöcher markieren und bohren. Dann die Schiene festschrauben 3 Mit Holzstreifen eine 10-mm-Dehnungsfuge sichern und Holzboden entlang dieser Fuge weiter verlegen. Zum Schluss einfach die Abdeckung in die Übergangsschiene eindrücken.

Parkett/Parkett

Teppich/Parkett

Parkett/Fliesen

WANDABSCHLUSS HERSTELLEN.

Der alte Holzdielenboden ist zwar schön renoviert, aber eine riesige Dehnungsfuge entlang der Wand verschandelt die Optik. Denken Sie praktisch: zuerst mal Kabel, Geld und Diamanten reinstopfen, dann eine schicke Fußleiste drüber. Gutes Versteck, oder?

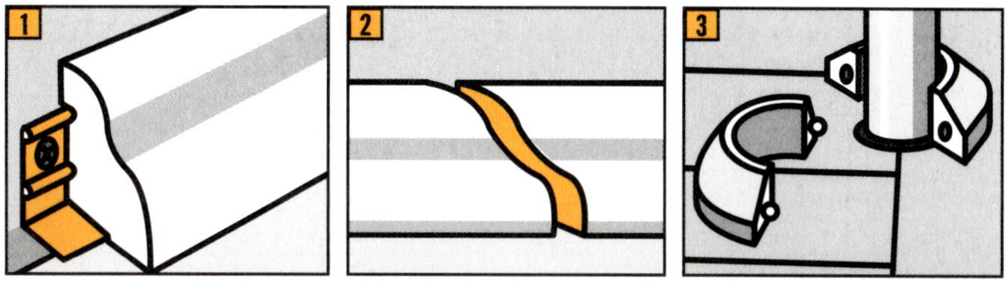

Abschlussleisten

Fußleisten bilden den Abschluss des Parkettbodens zur Wand. Sie verdecken die Dehnfugen zu den Wänden und die Befestigungen der ersten Dielenreihen. Aber auch nachträglich verlegte Kabel (z. B. Lautsprecher- oder Antennenkabel) können dahinter untergebracht werden. Vor dem Anbringen der Leisten müssen die Distanzkeile unbedingt entfernt werden. **1** Die Leisten werden immer an der Wand und nicht an den Dielen verschraubt. Bei Verwendung von Befestigungsprofilen in Verbindung mit den dazu passenden Parkettleisten bleiben die Verschraubungen unsichtbar. Nach dem Befestigen eines Basisprofils wird einfach nur noch das passende Dekorprofil aufgesteckt. Für die Ausführung der Eckverbindungen sind nicht einmal Gehrungsschnitte nötig, weil hierfür eigene Eckverbinder verwendet werden. Einfacher geht's nicht. **2** Bei zusammengesetzten Leistenabschnitten die Schnittflächen im Schrägschnitt ausführen. Dadurch sind die Stoßstellen später kaum sichtbar. **3** Heizungsrohr-Rosetten sind zweiteilig und in allen möglichen Holzfarben erhältlich. Die beiden Teile werden um das Heizungsrohr gelegt und zusammengesteckt.

Leisten über Eck verlegen.

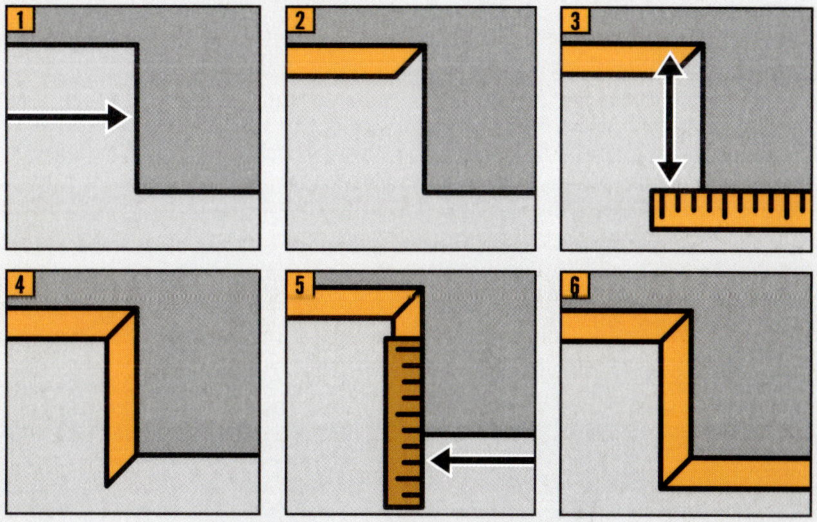

1 Nehmen Sie zuerst Maß an der Seite des Innenecks. **2** Schneiden Sie dann die erste Leiste auf Innengehrung zu und befestigen Sie diese an der Wand. **3** Messen Sie nun das Wandstück für die nächste Leiste mit Hilfe eines Winkels aus. **4** Das Leistenende zur Innenecke hin auf Innengehrung und das Ende zur Außenecke hin auf Außengehrung schneiden. Leiste einpassen und an der Wand befestigen. **5** Erneut mit dem Winkel das nächste Wandstück ausmessen. **6** Die Leistenenden entsprechend den Ecken auf Innen- bzw. Außengehrung schneiden und an der Wand befestigen.

WERKZEUG.

- ✔ Akku-Schrauber
- ✔ Gehrungssäge
- ✔ Zollstock
- ✔ Bleistift
- ✔ Bohrmaschine
- ✔ Metallsäge

MATERIAL.

- ✔ Übergangsschiene
- ✔ Abschlussleisten
- ✔ Heizungsrohr-Rosette

SCHADSTELLEN AUSBESSERN.

Bobby-Car, Skateboard, Stöckelschuhe ... – was muss ein Boden nicht alles aushalten. Alle trampeln auf ihm herum. Vom Leben schwer gezeichnete Böden können mit ein paar einfachen Tricks wieder salonfähig gemacht werden.

Dellen in Dielen oder Parkettbelägen

Dellen und Druckstellen verschwinden durch gezieltes Anfeuchten der betreffenden Stelle. Die zerdrückten Holzfasern quellen auf. Ein feuchtes Tuch und ein Bügeleisen darüber verstärken den Effekt.

Löcher und Risse in Parkett und Laminat

Risse und Löcher werden mit farblich passender Holzpaste geschlossen. Danach an dieser Stelle Oberflächenvergütung auffrischen.

Kratzer

Leichte Kratzer können wegpoliert oder mit Reparaturwachs ausgeglichen werden. Hilft das alles nichts, einfach die Stelle anschleifen und dann mit verdünntem Versiegelungslack behandeln.

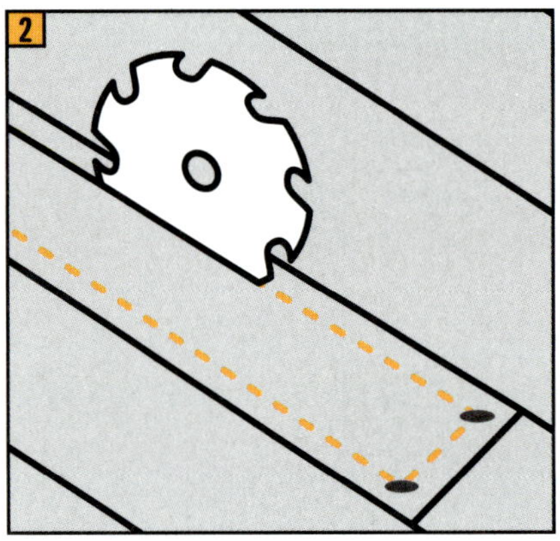

Diele austauschen

1 In alle 4 Ecken der auszuwechselnden Diele, jeweils 10 mm vom Rand entfernt, ein Bohrloch setzen. **2** Von Bohrloch zu Bohrloch mit der Handkreissäge die Diele aussägen. Ruhig über das Loch hinaus bis kurz vor den Rand sägen. **3** Reststücke des herausgesägten Teils entfernen. Festsitzende Teile am besten mit einem spitzen Gegenstand und leichten Hammerschlägen von Nut und Feder lösen. Anschließend Nuten und Federn von Schmutz reinigen. Am besten mit einem Stechbeitel oder einer Oberfräse. **4** An der neuen Diele die Nut-

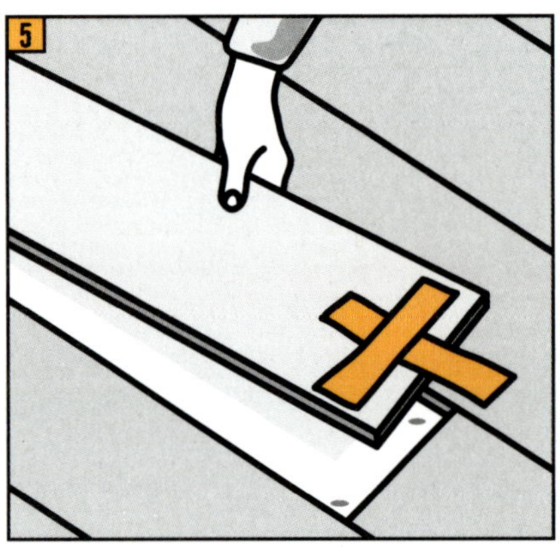

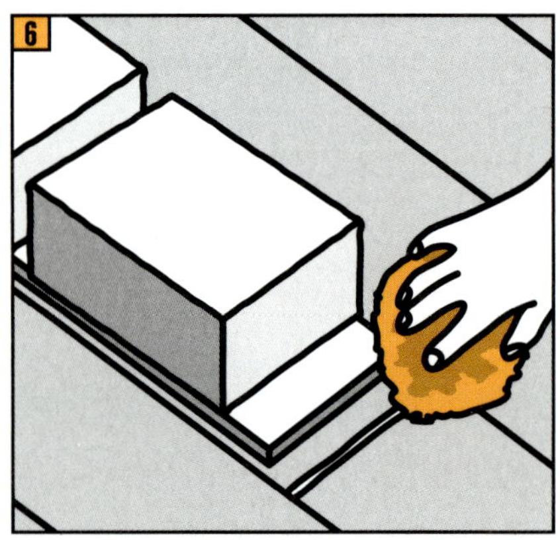

wange an Stirn- und Längsseiten mit einer Eintauchsäge abschneiden. Sägetiefe auf 4–5 mm einstellen. **5** Austauschelement probeweise in die Lücke einsetzen und auf Passgenauigkeit prüfen. Mit einem Glassauger oder Klebestreifen können Sie das Element wieder herausziehen. Nun rundum die Nuten- und Federoberseiten einleimen und die Diele einsetzen. **6** Etwa 24 Stunden mit Steinen beschweren, bis der Leim getrocknet ist. Herausquellenden Leim sofort mit einem sauberen Tuch oder Schwamm abwischen.

PFLEGE & REINIGUNG.

Mit der richtigen Pflege können Sie mit Ihrem Holzboden alt werden. Für jeden Fleck gibt es das geeignete Mittelchen – auch für Schuhsohlen-Streifen! Also, nicht gleich hysterisch werden, wenn der Besuch mit Schuhen über Ihren Holzfußboden latscht!

Laminatboden

Laminatböden sind äußerst hygienisch und pflegeleicht. Mit Besen oder Staubsauger kann die tägliche Pflege schnell erledigt werden. Trittspuren und Schmutz lassen sich mit einem feuchten Lappen abwischen. Dabei immer gut ausgewrungene Wischtücher verwenden. Auf keinen Fall mit einem nassen Lappen reinigen, da Laminat an den Stoßfugen aufquillt. Für die regelmäßige Bodenpflege empfiehlt es sich, eine spezielle Wischpflege für Laminat zu verwenden. Gröbere Verunreinigungen lassen sich leicht mit Aceton oder anderen alkoholhaltigen Lösungsmitteln entfernen. Speziell für Laminat oder Parkett, das mit Klick-Verbindungen verlegt wurde, gibt es spezielle fugenversiegelnde Wischzusätze.

Werterhaltung eines Parkettbodens

Parkettboden ist ganz einfach mit regelmäßigem Staubsaugen oder Fegen sauber zu halten. Eine nebelfeuchte Reinigung mit Parkettpflegemittel ist nur bei hartnäckigen Verschmutzungen nötig. Hinweise für die Werterhaltung Ihres Parkettbodens:

- Optimal sind 50-60 % Luftfeuchtigkeit.
- Fangen Sie groben Schmutz bereits im Türbereich mit geeigneten Matten oder Abtretern auf.
- Auf dem Boden stehende Flüssigkeiten immer sofort aufnehmen.
- Reinigen Sie nur mit ausgewiesenen Produkten.
- Neu verlegte Parkettfußböden in der ersten Woche nur trocken reinigen.
- Versehen Sie Stuhl- und Tischbeine mit Filzgleitern, um Ihren neuen Parkettboden zu schützen.

Massivholzdielen

Massivholzdielen werden einfach mit einem Besen oder Staubsauger gereinigt und nur bei Bedarf mit einem nebelfeuchten Tuch gewischt (nie nass!).
Je nach Beanspruchung kann der Boden mit Holzfußbodenwachs gepflegt werden, um seine schöne Oberfläche zu erhalten.
Selbst im Falle einer Renovierung muss der Boden nicht komplett entfernt werden, sondern wird einfach abgeschliffen und neu behandelt.

PFLEGETIPP!

Schwarze Schuhsohlen-Streifen bekommen Sie mit einem Radiergummi ganz leicht wieder weg. Einfach wegradieren!

PFLEGETIPP!

Laminatboden ist pflegeleicht. Gehen Sie sparsam mit Wasser um. Verwenden Sie zur Pflege am besten nur spezielle Laminatreiniger.

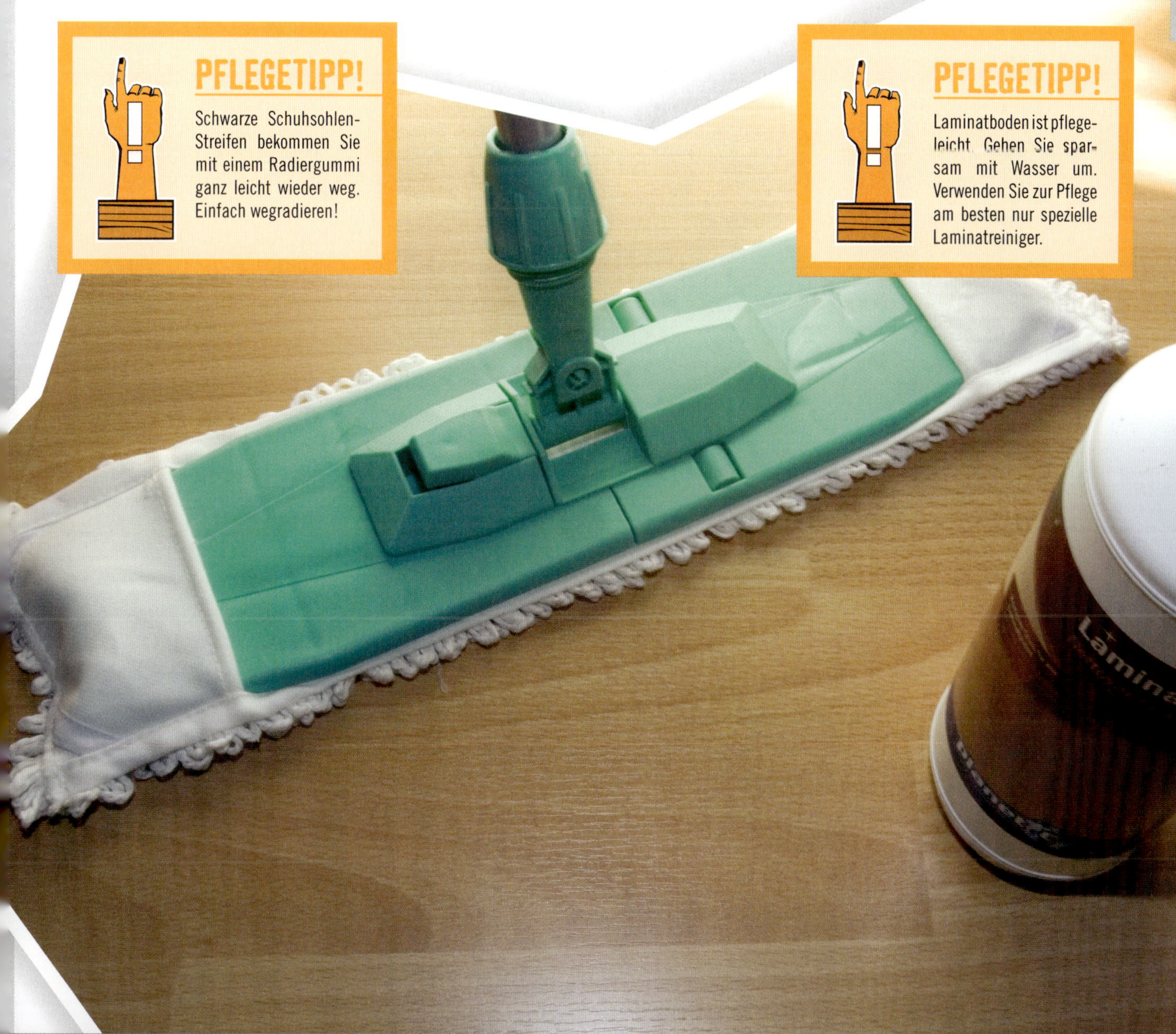

Wahnsinn – wie so ein neuer Boden den Raum verändert!

TEPPICH UND PVC VERLEGEN.

tesa

TEPPICH UND PVC VERLEGEN.

SCHON SINDBAD DER SEEFAHRER BEVORZUGTE ES, AUF DEM TEPPICH ZU BLEIBEN – VOR ALLEM WÄHREND DES FLUGS. WÄRE ER DAMALS ALLERGISCH GEGEN HAUSSTAUBMILBEN GEWESEN, HÄTTE ER WOHL SCHLECHTE KARTEN GEHABT. HEUTE GIBT ES ZUM GLÜCK TEPPICHBÖDEN, DIE AUCH FÜR ALLERGIKER GEEIGNET SIND. UND NATÜRLICH PVC – DEN KLASSISCHEN ALLESKÖNNER. NUR FLIEGEN KANN DER NICHT.

VON DER ROLLE.

Es wird angenommen, dass Teppiche im Orient ursprünglich zur Isolierung von kalten Untergründen entwickelt wurden. Da war es nämlich ganz schön kalt im Nomadenzelt, so ganz ohne Teppich. Gut, das ist schon ein paar Jährchen her. Viele Geschichten wurden auf Teppichen verewigt. Die dollsten Knüpfungen haben es sogar bis ins Museum geschafft. Und so manch ein schmuckes Stück ziert hier und da eine Wohnzimmerwand – als Wandschmuck. In unseren Breiten hat man an der ursprünglichen Funktion festgehalten. Als komfortabler Bodenbelag ist er aus den meisten Wohnungen nicht mehr wegzudenken. Es wird täglich darauf gelebt, gespielt – und geliebt.

ERST MESSEN, DANN KAUFEN.

Auch wenn Sie es gar nicht mehr abwarten können, in den Baumarkt zu gehen und sich einen neuen Bodenbelag auszusuchen – erst einmal den Raum ausmessen und den Materialbedarf berechnen. Das ist nicht wirklich schwer.

Ermitteln Sie das Maß der maximalen Breite A und Länge B im Raum. Hierbei sind Fenstereinbuchtungen, Nischen, Erker usw. mitzuzählen. Runden Sie die gemessene Breite zur nächsthöheren Normbreite auf und geben Sie zu der Länge noch gut 30 cm dazu. Welche Seite als Länge und welche als Breite betrachtet wird, hängt von der Beschaffenheit des Raums ab.

Wenn Sie sich einen Bodenbelag mit Rapport anschaffen wollen, dann rechnen Sie noch entsprechend der Rapportgröße mehr Verschnitt dazu. Beachten Sie hierzu auch die Herstellerangaben.

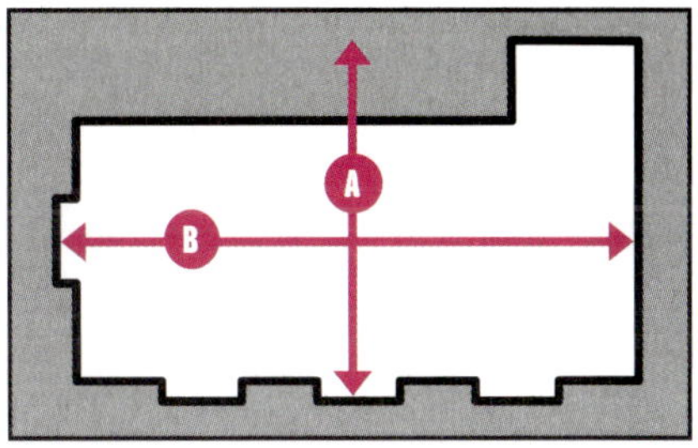

SYMBOLE UND IHRE BEDEUTUNG.	
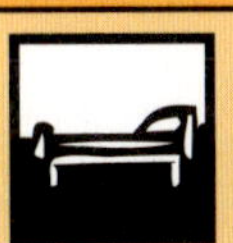	**Ruhebereich** • Tiefer, flauschiger Flor • Nicht zu empfehlen für stark beanspruchte Räume
	**Wohnbereich** • Hoher Flor, angenehm zu begehen • Geeignet für mittlere bis starke Beanspruchung
	**Geeignet für Fußbodenheizung** • Wärmefluss wird nur geringfügig beeinflusst
	**Stuhlrollengeeignet** • Außerordentlich strapazierfähiger Boden • Empfehlenswert für Büro- und Arbeitsräume
	**Antistatisch** • Beinhaltet leitfähige Fasern • Garantiert keine elektrischen Aufladungen • Ideal für Arbeits- und Computerräume
	**geeignet für Treppenverlegung** • Besonders strapazierfähig • Sehr trittsicher und rutschhemmend
	**Feuchtraumgeeignet** • Unempfindlich gegenüber Feuchtigkeit • Garantiert kein Einlaufen oder Abfärben • Geeignet für Küche, Bad, WC etc.

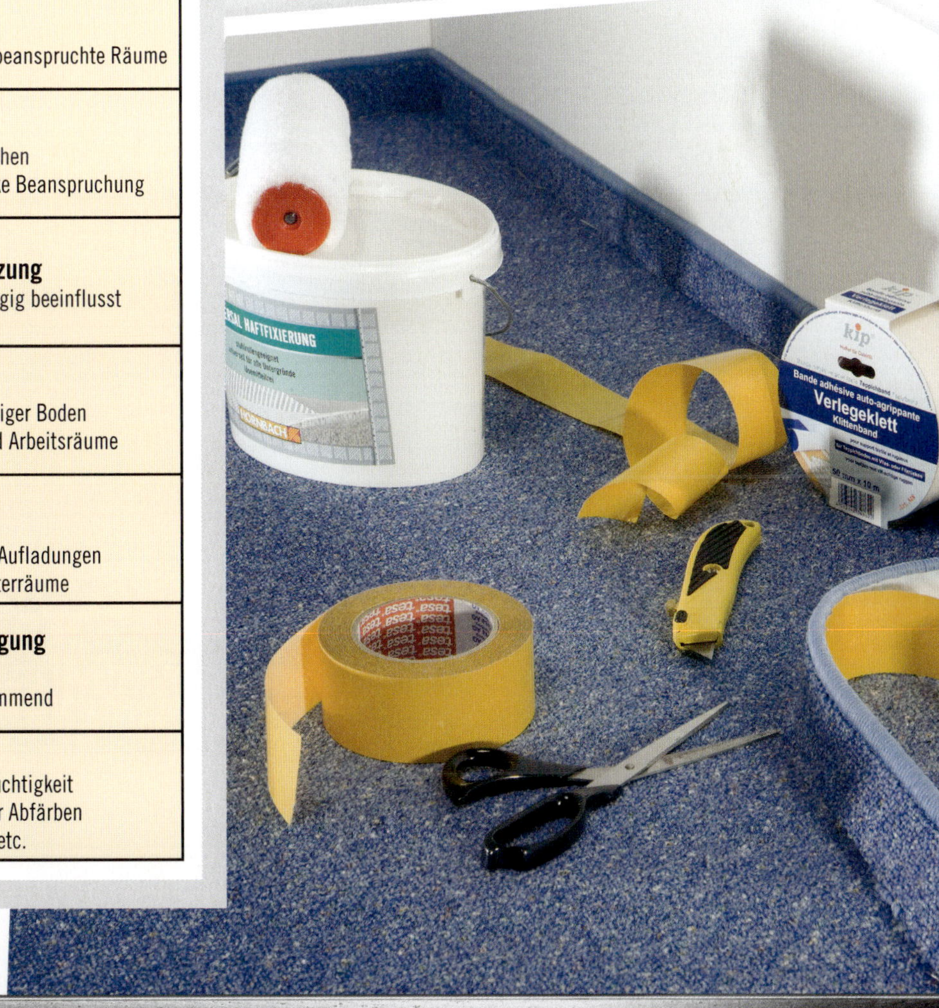

MATERIALEIGENSCHAFTEN. TEPPICHBODEN

Warm. Weich. Angenehm. Der Wohlfühlpegel in Ihrer Wohnung steigt mit einem neuen flauschigen Teppich. Die Knüpfung macht's – „Tufting“ ist der absolute Hit. Das kommt aus dem Englischen und heißt „sticken“. Über 80 % der Teppiche in deutschen Haushalten sind „getuftet“ – unsere beliebten

Teppicharten

Teppiche bestehen aus einer Nutz- und einer Trägerschicht. Das Verbinden der beiden Schichten miteinander nennt man „Tufting“. Je nachdem, ob der Garnfaden dabei geschlossen bleibt oder aufgeschnitten wird, unterscheidet man zwischen Schlingenware, Schnittflor oder Schnittschlinge.

Schlingenware (Bouclé)

Wenn die Nutzschicht eines Teppichbodens aus geschlossenen Garn- oder Faserschlingen besteht, spricht man von Schlingenware oder Bouclé.

Schnittflor (Velours)

Beim Schnittflor sind die Schlingen oben aufgeschnitten. Je nach Höhe der Schlingen unterscheidet man zwischen Saxony (über 10 mm) und Shag (über 40 mm).

Schnittschlinge (Cut Loop)

Hier sind Schnittflor und Schlingenware miteinander kombiniert. Schnittschlinge ist in unterschiedlichen Höhen erhältlich. Das nennt man dann Reliefware.

MATERIALEIGENSCHAFTEN. PVC-BELAG.

Velourssteppiche übrigens auch. Den höchsten Komfort bietet das traditionelle Webverfahren. Nicht ganz billig. Doch bevor Sie sich in Schulden stürzen oder Ihr Heim mit kratzigen Nadelfilzböden auslegen, kaufen Sie lieber einen dekorativen und pflegeleichten PVC-Boden.

PVC-Belag ohne Träger

Diese Beläge bestehen entweder aus einer gleichmäßigen PVC-Schicht (sehr strapazierfähig) oder aus mehreren zusammengepressten Schichten unterschiedlicher Eigenschaften. Letztere haben eine sehr hohe Abriebfestigkeit und profitieren von den Qualitätsmerkmalen jeder einzelnen Schicht.

PVC-Belag mit Träger

Bei diesem Bodenbelag handelt es sich um einen PVC-Verbundbelag mit textiler (z. B. Polyestervlies, Jutefilz) oder nichttextiler Unterlage (z. B. Kork, PVC- bzw. PUR-Schaum), auf die die PVC-Masse aufgebracht wird. Dieser Belag zeichnet sich durch hohe Maßstabilität aus und wird hauptsächlich im privaten Wohnraum verwendet. Bei sogenannten Reliefbelägen (CV-Belag) kann die Oberfläche verschieden strukturiert oder geprägt sein, z. B. mit echt wirkendem Fliesenmuster.

Untergrund

Bei der Verlegung im privaten Wohnbereich können Sie elastische Bodenbeläge bis zu Raumgrößen von maximal 20 m² lose auslegen. Für größere Flächen empfehlen wir die vollflächige Verklebung. Geeignet sind alle ebenen, trockenen, tragfähigen, rissfreien und eindruckfesten Untergründe.

Tipps zum Verlegen von PVC-Böden

Kleben: Achten Sie beim Einlegen des Belags ins Kleberbett darauf, dass keine Luft eingeschlossen wird. Hohl liegende Bereiche können durch Abklopfen festgestellt und durch Herausstreichen beseitigt werden.

Wichtig ist, dass die Belagsrückseite ausreichend mit Klebstoff benetzt wird. Drücken und reiben Sie ihn gründlich fest. Ein umgedrehter Teppichrest kann als Andrückhilfe verwendet werden. Prüfen Sie das während des Verlegens durch gelegentliches Abziehen des Belags. Ist die Rückseite ausreichend benetzt, kann in gewohnter Weise weitergearbeitet werden. Haftet wenig Kleber auf der Rückseite, muss eventuell die Zahnspachtel während des Verlegens gegen eine neue ausgetauscht werden, um wieder eine genügend hohe Klebstoffdicke zu erreichen. Die Kopfenden können sich bis zum endgültigen Abbinden des Klebers durch die Materialspannung immer noch hochbiegen. Beschweren Sie diese, bis sie vom Kleber gehalten werden.

VIER ARTEN DER TEPPICHVERLEGUNG.

So manch einer kam schon ins Staunen, wenn er einem Profi beim Teppichverlegen zugeschaut hat. Der macht das richtig schnell und hat immer ein paar Tricks auf Lager. Ein Laie kann das zwar nicht ganz so zügig, doch die Teppichverlegung ist kein Buch mit sieben Siegeln. Und das mit den Tricks

TEPPICHBODEN LOSE VERLEGEN.

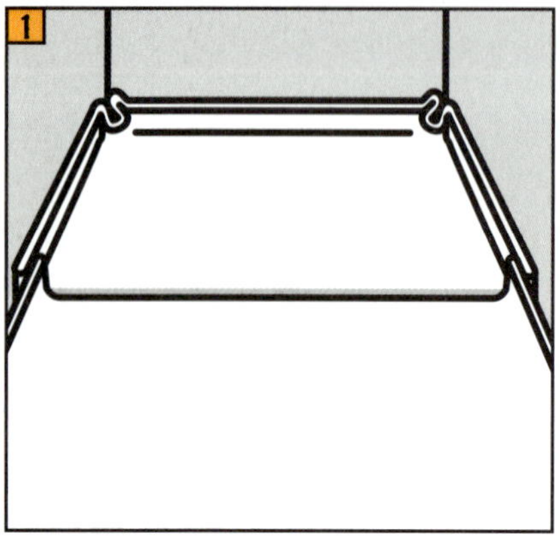

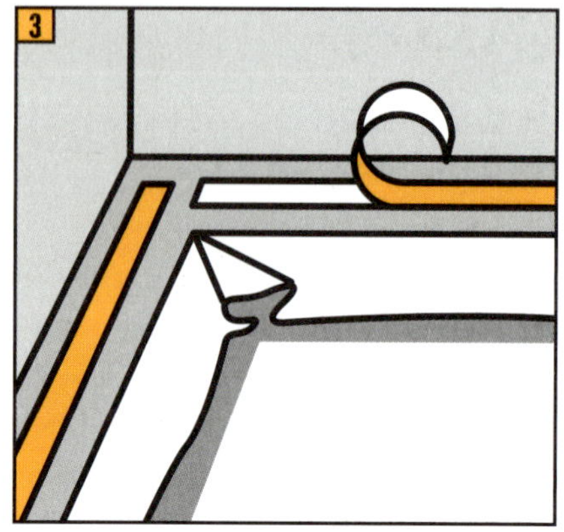

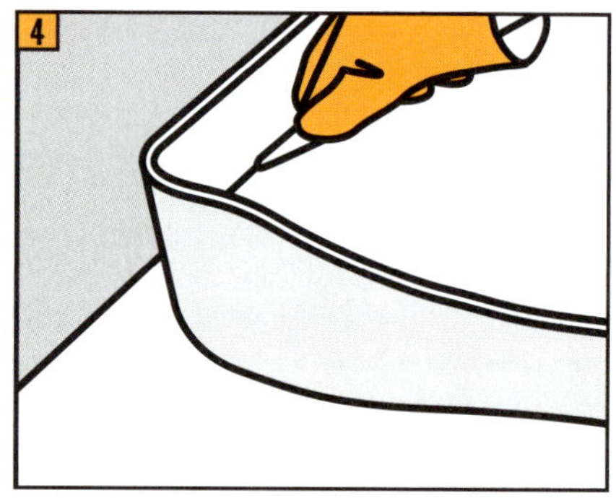

Bis zu einer Raumgröße von 20 m² können Teppichböden mit Schaumrücken lose verlegt werden. Meist genügt bei dieser Raumgröße auch eine Teppichbahn. **1** Der Teppichboden wird auf dem sorgfältig vorbereiteten Boden ausgerollt. **2** Sind zwei Bahnen nötig, werden die beiden Verbindungskanten beschnitten. Hierzu den Teppichboden an der Verbindungsnaht überlappen lassen und entlang einer Stahlschiene beide Teile gleichzeitig mit einer scharfen Klinge durchtrennen. Die beiden Bahnen nun mit einseitigem Klebeband auf der Rückseite zu einer Fläche verbinden.

3 Den Teppichboden nach einer Akklimatisierung von etwa 12 Stunden zuerst grob beschneiden. Am Wandverlauf muss der Teppichboden fixiert werden. Hierzu den Teppichboden zurückschlagen und ein doppelseitiges Teppichklebeband auf dem Boden ankleben. Das obere Schutzpapier noch nicht abziehen! **4** Jetzt kann der Teppichboden in die Kanten zur Wand hin eingedrückt und beschnitten werden. Tragen Sie zur Sicherheit Arbeitshandschuhe. Den Teppichboden nun wieder zurückschlagen, das Schutzpapier vom Klebeband abziehen und den Teppichboden darauf andrücken.

TEPPICHBODEN FIXIEREN.

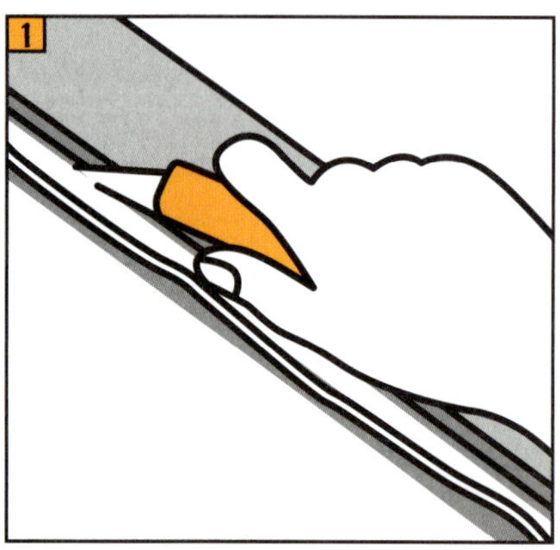

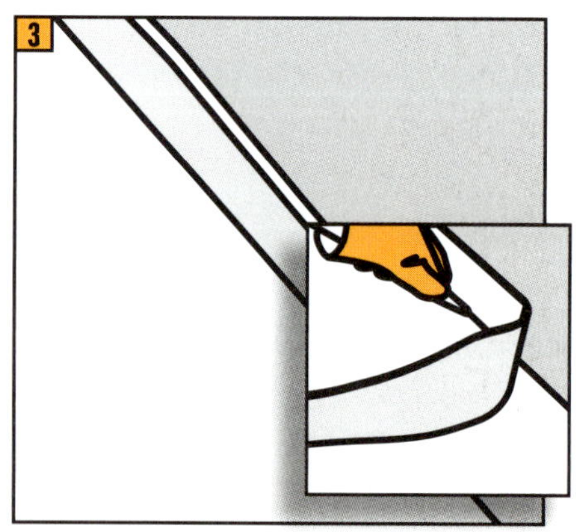

Die vollflächige Teppichfixierung hat den Vorteil, dass Verwerfungen durch Feuchtigkeits- und Temperaturschwankungen weitestgehend verhindert werden. **1** Benötigen Sie mehrere Bahnen, müssen zuerst die Verbindungsnähte beschnitten und die Bahnen dann verbunden werden. Jetzt kann die Teppichfläche an den Rändern grob zugeschnitten werden. **2** Zum Auftragen der Teppichfixierung wird eine Teppichhälfte zurückgeschlagen und die Fixierung mit einer glatten Schaumrolle auf den Untergrund aufgetragen. **3** Halten Sie nun die vom Hersteller vorgeschriebene Wartezeit ein und legen Sie dann den Teppichboden auf die Fixierung auf. Mit der anderen Hälfte des Teppichbodens nun genauso verfahren. Den Teppichboden exakt in die Ränder drücken und beschneiden.

bekommen wir auch noch auf die Reihe. Sie wissen ja: Übung macht den Meister. Hier erfahren Sie alles, was man übers Teppichverlegen wissen muss. Also, keine Scheu. Es ist noch kein Meister vom Himmel gefallen. Jeder hat einmal mit dem ersten Teppich angefangen.

TEPPICHBODEN VOLLFLÄCHIG VERKLEBEN.

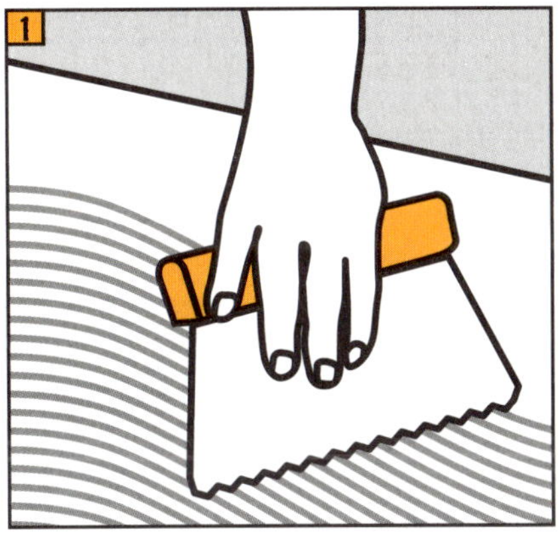

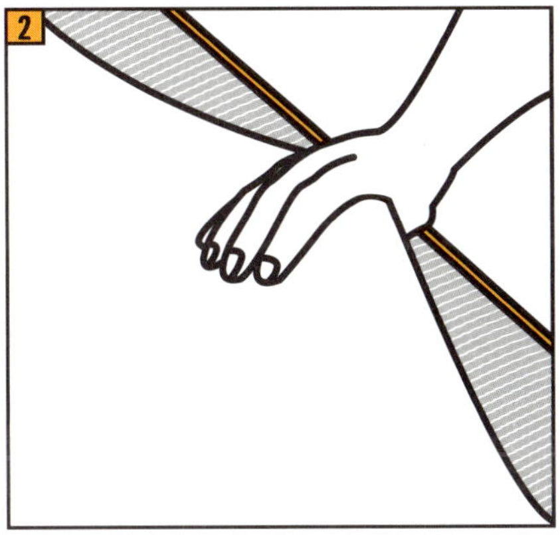

Beim vollflächigen Verkleben sind insbesondere die Verarbeitungshinweise des Klebstoffherstellers zu beachten. Verwenden Sie am besten lösemittelfreie Kleber. Setzt sich die Teppichfläche aus zwei Bahnen zusammen, werden die Nähte durch den Nahtschnitt vorbereitet und die beiden Hälften an der Naht zurückgeklappt. **1** Den Kleber nun mit einer Zahnspachtel flächig auf den Untergrund auftragen. **2** Nach der Ablüftzeit den Teppichboden ins Kleberbett einlegen. **3** Eine Korrektur muss nun gleich ausgeführt werden. Die Nähte eventuell mit einem Teppichspanner dicht zusammenfügen. Erst danach mit der weiteren Verklebung des Teppichbodens fortfahren. **4** Zum Schluss werden die Randzuschnitte ausgeführt. Dafür den Teppichboden dicht in die Kante eindrücken und mit einer scharfen Teppichklinge abschneiden.

VERLEGUNG MIT HAFTGITTER.

Mit Haftgitter verlegte Teppichböden haben eine annähernd gleiche Verlegequalität wie fest verlegte Beläge. Unterschied: Der Teppichboden kann rückstandsfrei wieder entfernt werden. Sogar eine zweite, wenn auch nicht mehr so stark haftende Verlegung ist möglich. **1** Das Haftgitter wird zuerst im Raum ausgelegt und zugeschnitten. **2** Nun die Schutzfolie auf der Unterseite abziehen und mit einer weichen Bürste am Boden festdrücken. Den Teppichboden nun auslegen, zuschneiden und eine Hälfte zurückschlagen. Jetzt das obere Schutzpapier vom Haftgitter entfernen, den Teppichboden auflegen und andrücken. Fertig!

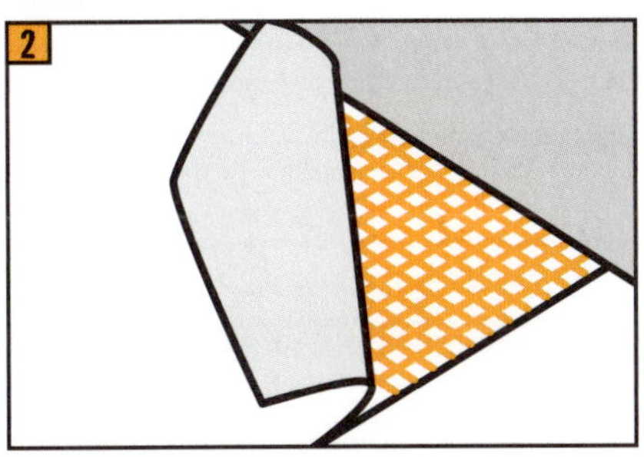

MATERIAL.

- ✔ Spachtelmasse
- ✔ Teppichboden
- ✔ Teppichkleber
- ✔ Teppichfixierung
- ✔ Teppichklebeband (ein- und doppelseitig)
- ✔ Haftgitterfolie
- ✔ Rand- und Übergangsleisten
- ✔ Dübel und Schrauben

WERKZEUG.

- ✔ Zollstock
- ✔ Schaumrolle glatt
- ✔ Zahnspachtel
- ✔ Schere
- ✔ Hammer
- ✔ Teppichmesser mit Hakenklinge
- ✔ Teppichschiene
- ✔ Teppichspanner
- ✔ Feinsäge
- ✔ Bohrmaschine
- ✔ Arbeitshandschuhe

PVC VERLEGEN.

Schachbrettmuster, Tigerfell, Holzdekor. Mit PVC können Sie sich die „abgefahrensten“ Muster auf den Boden legen. Hygienisch und strapazierfähig sind sie sowieso. Und die Verlegung? Ein Kinderspiel. Vorausgesetzt, der Untergrund ist glatt und eben. Man kann PVC lose verlegen

PVC-BELAG LOSE VERLEGEN.

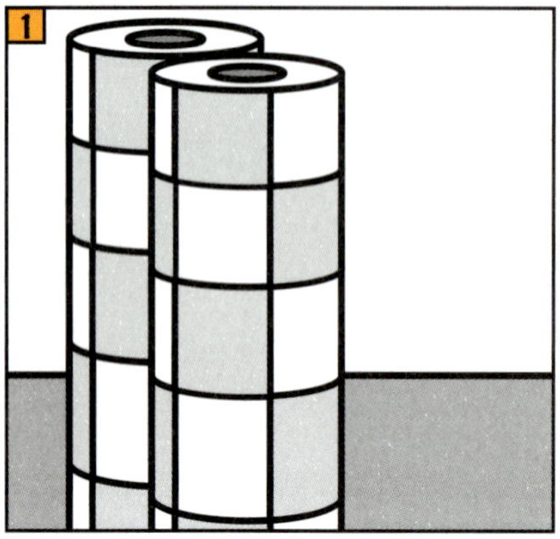

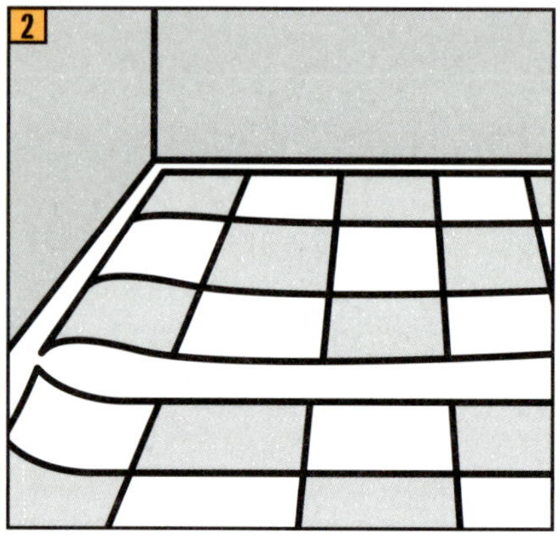

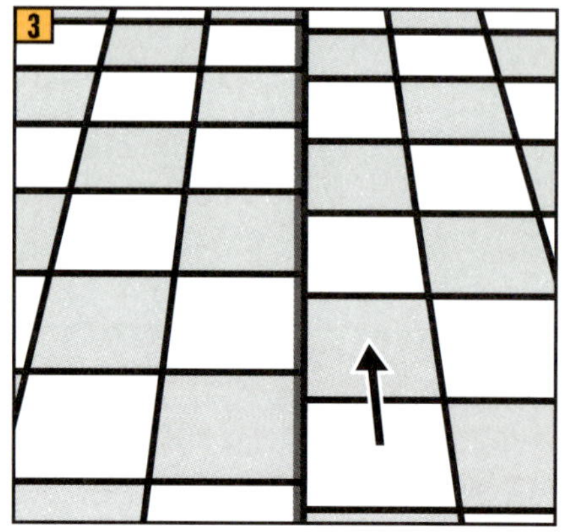

PVC-Belag lose verlegen

1 Elastische Bodenbeläge werden als Rolle stehend gelagert und Platten liegend bis zu maximal 8 Kartons übereinander. Vor der Verlegung sollte der Belag über Nacht im Raum gelagert werden. **2** Schneiden Sie die Bahnen zu und legen Sie diese flach aus. Für das Verlegen sollte die Raumtemperatur mindestens 18° betragen. **3** Sind zwei Bahnen erforderlich, die Bahnen etwas überlappen lassen und das Rapportmuster genau einpassen. Fixieren Sie die Bahnen dann mit Klebestreifen gegen Verschieben. **4** Um die Spannung herauszu-

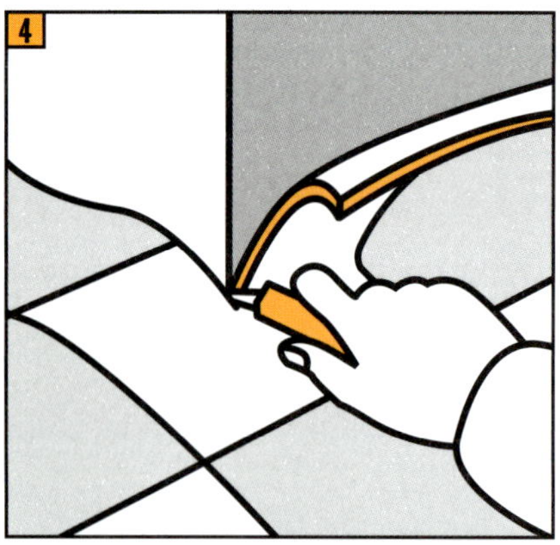

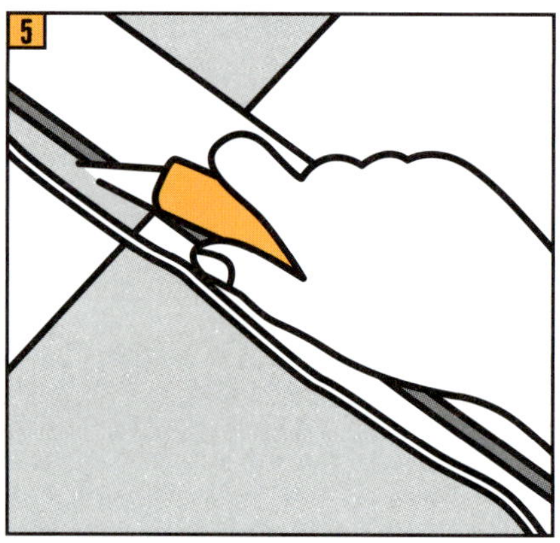

nehmen, können Sie nun den Belag an den Wänden bzw. Raumecken einschneiden. **5** Die überlappenden Bahnen werden nun mit dem Nahtschnitt für die Verlegung vorbereitet. Hierzu werden die beiden Bahnen gleichzeitig mit einer geraden Klinge durchtrennt. Legen Sie an der Schnittkante eine zusätzliche Stahlschiene unter und führen Sie das Cuttermesser ebenfalls an einer Stahlschiene entlang. Ein gleichmäßiger Schnitt ist wichtig für das nahtlose Zusammenfügen der beiden Bahnen. **6** Durch den Nahtschnitt sind die Bahnen nun ideal vorbereitet. Zum Verbinden der Bahnen

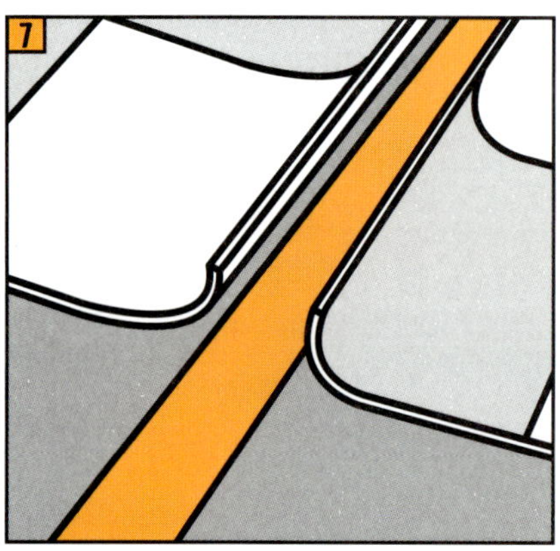

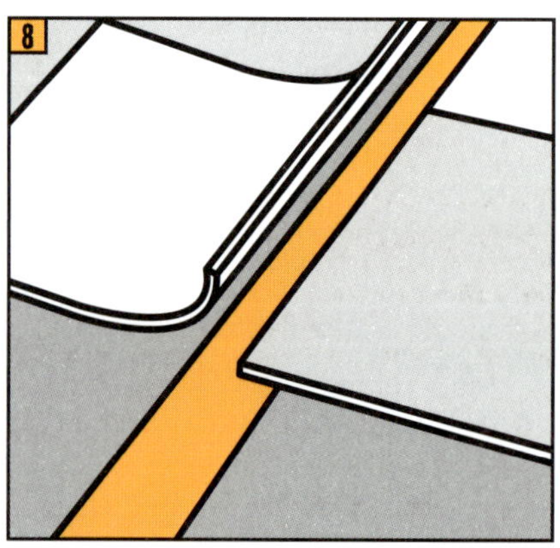

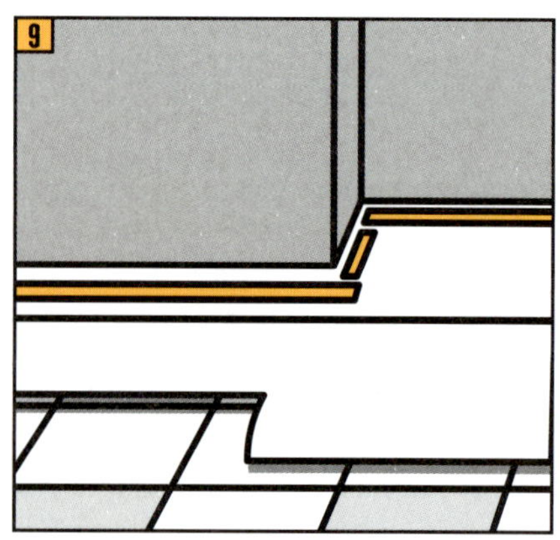

verwenden Sie einseitiges Klebeband. **7** Legen Sie das Band so unter die Nahtkanten, dass beide Bahnenhälften exakt aufgeklebt werden können. Zuerst eine Hälfte mittig zum Klebeband aufkleben und gut anreiben. Nun die zweite Hälfte fugendicht anfügen und andrücken. **8** Die Verbindungsnähte können auch zusätzlich mit Kaltschweißmittel wasserdicht verschlossen werden. Verarbeitungshinweise entnehmen Sie bitte der Produktinformation. **9** An den Wänden, Nischen und Durchgängen zu anderen Räumen wird der Belag mit doppelseitigem Klebeband fixiert.

oder vollflächig verkleben, je nachdem, wie groß der Raum ist und wie viele Bahnen Sie verlegen müssen. Am einfachsten ist die lose Verlegemethode. Die ist für Räume bis zu 20 m² Größe geeignet. Da braucht man nämlich nur eine einzelne Bahn zu verlegen. Voll easy!

BODENBELAG ZUSCHNEIDEN.

Wenn der Bodenbelag richtig liegt, in den Ecken einschneiden. Mit dem Hammerrücken den Belag fest in die Kante hineindrücken und mit dem Teppichmesser abschneiden.

Den passgenauen Doppelschnitt führen Sie am besten entlang einer Metallschiene durch. Bei dickem Material muss der Schnitt eventuell mehrfach wiederholt werden.

Beim einlagigen Schnitt das Messer freihändig führen. Dabei den entstehenden Abfallstreifen stramm zur Seite wegziehen.

PVC-BELAG VOLLFLÄCHIG VERKLEBEN.

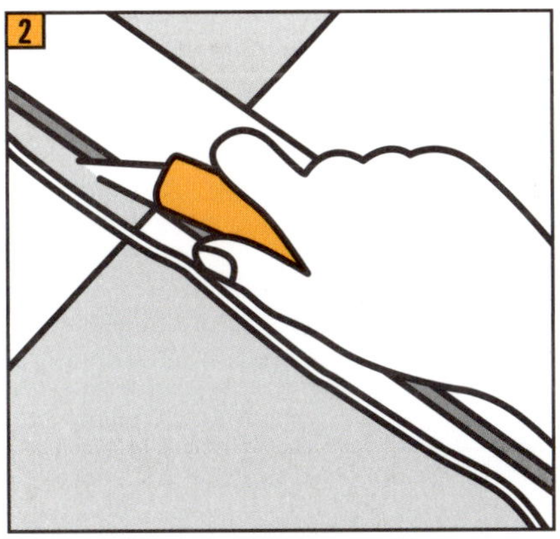

1 Beim vollflächigen Verkleben sind insbesondere die Verarbeitungshinweise des Klebstoffherstellers zu beachten. Verwenden Sie am besten lösemittelfreie Dispersionskleber und die dafür vorgeschriebene Spachtelzahnung. **2** Werden aufgrund der Raumgröße mehrere Bahnen benötigt, führen Sie an den Nahtstellen den oben beschriebenen Nahtschnitt durch. So passen die Bahnen anschließend

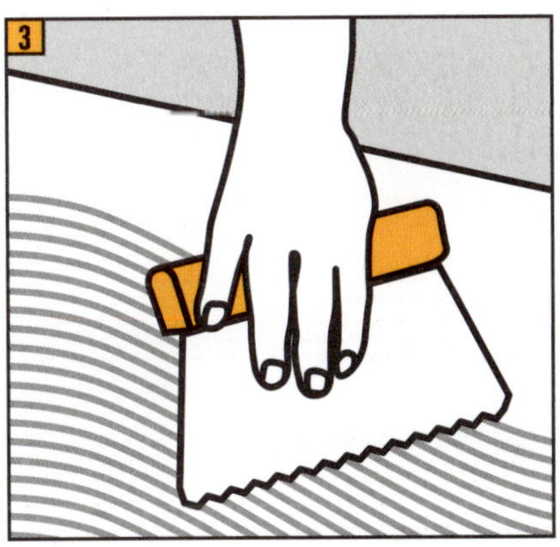

lückenlos zusammen. **3** Die Bahnen werden nun zur Raummitte hin zurückgeschlagen und der Klebstoff vollflächig auf den Boden aufgetragen. Nach der vorgeschriebenen Ablüftzeit kann die erste Bahn ins Kleberbett eingeschoben werden.

4 Der Kleberauftrag für die nächste Bahn muss lückenlos an den ersten Kleberauftrag anschließen. An den Kopfenden den Belag etwas umbiegen und dann ins Kleberbett legen. Geschafft!

WERKZEUG.

- ✓ Zollstock
- ✓ Zahnspachtel
- ✓ Teppichmesser mit Trapezklinge
- ✓ Stahlschiene
- ✓ Schnur

MATERIAL.

- ✓ Spachtelmasse
- ✓ PVC-Bodenbelag/Fliesen
- ✓ Dispersionskleber
- ✓ Teppichklebeband (ein- und doppelseitig)
- ✓ Rand- und Übergangsleisten
- ✓ Dübel und Schrauben

TEPPICH AUF TREPPE VERLEGEN.

Wenn Sie eh schon beim Teppichverlegen sind, können Sie ja auch gleich Ihre Holterdiepolter-Holztreppe mit Teppich bekleben. Kein lautes Fußgetrappel mehr, kein ohrenbetäubender Lärm mehr, wenn die Kinder alles mögliche Spielzeug die Treppe hinunterpurzeln lassen.

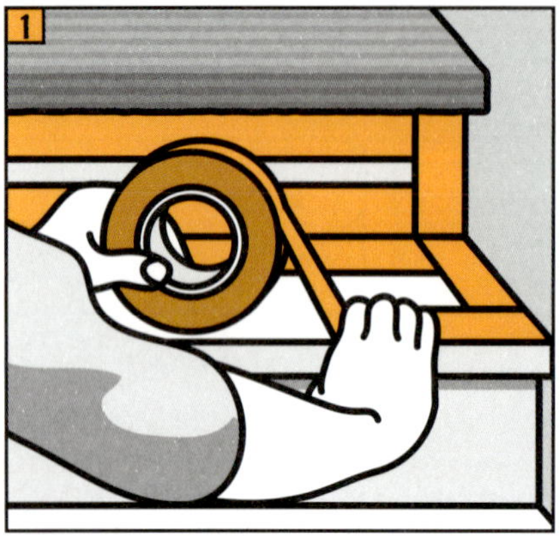

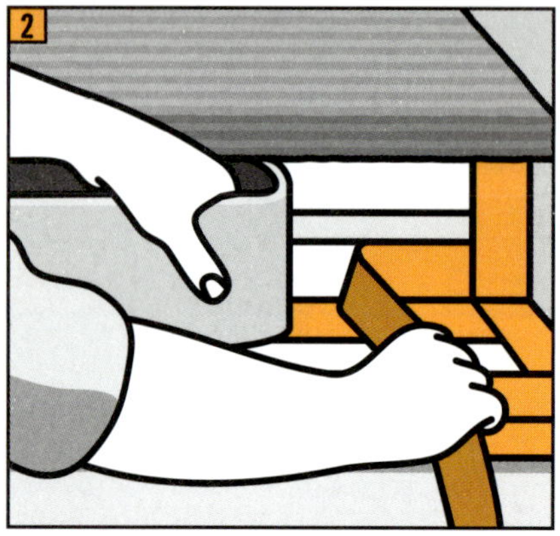

Teppichboden auf der Treppe verlegen Sie am einfachsten mit extra starkem doppelseitigem Klebeband. **1** Es wird von oben nach unten gearbeitet und immer jeweils eine Setzstufe (der senkrechte Teil) und eine Auftrittsfläche ringsum beklebt. Vergessen Sie nicht die Vorderkante des Auftritts und die Unterseite des überstehenden Teils der Stufe. **2** Dann zuerst das Schutzpapier an der Setzstufe abziehen und ein zurechtgeschnittenes Teppichteil fest andrücken. **3** Das Belagsstück für den Auftritt so zurechtschneiden, dass es bis unter die Kantenstufe reicht. Nun beim Auftritt ebenfalls das Schutzpapier entfernen, das vorbereitete Stück Teppichboden aufkleben und fest andrücken. **4** Erst jetzt werden die Vorderkante und die Unterseite der Stufe beklebt. Wieder das Papier abziehen, den Teppich straff über die Kante ziehen und an der Unterseite fest andrücken. Bei steifem Teppichmaterial kann man das Ganze auch auf der Unterseite antackern oder festnageln. So arbeiten Sie sich Stufe für Stufe nach unten.

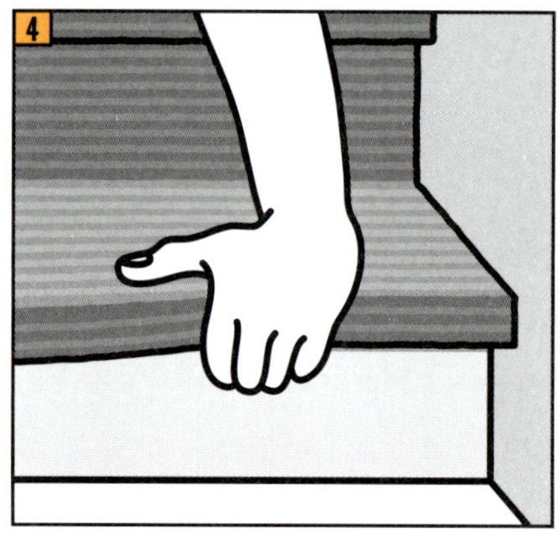

FUSSLEISTEN UND ÜBERGÄNGE.

Stufenlose Übergänge stellen Sie am besten mit sogenannten Übergangsschienen her. Die sind meistens aus Aluminium, Kunststoff oder Holz und verhindern, dass Sie im Dusel über eine hochgewölbte Teppichkante stolpern. Hinter Fußleisten können Sie Kabel verstecken. Voll praktisch.

Übergang Teppich auf Laminat

Um diese Übergangsschiene verwenden zu können, müssen die beiden Beläge höhengleich sein. Der untere Schienenteil muss jeweils unter beide Beläge gelegt werden. Die obere Abdeckschiene wird dann später einfach aufgeclippt.

Übergang Teppich auf Fliesen

Übergänge von Teppich auf Fliesen stellt man mit Messingschienen her. Die sind nämlich unempfindlich gegen chemische Stoffe, die beim Fliesenlegen eingesetzt werden. Es gibt sogar in der Höhe verstellbare Schienen, mit denen man unterschiedliche Bodenhöhen ausgleichen kann.

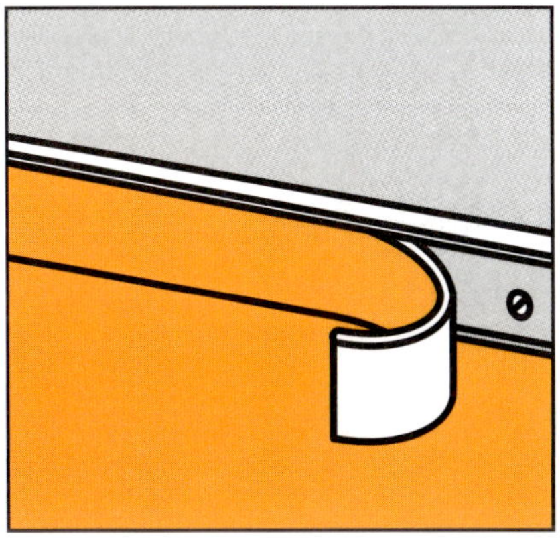

Fußleisten

Für den Randabschluss des Teppichbodens eignen sich besonders gut spezielle Kunststoffprofile zum Einkleben von Teppichstreifen. Die Profile werden an der Wand verdübelt. Übergänge zu anderen Bodenbelägen können z. B. mit Messingprofilleisten ausgeführt werden. Die Teppichkanten sind dadurch geschützt und fransen nicht aus.

WERKZEUGKUNDE VON PROFIS!

MIT DER RICHTIGEN KLINGE SCHNEIDEN.

Mit der Trapezklinge schneiden Sie am besten dünne Bodenbeläge wie PVC oder Nadelfilz.

Zum Schneiden von Teppichböden und dicken Bodenbelägen ist die Hakenklinge besser geeignet.

SCHADSTELLEN U. FLECKEN ENTFERNEN.

Sie müssen nicht gleich den ganzen Teppich rausreißen, wegen ein paar Brandlöchern oder Rotweinflecken. Nicht verzweifeln. Mit einfachen Tricks können Sie Ihren Teppichboden wieder aufmotzen. Vorausgesetzt, Sie haben in dunkler Vorahnung ein Reststück des Teppichs aufgehoben.

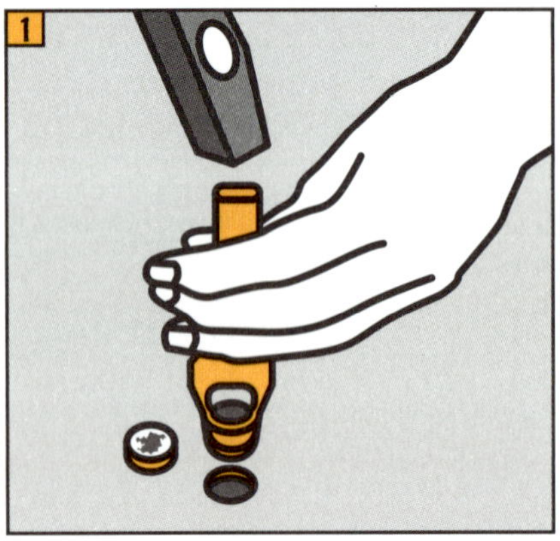

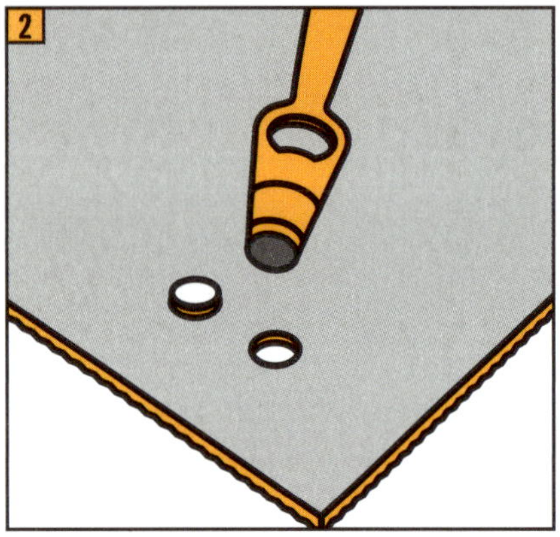

Kleine Schadstellen entfernen

Viele Verschmutzungen und Flecken auf dem Teppichboden lassen sich mit geeigneten Reinigern entfernen. **1** Bei Brandflecken sieht es anders aus. Hier hilft nur noch das Ausstanzen der Brandstelle mit einem Locheisen. Dieses wird über der Brandstelle gerade angesetzt und das Loch mit zwei bis drei Hammerschlägen ausgestanzt. **2** Jetzt stanzen Sie noch aus einem Teppichbodenrest ein Reparaturstück aus. Legen Sie dabei am besten eine Holzplatte unter. Das Stanzteil wird nun in gleicher Florrichtung eingeklebt.

Größere Flecken entfernen

3 Größere Flecken, die trotz Reinigungsversuchs nicht zu entfernen sind, werden ebenfalls herausgeschnitten. Legen Sie hierzu einen Teppichrest in gleicher Florrichtung auf die Reparaturstelle. Nun eine feste Schablone bzw. Schneidehilfe (z. B. Keramikfliese) auflegen und mit einer neuen Klinge beide Teppichschichten durchtrennen. **4** Nach Entfernen der schadhaften Fläche und dem Säubern der Kanten das neue Teppichstück zuerst probeweise einlegen und dann mit doppelseitigem Klebeband fixieren.

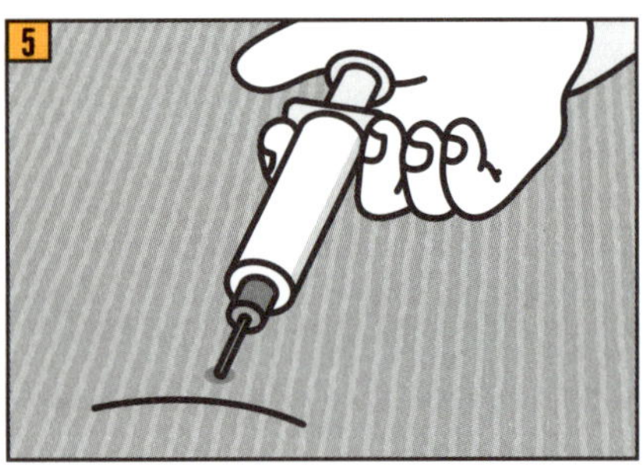

Beulen im Teppich entfernen

5 Schneiden Sie mit einem Cuttermesser ein klitzekleines Loch in die Teppichbeule. Mit einer Einwegspritze Teppichkleber unter die Beule spritzen und Teppich fest andrücken. Das war's.

HINWEIS!

Beim Arbeiten mit Fleckenentfernern an einer unwichtigen Stelle ausprobieren, ob das Mittel nicht zu ungewollten Verfärbungen des Teppichbodens führt.

FLECK WEG!

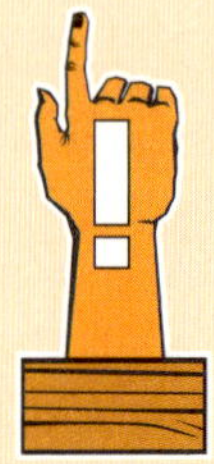

Bloß nicht wie wild auf dem Flecken herumscheuern. Er wird dadurch nur noch größer und reibt sich tiefer in den Teppichflor. Am besten den nervenden Flecken im Teppich leicht anfeuchten und mit Seife, Waschpulver oder handschonendem Spülmittel einreiben. Dann vom Rand nach innen reiben oder wischen, damit sich der Flecken nicht vergrößert. Anschließend die behandelte Stelle trocknen lassen und mit dem Staubsauger absaugen.

Einen frischen Weinflecken sofort mit einem Küchentuch aufsaugen. Den Restflecken mit kohlensäurehaltigem Mineralwasser verdünnen und das Ganze erneut mit einem Küchentuch aufsaugen. Speziell bei Rotweinflecken hat sich die Beimischung von Haushaltssalz bewährt.

FLECKENTABELLE.

Wie Flecken entstehen, das brauchen wir Ihnen nicht zu erklären. Doch wie Sie diese wieder vom Teppich abbekommen – da können wir Ihnen schon ein paar ganz gute Tipps geben. In der Fleckentabelle haben wir Ihnen einmal die wichtigsten Missgeschicke zusammengestellt.

VERSCHMUTZUNG		DAS HILFT:
A	Asphalt	Fleckenwasser; gereinigtes Benzin.
B	Bier	Feinwaschmittelschaum.
	Blut	Kaltes Wasser, mit Feinwaschmittelschaum nachbehandeln.
	Bohnerwachs	Abschaben, Löschblatt auflegen, Bügeleisen auf Stufe Nylon stellen, abbügeln; eventuell mit Fleckenwasser nachbehandeln.
D	Dosenmilch	Warmes Wasser, mit Feinwaschmittelschaum nachbehandeln.
E	Ei	Kaltes Wasser, mit Feinwaschmittelschaum nachbehandeln.
	Erbrochenes	Mit Feinwaschlauge auswaschen, mit verdünntem Salmiak nachbehandeln.
F	Fett	Mit sauberem Tuch abtupfen, mit Feinwaschmittel und Fleckenwasser nachbehandeln.
	Fetthaltige Speisen	Fleckenwasser; Feinwaschmittel.
H	Harz	Abschaben, mit Fleckenwasser behandeln.
	Honig	Warmes Wasser, Feinwaschmittelschaum.
K	Kaffee	Warmes Wasser, Feinwaschmittelschaum.
	Kakao	Feinwaschmittelschaum, eventuell mit Fleckenwasser nachbehandeln.
	Kaugummi	Mit Kaugummientferner behandeln, harte Rückstände mit Messerrücken ablösen.
	Kerzenwachs	Zerkleinern, ausbürsten, mit Fleckenwasser nachbehandeln.
	Kopierstift	Mit Wasser und Spiritus behandeln.
	Kot	Feinwaschmittel, mit Salmiak nachbehandeln.
	Kugelschreiber	Mit Aceton anlösen, mit sauberem Tuch abtupfen, mit Waschmittelschaum nachbehandeln.
L	Likör	Warme Feinwaschlauge.
	Limonade	Warmes Wasser.
	Lippenstift	Mit Spiritus oder Wundalkohol abtupfen.
M	Marmelade	Warmes Wasser, Feinwaschmittelschaum.
	Milch	Lauwarmes Wasser, Feinwaschmittel.
N	Nagellack	Mit Aceton anlösen, mit Fleckenwasser beträufeln und mit sauberem Lappen abtupfen.
O	Obst	Kaltes Wasser, Feinwaschmittel, eventuell mit Zitronensaft nachbehandeln.
P	Paraffin	Zerkleinern, ausbürsten, mit Fleckenwasser nachbehandeln.
	Parfüm	Lauwarmes Wasser, mit Wundalkohol nachbehandeln.
	Pudding	Feinwaschmittel.
R	Rost	Fleckenwasser oder handelsüblicher Rostentferner.
	Rotwein	Kaltes Wasser, eventuell verdünnter Zitronensaft.
S	Schlagsahne	Fleckenwasser, mit Feinwaschmittel nachbehandeln.
	Schokolade	Feinwaschmittel, mit Fleckenwasser nachbehandeln.
	Seife	Mit lauwarmem Wasser auswaschen.
	Soße	Fleckenwasser; Feinwaschmittelschaum.
	Spirituosen	Feinwaschmittelschaum.
T	Teer	Fleckenwasser; gereinigtes Benzin.
	Tinte	Mit handelsüblichem Tintenentferner oder mit Wasser abtupfen; mit Zitrone oder Spiritus behandeln.
	Tusche	Mit Wasser abtupfen – sonst wie Tintenfleck behandeln.
U	Urin	Feinwaschmittel, mit Essigwasser nachbehandeln.
W	Wachs	Zerkleinern, ausbürsten, mit Fleckenwasser nachbehandeln.
	Weißwein	Lauwarmes Wasser, Feinwaschmittel.
Z	Zucker	Warmes Wasser.

Jetzt kann man nach Herzenslust auf dem Boden herumtollen. Auch die Kleinen fühlen sich wohl, auf der neuen weichen „Krabbeldecke“.

TAPEZIEREN.

TAPEZIEREN.

WENN SICH IM LEBEN DER BEWOHNER ETWAS ÄNDERT, KÖNNEN SIE OFT IHRE ALTE WAND NICHT MEHR SEHEN: SIE BRAUCHEN EINEN „TAPETENWECHSEL“.

BEVOR'S LOSGEHT.

Wohnungswände spiegeln die Stimmungen der Bewohner wider. Sie werden gestrichen, beklebt, mit Bildern oder Postern behängt, dienen als Pinnwand, werden von Kindern bekritzelt. Sie sind Zeugen unseres Lebens. Tapeten sind vielfältige Wandbekleidungen und eignen sich wunderbar zur Demonstration persönlichen Stils. Manche sind sogar voll easy anzubringen. Also, los geht's – neue Tapete neues Leben, neues Glück!

Bevor man übermütig losrennt, um eine neue Tapete zu kaufen, ist es lohnenswert, sich erst mal ein paar Gedanken über den Raum zu machen. Welche Funktion soll der Raum hauptsächlich erfüllen? Welche Stimmung soll erzeugt werden? Die richtige Atmosphäre entsteht, wenn man sich an die grundlegenden Regeln der Raum- und Farbgestaltung hält. Wie das geht, erfahren Sie auf Seite 281 in diesem Kapitel. Detaillierte Informationen zur Farbgestaltung finden Sie außerdem im Kapitel „Wände effektvoll gestalten" Seite 305.
Man sollte seine Fähigkeiten auch nicht überschätzen und sich als blutiger Tapezieranfänger gleich an die schwierigsten Muster oder Materialien heranwagen. Lieber etwas bescheidener an die Sache rangehen. So manch einer ist schon an komplizierten Mustern oder schwer zu verarbeitenden Tapeten gescheitert. Es gibt eine große Auswahl an Mustern, Materialien und Oberflächenstrukturen da ist sicher für jeden Do-it-yourself-Tapezierer das Richtige dabei. Tapeten haben einen großen Vorteil: Wenn man sie nicht mehr sehen kann, zieht man sie einfach wieder ab, überstreicht oder überspachtelt sie – das kommt bei strukturierten Tapeten ganz gut.

Oft muss als Erstes die alte Tapete von der Wand runter.

TAPETEN MACHEN RÄUME.

Es gibt solch eine Vielfalt an Tapeten, dass Ihnen die Entscheidung nicht leicht fallen wird. Allerdings kann das eigene Können und die Beschaffenheit der Wände eine Entscheidungshilfe für die Wahl der Tapetenart sein. Vorausgesetzt, Sie bleiben bei Ihrer Selbsteinschätzung auf dem Boden.

TAPETENART	BESONDERE EIGENSCHAFTEN	VERARBEITUNG	ROLLENMASS
Raufaser	Vielseitig einsetzbar, mehrfach überstreichbar, atmungsaktiv, formstabil, auch in nassem Zustand sehr reißfest, umweltfreundlich, da meistens zu 90 % aus Recyclingfasern.	Sehr einfache Verarbeitung, bestens für Anfänger geeignet.	33,5 m x 0,53 m oder 17 m x 0,53 m
Papier	Aus zwei Schichten bestehend, deren obere bedruckte mehr oder weniger lichtbeständig ist.	Einfach zu verarbeiten, anfängerfreundlich.	Eurorolle 10,05 m x 0,53 m
Papierpräge	Zwei zusammengeklebte Papierbahnen werden in nassem Zustand mit Prägewalzen bearbeitet, dadurch ist das Prägemuster fest und dauerhaft. Kann überstrichen werden.	Einfach zu verarbeiten.	Eurorolle 10,05 m x 0,53 m
Profil- oder Strukturvinyl	Mit dreidimensionalem, reliefartigem Oberflächendesign, robust wie Raufaser, sehr atmungsaktiv, sehr lichtbeständig, schwer entflammbar, schimmelfeindlich, nicht billig.	Oberfläche verträgt gröberen Umgang, durchaus anfängerfreundlich.	Eurorolle 10,05 m x 0,53 m
Textil	Textilgewebe auf Papieruntergrund, sehr empfindlich, erzeugt gemütliches Flair.	Braucht lange Einweichzeit, sehr schwer anzubringen, sehr empfindliche Oberfläche, nur etwas für Erfahrene.	Eurorolle 10,05 m x 0,53 m
Vliesfaser	Neuartiges, glattes, reißfestes Fasermaterial, dimensionsstabil – d. h. es dehn sich nicht aus und schrumpft nicht; hohe Nassfestigkeit, als überstreichbare oder fertig dekorierte Varianten erhältlich, gibt es in einer Vielzahl von Designs, Farben, Strukturen und Mustern.	Sehr einfach zu handhaben, da Untergrund anstatt Tapete eingekleistert wird, sehr anfängerfreundlich.	Eurorolle 10,05 m x 0,53 m, und viele andere Abmessungen.
Vinyl/PVC	Pflegeleicht, abwaschbar, schwer entflammbar, nicht atmungsaktiv, spaltbar abziehbar.	Kaum kaputt zu bekommen, Kleisterflecken lassen sich abwaschen, sehr anfängerfreundlich.	Eurorolle 10,05 m x 0,53 m
Metall	Metallbeschichtung auf Papierträgerschicht, exklusive optische Effekte, sehr teuer.	Jeder kleine Fehler sichtbar, nur für Fortgeschrittene.	Eurorolle 10,05 m x 0,53 m
Bild	Meist Papiertapeten mit fotografischen, fantastischen oder fotorealistischen Motiven.	Passgenauer Ansatz und Planung der Raumaufteilung ist wichtig.	Eurorolle 10,05 m x 0,53 m
Velours	Mit Textilflocken beflockte schwere Papiertapete, samtig flauschiger Look, sehr empfindlich.	Nur für Fortgeschrittene: Plattdrücken der Oberfläche und Kleisterflecken drohen.	Eurorolle 10,05 m x 0,53 m
Glasfasertapete	Besteht aus bei 1 400 Grad gezogenen Glasfasern, die zu Gewebe verarbeitet werden. Extrem strapazierbar und robust, nicht brennbar, streichbar, feuchtigkeitsunempfindlich, atmungsaktiv.	Sehr einfach zu handhaben, da Kleber auf Wand aufgetragen wird und Tapete quasi unzerstörbar ist. Sehr anfängerfreundlich.	Verschiedene Rollenmaße 1 m x 50 m

RAUMSITUATIONEN.

Eigentlich ist es logisch, dass ein Raum mit vielen großen Fenstern eine andere Gestaltung benötigt als eine kleine dunkle Kammer; dass man Altbauwohnungen mit Stuck an der Decke anders dekoriert als einen hypermodernen Neubau. Hier noch ein paar brauchbare Tipps …

Große Muster wirken in kleineren oder verwinkelten Zimmern eher erdrückend, auf großen und glatten Wandflächen dagegen kommen sie gut zur Geltung. Gelb-, Orange- und Rottöne vermitteln eine warme, freundliche Atmosphäre, Blau und Grün sind kalte Farben und beeinflussen auch dementsprechend die Raumatmosphäre. Pastelltöne wirken dezent und nicht so aufdringlich, knallige Farben stechen sofort ins Auge und bekommen daher viel Aufmerksamkeit. Sie sollten außerdem die Farbtöne von Möbeln, Boden und Vorhängen bei der Gestaltungsplanung beachten. Dunkle Möbel etwa heben sich besser vor hellen Hintergründen ab und umgekehrt. Kleinere Bilder verlieren sich auf einer gemusterten Wand und wirken manchmal störend; ein einzelnes größeres Bild kann dagegen sehr gut zur Geltung kommen. Nehmen Sie am besten Fotos oder Farbmuster Ihrer Einrichtungsgegenstände und Gardinen zum Tapetenkauf mit.

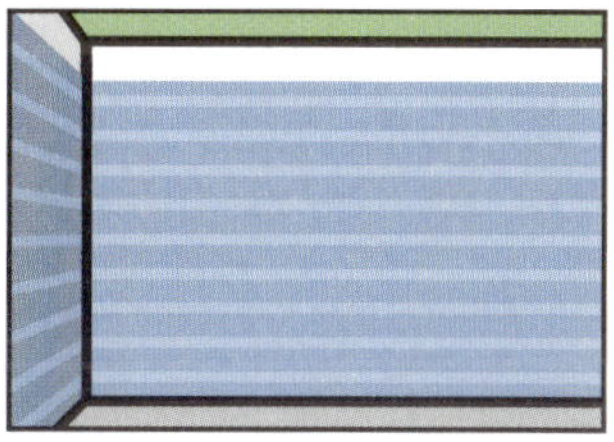

Hoher Raum

Ein waagerecht ausgerichtetes Muster macht den Raum optisch niedriger. Diesen Effekt unterstützen dunkle Decken oder eine Bordüre knapp unterhalb der Decke. Vorsicht mit sehr dunklen Decken, sie können in einem Raum erdrückend wirken.

Niedriger Raum

Eine senkrecht gestreifte Tapete lässt einen Raum höher wirken. Die Decke bleibt dabei am besten einfarbig, entweder weiß oder im Ton des helleren Streifens der Tapete. Bordüren und Tapeten mit horizontal ausgerichtetem Muster lassen den Raum niedriger erscheinen.

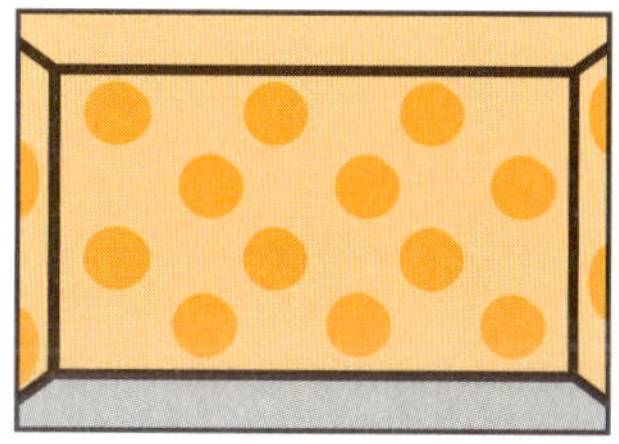

Großer Raum

Hier beeinflussen großgemusterte Tapeten und kräftige Farben die Raumwirkung positiv. Diagonale Muster machen den Raum optisch enger, aber auch gemütlicher. Vor allem warme Farbtöne und Bordüren sorgen für Gemütlichkeit in großen Räumen.

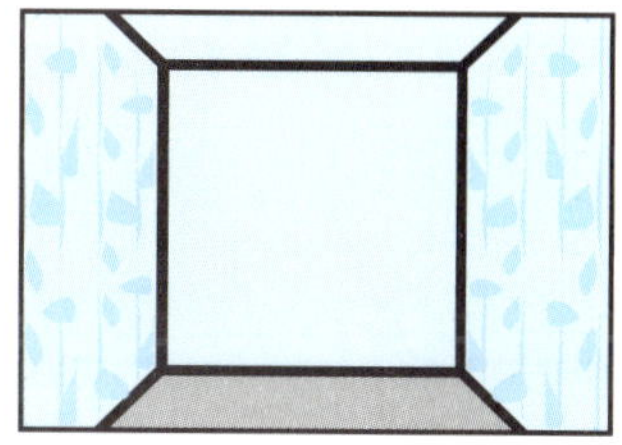

Kleiner Raum

Ein Raum gewinnt an Tiefe, wenn Sie für die Stirnwand zurückhaltende Farbtöne wählen (z. B. helle Pastelltöne) und die Seitenwände etwas heller bleiben. Sie können auch durchgehend helle unifarbene oder kleingemusterte Tapeten wählen oder auch eine durchgehend großgemusterte Dekorwand einrichten.

WIE VIELE ROLLEN BRAUCHE ICH?

Eurorollen sind 0,53 m breit und 10,05 m lang. Eine Rolle reicht also für ca. 5 m² Wand- oder Deckenfläche. Rechnen Sie nun wie folgt:
Raumumfang x Raumhöhe : 5 = Anzahl Eurorollen.

Raufasertapeten sind 0,53 m breit und meist 33 m lang. Eine Rolle reicht also für ca. 17 m² Wand- oder Deckenfläche. Rechnen Sie dabei wie folgt:
Raumumfang x Raumhöhe : 17 = Anzahl Raufaserrollen.
Fenster- und Türaussparungen werden dabei mitgezählt. Durch diese nicht benötigten Flächen erhalten Sie entsprechende Ersatzrollen für Verschnitt.

Raumhöhe	2,10–2,35 m		2,40–3,05 m		3,10–4,0 m	
Wandumfang	Eurorolle	Raufaser	Eurorolle	Raufaser	Eurorolle	Raufaser
6	3	1	4	2	5	2
10	5	2	7	2	9	3
12	6	2	8	3	11	3
15	8	2	10	3	14	4
18	9	3	12	4	17	5
20	10	3	14	4	19	5
24	12	4	16	5	23	6

WERKZEUG.

- ✓ Tapeziertisch
- ✓ Zollstock
- ✓ Senklot
- ✓ Bleistift
- ✓ Tapeziermesser/Schere
- ✓ Kunststoff- und Metallspachtel
- ✓ Kleisterbürste
- ✓ Kunststoffeimer
- ✓ Tapezierbürste
- ✓ Nahtroller
- ✓ Cuttermesser
- ✓ Leiter
- ✓ Besen

MATERIAL.

- ✓ Tapetenablöser
- ✓ Isoliergrundierung
- ✓ Füllspachtel
- ✓ Tapetenkleister
- ✓ Tapete

UNTERGRUND VORBEREITEN.

Bei der Untergrundvorbereitung fällt schon ein wenig Dreck an. Evakuieren Sie am besten Ihre Möbel, rollen Sie den Teppich ein, schrauben Sie alles ab, was geht, und kleben Sie den Rest mit Kreppband ab. Eine robuste Plane über unbewegliche Gegenstände und Boden – dann kann's losgehen.

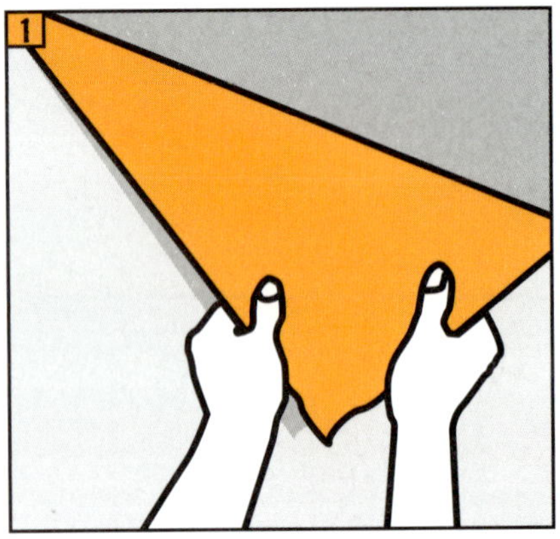

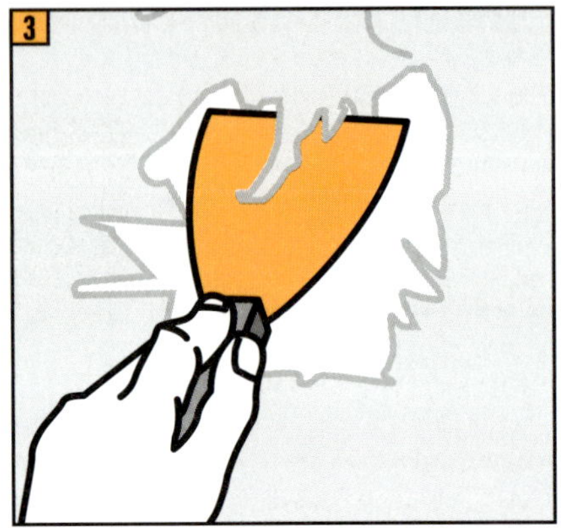

Alte Tapete entfernen

Befestigen Sie die Plane gut. Darauf wird später ein Trümmerfeld aus Putzbrocken, Tapetenfetzen und Kleisterschleim sein. Wagen Sie dieses Chaos! Das Tapezieren wird danach eine umso leichtere und saubere Arbeit. Nun können Sie der Wand zu Leibe rücken. Die Tapete braucht einen Untergrund, der trocken, glatt, sauber und saugfähig ist, und diesen Zustand müssen Sie nun herstellen. Tun Sie das nicht, bestraft Sie die Tapete durch späteres Ablösen oder Verziehen.

1 Wenn Sie ein Glückspilz sind, ist die alte Tapete „spaltbar", d. h., ihre obere Schicht lässt sich mühelos abziehen, die untere Schicht bleibt dran und bildet einen idealen Untergrund zum Tapezieren. Suchen Sie, wie beim Abziehen eines Aufklebers, am unteren Ende der Tapete einen Anfang und ziehen Sie die Tapete nach oben ab. **2** Wenn Ihre Tapete nicht so leicht abgehen will, wird's anstrengender. Erst mal muss sie eingeweicht werden. Das können Sie mit Tapetenlöser aus dem Fachhandel machen oder mit warmem Wasser und wenigen Spritzern Spülmittel. Mit einer Rolle oder einem Quast verteilen Sie das Lösungsmittel auf der ganzen Wand. Dicke oder wasserabweisende Tapeten sollten vorher mit einer Stachelwalze perforiert werden, dadurch dringt das Wasser hinter die Tapete und löst den Kleister. Nach etwa 15 Minuten Einwirkzeit können die Tapeten abgezogen werden. **3** Tapete will immer noch nicht runter? Tja, jetzt die Nerven behalten, steifen Spachtel nehmen und Stück für Stück abkratzen, dabei immer wieder die hartnäckigen Stellen einweichen.

Je nachdem, wie Ihre Wände sonst so aussehen oder was unter der Tapete zum Vorschein gekommen ist, gehen Sie weiter vor.

- Leimfarben: mit Wasser und Tapetenlöser abwaschen, danach den Putz mit lösemittelfreiem Tiefgrund stärken.
- Dispersionsfarben: wenn sie noch gut halten, einfach übertapezieren. Sonst mit Wasser einweichen und abspachteln, dann lösemittelfreien Tiefgrund auftragen.
- Lack- oder Ölfarben müssen abgeschliffen und mit Rollenmakulatur überklebt werden.
- Löcher und Risse: mit Gips oder Spachtelmasse verspachteln.
- Sandender, mürber Putz muss mit Tiefgrund gestärkt werden, sonst hält die Tapete keine Minute.
- Rost- oder Wasserflecken: mit Isoliergrundierung absperren, sonst dringen sie in die neue Tapete ein.
- Schimmel: mit Schimmel-Bekämpfungsmittel entfernen, nach der Einwirkzeit gut abreiben und trocknen lassen.

WAS IST MAKULATUR?

Makulatur ist ein Gemisch aus Kleister und fein zerrissenem Papier, mit dem Untergründe vorbearbeitet werden. Zweck der Sache ist, den Untergrund weniger saugfähig zu machen, Wandunebenheiten auszugleichen und das Ablösen der Tapete später einmal zu erleichtern. Rollenmakulatur ist eine unbedruckte Tapete als Untergrund für kostbare Übertapeten. Früher war es übrigens üblich, erst Zeitung auf den Putz zu kleben.

MATERIALVORBEREITUNG.

Die Vorbereitungen richten sich ganz nach der Art der Tapete, die Sie verwenden. Eine Standardtapete muss nämlich eingekleistert werden, und eine Vliestapete dagegen wird trocken auf einen eingekleisterten Untergrund aufgebracht.

Für normale Papiertapeten brauchen Sie einfachen „Standard"-Tapetenkleister. Auf der Packung finden Sie die Angaben zum Ansatzverhältnis, das mit dem Gewicht der Tapete variiert. Für Raufaser-, Präge- und Duplex-Prägetapeten benötigt man einen speziell für diese Tapetenarten hergestellten Kleister.

Textil-, Kettfaden- und einfache Gewebetapeten werden mit einem Spezialkleister und 20 % Dispersionskleber angebracht. Hochwertige Gewebetapeten (zum Beispiel Vliestapeten) werden ausschließlich mit einem auf der Packung angegebenen, speziellen Dispersionskleber behandelt. Vinyl-, Strukturvinyl- sowie sonstige Kunststoff- und Profiltapeten erfordern ebenfalls einen speziellen Kleister. Für die Verwendung in Feuchträumen müssen Sie 20 % Dispersionskleber hinzugeben.

Rühren Sie den Kleister lieber erst mal zu dick an, Sie können ihn später immer noch verdünnen. Je schwerer die Tapete ist, desto dicker muss der Kleister sein. Den Kleister klümpchenfrei anrühren. Es geht leichter mit lauwarmem Wasser. Das Pulver unter ständigem Rühren langsam in das Wasser schütten. Beachten Sie auch die Herstellerhinweise.

1 Die Tapete mit der Rückseite nach oben auf den Tapeziertisch legen, die Länge der Wand an der Tapete abmessen und abschneiden. Dabei sollten Sie unten und oben einige Zentimeter Überstand dazugeben. Benutzen Sie die erste zugeschnittene Bahn als Vorlage für die nächsten, dann brauchen Sie nicht immer neu abzumessen. Wenn Sie viele verschiedene Längen abzumessen haben, ist es hilfreich, sich am Rand des Tapeziertisches ein Lineal aufzuzeichnen, dann brauchen Sie die Tapetenbahnen bloß anzulegen und am richtigen Punkt abzuschneiden. **2** Kleistern Sie die erste Bahn ein. Arbeiten Sie von der Mitte zum Rand. Es ist wichtig, dass die Ränder gut eingekleistert sind, da sie sich sonst von der Wand lösen. **3** Klappen Sie die gekleisterte Tapetenbahn von den Enden her nach innen zusammen. Achten Sie dabei darauf, dass die Ränder aufeinanderliegen, damit sie nicht austrocknen können. Passen Sie gut auf, dass kein Kleister auf die Vorderseite der Tapete gerät; je nach Tapetenart gibt das mehr oder weniger hässliche Flecken. Also immer schön abwischen! Die Tapete ruht sich jetzt beim Einweichen aus – Sie müssen leider weitermachen und die nächsten Bahnen einkleistern. Beachten Sie zu den Einweichzeiten der Tapete die Herstellerangaben. Bereiten Sie nie mehr Bahnen vor, als Sie in der erforderlichen Einweichzeit anbringen können, denn alle Bahnen sollten gleich lang einweichen und der Kleister nicht antrocknen.

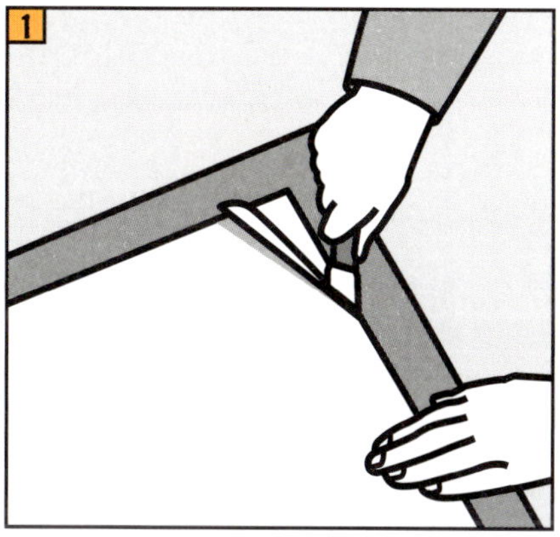
1

2

3

VLIESTAPETEN.

Vliestapeten gibt es als Mustertapeten mit einem Vliesrücken, deren Oberflächen nicht mehr nachbehandelt werden, oder als Strukturtapeten, die nach dem Abtrocknen gestrichen werden.

Und jetzt wird's angenehm: Sie müssen nicht zuschneiden! Vliestapeten werden von der Rolle auf die Wand gebracht und abgeschnitten. Wenn Sie aber lieber schneiden wollen, können Sie diese Tapete genauso wie andere Tapeten zuschneiden. Sie müssen nicht einkleistern, nicht zusammenlegen, falten oder einweichen – das entfällt komplett.

1 Alles, was Sie tun müssen, ist den speziellen Vliestapetenkleber mit einer Walze auf die Wand auftragen, **2** die Tapete drauflegen, mit Schaumstoffwalze oder Ähnlichem andrücken, Überstände abschneiden und die nächste Bahn auf Stoß, also Rand an Rand, ansetzen. Detaillierte Ausführungen dazu finden Sie auf der nächsten Seite.

1

2

WÄNDE TAPEZIEREN.

Nach dem ganzen Vorbereitungsstress und unzähligen Sonderregelungen kommt jetzt der einfache Part. Nur um den Punkt, wo Sie eigentlich beginnen wollen, sollten Sie sich ein paar Gehirnzellen zerbrechen. Bei der ersten Bahn richtig Mühe geben. An ihr wird schließlich der Rest ausgerichtet.

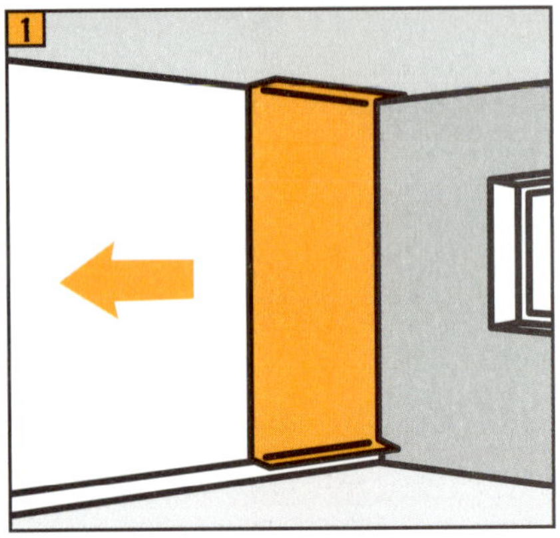

1 Machen Sie es wie Millionen spirituell Erleuchtete und Star-Wars-Krieger: Gehen Sie „mit dem Licht“. Arbeiten Sie also vom Fenster weg, damit die Nähte keine Schatten werfen. Suchen Sie sich für die erste Bahn eine Stelle, die keine Unterbrechung hat, so dass die Bahn komplett von Decke bis Boden verarbeitet wird. **2** Eine Bahnbreite von der erwählten Stelle weg machen Sie eine Markierung, setzen dort ein Lot an und zeichnen eine senkrechte Linie auf die Wand. An dieser orientieren Sie sich für die erste Bahn. Wenn die Wand vorgekleistert werden muss (etwa bei Vliestapeten), ist jetzt der richtige Moment dafür. Kleistern Sie nur so viel Wand vor, wie Sie tapezieren können, bevor der Kleber trocken wird. **3** Die Bahn wird von oben an der Markierung angesetzt und langsam nach unten entfaltet. Denken Sie an den Überstand zur Decke hin. Bei empfindlichen Tapetenoberflächen empfiehlt es sich, diesen Überstand nicht einzukleistern, damit die Tapete an der Decke nicht mit Kleister in Berührung kommt. Die Tapete vorsichtig andrücken und mit einer Bürste von der Mitte zu den Seiten ausstreichen, wobei auch Luftbläschen herausgeschoben werden. **4** Mit einem Scherenrücken den Falz zwischen Decke und Wand auf der Tapete markieren, diese ein Stückchen abziehen, den Überstand abschneiden und Tapete wieder andrücken. Ebenso gehen Sie an der Fußleiste vor. Setzen Sie die nächste Bahn auf Stoß an und verfahren Sie wie beschrieben. Die Nähte werden mit einem Nahtroller abgerollt, dann halten sie besser. Machen Sie so weiter. Die Tapeten müssen gut und langsam trocknen. Bewahren Sie die Tapete vor Durchzug!

RAUMECKEN.

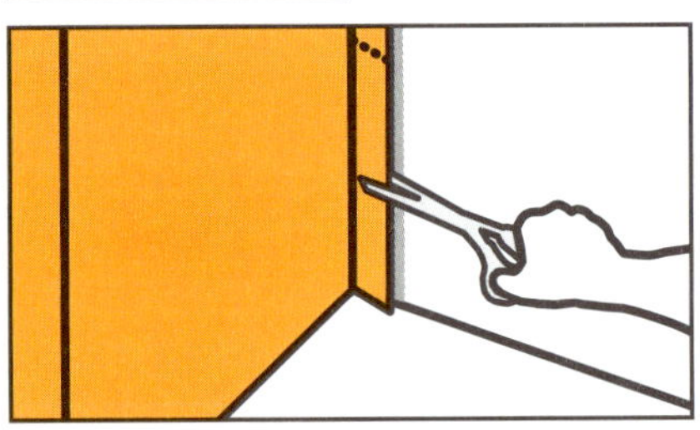

Innenecken

Bei Papiertapeten können Sie das ganz einfach meistern, indem Sie die Tapetenbahn in der Ecke so abschneiden, dass nur ca. 2 cm zur nächsten Wand überstehen. Sobald die Bahn korrekt sitzt, drücken Sie den Überstand um die Ecke herum. Dieser kleine Streifen wird übertapeziert, die neue Bahn bündig an die Ecke gebracht. Machen Sie sich dafür wieder in Bahnbreite von der Ecke weg mit dem Lot einen vertikalen Strich auf die Wand. Dicke Struktur- bzw. Vliestapeten müssen Sie auf Ecke tapezieren.

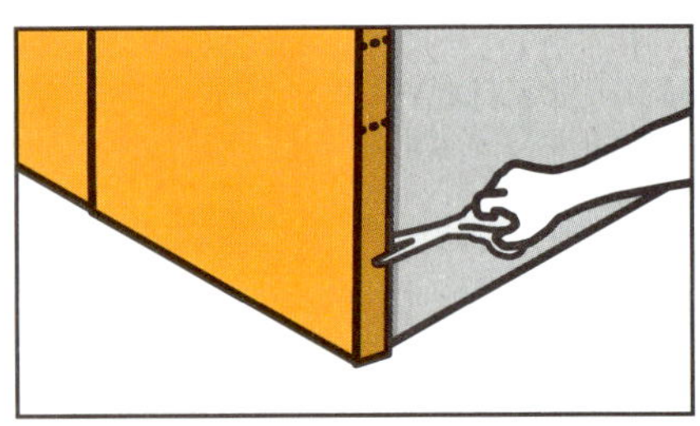

Außenecken

Bei Außenecken sollen sich die Tapeten nicht überlappen, sondern an der Kante passgenau aufeinandertreffen. Das bedeutet, Sie schneiden die Tapete so ab, dass sie genau in der Ecke endet und machen auf der anderen Seite mit dem abgeschnittenen Stück oder einer neuen Bahn weiter. Wenn die Ecke sehr uneben ist, drücken Sie die Bahn um die Ecke und schneiden den Überstand an mehreren Stellen ein, damit er sich faltenfrei dem Eckverlauf anpasst. Die nächste Bahn wie bei den Innenecken ausloten und genau im Eck anlegen, so dass sie mit dem Überstand überlappt.

FENSTER UND TÜREN.

An Türen wird von einer Seite herantapeziert. Versuchen Sie nicht, Mustertapeten von beiden Seiten den Türzargen anzunähern, das ergibt niemals einen Musteranschluss. Deswegen sollte man Türen auch nicht als Anfangspunkt der Tapezieraktion nehmen.

A1

A2

A3

A1 Am Fenster wird es kompliziert. Wahrscheinlich müssen Sie die Tapete öfter einschneiden. Tapezieren Sie bis zur letzten Bahn vor dem Fenster. Diese messen Sie bis zur Leibung oder zum Rahmen plus etwas Überstand ab. Tapezieren Sie an das Fenster heran und drücken Sie die Tapete leicht auf den Rahmen und um die Ecke der Leibung. **A2** Die Konturen von Rahmen, Fensterbank, Leibung etc. drücken sich durch. Schneiden Sie mit einer kleinen Schere v-förmige Ausschnitte in Richtung der Ecken, bis alle Ecken und Kanten sauber ausgeschnitten sind. An Rahmen schneiden Sie den Überhang der Tapete nach altbewährter Methode ab. **A3** In der Leibung drücken Sie den Überstand an und tapezieren ein zugeschnittenes Stück Tapete in die Leibung. Dieses setzt bündig an der Ecke an und überlappt so den Überhang. **B** Die letzte Bahn vor dem Türrahmen schneiden Sie auf die richtige Breite zurecht und lassen etwas Überstand. Dieser wird dann beim Tapezieren der Bahn an den Rahmen angedrückt, mit dem Scherenrücken markiert, wieder abgezogen und am Falz exakt abgeschnitten. An der oberen Ecke des Türrahmens schneidet man die Tapete ein Stückchen ein, so dass sich der Überhang der Ecke anpasst – die Tapete ist oberhalb des Türrahmens ja genau um das Stück des Überhangs breiter.

B
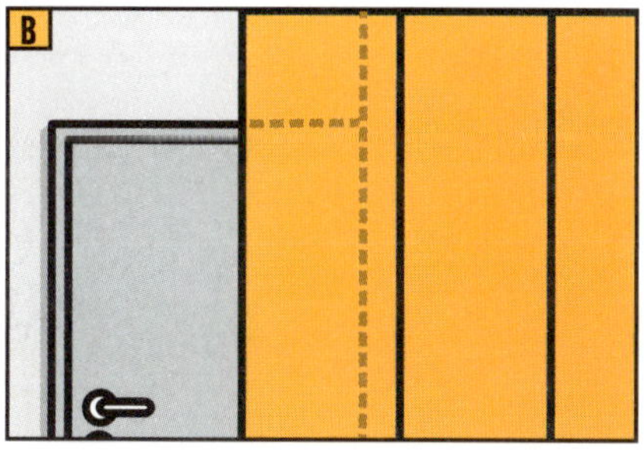

TREPPENHAUS.

Bauen Sie sich zuerst eine Arbeitsplattform, Sie müssen ja alle möglichen Enden der Wände erreichen. Stellen Sie eine Leiter auf eine untere Stufe der Treppe und lehnen Sie sie an die Kopfwand, während eine ausklappbare Leiter auf dem Podest weiter oben steht. Mit einem Gerüstbodenbrett verbinden Sie eine obere Sprosse der unteren Leiter mit einer unteren Sprosse der oberen Leiter. Wenn die zu überbrückende Lücke größer als 1,5 m ist, nehmen Sie zwei Bretter übereinander. Binden Sie die Bretter ordentlich fest, damit auf keinen Fall etwas wackelt. Stellen Sie zwei Helfer dazu ab, die Leitern zu sichern. Diese Konstruktion müssen Sie während der Arbeit umstellen und variieren, um an alle Stellen der Wände zu kommen. Sicherer ist natürlich ein richtiges Gerüst. Beginnen Sie mit der längsten Bahn und arbeiten Sie von dort aus treppauf und treppab. Am unteren Ende jeder Bahn schneiden Sie den Überstand entlang der Fußleiste oder des Treppenrahmens nach altbewährter Methode ab.

DECKEN TAPEZIEREN.

Die Decke macht man zuerst oder wollen Sie eine Kleisterschleimkatastrophe auf den frisch tapezierten Wänden? Wegen des Eigengewichts der Tapete muss der Kleister für die Decke dicker angesetzt sein als üblich. Außerdem brauchen Sie ein Helferlein, das Ihnen die Bahnen hochhält.

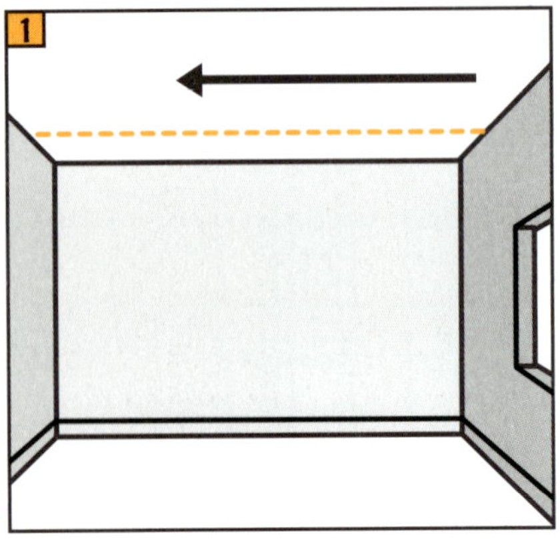

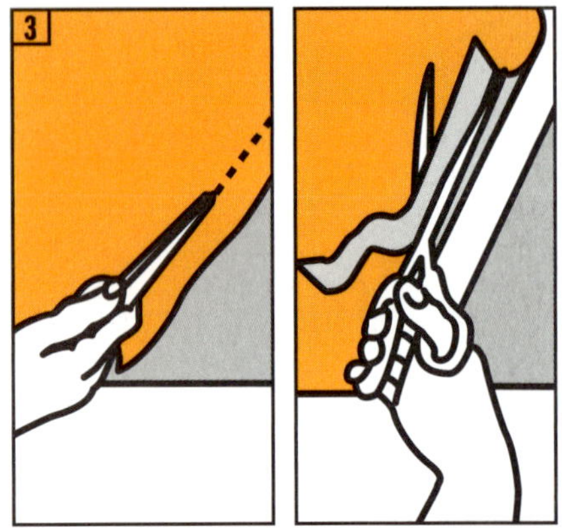

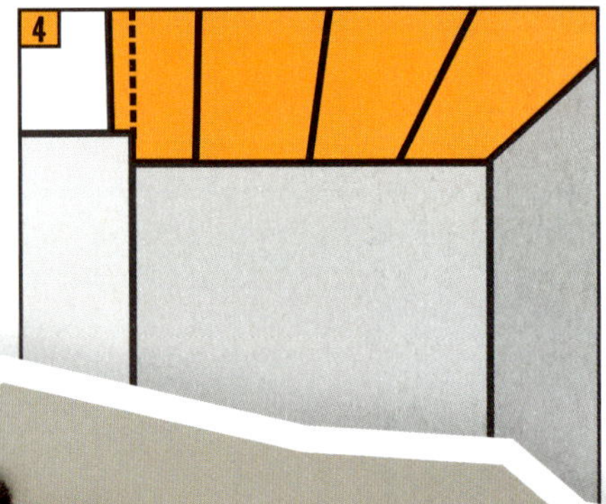

1 Planen Sie die Tapetenbahnen so, dass sie mit dem Lichteinfall laufen, d. h. vom größten Fenster aus zur gegenüberliegenden Wand. Markieren Sie sich in Bahnbreite von der Wand weg eine exakt horizontale Linie, an der Sie die erste Bahn anlegen. 2 Setzen Sie die erste Bahn an, denken Sie an den Überstand. Während Ihr Helfer die gefaltete Tapete mit einem (sauberen!) Besen hochhält, können Sie sie Schritt für Schritt mit einer Bürste feststreichen. 3 Den Überstand mit dem Scherenrücken markieren, die Tapete wieder ein Stückchen abziehen, am markierten Falz abschneiden und wieder andrücken. Sonderfall Kamin: 4 Tapezieren Sie in Richtung Kamin, bis ein Streifen übrig ist, der schmaler ist als eine Tapetenbahn. Messen Sie diesen Streifen ab, geben Sie etwa 4 cm Überstand dazu und schneiden Sie die nächste Bahn in einen entsprechend breiten Streifen. Diesen bringen Sie auf. Mit dem Überstand verfahren Sie wie gehabt. Schließen Sie mit einer neuen Bahn oder dem abgeschnittenen Rest an. Wenn Sie mit eingekleisterten Tapeten arbeiten, können Sie den Streifen natürlich erst nach dem Zuschnitt einweichen.

MUSTER/RAPPORT BEACHTEN.

Bei gemusterten Tapeten sind folgende Symbole zu beachten, damit sich auf der Wand am Ende nicht ein ganz anderes Muster ergibt als ursprünglich geplant.

- Ansatzfrei: Beim Kleben müssen keine Muster beachtet werden. 0|←
- Gerader Ansatz: gleiche Muster in gleicher Höhe, nebeneinander angeordnet. →|←
- Versetzter Ansatz: das Muster der nächsten Bahn immer um die Hälfte verschieben. →|←
- Gestürztes Kleben: jede zweite Bahn auf den Kopf stellen. ↓↑

Entweder die Tapetenbahn hat auf der Rückseite Markierungen, an denen Sie erkennen können, wo Sie ansetzen müssen, oder Sie müssen beim Zuschneiden die Bahnen auf die Vorderseite umdrehen, auf Stoß aneinanderlegen und sich markieren, wie die Bahn zugeschnitten werden muss, damit das Muster aufeinander passt. Dabei werden Sie ein wenig Verschnitt produzieren, den Sie aufheben sollten. Nummerieren Sie sich die Bahnen auf der Rückseite, damit Sie diese in der richtigen Reihenfolge an die Wand kleben.

PROBLEMSTELLEN.

Keine Angst, wir lassen Sie nicht allein mit Ihren Problemen – zumindest, was das Tapezieren betrifft. So eine Wohnung kann schon echt knifflige Stellen haben. Und meist ist es doch so, dass man ausgerechnet da eine Tapete haben will, wo es so richtig kompliziert wird.

Lichtschalter, Steckdosen

1 Bevor sie hier irgendetwas tun, schalten Sie an der Sicherung den Strom ab. Dann schrauben Sie die Blenden von den Lichtschaltern und Steckdosen ab. Sie tapezieren nun einfach darüber. Achten Sie dabei darauf, einen Abdruck in der Tapete zu hinterlassen. **2** Wenn der Kleister trocken ist, schneiden Sie die Elemente frei. Die Tapete wird hier nun x-förmig eingeschnitten – aber nur so weit, dass das Loch später nicht unter der Blende herausschaut. **3** Die dreieckigen Tapetenstreifen abschneiden und die Blende wieder anbringen. Ein sauberer, glatter Übergang!

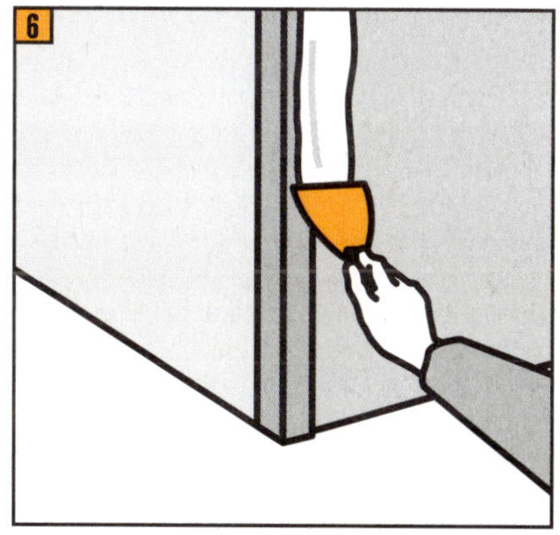

Lampenanschluss an Decke

4 Fest installierte Lampenhaken und Ähnliches werden umrandet, indem man an sie herantapeziert, die Tapete dann an der entsprechenden Stelle bis zum Ende aufschlitzt und in Streifen um den Haken herumtapeziert. Die beiden Streifen ganz normal fertig anbringen. Befindet sich der Gegenstand ziemlich nah am Rand der Bahn, können Sie die Bahn auch zur Seite hin aufschlitzen und ihn so umfassen. Den Tapetenrand am Gegenstand sauber abschneiden, am besten mit einer Tapetenschere. Bei einzukleisternden Tapeten muss der Zuschnitt vor dem Einweichen passieren.

Sicherungskästen

5 Einen Sicherungskasten kann man nun mal nicht abschrauben. Also muss er ausgespart werden. Messen Sie seine exakte Position aus und schneiden Sie an der entsprechenden Stelle die Tapete(n) kreuzförmig ein, machen Sie das Loch 1–2 mm größer, als der Kasten ist, so minimieren Sie die Gefahr, dass die Tapete beim Einpassen reißt. Wenn Sie die entsprechende Bahn anbringen, stülpen Sie die eingeschnittene Stelle vorsichtig über den Kasten. Dann werden die dreieckigen Stücke abgeschnitten und die Ränder rund um den Kasten mit einem Nahtroller gefestigt.

Kantenschutz

6 Wenn kein Kantenschutz beim Bau mit eingemörtelt wurde, kann man Ecken mit einem Winkelprofil schützen. Es gibt solche Schutzschienen in den verschiedensten Farben und Materialien. Am unauffälligsten ist ein dünner PVC-Winkel. Kleben Sie diesen vor dem Tapezieren mit Kontaktkleber auf die Mauer und verspachteln Sie die Übergänge zur Wand bündig. Dann kann übertapeziert werden.

Heizung

7 Die Heizung muss natürlich aus und kalt sein, wenn Sie daran arbeiten. Tapeten hinter einen Heizkörper zu bringen, kann schwierig sein, besonders, wenn er eng an der Wand hängt. Messen Sie genau ab, wo Halterung und Rohre in die Wand gehen. An diesen Positionen müssen Sie die Tapete vertikal einschlitzen und in Streifen weiter tapezieren. Hinter dem Heizkörper tapezieren Sie am besten, indem Sie kleine Tischdeckengewichte an die Tapete hängen und sie so hinter die Heizung gleiten lassen. Mit einer langstieligen Rolle oder Ähnlichem die Tapete hinter dem Heizkörper vorsichtig festdrücken und senkrecht gerade ziehen.

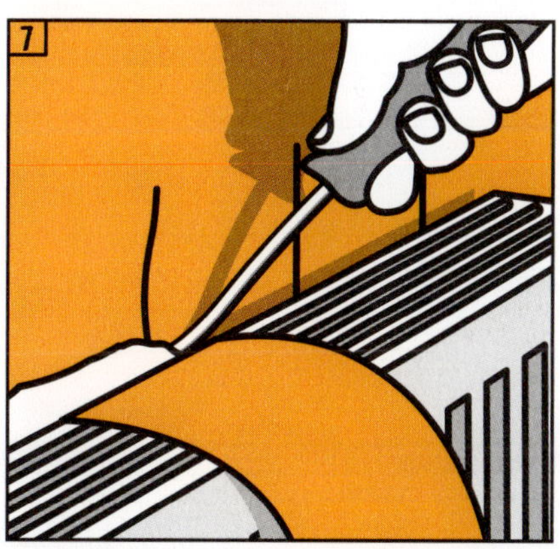

PROFITIPP!

Um Dübellöcher, die Sie wieder benutzen wollen, zu markieren, stecken Sie einen Zahnstocher oder ein kopfloses Streichholz so tief in den Dübel, dass es noch ein bisschen heraussteht. Beim Tapezieren wird sich das Hölzchen durch die Tapete bohren und Ihnen so die Stelle anzeigen. Bei sehr robusten Tapetentypen funktioniert dieser Trick leider manchmal nicht.

BORDÜREN.

Eine Bordüre soll die Wand optisch aufteilen, z. B. den Übergang zwischen zwei Farbfeldern oder Materialtypen markieren. Die meisten Menschen kleben Bordüren im oberen Drittel der Wand, aber eigentlich sind Ihrer Phantasie keine Grenzen gesetzt.

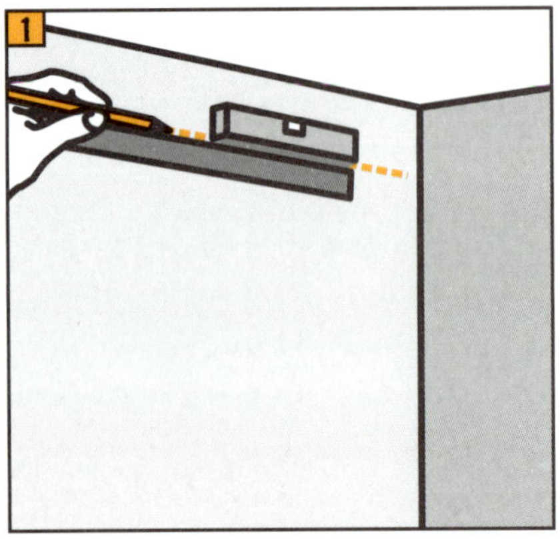

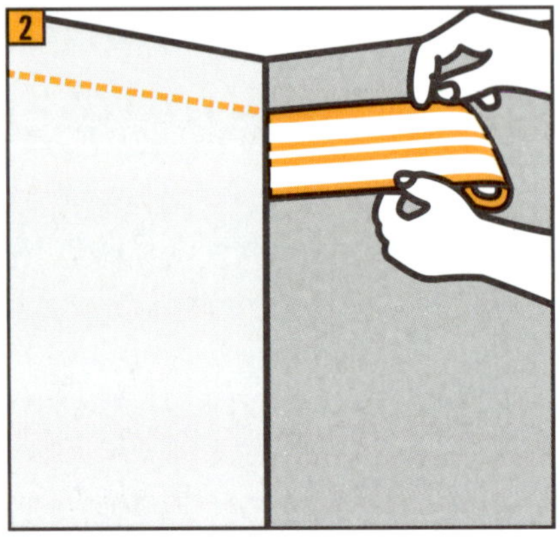

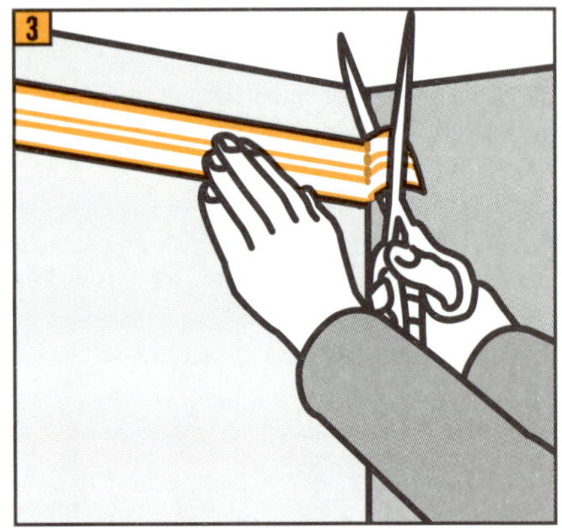

1 Wenn Sie die gewünschte Position gefunden haben, markieren Sie an der Wand den Punkt, wo die Oberkante der Bordüre sein soll. Mit Messlatte und Wasserwaage ziehen Sie ausgehend von dieser Markierung einen geraden, horizontalen Strich. Die Bordüre entsprechend der benötigten Länge und 10 cm Zugabe zuschneiden, mit Bordürenkleber einstreichen, von den Enden her gegeneinander falten und einweichen lassen. **2** Setzen Sie in einer weniger beachteten Stelle des Raumes an, und kleben Sie die Bordüre entlang Ihrer Markierung auf. Mit einem feuchten Tuch feststreichen und austretenden Kleber sofort abwischen. Nähte mit dem Nahtroller festigen. **3** In den Ecken die Bordüre um die Ecke herumbringen und die Ecke mit dem Scherenrücken auf der Bordüre markieren. Dann ziehen Sie die Bordüre weit genug wieder ab, schneiden sie an der markierten Stelle durch und drücken sie wieder an. Den abgeschnittenen Teil akkurat auf Stoß ankleben. So erhält die Bordüre eine saubere Ecke und das fortlaufende Muster bleibt erhalten. Am Schluss werden Sie feststellen, dass das letzte Stück nicht exakt auf das erste passt. Deswegen hatten Sie für diese Stelle eine weniger beachtete Position im Raum ausgesucht.

ACHTUNG! PROFITIPP

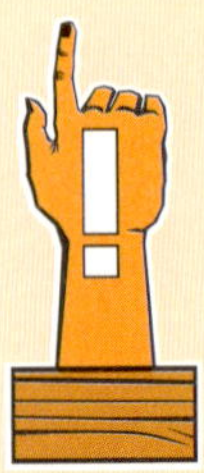

Wenn die Bordüre den Abschluss eines tapezierten Wandabschnitts bilden soll, markieren Sie vor dem Tapezieren, wo die Bordüre sein soll. Die Tapete muss sauber abschließen, damit die Bordüre später auf Stoß angebracht werden kann. Profis kleben die Bordüre übrigens nicht über die Tapete, sondern tapezieren bis zu ihrer Markierung, bringen dann die Bordüre an und tapezieren oberhalb der Bordüre sauber auf Stoß weiter. Dafür ist eine Menge Präzision erforderlich.

AUSBESSERN UND REPARIEREN.

Nichts hält ewig. Sollten Ihre Tapeten einmal beschädigt worden sein, dann reißen Sie nicht gleich die Wand ein oder die Tapete ab, meistens lassen sich Schäden leicht beheben, wenn man die richtigen Handgriffe kennt. Sehen Sie selbst!

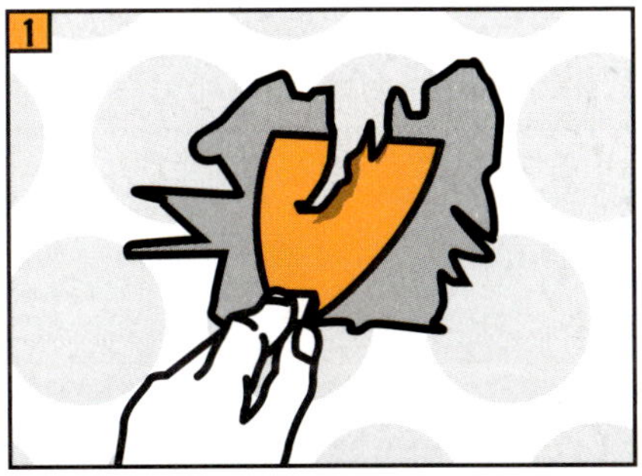

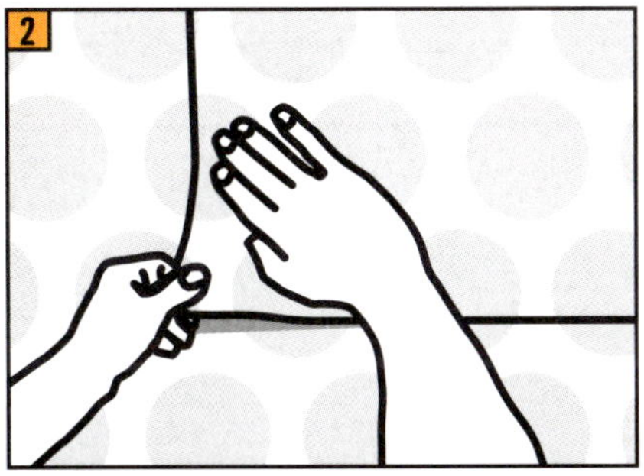

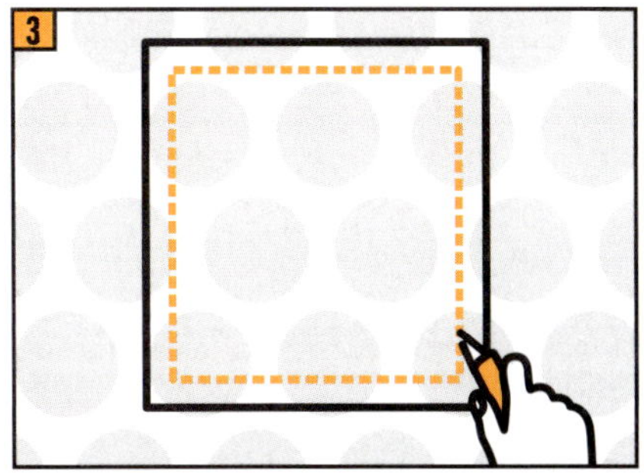

Ihre Kinder haben an der Wand Kunst produziert, die sich aber mit Ihrem Kunstverständnis nicht so deckt, oder Sie haben beim letzten Krach die Vase gegen die Wand geworfen, was auch immer, jedenfalls gibt es nun eine reparaturbedürftige Stelle in der Tapete. **1** Entfernen Sie alle eventuell noch herumhängende Papierfetzen. Nehmen Sie einen Tapetenrest und schneiden Sie ein passendes Quadrat aus, das größer ist als die auszubessernde Stelle. **2** Kleistern Sie es ein und kleben Sie es direkt auf die Schadstelle. Dann ca. 15 Minuten antrocknen lassen. **3** Mit einem Universalmesser schneiden Sie vorsichtig durch beide Tapeten hindurch um die Reparaturstelle herum ein kleineres Quadrat aus. Das Messer sollte absolut scharf sein, um ein gutes Ergebnis zu erzielen. **4** Ziehen Sie nun das ausgeschnittene Quadrat mit dem Rahmen vorsichtig ab. Auch das Quadrat in der alten Tapete herauslösen. Fügen Sie das neue Quadrat ein, es passt perfekt, die Reparatur ist nicht sichtbar. Solange der Kleister noch feucht ist, reicht ein kleiner Einschnitt in eine Blase, um die Tapete andrücken zu können und die Blase zu eliminieren. **5** Wenn sich trotz aller Bemühungen eine Luftblase hartnäckig gehalten hat, machen Sie ihr ganz leicht den Garaus. Ziehen Sie Kleister auf eine Einwegspritze aus der Apotheke und stechen Sie der Blase erbarmungslos ins Herz. Kleister einspritzen und Blase andrücken – fertig.

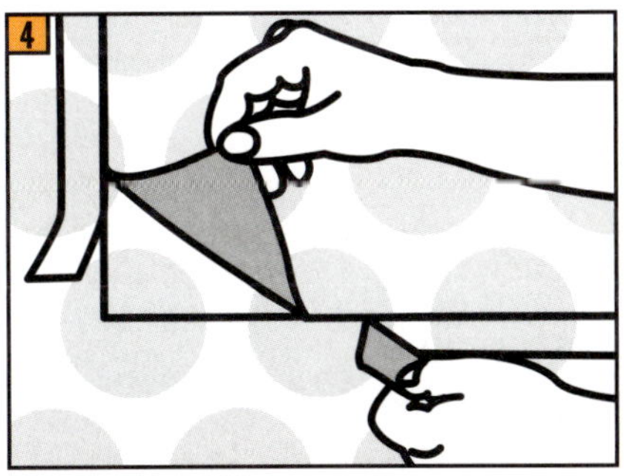

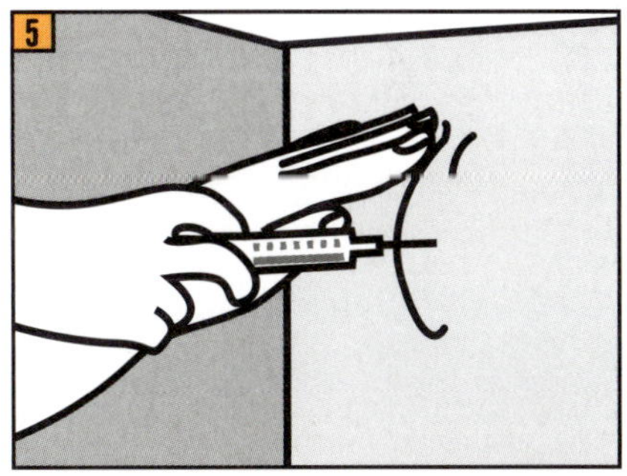

WICHTIGE SYMBOLE UND IHRE BEDEUTUNG.

Verarbeitung

 Klebstoff ist auf Wandbekleidung aufzutragen, Tapete ist einzukleistern.

 Klebstoff ist auf den zu tapezierenden Untergrund aufzutragen. Nicht die Tapete einkleistern.

 Vorgekleisterte Tapete (mit Kleister beschichtet, der durch kurzes Wässern aktiviert wird).

 Duplierte Prägewandbekleidung; Prägung bleibt beim Tapezieren erhalten.

 Überlappung und Doppelschnitt; im Überlappungsbereich beide Bahnen senkrecht schneiden.

 Stoßfestigkeit; sehr widerstandsfähige, robuste Spezialtapete mit harter, aber elastischer Oberfläche.

 Tapete ist ohne Rückstände von der Wand abziehbar.

 Spaltbar; Oberschicht der Tapete ist trocken abziehbar, Unterschicht bleibt als Makulatur auf der Wand.

 Tapete muss nass entfernt werden.

Farbbeständigkeit gegen Licht

 Ausreichend

 Befriedigend

 Gut

 Sehr gut

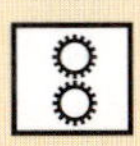 Ausgezeichnet

Waschbarkeit

 Frische Kleisterflecken mit feuchtem Schwamm abwaschbar.

 Waschbeständig; leichte Verschmutzungen feucht abwischbar.

 Hoch waschbeständig; Verschmutzungen mit leichter Seifenlauge abwaschbar.

 Hoch scheuerbeständig; Verschmutzungen mit leichter Seifenlauge abwaschbar.

 Scheuerbeständig; Verschmutzungen mit mildem Scheuermittel und weicher Bürste entfernbar.

Sollten Sie sich nach einem Tapetenwechsel
immer noch nicht besser fühlen,
wenden Sie sich an Ihren Arzt oder Apotheker.
Mit Packungsbeilagen kommen Sie da nicht weiter.

WÄNDE STREICHEN.

WÄNDE STREICHEN.

SCHON WIEDER UMGEZOGEN. DIE ALTE WOHNUNG MUSS NOCH FÜR DIE NEUEN MIETER GESTRICHEN WERDEN, IN DER NEUEN WOHNUNG GILT ES, DIE WÄNDE NACH DEM EIGENEN GESCHMACK ZU GESTALTEN. DA KOMMEN SCHON EIN PAAR QUADRATMETER STREICHFLÄCHE ZUSAMMEN. WENN MAN WEISS, WIE UND MIT WELCHEN TRICKS MAN WÄNDE EINFACH STREICHEN KANN, DANN MACHT'S RICHTIG SPASS.

Fußboden abdecken.

RICHTIG VORBEREITEN.

Wichtig ist der Untergrund. Putzbröckchen und Sand in der Farbrolle machen das Streichen nicht gerade zum Vergnügen. Alte Flecken, die immer wieder durchscheinen, egal wie oft man drüberrollt – das kann so richtig abnerven. Deshalb prüfen Sie erst mal, womit Sie es zu tun haben, wählen Sie dann das richtige Werkzeug und die richtige Farbe aus, kleben und decken Sie rund um die Wand alles ab und passen Sie bloß auf, dass Sie nicht von der Leiter fallen!

Der Untergrund muss trocken, tragfähig, sauber und fettfrei sein. Wenn dem nicht so ist, muss er entsprechend vorbehandelt werden.

Prüfen, was man vor sich hat: die 6 „As“

- Anschauen: Ist Farbe abgeblättert? Gibt es Ausblühungen, Risse, Verfärbungen?
- Abwischen: Reiben Sie mit der bloßen Hand über die Wand. Ist der Putz fest oder sandet oder kreidet er?
- Abreißen: Kleben Sie ein ca. 20 cm langes Stück Klebeband auf den alten Anstrich und reißen Sie es mit einem Ruck wieder ab. Bleibt die Farbe dran hängen, muss sie entfernt werden.
- Anfeuchten: Spritzen Sie ein paar Tropfen Wasser auf die Wand. Zieht das Wasser schnell ein, ist der Untergrund zu saugfähig. Perlt es ab, wird auch die Farbe nicht dran halten.
- Abklopfen: Klopfen Sie mit der Faust auf den Putz. Lose Putzflächen klingen hohl.
- Ankratzen: Mit dem Fingernagel oder einer Drahtbürste auf dem Untergrund herumkratzen. Wenn sich mehrere Millimeter leicht abkratzen lassen, ist der Untergrund zu mürbe.

Was ist zu tun?

- Stark saugende und sandende Untergründe mit Tiefengrund vorbehandeln.
- Stark wasserabweisende Wandoberflächen müssen eventuell mit Vliesuntertapete vortapeziert werden.
- Wasser-, Nikotin-, Fett- und Rostflecken mit Absperrfarbe vorstreichen.
- Abblätternde Farbe, mürben und losen Putz und instabilen Altanstrich mit Drahtbürste und Spachtel abkratzen.
- Risse und Lücken zuspachteln, gegebenenfalls Gewebevlies zum Überbrücken einspachteln.
- Alte Leimfarben müssen mit Wasser und Spülmittel komplett abgewaschen werden, denn auf ihnen hält nichts.
- Rauputz mit Tiefengrund behandeln und ein- bis zweimal vorstreichen. Zum Streichen langflorige Walze verwenden.
- Oberflächliche Verschmutzungen mit einem angefeuchteten Tuch abwischen.
- Schimmel muss mit Fungiziden bekämpft werden.
- Gipsputz, Gips- und Weichfaserplatten mit Tiefengrund streichen.

Mehr Tipps zum Thema „Untergrund vorbereiten“ finden Sie im Kapitel „Wände effektvoll gestalten“ auf Seite 308 und im Kapitel „Tapezieren“ auf Seite 282.

Die richtige Farbe auswählen

Wände streicht man in der Regel mit Dispersionsfarbe, die man mit Abtönfarbe mischen kann. Man kann sich den gewünschten Farbton im Baumarkt vormischen lassen. Dispersionsfarben kann man mit Wasser verdünnen. Nach dem Trocknen sind sie aber nicht mehr wasserlöslich und lassen sich viele Male überstreichen.

Farbverbrauch ausrechnen

Bitte beachten Sie: Flüssige Farben haben eine größere Reichweite als cremige und feste Farben. Rechnen Sie zuerst die zu streichende Fläche aus:
Die Deckenfläche berechnet sich aus
Länge mal Breite $(a \cdot b)$.
Eine Wandfläche berechnet man aus
Länge mal Höhe (z. B.: $d \cdot c$).
Für alle Wände rechnet man alle Wandlängen zusammen und multipliziert diese Gesamtlänge mit der Raumhöhe $((d+e+f+g) \cdot c)$.
Türen und Fenster ignoriert man im Allgemeinen. Mit der überschüssigen Farbe kann man nämlich noch Ecken und Kanten ausbessern. Wenn Sie sehr viele Fenster haben, müssen Sie deren Fläche ausrechnen und von der errechneten Gesamtfläche abziehen.

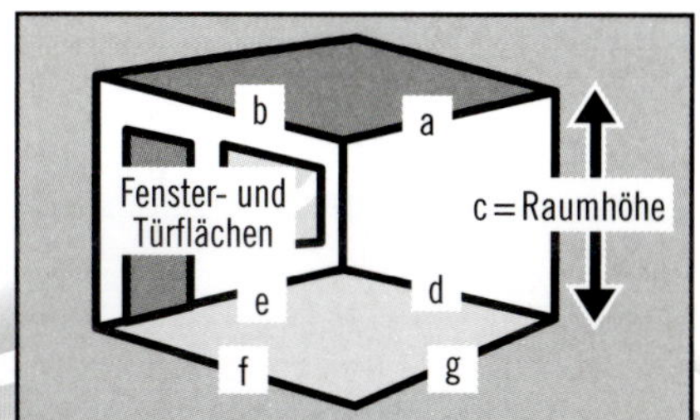

Fensterbänke, Heizkörper und Türrahmen abdecken.

Farbrolle in Arbeitspausen luftdicht aufbewahren.

WAND STREICHEN – STEP BY STEP.

Farbe auf die Wand streichen kann doch jeder, dafür braucht man doch keine Anleitung – nun, das stimmt. Doch wenn man sich das Ergebnis genauer ansieht? Da merkt man schon Unterschiede. Sieht man den Pinselstrich oder etwa Tropfnasen? Ist die Farbfläche gleichmäßig? Wie wirkt die

Man fängt immer mit der Decke an, damit die Farbspritzer, die von der Decke tropfen, nicht die neu gestrichene Wand verkleckern. Farbtropfen immer direkt abwischen, solange die Farbe noch feucht ist, danach wird's schwierig. **1** Vor dem Streichen werden alle Möbel mit Malerfolie abgedeckt. Leichtere Möbelstücke räumt man besser aus dem Zimmer heraus. Große, schwere Möbel können in die Raummitte geschoben werden. **2** Kleben Sie alle nicht zu streichenden Teile wie z. B. Fußleisten, Fenster und Türen mit Kreppband ab und bedecken Sie den gesamten Fußboden mit Folie. Steckdosen- und Schalterabdeckungen werden entfernt (erst Sicherung raus!) und nach der Streicharbeit wieder angeschraubt. Wenn das nicht geht, auch abkleben. **3** Dann kommen die Vorarbeiten. Die Wand muss gut vorbereitet sein, sonst haftet die Farbe nicht. Wenn Sie Glück haben, müssen Sie nur den Staub abkehren. **4** Zuerst die Wandanschlüsse, Kanten und Übergänge mit einem breiten Pinsel vorstreichen. Den Farbstreifen mit etwas Abstand

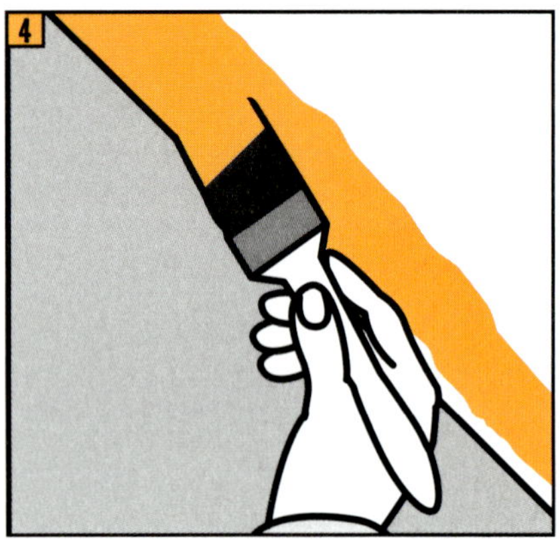

zur Kante hin und anschließend direkt an den Kanten entlang auftragen. So erzielen Sie exakte Kanten, weil sich der Pinsel besser führen lässt. Genauso um Türen, Fenster, Lichtschalter und Steckdosen herumstreichen. **5** Um einen gleichmäßigen Farbauftrag zu erreichen, darf die Farbe nach dem Eintauchen der Farbrolle in den Farbeimer nicht direkt auf die Wand aufgetragen werden. Rollen Sie die aufgetragene Farbe immer auf einem Abstreifgitter ab. Nur so ist die Farbrolle auch gleichmäßig mit Farbe bedeckt und ein gleichmäßiger Auftrag der Wandfarbe möglich. **6** Die Flächen werden nun mit der Farbrolle bearbeitet. Arbeiten Sie dabei immer „nass-in-nass", d. h. die Vorarbeiten mit dem Pinsel dürfen nicht antrocknen, bevor Sie mit der Farbrolle weiterarbeiten. Verteilen Sie die Wandfarbe zuerst längs, dann in Querbahnen. Unregelmäßiger Farbauftrag wird in einem nachfolgenden Arbeitsgang noch einmal in geraden senkrechten Bahnen nachgezogen. Diese Technik nennt sich „Kreuzgang". Beim Streichen der Decke hilft ein Besen- oder Teleskopstiel, an dem man die Farbrolle befestigt. **7** Bei unterschiedlichen Farbtönen zwischen Decke und Wänden werden die Kanten der bereits gestrichenen Flächen mit Malerkrepp abgedeckt. **8** Pinsel und Rollen können in einer längeren Pause mit Frischhaltefolie eingewickelt oder in einem speziellen Rollenbehälter aufbewahrt werden; so muss man sie nicht immer auswaschen. Nach Beendigung der Arbeit wird der Farbeimer am Deckelrand gesäubert und etwas Wasser auf die Farbe gegossen, um Hautbildung zu vermeiden. Die Streichwerkzeuge müssen zum Schluss noch gründlich mit Wasser gereinigt werden.

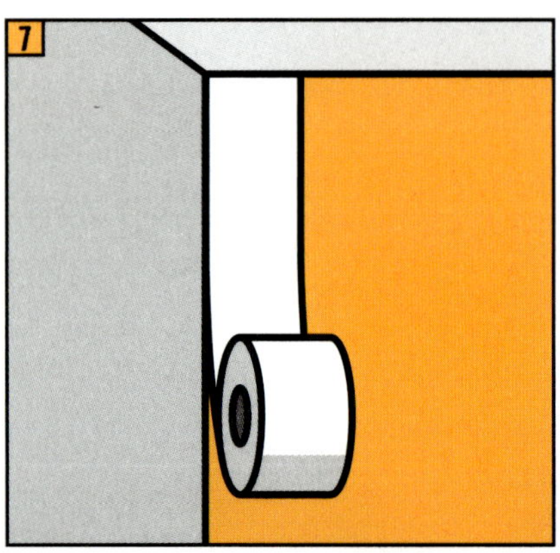

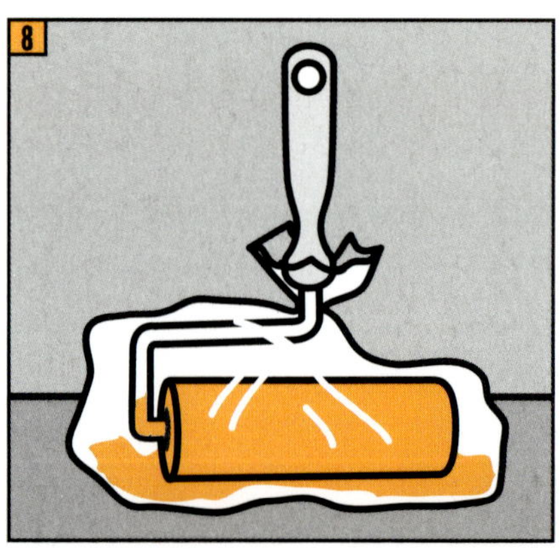

Wand, wenn die Sonne durchs Fenster scheint? Auch an den Übergängen zu Fußleisten, Decke oder Fensterrahmen kann man am Ende erkennen, wie gut oder schlecht jemand gearbeitet hat. Die Feinheiten, auf die es ankommt, zeigen wir Ihnen hier.

Das richtige Werkzeug

Wandfarbe trägt man mit Farbrollen aus Lammfell oder Perlon auf. Als Verlängerung dient eine Teleskopstange oder ein Besenstiel. Die Ecken und Kanten streicht man mit einem Heizkörperpinsel und einem kurzen Flachpinsel vor. Hinter Heizungen streicht man mit speziellen dünnen und kleinen Walzen. Wie Sie die Werkzeuge richtig benutzen, zeigen Ihnen die folgenden Tipps.

WERKZEUG.

- ✓ Abdeck-/Malerfolie
- ✓ Kreppklebeband
- ✓ Handbesen
- ✓ Malerbürste
- ✓ Farbrolle/Auswechselrolle
- ✓ Abstreifgitter
- ✓ Teleskopverlängerung
- ✓ Flach-/Rundpinsel
- ✓ Farbtonkarte/Farbfächer
- ✓ Leiter

MATERIAL.

- ✓ Dispersionsfarbe
- ✓ Abtönfarbe
- ✓ Tiefengrund

Lammfellrolle

- Nach dem Eintauchen in die Farbe immer auf einem Gitter abstreifen.
- Nie zu viel Farbe aufnehmen.
- Nicht schnell und hektisch, sondern bedacht und stetig abrollen.
- Immer gleichmäßigen, nicht zu starken Druck ausüben.

Pinsel

- Am Anfang erst lose Borsten entfernen.
- Pinsel nie tiefer als zu einem Viertel der Borstenlänge in die Farbe tauchen.
- Überschüssige Farbe nie an scharfen Eimerkanten abstreifen, das reißt die Borsten heraus.
- Mit Dispersionsfarben zügig arbeiten, da durch das Antrocknen sonst Ansatzkanten entstehen. Nie zu viel Fläche auf einmal mit dem Pinsel streichen.

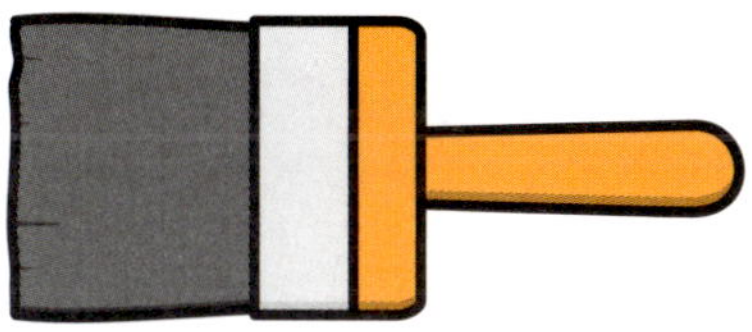

Streichkissen

- Dieses Velours-Schaumstoff-Polster braucht eine spezielle Wanne für die Farbe.
- Es wird nur wenige Millimeter in die Farbe eingetaucht und dann zur gleichmäßigen Farbverteilung auf der Abstreichfläche hin- und hergestrichen. Überschüssige Farbe abstreichen.

Moltopren-Roller

- Muss immer gleichmäßig mit Farbe benetzt sein.
- Nur wenige Millimeter eintauchen und dann sorgfältig auf der geriffelten Fläche der Farbwanne hin- und herrollen.
- Entstandene Bläschen an der Wand verschwinden, wenn man noch einmal mit dem Roller über die Fläche geht, ohne ihn vorher in Farbe getaucht zu haben.

POLAR WEISS
ÖKO TEST
gut
ZARGES

Auch ein einfacher Anstrich sieht besser aus, wenn er sorgfältig gemacht ist.

TIPPS.

Mit diesen Profitipps wird der Anstrich perfekt.

- Immer mit dem Licht rollen, also den letzten Abroller beim Kreuzgang in Richtung des Lichteinfalls machen.
- Die Rollen vor dem Streichen etwas anfeuchten.
- Wenn Sie mehrere Schichten lackieren wollen, können Sie den Grundanstrich bis zu 10 % mit Wasser verdünnen.
- Für Fugen, die überstrichen werden sollen, nie Silikon, sondern Acryldichtmasse verwenden.
- Klebeband abziehen, solange die Farbe noch feucht ist. Das ergibt einen sauberen Übergang.
- Wenn es beim Abrollen arg spritzt, arbeiten Sie zu schnell. Langsam und mit gleichmäßigem Druck ist es besser.

ACHTUNG
FRISCH GESTRICHEN!

FARBE IST GEIL – ABER NUR DA WO SIE SEIN SOLL. VERMEIDEN SIE UNNÖTIGE FLECKEN, VOR ALLEM AUF DEN KLAMOTTEN IHRER MITMENSCHEN.

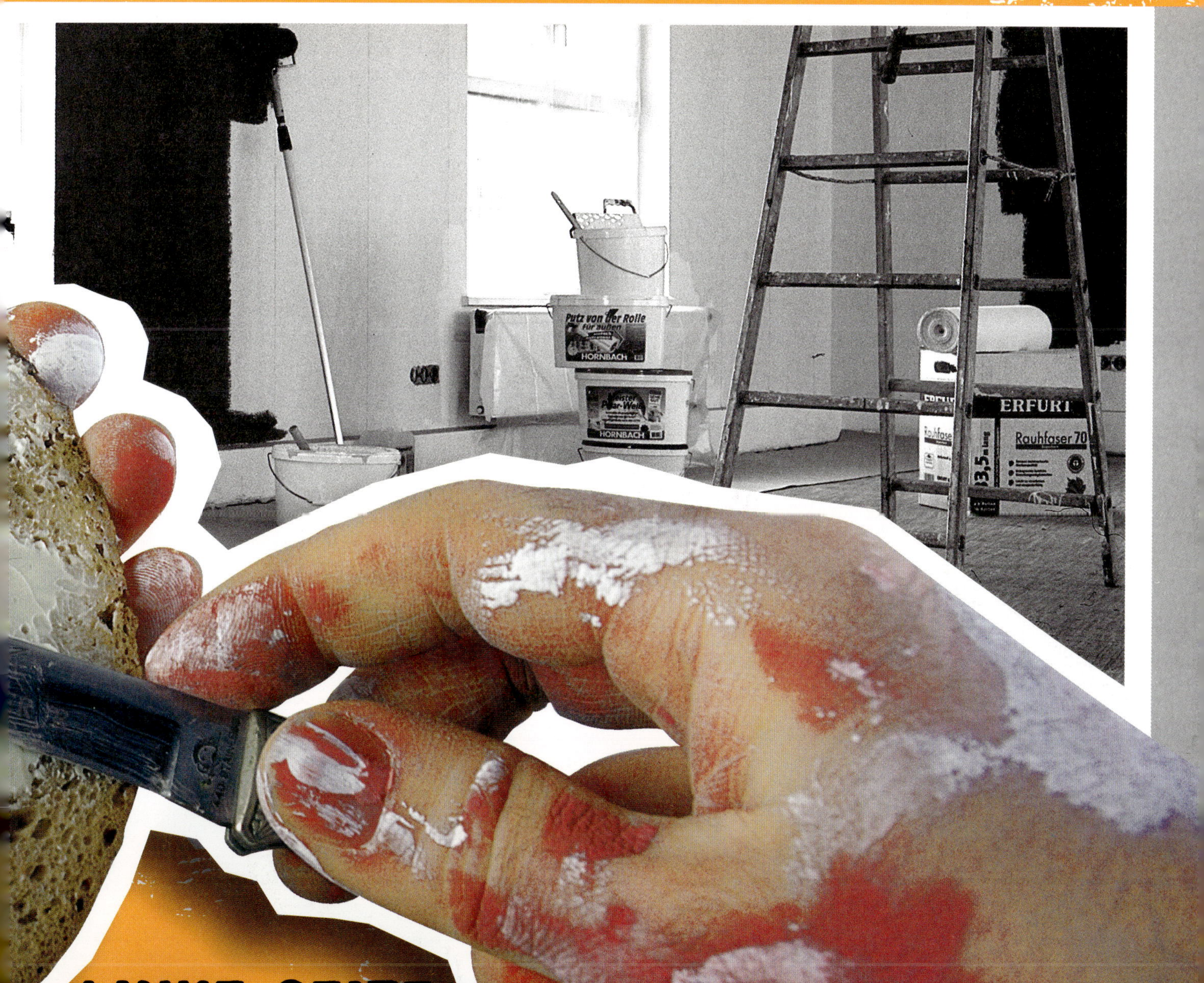

LINKE SEITE RAUSREISSEN UND AUFFÄLLIG PLATZIEREN!

WÄNDE EFFEKTVOLL GESTALTEN.

COLOR
Lebendige Akzente für Trendwände – einfach und schnell!
Des effets vivifiants pour murs très tendances – facile et vite fait!
2,5 Liter
22m²
HORNBACH

WÄNDE EFFEKTVOLL GESTALTEN.

EINE WAND OHNE TAPETE – DAS GALT LANGE ALS UNVORSTELLBAR, JA BEINAH OBSZÖN: DIE WAND WÄRE JA NACKT! GLÜCKLICHERWEISE IST DIE ANGST VOR NACKTEN WÄNDEN VORBEI. ES HAT SICH DIE ERKENNTNIS DURCHGESETZT, DASS MAN MIT PUTZ, FARBE UND KREATIVER TECHNIK SO EINER WAND AUCH EIN GANZ HÜBSCHES KLEID VERPASSEN KANN. BEI DIESEM TREND WURDEN ALTE MALER- UND STUCKATEURTECHNIKEN WIEDERENTDECKT, DIE KEINESWEGS ZU SCHWIERIG ZUM SELBERMACHEN SIND.

SCHNELL ZUR EFFEKTVOLLEN WAND.

Nicht jeder mag es schlicht und eintönig. Gehören Sie auch zu denjenigen, die ein bisschen Farbe und Muster an der Wand nicht scheuen? Sind Sie dabei selbst gern kreativ tätig? Dieses Kapitel macht Sie mit Materialien und Werkzeugen, Strukturen, Stilen und Techniken vertraut, die Sie brauchen, um in wenigen Arbeitsschritten Ihre Wände effektvoll zu gestalten. Hier bekommen Sie Anregungen mit auf den Weg, für die Wahl der richtigen Technik und Farbe.

BEVOR'S LOSGEHT: WAS WIRKT WIE?

Wenn Sie Ihre Wände farbig gestalten wollen, lohnt es sich, darüber nachzudenken, wie das Wandkleid wirken wird und welche Atmosphäre der Raum haben soll. Denn Farbe ist kein rein optisches Phänomen, sondern wirkt unmittelbar auf Geist und Körper und beeinflusst so unser Wohlempfinden. Das kann sich durch eine Veränderung der Atemfrequenz, des Pulses und der empfundenen Raumtemperatur bemerkbar machen. Farben lösen bestimmte Emotionen in uns aus, was – wie die Wahl der Lieblingsfarbe zeigt – individuell verschieden ist. Es gibt aber gewisse Grundregeln, an die Sie bei der Gestaltung Ihrer Räume denken sollten.

KLEINE FARBENLEHRE.

Warme Farben (Rot, Orange, Gelb und Braun-Töne) lassen uns die Raumtemperatur um einige Grade wärmer empfinden. Sie sollten daher in Räumen eingesetzt werden, deren Fenster nach Norden weisen, sofern sie nicht zu dunkel sind.
Kalte Farben (Blau, Grün, Türkis) wirken kühlend, erfrischend, entspannend und beruhigend. Sie sind gut geeignet in Räumen mit viel Sonneneinstrahlung, für gestresste Menschen oder bei Konzentrationsstörungen.
Pastelltöne erscheinen dezent und nicht so aufdringlich, knallige Farben stechen sofort ins Auge und bekommen daher viel Aufmerksamkeit. Sie sollten außerdem die Farbtöne von Möbeln, Boden und Vorhängen bei der Gestaltungsplanung beachten. Dunkle Möbel etwa heben sich besser vor hellen Hintergründen ab und umgekehrt.

Um die richtige Farbkombination in der Wohnungsgestaltung zu erzielen, hier ein Überblick über die wichtigsten Farben mit ihren Wirkungen:

FARBEN UND IHRE WIRKUNGEN.

Farbe	Wirkung
Rot	• Gilt als dynamisch, aggressiv und anregend. • Macht auch unruhig, gereizt und es beengt.
Orange	• Wirkt stimulierend. • Strahlt Wärme und Gemütlichkeit aus: ideal für Küche und Esszimmer.
Gelb	• Regt geistig an, belebt und fördert das Gespräch. • Bringt Sonne in den Raum und ins Gemüt, verscheucht trübe Stimmung und macht Lust auf Sex.
Rosa	• Besänftigt und baut Aggressionen ab. • Nach Expertenmeinung sehr geeignet für das Schlafzimmer.
Violett	• Wirkt feierlich und eignet sich für Empfangsräume. • Macht passiv und beruhigt.
Ocker, Beige, Umbra	• Wärmen, beruhigen und dämpfen. • Strahlen Geborgenheit aus.
Blau	• Entspannt und gleicht aus. Stress, Nervosität und Schlafstörungen werden durch die Farbe Blau erfahrungsgemäß positiv beeinflusst. • Die Farbe von Wasser und Eis gilt auch als kühl.
Türkis	• Erzeugt ein kühles, aber persönliches Klima.
Grün	• Leuchtendes Grün ist die Farbe der Natur und der Hoffnung. • Sorgt für Ausgleich und Geborgenheit und regt zu Kreativität an.

Die so genannten Nichtfarben Schwarz, Weiß und Grau sind ideale Kombinationsfarben!

MATERIALÜBERSICHT.

Heutzutage muss man sich nicht mehr aus Erde, Beeren- und Pflanzenextrakten selbst Wandfarbe zusammenrühren. Eine Vielzahl an fertigen Putzen und Anstrichmitteln erleichtert die Herstellung kreativ bemalter und dekorativ strukturierter Wandoberflächen.

MATERIALIEN \ TECHNIKEN	Untergrundvorbereitung	Wischtechnik auf Spachtelputz	Wischtechnik auf Streichputz	Marmoreffekt auf glatter Wand	Wischtechnik mit Wachs-/Wandlasur	Wickeltechnik mit Wandlasur	Tupftechnik mit Wandlasur	Effektlasur auf Wand- und Deckenfarbe	Effektfarbe auf Putzgrundierfarbe	Gold-/Silbereffekt
Füllstoff innen	●									
Elektriker Gips	●									
R+R-Mörtel	●									
Vlies-Tapetenkleber	●									
Acryl-Tiefengrund	●									
Malerplane	●									
Maler-Glasvlies	●									
Vlies-Untertapete	●									
Wachslasur		●	●		●					
Spachtelputz		●			●					
Streichputz			●		●					
Seidenlatex						●				
Wandlasur					●	●	●			
Creativ Pearl Effektlasur								●		
Creativ Color Effektfarbe									●	
Stucco Marmorino				●						
Gold-/Silbereffekt										●

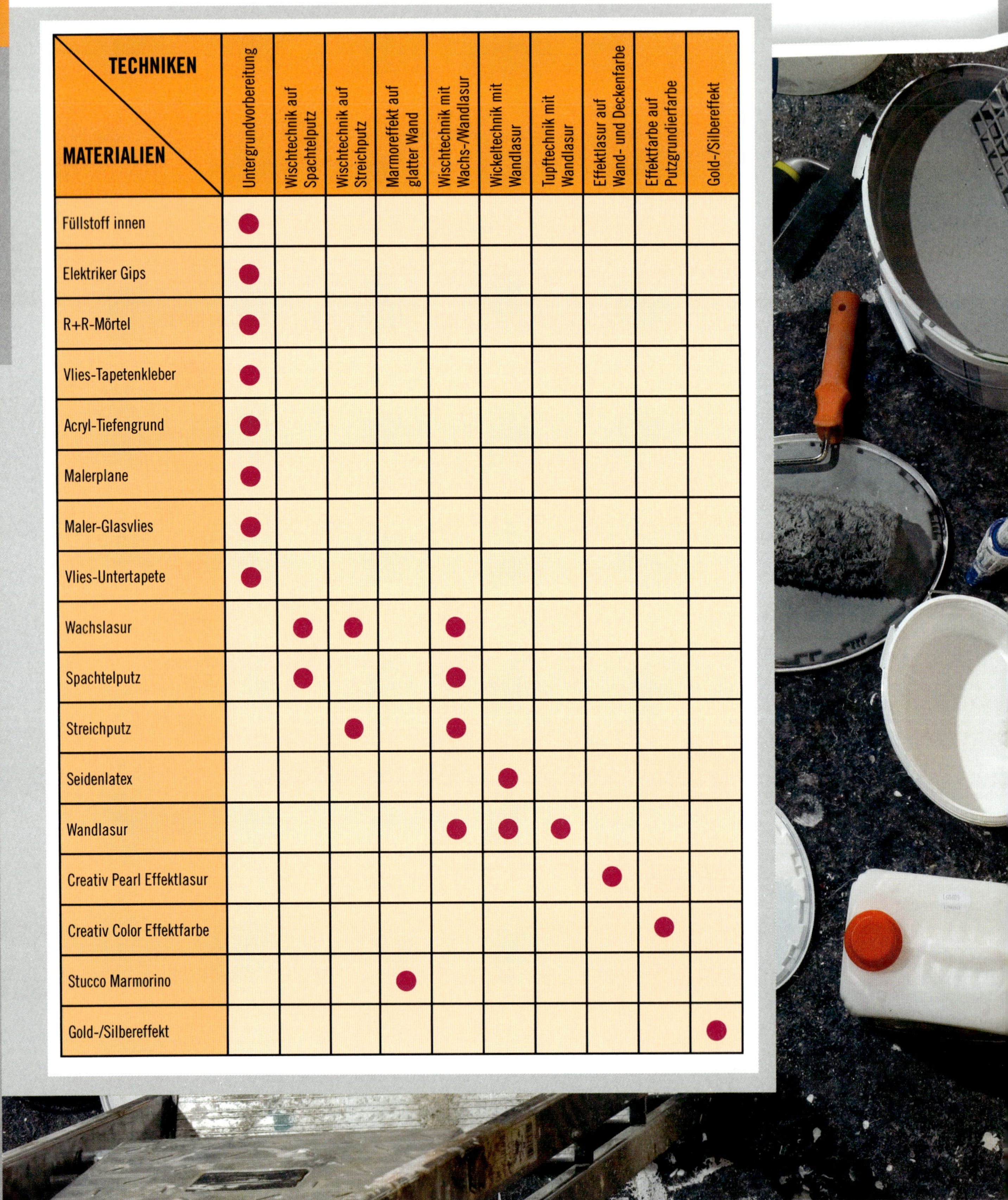

WERKZEUGÜBERSICHT.

Um lustige, interessante, komplexe oder einfach nur Muster zu erzeugen, braucht es ein paar Utensilien. Allerdings handelt es sich dabei nur bedingt um exotische Spezialwerkzeuge, das meiste ist haushaltsüblicher Heimwerkerbedarf, manches nur ein wenig zweckentfremdet.

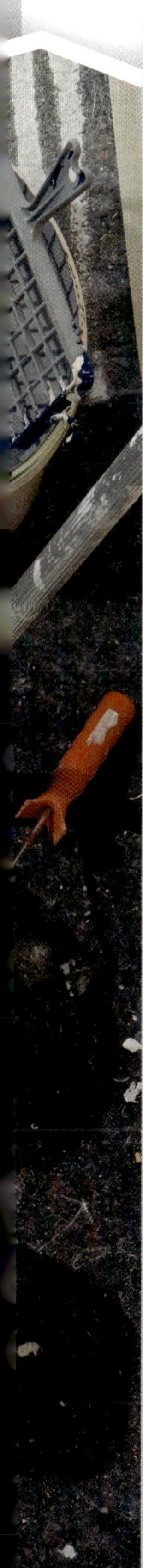

TECHNIKEN / WERKZEUGE	Untergrundvorbereitung	Wischtechnik auf Spachtelputz	Wischtechnik auf Streichputz	Marmoreffekt auf glatter Wand	Steindekor auf glatter Wand	Wischtechnik mit Wachs-/Wandlasur	Wickeltechnik mit Wandlasur	Tupftechnik mit Wandlasur	Effektlasur auf Wand- und Deckenfarbe	Effektfarbe auf Putzgrundierfarbe	Gold-/Silbereffekt
Glättkelle, rostfrei	●	●				●					
Stuckateurkelle	●	●		●		●					
Venezianische Kelle oder Japanspachtel				●							
Flächenschaber				●							
Tiefengrundbürste	●	●	●	●	●						
Andrückroller	●										
Kleisterroller	●										
Farbroller		●	●		●	●	●	●			●
Wischhandschuh		●	●			●					
Flächenstreicher			●		●	●					
Effektpinsel									●	●	
Farbwanne, flach						●	●	●			●
Lederwickelrolle							●				●
Naturschwamm						●		●			●
Effektschwamm								●			●

WÄNDE VORBEREITEN.

Es ist wie so oft: Auf einer verschmutzten Oberfläche hält nix. Krater und Hügel müssen eingeebnet werden, der Untergrund glatt und sauber sein. Wer lange was von seinem Werk haben will, gibt sich bei der Vorbereitung Mühe, auch wenn man am liebsten gleich zum Pinsel greifen würde.

SCHÄDEN REPARIEREN.

Prüfen Sie zuerst den Zustand Ihrer Wände und beheben Sie am besten gleich alle Schäden. Der Untergrund muss eben, sauber, rissfrei, tragfähig und trocken sein. Schadstellen werden mit einem geeigneten Füllspachtel ausgebessert.

1 Vor dem Verspachteln müssen alle losen Putzreste mit einer Stahlbürste entfernt werden. **2** Risse werden etwas erweitert. Kratzen Sie den Riss dazu mit einem Spachtel etwas auf, damit der Füllspachtel genügend Halt bekommt. Vor dem Füllen mit Füllspachtel müssen Risse und Löcher staubfrei sein. **3** Bei sehr saugfähigen Untergründen nässen Sie die Schadstellen vor dem Ausbessern mit einem Quast etwas vor. **4** Tiefe Risse, die durch Materialbewegungen entstanden sind, müssen armiert werden. Legen Sie dazu in das Spachtelbett einen Streifen Glasfasergewebe. Ziehen Sie dann nochmals eine Schicht Spachtelmasse darüber und glätten Sie die Fläche. Nach dem Abbinden können eventuelle Unebenheiten mit feinem Schleifpapier geglättet werden. **5** Bevor Sie beginnen, müssen die Wände noch mit einem Acryl-Tiefengrund vorgestrichen werden. Beachten Sie die Trocknungszeit von mindestens 12 Stunden. Dieser Anstrich ist bei allen Wandtechniken erforderlich. Alte Tapeten können als Untergrund für verschiedene Wandtechniken auf der Wand bleiben. Als Untergrund für Dekorputz ist außerdem Putzgrund zu empfehlen. Dabei handelt es sich um einen Haftgrund, der feinen Sand enthält. Dadurch hält der Putz besser und das Korn von Reibeputzen rollt besser ab.

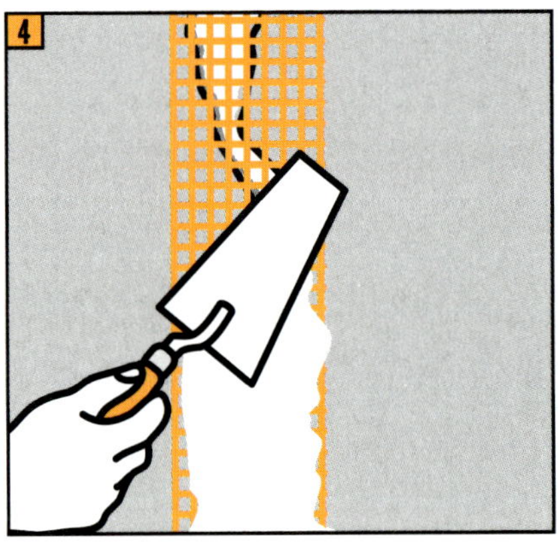

VLIES-UNTERTAPETE VERWENDEN.

Wenn die Wandtechnik wieder leicht entfernt werden muss, z. B. bei einem Auszug aus einer Mietwohnung, ist ein Tapetenuntergrund empfehlenswert. Am besten tapezieren Sie die Wände mit einer speziellen Vlies-Untertapete. Die Vlies-Tapete ist sehr strapazierfähig und einfach zu verarbeiten. Außerdem wirkt sie rissüberbrückend und ist gut abziehbar, was spätere Renovierungen enorm erleichtert. Mehr zum Thema im Kapitel „Tapezieren“ auf Seite 283.

1 Einfach die Wand mit dem Vlies-Tapetenkleber einkleistern. **2** Dann die Vlies-Untertapete direkt auf die Wand kleben und danach die Überstände an der Wand mit dem Cuttermesser abschneiden.

WISCHTECHNIK. WACHSLASUR AUF SPACHTELPUTZ.

Der Spachtelputz ist der geeignete Untergrund, wenn markante und deutlich strukturierte Flächen gewünscht sind. Nachdem der Putz aufgetragen und strukturiert wurde, bekommt die Wand Farbe mittels einer Wachslasur, die in Wischtechnik aufgetragen und gestaltet wird.

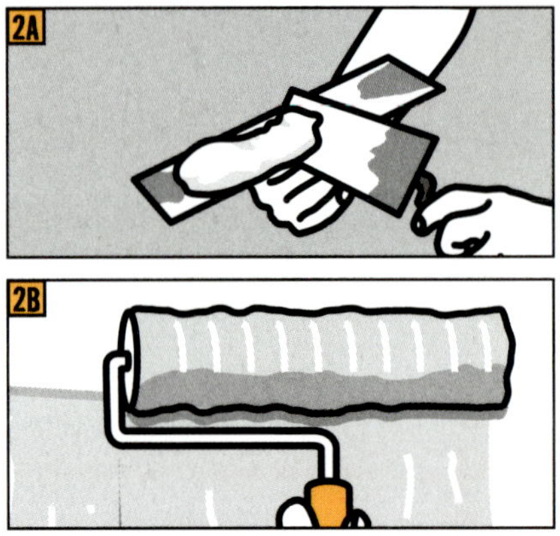

So ist diese Wanddeko aufgebaut.

- Acryl-Tiefengrund
- Putzgrund
- Spachtel- oder Streichputz
- Wachslasur

ACHTUNG! PROFITIPP

Spachtelputz ist jederzeit wieder ablösbar. Einfach mit Wasser befeuchten und dann abspachteln. Noch einfacher geht es, wenn Sie etwas Tapetenablöser hinzufügen.

1 Der Untergrund ist sauber, trocken, glatt, fest und tragfähig. Die staubfreien und saugenden Flächen mit Acryl-Tiefengrund grundieren und mindestens 12 Stunden trocknen lassen. **2A** Den Spachtelputz mit einer rostfreien Glättkelle unverdünnt auf die Wand auftragen. Dann mit einer Glättkelle von unten nach oben gleichmäßig auf der Wandfläche verteilen. Die Schicht sollte nur wenige Millimeter dick sein. **2B** Alternativ dazu kann auch mit Streichputz gearbeitet werden. Den Streichputz hierzu mit einem Farbroller oder Streichbürste gleichmäßig auf die grundierte Wandfläche auftragen. Den Putzauftrag innerhalb von 20 Minuten mit einem Flächenstreicher strukturieren. Um Ansätze zu vermeiden, bearbeiten Sie zusammenhängende Flächen an einem Stück. **3** Mit dem angefeuchteten Wischhandschuh etwas abgetönte Wachslasur aufnehmen. Die Lasur dann in schwungvollen Bewegungen auf der Wand verwischen. Bei der Wachslasur ist es wichtig, dass Sie nass-in-nass arbeiten und jede angefangene Wand beenden. Trocknet die Lasur an, können Sie durch Anfeuchten mit Wasser Ansätze und Ränder beseitigen.

WANDLASUR. AUF GLATTER WAND ODER TAPETE.

Wandlasur eignet sich besonders für nicht saugende Wandflächen, wie z. B. Vlies-Untertapeten, gestrichene Raufaser sowie alle anderen mit Dispersionsfarbe überstrichenen Wände und Tapeten. Die Wandlasur kann mit der Wisch-, Wickel- oder Tupftechnik aufgetragen werden.

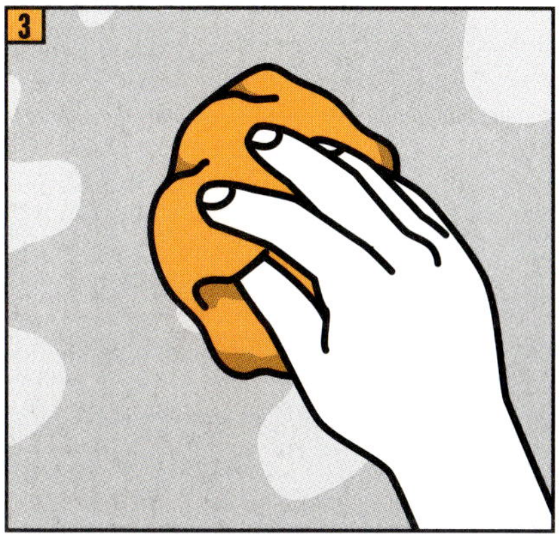

So ist diese Wanddeko aufgebaut.

- Glatte Wand
- Acryl-Tiefengrund
- Seidenlatex-Farbe
- Wandlasur

Oder:
- Tapete
- Seidenlatex-Farbe
- Wandlasur

1 Bei glatten Wänden wird die Wandfläche zuerst mit Acryl-Tiefengrund vorbereitet. Die Wand muss dabei sauber, trocken, glatt, fest und tragfähig sein. Die Grundierung dann mindestens 12 Stunden trocknen lassen. Bei Tapetenuntergründen muss die Tapete fest mit der Wand verklebt sein. Sie wird mit Seidenlatex-Farbe gestrichen. Ca. 4–5 Stunden trocknen lassen. **2** Die farbige Wandlasur in eine Farbwanne geben und mit der Farbrolle auf die Wandfläche auftragen. Der Farbauftrag muss nicht gleichmäßig deckend sein.

3 Der endgültige Wandeffekt entsteht nun durch das Verwischen mit dem Wischhandschuh oder einem Naturschwamm.

ACHTUNG! PROFITIPP

Überprüfen Sie den gewünschten Effekt zuvor auf einem Stück Pappe oder einem Stück alter Tapete. So können Sie schnell herausfinden, wie stark der Farbauftrag sein muss.

MARMOREFFEKTE. AUF GLATTER WAND.

Mit dieser italienischen Technik entsteht eine typische Marmor-Optik. Neben kühlen Farbtönen, die vor allem in Fluren gut passen, sind auch warme Farben geeignet, Wandflächen, Säulen oder Wandvorsprüngen ein mediterranes Flair zu verpassen.

1

2

3

1 Der Untergrund ist sauber, trocken und tragfähig. Damit Stucco Marmorino gut gelingt, muss die Wandfläche hierzu auch absolut glatt sein. Schaben Sie die Wand mit einem Flächenschaber ab, bis alle Putzkörner entfernt sind. Die Fläche dann mit Acryl-Tiefengrund grundieren und ca. 12 Stunden trocknen lassen. **2** Stucco Marmorino ist transparent und muss vor der Verarbeitung über das Mischsystem abgetönt werden. Es wird in drei Schichten aufgetragen. Die erste Schicht mit einer rostfreien venezianischen Glättkelle oder einem Japanspachtel gleichmäßig deckend, vollflächig auftragen und sofort glätten. Arbeiten Sie dabei nass-in-nass. Nach ca. 16–24 Stunden, wenn die erste Schicht trocken ist, die nächste Schicht Stucco Marmorino mit der Glättkelle oder dem Japanspachtel in kleinen Schwüngen individuell, unsymmetrisch auftragen und möglichst glättend verspachteln. **3** Nach ca. 20 Minuten die letzte Schicht Stucco Marmorino auftragen und mit der Glättkelle bzw. dem Japanspachtel kreuz und quer sehr dünn glättend verspachteln, so dass eine sehr glatte Oberfläche mit marmortypischem Effekt entsteht. Nach weiteren 20 Minuten mit der Glättkelle oder dem Japanspachtel ohne Material die Fläche nachglätten. Durch das Abreiben entsteht eine Hochglanzfläche.

FARBBEISPIELE.

Afrika Stucco, Amazonas Stucco, Barbados Stucco, Carrara Stucco, Curacao Stucco, Hammam Stucco

Indian summer Stucco, Irland Stucco, Marocco Stucco, Orient Stucco, Sahara Stucco, Sizilia Stucco

WANDTECHNIKEN IM DETAIL.

„Alte Malertechniken“ meint nicht, dass Sie mit beiden Händen Schlamm an die Wand klatschen, sondern es handelt sich um ausgefeilte Methoden, mit Farben und Putzen faszinierende Muster und Effekte auf der Wand herzustellen.

WISCHTECHNIK MIT WACHS- ODER WANDLASUR.

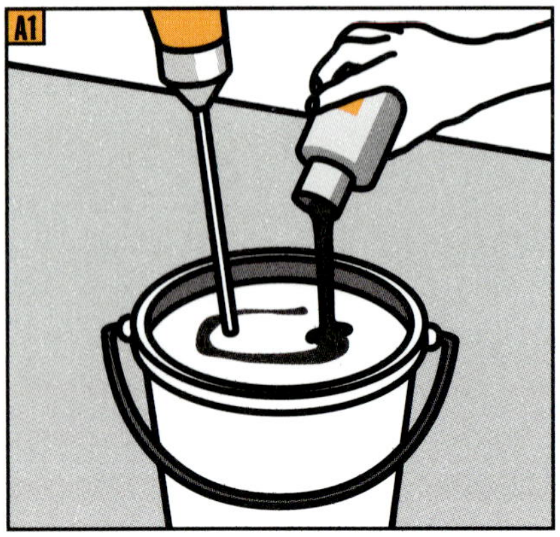

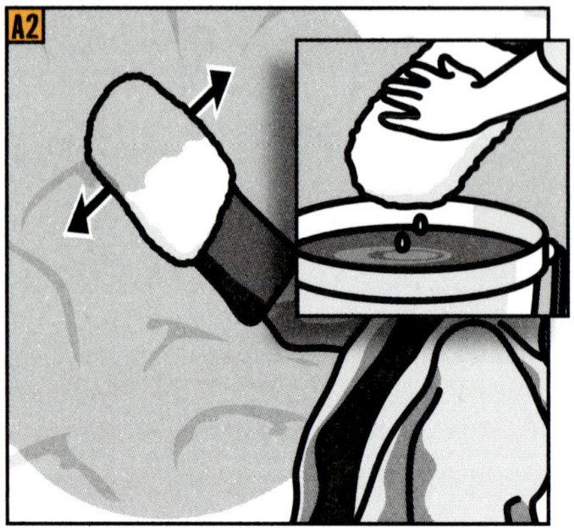

Die Einpersonen-Technik

A1 Etwas Lasur in eine kleine Farbwanne oder auf einen Kunststoffdeckel (z. B. vom Farbeimer) geben. **A2** Den Naturschwamm oder Wischhandschuh mit Wasser anfeuchten und damit etwas Farbe aufnehmen und abtupfen. Nun die Farbe mit dem Naturschwamm oder Wischhandschuh auf die Wand bringen und in schwungvollen, kreisenden Bewegungen verwischen.

Die Zweipersonen-Technik

B Die erste Person trägt mit dem Farbroller die abgetönte Lasur großflächig auf die Wand auf. Die zweite Person strukturiert mit dem angefeuchteten Schwamm- oder Wischhandschuh die Fläche. Am besten eignen sich kreisende oder diagonale Bewegungen, die immer in einer Richtung ausgeführt werden. Weitere Schichten können nach und nach aufgetragen werden. Auf allen saugenden Wandflächen, wie z. B. dem Spachtelputz oder Streichputz, wird bei der Wischtechnik mit Wachslasur gearbeitet. Auf allen nicht saugenden Wand- oder Tapetenflächen wird bei der Wischtechnik die Wandlasur verwendet. Durch die Wischtechnik werden die Lasurpigmente je nach Beschaffenheit der Wandoberfläche stärker oder weniger stark angelagert. Arbeiten Sie dabei mit wenig Druck und waschen den Wischhandschuh immer wieder in klarem Wasser aus. Behalten Sie eine einmal begonnene Wischtechnik (Bewegungsablauf) bei der ganzen Technik bei. So entsteht ein gleichmäßiges Gesamtbild.

Bei einer späteren Renovierung kann die Wand- und die Wachslasur mit einer hochwertigen Dispersionsfarbe überstrichen werden. Wenn Sie eine scheuerfeste Oberfläche wünschen, überstreichen Sie die Fläche zum Schluss einfach mit Tapetenhaut. Die Wandlasur ist bereits scheuerbeständig.

HINWEIS!

Bei der Wandgestaltung mit Wandlasur auf nicht saugenden, glatten Wand- oder Tapetenflächen sollte zuerst eine Wandfläche bearbeitet werden. Schützen Sie angrenzende Wandflächen in den Raumecken sowie die Decke mit einem Stück Pappe, damit auf diese Fläche vorläufig noch keine Lasur kommt. Durch die Überlagerung der Lasurschichten in den angrenzenden Wandbereichen würden sichtbare Flecken bzw. Helligkeitsunterschiede entstehen.

WICKELTECHNIK MIT WANDLASUR.

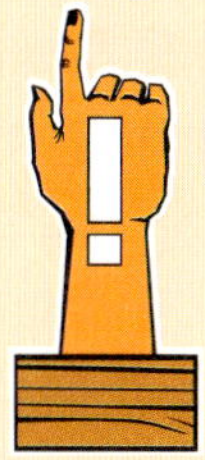

PROFITIPP!

Die Lederwickel-Rolle vor dem ersten Gebrauch in klarem Wasser auswaschen und auswringen. Als Untergrund eignen sich farbig gestrichene Wände, fest haftende, gestrichene Tapeten oder Raufaser.

Nass-in-Nass-Technik

1 Die eingefärbte Wandlasur mit dem Farbroller auf den nicht saugenden Untergrund auftragen. **2** Mit der Lederwickelrolle den noch feuchten Farbauftrag strukturieren. Die Farbe wird durch die Lederwickel partiell zur Seite gedrückt und lässt hellere Partien des Untergrundes durchscheinen.

Nass-auf-Trocken-Technik

Mit der Lederwickelrolle Lasur aufnehmen und darauf achten, dass nur die Spitzen mit der Lasurfarbe benetzt werden. Mehrfach über ein Stück Karton rollen, um überschüssige Farbe gleichmäßig zu verteilen. Die Lasur auf der Wand abrollen. Um wiederkehrende Muster zu erhalten, gehen Sie nur einmal mit der Lederwickelrolle über die Wand. Je öfter Sie den Farbauftrag wiederholen, umso gleichmäßiger und feiner wird die Struktur. Durch diese Technik entstehen Flächenbilder, die fast dreidimensional wirken können.

TUPFTECHNIK MIT WANDLASUR.

Dunkel-auf-Hell

Nehmen Sie vom selben Lasurfarbton zwei verschiedene Helligkeitsstufen und streichen die Wandfläche mit dem helleren Farbton vor. **1** Nach dem Durchtrocknen wird etwas von der zweiten, dunkleren Lasur in eine flache Wanne oder auf einen Eimerdeckel gebracht. Feuchten Sie den Naturschwamm etwas an und tauchen Sie ihn in die Lasur. Nehmen Sie mit dem Schwamm nicht zu viel Farbe auf und tupfen Sie ihn immer zuerst ab. **2** Die Farbe auf die Wandfläche tupfen. Drehen Sie den Schwamm immer wieder, um wiederholende Abdruckmuster zu vermeiden. Je öfter Sie übereinander tupfen, umso dichter wird die Struktur.

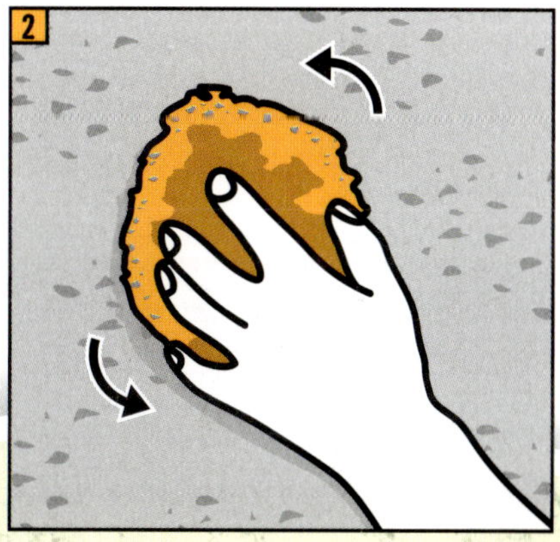

Hell-auf-Dunkel

Bei der Hell-auf-Dunkel-Technik beginnen Sie mit dem dunklen Grundton. Tragen Sie die Lasur gleichmäßig mit dem Farbroller auf.
Das Auftupfen der helleren Effektfarbe erzeugt eine gewisse Tiefenwirkung, weil die hellen Farbpunkte wie Lichtreflexe wirken.

Pinselzug-Technik

Wenn Sie statt des Schwammes einen Effektpinsel verwenden, entsteht die sog. Pinselzug-Technik. Mit den Pinselborsten wird die noch feuchte Farbe durchzogen und fein strukturiert.

DIE SCHNELLE TECHNIK.

Creative Pearl ist eine Effektlasur für die edle, moderne Innenwandgestaltung. Die transparente Lasur enthält farbige Effekt-Pigmente und verleiht der Wand einen zarten Perlmuttglanz. Sie wird einfach mit dem Pinsel auf eine mit Wand- und Deckenfarbe vorgestrichene Fläche auftragen.

1 Wand- und Deckenfarbe auf die Wandfläche auftragen. Je nach gewünschtem Effekt kann die Farbe über das Mischsystem abgetönt werden. **2** Creative Pearl Effektlasur in einer der 4 Trendfarben mit dem „Style-at-Home"-Effektpinsel in kleinen, unregelmäßigen Pinselstrichen kreuz und quer auftragen.

DIE EDLE TECHNIK.

Die metallischen Effektfarben können in Wickel-, Tupf- und Wischtechnik verarbeitet werden. Sie eignen sich insbesondere für akzentuierte Bereiche im Wohnraum, weniger jedoch für komplette Wohnräume. Als Untergründe sind Raufaser- und Prägetapeten aus Papier, Styropor, Dispersionsanstriche, Putze, Gipskarton- und Zementfaserplatten, grundiertes Holz oder Metall geeignet.

GOLD- UND SILBEREFFEKTE.

1 Streichen Sie die Wandfläche mit einer dunkel abgetönten Dispersionsfarbe vor und lassen die Farbe gut durchtrocknen.
2 Den Silber- oder Gold-Effekt-Lack vor Gebrauch gut durchrühren. Auch während der Verarbeitung immer wieder durchrühren. Nur die gut gemischte Effektfarbe ergibt auch das gewünschte Ergebnis.
3 Nun die Farbe mit dem Naturschwamm oder Wischhandschuh auf die Wand bringen und in schwungvollen, kreisenden Bewegungen verwischen.

PROFITIPP!

Auch mit einer Reliefwalze, einer gelochten Schaumstoffrolle, einer Deckenbürste und diversen anderen Maleraccessoires können Sie Muster ganz nach Ihrer Fantasie herstellen.

ACH
370mm
HORNBACH
Es gibt immer was zu tun.

Das Schöne am Wändegestalten: Man kann sich kreativ austoben. Wenn's einem nicht mehr gefällt, überlegt man sich neue Muster, Effekte oder Strukturen und passt die Wände dem veränderten Geschmack an. Und es macht genauso viel, wenn nicht sogar mehr Spaß als beim ersten Mal.

ES GIBT IMMER WAS ZU TUN.

BAD & WC.

WASSERZU- UND ABLAUF INSTALLIEREN.

WASSERZU- UND ABLAUF INSTALLIEREN.

WASSER KOMMT AUS DEM HAHN UND VERSCHWINDET IM ABFLUSS. DIE WENIGSTEN BESCHÄFTIGEN SICH DAMIT, WO ES HERKOMMT UND WOHIN ES ABFLIESST. WER SEIN BAD RENOVIERT WIRD ZWANGSLÄUFIG DAMIT KONFRONTIERT. TRAUEN SIE SICH, ES IST EINFACHER ALS MAN DENKT.

WASSER HIN, WASSER WEG.

Das Wesentliche bei Rohren ist der Unterschied zwischen Zu- und Ableitungen. Zuleitungen stehen unter Druck und sind wesentlich dünner, früher waren sie aus Blei, dann Kupfer. Jetzt gibt es Kunststoff, der Kalkablagerungen vorbeugt und lochfraßresistent ist. Abwasserrohre haben einen größeren Durchmesser als Zuleitungen. Sie stehen nicht unter Druck, denn hier fließt Wasser nur, wenn Sie welches benutzt und abgelassen haben. Welchen Durchmesser man nimmt, hängt vom angeschlossenen Sanitärobjekt ab. Ist der Rohrdurchmesser zu groß, wird der Füllgrad unter Umständen nicht erreicht und die festen Stoffe werden aufgrund einer zu geringen Schwimmtiefe nicht ausgeschwemmt. Diese Feststoffe setzen sich mit der Zeit ab und verstopfen das Rohr. Bei zu engem Durchmesser dagegen kann es zu Geruchsbelästigungen und Gurgelgeräuschen kommen.

Das nötige Fachwissen

Auch wenn umfassende Installationen nicht unbedingt Sache des Heimwerkers sind, lassen sich doch kleinere Arbeiten selbst bewerkstelligen. Der richtige Umgang mit den erforderlichen Werkzeugen und Materialien muss natürlich gegeben sein. Wenn Ihnen die Arbeiten fremd erscheinen oder Sie sich unsicher dabei fühlen, lassen Sie lieber den Fachmann diese Arbeiten ausführen. Oft lässt sich die Arbeit aber auch aufteilen. Der weniger geübte Heimwerker übernimmt dann nur entsprechende Teilbereiche der Installation und kann sot Geld einsparen.

Planung

Sanitärarbeiten wollen gut geplant sein. Machen Sie sich eine Vorstellung von den vorgesehenen Arbeiten und skizzieren Sie sich ruhig auch die Raumaufteilung beispielsweise einer geplanten Badinstallation auf Papier. Mit diesen ersten Ideen lassen sich die anstehenden Arbeiten ganz gut mit einem Fachmann besprechen. Dieser Plan kann auch ganz gut zum Einkauf oder zu der Bestellung von Ware mitgenommen werden. Das Verkaufspersonal kann dann bei der Materialauswahl helfen und Tipps geben.

HINWEIS!

Weitere Informationen zu diesem Thema finden Sie im Projekt „Grundleitungen verlegen“ ab Seite 64.

WICHTIG: Je nachdem, wie umfangreich Ihr Bauvorhaben ist, müssen Sie eventuell einen Fachmann hinzuziehen und Genehmigungen einholen. Erkundigen Sie sich bevor Sie anfangen bei Ihrer zuständigen Behörde, ob dies der Fall ist.

ZULEITUNGEN INSTALLIEREN. KUPFERROHR.

Trinkwasserleitungen bestehen oft aus Kupferrohr, denn das rostet nicht. Praktischerweise braucht man zum Installieren auch nur wenig Werkzeug. Rohre und Fittings – so heißen die Verbindungsstücke – werden „weich" zusammengelötet. Was das heißt, erfahren Sie gleich.

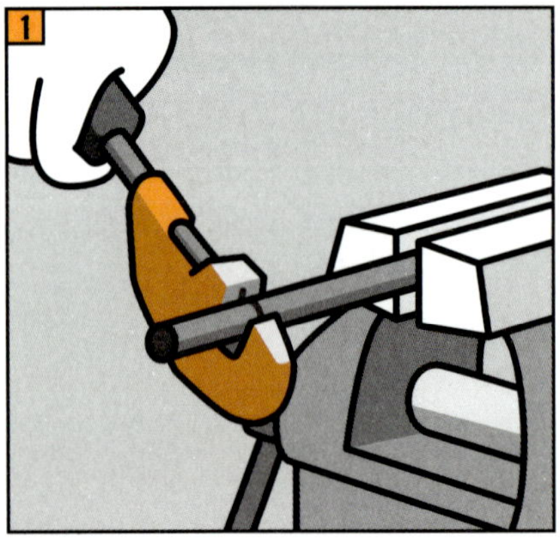

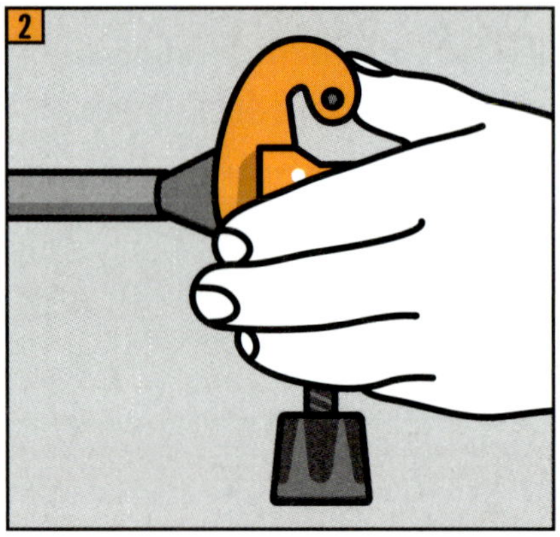

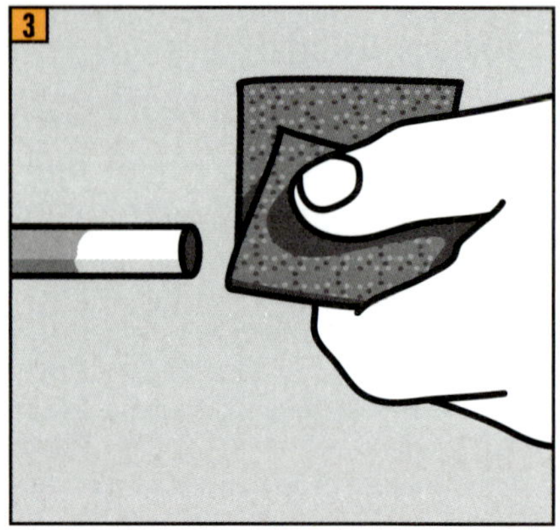

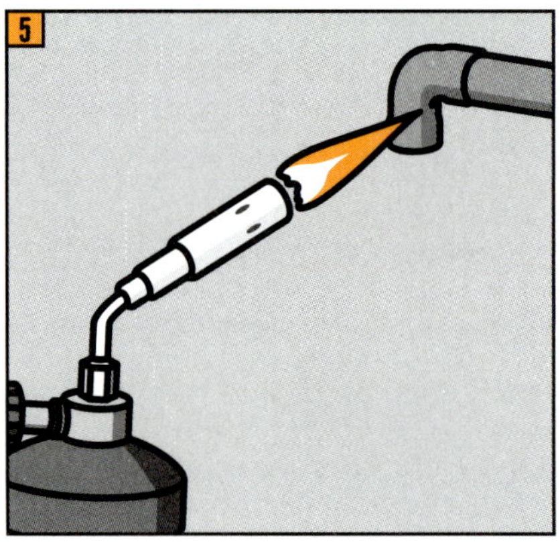

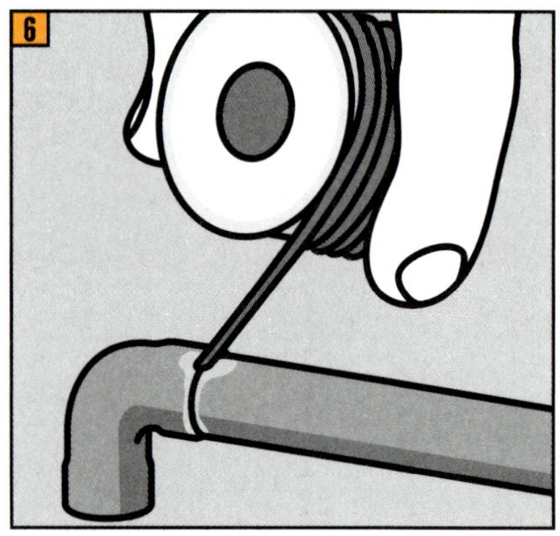

Kupferrohr verarbeiten

1 Kupferrohr ist in Ringen oder Stangen erhältlich. Mit einem speziellen Rohrschneider schneidet man es auf die benötigte Länge zu. Klemmen Sie das Rohr fest, ohne es zu zerdrücken, und setzen Sie dann den Rohrschneider an der gewünschten Stelle an. Der Rohrschneider lässt sich auf den Rohrdurchmesser einstellen. Nun den Rohrschneider kreisförmig um das Rohr drehen und evtl. dabei etwas nachspannen. **2** Die entstandenen „Späne" am Innenrand – der „Innengrat" – wird mit dem Entgrater des Rohrabschneiders entfernt. **3** Rohrende und Fitting an der Verbindungsstelle mit einem Schleifvlies blank schleifen. Verwenden Sie keine Stahlwolle, denn diese würde feine Ablagerungen hinterlassen und zu einer undichten Rohrverbindung führen. **4** Tragen Sie dann ein Flussmittel gleichmäßig auf das Rohrende auf. Damit wird das Fließverhalten des Lötzinns verbessert. **5** Nach dem Zusammenstecken von Fitting und Rohrende wird die Verbindungsstelle mit dem Lötgerät erwärmt. **6** Die Lötflamme nun wegnehmen und das Lot so an die Verbindungsstelle halten, dass es in den Spalt zwischen Fitting und Rohr einzieht. An der abgekühlten Lötstelle mit einem nassen Lappen die Lot- und Flussmittelreste abreiben. Bei einer gut ausgeführten Lötverbindung ist nun ein umlaufender, silbrig glänzender Rand aus Lötzinn entstanden.

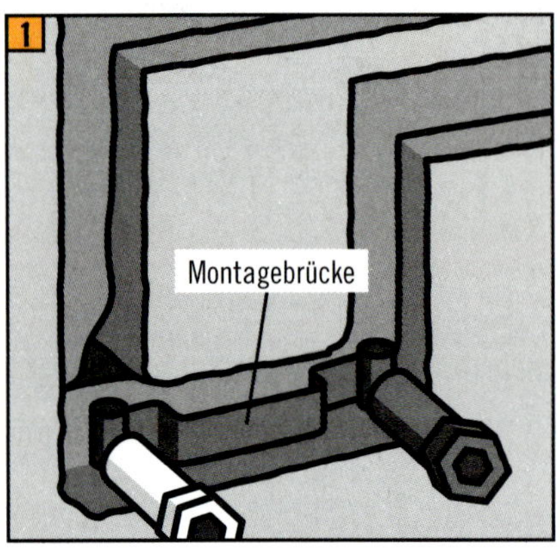

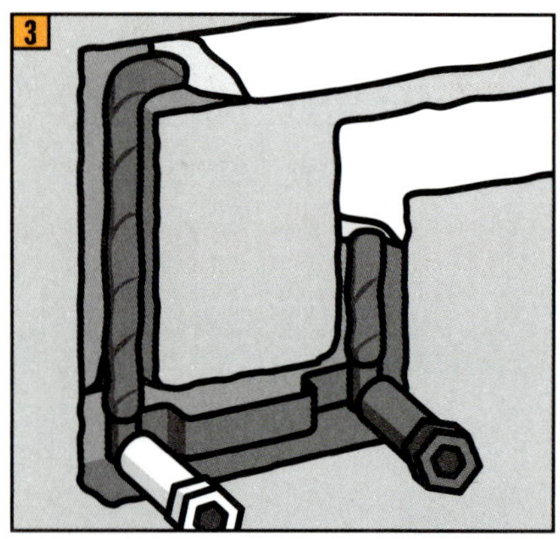

Kupferrohr verlegen

1 Um die Abstände der Rohranschlüsse exakt einzuhalten, werden Montagebrücken verwendet. Bei der Verlegung unter Putz zuvor die benötigten Verlegeschlitze in den Putz meißeln. **2** Die blanken Kupferrohre werden vor der Verlegung mit einer Filzbinde umwickelt, um Schwitzwasserbildung, Korrosion und Leitungsgeräusche zu verhindern.

3 Erst wenn die Leitungen abgedrückt und dicht sind, die Schlitze mit Gips oder Dämmmörtel verschließen.

HINWEIS!

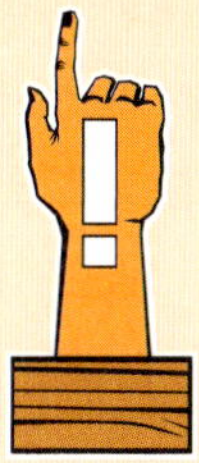

Bei allen Lötverbindungen das dem Material und Lötverfahren entsprechende Lot und Flussmittel verwenden. Bei Trinkwasserleitungen beispielsweise wird ein spezielles bleifreies Lot verwendet. Erkundigen Sie sich beim Einkaufen nach dem passenden Lot und Lötverfahren.

WERKZEUGKUNDE VON PROFIS!

WEICHLÖTEN/ HARTLÖTEN.

Beim Löten unterscheidet man zwischen Hart- und Weichlöten. Grundsätzlich sind die Verfahren gleich. Zwei Metalle werden mit einem dritten, dem Lot, verbunden. Aus Gründen des Korrosionsschutzes sind Trinkwasserleitungen bis DN 25 grundsätzlich weichzulöten. Das Löten unterscheidet sich generell vom Schweißen, bei dem ebenfalls mit einer Flamme die Materialien erhitzt werden. Beim Schweißen werden die Metalle jedoch bis in den flüssigen Bereich erwärmt und verschmelzen dann miteinander.

Für den Einstieg ins Löten reicht ein einfaches Kartuschen-Lötgerät aus. Damit lassen sich schon recht einfach Lötverbindungen herstellen. Grundlage für Lötverbindungen ist die kapillare Saugwirkung. Je geringer der Raum zwischen den beiden Metallflächen ist, desto besser kann das flüssige Lot eindringen und den Zwischenraum vollständig ausfüllen. Bei zu großem Abstand ist die kapillare Saugwirkung zu gering und es entstehen mangelhafte Lötverbindungen.

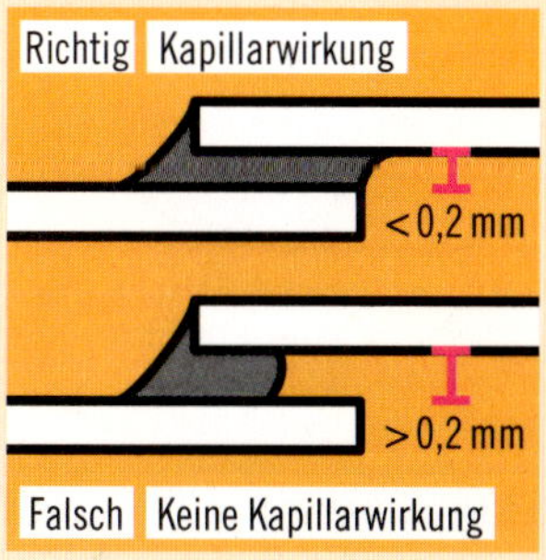

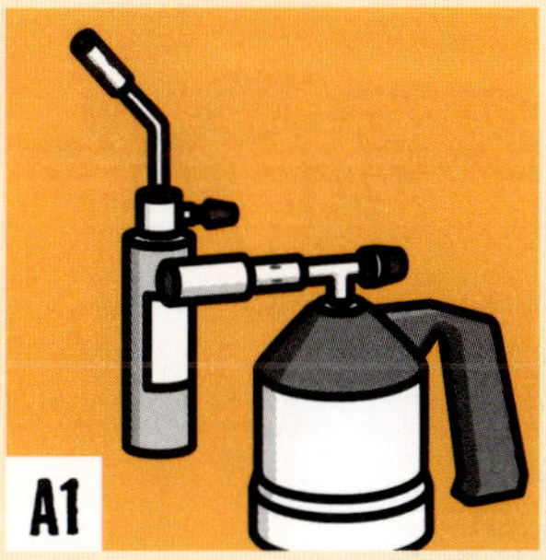

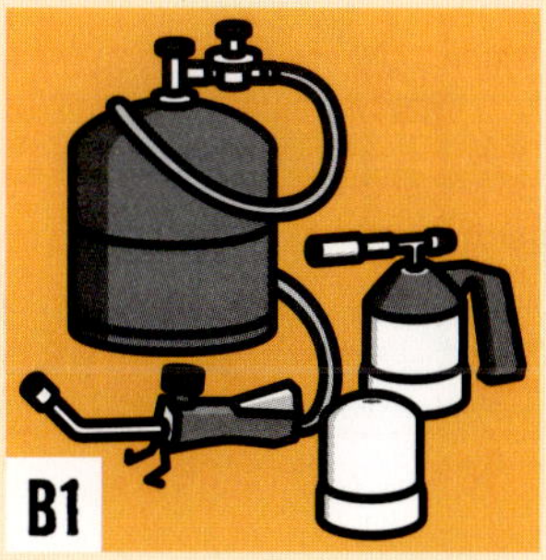

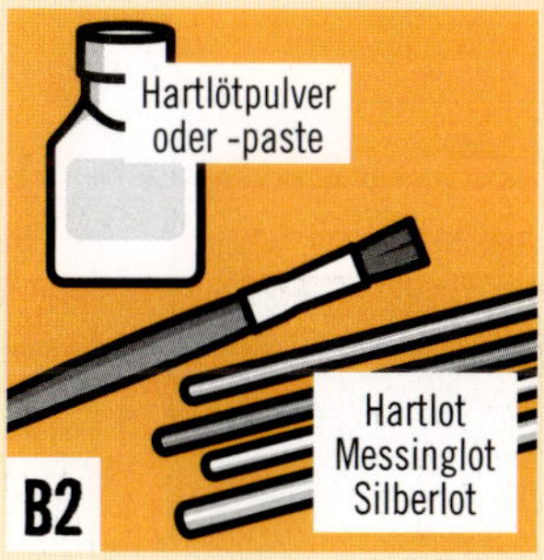

Weichlöten

A1 Die Arbeitstemperatur beim Weichlöten beträgt bis zu 450 °C. Üblich ist eine Temperatur von ca. 270 °C. Geeignet hierfür sind schon einfache Kartuschen-Lötgeräte.

A2 Zum Verbinden von Kupfer-Trinkwasserleitungen wird ein spezielles Fittingslot verwendet. Dieses Lot ist bleifrei und daher für Trinkwasserleitungen geeignet. Zur Unterstützung des Fließverhaltens des Lots wird ein spezielles Fittings-Weichlötflussmittel benötigt.

Hartlöten

B1 Ab einer Arbeitstemperatur von 450 °C spricht man vom Hartlöten. Beim Hartlöten steht die mechanische Belastung der Werkstücke im Vordergrund. Sind umfangreichere Arbeiten geplant, lohnt sich die Anschaffung eines Brenners, der mit einer separaten Propangasflasche betrieben wird.

B2 Beim Hartlöten wird als verbindendes Metall sogenanntes Hartlot verwendet. Hartlot erkennt man an der Stabform. Gebräuchlich ist z. B. Silber- oder Messinglot. Zur Unterstützung des Fließverhaltens wird hier ein spezielles Flussmittel, z. B. Hartlötpulver oder -paste, für hohe Temperaturen benötigt.

SIPHON.

Siphons nennt man auch Geruchsverschlüsse. Dadurch, dass immer Wasser in ihnen steht, können eklige Gerüche aus dem Kanal nicht durch den Ablauf ins Bad gelangen. Netter Nebeneffekt: Ohrringe und andere weggespülte Schätze sammeln sich hier und können wieder geborgen werden.

Verschiedene Module zum Anschließen von Sanitärobjekten
1 Waschbeckensiphon (groß)
2 Badewannen Exzenterab-/überlauf
3 Duschwannenablauf (flach)
4 Duschwannenab-/überlauf (tief)
5 Bidet-Siphon
6 Waschbeckensiphon (klein)
7 Badewannenab-/überlauf mit Magnetstopfen
8 Spülbeckenablaufrohr mit zwei Schlauchverschraubungen
9 Spülbeckenab-/Überlauf
10 Waschbeckenablaufventil
11 Siphon mit flexiblem Ablflussschlauch
12 Doppelspülbecken Ablaufbrücke
13 Spülbeckensiphon mit Waschmaschinenanschluss
14 Duschwannenüberlauf

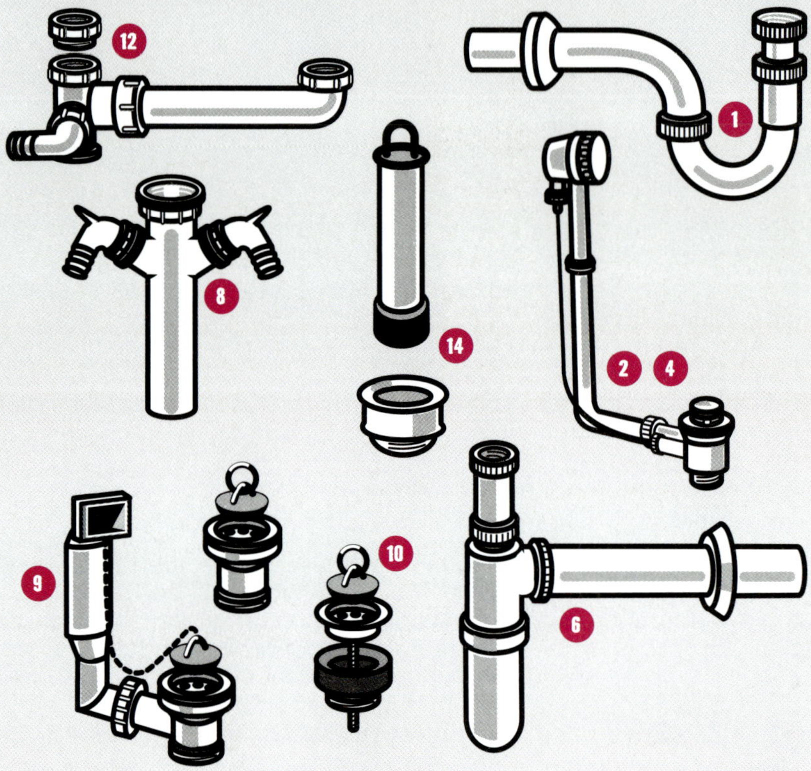

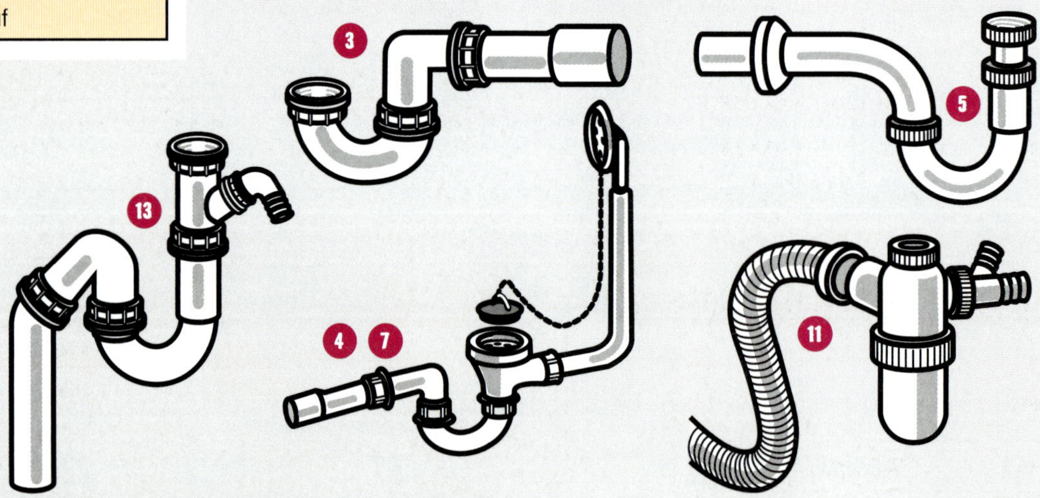

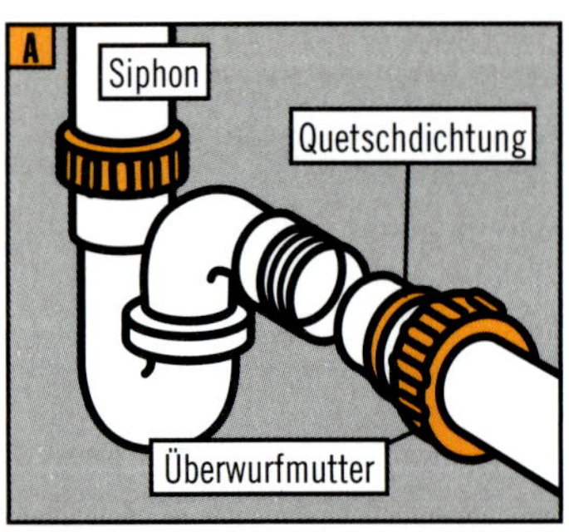

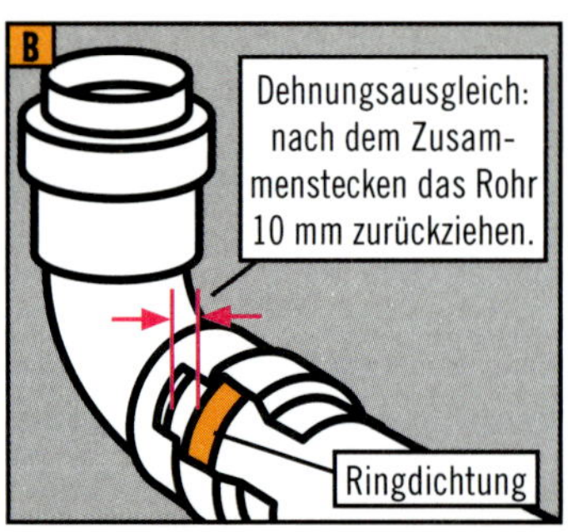

Rohre verbinden

A Geruchsverschlüsse/Siphons werden aus passenden Systemteilen montiert. Bei Becken- und Wannenabläufen sind die Rohrverbindungen überwiegend als Quetschverbindung ausgeführt. Das Rohr wird dabei in die Muffe gesteckt und dann mit einer darüber geschobenen Dichtung und einer Überwurfmutter fest verbunden. **B** Abwasserleitungen kommen ohne aufwändige Rohrverbindungen aus, da sie nicht unter Druck stehen. Das Rohrende wird in die Muffe geschoben und durch die eingelegte Ringdichtung abgedichtet. Das Rohrende nicht bis zum Anschlag in die Muffe schieben – auf diese Weise ist noch ein Dehnungsausgleich möglich.

ABWASSERROHRE.

Die Hausentwässerung besteht aus zwei Rohrsystemen. Alle im Haus verlegten Abflussleitungen werden aus HT-Rohren hergestellt. Diese hochtemperaturbeständigen Rohre sind an der grauen Färbung zu erkennen.

Das HT-Rohr wird für Abwasserleitungen innerhalb von Gebäuden verwendet. Es ist für heiße, kalte und aggressive Abwässer geeignet. HT-Rohre bestehen aus schwer-entflammbarem Polypropylen. Sie können schnell und rationell verlegt werden.

MINDESTGRÖSSEN FÜR EINZELABFLUSSLEITUNGEN LAUT DIN 1986

Sanitärgegenstand	ø Abflussleitung
Handwaschbecken, Waschtisch, Bidet.	40
Küchenspülbecken und Geschirrspülmaschine, Waschmaschine bis 6 kg, Dusche, Badewanne, Urinal.	50
Waschmaschine 6–12 kg, Bodenablauf DN 70.	70
Toilette, Bodenablauf DN 100.	100

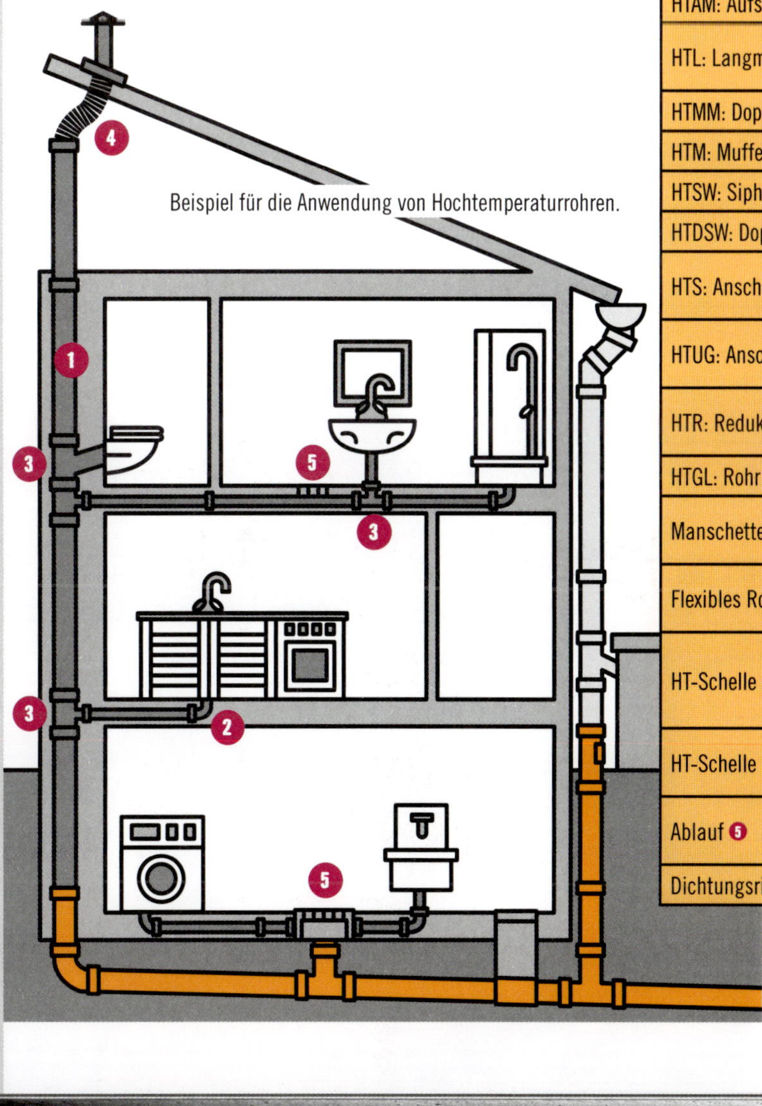

Beispiel für die Anwendung von Hochtemperaturrohren.

VERSCHIEDENE EINZELTEILE

Name	Verwendung
HTEM: Rohr mit einer Muffe ❶	Gerade HT-Rohrstücke, die ineinander gesteckt werden können.
HTB: Bogen ❷	Winkel: 15°; 30°; 45°; 67,5°; 87,5°; gebogenes Rohrstück für Ecken etc.
HTRE: Reinigungsrohr	Rohrstück mit Öffnung, um die Leitung reinigen zu können.
HTEA: Einfachabzweig ❸	Winkel: 45°; 67,5°; 87,5°; damit führt man der Leitung eine kleinere zu.
HTDA: Doppelabzweig	Winkel: 67,5°; hier werden 2 Leitungen zugeführt.
HTED: Eck-Doppelabzweig	Winkel: 67,5°; Spreizwinkel: 90°; zwei Leitungen werden in einer Ecke in das Rohr eingeführt, daher sind die beiden Anschlüsse rechtwinklig zueinander.
HTU: Überschiebmuffe	Verbindungsstück, wird z. B. beim Reparieren eines Rohres gebraucht.
HTAM: Aufsteckmuffe	Zum Anschluss an Rohre ohne Steckmuffe.
HTL: Langmuffe	Wird z. B. beim Reparieren von Rohrstücken benutzt.
HTMM: Doppelmuffe	Verbindet zwei muffenlose Rohrenden.
HTM: Muffenstopfen	Verschluss für ein Rohrende mit Muffe.
HTSW: Siphonbogen	Winkel 90°.
HTDSW: Doppelsiphonbogen	Winkel 90°.
HTS: Anschluss an Metallrohr	Anschlussstück für die Verbindung HT-Rohr mit Metallrohr.
HTUG: Anschluss an Gussrohr	Anschlussstück für die Verbindung HT-Rohr mit Gussrohr.
HTR: Reduktion exzentrisch	Vergrößert bzw. verkleinert den Leitungsdurchmesser.
HTGL: Rohr ohne Muffe	Gerades Rohrstück ohne Muffe zum Verbinden.
Manschette	Verbindungsstück zwischen HT-Rohr und Ablaufgarnitur eines Sanitärobjektes.
Flexibles Rohr ❹	Rohrstück für die Verbindung zum Dach beim Entlüftungsrohr.
HT-Schelle schallgedämmt	Schelle zum schallgedämmten Montieren des Rohres an der Wand. Fließgeräusche werden nicht auf die Wand übertragen.
HT-Schelle	Ungedämmte Schelle zum Montieren des Rohres an der Wand. Fließgeräusche werden übertragen.
Ablauf ❺	Bauteil für den Bodenablauf. Verschiedene Varianten fürs Bad und Garten, Terrasse o. Ä.
Dichtungsringe	Zur Dichtung bei Rohrverbindungen.

ABWASSERROHRE VERARBEITEN.

HT-Rohre sind sehr einfach zu verarbeiten. Die Arbeit beschränkt sich auf das richtige Ablängen. Alles andere ist ein Kinderspiel. Beachten Sie die wenigen Arbeitsschritte und Sie werden schon bald Rohre am laufenden Meter verarbeiten.

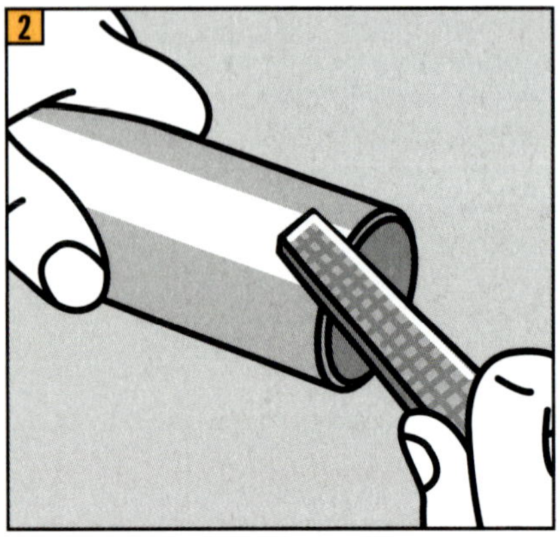

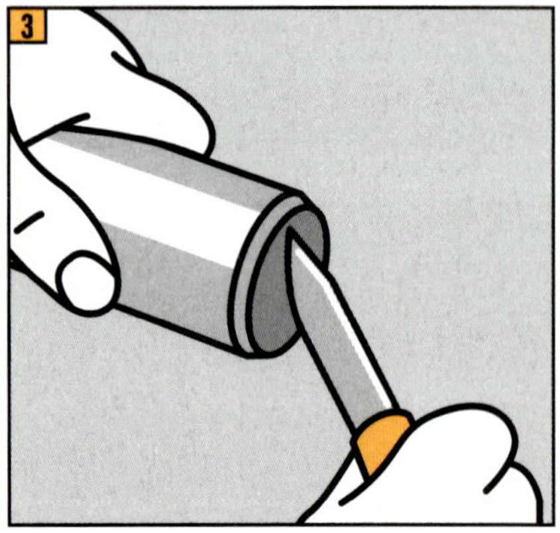

1 HT-Rohre können mit einer Feinsäge auf jedes Maß genau zugeschnitten werden. Damit ein rechtwinkliger Schnitt entsteht, kann eine Gehrungslade benutzt werden. Das Rohr wird dabei sicher gehalten und es gibt keine Verletzungen beim Sägen. **2** Der Außengrat muss mit einer Feile entfernt und gleichzeitig eine neue Fase angebracht werden. Dies ist wichtig beim Zusammenstecken in eine Rohrmuffe. In der Muffe ist eine Gummidichtung, ein sogenannter O-Ring. Dieser Ring darf sich beim Einstecken eines Rohrstutzens nicht herausschieben. **3** Der Innengrat am Ende des Rohres muss ebenfalls, am besten mit einem Messer, entfernt werden. **4** Das Rohrende mit einem Gleitmittel einstreichen und mit Drehbewegungen in die Muffe mit dem eingelegten Dichtring einstecken. **5** Stecken Sie das Rohr zuerst bis zum Anschlag in die Muffe und ziehen es dann ca. 1 cm zurück. Somit hat die Rohrverbindung genügend Spiel und Ausdehnungsmöglichkeit. **6** Auch Abzweigungen werden nach dem gleichen Prinzip miteinander verbunden.

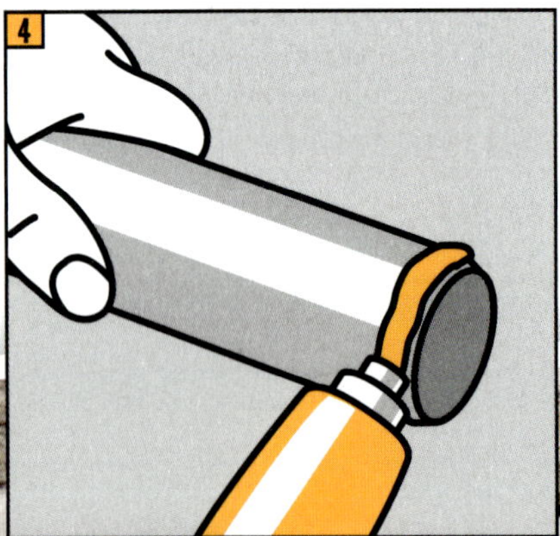

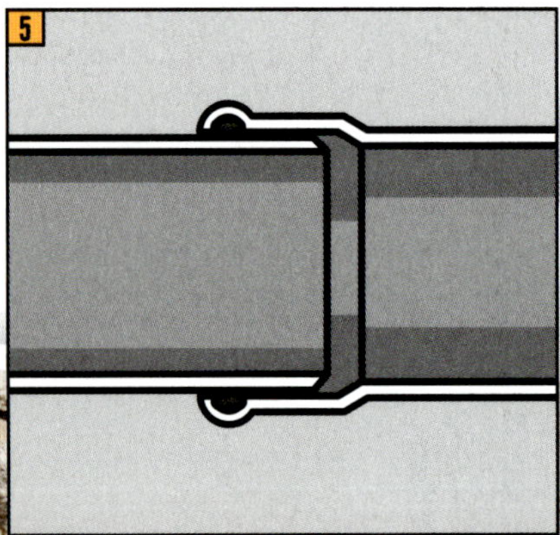

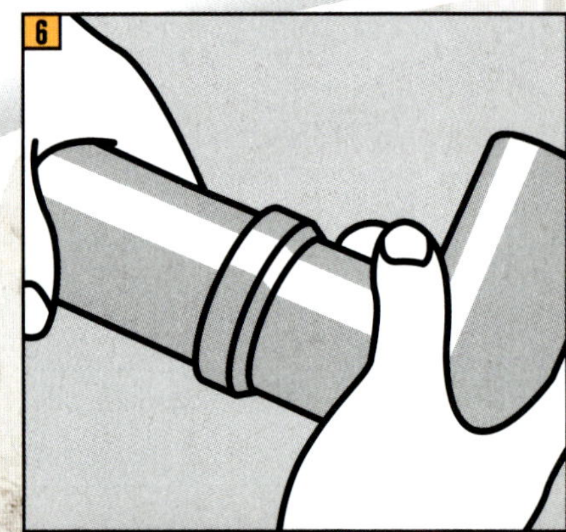

ABWASSERROHRE MONTIEREN.

Beim Montieren von Abwasserleitungen ist grundsätzlich zu beachten, dass bei allen verlegten Rohren ein Gefälle in Richtung Fallrohr eingehalten wird. Nur dadurch ist eine ausreichende Selbstreinigung der liegenden Rohre gegeben.

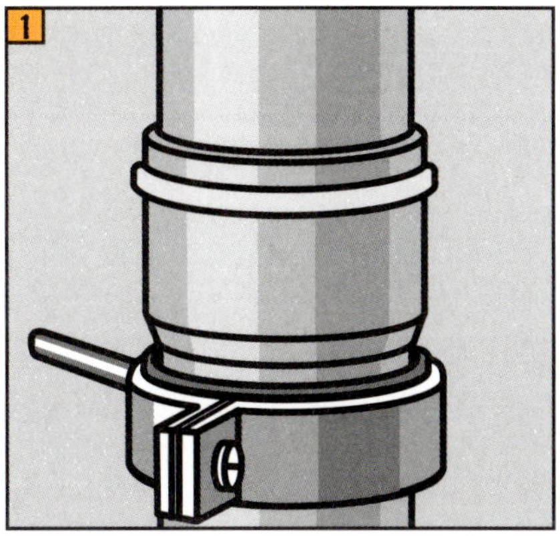

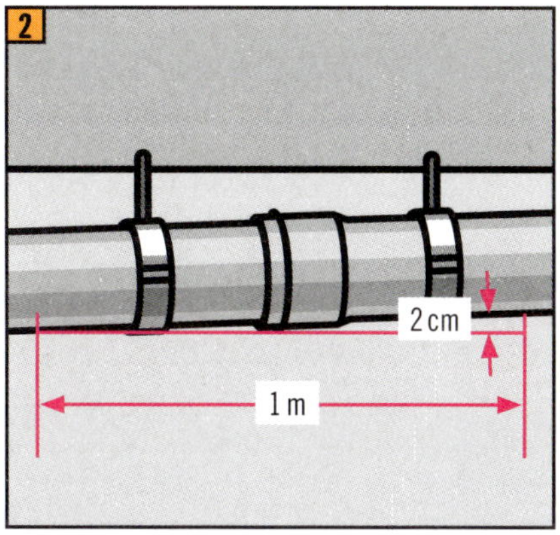

1 Die Befestigung von Abflussrohren erfolgt mit schallgedämmten Rohrschellen, die bei Fallrohren unterhalb der Verbindungsmuffe angebracht werden. **2** Bei waagrecht verlaufenden Rohren erfolgt die Befestigung beidseitig der Muffe. Waagrecht verlaufende Abflussrohre werden innerhalb von Gebäuden mit einem Gefälle von 2 cm pro 1 m Rohrlänge verlegt. **3** Winkel von 90° werden nicht an einem Stück hergestellt, sondern aus zwei 45°-Bögen hergestellt. Damit wird die Fließgeschwindigkeit im Rohr nicht zu sehr vermindert, was ein rasches Zusetzen des Rohres zur Folge hätte. 90°-Winkel werden bei direkt angeschlossenen Objekten, oder wenn es die Bauart erfordert, verwendet.

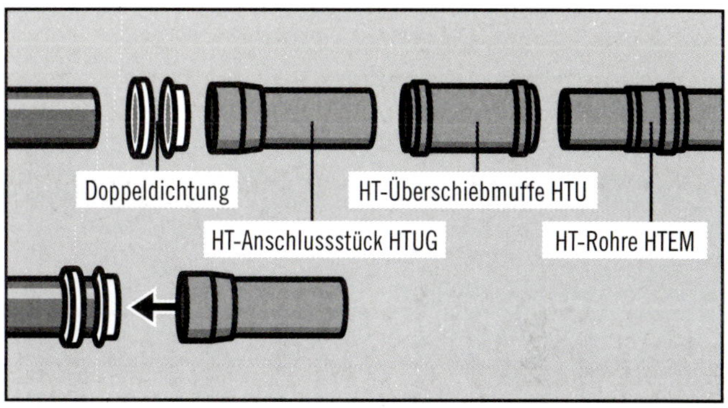

Verbindung HT-Rohr mit Gussrohr:
Auf das schmale Ende des Gussrohres steckt man mit einer Doppeldichtung das Anschlussstück HTUG. Um dieses Anschlussstück mit dem schmalen Ende eines HT-Rohres zu verbinden, verwendet man eine Überschiebmuffe.

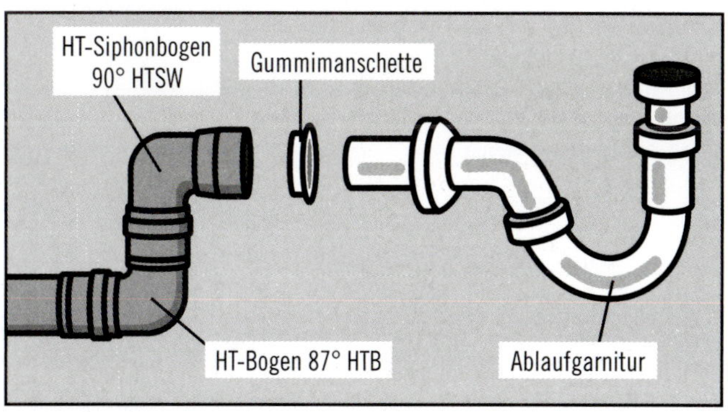

Verbindung Ablaufgarnitur mit HT-Anschluss:
Man nehme eine Gummimanschette und verbinde damit das schmale Ende der Abflussgarnitur mit dem Muffenende des HT-Rohres oder -Bogens.

VORWANDSYSTEM.

Das Bad zu renovieren klingt nach einer Menge Arbeit. Schon die Vorstellung, unter Putz verlegte Rohre freizulegen, kann einen enorm abtörnen. Das muss aber gar nicht sein. Mit einer Vorwandmontage können Sie selbst ganz einfach die alte Nasszelle zu einem Luxusbad umbauen.

Ohne Mörtel und Löten

Gehören Sie auch zu den 75 Prozent der Bevölkerung, die sich ein größeres Bad wünschen oder eines, in dem der Platz besser genutzt wird? Ist es Ihnen auch wichtig, sich im Bad wohl zu fühlen? Es ist gar nicht so schwer, sich diesen Traum zu erfüllen.

Bei der Verwirklichung einer neuen Raumgeometrie spielt die Vorwandtechnik eine zentrale Rolle. Die Anordnung des Bades muss nicht mehr den Raumecken folgen oder an der Wand entlang verlaufen. Nichts in Ihrem Bad muss mehr da stehen, wo es vorher war. Sie können zum Beispiel die Dusche von allen Seiten begehbar mitten im Raum platzieren. Und der Sims, der sich aus der Montage der Vorwand ergibt, dient als Ablage für Seife & Co.

Vorwandsysteme bestehen aus Metallschienen und Gipsplatten: Kein Gramm Mörtel, Zement o. Ä. wird benötigt. Die Montage der Rohre ist durch die nun üblichen Kunststoffausführungen ebenfalls kinderleicht geworden: Sie müssen nur zugeschnitten und zusammengesteckt werden. Wenn Sie die neuen Kunststoff-Zuleitungen verwenden, müssen Sie nicht einmal mehr löten.

Planung

Bevor Sie ein Vorwandsystem installieren können, müssen Sie eine genaue Vorstellung vom Aussehen Ihres neuen Bades haben. Sie sollten sich vor allem mit zwei Fragen auseinandersetzen:

- Wie soll der Grundriss des Bades aussehen?
- Wo sollen die Badobjekte wie WC, Bidet, Dusche, Waschtisch und Badewanne stehen?

Nach reiflichen Überlegungen zeichnen Sie einen möglichst genauen Grundriss im Maßstab 1:50. Nehmen Sie Millimeterpapier, das macht's leichter. Ebenso erstellen Sie eine Zeichnung der Vorwand (im Original ca. 25 cm breit – in der Zeichnung also 1/2 cm) und der diversen Badobjekte auf einem weiteren Blatt und schneiden diese aus. Jetzt können Sie die Sanitäreinrichtungen auf Ihrem Badgrundrissplan beliebig verschieben, bis Ihnen die Anordnung gefällt.

Hier noch ein paar Tipps zur Planung.

- Nutzen Sie Ecken und Nischen aus, es gibt hierfür Vorbauelemente und spezielle Einrichtungen.
- Stellen Sie Ihr Bad nicht mit zu viel Mobiliar zu!
- Nehmen Sie rutschsichere oder rutschhemmend bearbeitete Bodenfliesen.
- Achten Sie auf gute Belüftung. Das kann eine Tür mit Zuluftgitter oder ein Lüftungsschacht mit Ventilator sein. Ein Fenster, das Sie regelmäßig öffnen, tut's aber auch.
- Bedenken Sie, wie viele Personen das Bad regelmäßig nutzen und ob Kinder oder ältere oder behinderte Personen darunter sind, auf deren spezielle Bedürfnisse geachtet werden muss (niedrige Sanitärobjekte, barrierefrei).
- Beachten Sie: Woher kommt das warme Wasser? Kann alles an die Hauptversorgung angeschlossen werden oder müssen Sie einen Elektro-Niederdruckspeicher installieren?

Wenn Sie genau geplant haben, können Sie jetzt ausrechnen, welche Elemente Sie brauchen, wie lang die Schienen sein müssen und wie viele Hilfsträger nötig sind: Die Länge der Schienen richtet sich nach Ihrer Gestaltung – im einfachsten Fall nach der Länge der Wand. Hilfsträger brauchen Sie zum Beplanken: Mindestens alle 60 cm müssen die Gipsplatten im Ständersystem verschraubt werden, sehen Sie deshalb die Module und Hilfsträger entsprechend vor.

Ebenso müssen Sie die Länge der Zu- und Abwasserleitungen grob ermitteln.

VORWANDTRÄGER MONTIEREN.

Es gibt Block- und Komplettsysteme sowie Modulelemente, die alle für Einzel-, Reihen- oder freistehende Montage geeignet sind. Komplett vormontierte Bausteine enthalten bereits alle Ver- und Entsorgungsleitungen, Befestigungen und Anschlüsse für ein oder mehrere Sanitärobjekte.

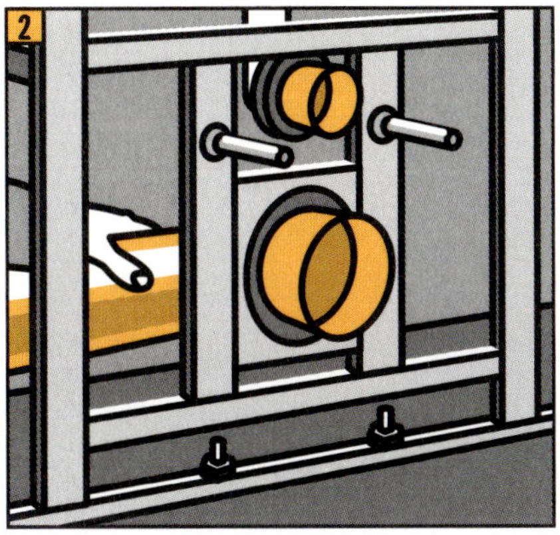

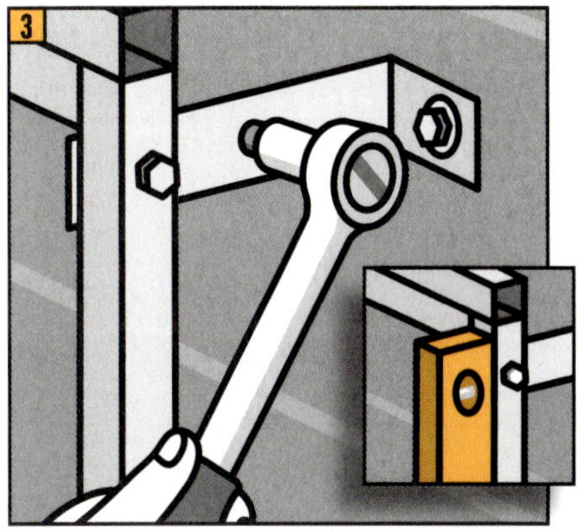

Vorgefertigte Vorwandgerüste werden mit Dübeln an Wand und Fußboden befestigt. In den Wand- und Fußbodenschienen können die einzelnen Sanitärobjekte seitlich und in der Höhe verschoben werden, die Rohrleitungen verlegt man zwischen den Schienen. Der Zwischenraum wird zur Schalldämmung mit Mineralwolle, die feuchtigkeitsresistent und brandfest ist, ausgefüllt. **1** Schneiden Sie die Schienen mit einer Metallsäge entsprechend der gewünschten Länge zu und verdübeln Sie sie an Boden und Wand. Achten Sie dabei je nach Untergrund auf die richtigen Dübel, damit sich die Konstruktion nicht wieder lösen kann. Es gibt Blechschrauben, die sich selbst durch die Schiene bohren. (Siehe auch die Montageanleitung für Trennwände ab Seite 114.) **2** Jetzt können Sie die vorgefertigten Module für die entsprechenden Sanitärobjekte an den ausgesuchten Stellen einsetzen und mit den mitgelieferten Schrauben befestigen (meist Hammerkopfschrauben). **3** Die Module haben Höhenmarkierungen, damit Sie sie auf der richtigen Höhe montieren. Justieren Sie das Modul und überprüfen Sie mit der Wasserwaage, ob es sowohl senkrecht als auch waagerecht sitzt. Wenn die Wand etwas schief gemauert ist, ist das kein Problem, denn die Befestigungswinkel sind in der Tiefe verstellbar und können die Unebenheiten in der Wand somit ausgleichen.

GIPSPLATTENVERKLEIDUNG.

Nach der Vorwandinstallation wird die Front mit imprägnierten Gipskartonplatten beplankt. In der Regel nimmt man die 12,5 mm dicken, auf jeden Fall ist darauf zu achten, dass sie für den Einsatz im Bad geeignet sind (wasserfest imprägniert).

WERKZEUG.

- ✔ Bleistift
- ✔ Metallsäge
- ✔ Feile
- ✔ Messer
- ✔ Wasserpumpenzange
- ✔ Meterstab/Maßband
- ✔ Rohrschneider
- ✔ Bohrmaschine
- ✔ Steinbohrer
- ✔ Schraubendreher
- ✔ Spezialschere zum Ablängen der Kunststoffrohre
- ✔ Wasserwaage
- ✔ Hammer

MATERIAL.

- ✔ Vorwandsystem aus Schienen und Ständerwerk
- ✔ Gipsplatten
- ✔ Schnellbauschrauben
- ✔ Schrauben und Dübel
- ✔ Kunststoffwasserleitungen
- ✔ HT-Rohre
- ✔ Dichtband
- ✔ Kupferrohradapter
- ✔ Schraubverbinder
- ✔ Messingfittings
- ✔ Anschlussdosen
- ✔ Gedämmte Schellen
- ✔ Filz

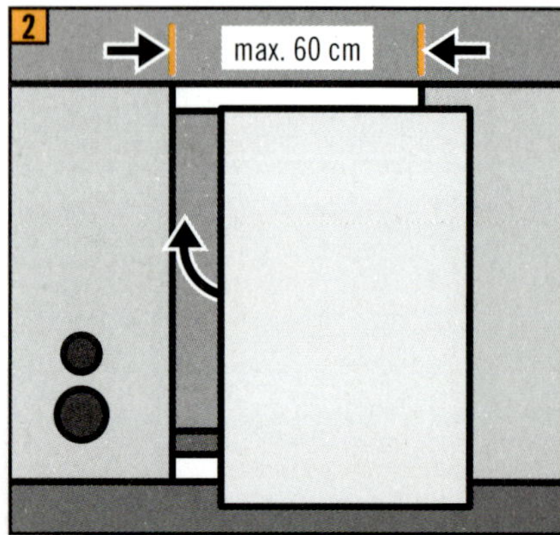

1 Die Aussparungen für die Anschlüsse müssen auf die Platten übertragen und ausgeschnitten werden – arbeiten Sie dabei exakt! Weil Gipsplatten ein idealer Untergrund fürs Fliesenlegen sind, braucht das neue Bad nicht noch zusätzlich verputzt zu werden. **2** Die Platten werden mit selbstbohrenden Schnellschrauben montiert. Dabei dürfen max. 60 cm Zwischenraum überbrückt werden, damit die Vorwand auch stabil ist. Sind die Zwischenräume jedoch größer, muss man zusätzlich Hilfsträger in das Vorwandgerüst einbauen. **3** Die Gipskartonplatten sollten abschließend mit einem lösemittelfreien Tiefengrund behandelt werden. Dieser wird mit einem Pinsel oder Quast aufgetragen und sorgt für optimalen Halt beim Anbringen neuer Putze oder Wandfliesen. Weitere Hinweise zum Umgang mit Gipskartonplatten finden Sie ab Seite 114.

HINWEIS!

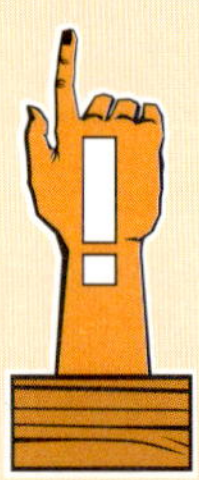

Auch wenn die Gipsplatten sehr dünn sind, heißt das nicht, dass jeder hören kann, was man im Bad gerade macht. Denn eine Vorwandinstallation bietet guten Schallschutz. Sie reduziert den Geräuschpegel: bei WC-Elementen auf 30 dB(A), bei Waschtischen bis auf 17 dB(A), Duschen bis auf 32 dB(A) – gesetzlich vorgeschrieben sind rund 35 dB(A). Wenn Sie ganz sicher gehen wollen, können Sie Fließgeräusche dämpfen, indem Sie das Abflussrohr mit Filz umwickeln. Arbeiten Sie dabei mit sich überlappenden Bahnen und fixieren Sie das Ende mit Klebeband.

BROTZEIT!

Da die ersten Schritte zum neuen Bad zum Teil etwas anstrengend sein können, haben Sie sich erstmal eine Pause verdient, bevor es weitergeht.

Wenn Sie mit einem Gasbrenner umgehen können, empfehlen wir Ihnen wärmstens „Bockwurst brûlée à la Rohrzange“. Öffnen Sie die Dose und machen Sie den Würstchen Feuer unterm Hintern. Da Sie sich dabei nicht die Finger verbrennen sollen, empfehlen wir die große Rohrzange als verlängerten Arm zu benutzen.

Besorgen Sie sich als Beilage ein paar Scheiben Brot und eine Tube Senf.

Viel Spaß und guten Appetit!

Der Anfang zum neuen Bad ist gemacht. Jetzt muss es fix weitergehen, schließlich wollen Sie bald wieder Ihr eigenes Bad benutzen – oder besser: in Ihrer neuen Wellness-Oase schwelgen.

FLIESEN LEGEN.

FLIESEN LEGEN.

GROSSEN ANTEIL AM SCHÖNEN AUSSEHEN EINES BADES HABEN DIE FLIESEN. INZWISCHEN GIBT ES EINE UNGLAUBLICHE VIELFALT AN MATERIALIEN, FORMEN UND FARBEN, SO DASS VERFLIESTE WÄNDE UND BÖDEN GERADEZU ZUM BLICKFANG WERDEN KÖNNEN.

WAS MUSS ICH WISSEN?

Abriebgruppen, Sortierungsgruppen, Verarbeitungsklassen, Arten: Es gibt nicht nur eine Sorte Fliesen, man unterscheidet verschiedene Merkmale und Eigenschaften. Ist ja auch logisch – nicht jede Mosaikfliese eignet sich als Bodenbelag und was Spritzwasser abhält, ist nicht unbedingt auch frostfest.

Fakten über Fliesen

Fliesen sind enorm strapazierfähig, besonders in den besseren Verarbeitungsklassen III und IV (= mittlere und hohe Belastbarkeit). Der höhere Preis macht sich durch die längere Lebensdauer bezahlt. Man unterscheidet Fliesen nach ihrer Farb- und Maßabweichung in drei Sortierungsgruppen. Wer auf Perfektion verzichtet, kann hier viel Geld sparen, denn Gruppe 2 und 3 sind zum Teil deutlich billiger. Achten Sie darauf, dass auf allen Kartons die gleiche Brandnummer steht, um die Unterschiede zu minimieren, und mischen Sie Fliesen aus verschiedenen Kartons beim Verlegen, das reduziert die Auffälligkeit der Differenzen. Es gibt verschiedene Fliesenarten: Spaltplatten, Steinzeug- und Steingutfliesen. Die Steingutfliese besteht aus Ton, Kaolin (Porzellanerde), Quarz, Kreide (oder Kalk). Mit einer Wasserzugabe und hohem Druck wird daraus der Fliesen-Rohling geformt. Die getrockneten Rohlinge werden bei ca. 1200 °C gebrannt. Die Glasur der Fliese besteht aus fein gemahlenen Glasrohstoffen und Wasser. Im Glasurbrand entsteht dann die fertige Fliese. Wegen des relativ grobporigen Materials sind diese Fliesen zwar resistent gegen übliche Reinigungsmittel, haushaltsübliche Säuren und Laugen, jedoch nicht für den Außenbereich geeignet. Steinzeugfliesen unterscheiden sich von Steingutfliesen durch eine andere Materialmischung des Scherbens und einer Zugabe von Feldspat. Dieser Materialzusatz und die geringe Wasseraufnahme des Scherbens machen das Material wetterfest und für den Außenbereich besonders geeignet. Steinzeugfliesen gibt es mit und ohne Glasur. Bei glasierten Steinzeugfliesen wird der gewünschte Fliesenfarbton durch die Färbung der Glasur erzielt, bei unglasierten Fliesen durch eine Farbzugabe zu der Materialmischung des Scherbens. Die Brenntemperatur und der Pressdruck bei der Herstellung von Steinzeugfliesen sind wesentlich höher als bei Steingutfliesen.

Für hohe Anforderungen an Festigkeit, Belastbarkeit, Frostsicherheit und Säurebeständigkeit fällt die Wahl also eher auf Spaltplatten oder Steinzeugfliesen. Glasierte keramische Fliesen sind äußerst widerstandsfähig. Am Boden unterliegen Sie dennoch einem bestimmten Verschleiß. EN-Normen gliedern die Abriebfestigkeit in die Fliesenabriebgruppen 1–5. Je höher die Abriebgruppe, umso widerstandsfähiger ist die Oberfläche.

ACHTUNG! PROFITIPP

FLIESEN-EINKAUF.

Achten Sie beim Kauf von Fliesen immer auf die Euro-Norm (EN). Diese Norm ist eine wichtige Orientierungshilfe und legt die Mindestanforderungen für Steingut- und Steinzeugfliesen fest. Bei genormten Fliesen (EN-Norm) sind Abriebfestigkeit, Wasseraufnahme, Maßtoleranz, Ebenflächigkeit, Druck- und Biegefestigkeit geregelt.

Schon vor dem Kauf sollten Sie in etwa eine Vorstellung haben, wie Sie die Fliesen anordnen möchten, damit Sie den Bedarf kalkulieren können. Zur groben Berechnung gibt es folgende Faustformel: Quadratmetermenge + 5 % Verschnitt (10 % bei Diagonalverlegung) + 5 % Reserve.

Abriebgruppe	Beanspruchung	Wand- und Bodenfliesen
I	Sehr leicht	Empfohlen als Wandbelag.
II	Leicht	Für Bodenbeläge, z. B. in Bad, Dusche und in Räumen mit niedriger Beanspruchung.
III	Mittel	Für Bodenbeläge, z. B. in Wohn-, Schlaf-, Baderäumen, Hotelzimmern, Hobbyräumen mit mittelstarker Beanspruchung.
IV	Stark	Für Bodenbeläge, z. B. in Küchen, Dielen, Wohnräumen, Büros, Hotels, Terrassen und in allen Räumen mit starker Beanspruchung.
V*	Sehr stark	Für Bodenbeläge, z. B. in Gaststätten, Eingängen, Büros, Hotels, Schulen, Ladengeschäften, Verkaufsräumen mit sehr starker Beanspruchung.
Für besonders beanspruchte Teilbereiche von Bodenbelägen empfehlen wir unglasierte Fliesen (z. B. Feinsteinzeug).		
* Gemäß ISO-Normentwurf 10545/7		

WAND FLIESEN.

Wände fliesen ist nicht schwer. Wer sich unsicher ist, fängt einfach in einer Ecke an, die später nicht so auffällig ist. Wenn Sie Lust auf Gestaltung haben, unterbrechen Sie die Regelmäßigkeit der Kreuzfugen mit einem Mosaik oder einer Bordüre aus anders geformten oder gefärbten Fliesen.

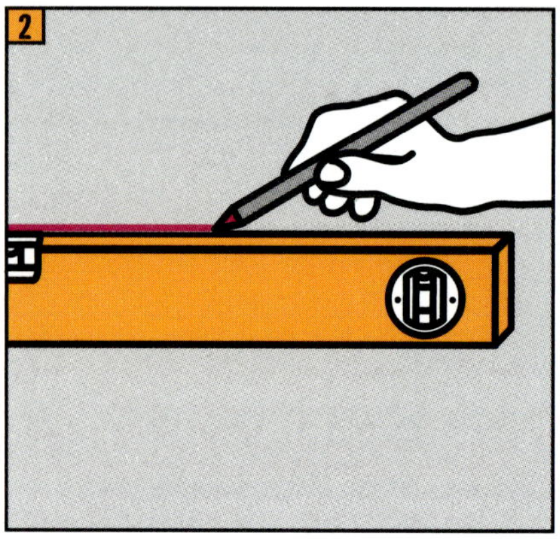

1 Die meisten Fliesenuntergründe, insbesondere Span- oder Gipskartonplatten, müssen vorbehandelt bzw. grundiert werden, damit der Fliesenkleber richtig haftet und später keine Risse im Fliesenbelag entstehen können. Grundsätzlich müssen Fliesenuntergründe sauber, trocken und eben sein. **2** Soll die Wand vom Boden bis zur Decke gefliest werden, beginnen Sie am Boden mit einer Reihe ganzer Fliesen. Ist bei einer bestimmten Wandhöhe der Fliesenabschluss geplant, beginnen Sie auf dieser Höhe mit ganzen Fliesen (Höhe vorher anzeichnen). **3** Bringen Sie nun den Fliesenkleber abschnittweise auf die Wandfläche auf und durchkämmen ihn mit der Zahnspachtel. Rühren Sie nur so viel Kleber an, wie Sie in 15 Minuten verarbeiten

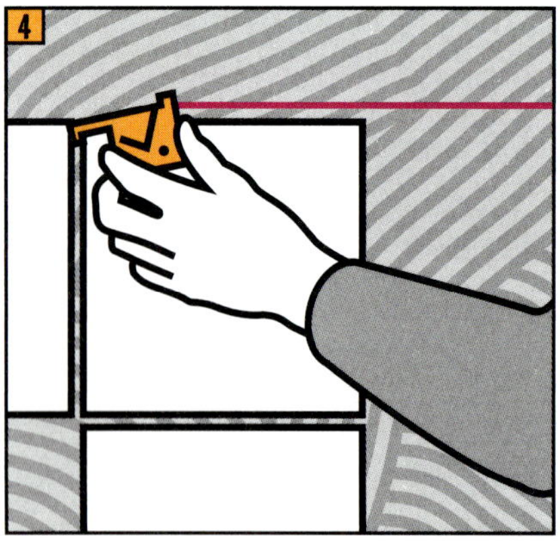

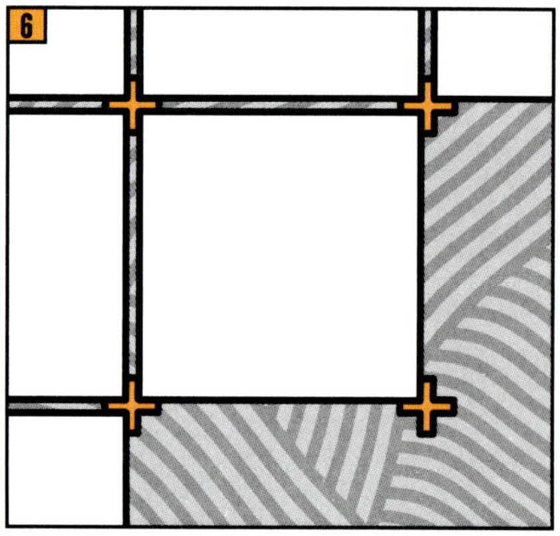

können. Beginnen Sie daher mit kleineren Flächen. Wenn Sie geübt sind und schneller arbeiten, können die Kleberflächen auch größer werden. **4** **5** Zum exakten Einhalten der Waagerechten verwenden Sie am besten eine elastische Eckenschnur (die sogenante Fliesenhexe). Diese wird zwischen die beiden Endfliesen einer Fliesenreihe gespannt und ermöglicht auch ohne sichtbare Maßlinie ein genaues Ausrichten. **6** Eine gut geflieste Wandfläche erkennt man am Fugenverlauf. Zum Einhalten eines gleichmäßigen Fugenabstandes nehmen Sie Fliesenkreuze. Diese werden nach dem Anziehen des Klebers entfernt. Die fertig geklebten Flächen mit einem feuchten Schwamm gründlich von Kleberesten säubern (frischer Kleber lässt sich am leichtesten entfernen).

BODEN FLIESEN.

Bevor hier irgendetwas passiert, müssen Sie sich eingehend mit dem zu fliesenden Untergrund beschäftigen. Nachlässigkeiten in diesem Arbeitsabschnitt verkürzen Lebensdauer und Qualität des Fliesenbodens erheblich.

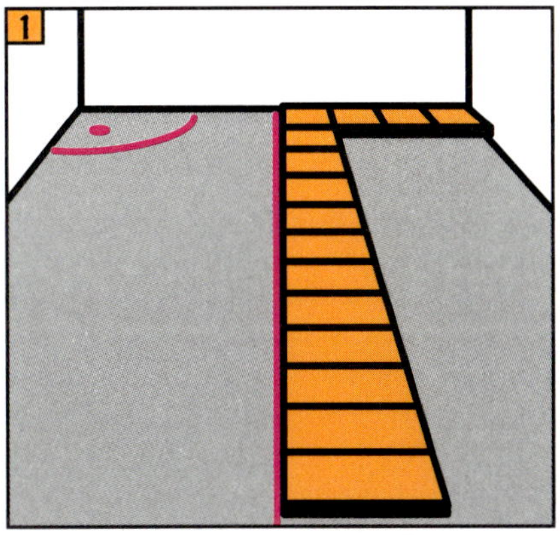

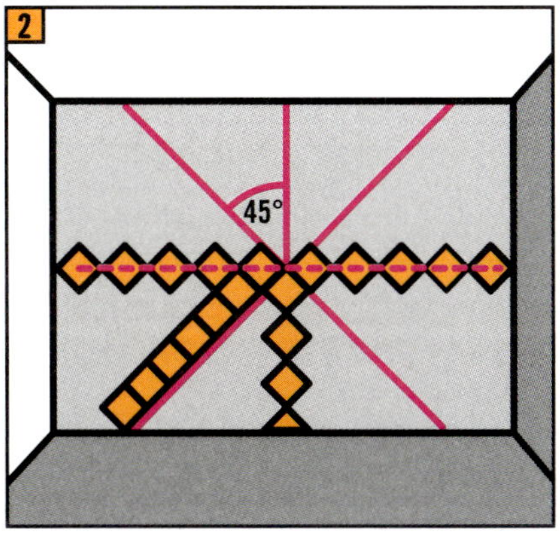

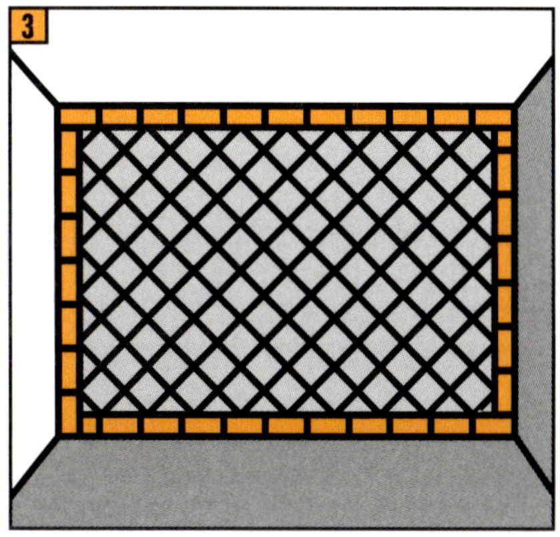

Untergrund vorbereiten

Alle Untergründe müssen trocken, sauber, fettfrei, rissfrei und eben sein. Alle stark saugenden Böden, wie z. B. Estriche und Betonböden, müssen mit einem Tiefengrund behandelt werden. Unebenheiten werden zuerst verspachtelt, eine Fließspachtelmasse aufgebracht und die Fläche dann mit Tiefengrund vorbehandelt. Die Masse wird dann mit einem Gummiwischer verteilt. Die nun entstandene ebene Fläche muss noch ca. zwei Tage durchtrocknen (entnehmen Sie die genaue Trockenzeit den Herstellerangaben). Frischer Estrich muss mindestens 4–6 Wochen vollständig durchtrocknen.

Verlegung planen

1 Bei rechtwinkliger Verlegung richten Sie die erste Reihe an einer Schnur aus, die mittig im Raum und parallel zu den Seitenwänden gespannt ist. Danach arbeiten Sie an der Stirnseite weiter. Im Beton und im Estrich vorgegebene Dehnfugen übernehmen, keinesfalls überfliesen. **2** Bei der Diagonalverlegung wird zuerst die Längs- und Querachse des Raumes ermittelt und dazwischen der 45°-Winkel markiert. An diesen werden die Fliesenreihen gerade und auf den Längs- und Querachsen diagonal angelegt. **3** Eine interessante Alternative ergibt sich, wenn der Wandabschluss mit halben Fliesen als Umrandung ausgeführt wird.

Fliesen kleben

4 Der Fliesenkleber wird mit einem Rührquirl angemischt. Es soll dabei eine homogene Masse entstehen. Der Fliesenkleber wird nun mit einer Zahnspachtel in leicht zu bewältigenden Abschnitten auf den Untergrund aufgetragen. Das Fliesenlegen erfolgt durch leichtes Eindrücken und Anklopfen mit dem Gummihammer ins Kleberbett. Die Fliesen jedoch nicht bis zum Untergrund durchklopfen. Beachten Sie bitte die vom Hersteller vorgegebene Fugenbreite bei der Verlegung. Als Hilfe dienen Fliesenkreuze und das Anlegen an einer Richtschnur.

SOCKELLEISTEN ANBRINGEN.

1 Vorhandene Dämmstreifen (von vorherigen Estricharbeiten) werden bündig zur Fliesenoberkante abgeschnitten. **2** Nun wird der Fliesenkleber auf die Rückseite der Sockelfliesen aufgetragen und die Fliesen im Fugenverlauf der Bodenfliesen an die Wand geklebt. Zum Einhalten des Fugenabstandes können Holzplättchen unterlegt werden.

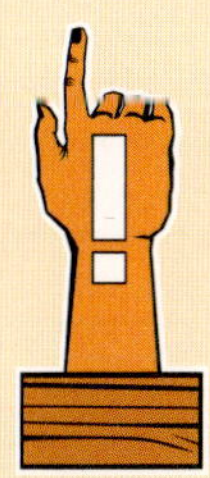

PROFITIPP!

Risse im Estrich entstehen, weil der Estrich nur einen verschwindend geringen Anteil der Spannungen aufnehmen kann, die durch unterschiedliche Wärmedehnungen entstehen. In solchen Fällen spachtelt man ganzflächig ein Glasfaservlies in den flexiblen Fliesenkleber ein, das diese Spannungen aufnehmen kann.

DER RICHTIGE KLEBER.

Fliesenkleber werden nach DIN EN 12004 in Gruppen eingestuft, die Aufschluss über Kleberart, Anforderungsklasse und Eigenschaften geben. Der Verbrauch an Fliesenkleber ist je nach Fliesengröße und verwendeter Zahnung unterschiedlich. Richtwerte finden Sie u. a. auf den Verpackungen.

A — Zementkleber

Zementkleber werden kurz vor der Verwendung mit Wasser zu einer Masse verarbeitet. Hierzu das Pulver in die entsprechende Wassermenge einschütten und mit einem Rührquirl zu einer homogenen Masse anmischen. Nach der „Reifezeit" die Masse nochmals durchrühren. Diese Kleber sind ohne Kunststoffbeimischungen auf starren und nicht allzu großen Flächen im Dünnbettverfahren einsetzbar. Mit einer Kunststoffvergütung wird er zum „Flexkleber" und kann auf fast allen Untergründen universell eingesetzt werden.

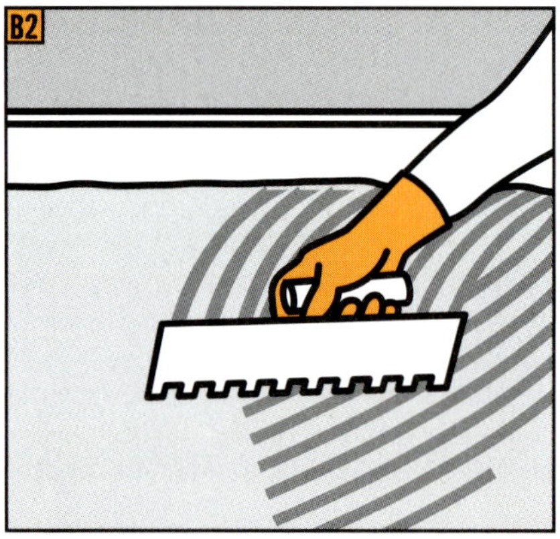

B — Fließbettkleber

Fließbettkleber ist ebenfalls ein Zementkleber. Sein Haupteinsatzgebiet sind große, ebene Bodenflächen. Der Kleber wird zu einer zähflüssigen Masse angemischt und nach dem Abkleben der Ränder direkt auf den Untergrund gegossen. Nur so viel Kleber ausgießen, wie innerhalb der offenen Zeit gefliest werden kann. Mit einer Zahnspachtel den Kleber durchkämmen und die Fliesen ins Kleberbett drücken.

C — Dispersionskleber

Dispersionskleber sind gebrauchsfertig angemischt und für alle Wandfliesen geeignet. Auch das Fliesen auf alten Fliesen lässt sich mit Dispersionskleber hervorragend bewerkstelligen. Für den Außenbereich ist dieser Kleber nicht geeignet.

GENORMTE FLIESENKLEBER	
Klebeart	C = Zementkleber D = Dispersionskleber R = Reaktionskleber
Anforderungsklasse	1 = normal 2 = erhöht
Besondere Eigenschaften	F = schnell härtend T = Kleber für verringertes Abrutschen E = Klebstoff mit verlängerter Offenzeit (nur C2 und D2)
Kennzeichnungs-Beispiel: C2 TE	

Kantenlänge/ Fliese	Zahntiefe
50 mm	3 mm
100 mm	4 mm
200 mm	6 mm
Über 200 mm	8 mm

Die Zahnung der Zahnspachtel richtet sich nach der Fliesengröße.

RICHTIG VERFUGEN.

Fugenmörtel gibt es inzwischen in allen möglichen Farben. Farbige Fugen können optisch sehr reizvoll sein. Probieren Sie den Farbton erst an einer später nicht sichtbaren Stelle aus und lassen den Fugenmörtel durchtrocknen. Erst dann kann der endgültige Farbton beurteilt werden.

1 Achten Sie darauf, dass die Fugen kleberfrei bleiben. Kleberreste müssen vorher aus den Fugen gekratzt werden. Mischen Sie dann die Fugenmasse glatt und klumpenfrei mit einem Rührquirl an der Bohrmaschine an. **2** Die Fugenmasse wird mit einer Gummirakel oder dem Schwammbrett – für den Boden einem Gummiwischer – diagonal über die Fliesenfläche und in die Fugen hineingestrichen. Die Masse muss hohlraumfrei eingearbeitet werden. Überschüssige Fugenmasse kann dabei abgetragen und die Fläche grob gereinigt werden. **3** Nach dem Anziehen des Mörtels (er wird dabei matt) wird die verfugte Fliesenfläche zuerst mit einem feuchten Schwamm gereinigt und dann mit einem trockenen Tuch nachpoliert.

FUGENBREITE.

Wählen Sie die Fugenbreite entsprechend der Fliesengröße wie folgt:

Material	Fugenbreite
Keramikfliesen bis 150 mm	2 mm
Keramikfliesen ab 150 mm	2–8 mm
Spaltplatten/Klinker	4–10 mm

Je größer die Maßtoleranz (z. B. Grobkeramik) des Materials ist, desto größer wählt man auch die Fugenbreite.

ACHTUNG! PROFITIPP

Farbnuancierungen der Fugenmörtel kann man vermindern, indem man auf gleiche Fugenbreite und -tiefe achtet, damit der Fugenmörtel gleichmäßig abtrocknen kann (Fliesenkreuze verwenden!). Außerdem hilft es, den Mörtel immer mit exakt derselben Menge Wasser anzurühren. Frische Fugen immer erst etwas anziehen lassen, bevor Sie mit dem feuchten Schwamm nachreinigen.

SPEZIALSTELLEN.

Es gibt schon ein paar Stellen, die problematisch zu fliesen sind. Hier genau zu arbeiten und keine Fehler zu machen, verhindert, dass die Fliesen reißen und abspringen. Andere Probleme sind eher ästhetischer Art: Wo fange ich an, damit das Muster gut aussieht?

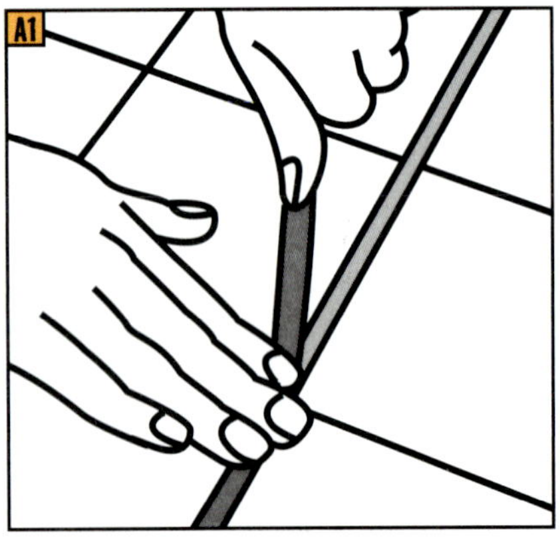

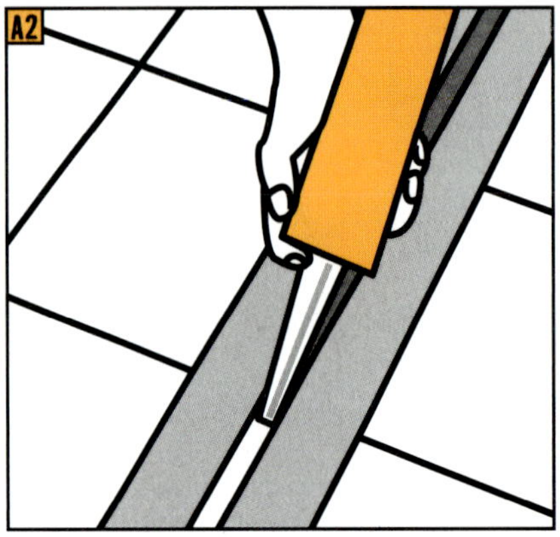

A Dehnungsfugen

Dehnungsfugen müssen bei allen Raumübergängen und an den Stellen, an denen bereits welche vorhanden sind, eingebaut werden. Am einfachsten ist es, in die Fuge ein Schaumprofil einzudrücken und darauf eine dauerelastische Dichtungsmasse (Silikon) aufzuspritzen. Die Fugen sollten mindestens 8 mm tief und breit sein.

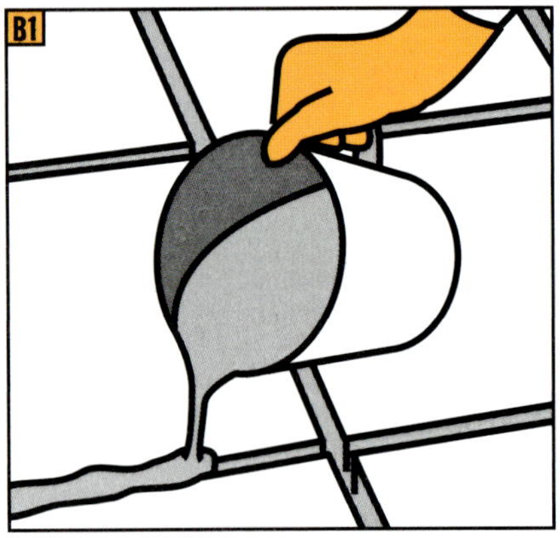

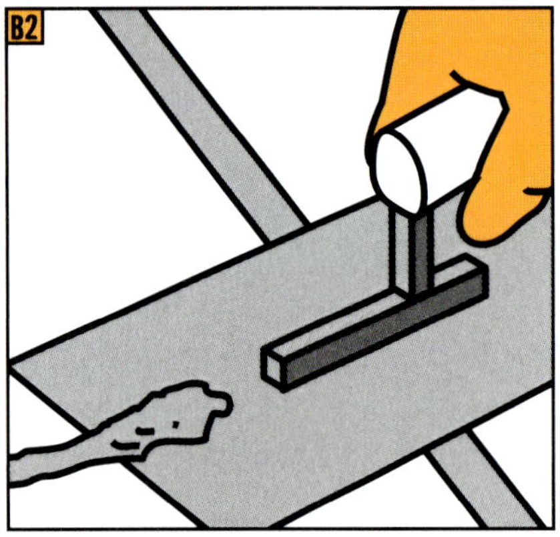

B Fließfugen

Bei großen uneinheitlichen Fugenabständen und bei Belägen aus nicht glasiertem Material benutzt man eine Fließfuge. Sie wird nach dem Anmischen in die Fugen gegossen und nach etwa 30–45 Minuten kann man die überflüssige Masse ohne viel Mühe von der Fliesenoberfläche entfernen.

Wandfliesen und Fenster

Bei Wandfliesen am Fenster geht man von einer Linie in der Mitte des Fensters aus, bei zwei Fenstern orientiert man sich an einer Linie mittig zwischen beiden Fenstern.

Bodenfliesen und schräge Wände

Sind die Wände nicht rechtwinklig zueinander, verbinden Sie die Richtschnur mit den jeweiligen Mittelpunkten der Kopfwände. Dann links und rechts dieser Linie zwei Fliesenreihen locker auslegen und exakt im rechten Winkel dazu eine Querreihe.

Nassbereiche

Da Fliesenbeläge nur wasserfest, aber nicht wasserdicht sind, sollten Sie im Bereich einer Dusche einen Abdicht-Voranstrich wählen. Er wirkt wie eine Gummihaut. In kritischen Eckbereichen verstärkt ein Abdichtband die Wirkung.

C Ecken

Auch bei Innen- und Außenecken werden Fugen eingehalten. Am einfachsten ist die Verwendung von speziellen Eckleisten. Diese werden ins Kleberbett gedrückt und die Fliesen dann an die Leiste heran verlegt.

AUF HOLZDIELEN FLIESEN.

Für die Verlegung von Fliesen auf einem Holzfußboden, z. B. bei einer Altbaurenovierung, muss man die richtigen Vorbereitungen treffen. Denn Holz verzieht sich und für die Verlegung von keramischen Bodenfliesen auf einem Holzfußboden muss dieser schwingungsfrei sein.

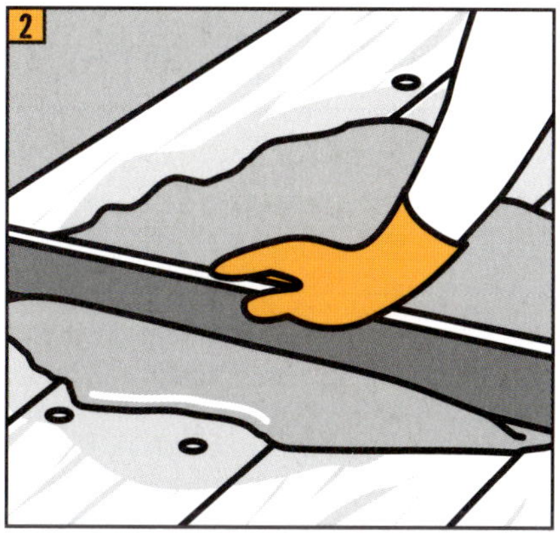

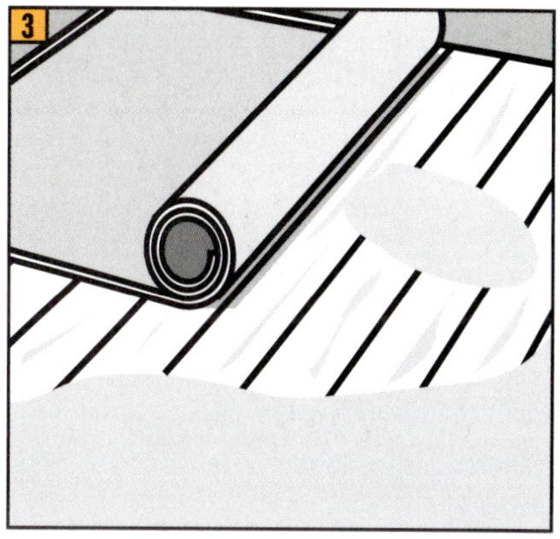

1 Lose sitzende Dielenbretter mit dem Untergrund fest verschrauben, fehlerhafte Dielen erneuern **2** und alle Unebenheiten mit Fließspachtelmasse ausgleichen und gut durchtrocknen lassen. **3** Darauf verlegen Sie eine Bodenpappe mit 1 cm Wandabstand, die Bahnen mit Klebeband bündig verkleben. **4** Den Fliesenuntergrund bilden feuchtigkeitsresistente Nut/Feder-Gipsfaserplatten, die mit einem Wandabstand von 1 cm verlegt und miteinander verklebt werden. Kleberreste an der Oberfläche gleich entfernen und die Plattenfugen dann verspachteln. **5** Sie können auch direkt auf den Dielenboden die Fliesen verlegen. Hierzu die Dielen komplett anschleifen und gründlich fegen bzw. absaugen. Alle lose sitzenden Dielen

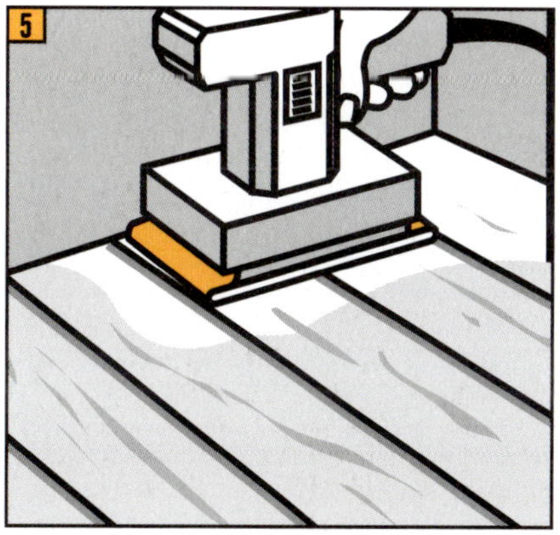

befestigen und einen umlaufenden Polystyrol-Randstreifen aufstellen. **6** Die Holzfläche dann mit einer wassersperrenden Haft-Emulsion grundieren und in die noch mattfeuchte Schicht eine flexible Ausgleichsmasse gießen. Das Verlaufen dieser selbst nivellierenden Masse mit einem Gummischieber unterstützen. **7** Arbeiten Sie bei der anschließenden Verlegung der Keramikfliesen auf jeden Fall mit einem Flex-Kleber. Dieser kann Spannungen ausgleichen, wenn Untergründe nicht zu 100 % dimensionsstabil sind. Tragen Sie den Kleber immer nur abschnittsweise auf, damit Sie während der anschließenden Fliesenverlegung nicht unter Zeitdruck arbeiten müssen. **8** Und wie es jetzt weitergeht, wissen wir ja schon.

RENOVIEREN UND REPARIEREN.

An Fugen im Nassbereich des Bades bilden sich häufig Schimmelpilze. Mit Vorliebe siedeln sie sich dort an, wo längere Zeit das Wasser steht, also auf den dauerelastischen Anschlussfugen rund um Dusch- oder Badewanne und an der Dehnungsfuge zwischen Wand- und Bodenfliesen. Die Fugen

Bodenfliese austauschen

1 Trennen Sie die Mörtelfuge rund um die Fliese vorsichtig heraus. Am besten eignet sich dafür eine kleine Fräse mit einem Hartmetallfräseinsatz. Arbeiten Sie sorgfältig, benachbarte Fliesen sollen ja nicht in Mitleidenschaft gezogen werden. Meißeln Sie dann die beschädigte Fliese heraus und entfernen Sie mit einer Spachtel alten Kleber und Fugenmasse restlos. **2** Gebrauchsfertigen Fliesenkleber in die entstandene Lücke auftragen und neue Fliese einsetzen. Bei kleineren Fliesen können Sie den Kleber auch auf die Rückseite der

Fliese geben. Kleber, der beim Eindrücken der neuen Fliese in die seitlichen Fugen quillt, muss entfernt werden. Für einen gleichmäßigen Fugenabstand Fugenkreuze verwenden! **3** Nach der Trockenzeit des Klebers (Herstellerangaben beachten!) können Sie mit dem Verfugen beginnen. **4** Die Fugenmasse mit einer Gummirakel in die Fliesenfuge streichen. Mit einem feuchten Schwamm die herausgequollene Masse abwischen. **5** Im letzten Schritt wird die noch offene Dehnungsfuge entlang der Wand mit Silikon dauerelastisch versiegelt.

WERKZEUG.

- ✓ Hammer
- ✓ Meißel
- ✓ Spachtel
- ✓ Fräse mit Hartmetallfräseinsatz
- ✓ Gummirakel
- ✓ Schwamm

MATERIAL.

- ✓ Fugenkreuze
- ✓ Fugenmasse
- ✓ Fliesenkleber
- ✓ Fliesen
- ✓ Silikon

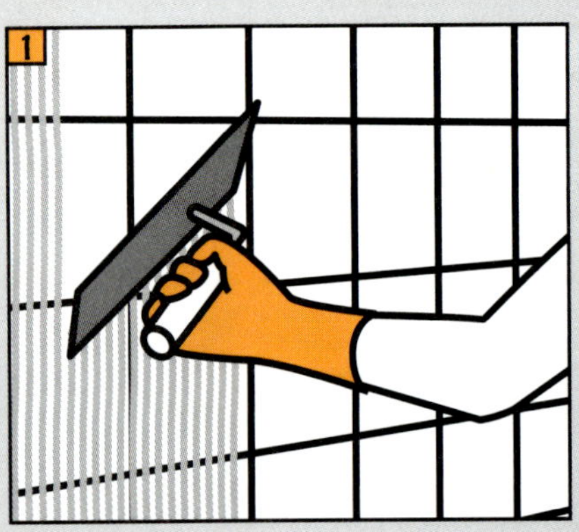

Fliesen auf Fliesen

1 Ist der alte Fliesenbelag noch tragfähig, kann darauf ein neuer Fliesenbelag aufgebracht werden. Die alten Fliesen gründlich säubern und entfetten. Dann einen gebrauchsfertigen Fliesenkleber (Dispersionskleber) aufziehen und mit der Zahnspachtel durchkämmen. **2** Nun die Fliesen im Versatz zum alten Belag ins Kleberbett drücken. Für die Fugenabstände Fugenkreuze verwenden.

werden schwarzgrau und sehen eklig aus. Deshalb muss man sie von Zeit zu Zeit erneuern oder auffrischen. Hässliche Fliesenbeläge kann man komplett überfliesen. Einzelne beschädigte Fliesen trennt man sauber heraus und ersetzt sie durch neue.

Silikonfugen erneuern

1 Entfernen Sie die alte Fugenmasse komplett, am besten mit einem scharfen Messer, und säubern Sie sie sorgfältig, damit auch die letzten Pilzsporen und sämtlicher Staub beseitigt werden. **2** Bei einer Fugenbreite von über 10 mm muss der Hohlraum zuvor aufgefüttert werden. Gut geeignet ist hierfür z. B. eine Schaumstoffschnur. **3** Begrenzen Sie dann den Fugenverlauf auf beiden Seiten mit einem Kreppklebeband, damit die Fuge danach schön gleichmäßig wird. **4** Verwenden Sie als neue Füllmasse dauerelastisches, wasserabweisendes Sanitär-Silikon; die meisten Silikone enthalten pilzabtötende (fungizide) Substanzen, die nach ein paar Jahren aber ihre Wirksamkeit verlieren.
Am besten beugen Sie daher dem Schimmelpilz vor, indem Sie stehendes Wasser nach dem Duschen wegwischen und stets für gute Lüftung im Badezimmer sorgen. Zum Schluss die Fuge mit Spülmittel glätten.

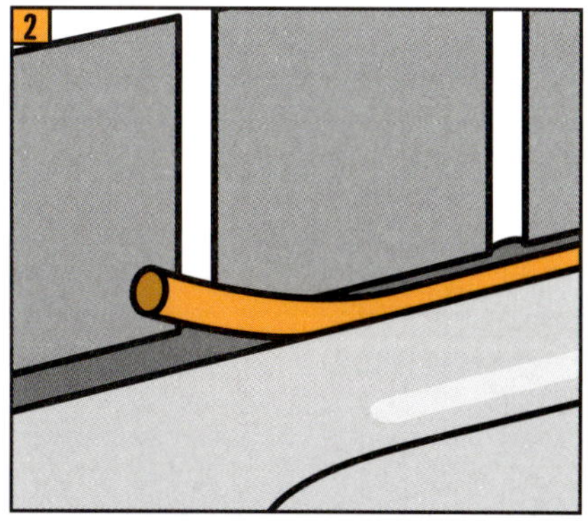

WERKZEUG.

- ✓ Messer
- ✓ Pinsel
- ✓ Schwamm

MATERIAL.

- ✓ Schaumstoffschnur
- ✓ Kreppklebeband
- ✓ Sanitär-Silikon

Fugen auffrischen

5 Unansehnliche Fugen können mit Fugenfarbe erneuert werden. Die alten Fugen dazu mit einem Fugenreiniger säubern und die Fugenfarbe mit Schwamm oder Pinsel auf die Fugen auftragen. **6** Nach dem Antrocknen (Fugen glänzen matt) die überschüssige Fugenfarbe mit einem feuchten Schwamm von den Fliesenrändern abreiben.

TIPPS ZUR FLIESENVERARBEITUNG.

Eine Fliesenreihe geht nicht immer perfekt auf. Zudem gilt es, Aussparungen für Armaturen, Löcher für Rohre und dergleichen in die Fliese zu schneiden. Da Fliesen eine hohe Oberflächenspannung haben, kann man sie nicht einfach zersägen oder durchbohren, sonst reißen sie.

1
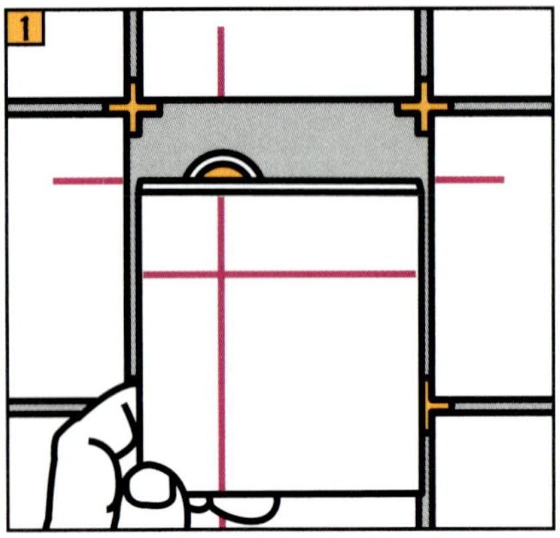

2A

2B
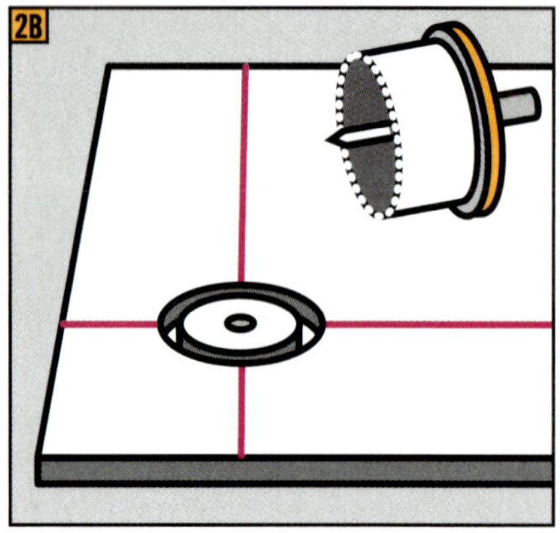

Herstellen von Öffnungen

Für das Herstellen von Öffnungen im Fliesenbelag eignen sich verschiedene Methoden. **1** Bei allen ist ein genaues Anzeichnen des Lochmittelpunktes wichtig. **2A** Wenn viele verschiedene Durchmesser benötigt werden, ist ein verstellbarer Fliesen-Kreisschneider von Vorteil. Er eignet sich für Durchmesser bis ca. 90 mm. **2B** Die Fliesenlochsäge benutzt man für das Herstellen von Schaltereinsätzen usw. Die hierbei üblichen Durchmesser sind als Einsätze (auch als Sortiment) erhältlich. **2C** Für kleinere Durchmesser (Kabeldurchführungen usw.) können auch Glasbohrer oder scharfe Hartmetallbohrer verwendet werden.

2C
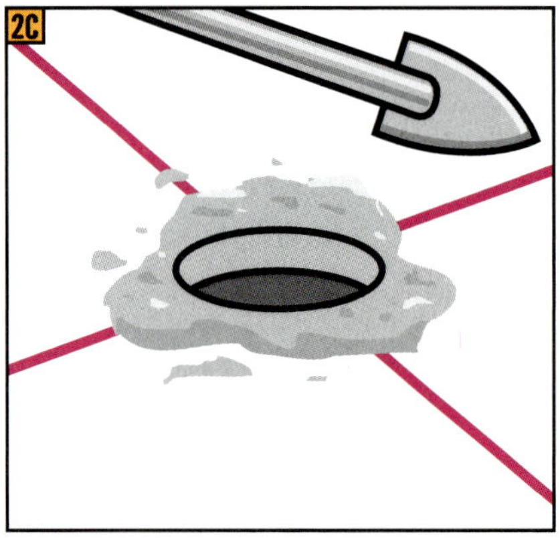

Bohren in Fliesen

Bohrlöcher in die Keramik zu bekommen, ist immer eine heikle Sache. Profis markieren die Stelle mit einem Körner und verwenden dann einen 3–4 mm starken Steinbohrer zum Vorbohren. Dabei sollte die Bohrmaschine nicht auf der „Hammer“-Funktion stehen – die Fliesen könnten eventuell springen! Besser klappt es mit einem Akku-Schrauber (7,2 Volt). Ist die Fliese durchbohrt, verwenden Sie die endgültige Bohrerstärke.

3

4
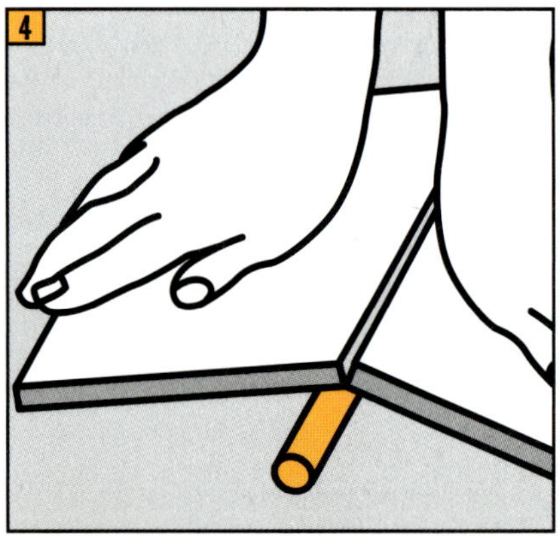

Gerade Schnitte

3 Für gerade Schnitte beim Zuschneiden ist die Fliesenschneidemaschine eine lohnende Anschaffung, man kann sie aber auch im Baumarkt ausleihen. Die Fliese wird so in die Maschine gelegt, dass die Fliesenoberfläche an der benötigten Stelle angeritzt werden kann. Üblicherweise haben die Fliesenschneidemaschinen eine Brechvorrichtung, **4** wenn nicht, erreicht man über einer untergelegten Kante einen glatten Bruch.

5
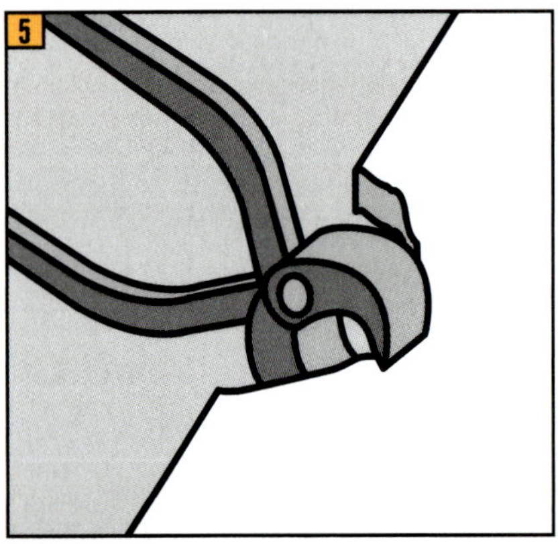

6
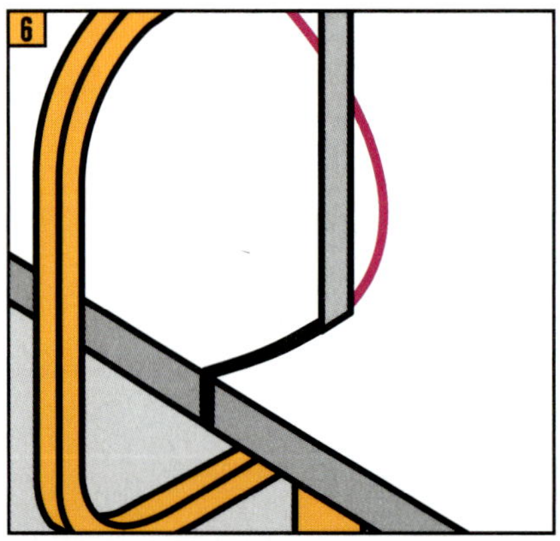

Aussparungen am Fliesenrand

5 Aussparungen am Fliesenrand werden mit der Papageienzange „herausgeknabbert“. Üben Sie diesen Vorgang an einem Fliesenreststück. Später werden die unregelmäßigen Ränder meist durch Rosetten abgedeckt. **6** Saubere Schnitte sind mit Spezialsägeblättern bzw. -drähten möglich, die man in Bügelsägen oder elektrischen Stichsägen einspannt.

MATERIAL.

- ✓ Bodenfliesen
- ✓ Bodenpappe
- ✓ Fliesenkleber
- ✓ Fliesenkreuze
- ✓ Fließfuge
- ✓ Fließspachtelmasse
- ✓ Fugenmörtel
- ✓ Gipsfaserplatten + Kleber
- ✓ Glasfaservlies
- ✓ Grundierung
- ✓ Silikon-Dichtmasse
- ✓ Wandfliesen

WERKZEUG.

- ✓ Bleistift
- ✓ Bohrmaschine
- ✓ Eckenschnur/Fliesenhexe
- ✓ Farbrolle/Malerquast
- ✓ Fliesenkreisschneider
- ✓ Fliesenlochsäge
- ✓ Fliesenschneidemaschine
- ✓ Fugengummi
- ✓ Glas-/Hartmetallbohrer
- ✓ Gummihammer
- ✓ Gummihandschuhe
- ✓ Gummirakel
- ✓ Hammer
- ✓ Holzkeile
- ✓ Kartuschenpresse
- ✓ Kelle
- ✓ Kunststoffeimer
- ✓ Rührquirl
- ✓ Papageienzange
- ✓ Pinsel
- ✓ Richtschnur
- ✓ Richtwinkel
- ✓ Schwamm/Tücher
- ✓ Schwammbrett
- ✓ Spezialsägeblätter
- ✓ Wasserwaage
- ✓ Zahnspachtel und -kelle
- ✓ Zollstock

Schöne Fliesen machen aus dem Bad mehr als eine Nasszelle. Sie verleihen ihm das gewisse Etwas, sie spiegeln den Geschmack und den Stil der Bewohner. Geben Sie Ihrem Bad einen Charakter!

DUSCH- UND BADEWANNE SETZEN.

DUSCH- UND BADEWANNE SETZEN.

DIE ERSTE BADEWANNE IN EUROPA GAB ES WOHL SO UM 1400 V. CHR. UND SEITDEM IST VIEL PASSIERT IN DER BADEKULTUR DES ABENDLANDES. IM ANTIKEN GRIECHENLAND WAREN DIE BÄDER ORTE DER KOMMUNIKATION UND DES SOZIALEN LEBENS. SPÄTER WURDE DEM BUNTEN TREIBEN VON DER KIRCHE AUS EIN ENDE BEREITET, NUR DASS DIE LEUTE ZU HAUSE AUCH KEINE WANNE HATTEN! DIESE ZEITEN SIND VORBEI, HEUTE WIRD NACH LUST UND LAUNE GEPLANSCHT UND GEDUSCHT.

DUSCHE ODER BAD ODER BEIDES?

Dusche und Badewanne getrennt oder Duschvorrichtung in der Badewanne oder tiefe Duschwanne mit Sitzbademöglichkeit? Sie haben die Wahl! Ein flaches Becken erleichtert älteren oder behinderten Menschen den Einstieg – Kinder können auch in einer tiefen Duschwanne baden. Was Sie letzten Endes installieren, sollte auf aktuelle Lebenslagen abgestimmt sein.

GRUNDLEGENDES.

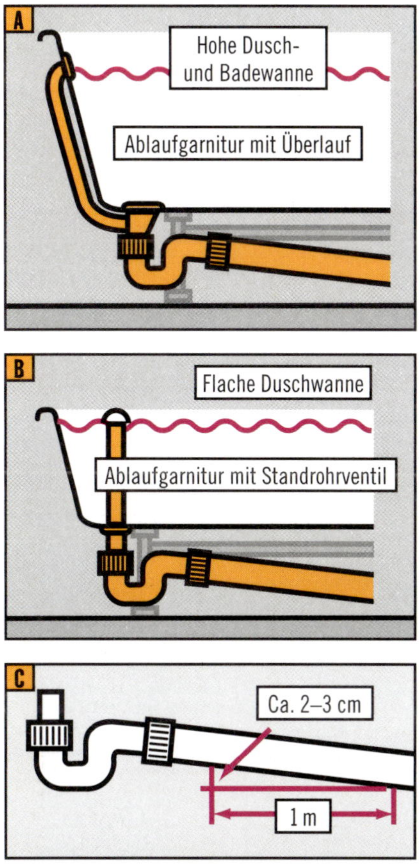

A Der Wannenüberlauf wird nur bei hohen Wannen fest eingebaut. B Flache Duschwannen dagegen haben als Überlauf ein herausnehmbares Standrohrventil. C Abläufe werden so verlegt, dass sie ein Gefälle von 2–3 cm/m zum Wandanschluss haben. Der Siphon und die Rohre sollen dabei nicht auf dem Boden aufliegen.

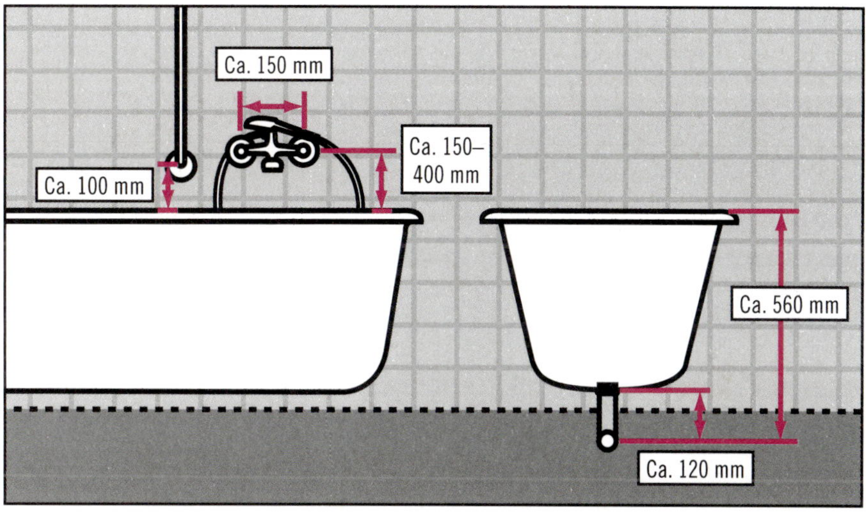

Übliche Abmessungen beim Einbau von Badewannen.

DUSCH- ODER BADEWANNE ...

Eine Alternative zu den bisher üblichen Wannenfüßen sind Wannenträger aus Hartschaum. Die Wanne bekommt dadurch eine schall- und wärmedämmende Ummantelung, was besonders wichtig ist, wenn Sie Nachbarn haben, die von den Planschgeräuschen gestört werden könnten. In einer

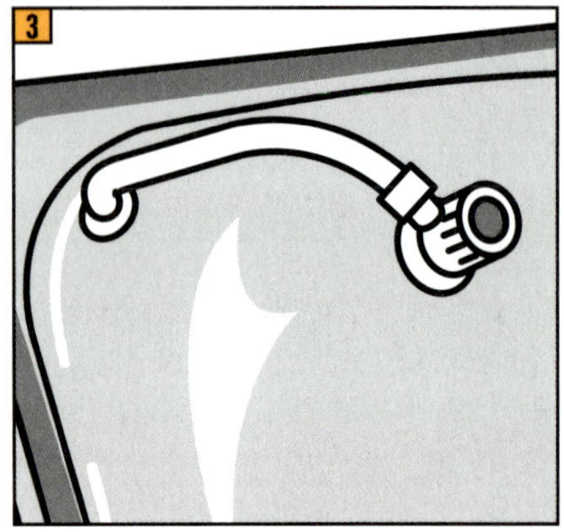

1 Zuerst müssen die Durchgänge für den Wasserabfluss und die Revisionsöffnung aus dem Träger ausgesägt werden. Die Öffnung benötigen Sie möglicherweise für spätere Arbeiten am Wasserablauf. **2** Nun kann der Wannenträger auf dem gesäuberten Boden aufgestellt werden. Zur Befestigung werden zwei Streifen Mörtel auf den leicht angefeuchteten Boden aufgebracht. **3** Vor dem Aufstellen der Wanne wird der Wannenab- und -überlauf montiert. Drehen Sie die Wanne um und legen Sie einen Karton oder eine Decke drunter, um den Wannenrand nicht zu beschädigen. **4** Das Ablaufsieb wird mit einem Dichtring aus Kitt unterlegt und von innen mit dem Ablauf verbunden. Der Überlauf wird an der oberen Wannenöffnung befestigt. **5** Hierzu einen Dichtring vor dem Ansetzen des Überlaufrohres unterlegen. Von innen wird die Überlaufabdeckung angeschraubt. Als Nächste kann der Siphon (Geruchsverschluss) an den Wannenablauf montiert werden. Er darf später nicht auf dem Boden

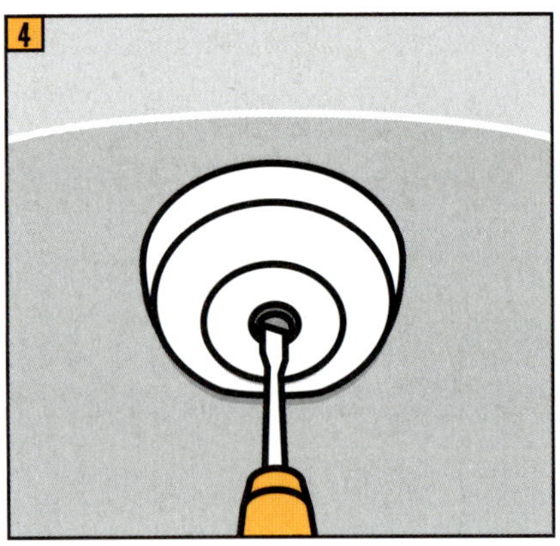

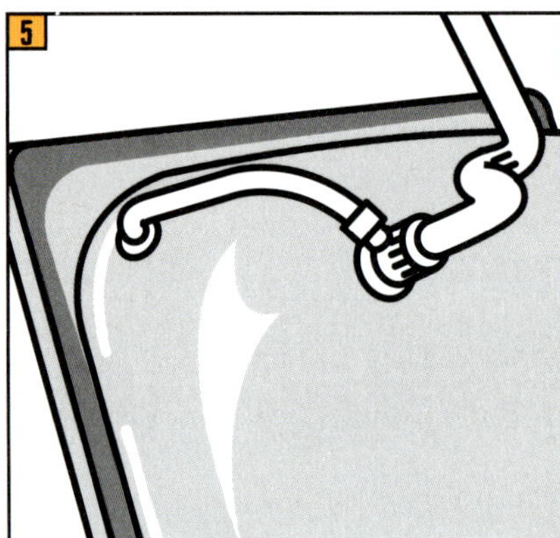

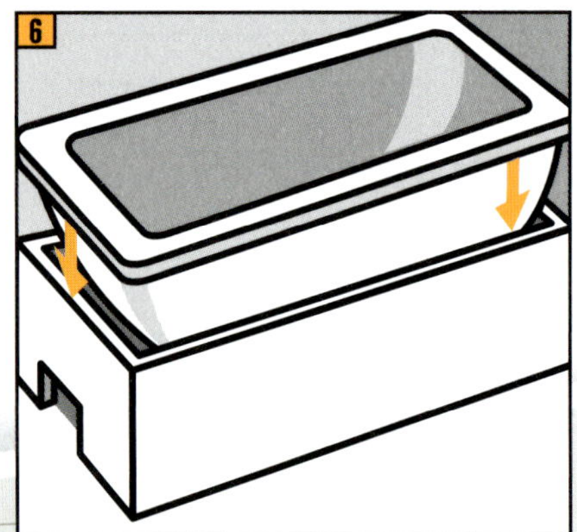

aufliegen. **6** Die Wanne wird in den Wannenträger gestellt und mit Hilfe einer Wasserwaage ausgerichtet. Der Wannenrand muss absolut waagrecht sein, denn nur so garantiert das in der Wanne eingearbeitete Gefälle den idealen Ablauf des Wassers.

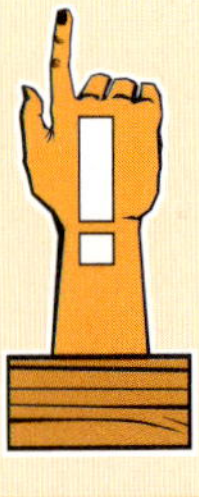

PROFITIPP!

Das Verbinden der Rohre mit der Dichtung geht leichter, wenn Sie etwas Spülmittel auf die Rohrenden auftragen.

... MIT HARTSCHAUMTRÄGER EINBAUEN.

gedämmten Badewanne wird das Wasser auch nicht so schnell kalt – das Badevergnügen hält länger an! Wir empfehlen dazu Wannen aus Acryl, denn sie leiten keine Wärme und fühlen sich sofort angenehm an, wenn man in die Wanne steigt.

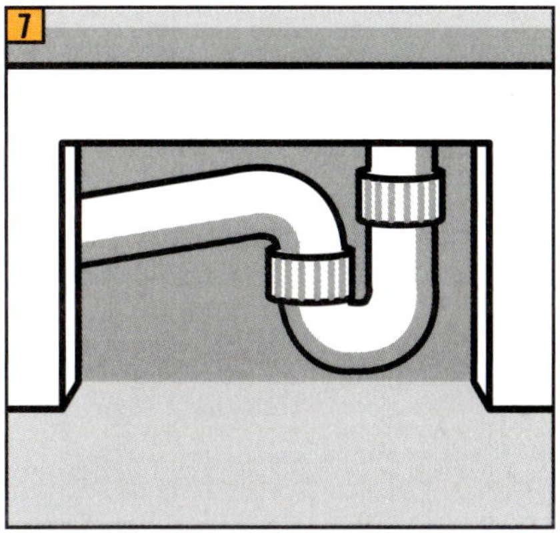

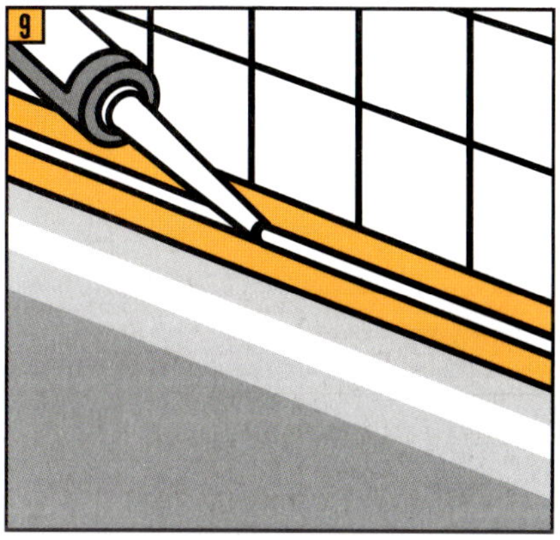

7 Den Wannenablauf jetzt am Fallrohr mit einem Gefälle von etwa 2–3 cm/m anschließen. Hierzu ein Verbindungsrohr auf die erforderliche Länge kürzen. Zum Prüfen der Rohrverbindungen und des Ab- und Überlaufes wird die Wanne mit Wasser gefüllt und beobachtet. Sind undichte Stellen vorhanden, können Verbindungen jetzt noch problemlos nachgezogen werden. **8** Im Spritzbereich von Dusche und Bad muss die Wandfläche absolut wasserdicht sein. Eindringende Feuchtigkeit kann zu Bauschäden führen. Streichen Sie die Wandflächen mit einem speziellen Dichtanstrich ein. Je nach Untergrund muss eventuell zuvor noch ein Anstrich mit Tiefengrund erfolgen (Herstellerhinweise beachten). Dichten Sie die Eckbereiche zusätzlich noch mit einem elastischen Dichtband ab (in den Anstrich einlegen). **9** Die Übergänge zwischen Wanne und gefliesten Wänden mit schimmelhemmendem (fungizidem) Sanitärsilikon abdichten. Tragen Sie die Silikonmasse zügig mit einer Kartuschenpistole auf, notfalls die Silikonfugen auf beiden Seiten mit Kreppklebeband begrenzen, und glätten Sie die Fugenmasse anschließend mit einem Finger, den Sie in ein Wasser-Spülmittel-Gemisch getaucht haben. Das Kreppklebeband wird gleich danach entfernt. Nach 6–8 Tagen ist die Masse ausgetrocknet.

PROFITIPP!

Silikonfugen an den Übergängen der Wanne zu den Wänden können altern und irgendwann undicht werden. Speziell für diese Übergänge gibt es Anschlussprofile, die ziemlich wartungsfrei sind und einfach vor dem Ansetzen der untersten Fliesenreihe mit ins Kleberbett gedrückt werden.

EINBAU MIT WANNENFÜSSEN.

Wie bei der Montage mit einem Hartschaumträger muss auch hier der Untergrund sauber und trocken sein. Ab- und Überlauf an der Wanne sowie der Wandanschluss am Fallrohr werden genauso vorbereitet. Nach dem Aufstellen muss man diese Wanne noch einmauern.

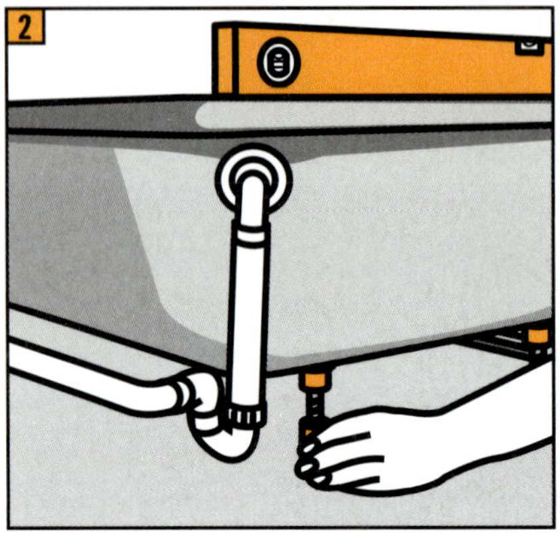

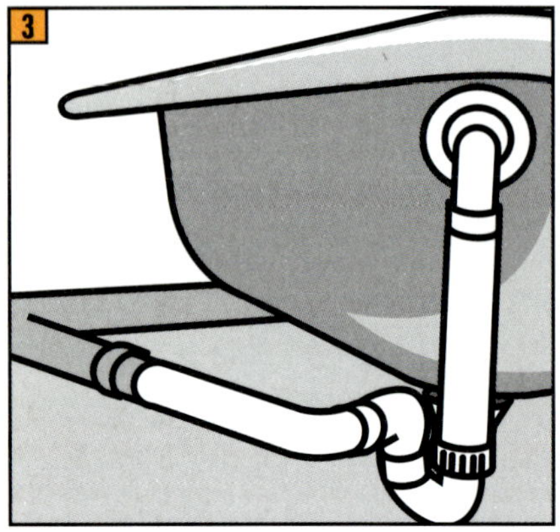

Am besten sind Füße mit integrierter Schalldämmung. Sie verhindern die Schallübertragung von der Metallwanne zum Fußboden. Die Position der Füße richtet sich nach Größe und Modell der Wanne. **1** Die Wannenfüße entsprechend den Herstellerangaben zusammenbauen und an der Unterseite der Wanne befestigen. Die Kunststoffnäpfe saugen sich dabei an der Wanne fest. Es gibt auch Füße, die mit Klebepads befestigt werden. **2** Wanne aufstellen und mit der Wasserwaage ausrichten. Dazu müssen Sie die Wannenfüße an den Stellschrauben so lange einstellen, bis der Wannenrand waagrecht ist. Auf die Wannenränder, die an eine Wand stoßen, kleben Sie ein schalldämmendes Wannenprofilband. Außerdem können Sie die Wanne noch vor Verrutschen oder Wackeln schützen und zwar am besten mit speziellen Haltewinkeln, die an der Wand befestigt werden (pro Wandseite zwei Stück). Nach dem Ausrichten der Wanne werden die Wannenfüße mit je einem Batzen Schnellzement eingefasst und fixiert. **3** Die Rohrverbindung vom Siphon zum Abfluss kann jetzt mit einem passenden HT-Rohr hergestellt werden. Zum Überprüfen auf undichte Stellen füllen Sie die Wanne mit Wasser und beobachten Sie die Ab- und Überläufe.

PROFITIPP!

Mit einer Exzentergarnitur kann der Abflussverschlussdeckel an einem Drehrad am Überlauf verschlossen und geöffnet werden.

UND JETZT?

Die Wanne ist drin, aber das ist ja erst der Anfang des Dusch- und Badevergnügens. Wie die Wanne verkleiden? Welche Armaturen wollen Sie benutzen und wie kann man beim Duschen und Baden Wasser sparen? Hier ein paar Tipps rund ums Thema Duschen und Baden.

Hat man eine Wanne auf Wannenfüßen eingebaut, muss man sie danach einmauern. Am besten geht das mit Planblocksteinen. **1** Sie sind schmal und lassen sich mit einer Porenbeton-Säge oder einem elektrischen Fuchsschwanz leicht zusägen. Außerdem werden sie im Klebebettverfahren verklebt, das heißt, Mörtel anrühren entfällt. Berücksichtigen Sie beim Anlegen der Abmauerung die Kleber- und Fliesendicke. Mehr zum Mauern finden Sie ab Seite 24.

2 Die fertige Abmauerung kann entweder mit dem oberen Wannenrand bündig oder so viel breiter sein, dass die Oberfläche noch mit Fliesen belegt werden kann. Mit Porenbetonhobel und Reibebrett können Sie die gemauerten Flächen so angleichen, dass nachher das Verfliesen leicht von der Hand geht. Beginnen Sie mit dem Einmauern, nachdem die Dichtheit der Rohrverbindungen geprüft wurde. Wie immer in Feuchträumen muss auch hier verhindert werden, dass Feuchtigkeit eindringen kann. Streichen Sie daher die Steine satt mit Tiefengrund ein. In der Regel genügt ein einmaliger Anstrich. Wenn das Material stark saugt, müssen Sie es zweimal streichen.

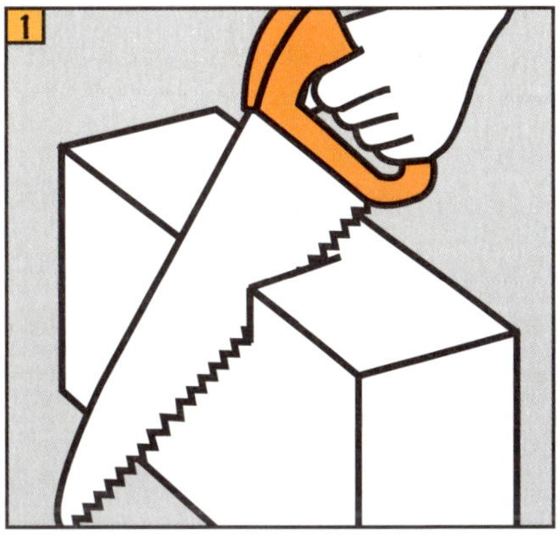

WEITERE TIPPS.

- Beim Duschen geht oft eine große Wassermenge ungenutzt verloren. Durch die Montage eines Duschstopps kann der Wasserstrahl, z. B. beim Einseifen, einfach unterbrochen werden. Die eingestellte Wassertemperatur bleibt dabei erhalten. Durch das Auswechseln des Brausekopfes gegen eine Spardusche lassen sich bis zu 50 % Wasser einsparen, d. h. 2 000 bis 6 000 Liter pro Person und Jahr.
- Wenn Sie Metallwannen vermeiden möchten, empfiehlt sich Acryl: Es ist warm, was sich an den Füßen gut anfühlt. Das Material ist durchgefärbt und formstabil, die Oberfläche porenfrei verdichtet; das macht die Wanne langlebig und bietet Kalk und Schmutzablagerungen kaum eine Chance.
- Die Halterungen der Duschstange dichten am besten zur Wand ab, wenn sie auf Fliesenmitte und nicht in den Fugen angeschraubt werden.
- Einhandmischer sind wesentlich wassersparender als separate Kreuzgriffe, da mit ihnen die richtige Wassertemperatur schneller erreicht wird.
- Eine Badewanne mit Duschabtrennung spart die Kosten für eine extra Dusche, ohne dass Sie auf den Badekomfort verzichten müssen. Wer wenig Platz hat und statt der Wanne nur eine Dusche einbauen kann, hat die Wahl zwischen verschieden tiefen Duschwannen, von denen sich manche als Sitzbadewanne eignen.

WERKZEUG.

- ✔ Bleistift
- ✔ Eimer
- ✔ Feinsäge
- ✔ Fuchsschwanz
- ✔ Halbrundfeile
- ✔ Kelle
- ✔ Maulschlüssel
- ✔ Planblocksäge
- ✔ Porenbetonhobel
- ✔ Reibebrett
- ✔ Schraubendreher
- ✔ Wasserwaage
- ✔ Zollstock
- ✔ Körner

MATERIAL.

- ✔ Ab- und Überlaufgarnitur
- ✔ Armaturen
- ✔ Badewanne/Duschwanne
- ✔ Dichtband
- ✔ Dichtmasse
- ✔ Exzentergarnitur
- ✔ Fliesenrahmen für Revisionsöffnung
- ✔ Haltewinkel für Wanne
- ✔ HT-Rohr (DN 50) für Ablauf
- ✔ Planblocksteine
- ✔ Kleber für Planblocksteine
- ✔ Schnellzement
- ✔ Sanitärsilikon
- ✔ Spülmittel
- ✔ Tiefengrund
- ✔ Wannenfüße/Hartschaum-Wannenträger

DUSCHABTRENNUNG.

Eine der berühmtesten Filmszenen, die Duschszene in Hitchcocks „Psycho", hätte es ohne Duschabtrennung – einen Duschvorhang – nie gegeben. Jedoch soll eine Duschwand keinen Mörder hinter der beschlagenen Scheibe verstecken, sondern Spritzer und neugierige Blicke abfangen.

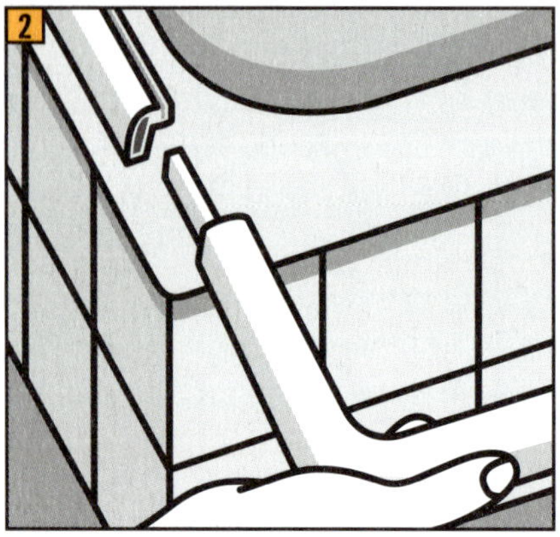

Duschvorhang, Duschwand oder Duschkabine?

Duschabtrennungen halten das Spritzwasser zurück und verbinden dabei Qualität, Design und Funktionalität. Die Modelle aus Glas sorgen für mehr Klarheit. Sicherheits-Milchglas ist robust und hält leichte Schläge aus. Es gibt Duschwände mit ausklappbaren, pendelartigen oder klappbaren Elementen oder die bewährte Schiebetür. Duschvorhänge sind die billigere, farbenfrohere und flexiblere Lösung. Es gibt sie in den unglaublichsten Farben, Formen und Materialien und zum Reinigen kann man sie in die Waschmaschine stecken. Allerdings bilden sich leichter mal kleine Seen am Badezimmerboden oder in Ecken, da Vorhänge nicht so passgenau zur Wanne hin abschließen wie Duschwände.

Duschabtrennung montieren

1 Für eine Duschwand befestigt man zuerst die seitlichen Schienen mit Schrauben und Dübeln. Die Position der Bohrlöcher muss genau angezeichnet werden. Damit der Bohrer auf glatten Fliesen nicht abrutscht die Bohrlöcher leicht ankörnen. **2** Nun die Seitenschienen montieren und vor dem Festschrauben senkrecht ausrichten. Danach können Sie sich den Führungsschienen unten und oben widmen. Stecken Sie die Schienen zusammen. Die Eckelemente kommen erst zum Schluss rein. **3** Die Türen nacheinander einschieben. Erst wenn diese richtig sitzen und sich gut öffnen und schließen lassen, stecken Sie die Eckverbindungen auf. **4** Die Fugen mit Silikon ausspritzen. Eine schöne Silikonfuge kriegen Sie hin, wenn Sie Ihren Finger in Spülmittel tauchen und das Silikon damit glattstreichen.

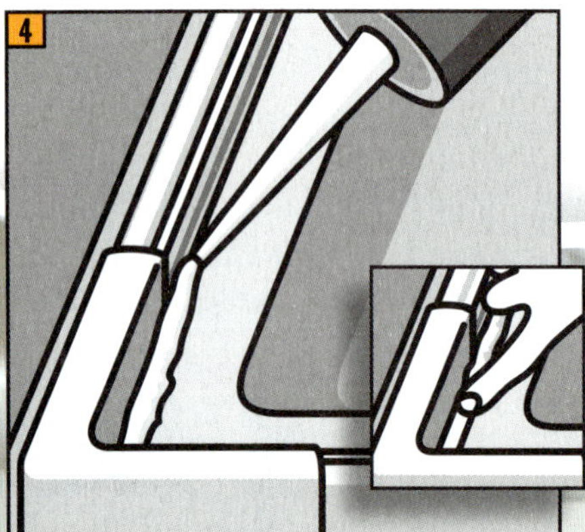

BESCHÄDIGTE EMAILWANNEN REPARIEREN.

Alte Emailwannen sind schön, kriegen aber leicht einen Rostfleck oder eine kleine Delle, an der das Email abplatzt. Das ist kein Grund zu verzweifeln und die Wanne herauszureißen. Kleine Schadstellen lassen sich einfach reparieren.

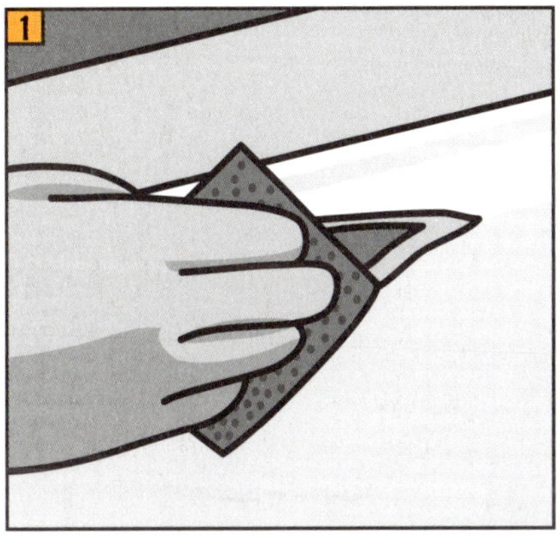

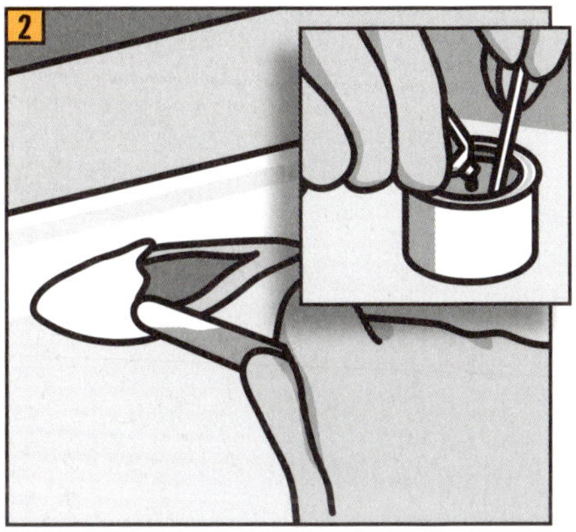

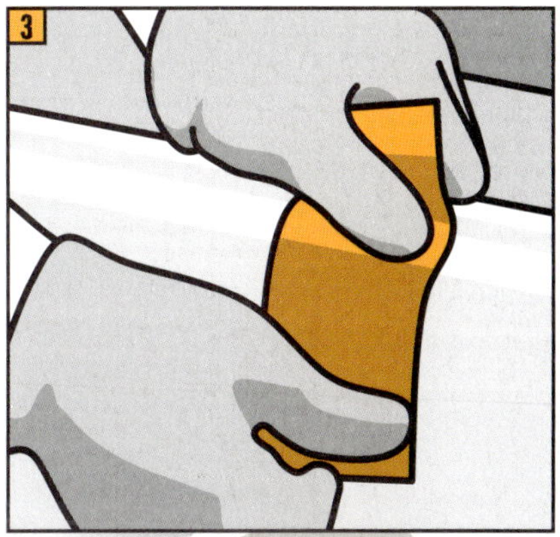

1 Die defekte Stelle muss von Schmutz, Rost und Staub befreit werden. **2** Die spezielle Spachtelmasse und den Härter mischt man im Verhältnis 30:1 bzw. nach Herstellerangabe. Dann die schadhafte Stelle ausspachteln und 30 Minuten trocknen lassen. **3** Die ausgehärtete Stelle mit Schleifpapier abschleifen, so dass ein glatter Übergang zum Email der Wanne entsteht. **4** Der verbleibende Fleck ist jetzt noch grau und muss lackiert werden. Dazu nimmt man speziellen Sprühlack. Die Dose kräftig schütteln. Am besten schneiden Sie ein Loch, das so groß ist wie die renovierte Stelle, in ein Blatt Papier. Mit dieser Sprühmaske können Sie exakter und sauberer lackieren.

Mhm, wäre das schön, wenn ich mich jetzt, nach getaner Arbeit, direkt unter die Dusche stellen und vom integrierten Massagestrahl verwöhnen lassen könnte.

WASCHBECKEN UND TOILETTE.

WASCHBECKEN UND TOILETTE.

DAS WASCHBECKEN IST DAS HEIMLICHE HERZ EINES JEDEN BADEZIMMERS. HIER STEHT MAN JEDEN MORGEN, SIEHT SICH MIT MEHR ODER WENIGER VIEL FREUDE IM SPIEGEL AN, RASIERT ODER SCHMINKT SICH, WÄSCHT SEINE HÄNDE ODER PUTZT SICH DIE ZÄHNE. SCHENKEN SIE IHM ALSO DIE GEBÜHRENDE AUFMERKSAMKEIT BEI AUSWAHL UND MONTAGE.
DIE THEMATIK RUND UM „DAS ÖRTCHEN“ WIRD JA GERN AUSGESPART, VIELLEICHT WIRD ES DESWEGEN AUCH „STILLES“ GENANNT. WIR ALLE WISSEN ABER, WIE ENTSCHEIDEND KOMFORT UND HYGIENE IN DIESEM BEREICH FÜR UNSER ALLGEMEINES WOHLBEFINDEN SIND.

INSTALLATION PLANEN.

WASCHBECKEN.

Wie viel Platz haben Sie für das Waschbecken? Denken Sie daran, dass Sie auch vor dem Becken Bewegungsfreiheit brauchen (ca. 60 cm). Wird es eher ein kleines Becken, für die Katzenwäsche oder können Sie einen Doppelwaschtisch wählen? Von der Größe des Beckens hängen auch Größe und Design der Armaturen ab: Zu hohe Hähne in kleinen Becken verspritzen alles drum herum, zu niedrige dagegen bieten evtl. nicht genug Platz für die Hände im Becken. Richten Sie die Montagehöhe so ein, dass alle Personen Ihres Haushalts an den Wasserhahn gelangen. Die optimale Durchschnittshöhe für den Waschtisch liegt zwischen 82 und 86 cm. Hier ein Beispiel mit den durchschnittlichen Abmessungen im Waschbeckenbereich:

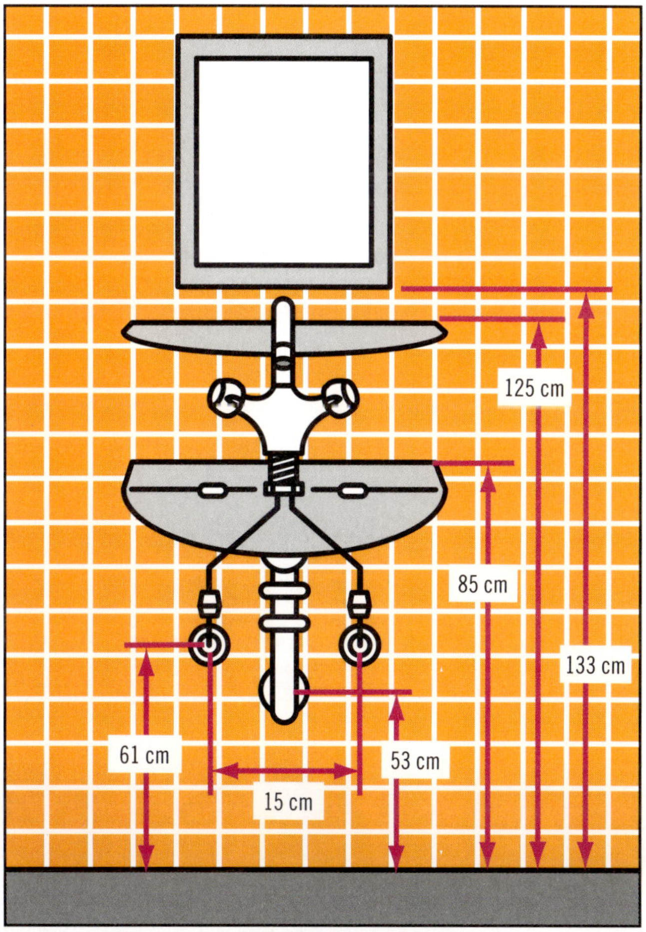

Optimale Abmessungen für die Waschbeckenmontage.

TOILETTE.

Bis hin zu Hightech-Varianten, die sich selbst oder Sie oder beides automatisch reinigen (sog. Dusch-WC zum Beispiel), gibt es eine Vielzahl an Modellen mit unterschiedlichen Formen und Funktionsweisen. Sie werden es nicht bereuen, sich hierzu ein paar Gedanken zu machen. Auch die Platzierung eines WC sollte genau überlegt werden. Um bequem zu sitzen und alle Accessoires in Reichweite zu haben, empfehlen sich folgende Mindestabstände: vor dem Klosett 75–90 cm Bewegungsraum, zwischen Becken und Wand mindestens 20 cm. Beachten Sie: Vor dem Kauf sollten Sie die Höhe des WC bestimmen: Sollen Kinder es erklimmen können oder wird es hauptsächlich von erwachsenen Menschen benutzt? Dementsprechend muss auch vor der Beplankung der Vorwandträger eingestellt werden.

Verschiedene Modelle

- Wandhängendes WC: Dieses Modell hat den Vorteil, dass es sich außen rundherum reinigen lässt. Bei einer Montage auf ein Vorwandsystem bietet sich diese Variante direkt an. Da der Abfluss nicht durch den Boden geht, ist er auch einfacher zu platzieren und zu montieren.
- Stand-WC: Ein solches sollte man nur benutzen, wenn ein altes Stand-WC mit Bodenabgang ausgetauscht wird. Es gibt natürlich auch Varianten, die stehen und trotzdem einen Abfluss zur Wand hin besitzen.
- Flachspüler: Flachspüler sind seltener geworden, da sie schwieriger sauber zu halten sind. Denn die Ausscheidungen bleiben auf dem Podest liegen, ehe sie abgespült werden. Für die Kontrolle des Stuhlgangs aus gesundheitlichen Gründen eignen sie sich allerdings besser.
- Tiefspüler: Tiefspüler und Absaugklosetts minimieren die Geruchsbelästigung und sind diskreter und sauberer, weil alles direkt im Sperrwasser des Siphonbogens aufgefangen wird.

Zubehör auswählen

- WC-Deckel: Suchen Sie sich beim Kauf des WC direkt einen Deckel dazu aus, denn diese sind meistens nicht im Lieferumfang eines WC inbegriffen. Deckel gibt es mit einer Vielzahl an Farben, Formen und Mustern, da kann die Auswahl schon mal schwierig werden. Im Zweifelsfall empfehlen wir eine schlichte und dezente einfarbige Variante.
- Spülkasten: Neben der Frage, ob Sie den Wasserkasten in die Wand integriert oder separat aufgehängt bzw. aufgestellt haben möchten, ist vor allem der Wasserverbrauch zu beachten. Pro Spülgang sollten nicht mehr als 6 Liter verbraucht werden und eine von Hand zu betätigende Wasserstopptaste ist heutzutage selbstverständlich.

ACHTUNG! PROFITIPP

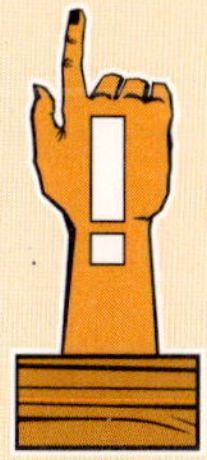

WASSER SPAREN.

Die Toilettenspülung weist die größte Differenz zwischen verbrauchtem und real benötigtem Wasser auf und somit kann man hier auch am meisten sparen. Alte WC haben oft riesige Spülkästen, die mehr als 9 Liter pro Spülgang verbrauchen. Spülkastengewichte verringern die verbrauchte Wassermenge, indem sie dafür sorgen, dass nur so lange Wasser läuft, wie die Spültaste gedrückt gehalten wird. Das macht Sinn, denn beim Abspülen von Urin werden z. B. nur 3 Liter benötigt.

WASCHBECKEN MONTIEREN.

Okay, es gibt auch freistehende Waschbecken. Aber selten. Sehr selten. Das ist dann erstens eher wie ein Brunnen im Zimmer und zweitens muss man dafür erst mal den Platz haben. Also werden die Teile gewöhnlich an die Wand geschraubt. Meist bringen Waschbecken ziemlich viel Eigengewicht

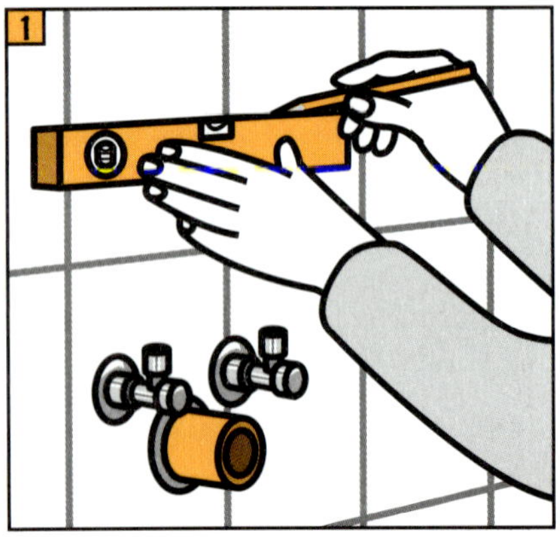

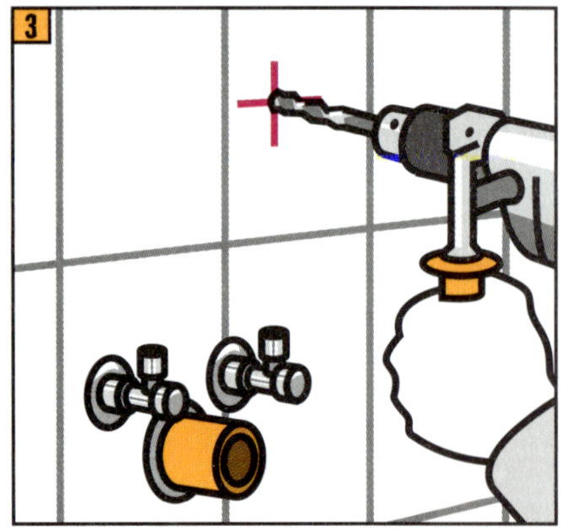

Falls noch keine Eckventile an der Wand befestigt sind, müssen diese als Erstes montiert werden. Die Gewinde mit Hanf umwickeln und in die vorgesehenen Öffnungen eindrehen. **1** Für die Waschbeckenbefestigung werden die beiden Löcher zur Aufhängung in der Wand benötigt. Zeichnen Sie sich die Bohrlöcher so an, dass sie genau mittig zum Abflussloch in der Wand liegen. Die Bohrlochhöhe ergibt sich aus der Montagehöhe. **2** Den Bohrlochabstand übernehmen Sie von den beiden Befestigungslöchern an der Rückseite des Waschbeckens. Damit die Bohrlöcher exakt gebohrt werden und der Bohrer beim Bohren nicht abrutscht, werden die Fliesen mit einem Körner leicht angekörnt. Gehen Sie mit leichten Hammerschlägen vor, denn die Fliesen können dabei brechen. Alternativ kleben Sie Malerkrepp auf die zu bohrende Stelle. **3** Bohren Sie langsam und vorsichtig in einer niedrigen Drehzahl. Erst wenn der Bohrer das Mauerwerk erreicht hat, kann je nach Beschaffenheit der Mauer das Schlagwerk zugeschaltet werden. Hinweis: Bei

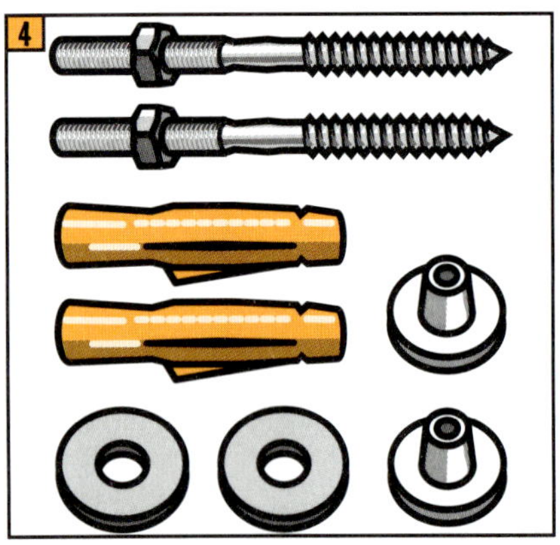

einer Vorwandinstallation brauchen Sie diese Löcher nicht zu bohren, da die Gewindestangen bereits aus der Wand ragen. **4** Für die Befestigung des Waschbeckens gibt es spezielle Befestigungssätze. Diese bestehen aus Stockschraube, Dübel, Metall- und Kunststoffscheibe. Versuchen Sie nicht, das Waschbecken mit normalen Dübeln und Schrauben zu befestigen. Eine stabile Montage ist nur mit den vorgeschriebenen Befestigungselementen möglich. **5** Das Loch muss absolut waagrecht und tief genug (min. 85 mm) gebohrt werden. Achten Sie darauf, dass der Dübel stramm sitzt und sich komplett hinter den Fliesen befindet. Die beiden Stockschrauben werden nun mit einem Gabelschlüssel in die Dübel eingedreht (grobes Gewinde), bis nur noch das metrische Gewinde mit dem Schlüsselansatz sichtbar ist. **6** Um Materialspannungen zu vermeiden, sollte die Waschbeckenrückseite mit einem Kunststoffprofil, Dichtungskitt oder Sanitärsilikon versehen werden. Das schützt zudem davor, dass Wasser und Schmutz hinter das Becken gelangen. Das Waschbecken wird jetzt über die beiden Stockschrauben geschoben und von einem Helfer abgestützt. **7** Zuerst die Kunststoffscheiben über die Stockschrauben schieben, dann die Metallunterlegscheiben und zuletzt die Muttern. Diese werden mit dem Gabelschlüssel wechselseitig festgedreht. Vermeiden Sie Spannungen beim Anziehen der Muttern.

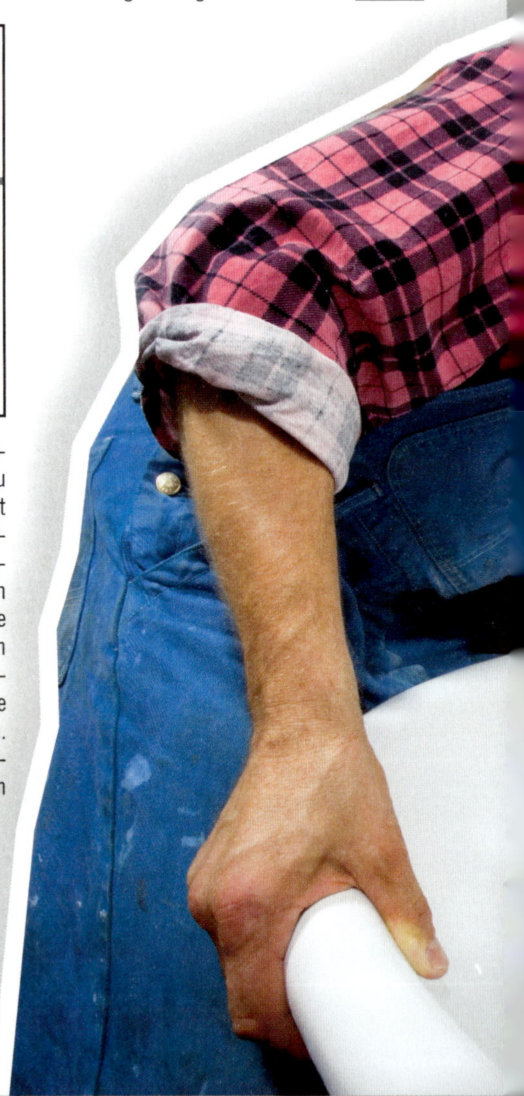

mit und die Leute stützen sich auch noch darauf ab, wenn sie ihre Falten im Spiegel untersuchen. Wenn Sie nicht wollen, dass Ihnen das Becken eines Tages auf den Fuß fällt, müssen Sie das Becken tief, fest und stabil in der Wand verschrauben.

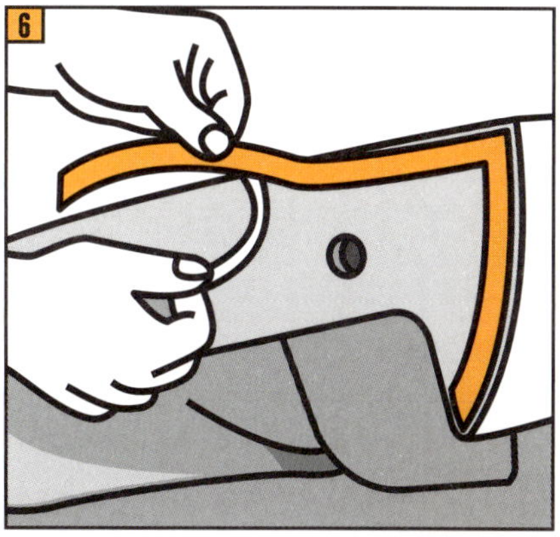

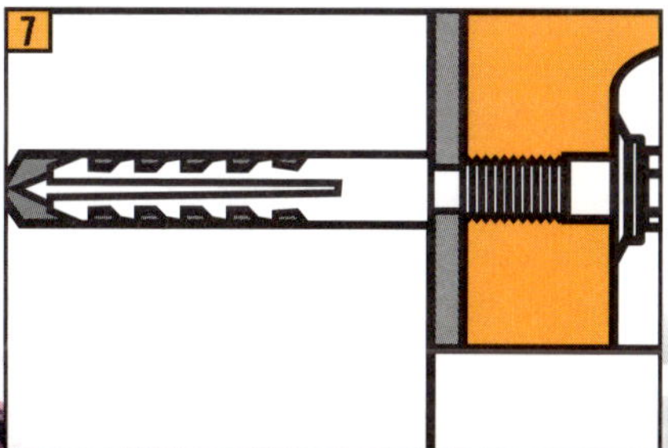

MATERIAL.

- ✓ Ablauf
- ✓ Ablaufventil
- ✓ Befestigungssatz
- ✓ Dichtungskitt
- ✓ Eckventile
- ✓ Einhebel-Mischbatterie
- ✓ Einhebel-Niederdruck-batterie (alternativ)
- ✓ Elektro-Niederdruck-speicher (bei Bedarf)
- ✓ Kunststoff-Montagestreifen
- ✓ Kreppband
- ✓ Sanitärsilikon
- ✓ Siphon
- ✓ Hanf oder Teflonband
- ✓ Dichtungspaste
- ✓ Waschbecken

WERKZEUG.

- ✓ Bleistift
- ✓ Bohrmaschine
- ✓ Gabelschlüssel (17–19 mm)
- ✓ Hammer
- ✓ Kartuschenpresse
- ✓ Körner
- ✓ Metallsäge/ Rohrabschneider
- ✓ Schraubendreher
- ✓ Standhahnmutter-Schlüssel/ Steckschlüssel 13 mm
- ✓ Stein- bzw. Fliesenbohrer 7/14 mm
- ✓ Stockschraubenschlüssel
- ✓ Wasserpumpenzange
- ✓ Wasserwaage
- ✓ Zollstock

ARMATUR UND ANSCHLÜSSE.

Damit das Wasser ein- und abfließen kann, müssen Wasserhahn, Siphon, Exzentergarnitur und Rohre angeschlossen werden. Das geht relativ einfach. Wichtig ist, dass alles dicht ist – also nie Dichtband vergessen und die Verschraubungen fest anziehen!

1

2
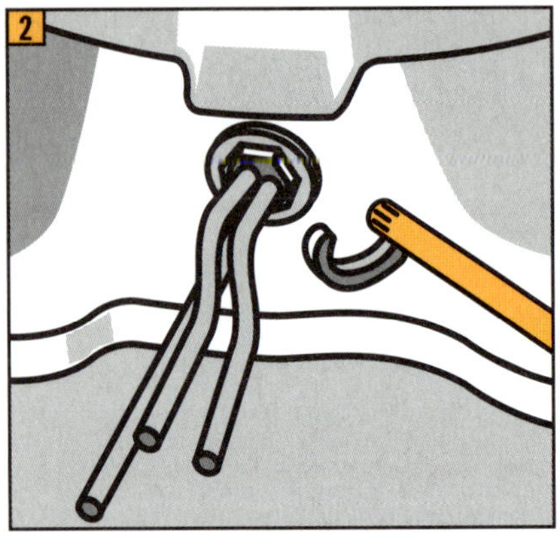

3
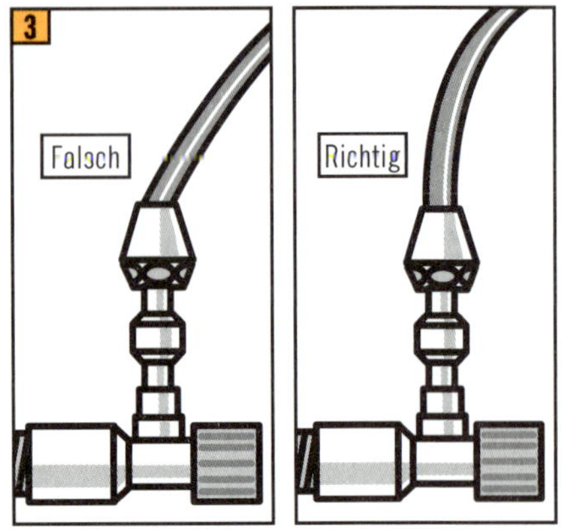

1 Beim Montieren der Armatur wird zuerst der obere Dichtungsring auf das Hahnloch an der Beckenoberseite gelegt und die Armatur mit den beiden Anschlussröhrchen eingeführt. Für den Betrieb der Armatur an einem Elektro-Niederdruckwasserspeicher wird eine Armatur mit drei Anschlussröhrchen benötigt. **2** Von der Unterseite wird zuerst ein Dichtring über das Armaturengewinde geschoben, darüber dann die Überwurfmutter und schließlich fest anziehen. Bei schwer zugänglichen Stellen kann ein Standhahnmutter-Schlüssel bzw. ein Steckschlüssel das Anziehen der Mutter erleichtern. **3** Die verchromten Anschlussröhrchen werden nun so gebogen, dass sie genau senkrecht in die Eckventile eingesteckt werden können. Vermeiden Sie das Knicken der Rohre, denn sie könnten dabei brechen und undicht werden. **4** Mit der Metallsäge oder einem Rohrschneider längt man die Rohre ab. Die beiden Rohrenden werden nun in die Eckventile eingesteckt **5** und die Verschraubungen mit den Quetschverbindungen angezogen. **6** Das Ablauf-

4
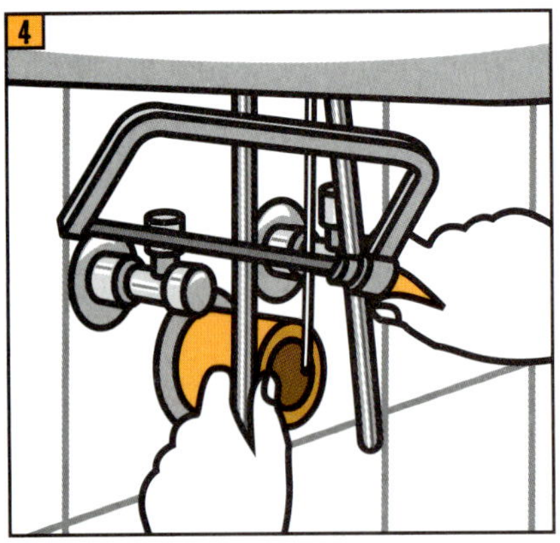

5

6
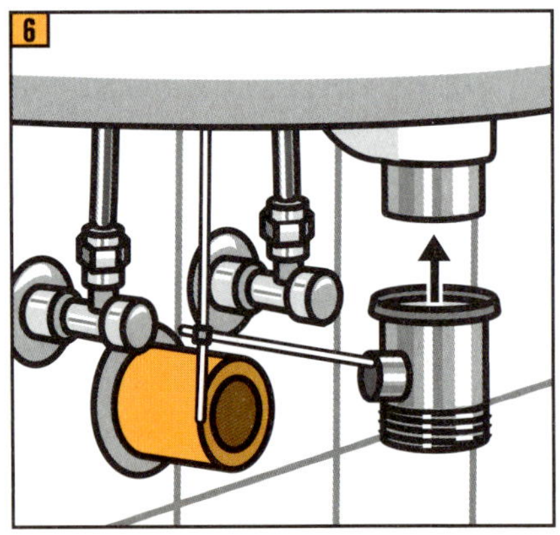

ventil wird wie folgt montiert: das Ventiloberteil mit einer Dichtschnur/Dichtungsring unterlegen und in die Ablauföffnung des Waschbeckens von oben einsetzen. Das Ventilunterteil (Öffnung für das Exzentergestänge nach hinten ausgerichtet) von unten an das Oberteil ansetzen und verschrauben. **7** Jetzt kann der Siphon auf das Abflussrohr gesteckt und mit dem Ablaufventil verbunden werden. Alle Verschraubungen fest anziehen. Das Gestänge der Exzentergarnitur wird mit der Querstange der Gelenkverschraubung verbunden und so eingestellt, dass der Verschluss des Ablaufes dicht schließt und gut zu öffnen ist. Armaturen mit flexiblen Anschlussschläuchen sind übrigens leichter zu montieren. Die Anschlussschläuche werden nicht gekürzt und müssen auch nicht exakt gebogen werden. Sie werden genau so wie die verchromten Anschlussröhrchen an die Eckventile angeschlossen.

7

HINWEIS!

Die Montage an ein Vorwandsystem unterscheidet sich nur darin, dass die Stockschrauben bereits in der Vorwandinstallation vorhanden sind und das Waschbecken nur darauf gesteckt und wie beschrieben befestigt zu werden braucht. Die richtige Abmessung der Abstände und Höhen müssen Sie deshalb bereits beim Bau der Vorwand vornehmen.

WC MONTIEREN.

Es mag beunruhigend sein, ein WC „aufzuhängen“, da man sich ja draufsetzt und ihm sein ganzes Gewicht anvertraut. Aber machen Sie sich keine Sorgen: Ständer und Aufhängung sind so konstruiert, dass auch Ihre etwas schwergewichtigeren Gäste nicht mitsamt dem Klosett abstürzen.

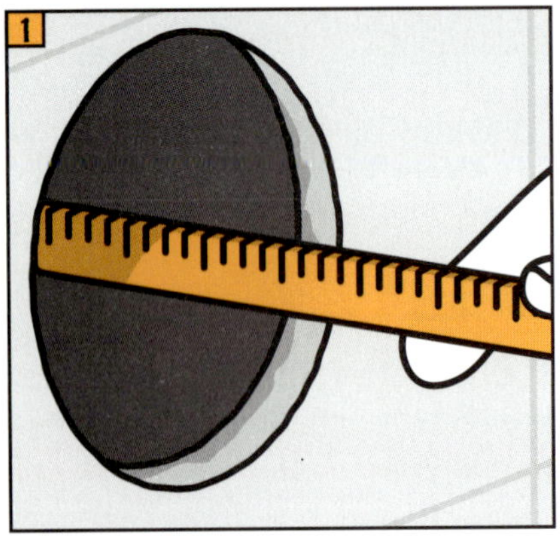

1 Montieren Sie die Rohrabschnitte für Abwasser und Zulaufwasser auf die Anschlüsse an der WC-Rückseite. Ermitteln Sie dann die Länge der Zu- und Abflussrohre, indem Sie an der Wand den Abstand von der Fliesenoberfläche zum Rohranschluss messen. **2** Dieses Maß übertragen Sie auf die am WC montierten Rohrteile. Am besten, Sie umwickeln die Rohre entlang der Markierung mit einem Kreppband. So können Sie die Rohre genauer zuschneiden. **3** Sind die Rohre gekürzt, das

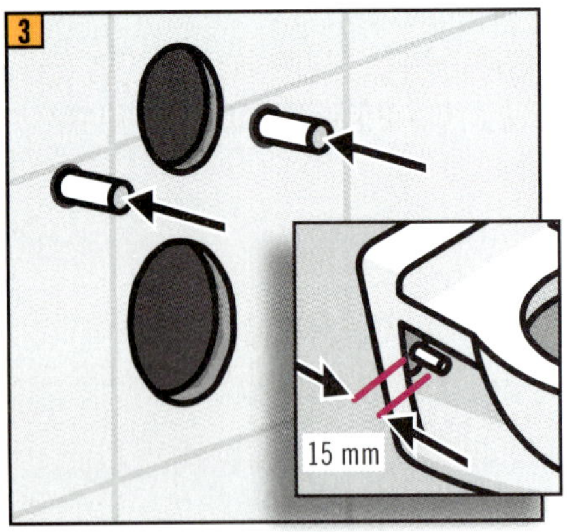

WC einmal provisorisch an die Wand halten, um zu sehen, ob die Gewindestangen gekürzt werden müssen (sie sollten ca. 15 mm überstehen). Bei Bedarf diese dann mit einer Eisensäge auf passende Länge abschneiden. **4** Nun kann das WC montiert werden. Das WC-Schallschutzset über die Wandanschlüsse schieben und die gekürzten Rohrteile mit der Dichtungspaste einschmieren. Nun das WC-Becken mit den Rohrteilen in die Wandanschlüsse einführen, die Gewindestangen in die vorgefertigten Löcher einfädeln und mit den Muttern fixieren. Denken Sie an die Unterlegscheiben aus Kunststoff, um die Keramik zu schonen. Ziehen Sie die Muttern erst dann fest an, wenn alle Rohranschlüsse fertig montiert sind. Vorsicht: nicht zu fest anziehen, sonst springt die Keramik! **5** Jetzt kommt der WC-Deckel drauf. Führen Sie von unten den gebogenen Teil des Befestigungshakens in die vorgesehenen Löcher von Deckel und Brille ein. Den Deckel auf das WC setzen und mit den Befestigungshaken am WC befestigen. Für das anschließende Einsetzen des Spülkastendeckels beachten Sie bitte die Montageanleitung des Herstellers.

WERKZEUG.

- ✓ Bohrmaschine
- ✓ Steinbohrer
- ✓ Maulschlüssel
- ✓ Schraubendreher
- ✓ Wasserpumpenzange
- ✓ Säge/Eisensäge
- ✓ Feile
- ✓ Wasserwaage
- ✓ Zollstock
- ✓ Bleistift/Filzstift

MATERIAL.

- ✓ WC
- ✓ WC-Befestigungssatz
- ✓ WC-Sitz
- ✓ WC-Ablaufstutzen/-bogen
- ✓ WC-Schallschutzset
- ✓ Tube Dichtungspaste
- ✓ Hanf oder Teflonband
- ✓ Rosette für Ablaufgarnitur
- ✓ Spülkasten mit Befestigung
- ✓ Eckventil
- ✓ Anschlussrohr für Wasserzulauf
- ✓ Spülrohr

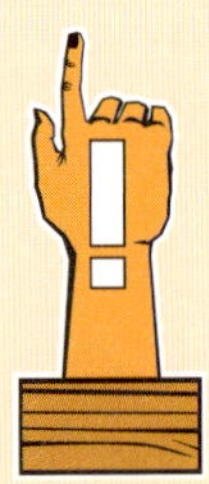

PROFITIPP!

Ein natürliches WC-Reinigungsmittel ist Backpulver: einfach ein Päckchen davon in die Schüssel streuen, einwirken lassen und nachspülen.

STAND-WC MIT SPÜLKASTEN EINBAUEN.

Wasserstopptaste und Sparspülgang sind heute selbstverständliche Funktionen an einem Spülkasten. Man benutzt auch keine großen Kästen mehr, die viel Wasser durch die Leitung jagen, sondern lieber Spülungen, die mit viel Druck und wenig Wasser den gleichen Effekt erzielen.

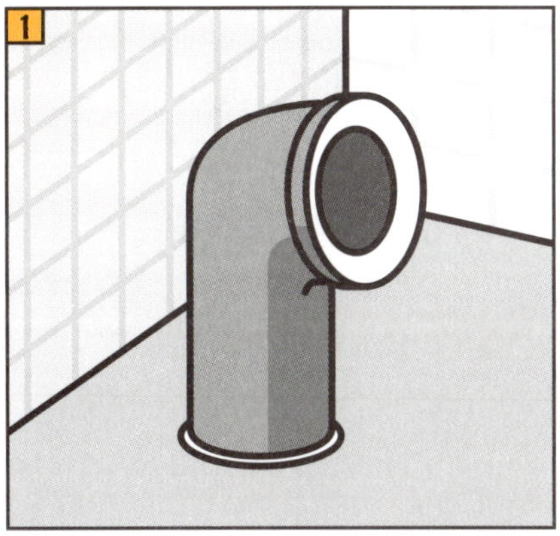

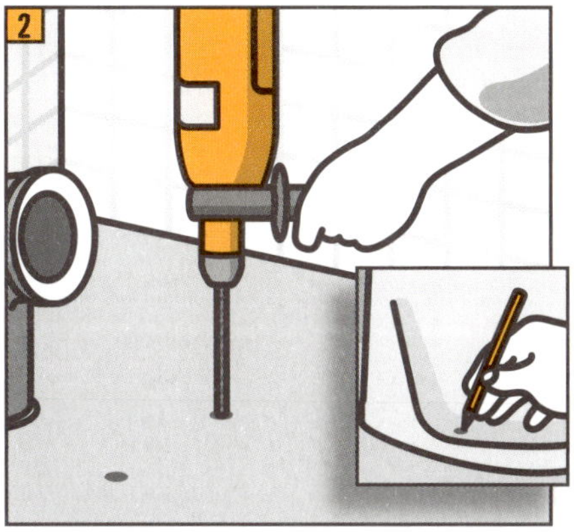

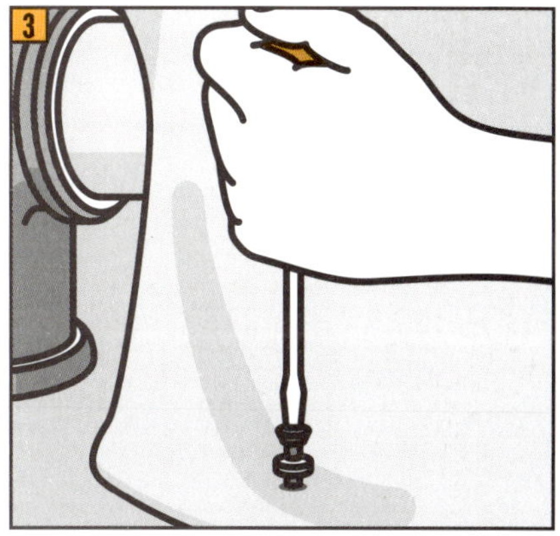

1 Stecken Sie das WC-Abfluss-Rohr (45°-Krümmung) in die Abflussöffnung im Boden. Dann das WC-Becken an das herausragende Rohrende heranschieben, bis beide dicht miteinander verbunden sind. **2** Mit einem Stift die Befestigungslöcher im unteren Rand des WC auf dem Fußboden markieren. Das WC-Becken wieder zur Seite setzen und mit niedriger Drehzahl die Dübellöcher in den Boden bohren. Danach den Staub aus den Löchern saugen und die Dübel einstecken. Das WC-Becken so über die Bohrlöcher schieben, dass diese mit den Befestigungslöchern übereinstimmen. **3** Schrauben und Unterlegscheiben aus Kunststoff von oben durch die Montagelöcher stecken und festziehen. Vorsicht, nicht zu fest anziehen, damit

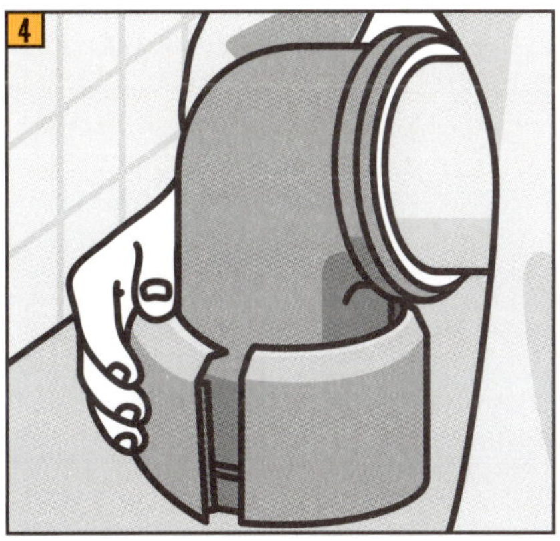

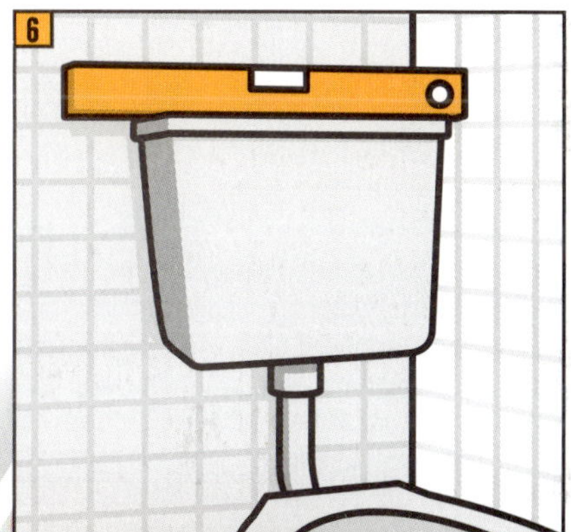

das Porzellan nicht springt! **4** Eine Manschette aus Kunststoff verbirgt den unschönen Übergang des Abflussrohrs in den Fußboden. Einfach aufklappen, herumlegen und zusammendrücken – fertig! **5** Den gebogenen Rohranschluss für den Spülkasten mit Dichtungsring in die vorgesehene Öffnung an der Rückseite des WC-Beckens stecken. Setzen Sie den Spülkasten ohne Deckel provisorisch auf den Rohranschluss und kontrollieren Sie, ob der Anschluss des Wasserzulaufs auf gleicher Höhe wie das Eckventil liegt. Falls nötig, den Rohranschluss entsprechend kürzen. **6** Richten Sie den Spülkasten mit der Wasserwaage mittig zum WC aus. Im nächsten Schritt die Bohrlöcher für die Aufhängung des Kastens markieren. Danach den Spülkasten wieder wegnehmen und die Dübellöcher in die Wand bohren. Bohrstaub aussaugen und die Dübel in die Löcher stecken. Auf den Rohranschluss werden nun Dichtkonus und Überwurfmutter aufgesteckt. Jetzt wird der Spülkasten aufgesetzt und festgeschraubt. **7** Je nach Ausstattung werden Spülkasten und Eckventil mit einem Druckschlauch oder verchromtem Kupferrohr verbunden (beide ø 10 mm). Überwurfmutter, Konus, Messing- und Dichtscheibe auf den Schlauch bzw. das Rohr setzen, die Enden bis zum Anschlag einführen und die Muttern festschrauben. Das war's.

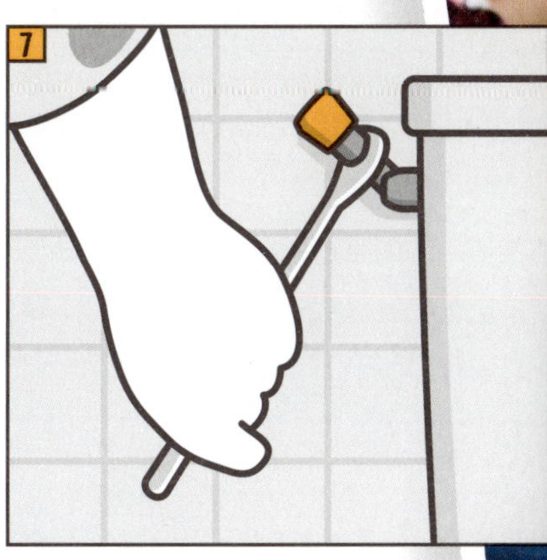

FRAGEN & ANTWORTEN.

Was machen, wenn das Waschbecken im Hobbyraum nicht an den Warmwasserkreislauf angeschlossen ist, die schmutzigen Heimwerkerhände aber nur mit heißem Wasser sauber werden?

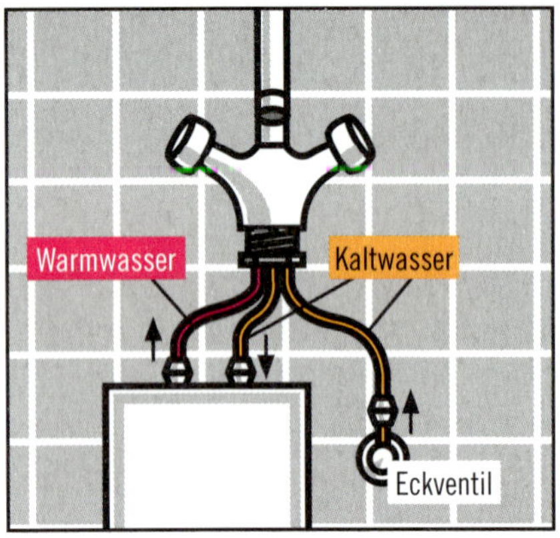

Ich kann mein Waschbecken nicht an eine zentrale Warmwasserversorgung anschließen. Gibt es eine Alternative?

Ja, hier kann ein Elektro-Niederdruckspeicher eingesetzt werden. Dafür wird eine spezielle Waschtischarmatur benötigt. Diese sog. Einloch-Niederdruck-Batterie hat drei Anschlussrohre von 8 mm ø anstatt normale Einloch-Batterien mit zwei Anschlussröhrchen. Die Röhrchen sind mit Pfeilen gekennzeichnet und müssen am Elektro-Niederdruckspeicher mit den Anschlüssen mit gleichen Pfeilen verbunden werden. Ein Röhrchen ist etwas kürzer und wird mit dem Eckventil (Kaltwasserzulauf) verbunden. Achten Sie auf die richtige Verbindung aller Röhrchen. Ist alles angeschlossen und die Verschraubungen fest angezogen, kann das Eckventil aufgedreht und der Warmwasserspeicher mit Wasser gefüllt werden.
ACHTUNG GEFAHR: Der Elektro-Niederdruckspeicher darf erst ans Netz angeschlossen werden, wenn er vollständig mit Wasser gefüllt ist. Die Standardspeicher haben keinen Überhitzungsschutz. Folge: Die Heizspirale überhitzt sich und brennt durch.

Ich finde den Anblick der Zu- und Abflüsse hässlich, gibt es Abhilfe?

Ja, zu manchen Waschbecken sind Abdeckhauben oder Säulen erhältlich. Diese decken dann die gesamten Installationsteile unter dem Waschbecken ab. Wählen Sie den Abstand der Eckventile nach der Größe der Abdeckhaube (herstellerabhängig). Alternativ können Sie auch eine kleine Einbaukommode unter dem Waschbecken konstruieren – diese verdeckt die Rohre und verstaut z. B. die Badreinigungsmittel.

WICHTIG: Informieren Sie sich in diesem Zusammenhang über das Thema Sicherheit im Umgang mit Strom auf Seite 411.

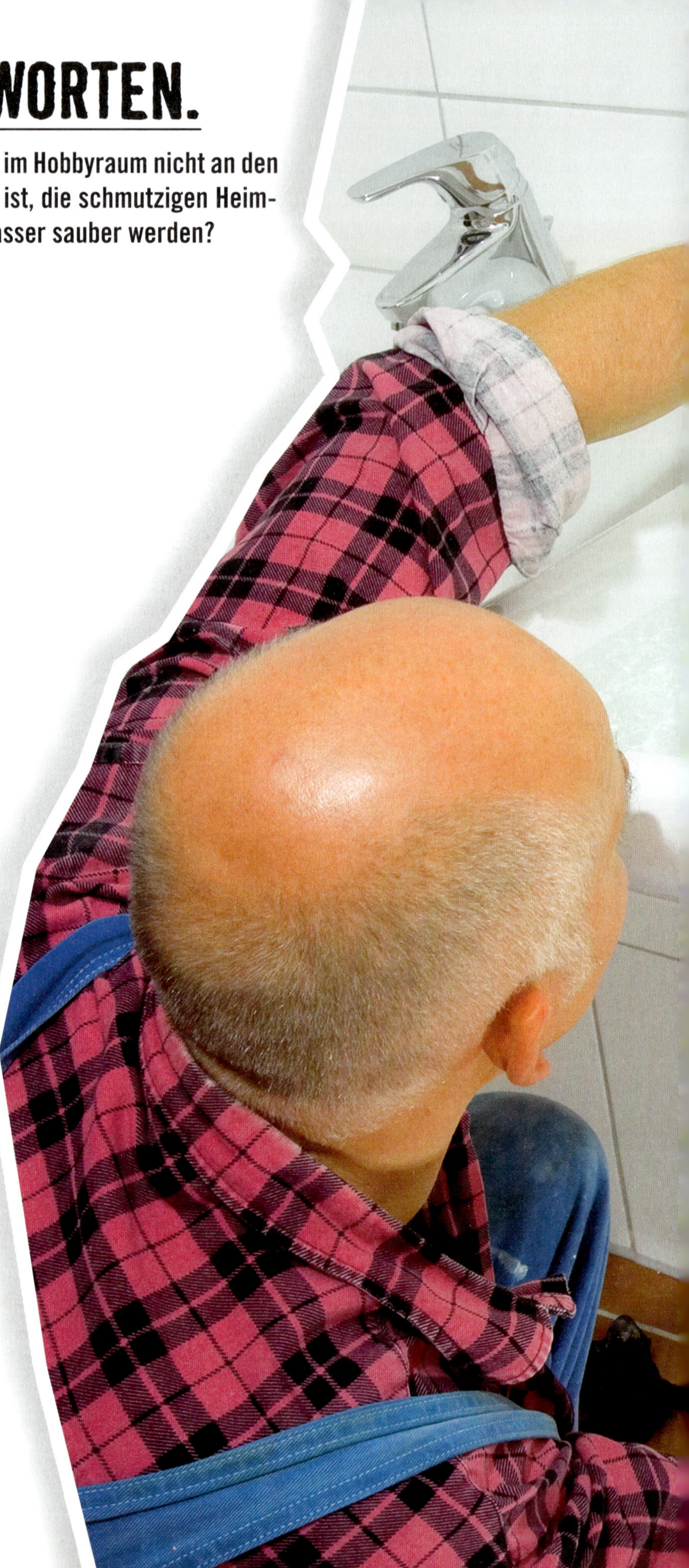

Da Sie sowieso schon dabei sind, Löcher in die Fliesen zu bohren, sollten Sie mal über einen Seifenhalter an der Wand nachdenken. Mit diesem feinen Accessoire müssen Sie sich in Zukunft nicht mehr über das glitschige Stück Seife ärgern, das nirgends liegen bleibt und ständig durch das Waschbecken flutscht.

vorher

nachher

16.8V

SAUNA BAUEN.

SAUNA BAUEN.

SAUNA – DIESES WORT STEHT FÜR ENTSPANNUNG, KÖRPERPFLEGE, GESUNDHEIT UND GESELLIGKEIT. WIR KENNEN DEN FINNISCHEN SCHWITZKASTEN MEIST ALS ÖFFENTLICH BETRIEBENE EINRICHTUNG IN EINEM SCHWIMMBAD ODER HOTEL. IN FINNLAND ABER GEHÖRT DIE SAUNA ZUM ALLTAG. FERTIGBAUSÄTZE ERMÖGLICHEN DEN UNKOMPLIZIERTEN UND PREISWERTEN EINBAU INZWISCHEN AUCH HIERZULANDE – EGAL, OB UNTERM DACH, IM KELLER, IN DER GARAGE ODER IM GARTEN.
HABEN SIE NOCH IRGENDWO EIN ECKCHEN FREI? DANN GÖNNEN SIE KÖRPER UND SEELE DIESE WOHLTAT!

FRÜHER ERDLOCH, HEUTE HOLZKABINE.

Ursprünglich bedeutet das finnische Wort „Sauna“ so viel wie Erdloch, denn früher wurde wohl ein Loch gebuddelt, um darin zu schwitzen. Heute wäre die korrekte Übersetzung etwa „Schwitzstube“, wobei das Wort Sauna aber mittlerweile international verstanden wird. Unter einem Saunabad versteht man im Unterschied zu anderen Bädern den mehrmaligen Wechsel zwischen Aufheizen in einem bis zu 100 °C heißen, sehr trockenen (ca. 10 % Luftfeuchtigkeit) Klima und Abkühlen mit kaltem Wasser. Deswegen ist es sinnvoll, die Sauna an einem Ort aufzustellen, der sich in der Nähe kalten Wassers befindet und der ruhig ist, um dem Entspannungsfaktor gerecht zu werden.

Anforderungen an den Raum

- Die lichte Höhe des Raumes muss mindestens 2,25 m betragen – zwischen Saunakabine und Decke müssen mindestens 10 cm Luft sein.
- Anschlüsse für Strom (400 V) und Wasser müssen vorhanden sein oder eingebaut werden.
- Frische Luft muss zuströmen, ohne Zugluft zu produzieren, und die verbrauchte, feuchte Luft abströmen. Am besten ist ein Raum mit Fenster.
- Ideal ist, wenn der Raum noch Platz für Umkleide und Ruheort hergibt.
- Die Anbindung an einen Garten mit Schwimmbecken, Gartenschlauch oder Tauchbecken bzw. einfach nur Schnee im Winter perfektioniert den Saunagang durch ein schönes Abkühlerlebnis. Im Garten an Sichtschutz denken!
- Der Fußboden muss schall- und wärmegedämmt sein. Man muss ihn leicht reinigen können – er ist am besten aus Kunststoff, Keramik oder Stein. Laminat oder Teppich sind gänzlich ungeeignet! Für die Bodenentwässerung sorgt ein leichtes Gefälle in Richtung eines Abflusses oder einer Auffangrinne. Die Saunakabine selbst hat keinen eigenen Fußboden, es liegen nur Holzroste am Boden, die zum Putzen entfernt werden.
- An Fläche braucht die klassische Familiensauna, in der gleichzeitig zwei Personen liegen und zwei sitzen können, 2 m x 2 m plus 5 cm Abstand zu jeder Wand. Das niedrigste Saunamaß ist übrigens 180 cm – hier wird ein Hitzeschutz über dem Ofen benötigt, höher als 230 cm sollte dagegen keine Sauna werden, weil sonst die Wärme nach oben abhaut.

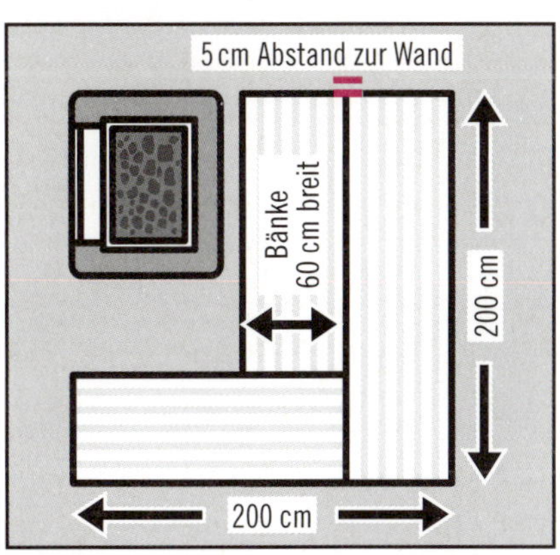

Aus was die Sauna besteht

Eine Sauna besteht aus naturbelassenem, harzfreiem Holz und nichts anderem, am besten aus nordischem Fichtenholz. Es wird lediglich auf verschiedene Weise mit heißem und kaltem Wasser vorbehandelt, damit es sich nicht mehr so stark verzieht. Korkplatten, Gipskarton oder Leichtbetonsteine eignen sich ebenso wenig wie verleimtes oder getränktes Holz.

Dazu kommt eine Dämmschicht wegen der enormen Temperaturdifferenzen zwischen Saunakabine und Umgebungsluft. Die Dämmstoffe müssen wasserabweisend, nicht brennbar, form- und raumbeständig und geruchsfrei sein sowie den hohen Temperaturen standhalten, ohne giftige Gase freizusetzen.

HINWEIS!

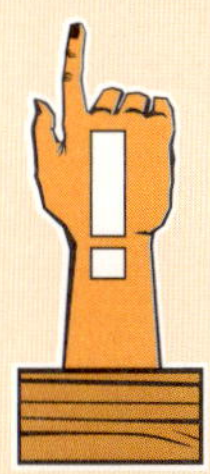

Man kann die Sauna auch in ein bestehendes Bad integrieren, sofern die nötigen Sicherheitsabstände zwischen dem Elektroanschluss und Wasser eingehalten werden. Sonst wird sich Ihr Elektriker weigern, den Ofen anzuschließen – was übrigens nur er darf! Selbermachen ist hier strengstens verboten!

Zwei Saunatypen zum Selbstbau

- Elementsauna:
  Dieses Fertigbausystem besteht aus energiesparend und saunagerecht isolierten Nut- und Federbrettern, die bereits zu größeren Elementen verbunden sind. Das Holz ist meist naturbelassene nordische Fichte. Isoliert werden die Elemente vorwiegend mit Mineralsteinwolle und Dampfsperrfolie – alternativ gibt es auch Holzfaser oder Kork.

- Massivholzsauna:
  Die Wände der Massivholzsauna bestehen aus einer Ständerrahmenkonstruktion mit massivem Holz: 45 mm starken, naturbelassenen nordischen Fichtenbohlen mit Doppelnut und Doppelfeder. Das macht die Konstruktion sehr stabil und langlebig. Die Decke bilden 14 mm starke Massivholzbretter und eine Dämmschicht aus Mineralwolle und Dampfsperrfolie.

Beide Varianten lassen sich noch mit allerlei Zubehör ausstatten. Außerdem gibt es Varianten für spezielle Ansprüche: Ecksaunen für zwei Personen, raumsparende 7-Eck-Elementsaunen, komfortable Rundsaunen etc.

Hinweis

Die Sitz- und Liegebänke sollten mindestens 60 cm breit und 180 cm lang sein.

SAUNA IN ELEMENTBAUWEISE.

Die Fertigbausätze variieren natürlich von Hersteller zu Hersteller, deswegen sollten Sie sich dringend an die mitgelieferte Montageanleitung halten. Viele Arbeitsschritte und Handgriffe ähneln sich jedoch so stark, dass wir Ihnen hier durchaus eine grobe Vorstellung davon vermitteln können,

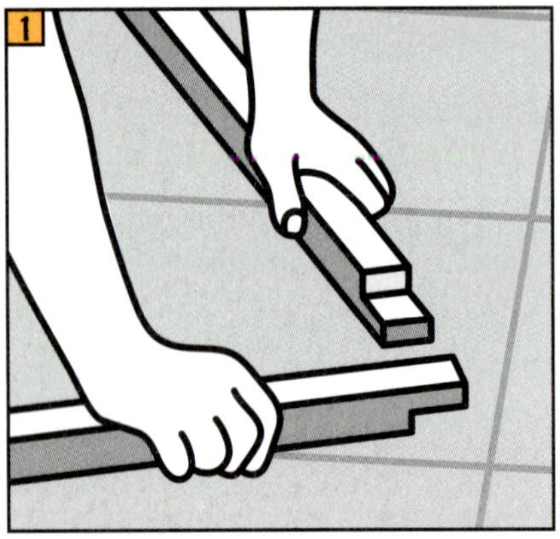

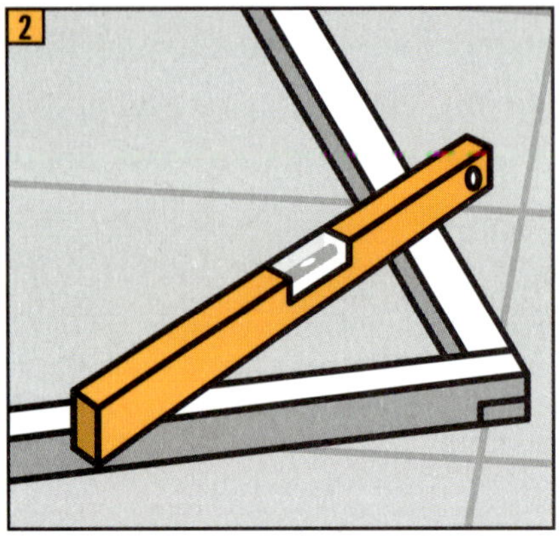

1 Legen Sie den Fundamentrahmen auf den Boden und verschrauben Sie ihn an den Ecken. Die Leisten müssen überall auf dem Boden aufliegen, sonst entsteht eine punktuelle Überbelastung des Fundamentrahmens. **2** Prüfen Sie mit der Wasserwaage, ob der Rahmen waagerecht steht. **3** Schrauben Sie nun zwei der Wandteile an der Leiste über Eck fest. Verwenden Sie nur nichtrostende Schrauben, die versenkt geschraubt werden, sonst können Sie sich an den Kanten aufschürfen und am erhitzten Metall verbrennen. Jetzt brauchen Sie einen Helfer: Setzen Sie das gerade zusammengesetzte Stück auf das Fundament. Nut und Feder passen – und die Ecke sitzt stabil. **4** Sie können jetzt die anderen Seitenwände anschrauben – immer an den mitgelieferten Leisten. So geht es dann weiter, Stück für Stück, bis der Sauna-Rohbau fertig ist. Als Letztes sollten Sie ein vom Raum gut zugängliches Eckteil montieren. Zwischen alle Verbindungen kommt ein mitgelieferter Dichtungsstreifen. Dieser quillt nach Einbau stark auf und verschließt so alle Fugen luftdicht. **5** Setzen Sie als Nächstes das Türelement ein. Es wird schon verschraubt angeliefert. Den Türanschlag können Sie setzen, wie Sie wollen – beide Seiten sind möglich. Wenn Sie alle Schrauben gesetzt haben, steht Ihre Elementsauna sicher auf dem Fundament. **6** Jetzt sind die Dachrahmen dran: einfach drauflegen und festschrauben. **7** Hier ist noch ein kurzer Blick in die Anleitung nötig. Dann können Sie – ganz nach Vorlage – die Innenleisten anmessen, auf denen das Dach montiert wird. **8** Jetzt können Sie die Dachele-

HINWEIS!

Es ist empfehlenswert, die Fußroste regelmäßig mit Seifenlauge zu waschen, damit sich keine Krankheitserreger darin sammeln können.

was auf Sie zukommt, wenn Sie sich so ein Ding liefern lassen. Wichtig ist außerdem, dass Sie den Raum richtig vorbereiten, ehe der Lieferant auf der Türschwelle steht. Der Boden muss eben und wasserdicht, Wände und Decke mit Dampfsperre ausgestattet, die Lüftungssituation geklärt sein.

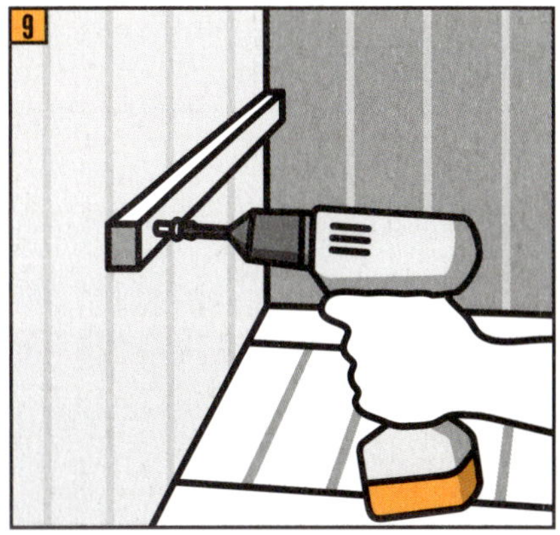

mente auflegen. 9 Die Leisten für die Saunaliegen fehlen auch noch. Ermitteln Sie die benötigte Höhe der Liegen und die sich dadurch ergebende Höhe der Auflageleisten.

Zum Anschluss des Saunaofens wird Silikonkabel verwendet. Dieses hitzebeständige Kabel ist Bestandteil des Saunabausatzes. Das Kabel wird entsprechend Montageanleitung der Sauna verlegt. Meist ist dafür eine entsprechende Bohrung in der Saunawand vorhanden. Und jetzt: rein mit dem Ofen. Anschrauben ja – aber Finger weg von den Anschlüssen!

Außer Sie sind ein autorisierter Elektriker. Denn nur als solcher dürfen Sie Ofen und Steuergerät anschließen. Informieren Sie sich auch auf Seite 411 über die Sicherheitsregeln im Zusammenhang mit Strom. Am Schluss kommen noch Ofenschutzgitter, Thermometer, Hygrometer und Sanduhr an die Innenwände – fertig!

WERKZEUG.

- ✓ Wasserwaage
- ✓ Schlosserhammer
- ✓ Rollmaß
- ✓ Bohrmaschine
- ✓ Kreuzschlitz-Schraubendreher
- ✓ Akku-Bohrschrauber
- ✓ Bleistift

MATERIAL.

- ✓ Sauna-Bausatz
- ✓ Silikonkabel-Set
- ✓ Sauna-Zubehör-Set mit Aufgusskübel und Schöpfkelle
- ✓ Klimamesser
- ✓ Sanduhr
- ✓ Aufgusskonzentrate
- ✓ Saunaleuchten-Set
- ✓ Farblichtanwendung

ELEMENTE EINER SAUNA.

Im Baumarkt und Fachhandel erhalten Sie jede Menge Sauna-Artikel für den vollen Schwitzspaß, so z. B. Aufgusskübel, Schöpfkelle, Klimamesser, eine Tafel mit Saunaregeln, Hygrometer, Aufgusskonzentrate, Sauna-Leuchten etc. Und mit schönen Saunatüchern macht's noch mehr Spaß!

BROTZEIT!

So wird die neue Sauna zünftig eingeweiht.

Bevor der Aufgusskübel (lebensmitteltauglich) zum ersten Mal mit der Aufgussflüssigkeit gefüllt wird, kommt je nach Vorliebe erstmal eine Apfelschorle oder ein Multivitaminsaft rein. Für die Feinschmecker darf's auch gerne ein selbst zubereiteter Gemüsecocktail sein und die Puritaner unter Ihnen können sich an kühlem Wasser laben.

Wenn der Aufgusskübel aber erst einmal mit Aufgussmittel gefüllt war, sollte freilich nicht mehr daraus getrunken werden.

Dann mal prost!

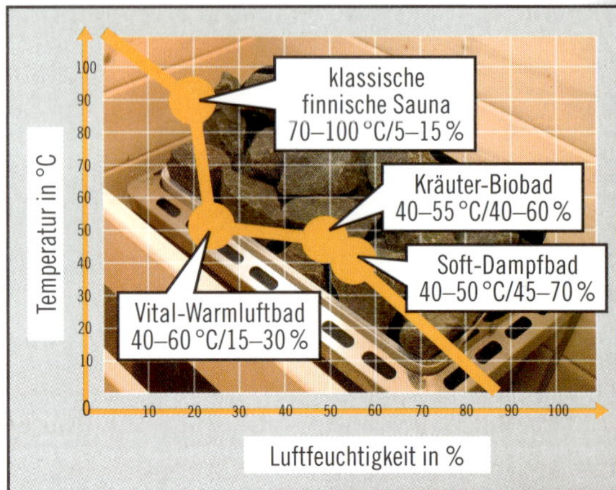

Nicht jede Sauna hat dieselbe Luftfeuchtigkeit und schon gar nicht dieselbe Temperatur.

Steine

Die Anforderungen an die Steine sind in einer Sauna sehr hoch: Sie müssen Temperaturen bis 900 °C standhalten, ohne auszugasen, und gegen starke Temperaturschwankungen unempfindlich sein. Diese Eigenschaften vereinen Basalte, Gneise, Diorite und Granite – bis auf den Gneis, der ein Verwandlungsgestein ist, sind das vulkanische Erstarrungsgesteine. Wie viele Steine Sie einsetzen, hängt von der Größe des Ofens und damit auch der Sauna ab. Die Sauna sollte nicht größer als nötig sein, denn das erhöht die Heizkosten.
Vorsicht: Es sollte sich von selbst verstehen, dass die Steine in erhitztem Zustand nicht bewegt werden dürfen. Körperkontakt mit erhitzten Steinen kann zu schweren Verbrennungen führen.

Türen

Auch Türen müssen absolut dicht sein. Sie kommen als Holz-, Glas- oder Holztür mit Glasfenster zum Einsatz.

Fenster

Fenster sollte man aus Wärmeschutzgründen grundsätzlich so klein wie möglich halten. Wenn eines eingebaut wird, muss es einen Holzrahmen haben, auf absolute Dichtigkeit ist zu achten. Man kann es durch einen Tunnel mit dem Außenfenster des Raumes verbinden und so direkt nach draußen lüften.

Öfen

Es gibt Öfen mit unterbrochener oder mit fortlaufender Beheizung. Unterbrochene Beheizung bedeutet, dass vor Beginn des Saunabades der Ofen ausgemacht wird. Die Steine geben dann die Wärme langsam an die Saunaluft ab, weswegen man mehr Steine braucht als bei fortlaufend beheizten Öfen. Die Luft wird langsamer umgewälzt, was zu einem besseren Saunaklima führt. Elektroöfen sind Öfen mit fortlaufender Beheizung. Sie sind kleiner und meist nicht wärmegedämmt.

In Finnland ist es übrigens normal,
Geschäftspartner in die Sauna einzuladen,
denn in der Sauna sind alle gleich –
die beste Bedingung für
gerechte Verhandlungen.

HEIZUNG PLANEN UND MONTIEREN.

HEIZUNG PLANEN UND MONTIEREN.

DICKE FLOCKEN FALLEN VOM HIMMEL, EISZAPFEN HÄNGEN AN DER DACHRINNE, ES RIECHT NACH KÄLTE UND LEBKUCHEN. DRAUSSEN IST ES SCHON DUNKEL, AUF DEM HERD STEHT EIN KESSEL MIT GLÜHWEIN. ES IST TIEFSTER WINTER. UND WAS BRAUCHT MAN IM WINTER DRINGENDER ALS GLÜHWEIN UND WINTERREIFEN? GENAU, EINE HEIZUNG.

MAL RICHTIG EINHEIZEN.

In diesem Kapitel soll es weniger um die Installation einer kompletten Heizungsanlage gehen, als vielmehr um das, was Sie getrost selber machen können. Denn um einen Heizkessel einzubauen und die Anlage richtig einzustellen, brauchen Sie einen Fachmann. Heizkörper oder Fußbodenheizmodule jedoch können Sie selbst problemlos montieren.

Wie funktioniert eine Heizungsanlage?

Im Brenner des Heizkessels wird Wasser erhitzt und an die Heizkörper oder an den Wärmetauscher im Wasserspeicher transportiert. Der Wärmetauscher im Wasserspeicher gibt die Wärme an das Speicherwasser ab und fließt abgekühlt zurück zum Heizkessel. Das so erwärmte Speicherwasser fließt zu den Verbrauchern, z. B. Wasserhahn oder Dusche. Statt des Heizkessels, der mit Öl, Gas oder Holz betrieben wird, kann auch eine solarthermische Anlage das Wasser erhitzen.

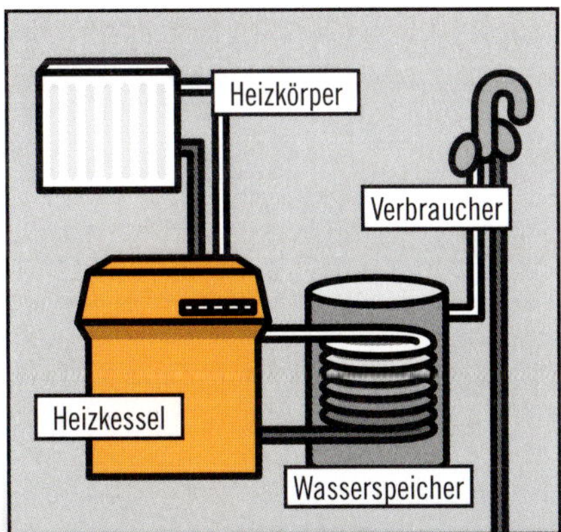

Der richtige Standort für den Heizkörper

Flachheizkörper heizen zu 40 % mit Wärmestrahlung, zu 60 % erwärmen sie die Luft, die dann aufsteigt (Konvektion). Daher ist der beste Standort für den Heizkörper unterhalb der Fensteröffnung. Hier ist die für eine gleichmäßige Wärmeverteilung im Raum notwendige Luftzirkulation am besten. Die Raumluft wird am Heizkörper erwärmt und steigt nach oben. Kalte Luft strömt z. B. durch Türöffnungen nach und es entsteht eine Zirkulation im Raum.

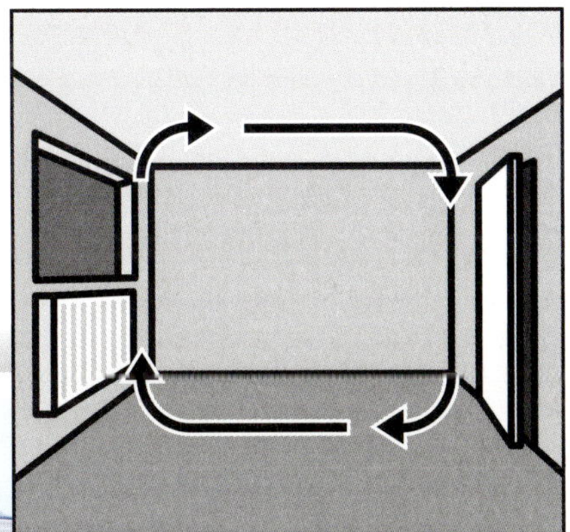

WICHTIG: Je nachdem, wie umfangreich Ihr Bauvorhaben ist, müssen Sie eventuell einen Fachmann hinzuziehen und Genehmigungen einholen. Erkundigen Sie sich bevor Sie anfangen bei Ihrer zuständigen Behörde, ob dies der Fall ist.

DIE RICHTIGE RAUMTEMPERATUR

Raumart	Normtemperatur
Wohn- und Schlafräume	20 °C
Bade- und Duschräume, Bäder	24 °C
WC-Räume	20 °C
Beheizte Nebenräume (z. B. Flur)	15 °C
Unbeheizte Nebenräume (z. B. Keller, Treppenhäuser, Abstellräume)	10 °C

Worauf kommt es an?

- Die Größe und Vorlauftemperatur des Heizkörpers: Je niedriger die Vorlauftemperatur, desto größer muss der Heizkörper sein, während der Energieverbrauch sinkt. Dafür sind größere Heizkörper aber teuer, die Anlage darf insgesamt auch nicht überdimensioniert sein. In den neue Niedertemperaturheizkörpern ist wesentlich weniger Wasser. Das heißt, es zirkuliert mehr und kommt mit der gewünschten Temperatur wesentlich schneller am Heizkörper an.
- Die Größe der Pumpe: Ist die Pumpe für die Anlage zu groß, können Sie Strömungsgeräusche im Heizungssystem hören. Elektronisch geregelte Umwälzpumpen müssen laut Energie-Einspar-Verordnung (EnEV) zwar erst ab 25 KW eingesetzt werden, können aber auch darunter schon sinnvoll sein. Sprechen Sie Ihren Heizungsbauer darauf an.
- Hydraulischer Abgleich: Mit dem hydraulischen Abgleich stellt der Installateur sicher, dass jedor Hoizkörpor mit dor Wärmomongo vorsorgt wird, die für die Beheizung des betreffenden Raumes nötig ist. Macht man keinen solchen Abgleich, läuft die Heizungsanlage ineffizient. Der am weitesten vom Kessel entfernte Heizkörper bekommt dann zu wenig, der Kessel nahe Heizkörper zu viel Heizwasser. Dadurch werden die Heizkörper schlechter regelbar, der Energieverbrauch steigt, die Pumpe arbeitet zu stark, was man in der Heizungsanlage hört und auf der Stromrechnung sieht.
- Das Rohrnetz: Die Größe der Rohrleitungen ergibt sich aus der Berechnung des Wärmebedarfs in jedem Raum, der Vor- und Rücklauftemperatur und den daraus resultierenden Heizwassermengen. Die Berechnung macht ihr Heizungsbauer, aber auch manche Heizkörperhersteller bieten sie an.
- Art des Energieträgers: Überlegen Sie sich bei den heutigen Energiepreisen gut, womit Sie Ihre Heizung die nächsten 20 Jahre betreiben wollen!

Was ist die richtige Raumtemperatur?

Wärmeempfinden ist sehr subjektiv. Was die eine kalt findet, ist dem anderen schon zu heiß. Zudem ist die Frage, wofür ein Raum genutzt wird. Bad oder Schlafzimmer? Stimmen Sie die Normtemperatur für die Räume mit Ihrem Installateur ab. Dabei können Sie sich nach der folgenden Tabelle richten:

HEIZKÖRPERTYPEN.

Lang, breit, schmal, groß, klein, gegliedert, gerillt, glatt ... Die Auswahl des Modells richtet sich nach den räumlichen Gegebenheiten. Dazu kommen die verschiedenen Bautiefen. Wenn Sie auch auf das Design Wert legen, sehen Sie sich um. Manche Hersteller bieten ausgefallene Sondermodelle an.

HEIZKÖRPERTYPEN

Typ	Eigenschaften	Verwendung
Flachheizkörper/ Plattenheizkörper 	Nur 2–10 cm tief, ein- oder mehrreihig angeordnete Stahlblechplatten, glatt oder profiliert. Präzise regulierbar, reagieren schnell auf veränderten Wärmebedarf. 40–70 % Strahlungswärme.	Kleine, enge Räume. Einbau am besten unterm Fenster. Für Kinderzimmer geeignet, da keine scharfen Ecken und Kanten.
Kompaktheizkörper 	Plattenheizkörper mit innenliegenden, senkrechten Lamellen. Dadurch auch Konvektorwirkung und 30 % höhere Wärmeleistung.	Alle Räume.
Planheizkörper 	Die Vorderseite dieses Plattenheizkörpers bildet ein glattes Stahlblech.	Wie Plattenheizkörper.
Gliederheizkörper 	Älteste Heizkörperbauform. Einzelglieder aus Gusseisen, Stahl oder Aluminium sind oben und unten miteinander verbunden und werden von heißem Wasser durchströmt. Anzahl der Glieder beliebig variabel. Viel Wasserinhalt, schwere Bauart, reagieren träge auf veränderten Wärmebedarf. Lange Haltbarkeit, besonders bei Gusseisen. 40 % Strahlungswärme.	In allen Räumen, am besten mit Heiznischen.
Vertikalheizkörper 	Sonderform des Platten- oder Kompaktheizkörpers. Sehr schmal, dafür sehr hoch.	In engen/verwinkelten Räumen.
Röhrenheizkörper/ Badheizkörper 	Weiterentwicklung der Gliederheizkörper, aber mit waagerechten Gliedern. Bei großen Bädern reicht ihre Wärmeleistung eventuell nicht aus. 40 % Strahlungswärme.	Im Bad.
Designheizkörper 	Ausgefallen designte, formschöne Heizkörper, meist auf Basis der Röhrenheizkörper, als Stilelement der Einrichtung angepasst. Verschiedenste Modelle bei vielen Herstellern.	In allen Wohnräumen.
Heizwände 	Heizkörper an die Wand angepasst auf zum Teil ganzer Wandfläche. Auch als Raumteiler.	In großen Wohnräumen.
Konvektoren 	Bestehen aus Aluminium-, Kupfer- oder Stahlblech-Lamellen. Luft wird beim Hindurchströmen erwärmt und steigt auf. Müssen verkleidet werden, können daher auch versteckt eingebaut werden. Sind leichter, aber teurer, schwierig zu reinigen. Raumklima ist trocken, Staub wird aufgewirbelt, in Bodennähe ist der Raum kühl (fußkalt). Nur Konvektionswärme.	Wintergärten, Räume mit großen, bodentiefen Fensterfronten.
Radiatoren 	Werden in Gliederbauweise gebaut. Verschiedene Schaltstufen einstellbar. Lassen sich flexibel einsetzen.	Zusatzheizung, Wohnräume, Bad.

HEIZKÖRPER BERECHNEN.

Mit der Auswahl von Standort und Modell des Heizkörpers ist es allein nicht getan. Ein paar weitere Fragen müssen geklärt werden: Wie viele Heizkörper brauchen Sie? Wie groß müssen sie sein und welche Vor- und Rücklauftemperaturen hat das Wasser im Heizsystem?

Für die Wahl des oder der richtigen Raumheizkörper sind die nachfolgenden Berechnungen erforderlich. Grundlage hierfür sind die Annahme, dass 100 Watt pro Quadratmeter Raum benötigt werden, und die Leistungsangaben der Heizung. Diese setzen sich aus der Heizungs-Vorlauftemperatur, der Heizungs-Rücklauftemperatur und der Raumtemperatur zusammen. Ältere Zentralheizungen arbeiten noch mit hohen Vorlauftemperaturen von 80 °C oder 90 °C. Nach der heutigen Wärmeschutzverordnung werden Heizungsanlagen im Niedertemperaturbereich ausgelegt. Je niedriger die Vorlauftemperatur ist, desto größer muss jedoch der Raumheizkörper ausgelegt werden. Da die Häuser heute im Vergleich zu früher sehr gut gedämmt sind, reichen bei einem großen Heizkörper mitunter 55 °C Vorlauftemperatur, selbst im tiefsten Winter. Das spart richtig Geld!

Heizkörpertyp		KOMPAKT- UND UNIVERSALHEIZKÖRPER															
		Typ E (10) Bautiefe 48,5 mm				Typ EK (11) Bautiefe 48 mm				Typ DK (22) Bautiefe 98 mm				Typ 3K (33) Bautiefe 165 mm			
Baulänge \ Bauhöhe		300 mm	500 mm	600 mm	900 mm	300 mm	500 mm	600 mm	900 mm	300 mm	500 mm	600 mm	900 mm	300 mm	500 mm	600 mm	900 mm
400 mm	75/65		204				321	374	525		580	673	930			952	1 319
	70/55		165				260	303	425		470	545	754			771	1 068
	55/45		104				164	191	268		296	343	474			486	673
500 mm	75/65			304	442	261	401	467	647		725	842	1 163			1 190	1 649
	70/55			246	358	211	325	378	524		588	682	942			964	1 336
	55/45			155	225	133	205	238	330		370	429	593			607	841
600 mm	75/65	187	307	364	531	314	481	560	787	566	869	1 010	1 396		1 229	1 427	1 978
	70/55	152	249	295	430	254	390	454	638	458	704	818	1 131		995	1 156	1 602
	55/45	95	157	186	271	160	245	286	401	289	443	515	712		627	728	1 009
800 mm	75/65	250	409	486	708	418	642	747	1 050	754	1 159	1 346	1 861	1 067	1 638	1 903	2 638
	70/55	203	331	394	574	339	520	605	851	611	939	1 090	1 507	864	1 327	1 541	2 137
	55/45	127	209	248	361	213	327	381	536	385	591	686	949	544	835	971	1 345
1 000 mm	75/65	312	511	608	885	523	802	934	1 295	942	1 449	1 683	2 326	1 334	2 048	2 379	3 297
	70/55	253	414	493	717	424	650	757	1 049	763	1 174	1 363	1 884	1 081	1 659	1 927	2 671
	55/45	159	261	310	451	267	409	476	661	481	739	858	1 187	680	1 044	1 213	1 681
1 200 mm	75/65	375	613	730	1 062	628	962	1 121	1 574	1 130	1 739	2 020	2 791	1 601	2 458	2 855	3 956
	70/55	304	497	591	860	509	780	908	1 275	916	1 409	1 636	2 271	1 297	1 991	2 313	3 204
	55/45	191	313	372	542	320	491	572	803	577	887	1 030	1 423	816	1 254	1 456	2 017
1 400 mm	75/65	437	715	851	1 239	732	1 123	1 308	1 813	1 319	2 029	2 356	3 256	1 868	2 867	3 331	4 616
	70/55	354	579	689	1 004	593	910	1 059	1 469	1 068	1 643	1 908	2 637	1 513	2 322	2 698	3 739
	55/45	223	365	434	632	373	573	668	925	673	1 035	1 202	1 661	953	1 462	1 699	2 354
1 600 mm	75/65	499	818	973	1 416	837	1 283	1 494	2 072	1 507	2 318	2 693	3 722	2 134	3 277	3 806	
	70/55	404	663	788	1 147	678	1 039	1 210	1 678	1 221	1 878	2 181	3 015	1 729	2 654	3 083	
	55/45	255	417	496	722	427	654	762	1 057	769	1 182	1 374	1 898	1 088	1 671	1 941	
1 800 mm	75/65	562	920	1 094			1 444	1 681		1 696	2 608	3 029		2 401	3 686	4 282	
	70/55	455	745	886			1 170	1 362		1 374	2 112	2 453		1 945	2 986	3 468	
	55/45	287	469	558			736	857		865	1 331	1 545		1 225	1 880	2 184	
2 000 mm	75/65	624	1 022	1 216			1 604	1 868		1 884	1 898	3 366		2 668	4 096	4 758	
	70/55	505	828	985			1 299	1 513		1 526	2 347	2 726		2 161	3 318	3 854	
	55/45	318	521	620			818	953		961	1 478	1 717		1 361	2 089	2 427	

Beispielhafte Angaben über Wärmeleistung in Watt, bei einer angenommenen Raumtemperatur von 20 °C und drei verschiedenen Vor-/Rücklauftemperaturen (75/65 °C, 70/55 °C, 55/45 °C) nach DIN EN 442. Erfragen Sie Ihre individuellen Werte bei Ihrem Händler.

BEISPIEL.

Raumgröße: 5 x 4 m = 20 m²
Raumtemperatur: 20 °C
Vorlauftemperatur: 75 °C
Rücklauftemperatur: 65 °C

Wärmebedarf: 100 Watt pro m²
Gebraucht werden also ca. 2 000 Watt.
Nach der Tabelle kommen verschiedene Heizkörper in Frage, z. B.:

- Typ 3K (33): 800 x 900 mm
- Typ DK (22): 1 000 x 900 mm
- Typ DK (22): 1 200 x 600 mm

HEIZKÖRPER MONTIEREN.

Heizkörper montieren und austauschen ist eine ziemlich einfach Angelegenheit, da sie auf spezielle Konsolen gehängt werden. Und die passenden Schrauben in die Wand drehen, damit die Konsole fest hängt, das können Sie ja. Wichtig ist, dass der Heizkörper nachher auch schön waagrecht hängt.

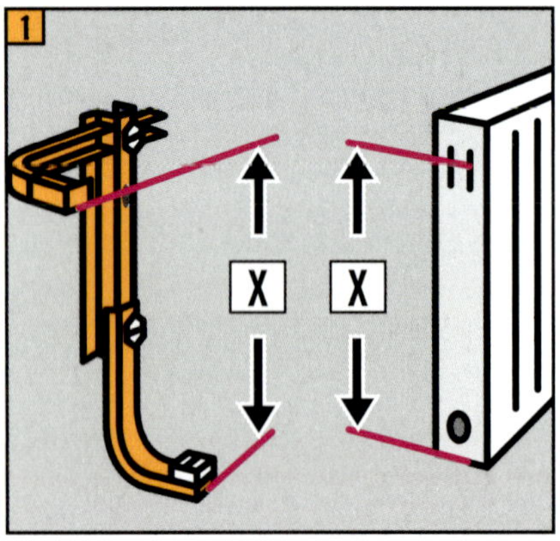

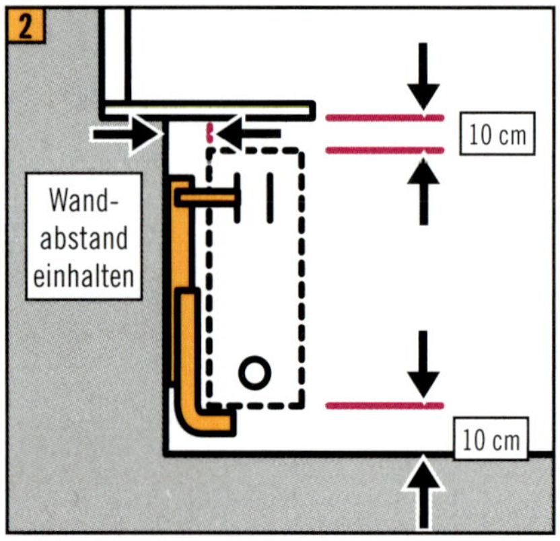

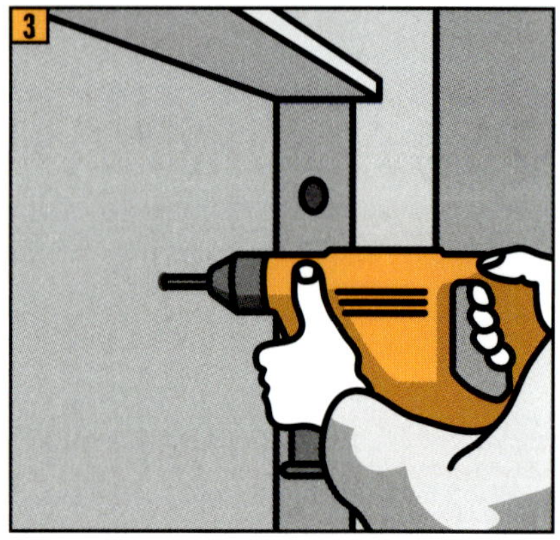

1 Stellen Sie die Befestigungskonsole auf die Bauhöhe des Heizkörpers ein. **2** Dann ermitteln Sie die Befestigungslöcher für die Wandbefestigung. Der Abstand der Konsolenteile hängt von der Größe des Heizkörpers und der Position seiner Befestigungslöcher ab. Der Heizkörper soll zum Boden und nach oben zu einer Fensterbank mindestens 10 cm Luft haben. Mit einer Wasserwaage ausrichten und die Bohrlöcher markieren. **3** Mit einer Bohrmaschine die Löcher bohren und Dübel der Wand entsprechend für die Befestigungsschrauben einsetzen. So ein Heizkörper ist schwer, richten Sie sich nach den Herstellerangaben und nehmen Sie lieber eine Nummer größer, wenn Ihre Wand zum Bröckeln neigt. **4** Stellen Sie den Wandabstand des

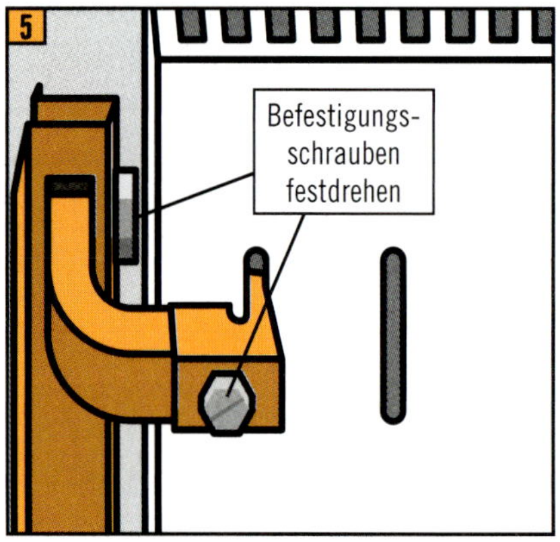

Heizkörpers ein und stellen Sie den Heizkörper auf die Konsole. **5** Mit den seitlichen Befestigungsarmen wird der Heizkörper stabil verankert. Alle Verschraubungen festdrehen. **6** Nach der Montage des Heizkörpers werden die Anschlüsse für den Vor- und Rücklauf montiert. Die beiden Anschlüsse dürfen nicht verwechselt werden. Je nach Rohrführung wird der Heizkörper rechts oder links angeschlossen, gegebenenfalls muss er gedreht werden. Zum Anschließen nimmt man ein Anschlussventil (Hahnblock). Wenn die Rohre aus der Wand kommen, wird ein Eck-Hahnblock, wenn sie vom Boden kommen, ein Durchgangs-Hahnblock verwendet. **7** Die Anschlussgewinde sind werkseitig aufgeraut, ansonsten werden sie mit einem

HINWEIS!

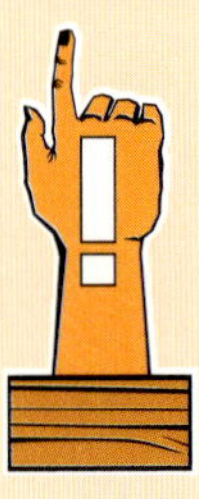

Montieren Sie neue Heizkörper immer mit der umhüllenden Schutzverpackung. So kommen durch die Montagearbeit keine Kratzer an den neuen Heizkörper. Die Schutzverpackung wird vor dem ersten Aufheizen entfernt.

Und nicht vergessen, die richtigen Abstände einzuhalten. Die Anschlüsse sind dann schon etwas kniffliger, denn wer Zulauf und Ablauf verwechselt, hat nicht gut lachen. Also, machen Sie sich eine Markierung was was ist, dann kann nichts schiefgehen.

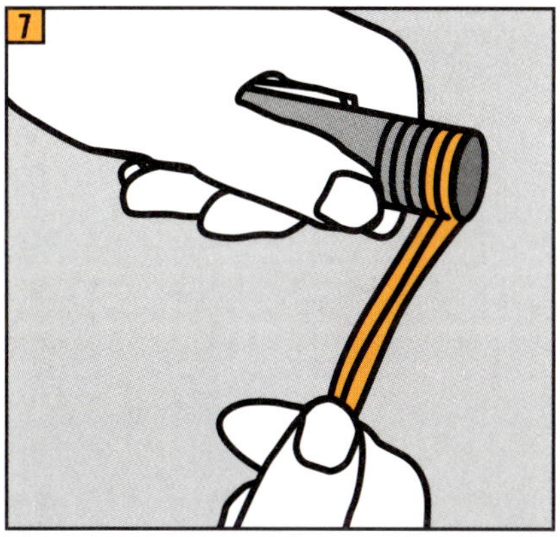

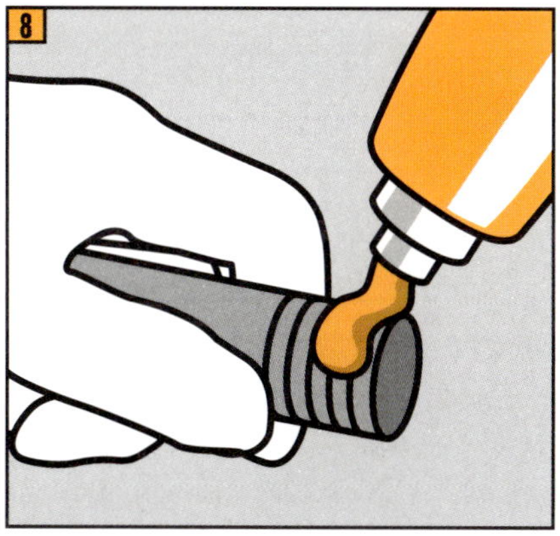

Sägeblatt (dieses schräg über das Gewinde ziehen) leicht angeraut. Zum Abdichten das Gewinde mit einem dünnen, breiten Hanfstrang in Eindrehrichtung umwickeln. **8** Die Hanfwicklung nun mit Locherpaste bestreichen und dann die Anschlüsse zuerst von Hand und dann mit einem passenden Nockenschlüssel eindrehen. Das eingedrehte Gewinde anschließend nach Möglichkeit nicht mehr zurückdrehen, da sich die Hanfabdichtung dabei ablöst. In diesem Fall wird das Anschlussteil ganz herausgedreht und neu eingedichtet. **9** Das Thermostatoberteil in die rechte oder linke obere Öffnung am Heizkörper eindrehen. Das Thermostatoberteil nun zuerst von Hand einige Umdrehungen und dann mit einem passenden Gabelschlüssel fertig eindrehen. **10** Die Kunststoffabdeckung entfernen und den Thermostatkopf aufschrauben. Die gegenüberliegende obere Anschlussöffnung mit einem Luftstopfen versehen und alle weiteren Anschlussöffnungen mit Blindstopfen verschließen.

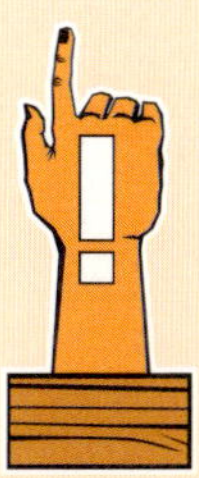

PROFITIPP!

Eine Isolierung an der Wand hinter dem Heizkörper – z. B. Reflektorfolie – verbessert die Wärmeabstrahlung in den Raum und damit den Heizeffekt!

WERKZEUG.

- ✔ Schlagbohrmaschine
- ✔ Gabelschlüssel
- ✔ Sägeblatt
- ✔ Nockenschlüssel
- ✔ Zollstock
- ✔ Wasserwaage

MATERIAL.

- ✔ Flachheizkörper
- ✔ Thermostatoberteil
- ✔ Thermostatkopf
- ✔ Luftstopfen
- ✔ Blindstopfen
- ✔ Hahnblock
- ✔ Hanf/Dichtpaste
- ✔ Befestigungskonsolen
- ✔ Klemmverschraubung

WARTUNG UND PFLEGE.

Eigentlich muss man sich nicht viel kümmern – eine Heizung ist ja kein Haustier, auch wenn sie manchmal seltsame Geräusche von sich gibt. Das ist dann allerdings ein Zeichen, dass sie etwas Zuwendung braucht und entlüftet werden muss. Auch der Lack kann ab und zu erneuert werden.

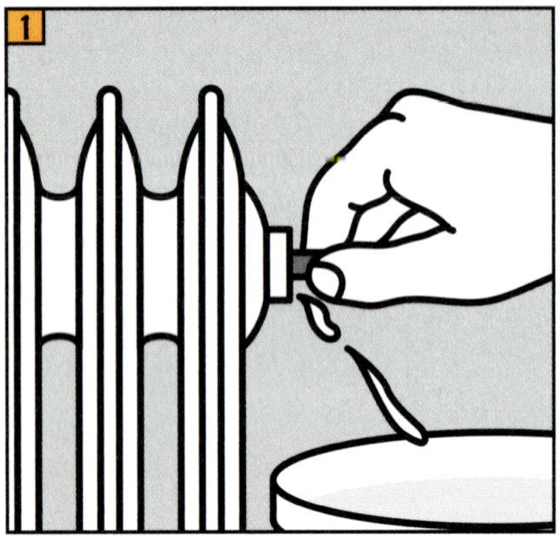

Heizkörper entlüften

Wenn Luft im Heizsystem ist, fängt die Heizung an zu gurgeln und zu glucksen und wird nicht mehr richtig warm. Wer das nicht behebt, wird sich später über die Kosten wundern. **1** Drehen Sie den Thermostat des Heizkörpers auf die höchste Heizstufe. Stellen Sie einen Eimer unter das Entlüftungsventil, legen Sie einen alten Lappen um den Luftstopfen und öffnen Sie das Ventil vorsichtig mit einem Entlüftungsschlüssel (gegen den Uhrzeigersinn). Zuerst kommt nur Luft, dann Wasser. Lassen Sie das Ventil so lange offen, bis ein konstanter Wasserstrahl herauskommt, und drehen Sie es wieder zu. **2** Das abgelassene Wasser muss ersetzt werden. Dafür schließen Sie einen normalen Zulaufschlauch an den Stutzen der Heizungsanlage an. **3** Zuerst den Wasserhahn aufdrehen, dann das Ventil. Am Manometer der Anlage erkennen Sie, wann der normale Betriebsdruck wieder erreicht ist. Dann sofort das Ventil schließen, danach den Wasserhahn zudrehen. Den Schlauch vorsichtig abnehmen und über einem Eimer oder Waschbecken auslassen.

WERKZEUG.

- ✓ Eimer
- ✓ Schlauch
- ✓ Heizkörper-Entlüftungsschlüssel

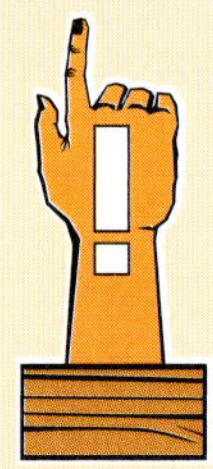

HINWEIS!

Selbst wenn nur ein Heizkörper gluckst, macht es Sinn, vorbeugend alle zu entlüften, damit alle vorhandenen Luftblasen aus der Anlage herauskommen. Vor jeder Heizperiode im Herbst sollte man die Anlage diesbezüglich durchchecken. Wenn die Heizung nicht warm wird, aber keine Luft, sondern direkt Wasser austritt, liegt das Problem woanders. In diesem Fall kontaktieren Sie einen Fachbetrieb.

Heizkörper lackieren

Für Heizkörper und andere Gegenstände, die sehr heiß werden, benutzt man einen speziellen hitzebeständigen Lack, genannt Heizkörperlack. Normal sind verschiedene Weißtöne, mittlerweile gibt es aber auch andere Farben. Gestrichen wird nur der abgekühlte Heizkörper, niemals der heiße! **4** Rostige Stellen und rissigen Altlack mit einer Stahlbürste abreiben. Die gesamte Fläche des Heizkörpers mit 120er-Schleifpapier anrauen und den Staub gründlich abwischen. **5** Dann mit Rostschutzgrund vorstreichen und nach dem Trocknen nochmals aufrauen und abwischen. Für den Endanstrich nehmen Sie eine abgetönte Farbe Ihrer Wahl. Das spezielle Heizkörperweiß vergilbt nicht und ist daher zu empfehlen, wenn Sie weiß streichen wollen. Mehr zum Thema „Lackieren" finden Sie ab Seite 608.

WERKZEUG.

- ✓ Stahlbürste
- ✓ Schleifpapier
- ✓ Schleifklotz oder Schleifmaschine
- ✓ Wischtuch
- ✓ Pinsel
- ✓ Farbrolle

MATERIAL.

- ✓ Rostschutzgrund
- ✓ Heizkörperlack

ROHRE ISOLIEREN.

Dass die Rohre mitheizen, ist zwar richtig, aber ein falsches Argument gegen die Isolierung. Denn sie heizen unkontrolliert. Es ist kostensparender, alle Leitungen zu isolieren, denn mangelnde Dämmung kann zu 15 % höherem Brennstoffverbrauch führen.

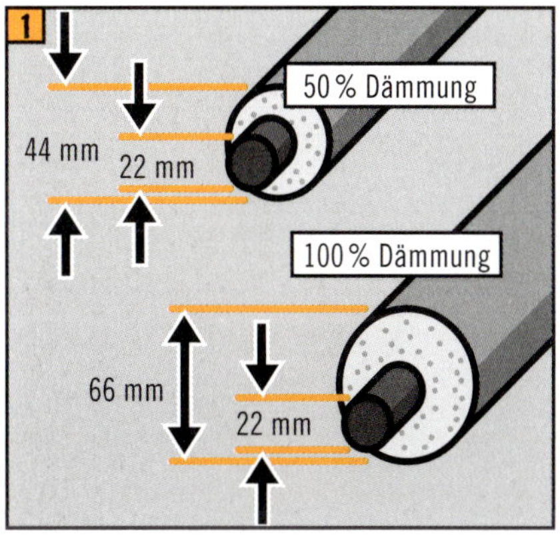

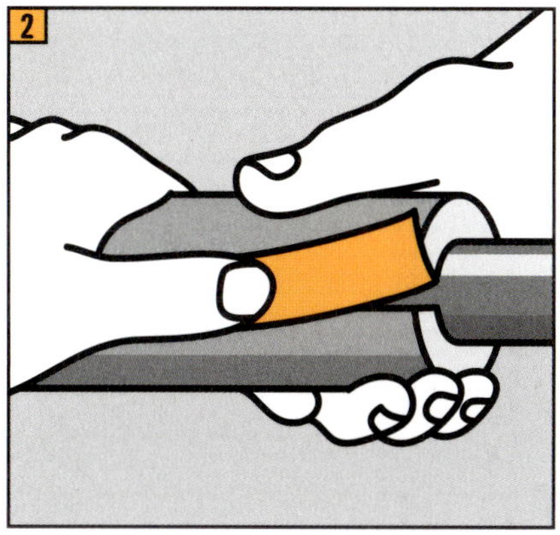

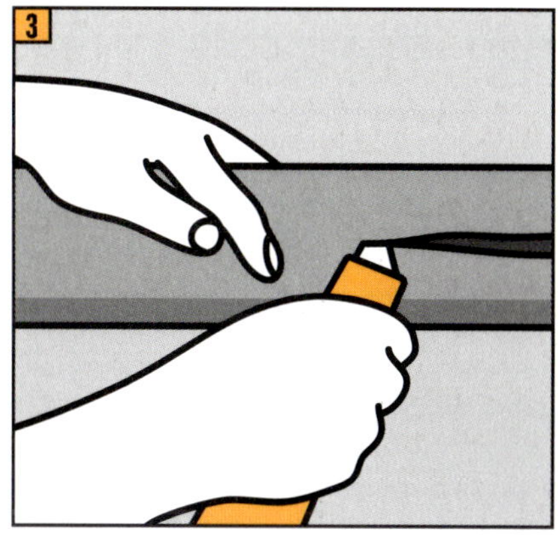

1 Die Faustregel lautet: In den Wänden, im Estrich und in ungeheizten Räumen müssen Rohre 100%ig gedämmt werden. Das Heißt, bei einem Rohrdurchmesser von z. B. 22 mm wird ringsum eine Dämmstoffdicke von 22 mm benötigt. Die Dämmung hat bei diesem Beispiel einen Durchmesser von 66 mm. In beheizten Räumen reicht eine Dämmung von 50 %, das wäre in diesem Beispiel 44 mm Durchmesser. Man kann in einem Einfamilienhaus mit über hundert Metern Heizungsrohr rechnen – auf diesen langen Wegen kann Einiges an Wärme verloren gehen. Dabei ist es so einfach, Isolierschläuche aus Schaumstoff zu verarbeiten. **2** Vorgeschlitzte Schläuche über das Rohr stülpen und mit einem speziellen Haftstreifen zusammenkleben. **3** Ungeschlitzte Schläuche mit einem Teppichmesser aufschneiden. **4** Die Schnittkante und die Stoßkanten zwischen zwei Schlauchenden werden mit speziellem Klebeband abgeklebt. **5** An Ecken schneidet man die Schläuche auf Gehrung und verklebt die Stoßkanten wie gewohnt. **6** An Biegungen kerbt man den Isolierschlauch mehrfach an der geschlitzten Seite ein und stülpt ihn so über die Ecke, dass die Kerben nach innen zeigen. **7** T-Enden verbindet man, indem der eine Schlauch angespitzt und eine entsprechende Kerbe in den anderen Schlauch geschnitten wird.

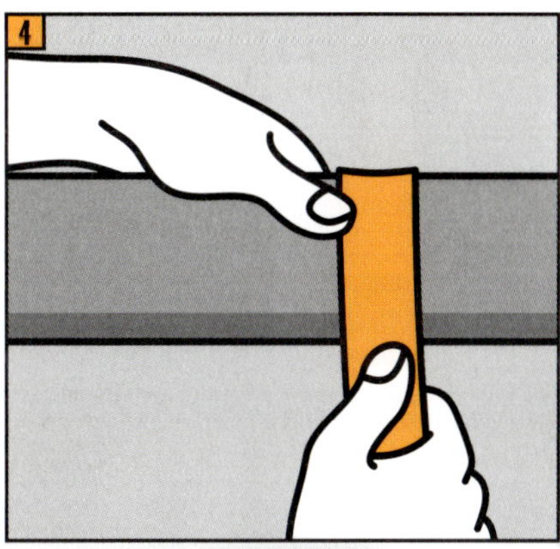

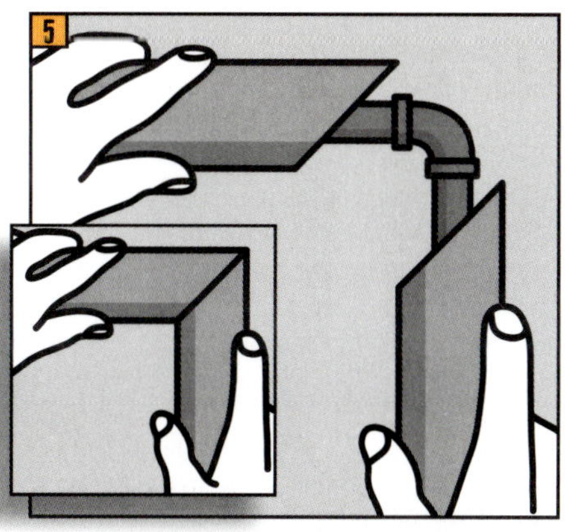

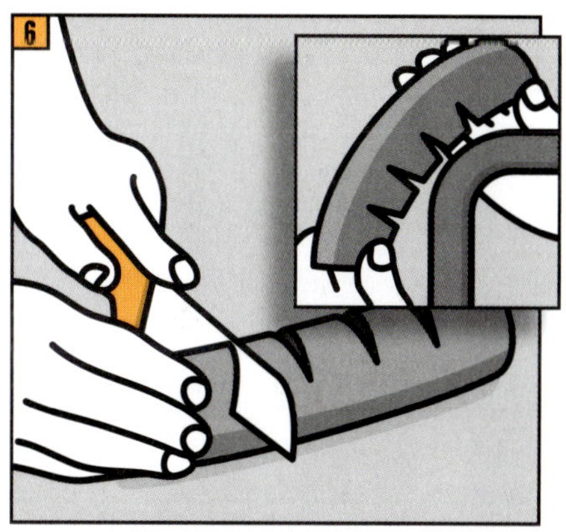

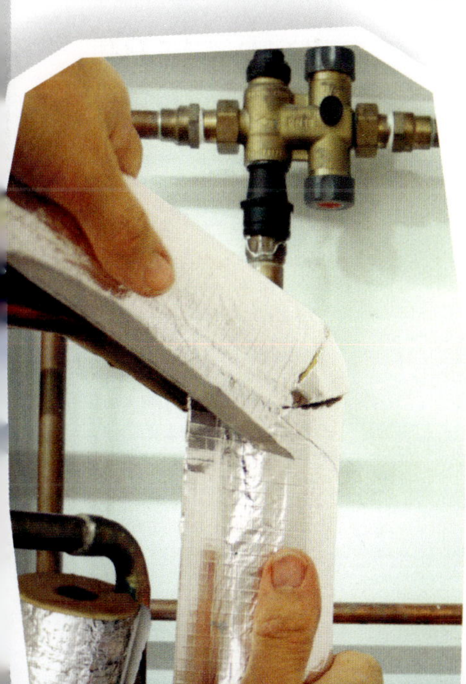

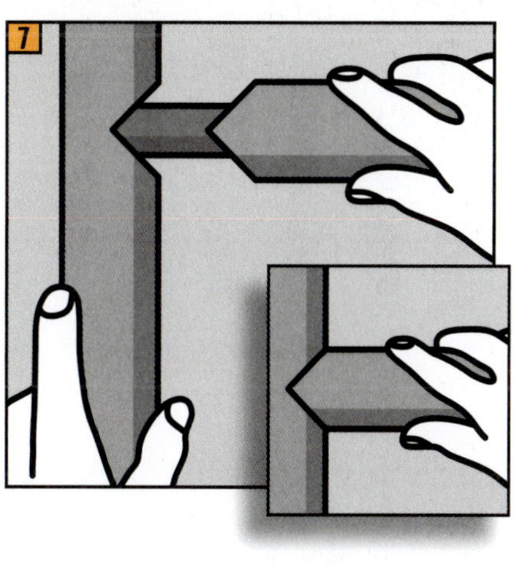

WERKZEUG.

- ✓ Cuttermesser

MATERIAL.

- ✓ Isolierschläuche
- ✓ Klebeband
- ✓ Haftstreifen

FUSSBODENHEIZUNG.

Haben Sie im Physikunterricht auch gut aufgepasst? Wärme steigt nach oben, deswegen bringt man Heizungen im unteren Bereich eines Raumes an. Was läge also näher, als sie direkt im Boden zu verstauen? Da sind sie unsichtbar und nehmen auch keinen Platz weg. Wenn Sie glauben, so eine

WAS MACHT EINE FUSSBODENHEIZUNG AUS?

Strahlungswärme statt Konvektionswärme

Bei herkömmlichen Heizkörpern wird hauptsächlich die Luft erhitzt, die dann nach oben steigt, sich abkühlt und absinkt und den Kreislauf schließt. Dadurch wird eine Menge Staub aufgewirbelt, die Luft trocknet aus, es entsteht das typische, trockene Heizungsluft-Raumklima. Der Raum ist unten kühl und oben warm, was besonders bei hohen Räumen Energieverschwendung ist, da die meiste Wärme unter der Decke hängt, während man am Boden friert. Fußbodenheizungen heizen den Raum mit Strahlungswärme, was als angenehm empfunden wird und besonders Allergiker und empfindliche Menschen zu schätzen wissen, da kein Staub aufgewirbelt wird und die Luft nicht austrocknet. Der Raum ist am Boden am wärmsten und wird nach oben hin kühler, was die meisten Menschen ebenfalls als behaglich empfinden. Der Boden wird dabei nie heiß, sondern ist überall gleichmäßig lauwarm, ideal für die Füße. Die gesunde Wärme der Fußbodenheizung verhindert Schimmelpilz und Feuchtigkeit in den Wänden und mindert das Erkältungsrisiko – dabei kann man mitten im Winter in der Wohnung barfuß gehen! Übrigens: Laut DIN und EN darf die Fußbodentemperatur 29 °C im Aufenthaltsbereich von Wohnräumen, 33 °C im Bad und 35 °C in Randbereichen nicht überschreiten.

Eine ideal eingestellte Fußbodenheizung hat eine hohe Heizleistung pro Quadratmeter bei einer gleichmäßigen und milden, lauwarmen Oberflächentemperatur des Bodens. Ein heißer Boden bedeutet, dass das System mangelhafte Heizleistung durch hohe Temperaturen kompensiert! Der Temperaturunterschied zwischen der Fläche über den Heizungsrohren und der Fläche über den Abständen sollte bei einem Rohrabstand von 50 cm nicht größer als 1 °C sein. Der übliche Rohrabstand liegt zwischen 10 cm und 30 cm.

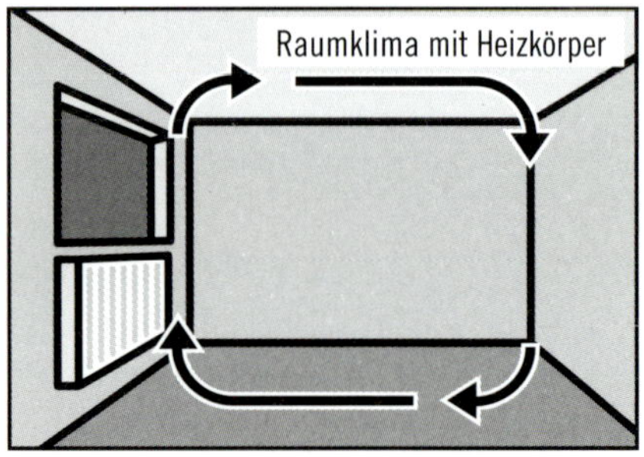

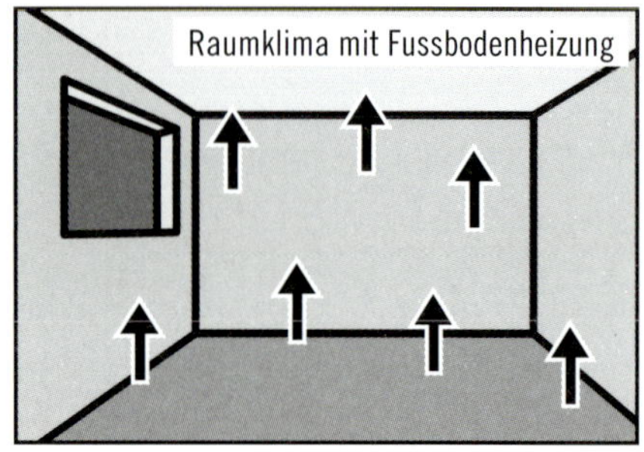

Rohre und Leitungen

Heizrohre aus Kunststoff, Kunststoff-Aluminium-Verbund oder Kupfer sowie elektrische Heizleitungen sind wichtige Bestandteile einer Fußbodenheizung. Heizrohre werden mit warmem Wasser erwärmt, Heizleitungen nutzen als Wärmequelle die entstehende Stromflusswärme durch einen Leiter. Bei der Verwendung von Kunststoffrohren müssen Sie darauf achten, nur sauerstoffdichte Rohre nach DIN 4726 einzusetzen. Sie verhindern nämlich, dass Sauerstoff durch das Rohr in das Heizsystem gelangt.

Niedertemperaturheizung

Mit einer Fußbodenheizung spart man eine Menge Heizkosten, da die Vorlauftemperatur maximal 45 °C beträgt. Der Raum wird schon bei 20 °C als genauso warm empfunden wie ein 22 °C warmer, konventionell geheizter Raum. Gleichzeitig kann man die Heizung wegen der niedrigen Vorlauftemperatur auch problemlos an alternative Heizsysteme wie Solarthermie anschließen.

Universell einsetzbar und wartungsarm

Einmal montiert, läuft die Heizung Jahrzehnte. Etwa alle 5 Jahre sollte die Fußbodenheizung gespült werden, um Ablagerungen aus den Leitungen zu entfernen. Schließlich ist sie im Boden eingelassen, und den will man nicht alle paar Jahre aufreißen. Fußbodenheizungen können in allen möglichen Böden und Untergründen verlegt werden, je nach Anforderung gibt es verschiedene Systeme. Womit Sie das Wasser erwärmen, ist auch egal: Ob Öl, Gas, Sonne oder Pellets – die Fußbodenheizung lässt sich mit allen Heizsystemen kombinieren.

Nachteile

Eine Fußbodenheizung ist etwas träge, d. h. sie hat eine Vorlaufzeit von 2–3 Stunden, bevor sie warm wird.

HINWEIS!

Verwenden Sie nur Bodenbeläge, die für Fußbodenheizungen geeignet sind. Sie erkennen diese am entsprechenden Symbol auf der Verpackung.

HINWEIS!

Ganz wichtig, bevor Sie anfangen: Zeichnen Sie sich einen Plan, wie die Heizrohre oder Heizmatten im Raum verlegt werden sollen und wo der Verteiler sitzen wird. Markieren Sie die Flächen, die nicht beheizt werden, z. B. unter Schrankwänden, Betten, Schaumstoffmöbeln.

Heizung sei Luxus und nur was für Neubauten: falsch! Viele verschiedene Systeme ermöglichen den Einbau von Fußbodenheizungen als kleine Renovierungsmaßnahme in allen möglichen Räumen und Bausubstanzen. Für die elektrischen Heizmatten brauchen Sie sogar quasi nur eine Steckdose.

DÜNNBETT-TEMPERIERUNG.

Dieses preisgünstige Heizmatten-System wird bevorzugt im Badbereich oder als Heiz-Ergänzung im Wohnbereich eingesetzt. Es ist für Neubauten geeignet und kann auch problemlos nachträglich verlegt werden. Die schnell und einfach zu verlegenden Heizmatten sind als Rollenware erhältlich und gerade mal 3 mm dick. Die hochwertigen Materialien sind robust und langlebig.
Empfehlenswert ist eine Wärmedämmung direkt unterhalb der Heizmatten, damit die Wärme nicht nach unten entwischt. Bei der Verlegeplanung müssen solche Flächen ausgeschlossen werden, die später mit Möbeln großflächig abgedeckt werden.

Elektro- und Warmwassersystem

Die Heizmatten müssen nicht gewartet werden und können direkt unter dem neuen Fußbodenbelag verlegt werden. Für die Verlegung in Feuchträumen gibt es Systeme mit spezieller Erdung, da immer Vorsicht geboten ist, wenn Wasser und Elektrizität aufeinandertreffen. Die Flächenheizelemente werden direkt in das vorhandene Warmwasser-Heizsystem integriert. Die Regelung erfolgt über Auf- oder Unterputz-Rücklauftemperaturbegrenzer (RTL-Ventil) oder Heizkreisverteiler in Verbindung mit Raumthermostaten.

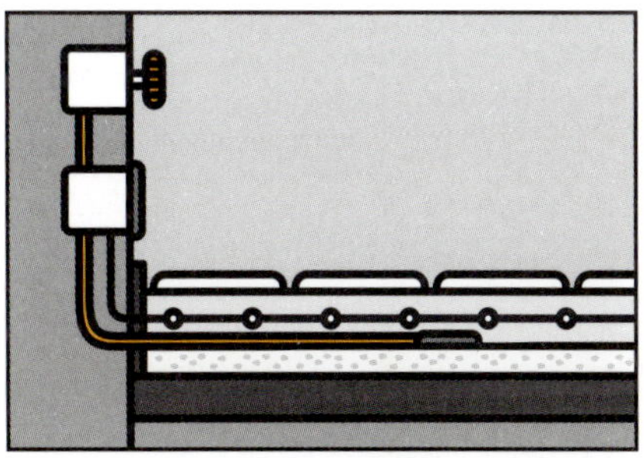

Untergrund

Fast jeder Untergrund ist für eine Dünnbett-Flächenheizung geeignet, er muss nur trocken, trittfest, staub- und schmutzfrei sein. Bei Holzuntergründen muss der Boden vor der Verlegung der Heizmatten mit einer Grundierung (Haftbrücke) vorbehandelt werden. Dadurch haftet der Kleber für den folgenden Bodenbelag bzw. die Nivelliermasse besser auf dem Untergrund. Ist der Boden uneben, kann mit einer Ausgleichsmasse Ebenheit hergestellt werden (siehe auch Kapitel „Boden ausgleichen und Estrich verlegen“ ab Seite 136). Wollen Sie die Matten auf keramischem Untergrund (z. B. Fliesen) verlegen, muss die Oberfläche zuerst angeraut werden. Wenn verschiedene Untergründe vorhanden sind, müssen Sie diese mit Bewegungsfugen voneinander trennen.

Verlegebeispiele für Heizmatten

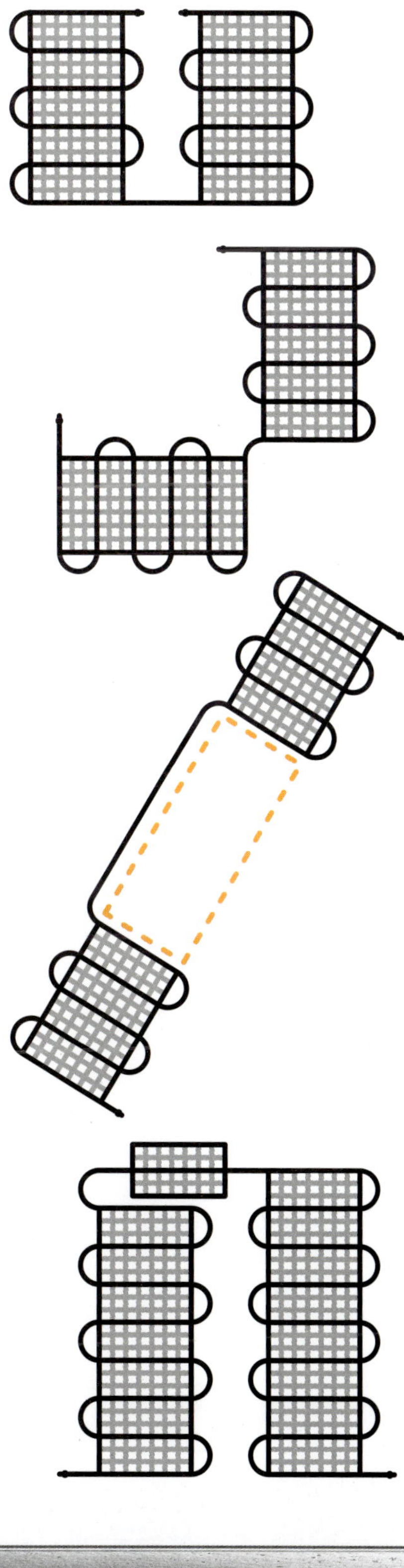

WARMWASSER-FUSSBODENHEIZUNG.

Warmwasser-Nass-System

Diese Methode wird hauptsächlich im Neubau angewandt. Zuerst wird eine Dämmschicht (z. B. Trittschalldämmung) aufgebracht. Darauf kommen dann wärmeleitende Hartschaum-Systemplatten, auf denen die Heizungsrohre verlegt und fixiert werden. Dann wird das Ganze mit Nass-Estrich bedeckt. Der gesamte Bodenaufbau ist über 10 cm dick und dementsprechend schwer. Deshalb muss der Unterboden ausreichend tragfähig sein.

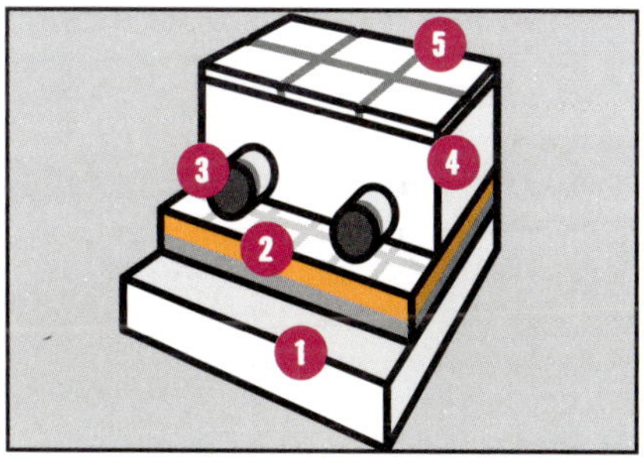

❶ Zusatzdämmung (z. B. Trittschall)
❷ Systemplatte
❸ Heizrohr
❹ Estrich
❺ Bodenbelag

Warmwasser-Trocken-System

Ideal zur Verlegung im Neu- und Altbau. Profilplatten (30 oder 40 mm dick) dienen der Rohrführung und Dämmung zugleich – eine leichte Montage für den Selbstbauer. Darauf kommt dann eine streifenförmige Abdeckung mit verzinkten Wärmeleitblechen. Dadurch wird die Wärme gleichmäßig an den Bodenbelag abgegeben. Außerdem stabilisiert die Abdeckung die Profilplatten und schützt sie vor Beschädigungen. Insgesamt ist der Bodenaufbau gering und vom Gewicht her nicht so schwer wie beim Nass-System.

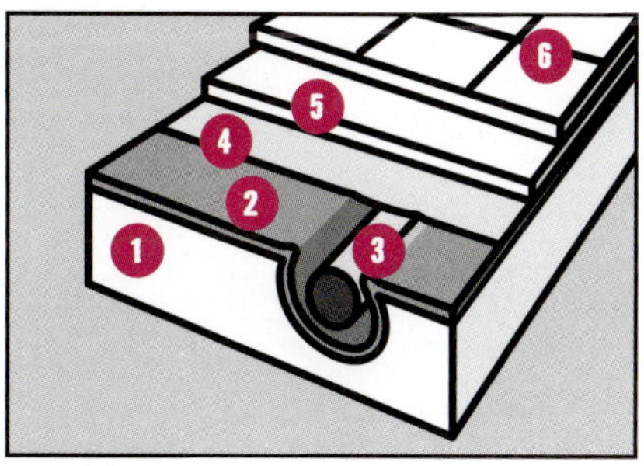

❶ Systemplatte
❷ Wärmeleitfolie
❸ Heizrohr
❹ Abdeckung Alublech
❺ Trocken-Estrich, alternativ PE-Folie und Fließestrich oder Zementestrich
❻ Bodenbelag

WARMWASSER-FUSSBODENHEIZUNG.

Als Erste haben die Römer warmes Wasser durch Rohre im Boden gejagt und gelten somit als Erfinder der Fußbodenheizung. Erst in den 80er Jahren wurde die Fußbodenheizung im modernen Europa wieder entdeckt und erfreut sich seitdem immer größerer Beliebtheit.

MATERIALÜBERSICHT TROCKEN-SYSTEM.

Material	Beschreibung
Mittelelement 1	Mit Aluminiumfolie beschichtete Systemplatte. In die vorgefertigten Längsrillen wird das Heizrohr hineingedrückt. Die Metallbeschichtung sorgt für eine gleichmäßige Verteilung der Wärme.
Kopfelement 2	Systemplatte mit Kurven- und Bogenprofil. Dient zur stabilen Fixierung der gebogenen Heizrohre in den Randbereichen oder im Bereich des Verteilers.
Wärmeleitblech 3	Wird zur gleichmäßigen Wärmeverteilung auf die unbeschichteten Kopfelemente gelegt.
PE-Dampfsperrfolie 4	Sie wird zur Feuchtigkeitsisolierung verlegt, wenn der Untergrund mineralischen Ursprungs ist (z. B. Estrich, Natursteine, Fliesen).
Randdämmstreifen 5	Den braucht man zur Trittschalldämmung.
Heizungsrohr 6	Besteht meist aus PE und ist als Rollenware erhältlich.
Verteiler 7	Er bildet den Ein- und Ausgang des gesamten Systems. Man kann ihn auf oder unter Putz befestigen. So kann die Fußbodenheizung an jede beliebige Heizungsanlge angeschlossen werden.
Rücklauftemperaturbegrenzer (RTL-Ventil) 8	Mit diesem Teil können Fußbodenheizungen kleiner Flächen (z. B. Badezimmer) an ein bestehendes Heizsystem angeschlossen werden.

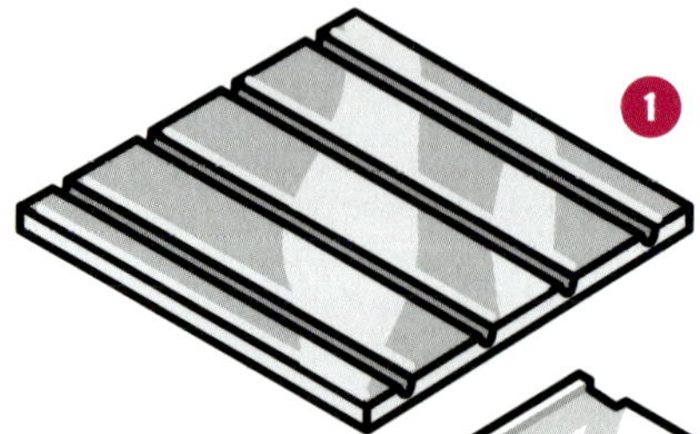
1

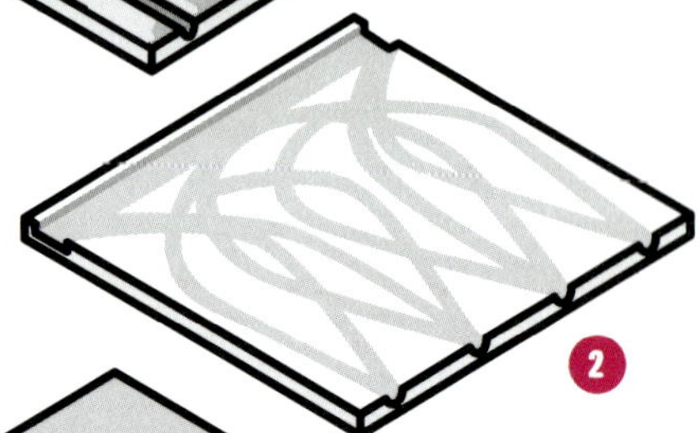
2

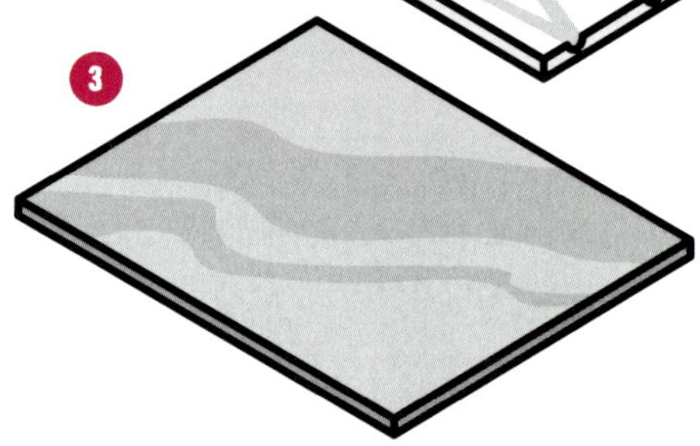
3

WERKZEUG.

- ✓ Cuttermesser
- ✓ Heißschneider
- ✓ Spachtel
- ✓ Glättkelle
- ✓ Eventuell weiteres Werkzeug (systemabhängig)

MATERIAL.

- ✓ Selbstklebender Dämmstreifen
- ✓ PE-Folie
- ✓ Trittschalldämmfolie
- ✓ Systemplatten, Rohre und Heizungszubehör
- ✓ Trockenestrichplatten
- ✓ Schrauben oder Flexkleber (systemabhängig)
- ✓ Spachtelmasse
- ✓ Bodenbelag

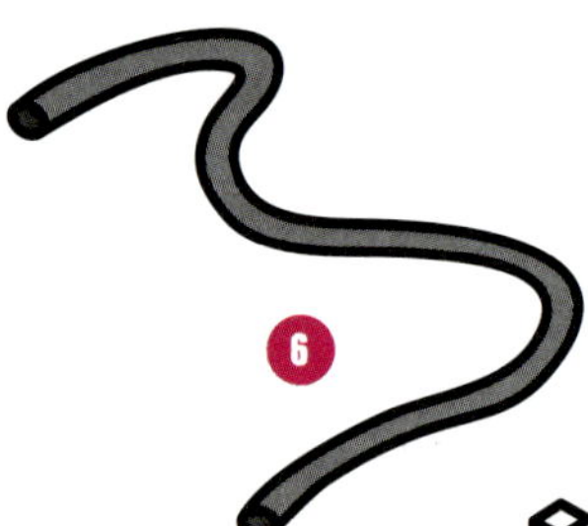
6

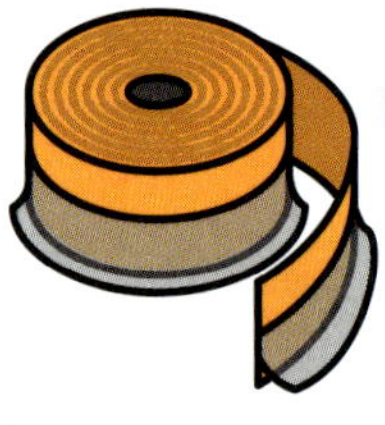
5

4

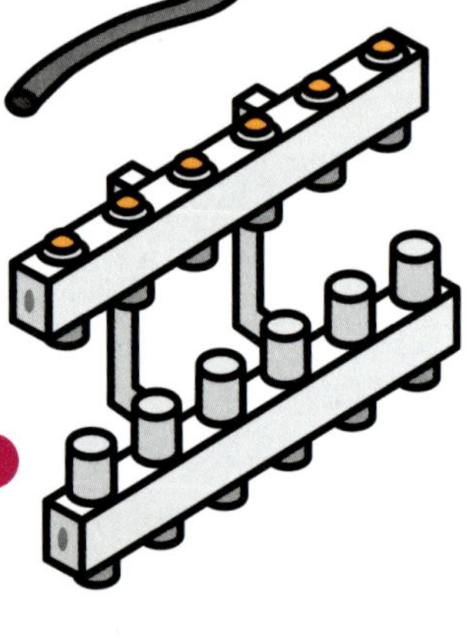
7

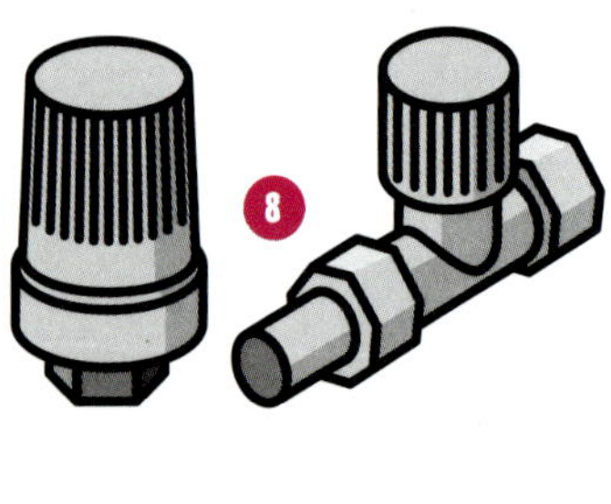
8

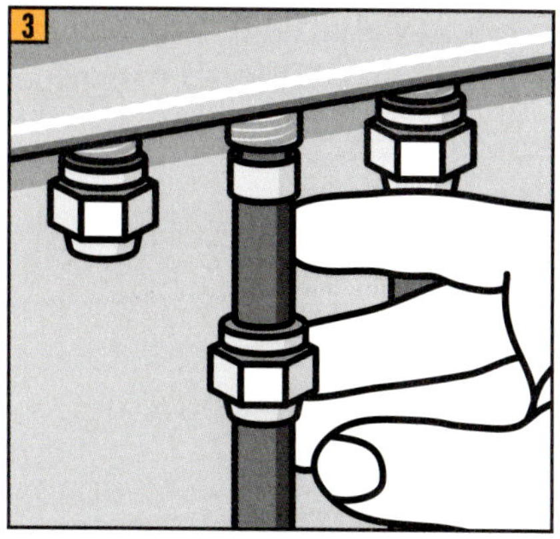

Trockenverlegung

Der Untergrund muss trocken, eben und sauber sein. Elektrokabel oder Rohrleitungen dürfen nicht auf dem Boden liegen. Holzbalkendecken mit einem atmungsfähigen Rieselschutz versehen. Falls erforderlich, eine 0,2 mm dicke PE-Folie (Dampfsperre) aufbringen. **1** Entlang allen Wänden einen Randdämmstreifen an das Mauerwerk kleben. So hat das Material genügend Spielraum, sich auszudehnen. Wichtig: Der Randstreifen muss lückenlos sein, d. h. Stoßstellen müssen abgeklebt werden! **2** Nehmen Sie sich Ihren Verlegeplan zur Hand und beginnen Sie nun in einer Ecke mit der Verlegung der Systemplatten. Die Kopfplatten werden entlang den Rändern ausgelegt. Flächen, die unbeheizt sein sollen (z. B. vor dem Verteiler), mit profilierten Kombinationsplatten auslegen. **3** Jetzt können Sie mit der Verlegung der Heizrohre beginnen. Als Erstes den Rohranfang nach Herstellerangaben am Verteiler anschließen. **4** Beginnen Sie, das Endlosrohr abzurollen und in einem großen Bogen vor sich herzuführen. Mit einem Fuß das Rohr fortlaufend in die Rillen der Systemplatten drücken. Vor einer Schlaufe das Rohr mit dem Fuß fixieren, damit es beim Biegen nicht aus der Rille rutscht. Nachdem Sie einen Raum komplett verlegt haben, das Rohr wieder zum Verteiler zurückführen und anschließen (Montagehinweise des Herstellers beachten!). **5** Vor der Verlegung von Teppich- und PVC-Böden oder Steinzeugfliesen kommt noch ein Trockenestrich auf die Aluplatten. Zur Verlegung von Trockenestrich siehe ab Seite 144. Hinweis: Ab 20 m Raumlänge Dehnfugen berücksichtigen. **6** Den gewünschten Fußbodenbelag im geeigneten Kleberbett aufbringen. Verwenden Sie nur Material, das für Fußbodenheizungen geeignet ist.

WERKZEUGKUNDE VON PROFIS!

PRESSVERBINDUNG HERSTELLEN.

Zwei Rohrenden werden durch sogenannte Schraub- oder Pressfittings miteinander verbunden. Die Rohrenden werden dabei in eine Pressverbindung gesteckt und mit einer Handpresszange oder Pressmaschine zu einer dauerhaften und dichten Verbindung zusammengepresst.

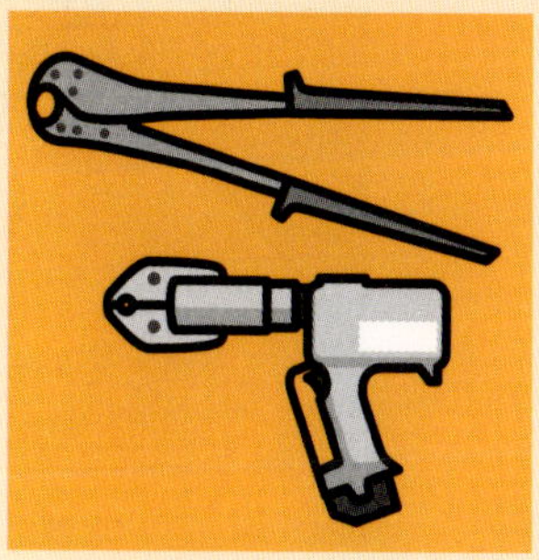

DÜNNBETT-FLÄCHENHEIZUNG.

Es geht auch ohne Heizkessel. Dünne Heizmatten können zur Heiz-Ergänzung problemlos überall nachträglich installiert werden. Über eine Zeitschaltuhr lässt sich die Heizung zu gewünschter Zeit an- und ausstellen.

Da die Heizmatten in einem Mörtelbett direkt unter dem Bodenbelag verlegt werden, erwärmt sich der Fußboden sehr schnell, der Heizthermostat reagiert auf eine veränderte Raumtemperatur sehr präzise. Die Raumtemperatur wird dadurch optimal geregelt. Für Sie bedeutet das: Kostenersparnis.

Darauf müssen Sie achten

- Wenn Sie z. B. bei einer Renovierung die alten Fliesen abschlagen, dürfen keine spitzen und scharfkantigen Reste stehen bleiben, denn sie könnten die Matten beschädigen.
- Vor der Verlegung der Heizmatten muss der Widerstandswert mit einem Ohmmeter gemessen und in die Garantiekarte eingetragen werden.
- Heizmatten dürfen nicht über Dehnfugen verlegt werden.
- Heizleitungen und Anschlussleitungen dürfen auf keinen Fall gekreuzt oder geknickt werden. Außerdem müssen sie in ihrer ganzen Länge von Estrich, Spachtelmasse oder Fliesenkleber umschlossen sein.
- Zum Verlegen neuer Fliesen immer flexiblen Fliesenkleber wählen, damit die Fliesen durch die Temperaturschwankungen nicht reißen.
- Bevor Sie den neuen Bodenbelag verlegen, muss ein Elektriker Ihre Montage überprüfen und abnehmen. Er schließt Matten und Thermostat an und trägt die Widerstandswerte der Heizleiter in die mitgelieferte Tabelle ein.

WERKZEUG.

- ✓ Hammer
- ✓ Meißel
- ✓ Zollstock
- ✓ Bleistift
- ✓ Spachtel
- ✓ Glättkelle
- ✓ Eimer
- ✓ Schere/ Schneidezange

MATERIAL.

- ✓ Heizmatte
- ✓ Spachtelmasse
- ✓ Nivelliermasse
- ✓ Spezialdübel

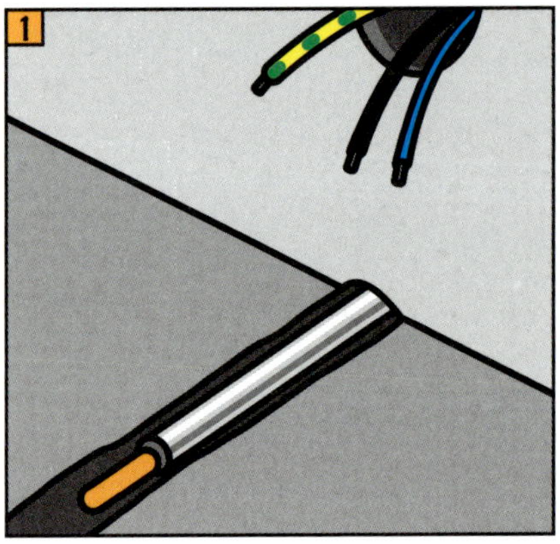

1 Die Anschlussleitung des Temperaturfühlers durch ein Leerrohr führen. Das Ganze dann in einem vorbereiteten Schlitz im Boden verlegen. Auf oder in der Wand die Leitung bis zur Anschlussdose hinaufführen. Messen Sie aus, wie die Heizmatten am besten im Raum verlaufen (siehe auch Verlegebeispiele auf Seite 397). Dann können Sie mit dem Ausrollen beginnen. **2** An der Kopfwand angekommen, müssen Sie um 180° kehrtmachen. Dafür das Mattengewebe einschneiden, ohne die Heizleitung zu verletzen. **3** Mit 5 cm Abstand die Bahn parallel zur ersten zurückführen. **4** Sind alle Bahnen verlegt, fixiert man sie mit den beigefügten Spezialdübeln am Boden. Je nach Hersteller können die Heizmatten auch anders fixiert werden, z. B. im Kleberbett. **5** Die Mattenränder verspachteln, damit sie sich nicht wölben, wenn die Nivelliermasse ausgegossen wird. **6** Dann die Nivelliermasse anrühren und ausgießen. Sie muss für Fußbodenheizungen geeignet sein. Nach dem Trocknen den Bodenbelag verlegen. Nach 2–5 Tagen können Sie die Heizung nutzen.

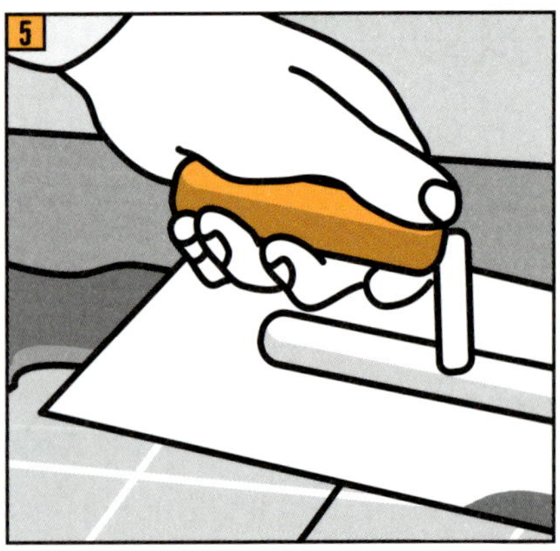

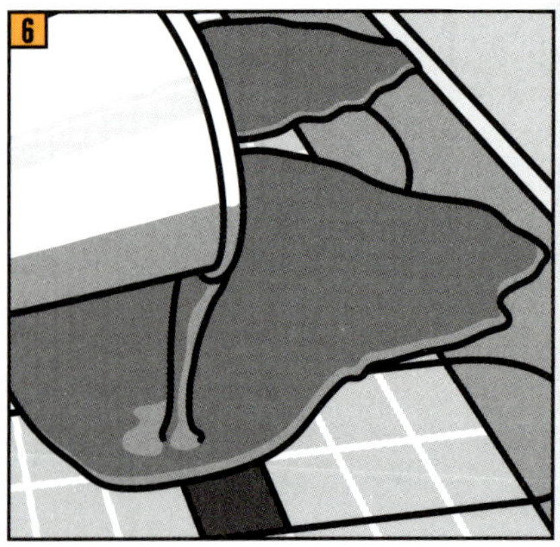

WICHTIG: Informieren Sie sich in diesem Zusammenhang über das Thema Sicherheit im Umgang mit Strom auf Seite 411.

RAUM BELÜFTEN.

Bratengeruch und Suppendampf in der Küche, ein verrauchtes Wohnzimmer, abgestandene Luft morgens im Schlafzimmer, schädliche Dämpfe und feiner Staub im Hobbyraum etc. – manchmal bleibt einem fast die Luft weg. Anstatt auch in kalten Jahreszeiten ständig das Fenster aufzureißen,

Sauerstoffreiche Luft ist lebenswichtig für den menschlichen Organismus. Pro Stunde benötigt ein Mensch ca. 20 Kubikmeter frische Luft. Das entspricht einem Raum von 8 m². Wenn man bedenkt, dass wir weit über die Hälfte unseres Lebens in geschlossenen Räumen verbringen, so wird die Bedeutung von Be- und Entlüftung schnell klar. Es geht dabei nicht nur um die Zufuhr von Sauerstoff, sondern auch um Schadstoffe, derer man sich entledigen sollte: z. B. ausgeatmetes Kohlendioxid, Formaldehyd, Stickoxide, verschiedene Geruchsstoffe und schädliche Ausdünstungen aus Farben oder Reinigungsprodukten. Dazu kommt, dass eine hohe Luftfeuchtigkeit im Raum Schimmel entstehen lässt und feuchte Luft schwerer zu heizen ist als trockene. Allein die Anwesenheit von Menschen in einem Raum erhöht die Luftfeuchte: Unser Atem ist feucht und unsere Haut gibt ständig Feuchtigkeit ab.

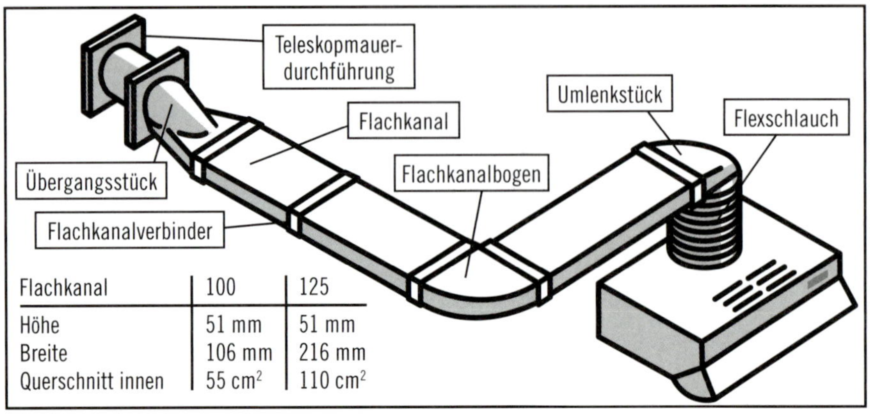

Flachkanal	100	125
Höhe	51 mm	51 mm
Breite	106 mm	216 mm
Querschnitt innen	55 cm²	110 cm²

So sieht ein durchschnittliches Entlüftungssystem aus. Die Einzelteile können dem Raum angepasst zusammengefügt werden und sind sehr einfach einzubauen.

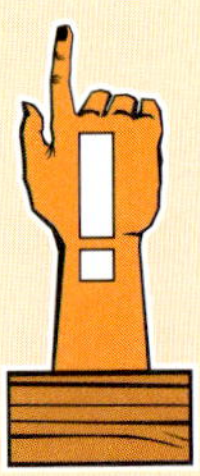

HINWEIS!

Wussten Sie, dass 82 % des Energieverbrauchs in einem durchschnittlichen Haushalt auf Heizen und unkontrolliertes Lüften zurückzuführen ist? Mit nur 10 % liegt das Warmwasser auf dem zweiten Platz, 7 % fallen den Haushaltsgeräten zu und das Licht benötigt in der Regel ca. 1 % der Energie.

Küche

A Sogenannte Möbellüftungen verhindern gefährliche Wärmestaus, die z. B. durch die Warmluft der Kühlschrankrückseite verursacht werden können. **B** Inzwischen ist die Dunstabzugshaube in fast allen Haushalten Standard. Sie saugt die beim Kochen entstehenden Dämpfe an und leitet sie im Flachkanalsystem direkt nach draußen weiter. Der Flachkanal lässt sich einfach oben auf Küchenhängeschränken verlegen. Statt einer Dunstabzugshaube kann auch ein Schachteinbauventilator eingebaut werden. Die benötigte Förderleistung hängt von der Größe der Küche ab (siehe Tabelle).

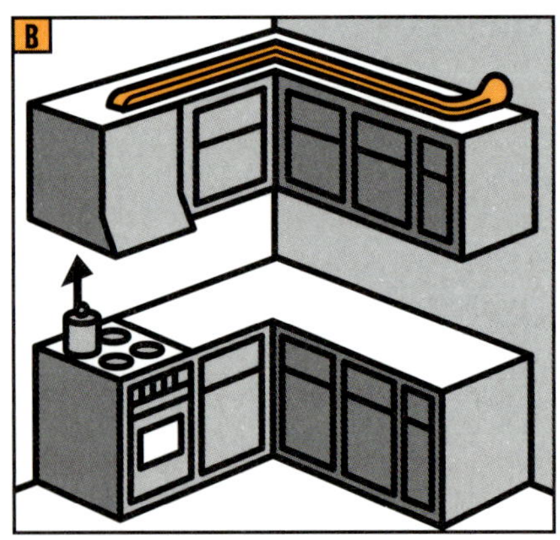

BELÜFTUNG MIT SYSTEM.

Lüftungsventilatoren müssen je nach Raumart eine bestimmte Mindestmenge Luft pro Stunde austauschen.

Raumart	Benötigte Luftförderleistung (m³/h)	Regelwerk
Wohn- und Schlafräume	15–20	VDI 2088
Toilette	30	DIN 18071/3
Kochnischen (fensterlos)	50	VDI 2088
Bäder (auch mit Toilette)	60	DIN 18071/3 VDI 2088
Küchen (unter 8 m² Fläche)	50–80	DIN 18022
Küchen (über 8 m² Fläche)	80–120	VDI 2088

um wieder etwas Sauerstoff zu atmen, finden Sie in Raumbelüftungssystemen elegantere und energiesparendere Lösungen. Das ist umso nötiger, als viele moderne Wohnungen so gut isoliert sind, dass kein unkontrollierter Luftaustausch mehr stattfindet.

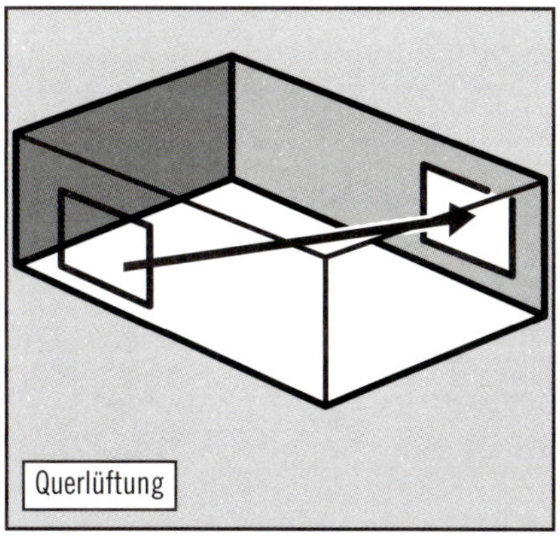

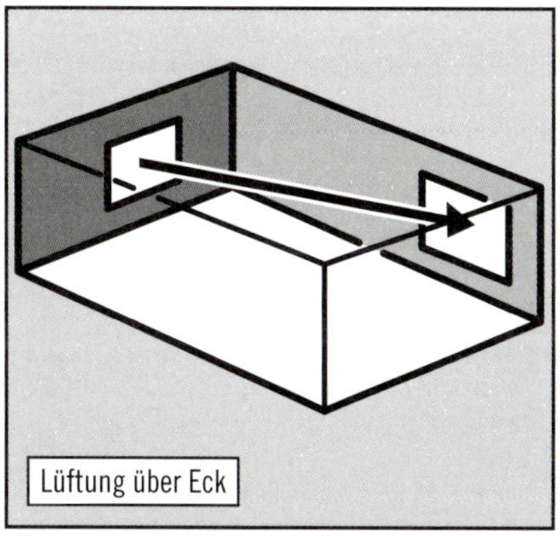

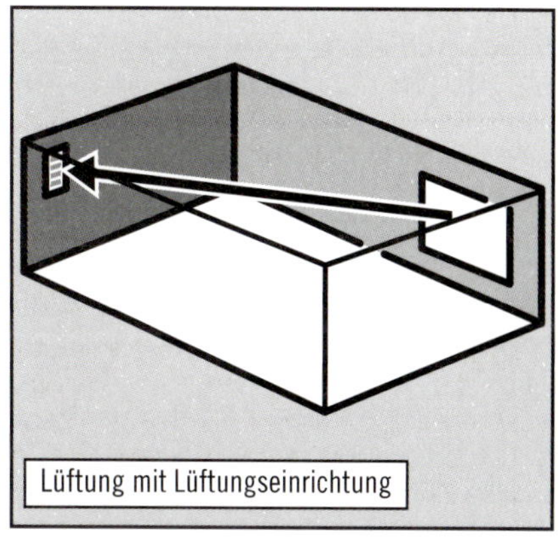

Wohnräume

Ausreichende Lüftung von Wohnungen ist so wichtig, dass sie sogar gesetzlich verankert wurde. So schreibt die Landesbauordnung die Berücksichtigung einer Querlüftung bzw. einer Lüftung über Eck vor. Ausnahmen sind Lüftungseinrichtungen, die für jede Wohnung eine getrennte Lüftung zulassen. In diesem Beispiel dient die Entlüftungsanlage im WC-Raum auch der Lüftung der Wohnung. Dieselbe Luftmenge, die im sanitären Bereich abgesaugt wird, strömt im Nebenraum durch Lüftungsschlitze unter dem Fenster wieder nach. Ein Lüftungsgitter in der WC-Tür ermöglicht die Zirkulation.

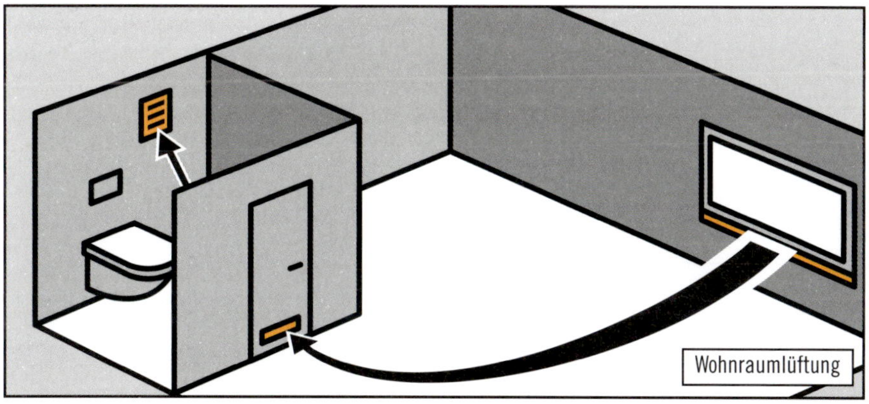

HINWEIS!

In Wohnräumen sollte alle 1–2 Stunden die Raumluft zur Hälfte gegen Frischluft ausgetauscht werden. Bei Bad und WC dagegen sollte in der gleichen Zeit ein vierfacher Luftaustausch erfolgen.

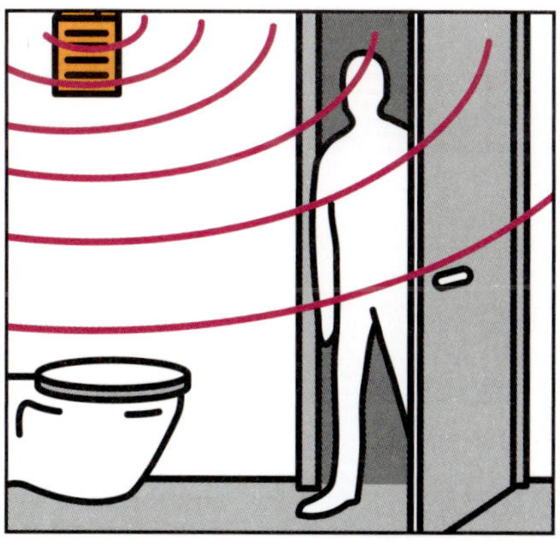

Bad

Abluftventilatoren in Badezimmern werden im oberen Wandbereich angebracht, damit aufsteigender Wasserdampf direkt abgesaugt werden kann.

In fensterlosen WC-Räumen empfiehlt sich der Einsatz eines Bewegungsmelders, der den Abluftventilator bei Betreten des Raumes automatisch einschaltet. Nach Verlassen der Toilette läuft der Ventilator noch ein wenig nach.
Bei Badezimmern ohne direkte Luftzufuhr sollte auf jeden Fall ein Türlüftungsgitter eingebaut werden.

Feuchte Luft aus dem Wäschetrockner sollte direkt über ein Flexrohr nach draußen geleitet werden.

MONTAGE VON ENTLÜFTUNGSELEMENTEN.

Ein Lüftungssystem zu installieren, ist denkbar einfach, auch wenn es sich aufwändig anhört. Die Bauteile funktionieren als Stecksystem, einzig der Mauerdurchbruch macht etwas Mühe und Dreck. Hier ein paar Tipps für die Montage verschiedener Einzelteile.

Luftgitter im Mauerwerk

1 Mit Hammer und Meißel und Schlagbohrer brechen Sie ein Loch in der benötigten Größe in die Mauer. 2 Dann können Sie den Rahmen des Luftgitters einsetzen und mit Mörtel am Mauerwerk befestigen. Hierfür kann auch Montageschaum verwendet werden. Jetzt müssen Sie nur noch das Luftgitter einsetzen.

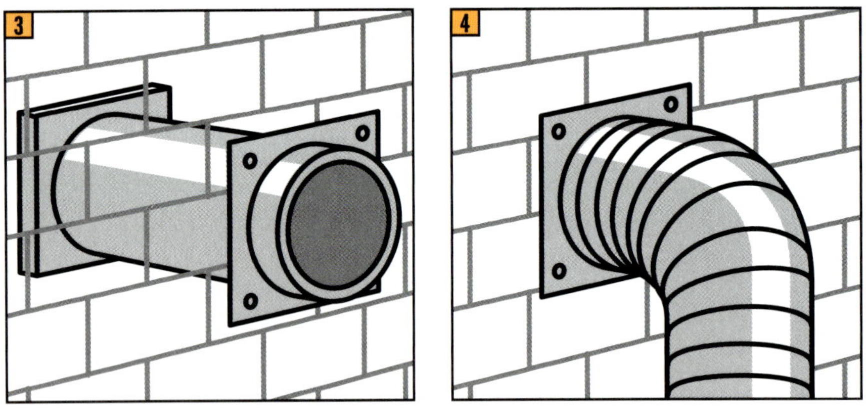

Teleskopmauerdurchführung

3 Stellen Sie zuerst den benötigten Mauerdurchbruch her und schieben Sie die Elemente des Teleskoprohres ineinander. 4 Füllen Sie anschließend die Zwischenräume mit Montageschaum aus. Jetzt werden die Anschlussstutzen abgedichtet und mit der Wand verschraubt. Bringen Sie zum Schluss das Flexrohr oder andere Systemteile an und befestigen Sie es mit einer Schlauchklemme.

Türlüfter

5 Bohren Sie an den Eckpunkten der Lüftungsöffnung jeweils ein Loch und sägen Sie dann den benötigten Schacht aus. 6 Die beiden Teile des Lüftungsgitters an der Öffnung ansetzen und das Gitter verbinden.

Warmer Raum und frische Luft – das fühlt sich behaglich und gesund an. Fehlt noch das stimmungsvolle Licht, und schon kann Ihnen ein langer dunkler Winter deutscher Bauart nichts mehr anhaben.

WERKZEUG.

- ✓ Metallbügelsäge
- ✓ Zollstock
- ✓ Schlagbohrmaschine
- ✓ Schraubendreher
- ✓ Meißel
- ✓ Hammer

MATERIAL.

- ✓ Bauschaum
- ✓ Mörtel
- ✓ Schrauben und Dübel
- ✓ Diverse Teile des Entlüftungssystems

ES GIBT IMMER WAS ZU TUN.

LICHT & ENERGIE.

ab Seite

SCHALTER UND STECKDOSEN SETZEN.

SCHALTER UND STECKDOSEN SETZEN.

IN DER SCHULE HEISST ES IMMER, ELEKTRISCHER STROM KÄME NICHT AUS DER STECKDOSE. DAS STIMMT NICHT. NATÜRLICH KOMMT ER DORT HER – NUR DASS ER EBEN VON WOANDERS AUCH DORT HINEIN GELANGEN MUSS. FUNDIERTERE WEISHEITEN ÜBER DIE ELEKTROINSTALLATION FINDEN SIE IN DIESEM KAPITEL.

AUF NUMMER SICHER GEHEN.

Immer wenn es um Strom geht, ist Sicherheit das oberste Gebot. Schon kleine Spannungen können tödlich sein. Deswegen sind Elektroinstallationen grundsätzlich Sache der Fachleute. Ein paar Arbeitsschritte können Sie aber durchaus selbst ausführen, wenn Sie sich gut informieren und alle Vorschriften beachten. Das gilt selbst für die kleinsten Arbeiten. Eine der wichtigsten Vorschriften ist die VDE* 0100 über Schutzmaßnahmen. Jede Person, die an elektrischen Anlagen und Geräten arbeitet, muss sich über diese Vorschrift informieren. Größere Installationsarbeiten sollten Sie mit Hilfe einer Elektrofachkraft planen und durchführen. Den Antrag auf Anschluss der Installation an das Versorgungsnetz kann überhaupt nur ein eingetragener Elektromeister einreichen. Er allein darf Installationen überprüfen und abnehmen. Die Technischen Anschlussbedingungen (TAB) des betreffenden Energieversorgungsunternehmens (EVU) müssen stets streng befolgt werden.

Die Elektroinstallation im Haus ist durch viele Normen und Vorschriften geregelt (vor allem bezüglich Schutz und Sicherheit). Daran muss sich jeder halten, auch Sie als Heimwerker und Betreiber. Es gibt DIN- und VDE-Normen für Elektrotechnik sowie das Gerätesicherheitsgesetz für Elektrogeräte. Diese Regelungen bestimmen verschiedene Schutzmaßnahmen: zum einen gegen die Berührung gefährlicher oder geladener Bauteile (Einteilung in Schutzklassen), zum anderen gegen das Eindringen von Fremdkörpern oder Feuchtigkeit (Einteilung in Schutzarten).

Die Schutzklassen

Elektrogeräte werden in drei Schutzklassen eingeteilt, die mit Symbolen auf dem Typenschild oder im Inneren des Geräts gekennzeichnet sind.

Schutzklasse 1 „Schutzleiter": Ein Schutzleiter (grüngelb) ist anzuschließen. Er verbindet alle berührbaren Metallteile mit der Erdung. Im Falle einer Fehlspannung leitet er die Spannung ab und es entsteht ein Kurzschluss – die Sicherung springt heraus.

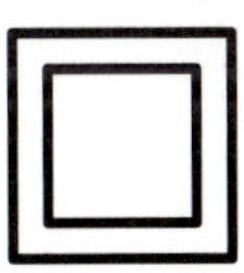

Schutzklasse 2 „Schutzisolierung": Ein Gerät mit diesem Zeichen ist bereits schutzisoliert. An berührbaren Teilen kann keine Spannung anliegen. Diese Isolierung ist bei vielen Haushaltsgeräten üblich, für Elektrowerkzeuge, Gartengeräte und Körperpflegegeräte sogar vorgeschrieben.

Schutzklasse 3 „Schutzkleinspannung": Die Geräte werden nur mit Wechselspannung bis 50 Volt oder Gleichspannung bis 120 Volt betrieben. Spielzeuge dürfen sogar nur 24 Volt haben. Auch darf die Spannung nur mit Batterien, Akkus oder Sicherheitstransformatoren erzeugt werden.

HINWEIS!

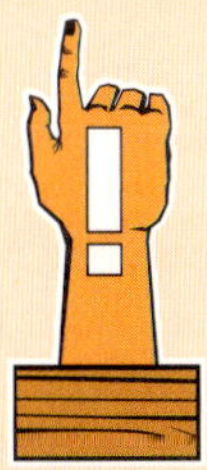

Damit Ihre Familie Sie nicht unfreiwillig beim Heimwerken toastet, sollten Sie den Sicherungskasten gegen das Wiedereinschalten durch unwissende Dritte sichern. Hängen Sie ein Schild auf und nehmen Sie die Sicherungspatrone von Schraubsicherungen mit, anstatt sie im Sicherungskasten liegen zu lassen.

Schutzarten

Die Schutzarten sind vor allem für Geräte und Materialien, die im Freien benutzt werden, wichtig. Ein sogenannter IP-Code regelt europaweit die Kennzeichnung mit zwei Ziffern. Die erste Ziffer steht für den Fremdkörperschutz, die zweite für den Feuchtigkeitsschutz. Wenn eine Ziffer nicht relevant ist, steht an ihrer Stelle ein X.

DAS SICHERHEITS-1 X 1:

Vor Beginn aller Arbeiten müssen Sie sicherstellen, dass kein Strom mehr fließen kann und nirgendwo mehr Spannung besteht: Alle Netzstecker ziehen, die Sicherungen für die betroffenen Stromkreise raus und gegen Wiedereinschalten sichern!

Vergewissern Sie sich mit einem Prüfgerät, dass alle Leitungen spannungsfrei sind.

Wenn Sie sich nicht sicher sind: Finger weg und Fachmann rufen! Unterbrechen Sie sofort, wenn Sie sich überfordert fühlen und überlassen Sie die Fertigstellung jemandem, der sich damit auskennt.

Niemals beschädigte, abgenutzte oder veraltete Teile bzw. Geräte verwenden! Alle eingesetzten Teile sowie die Installation als Ganzes müssen den DIN-Normen und den VDE-Bestimmungen entsprechen.

Kaufen Sie nur geprüfte Sicherheit, also Geräte und Komponenten mit einem DIN- oder VDE-Zertifikat.

Trennen Sie erkennbar beschädigte Geräte oder Teile vom Stromnetz und flicken Sie keine beschädigten Stecker oder Kupplungen, sondern tauschen Sie diese ordnungsgemäß aus.

Arbeiten an Sicherungen, Verteilung, Zähler, Erdung und Hauseinlass dürfen nur professionelle, zugelassene Elektriker vornehmen.

Den grüngelben Schutzleiter dürfen Sie unter gar keinen Umständen für andere Funktionen verwenden oder entfernen! Nach Beendigung der Arbeiten muss überprüft werden, ob er funktioniert.

Vermeiden Sie es, Kabel frei herumliegen zu lassen; Sie könnten nicht nur stolpern, sondern auch Stecker, Steckdosen und Kupplungen beschädigen.

Schützen Sie Ihre Kinder durch das Anbringen von Steckdosensicherungen.

Außerdem sind bei jeder Veränderung oder Neuinstallation einer Elektroanlage die VDE-Vorschriften einzuhalten.

* VDE = Verband der Elektrotechnik, Elektronik und Informationstechnik.
Hinweis: Für alle Normen gibt es auch eine österreichische Entsprechung durch die ÖNORM und die ÖVE.

SICHERHEITSZEICHEN.

Dem VDE-Verband kommt eine verantwortungsvolle Rolle zu: Er prüft alle Geräte und elektrotechnischen Bauteile auf ihre Konformität mit den Richtlinien der EU, dem deutschen Geräteschutzgesetz (GSG) und anderen Schutzvorgaben.

Das VDE-Zeichen

Dies ist das Prüfzeichen für Elektrogeräte, Installationsmaterial und Komponenten im Sinne des Gerätesicherheitsgesetzes. Die Produkte werden schon bei ihrer Fertigung überwacht, um sicherzustellen, dass die Standards in der gesamten Serie eingehalten werden. Geprüft wird auf alle elektrischen wie auch auf mechanische, thermische, radiologische und andere Risiken.

Das VDE-GS-Zeichen

Dieses Zeichen finden Sie auf fertigen Geräten. Das GS-Zeichen gehört zum GSG und darf nur mit Nennung der Prüfstelle verwendet werden. In diesem Fall bedeutet es, dass die Prüfung durch den VDE erfolgte. Damit ist das Produkt normenkonform und entspricht dem deutschen GSG.

Das ENEC-Zeichen

Das ENEC-Abkommen der EU regelt die Zertifizierung von Leuchten und ihren Komponenten, Energiesparlampen, sämtlicher Informationstechnik, Transformatoren, Geräteschalter, Regel- und Steuerelementen, Klemmen, Steckvorrichtungen, Kondensatoren u. a. Die Zertifizierung wird vom VDE vorgenommen.

VDE-Kabelzeichen und -Harmonisierungszeichen

Hierbei handelt es sich um Prüfzeichen für Kabel und isolierte Leitungen. Oft sind sie mit einem schwarzroten bzw. schwarzrotgelben Kennfaden kombiniert.

VDE-EMV-Zeichen

Dieses Zertifikat vergibt der VDE, wenn ein Produkt elektromagnetisch verträglich (EMV) ist.

CE-Zeichen

Dieses Zeichen ist keine Prüfplakette. Es ist lediglich eine Aussage des Herstellers, sich an die grundlegenden Anforderungen gemäß der EU-Richtlinien gehalten zu haben.

BEGRIFFE DER ELEKTROTECHNIK.

Jeder weiß, dass Strom irgendwie messbar ist. Doch die wenigsten kennen den Unterschied zwischen den messbaren Größen Spannung, Leistung und Stromstärke. Die drei Begriffe hängen eng zusammen, ausgedrückt in der Formel: P = U x I.

Strom

Winzige, negativ geladene Teilchen, Elektronen genannt, fließen in Metallen und anderen leitfähigen Materialien vom Minus- zum Pluspol. Durch diesen Fluss soll die Ladungsungleichheit zwischen den beiden Polen ausgeglichen werden. Diesen Vorgang bezeichnet man als elektrischen Strom.

Elektrische Arbeit

In unserem Stromnetz wird der Strom in Kilowattstunden (kWh) verkauft; also elektrische Leistung in Watt bzw. Kilowatt (= 1 000 Watt) pro Zeitstunde. Eine Kilowattstunde wird verbraucht, wenn eine 25-W-Glühbirne 40 Stunden lang brennt (25 W x 40 h = 1 000 Wh oder 1 kWh).

Stromstärke (I)

Wie stark der Stromfluss ist, misst man in Ampere (A). Das bezeichnet die Menge an elektrischer Ladung, die in einer bestimmten Zeit durch einen Leiter fließt. Je niedriger der Widerstand und je größer die Spannung ist, desto größer ist die Stromstärke. Das ist vergleichbar mit der Menge Wasser, die in einer bestimmten Zeit einen Fluss herunterfließt: Je größer der Wasserdruck und je kleiner ein Hindernis im Flussbett, desto größer ist die Wassermenge.

Spannung (U)

Elektrische Spannung wird in Volt gemessen. Sie ergibt sich aus der Höhe des Ladungsunterschieds zwischen den Polen – oder auf das Wasser übertragen: aus der Stärke des Drucks, der z. B. hinter einer Staumauer herrscht. Das deutsche Stromnetz hat eine Spannung von 230-V-Wechselstrom. Autobatterien laufen gewöhnlich auf 12-V-Gleichstrom.

Übrigens: Damit Blitze zwischen Wolke und Erde entstehen, muss der Spannungsunterschied mehrere 10 Millionen Volt betragen. Die Stromstärke einer Hauptentladung beträgt im Durchschnitt etwa 20 000 A.

Leistung (P)

Die elektrische Leistung des Stroms wird in Watt angegeben. Diese Größe ergibt sich aus der Multiplikation der Spannung mit der Stromstärke (P = U x I). Um beim Wasserbeispiel zu bleiben: Je stärker der Druck hinter einem Wasserstrahl ist und je größer auch noch die Wassermenge in dem Strahl ist, desto höher ist die Leistung, wenn man damit z. B. ein Kraftwerk betreibt.

Widerstand (R)

Der elektrische Widerstand ist abhängig von Art und Temperatur des Materials und der Dicke des Leiters. Man muss sich das so vorstellen wie bei einem Wasserschlauch: Je größer der Durchmesser ist, desto mehr Wasser kann pro Zeiteinheit hindurchfließen. Und wenn Dreck im Schlauch ist, fließt das Wasser schlechter. So ist das auch mit den Elektronen: Sie stoßen beim Fließen überall an den Atomen an und je mehr sie anstoßen, desto größer also der Widerstand. Widerstand wird in Ohm gemessen.

Elektrischer Leiter

Nicht jedes Material leitet Strom. Stoffe, die besonders gut Strom weiterleiten, nennt man Leiter. Das sind Metalle; meistens wird Kupfer verwendet. Materialien, die Strom nicht leiten, heißen Isolatoren – Keramik ist solch ein Stoff.

Gleichstrom

Wird in der Regel im Nieder-Volt-Bereich eingesetzt (Batterien, Solarzellen etc.). Netzteile, wie sie oft für elektrische Geräte im Haushalt verwendet werden, wandeln beispielsweise den 230-V-Wechselstrom aus der Steckdose in 9-V- oder 12-V-Gleichstrom um. Bei Gleichstrom hat das Vertauschen von Plus- und Minuspol in der Regel die Zerstörung des angeschlossenen Gerätes zur Folge.

Wechselstrom

Hier wechselt der Strom ständig seine Polung bzw. Richtung. Man spricht von einer bestimmten Frequenz (Hertz). Aufgrund dieses ständigen Wechsels gibt es (im Gegensatz zum Gleichstrom) keinen Plus- oder Minuspol. Entdeckt hat den Wechselstrom der südosteuropäische Ingenieur Nikola Tesla gegen Ende des 19. Jahrhunderts.
Wichtige Wechselspannungen:
USA: 117 V/60 Hz Haushaltsstrom
Japan: 100 V/50 Hz Haushaltsstrom
Europa: 230 V/50 Hz Haushaltsstrom

Drehstrom

Wird auch Stark- oder Kraftstrom genannt. In gewöhnlichen Haushalten wird Starkstrom kaum eingesetzt. Lediglich für die meisten Elektroherde in der Küche kommt er zum Einsatz. Seine Spannung beträgt 400 V. Große Maschinen, wie z. B. Tischkreissägen, werden in der Regel mit Starkstrom betrieben.

Sicherung

Eine Sicherung wird dann aktiv, wenn es in einer elektrischen Leitung zu Überspannung oder zu einem Kurzschluss kommt. Sie verhindert einen Brand in der elektrischen Anlage bzw. die Zerstörung elektrischer Geräte, indem sie den Stromkreislauf unterbricht. In strombetriebenen Geräten werden in der Regel Schmelzsicherungen verbaut, die nach ihrer Wirkung verbraucht sind und ausgetauscht werden müssen. Im 230-V-Stromnetz eines Haushaltes werden heutzutage nur noch Sicherungen installiert, die sich nach einer Auslösung per Schalter wieder aktivieren lassen (Leistungsschutzschalter). Sie sitzen in den Stromkreisverteilern, die salopp „Sicherungskästen" genannt werden.

Verbraucher

Geräte, die elektrischen Strom nutzbar machen, bezeichnet man als Verbraucher (Lampen, Computer, Kaffeemaschinen, Waschmaschinen etc.).

Wechselschaltung

Diese, auch „Hotelschaltung" genannte, Schaltung dient dazu, einen Verbraucher – z. B. eine Lampe – von zwei verschiedenen Stellen im Raum ein- und auszuschalten. Man verwendet dafür Wechselschalter.

LANGE UND KURZE LEITUNGEN.

Elektroleitungen werden nach der Anzahl ihrer Adern und ihrer Bauart unterschieden sowie danach, ob sie fest, flexibel oder sogar im Freien verlegt werden. Es gibt viele verschiedene Sorten; alle erfüllen ihren spezifischen Zweck. Kommen Sie bitte nicht auf die Idee, eine Leitung zweckentfremden

KURZZEICHEN NACH DIN VDE 0250 (AUSZUG).

Kurz-zeichen	Bedeutung	Beispiel
A	Ader	NYFAW
B	Bleimantel	NYBUY
F	Feindrähtig	NYFAW
FF	Feinstdrähtig	NSLFFÖU
G	Gummiisolation	NZGAFÖ
I	Stegleitung	NYIF
J	Leitung mit grüngelbem Schutzleiter	NYM-J
L	Leitung, Leuchtröhrenleitung	NYL
M	Mantelleitung	NYM
N	Genormte Leitung	N (z.B. NYM)
O	Leitung ohne Schutzleiter	NYM-O
PL	Pendellitze	NYPLYW
R	Rohrdraht	NYRUZY
Y	Kunststoffisolierung	NYM

LEITUNGEN FÜR FESTE VERLEGUNG.

Kabel	Bezeichn.	Anwendung
❶ Stegleitung	NYIF/YF	Die Kunststoffstegleitung (Impu-Kabel) mit Kupferleitern wird verwendet zur festen Verlegung in oder unter Putz in trockenen Räumen. Nicht zulässig ist sie in Holzhäusern bzw. auf brennbaren Materialien oder Hohlräumen. Fachleute raten zum Teil von ihrer Verwendung ab, da sie ein erhöhtes Sicherheitsrisiko darstellt.
❷ Mantelleitung	NYM-J	Die Mantelleitung verlegt man fest unter Putz, im Putz oder auf Putz in trockenen, feuchten, nassen oder feuergefährdeten Räumen. Für kurze Strecken im Schutzrohr ist die Mantelleitung auch im Freien zulässig. Im Erdboden darf sie allerdings nicht verlegt werden.
❸ Koaxial-Antennenleitung		Dieses Kabel kann in Kabelkanälen, in Leerrohren, auf oder unter Putz, in trockenen und feuchten Räumen und sogar im Freien (keine direkte Sonneneinstrahlung) verlegt werden. Im Erdreich darf es nicht benutzt werden.
❹ Telefonleitung	z. B. 4 x 2 x 0,6	Telefonleitungen können überall verlegt werden. Einzig die Verwendung im Erdreich ist unzulässig und auch direkte Sonneneinstrahlung sollte vermieden werden.
❺ Erdkabel	NYY	Erdkabel sind Strom- und Nachrichtenkabel, die für das Auslegen im Erdreich vorgesehen sind. Dafür wird kein Kabelschutzrohr benötigt. Eine geeignete Abdeckung muss das Kabel aber gegen mechanische Beschädigungen schützen, und man muss zur Kennzeichnung ein Kennband mitverlegen. Für Spannungen bis 200 kV besteht der Mantel aus schwarzem Kunststoff.

zu wollen. Schauen Sie lieber in unserer Tabelle nach, damit der Strom auch auf dem richtigen Weg zum Verbraucher kommt.

LEITUNGEN FÜR FLEXIBLE VERLEGUNG.

Kabel	Bezeichn.	Anwendung
❻ Gummi-schlauchleitung	H05RR-F H07RN-F	Gummischlauchleitungen gibt es in leichter und mittelschwerer Ausführung. Die leichten Versionen (Kurzzeichen z. B. H05RR-F) sind für Elektrogeräte (Staubsauger, Küchengeräte, Herde, Lötkolben etc.) in Haushalt und Büro bestimmt. Man kann sie in Möbeln oder Dekorationsverkleidungen auch fest verlegen. In mittelschwerer Ausführung (H07RN-F) darf die Gummischlauchleitung auch im Freien (z. B. Rasenmäher) verwendet werden. Große Maschinen, wie sie gewöhnlich in Gewerbebetrieben benutzt werden, schließt man mit Gummischlauchleitungen dieser Sorte an (Tischkreissägen, Schweißgeräte etc.).
❼ Kunststoff-schlauchleitung	H03VV-F H05VV-F	Auch die Kunststoffschlauchleitung (meistens aus PVC) gibt es in mittlerer und leichter Ausführung. Die leichte (Kurzzeichen H03VV-F) wird für Haushaltsgeräte und Büromaschinen verwendet, die mittlere (H05VV-F) ist für Haushaltsgeräte wie Waschmaschine oder Kühlschrank geeignet.
❽ Zwillings-leitung	H03VH-H	Zwillingsleitungen (Kurzzeichen H03VH-H) sind bestimmt für den Anschluss leichter Elektrogeräte (wie Radio, Tischlampe, Uhren etc.) in Haushalt und Büro, bei sehr geringen mechanischen Beanspruchungen. Sie können weder im Freien noch für größere Geräte verwendet werden.
❾ Lautsprecher-leitung	YFHZ	Universell einsetzbare hochwertige Lautsprecherleitung für Heimbereich, Kinos und öffentliche Gebäude.
❿ Illuminations-leitung	H05RNH2-F	Lichterketten mit speziellen Fassungen.
⓫ Silikonleitung	SIHF-J	Trockene, feuchte oder nasse Räume, bis 180 °C (für Saunaanschlüsse).
⓬ Kunststoff-aderleitung	H07V-U H07V-R H07V-K	Kunststoffaderleitungen werden in Schalt- und Verteilungsanlagen sowie in trockenen Räumen in Leerrohren verlegt.

Elektroleitungen bestehen innen aus einzelnen Drähten oder Adern, die man Leiter nennt. Diese haben unterschiedliche Farben, an denen man ihre Funktion und ihren Anschlussort erkennen kann. Allerdings kann man sich – besonders in Altbauten – nicht immer darauf verlassen, dass diese farbliche Kennzeichnung auch stimmt. Deswegen müssen Sie die Leiter immer mit einem Messgerät prüfen, bevor Sie loslegen.

Man unterscheidet Außenleiter (auch Phasenleiter oder Phase genannt), Neutralleiter (auch Nullleiter genannt) und Schutzleiter (auch Erdleiter genannt).

Die Außenleiter sind braun oder schwarz ummantelt und mit einem „L" gekennzeichnet. Sie führen den Strom aus dem Netz zum Schalter oder zur Steckdose.

Die Neutralleiter führen den Strom vom Verbraucher ins Netz zurück. Sie haben einen blauen Mantel und sind mit „N" gekennzeichnet. Blaue Leiter können auch als stromführende Drähte vom Schalter zur Abzweigdose sein, wenn ein Aus/Wechselschalter mit 3 x 1,5 angefahren wird.

Die Schutzleiter werden mit „PE" oder „PEN" abgekürzt und sind grün-gelb ummantelt. Sie leiten lebensgefährliche Fehlerspannungen zur Erde ab. An alle Verbraucher, die das Erdungssymbol ⏚ tragen, muss der Schutzleiter angeschlossen werden. Steckdosen mit solch einem Leiter werden „Schutzkontaktsteckdosen" genannt.

SICHERE INSTALLATION PLANEN.

Meiden Sie Wasser! Mit dem Stromkabel macht man einen ganz großen Bogen um jedes Wasser. Halten Sie bestimmte Sicherheitszonen ein, damit Sie nicht mit der Bohrmaschine unverhofft auf irgendwelche Kabel treffen.

Installationsbereiche in Wohnräumen

Eine ungeschriebene Regel besagt, dass man Stromleitungen in der Wand 30 cm von Decke oder Fußboden und 15 cm von Ecken und Fensterrahmen entfernt verlegt. Steckdosen und Lichtschalter werden in einer Raumhöhe von ca. 105 cm installiert bzw. als Verteilerdosen 30 cm über dem Fußboden und unter der Decke. Abweichungen von bis zu 10 cm sind dabei aber durchaus üblich. In behindertengerechten Räumen ist die Installationshöhe von Schaltern natürlich wesentlich niedriger.

Installationsbereiche im Bad

Badezimmer werden in 4 Schutzbereiche eingeteilt: Bereich 0 umfasst das Innere der Wanne. Hier darf maximal eine Schutzkleinspannung von bis zu 12 V verwendet werden. Die Stromquelle muss allerdings im Bereich 3 angebracht sein. Zum Bereich 1 gehört die Wanne samt ihrer fest verbundenen Umrandung mit dem Raum darüber (bis 225 cm vom Boden gemessen). Bereich 2 umfasst die waagrechte Erweiterung von Bereich 1 um 60 cm. Fest installierte Warmwasserbereiter, spritzwassergeschützte Lampen und Abluftgeräte sind in den Bereichen 1 und 2 erlaubt. Bereich 3 umfasst den angrenzenden Raum bis zu einer Entfernung von 240 cm. Hier dürfen Steckdosen installiert werden. Allerdings müssen diese mit einer Fehlerstromschutzeinrichtung versehen sein, die nur einen Fehlerstrom von maximal 30 mA zulässt. Alle Arbeiten an den elektrischen Anlagen im Badezimmer dürfen generell nur vom Fachmann ausgeführt werden.

Installationsbereiche in der Küche

Wie viele Steckdosen und Anschlüsse Sie brauchen und wo diese sein sollen, hängt von der Größe und Anordnung Ihrer Küche ab. Da Herd, Kühlschrank und Spülmaschine viel Strom ziehen, brauchen sie separate Wechselstromkreise. Für Verlege- und Einbauhöhen der Elektrik gibt es ein paar Faustregeln:

- Anschlussdose für Herd, Kühlschrank und Geschirrspüler (mit je eigenem Stromkreis): 30 cm Höhe.
- Steckdosen über den Arbeitsflächen für Küchengeräte (mindestens 5 Stück): 95–110 cm Höhe.
- Anschlüsse für Arbeitsplatzbeleuchtung: 135 cm Höhe, unterhalb von Oberschränken 165 cm.
- Anschluss für Dunstabzugshaube: 210–215 cm
- zu den Raumecken wird 15 cm Abstand gehalten, zur Decke 30 cm.

HINWEIS!

Das Kapitel „Licht & Energie" birgt einige Sicherheitsrisiken. Überlassen Sie sämtliche Arbeiten den Profis, die Heimwerker nicht ausführen dürfen.

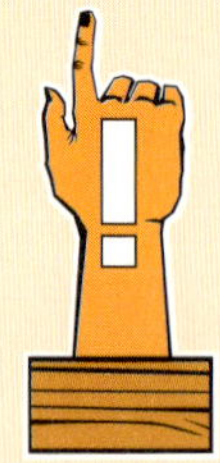

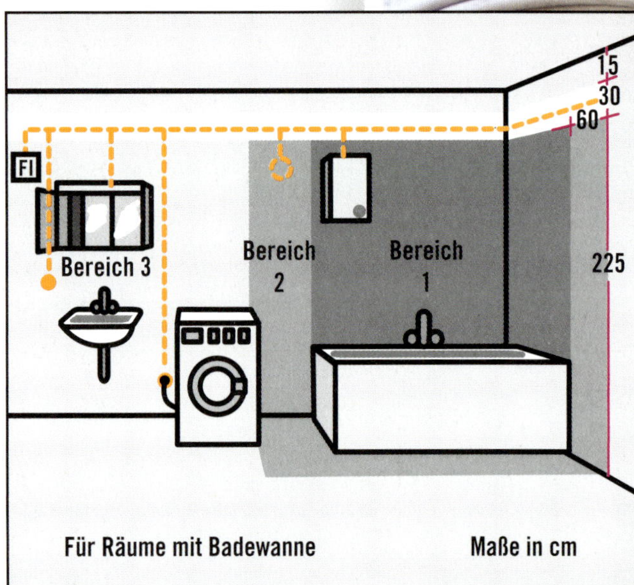

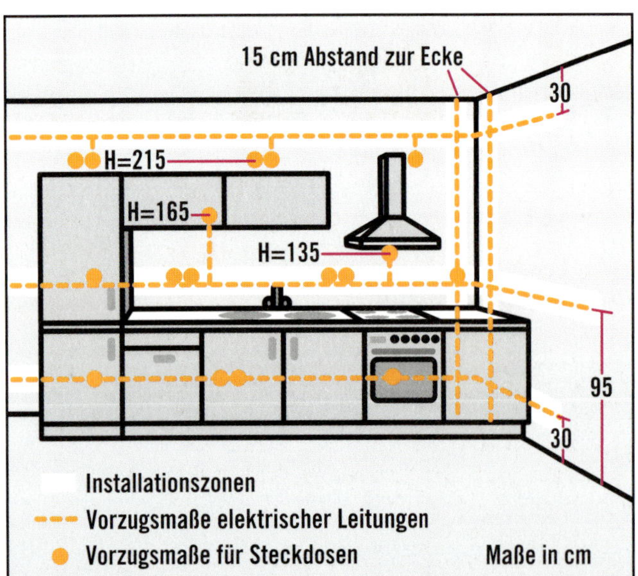

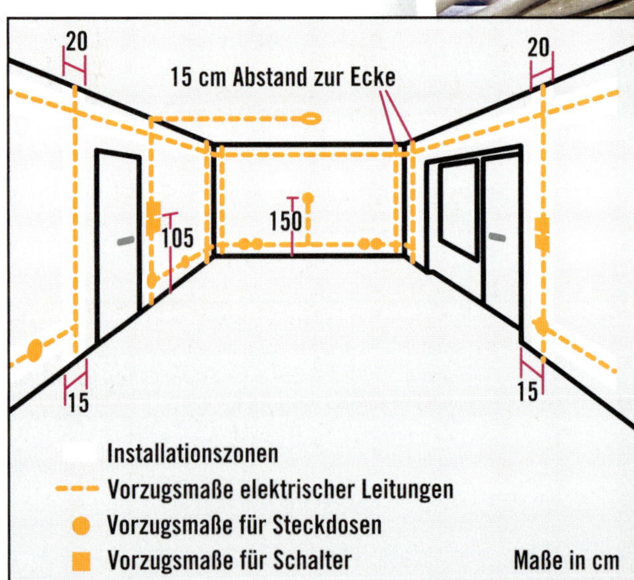

WAS DER PROFI IM KOFFER HAT.

Es gibt einige Werkzeuge, die bei der Elektroinstallation gebraucht werden und nicht nur in den Koffern der Profis ihre Stammplätze haben sollten. Auch der Heimwerker ist gut beraten, wenn er zumindest mit einem Grundrepertoire an Werkzeugen aufwarten kann.

Spezialschraubendreher
Schraubendreher für Elektroarbeiten sind bis zur Spitze schutzisoliert und mit dem VDE-Zeichen versehen.

Digitales Multimeter (DMM)
Mit diesem Gerät können Sie nicht nur die Spannung, sondern auch den Stromfluss und den elektrischen Widerstand messen.

Aderendhülsenzange
Aderhülsen verhindern das Auffasern der feindrahtigen Kupferadern, z. B. in einer Lüsterklemme o. Ä. Sie werden mit einer entsprechenden Zange am Ende der Adern angebracht.

Kabelmesser/Entmanteler
Den dicken Kunststoffmantel eines Kabels entfernt man besser nicht mit einer Zange oder einem Messer, sondern mit dem richtigen Werkzeug. So werden weder die feinen Aderisolierungen noch die Adern selbst beschädigt.

KABEL VERLEGEN.

Je nachdem, ob Sie auf den industriellen Charme offen verlegter Kabel stehen oder nicht, gibt es entsprechende Installationsmethoden: in der Wand, auf der Wand oder unter der Erde. Beim Verlegen unter Putz ist daran zu denken, dass nachträgliches Einbauen von Schaltern und Steckdosen ganz

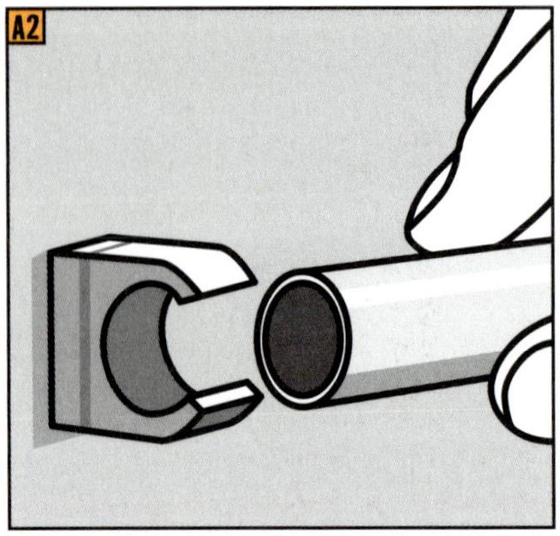

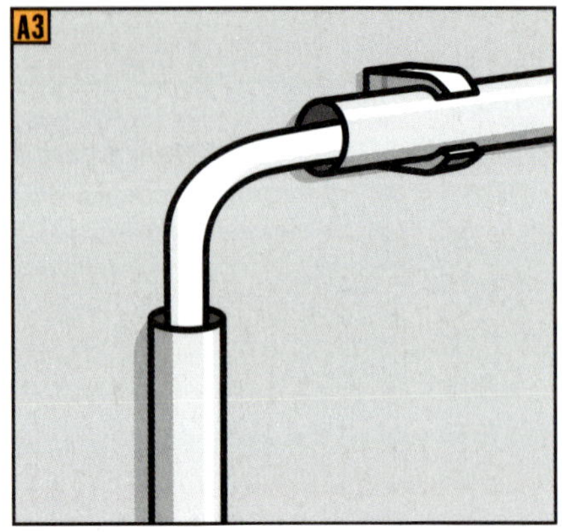

Aufputzinstallation im Installationsrohr mit Kabelschellen

Aufputzinstallationen, bei denen Kabel in Rohren an Kabelschellen befestigt werden, bleiben sichtbar und werden vorwiegend in Kellerräumen, Garagen etc. verwendet. **A1** Zunächst bohren Sie ein Loch, in dem die Klemmschelle mit einem Dübel und einer Schraube befestigt wird. **A2** Im Abstand von jeweils 30–40 cm sollten weitere Klemmschellen, wie im ersten Arbeitsschritt beschrieben, angebracht werden. Das Schutzrohr lässt sich nun leicht an den Klemmschellen einstecken. **A3** Alle Kabel, egal auf welchem Untergrund, werden ausschließlich waagrecht oder senkrecht geführt. In der Nähe eines Winkels sollten Sie an beiden Seiten eine Klemmschelle befestigen, um dem Winkel Stabilität zu geben.

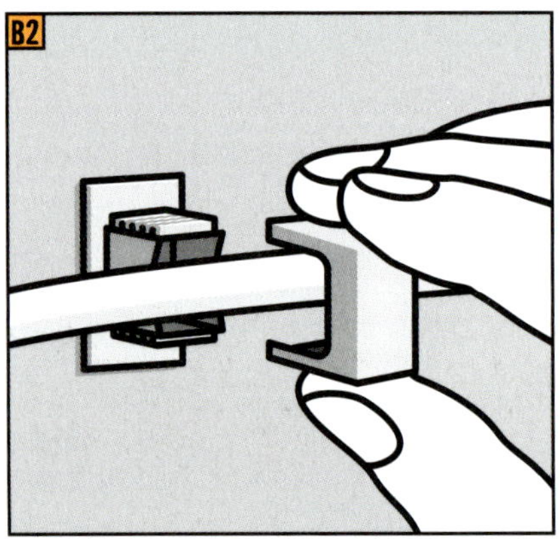

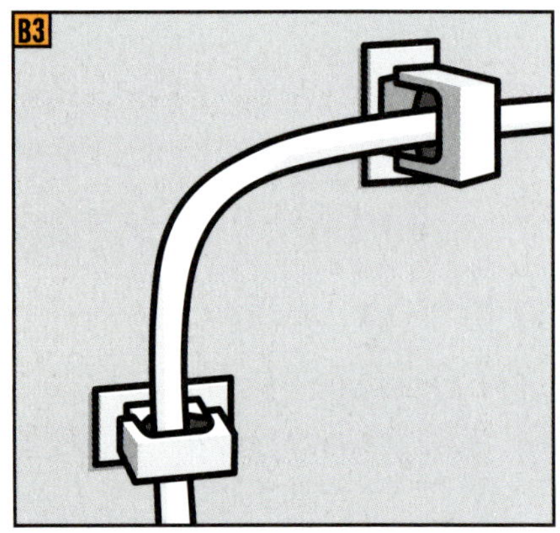

Aufputzinstallation mit Rasterschellen

B1 Aufputzinstallationen mit Rasterschellen bleiben sichtbar. Die aus zwei Teilen bestehenden Schellen, die in verschiedenen Größen erhältlich sind, werden mit Schrauben in vorher gebohrten Dübellöchern befestigt. **B2** In senkrechter Richtung können die Abstände der Schellen etwas größer sein als waagrecht. Der obere Teil der Schelle wird direkt auf das Kabel gesteckt und rastet ein. **B3** An einem Winkel sollten zu beiden Seiten Rasterschellen dicht am Kabelbogen angebracht sein, um den Winkel zu stabilisieren.

PRAXISTIPP.

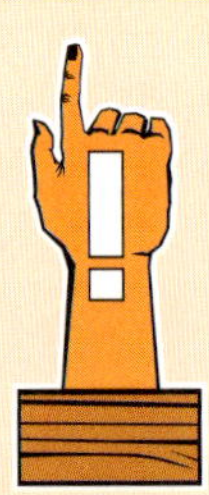

Damit Sie ruhig schlafen können: Machen Sie den E-Check!

Der E-CHECK ist die anerkannte, normengerechte Prüfung aller elektrischen Anlagen und Geräte im Haus durch einen geschulten Innungsfachbetrieb. Wenn alle Anlagen und Geräte sich in einem der VDE-Norm entsprechenden Zustand befinden, bekommen Sie eine E-CHECK-Prüfplakette. Der Zustand der Anlagen und Geräte wird außerdem in einem Prüfprotokoll dokumentiert und zu behebende Mängel verzeichnet. Im privaten Bereich sollten Sie ortsfeste Elektroanlagen alle 4 Jahre, ortsveränderliche sogar jedes Jahr überprüfen lassen.

schön nerven kann, weil man den ganzen Putz aufreißen muss und die mühsam gestaltete Wanddeko dabei zerstört. Ungenutzte Dosen kann man immer noch übertapezieren oder hinter einem Bild verstecken.

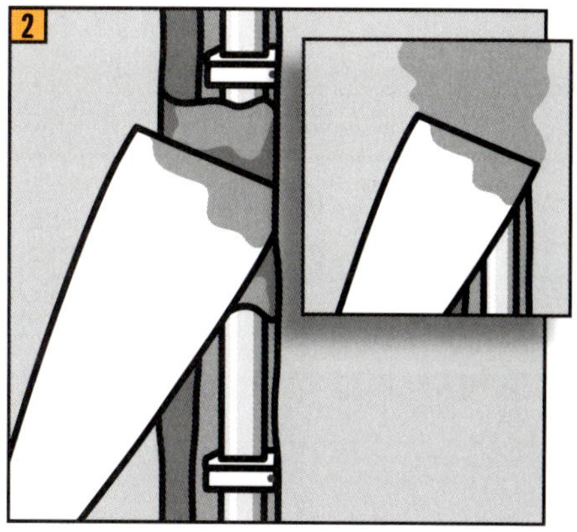

Unterputz

1A Bei der Verlegung von Kabeln unter Putz sollten zunächst die Schlitzbegrenzungen angerissen werden. Nun können Sie einen Schlitz für das Kabel relativ leicht mit Schlitzmeißel und Fäustel in die Wand schlagen. **1B** Mit einem Fugenfräser kommen Sie schneller voran, und durch eine automatische Absaugung ist die Staubentwicklung begrenzt. Zunächst sollten aber wieder die Schlitzbegrenzungen angerissen werden. **2** Das Kabel wird jetzt mit Nagelschellen, die in größeren Abständen angebracht werden, fixiert. Spachteln Sie nun den Schlitz mit Wand- und Deckenputz wieder zu. Zum leichteren Austausch von Kabeln kann die Verlegung auch in Schutzrohren erfolgen. Abschließend wird die Wand mit Putz gefüllt und plan abgezogen.

KABEL IM ERDREICH VERLEGEN.

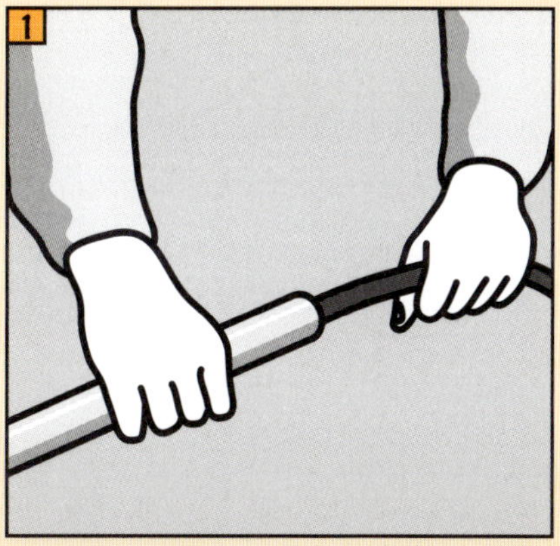

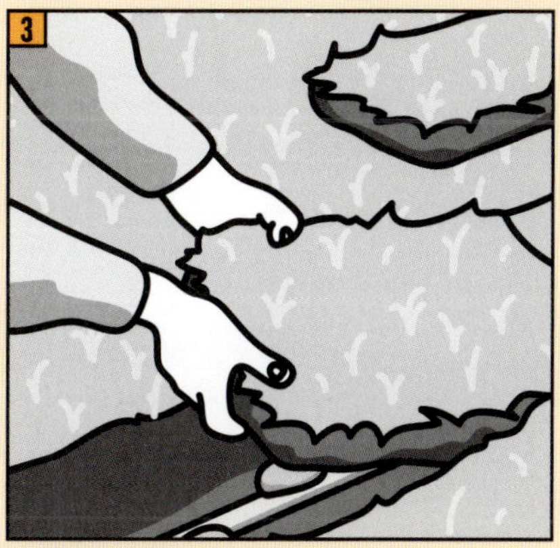

Der ausgehobene Graben sollte eine Mindesttiefe von 70 cm und einen ebenen und steinfreien Boden haben. **1** Führen Sie nun das Kabel in ein spezielles Kabelschutzrohr oder decken Sie es später mit Kabelabdeckhauben ab. Verwenden Sie nur Kabel, das für die Erdverlegung zugelassen ist. Zur Sicherheit decken Sie das verlegte Kabel mit einem Warnband (Achtung Starkstromkabel) ab. **2** Fixieren Sie das Kabel im Graben und schütten Sie nun etwa 10 cm Sand darauf. Zu anderen stromführenden Kabeln muss mindestens 30 cm Abstand gehalten werden. **3** Bedecken Sie den Kabelgraben anschließend, z. B. mit den abgehobenen Rasenstücken. Zum optimalen Personenschutz sollte noch ein „Fehlerstrom-Schutzschalter“ installiert werden. Anschluss und Inbetriebnahme der Installation erfolgt ausschließlich durch einen zugelassenen Elektriker.

Sicherheitshinweise zum Verlegen von Stromkabeln im Außenbereich

- Stromkabel müssen mit einer eigenen Sicherung separat abgesichert werden.
- Im Zählerkasten oder in der Unterverteilung sollte ein FI-Schutzschalter installiert werden, der den Stromkreis abtrennt, wenn fehlgeleiteter Strom auftritt.
- Alle Steckverbindungen müssen wassergeschützt sein. Spritzwassergeschützt reicht NICHT aus!
- Im Erdreich dürfen nur spezielle Kunststoffkabel verlegt werden, die dafür zugelassen sind (NYY, NYCWY).
- Das Erdkabel muss überdeckt werden, um vor Ihren zukünftigen Gartenbaumaßnahmen geschützt zu sein.
- Zu allen anderen stromführenden Leitungen (auch Fernmeldeleitungen) muss ein Mindestabstand von 30 cm eingehalten werden.

SCHALTER UND STECKDOSE SETZEN ...

In der Regel installiert man Steckdosen und Lichtschalter in einer Raumhöhe von etwa 1,05 m bzw. als Verteilerdosen 30 cm über dem Fußboden oder unter der Decke. Abweichungen von bis zu 10 cm kommen vor. In behindertengerechten Räumen ist die Installationshöhe wesentlich niedriger.

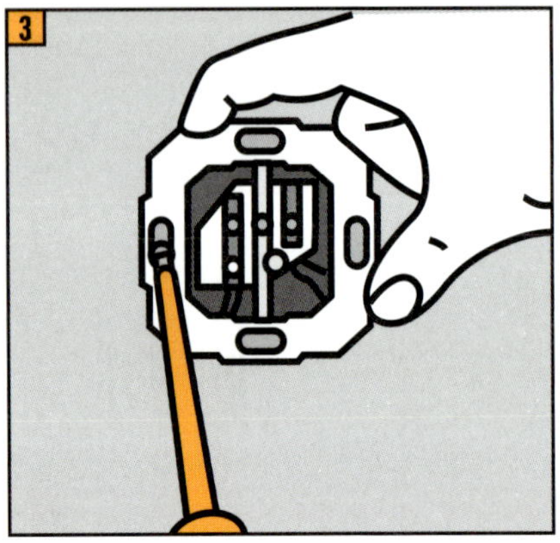

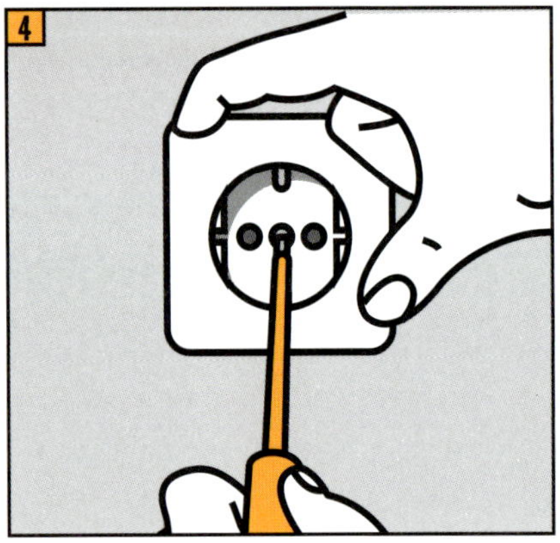

Die Bohrlöcher werden gemäß Installationsplan genau auf die Wand übertragen. Richten Sie sich dabei nach den üblichen Installationsbereichen (Seite 416). Dann können die Dosenbohrungen mit einer bohrkranzbestückten Bohrmaschine vorgenommen werden. Bei Leichtbauwänden (Gipskartonwänden) wird eine spezielle Hohlraumdose verwendet. **1** Vor dem Einsetzen der Dose wird die Öffnung für die Kabeldurchführung an der Dosenrückseite herausgebrochen und das Installationskabel durchgeführt. Dann wird die Dose eingesetzt und festgeschraubt. **2** Nun die Leitungsenden mit der Abisolierzange ca. 1 cm abisolieren (siehe Werkzeugkunde auf Seite 423) und die blanken Kabelenden in die Klemmen der Steckdose oder des Schalters einschieben. **3** Nun wird die Steckdose in die Wanddose geschoben und angeschraubt. **4** Zu guter Letzt setzen Sie den Rahmen und die Blende auf die Steckdose und schrauben auch diese fest.

... ODER ERNEUERN.

Schalter und Steckdosen müssen ab und zu überprüft und dem neuesten technischen Sicherheitsstandard angepasst werden. Eine günstige Gelegenheit für solch einen Check-up sind Renovierungsarbeiten in Haus oder Wohnung.

Blaue Leitung
Neutralleiter N

Gelbgrüne Leitung
Schutzleiter PE

Schwarze Leitung
Stromführender Leiter L

Bei Renovierungsarbeiten wie einem Neuanstrich oder beim Tapezieren bietet es sich an, Steckdosen und Schalter zu überprüfen und sie eventuell gleich gegen modernere auszutauschen. Die meisten Mängel sind leicht zu beheben. Wenn sich eine in der Wand eingebaute Steckdose gelockert hat, liegt das häufig daran, dass der Stecker immer am Kabel aus der Dose gezogen wurde. Dosen und Schalter können sich im Lauf der Zeit aber auch einfach von selbst lockern. Hier muss dann nur die Befestigung überprüft und nachgezogen werden. Sind Dosen beschädigt, müssen sie aus Sicherheitsgründen komplett ausgetauscht werden.

Grundregel Nummer 1: Strom abschalten. Wichtig ist die Kontrolle mit dem Phasenprüfer. Die Prüfspitze dazu in die Buchsen stecken, bis sie anstößt. Die Glimmlampe darf dabei keine Spannung anzeigen. Erst mit freigelegtem Montagering kann man erkennen, ob nur die Spreizklemmen am Steckdoseneinsatz locker sitzen oder ob sich die eingegipste Montagedose gelockert hat. Lässt sich die Dose in der Wand bewegen, muss erst der Einsatz ausgebaut werden. Dazu die Schrauben der Spreizklemmen lösen und den Einsatz herausnehmen. Zum Lösen der Drähte werden die Schrauben aufgedreht oder die Laschen der Federklemmen heruntergedrückt. Mit der schmalen Telefonzange lassen sich die Adern dann aus den Klemmen herausziehen. Die Enden der Adern mit der Zange begradigen. Gegebenenfalls die Einbaudose neu eingipsen oder durch eine neue ersetzen. Anschließend den intakten alten oder einen neuen Schalter- bzw. Steckdoseneinsatz anschließen und mit den Spreizklemmen festziehen.

PRAXISTIPP.

Wenn bei den Kabelfarben der Durchblick fehlt.

Beachten Sie bitte, dass früher die Farben der Stromleitungen anders belegt waren als heute. Das bedeutet, dass z. B. eine gelbgrüne Leitung zu einem früheren Zeitpunkt falsch installiert worden sein könnte und nun Strom führen kann. Dies ist besonders beim Austausch von alten Steckdosen und Schaltern wichtig. Eine vorhandene Installation kann also durchaus eine Gefahrenquelle sein, wenn nicht sachgerecht installiert wurde.

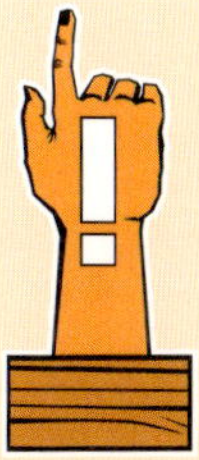

PRÜFEN. PRÜFEN. PRÜFEN.

Diese Geräte machen das Elektroarbeiten sicherer. Denn selbst wenn eigentlich kein Strom fließen kann und man alles abgeschaltet, rausgedreht und abgeklemmt hat, kann einen zum Beispiel ein Kriechstrom ganz schön kalt erwischen. Also – besser prüfen!

Spannungsprüfstift/Prüfschraubendreher/Polsucher

Dieser kleine Stift, der aussieht wie ein Schraubendreher und manchmal auch gleichzeitig einer ist, hat einen Kunststoffgriff, in dem eine kleine Lampe eingebaut ist. Am Ende des Griffs befindet sich eine metallische Kontaktfläche, die man mit dem Finger berührt, wenn man eine Spannung feststellen will. Stecken Sie die Spitze des Stifts in ein Loch der Steckdose und berühren Sie die Kontaktfläche am Griffende. Leuchtet die Lampe auf, liegt Spannung an.

Spannungsprüfer/Stromprüfer

Mit einem Spannungs- oder Stromprüfgerät können Sie feststellen, ob Strom bzw. Spannung auf dem zu prüfenden Gerät oder der Steckdose ist. Halten Sie die eine Spitze des Prüfers an die stromführende Leitung und die zweite nacheinander an die Kontakte von Neutral- und Schutzleiter. Das Lämpchen des Prüfers zeigt an, ob Spannung auf den Leitungen liegt. Mit manchen Stromprüfermodellen lässt sich sogar die Spannungshöhe ablesen.

Digitales Multimeter (DMM)

Mit diesem Gerät können Sie nicht nur die Spannung, sondern auch den Stromfluss und den elektrischen Widerstand messen. Manche Geräte können auch Frequenzen, Kapazitäten und mehr messen oder haben Sensoren für Luftfeuchtigkeit und Temperatur. Gute DMM können sich gegen Überlastung und Überspannung schützen. Analoge Geräte sind im Heimwerkerbereich unüblich. Die speziellen Angaben des Herstellers sind zu beachten.

Wenn Ihnen jetzt die Haare zu Berge stehen, könnte das nicht nur daran liegen, dass das Thema Elektrizität komplex und anspruchsvoll ist. Vielleicht stehen Sie auch einfach unter Strom. Da hilft nur entspannen.

WERKZEUGKUNDE VON PROFIS!

MIT ABISOLIER-WERKZEUGEN ARBEITEN.

1

Das Stromkabel (NYM oder NYY) in das aufgeklappte Abisolierwerkzeug einlegen. Richten Sie das Werkzeug so aus, dass das eingebaute Schneidemesser an die gewünschte Stelle kommt und klappen Sie dann die beiden Halbschalen des Werkzeuges zu.

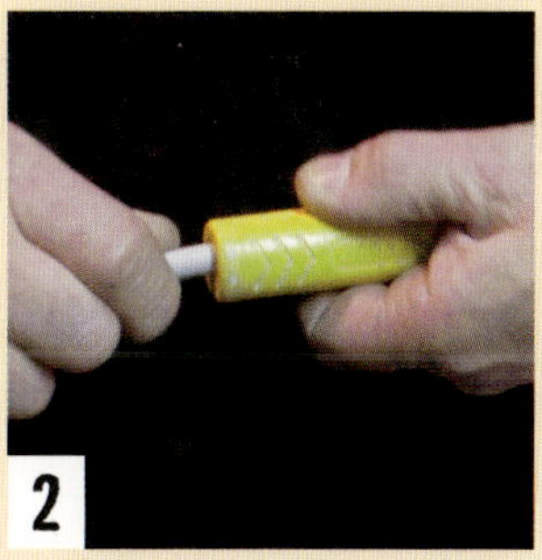

2

Das zugeklappte Abisolierwerkzeug fest umgreifen und 2–3 Mal in beiden Richtungen um die eigene Achse drehen. Dann das Werkzeug zusammen mit der durchtrennten Kabelummantelung abziehen.

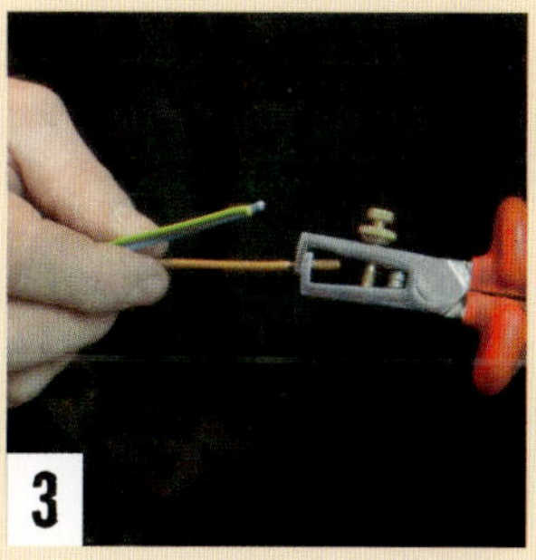

3

Die frei gewordenen einzelnen Leitungen nun mit der Abisolierzange ca. 1 cm abisolieren. Die Zange lässt sich am Einstellrad genau auf den Leitungsquerschnitt einstellen. Darauf achten, dass nur die Isolierung entfernt wird und die Leitungen unbeschädigt bleiben.

LICHT INSTALLIEREN.

LICHT INSTALLIEREN.

ALS HERR EDISON 1879 DIE ERSTE BRAUCHBARE GLÜHBIRNE BAUTE, WURDE DAS THEMA ELEKTRIZITÄT AUCH FÜR ALLE „NORMALSTERBLICHEN“ INTERESSANT. INZWISCHEN HABEN SICH DIE ZEITEN GEWALTIG GEÄNDERT. MIT EIN BISSCHEN KNOWHOW BRINGT HEUTZUTAGE JEDER HEIMWERKER WESENTLICH MEHR ZU STANDE, ALS NUR EINEN DRAHT ZUM GLÜHEN ZU BRINGEN.

WEGE ZUR ERLEUCHTUNG.

Licht beeinflusst die Stimmung. Das ist im Theater, Film und Fernsehen schon lange bekannt. Beleuchtungsmeister und Lichtdesigner denken sich raffinierte Lichtkompositionen aus, um Situationen und Räumen eine bestimmte Atmosphäre zu verpassen. Im Kleinen können Sie das auch.

Um einen Raum optimal auszuleuchten, sollte man auf die Lichtfarbe und die Strahlrichtung ein besonderes Augenmerk legen. Neben den bekannten Farben des Regenbogens unterscheidet man bei Lampen auch zwischen verschiedenen Weißtönen:

- Warmweiß und Extra-Warmweiß nimmt man für eine wohnliche, erholende Atmosphäre.
- Neutralweiß wirkt sachlich und passt in Arbeitsräume, Hobbyraum und Garage.
- Tageslichtweiß ist kalt und im Haushalt unüblich, weil es eher unfreundlich wirkt. Für bestimmte Raumsituationen kann es wiederum angenehm sein, weil die Lichtwahrnehmung der im Freien entspricht.

Achten Sie bei der Planung auf den Farbwiedergabe-Effekt: besonders Leuchtstofflampen verfälschen das Aussehen der Farben sehr stark. Damit Speisen appetitlich wirken und Sie sich im Spiegel leiden können, nehmen Sie am besten Lampen, die einen guten Farbwiedergabe-Index haben. Sowohl Lichtfarbe als auch Farbwiedergabe-Index sind auf den Packungen verzeichnet.
Bei der Strahlrichtung der Lichtquelle muss man sich über allgemeine Beleuchtung, Arbeitslicht und Akzentbeleuchtung Gedanken machen. Räume wirken durch Kontraste – auch in der Lichtsetzung – lebendig und interessant. Ein Wechselspiel von Licht und Schatten ist wichtig, harte Schlagschatten sollten dagegen vermieden werden. Am besten man findet eine Mischung aus direktem und indirektem, aus punktuellem und gestreutem Licht. Das schafft Abwechslung.

Allgemeine Beleuchtung

Deckenlampen in der Mitte des Raumes sind die klassischen und allseits beliebten Lichtquellen im Raum. Mit Deckenstrahlern oder verschiedenen Lichtquellen, deren Kegel sich überschneiden, kann man ganz pfiffige Effekte erzielen, die einen Raum in ein neues Licht rücken.

Arbeitslicht

Den Augen zuliebe sollten Schreibtische, Arbeitsflächen und Leseinseln u. Ä. hell und lesefreundlich beleuchtet sein.

Akzentbeleuchtung

Man betont dezent bestimmte Details im Raum, vielleicht eine Vitrine, eine Skulptur oder ein Gemälde. Wenn sie zu grell gerät, kann das die Stimmung im ganzen Raum zerstören.

Ein paar Tipps

- Die Lichtquellen sollten sich getrennt schalten lassen.
- Leuchten mit verstellbarem oder drehbarem Gestell ermöglichen Flexibilität.
- Räume erscheinen weitläufiger, wenn Licht gegen die Wand gerichtet ist.
- Man sollte grundsätzlich nie auf Leuchtmittel und Fassung blicken können.
- Licht, das in den oberen Teil des Raumes strahlt, erzeugt eine harmonische Atmosphäre.

Sie sehen, gute Beleuchtung hängt nicht nur davon ab, was für eine tolle Designerleuchte Sie haben, sondern auch davon, wo sie steht, ob Sie die richtige Lampe mit der richtigen Lichtfarbe gewählt haben und ob sie hell genug ist. Übrigens: Wussten Sie, dass Licht 10 % des Stromverbrauches im Haushalt ausmacht?

WELCHE LAMPE STRAHLT WOHIN?

Strahl	Richtung	
Gebündelt tief strahlend		
Breit strahlend		
Gleichförmig strahlend		
Indirekt strahlend		

BELEUCHTUNGEN IM ÜBERBLICK.

Egal wie hell, welche Lichtfarbe oder wie stromsparend: Die verschiedenen Leuchtmittel können jeden Geschmack und jedes Bedürfnis bedienen. Sie brauchen nur die entsprechenden Fassungen und Installationen. In der Welt des Lichts hat sich so einiges verändert. Die birnenförmige Glüh-

LEUCHTMITTELÜBERSICHT.

LEUCHT-MITTEL	EIGENSCHAFTEN	ANWENDUNG	FUNKTIONSWEISE UND ANMERKUNGEN
❶ Glühlampe tropfen-, stab- oder birnenförmig	Normalgebräuchliche Form.	Im Haushalt für Wattzahlen zwischen 15–200 Watt (E27-Gewinde) und bis 60 Watt (E14-Gewinde)	Diese sogenannten „Allgebrauchslampen" haben eine Wolframwendel sowie einen Draht, der im Glaskolben zum Glühen gebracht wird und so Licht erzeugt. Dabei gehen 90 % der Energie als Wärme verloren. Sie halten durchschnittlich etwa 1 000 Stunden und sind gegen Spannungsschwankungen sehr empfindlich. Man bekommt sie mit mattem oder klarem Kolben. Das erzeugte Licht ist gelblich-warm.
❷ Glühlampe kerzenförmig	Dekorative Form. Besitzet Leistung von 40 oder 60 Watt, E14-Gewinde.	In Elektrokronleuchtern und kleineren Lampen.	
❸ Glühlampe kuppenversiegelt	Die Kuppen sind silber oder golden verspiegelt.	Werden in Leuchten mit eingebauten Reflektoren benutzt.	
❹ Reflektorglühlampen	Erzielen höhere Lichtausbeute durch Silberbelag an Hals oder Kuppe. Gibt es auch mit farbigem Gehäuse.	Besondere Lichtstimmung bzw. wenn sehr helles Licht benötigt wird.	
❺ Kryptonlampen	Glaskolben mit Edelgas Krypton gefüllt. Besonders hohe Lebensdauer.	Eine etwas edlere Variante der Haushaltsbirne.	
❻ Leuchtstofflampen	Verschiedene Farbtemperaturen von Tageslicht bis Warmweiß. Sie sind gegen Spannungsschwankungen weitgehend unempfindlich. Häufiges Schalten verringert die Lebensdauer. Leider sind sie nicht ganz unempfindlich gegen Kälte: Sie leuchten dann weniger hell.	Werden meist in Röhrenform hergestellt. Eignen sich für alle möglichen Einsatzgebiete.	Hier glüht kein Draht, sondern ein Edelgas und Quecksilberdampf. Zwei kleine Glühwendeln dienen lediglich als Elektroden.
❼ Energiesparlampen (ESL)	Es handelt sich um Kompaktleuchtstofflampen, also Leuchtstofflampen im kleinstmöglichen Format. Sie brauchen bis zu zwei Minuten, bis sie ihre volle Helligkeit entfalten. Startverzögerte Lampen zünden sogar erst nach ein paar Sekunden, sind dafür aber unempfindlicher gegen häufiges Ein- und Ausschalten.	Können fast alle Allgebrauchslampen ersetzen. Dabei auf die Lichtfarbe achten: Warmweiß und Extra-Warmweiß (angenehm), Neutralweiß (hell) oder Tageslichtweiß (grell).	Da sie geringe Mengen Quecksilber enthalten, gehören sie in den Sondermüll.
❽ Halogenlampen	Sie sparen zwischen 25 und 50 % Strom im Vergleich zu normalen Glühlampen. Im Betrieb sind die Lampen sehr empfindlich gegen Erschütterungen. Halogenlicht beinhaltet zu einem geringen und unschädlichen Teil UV-Licht. Deswegen nie länger in die brennende Lampe schauen, das kann die Netzhaut des Auges schädigen. Sie werden als Einheit von Stecksockel, Reflektor und Halogenglühlampe verkauft. Man kann auch nur das Birnchen austauschen, dabei auf die Watt-Angabe achten.	Überall im Haushalt, gerne in Wohn- und Schlafzimmern, z. B. mit dekorativen, modernen Seilinstallationen. Es gibt unterschiedliche Reflektoren, die das Licht bündeln oder streuen. Das erlaubt eine sehr intelligente Lichtgestaltung.	Der Glaskolben ist mit Halogengas gefüllt. Das vom heißen Glühfaden verdampfende Wolfram geht mit diesem eine Verbindung ein und strömt zurück zum Glühfaden, wo es sich ablagert. Das Halogen kehrt in den Kreislauf zurück. Dieses Prinzip erhöht die Lebensdauer erheblich (~2 000 Stunden) und liefert ein helleres, brillanteres, farbechteres und weißeres Licht. Es gibt Niedervolt- und Hochvoltvarianten. Die Niedervoltleuchten brauchen einen Transformator, der den 230-V-Wechselstrom des Haushalts in 12-V-Gleichstrom umwandelt.
❾ LEDs (Licht-emittierende Dioden)	LEDs können alle möglichen Lichtfarben direkt produzieren, was dem Licht eine viel bessere Farbsättigung gibt als bei eingefärbten Leuchten. Mehr zum Thema auf der Seite „Das besondere Licht" in diesem Kapitel.	Universell einsetzbar, die Technik ist noch nicht am Ende ihrer Möglichkeiten. Es gibt sie schon lange in Anzeigen von Autos und Elektrogeräten, Ampeln, Lichteffekten etc.	Komplexer Vorgang auf Basis der Elektrolumineszenz.

lampe ist zwar immer noch die haushaltsgebräuchlichste Form der Lichterzeugung, sie hat jedoch eine Menge Konkurrenz bekommen. Neue Technologien sind mitunter energiesparender und haben allerhand interessante Lichteffekte zu bieten.

Schraubsockel E14 , E27, E40

Die Fassungen der Leuchten sind genormt. Zumeist werden Schraubsockel verwendet. Die Norm gibt die Art des Gewindes (E = Elektro) und die Breite des Außendurchmessers an. E27 und E14 sind die häufigsten Größen.

Energieeffizienzklassen der EU

Auf der Lampenpackung befindet sich das EU-Label der Energieeffizienzklassen. A steht dabei für „sehr effizient“ und G für „weniger effizient“. Glühlampen erreichen maximal den Wert D, während Leuchtstofflampen mit A und B bewertet werden. Energiesparlampen und LEDs sind mit A klassifiziert, Hochvolthalogenlampen dagegen erreichen nur D und E.

Vergleich Energiesparlampe – Normalglühbirne

Energiesparlampen

- sparen bei gleicher Helligkeit ca. 80 % Strom gegenüber normalen Glühlampen,
- halten etwa 5–15-mal länger als normale Glühlampen,
- sparen im Schnitt etwa 80 Euro Stromkosten pro Lampe (bei 17 ct/kWh Strompreis, 10 000 Stunden Brenndauer Energiesparlampe/Jahr bzw. Brenndauer Normalglühbirne, 11-Watt-Sparlampe/60-Watt-Glühbirne),
- sind 3–5-mal heller als normale Glühbirnen.

In gleicher Helligkeit entsprechen sich die Lampen der folgenden Wattzahlen:
Glühlampe/Energiesparlampe: 40/9, 60/12 75/16, 100/20.

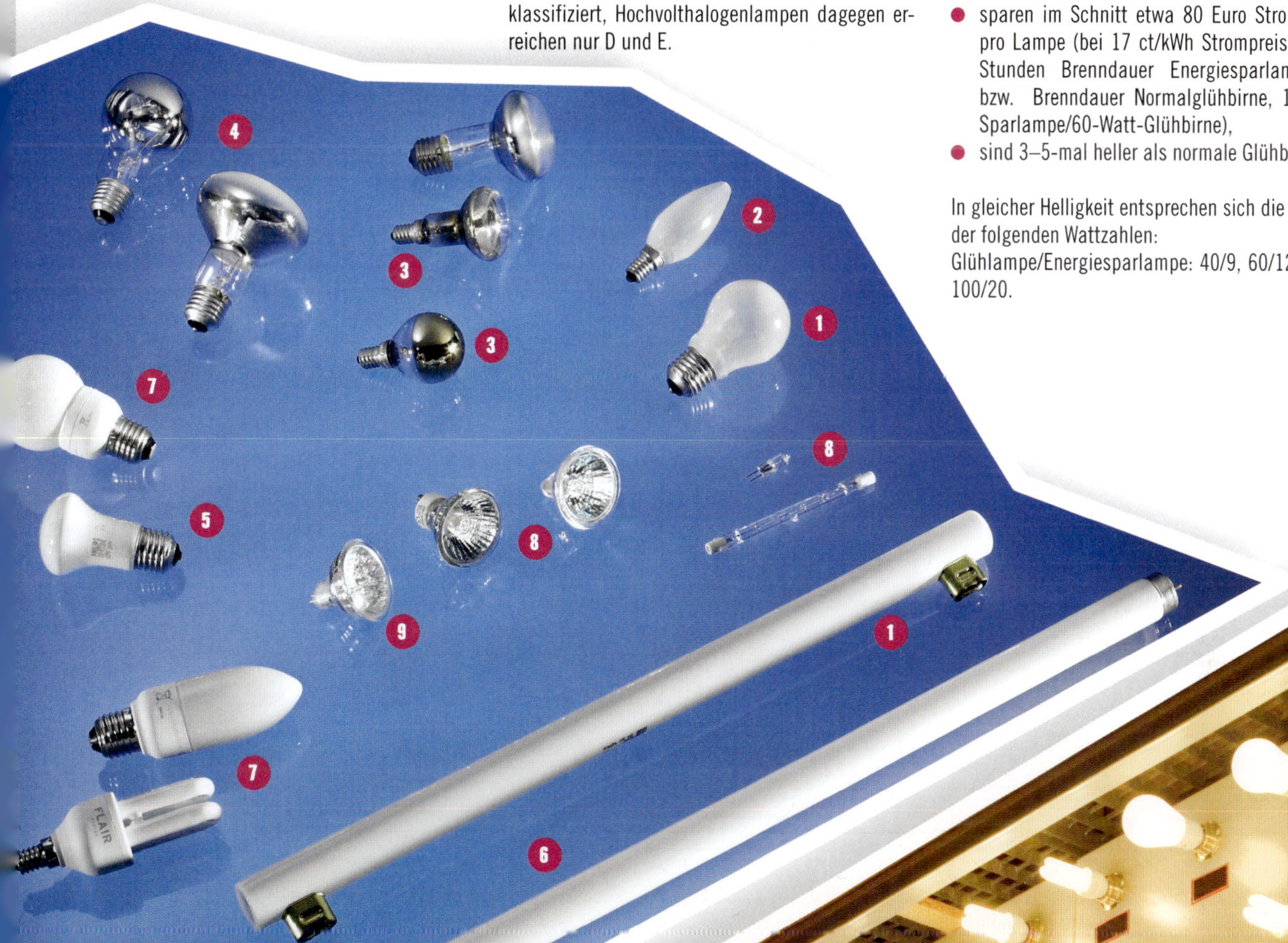

WENN DIE LAMPE NICHT BRENNT.

Sie drücken den Schalter und es macht „Zong", aber das Licht geht nicht an. Klarer Fall: Birne durchgebrannt. Und wenn die Leuchtstoffröhre sich wie ein verhindertes Stroboskop verhält und nur noch zuckt, statt zu zünden, ist es Zeit, die Röhre zu wechseln.

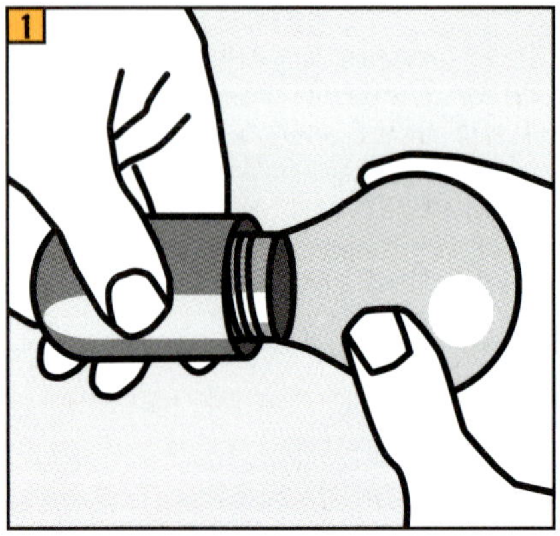

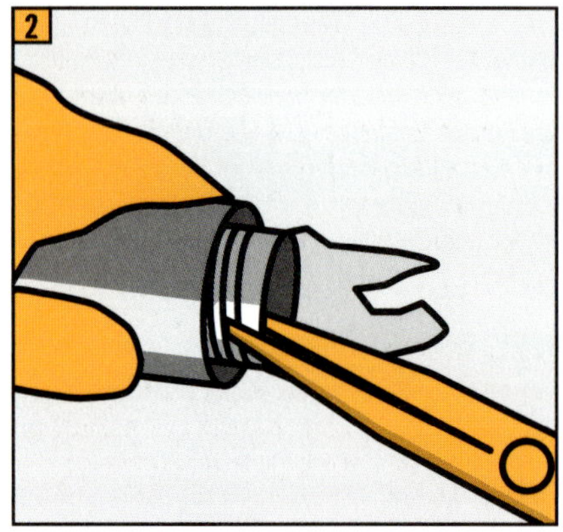

Vorsicht: Am Anfang steht immer der Gang zum Sicherungskasten: Sicherungen ausschalten und gegen versehentliches Einschalten sichern. Schraubsicherungen werden herausgedreht und mitgenommen. Bringen Sie einen Zettel an, der die übrigen Hausbewohner warnt. Überprüfen Sie, ob wirklich der richtige Stromkreis deaktiviert wurde. Im Zweifelsfall besser die Hauptsicherung ausschalten. 1 Wenn die Lampe gerade in Betrieb war, wird sie heiß sein. Damit Sie sich nicht die Finger verbrennen, sollten Sie entweder warten, bis sich die Glühbirne abgekühlt hat oder verwenden Sie zum Rausdrehen der Birne ein Tuch oder einen Lappen. Herkömmliche Glühlampen und Energiesparlampen lassen sich einfach aus der Fassung drehen. Die neue Lampe wird einfach wieder eingedreht. 2 Ist das Glas der Lampe kaputtgegangen, ist Vorsicht geboten: Die Splitter sind spitz und scharfkantig. Tragen Sie Arbeitshandschuhe und entfernen Sie weitestgehend die Glassplitter. Dann mit einer Spitzzange die Fassung greifen und vorsichtig herausdrehen. Wenn sie klemmt, muss man ein bisschen hebeln und rütteln, ohne dabei die Fassung zu zerstören.

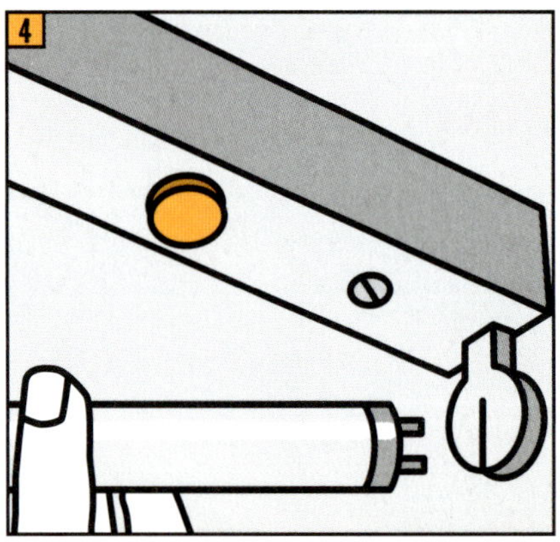

Leuchtstoffröhre wechseln

3 Wenn der Strom abgeschaltet ist, drehen Sie vorsichtig an der Röhre, bis sie sich nach einer Seite herausnehmen lässt. Seien Sie dabei vorsichtig, denn die Röhre splittert beim Brechen in viele kleine, sehr scharfe und spitze Splitter. Die neue Röhre setzt man erst am einen Ende in die Fassung und drückt sie – wenn nötig mit einer Drehbewegung – am anderen Ende ebenfalls hinein. 4 Wenn der Zünder ebenfalls defekt ist, muss auch dieser ausgetauscht werden. An ihn kommt man nur heran, wenn man die Röhre vorher herausnimmt. Je nach Modell lässt er sich ziemlich leicht herausdrehen oder -ziehen. Der Neue lässt sich ebenso leicht wieder einsetzen.

ACHTUNG! PROFITIPP

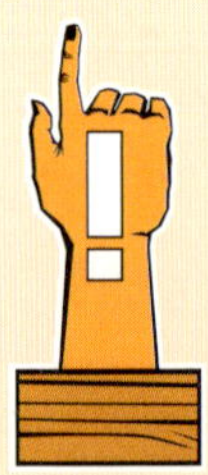

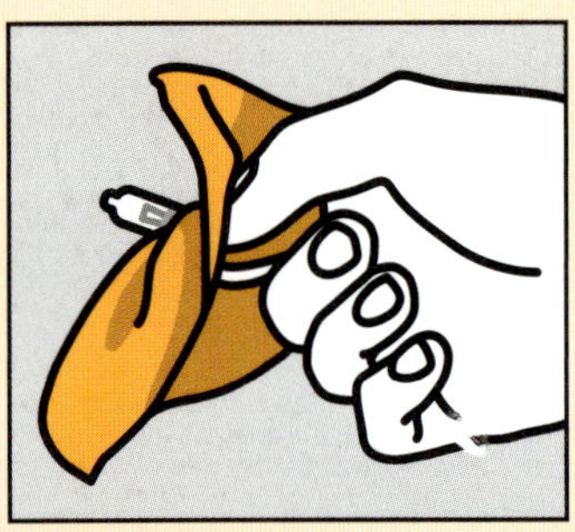

HALOGENLAMPEN TAUSCHEN.

Die kleinen Lämpchen von Halogenleuchten stecken mit ihren zwei Kontaktdrähten in der Fassung. Sie werden einfach herausgezogen. Vorsicht! Auch Halogenlampen werden heiß, sehr sogar! Das neue Lämpchen nur mit einem Tuch anfassen, Fingerabdrücke verkohlen und beschädigen die Lampe. Einfach einstecken, fertig. Da es viele verschiedene Versionen gibt, nehmen Sie am besten zum Kauf der neuen die alte, kaputte Lampe mit.

GESCHICHTSLEKTION.

Die heute übliche Bezeichnung für das Einschraubgewinde bei Glühbirnen, z. B. E27, geht auf Edison zurück. Man sprich daher vom Edisongewinde. Edison verbesserte die schon vor ihm erfundene Glühbirne so weit, dass sie zur Beleuchtung eingesetzt und industriell hergestellt werden konnte.

RICHTIG AUSLEUCHTEN.

In der Küche kann man zwar auch kuscheln, aber konzipiert ist sie doch zum Hantieren mit scharfen Messern und diversen anderen Geräten. Am Esstisch will man sehen, was man isst, und vor dem Spiegel gut aussehen. Rücken Sie sich ins rechte Licht.

Wohnzimmer

- Dieser Raum hat so viele verschiedene Funktionen, dass man mit ein paar Leuchten nicht hinkommt. Leuchten an Decke und Wand sollten noch von Stehlampen ergänzt werden.
- Die Grundstimmung soll gemütlich sein, deswegen setzt man warmweißes Licht ein.
- Hintergrundbeleuchtung beim Fernsehen entlastet die Augen, die durch den großen Kontrast zwischen Bildschirm und dunklem Raum übermäßig angestrengt würden. Das Licht soll aber nicht auf dem Bildschirm reflektieren, also am besten Wandstrahler oder Deckenfluter hinter dem Fernseher anbringen.
- Pendelleuchten über dem Esstisch hängen knapp über Augenhöhe und 60 cm über dem Tisch.
- Neben Sofas und Sitzgruppen stellt man Steh- oder Tischleuchten auf, die als Leselampen verwendet werden können, sonst aber ein dezentes Licht abgeben, das nicht stört. Hier eignen sich besonders dimmbare Leuchten.
- Schön wirkt eine dezentrale Beleuchtung etwa von Bildern an der Wand oder Skulpturen.

Küche

- Wichtig ist, dass die Arbeitsflächen gut erhellt sind. Am besten Leuchtstoffröhren unter den Oberschränken anbringen, sie machen ein klares, weißes Licht. Wenn keine Oberschränke vorhanden sind, nach unten strahlende Wandleuchten benutzen.
- Wegen des Wasserdampfes müssen Leuchten in der Nähe des Herdes der Schutzklasse für Außenbeleuchtung entsprechen.

Bad

- Wer sich im Spiegel gefallen will, braucht Lampen mit guter Farbwiedergabe (Farbwiedergabe-Index Ra > 90). Die sollten am besten oberhalb des Spiegels sitzen und auf die Person leuchten, ohne sie zu blenden.
- Grundsätzlich ist Warmweiß als Lichtfarbe im Bad zu empfehlen.
- Richten Sie Strahler nie auf den Spiegel, das blendet.
- Das Licht über der Badewanne sollte so gestaltet sein, dass man nicht hineinsieht und geblendet wird, wenn man in der Wanne liegt.
- Eine separate Duschbeleuchtung – vielleicht sogar farbig? – kann sehr stimmungsvoll sein.

Arbeitszimmer

- Am besten ist eine Kombination aus indirektem und direktem Licht am Arbeitsplatz: Ein Deckenfluter erleuchtet den Raum und eine Schreibtischlampe sorgt für eine Lichtinsel. Das fördert konzentriertes Arbeiten.
- Vermeiden Sie unbedingt direkte oder Reflexionsblendungen!
- Auf dem Bildschirm des Computers sollte sich nichts spiegeln oder reflektieren.
- Eine wichtige Regel lautet, dass Rechtshänder das Licht von links bekommen und umgekehrt.

Treppenhaus

- Damit niemand stolpert, sollten sich die Stufen gut voneinander absetzen. Das erreicht man durch kurze, weiche Schatten, die von einer weichen, streuenden Lichtquelle von oben kommen.
- Schlagschatten von Strahlern sollte man besser vermeiden.
- Zu niedrig aufgehängte Lichtquellen können blenden.

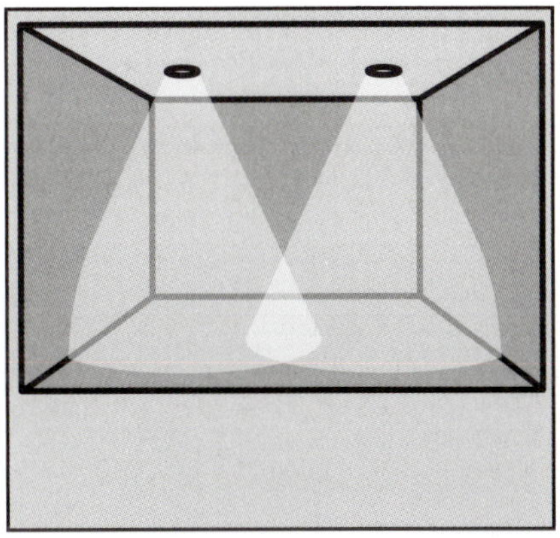

Downlights

In niedrigen Räumen sollte der Abstrahlwinkel der einzelnen Downlights so groß sein, dass eine gleichmäßige Ausleuchtung gegeben ist.

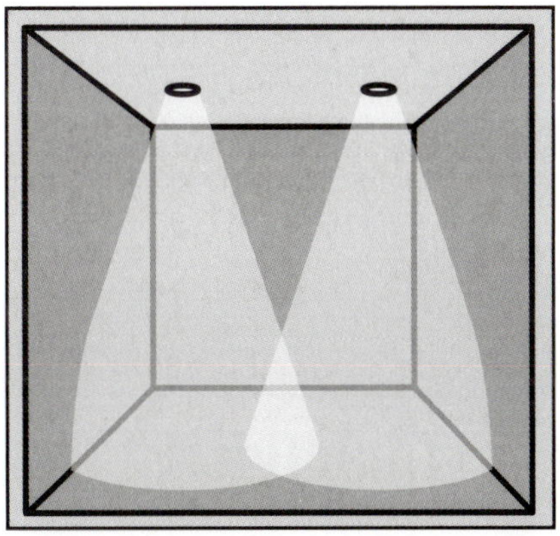

In hohen Räumen sind Leuchten mit kleinem Abstrahlwinkel besser. Der Abstand der einzelnen Leuchten sollte dabei geringer als bei niedrigen Räumen gewählt werden.

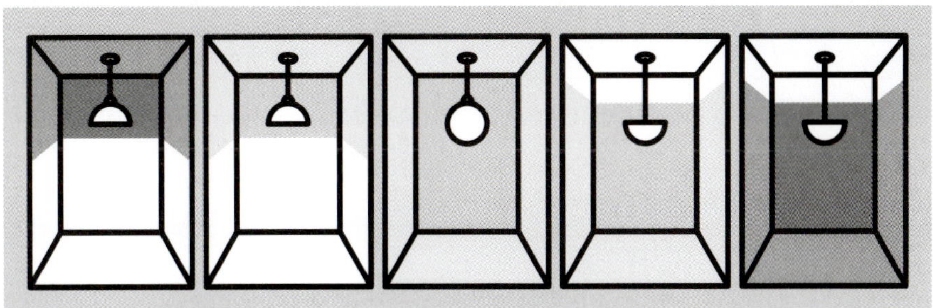

Direkte Beleuchtung ⟷ **Indirekte Beleuchtung**

ACHTUNG! PROFITIPP

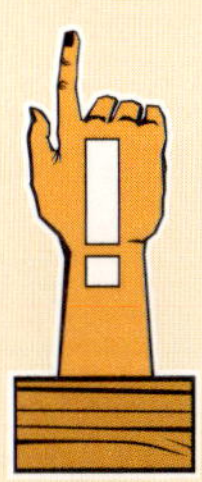

DIMMER.

Wer es zum Arbeiten am Schreibtisch hell braucht, später aber den Rotwein lieber in gedämpfter Atmosphäre trinkt, baut am besten einen Dimmer ein. So lässt sich das Licht ein und derselben Lampe immer auf die gerade gewünschte Helligkeit einstellen. Achten Sie bei der Auswahl des Dimmers darauf, dass er zur Lampenart passt. Für Niedervolt-Halogenlampen sind spezielle Dimmer nötig. Dimmer lassen sich genauso einbauen wie Schalter und können auch anstelle dieser eingesetzt werden. Wie man Schalter setzt, erfahren Sie im Kapitel „Schalter und Steckdosen setzen" auf Seite 420.

Wenn ein Dimmer mal nicht funktioniert, kann es sein, dass einfach nur die kleine Sicherung im Dimmer selbst ausgetauscht werden muss.

AUSSENBELEUCHTUNGEN.

Wer im Sommer gerne noch lang auf der Terrasse sitzt, will sicher nicht in dem Flutlicht sitzen, das zur Abschreckung von Einbrechern gedacht war. Von Romantik und Sternenhimmel ist da keine Spur mehr. Also ist auch draußen ums Haus eine dem Anlass angemessene Beleuchtung ratsam.

Licht im Außenbereich hat drei Funktionen: Stimmung, Wegbeleuchtung, Sicherheit. Wichtig: Verwenden Sie nur Leuchten, die für den Einsatz im Freien zugelassen sind.
Wie elektrische Leitungen im Außenbereich verlegt werden, entnehmen Sie bitte dem Kapitel „Schalter und Steckdosen setzen" auf Seite 419.

Solarbeleuchtung

Wer keine Kabel verlegen und Strom sparen will, setzt auf die vielfältigen solarbetriebenen Gartenleuchten: Laternen für die Beete, schwimmende Leuchten für den Teich, kabellose Wegmarkierungen und trittfeste, begehbare Leuchtplatten. Manche Leuchten sind mit Dämmerungsschaltung – das Licht geht in der Dämmerung von selbst an bzw. aus – oder Bewegungsmelder ausgestattet. Die Solarakkus der Geräte reichen für eine Betriebsdauer von 8–12 Stunden.

Sicherheit

- Plötzlich angehendes Licht vertreibt ungebetene Gäste. Ein in Außenleuchten integrierter Bewegungsmelder erfasst per Infrarotlicht Bewegungen und lässt das Licht angehen.
- Koppeln Sie nicht Energiesparlampen an Bewegungsmelder – das macht die Lampen kaputt.
- Wählen Sie Beleuchtung und Bewegungsmelder so, dass sie auch tagsüber zum Gesamteindruck des Hauses passen.

Stimmung

- Einzelne Akzente im Garten lassen sich mit Strahlern an Erdspießen setzen: Skulpturen, Bäume oder Bachläufe heben sich von der Dunkelheit ab. Richten Sie die Strahler sorgfältig aus, um nicht sich selbst, die Nachbarn oder vorbeifahrende Autos zu blenden.
- Mit dimmbaren Lampen kann man die Helligkeit nach Wunsch verändern.
- Dunkelzonen heben erhellte Bereiche erst richtig hervor. Übergänge von hell nach dunkel runden ein gelungenes Gartenlicht ab.

Wegbeleuchtung

- Um nachts auf dem Weg zur Regenwassertonne, zum Teich oder zur Gartenhütte nicht zu stolpern, sind kleine, dezente Sockel- und Pollerleuchten als Wegmarkierung zu empfehlen.
- Leuchten Sie den Eingangsbereich an der Haustür gut aus. Dann brechen sich Ihre Gäste nicht die Beine, ehe sie Ihr Haus betreten haben, und Sie können besser sehen, wer denn da vor der Tür steht. Hierfür eignen sich besonders Wandleuchten. Übrigens: Wenn sich die Hausnummer im Lichtkegel befindet, sind Sie einfacher zu finden.
- Auch auf der Terrasse will man was sehen: Wandleuchten garantieren ein stolperfreies Wandeln im „erweiterten Wohnzimmer".

ACHTUNG! PROFITIPP

Speziell für die Befestigung von z. B. leichten Außenleuchten in einem Wärmedämm-Verbundsystem sind Dämmstoffdübel geeignet. Sie werden ohne Vorbohren mit einem T40-Bit in die Dämmung eingedreht. Die Befestigung erfolgt mit 4,5–5 mm starken Spanplattenschrauben.

NIEDERVOLT-GARTENBELEUCHTUNG.

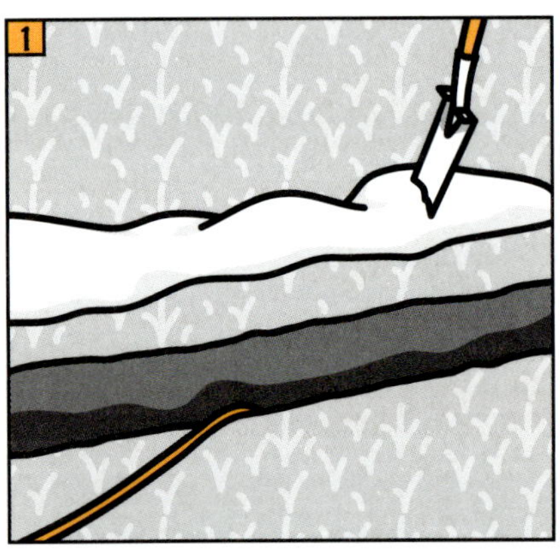

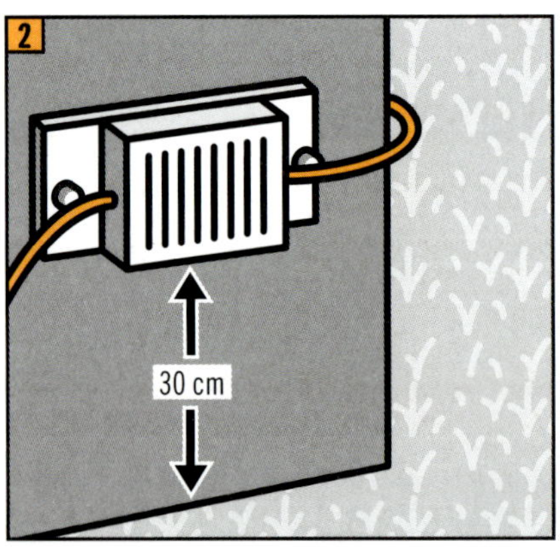

Zur Selbstmontage sind besonders Niedervolt-Systeme geeignet. Sie sind ungefährlich für Mensch und Tier und zudem einfach zu installieren. **1** Legen Sie zuerst die Position der einzelnen Leuchten fest und heben dann einen Kabelgraben etwa 20–30 cm Tiefe aus. Verlegen Sie das Kabel in Bereichen, in denen nicht umgegraben wird (z. B. Beetränder). **2** Der Transformator wird sicher an einer Haus- oder Schuppenwand oder besser noch in einer Garage ca. 30 cm vom Boden montiert. Manche Transformatoren dürfen nicht im Freien montiert werden. **3** Die einzelnen Leuchten können dann über Adapter an die Niedervolt-Leitung angeschlossen werden.

WICHTIG: Informieren Sie sich über das Thema Sicherheit im Umgang mit Strom auf Seite 411.

LED: DAS BESONDERE LICHT.

LEDs, auch Leuchtdioden genannt, verändern die Welt der Beleuchtung. Man kann ihre Form, Leuchtstärke und Farbe fast komplett frei aussuchen und dabei halten sie quasi ewig – mehr als 50000 Betriebsstunden – das wären mehr als 5 Jahre in ununterbrochenem Dauerbetrieb.

So funktionieren LEDs

Leuchtdioden funktionieren ganz anders als die uns geläufigen Glühlampen. Ein Halbleiterkristall wird elektrisch zum Leuchten angeregt, das nennt man Elektrolumineszenz. Dieser Effekt wurde zwar schon 1907 so ganz nebenbei entdeckt, geriet aber zunächst in Vergessenheit. Der Kristall ist maximal ein Millimeter breit, was LEDs zu den kleinsten, fast punktförmigen Lichtquellen macht. Verwendbar wird das Ganze erst, wenn es auf eine Leiterplatte montiert und zu einem Modul zusammengebaut ist. Wie das alles genau funktioniert, kann Ihnen ein Ingenieur detailliert erklären, oder verstehen Sie folgenden Satz: „LEDs erzeugen Strahlung durch Rekombination von Ladungsträgerpaaren in einem Halbleiter mit entsprechendem Bandabstand"?

Überlassen wir komplexe physikalische Vorgänge den Physikern und konzentrieren wir uns auf die Vorteile, die den Verbrauchern mit dieser neu entdeckten alten Technik entstehen.

Was können diese LEDs?

Die Vorteile der Leuchtdioden sind zahlreich:

- Sie verbrauchen bis zu 10-mal weniger Energie als eine Glühlampe bei vergleichbarer Helligkeit und somit auch viel weniger als eine Energiesparlampe.
- Sie halten extrem lang.
- Man muss sie weder warten noch reinigen.
- Sie werden nicht heiß.
- Sie sind stoß- und vibrationsunempfindlich.
- Sie halten Temperaturen bis -20 °C und +50 °C problemlos aus.
- Man kann sie in allen Größen, Formen und Farben bekommen.
- Es gibt auch Modelle, die in herkömmliche Leuchten passen.
- Sie sondern weder UV- noch IR-Strahlung ab.
- Sie haben einen guten Farbwiedergabewert.

LEDs werden über einen speziellen Transformator betrieben.

Die richtige Beleuchtung ist für eine angenehme Atmosphäre in der Wohnung sehr wichtig. Wenn ein Raum gemütlich wirkt, spielt die Beleuchtung dabei oft die entscheidende Rolle.

SOLARENERGIE NUTZEN.

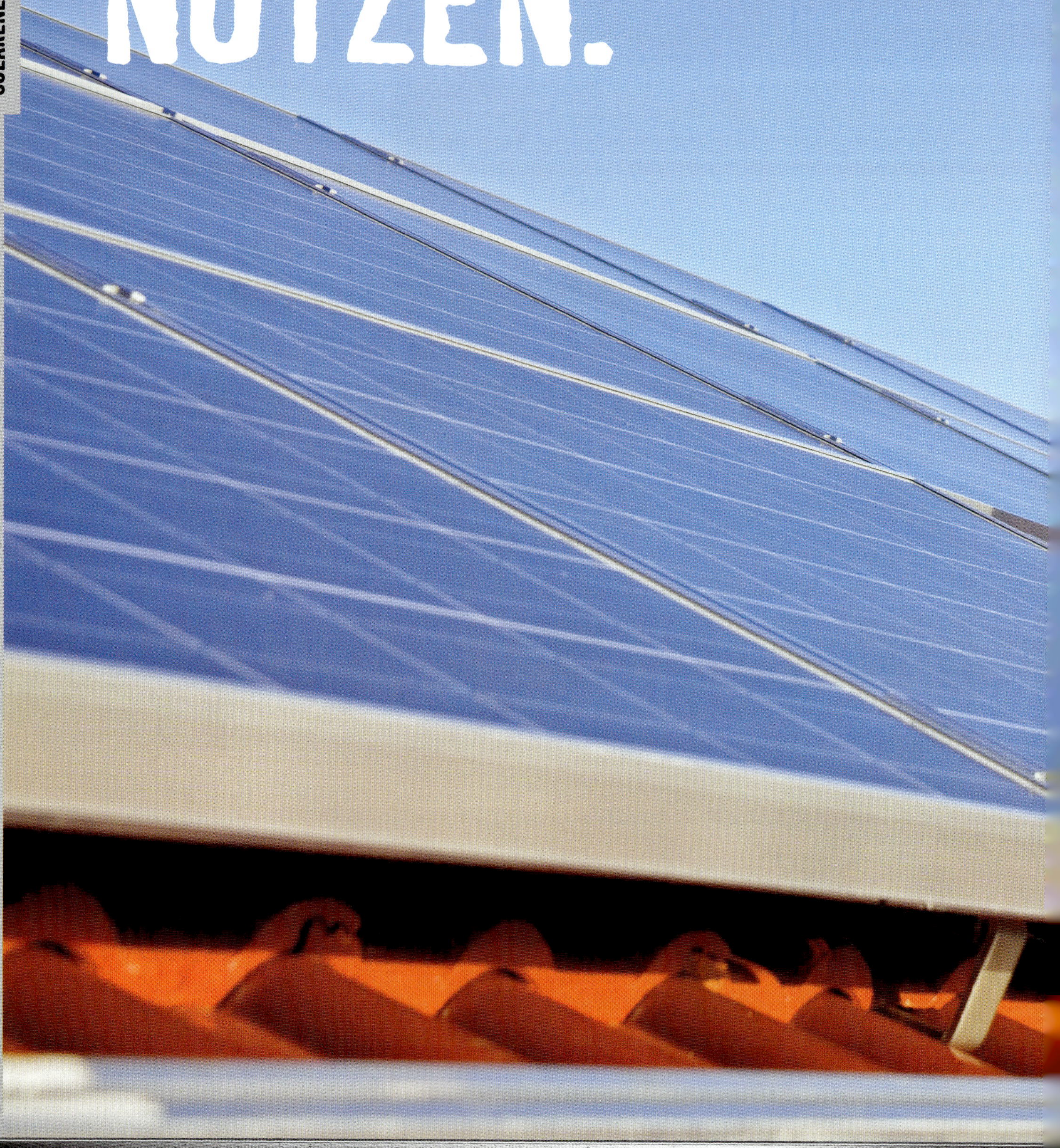

SOLARENERGIE NUTZEN.

WAS SAGT IHNEN FOLGENDE ZAHL:
1 540 000 000 000 000 000 (EINS-KOMMA-FÜNF-TRILLIONEN).
KÖNNEN SIE NICHTS MIT ANFANGEN? SO VIELE KILOWATTSTUNDEN ENERGIE LIEFERT DIE SONNE DER ERDE JEDES JAHR – KOSTENLOS, SAUBER UND MIT SICHERHEIT NOCH DIE NÄCHSTEN PAAR MILLIARDEN JAHRE.

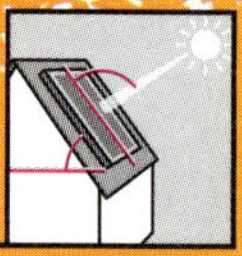

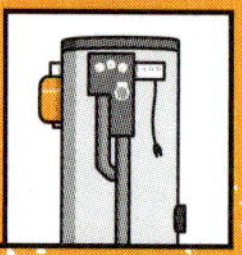

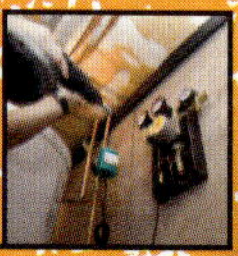

PHOTOVOLTAIK UND SOLARTHERMIE.

Wenn uns die Sonne auf den Bauch scheint, passieren zweierlei Dinge: Uns wird warm und der Bauch wird braun – oder rot. Damit sind praktisch auch schon die beiden Effekte beschrieben, die man mit Solartechnik bezeichnet. Es geht um Wärmegewinnung und um Ladung, nur dass Solarzellen nicht braun werden, sondern Strom produzieren. Präziser müsste man von „Solarthermie" und „Photovoltaik" sprechen.

STROMGEWINNUNG DURCH PHOTOVOLTAIK.

Photovoltaik bezeichnet den Prozess der Stromgewinnung aus Sonnenlicht. Solarmodule auf dem Dach wandeln das Sonnenlicht in Gleichstrom um. Mit diesem Strom können Sie Radio, Fernseher, Licht usw. versorgen. Wollen Sie Strom für 230-V-Wechselstrom-Geräte benutzen oder ins öffentliche Netz einspeisen, brauchen Sie eine Photovoltaikanlage mit Wechselrichter, der Gleichstrom in unseren üblichen 230-V-Wechselstrom umformt, und einen Einspeisezähler, der die Strommenge erfasst.

Viele kleine Geräte werden schon lange mit Photovoltaik betrieben: Taschenrechner und Armbanduhren, aber auch Parkscheinautomaten, Verkehrsleitsysteme und Bewegungsmelder. Auch Wohnwagen sind mit Photovoltaikmodulen ausgerüstet. Entdeckt hat den photovoltaischen Effekt übrigens Alexandre Becquerel bereits 1839.

WARMWASSERERZEUGUNG DURCH SOLARTHERMIE.

Solarthermie ist die Wärmegewinnung mit Hilfe der Sonnenenergie und wird hauptsächlich zur Erzeugung von Warmwasser und Heizwärme genutzt. Bei der Solarthermie wird die Lichtenergie der Sonne mit Kollektoren eingefangen. Dabei entsteht Wärme, die an eine spezielle Flüssigkeit (Solar-Fluid) abgegeben wird. Über ein paar weitere Stationen wird die Wärme schließlich auf das Trinkwasser übertragen, mit dem Sie kochen, duschen, putzen, waschen oder heizen.

Thermische Solartechnik spart in Deutschland bereits jedes Jahr 200 Mio. Liter Heizöl und vermeidet so 800 000 Tonnen CO_2 – und dabei steckt der Solarmarkt noch in den Kinderschuhen.

WICHTIG: Informieren Sie sich über das Thema Sicherheit im Umgang mit Strom auf Seite 411.

WICHTIG: Lassen Sie Ihr Bauvorhaben bei Ihrer zuständigen Gemeinde prüfen, denn die Bauordnungen sowie die Bebauungspläne müssen eingehalten werden.

PHOTOVOLTAIK – WIE GEHT DAS?

Keine Panik, wir werden Sie nicht mit physikalischen Details erschrecken, und Sie müssen am Ende auch keinen Test bestehen, in dem sämtliche Energiegesetze aus dem Physikunterricht abgefragt werden. Hier geht es ganz einfach um die Funktionsweise einer Photovoltaikanlage.

Prinzipiell gibt es zwei Varianten: Entweder Sie stellen den Strom, den Sie erzeugen, der Allgemeinheit zur Verfügung (Netzeinspeisung) oder Sie speichern ihn zur Selbstnutzung in einer großen Spezialbatterie. Das nennt man dann Inselbetrieb.

Netzeinspeisung

Eine Anlage mit Netzeinspeisung funktioniert so: Die Solarzellen, die den Strom erzeugen, werden zu ca. 1 m² großen Modulen zusammengefügt und auf dem Dach, der Fassade oder auf Trägern im Garten befestigt bzw. aufgestellt. Mehrere solcher Module sind zusammengeschaltet und bilden den Solargenerator. Ein Solarmodul ist aus kleinen Solarzellen aufgebaut, die aus Halbleitermaterialien (z.B. Silizium) bestehen. Diese kleinen Teilchen können aus Sonnenlicht Gleichstrom erzeugen. Um Strom aber ins Netz einzuspeisen, muss der Gleichstrom erst noch im Wechselrichter in 230-V-Wechselstrom umgewandelt werden. Wie viel Strom Sie dann ins Netz abgeben und vom Netzbetreiber vergütet bekommen, wird anhand eines Einspeise-Stromzählers gemessen. Ein anderer Stromzähler erfasst die Strommenge, die Sie aus dem Netz beziehen. Dabei bezahlt Ihnen Ihr Stromanbieter für jede eingespeiste Kilowattstunde mehr, als Sie ihm für den von ihm bezogenen Strom bezahlen müssen. Durch eine gesetzliche Regelung ist die Stromabnahme durch den Energieversorger für 20 Jahre gewährleistet.

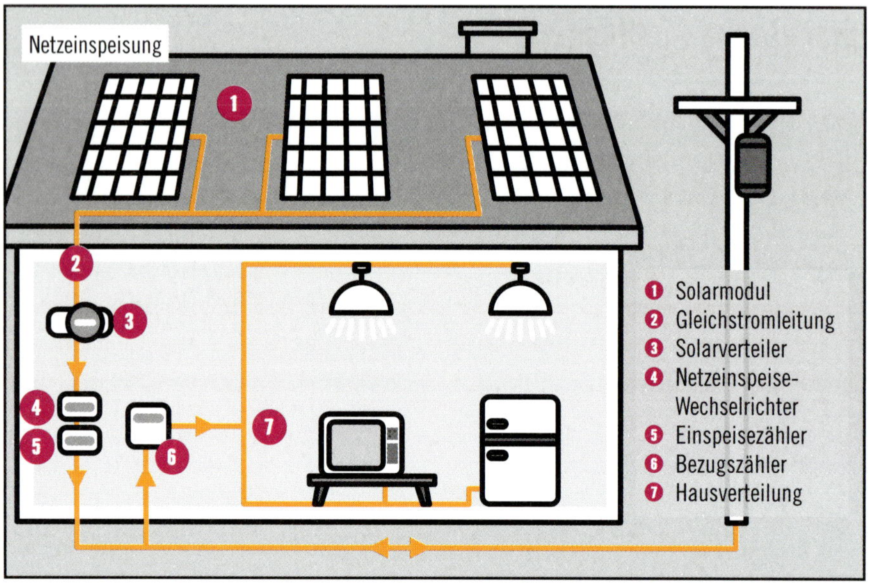

1. Die Stromerzeugung erfolgt direkt in den Solarmodulen. Die Anzahl der Solarmodule ist entscheidend für den Energieertrag.
2. Über die Gleichstromleitung und den
3. Solarverteiler gelangt der erzeugte Strom zum Netzeinspeise-Wechselrichter.
4. Der Netzeinspeise-Wechselrichter wandelt den gewonnenen Strom in die erforderliche Netzspannung von 230 V um.
5. Über den Einspeisezähler fließt der gewonnene Strom ins öffentliche Stromnetz.
6. Der eigene Strombedarf wird über das öffentliche Stromnetz geliefert und am Bezugszähler gemessen, bevor er zur
7. Hausverteilung kommt.

Inselbetrieb

Inselanlagen wandeln den Strom nicht in Wechselstrom um, sondern speichern ihn in einem großen Akku, denn die Anlage produziert nicht immer dann Strom, wenn Sie ihn gerade brauchen. Im Winter ist diese Diskrepanz besonders groß. An den Solarstrom-Akku schließt man entweder 12-V- oder 24-V-Gleichstromgeräte an. Man kann auch einen kleinen Wechselrichter betreiben, damit normale 230-V-Wechselstromverbraucher benutzt werden können. Eine Inselanlage ist dann sinnvoll, wenn man keinen Anschluss an das öffentliche Stromnetz hat, etwa in abgelegenen Ferienhäusern, Wohnwagen oder Booten.

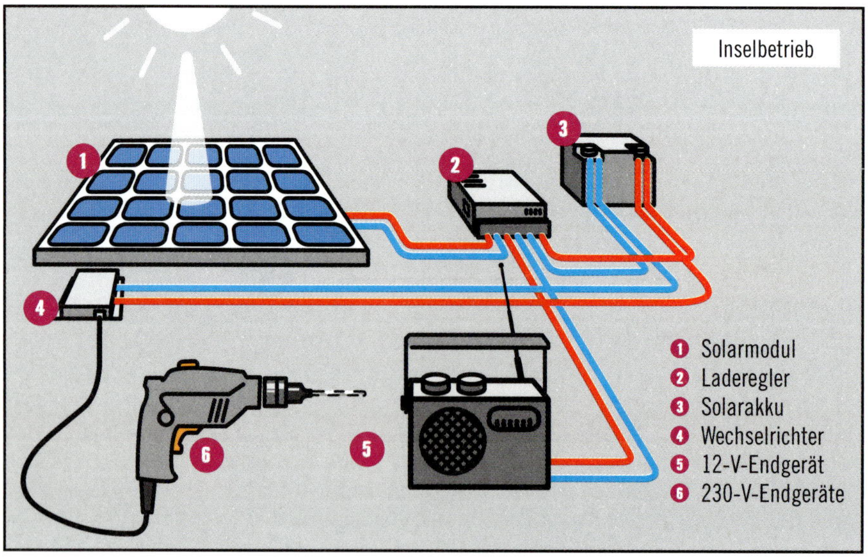

1. Die Stromerzeugung erfolgt direkt im Solarmodul. Mehrere Module können zu einer größeren Einheit verbunden werden.
2. Der Laderegler schützt den Solarakku vor Überladung und Tiefenentladung.
3. Im Solarakku wird der erzeugte Strom für eine Entnahme der angeschlossenen Verbraucher gespeichert.
4. Sollen 230-V-Geräte mit Solarstrom betrieben werden, ist ein Wechselrichter zum Umwandeln von 12-V-Gleichstrom in 230-V-Wechselstrom erforderlich.
5. 12-V-Geräte und
6. 230-V-Geräte können nun betrieben werden.

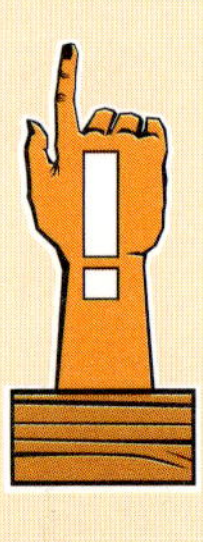

PROFITIPP!

Alle elektronischen Bauteile sollten zuverlässig und langlebig sein. Halten Sie die Kabelwege möglichst kurz, das reduziert Leitungsverluste. Wir empfehlen gummiisolierte Kupferleitungen.

GEHT DAS AUCH BEI MIR?

Damit die Solarstromanlage optimal funktioniert und Ihnen bares Geld einspart, müssen Sie unbedingt auf die richtige Aufstellung achten. Meistens ist dafür keine Genehmigung erforderlich. Standardanlagen sind übrigens schnell innerhalb zwei bis drei Tagen eingebaut.

VORAUSSETZUNGEN.

Zuerst mal muss Ihr Dach von der Statik her geeignet sein. Vor allem bei der Modul-Aufstellung auf Flachdächern muss das Dach dem zusätzlichen Gewicht gewachsen sein. Um einen lohnenden Ertrag zu erwirtschaften, brauchen Sie außerdem eine ausreichend große Aufstell- bzw. Montagefläche für die Module. Mit einer etwa 30 m² großen Modulfläche kann man rein rechnerisch den kompletten Stromverbrauch eines durchschnittlichen Haushalts erzeugen. **1** Die ideale Neigung für Solarmodule liegt zwischen 20° und 40°, egal ob sie aufs Dach kommen oder auf einer Freifläche aufgestellt werden. Eine Ausrichtung nach Süden ist am besten und bringt den größten Energieertrag. Abweichungen Richtung Südwest und Südost sind ebenso möglich wie die Anbringung auf Fassaden (90°), wobei Sie hier mit einer geringen Ertragsminderung rechnen müssen (siehe Tabelle unten). **2** Vermeiden Sie unbedingt die Verschattung von Modulteilen! Weder Baum noch Schornstein noch Satellitenantenne dürfen zu irgendeinem Zeitpunkt Schatten auf die Module werfen. Die Leistung wird enorm verringert, weil der Teil des Moduls, der keinen Strom mehr produziert, wie ein Widerstand wirkt und damit den Stromfluss blockiert. Beschattete Zellen werden übersogenannte Bypassdioden umgangen. Diese leiten den Strom an dem im Schatten liegenden Abschnitt vorbei, so dass die Anlage weiter funktioniert.

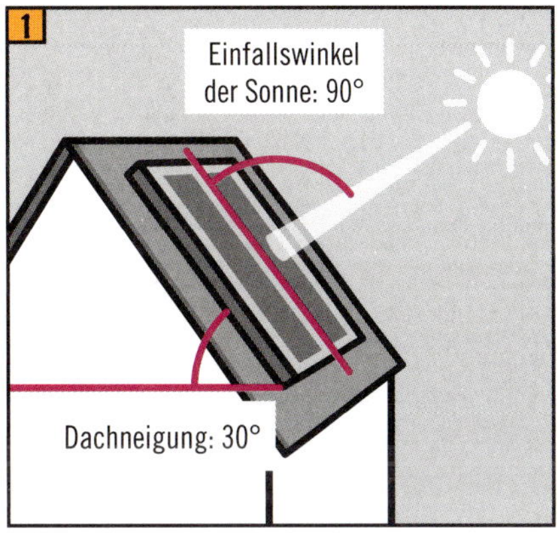

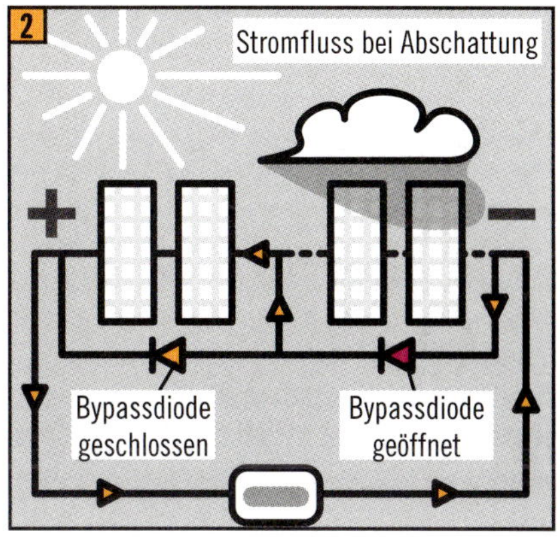

DER SOLARGEWINN.

Mit einer netzparallelen Photovoltaikanlage sind Sie Stromproduzent und bekommen Ihre eingespeisten Kilowattstunden vergütet. Die Tarife sind im Erneuerbare Energien Gesetz (EEG) festgelegt. Sie sind nach Aufstellort und Strommenge gestaffelt. Zum Vergleich: Im Schnitt kostet ein kWh Strom beim Anbieter 18 ct/kWh.

VERGÜTUNGEN BEI INBETRIEBNAHME 2007/2008		
AUFSTELLUNGSORT	**2007**	**2008**
Freifläche	37,96 ct/kWh	35,49 ct/kWh
Aufdach bis 30 kW	49,21 ct/kWh	46,75 ct/kWh
Aufdach, Anlagenteil 30–100 kW	46,82 ct/kWh	44,48 ct/kWh
Aufdach, Anlagenteil über 100 kW	46,30 ct/kWh	43,99 ct/kWh
Fassade bis 30 kW	54,21 ct/kWh	51,75 ct/kWh
Fassade, Anlagenteil 30–100 kW	51,82 ct/kWh	49,48 ct/kWh
Fassade, Anlagenteil über 100 kW	51,30 ct/kWh	48,99 ct/kWh

Neigungswinkel	Ausrichtung zur Sonne	Solare Einstrahlung
10°	S, SW, SO	90–95 %
	O, W	95 %, 85 %
	N, NW, NO	80–85 %
20°–40°	S, SW, SO	95–100 %
	O, W	90–95 %, 80–85 %
	N, NW, NO	70–85 %
50°–70°	S, SW, SO	90–95 %
	O, W	75–80 %, 70–75 %
	N, NW, NO	40–60 %
80°–90°	S, SW, SO	70–80 %
	O, W	60–70 %
	N, NW, NO	30–45 %

SOLARTHERMIE – SO FUNKTIONIERT'S.

Wesentlich verbreiteter als Solarstromanlagen ist die Warmwassererzeugung mit Hilfe der Sonne. Hier erklären wir Ihnen, wie so eine thermische Solaranlage funktioniert. Um das zu verstehen, muss man kein Ingenieur sein, das Prinzip ist recht simpel.

Solarkreislauf

Herzstück einer solarthermischen Anlage ist der Kollektor. Der besteht aus einem beschichteten Absorber, der die einfallenden Sonnenstrahlen in Wärme umwandelt. Meist besteht die Beschichtung aus einem Titan-Nitrit-Oxid und sieht schwarzblau aus. Über dem Absorber befindet sich eine bruchsichere und frostfeste Glasscheibe. Im Absorber selbst befinden sich Röhren, die mit einem Wärmeträger-Gemisch gefüllt sind (i. d. R. Wasser und Frostschutzmittel). Die auftreffenden Sonnenstrahlen werden vom Absorber geschluckt. Dabei entsteht Wärme, die der Absorber an das Trägergemisch abgibt. Von da geht es weiter in den Warmwasserspeicher (Solarspeicher). Ist die Temperatur im Kollektor höher als im Speicher, wird über einen Regler automatisch die Wärmeträgerflüssigkeit in den Warmwasserspeicher gepumpt. Über einen Wärmetauscher wird die Wärme an das Trinkwasser übertragen. Die erkaltete Spezialflüssigkeit fließt wieder zurück zum Kollektor. Das warme Wasser im Speicher wird entweder von Ihnen als Brauchwasser verwendet oder es fließt in den Heizungskreislauf und unterstützt die Heizungsanlage.

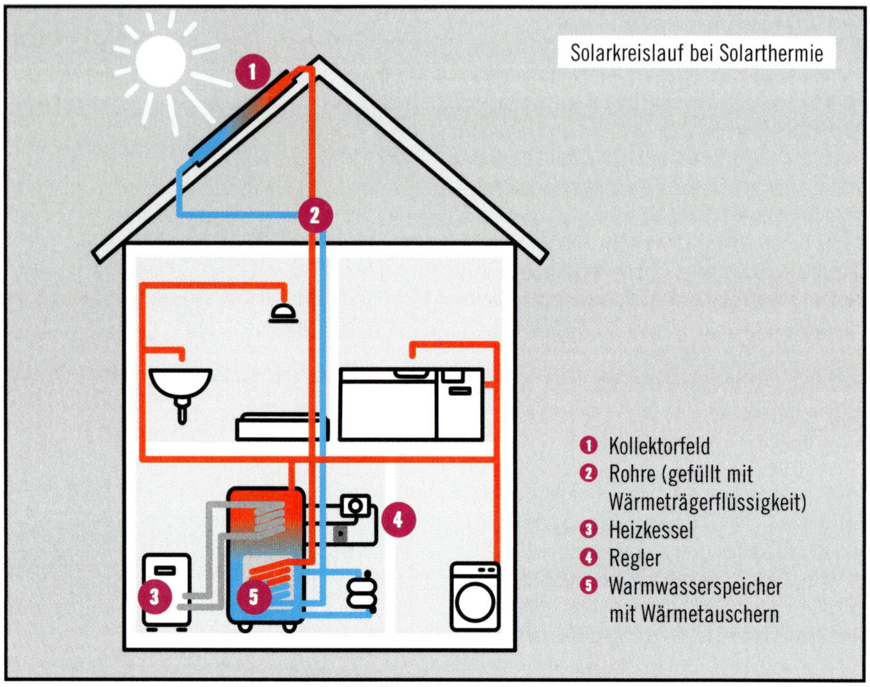

Flachkollektoren

So ein Flachkollektor besteht aus drei Bauteilen: a) Absorber, b) transparente Abdeckung (aus Solarsicherheitsglas), c) Gehäuse mit Wärmedämmung. Das Sicherheitsglas lässt nur bestimmte Strahlen des Sonnenlichts zum Absorber durch und verhindert gleichzeitig, dass nur wenig Wärmestrahlung vom Absorber nach draußen gelangt. Wir kennen dieses Prinzip als Treibhauseffekt. Dieser Kollektortyp zeichnet sich durch ein günstiges Preis-Leistungs-Verhältnis aus und kann fast überall montiert werden (Indach, Aufdach, Freiaufstellung). In der Regel sind Flachkollektoren 2 m² groß und wiegen ca. 40 kg. Im Jahr liefert so ein Teil etwa 400 kWh. Das ist genauso viel Energie, die entsteht, wenn 40 l Heizöl oder 400 m³ Erdgas verbrannt werden.

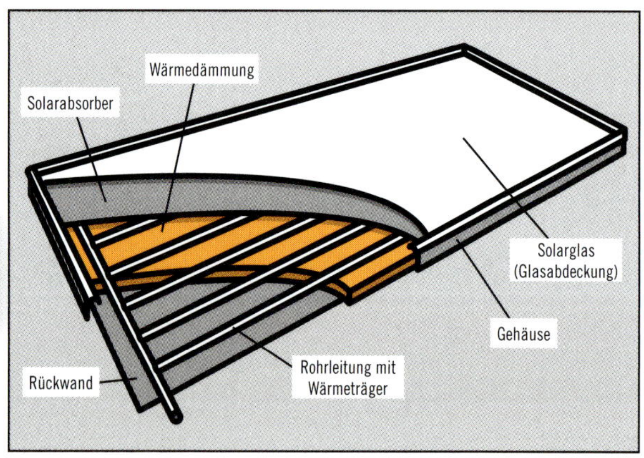

Aufbau eines Flachkollektors

Vakuum-Röhrenkollektoren

In Glasröhren verlaufen die gedämmten Zu- und Ableitungen. Der Absorber kann ein flacher oder gebogener Blechstreifen sein; er kann auch aus einer Beschichtung auf dem inneren Glaskolben bestehen. Er ist in eine luftleere Glasröhre eingebaut, befindet sich also in einem Vakuum. Das Ganze funktioniert nach dem Prinzip Thermoskanne: Die guten Wärmedämmeigenschaften des Vakuums verhindern fast vollständig ein Entweichen der Wärme in die Umgebung. Vakuum-Röhrenkollektoren sind etwa 20 % leistungsfähiger (600 kWh/m²) als die flachen Kollegen, dafür aber auch doppelt so teuer.

DAS GEHT AUCH BEI MIR.

Wie kommen Sie nun an das Füllhorn Sonnenenergie? Wie bei allen größeren Installationen ist eine gute Planung wichtig. Eignet sich Ihr Haus? Welche Anlage brauchen Sie? Wie nutzen Sie die Solarthermie optimal in Ihrem Haushalt? Auf den folgenden Seiten erfahren Sie mehr darüber.

PLANUNG.

Bauliche Voraussetzungen

Alles, was Sie brauchen, ist eine verschattungsfreie Dach- oder Fassadenfläche mit Ausrichtung nach Süden (optimal), Osten oder Westen. Für die Montage auf Flachdächern muss der Dachstuhl statisch gesehen stabil sein. Die Dachfläche sollte für reine Brauchwasseranlagen zwischen 20–50° geneigt sein, für heizungsunterstützende Anlagen etwas steiler, etwa 50–60°, da die Sonne im Winter niedriger steht.

Die richtigen Fragen

Eine gute Planung fängt damit an, sich selbst die richtigen Fragen zu stellen und dann natürlich darauf korrekte Antworten zu finden:

- Wie viel Warmwasser wird im Haus verbraucht und wie viele Personen bewohnen es?
- Soll die Heizung unterstützt werden?
- Wo ist der optimale Platz für die Kollektoren, damit sie viel Sonnenenergie aufnehmen?
- Welchen Kollektor-Typen wollen Sie benutzen?
- Welche Art von Speicher wird benötigt?

Die Größe des Speichers

Da die Sonne nicht immer gleich stark auf uns runter scheint, müssen etwaige Schwankungen ausgeglichen und solar erwärmtes Wasser gespeichert werden. Das Volumen des Warmwasserspeichers sollte so groß sein, dass er maximal den doppelten Tagesbedarf fassen kann. Rechnen Sie mit etwa 80–100 l pro Person. Bei der Auswahl des Speichers unbedingt auch auf die Größe achten! Er muss nämlich noch in Ihren Keller passen. Was für Speichertypen für welche Anforderung geeignet sind, erfahren Sie auf der nächsten Seite.

Förderungsmöglichkeiten

Der Bund hat zur Förderung erneuerbarer Energien ein Marktanreizprogramm geschaffen. Dieses fördert bei Privatpersonen

- Solarwärmeanlagen zur Warmwasserbereitung
- Anlagen zur Heizungsunterstützung

Informieren Sie sich beim Bundesamt für Wirtschaft und Ausfuhrkontrolle (BAFA) über die neusten Regeln und Termine.

HINWEIS!

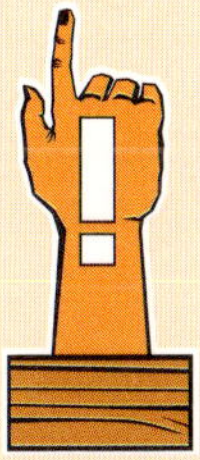

Im Rahmen ihres Programms „Ökologisch Bauen" vergibt die KfW-Förderbank Darlehen. Das sind langfristige, zinsgünstige Darlehen mit Festzinssätzen und tilgungsfreien Anlaufjahren. Als Privatperson beantragen Sie das Darlehen über Ihre Hausbank.
Die KfW-Förderbank fördert übrigens noch eine ganze Menge anderer ökologischer Baumaßnahmen mit Krediten.

Aufdachmontage

Mit Montagehaken, Schienen und Klemmträgern befestigt man die Kollektorplatten auf dem Dach. Wichtig ist, dass diese Konstruktion auch Schneelasten und Sturm standhält. Die Montage ist sehr leicht selbst zu bewerkstelligen und ist für jedes Dach und jede Lage geeignet.

Indachmontage

Die Kollektoren werden mit Eindeckblechen oder Bleischürzen wetterfest und dicht in die Dachabdeckung integriert. Es stehen unterschiedliche Größen zur Verfügung, die eine ideale Anpassung an jedes Dach bieten.

Flachdachmontage

Eine Aufstellung im Freigelände oder Garten ist bei dieser Variante auch möglich. Hauptsache, es verschatten keine Bäume oder umliegende Gebäude die Kollektoren.

Fassadenmontage

An der Fassade kann man Kollektoren entweder schräg angestellt oder parallel zur Wand montieren. Sondermaße ermöglichen eine einfache und optimale Integration in die Fassade. Reparatur und Wartung sind einfach und ohne Dachkletterei durchführbar.

SOLARSPEICHER.

Weil nicht immer dann, wenn Sie gerade duschen wollen, auch die Sonne scheint, muss das warme Wasser gespeichert werden. Dafür gibt es die speziellen Solarspeicher. Und je nach Anforderung sind diese unterschiedlich aufgebaut.

Grundsätzlich unterscheidet man zwischen Trinkwasserspeicher und Kombispeicher (heizungsunterstützte Speicher). Je nachdem, ob Sie die Solaranlage nachträglich einbauen oder während eines Neubaus in die Heizungsanlage integrieren wollen, gibt es unterschiedliche Speicher, die für Ihr Vorhaben in Frage kommen.

Trinkwasserspeicher/bivalente Speicher

Hier hat man zwei Wärmetauscher: Der untere gehört zum Solarkreis, mit dem oberen heizt der Heizkessel das Wasser nach. Oben wird das heiße Wasser entnommen und unten fließt kaltes Wasser nach.

Monovalente Speicher

Da gibt es nur einen Wärmetauscher, nämlich den des Solarkreises. Meistens wird dieser Speichertyp gekauft, wenn die Solaranlage nachträglich zur normalen Heizung ergänzt wird. Dann wird das solar erwärmte Wasser nicht vom Heizkessel nachgeheizt, sondern mit dem im vorhandenen Speicher erhitzten Wasser bei der Entnahme vermengt. Diese Speicher sind preiswerter als die aufwendigeren Typen; beanspruchen aber auch mehr Stellplatz.

Kombispeicher

Wenn man das erwärmte Wasser auch zur Unterstützung der Heizungsanlage verwenden möchte, braucht man einen Kombispeicher. Dieser besteht aus einem Pufferspeicher, in den ein kleinerer Brauchwasserspeicher integriert ist. Im unteren Bereich des Kombispeichers ist der Solarwärmetauscher, der das Heizwasser im Pufferspeicher erwärmt. Das Brauchwasser wiederum entzieht dem Heizwasser die Wärme. Bei Bedarf wird der Kombispeicher über den Heizkessel nachgeheizt.

Pufferspeicher

Will man eine Heizungsanlage mit einer Solaranlage ergänzen und mit dem solar erwärmten Wasser auch den Heizungsbetrieb unterstützen, ist ein Pufferspeicher die richtige Wahl. Diese besondere Form eines monovalenten Speichers ist ebenfalls ziemlich kostengünstig und wird zusätzlich zum bestehenden Warmwasserspeicher aufgestellt. Der Pufferspeicher hat einen Wärmetauscher – den des Solarkreises. Dieser erwärmt das im Pufferbereich befindliche Heizwasser. Das Heizwasser fließt dann entweder in die Wohnraumheizung oder es wird über einen Wärmetauscher im anderen Speicher zur Erwärmung des Brauchwassers benutzt. Ein Nachteil ist der, über die vielen Tauschwege entstehende Wärmeverlust.

Schichtenspeicher

Um heißes Wasser sofort entnehmen zu können, ehe der ganze Speicher aufgeheizt werden muss, gibt es besondere Speichersysteme, deren Fassungsvermögen größer als 300 l ist. Über eine automatische Regulierung kann das erwärmte Wasser auf verschiedenen Höhen im Speicher eingeleitet werden. Das Wasser wird immer auf der Höhe eingeleitet, deren Schicht genauso warm ist wie das zufließende Wasser. So ist der Speicher optimal geschichtet und die gewünschte Nutztemperatur wird schneller erreicht. Schichtenspeicher gibt es als Trinkwasser- oder als Pufferspeicher.

Hinweis: Achten Sie beim Kauf auf die Speicherform. Der Schichtungseffekt funktioniert am besten in hohen, schlanken Speichern.

Personen	Speichervolumen
3–4	300 Liter
4–5	400 Liter
5–6	500 Liter
7–10	750 Liter

HINWEIS!

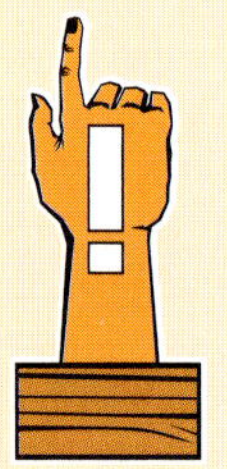

Auch Speicher sind anfällig für Korrosion. Dagegen werden sie mit einer Emailleschicht geschützt, die aber Fehlstellen haben kann. Deshalb sind gute Speicher mit einer Magnesium- oder Fremdstrom-Anode ausgestattet. Eine Alternative dazu sind die teureren Edelstahlspeicher.

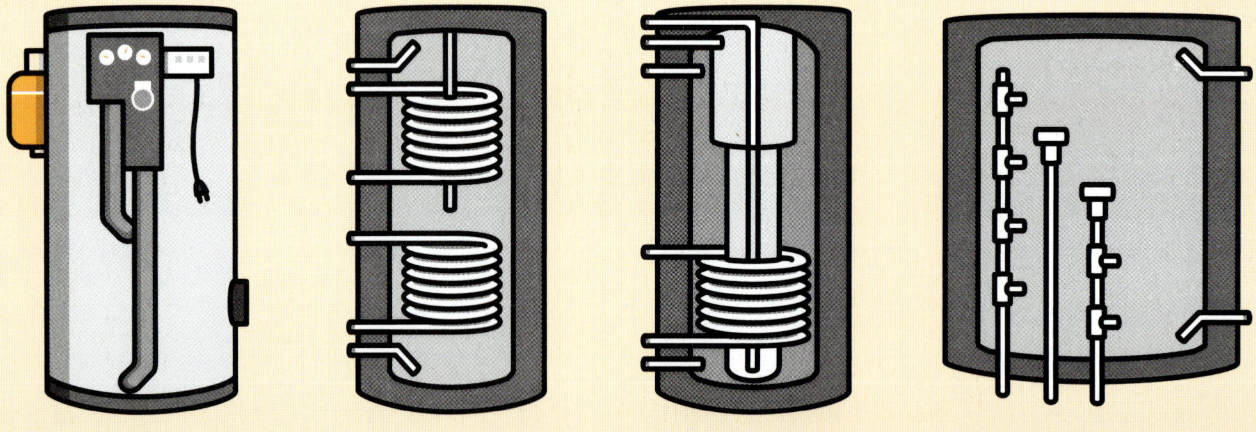

Solarspeicher von außen — Bivalenter Speicher — Kombispeicher — Schichtenspeicher

FRAGEN & ANTWORTEN.

Was ist eigentlich Sonnenenergie?

Die Sonne betreibt Kernfusion, sie wandelt Wasserstoff in Helium um, was Strahlung in Form von Licht und Wärme freisetzt. Ohne diese Energie wären wir ganz schön aufgeschmissen – es gäbe kein Leben auf der Erde. Übrigens strahlt die Sonne stündlich mehr Energie auf die Erde, als die gesamte Weltbevölkerung in einem Jahr verbraucht.

Welchen Nutzen hat eine Solaranlage für die Umwelt?

Sonnenstrahlen muss man nicht abbauen, herumschiffen, in Pipelines transportieren, strahlungssicher endlagern und sie produzieren auch keine Abgase. Was könnte man mehr wollen? Eine 6 m^2 große Solarwärmeanlage z. B. kann jährlich bis zu 1 500 kg CO_2 einsparen.

Wie wird die Solaranlage vor Frost, Schnee und Eis geschützt?

Weder Schneelasten noch Eispanzer können den Kollektoren oder Modulen etwas anhaben – das ist statisch berücksichtigt. Beim Freifegen sollten Sie vorsichtig sein, um die Platten nicht zu beschädigen – also, lassen Sie das Kratzen sein! Die Wärmeträgerflüssigkeit von solarthermischen Anlagen ist durch den Zusatz von Frostschutzmitteln winterfest.

Muss eine Solaranlage baulich genehmigt werden?

Generell nicht. Bei denkmalgeschützten Gebäuden muss das Denkmalschutzamt jedoch seinen Segen geben. Außerdem verlangen einige Fördermittelgeber eine städtebauliche Stellungnahme der zuständigen Behörde.

Wie hoch sind Betriebs- und Wartungskosten einer solarthermischen Anlage?

Pumpe und Regler verbrauchen Strom, was mit etwa 20 Euro im Jahr zu Buche schlägt (Stand: 2007). Zudem sollten Sie die Anlage etwa alle 2–3 Jahre warten, was ungefähr 100 Euro kostet und die Lebensdauer der Anlage verlängert.

Wo kann ich mehr über Solarenergie erfahren?

Abgesehen von einer Menge Fachliteratur zum Thema finden Sie im Internet einige gute Informationen. Alles Wissenswerte finden Sie auf der Homepage des Solarenergie-Portals www.solarserver.de. Rund um das Thema Energie, Energiesparen und regenerative Energie informiert die Deutsche Energie Agentur im Internet unter: www.thema-energie.de. Auch der Solarenergie Förderverein (SFV) bietet eine Menge Wissen auf der Webseite www.sfv.de (Stand 01/2007).

Ehe Sie den feierlichen Akt begehen, das Solarfluid ins System zu füllen, sehen Sie nochmal nach dem Rechten: Ist das Rohrsystem komplett? Bekommen Pumpe und Regler Strom? Ist Wasser im Solarspeicher?

GARTENBAU.

ES GIBT IMMER WAS ZU TUN.

WEGE PFLASTERN.

WEGE PFLASTERN.

SEIT DEN ALTEN RÖMERN PFLASTERT DIE MENSCHHEIT IHRE WEGE, UM SIE STABILER UND HALTBARER ZU MACHEN. UNZÄHLIGE VERLEGETECHNIKEN HABEN SICH SEITDEM ENTWICKELT, VIELE VERSCHIEDENE MATERIALIEN WURDEN UND WERDEN VERWENDET.

PFLASTERN MIT KÖPFCHEN.

Heute, in der Zeit des Betons und Teers, erleben die Pflastersteine eine Renaissance. Zu Recht. Muster und Farben lockern das ewig öde Grau auf und bieten unzählige Gestaltungsmöglichkeiten. Das Verlegen an sich ist aber nur die halbe Kunst: Ein gutes Pflaster hängt entscheidend von der Planung ab. Berücksichtigen Sie z.B. die Aspekte Entwässerung, Versiegelung, Gefälle, Unterbau und Bettung. Lassen Sie sich nur nicht von den Begriffen abschrecken – es klingt alles viel komplizierter, als es wirklich ist.

ENTWÄSSERUNG, VERSIEGELUNG, GEFÄLLE.

Steinflächen, sogenannte versiegelte Flächen, nehmen Wasser nicht so gut auf wie unbetonierte Flächen (z.B. Rasenflächen). Deswegen muss das Regenwasser von versiegelten Flächen abgeleitet werden. Dafür sollte das Gefälle der fertigen Pflasterung etwa 2% betragen. Bitte das Gefälle immer vom Haus weg anlegen, sonst geht der Schuss nach hinten los! Größere Flächen sollten immer mit Regenrinnen und Regenwasserabläufen versehen werden. Große versiegelte Flächen haben allerdings Nachteile. Sie entziehen der Natur Wasser aus dem Wasserkreislauf, was mit zu Überschwemmungen beiträgt, da das Wasser nicht mehr versickert, sondern über den Abwasserkanal den Flüssen zugeführt wird. Zudem wird das Überleben kleiner Organismen in der Erde erschwert und durch eine Austrocknung des Bodens können Setzrisse im Gebäude auftreten.

Wie gut ein Stein Wasser aufnimmt, wird durch den Abflussbeiwert ausgedrückt. Betondecken etwa haben einen Abflussbeiwert von 0,9. Das bedeutet, dass 90% des Wassers abfließen und nicht einsickern. Wenn Sie einen Beitrag zum Umweltschutz leisten wollen, können Sie sich über den Abflussbeiwert des Pflastermaterials, das Sie verwenden möchten, bei Ihrer zuständigen Behörde erkundigen. Der Ablauf von Niederschlag auf Ihrem Grundstück hat auch einen finanziellen Aspekt: Für versiegelte Flächen zahlen Sie nämlich Abwassergebühren. Wenn Sie diese Gebühr reduzieren möchten, müssen Sie folgende Voraussetzungen erfüllen:

- kein Gefälle zu öffentlichen Flächen,
- kein Kanalanschluss oder -ablauf innerhalb der Flächen,
- keine sonstige Einleitung ins öffentliche Netz.

Am besten ist es natürlich, Sie sorgen für eine größere Wasserdurchlässigkeit in der Pflasterfläche. Steine mit Fugenabstandhaltern oder abgeschrägten Kanten und durchlässiges Fugenmaterial erhöhen die Abflussgüte, denn durch die Fugen kann das Wasser versickern.

Wasserdurchlässige Steine, Steine mit Sickerschlitzen oder Rasengitter sind eine noch bessere Lösung. Hier kann fast der gesamte Niederschlag versickern. Allerdings sollten Sie sich vorher darüber informieren, wie versickerungstauglich der Boden auf Ihrem Grundstück ist.

PFLASTERSTEINE IM ÜBERBLICK.

Pflastersteine unterscheiden sich in Farbe, Form und Material. Die Auswahl ist riesig und wird ständig durch neue Modelle erweitert. Stellen Sie sich drei Fragen als Entscheidungshilfe: 1. Wie stark wird die gepflasterte Fläche belastet sein? 2. Was gefällt mir? 3. Was kann ich mir leisten?

Es gibt viele Sorten Steine, die Sie benutzen können. Für welche Sie sich entscheiden, hängt nicht nur davon ab, was Sie schön finden oder wie groß Ihr Geldbeutel ist, sondern auch davon, welchen Belastungen das Pflaster ausgesetzt sein wird. Die Steine sollten natürlich frostsicher sein und in der Einfahrt die Belastung durch Fahrzeuge aushalten. Hier empfiehlt sich Betonstein mit einer Mindeststärke von 6 cm.

PFLASTERSORTE	ANWENDUNG
❶ Natursteine	Natursteine sind natürlich entstandene Gesteine. Es gibt verschiedene Typen mit entsprechenden Eigenschaften, die im Abschnitt „Alles über Natursteine" ausführlicher behandelt werden.
❷ Betonplatten	Betonplatten, Betonwerksteine und Betonpflaster bestehen aus Zement und natürlichen Gesteinskörnungen. Häufigste Art ist der Waschbeton. Die Platten werden einschichtig aus Kernbeton oder zweischichtig mit einem dekorativen Vorsatzbeton hergestellt. Die Oberfläche ist sauber, eben und stabil und eignet sich daher sowohl für Fußwege als auch für Zufahrten und Stellplätze. Es gibt eine umfangreiche Auswahl an Mustern und Farben.
❸ Rasengitter	Rasengitter sind in verschiedenen Formen und Farben erhältlich. Dazu zählen Verbundpflaster, Rasengittersteine und Rasengitterplatten. In die Hohlräume der Rasengitter wird Erdreich gefüllt. Die grasbewachsene Fläche kann später mit einem Rasenmäher gepflegt werden. Die kleinformatigen Pflaster sind wasserdurchlässig und ermöglichen das Versickern von Regenwasser im Erdreich.
❹ Porenpflaster	Hierbei handelt es sich um ein grobkörniges, wasser- und luftdurchlässiges Betonpflaster, das in manchen Ausführungen sogar Öl- und Benzinreste aus dem Oberflächenwasser filtert. Die Oberfläche ist eben, sauber, leicht rau. Die Steine sind in unterschiedlichen Größen und Farben erhältlich und eignen sich für Fußwege, Zufahrten und Stellplätze.
❺ Pflasterklinker	Klinker sind aus gebranntem Ton und in vielen Farben und Formen erhältlich. Ihre besonders große Festigkeit und hohe Dichte machen sie extrem widerstandsfähig. Bei fachgerechter Behandlung trotzen sie allen Witterungen auf Jahrzehnte. Sie sind in unterschiedlichen Formen erhältlich: flach, hochkant oder halbiert, als Mosaik-, Begrenzungs- oder Stufenziegel. Verlegt werden die Klinker in Sand oder Mörtel. Um eine farblich ausgewogene Fläche zu erhalten, sollten die Pflasterklinker aus mehreren Paketen quer gemischt werden.
❻ Verbundpflaster	Verbundpflaster sind strapazierfähig und witterungsbeständig. Verbundsteine sind aus gepresstem Beton und überwiegend grau, es gibt jedoch auch eingefärbte Varianten in den verschiedensten Farben und Farbkombinationen. Durch ihren verzahnten Verlegeverbund ist der Belag sehr stabil. Verschiedene Systeme sind: Wabenpflaster, Doppel-T-Pflaster (Hundeknochen), Rechteckpflaster, Bischofsmützen, Kreissätze, Wellenprofile. Neuere Pflastersysteme ermöglichen eine Versickerung, um dem Grundwasser Oberflächenwasser zuzuführen. Diese nennt man Filtersteine.

UNTER DEM PFLASTER.

Wie man ihn bettet, so liegt der Stein. Wichtig für Stabilität, Belastbarkeit und Wasserablauf ist das Fundament, auf dem das Pflaster liegt. Sprichwörtlich: Wenn das Brot nichts taugt, schmeckt der beste Käse darauf nicht.

Der Unterbau kann aus sehr grobem Kies (Schüttung) und feinerem Kies (0/32) bestehen. Er gleicht Unebenheiten des Untergrundes aus, dient der Dränage und erhöht die Belastbarkeit des Pflasters. Das ist besonders wichtig, wenn es – wie bei einer Einfahrt – mit Autos befahren wird. Die Bettung dient als Auflage für die Pflasterung. Sie besteht je nach Art der Pflastersteine aus Feinkies oder Splitt und manchmal auch aus Zement. Der wesentliche Unterschied zwischen einer Terrasse und einer Hofeinfahrt ist die Belastung durch PKW. Das muss bei der Ausbildung des Unterbaus sowie bei der Wahl der Steine und der Steingröße berücksichtigt werden. Während es für einen Gartenweg ausreichen kann, den Unterbau schmaler zu gestalten oder nur eine Sandbettung anzulegen, geht dies bei stark belasteten Flächen auf keinen Fall. Der Unterbau muss unbedingt aus mindestens 30 cm Schotter erstellt werden. Für eine Belastung, die höher ist als das Befahren mit dem PKW, sollten Sie den Weg von einer Fachfirma erstellen lassen. Der dazu nötige Unterbau ist aufwändig herzustellen.

UNTERBAU UND BETTUNG

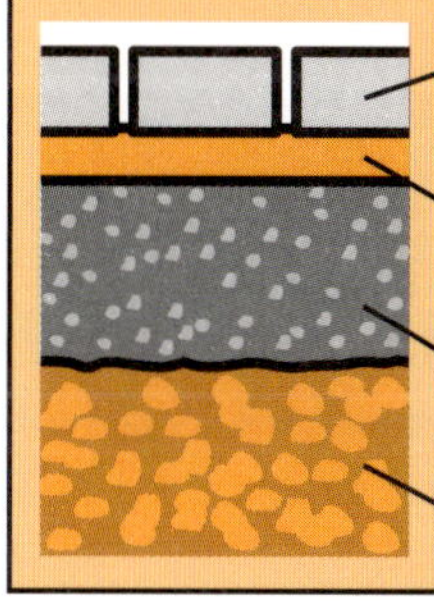

Schicht	Pflasterweg		Sitzplätze		Auffahrten	
Pflaster	6–8	6–8	6–8	6–8	8–10	8–10
Bettung	5	5	5–8	5–8	5	5
Unterbau	20–30	15–20	30–40	20–30	35–40	20–40
Erdreich	lehmig	sandig	lehmig	sandig	lehmig	sandig

Maßangaben in Zentimeter.

PFLASTERVERBAND.

Nachdem Sie nun Materialien und Formen der Steine kennen, stellen wir Ihnen hier die gebräuchlichsten Verlegmuster vor. Manche ergeben sich direkt aus der Steinform, andere wiederum können mit verschiedenen Steinen hergestellt werden.

REIHENVERBAND	KREUZFUGEN-VERBAND	BAHNENWARE MIT FREIEN LÄNGEN UND PFLASTERSTREIFEN	BLOCKVERBÄNDE	FLECHTZAUN-VERBAND
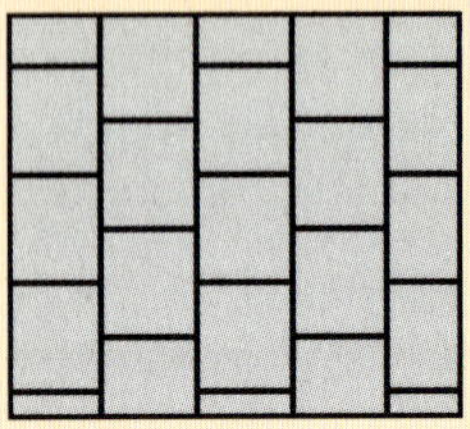	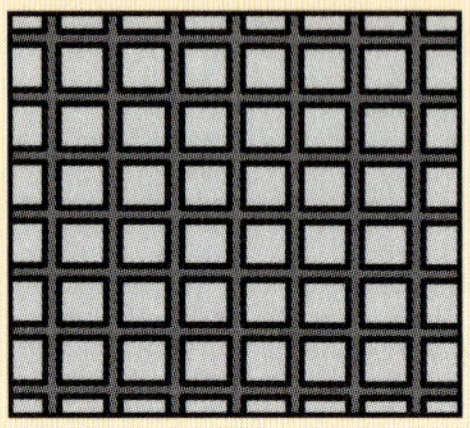	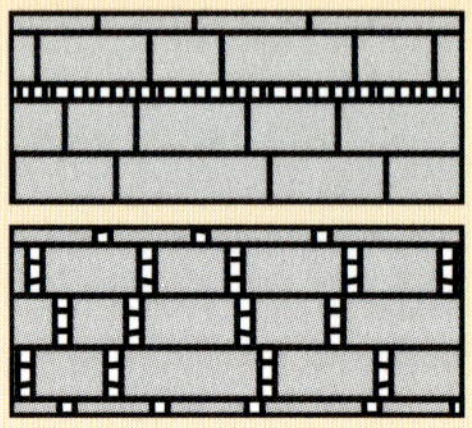		
• Wenig belastbar • Geeignet für Gartenwege • Einfach zu verlegen	• Wenig belastbar • Geeignet für unbeanspruchte Orte • Einfach zu verlegen	• Mittlere Belastbarkeit • Geeignet für Terrassen und Fußwege • Einfach zu verlegen	• Belastbar und stabil • Geeignet für Hofeinfahrten • Einfach zu verlegen	• Wenig belastbar • Geeignet für Gartenwege • Einfach zu verlegen
WILDER VERBAND MIT VERSCHIEDEN GROSSEN STEINEN	**DIAGONALVERBAND**	**STREIFENGITTER-VERBAND**	**PASSEE-/POLYGONAL-VERBAND**	**SCHUPPENBOGEN-VERBAND**
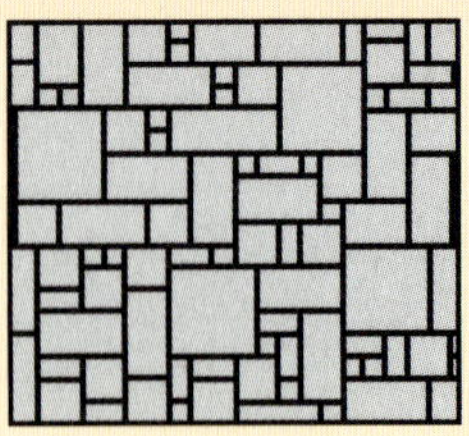			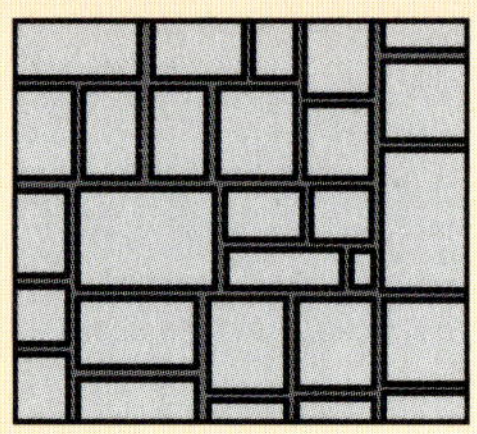	
• Wenig belastbar • Geeignet für Gartenwege • Mittelschwer zu verlegen	• Sehr belastbar • Geeignet für große Flächen wie Hofeinfahrten • Mittelschwer zu verlegen	• Mittlere bis hohe Belastbarkeit • Geeignet für Terrassen, Fußwege und Hofeinfahrten • Mittelschwer zu verlegen	• Sehr belastbar • Geeignet für Hofeinfahrten • Schwer zu verlegen • Wird in der Praxis nicht mehr verlegt	• Mittel belastbar • Geeignet für Terrassen und Fußwege • Komplizierte Verlegung

UNTERBAU HERSTELLEN.

Arbeiten Sie sorgfältig bei Unterbau und Bettung, sie sind maßgebend für die Stabilität des Pflasterverbands. Steine verlegen ist nämlich ziemlich anstrengend, deswegen will man das Pflaster nicht ständig aufreißen, nur weil Dellen und Wellen entstanden sind.

1 Stecken Sie die Ränder mit Pfählen und einer gespannten Schnur ab. Entlang dieser Richtschnur wird nun der Boden ca. 40 cm tief ausgehoben. Für diese Arbeiten ist oftmals der Einsatz eines Minibaggers sinnvoll. Schließt die Einfahrt an das Haus an, muss der Belag 30 cm unterhalb der Obergrenze der Sperrschicht (Feuchteschutzbelag) bleiben. Sprich, Sie müssen eventuell 70 cm ausheben. **2** Das Oberflächenwasser soll bei Einfahrten immer vom Haus wegfließen. Ein Gefälle von 1,5–2 % ist empfehlenswert (das entspricht 1,5–2 cm auf einen Meter). Das Gefälle vom Haus weg wird eingerichtet, indem Sie nach der höchsten Stelle des Weges alle anderen Pfähle so ausrichten, dass die Richtschnur absolut waagrecht ist. Anschließend korrigieren Sie die Position der Richtschnur in Gefällerichtung um 15 mm/Meter nach unten. Füllen Sie die ausgehobene Fläche bis 10 cm unter der Richtschnur mit Schotter (Korngröße 0/40) auf. Somit haben Sie das Gefälle auf die Schotterschicht übertragen. **3** Diese Schicht muss mit einem Rüttler, den Sie sich im Baumarkt leihen können, verdichtet werden. Der Bedarf an Schotter errechnet sich aus Wegbreite mal Weglänge mal 20 cm (Schichtdicke). Für die Bettung legen Sie T-Schienen oder Kanthölzer auf die verdichtete Schotterschicht. Tragen Sie Sand oder Splitt mit der Körnung 0/5 auf und ziehen Sie ihn mit der Richtlatte über die Schienen ab. Diese Schicht sollte etwa 5–10 cm dick sein. **4** Wenn das Oberflächenwasser nicht von den unbefestigten Seitenflächen aufgenommen werden kann, muss für eine Entwässerung zum Kanalsystem hin gesorgt werden.

WERKZEUG.

- ✓ Rüttler
- ✓ Richtlatte
- ✓ Schaufel
- ✓ Schubkarre

MATERIAL.

- ✓ Grober Kies
- ✓ Feinkies/Splitt

SICHERHEIT!

Unterschätzen Sie nicht den Lärm, den Baumaschinen machen. Beim Benutzen eines Rüttlers sollte auf jeden Fall ein Gehörschutz getragen werden.

STEINE VERARBEITEN.

Pflastersteine trotzen jeglichen Belastungen und Erschütterungen. Da bedarf es schon höherer Gewalt, die Steine z. B. zur Gestaltung von Randanschlüssen gefügig zu machen. Mit einem Steinknacker oder Steinschneider bezwingen Sie ohne große Mühe jeden Pflasterstein.

RANDBEFESTIGUNG.

A So kann man die Fläche einfach ohne Randbefestigung auslaufen lassen: Bei geringer Belastung genügt es, seitlich Erde anzuhäufen und zu verdichten. **B** Mehr Halt gibt ein eingegrabener Randstein, z. B. eine hochkant eingegrabene Terrassenplatte oder ein Tiefbordstein. Wenn man diesen noch mit Mörtel abstützt, wird's noch stabiler. Diese Stütze wird später durch Rasen, Erde oder Mulch verdeckt. **C** Bei besonders großer Belastung der Pflasterfläche verlegt man von vornherein die äußerste Reihe Pflastersteine in einem Mörtelbett.

STEINKNACKER & NASSSCHNEIDER.

1 Der Steinknacker ist ein Gerät, mit dem Pflastersteine sauber gebrochen werden können. Dies geschieht manuell mit einer Exzenter-Übersetzung oder maschinell. Die Knackhöhe liegt in etwa zwischen 95 mm und 120 mm. **2** Dickere Formate müssen im Nassverfahren geschnitten werden. Das erledigt ein sogenannter Nassschneider mit einem Diamantsägeblatt. Beide Maschinen können im Baumarkt geliehen werden. **3** Mit dem Zweihandwinkelschleifer und einer Diamanttrennscheibe können Steine und Platten sauber getrennt werden. Eine saubere Sache wird es, wenn eine Staubabsaugung angeschlossen werden kann.

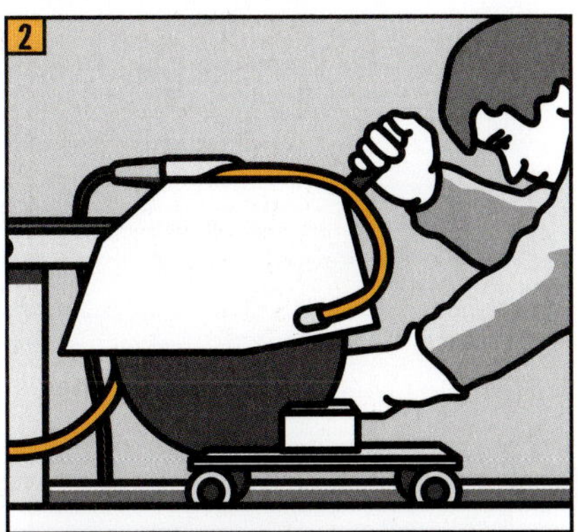

WERKZEUG.

- ✔ Zweihandwinkelschleifer
- ✔ Nassschneider
- ✔ Steinknacker
- ✔ Gummihammer
- ✔ Richtlatte
- ✔ Wasserwaage
- ✔ Maurerschnur
- ✔ Schaufel
- ✔ Schubkarre
- ✔ Besen
- ✔ Arbeitshandschuhe
- ✔ Schutzbrille
- ✔ Sicherheitshandschuhe

MATERIAL.

- ✔ Pflastersteine
- ✔ Randsteine
- ✔ Schotter
- ✔ Verlegesand/Splitt
- ✔ Spannschnur
- ✔ Spaten/Schaufel
- ✔ Wasserwaage
- ✔ Holzlatte/Metallschiene
- ✔ Gummihammer

GARTENWEG PFLASTERN. MIT PFLASTERKLINKERN.

Durch den Garten wandeln ist eine lustvolle Angelegenheit. In tausenden Romanen und Dramen spazieren – von Königinnen bis zu Liebespaaren – alle möglichen Leute durch ihre Lustgärten. Die wenigsten sind einfach durchs Gras marschiert. Man geht bis heute auf angelegten Wegen.

1 Zunächst stecken Sie den Weg ab und legen Sie eine Bettung aus Sand an. Berücksichtigen Sie das Gefälle von 2 % zu einer Seite des Weges hin. Die Breite des Weges wählen Sie am besten so, dass Sie die Klinker verlegen können, ohne sie zerschneiden zu müssen. **2** Links und rechts am Rand legen Sie Schienen oder Kanthölzer ein, über die mit einer Richtlatte und der Wasserwaage die Bettung abgezogen wird. **3** Legen Sie die Klinkersteine in das Sandbett. Überprüfen Sie immer wieder mit Richtlatte und Wasserwaage, ob das Gefälle noch eingehalten wird und die Steine eben liegen. **4** Sobald die Pflasterung eines Abschnitts oder insgesamt komplett ist, wird Sand in die Fugen gekehrt. Kehren Sie immer diagonal zur Fugenrichtung. **5** Nun die Fläche noch abrütteln, das gibt dem Verband dauerhafte Festigkeit. Beim Abrütteln von Pflaster eine Gummi-

unterlage am Rüttler verwenden. **6** Am Rand des Weges stechen Sie den Unterbau gerade mit einem Spaten ab – hier soll eine Randbefestigung entstehen. **7** Den Weg mit Beton einfassen – später überwächst Gras diese Begrenzung. Zu diesem Zweck können Sie schon jetzt die Umgebung des Weges mit Erde aufschütten, so dass der Weg sich eben in das Gelände einfügt. **8** Durch das Rütteln ist der Sand in die Fugen gefallen, deswegen füllt man sie nochmal auf und schlämmt den Sand mit Wasser aus dem Gartenschlauch ein. Der Sand wird schön dicht eingespült und verkeilt sich, was nochmal für Festigkeit sorgt.

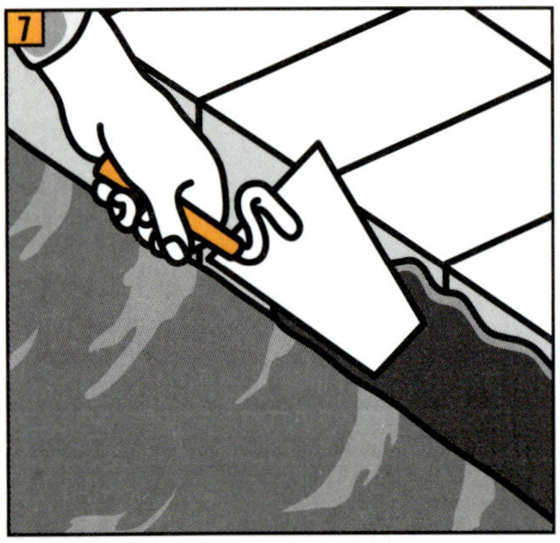

HOFEINFAHRT PFLASTERN. MIT VERBUNDPFLASTER.

Verbundpflastersteine halten so richtig fest zusammen. Deswegen werden sie auch so häufig auf öffentlichen Plätzen verlegt. Gleichzeitig sind sie durch ihr vorgegebenes Muster ziemlich einfach zu handhaben. Für eine viel befahrene Einfahrt genau das Richtige.

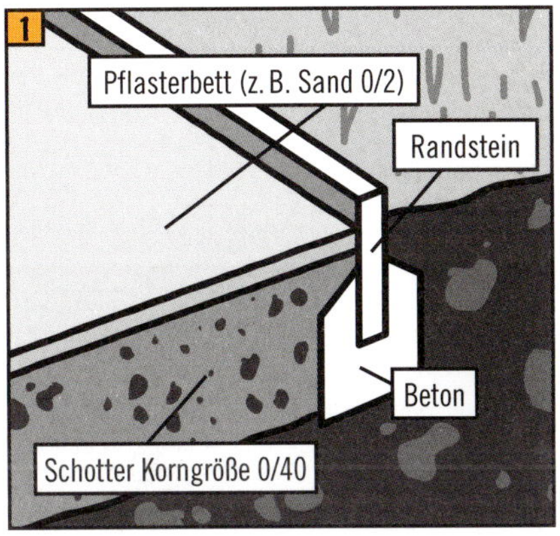

1 Gepflasterte Flächen benötigen eine umlaufende Randeinfassung. Diese sorgt dafür, dass sich die Pflastersteine beim Befahren nicht verschieben und der Belag beschädigt wird. Die Randeinfassung aus Bordsteinen muss vor den Pflasterarbeiten hergestellt werden. **2** Auf den verdichteten Untergrund wird ein Pflasterbett aus Sand (0/2, 0/4) oder Splitt (1/3 oder 2/5) aufgebracht. Im verdichteten Zustand sollte die Dicke 3–5 cm betragen. Das Pflasterbett wird nun über Abziehschienen abgezogen. Berücksichtigen Sie bei der Höhe der Bettungsschicht, dass sich das Pflaster beim Rütteln noch etwa 1 cm senken wird. **3** Verbundpflasterflächen verlegt man von der bereits verlegten Fläche aus. Das Pflasterbett darf während des Pflasterns nicht betreten werden. Beginnen Sie an einer geraden Kante mit der Verlegung und arbeiten Sie sich winkel- und

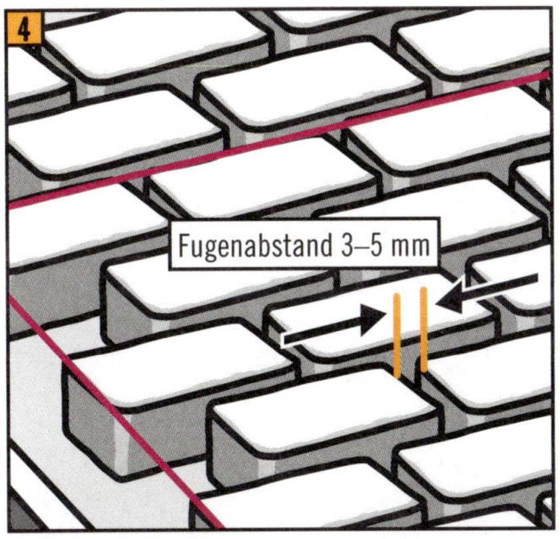

fluchtgerecht vor. Dadurch werden weniger Passstücke benötigt. Zur Vermeidung von Farbschwankungen Steine aus mehreren Paletten verwenden. **4** Halten Sie grundsätzlich einen Fugenabstand von 3–5 mm zwischen den Pflastersteinen ein. Auch die an den Pflastersteinen angebrachten Abstandhalter sind kein Ersatz für normales Fugenmaß. Nur durch den richtigen Fugenabstand erhält man eine tragfähige, stabile Pflasterfläche. **5** Die Pflasterfläche wird kontinuierlich während des Verlegens eingesandet, dadurch können sich die ausgerichteten Steine bei Belastung nicht mehr verschieben. **6** Kehren Sie den auf der Fläche liegenden Sand in die Fugen. Zum abschließenden Rütteln der trockenen Fläche ausschließlich Flächenrüttler bzw. „Rüttelplatten" verwenden. **7** Die Pflasteroberfläche sollte im fertigen Zustand 3–5 mm über den Randeinfassungen liegen. So kann das Oberflächenwasser ungehindert in die unbefestigten Seitenflächen abfließen.

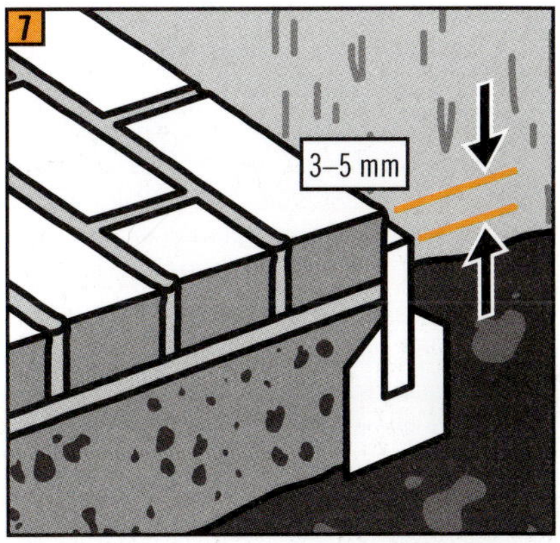

ALLES ÜBER NATURSTEINE.

Natursteine bestehen aus den verschiedensten Materialien und chemischen Zusammensetzungen. Sie werden weder aufgearbeitet noch gebrannt, können aber zur Verschönerung poliert oder geschliffen werden. Jeder Naturpflasterstein ist einzigartig in Form, Farbton und Zeichnung.

UNTERSCHEIDUNG NACH ART DER ENTSTEHUNG:

Umwandlungsgesteine (Metamorphite).

Umwandlungsgesteine sind – daher der Name – aus einem anderen Gestein entstanden. Durch Walzung, Pressung, Fältelung, ungleichmäßigen Druck und andere Kräfte ändert sich die Struktur des Gesteins. Metamorphe Gesteine sind Gneis, Marmor, Schiefer und Serpentin.

Aus Tongesteinen, die besonders viele Glimmerminerale bilden konnten, hat sich der Schiefer gebildet. Die Glimmerminerale begünstigen die typische Schieferung und den silbrigen Glanz. Terrassenplatten oder Treppenstufen können aus dem sehr wetterbeständigen Gestein bestehen. Unter gewaltigem Druck entstanden, halten die einzelnen, relativ leicht abspaltbaren Schichten hohen Belastungen stand.
Farbgebung: anthrazit bis grausilbrig, teilweise mit grünlichen, bläulichen oder sogar rötlichen Nuancen.

Aus Granit oder anderen Tiefengesteinen ist durch Umwandlung der Orthogneis entstanden. Er ähnelt dem Granit sehr und häufig ist der Übergang von Granit zu Orthogneis fließend, wie man auch am Aussehen des Gesteins feststellen kann. Die Verwendungsweise von Orthogneis ist ähnlich der von Granit.
Farbgebung: grau, grüngrau, rötlich bis hin zu gelbgrau und gelblich.

Aus ehemaligen Ton- und Sandgesteinen, bei denen sich infolge stärkerer Metamorphose Feldspäte, Glimmer und Quarz bildeten, entstand der Paragneis. In Härte und Beständigkeit sind Paragneise zwar durchaus mit Granit vergleichbar, doch die Schieferstruktur (durch den Glimmeranteil) ist meist deutlich zu erkennen. Verwendet wird Paragneis beispielsweise für Bodenplatten, Mauersteine, Treppen oder Bänke.
Farbgebung: alle Grauschattierungen, von anthrazit bis zu Schwarz-Weiß-Mustern.

Marmor: Dieses unter Druck oder Hitzeeinwirkung entstandene kristallisierte Umwandlungsgestein hat charakteristische Adereinlässe und ein breites Farbspektrum. Die Farben stammen von eingelagerten Mineralien. In seiner Reinform ist der Naturbaustoff aus Kalk weiß. Trotz seiner hohen Dichte ist das Weichgestein jedoch relativ säureempfindlich und eignet sich kaum für den Einsatz draußen.

Erstarrungsgesteine.

Sie sind durch das Erstarren von flüssigem Magma entweder an der Erdoberfläche (Ergussgesteine/Vulkanite) oder im Erdinneren (Tiefengesteine/Plutonite) entstanden. Vertreter von Erstarrungsgesteinen sind Granit, Syenit, Porphyr, Diorit, Gabbro, Diabas und Basalt.

Granit ist das wichtigste Material für Pflastersteine. Es besteht aus Feldspat, Quarz und Glimmer in unterschiedlichen Mengenanteilen. Das Gestein ist hart, unempfindlich, verwitterungsbeständig und daher auch sehr beanspruchbar.
Farbgebung: von fast weiß über hell- bis dunkelgrau, ergänzt durch zahlreiche Rot-, Gelb- und Blautöne.

Syenit ist ein quarzarmer, wenn nicht quarzfreier, Granit, was ihn von den anderen Granit-Gesteinsgruppen leicht unterscheiden lässt. Eigenschaften und Verwendung ähneln denen von Granit. In stark frequentierten Bereichen kann es jedoch zu einem schnelleren Oberflächenverschleiß kommen.

Diorit hat eine Gefügestruktur, die der von Granit sehr ähnlich ist, sie ist jedoch meist feinkörniger. Auch Diorit findet, mit leichten Einschränkungen, die gleiche Verwendung wie Granit.
Farbgebung: meist dunkelgrau bis dunkelgrün.

Basalt ist ein vulkanisches Ergussgestein. Er ist kompakt, dicht, homogen, sehr feinkörnig und schwer zu bearbeiten. In basaltreichen Gegenden wird er heute wieder als Straßenpflaster verwendet. Im Garten- und Landschaftsbau ist er zudem Zierstein oder wird verwendet als schwarzes Kontrastpflaster.
Farbgebung: von fast schwarz bis bläulich oder violett.

Auch Porphyr gehört zu den Ergussgesteinen. Es ist ein dauerhaftes, zähes Gestein, bei dem nicht alle Sorten gute Frosthärte aufweisen, Porphyr aus tiefen Lagen ist meist frosthart. Aus Porphyr werden Pflaster, Platten, Stufen, Mauern, Verkleidungen, aber auch Denkmäler und Skulpturen gefertigt.
Farbgebung: bräunlich bis rostrot, rosa bis dunkelviolett.

Ablagerungs- oder Sedimentgesteine.

Bei Sedimentgesteinen handelt es sich um Gesteine, die bei Entstehung der Erde nach „Verwitterung" und „Transport" abgelagert und anschließend durch den Druck überlagernder Massen verfestigt wurden. Vertreter von Ablagerungsgesteinen sind Sandstein, Schiefer, Kalksteine, Dolomit, Jura-Marmor, Muschelkalk, Solnhofener Platten und Tuff.
Weit verbreitet ist der Sandstein, wobei als Sandsteine nur diejenigen Gesteine bezeichnet werden, die fast ausschließlich aus Quarz bestehen. Die Härte der Sandsteine nimmt mit dem Grad der Verfestigung zu. Das Farbspektrum reicht von weiß, grau und beige bis hin zu rot oder grün. Das Gestein ist vielseitig verwendbar. Pflasterbeläge aus Sandstein sind wenig tausalzbeständig, nur gering belastbar und werden glitschig, weswegen sie heute nicht mehr verwendet werden.

Kalkstein kann in nahezu allen geologischen Formationen vorkommen. Das Gestein ist wenig beständig, jedoch gut polierbar und leicht zu bearbeiten. Das Farbspektrum reicht von schwarz über rot, braun bis gelb. Trotz geringer Beständigkeit wird er für Mauern, Trockenmauern, Bodenplatten oder Steingärten gerne verwendet. Früher wurden aus dem Gestein auch Pflastersteine und Einfassungen gemacht.

Typisches Natursteinbeispiel: Granitpflaster

Porphyrplatten auf Gewebe – erleichtert die Verlegung, da schon eine größere Plattenfläche zusammenhängt.

NATURSTEINE VERARBEITEN. PORPHYRPLATTEN.

Porphyrplatten sind ein klassisches Beispiel für Natursteine. Ihre willkürliche Formung macht die Verlegung zum Teil zu einer kniffeligen Angelegenheit. Die ausgesprochen schöne optische Wirkung dieses lockeren Zusammenspiels der Formen überzeugt aber zweifellos.

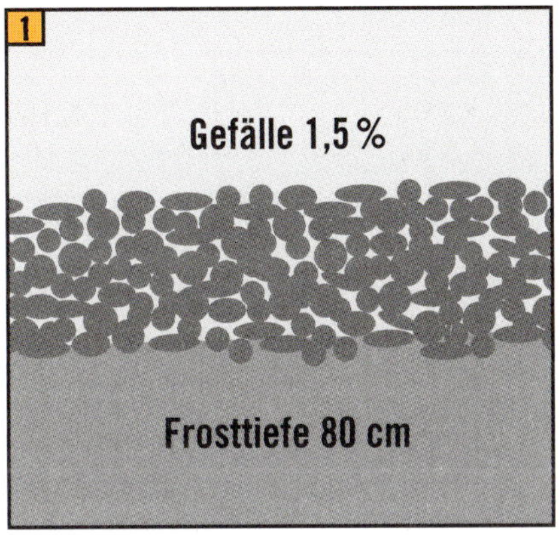

1 Grundsätzlich muss die zu verlegende Fläche bis auf Frosttiefe ausgekiest werden. Anschließend ist der Kies zu verdichten. Optimal ist es, wenn bis zur Verlegung noch eine Frostperiode ins Land geht, damit einer nachträglichen Setzung vorgebeugt wird. **2** Vor dem Verlegen werden die Platten mit sauberem Wasser gereinigt, damit Rückstände das Festkleben des Mörtels nicht verhindern. **3** Nun wird der Verlegmörtel angemacht. Verwenden Sie 1 Teil Zement auf 4 Teile Grubensand, außerdem noch so viel Wasser, dass die Masse erdfeucht wird. Tragen Sie die Mörtelschicht 5 cm dick auf und klopfen die Porphyrplatten mit dem Gummihammer ins Mörtelbett. Die Platten sollen dabei vollflächig im Mörtelbett liegen, so dass darunter keine Hohlräume entstehen. **4** Nun wird ausgefugt: Die günstigste Variante besteht aus einer Mischung von Quarzsand und Zement (Trasszement) im Verhältnis 1:3. Überaus vorteilhaft wirkt sich die Beimischung einer Fugenvergütung aus. Das Fugenmaterial kann entweder gut erdfeucht mit einem Spachtel eingebracht oder verflüssigt, mit Hilfe eines Eimers eingegossen werden. Keinesfalls sollte vollflächig verschlämmt werden, da die anschließende Reinigung problematisch werden kann. Es können auch schnell härtende Fertigfugenmassen verarbeitet werden. **5** Sobald die Fugen druckfest sind, den Belag mit klarem, möglichst sauberem Wasser reinigen. Wenn die Fugenmasse vollständig ausgehärtet ist, kann die Fläche abgesäuert, d. h. endgereinigt werden. Dazu den Belag anfeuchten, den Zementschleier-Entferner (Säure) kleinflächig auftragen und 5 Minuten einwirken lassen. Dann mit dem Schrubber die Oberfläche gründlich abschrubben und die Schmutzbrühe aufnehmen. Anschließend mit sauberem Wasser klar abspülen. Bei der gesamten Reinigungs-Prozedur unbedingt Handschuhe tragen.

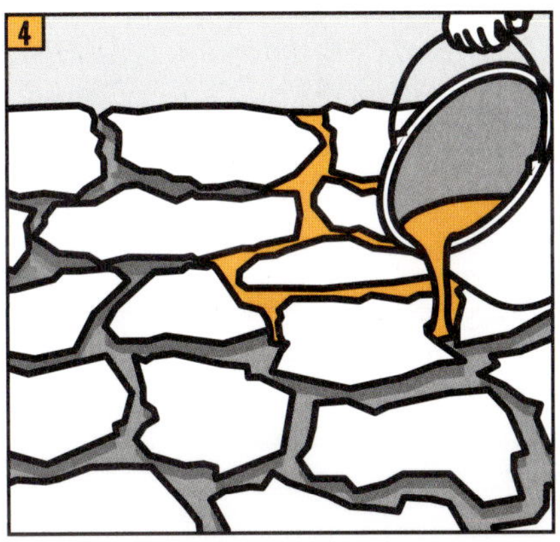

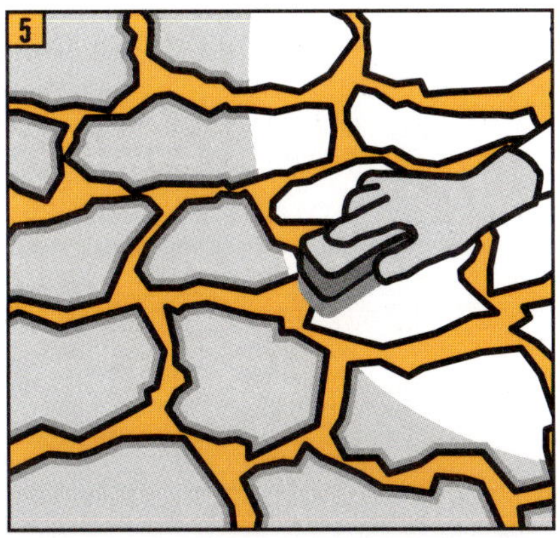

HINWEIS!

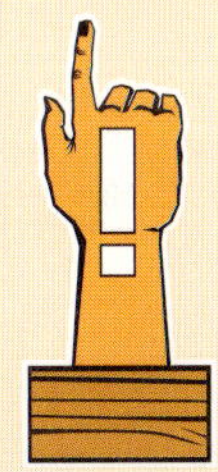

Vermeiden Sie beim Reinigen der Porphyrplatten unbedingt Hautkontakt mit dem Zementschleier-Entferner. Achten Sie außerdem darauf, dass dieser möglichst nicht in die Fugen gelangt.

IMPRÄGNIERUNGEN.

Wenn nötig, kann man Natursteine wasser- und ölabweisend imprägnieren oder mit Farbton vertiefenden Mitteln einlassen. Das geht einfach und ist auch nach dem Verlegen noch machbar. Die entsprechenden Imprägnierungen gibt es für den Innen- und Außenbereich in jedem Baumarkt.

KOPFSTEINPFLASTER VERLEGEN.

Es hat schon was Antiquiertes, diese Kopfsteinquader zu verlegen. Man denkt an Gassen in mittelalterlichen Städten. Dass dieser Belag bis in die heutige Zeit überlebt hat, liegt daran, dass er stabil, praktisch und hübsch zugleich ist.

1 Erstellen Sie einen stabilen Unterbau aus Kies. Um den Rand der Pflasterfläche zu markieren, setzen Sie an den entsprechenden Punkten große Randsteine, die Sie durch eine Latte miteinander verbinden. So wird der Verlauf sichtbar. **2** Nun verlegen Sie alle Randsteine. Die Randsteine sind größer als die Pflastersteine. Mit Wasserwaage und Richtlatte überprüfen Sie immer wieder Ebenheit und Gefälle. **3** Umgrenzen Sie das zu pflasternde Gebiet komplett mit Randsteinen. Danach ein Verlegebett aus Splitt herstellen. **4** Die Pflastersteine werden dann Reihe für Reihe von Rand zu Rand verlegt. Durch die Abweichungen der Maße und die vorgegebene Umrandung kann das Auswählen des passenden Steins ein wenig dauern. Allerdings

hat man ein wenig Toleranz durch die Fugen, die ca. 8 mm betragen sollten. **5** In dem fertigen Pflasterverband füllen Sie die Fugen zu 2/3 mit Sand und rütteln das Pflaster ab. **6** Am Schluss Sand in die Fugen kehren bis alle gefüllt sind. Kehren Sie immer diagonal zum Fugenverlauf. Alternativ dazu können Sie Fugenmörtel verwenden, den man wie Sand einkehrt und dann mit dem Gartenschlauch wässert. Allerdings fließt Regenwasser dann nicht mehr durch die Fugen ab.

ACHTUNG! PROFITIPP

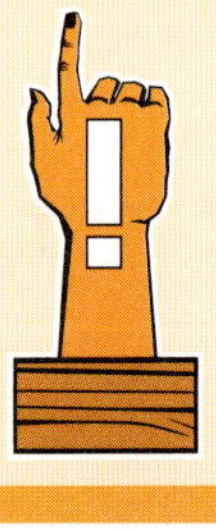

Fugenfüllung:

Wenn Sie die Fugen bereits während des Verlegens nach und nach füllen, verrutschen die verlegten Steine nicht so leicht wieder.

RONDELL GESTALTEN.

Wer sich beim Pflastern schon etwas mehr zutraut, kann sich statt an die üblichen Reihen auch an komplexere Muster wagen. Bäume, Pflanzinseln und Rondelle mit Kreisen zu umpflastern, ist eine sehr elegante Lösung.

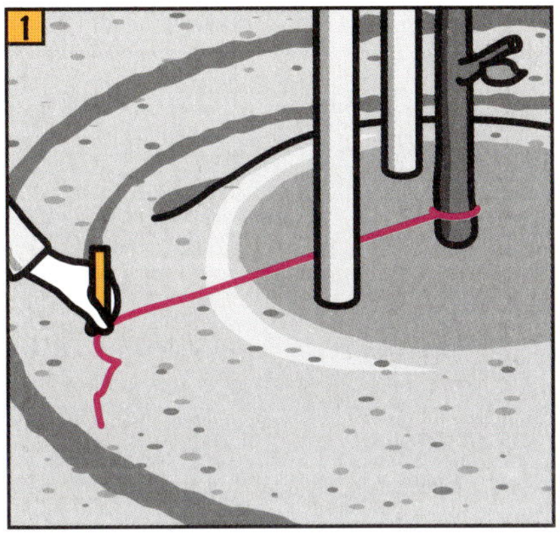

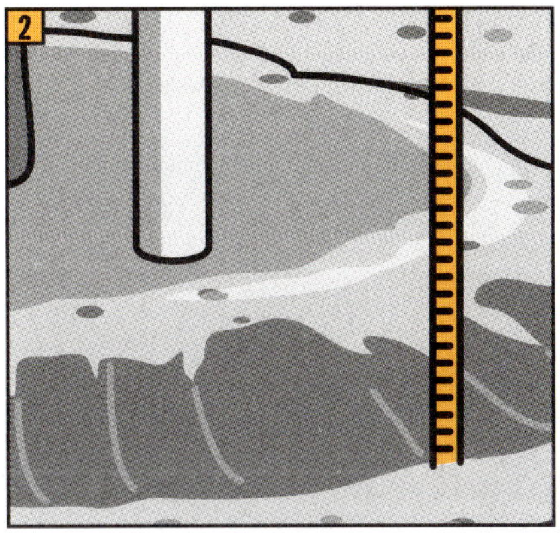

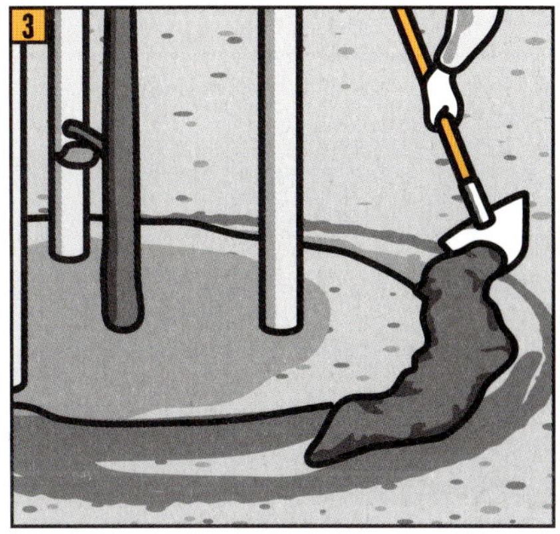

1 Von Ihrem gewünschten Kreismittelpunkt aus markieren Sie den Radius. Am besten Sie spannen eine Schnur, befestigen sie an einem Pflock, Baum oder was sich sonst in der Kreismitte befindet, und zeichnen z. B. mit einem an der Schnur befestigten Holzstückchen zwei Begrenzungen für das Steinrondell in den Grund. **2** Die Erde dazwischen so tief ausheben, dass die Mörtelschicht zuzüglich der Steinhöhe die gewünschte Gesamthöhe ergibt. **3** Bringen Sie ein Bett aus erdfeuchtem Mörtel in den ausgehobenen Bereich ein. **4** An der Position des ersten Steines werden alle weiteren ausgerichtet. Damit der Kreisradius immer gleich bleibt, verwenden Sie wieder eine gespannte Schnur vom Kreismittelpunkt her, mit einer Markierung der Position des ersten Steines. **5** Weitere Steine können nun vom ersten Stein ausgehend verlegt werden. **6** Sind die Steine im Kreis auch wirklich auf gleicher Höhe? Mit Richtlatte und Wasserwaage finden Sie es heraus und können gegebenenfalls korrigieren. **7** Sollten die Steine korrigiert werden müssen, geben Sie entweder noch Mörtel darunter oder klopfen Sie die Steine mit einem Gummihammer tiefer in das Mörtelbett. Am inneren Rand des Kreises werden die Steine mit Mörtel gestützt, nach außen kann man den Kreis noch durch weitere Steinreihen erweitern. Die Fläche außerhalb und innerhalb des Steinrondells kann nun mit Gartenerde oder anderem geeigneten Material aufgefüllt werden.

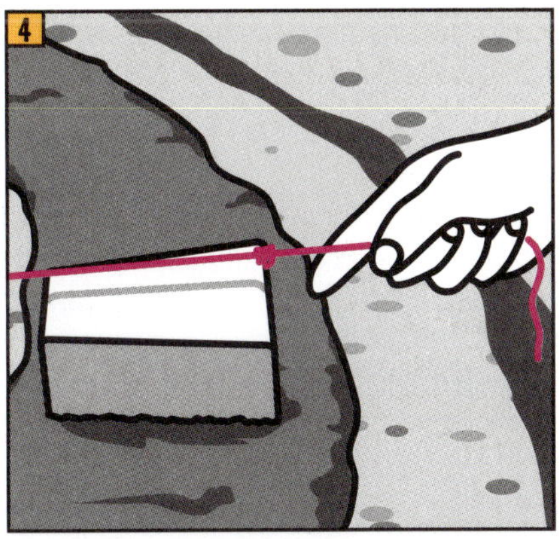

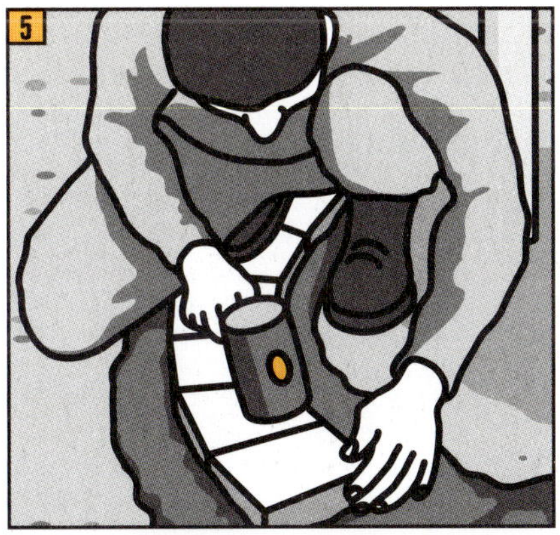

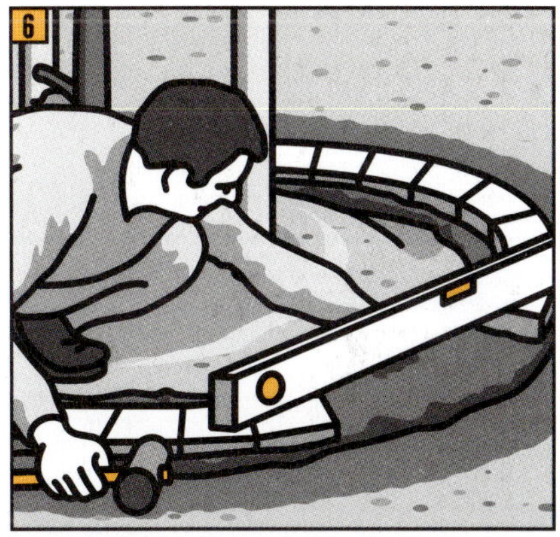

Bei Pflasterflächen Rüttler mit Gummimatte verwenden

UND NOCH EIN PAAR SPECIALS.

So, nun haben Sie jede Menge über das Thema Pflastern erfahren. Natürlich bietet das Projekt noch viele andere Möglichkeiten. Zwei besondere Specials sollen hier noch vorgestellt werden. Das Bauen der Treppe ist allerdings etwas für Geübte.

TREPPE BAUEN UND PFLASTERN.

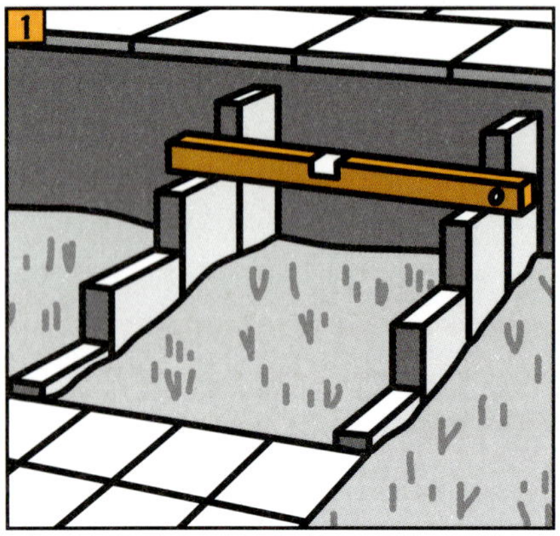

1 Eine angenehme Stufenhöhe ist das Standardmaß 18 cm. Als Träger für die Stufen dienen Betonplatten, die man hochkant eingräbt. Die Abstände der einzelnen Stufen zueinander ergeben sich aus der Dicke der Stufenplatten und der Klinkersteine, plus ein paar Zentimeter für das Mörtelbett. Prüfen Sie mit der Wasserwaage, ob die Träger waagrecht zueinander sitzen. Stecken Sie die Platten mit einer Schräge von 2 % nach vorn in die Erde, um das für den Wasserablauf nötige Gefälle zu erhalten. **2** Die Platten auf die Träger mörteln und mit der Wasserwaage ausrichten. Zwischen zwei Stufenplatten wird ein Stück Betonplatte eingemauert, auf der die nächste Stufe zur Hälfte aufliegt. **3** Zum Schluss werden die Klinker mit Mörtel auf die Stufen geklebt. Damit der Fugenabstand einheitlich ist, klemmen Sie gleich große Hölzchen als Abstandhalter dazwischen.

MIT RIESENKIESEL PFLASTERN.

1 Die Fläche abstecken und auskoffern. Der Unterbau muss ca. 30 cm dick sein. Darauf kommt ein Bett aus Sand. Der Sand wird abgezogen und eben ausgerichtet. **2** In dieses Bett setzen Sie die Kiesel. Da diese keinerlei normierte Maße haben, müssen Sie die Steine sorgfältig aussuchen und zusammenpuzzeln. Die Fugenbreite sollte dabei gleichmäßig etwa 1 cm betragen. Abschließend Fugen mit Sand oder Fugenmörtel füllen.

Je schöner die Steine sind, desto mehr Spaß macht es, sie zu setzen. So kompliziert manche Muster auch sein mögen: Das Ergebnis macht die Anstrengung wieder wett.

TERRASSE BAUEN.

TERRASSE BAUEN.

NACKTE FÜSSE AUF SONNENGEWÄRMTEM STEIN- ODER HOLZBODEN, MONDSCHEINGESPRÄCHE OHNE MATSCH UND FEUCHTEN RASEN, STUHLBEINE, DIE SICH BEIM HINSETZEN NICHT IN DIE ERDE BOHREN, WAAGRECHTE KAFFEETAFELN IM GARTEN: DAS ALLES UND NOCH VIEL MEHR KÖNNEN SIE HABEN. SIE MÜSSEN SICH NUR EINE TERRASSE BAUEN.

DER GEEIGNETE STANDORT.

Wählen Sie für Ihre Terrasse ein sonniges Plätzchen. Erstens sonnt es sich im Schatten so schlecht und zweitens ist es in schattigen Lagen feuchter, das Holz trocknet schlechter, Moos und Algen setzen sich fest und schon haben Sie den Salat: Die Oberfläche wird rutschig und das Holz modert.

Bevor Sie beginnen, planen Sie die Konstruktion bis ins letzte Detail. Zwei oder mehr helfende Hände können übrigens während der gesamten Bauzeit ganz brauchbar sein, und das nicht nur zur Unterhaltung in der Brotzeitpause.
Wenn Sie jetzt Klarheit haben, wo das Ding entstehen soll, stellt sich die Frage, welche Bauweise sich anbietet. Wird die Terrasse direkt ans Haus angebaut oder steht sie frei? Ist das Gelände uneben? Wie ist der Untergrund beschaffen? Wie hoch soll die Konstruktion werden? Und zu guter Letzt sollten Sie schon jetzt entscheiden, ob und wo Sie ein Geländer oder eine Treppe haben wollen. Um dem Alterungsprozess entgegenzuwirken, müssen alle Bauteile gut durchlüftet sein. Außerdem sollten Sie Ecken und Ritzen hin und wieder von Laub und Erde befreien, da sich darin die Feuchtigkeit länger hält. Modrige Stellen auf der Holzterrasse können problemlos durch ein neues Holzteil ersetzt werden.

GEEIGNETE HÖLZER.

Sofern Sie nicht in der Wüste wohnen, ist „draußen" gleichbedeutend mit „öfter mal Regen", vor allem in deutschen Landen. Das heißt für Sie, dass Sie witterungsbeständiges Holz brauchen. Schließlich wollen wir uns viele Jahre an unserem Werk erfreuen können.

ABMESSUNGEN UND ABSTÄNDE		
Brettstärke (A)	**Balkenabstand (B)**	**Schraubengröße (C)**
20 mm	40 cm	5x50 mm
25/26 mm	50 cm	6x60 mm
34 mm	50 cm	6x70 mm
45 mm	50 cm	6x80 mm

Die richtigen Abstände und ausreichend dimensionierte Querschnitte beim verwendeten Holz sind entscheidend für die Stabilität der Terrassenkonstruktion. Bei zu großen Balkenabständen kann sich z. B. das Belagsbrett durchbiegen und federn.

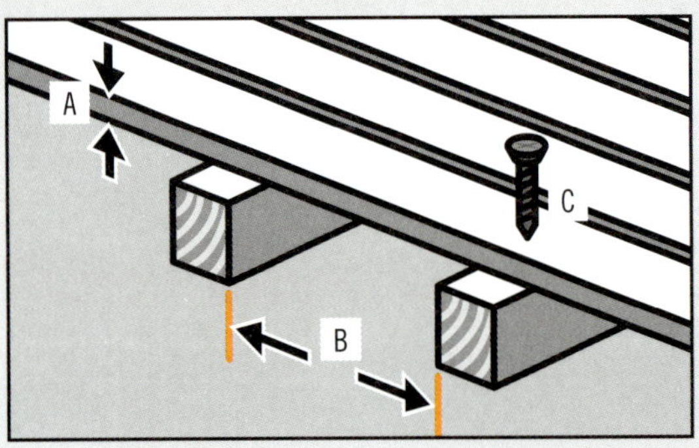

Die Rille macht's

Ein gerilltes Profil der Terrassenoberfläche erhöht die Rutschfestigkeit und ist den Fußsohlen bei der Berührung sympathisch. Im Freien verwittert Holz durch UV-Strahlen, Regen und Austrocknen und wird grau. Sie kennen das bestimmt aus eigener Erfahrung: Manche finden, eine graue Patina mache erst interessant, andere färben lieber. Bei Holz helfen pigmentierte Anstriche gegen das Ergrauen. Allerdings muss schon vor der Verarbeitung gestrichen werden, damit alle Stellen erreicht werden. Besonders wichtig für das Bauen mit Holz ist der konstruktive Holzschutz. Beim Terrassenbau bedeutet das, dass das Holz nicht mit der Erde in Verbindung kommt und keinen ständigen Kontakt mit Feuchtigkeit hat. Unter der Terrasse sollten einige Zentimeter Abstand bleiben, damit Luft zirkulieren kann.

Einseitig geriffelt

Beidseitiges U-Profil

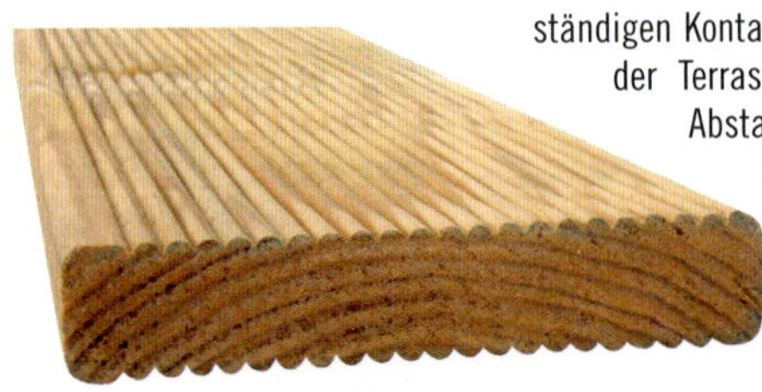

Zweiseitig geriffelt

ZEDER ODER LIEBER FICHTE?

Die Natur hat uns eine große Vielfalt beschert. Wir brauchen uns nur noch das geeignete Holz für den Bau unserer Holzterrasse rauszusuchen. Jede Sorte hat ihre speziellen Vorteile. Sehen Sie selbst, welche für Sie entscheidend sind:

Grundsätzlich eignen sich alle natürlich dauerhaften Harthölzer sowie speziell haltbar gemachte Holzsorten. Die DIN 68 364 und EN 350-2 (Kennwerte von Holzarten) passen auf, dass Sie sich da nichts Schwächliches einfangen. Für eine grobe Übersicht schauen Sie doch mal in die Tabelle. Unter den oft empfohlenen Gartenbauhölzern befinden sich einige Tropenhölzer, wie etwa Teak oder Bangkirai. Über 70 % dieser Holzarten werden teilweise durch illegalen Raubbau an südostasiatischen Regenwäldern „gewonnen". Lassen Sie den Regenwald doch in Indonesien und verwenden Sie haltbar gemachte heimische Holzarten. Die halten genauso lange und sind weitaus billiger. Thermoholz hat sogar eine ähnlich dunkle, edel aussehende Farbe wie Tropenholz. Wollen Sie nicht auf exotische Hölzer verzichten, achten Sie auf das Siegel des Forest Stewardship Council (FSC), denn das steht für nachhaltigen Holzanbau.

Holzart	Anmerkungen	Verzug	Härte/ Strapazierfähigkeit	Harzhaltigkeit	Vorteil
Kiefer	Nur kesseldruckimprägniert – d. h. chemisch behandelt – verwendbar.	Mittel	Mittel	Mittel bis hoch	Sehr preiswert.
Thermoholz Fichte	Eignet sich wegen leichter Rissbildung nur gering als tragendes Bauteil; muss unbedingt vorgebohrt werden.	Gering	Mittel	Gering	Natürliches Härtungsverfahren, ohne Chemikalien.
Kanadische Zeder	Achtung: kann aus Urwaldraubbau in Kanada stammen.	Gering	Relativ weich	Gering	Holz ist wegen eigener Inhaltsstoffe unbehandelt verwendbar; leicht und verzugsarm.
Europäische Douglasie	Imprägnierung empfohlen.	Gering	Mittel	Gering	Unbehandeltes und heimisches Holz.
Lärche natur	Kernholz ohne Splint, unbehandelt verwendbar.	Gering	Hoch	Hoch	Technisch getrocknet ist dieses härteste heimische Nadelholz hervorragend für den Einsatz im Freien geeignet.
Tanne	Nur kesseldruckimprägniert verwendbar, vereinzelt als BS-Holz erhältlich.	Gering bis mittel	Mittel	Praktisch harzfrei	Sehr resistent gegen Wasser: Angeblich wurde Amsterdam auf Tannenholzpfählen gegründet.
Europäische Eiche	Enthält Stoffe, die Metall korrodieren und so u. U. die Fassade verschmutzen; nicht mit amerikanischer Roteiche verwechseln, die für Verwendung im Freien nicht geeignet ist.	Gering	Hoch	Gering	Sehr dauerhaftes, einheimisches Holz, verzugsarm und unbehandelt; thermo-getrocknet verbessern sich die Eigenschaften noch.
Brettschichtholz (BS-Holz)	Enthält chemische Stoffe, da verleimt.	Gering	Hoch	Gering	Gut für große Stützweiten, weil es besonders fest ist.
OHT-behandeltes Holz (Oil-Heat-Treatment)	Eignet sich nicht für tragende Bauteile und weist prozessbedingt kleinere Risse auf. Häufig wird Esche verwendet.	Sehr gering	Gering	Harzfrei	Umweltfreundlich, weil bei Öl-Hitze-Vergütung nur pflanzliches Öl verwendet wird. Sehr widerstandsfähig; als Diele ein idealer Ersatz für Tropenholz.
Massaranduba	Neigt zu Oberflächenrissen und Auswaschungen. Andere übliche Namen: Balata rouge, Beef wood, Bullet wood, Pferdefleischholz, Macaracuba. Tropenholz, auf FSC-Siegel achten.	Mittel	Sehr hart	Gering	Extrem widerstandsfähig.
Bangkirai	Extrem schweres und langlebiges Holz, kann unbehandelt im Freien eingesetzt werden. Tropenholz aus Indonesien, auf FSC-Siegel achten. Entwickelt unbehandelt eine graue Patina.	Mittel	Sehr hart	Gering	Extrem widerstandsfähig.
Alle Angaben beziehen sich auf die Verwendung in der „Gefährdungsklasse 3" nach DIN 68 800-3 und DIN EN 335-1 (GK3): Außenbauteile mit Wetterbeanspruchung ohne ständigen Erd- und/oder Wasserkontakt.					

DIE BODENSTÄNDIGE HOLZTERRASSE.

Haben Sie eigentlich schon darüber nachgedacht, was alles auf Ihrer Terrasse Platz haben soll? Eine Festtafel für Ihre 500-köpfige Verwandtschaft braucht andere Dimensionen als das Alleine-auf-einer-Insel-Ensemble: Lieblingspalme, Liegestuhl und Cocktailtischchen.

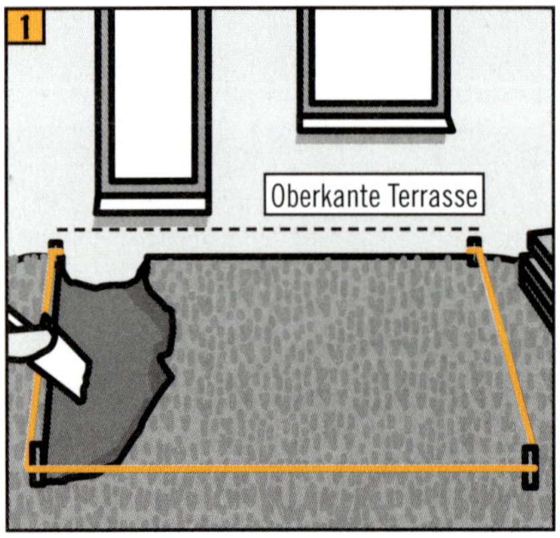

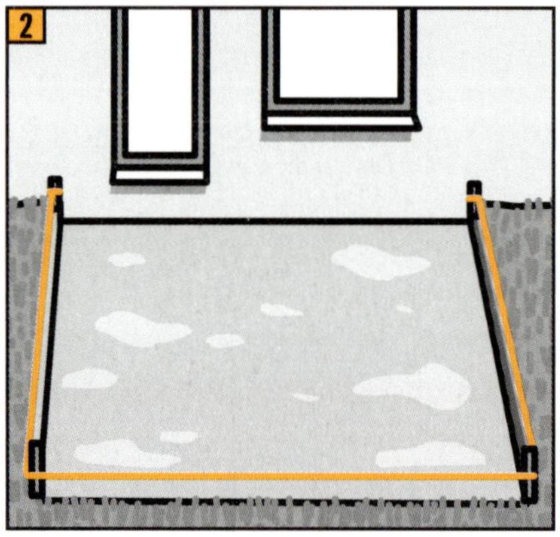

1 Koffern Sie das abgesteckte Gelände mit Spaten und Schaufel so tief aus, dass die Oberkante der Terrassendielen auf der gewünschten Höhe abschließt. **2** Darauf wird eine 15–20 cm dicke Schotterschicht aufgetragen, verdichtet und mit einer 5 cm dicken Schicht Verlegsand bedeckt und eben abgezogen. **3** Darauf werden Betonplatten als Auflagenpunkte verlegt. Denken Sie an die der Balkenbreite und Dielenstärke entsprechenden Abstände. Richten Sie die Platten mit Wasserwaage, Richtlatte und Gummihammer nach einer Seite waagerecht aus. Senkrecht zu dieser Richtung sorgen Sie für ein leichtes Gefälle von etwa 15° oder 2 %. Grenzt die Terrasse an ein Gebäude, sollte das Gefälle vom Gebäude weg verlaufen. **4** Die Tragebalken werden in Richtung des Gefälles auf die Betonplatten gelegt. Die Auflagenpunkte können sie mit Neoprenfolie oder Dachpappe gegen Feuchte isolieren. **5** Beim Verlegen der Dielen achten Sie darauf, dass die Balken nicht verrutschen. Zwischen den Dielen wird mittels Holzplättchen ein gleichmäßiger Abstand von 3 mm gehalten – Holz arbeitet und braucht diese Dehnzungsfuge. Mit einer Gurtbandzwinge können Sie die Dielen fest zusammenhalten und leichter verschrauben. Pro Balkenauflage zwei Schrauben verarbeiten. Mittlerweile gibt es auch andere Befestigungssysteme wie Klammern und Krallen, die das Schrauben überflüssig machen.

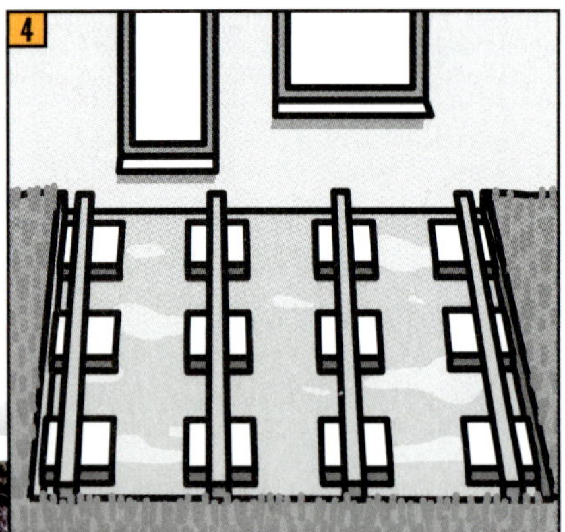

WERKZEUG.

- ✓ Metermaß
- ✓ Holzpfähle
- ✓ Spannschnur
- ✓ Spaten/Schaufel
- ✓ Wasserwaage
- ✓ Holzlatte/Metallschiene
- ✓ Gummihammer
- ✓ Spanngurte
- ✓ Abstandshölzer
- ✓ Akku-Schrauber
- ✓ Bohrmaschine

MATERIAL.

- ✓ Schotter
- ✓ Verlegsand
- ✓ Betonplatten
- ✓ Traghölzer
- ✓ Belagshölzer
- ✓ Senkkopfschrauben
- ✓ Wurzelvlies

DIE SCHNELLE VARIANTE.

Holzfliesen sind einfach auf bereits vorhandenen Betonplatten zu verlegen. Es ist wohl die simpelste Art, aus einer Betonwüste einen Garten mit mehr Naturfeeling zu machen. Besonders für Wege durch den Garten – übers Rosenbeet zum Swimmingpool beispielsweise – bietet sich diese Methode an.

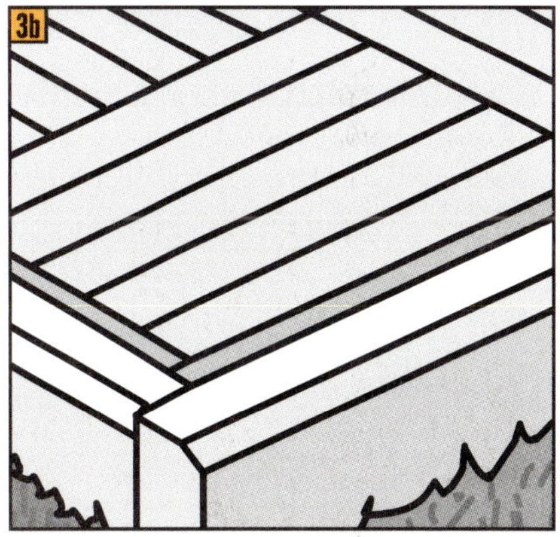

1 Sie verlegen die Holzfliesen am besten auf einer ebenen Betonfläche. Man legt sie lediglich lose aus und schiebt sie dicht aneinander. Ein lebhaftes Verlegebild erreichen Sie durch wechselnde Laufrichtungen oder durch die versetzte Anordnung der Fliesen. **2** Zum versetzten Verlegen müssen die Holzfliesen teilweise gekürzt werden. Bringen Sie dazu einfach auf der Rückseite an entsprechender Stelle eine neue Trägerlatte an und sägen die Holzfliese an dieser Stelle ab. **3a** Der umlaufende Rand kann mit geeigneten Brettern verschraubt werden. Das hat den Vorteil, dass die Belagsfläche eine feste Einheit bildet und sich keine Holzfliesen verselbständigen können. **3b** Eine gute und dauerhafte Alternative sind Betonrandsteine oder Beeteinfassungen aus Beton. Diese verleihen der Terrasse ein sehr stabiles Aussehen und eine lange Haltbarkeit. Die Randsteine werden entsprechend den Begebenheiten einfach in die Erde gesetzt und durch seitliches Verdichten stabilisiert.

WERKZEUG.

- ✓ Wasserwaage
- ✓ Holzlatte/Metallschiene
- ✓ Gummihammer
- ✓ Akku-Schrauber
- ✓ Bohrmaschine

MATERIAL.

- ✓ Holzfliesen
- ✓ Randbretter
- ✓ Randschiene

SICHERHEIT GEHT VOR!

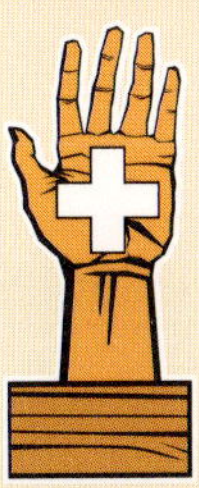

Das Arbeiten mit der Handkreissäge ist eine tolle Sache: Es geht schnell und präzise.

Beachten Sie dabei aber alle Sicherheitshinweise für die Handkreissäge, denn die Verletzungsmöglichkeiten sind hierbei groß. Ihr Helfer sollte genügend Abstand haben, damit er bei der Arbeit nicht gefährdet wird.

ACHTUNG! PROFITIPP

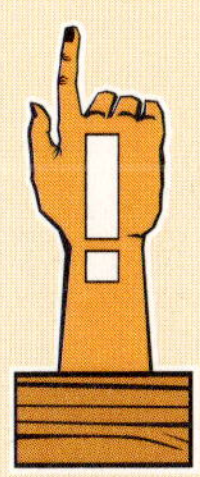

Unkraut vergeht nicht. Wenn Sie aber keinen Bock darauf haben, dass Grashalme zwischen den Dielen hervorlugen und Sie am Fuß kitzeln, empfiehlt es sich, unter dem Verlegsand ein Wurzelvlies oder Geotextilgewebe zu verlegen. Auch Teichfolie erfüllt diesen Zweck. Das dürfte der Natur den Schabernack austreiben.

DAS HOLZDECK AM HAUS.

Dieses Holzdeck kann auf ebenem Gelände ebenso wie am Hang gebaut werden. Somit lässt sich auch bei ungünstigem Geländeverlauf noch wertvoller Platz schaffen und der Wohnraum erweitern. Außerdem ist auf dem erhöhten Podest die Aussicht besser.

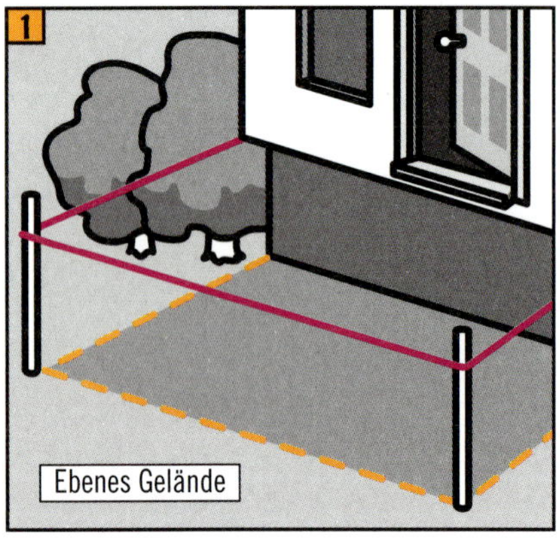

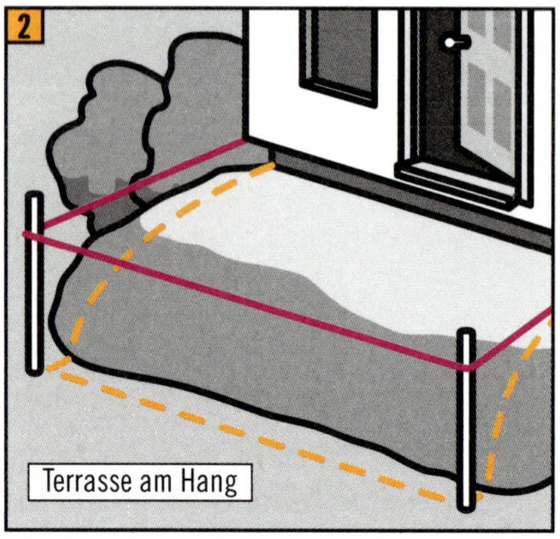

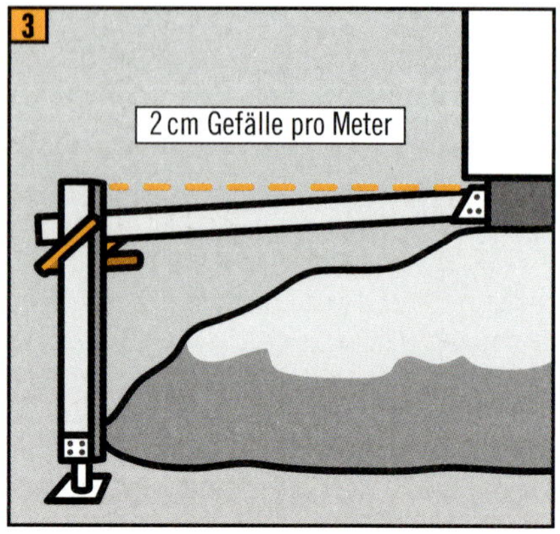

HOLZDECK PLANEN.

Beachten Sie folgende Punkte:

- Je größer das Holzdeck werden soll, desto größer müssen auch die Holzquerschnitte gewählt werden.
- Sorgen Sie für eine sichere Befestigung der Balken. Spezielle Balkenschuhe erleichtern die Befestigung am Haus.
- Für die Terrassenplanung ein sogenanntes Schnurgerüst bauen und die gewünschte Fläche festlegen.

Rechte Winkel

1 Der Bau einer Terrasse lässt sich erheblich erleichtern, wenn Sie von Beginn an mit rechten Winkeln arbeiten. Das spätere Zusägen und Montieren der Hölzer geht bei rechten Winkeln immer schneller und einfacher. Arbeiten Sie mit einem Schnurgerüst. **2** Auch bei unebenem Gelände oder Hanglage wird die Terrassenfläche zuerst mit einem Schnurgerüst abgesteckt. Mit der 3-4-5-Dreiecksmethode (Siehe „Der rechte Winkel" Seite 474) sorgen Sie auch bei großen Abmessungen noch für exakt rechte Winkel in den Ecken. Zum Überprüfen können Sie noch die Diagonalen von Eck zu Eck messen. Wenn beide Diagonalen gleich sind, haben Sie auch einen rechten Winkel.

Die Position der Pfosten.

3 Die Pfosten, auf denen die erhöhte Terrasse stehen soll, werden mit Pfostenankern oder Ankereisen auf Betonsockel geschraubt oder eingegossen. Wenn die Betonsockel selbst gegossen werden, können die Pfostenanker oder Ankereisen gleich mit eingegossen werden. Sorgen Sie dafür, dass das Holz keinen direkten Erdkontakt bekommt und bauen Sie die Pfostenanker entsprechend ein. Wie viele Pfosten Sie aufstellen müssen, hängt von der Dicke der Balken ab. Die richtige Position der Pfosten ermitteln Sie mit dem Schnurgerüst. Legen Sie zuerst die Terrassenbegrenzung am Haus fest. Gehen Sie dann im rechten Winkel nach außen und markieren die beiden Eckpunkte. Wenn der rechte Winkel stimmt, können an den äußeren Ecken die Betonsockel hergestellt werden. Wenn Sie die Pfostenanker gleich in den frischen Beton eindrücken, achten Sie unbedingt auf die Senkrechte. Ein späteres Korrigieren ist fast unmöglich. Hilfreich ist hierbei, wenn Sie schon gleich Pfosten in die Pfostenanker einschrauben. Sie sollten etwas höher sein als nachher benötigt. Es ist einfacher, diese später auf die richtige Höhe zu kürzen. Sie müssen auf jeden Fall mit Hilfslatten gestützt werden (am besten drei Stück pro Pfosten), die zeltförmig mit Schraubzwingen befestigt werden. Sie dürfen sich ja während der Aushärtung des Betons nicht verschieben und müssen exakt in der richtigen Position bleiben. Wenn das geschafft ist, bewältigen Sie die nachfolgenden Arbeitsschritte mit links. Wenn die Eckpfosten nun sitzen, werden die Rahmenbalken zuerst mit Schraubzwingen befestigt und das Gefälle eingestellt (2 cm/m). Nun können die Pfosten auf die richtige Höhe gebracht werden.

GEEIGNETE HOLZQUERSCHNITTE FÜR DEN BAU EINES HOLZDECKS

Verwendung	Maße
Pfosten	75 x 150 mm
Rahmenbalken	70 x 70 mm
	90 x 90 mm
	45 x 120 mm (hochkant)
Belagsbretter	27 x 95 mm
	27 x 120 mm
	34 x 120 mm
	34 x 145 mm

ACHTUNG! PROFITIPP

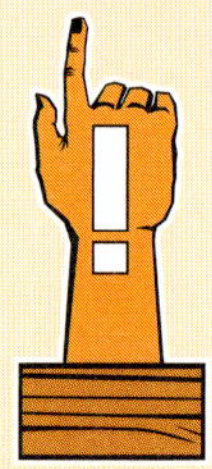

Betonsockel können auch ganz einfach hergestellt werden, indem Sie in gewünschter Höhe Kaminsteine übereinander setzen und diese dann mit Fertigbeton (sogenannter Estrichbeton) ausgießen. Die Pfostenträger werden dann gleich in den noch feuchten Beton eingedrückt und mit der Wasserwaage ausgerichtet.

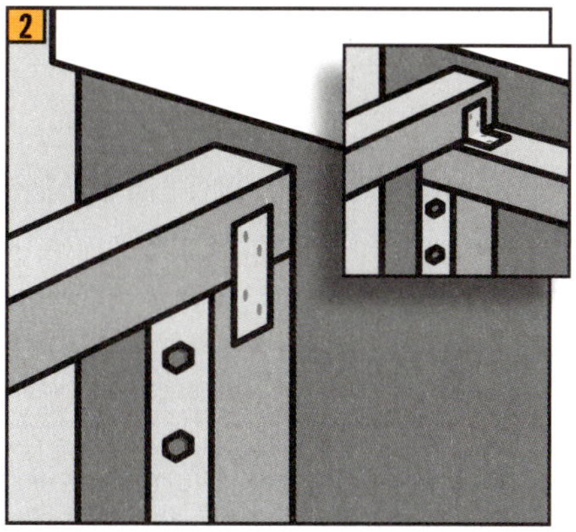

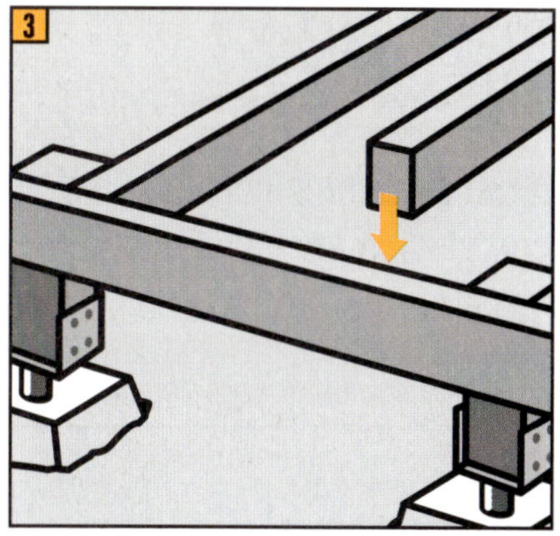

HOLZDECK MONTIEREN.

1 Wenn die Pfosten für das Holzdeck gesetzt sind, erfolgt die Montage der Rahmenbalken wie zuvor beschrieben. Die Befestigung am Haus sollte so stabil wie möglich hergestellt werden, denn die gesamte Zuglast hängt an ihr. Bei ausreichend tragfähigem Mauerwerk oder Haussockel kann die Befestigung der Rahmenbalken mit Pfostenschuhen erfolgen. Diese werden am Mauerwerk entsprechend angedübelt und die Rahmen dann eingelegt. **2** Ist die Tragfähigkeit nicht gewährleistet, können Pfosten direkt am Haus angebracht werden und als Auflage für die Rahmenbalken dienen. Die Rahmenbalken werden dann mit Balkeneisen befestigt. Diese Methode gewährleistet einen sicheren Halt der Rahmenbalken. **3** An den Pfosten erfolgt die Rahmenbefestigung entweder seitlich, d. h. die Rahmenbalken werden so angeschraubt, dass die Oberkante des Pfostens bündig mit dem Rahmenbalken ist oder die Rahmenbalken werden auf die Pfosten aufgelegt. Sie werden dann mit Pfosteneisen seitlich verschraubt. Die Höhe der Pfosten muss dann entsprechend der Befestigung gewählt werden. **4** Die Belagsbretter werden vor der Montage vorgebohrt, denn dann lassen sich die Schrauben besser eindrehen und es gibt keine ausgefransten Schraubenlöcher. Der Belag sieht dann einfach professioneller aus. Pro Befestigungsstelle werden zwei Bohrlöcher angebracht. Das wirkt auch einem Aufwerfen oder Verdrehen der Bretter entgegen. **5** Beim Aufschrauben der Bretter werden Brettabstände von ca. 5 mm eingehalten. Grundsätzlich gilt, je maßhaltiger und hochwertiger die Bretter sind, desto enger können die Abstände gewählt werden. Vermeiden Sie dennoch eine „press-an-press"-Verbindung. Holz arbeitet, wie der Fachmann sagt, d. h. es ist ein Naturprodukt und verändert im Laufe der Zeit seine Dimension.

Nicht zu vergessen

- Benutzen Sie im Außenbereich nur Schrauben, Nägel, Muttern etc. aus Edelstahl, denn anderes Metall wird gnadenlos verrosten.
- Vermeiden Sie das Einreißen und Splittern der Schraubenlöcher, indem Sie alle Löcher vorbohren und gegebenenfalls vorsenken.

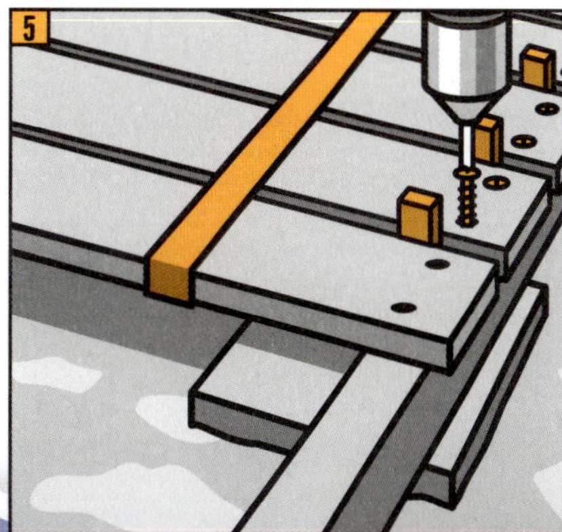

WERKZEUG.

- ✔ Metermaß
- ✔ Holzpfähle
- ✔ Spannschnur
- ✔ Spaten/Schaufel
- ✔ Wasserwaage
- ✔ Holzlatte/Metall
- ✔ Schiene
- ✔ Gummihammer
- ✔ Spanngurte
- ✔ Abstandshölzer
- ✔ Akku-Schrauber
- ✔ Bohrmaschine

MATERIAL.

- ✔ Beton-Fertigsockel
- ✔ Balkenschuhe
- ✔ Balken (20 x 20 mm)
- ✔ Trägerbalken
- ✔ Kanthölzer
- ✔ Belagsbretter
- ✔ Wurzelvlies
- ✔ Sand
- ✔ Spax-Schrauben

TREPPE.

Es ist ja unheimlich cool, als Jungspund immer die Terrasse lässig rauf und runter zu hüpfen. Doch irgendwann kommt die Zeit, wo man das einfach nicht mehr will – oder auch nicht mehr kann. Eine Terrassentreppe kann da schon sehr angenehm sein.

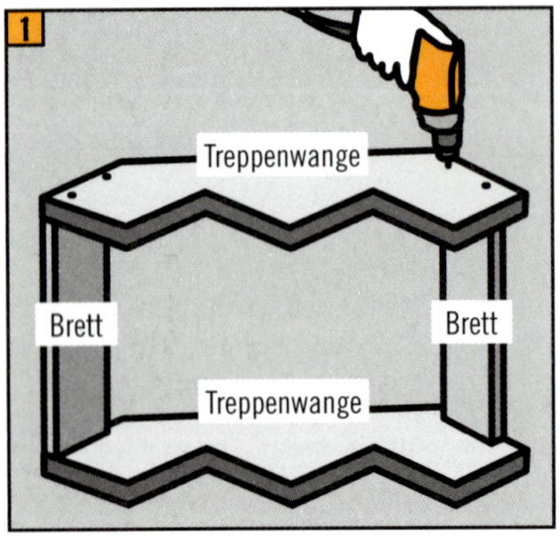

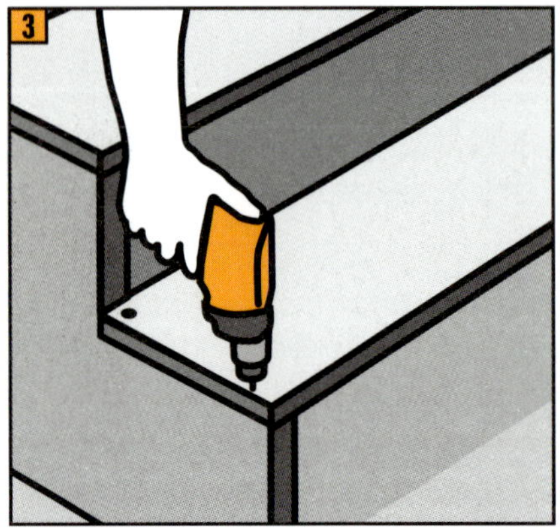

1 Schneiden Sie zwei Bretter in der Breite der Stufen abzüglich der Stärke der Treppenwangen zu. Die beiden Bretter verbinden die Treppenwangen innen, am oberen und unteren Ende. Sie werden von außen mit zwei Senkkopfschrauben pro Auflagefläche befestigt. **2** Das untere Brett liegt auf dem Boden auf, das obere lehnt an den Tragbalken Ihrer Terrasse. Verschrauben Sie Terrassenbalken und Treppenbretter mit 4 weiteren Senkkopfschrauben; die Löcher dafür vorbohren. **3** Jetzt können Sie die Stufenbretter auf dem Treppengerüst mit zwei Schrauben pro Auflagefläche verschrauben – fertig. **4** Für ein Treppengeländer bringen Sie als Erstes am unteren und oberen Ende der Treppe Geländerpfosten an. Diese müssen natürlich ausreichend dick sein, damit sie bei Belastung nicht abbrechen können. Damit die Pfosten genügend Stabilität erhalten, werden sie so eingesägt, dass sie mit etwa einem Drittel der Pfostenstärke auf den Stufen aufsitzen und seitlich verschraubt werden können. Jeden Pfosten an 4 Punkten fest mit der Treppenaußenseite verschrauben. Dann einen Handlauf parallel zur Treppensteigung an der Außenseite anschrauben. Beachten Sie bitte die vorgeschriebenen Richtmaße für Treppengeländer.

DIE FERTIGTREPPE.

Wem Holz zu glitschig ist, der kann auf fertige Außentreppen zurückgreifen, die mit einem Metallstufensystem ausgestattet sind. Der Aufbau geht schnell und ist einfach. Einziger Nachteil: Die rutschsichere Stufenoberfläche fühlt sich mit nackten Füßen pieksig an, Kinder und Haustiere verletzen sich an den rauen Noppen leichter.

UNIVERSAL-PROFITIPP!

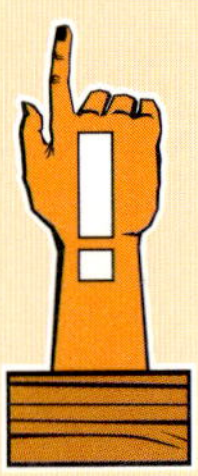

DER RECHTE WINKEL.

Ein Dreieck mit den Seitenlängen 3, 4 und 5 m bildet in der Ecke zwischen den beiden kürzeren Seiten immer ein Rechteck, was natürlich auch für alle Vielfachen bzw. Bruchteile dieser Zahlenkombination gilt (z. B. 6, 8, 10 oder 90, 120, 150). Dieses mathematische Gesetz hat vor langer Zeit ein Herr namens Pythagoras entdeckt. Als Formel ausgedrückt sieht das so aus: $a^2 + b^2 = c^2$.

Und nun die Praxis: Wir lösen das Problem mit Schnüren! Diese werden an Pfosten befestigt und dienen uns als Hilfslinien. Wir nehmen für unser Beispiel Schnüre mit den Längen A 90 cm, B 120 cm und C 150 cm. Wenn die drei Schnüre gespannt sind, erhalten Sie zwischen den Schnüren A und B einen rechten Winkel.

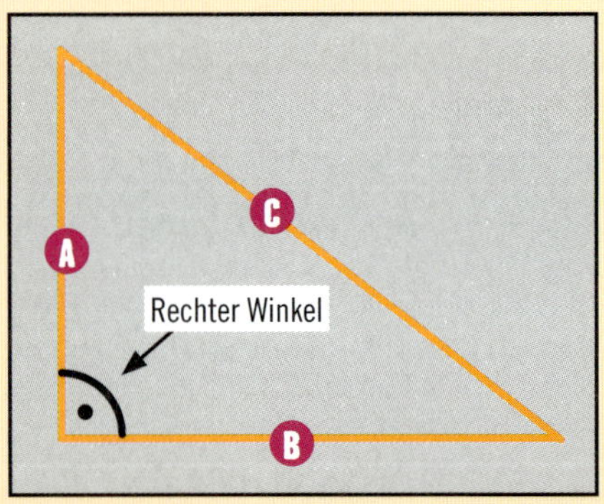

GELÄNDER.

Haben Sie Höhenangst? Kinder? Selbstmörderisch veranlagte Haustiere? Manchmal angeheiterte Gäste? Wenn Sie eine oder mehrere dieser Fragen mit „Ja" beantwortet haben, legen wir Ihnen die Konstruktion eines Geländers ans Herz.

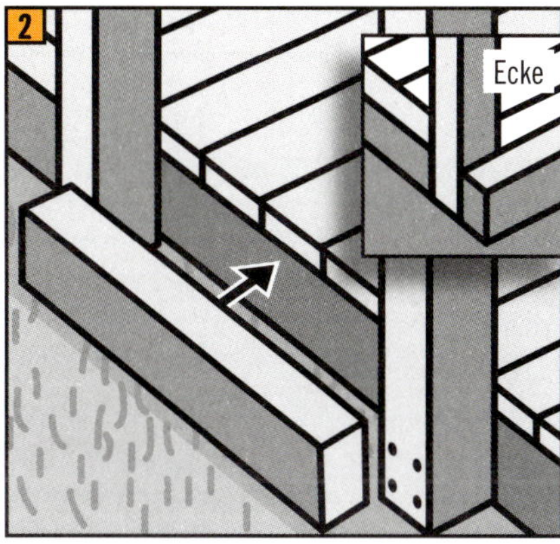

Geländer

Zunächst sollten Sie sich überlegen, wie die Geländerpfosten verteilt sein sollen. Sie dürfen nicht mehr als 120 cm auseinanderliegen. Markieren Sie die Standpunkte. Sägen Sie Balkenteile entsprechend des Abstandes zwischen den Pfosten zurecht. Diese werden zwischen die Pfosten auf den Unterbalken geschraubt, um den Pfosten keine seitlichen Bewegungen zu erlauben. **1** Schrauben Sie den ersten Pfosten an den Unterbalken **2** und daneben einen der vorbereiteten Abstandsbalken. Am Eck überlappen sich ein Geländerpfosten auf der einen und der aufgeschraubte Abstandsbalken auf der anderen Seite. Verschrauben Sie diese beiden auch miteinander. **3** Für den Handlauf schneiden Sie eigens dafür ausgesuchte starke Leisten auf die richtige Länge zu. Sie werden auf der Außenseite der Pfosten montiert und überlappen sich an den Ecken. Mit einer Schraubzwinge befestigen Sie die Leisten zunächst an den Pfosten. Überprüfen Sie die Waagrechte und schrauben Sie die Leisten dann mit zwei Schrauben pro Pfosten fest. Genauso gehen Sie bei der Montage des Fußlaufes vor. Der Abstand zwischen Dielenoberfläche und Fußlauf sollte 75 mm nicht überschreiten. **4** Die Geländersäulen werden nacheinander von außen an die Balustrade geklemmt, auf senkrechte Lage überprüft und festgeschraubt. Mit einem Stück Holz in der gewünschten Breite als Abstandshalter sorgen Sie dabei für Regelmäßigkeit. Der Abstand zwischen den Stäben sollte nicht größer als 10 cm sein – beachten Sie die gesetzlichen Regelungen dazu.

Eine andere Möglichkeit ist die Verwendung eines Pfostenankers oder Stützschuhs, den Sie auf die Terrasse schrauben. Es empfiehlt sich aus Stabilitätsgründen, mit langen Schrauben durch die Bretter bis in den Balken zu schrauben.

GELÄNDER BAUEN ALTERNATIV.

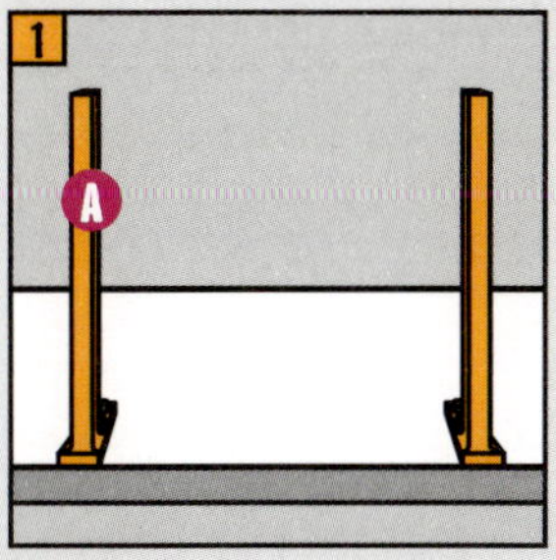

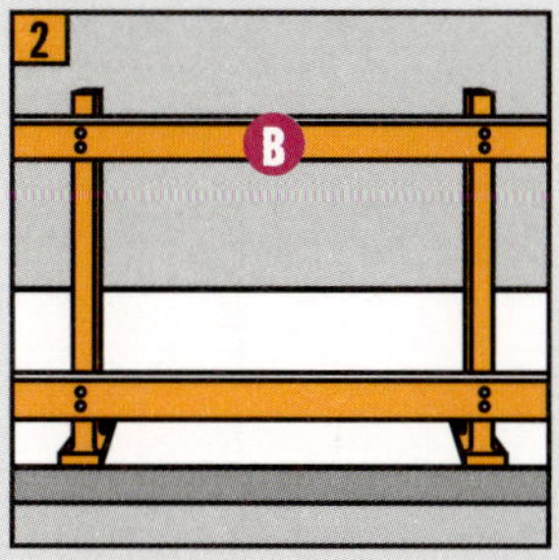

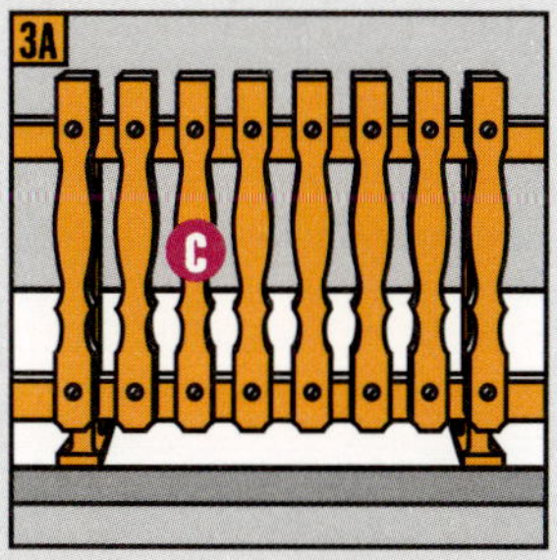

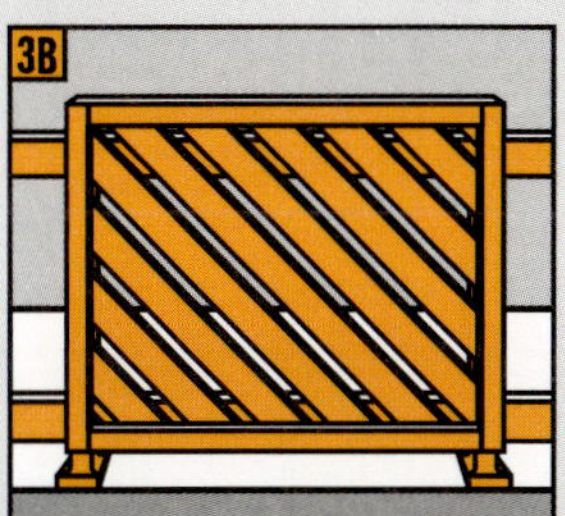

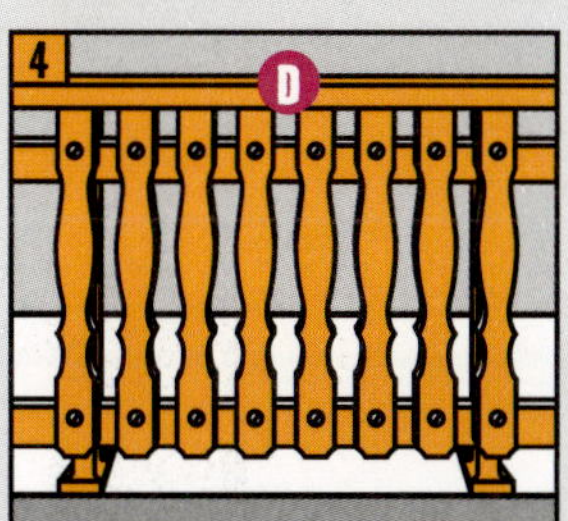

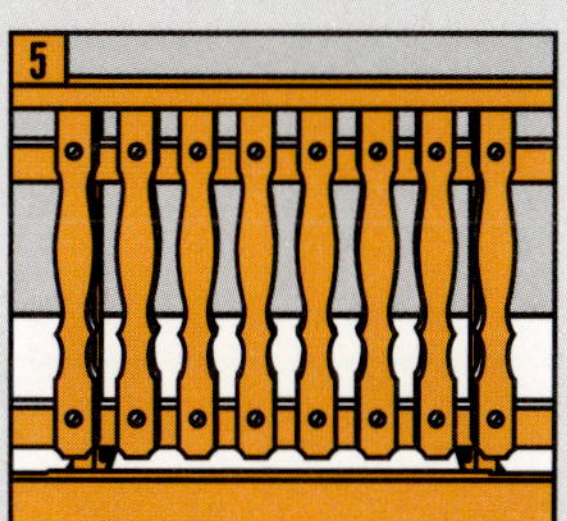

Balkongeländer können auch aus Fertigelementen schnell und einfach montiert werden. Entscheidend ist eine sichere und stabile Montage. Hierfür stehen geeignete **A** Pfosten, **B** Querriegel, **C** Balkonbretter und **D** Handläufe zur Verfügung. **1** Zuerst werden die Pfosten montiert. Verwenden Sie je nach Montagesituation passende Pfostenschuhe. Der Pfostenabstand sollte nicht größer als 1,20 m sein. **2** Zwei Querriegel werden nun waagrecht im Abstand von ca. 70 cm angebracht. **3A** Die fertigen Balkonbretter (z. B. 98 cm hoch und 12 cm breit) mit einem Abstand von 2,50 cm anschrauben. **3B** Alternativ dazu können auch fertige Balkongeländermodule (z. B. 125 x 98 cm) verwendet werden. **4** Passend zu Balkonbrettern sind auch Handläufe mit entsprechender Ausfräsung in Brettdicke erhältlich. Diese werden einfach von oben aufgesteckt und verschraubt. **5** Zusätzliche Holzformteile vervollständigen das Geländer.

SICHTSCHUTZ.

Schieben Sie neugierigen Blicken einen Riegel vor. Was der Nachbar nicht sieht, weiß er nicht und was er nicht weiß, macht ihn auch nicht heiß. Ein Sichtschutz kann Teil der Terrasse oder eines Sitzplatzes sein und mit Pflanzen begrünt werden.

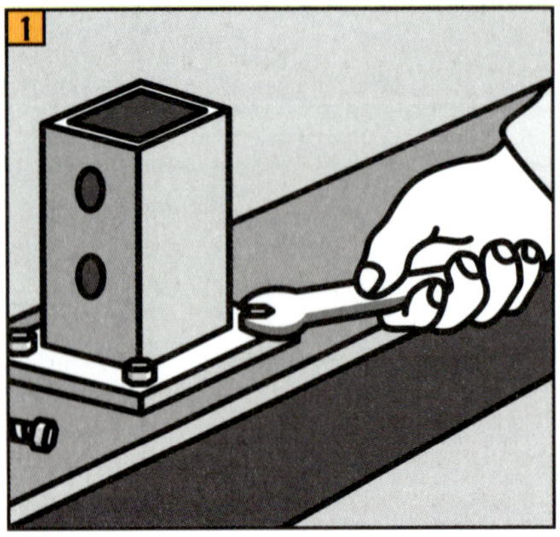

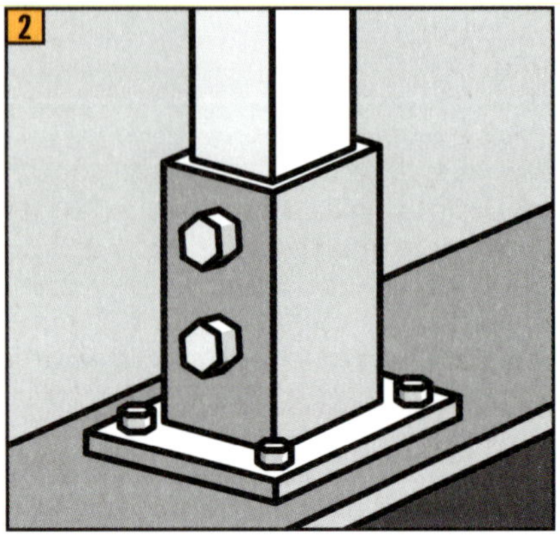

Sichtschutzelemente sind ideal dafür geeignet eine Terrasse vor neugiereigen Blicken zu schützen. Verwenden Sie der Terrassengröße entsprechend keine überdimensionierten bzw. keine zu kleinen Elemente. **1** Für die Montage auf der Terrasse eignen sich am besten Aufschraubhülsen. Diese werden so stabil verschraubt, dass sie der auftretenden Windlast an den Sichtschutzelementen standhalten können. **2** Zum Befestigen der Sichtschutzelemente werden Pfosten in den Aufschraubhülsen beidseitig verschraubt. **3** Die Elemente werden mit Zaunhaltern befestigt, die an die Pfosten geschraubt werden. Verwenden Sie pro Element und pro Pfosten mindestens drei Zaunhalter. Beachten Sie, dass große Sichtschutzelemente auch dickere Pfosten und größere Aufschraubhülsen (z. B. 90 x 90 mm) benötigen. Befestigen Sie nach Möglichkeit das erste Element an einer Hausseite. Damit erhält der gesamte Aufbau noch etwas mehr Stabilität.

ACHTUNG! PROFITIPP

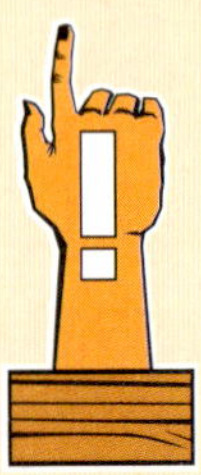

Unter einer erhöhten Terrasse entsteht viel Stauraum. Dort können alle möglichen Gegenstände und lästiger Gartenkram gelagert werden, vorausgesetzt, sie vertragen Feuchtigkeit und behindern nicht die Durchlüftung der Terrassenkonstruktion.

ANSTRICH – JA ODER NEIN?

Da alle Hölzer, die man zum Bau einer Terrasse verwendet, für die Gefährdungsklasse 3 ausgewiesen sein sollten, kann man in der Regel auf weitere chemische Schutzmaßnahmen verzichten. Folgende kleine Tabelle gibt noch einmal eine grobe Übersicht mit Anmerkungen.

Nicht jede Lasur ist übrigens auch chemischer Holzschutz, sondern lediglich optische Zierde oder Schutz vor Oberflächenschäden. Mehr zum Thema Holzschutz erfahren Sie im Kapitel „Farbe, Lack und Holzschutz" ab Seite 620.
Eine andere Angelegenheit ist das mit dem Altern. Auch Holz ist nicht dagegen gefeit. Es verwittert und wird mit der Zeit grau. Sonnenstrahlen und Regen setzen dem Holz ganz schön zu. Holzschutzmittel kann dies leider nicht verhindern. Dagegen hilft nur pigmentierter, sprich farbiger Anstrich. Neuerdings gibt es auch Wetterschutz-Anstriche gegen Ergrauen mit speziellen UV-Filtereigenschaften, zum Teil sogar farblos.
Für einige Hölzer (z. B. Bangkirai, Zeder, Lärche oder kesseldruckimprägniertes Holz) gibt es übrigens Extra-Anstriche und Pflegemittel, die Aussehen und Haltbarkeit verbessern. Das können Öle, Wachse und Lasuren sein, vergleichen Sie die Produkte verschiedener Hersteller.
Neue Anstriche auf Basis von Nanotechnologie ermöglichen es, sämtliche behandelte und unbehandelte Holzarten so gegen Wasser zu schützen, dass dieses direkt abperlt. Auch hier lohnt sich ein genaues Nachforschen. Wie gut diese neue Technik tatsächlich funktioniert, ist derzeit noch nicht bekannt.
Hirnholzbereiche (der Querschnittbereich eines Holzstückes) und Schnittkanten müssen besonders gut gegen Nässe behandelt werden, also entweder abdecken oder stark imprägnieren.
Wichtig: Achten Sie beim Kauf von Anstrichmitteln auf Gütesiegel!

Holzart	Chemischer Holzschutz nötig?
Kiefer	Nein, da nur kesseldruckimprägniert verwendbar.
Thermoholz Fichte	Nein.
Kanadische Zeder	Nein.
Europäische Douglasie	Imprägnierung empfohlen, aber nicht nötig.
Lärche natur	Nein.
Tanne	Nein, wenn kesseldruckimprägniert.
Europäische Eiche	Nein, wenn das Holz splintfrei ist.
Brettschichtholz (BS-Holz)	Ja, ohne Schutzanstrich nicht im Außenbereich verwendbar.
OHT-behandeltes Holz (Oil-Heat-Treatment)	Nein.
Massaranduba	Nein.
Bangkirai	Nein.

ACHTUNG! PROFITIPP

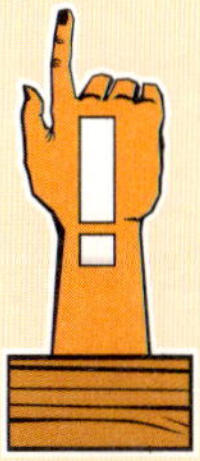

Ein optimaler Schutz gegen Wasseransammlungen in den Fugen zwischen zwei Bauteilen ist ein Neoprenfolienstreifen, den Sie zwischen die beiden Teile klemmen.

Jetzt auf dem fertigen Holzdeck ein Sonnenbad nehmen und barfuß die warmen Dielen spüren. Dazu ein eisgekühlter Drink und die Grillsachen für später schon im Kühlschrank. Mmmmh.

30

PLANUNG EINER TERRASSE AUS PLATTEN.

Wer bereits ein Betonfundament hat, von dem er nicht weiß, was er damit anfangen soll, kann sich in Nullkommanix eine Terrasse daraus bauen. Ohne Betonuntergrund dauert es etwas länger, weil dann ein Splittbett erstellt werden muss.

WAS GIBT'S ZU BEACHTEN?

Platten auf Betonuntergrund verlegen

Der Betonuntergrund muss ein mindestens 2%iges Gefälle vom Haus weg haben. Prüfen Sie dies vor dem Verlegen der Platten. Denn Wasser, das in die Fugen des Belages eindringt, muss ungehindert ablaufen können. Fehlt das Gefälle, müssen Sie einen ca. 5 cm dicken, frostsicheren Estrich mit Gefälle aufbringen. Darauf verlegen Sie die Platten mit Mörtel oder mit Plattenlagern. Sie können auch ein Kiesbett auf der Betonplatte anlegen und die Platten im Kiesbett verlegen.

Plattenlager sind kleine Montagehilfen aus Kunststoff. Sie halten die Platten an den Ecken fest und sorgen für den entsprechenden Fugenabstand. Da die Lager in der Höhe verstellbar sind kann jede Platte genau justiert werden. Dabei können die Platten jederzeit leicht herausgenommen und ausgetauscht werden. Wasser kann außerdem ungehindert abfließen, da die Fugen offen bleiben.

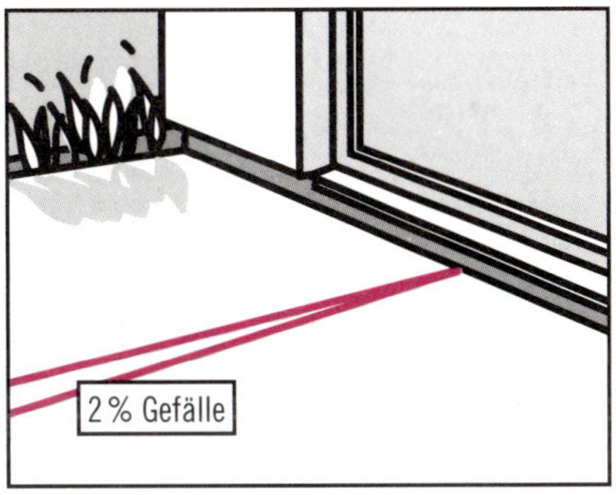

Platten auf Splittbett verlegen

Der Boden muss eine gute Dränagewirkung haben, damit sich das Erdreich unterhalb des Belages nicht mit Wasser vollsaugen kann. Der typische Aufbau dabei besteht aus einer Schicht geschreddertem Recyclingmaterial und einer Schicht feinem Splitt. Darauf werden die Terrassenplatten verlegt.

TIPPS!

Entnehmen Sie gefärbte Platten bei der Verlegung immer aus verschiedenen Gebinden. Dadurch vermeiden Sie produktionsbedingte Farbunterschiede der einzelnen Platten und erreichen ein gleichmäßiges Verlegebild.

Die Schnittkante einer geteilten Platte wird nie ganz exakt sein. Verlegen Sie die Platte immer so, dass diese Kante nicht auffällt. Gut geeignet ist die Verbindung zum Gebäude, denn hier wird der Übergang mit einem dauerelastischen Dichtungsmittel ausgeführt oder die Kante durch ein Profil überdeckt.

Denken Sie unbedingt an geeignete Schutzkleidung! Schützen Sie Ihre Augen bei Trennarbeiten mit einer Schutzbrille. Arbeitshandschuhe erleichtern die Arbeiten mit scharfkantigen Platten. Achten Sie auch auf stabile Arbeitsschuhe mit festen Stahlkappen.

Verlegung auf Splittbett

Verlegung im Mörtelbett

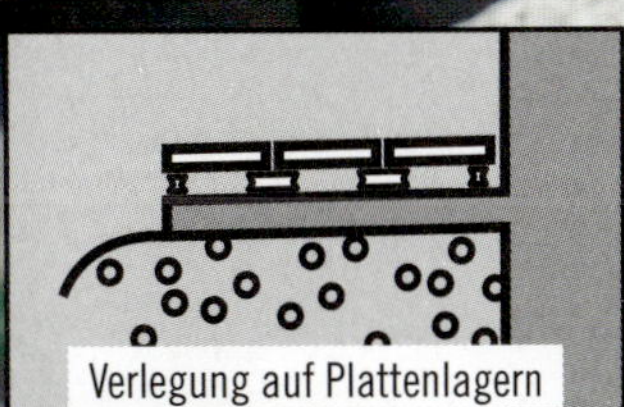
Verlegung auf Plattenlagern

TERRASSENPLATTEN VERLEGEN.

Das ist praktisch, wenn Sie schon beim Bau des Hauses an die Terrasse gedacht haben und extra dafür eine Betonplatte gegossen wurde. Wenn diese auch noch ein leichtes Gefälle vom Haus weg aufweist, haben Sie jetzt leichtes Spiel. Wer sich die Finger ganz und gar nicht schmutzig machen

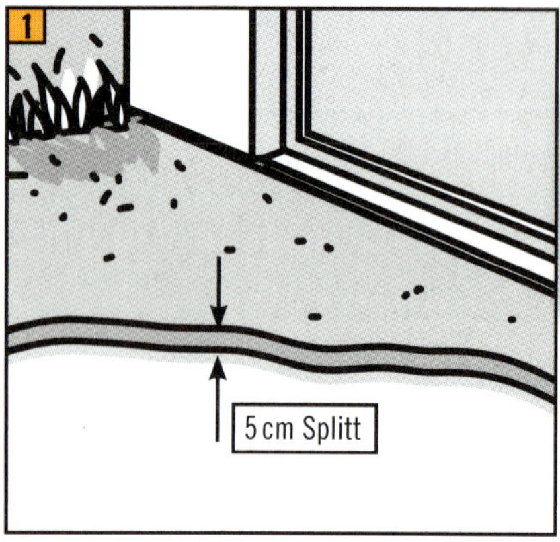

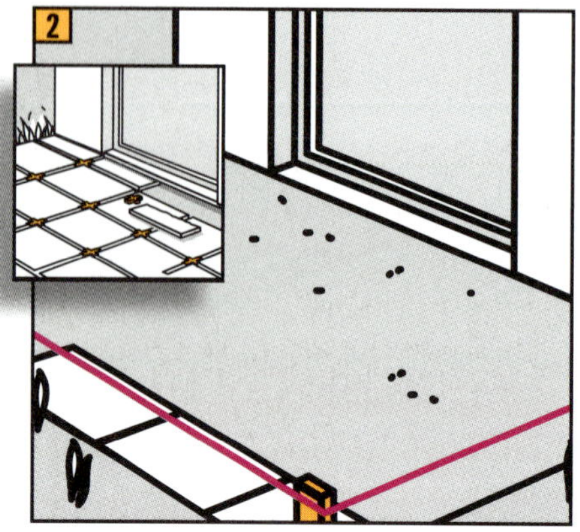

Verlegung mit Splitt auf Betonplatte

1 Zur Verlegung von Terrassenplatten auf Splitt wird auf die Betonplatte ein ca. 5 cm dickes Verlegebett mit der Körnung 2/5 mm aufgebracht. Diese Schicht sollte mit einem Gefälle von ca. 2 % angelegt und vom Haus weg abgezogen werden. **2** Beginnen Sie die Verlegung mit ganzen Platten und halten Sie mit Hilfe einer gespannten Schnur einen parallelen Fugenverlauf ein. Die Fugenbreiten richten sich nach dem verwendeten Material. Geschnittene Platten mit der Schnittkante zum Haus hin verlegen. **3** Die Ränder des Plattenbelages können mit verzinkten Loch-Metallwinkeln, Randsteinen oder beigefülltem Erdreich gegen Verschieben gesichert werden. Bei Metallprofilen unbedingt auf Abflussmöglichkeiten für das Wasser achten.

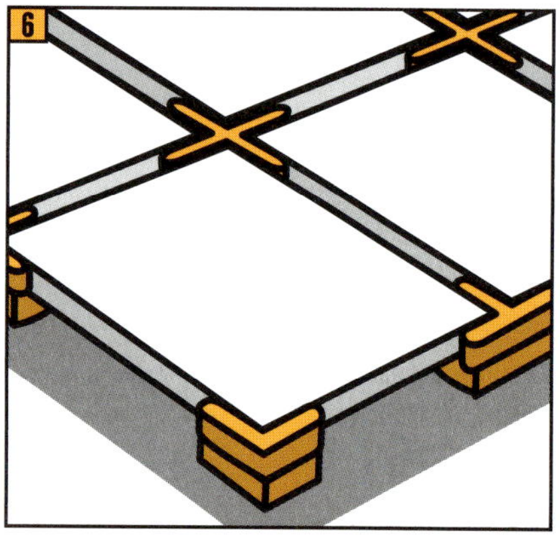

Verlegung mit Plattenlagern auf Betonplatte

Die Verlegung von Terrassenplatten auf Beton kann auch auf sogenannte Plattenlagern erfolgen. Diese Methode hat den Vorteil, dass die verlegten Platten jederzeit entfernt werden können. Auch das Austauschen einzelner Platten ist möglich. Zudem kann Wasser ungehindert abfließen. **4** Bei der ersten Verlegreihe werden die Platten auf halbe Plattenlager gelegt. **5** Bodenunebenheiten werden durch Unterlegen von passenden Scheiben ausgeglichen. **6** Für die Verlegung der Eckplatten werden die Lager mit einer Eisensäge durchgesägt.

will, benutzt die Plattenlager aus Kunststoff – nichts staubt, nichts wird angerührt oder geklebt. Eine Kies- und Splittschüttung ist zwar etwas aufwändiger, stellt Sie aber als Heimhandwerker vor keine großen Probleme. Also: schöne Platten aussuchen und ran an die Arbeit!

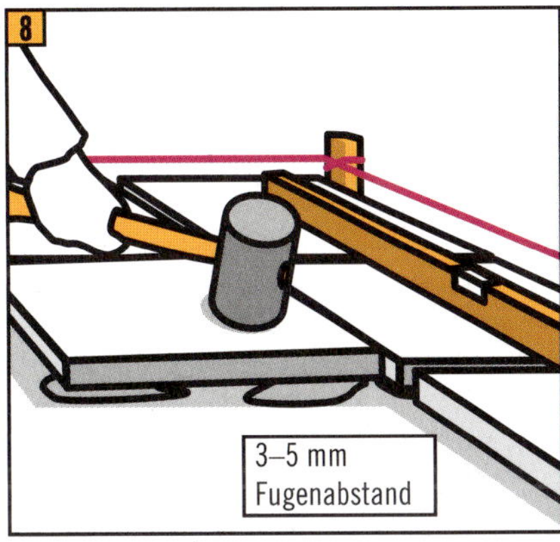

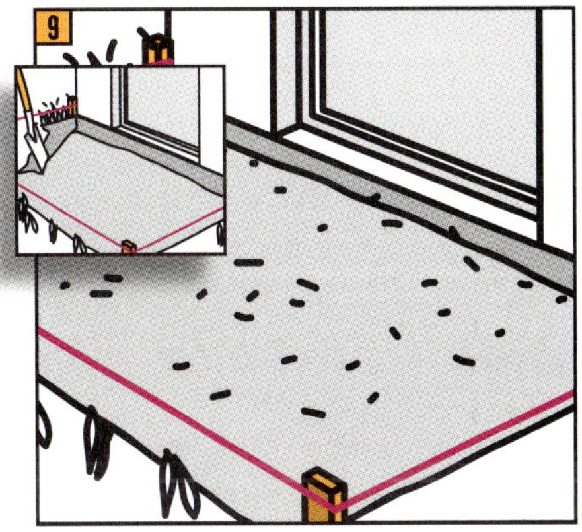

Verlegung mit Mörtel auf Betonplatte

7 Bei einer Verlegung auf Mörtel werden die Platten an den Ecken und in der Plattenmitte auf Mörtelbatzen gesetzt und mit dem Gummihammer auf die richtige Höhe geklopft. **8** Richtlatte und Wasserwaage helfen beim Ausrichten. Halten Sie einen Fugenabstand von 3–5 mm ein. Als Mörtel eignet sich ein fertig gemischter Dickbett-Klebemörtel. Die Verlegfläche sollte erst nach dem vollständigen Abbinden des Mörtels belastet werden.

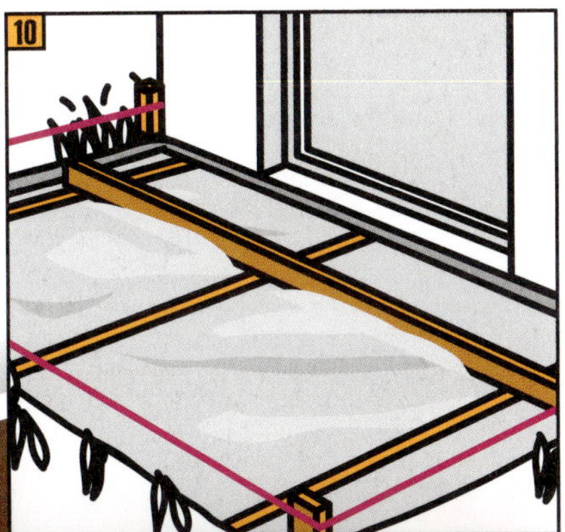

Verlegung auf Splittbett

Voraussetzung für die Verlegung ist ein tragfähiger und frostsicherer Untergrund, der keine lehmhaltigen oder sonstigen farbabgebenden Materialien enthält. **9** Nach dem Ausschachten der Verlegefläche wird eine 20 cm dicke Schicht aus Kies der Körnung 0/32 oder 0/45 eingebracht. Halten Sie ein Gefälle von 2 % vom Gebäude weg ein. **10** Nach dem Verdichten des Kiesunterbaus wird ein 5 cm dickes Verlegbett aus Splitt der Körnung 2/5 aufgebracht. Ziehen Sie diese Schicht plan ab. **11** Verlegen Sie die Platten entlang einer gespannten Schur. Für den Fugenabstand von 3–5 mm kann man Fugenkreuze benutzen. Die Fugen sind wichtig, sonst können die Platten beschädigt werden. Die Fugen werden nicht mit Fugensand gefüllt.

WERKZEUG.

- ✓ Schaufel/Spaten
- ✓ Schubkarre
- ✓ Metermaß
- ✓ Wasserwaage
- ✓ Holzpflöcke
- ✓ Maurerschnur
- ✓ Maurerkelle
- ✓ Gummihammer
- ✓ Abziehschienen
- ✓ Fugenkreuze
- ✓ Winkelschleifer
- ✓ Fäustel
- ✓ Flachmeißel
- ✓ Wassereimer
- ✓ Arbeitshandschuhe

MATERIAL.

- ✓ Kies und Splitt
- ✓ Mörtel
- ✓ Plattenlager
- ✓ Fugenkreuze
- ✓ Terrassenplatten
- ✓ Lochwinkel/Randsteine

TERRASSENPLATTEN SANIEREN.

Ist Ihr Fliesenbelag noch intakt, können Sie Ihre Terrasse direkt darauf verlegen. Die alten Fliesen dienen dabei als Untergrund. Dieses System gibt Ihnen die Möglichkeit, mit niedrigen Sanierungskosten und wenig Aufwand die alte Terrasse wieder ansehnlich zu machen.

1
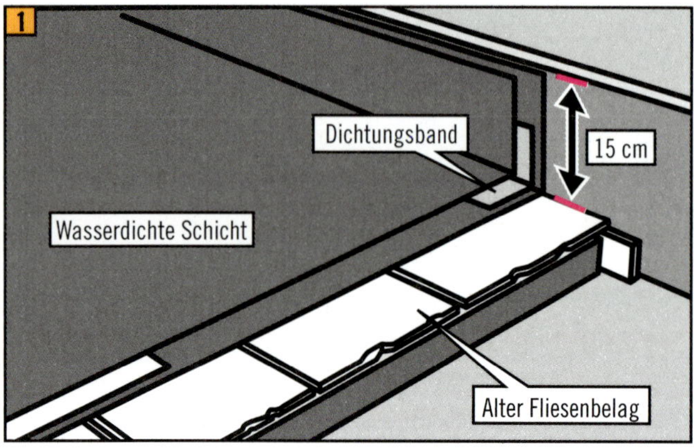

2

1 Um eine Durchfeuchtung zu vermeiden, müssen Fliesenbeläge auf Terrassen und Balkonen wasserdicht sein. Hierzu wird auf dem alten Untergrund eine wasserdichte Schicht aufgebracht. Diese mit langsam laufendem Rührwerkzeug anrühren und mit Quast oder Rolle auftragen. In den Eckfugen Dichtungsband in die noch frische Schicht einbetten. Abdichtung an der Wand 15 cm hochziehen. Nach dem Trocknen, frühestens nach zwei Stunden, erneut Mörtel anrühren und zweite Schicht mit der Glättkelle aufziehen. **2** Eckfugen mit wasserdichtem Dichtungsband abkleben, Profil einbetten, Fliesen kleben und anschließend schnell ausfugen. Eck- und Anschlussfugen mit Gummi-Wetterschutz-Silikon elastisch abdichten. Bei Flächen über 5 m Länge alle 5 m Dehnungsprofil einbetten.

FLIESEN IM „KOMBINIERTEN VERFAHREN" KLEBEN.

1
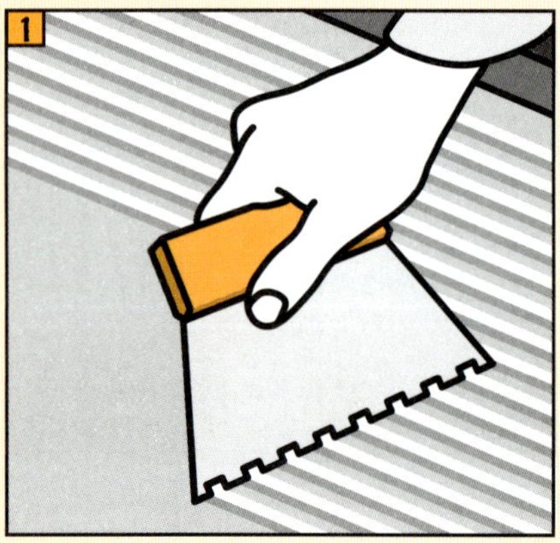

2
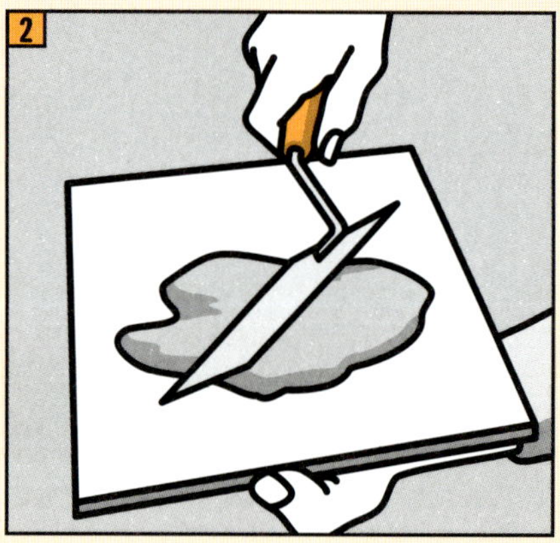

3
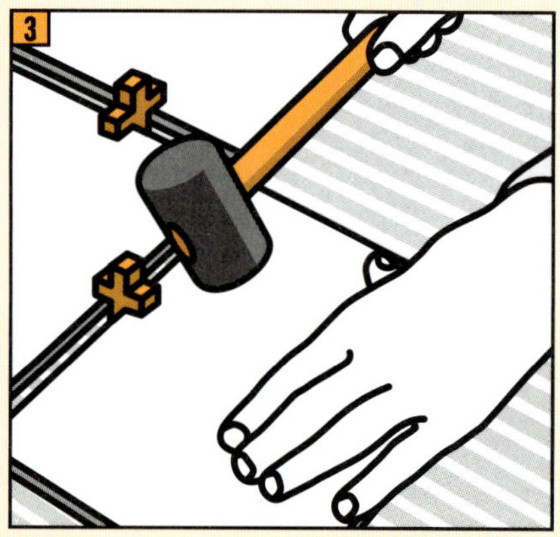

Für Fliesenarbeiten auf kritischen Untergründen, wie z. B. Abdichtung im Außenbereich, ist ein frostsicherer Klebstoff mit einer hohen Klebkraft erforderlich. Das Klebebett muss im Außenbereich 100 % hohlraumfrei sein. Daher werden Fliesenbeläge im „kombinierten Verfahren" verklebt: **1** Klebstoff auf den Untergrund mit Zahnspachtel auftragen. **2** Geschlossene Klebstoffschicht auf der Fliesenrückseite auftragen. **3** Fliesen in das Klebstoffbett einschieben und mit einem Gummihammer festklopfen. Mehr Infos zum Thema „Fliesen" finden Sie ab Seite 338.

Gartenstühle, Tisch, Grill und Sonnenschirm aufstellen, Nachbarn einladen und schon ist die Terrasse noch am selben Tag würdig eingeweiht.

NATURSTEIN-MAUER ERRICHTEN.

NATURSTEINMAUER ERRICHTEN.

DIE STEINMAUER IST EINE TRADITIONELLE ART, HÄNGE ZU BEFESTIGEN UND ZU TERRASSIEREN. DIE RÖMER BRACHTEN DEN TROCKENMAUERBAU NACH MITTELEUROPA. FRÜHER GAB ES ENTWEDER KEINEN ZEMENT ODER ER WAR ZU TEUER. SO HAT MAN EINFACH DIE STEINE, DIE IN DER GEGEND HERUMLAGEN, KUNSTVOLL AUFEINANDERGELEGT, BIS EINE STABILE MAUER ENTSTAND. IN DEN MITTELMEERLÄNDERN, WO DIE BÖDEN OFT KARG UND STEINIG SIND, WIRD DIESE BAUART BIS HEUTE PRAKTIZIERT.

DIE STEINMAUER – EIN TROCKENBIOTOP.

Bei uns ist die Steinmauer ein bisschen in Vergessenheit geraten, der Beton hat sich überall breitgemacht. Dabei ist die Steinmauer ein kleines Biotop. Trockenheitsspezialisten unter den Pflanzen siedeln sich an, allerlei Wärme liebendes Kleingetier wohnt in den Hohlräumen und Löchern: Kröten, Eidechsen, Feldmäuse, Spinnen und eine Menge nützlicher Insekten.

Der Standort

- In Nord-Süd-Richtung gebaut, hat eine freistehende Steinmauer viele Sonnenflächen, die aber auch für einige Stunden am Tag schattig sind. Das verhindert, dass sich einzelne Stellen stark aufheizen und austrocknen. Steht die Mauer in ostwestlicher Richtung, genießt eine Seite den ganzen Tag Sonne, während die andere im Schatten bleibt. Dort gedeihen die Schattenliebhaber unter den Steingartenpflanzen. Stark wuchernde, Sonne liebende Pflanzen schützen die Südseite gegen das Austrocknen.
- Eine Steinmauer kann eine sehr reizvolle Grundstücksgrenze darstellen, beachten Sie aber grundsätzlich auch die örtlichen Baubestimmungen.
- Als Wegbegrenzung eignet sich ein kleiner, nicht zu hoher Steinwall.
- Höhenunterschiede im Garten können mit einer am Hang „angelehnten" Steinmauer eindrucksvoll überwunden werden.
- Als Stützmauer befestigt eine Steinmauer abbröckelnde Böschungen.

Hinweis: Als Laie sollte man die Mauer nicht höher als 100 cm bauen.

Welche Steine?

Verwenden Sie am besten Natursteine aus der Region und holen Sie diese selbst ab. Das spart Transportkosten und die Steine harmonieren besser mit der umliegenden Natur.

- Natürlich unregelmäßig und authentisch sieht eine Mauer aus Feldsteinen aus, die Sie selbst bei Spaziergängen aufgelesen haben.
- Eine aus Platten geschichtete Mauer wirkt da schon regelmäßiger. Hier können notfalls auch Kunststeine aus Beton eingesetzt werden.
- Wer es sich zutraut, Steine selbst zurechtzuhauen, nimmt am besten weiches Material wie Sandstein oder Kalktuff. Mit Bossierhammer, Maurerhammer, Zahn- und Spitzmeißel geben Sie dem Stein die gewünschte Form. Übung macht den Meister, probieren Sie das erst an Reststücken aus.
- Eine Bruchsteinmauer besteht aus unförmigen und unbehauenen Steinen eines Steinbruchs. Für einen Quadratmeter Maueraußenfläche benötigen Sie eine halbe bis ganze Tonne Bruchsteine, bei freistehenden Mauern doppelt so viel.
- Ungeeignet sind Ziegel, da sie Wasser aufnehmen und bei Frost zerspringen, was die Mauer auf lange Sicht instabil macht.

Die Bauweise

Trockenmauern werden ohne Mörtel und ohne starres Fundament aufgeschichtet – das nennt man „labile Bauweise". Dadurch wird die Mauer elastisch und kann sich Bodensetzungen oder Frostbewegungen gut anpassen. Die abwechslungsreiche Struktur der scheinbar chaotisch aufeinandergetürmten Steine ist ein Blickfang im Garten.

Der Fuß einer Trockenmauer sollte ca. 50 cm breiter sein als die Mauerkrone. Dadurch wird die Mauer in sich stabil. Die Mauerstärke sollte ein Drittel der Mauerhöhe betragen, mindestens aber 40 cm. Üblicherweise ruht der Sockel auf einem 20 cm starken Sand- oder Schotterbett, etwa 30 cm unterhalb des Bodenniveaus. Der Stabilität wegen sollten in jeder Lage mehrere „Durchbinder" liegen. Das sind Steine, deren Größe der Mauerdicke entsprechen. Die Mauerkrone bilden dann schwere Abdecksteine, damit sich beim Arbeiten oberhalb der Mauer keine Steine aus der obersten Schicht lösen können.

ACHTUNG! PROFITIPP

Wählen Sie am besten Steine, die in Ihrer Umgebung vorkommen, dann passt die Natursteinmauer auch in das Gesamtbild des Gartens. Wollen Sie noch selbst an den Steinen Hand anlegen und diese behauen, wählen Sie weiches Gestein, wie z. B. Sandstein oder Kalktuff.

TROCKENMAUER AM HANG BAUEN.

Laden Sie ein paar Freunde zu Kaffee, Kuchen und Steinesortieren ein, denn als Erstes werden die Grund-, Binder- und Abdecksteine aussortiert und der Rest nach Größe geordnet. Die Steine sollen in der Mauer nach oben hin kleiner werden.

Trockenmauern mit Stützfunktion werden mit einer Neigung von 10–20 % gegen den Hang gebaut. **1** Zunächst die Erde an der Böschung feststampfen und mit Brettern oder Platten gegen Abrutschen sichern. Die Mauer muss etwa 20 cm vom Hang entfernt sein. **2** Heben Sie an der entsprechenden Stelle einen etwa 50 cm tiefen Bereich für das Fundament aus und befüllen Sie diesen mit einer ca. 30 cm dicken Schotterschicht. Dann den Schotter gut verdichten. **3** Darauf setzen Sie die Grundsteine, die später das gesamte Gewicht der Mauer tragen. Sie sollten eine großflächige Oberseite haben. Achten Sie beim Schichten darauf, dass Sie die Neigung der Mauer zum Hang hin beibehalten. Prüfen Sie immer wieder die Stabilität der Mauer und vermeiden Sie destabilisierende Kreuzfugen. Wackelnde Steine mit Splitt unterlegen oder mit Keilsteinen festkeilen. Pflanzen werden direkt beim Schichten mit etwas Sand oder Erde eingesetzt. **4** Bei wasserundurchlässigen Böden, z. B. Lehmböden, sollten Dränagerohre in die Trockenmauer eingebaut werden. Verlegen Sie dazu in der Hinterfütterung der Mauer alle 40 cm ein Dränagerohr, mit einem Gefälle von 2 % zur Vorderseite der Mauer hin. Nach vorne ein paar Zentimeter überstehen lassen! Nach jeder Steinschicht füllen Sie den Raum zwischen Hang und Mauer mit Kies, Schotter, Steinresten und sauberem Schutt und stampfen das Material fest. Diese Schicht verhindert Wasserstau hinter der Mauer. Immer mal wieder Bindersteine einfügen, die bis in das Erdreich am Hang ragen und die Mauer verankern. Die Kies- und Schotterschicht hinter der Mauer muss mit einem Dränagevlies gegen das Erdreich abgetrennt werden. Das verhindert, dass feine Erdpartikel in die Schotterschicht geschlämmt werden. Nur so ist das Abführen des Wassers hinter der Mauer (Frostschutz) gewährleistet. **5** Die Mauerkrone besteht aus schweren Abschlusssteinen, die verhindern, dass sich die oberste Schicht verschiebt oder abgetragen wird.

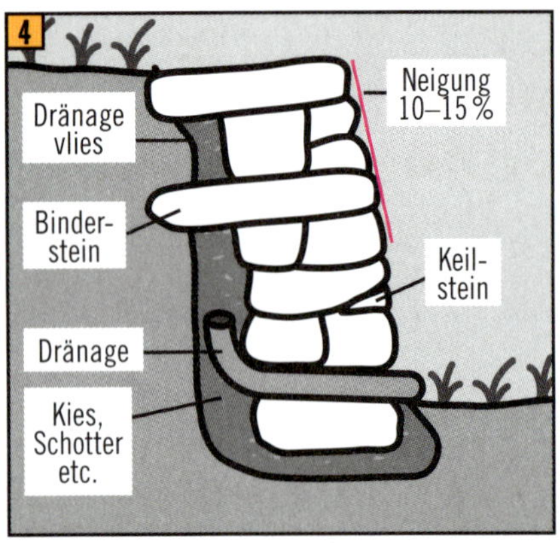

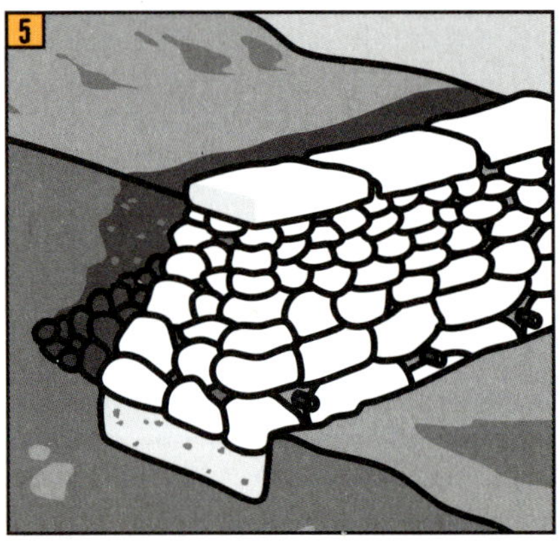

ACHTUNG!

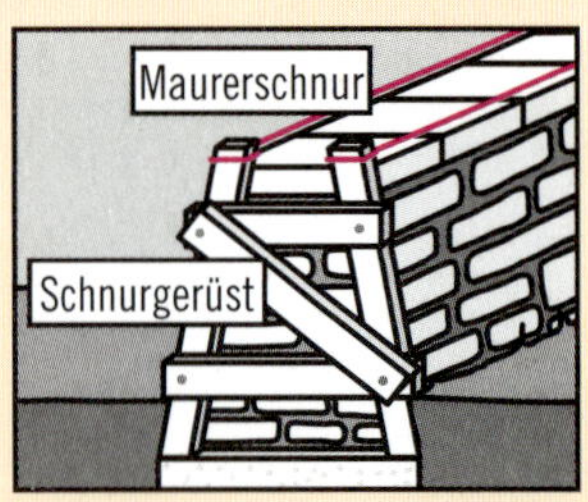

Schnurgerüst
Eigentlich liegt der Reiz von Trockenmauern in ihrer unregelmäßigen, natürlichen Erscheinung. Um jedoch Verlauf, Höhe und Neigung besser bestimmen zu können, empfiehlt es sich, ein Schnurgerüst aus Pfählen, Latten und Maurerschnur zu erstellen.

FREISTEHENDER STEINWALL.

Solche Steinwälle zäunen in Italien Schafsweiden ein und sind auch an spanischen Olivenhainen oder französichen Lavendelfeldern zu finden. Sogar Hausgärten werden mit Steinmauern eingegrenzt. Holen Sie sich doch mit einer klassischen Trockenmauer mediterranes Flair nach Hause.

1
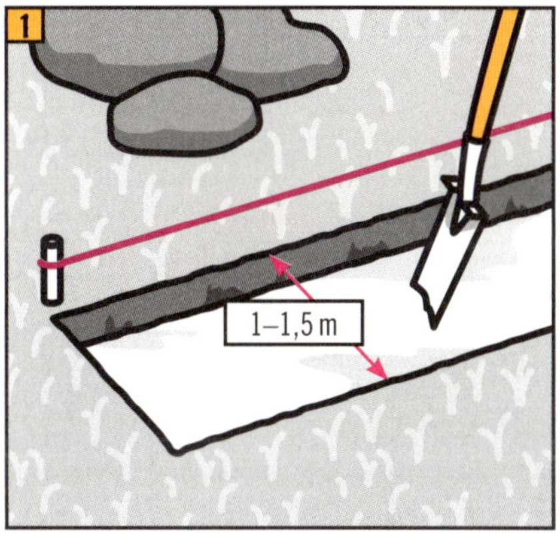

2
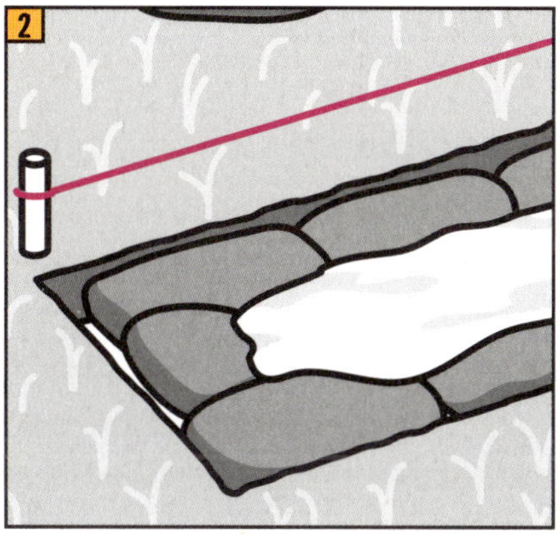

Für eine freistehende Mauer ist ein Fundament kein absolutes Muss. Wichtig ist, dass die Basis wesentlich breiter ist als die Mauerspitze. **1** Bei einem Meter Maximalhöhe sollte die Mauer am Sockel auch 1–1,5 m breit sein. Bei lehmigem Boden heben Sie die Grundfläche ca. 20 cm tief aus und bringen ein Sandbett ein. **2** Nun die erste Schicht Steine so setzen, dass der innere Bereich Schicht für Schicht mit Sand gefüllt werden kann. Wählen Sie für die unterste Schicht große Steine aus. **3** Die Seiten der Steinmauer sind nach innen geneigt. Beachten Sie, dass jeder Naturstein seine „schöne" Seite hat. Setzen Sie also die Steine so, dass diese Seiten nach außen zeigen. Für die Mauerabdeckung nimmt man große und flache Steine.

3
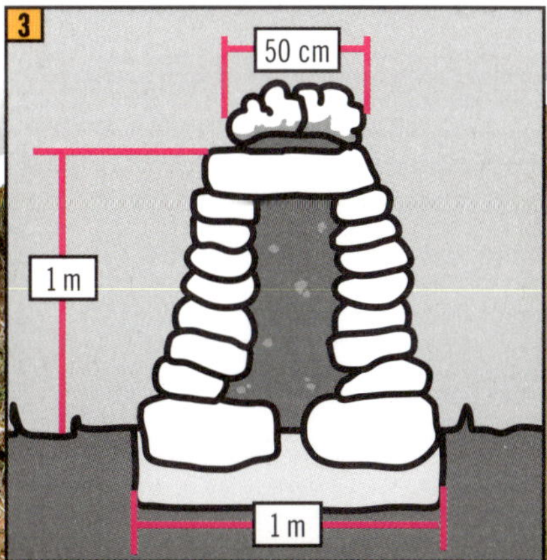

WERKZEUG.

- ✓ Eventuell Rüttler
- ✓ Zollstock
- ✓ Maurerschnur
- ✓ Pflöcke
- ✓ Latten
- ✓ Gummihammer
- ✓ Handschuhe

MATERIAL.

- ✓ Steine
- ✓ Schotter, Kies (0/32 oder 16/32)
- ✓ Sand
- ✓ Erde
- ✓ Pflanzen
- ✓ Dränagevlies

EINE MAUER ALS GARTEN.

Alle Pflanzen, die Sonne lieben und nicht viel Wasser brauchen, wachsen gut in einer Steinmauer, die ja quasi ein aufrecht stehender Steingarten ist. Sie brauchen lediglich ein wenig Erde in den Ritzen und Löchern zwischen den Steinen, um zu prächtigen Blütenkissen heranzuwachsen.

PFLANZEN FÜR TROCKENSTEINMAUERN

PFLANZEN-GRUPPE	DEUTSCHER NAME	BOTANISCHER NAME	ANMERKUNG
Bodendecker	Mauerpfeffer	Sedum acre	Sehr unempfindlich, schöne gelbe, sternförmige Blüten.
	Schneepolstersedum	Sedum album „Murale“	Nicht für zu trockene Mauern, verträgt Schatten. In Kälte- oder Stresszeiten verfärben sich die Blätter rötlich.
	Karpatenglockenblume	Campanula carpatica Hybride	Kissen mit blauen, weißen oder violetten Blüten.
	Ehrenpreis	Veronica diverse	Blüht blau, rosa, rot und weiß in meist kerzenförmigen Blüten; lockt Schmetterlinge und Bienen an.
	Igelpolster	Acantholimon glumaceum	Rosa Blüte; benötigt geschützten Sonnenplatz.
	Elfenbein, Strauß- und Krusten-Steinbrech	Saxifraga x apiculata, catyledon, crustata	Je nach Sorte und Art unterschiedliche, bunte und schön geformte Blüten. Wächst als moosartiges Kissen.
	Sonnenröschen	Helianthemum nummu-larium	Blüht gelb und wächst kriechend; mag es sonnig.
	Mauer-Zimbelkraut	Cymbalaria muralis	Mag einen halbschattigen, leicht feuchten Standort; schöne violette Blüten mit gelber Lippe; kriechender Wuchs.
	Blaukissen	Aubrieta Hybriden	Auch in weiß und rosa; Blüte im Mai.
	Hornkraut	Cerastium tometosum	Blüte Mai–Juni; weiß; breitet sich sehr stark aus.
Solitärstaude	Hauswurz	Sempervivum Hybriden	Mag keine Staunässe oder feuchten Boden; ist sehr genügsam. Die rosettenförmige Pflanze ändert ihre Farbe über das Jahr. Es gibt Hunderte verschiedene Sorten.
	Felsenteller	Ramonda myconi	Halbschattiger Standort; blüht lavendelblau und wird bis zu 15 cm groß; wird auch Freiland-Usambaraveilchen genannt.
	Walderdbeere	Fragaria vesca	Halbschattig; essbare, leckere Früchte!
Kräuter	Lavendel	Lavendula angustifolia	Diese alten Heil- und Gewürzpflanzen sind in Duftkissen, zum Kochen, als Tee oder im Salat wunderbar!
	Rosmarin	Rosmarinus officinalis	
	Majoran	Origanum majorana	
	Oregano	Origanum vulgaris	
	Thymian	Thymus vulgaris, T. serpyllum	
	Salbei	Salvia juriscii	
	Berg-Bohnenkraut	Satureja montana	
Farne	Tüpfelfarn	Polypodium vulgare	Mag es schattig bis halbschattig.

STEINTREPPE BAUEN.

Wenn Sie schon dabei sind, den Hang in Ihrem Garten mit einer Trockenmauer zu verschönern, können Sie sich gleich eine schicke Treppe aus Natursteinen dazu bauen. Große, flache Formate eignen sich besonders gut. So wandeln Sie sicher durch das unebene Gelände.

Gartentreppen aus Natursteinen betonen den „Naturcharakter" eines Gartens. Kein fest angelegter Weg, kein geradliniger Beton, sondern einzelne Trittstufen aus unregelmäßig geformten, schön gemusterten Steinen passen sich gut in die Gartenlandschaft ein. Legen Sie sich die flachen Exemplare aus dem Sortiment zurecht. Verwenden Sie keine glatten Steine, die bei Regen rutschig werden. Auf- und Abtritt müssen sicher sein.

Mit dem Bau der Treppe von unten beginnen. Stechen Sie mit Spaten und Schippe die Position des ersten Steines ab und heben Sie die Erde aus. Der Stein lässt sich so perfekt einpassen. Mit dem Gummihammer wird die Position noch korrigiert und festgeklopft, damit er beim Auftreten nicht wackelt. Im entsprechenden Abstand die weiteren Steine setzen. Die verbleibenden Zwischenräume wachsen schnell wieder zu.

Bald wird diese karge Mauer ein Biotop sein, mit duftenden Blütenkissen, summenden Bienen und sich sonnenden Eidechsen.

HANG BEFESTIGEN.

HANG BEFESTIGEN.

WENN'S AN DER BÖSCHUNG VORM HAUS BRÖCKELT, SOLLTE MAN DAS GANZE BEFESTIGEN, EHE EINEM DER GANZE KRAM AUF DIE TERRASSE RUTSCHT UND SICH DORT, WO MAL DER GRILL STAND, EIN ERDHÜGEL AUFTÜRMT. MAN MUSS ABER NICHT GLEICH ZU BETON ODER ASPHALT GREIFEN, DENN ES GIBT VIEL SCHÖNERE ALTERNATIVEN ...

MÖGLICHKEITEN DER HANGBEFESTIGUNG.

Das Befestigen steiler Hänge und Böschungen ist nicht nur sinnvoll und zweckmäßig, man kann mit Fantasie ans Werk gehen und die Befestigung gartengerecht gestalten. Holz, Metall, Beton oder Naturstein – alles ist möglich. Im richtigen Umfeld sieht das auch alles gut aus. Also, erst mal überlegen, was zu Ihrem Grundstück passt und dann ideenreich ans Werk!

- Pflanzringe gibt es in rot und grau. Ihre typische Form ermöglicht die Herstellung von stabilen, gerade verlaufenden oder runden Mauerverbänden. Die einzelnen Reihen werden mit einem Versatz nach hinten aufgeschichtet. Sie lassen sich ideal bepflanzen.

- Palisaden erlauben keine hohe Mauer. Die Terrassierung mit Palisaden lässt sich einfach herstellen. Je nach Geschmack kann man entweder Holz-, Granit- oder Betonpalisaden verarbeiten.

- Gabionen sind mit Steinen gefüllte Metallgitterwürfel. Auch sie lassen sich bepflanzen und überwuchern. Durch ihren Aufbau wirken sie nicht so wuchtig wie ein Felsblock oder Betonwürfel gleicher Größe. Jedoch sind sie nicht so flexibel einsetzbar wie Pflanzringe – allein schon aufgrund ihrer Größe und Form. Deswegen lohnen sie sich auch erst zur Befestigung von großen Böschungen.

- Mit einer Trockensteinmauer kann man kleinere Hänge befestigen. Sie sieht bepflanzt sehr hübsch aus und fügt sich gut in die natürliche Gartenlandschaft ein. Mehr dazu finden Sie im Kapitel „Natursteinmauer errichten“ ab Seite 486.

WICHTIG: Lassen Sie Ihr Bauvorhaben bei Ihrer zuständigen Gemeinde prüfen, denn die Bauordnungen sowie die Bebauungspläne müssen eingehalten werden. Beachten Sie, dass die einzelnen Materialien nur für bestimmte Bauhöhen geeignet sind.

BEFESTIGUNG MIT PALISADEN.

Gleich hoch, aufsteigend oder abfallend, in Kurven, rund, um die Ecke: Palisaden kann man variationsreich setzen und dem Gelände anpassen. Auch Böschungen lassen sich recht einfach und schön damit abstützen. Probieren Sie mal eine Terrassierung mit etwas kürzeren Palisaden aus.

Holz oder Beton?

Palisaden können eckig, rund, halbrund, gespitzt oder gefasst sein. Man kann sie auch mit Drähten zu Beet-Rollis zusammenfassen. Holzpalisaden sind meist aus einheimischem Holz und in unterschiedlichen Durchmessern erhältlich. Zwischen 30 und 400 cm bekommt man alle Längen. Sie sollten vor der Verarbeitung imprägniert bzw. mit einem geeigneten Holzschutz versehen werden. Betonpalisaden gehen nicht so leicht kaputt, da sie weder verrotten noch splittern und so gut wie nicht verwittern.

WERKZEUG.

- ✔ Hammer
- ✔ Einschlagholz
- ✔ Schubkarre
- ✔ Spaten
- ✔ Schaufel
- ✔ Wasserwaage
- ✔ Richtschnur
- ✔ Zollstock
- ✔ Eimer
- ✔ Schraubzwingen

MATERIAL.

- ✔ Palisaden
- ✔ Latten
- ✔ Zement und Kies 0/32 oder Fertigbeton
- ✔ Wasser
- ✔ Füllstoff
- ✔ Isolierfolie
- ✔ Gartenerde

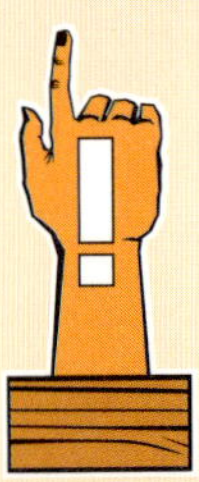

PROFITIPP!

Hohe Palisaden abstützen, damit sie sich nicht neigen und umfallen. Während der Beton aushärtet, kann man sie mit Latten und Schraubzwingen abstützen.

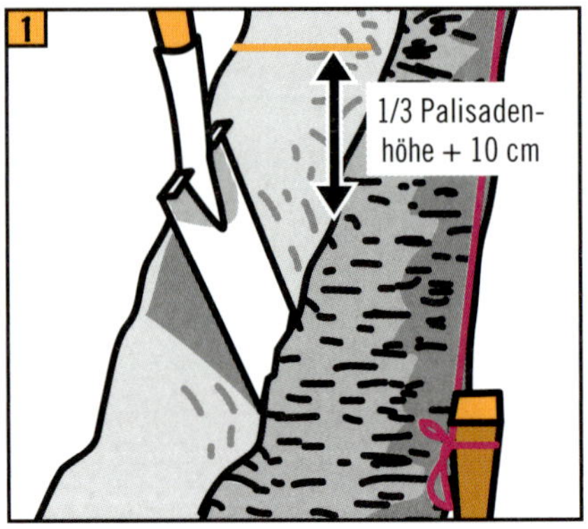

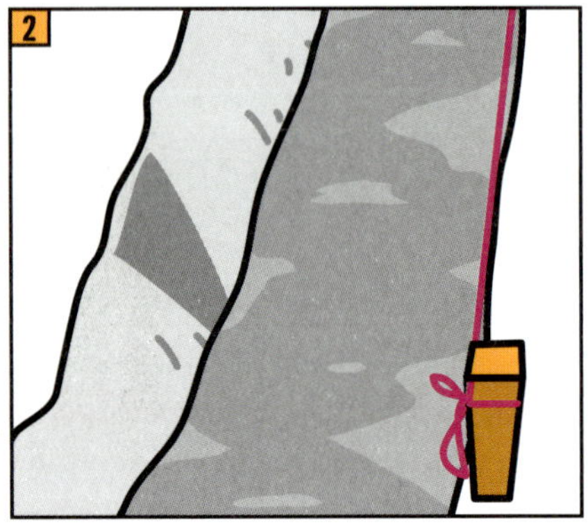

Palisaden setzen

1 Zum Einbauen von Palisaden einen Graben in der Tiefe von 1/3 der Palisadenlänge zuzüglich 20 cm ausheben. **2** Füllen Sie bei Holzpalisaden eine 20 cm Kiesschicht ein. Diese ist wichtig, um Staunässe zu vermeiden. Bei nicht tragfähigem Untergrund wird auch bei Betonpalisaden eine Kiesschicht (10 cm) eingebracht. **3** Die Palisaden dann in den

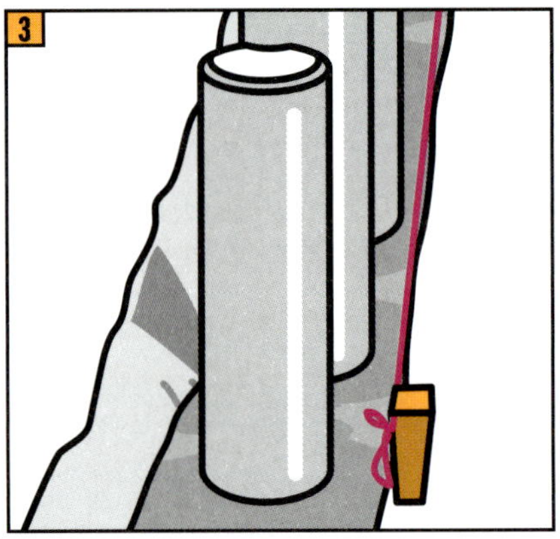

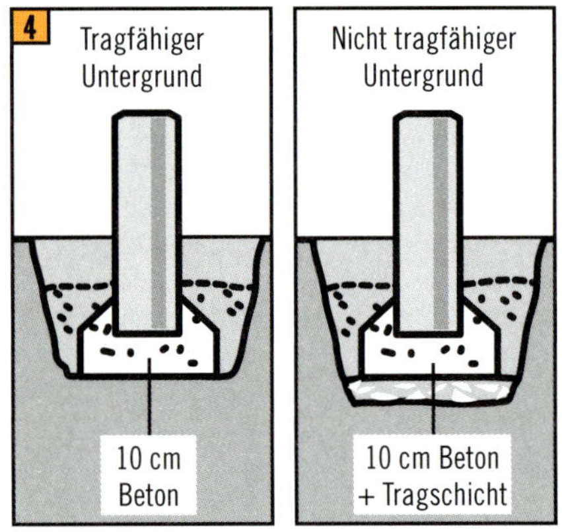

vorbereiteten Graben stellen, in Höhe und Flucht ausrichten und Holzpalisaden eventuell durch eine seitlich angenagelte Latte sichern. Ist der Boden tragfähig, können Betonpalisaden direkt in ein ca. 10 cm dickes Betonbett gesetzt werden. **4** Dabei die Palisaden seitlich mit einer Betonstütze stabilisieren. Nach dem Aushärten des Betons kann der Graben mit einem wasserdurchlässigen Material

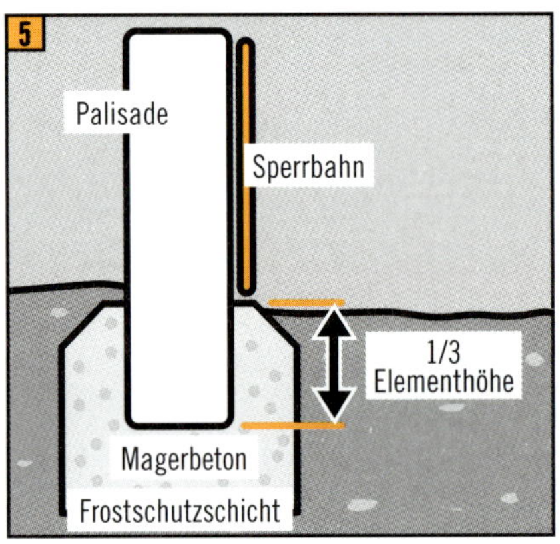

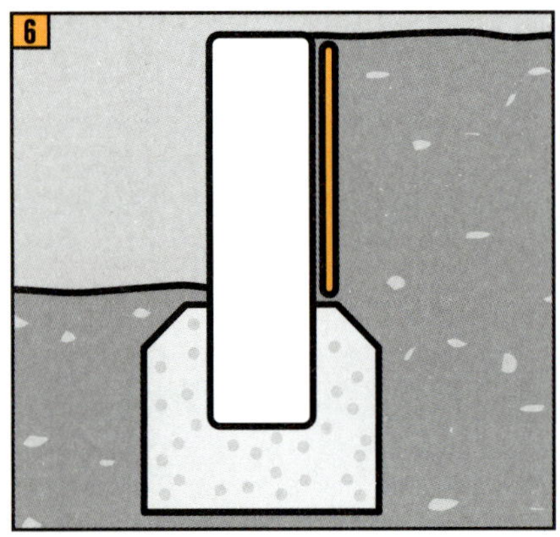

(z. B. Kies) aufgefüllt werden. Als oberste Schicht kann bei Bedarf Gartenerde aufgefüllt und festgestampft werden. Bei Holzpalisaden zum Schluss die angenagelte Latte entfernen. **5** Zur Bergseite eine Sperrbahn (z. B. Dachpappe) hinter den Palisaden einbauen. **6** Nun das Erdreich zur Bergseite auffüllen.

BEFESTIGUNG MIT GABIONEN.

Drahtschotterkästen, auch Steinkörbe genannt, sind Würfel aus verzinktem Drahtgeflecht, gefüllt mit Steinen – eine praktische und preisgünstige Möglichkeit der Hangbefestigung. Sie sind eine Art Trockensteinmauer und entwickeln ein entsprechendes Ökosystem.

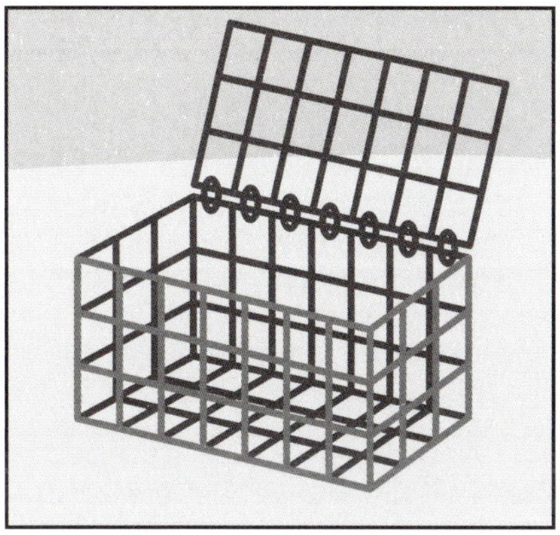

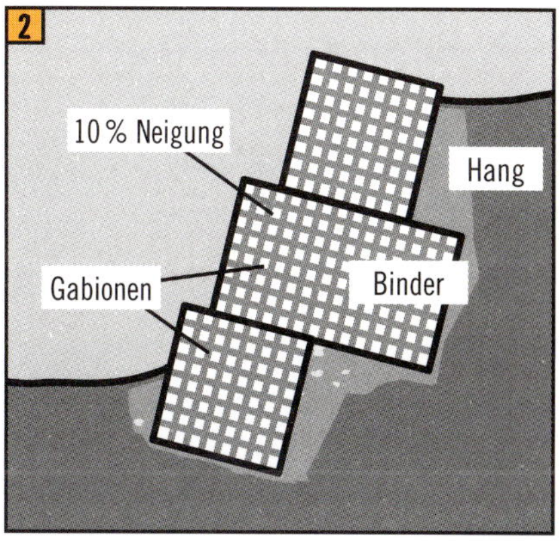

Die Körbe bestehen aus einzelnen Bauteilen, die man mit wenigen Handgriffen und ohne Werkzeug zu einem Würfel zusammenbaut. Der Draht ist entweder aus Edelstahl oder rostfrei legiert, was für eine lange Haltbarkeit wichtig ist. Es gibt nicht nur unterschiedliche Korbgrößen, sondern auch unterschiedliche Montagetechniken, Maschenweiten und Drahtdurchmesser. Mit welchen Steinen man sie befüllt, bleibt dem eigenen Geschmack überlassen. Sie sollten frostresistent und größer als die Maschenweite des Korbes sein. Man kann sie im Sichtbereich schön von Hand aufschichten oder den ganzen Korb wahllos aufschütten. Häufig werden Natursteine für die Sichtfläche und recycelter Bauschutt für den Kern genommen. Außerdem können Gabionen mit Trockenmauerpflanzen bepflanzt werden.

Bevor Sie loslegen, sollten Sie sich die Arbeitshandschuhe anziehen und überhaupt darauf achten, dass Ihre Kleidung den Sicherheitsstandards entspricht (Schuhe mit Stahlkappen etc.).

1 Praktischerweise braucht man kein Fundament. Man stellt am Boden ein 10%iges Gefälle gegen den Hang her und stellt die Gitterkörbe darauf. Die einzelnen Quader werden mit Haken verbunden. Dann Steine, Schotter oder Recycling-Gestein in die Körbe der ersten Reihe füllen. Wasser läuft durch Gabionen hindurch, weshalb keine Dränage am Hang nötig ist.

2 Gabionen, die quer eingebaut werden, dienen als Binder in den Hang. Man kann unterschiedliche Abmessungen miteinander kombinieren und sie wie eine Mauer ohne Kreuzfugen schichten. Da die einzelnen Körbe miteinander verhakt werden, ist die Bildung von Kreuzfugen unproblematisch. Die nächste Reihe einfach daraufsetzen. Achten Sie auf eine Neigung der Wand von mindestens 10 % Richtung Hang. Nach oben hin kann die Größe der Körbe abnehmen.

HINWEIS!

Erkundigen Sie sich unbedingt bei Ihrer zuständigen Baubehörde wegen der zulässigen Gesamthöhe des Projekts.

BEFESTIGUNG MIT PFLANZRINGEN.

Diese „bepflanzbaren Böschungselemente", so der Fachbegriff, heißen auch Pflanzensteine oder Böschungssteine. Sie sind aus Beton oder Leichtbeton und oft noch mit Lava oder Blähton versetzt, um die Wasserversorgung der Pflanzen zu verbessern.

AUFBAUEMPFEHLUNG.

Grundsätzlich gilt: Je höher die Hangbefestigung sein soll, desto größer muss die Wandneigung sein.

Wandneigung	Max. Wandhöhe
10°	1,76 m
20°	3 m
30°	5 m

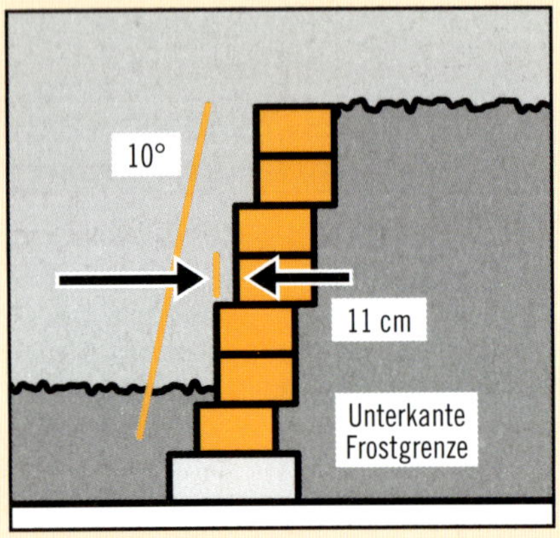

Maximale Wandhöhe 1,76 m

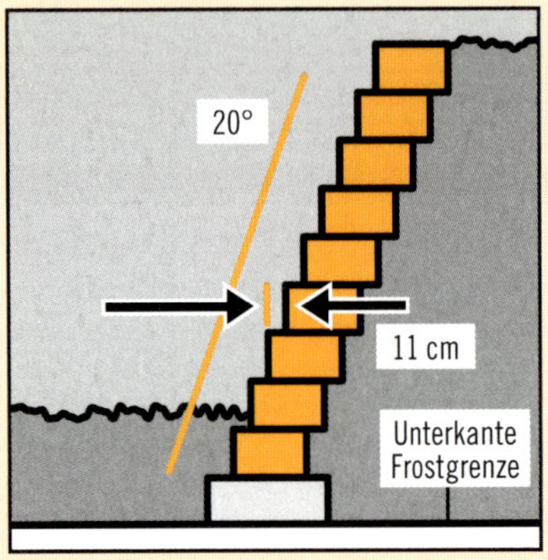

Maximale Wandhöhe 3 m

1 Um eine dauerhafte Hangbefestigung herzustellen, ist ein geeignetes Fundament notwendig. Spannen Sie eine Schnur, um den Fundamentverlauf festzulegen. **2** Für eine Mauerhöhe bis 100 cm heben Sie die Erde ca. 40 cm tief aus. Um ein Nachrutschen von Erde zu verhindern, decken Sie die Böschung mit Brettern ab. **3** Füllen Sie dann eine Frostschutzschicht aus Kies ein, die auf 20 cm verdichtet wird. Danach kommt eine 10 cm dicke Schicht erdfeuchter Magerbeton. Bei Mauerhöhen über 100 cm heben Sie die Erde 80 cm tief aus und füllen auf die Frostschutzschicht eine mindestens 20 cm dicke Schicht Beton ein. Das Fundament sollte mindestens 1 m breit sein. **4** Kurz vor dem Setzen der Pflanzringe den Beton einfüllen, und zwar nur so viel, wie Sie auf einmal Pflanzringe setzen können. Der Beton muss dabei nämlich erdfeucht sein.

Wichtig: Ab einer Höhe von einem Meter müssen Sie einen statischen Nachweis über die Standsicherheit erbringen und brauchen gegebenenfalls eine Baugenehmigung.

1
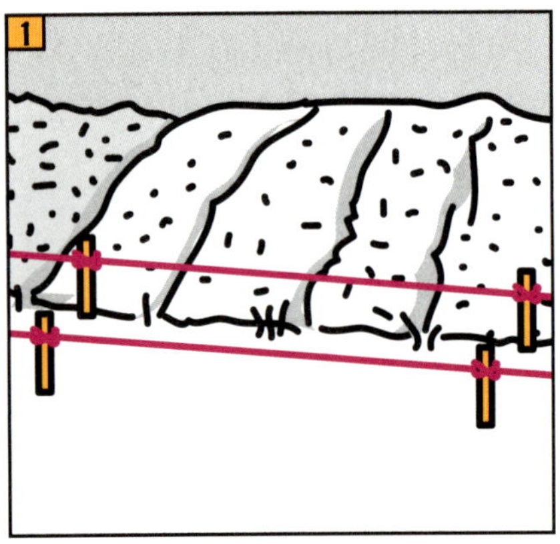

2
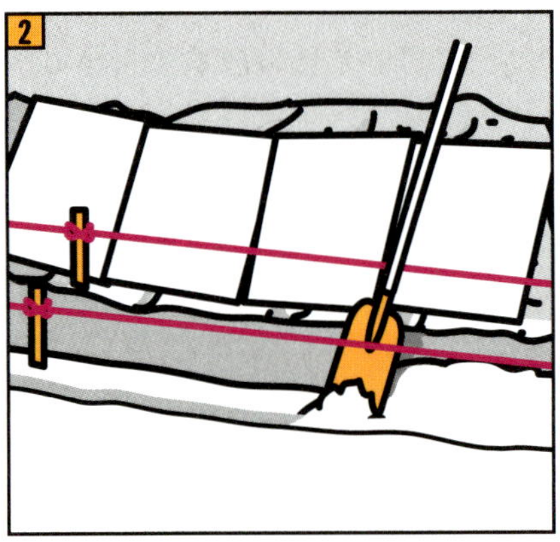

3

4
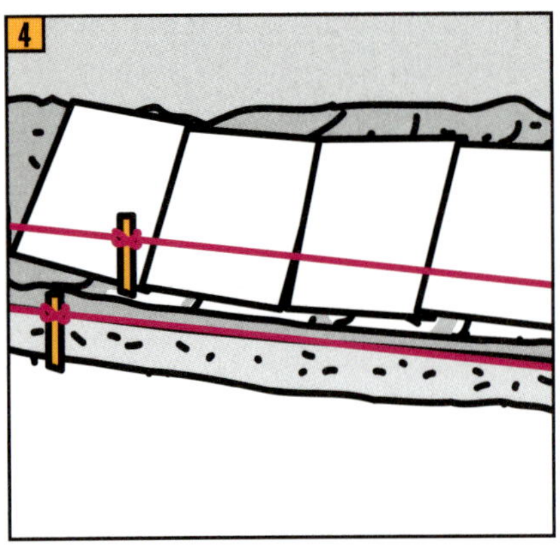

Vergleich verschiedener Pflanzring-Formate (Beispiel-Abmessungen).

Abmessungen	35 x 28 cm	50 x 40 cm	Ø 30 cm	Ø 40 cm
Höhe	20 cm	30 cm	20 cm	30 cm
Gewicht	13 kg	40 kg	12 kg	32 kg
Volumen	11 Liter	26 Liter	5,4 Liter	15 Liter
Menge				
Stück/m²	17,8	8,8	22	11,6
Stück/lfdm.	3,5	2,6	4,4	3,5

PFLANZRINGE SETZEN.

Durch ihre spezielle Ausbuchtung können Pflanzringe passgenau aneinandergefügt werden. Wenn sie erst mal gefüllt sind, bilden sie eine stabile Befestigung für Ihren Hang. Mit Pflanzerde gefüllt, sind sie bereit für eine individuelle Bepflanzung.

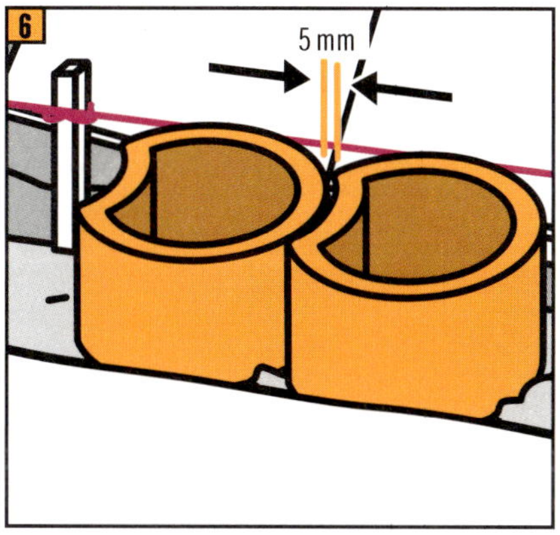

5 Legen Sie zuerst den genauen Verlauf der ersten Steinreihe mit einer gespannten Maurerschnur fest. Bei Pflanzringen mit Einbuchtung setzen Sie den ersten Pflanzring so, dass die Einbuchtung am Beginn der Steinreihe ist. Somit haben Sie die Möglichkeit, Korrekturen am Richtungsverlauf der nachfolgenden Steine jederzeit vornehmen zu können. Den Pflanzring mit Hammerschlägen (Gummihammer) etwas in die Betonschicht einklopfen und waagrecht ausrichten. Die Ringe werden „trocken", d. h. ohne Mörtel, aneinandergesetzt. **6** Einen weiteren Pflanzring mit der Einbuchtung ansetzen. Hier und bei allen weiteren Steinen einen Abstand von 5 mm einhalten. Dieser Abstand ist wichtig, um Unregelmäßigkeiten ausgleichen zu können. **7** Die unterste Steinreihe füllt man gegen Frostschäden bis zu 1/3 der Höhe mit Kies – so kann sich Nässe nicht stauen. Für die Hinterfüllung nimmt man frostsicheres Material, wie z. B. Kiessand 0/32. Da die nachfolgenden Steinreihen in der Regel nach hinten versetzt sind und auf der Hinterfüllung liegen, muss diese gut verdichtet werden. **8** Das Loch in den Pflanzringen wird mit Gartenerde gefüllt. Nun eine weitere Steinreihe mit Versatz aufsetzen, mit Kies und Gartenerde füllen und ebenfalls hinterfüllen. Arbeiten Sie Reihe für Reihe nach oben. **9** Die letzte Reihe hinterfüllen Sie mit Erde statt Kies und bepflanzen sie.

ACHTUNG! PROFITIPP

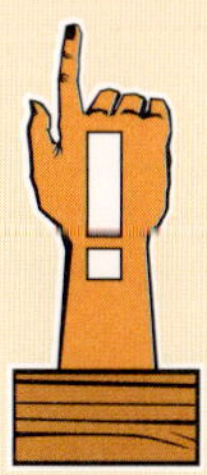

Gewicht kein Problem: Größere Pflanzsteine bewegt man mit einer sogenannten Versetzhilfe. Zwei Personen können mit diesem Traggestell die Steine leicht transportieren und setzen. Tragen Sie zur eigenen Sicherheit immer geeignete Arbeitshandschuhe und gehen Sie dabei nicht gerade barfuß (Sicherheitsschuhe tragen!).

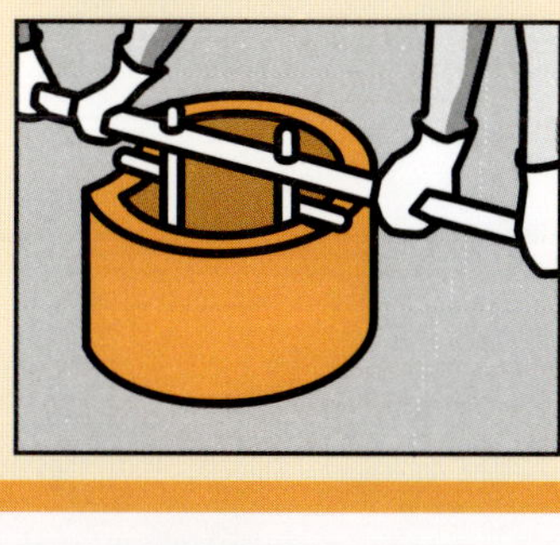

HINWEIS!

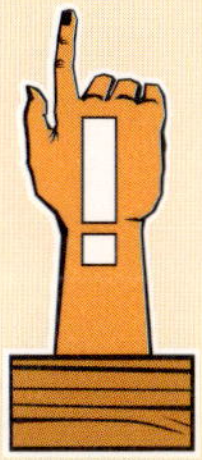

Falls der Boden in Ihrem Garten Wasser schlecht ableitet und der Hang groß ist, kann eine Dränage der Pflanzringbefestigung nötig sein. Wie man eine Dränage anlegt, sehen Sie im Kapitel „Mauer abdichten" auf Seite 60.

WERKZEUG.

- ✓ Spaten
- ✓ Schaufel
- ✓ Schubkarre
- ✓ Erdstampfer
- ✓ Gummihammer
- ✓ Metermaß/Maßband
- ✓ Wasserwaage
- ✓ Maurerschnur
- ✓ Versetzhilfe/Setzzange

MATERIAL.

- ✓ Pflanzringe
- ✓ Kies, Zement, Binder
  Alternativ: Fertigbeton
- ✓ Bretter
- ✓ Gartenerde

Und so sieht das Ganze schon bald aus.

ZÄUNE UND SICHTSCHUTZ.

ZÄUNE UND SICHTSCHUTZ.

MANCHE PERSONEN UND DINGE MÜSSEN „DRAUSSEN BLEIBEN“. SEI ES DER HUND VON NEBENAN ODER DER AUFDRINGLICHE TYP, DER IRGENDWAS KAUFEN, VERKAUFEN ODER WISSEN WILL. EIN ZAUN, EINE HECKE ODER MAUER HALTEN SIE IHNEN VOM LEIB.

GRENZEN ZIEHEN.

Für so eine Grundstücksgrenze – auch Einfriedung genannt – gibt es verschiedene Möglichkeiten. Mal abgesehen vom Sichtschutz verhindert ein hoher Zaun, dass streunende Tiere quer durch Ihren Garten jagen. Ungebetene Gäste werden erst mal auf Abstand gehalten, bis man sie von der Ferne begutachtet hat. Dichte Hecken oder Mauern bieten Schutz vor Wind und spenden Schatten. Gestaltung, Höhe und Breite der Grundstückseingrenzung sind örtlichen Baubestimmungen unterworfen, über diese sollte man sich vorher schlaumachen. Wer sich außerdem mit den Nachbarn abspricht, sorgt für ein gutes Zusammenleben und vielleicht hilft der Nachbar sogar beim Bauen, reicht eine erfrischende Flüssigkeit über den Zaun oder beteiligt sich an den Kosten.

WIE HOCH DARF'S WERDEN?

Wenn Ihnen das Baurecht nichts anderes vorschreibt, können Sie sich an folgenden Maßen orientieren:

ZAUNARTEN UND -ABMESSUNGEN

Zaunart	Maße
Garten- und Weidezaun (Schutz vor Tieren und gegen Absturz)	Ca. 100–140 cm
Zaun zur symbolischen Abgrenzung und zur Sicherung gegen Betreten (noch übersteigbar)	Ca. 40–90 cm
Sichtschutzzaun	170–190 cm
Schutzzaun zur Absicherung vor Übersteigen (mit Übersteigschutz)	> 200 cm

Neben ihren Funktionen ist eine Einfriedung auch ein dekoratives Element. Sie sollte zum Stil von Haus und Garten passen und mit der landschaftlichen Umgebung harmonieren. Hierfür gibt es gegebenenfalls Auflagen der örtlichen Behörde.
Für welche Art der Einfriedung Sie sich entscheiden, hängt von diesen Aspekten und Ihrem persönlichen Geschmack ab. Zäune aus Holz wirken freundlich und natürlich; je nach Bauweise bieten sie kompletten Sichtschutz. Bewährte Holzarten für Zäune sind Robinie, Eiche, Kastanie, Lärche, Kiefer und Fichte aufgrund ihrer Wetterbeständigkeit. Holzzäune können komplett selbst gebaut werden. Für die bequemeren Heimwerker gibt es fertig montierte Holzzaunelemente, die einfach und problemlos aufgebaut werden können. Mit Holzschutzmitteln machen Sie Ihren Zaun wetterfest und Farben sorgen für eine persönliche Note. Metall- und Drahtzäune sind klassische Abgrenzungsvarianten, die man dekorativ mit Kletterpflanzen oder Spalieren ergänzen kann. Hecken sind die natürlichste und lebendigste Form der Einfriedung und bieten eine Fülle an Gestaltungsmöglichkeiten, allerdings wollen sie regelmäßig gepflegt werden. Eine Stein- bzw. Betonmauer ist die konsequenteste und robusteste Form der Grenzziehung.

WICHTIG: Lassen Sie Ihr Bauvorhaben bei Ihrer zuständigen Gemeinde prüfen, denn die Bauordnungen sowie die Bebauungspläne müssen eingehalten werden.

VERSCHIEDENE MÖGLICHKEITEN.

Jede Art der Einfriedung hat ihren eigenen Charakter. Manche sind mehr zweckorientiert, andere bestechen durch ihren besonderen Charme. Je nachdem wie Ihr Grundstück beschaffen ist, eignet sich die eine oder andere Eingrenzungsart, die wir Ihnen als Übersicht zusammengestellt haben.

EINGRENZUNGSART		MATERIAL	ANMERKUNG
Steinmauer	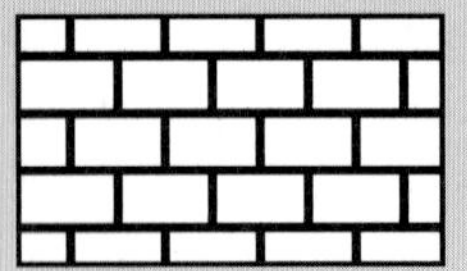	Natur- oder Betonmauersteine.	Wirkt optisch massiv, kann aber durch Begrünung aufgelockert werden. Absoluter Sicht- und Windschutz.
Hecke	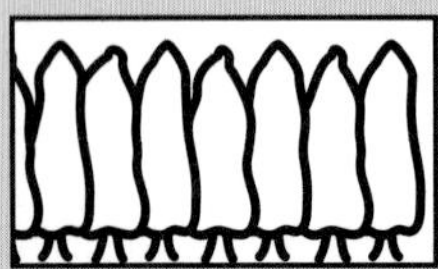	Büsche und Bäume von Nadel- und Laubholzsorten.	Wirkt natürlich und lebendig und kann je nach Auswahl der Gehölze sehr abwechslungsreich und ansprechend sein. Bietet vielen Tieren ein Zuhause. Guter Sicht- und Windschutz.
Drahtzaun		Maschengeflecht aus kunststoffummanteltem und feuerverzinktem Metalldraht.	Wirkt eher funktional, kann aber schön begrünt werden. Die offenen Maschen ermöglichen einen ungestörten Ausblick. Kein Sicht- und Windschutz.
Metall-/ Gittermatten-zaun	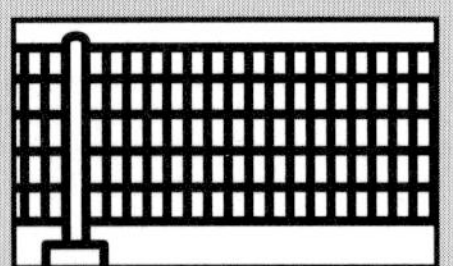	Verzinkte oder ummantelte Schmiedeeisen-, Stahl- oder Aluminiumstreben, die rechteckig, gedreht, geschwungen oder zu Ornamenten verwunden sein können.	Ziergitter und Gittermatten können mit Begrünung verschönert werden. Stören den Blick mehr als Maschendraht. Kaum Sicht- und Windschutz.
Palisadenzaun	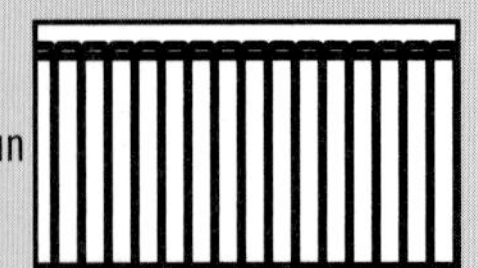	Oben oftmals angespitzte Kant- oder Rundhölzer, die senkrecht nebeneinander an Querlatten befestigt sind.	Typische, neutrale Form des Holzzauns. Kaum Sicht- und Windschutz.
Jägerzaun, Scheren-/ Kreuzzaun		Diagonal quer übereinanderliegende Holzlatten ergeben ein rautenförmiges Muster. Als vorgefertigte Felder erhältlich, die sich entsprechend der gewünschten Zaunhöhe auseinanderziehen lassen.	Rustikale, in Deutschland auf dem Land häufige Form des Holzzauns. Kein Sicht- und Windschutz.
Ranch-/ Bohlenzaun	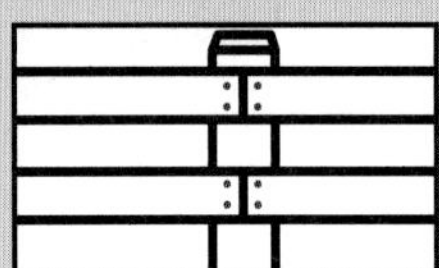	Breite Holzbohlen (meist drei) sind waagerecht übereinander an stabilen Pfosten befestigt.	Wirkt zeitlos, freundlich und neutral. Mittelmäßiger Sicht- und Windschutz, je nach Breite der Bohlen und der Zwischenräume.
Latten-/ Staketenzaun		Holzlatten, oben angespitzt oder gerundet, liegen senkrecht nebeneinander. Stärke der Latten und Abstände zwischen ihnen können individuell gewählt werden.	Je schmaler die Latten, desto filigraner die Wirkung. Guter Sichtschutz bei geringen Lattenabständen und entsprechender Zaunhöhe. Kaum bis kein Windschutz.
Paneelzaun	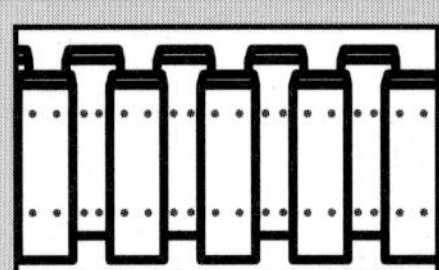	Latten sind senkrecht, sich abwechselnd überlappend an Querhölzern befestigt. Können selbst gebaut oder als Fertigpaneele gekauft werden.	Freundlich-elegant aussehend, dichte Form. Guter Sicht und Windschutz.
Sichtschutz-wand	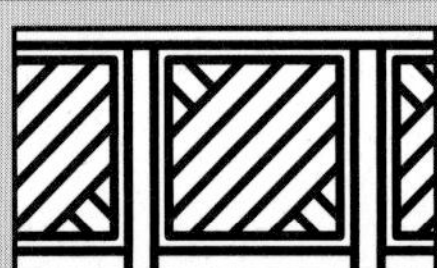	Gibt es meist als Fertigware aus geflochtenen Holzstreifen (Flechtzäune) oder in Form von Matten (z. B. Bambusmatten) zu kaufen.	Neutrale Wirkung. Hochwertige Elemente haben eine Abschlusskante, die Wasser vom Holz wegleitet. Sicht- und Windschutz sehr gut; in Kombination mit Dämmung sogar Lärmschutz möglich.

HOLZZÄUNE.

Die einfachste Art zu sagen „Halt, hier fängt mein Grund und Boden an", ist die, ein paar Pfosten in den Boden zu rammen und Latten dranzunageln. Die Kunst, Holzzäune zu bauen, hat sich mittlerweile weiterentwickelt und es gibt alle möglichen Varianten von stabil und robust bis verspielt

GRUNDLEGENDE HINWEISE ZU BAU UND GESTALTUNG VON HOLZZÄUNEN.

- Verwenden Sie heimische Holzsorten, diese sind dem Klima angepasst und preiswert.
- Benutzen Sie ökologische Anstriche und Imprägnierungen. Streichen Sie die Elemente vor der Montage, damit alle Flächen geschützt sind. Farbanstriche müssen von Zeit zu Zeit erneuert werden, da sie abblättern und dadurch hässlich werden.
- Wasser sollte von allen Flächen schnell ablaufen können (konstruktiver Holzschutz): obere Enden abschrägen, Schrauben von unten anbringen, damit sich kein Wasser in den Schraubkanälen sammeln kann, Sägeflächen abhobeln und Kontakt mit Erde, Mulch o. Ä. vermeiden.
- Verwenden Sie nur wetterfestes Material (z. B. Edelstahlschrauben) und imprägnieren Sie alle Hölzer und Schnittkanten vor der Verarbeitung. Mehr zu Holzschutz erfahren Sie im Kapitel „Farbe, Lack und Holzschutz" ab Seite 620.
- Das Gesamtbild des Zauns wirkt harmonischer, wenn die Pfosten nicht über den Zaun hinausragen.

ZAUNPFOSTEN AUFSTELLEN.

Die Länge der Pfosten entspricht maximal der Höhe des Zauns plus Bodenbefestigung – beim Einbetonieren wären das 60–90 cm. Der Abstand der Pfosten zueinander richtet sich bei Fertigbausätzen nach der Größe der Zaunfelder; er sollte aber nicht größer als 3 m sein. Als Erstes bestimmt und setzt man die Position der End-, Eck- und Torpfosten. Bei Fertigzaunfeldern müssen die Abstände so gewählt sein, dass die Elemente im Ganzen dazwischen passen. Wenn die Pfosten gesetzt sind, dazwischen eine Richtschnur spannen, entlang der Sie die Position für die anderen Pfosten ermitteln und markieren. Beachten Sie beim Setzen Ihres neuen Zauns die Grundstücksgrenze und die zugelassene Zaunhöhe.

Es gibt mehrere Möglichkeiten, Pfosten aufzustellen, z. B. das Einbetonieren, die Verwendung von Einschlagbodenhülsen oder Pfostenstützen.

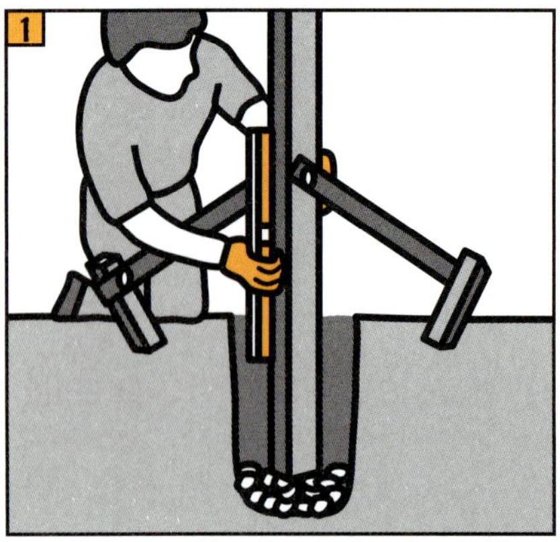

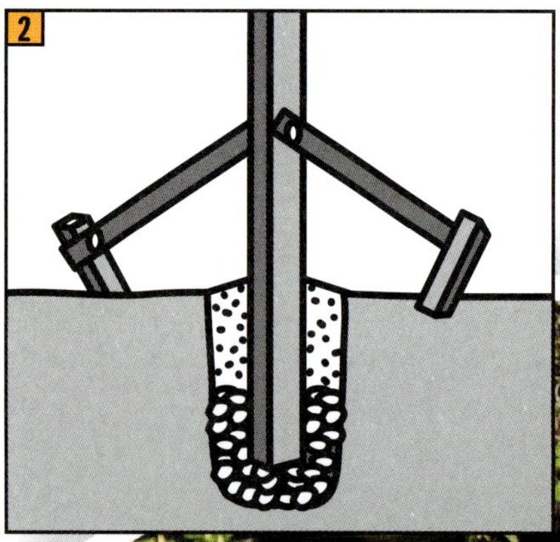

Zaunpfosten einbetonieren

Zum Setzen eines Zaunpfostens graben Sie das Pfostenloch so tief, dass der Pfosten später mit ca. 1/3 seiner Länge im Loch sitzt. Der Durchmesser des Lochs ergibt sich aus der Pfostendicke plus 20 cm für das benötigte Betonfundament. **1** Schütten Sie dann eine Schicht Kies als Dränage ca. 20 cm hoch in das Loch. Den Pfosten in das Loch auf die Kiesschicht stellen und mit der Wasserwaage senkrecht ausrichten. **2** Anschließend noch einmal Kies auffüllen, bis ca. 30 cm unterhalb der Erdoberfläche. Den restlichen Raum füllen Sie mit Beton auf und stampfen alles gut fest. Ziehen Sie das Betonfundament zum Pfosten hin etwas hoch und flachen es zum umliegenden Erdreich ab. So kann Regenwasser abfließen und das Holz hat einen „trockenen Fuß".

dekorativ. Die Pfosten sollten möglichst unauffällig sein. Am schönsten sind sie aus Holz, man kann aber auch Stein oder Metall benutzen. Holzpfosten unbedingt oben abschrägen oder mit einer Abdeckung aus Blech versehen, damit das Wasser abläuft.

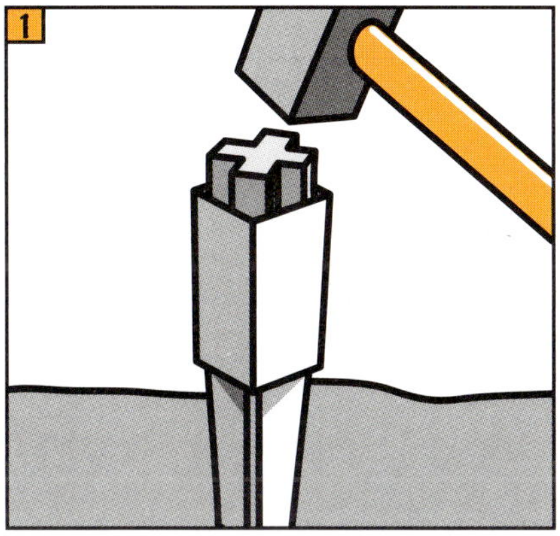
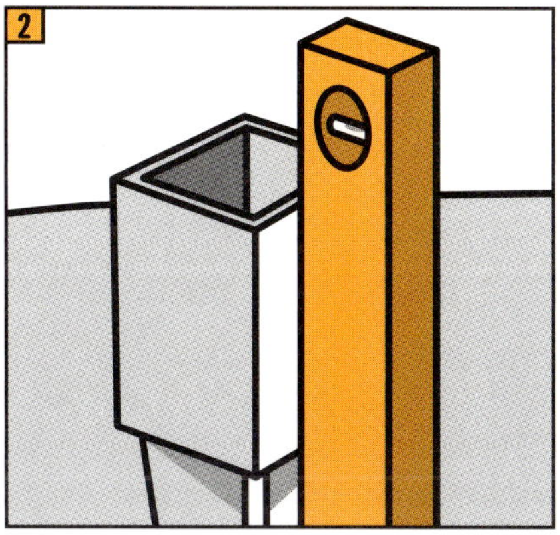

Einschlagbodenhülsen

Als Alternative zum Einbetonieren der Pfosten können auch Einschlagbodenhülsen verwendet werden. Die gibt es mit verschiedenen Pfostenaufnahmen – manche sind bis zu 80 cm lang, was eine gute Stabilität gewährt. **1** Sie werden mit einem Vorschlaghammer und einer Einschlaghilfe in die Erde getrieben. Nie direkt mit dem Hammer auf das Metall schlagen! **2** Achten Sie beim Einschlagen in die Erde auf einen senkrechten Sitz der Bodenhülse, indem Sie während des Einschlagens immer wieder mit der Wasserwaage kontrollieren und entsprechend nachjustieren. **3** Nun können die Pfosten in die Aufnahmen gestellt und mit Edelstahlschrauben verschraubt werden.

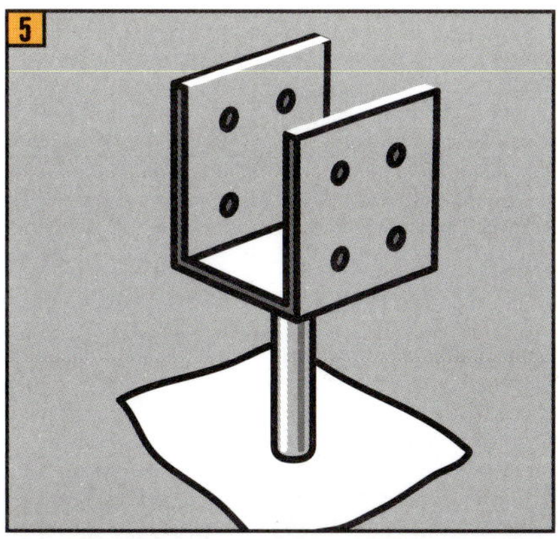

Pfostenstützen montieren

4 Um Pfosten-U-Stützen als Träger zu verwenden, zunächst ein Loch ausheben. Dieses sollte 30 x 30 cm groß sein. Bei einer Tiefe von 80 cm ist in jedem Fall ausreichende Stabilität (auch für Torpfosten) und Frostsicherheit gewährleistet.

5 Füllen Sie das Loch mit Beton aus und drücken Sie die Pfosten-U-Stütze in den noch feuchten Beton. Richten Sie die U-Stütze mit Hilfe einer Wasserwaage senkrecht aus und lassen dann den Beton abbinden. Die Pfostenstütze darf sich anschließend nicht mehr verschieben.

Mit ❶ Aufschraubhülsen und ❷ Standfüßen können Sie Zaunpfosten auch auf Betonuntergründen befestigen. Verwenden Sie ausreichend große Schrauben und Dübel, um dem Zaun einen festen Sitz zu geben. Sie sollten eine Länge von mindestens 60 mm haben (je höher der Zaun, desto länger die Schrauben und Dübel).

WERKZEUG.

- ✓ Hammer
- ✓ Einschlaghilfe
- ✓ Wasserwaage
- ✓ Schraubenschlüssel
- ✓ Spaten/Schaufel
- ✓ Bohrmaschine/ Akku-Schrauber

MATERIAL.

- ✓ Sechskantschrauben
- ✓ Einschlagbodenhülse
- ✓ U-Stützen
- ✓ Beton (hochwertig)
- ✓ Kies
- ✓ Latten
- ✓ Nägel
- ✓ Edelstahlschrauben und Dübel

ZAUNLATTEN BEFESTIGEN.

Die Frage ist nun, ob Sie Fertigzaunelemente anbringen oder den Zaun komplett selbst herstellen wollen. Und wenn Sie ihn selbst bauen, welche Art Holzzaun es werden soll. Mögen Sie lieber dünne Latten, breite Bretter oder dicke Bohlen? Das Ganze ist schließlich auch eine Designfrage! Beachten

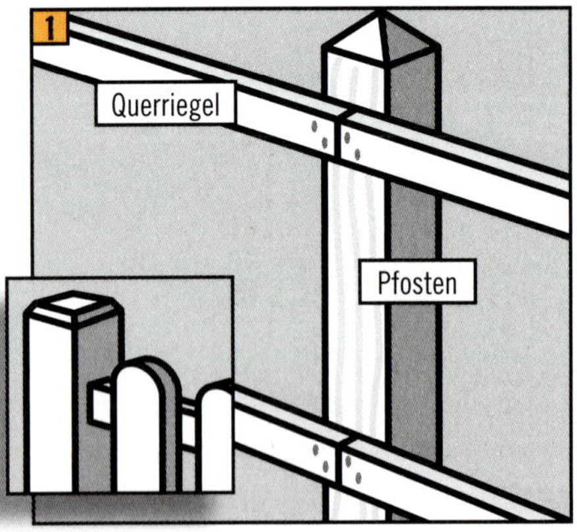

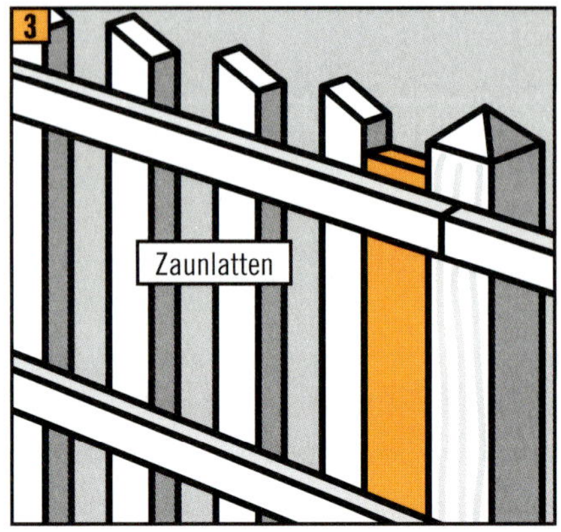

Der Lattenzaun

Die Bandbreite an fertigen Lattenzäunen ist groß. Dennoch kann es sinnvoll sein, sich seinen eigenen Zaun zu bauen. Zuerst werden dazu die benötigten Zaunpfosten gesetzt. **1** Dann die Querriegel so zuschneiden, dass sie jeweils auf der Pfostenmitte aneinanderstoßen. Schrauben Sie diese dann mit zwei Schrauben versetzt an. Wer die Querriegel nicht auf, sondern zwischen die Pfosten montieren möchte, kann mit Metallverbindern arbeiten. **2** Die Zaunlatten auf gleiche Länge zuschneiden und oben abschrägen, abrunden oder zuspitzen. **3** Die Latten dann auf den Querriegeln festschrauben. Um immer den gleichen Abstand einzuhalten, benutzen Sie kleine Abstandshölzchen in der gewünschten Breite.

DEKORATIVE LATTEN SELBST HERSTELLEN.

Mit Kreisschneider und Säge können Sie den Zaunlatten selbst individuelle Muster verpassen. Machen Sie sich eine Vorlage und halten Sie immer zwei Latten mit einer Schraubzwinge zusammen, um ein regelmäßiges Muster zu erhalten.

WERKZEUG.

- ✓ Säge
- ✓ Hammer
- ✓ Wasserwaage
- ✓ Zollstock
- ✓ Abstandshölzer
- ✓ Bohrmaschine

MATERIAL.

- ✓ Latten/Riegel
- ✓ Nägel
- ✓ Zaunhalter
- ✓ Schrauben
- ✓ Metallverbinder

ACHTUNG! PROFITIPP

Alternativ können die Holzverbindungen auch mit Nägeln hergestellt werden. Damit das Holz beim Nageln nicht federt, wird die Rückseite der Nagelverbindung mit einem schweren Hammer gestützt. Der Nagel lässt sich dadurch problemlos einschlagen.

Sie, dass alle quer liegenden Teile so zugeschnitten sind, dass sie bündig an den Pfosten anliegen und aneinander anschließen. Den Latten tut ein bisschen Abstand zum Boden gut, damit sie keinen Erdkontakt haben.

Zaunelemente befestigen

Die fertigen Zaunelemente werden mit Zaunhaltern an den Pfosten befestigt. 1 Bohren Sie die Stellen vor, an denen die Zaunhalter eingedreht werden. In den meisten Fällen genügen zwei Zaunhalter pro Seite. 2 Drehen Sie die Zaunhalter in die Bohrlöcher ein. 3 Nun können die Zaunelemente an den Zaunhaltern angeschraubt werden. Verwenden Sie immer rostfreie Schrauben.

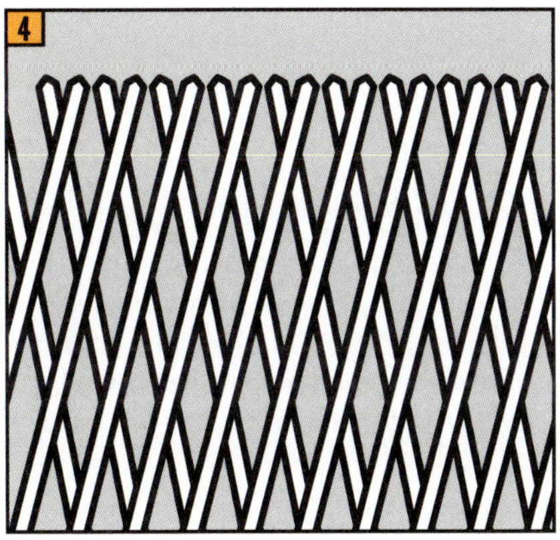

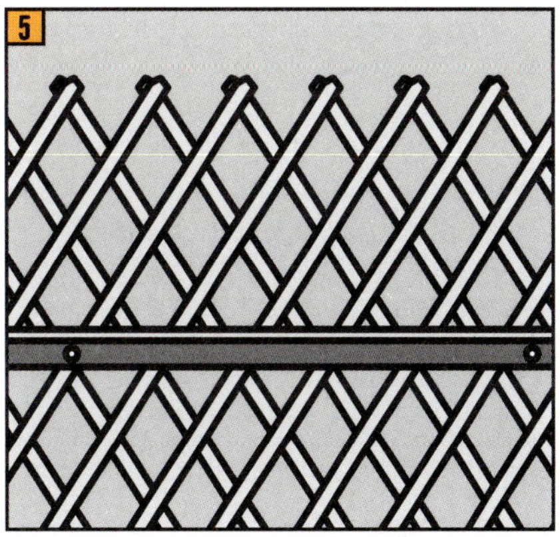

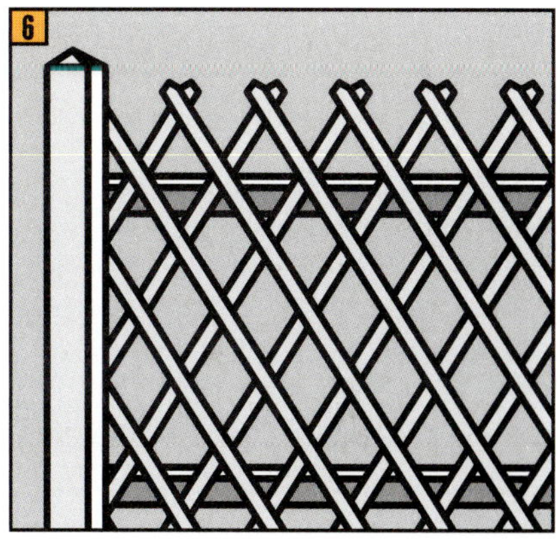

Jägerzaun aus Fertigfeldern

4 Die vormontierten Scheren- oder Jägerzaunfelder werden so weit auseinandergezogen, bis sie der gewünschten Zaunhöhe entsprechen. 5 Darüber nagelt man von innen provisorisch eine Latte an, damit sich das Feld nicht mehr verschiebt. 6 Dieses Konstrukt wird dann auf die Querriegel genagelt, die an den Pfosten befestigt sind. Die provisorisch angenagelte Latte können Sie dabei wieder abnehmen.

Zaun auf abfallendem Gelände

Wenn das Gelände uneben bzw. abfallend ist, muss man den Zaun entsprechend anpassen. Die Zaunpfosten und Zaunlatten bleiben dabei senkrecht. Fertige Zaunelemente müssen versetzt an den Pfosten angebracht werden. Diese können dann schon einmal unterschiedlich lang sein. Die am Boden entstehenden Lücken füllt man mit Steinen oder Sockelbohlen auf. Steigungen über 6 % sind allerdings auf diese Weise nicht zu bewältigen.

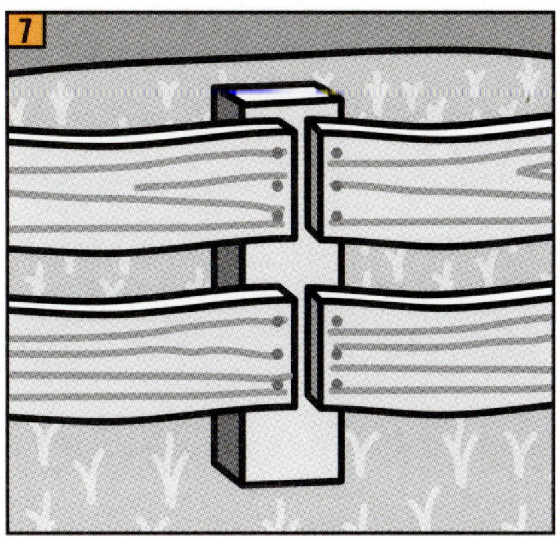

Ranchzaun

7 Ein Ranchzaun ist ziemlich einfach zu bauen. Er besteht lediglich aus Zaunpfosten und quer liegenden Brettern. Die Bretter können auch unregelmäßige Formen aufweisen, wodurch der besondere Charakter des Zauns entsteht. Üblich sind zwei quer liegende Bretter. Diese stoßen in der Pfostenmitte zusammen und werden mit jeweils drei Schrauben oder Nägeln befestigt.

GARTENTOR BAUEN.

Für Hochsprungathleten mag es witzig sein, Zäune mit einem eleganten Satz zu überwinden, die meisten aber bewegen sich im Alltag ungern gazellengleich. Sie würden sich beim Überklettern vielleicht auch noch verletzen. Vermeiden Sie lieber solche Dramen. Bauen Sie ein Gartentor.

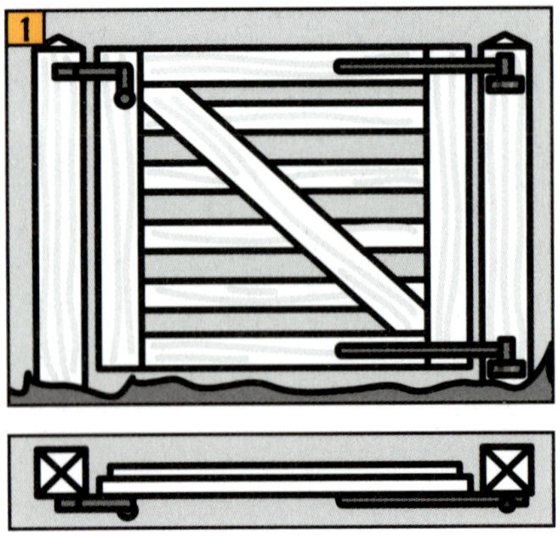

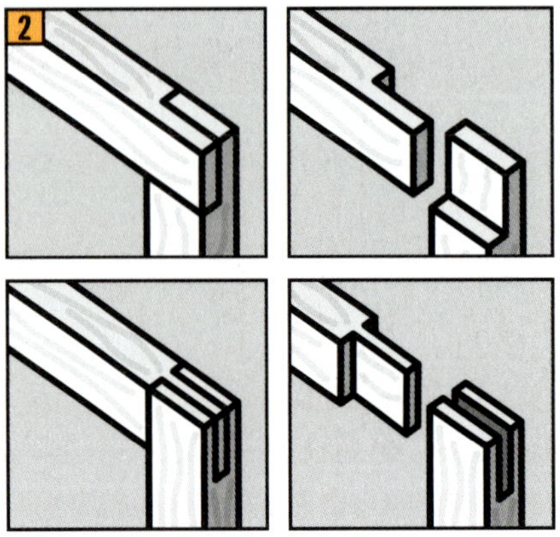

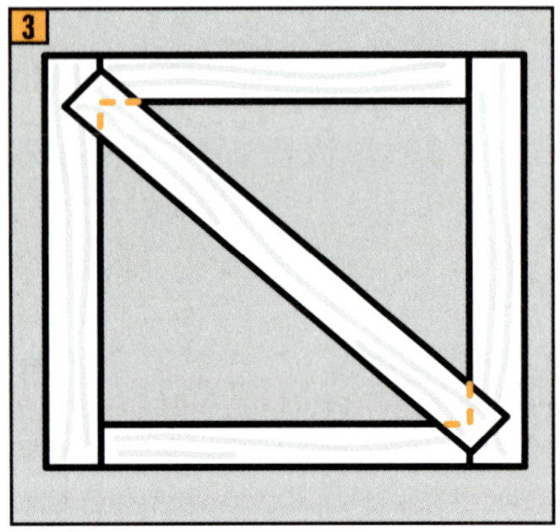

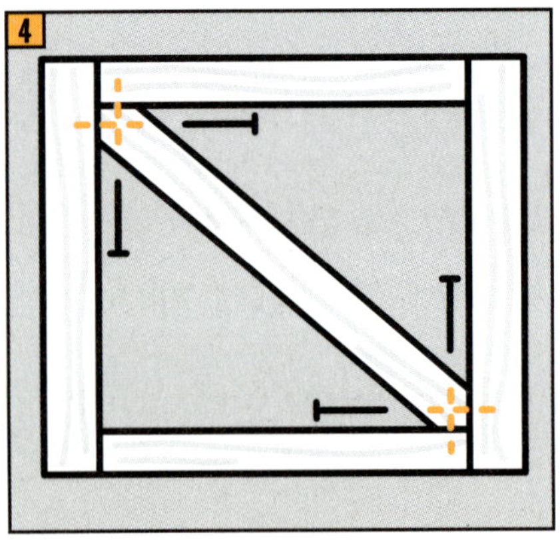

1 Beim Design haben Sie freie Wahl – was aber unbedingt sein muss, ist ein Pfosten, ein Rahmen, die diagonale Aussteifung, Bänder und Riegel. Der Pfosten ist bereits gesetzt. An seiner Höhe orientiert sich die Größe des Tors. Es sollte etwa 5 cm Abstand zum Boden halten, um nicht zu schleifen oder Steine einzukeilen und um immer wieder gut abzutrocknen. **2** Die Ecken des Torrahmens kann man mit verschiedenen Methoden verbinden. Konstruieren Sie entweder eine Überblattung oder Schlitz und Zapfen. Dafür schneiden Sie die Rahmenstücke mit einer Säge zu, wie dargestellt, und verleimen sie miteinander. **3** Für die diagonale Aussteifung legt man eine Latte quer auf den Rahmen und zeichnet an, wo sie zugeschnitten werden muss, damit sie in den Rahmen passt. Die Versteifung wird so eingebaut, dass sie auf das untere Band (Scharnier) zeigt. **4** Die Querlatte nun in den Rahmen drücken und mit jeweils zwei Schrauben an beiden Enden befestigen. **5** Jetzt braucht man noch die Beschläge und den Riegel. Deren Position markiert man mittels Anhalten und Anzeichnen zuerst an Pfosten und Torrahmen – zu zweit geht das übrigens einfacher. Man verschraubt sie anschließend mit rostfreien Schrauben. Am Torrahmen nimmt man für die Angeln sogar durchgehende Bolzen und Muttern, das ist stabiler.

WERKZEUGKUNDE VON PROFIS!

HANDBAGGER.

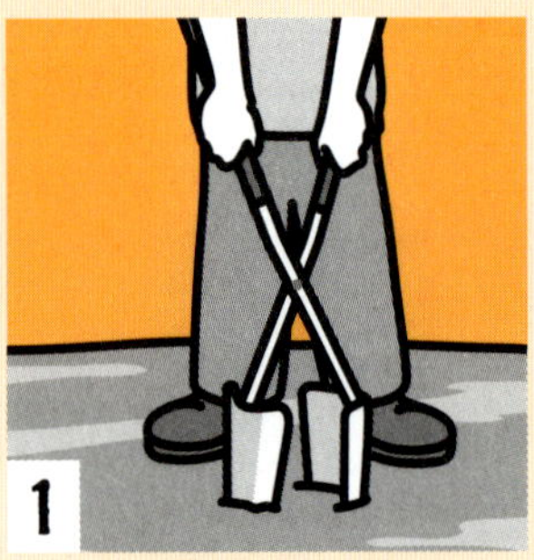

Mit dem Handbagger lassen sich auf einfache Weise Löcher (z. B. für die Befestigung von Zaunpfosten) herstellen. **1** Die Schaufeln des Handbaggers so weit öffnen, bis der gewünschte Lochdurchmesser erreicht ist. An der gewünschten Stelle aufsetzen. **2** Nun kreisförmig und mit leichtem Druck den Bagger in die Erde führen. Die Schaufeln dabei immer im Kreis drehen. **3** Die Baggerschaufeln zusammendrücken und mit der Erde nach oben ziehen. Das Loch in mehreren Durchgängen herstellen.

SICHT- UND LÄRMSCHUTZWAND.

Es gibt Momente im Leben, die man nicht unbedingt mit jedem teilen möchte, auch nicht mit den netten Nachbarn von nebenan. Man sollte auch nicht jedes merkwürdige Geräusch, das von drüben kommt, näher erforschen wollen. Ein Sichtschutzzaun stoppt die Neugier und schafft Privatsphäre.

1 Planen Sie die Lage einer Schallschutzwand so, dass der Lärm vorbeifahrender Fahrzeuge nicht in direkter Linie auf das Haus oder die entsprechenden Fenster auftreffen kann. Je näher der Zaun an der Straßenfront aufgebaut werden kann, umso besser ist die schalldämmende Wirkung. Die Schallschutzwand besteht aus genuteten Pfosten und Bohlen. Hier gilt, je massiver das Material ist, desto besser ist die schallschluckende Wirkung. Die schallschluckende Wirkung kann von der Straßenseite her noch durch einen aufgeschütteten Erdwall verbessert werden. Damit das Holz dabei keine Berührung mit der Erde hat, wird zwischen Wall und Holz eine Kiesschicht eingebracht. Darin kann Wasser ungehindert ablaufen und versickern. **2** Die Pfosten werden in vorbereitete Pfostenlöcher gesetzt. Das Setzen der Pfosten gelingt am besten mit Estrichbeton. Dieser wird einfach mit Wasser angemischt und kann sofort verwendet werden. Die Pfosten bis zum Aushärten des Betons seitlich mit Latten fixieren und in senkrechter Position halten. **3** Die weitere Montage ist dann einfach. Bohlen werden zwischen den genuteten Pfosten eingeschoben. **4** Die obere Bohlenreihe wird mit einem Querholz abgedeckt. **5** Auch die Pfosten bekommen als konstruktiven Holzschutz eine Abdeckung, damit kein Wasser eindringen kann.

PFOSTEN FÜR METALLZÄUNE SETZEN.

Planen Sie als Erstes den Zaunverlauf. Ruhig einmal die Strecke ablaufen. Das ist nicht nur gut für die Fitness. So können Sie auch auf mögliche Hindernisse aufmerksam werden. Dann einfach den Weg markieren, zum Spaten greifen und wie ein Maulwurf ein Loch nach dem anderen buddeln.

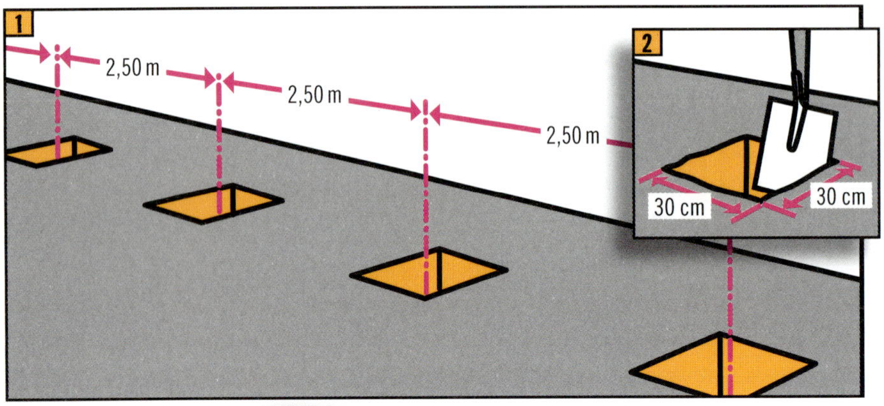

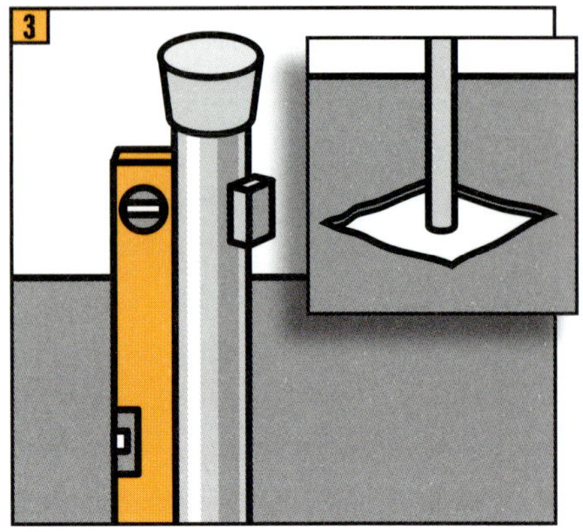

1 Bevor es ans Einzäunen geht, muss festgelegt werden, wie Ihr Zaun verlaufen soll. Die Zaunpfosten sollten Sie jeweils im Abstand von etwa 2,50 m einplanen. Für den Fundamentbeton mischen Sie am besten einen Teil Zement auf 6 Teile Kiessand und ein wenig Wasser – eine Fertigbetonmischung tut's aber auch. **2** Jetzt muss das erste Fundamentloch erstellt werden (30 x 30 cm, Tiefe: 80 cm). Beachten Sie dabei, dass der unterste Spanndrahthalter des Zaunpfostens im montierten Zustand möglichst dicht über dem fertigen Beton liegen sollte. Füllen Sie den Beton ein und stecken Sie den Zaunpfahl in den frischen Beton. Als Alternative können Sie auch Einschlagbodenhülsen verwenden. **3** Mit Hilfe einer Wasserwaage den Pfosten in alle Richtungen ausrichten. Und vergessen Sie nicht, den Beton gut festzustampfen.

PROFITIPP!

Wenn Sie Einschlagbodenhülsen verwenden, rostet der Zaunpfahl nicht so schnell, da Schwitzwasser oder Regenwasser in die Erde abläuft, statt im Beton „zu stehen". Achten Sie bei der Verwendung von Hülsen darauf, dass die Pfosten lotrecht stehen und die Spanndrahthalter an der richtigen Position sitzen. Zur Montage der Streben verwendet man Strebenplatten, die man ebenfalls auf Bodenhülsen montiert, bevor diese völlig im Boden versenkt werden.

DRAHT- UND METALLZÄUNE.

Draht- und Metallzäune haben den Ruf, nicht sehr dekorativ zu sein. Dabei braucht man diese preiswerte und pflegeleichte Variante des Zauns nur mit ein paar Rankpflanzen zu bepflanzen. Sie bilden ein dichtes und oftmals duftendes Blättermeer.

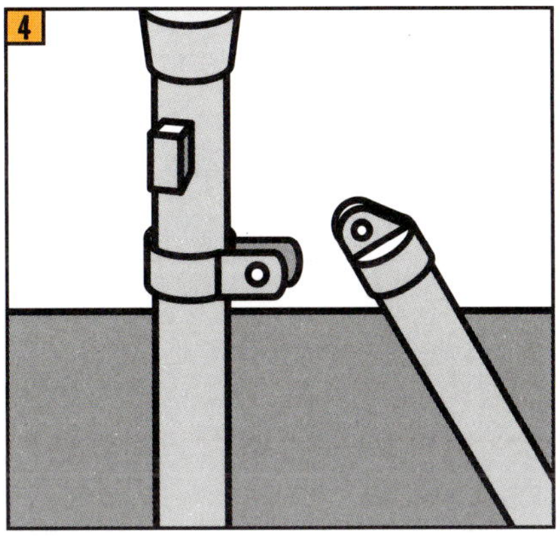

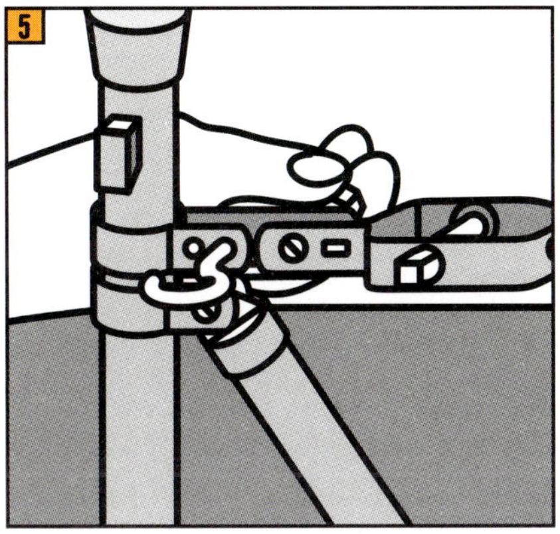

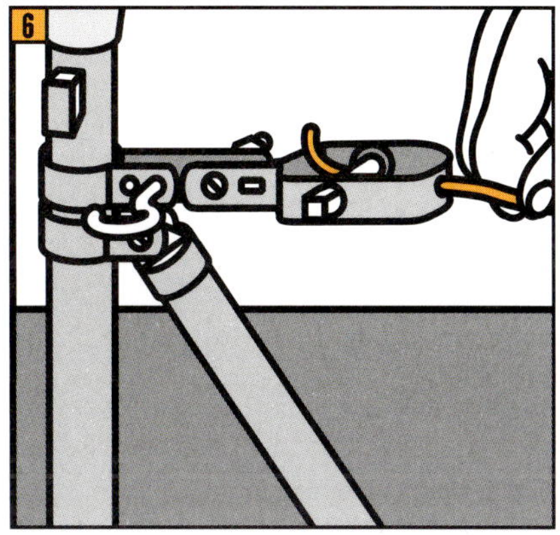

4 Der Anfangspfosten muss mit einer Strebe gestützt werden. Dazu zuerst die Strebe lose montieren, um dann an der Stelle, an der sie den Boden berührt, ein weiteres Fundamentloch auszuheben. Nach dem Eindrücken in den Beton wird diese dann noch fest verschraubt. Stützstreben sollten Sie unbedingt am Anfangspfosten, am Endpfosten und zusätzlich alle 30 m laufender Zaunlänge anbringen. Diese verhindern ein Zusammenziehen des Ganzen (durch die Spanndrähte) und geben dem Zaun die nötige Stabilität. Bei einem Richtungswechsel – z. B. an einer Ecke – sind zwei Streben notwendig, in jede Richtung eine. Jetzt kann Ihren Zaun so schnell nichts mehr erschüttern. **5** Die Spanndrahthalter werden am ersten und am letzten Zaunpfosten montiert und zwar jeweils oben, unten und in der Mitte. Diese, wie im Bild gezeigt, einfach an den Schellen anschrauben. **6** Nun muss der Spanndraht zugeschnitten werden. Dabei sollten zur erforderlichen Länge noch 10 cm dazugerechnet werden. Den Draht dann am Anfangspfosten in den Dorn des Drahtspanners einstecken, mit einem Schraubenschlüssel den Dorn drehen, damit sich der Draht aufwickelt. **7** Bei allen Zwischenpfosten wird der Spanndraht in die Drahthalterungen eingelegt. Am Endpfosten wird dann genauso verfahren wie beim Anfangspfosten. Also: Spanndraht in den Dorn des Drahtspanners einstecken und mit dem Schraubenschlüssel spannen. Und das dann beim mittleren und beim unteren Spanndraht wiederholen. Achtung: nicht zu fest anspannen – Reißgefahr! **8** Jetzt kommt endlich der Maschendraht zum Einsatz. Rollen Sie ihn etwas ab und stecken Sie einen Geflechtspannstab in die erste Maschenreihe. Dieser wird dann – zusammen mit dem Maschendraht – in die Zaunhaken gesteckt. **9** Anschließend das Drahtgeflecht über die gesamte Länge ausrollen, die oberen und unteren Drahtenden aufbiegen und mit Hilfe einer Zange um die Spanndrähte (oben und unten) legen. Der mittlere Spanndraht ist dazu da, den Maschendrahtzaun an mehreren Stellen daran zu befestigen. So kann er sich nicht wölben.

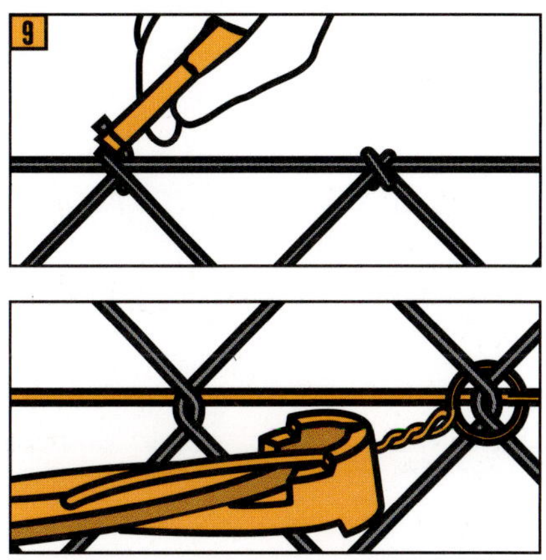

WERKZEUG.

- ✓ Bandmaß
- ✓ Spaten
- ✓ Schaufel
- ✓ Bodenbohrer
- ✓ Betonstampfer
- ✓ Wasserwaage
- ✓ Schraubenschlüssel
- ✓ Flachzange
- ✓ Kombizange

MATERIAL.

- ✓ Maschendrahtzaun
- ✓ Zaunpfosten
- ✓ Streben
- ✓ Geflechtstäbe
- ✓ Drahtspanner
- ✓ Befestigungsschellen
- ✓ Spanndraht
- ✓ Bindedraht
- ✓ Feinbeton-Fertigmischung oder Zement/Kiessand 1:6
- ✓ Torelement

HECKEN SETZEN.

„Jede Hecke ist ein Strauß von Blüten und man möchte zum Maikäfer werden, um im Meer von Wohlgerüchen herumschweben zu können", fand Goethe. Wahrlich, eine Hecke aus Forsythien oder Flieder in voller Blüte ist ein Fest für Augen und Nase. Manche Heckenpflanzen sind eher schlicht

HECKENART	GEEIGNETE STRÄUCHER UND GEHÖLZE	ANMERKUNG
Laubhecke	• Kirschlorbeer (Prunus laurocerasus) wächst enorm schnell. Dadurch hat man bald eine dichte Hecke, muss aber auch oft schneiden. Blätter sind ledrig und immergrün. • Buchs (Buxus Sempervivens) wächst sehr langsam und ist deswegen für hohe Hecken nicht geeignet. Für die übliche Verkaufshöhe von 1,80 m braucht der Buchs 10 Jahre Wachstum. Er lässt sich in schöne Formen schneiden. Die Blätter sind immergrün und sehr dicht. • Hainbuche (Carpinus betulus ‚Fastigiata') wächst nicht ganz so schnell, deswegen besser ältere Pflanzen kaufen. Die Blätter werden im Winter zwar braun, fallen aber nicht ganz ab. Rotbuche eignet sich ebenfalls. • Feldahorn (Acer campestre) färbt sich im Herbst schön bunt und wächst dicht.	Am besten nimmt man immergrüne Pflanzen, sonst sieht die Hecke im Winter nackt aus und von Blickdichte kann keine Rede mehr sein.
Nadelhecke	• Lebensbaum (Thuja) wird in vielen Sorten angeboten. Er ist sehr blickdicht und preiswert und wird über 1 000 Jahre alt. Man kann ihn radikal verjüngen. Allerdings finden manche Menschen den Geruch unangenehm. Es gibt auch sehr niedrigwachsende Sorten. • Leyland-Zypressen eignen sich bestens. Sie wachsen schnell, sind pflegeleicht und werden innen nicht braun. • Fichte (Picea abies) eignet sich für sehr hohe Hecken. Sie wächst sehr dicht, lässt sich gut schneiden und ist ansonsten unheimlich pflegeleicht.	Der einzige Nachteil von Nadelgehölzen ist, dass sie dazu neigen, in einer dichten Hecke innen braun zu werden.
Schutzhecke	• Ilex oder Stechpalme, wächst ziemlich langsam. Die Blätter sind immergrün, hart und stachlig. • Feuerdorn (Pyrycantha) wächst schnell und wird sehr groß, also rechtzeitig beschneiden. Er hat lange, spitze Dornen und bildet schöne, gelbe, orange oder rote Beeren. • Weißdorn (Crataegus monogyn) wird ebenfalls sehr groß und hat rote Beeren. Im Frühling blüht er mit einem Meer aus weißen Blüten. Aber Vorsicht: Weißdorn ist Wirt des Feuerbrandes, einer Bakterienkrankheit, die Obstbäume befällt.	Stechpalme, Feuerdorn und Weißdorn sind stachlige und spitze Heckenpflanzen, die es Menschen und größeren Tieren nahezu unmöglich machen, in den Garten einzudringen.
Niedrige Hecke	• Fingerstrauch (Potentilla fruticosa) wird maximal bis 1,50 m hoch. Er steht gern im Halbschatten und blüht leuchtend gelb, weiß oder orange. • Forsythie (Forsythia) bringt im April ein Meer gelber Blüten hervor. Danach erst schneidet man sie zurück. Es gibt auch hochwachsende Sorten. • Deutzie (Deutzia), langblühend; ist einer der wenigen Sträucher, der im Sommer blüht. Es gibt verschiedene Sorten, die unterschiedlich hoch werden und weiß oder rosa rispenförmige Blüten haben. Die Blätter verfärben sich rotviolett im Herbst. • Berberitze (Berberis diverse) wachsen dicht und kompakt; die gelben Blüten blühen im Mai. Die Blätter sind immergrün und haben Stacheln.	Niedrige Hecken dienen nur einer formalen Abgrenzung; sie sind kein Sichtschutz.
Naturhecke	• Unter anderem eignen sich: Brombeere (Rubus fruticosus), Forsythie (Forsythia), Flieder (Syringa), Haselnuss (Corylus avellana), Johannisbeere (Ribes diverse), Holunder (Sambucus nigra), Sanddorn (Hippophae rhamnoides), Schlehe (Prunus spinosa), Wacholder (Juniperus communis), Cornus (Hartriegel), Rosa (Wildrose).	Eine Kombination aus Sträuchern und Gehölzen, die üppig blühen bzw. Früchte tragen, macht eine Hecke zum Lebensraum für viele Tiere. Sie ist farbenfroh und lebendig.
Blütenhecke	• Liguster (Ligustrum ovalifolium) ist anspruchslos. Er wächst üppig und schnell. Die Blätter sind immergrün. Im Frühling bildet er viele kleine weiße Blütendolden, im Herbst trägt er schwarze Beeren. • Rhododendron ist immergrün und langsam wachsend. Er wird nicht nur bis zu 5 m hoch, sondern auch sehr breit. Die Blüten, die es in allen möglichen Farben gibt, sind wunderschön; die Blätter sind dunkelgrün, glänzend und für Weidetiere giftig. • Flieder (Syringa) bringt im Mai wunderschöne Blütendolden hervor; Farbe je nach Sorte. Ein Rückschnitt direkt nach der Blüte verhindert, dass der Strauch das nächste Jahr blüht. • Ranunkelstrauch (Kerria japonica) wird bis zu 2 m hoch und bildet Ausläufer. Man sollte ihn nicht düngen, da er sonst zu sehr wuchert. Die hübschen gelben Blüten erscheinen zweimal im Jahr – im Frühling und im Spätsommer.	Natürlich kann noch eine Vielzahl anderer Sträucher dafür eingesetzt werden!

und begnügen sich damit, die Schätze des Gartens vor den neugierigen Blicken der Passanten zu bewahren und die ungestümen Böen des Windes zu bremsen. Geborgenheit bietet die Hecke vielen Tierchen. Igel nennen sie ihr Zuhause, Vögel bauen ihre Nester in ihnen.

PFLANZABSTAND.

Wer die Heckenpflanzen zu dicht setzt, riskiert, dass sie sich gegenseitig Licht und Nährstoffe wegnehmen, sich bedrängen und dann eingehen. Bei zu viel Abstand entstehen große Lücken, die sich erst langsam oder gar nicht schließen.

Gehölz	Abstand
Deutzie, Berberitze, Buchs, Liguster	40 cm
Ranunkelstrauch, Goldfinger	50 cm
Schlankwachsende Thuja; Forsythie	30 cm; 70 cm
Ilex; Hainbuche, Feldahorn, Johannisbeere	50 cm; 80 cm
Zypressen, breitwachsende Thuja, Feuerdorn, Flieder, Rhododendron, Weißdorn	50 cm
Kirschlorbeer	50 cm

HECKEN PFLANZEN.

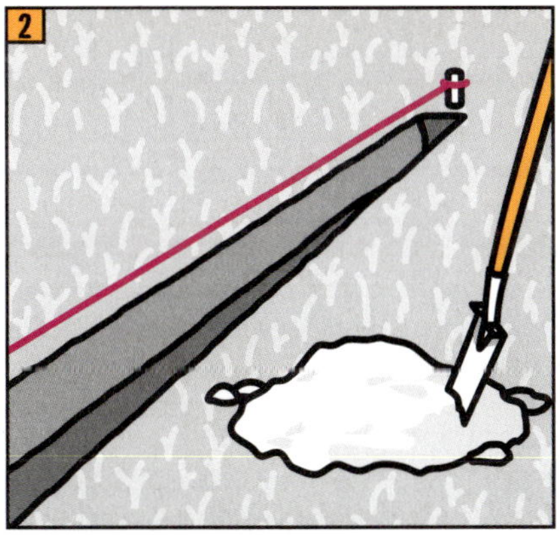

Damit die Hecke optimal anwächst, lockert man stark verdichteten Boden auf – z. B. nachdem schweres Baugerät auf ihm gestanden hat – und mischt ihn mit Sand. Das Gleiche machen Sie mit lehmigen Böden. Sandiger Boden muss mit Humus oder Lehm vermischt werden. In allen Fällen können Sie bis zu 20 % gut verrotteten Kompost beimischen. Setzen Sie am Anfang aber keinen Dünger ein! Eine Bodenüberdüngung kann die Pflanzen ebenso töten wie zu magerer Boden.

Pflanzen im Wurzelballen können in frostfreien Zeiten von November bis März gesetzt werden. Am besten geeignet ist jedoch der frühe Herbst bei immergrünen Gehölzen und der späte Herbst bei laubabwerfenden Gehölzen. Pflanzen in Containern (Pflanztöpfen) können ganzjährig gepflanzt werden. **1** Vor dem Pflanzen feuchtet man die Pflanzballen ausgiebig an. Pflanzen ohne Ballen werden ca. 15 Minuten ins Wasser gestellt. **2** Für einen gleichmäßigen Verlauf einer geformten Hecke wird ein Graben entlang einer gespannten Pflanzschnur ausgehoben; und zwar so tief und breit, dass die Wurzelballen darin ausreichend Platz haben – lieber zu viel als zu wenig! Die Pflanzen sollten so tief in der Erde sein, wie sie es vorher auch waren. Man erkennt die Pflanztiefe an der bräunlichen Verfärbung des Wurzelhalses am Stamm. **3** Die Gehölze dann gleichmäßig im richtigen Abstand (siehe Tabelle) einsetzen und ausrichten. Das Sackgewebe um die Ballen öffnen, unter den Wurzelballen aber nicht entfernen. Bei wurzelnackten Pflanzen die Wurzeln vorsichtig in alle Richtungen verteilen. **4** Erde darauf geben und mit dem Fuß festdrücken. Die Wurzeln nach der Pflanzung einschlämmen. Abgesacktes Erdreich wieder aufschütten und erneut wässern. Auch bei feuchter Erde ist diese intensive Wassergabe wichtig. **5** Die Erde um die Pflanze mit dem Fuß etwas tiefer eindrücken. Die Vertiefung dient als Gießrand bei der Bewässerung. Bei Laubgehölzen schneidet man nach der Pflanzung den einjährigen Trieb um die Hälfte zurück. Am Schluss den Pflanzgraben mit Mulch bedecken und, wenn nötig, die Sträucher an Holzpfähle binden, um sie gegen Sturm zu sichern. Nach etwa zwei Jahren kann man die Pfosten wieder entfernen.

WERKZEUG.

- ✔ Schaufel/Spaten
- ✔ Schubkarre
- ✔ Metermaß
- ✔ Pflanzschnur
- ✔ Holzpflöcke

MATERIAL.

- ✔ Immergrüne Gehölze
- ✔ Laubabwerfende Gehölze
- ✔ Pflanzerde

HECKEN SCHNEIDEN.

Ein heikles Thema. Es ist ein bisschen so wie mit dem Haarschneiden – wenn man's selbst versucht, ist das Ergebnis meist eine halbe Katastrophe. So schwierig ist das alles aber gar nicht. Jawohl, es ist möglich, eine Hecke schön und richtig selbst zu beschneiden.

Der richtige Zeitpunkt

Nadelhölzer werden einmal im Jahr geschnitten, und zwar im Juli/August. Laubhölzer schneidet man zweimal: einmal Ende Juli und einmal im Winter, bevor sie ausgetrieben haben. Neu gepflanzte Hecken kappt man im Frühling um ein Drittel – egal, ob man sie gerade eben oder letzten Herbst gesetzt hat. Achten Sie dabei aber auf mögliche Vogelnistplätze. Es gibt gesetzliche Bestimmungen, die aus Gründen des Tierschutzes den Zeitpunkt des Rückschnitts bestimmen. Erkundigen Sie sich für Ihre Region.

Das richtige Werkzeug

Neben der **A** Handheckenschere für kleine Hecken und einzelne Zweige benutzt man eine **B** elektrische Heckenschere, um Blätter, Triebe und dünne Zweige großflächig abzuschneiden. Größere Äste kann diese jedoch nicht bewältigen, dafür benutzt man eine **C** Getriebe-Astschere.

A
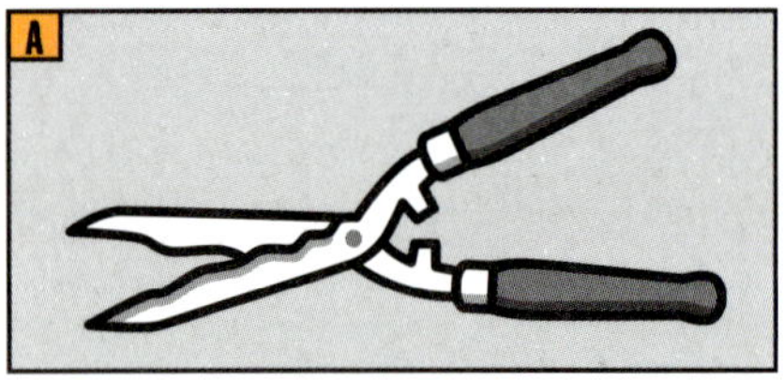

B

C
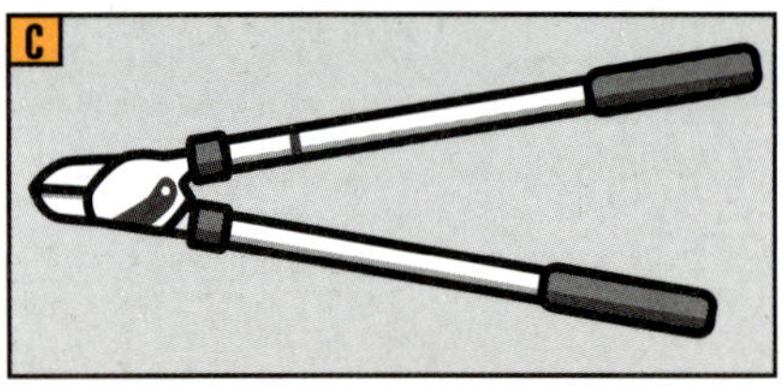

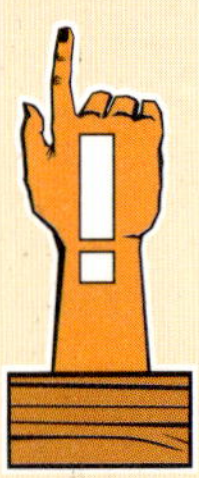

PROFITIPP!

Zum Düngen eignen sich getrockneter Kuhdung und Knochenmehl bestens. Das ist preiswerter und auch umweltfreundlicher als Kunstdünger.

Die richtige Form

Hecken werden trapezförmig geschnitten. Das hat den Grund, dass mehr Licht bis unten durchdringen kann und die Sträucher im inneren und unteren Bereich nicht kahl und braun werden. Der Schnittwinkel sollte etwa 10° betragen. Wenn Sie eine exakt geschnittene Hecke bevorzugen, bauen Sie sich ein kleines Gerüst aus Holzlatten, das die Form vorgibt. Mit etwas Augenmaß, Maurerschnur und weiteren Latten übertragen Sie die Form auf die Länge der Hecke. Aber kein Stress: Es ist nicht nötig, mit der Wasserwaage nachzumessen. So gerade wie bei einer Hauswand muss es nicht werden – in der Natur ist ja normalerweise nichts waagerecht, kerzengerade oder rechtwinklig.

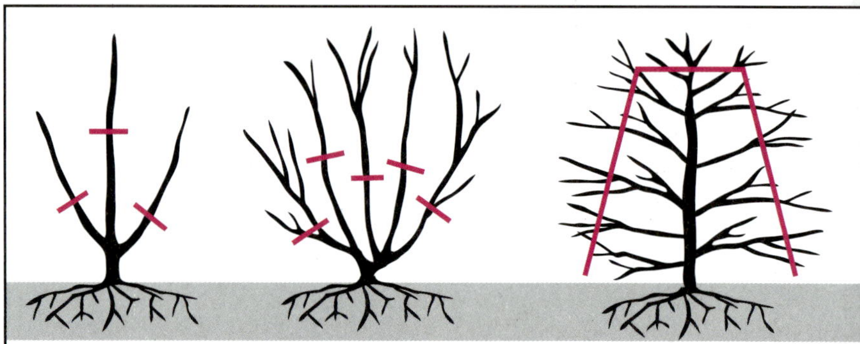

Die Pflanze rechts zeigt den Schnitt bei stammartigem Mitteltrieb, die beiden anderen den Schnitt von Pflanzen ohne Ballen mit strauchartigem Aufbau.

Heute wie damals: Hinter ihren Burgmauern und Wassergräben haben sich Könige und Burgherren schon immer wohl gefühlt.

CARPORT BAUEN.

CARPORT BAUEN.

HAGEL, SCHNEE UND HERBSTLAUB. UNTER FREIEM HIMMEL LEBT SICH'S GEFÄHRLICH. DAMIT IHREM FLITZER NICHT STÄNDIG WAS AUFS DACH FÄLLT, BAUEN SIE IHM DOCH EINEN SCHICKEN CARPORT.

WICHTIG: Lassen Sie Ihr Bauvorhaben bei Ihrer zuständigen Gemeinde prüfen, denn die Bauordnungen sowie die Bebauungspläne müssen eingehalten werden.

GUT GEPLANT IST HALB GEBAUT.

Also, wo passt das Teil denn hin? Bei der Standortwahl für Ihren Carport sollten Sie zwei Dinge beachten: dass Sie erstens gut hineinfahren können und zweitens, ob der Carport – wenn nötig – an die Grenze zum Nachbarn gebaut werden darf. Egal ob Sie einen fertigen Bausatz verwenden oder selber ans Werk gehen – auf den folgenden Seiten zeigen wir Ihnen, wie Sie das Projekt am besten anpacken. Vom Pfostenanker bis zur Bedachung erfahren Sie alles, was Sie für den Bau Ihres Carports wissen müssen.

GRÖSSE, STATIK, STANDORT.

Nachdem der ideale Standort gefunden ist, gilt es, die genaue Größe des Carports zu bestimmen. Bausätze sind in den meisten Standardgrößen verfügbar und können in der Regel an jedem geeigneten Ort errichtet werden. Selbstverständlich erfüllen solche Pakete auch sämtliche statischen Anforderungen und sind außerdem leicht aufzubauen. Wer seinen Carport in Eigenregie individuell bauen möchte, sollte sich von einem Zimmermann in Sachen Statik und Standfestigkeit beraten lassen. Achten Sie auf die Mindestabmessungen bei den Holzquerschnitten, damit die Tragfähigkeit und Stabilität Ihrer geplanten Konstruktion gewährleistet ist. Die verwendeten Hölzer müssen fachgerecht verbunden werden. Dazu sind geeignete Metallwinkel und spezielle Verbindungselemente im Handel erhältlich. Erst wenn alle nötigen Vorbereitungen und Planungen abgeschlossen sind, geht's ans Werk.

Von Bundesland zu Bundesland unterscheiden sich die Baugesetze. Auch wenn bei einem Carport die Auflagen weniger streng erscheinen, müssen trotzdem bestimmte Abstände zur Straße hin eingehalten werden. Schließlich geht es um die Verkehrssicherheit und um die Übersichtlichkeit einer Straße. Auch in punkto Höhe müssen die Bestimmungen der Ämter berücksichtigt werden. In der Regel dürfen 3 m nicht überschritten werden. Um auf der sicheren Seite zu sein, empfiehlt es sich, den geplanten Carport auf dem Bauamt absegnen zu lassen. Legen Sie dem Sachbearbeiter einfach mal Ihre Pläne vor. So vermeiden Sie unnötigen Ärger mit der Behörde oder dem Nachbarn.

PFOSTEN BEFESTIGEN.

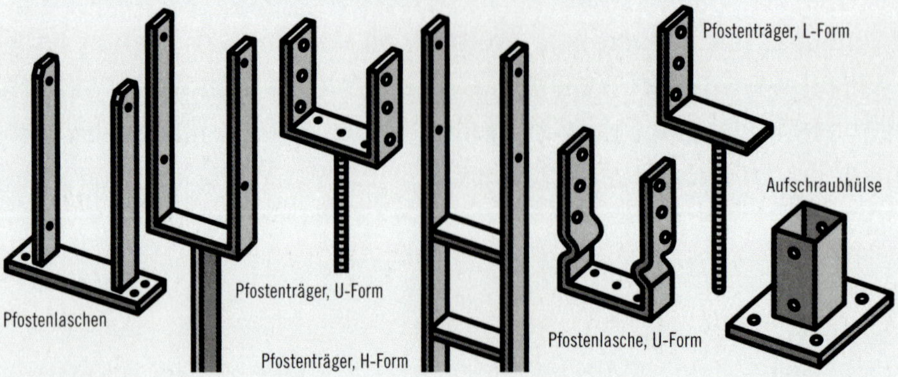

Pfostenträger in verschiedenen Ausführungen und Größen halten das Holz vom Boden her trocken. Für besonders schwere Pfosten empfiehlt sich der H-Träger zum Einbetonieren. U-Laschen dagegen können Sie direkt an- oder aufschrauben. Achten Sie auf gut verzinktes Material, damit der Rost keine Chance hat.

WERKZEUG.

- ✓ Schaufel
- ✓ Spaten
- ✓ Schubkarre
- ✓ Wasserwaage

MATERIAL.

- ✓ Fertigbeton
- ✓ Pfostenträger
- ✓ Dachlatte

PFOSTENTRÄGER SETZEN.

KONSTRUKTIONSHOLZ.

Massivholz hat bei Holzkonstruktionen den Nachteil, dass es sich im Laufe der Zeit verziehen kann. Insbesondere bei der Verwendung von Hohlkammerplatten als Bedachung ist Massivholz wenig geeignet. Konstruktionsvollholz (KVH) oder Brettschichtholz (BSH) hat hier entscheidende Vorteile. Brettschichtholz (auch Leimholz) ist nahezu verzugsfrei und für den Bau eines Carports eine gute Wahl. Konstruktionsvollholz ist vergleichbar mit Brettschichtholz, hat aber einen entscheidenden Vorteil: Es ist in der Länge durch eine Zahnverbindung verleimt und besonders für die Überbrückung größerer Spannweiten geeignet. Mehr Informationen zu Holz im Gartenbau ab Seite 464 im Kapitel „Terrasse bauen".

1 Pfosten für Carports stehen am besten in einbetonierten Pfostenträgern. Stechen Sie pro Pfosten mit dem Spaten ein quadratisches Loch in doppelter Spatenbreite aus, Tiefe ca. 50 cm. **2** Kleine Mengen Beton können bequem als Sackware gekauft werden. Gut geeignet ist sogenannter Estrichbeton. **3** In einer Schubkarre die Masse mit einer Schippe gebrauchsfertig anrühren. **4** Jetzt einfach mit dem angerührten Beton die Löcher auffüllen. Beim Einfüllen mit der Schippe die Masse immer wieder durchstoßen, damit ein homogenes Betonbett entsteht. **5** Ca. 10 Minuten antrocknen lassen. danach alle Pfostenträger auf gleicher Höhe einstecken. Zwei kurze Dachlattenstücke helfen den Pfostenträger zu stützen, wenn er versenkt ist. Alle Pfostenträger zueinander ausrichten. Vor der Montage der Pfosten bitte warten, bis der Beton vollständig ausgehärtet ist. Durch zu frühes Einsetzen der Pfosten können sich die Pfostenträger lockern und die gesamte Konstruktion instabil machen.

HOLZ VERBINDEN.

Die drei gängigsten Methoden, Holz zu verbinden.

BESCHLÄGE.

Verzinkte Lochbleche und Metallwinkel sorgen für perfekte Verbindungen, die schnell und unkompliziert hergestellt werden können.

VERZAPFEN.

Die klassische Holzverbindung. Sie zeichnet sich aus durch perfekte Passgenauigkeit. Eher was für den fortgeschrittenen Handwerker. Die Verzapfung benötigt größere Holzquerschnitte, damit die Tragfähigkeit an den Verbindungsstellen nicht gefährdet wird. Mehr zum Thema Verzapfen siehe „Pergola bauen“, ab Seite 532.

SCHRAUBEN.

Das stabilisierende Verschrauben von Diagonalstreben kann mit Holzschrauben in allen erforderlichen Längen erfolgen. Holzverbindungen mit Schrauben und Diagonalstreben sind genauso fest wie solche mit Beschlägen.

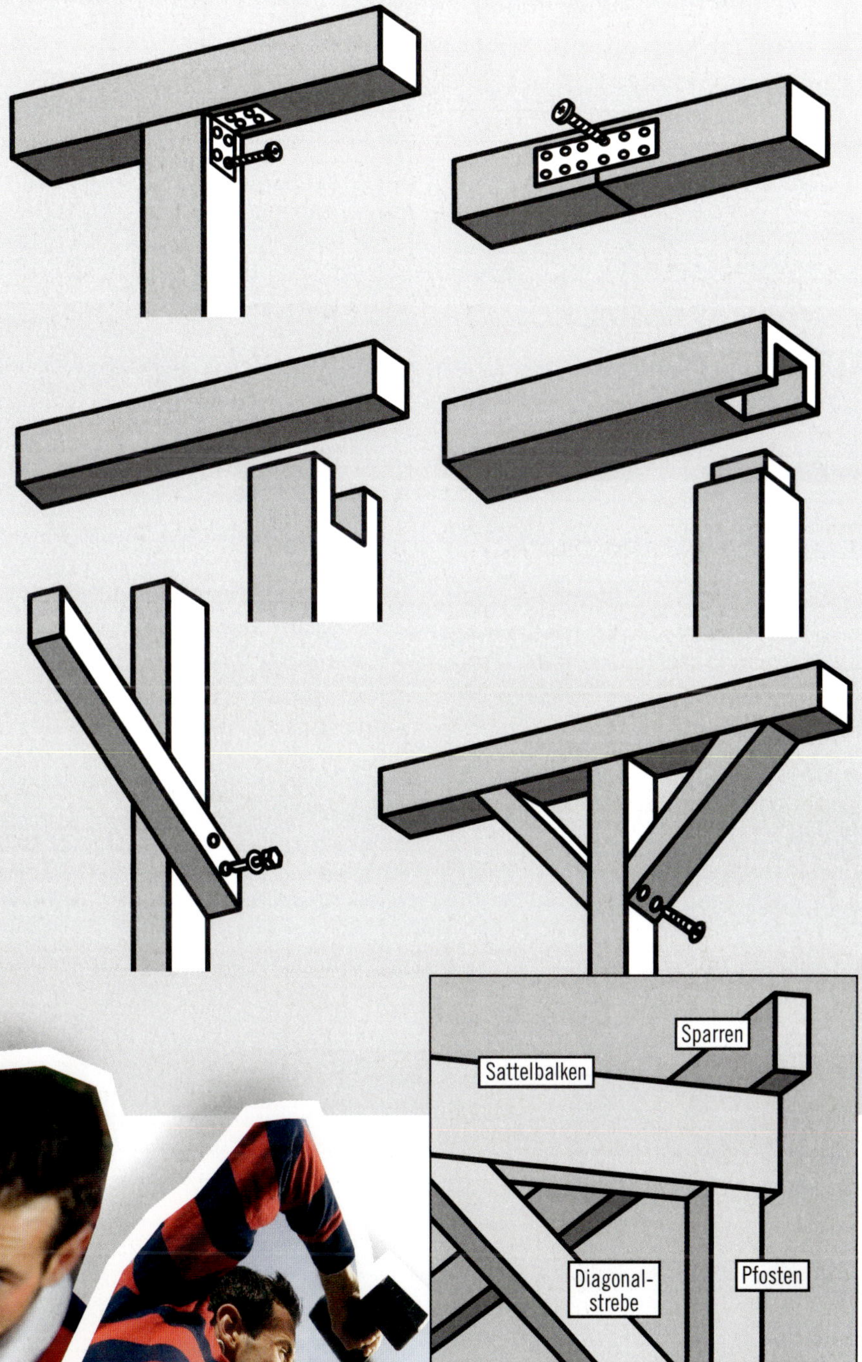

GRUNDKONSTRUKTION AUFBAUEN.

Sobald die Pfostenträger absolut fest im Beton stehen, können Sie loslegen. Bevor die Arme immer länger und die Balken immer schwerer werden, holen Sie sich lieber einen kräftigen Helfer dazu. Zu zweit ist man eher in der Lage, Berge zu versetzen.

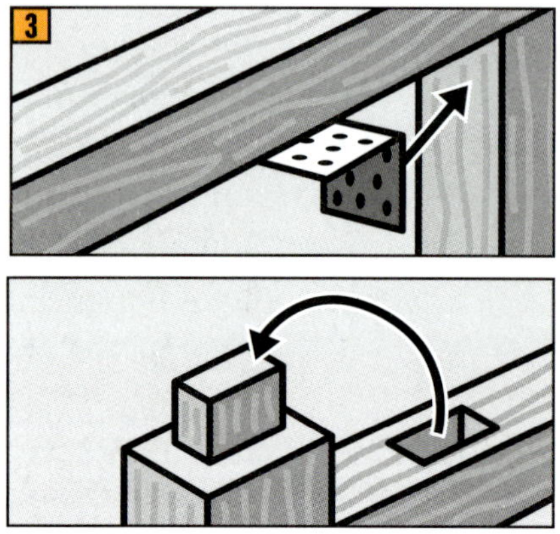

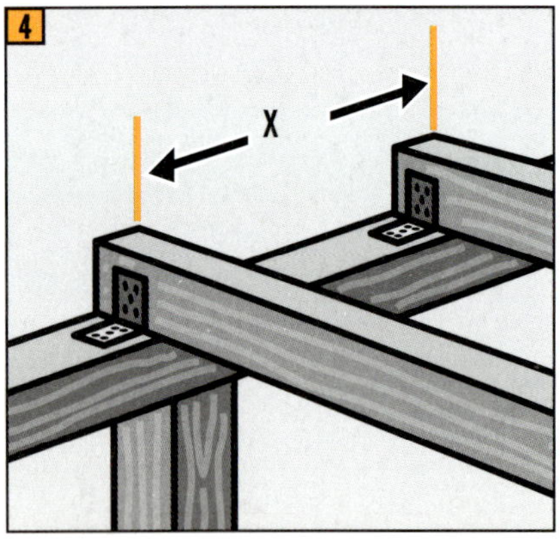

1 Pfosten in Pfostenträger stellen und mit starken 6-Kant-Holzschrauben befestigen. Um die Schrauben leichter eindrehen zu können, den Pfosten mit dem Holzbohrer anbohren. Den Rest erledigen Sie mit einem passenden Schraubenschlüssel. **2** Für einen sicheren Stand und zur besseren Ausrichtung befestigt man bis zur Fertigstellung Stützlatten mit Schraubzwingen an den Pfosten. **3** Sattelbalken auf den Pfosten auflegen, mit Schraubzwingen fixieren, exakt ausrichten und schließlich mit Winkeleisen verbinden. Eine andere Möglichkeit: die beiden Teile verzapfen und dann verschrauben. Diese „Profilösung" sieht gut aus, ist aber statisch gesehen nicht nötig. **4** Sparren im Achs-Abstand (x) für die Mehrkammerplatten auflegen. Der Achs-Abstand der Sparren muss der Breite der Mehrkammerplatten zuzüglich T-Profil entsprechen. Jetzt die Sparren mit verzinkten Eisenwinkeln am Dachträger verschrauben. Alternativ können Sparren und Tragebalken mit langen Holzschrauben verbunden werden. Tipp: Lange Löcher bohren Sie am besten mit einem sogenannten Balkenbohrer. Dieser ist ca. 25 cm lang und in den Stärken 6, 8 und 10 mm erhältlich.

ACHTUNG! PROFITIPP

Schmieren Sie die Spitze der Schrauben mit etwas Mehrzweckfett ein. Sie lassen sich dadurch viel besser ins Holz schrauben.

BEDACHUNG HERSTELLEN.

Jetzt sind es nur noch wenige Schritte zum Dach über Ihrem Auto. Wenn Sie die Sparren im passenden Abstand für die geplante Dacheindeckung auf die Trägerbalken montiert haben, kann wirklich nichts mehr schief gehen.

GEEIGNETE CARPORT-BEDACHUNGEN.

Weitere Möglichkeiten und Montagehinweise finden Sie ab Seite 86.

Die Klickverbindungen dieser Platten haben eine Überdeckungslippe und sind bereits ab 3° Neigung für Dacheindeckungen geeignet. Typische Einsatzgebiete sind neben Carports auch Vordächer, Gewächshäuser und Balkonüberdachungen.

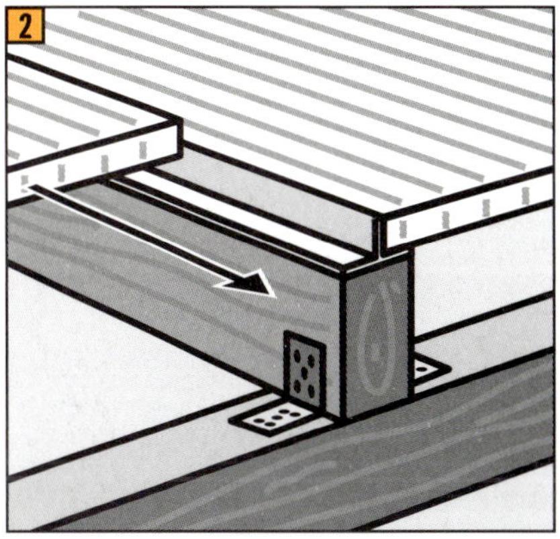

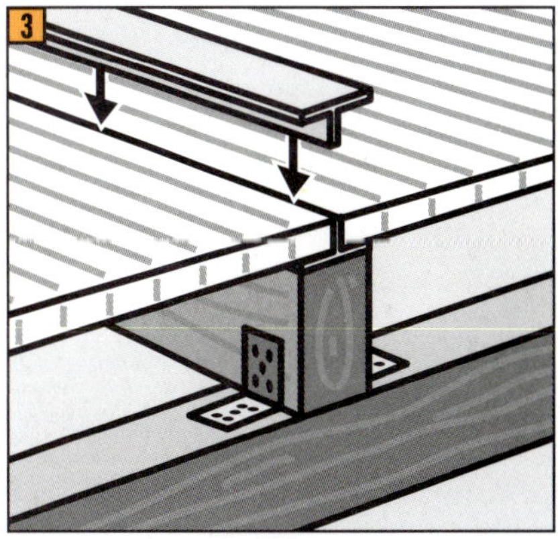

1 Mehrkammerplatten werden entweder durch einen Nut- und Federverschluss verbunden und auf die Sparren aufgelegt oder, wie hier dargestellt, mit Hilfe von T-Profilen aufmontiert. Hierfür zuerst die T-Profile mit kurzen Spax-Schrauben auf die Sparren aufschrauben. **2** Die Mehrkammerplatten werden jetzt von oben eingelegt und an den Enden bündig zueinander ausgerichtet. **3** Am Schluss wird jeweils zwischen den Platten ein Abdeckprofil angebracht.

MATERIALKUNDE HOHLKAMMERPLATTEN.

Hohlkammerplatten sind transparente Dacheindeckungen, bestehend aus einem widerstandsfähigen Kunststoff, wie Acryl oder Polycarbonat. Kunststoffscheiben sind durch Stege miteinander verbunden. Somit bilden sich in der Mitte Kammern, die auch für gute Isoliereigenschaften der Platten sorgen. Hohlkammerplatten, auch als Stegplatten, Doppelstegplatten oder Stegdoppelplatten bezeichnet, verwendet man für Carports, für Terrassenüberdachungen, Dacheindeckungen, Wintergärten, Wandverkleidungen oder Pergolen.

Übrigens hat's Ihr Auto richtig schön kuschelig, wenn Sie an den Seiten Rankgitter anbringen und daran Clematis oder Kletterrosen hochwachsen lassen.

PERGOLA BAUEN.

PERGOLA BAUEN.

WOHIN MIT DEN KLETTERROSEN? WAS MACHEN MIT DEM APFELSPALIER? WOHER KOMMT EIN BISSCHEN SCHATTEN UND KÜHLE FÜR DIE SITZECKE IM GARTEN? WIE DEN ÜBERGANG VON DER TERRASSE ZUM GEMÜSEBEET GESTALTEN? AUF ALL DIESE FRAGEN GIBT ES EINE ANTWORT UND DIE HEISST PERGOLA. EINE PERGOLA IST EIN WAHRER ALLROUNDER IM GARTENBAU. ALSO, AUF DIE PFETTEN, FERTIG, LOS!

Weitere Informationen zum Thema Holzkonstruktionen finden Sie in den Kapiteln „Terrasse bauen“ (ab Seite 464), „Zäune und Sichtschutz“ (ab Seite 504) und „Carport bauen“ (ab Seite 522).

WICHTIG: Lassen Sie Ihr Bauvorhaben bei Ihrer zuständigen Gemeinde prüfen, denn die Bauordnungen sowie die Bebauungspläne müssen eingehalten werden.

PERGOLA – DER ANBAU AUS HOLZ.

Das Wort Pergola kommt aus dem Italienischen bzw. Lateinischen und heißt Anbau. Die Pergola war und ist eine Zierkonstruktion im Garten, die zum Haus passen soll und oft auch an dieses angebaut ist. Gleichzeitig kann sie mehrere Zwecke erfüllen.

In königlichen Gärten findet man oft Pergolen als Zierde entlang der Wege. Man kann sie als Raumteiler einsetzen, die zwei unterschiedliche Abschnitte im Garten voneinander absetzen – zum Beispiel das Gemüsebeet vom Rasen. Mit den entsprechenden Bauteilen wie Sonnensegel oder Sichtschutzwand ausgestattet, kann eine Pergola als Sicht- und Windschutz oder Schattenspender dienen. Sie kann eine Holzterrasse abschließen oder als Teil eines Carports Garten und Einfahrt trennen. Eine besonders schöne Variante ist der Einbau von Rankgittern für diverse Kletterpflanzen oder gar als Rosenspalier.

Einholmige oder doppelholmige Pergola?
Das ist vor allem eine Frage des Zwecks. Einholmige Pergolen bestehen aus hintereinander stehenden Pfosten, auf denen ein Balken, auch Pfette genannt, liegt. Quer zu diesem wiederum sitzen einzelne Auflagehölzer, die Reiter oder Sparren heißen. Zwischen den Pfosten baut man Spaliere, Rankgitter, Sichtschutzzäune, Sonnensegel oder was einem sonst so einfällt.
Eine doppelholmige Pergola „überdacht“ Eingänge, Terrassen, Gartenwege oder Einfahrten. Ein Carport ist also eigentlich nichts anderes als eine überdachte doppelholmige Pergola über der Einfahrt. Man kann sie individuell aus Systemteilen zusammenbauen. Zum Begriff Pergola gehört allerdings der offene bis halboffene Charakter. Weder Seiten noch Dach sind total geschlossen.

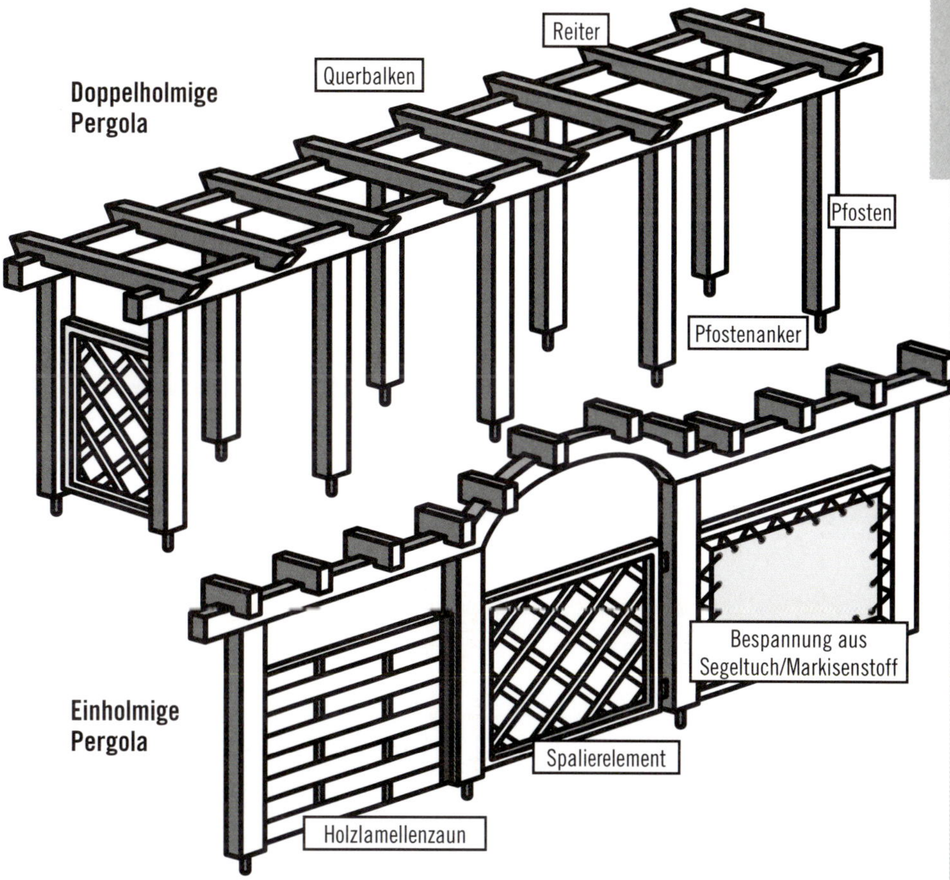

KONSTRUKTIONSWEISEN.

Egal, ob ein- oder doppelholmig und wofür:
Es gibt verschiedene Gestaltungsmöglichkeiten, die sich überall einsetzen lassen.

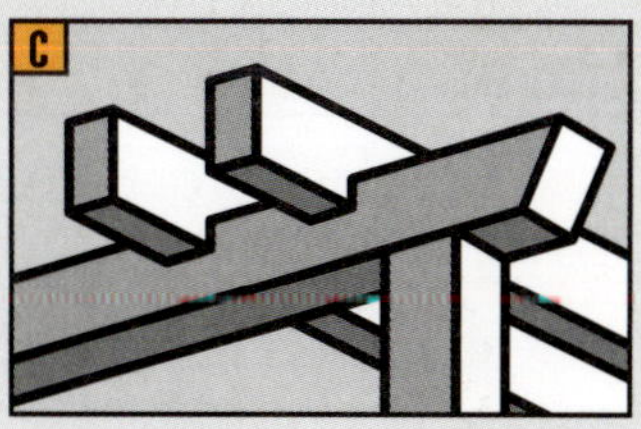

A Kassettenpergola
Wenn man aus Reitern und Querbalken ein gitterartiges Muster herstellt, nennt sich das Kassettenpergola.

B Lamellenpergola
Bei dieser Variante werden nur parallele Reiter, die dann Lamellen heißen, auf einen Rahmen aus Querbalken gesetzt.

C Aufliegende Pfetten
Die Querbalken liegen auf den Pfosten auf. Sie sollten so breit sein, dass sie den Hirnholzbereich des Pfostens komplett bedecken.

D Rahmenpergola
Pfosten und Querbalken schließen auf einer Ebene überlappend miteinander ab und bilden so einen Rahmen, auf den die Sparren montiert werden.

E Kantholzpergola
Zwei parallele Querbalken umschließen einen Pfosten. Man schraubt sie beiderseits der Stütze an und verbindet sie zusätzlich mit einer Schlossschraube.

F Doppelstütze
Ein Querbalken wird zwischen zwei eng nebeneinander stehenden Stützen eingespannt. Wenn man 4 Stützen nimmt, kann man zwei Querbalken oder Querbalken und Sparren einspannen. Die Bauteile stets aneinander befestigen und zusätzlich einmal durchgehend mit einer Schlossschraube verbinden. Am Boden verschraubt man die zwei oder 4 Pfosten auf einem Kantholz, das im Boden verankert ist (Pfostenschuh, Einschlaghülse o. Ä.).

PERGOLA BAUEN.

Also, entweder Sie suchen ein lauschiges Plätzchen im Garten, das Sie nun noch gemütlicher ausgestalten, oder Sie nehmen sich die schon seit langem verwahrloste Ecke vor und machen endlich mal was Schönes draus. Werden Sie Spaliergärtner! Oder Kletterrosenzüchterin! Könnte man nicht

Maße

Höher als 3 m sollte man eine Pergola nicht bauen. Die Spannweite zwischen den Stützen sollte ebenfalls 3 m nicht übersteigen, damit die Balken sich nicht durchbiegen; ideal sind 1,8 m.
Stützen und Querbalken: 10–16 cm Kantenlänge.
Sparren: 8–12 cm Kantenlänge, hochkant montiert im Abstand von 60–100 cm.
Diese Maße unterliegen gegebenenfalls behördlichen Auflagen, erkundigen Sie sich vorher. Sie sind außerdem abhängig von Größe und Konstruktionsweise.

1 Die Pergola steht auf Betonfundamenten mit Aufschraubbodenhülsen oder bei anderen Untergründen auf Pfostenträgern. Die Anleitungen dafür entnehmen Sie bitte den Kapiteln „Carport bauen“ (ab Seite 522) und „Zäune und Sichtschutz“ (ab Seite 504). Gut für den konstruktiven Holzschutz sind 10 cm Abstand der Pfosten zum Boden. **2** Sie können nun weiter vorgehen wie beim Carport. Der nächste Schritt hängt ohnehin davon ab, wie Sie die Pergola konstruieren. Die Pfetten (Querbalken) werden entweder mit Winkelelementen auf den Pfosten befestigt, zwischen zwei oder vier Stützen eingespannt oder seitlich daran geschraubt und noch mit Schlossschrauben verbunden. **3** Wenn man die Pfetten verlängern muss, sollten sie über einem Pfosten aufeinandertreffen. Zusätzlich überblattet man die Balken, das heißt, man sägt an beiden Enden jeweils ein Stück (ca. 5 cm lang und halbe Balkendicke) aus, so dass sie hinterher ineinandergreifen. Nicht von oben verschrauben, sondern ebenfalls mit Winkeln von unten am Pfosten befestigen. **4** Die Sparren werden hochkant in die Pfetten eingesenkt und mit Sparrenpfettenankern verbunden oder von unten verschraubt. Dabei sollten sich die Verschraubungen nicht direkt über den Pfosten befinden. Es ist sinnvoll, die Aussparungen in die Sparren zu sägen, bevor diese auf die Pfetten geschraubt werden. Am besten bauen Sie die ganze Konstruktion zunächst mit Schraubzwingen auf und machen die erforderlichen Markierungen. Dann können Sie die Hölzer passgenau zuschneiden und das Teil endgültig aufbauen und verschrauben. Zusätzliche Stabilität bekommt die Pergola noch durch Querstreben. **5** Eine zusätzliche Bedachung, z. B. mit Stegdoppelplatten, macht aus der Pergola ein richtiges Bauwerk. Beachten Sie beim Planen und Bauen stets die statischen Grundsätze. Ein Holzfachmann hilft bestimmt bei der Planung. Eine weitere Möglichkeit bieten fertige Bausätze. Da sind schon alle notwendigen Holzquerschnitte und Abmessungen berechnet. Somit besteht keine Gefahr falsches Material auszuwählen.

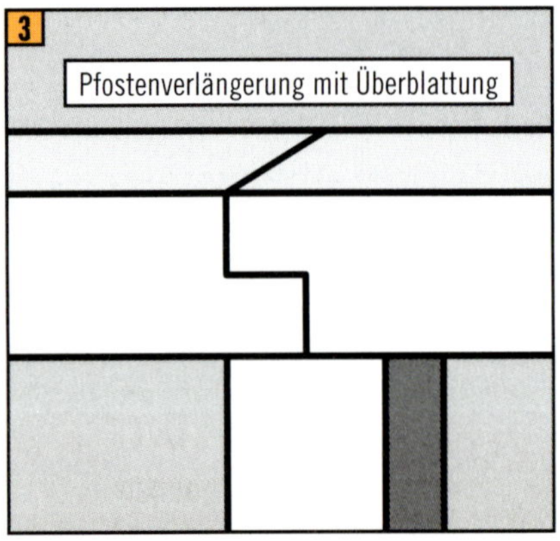

HINWEIS!

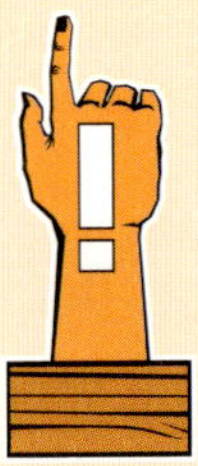

Und denken Sie an den konstruktiven Holzschutz: kein direkter Kontakt zu Hauswand oder Erde, Wasser muss ablaufen können, immer von unten oder schräg unten verschrauben. Mehr Infos zu diesem Thema finden Sie auf Seite 622.

die Grillecke mit einer Pergola und Kletterpflanzen etwas schattiger machen, so dass der Sonnenschirm überflüssig wird? Vielleicht machen Sie auch etwas ganz anderes – die Pergola ist eines der schönsten und vielseitigsten Gestaltungselemente für den Garten.

MATERIALTIPP!

Sparrenpfettenanker sind Metallverbinder für Holzkonstruktionen mit schräglaufenden Balken. Sie leiten die Windsogkräfte ab. Es gibt übrigens noch eine ganze Reihe anderer Stahlbleche, mit denen man komplizierte, aber auch einfache Holzkonstruktionen verbindet. Wenn Sie einmal nicht wissen, wie Sie etwas befestigen sollen, sehen Sie sich nach solchen Metallverbindern um!

WERKZEUG.

- ✓ Hammer
- ✓ Vorschlaghammer
- ✓ Kreis- oder Motorsäge
- ✓ Fuchsschwanz
- ✓ Zollstock
- ✓ Winkelmesser
- ✓ Wasserwaage
- ✓ Akku-Schrauber
- ✓ Bohrmaschine
- ✓ Holzbohrer
- ✓ Spaten
- ✓ Pickel
- ✓ Schaufel

MATERIAL.

- ✓ Pfosten
- ✓ Pfetten (Längsträger)
- ✓ Reiter (Querhölzer)
- ✓ Pfostenschuhe oder Einschlagbodenhülsen
- ✓ Betonfundament
- ✓ Holzschrauben mit Senkkopf
- ✓ Schlossschrauben
- ✓ Pfostenhalter
- ✓ Holzstützen
- ✓ Sichtschutzelement
- ✓ Rankgitter
- ✓ Sparrenpfettenanker
- ✓ Lochplattenwinkel

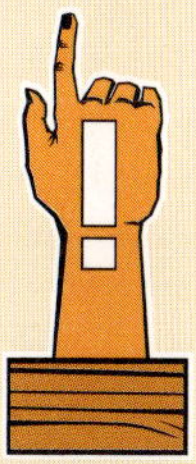

PROFITIPP!

Es kann nie schaden, sich eine Skizze zu machen und sämtliche Maße auszurechnen. Dann hat man weniger Verschnitt beim Holz.

BESONDERE IDEEN.

Wenn Sie mit ein wenig Geschick im Holzhandwerk gesegnet sind, können Sie die Konstruktion einer Pergola vielfältig abwandeln. Zwei relativ einfache, aber interessante Varianten geben wir Ihnen als Inspiration mit.

VIERTELKREIS AUS RUNDPALISADEN.

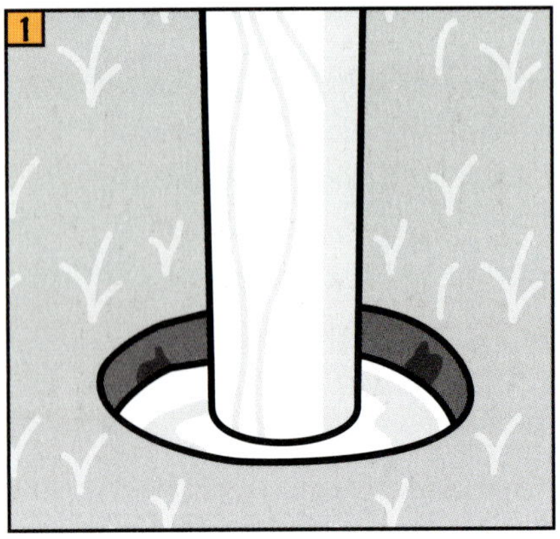

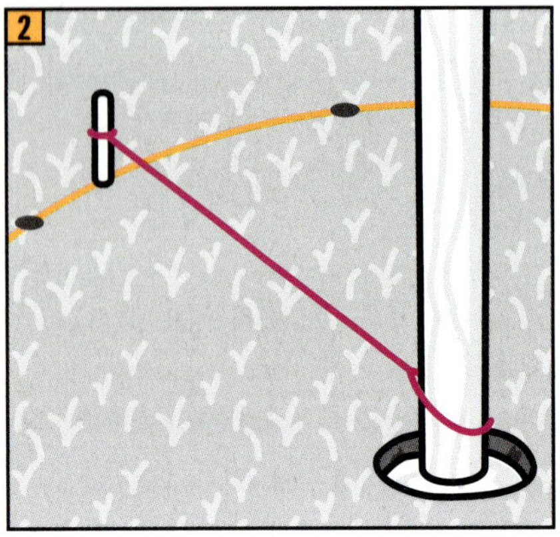

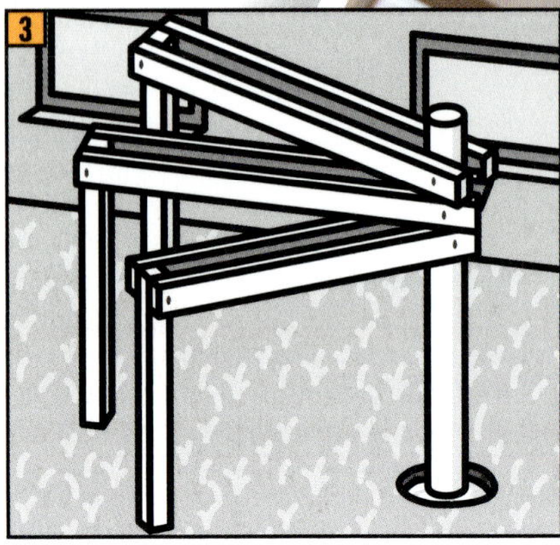

Anstatt immer nur geradeaus kann man eine Pergola auch kreisförmig anordnen. Am besten geht das mit runden Pfosten. **1** Den Mittelpunkt des Kreises bildet ein runder Pfosten als zentrale Stütze. Zur Befestigung des Pfostens ein ca. 30 x 30 cm großes und ca. 80 cm tiefes Loch graben. Den Pfosten in das Loch stellen und das Loch mit Beton auffüllen. Mit der Wasserwaage die Senkrechte prüfen. Zur Stabilisierung können seitlich drei Latten als Stütze angebracht werden, die nach dem Aushärten des Betons wieder entfernt werden. Von diesem Pfosten ausgehend wird der Kreis konstruiert. **2** Befestigen Sie dazu eine Schnur am Pfosten und beschreiben Sie damit den Kreis im gewünschten Radius. Dabei markieren Sie den Ort, an dem die drei Außenpfosten stehen sollen. Stellen Sie diese sodann auf. **3** Die Querhölzer werden als Doppelpfetten links und rechts an die Pfosten geschraubt. Erst anzeichnen und vorbohren! Beginnen Sie am zentralen Balken und vergessen Sie nicht, die Balken mit der Wasserwaage auszurichten. Da die Balken an der Zentralstütze übereinander angeordnet sind, ergibt sich eine schöne, treppenförmige Formation. Allerdings ist das auch der Grund, warum nicht mehr als drei Querbalken montiert werden können. Wer einen Halbkreis oder einen ganzen Kreis hat, muss das Zentrum aus mehreren Pfosten konstruieren.

AN DIE WAND MONTIERT.

Die Pergola kann auch direkt an einen Auflagebalken an der Wand befestigt werden.

4 Bevor es losgeht, sollten Sie nachprüfen, ob Ihre Wand für die Befestigung eines schweren Balkens geeignet ist. Befestigen Sie diesen mit geeigneten Ankern in der erforderlichen Höhe. Übertragen Sie die Enden des Balkens mit einem Lot auf den Boden. Von diesem Punkt gehen Sie im rechten Winkel zur Wand bis zu dem Punkt, wo die Pfosten stehen sollen. **5** Um die Länge des Pfostens zu ermitteln, messen Sie den Abstand zwischen Boden und Unterkante Wandbalken. Davon müssen Sie die Höhe des Pfostenankers oder einer anderen Bodenbefestigung abziehen. Davon zieht man noch das Gefälle ab, was 2 cm/m ausmacht. Ist der Pfosten z. B. 2,5 m von der Wand entfernt, müssen Sie 2,5 x 2 cm = 5 cm von der Pfostenlänge abziehen. Stellen Sie den zugeschnittenen Pfosten auf. Wenn auch der zweite Balken montiert ist, können die Sparren draufgesetzt werden. Auch hier sollte man sie mit den Balken verplatten. Am Wandbalken sollte die Verplattung ein Drittel der Sparrenstärke ausmachen. Die Länge der Verplattung ist um 2 cm kürzer, als der Wandbalken stark ist, damit die Sparren nicht direkt an der Wand anliegen und sich in diesem Spalt keine Feuchtigkeit sammeln kann. Als Überdachung bieten sich Stegdoppelplatten an. Wie man die anbringt, verraten wir Ihnen im Kapitel „Carport bauen“ auf Seite 529.

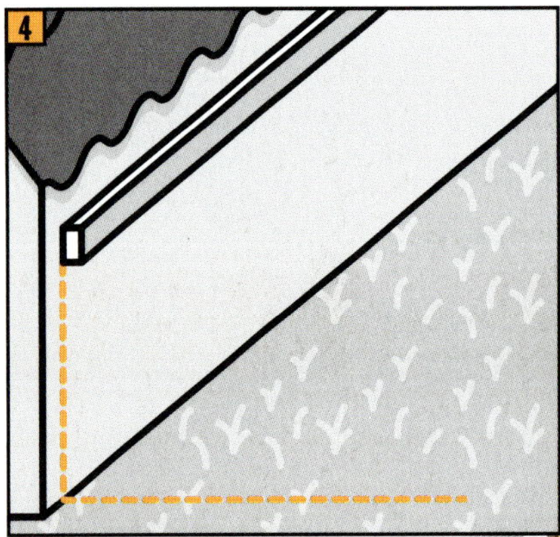

So lässt sich´s leben,
ob bei Sonne oder Regen.

PROFITIPP!

Kletterpflanzen machen sich gut an Pergolen. Sie geben zusätzlichen Sichtschutz und bieten einen schönen Anblick, umso mehr, wenn es sich um reichblühende Pflanzen handelt. Unter anderem eignen sich Klettertrompete, Clematis, Geißblatt, Schlingknöterich, Wisteria und Jungfernrebe.

GARTENHAUS BAUEN.

GARTENHAUS BAUEN.

SO EINE HOLZHÜTTE IM GARTEN KANN VIELFÄLTIG GENUTZT WERDEN: RASENMÄHER, FAHRRÄDER UND ANDERE GERÄTE SIND DORT AUFBEWAHRT. IM WINTER WOHNEN DIE PFLANZEN DRIN ODER DER PLATZ WIRD FÜR ALLERLEI DINGE ZUM ABSTELLPLATZ. NA, UND ZU WELCHEM ZWECK SOLL IHR NEUES HOLZHAUS DIENEN?

BAUSATZ ODER INDIVIDUELL?

Wer weniger Zeit hat oder wer lieber auf bewährte Systeme zurückgreift, ist am besten mit einem Baukastensystem beraten. Diese Bausätze können an einem Wochenende aufgebaut werden. Wen die Zeit nicht drängt und wer schon Erfahrungen im Umgang mit Holzkonstruktionen hat, plant sein Häuschen selbst.

Fundament

Je nachdem wie groß das Gartenhaus werden soll und welche örtlichen Gegebenheiten vorhanden sind, haben Sie verschiedene Möglichkeiten, Ihrem Häuschen ein Fundament zu geben. Bauen Sie auf eine vorhandene Pflasterfläche bzw. auf ein vollflächiges Fundament, muss eine dauerhafte Belüftung der Bodenkonstruktion gewährleistet sein. Eine andere Methode ist das Bauen auf Punktfundamenten, die wir Ihnen auf den folgenden Seiten zeigen.

Baumaterial

Als Material nimmt man die für den Außenbereich geeigneten Hölzer. Achten Sie auf Wetterfestigkeit des Befestigungsmaterials und imprägnieren Sie Ihr Holz, inklusive Schnittkanten, vor dem Aufbau mit einer Holzschutz-Lasur.

Dach

Reicht ein Flachdach und, wenn ja, wie stark muss die Neigung sein, damit der Regen abläuft? Oder doch lieber ein richtiges Giebeldach? Eine ordnungsgemäße Ableitung des Regenwassers muss ebenfalls vorhanden sein.

Genehmigungen

Erkundigen Sie sich vor Baubeginn, ob für das neue Gartenhaus eine Genehmigung von der Gemeinde oder von der Baubehörde erforderlich ist. Beim Bau an der Grundstücksgrenze sollte außerdem der Nachbar gefragt werden.

GRUNDKONSTRUKTION.

Gartenhaus oder Geräteschuppen als Bausatz aufzubauen, ist eine schöne Sache, geht schnell und passt immer. Wer jedoch das Individuelle liebt, kann seinen Traum von den eigenen vier Gartenhauswänden auch ohne Bausatz verwirklichen. Nachfolgend die wichtigsten Konstruktionsschritte.

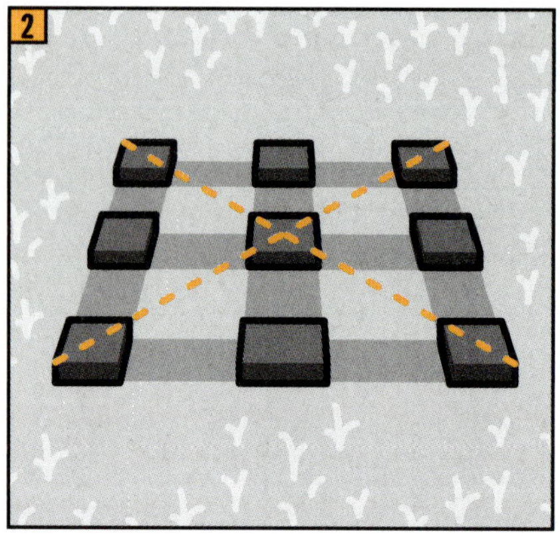

Gartenhaus auf Punktfundamenten

Der Boden sollte eben, stabil und hindernisfrei sein. Wir stellen das Haus auf 9 Punktfundamente. Diese müssen 80 cm in den Boden eingelassen werden (Frosttiefe). Markieren Sie grob die Umrisse des Hauses auf dem vorbereiteten Boden. **1** Einen Eckpunkt auswählen und das erste Fundamentloch (ca. 40 x 40 cm) ausheben. Mit der 3-4-5-Dreiecksmethode (Seite 474) legen Sie von hier aus die Position der anderen Fundamente fest. Die restlichen Fundamente ausheben. Bauen Sie für jedes Fundament einen quadratischen Lattenrahmen als Schalung. Auf jeden Rand eines Fundamentlochs eine Schalung stellen. Diese dann richtig positionieren und exakt waagrecht zueinander ausrichten. Korrigieren Sie so lange, bis die Schalungen richtig sitzen. Die Löcher dann mit Estrichbeton füllen und die Oberflächen glatt abziehen. Das ist wichtig, damit die Rahmenhölzer nachher exakt aufliegen (mehr zum Thema „Fundament bauen" siehe Seite 12). **2** Wenn die Fundamente ausgehärtet sind, die Schalungen wieder entfernen. **3** Nun einen Grundrahmen aus Kanthölzern bauen, der überall mittig auf den Punkfundamenten aufliegt. In der Mitte noch einen Querbalken zur Aussteifung einbauen. Alle Hölzer mit Winkelblechen miteinander verschrauben. Dort wo der Holzrahmen auf den Fundamenten aufliegt, einen Isolierstreifen aus Dachpappe unterlegen. **4** Den Grundrahmen an den Innenseiten mit Winkelblechen auf den Punktfundamenten festschrauben. **5** Jetzt die beiden vorderen Eckpfosten aufstellen und mit Winkelblechen auf jeder Seite mit dem Grundrahmen verschrauben. Mit auf Gehrung geschnittenen Stützbalken (Querstreben) wird der Pfosten zusätzlich stabilisiert. Mehr zur Befestigung von Querstreben in den Kapiteln „Pergola bauen" (ab Seite 532) und „Carport bauen" (ab Seite 522). Dann die hinteren Eckpfosten auf die gleiche Weise befestigen. Wegen des benötigten Gefälles müssen die hinteren Pfosten etwa 1/2 m länger sein als die vorderen. Wenn alle 4 Pfosten stehen, die Pfetten (Querbalken) mit Winkelblechen seitlich bündig auf die Pfosten montieren. **6** Je nach Größe des Hauses und Stärke der Querbalken brauchen Sie Zwischenpfosten. Beim Fenster und der Tür werden jeweils zwei Zwischenpfosten eingebaut. Bei den anderen Seitenwänden bietet sich die gleiche Einteilung an. Die Tür- und Fenstermaße geben die Lage dieser Zwischenpfosten an. Zur Montage des Fensters werden noch zwei Querhölzer eingebaut und bei der Tür ein Querholz als Sturz. Die Verbindung der Konstruktionshölzer erfolgt am besten mit Winkelblechen.

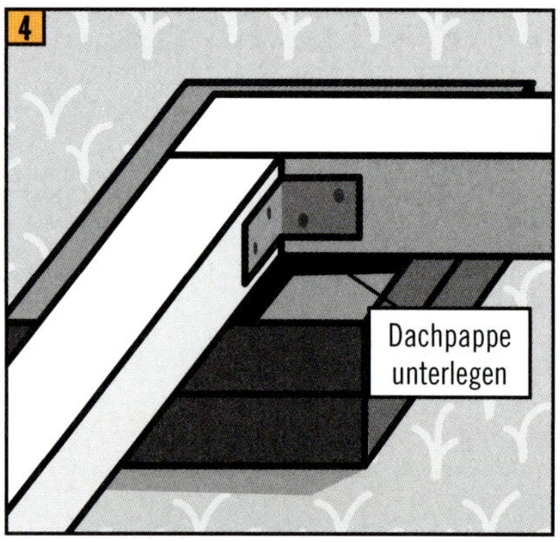

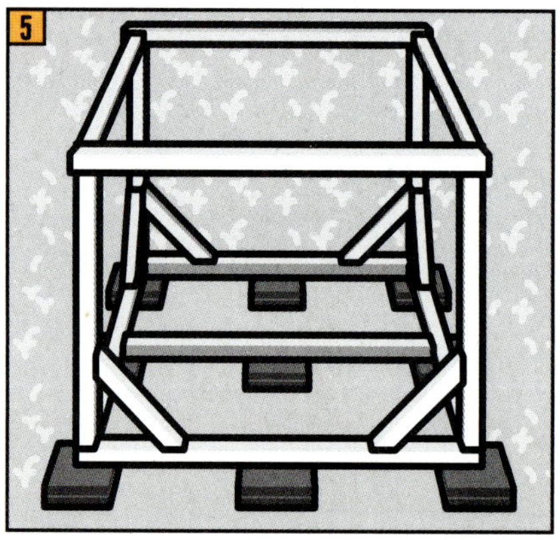

PULTDACH AUFSETZEN.

Wir haben hier ein Pultdach gewählt, weil es erstens ungewöhnlicher als ein Satteldach und zweitens einfacher in Konstruktion und Aufbau ist. Versäumen Sie aber nicht, die Dacheindeckung sorgfältig auszuführen und gegen Wasser zu schützen.

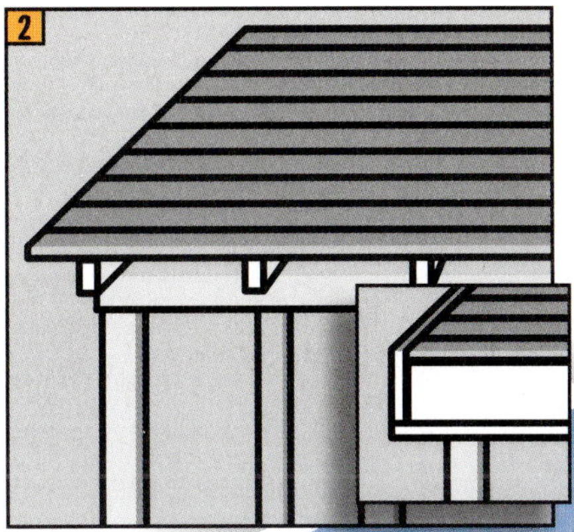

1 Auf die Pfetten, im Abstand von ca. 50 cm, Sparren aufsetzen und mit Winkelblechen oder Sparrenpfettenankern befestigen. Die Sparren an der Giebelseite müssen bündig mit den Pfetten abschließen. Insgesamt sollen die Sparren in der Länge oben und unten etwa 20 cm überstehen. **2** Nun die Verschalung anbringen. Sie sollte zu beiden Giebelseiten hin jeweils 20 cm überstehen. Dann ringsum Abschlussbretter bündig zu den Schnittkanten anbringen. **3** Zu guter Letzt deckt man das Dach mit Bitumenschindeln, Schweißbahnen oder Dachpappe. Die Bahnen müssen sich in Fließrichtung des Wassers überlappen, also beginnt man unten mit der Verlegung und arbeitet sich nach oben weiter. Die Ränder der Bahnen werden mit Dachpappstiften befestigt. Eine einfache Regenrinne mit Fallrohr montiert man ganz zum Schluss.

WÄNDE, FENSTER, TÜREN.

Ohne Wände ist ein Haus kein Haus und ohne Tür kommt man nicht rein und raus. Das ist klar wie Klarlack. Und schwer ist es auch nicht. Fenster und Türen sollten Sie allerdings kaufen, denn Selbermachen ist eher was für Profischreiner.

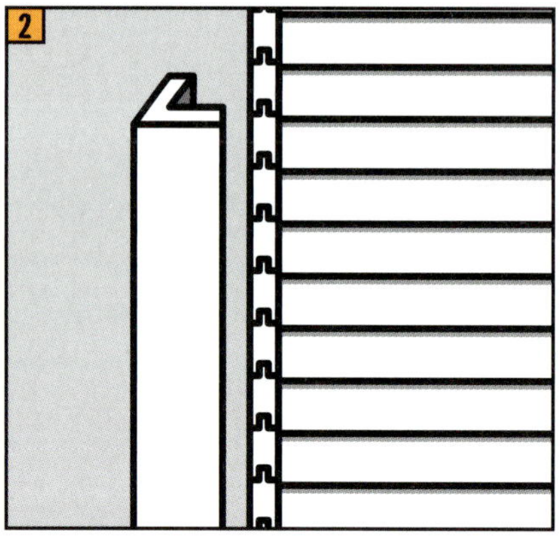

1 Als Verkleidung eignen sich Nut- und Federdielen. Schrauben Sie die Bretter von unten nach oben an die Pfosten, die Nut muss dabei nach unten zeigen, damit sich kein Wasser darin sammeln kann. Alternative: Wenn die Verkleidung senkrecht angebracht werden soll, wird zuvor noch eine Konterlattung (quer verlaufende Lattung) benötigt. 2 Die Übergänge an den Ecken können Sie noch mit Blendleisten abdecken.

MATERIAL.

- ✔ Balken
- ✔ Pfosten
- ✔ Dachlatten
- ✔ Dachpappe, Bitumenbahnen, Bitumenschindeln
- ✔ Dachpappstifte
- ✔ Holzschutzgrundierung
- ✔ Holzschutzlasur
- ✔ Dielenbretter
- ✔ Tür und Fenster
- ✔ Senkkopf-Holzschrauben
- ✔ Sparrenpfettenanker
- ✔ Winkelbleche

WERKZEUG.

- ✔ Akku-Schrauber
- ✔ Handkreissäge
- ✔ Hammer/Gummihammer
- ✔ Wasserwaage
- ✔ Winkel
- ✔ Zollstock
- ✔ Bleistift
- ✔ Teppichmesser/Cutter
- ✔ Leiter
- ✔ Schraubendreher
- ✔ Bohrmaschine
- ✔ Holzbohrer
- ✔ Pinsel

ZU GUTER LETZT.

Was noch fehlt, ist der Innenausbau: Fußboden, Innenverkleidung und Ordnungssysteme sind schnell eingebaut. Auch Regale und eine Beleuchtung sind durchaus sinnvoll. Und damit ungebetene Gäste nicht ungehinderten Einblick haben, ist schnell ein Rollo montiert.

Ordnung

Schlauch- und Kabelhalter an der Wand verhindern die große Verwurstelung. Ein breites Brett von Wand zu Wand dient als Arbeitsfläche; darunter entsteht ein prima Stauraum. Werkzeughalter und Regale lassen sich leicht an den Wänden anbringen.

Farbe

Die Zeiten, in denen die Gartenhäuser alle gleich aussahen, sind vorbei. Neben den vielen Bauarten, die es mittlerweile gibt, sind vor allem die Farben das wichtigste Gestaltungselement. Gerade in unseren nördlichen Nachbarländern werden Holzhäuser, ob Wohn- oder Gartenhaus, oft sehr liebevoll gestrichen. Mit den richtigen Farbtönen gestrichen, wird das Gartenhaus zum richtigen Hingucker.

Ist er nicht Gold wert?
Ihr neuer, zusätzlicher Stauraum.

RASEN ANLEGEN.

RASEN ANLEGEN.

EIN RASEN IST EIN WEICHER GRÜNER TEPPICH, AUF DEM SICH MÜDE GELAUFENE, IN SCHUHEN EINGESPERRTE FÜSSE VOM LANGEN TAG ERHOLEN. SANFT KITZELT ER DIE FUSSSOHLEN. MAN TRITT IN EIN BETT AUS TAUSEND GRASHALMEN – FLAUSCHIG GENUG, UM SICH HINEINZULEGEN UND DARIN ZU WÄLZEN. HERUMTOLLEN, LAUFEN UND HINFALLEN TUT NICHT WEH, NUR DIE KNIE WERDEN GRÜN. SELTEN KOMMEN WIR DER ERDE NÄHER ALS AUF DEM RASEN.

WELCHER RASEN?

Im Vergleich zu den meisten anderen Konstruktionen und Arbeiten, die man in einem Garten anstellen kann, ist die Anlage eines Rasens ein Kinderspiel. Um eine schöne, ebenmäßige und saftig grüne Fläche zu bekommen, muss man allerdings ein bisschen mehr tun, als ein paar Samenkörner auf die Erde zu schmeißen. Trotzdem hält sich der Aufwand in Grenzen und das Ergebnis macht viel Freude.

AUF DIE RICHTIGE MISCHUNG KOMMT ES AN.

Für welchen Rasen Sie sich entscheiden, hängt von der Frage ab, wie der Rasen genutzt werden soll und welchen Ansprüchen er gerecht werden muss. Die Rasensamenmischungen setzen sich aus verschiedenen Gräsern mit unterschiedlichen Eigenschaften zusammen, wie Belastbarkeit, Farbe, Wuchsgeschwindigkeit, Rasendichte, Winterhärte, Krankheitsanfälligkeit usw. Die Qualität der einzelnen Gräser und das Mischungsverhältnis entscheiden über die Nutzungseigenschaften des Rasens. Generell gilt, je mehr Grassorten in einer Samenmischung enthalten sind, desto leichter kann der Rasen angehen.

Neue Rasenmischungen sind äußerst strapazierfähig. Sie wachsen stärker in die Breite als in die Höhe und bilden eine sehr dichte Grasnarbe. Beim Mähen fällt nur wenig Schnittgut an. Wählen Sie die Rasenmischung aus, die am ehesten zu der von Ihnen geplanten Nutzung des Rasens passt.

VERSCHIEDENE RASENARTEN.

- Sport- und Spielrasen:
  Dieses Saatgut bildet einen robusten, festen und widerstandsfähigen Rasen. Er ist der strapazier- und regenerationsfähige Gebrauchsrasen für den Hausgarten.
- Zierrasen:
  Diese Rasenmischung setzt sich aus besonders feinen Gräsern zusammen, die später einen dichten, kurz wachsenden, dunkelgrünen, veloursartigen Rasenteppich bilden. Dieser Rasen sollte nicht so belastet werden wie der typische Sport- und Spielrasen.
- Schattenrasen:
  Schattenverträgliche Gräser gedeihen auch bei einer eingeschränkten Sonneneinstrahlung. In dieser Saatgutmischung werden daher spezielle, schattenverträgliche Gräser verwendet.

In der Regel ist für den Hausgarten ein strapazierfähiger Freizeit- oder Gebrauchsrasen gefragt, auf dem Kinder tollen, Federball gespielt wird und Liegeflächen zum Sonnen vorgesehen sind. Der Rasen als grüne Oase im Garten, umgeben von Pflanzen, Bäumen und Sträuchern, bietet die richtige Atmosphäre, um auszuspannen und dabei das Grün zu genießen.

Hinweis: In den meisten Gärten wachsen überwiegend alte Grassorten, die eigentlich für die Landwirtschaft gedacht sind. Diese Sorten wachsen schnell in die Höhe und sind für einen richtigen Rasen eigentlich ungeeignet.

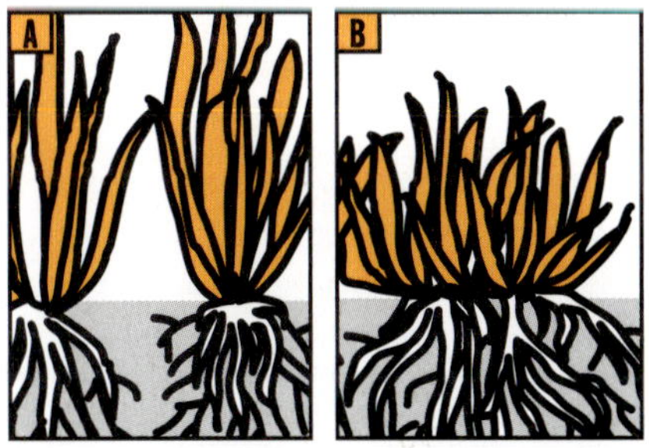

Hier wird der Qualitätsunterschied von Rasengräsern sichtbar: **A** Eine Grasmischung mit einem hohen Anteil an ungeeigneten Gräsern. Das starke Höhenwachstum sorgt für viel Schnittgut. Es entsteht jedoch keine dichte Grasnarbe. **B** Eine Qualitätsrasenmischung. Sie wächst in die Breite und muss nicht so viel gemäht werden.

DER BODEN.

Die beste Grundlage für eine Rasenfläche ist ein humoser, lehmiger Sandboden oder ein sandiger Lehmboden. Weicht der vorhandene Boden von diesem Idealboden ab, sollte er entsprechend verbessert werden. Böden mit einem pH-Wert von 5,5–6 sind für Rasen optimal. Liegt der pH-Wert unterhalb dieses Werts, ist der Boden sauer. Liegt er hingegen oberhalb, spricht man von einem alkalischen Boden. Saure Böden verbessert man, indem man Kalk einstreut, alkalischen gibt man Torf dazu. Diesen Ausgleich des pH-Werts sollte man dringend vornehmen, ehe man zu düngen beginnt, weil der Boden sonst bestimmte Nährstoffe gar nicht lösen kann.

Bodenarten

- Sandboden erkennen Sie daran, dass er durch die Finger rieselt und die Sandkörner zwischen den Fingerkuppen spürbar sind. Sandböden sind stark wasserdurchlässig und können Nährstoffe schlecht binden. Verbesserung des Bodens mit: Torf, Rindendauerhumus oder Kompost.
- Lehmboden fühlt sich geschmeidig an und lässt sich kneten. Er lässt sich schwer bearbeiten, führt zu Rissbildung und Staunässe. Ein Boden dieser Beschaffenheit muss verbessert werden, entweder mit Sand oder spezieller Rasenerde.
- Nährstoffarme Böden erkennen Sie durch eine Bodenanalyse, die Sie in vielen Baumärkten und Gartencentern machen lassen können. Anhand des Ergebnisses kann festgestellt werden, welche Hauptnährstoffe dem Boden fehlen und welche Düngergaben zum Ausgleich gegeben werden müssen.

Eine einfache Bodenprüfung funktioniert so: Versuchen Sie aus einer Hand voll Boden eine Wurst zu rollen. Lässt sich keine Wurst formen, ist es ein Sandboden. Lässt sich eine Wurst formen, ist es ein Lehmboden, je dünner desto tonhaltiger.

BODEN VORBEREITEN.

Ein angenehm weicher und saftig grüner Rasen wächst nicht auf hartem Steppenboden. Damit das Rasenbett gelingt, muss man eine gute Unterlage herstellen, also ist erstmal Boden umgraben angesagt. Tja, leider steht oft echte Schweißarbeit vor dem Genuss des Ergebnisses.

1 Vor der Saat muss der Boden tiefgründig, mindestens spatentief gelockert werden, auch wenn die Wurzeln der späteren Rasenfläche nur ca. 10 cm in den Boden reichen. Denn so werden die unteren Bodenschichten aufgebrochen und Wasser kann leichter versickern. Ein Kultivator erleichtert die Arbeit. Steine und Wurzelreste werden entfernt, Bodenverbesserer können je nach Bodenbeschaffenheit eingearbeitet werden. **2** Nachdem die groben Erdarbeiten abgeschlossen sind, folgt im nächsten Schritt die eigentliche Bodenvorbereitung. Entfernen Sie gröbere Unebenheiten mit dem Rechen und lassen Sie dann die Fläche 2–3 Wochen ruhen. Diese Ruhephase ist wichtig, damit sich die Erde nochmals verdichtet und später auftretende Absackungen der Erdoberfläche vermieden werden. **3** In dieser Zeit können im Boden ruhende Unkrautsamen wachsen, die dann 2–3 Tage vor der Einsaat entfernt werden können. Jetzt sollte auch noch ein Bodenverbesserer und/oder Dünger eingearbeitet werden. **4** Nach dieser Vorbereitung des Bodens wird die Fläche mit Trittbrettern oder am besten mit einer Gartenwalze gleichmäßig geebnet und gefestigt, um die Überlockerung zu vermeiden.

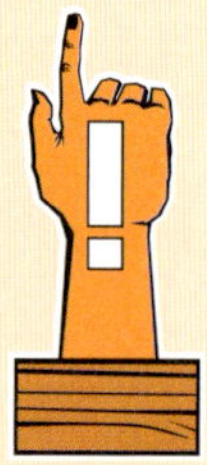

HINWEIS!

Denken Sie schon jetzt über die Art der späteren Bewässerung nach. Eine automatische Rasenbewässerung sollte frühzeitig eingeplant werden, denn die benötigten Rohrleitungen und Sprinkler müssen eingegraben werden.

DAS RASENJAHR IM ÜBERBLICK.

Günstiger Zeitpunkt □ Je nach Witterung möglich ■	Jan.	Febr.	März	April	Mai	Juni	Juli	Aug.	Sept.	Okt.	Nov.	Dez.
Planung	□	□										
Rasen anlegen			■	□	□	□	■	■	□	□		
Mähen			□	□	□	□	□	□	□	□	□	
Starterdüngung					□		□	□				
Langzeitdüngung					□							
Herbstdüngung								□	□			
Vertikutieren			□	□	□			□				
Besanden					□	□						
Beregnen						□	□	□				
Unkrautbekämpfung					□	□	□	□				
Moosbekämpfung				□	□	□	□					
Bodenausgleich				□	□					□		
Laub abrechen											□	□
Kalkung		□	□	□					□	□		

Die besten Termine für eine Rasenansaat sind das Frühjahr und der Herbst, wobei eine Herbstaussaat vorzuziehen ist, denn der neu gesäte Rasen kann über den Winter in Ruhe wachsen und wird nicht betreten.

AUSSÄEN UND BEWÄSSERN.

Es bleibt das ungelöste Rätsel des Lebens, warum aus ein paar scheinbar toten Körnchen plötzlich neues Leben keimt, sobald man sie in Erde schmeißt und etwas Wasser drankommt. Jedenfalls dauert es jetzt nicht mehr lange, bis Ihr Rasen sprießt.

1

2

3

1 Mischen Sie den Grassamen vor der Aussaat einmal mit der Hand durch. Dadurch entsteht in der Mischung eine gleichmäßigere Verteilung der unterschiedlichen Gräser bzw. Samen und damit auch ein gleichmäßiges Rasenbild. Um einen dichten, strapazierfähigen Rasen zu erhalten, werden 20–25 g einer Qualitätssaatgut-Mischung pro Quadratmeter gleichmäßig ausgestreut. Das kann man entweder per Hand oder mit einem Streuwagen machen. Beim Säen per Hand sollte etwas mehr Saatgut eingeplant werden, damit man eine geschlossene Rasenfläche bekommt. Mit dem Streuwagen erzielt man gleichmäßigere Ergebnisse, besonders wenn das Saatgut in zwei Etappen über Kreuz verteilt wird. Eine praktische Methode ist auch, das Saatgut mit Sand vermischt mit dem Streuwagen auszubringen. 2 Nach dem Aussäen des Grassamens muss dieser mit selbst gebauten Trittbrettern oder mit einer Gartenwalze angedrückt werden. Diese intensive Verbindung mit dem Boden hält den Samen feucht, beschleunigt die Keimung und verhindert Vogelfraß und Windverwehungen. Mit der Gartenwalze entsteht eine gleichmäßigere Oberfläche. 3 Insbesondere in den ersten 3–4 Wochen muss der neu ausgesäte Rasensamen gleichmäßig feucht gehalten werden. Vermeiden Sie aber einen harten Wasserstrahl, der zudem noch auf die Rasenfläche gerichtet ist. Am besten bewässern Sie, indem Sie den Wasserstrahl nach oben halten und das Wasser dann gleichmäßig von oben herunter regnen kann. Das hat den Vorteil, dass der Rasensamen nicht unkontrolliert weggeschwemmt wird und das Wasser sich zudem noch etwas in der Luft erwärmen kann. Mit dieser Beregnung simulieren Sie sozusagen einen feinen, gleichmäßigen Sommerregen. Sobald sich ein dichter Teppich gebildet hat, ist Ihr Rasen ein Selbstversorger.

Generell genügen bei normaler Sommerwitterung ca. 10–15 Liter Wasser pro Quadratmeter, damit auch die tieferen Wurzelschichten genügend davon abbekommen. Im Bereich von Bäumen, üppigen Pflanzungen oder sonstigen Wasserverbrauchern muss entsprechend mehr beregnet werden, denn diese Pflanzen versuchen natürlich auch, ihren Wasserbedarf aus der Rasenbewässerung zu decken. Auch wenn der Rasen schon anfängt zu keimen, sollten Sie keinesfalls aufhören zu bewässern. Ab etwa 100 m² Rasenfläche lohnt sich die Verwendung eines Beregners, zumal es keine teure Anschaffung ist.

Wenn Sie kein wertvolles Trinkwasser für die Beregnung verwenden wollen, sollten Sie schon rechtzeitig eine Regenwassernutzungsanlage installieren. Wie das geht, zeigen wir Ihnen auf ab Seite 594.

ACHTUNG! PROFITIPP

Ein bisschen Trockenheit schadet dem Rasen nicht. Um herauszufinden, ob der Rasen Wasser braucht, gehen Sie ein paar Mal drüber. Richten sich die Gräser in den Trittstellen nicht wieder auf, müssen Sie gießen. Wässern Sie am besten morgens oder abends, aber niemals bei großer Hitze; 20 l/m² sind in diesem Fall angemessen.

SCHNEIDEN.

Pflanzen sind Lebewesen und haben die Angewohnheit zu wachsen. Ein Rasen soll aber schön kurz sein. Also hilft nur Abschneiden. Jenach dem wie groß die Rasenfläche ist, gibt es handbetriebene und motorisierte Geräte, mit denen Sie den Rasen mähen können.

Der erste Schnitt

- Schneiden Sie das erste Mal, wenn die Gräser eine Höhe von 8–10 cm erreicht haben. Stellen Sie Ihren Rasenmäher dann auf halbe Halmlänge Schnitthöhe ein.

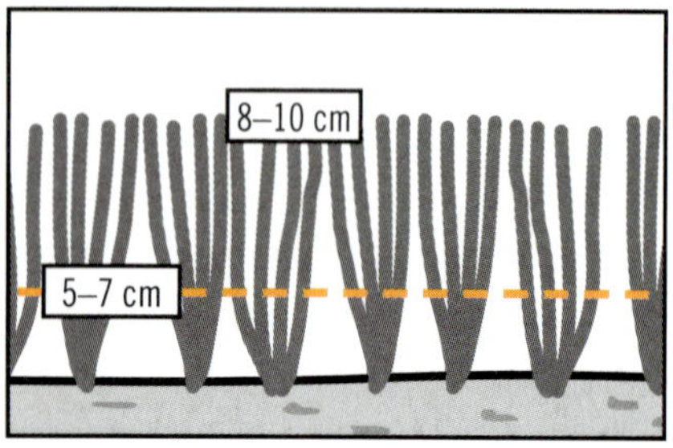

- Achten Sie darauf, dass die Messer Ihres Rasenmähers scharf sind, damit die feinen und noch nicht fest verwurzelten Rasenkeimlinge auch wirklich abgeschnitten und nicht abgerupft werden. Einen guten Schnitt erkennen Sie auch daran, dass die Schnitt-Enden nicht ausgefranst und braun sind. Wenn das der Fall ist, muss das Messer des Rasenmähers nachgeschärft werden. Wie oft soll gemäht werden? Dies hängt von der Wachstumsgeschwindigkeit ab, in der Hauptwachstumszeit Mai–Juni oft zweimal in der Woche, ansonsten einmal in der Woche.
- Die Schnitthöhe sollte zwischen 4–6 cm liegen.
- Nach einem erneuten Wachstum von 4–5 cm sollte das nächste Mal geschnitten werde.
- Bei Rasenmähern mit Grasfangbox ist es von Vorteil, öfter zu schneiden.
- Zierrasen wird etwas kürzer geschnitten; ca. 2,5–4 cm, je nach Bodenbeschaffenheit.
- Während der Hitze- und Trockenperiode sollte der Rasen 1,5 cm höher gelassen werden, damit der Boden nicht so austrocknet. Ein zu tief geschnittener Rasen wird schneller gelb und es bildet sich leichter Moos.
- Ist der Rasen einmal etwas länger geworden, so sollten Sie nicht den Fehler machen, ihn sofort auf die normale Höhe zurückzuschneiden. Dies schadet dem Rasen. Schneiden Sie dann nie mehr als die Hälfte der Grashöhe zurück. Nach wenigen Tagen einen weiteren Schnitt vornehmen und somit wird die normale Schnitthöhe wieder erreicht.
- Achten Sie darauf, dass der Rasen ständig mit der gleichen Schnitthöhe bearbeitet wird.
- Nichts kann einer Rasenanlage mehr schaden, als wenn zu spät gemäht wird. Die schnellwüchsigen Unkrautsorten breiten sich verstärkt aus und verdrängen die Rasenpflanzen. Deshalb lieber öfter schneiden.

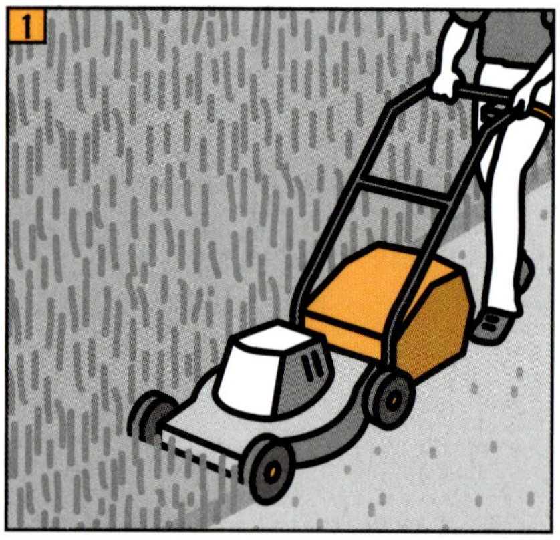

Richtig Mähen

1 Vor Beginn des Mähens sollten Sie unbedingt den Rasen nach Steinen, Ästen usw. absuchen. Sie schonen damit den Rasenmäher und vermeiden Unfälle. Verwenden Sie nach Möglichkeit einen Rasenmäher mit Grasfangkorb. **2** Das Schnittgut kann dann kompostiert werden und die Nährstoffe können zu einem späteren Zeitpunkt dem Gartenkreislauf wieder zugeführt werden. **Hinweis:** Wählen Sie die Schnitthöhe so, dass der Luftstrom im Gehäuse das Mähgut leicht in den Container transportieren kann. Bei zu tief eingestellter Schnitthöhe ist der Luftwirbel zu gering, so dass der Container nicht richtig gefüllt wird bzw. das Gehäuse verstopft. Während des Mähens können sich die Lüftungsschlitze des Containers mehr und mehr verschließen. Dadurch verringert sich der Luftaustritt und der Füllgrad des Containers wird geringer. Sollte der Motor beim Wiedereinschalten durch Grasrückstände blockieren, muss das Messer vom Gras gereinigt werden. Achtung: Treffen Sie dabei alle nötigen Sicherheitsvorkehrungen! Entfernen Sie unbedingt die Stromzufuhr! **3** Immer mit einer Radbreite Versatz über die bereits gemähte Fläche fahren, um ein gleichmäßiges Ergebnis zu erhalten.

Mit einer Radbreite Versatz mähen.

RASEN PFLEGEN.

Damit der Rasen auch Rasen bleibt und nicht Kräuterwiese oder Moosbett wird, müssen Sie sich kümmern. Ein schöner Rasen will gepflegt werden, denn in der Natur kommt Rasen nicht vor. Deshalb kann er innerhalb kurzer Zeit fleckig und moosig werden oder mit Unkraut zuwuchern.

Nährstoffversorgung

Eine Rasenfläche besteht aus vielen tausend Einzelpflanzen. Jedes Pflänzchen für sich würde die täglichen Trittbelastungen der Benutzer nicht aushalten. Erst durch die Vielzahl der Pflanzen verteilt sich die Belastung. Trotzdem sterben dadurch ältere Gräser ab und müssen durch neue, junge Gräser ersetzt werden. Der Rasen muss also ständig nachwachsen und durch Schnitt von alten Gräsern befreit werden. Nur dann kann er sich regenerieren und ist unserem Herumtrampeln durch Spiel und Sport im wahrsten Sinne des Wortes gewachsen.

Rasen entzieht dem Boden andauernd Nährstoffe und laugt ihn dadurch aus. Das Nährstoff-Reservoir im Boden erschöpft sich und der Rasen verkümmert. Es entstehen kahle Stellen, Moos und Unkraut breiten sich aus. Kontinuierlich wächst der Rasen nur, wenn er regelmäßig mit Nährstoffen versorgt wird. Am besten geht das mit organisch-mineralischen NPK-Düngern, die man dem Rasen zwei- bis dreimal pro Vegetationsperiode zukommen lässt. Man düngt im zeitigen Frühjahr, das nächste Mal im Frühsommer und noch einmal, eventuell mit Spezialrasendüngern, im Spätsommer bis Anfang Winter.

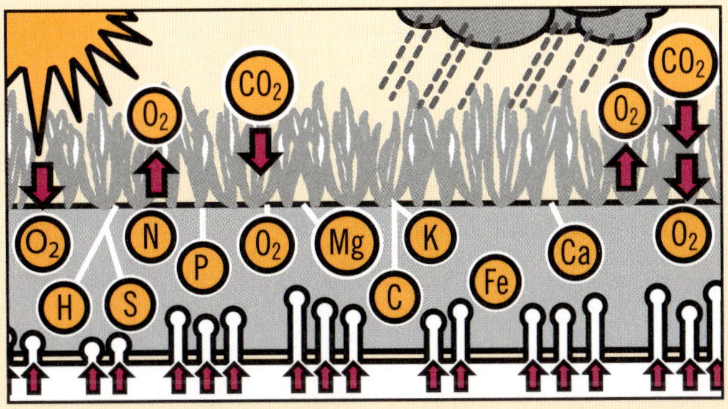

Die wichtigsten Pflanzennährstoffe:
N = Stickstoff, P = Phosphor, K = Kalium, Mg = Magnesium

Nährstoffe, die in geringen Mengen benötigt werden:
Ca = Kalzium, Fe = Eisen, S = Schwefel, Cu = Kupfer, B = Bor, Mn = Mangan, Mo = Molybdän, Zn = Zink

In Boden und Luft enthalten:
C = Kohlenstoff, H = Wasserstoff, O_2 = Sauerstoff

Moos und Unkraut

Wenn man richtig düngt und nicht zu tief schneidet, dürfte sich eigentlich kein Moos entwickeln. Denn starke Gräser lassen kein Mooswachstum zu. Das Gleiche gilt für Unkraut. Ansonsten hilft Vertikutieren weiter. Wer danach direkt ein Anti-Moosmittel einstreut, geht auf Nummer sicher. Auch Kalk ausstreuen vertreibt Moos, da es den pH-Wert der Erde anhebt. Unkrautvertilgungsmittel bei wachstumsförderndem Wetter zu Anfang oder Ende des Sommers ausstreuen. In schattigen Bereichen sät man am besten eine Schattenrasen-Mischung aus, bei ihr hat das Moos grundsätzlich weniger Chancen. Wurzelunkräuter wie Löwenzahn muss man mit einem Messer herausstechen.

VERTIKUTIEREN UND BELÜFTEN.

Vertikutieren

Durch schlecht abgekehrtes, eingemulchtes Schnittgut in Verbindung mit flach wachsendem Unkraut verfilzt und vermoost die Grasnarbe im Laufe der Zeit. Wer Wert auf einen gepflegten Rasen legt, vertikutiert zweimal im Jahr. Einmal im späten Frühjahr und einmal im späten Sommer. **1** Beim Vertikutieren (= vertikal schneiden) trennen die Messer des Vertikutiergerätes den Rasenfilz auf und verhelfen dem Rasen somit wieder zum Atmen. Auch die Wasser- und Düngerzufuhr kann nun wieder funktionieren. Das Vertikutiergut ist auf jeden Fall von der Rasenfläche zu entfernen und kann kompostiert werden. Beim Vertikutieren sollte der Boden trocken, aber nicht knochentrocken sein, denn in zu harten Böden können die Vertikutiermesser nicht eindringen.

Belüften

Jeder Rasen braucht Belüftung. Diese ist besonders notwendig bei schweren Böden, die das Wasser aufstauen oder bei stark beanspruchten Rasenflächen. **2** Durch starke Beanspruchung verdichtet sich die Rasenoberfläche, so dass der Wurzelbereich unter Luftmangel leidet und der Rasen nur eine kümmerliche Entwicklung zeigt. In diesem Falle wählen Sie die Arbeitstiefe des Vertikutiergerätes so, dass die Rasenfläche nur geritzt wird. **3** Die Messer durchtrennen das Wurzelwerk und regen den Rasen zu stärkerem Wachstum an.

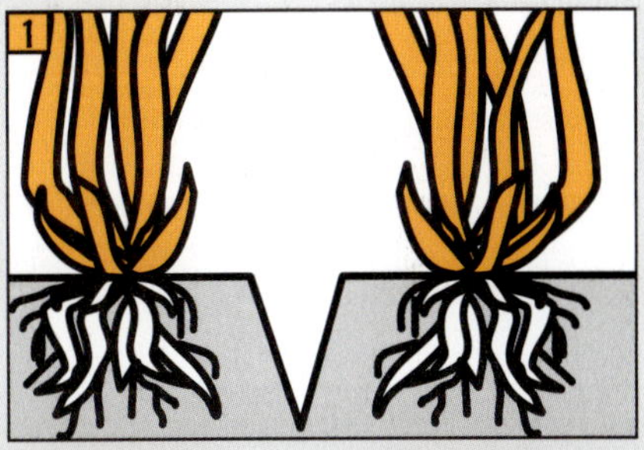

ROLLRASEN VERLEGEN.

Rollrasen ist nicht etwa ein spezieller Rasen zum darauf Herumrollen. Vielmehr handelt es sich um einen Fertigrasen, der einfach nur ausgelegt werden muss. Er ist die schnelle Alternative zum ausgesäten Rasen. So kommen Sie an einem Nachmittag von der Brache zum fertigen Rasen.

DER SCHNELLE RASEN.

1 Boden vorbereiten.

2 Einebnen und walzen.

3 Rollrasen auslegen.

4 Walzen. Fertig.

1 Rollrasen benötigt genauso wie ausgesäter Rasen eine gute Bodenvorbereitung. 2 Die Fläche dann mit einem Rechen einebnen und walzen. 3 Beginnen Sie mit dem Ausrollen der ersten Bahn an einer exakt geraden Kante, z. B. einer seitlichen Einfassung der Rasenfläche. Wenn keine gerade Anlegekante verfügbar ist, kann auch in der Mitte der Rasenfläche mit der ersten Bahn begonnen werden. Spannen Sie dazu eine Schnur zum Anlegen der Rasenbahn. Weitere Bahnen dann dicht anlegen und Ausrollen. Vermeiden Sie Kreuzfugen, d. h. die Bahnen immer versetzt anlegen. Überstehende Rasenstücke oder Ränder werden mit einem großen Messer abgeschnitten oder mit einem Kantenstecher oder Spaten abgestochen. 4 Für einen besseren Bodenkontakt drücken Sie den Rasen mit dem Rücken des Rechens oder besser noch mit einer Gartenwalze an. 5 Den Rasen nun durchdringend bewässern und bis zum vollständigen Anwachsen immer wieder beregnen.

5 Bewässern.

RASEN ERNEUERN.

Die Rasenfläche ist unschön geworden, hat schadhafte Flecken und kaum noch Gräser – dann sollten Sie nicht herumdoktern, sondern erneuern. Bei kleinen Schäden reicht es, den Rasen partiell auszubessern. Bei großflächigen Schäden ist es besser, die Rasenfläche komplett zu erneuern.

Vergilbter Rasen

Ein zu tiefer Schnitt (unter 4 cm) entkräftet den Rasen und lässt ihn schnell vertrocknen. Vergilbter Rasen ist in der Regel ein Zeichen von fehlenden Nährstoffen. Verwenden Sie einen Rasenspezialdünger mit hohem Stickstoffgehalt, denn gerade dieser Nährstoff wird am meisten benötigt. Er beeinflusst die grüne Farbe des Grases. Für Rasenspezialdünger spricht außerdem noch ein weiteres Argument: Hier liegt der Stickstoff als so genannter Langzeitstickstoff vor. Dünger in ungeeigneter Zusammensetzung kann leicht zur Überdüngung und Verbrennung führen und ins Grundwasser auswaschen.

Alte, unkrautverwachsene Rasenflächen

- Den alten Rasen so tief wie möglich heruntermähen.
- Gründlich vertikutieren.
- Starterdüngung und Rasensaatgut nacheinander auf die Fläche aufbringen.
- Eine dünne Torfschicht (max. 5 mm dick) darauf verteilen.
- Kontinuierlich bewässern (Rasenfläche darf in den ersten 3–4 Wochen nicht austrocknen).

Lücken nachsäen

- Säen Sie auf feinkrümeligen Boden.
- Samen fest andrücken.
- Stelle bis zum ersten Schnitt konsequent feucht halten.
- Bester Zeitpunkt ist wie beim Neusäen der Herbst oder das Frühjahr.

RASENLEXIKON.

- Auswaschung
  ist die Verlagerung von leichtlöslichen Nährstoffen in tiefere Bodenschichten und letztlich u. U. ins Grundwasser. Der Gefahr der Auswaschung unterliegt besonders Stickstoff in Nitratform, aber auch Kalium.
- Bodenleben
  besteht zu 40 % aus Pilzen und Algen, zu weiteren 40 % aus Bakterien und Strahlpilzen, zu 12 % aus Regenwürmern und zu 8 % aus der übrigen Fauna. Eine Handvoll guter Gartenerde enthält ebenso viele Bodenlebewesen wie Menschen auf der Erde leben.
- Calcium (Ca)
  ist ein wichtiger Nährstoff für alle Pflanzen. Sein Gehalt im Boden ist ausschlaggebend für den pH-Wert. Calzium führt man in Form von Kalk zu.
- Eisen (Fe)
  ist zu 5 % in der Erdrinde und daher meist ausreichend im Boden vorhanden. Bei besonders hohen pH-Werten kann es so fest im Boden gebunden sein, dass es von den Pflanzenwurzeln nicht aufgenommen wird.
- Humus
  ist die organische Substanz der Böden. Dazu gehören alle abgestorbenen pflanzlichen und tierischen Stoffe und deren Umwandlungsprodukte in und auf dem Boden. Der Humusgehalt des Bodens ist mit ausschlaggebend für die Bodenfruchtbarkeit.
- Immobilisierung
  ist die Festlegung von Nährstoffen im Boden, so dass sie von den Pflanzen nicht mehr aufgenommen werden können. Häufige Ursache sind zu hohe pH-Werte.
- Kalium (K)
  einer der Hauptnährstoffe für die Pflanzen, ist ausschlaggebend für die Frost- und Trockenheitsresistenz, befestigt das Pflanzengewebe und reguliert den Wasserhaushalt. Kaliummangel ist am Vergilben und späteren Braunwerden und Vertrocknen der Blätter, ausgehend vom Blattrand bzw. der Blattspitze, zu erkennen.
- Magnesium (Mg)
  ist als Hauptnährstoff ein wichtiger Baustein der Photosynthese und maßgeblich beteiligt an der Bildung des Blattgrüns (Chlorophyll). Magnesiummangel ist selten und trifft meist nur Nadelgehölze.
- Nitrat
  ist die leichtlösliche, pflanzenverfügbare Form des Stickstoffs. Wenn es nicht von den Pflanzenwurzeln aufgenommen wird, kann es leicht ins Grundwasser ausgewaschen werden.
- Phosphat (P205)
  als phosphorhaltiger Hauptnährstoff ist maßgeblich an der Fruchtbildung und Blütenentwicklung beteiligt, fördert das Wurzelwachstum und wird aufgrund der festen Bindung im Boden kaum ausgewaschen.
- Überdüngung
  führt zu erhöhter Salzkonzentration in der Bodenlösung, was die Wasseraufnahme der Pflanzen behindert und im Extremfall zu Verbrennungen an den Pflanzen führt.
- Vorratsdüngung
  heißt, den Boden für einen längeren Zeitraum mit Nährstoffen zu bevorraten. Zur Vorratsdüngung sollten grundsätzlich nur organische Düngemittel, nicht aber rein mineralische Düngemittel verwendet werden.

SCHADSTELLE SCHNELL REPARIEREN.

Schadhafte Stelle ausstechen und Grasnarbe entfernen.

Rasenerde in die Rasenlücke einfüllen.

Rasensamen einsäen. Fertig.

WERKZEUG.

- ✓ Spaten/Grabgabel
- ✓ Holz-, Gartenrechen Rasenrechen
- ✓ Rasenwalze
- ✓ Aussaatwagen
- ✓ Gartenschlauch/ Spritzaufsätze
- ✓ Rasensprenger
- ✓ Rasenmäher
- ✓ Rasentrimmer
- ✓ Kantenschere
- ✓ Vertikutierer
- ✓ Vertikutierkamm
- ✓ Kultivator

MATERIAL.

- ✓ Unkrautvernichter
- ✓ Moosvernichter
- ✓ Rasenmischung
- ✓ Rasendünger

Flausche, flausche, weich und grün, wie Gras sein soll – das ist ein Rasen zum Reinsetzen, Sichhinlegen, Ausstrecken und Relaxen. Ein Picknick zu zweit macht hier genauso viel Spaß, wie mit den Kleinen eine Runde zu bolzen.

TEICH PLANEN UND BAUEN.

TEICH PLANEN UND BAUEN.

WASSER IST DAS LEBENSELEMENT NUMMER EINS. OHNE WASSER GEHT AUF UNSEREM PLANETEN GAR NICHTS. EIN TEICH GIBT IHREM GARTEN ETWAS BESONDERES. VIELE KLEINE UND GRÖSSERE LEBEWESEN NENNEN IHN IHR ZUHAUSE, FRÖSCHE GEBEN KONZERTE, VÖGEL BADEN SICH UND SIE LESEN IN RUHE EIN BUCH, WÄHREND DAS WASSER LEISE PLÄTSCHERT.

VON DER IDEE ZUM TEICH.

Die Frage ist natürlich, was für ein Teich das werden soll. Wie groß darf er sein, wollen Sie auch darin schwimmen können, sollen anspruchsvolle Zuchtfische darin leben oder soll es eher ein Naturteich werden? Je nachdem sind unterschiedliche Aspekte zu beachten. In einem japanischen Zierteich kann man nämlich nicht schwimmen und in einem kleinen Teich mit Wasserfall kann man keine Fische halten, da der andauernde Geräuschpegel des Plätscherns sie unter enormen Stress setzt.

VERWIRKLICHEN SIE IHREN TRAUM.

Ein idealer Teich birgt zahlreiche Lebensräume für die unterschiedlichsten Bedürfnisse seiner Bewohner. Mindestens drei unterschiedlich tiefe Zonen müssen angelegt werden. Die Tiefwasserzone sollte dabei mindestens 1 m tief sein, damit die Fische überwintern können. Die Übergänge zwischen den einzelnen Zonen sollten möglichst sanft sein. Wenn sie zu steil sind, hält sich dort keine Erde und keine Pflanze kann sich ansiedeln.

Je größer der Teich ist, desto leichter kann ein biologisches Gleichgewicht entstehen, das den Teich selbst reinigt und Pumpen, Filter oder gar biochemische Mittel überflüssig macht. Allerdings gilt das nicht für Teiche mit hohem Fischbestand. Fischteiche müssen gefiltert und gereinigt werden, da die Exkremente der Fische den Teich überdüngen und schnell zum „Kippen" bringen. Man platziert Zu- und Ablauf so, dass eine kleine Strömung im Teich entsteht und das Wasser optimal gefiltert werden kann.

Große Steine gehören an den Teichrand, nicht aber ins Wasser. Sie speichern zu viel Wärme, die sie auch noch nach Sonnenuntergang ans Wasser abstrahlen, was die nächtliche Regenerierung behindert. Der Teich leidet dann unter Sauerstoffmangel, denn ab 28 °C Wassertemperatur stellen die Kleinstlebewesen ihre wasserreinigende Tätigkeit ein. Der Teich droht zu „kippen".

Ein paar Tipps zur Vorbereitung

- Zeichnen Sie eine Skizze des Gartens und probieren Sie verschiedene Varianten aus, wo der Teich hinpassen könnte.
- Bedenken Sie Sicherheitsaspekte: Haftbar bei Unfällen ist immer der Teichbesitzer. Als Kindersicherung gibt es spezielle Sicherungsgitter oder Zäune.
- Gibt es einen Stromanschluss in der Nähe für Pumpe, Filter etc., falls diese nötig sind?

STANDORT.

Ein künstlicher Teich ist ein empfindliches kleines Ökosystem. Deshalb kommt der Auswahl des Standortes große Bedeutung zu. Wo wäre der Teich schön? Stören nächtliche Froschkonzerte unterm Schlafzimmerfenster? Könnten Kinder von der Terrasse aus hineinfallen?

Grundlegende Kriterien für den Standort

- Ausreichend Licht und Schatten: 6 Stunden Sonne am Tag sind ideal für die Pflanzen zum Wachsen, mehr sollte aber auch nicht sein, damit der Teich nicht so stark aufheizt, worüber sich nur die Algen freuen würden und sonst niemand.
- Nicht unter Bäumen: Herabfallende Nadeln und Blätter übersäuern den Teich, was einer Vergiftung gleichkommt. Ganz abgesehen von der Arbeit, das Zeug immer rausfischen zu müssen.
- Genug Wind: Wind vermischt das Teichwasser, was wichtig für seine Qualität ist.
- Ebenes Gelände: Rund um den Teich sollte das Gelände einigermaßen eben sein, damit weder überschüssiges Regenwasser aus dem Garten in den Teich läuft (Übersäuerung!) noch der Teich beim Überlaufen den halben Garten überflutet.

❶ Architekturteich mit Wasserspielen

So ein Teich ist nicht dafür gedacht, Fischen ein Zuhause zu bieten. Der Schall vom Plätschern der Wasserspiele stresst sie zu sehr. Dafür erfreuen sich die Menschen an dem Geräusch und mit schönen Pflanzen versehen, ist er ein echter Blickfang. In der Nähe der Terrasse, um den Ausblick zu genießen, nicht zu nah am Haus (Feuchte!), aber doch noch mit genug Schatten liegt dieser Kunstteich sehr gut.

❷ Biotop

Ein Teich mit Biotopanspruch sollte an einem ruhigen Plätzchen liegen, damit die Tiere nicht zu viel Stress bekommen. Eine Stelle fernab des Hauses und der häufig benutzten Gartenwege ist perfekt. Als Schattengeber könnten das Haus oder Bäume dienen, die weit genug weg sind, vormittags aber noch lange Schatten werfen.

❸ Fischteich

Dieser Teich darf wahrlich nicht zu heiß werden, sonst ersticken die Fische und der Teich kippt. Viel Schatten ist hier angesagt. Genauso ist regelmäßiges Warten und Reinigen nötig, Filter und Pumpe müssen betrieben werden.

FERTIG- ODER FOLIENTEICH: VOR- UND NACHTEILE.

Nun stellt sich die Frage, ob Sie den Teich selbst modellieren oder einen Fertigteich kaufen. Beides hat natürlich seine Vor- und Nachteile.

TEICHART	VORTEILE	NACHTEILE
Folienteich	• Individuelles Design möglich. • Auch große Teichsysteme gestaltbar. • Tiefwasserzone kann den Bedürfnissen entsprechend ausgebildet werden.	• Teichfolie kann reißen oder durch spitze Gegenstände beschädigt werden. • Das Bauen ist relativ aufwendig und erfordert Zeit und genauere Überlegungen.
Fertigteich	• Schnell und unkompliziert zu installieren. • Kein Folienbedarf ausrechnen, einfach Form auswählen und kaufen. • Vor allem für kleine Teiche praktisch, unter 4 m² Fläche zu empfehlen.	• Formen entsprechen nicht unbedingt den Anforderungen: Die Übergänge zwischen den Pflanzzonen sind sehr steil, die Tiefwasserzone oft nicht tief genug. • Vorgegebenes Design. • Große Abmessungen nicht möglich.

FERTIGTEICH ANLEGEN.

Mit fertigen Teichbecken haben Sie den Teich an einem Samstagnachmittag angelegt, noch ehe die Gäste zu Kaffee und Kuchen kommen. Leider brauchen die Pflanzen etwas länger zum Anwachsen, sonst könnten Sie glatt behaupten, den Tümpel hätten Sie schon immer gehabt.

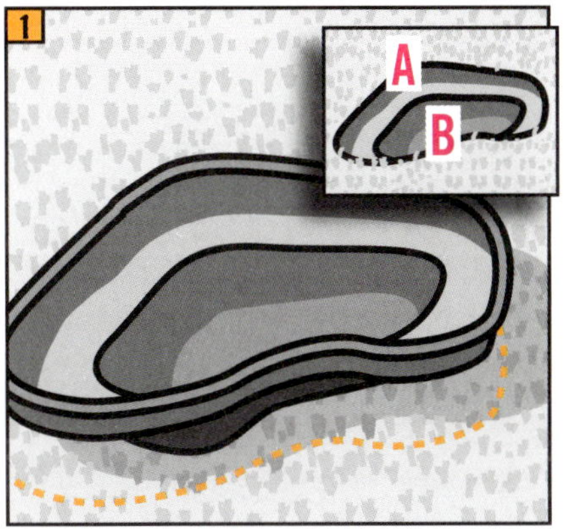

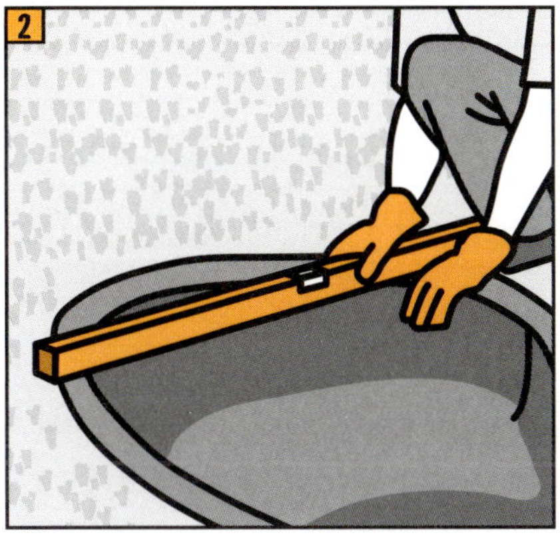

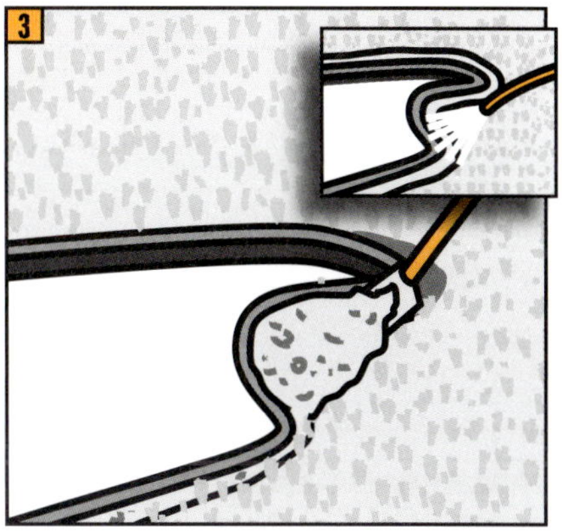

1 Stellen Sie das Becken auf den ausgewählten Standort. Stechen Sie nun mit einem Spaten den Umriss des Beckens auf dem Untergrund ab und graben Sie so tief aus, wie die reine Pflanzzone des Beckens hoch ist (Bereich A). Setzen Sie das Becken nun probeweise ein und markieren Sie dann mit dem Spaten den Umriss der Tiefzone des Teiches (Bereich B). Heben Sie die Tiefzone aus. Die einzelnen Zonen müssen an allen Stellen gleich tief sein, damit das Becken später auch waagrecht in der Grube sitzt. Ebnen Sie anschließend die Grundfläche der Grube mit einer ca. 4 cm dicken Sandschicht ein. Diese erlaubt kleinere Korrekturen beim Ausrichten des Teichbeckens. 2 Jetzt das Teichbecken einsetzen und mit der Wasserwaage überprüfen, ob es auch waagrecht in der Grube sitzt. Bei Schieflage muss die Grube entsprechend korrigiert werden. Sie können sich an den Abdruckstellen, die das Teichbecken hinterlässt, orientieren. An den Abdruckstellen wird Erde weggenommen und an den hohl liegenden Stellen aufgefüllt. Diese Korrekturarbeiten können auch gut mit einer Maurerkelle ausgeführt werden. Setzen Sie das Teichbecken wieder ein und prüfen erneut den richtigen Sitz. Es ist durchaus möglich, dass jetzt nochmals korrigiert werden muss. Nehmen Sie immer die Wasserwaage zu Hilfe, denn der Beckenrand muss nach dem Einbau genau waagrecht sein. Wenn das Teichbecken korrekt sitzt, diese zur Hälfte mit Wasser füllen, damit sie beim jetzt folgenden Einschlämmen nicht nach oben schwimmt. 3 Zum Schluss wird an den Seiten des Beckens Erde beigefüllt. Nachdem das Grobe mit Spaten oder der Schaufel erledigt wurde, kann der Rest nun mit Hilfe eines Gartenschlauchs eingeschlämmt werden. An den engeren Stellen spülen Sie Sand oder gesiebte Erde nach, damit keine Hohlräume um das Becken zurückbleiben. Darauf achten, dass das Becken waagrecht bleibt.

WERKZEUG.

- ✓ Spaten
- ✓ Schaufel
- ✓ Spitzhacke
- ✓ Wasserschlauch
- ✓ Wasserwaage
- ✓ Stumpfe Latte o. Ä.

MATERIAL.

- ✓ Teichbecken
- ✓ Teichpflanzen
- ✓ Dekormaterial
- ✓ Teichpumpe
- ✓ Filter
- ✓ Pflanzkörbe
- ✓ Sand
- ✓ Steine/Kiesel
- ✓ Tiere

DER FOLIENTEICH.

Ein bisschen mehr als „Loch buddeln, Folie drüber, Pflanzen rein – Wasser marsch!“ ist es schon. Mit etwas Liebe und Mühe können Sie sogar ein verspieltes Teichsystem modellieren. Okay, es muss gar nicht so kompliziert sein, ein schön geformtes Tümpelchen reicht, um sich dran zu erfreuen.

WERKZEUG.

- ✓ Spaten
- ✓ Schaufel
- ✓ Spitzhacke
- ✓ Schnur
- ✓ Wasserschlauch
- ✓ Wasserwaage
- ✓ Richtlatte
- ✓ Plastikeimer

MATERIAL.

- ✓ Teichvlies
- ✓ Gartenteichfolie
- ✓ Teichfolienkleber
- ✓ Teichpflanzen
- ✓ Dekormaterial
- ✓ Teichpumpe
- ✓ Filter
- ✓ Sand
- ✓ Kies
- ✓ Tiere, z. B. Fische, Schnecken etc.
- ✓ Muscheln

WELCHE FOLIE SOLL ICH NEHMEN?

Die Teichfolie muss das Gewicht des Wassers halten können. Je tiefer der Teich ist, umso dicker muss die Folie sein! Verschiedene Materialien stehen zur Auswahl.

ART	EIGENSCHAFT	STÄRKE	EINSATZ
PVC-Folie	Am gebräuchlichsten und sehr leicht zu verkleben. Sie ist flexibel und weich, nach einigen Jahren treten jedoch die Weichmacher aus und die Folie wird starr, wodurch sie leicht Knickrisse und Löcher bekommt. Nicht sehr umweltverträglich.	1 mm	Bei reinem Sandboden
		2 mm	Teichtiefe ab 2,5 m
		1,5 mm	Bei Wurzeln und Steinen im Boden; für Schwimm- oder Badeteiche
PE-Folie	Polyethylen ist sehr umweltverträglich, aber nicht so leicht zu verarbeiten. Man verwendet sie am besten an	1 mm	Wird am meisten eingesetzt
		1,5 mm	Klärteiche, Biogasanlagen, Baustellenabdichtungen etc.
EPDM-Folie	EPDM ist synthetischer Kautschuk. Das Material ist weich, strapazierfähig, belastet nicht die Umwelt und lässt sich gut verarbeiten. Leider ist	1 mm	Gartenteiche
		> 1 mm*	Schwimmteiche
* Herstellerabhängiges Maß			

Berechnen der benötigten Teichfolie

Legen Sie eine Schnur oder einen Gartenschlauch längs und quer an der jeweils breitesten Stelle in die Teichgrube. Rechnen Sie dann zur Breite und Länge jeweils 1 m dazu und Sie haben das richtige Folienmaß. Ermitteln Sie das Maß an mehreren Stellen, um sicher zu sein, dass Sie die richtige Breite und Länge haben.

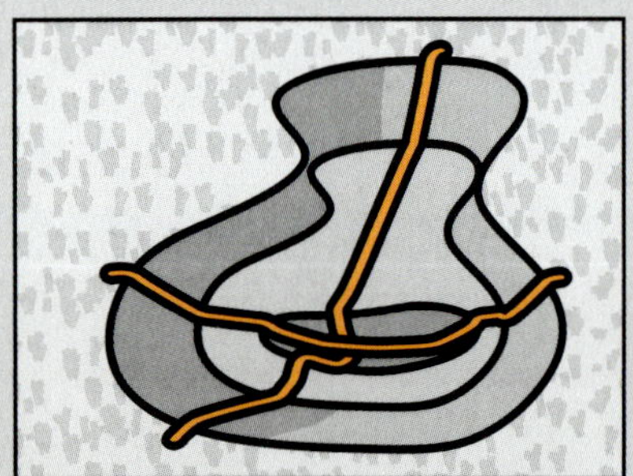

FOLIENTEICH ANLEGEN.

So, und jetzt geht es los. Schnappen Sie sich einen Helfer. Wenn Ihre Arme dick genug sind, ist zwar das Lochbuddeln auch allein kein Problem, aber wenn dann die Folie darüber ausgebreitet wird, funktioniert das Ganze zu zweit auf jeden Fall viel besser.

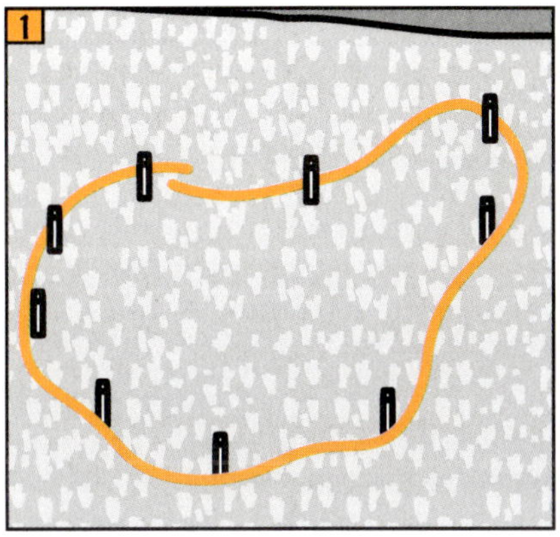
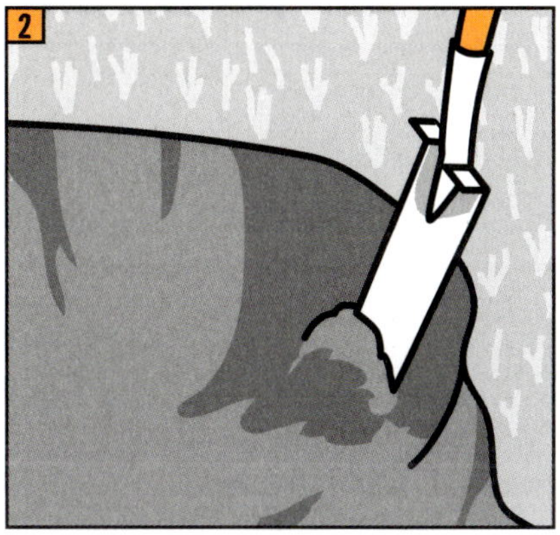

1 Wenn Sie ein lauschiges Plätzchen für Ihren zukünftigen Folienteich gefunden haben, markieren Sie den Umriss des Teiches mit einer Schnur. Ändern Sie diese Markierung so lange, bis Ihnen die Form gefällt. Planen Sie am besten auch gleich die verschiedenen Teichzonen ein (Sumpfzone bis 10 cm, Flachwasserzone 20–40 cm und Tiefwasserzone 60–150 cm). Das Gefälle zwischen den Zonen sollte nicht größer als 30° sein, da Kies und Pflanzkörbe sonst abrutschen können. Sie brauchen keine Terrassen anzulegen, die Übergänge können ruhig weich und fließend sein. **2** Heben Sie die Teichgrube von außen nach innen aus, jedoch insgesamt 20–25 cm tiefer, als es für den späteren Wasserstand vorgesehen ist. Modellieren Sie dabei auch die verschieden Tiefenzonen, und erstellen Sie rund um den Teichrand einen 15 cm tiefen Graben für die Kapillarsperre. **3** Besonders wichtig ist, dass die äußeren Teichränder genau auf einer Ebene liegen. Um die Ebenheit zu überprüfen, legen Sie eine Richtlatte quer über den Teich. Mit der Wasserwaage dann die Lage der Latte kontrollieren. Diesen Vorgang mehrmals an verschiedenen Stellen wiederholen. Bei Schieflage den Teichrand entsprechend bearbeiten. An einer ausgewählten Stelle können Sie den Rand etwas tiefer anlegen, damit der Teich bei zu viel Regen kontrolliert überlaufen kann. **4** Nachdem Sie alle Steine, Wurzelreste und sonstige spitze Gegenstände entfernt haben, bedecken Sie die Teichgrube mit einer 10 cm dicken Schicht aus Sand, die Sie festklopfen. Legen Sie dann die Grube mit Teichvlies aus. Sand und Vlies schützen die Teichfolie vor Beschä-

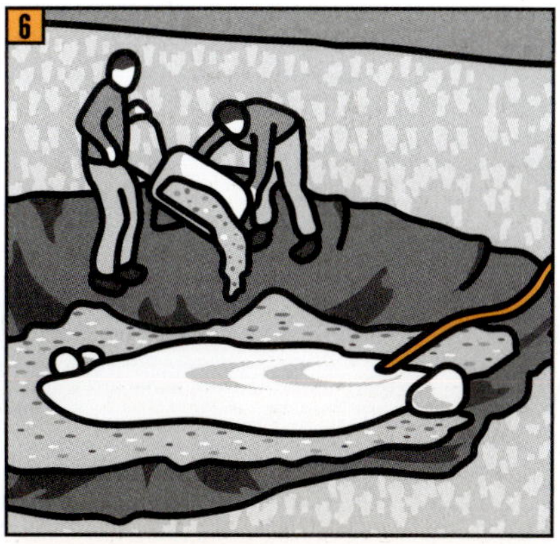

digungen und somit Ihren Teich vor späterem Wasserverlust. **5** Breiten Sie die Folie aus und ziehen Sie sie über die Teichmulde. Die Folie sollte dabei am Rand etwa 50 cm überstehen. Versuchen Sie, möglichst wenige Falten in der Folie zu werfen. Ein paar Falten sind okay, denn sie dienen kleinen Tieren als Unterschlupf. Die Folie lässt sich übrigens am besten bei warmem Wetter verlegen, weil sie dann geschmeidiger ist. **6** Streuen Sie eine dünne Schicht feinen Kies oder Sand auf den Boden und gießen Sie vorsichtig Wasser auf, bis die Tiefwasserzone voll ist. Jetzt kann das Bepflanzen losgehen. Wenn Sie chlorhaltiges Leitungswasser benutzen, muss der Teich mindestens eine Woche stehen, ehe Sie die Pflanzen einsetzen. Mehr zur Randbefestigung erfahren Sie auf Seite 571.

ACHTUNG! PROFITIPP

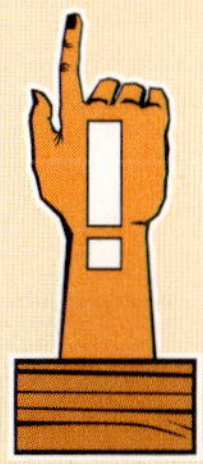

Wasser nachfüllen:
Füllen Sie den Teich mit einem Brausekopf auf dem Gartenschlauch nach. Wenn das Wasser noch 2–3 m durch die Luft rieselt, nimmt es Sauerstoff mit in den Teich.

TECHNIK RUND UM DEN TEICH.

Manchmal muss man der Natur ein bisschen unter die Arme greifen, besonders wenn der Teich kein reiner Naturteich ist. Prinzipiell gilt, je weniger Technik, desto besser. Schließlich wollen wir uns ja mit einem schönen Teich ein Stückchen Natur nach Hause holen und keinen „Technik-Overkill"

TEICHPUMPE.

Es gibt Pumpen, die für verschiedene Zwecke ausgerichtet sind: Bachlaufpumpen, Umwälzpumpen, Belüftungspumpen oder Pumpen, die ein Wasserspiel betreiben und Kombinationen dieser Funktionen. Teichpumpen können für den Betrieb innerhalb und außerhalb des Wassers ausgerichtet sein. Es empfiehlt sich, so genannte Dauerläufer zu nehmen, denn sie befördern eine hohe Wassermenge, ohne viel Energie zu verbrauchen. Sie sind geräusch- und vibrationsarm und nahezu wartungsfrei.

Wasserspielpumpe

Meist betreiben diese Geräte nicht nur ein Wasserspiel, sondern sind mit einem Filter kombiniert. Die Förderleistung der Pumpe richtet sich nach Spritzhöhe und Spritzbreite. Je höher und breiter der Spritzeffekt, desto mehr Wasser muss eine Pumpe in der Stunde transportieren.

Beispiel: Bei einer Spritzhöhe von 0,5 m bedarf es einer Pumpenleistung von 4 000 l/h.

Bachlauf-/Wasserfallpumpe

Damit das Wasser aus dem Teich wieder zur „Quelle" des Baches gelangt, muss es dort hinaufgepumpt werden. Eine Umwälzpumpe ist hier nicht mehr erforderlich, denn Filteranlagen sind oft integriert. Die Förderleistung der Pumpe ist abhängig von Höhe und Breite des Bachlaufs bzw. Wasserfalls. Je höher und breiter der Bachlauf/Wasserfall, desto mehr Wasser muss eine Pumpe in der Stunde transportieren.

Beispiel: Für einen Bachlauf mit 1,50 m Höhe und 40 cm Breite bedarf es einer Pumpenleistung von 6 600 l/h.

Filter-/Umwälzpumpe

Durch das Umwälzen des Wassers, das bei natürlichen Gewässern der Wind besorgt, wird das Teichwasser mit Sauerstoff angereichert. Gleichzeitig haben diese Pumpen meist einen Filter, der Schmutz und Schwebeteilchen entfernt. Wichtig: Ansauge- und Auslassstelle müssen so weit wie möglich voneinander entfernt sein. Die Filterleistung der Pumpe errechnet sich aus Teichoberfläche, Teichtiefe und Teichinhalt. Mit steigender Anzahl von Fischen sinkt die Filterleistung einer Pumpe.

Beispiel: Für einen Fischteich mit 20 m^2 Oberfläche und einer Tiefe von 1 m bedarf es einer Pumpenleistung von 5 000 l/h, für einen gleich großen Teich ohne Fische muss die Pumpe 10 000 l/h fördern.

Belüftungspumpe

Sie werden trocken und oberhalb des Wasserspiegels aufgestellt, damit kein Wasser durch die Schläuche ins Gerät gelangen kann.

PUMPE EINBAUEN.

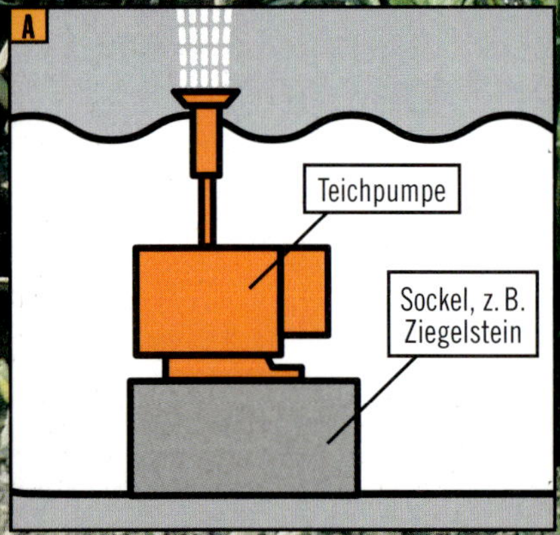

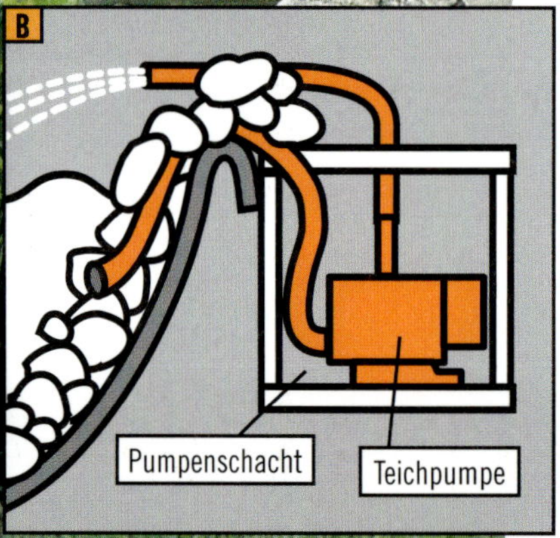

A Das Aufstellen der Teichpumpe im Gartenteich ist die gebräuchlichste Methode. Stellen Sie die Pumpe aber nicht direkt auf den Teichgrund, denn angesaugter Schlamm könnte den reibungslosen Betrieb gefährden. Einfach einen Ziegelstein auf den Grund stellen und die Pumpe darauf. **B** Eine Aufstellung außerhalb des Teiches erfolgt in einem so genannten Pumpenschacht. Die Pumpe muss unterhalb des Wasserspiegels platziert werden. Ein Saug- und ein Druckschlauch werden mit der Pumpe verbunden und in den Teich geführt. Eventuelle Wartungsarbeiten an der Pumpe können leicht ausgeführt werden. Die Schlauchverbindung zum Wasser kann mit Steinen kaschiert werden.

im Garten produzieren. Dennoch gibt es ein paar Gerätschaften, die einem Teich sehr nützlich sein können. Ein Bachlauf oder ein Springbrunnen mitten im Teich sind ohne Pumpe natürlich nicht zu realisieren.

FILTER.

Um die Reinheit des Wassers zu gewährleisten, kann es nötig sein, Filter einzusetzen. Eine solche Anlage zieht nicht nur den groben Schmutz aus dem Wasser, sondern kann es auch mit Sauerstoff anreichern und den Nitrat- und Stickstoffhaushalt regeln. Filter gibt es natürlich in verschiedenen Ausführungen. Beliebt sind Außenfilter, die das Wasser in mehreren Stufen reinigen und außerhalb des Teiches installiert werden. Durch eine Pumpe sind sie mit diesem verbunden. Sie können auch einen Vorfilter an Ihre Teichpumpe anschließen, der den Reinigungsaufwand der Pumpe erheblich verringert. Diese kann in der Nähe des Teichrands platziert werden. So kann das Teil gereinigt werden, ohne aus dem Wasser genommen werden zu müssen.
Der Schwamm, der einer Pumpe vorgelagert ist, ist KEIN ausreichender Filter. Dieser dient nur dazu, grobe Partikel aufzufangen, damit die Pumpe nicht verstopft. Er klärt aber keine Algen, Schadstoffe und Mikroorganismen aus dem Wasser.

Teichfilter

HEIZUNG.

Den Teich zu beheizen, macht nur Sinn, wenn man edle Zuchtfische hält, die nicht im Haus überwintert werden können. Es gibt Heizstäbe, die man in den Teich hineinlegt, und ganze Heizungssysteme, die teilweise sogar mit Solarzellen betrieben werden. Lassen Sie sich von einem Fachmann beraten.

UV-FILTER.

Dieses Gerät bestrahlt durch eine Röhre laufendes Wasser mit UV-Licht, was die Schmutzpartikelchen, Algen und Mikroorganismen platzen lässt. Ihre Reste werden anschließend ausgefiltert. Allerdings entsteht so ein viel zu klares Wasser, das die Sonnenstrahlen bis in die Tiefe durchlässt. Fische und Frösche können einen Sonnenbrand bekommen. Durch die klare Sicht können sie sich nicht mehr vor Räubern verstecken, was sie unter Stress setzt. Ein anderes Problem ist, dass die abgetöteten Mikroorganismen, deren Job die natürliche Reinigung des Wassers ist, nun fehlen, was die künstliche Reinigung wiederum notwendig macht. Ein Teufelskreis.
Dass das Wasser im Sommer etwas trüber ist, ist völlig normal. Das einfallende Licht färbt alle im Wasser schwimmenden organischen Stoffe mit Chlorophyll ein. Dadurch bekommt das Wasser eine grünbraune Farbe. Überlassen Sie der Natur die Reinigung des Teichwassers. Wir raten Ihnen, nur hier und da unterstützend einzugreifen.

OXYDATOR.

Dieses Gerät aus Spezialkeramik bildet Sauerstoff, ohne dabei das im Wasser befindliche Kohlenstoffdioxid auszutreiben. Man legt den Oxydator in den Teich. Wenn er leer ist und wieder aufgefüllt werden muss, treibt er von selbst an die Oberfläche. Eine stromsparende, umweltfreundliche und praktische Alternative zur Belüftungspumpe.

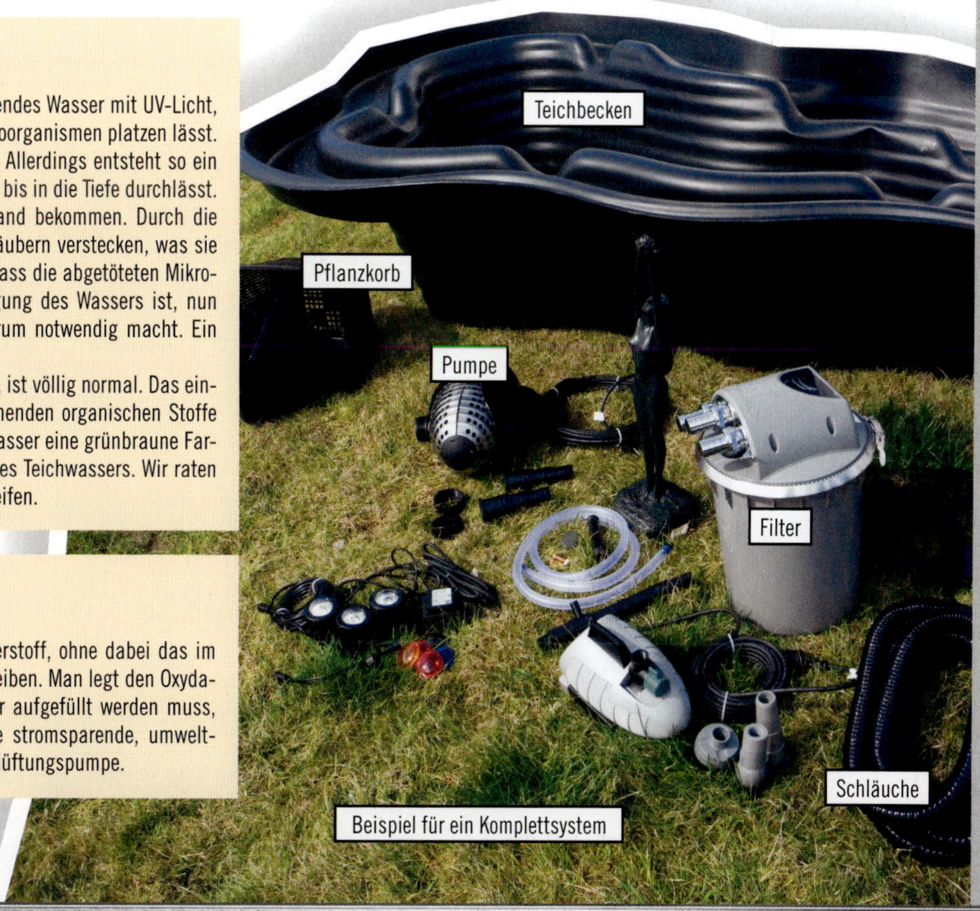

Beispiel für ein Komplettsystem

BACHLAUF.

Wasser in Bewegung wirkt auf uns entspannend und anregend zugleich. Ein kleiner Bachlauf ist eine wunderbare Möglichkeit, sich den eigenen Garten wieder ein Stück mehr zum persönlichen Paradies auszubauen.

Der Bachlauf ist eine schöne Erweiterung Ihres Gartenteiches. Er hat auch eine klärende und reinigende Funktion, denn das Teichwasser wird durch springende Übergänge und kleine Wasserfälle mit Sauerstoff angereichert. Dies fördert die Entwicklung nützlicher Mikroorganismen, die das Wasser reinigen. „Fließt es über Stock und Stein, ist das Wasser wieder rein", sagt schon ein Sprichwort über die Selbstreinigungsfunktion von fließenden Gewässern. Wählen Sie einen breiten Schlauch, denn der transportiert mehr Wasser und braucht dabei weniger Pumpenleistung. Verlegen Sie ihn auf dem kürzesten Weg.

Die Auswahl der Pumpe ist wichtig, sonst sieht der Bach aus wie ein Rinnsal. Bei einem Meter Höhenunterschied und einer Bachbreite von 70 cm sollte die Pumpe 120 Liter pro Minute fördern können. Außerdem darf der Teich nicht zu klein sein, sonst ist er leer gepumpt, ehe das Wasser aus dem Bach wieder unten ankommt.

Der Bachlauf kann mit Teichfolie oder aber mit fertigen Bachlaufschalen gestaltet werden. Das Gefälle sollte nicht zu stark sein, sonst wird die Fließgeschwindigkeit zu groß und spült alles fort.

Bachlauf mit Folie modellieren

Mit Teichfolie können Sie Ihrem Bachlauf eine individuelle Form und Größe geben. Die Breite der Folie sollte etwa 2,5-mal größer sein als der Bachlauf, um hohe Seitenwände und Befestigungsmöglichkeiten daraus machen zu können. Zum Beispiel braucht ein 40 cm breiter Bachlauf eine 100 cm breite Folie. Dafür eignen sich die speziellen Bachlauffolien besonders gut. Ein durchschnittlicher Bachlauf ist mindestens 75 cm breit und 40 cm tief. Legen Sie die Form des Baches mit einem Gartenschlauch und heben Sie die Erde mindestens 40 cm tief aus. Das Gefälle sollte 4 % nicht überschreiten. Planen Sie alle 1,5 m eine Staustufe ein, in der das Wasser kurz stehen bleibt, ehe es weiterfließt. Das bremst den Fluss und garantiert, dass noch Wasser im Bach ist, wenn die Pumpe mal ausgeschaltet wird. Legen Sie Sandschicht, Teichvlies und Teichfolie aus (wie bei „Folienteich anlegen" beschrieben) und machen Sie einen Probelauf, ehe Sie die Ränder abschneiden und mit Steinen gestalten. Wenn noch irgendwo Wasser austritt, einfach unter der Folie einen kleinen Wall modellieren.

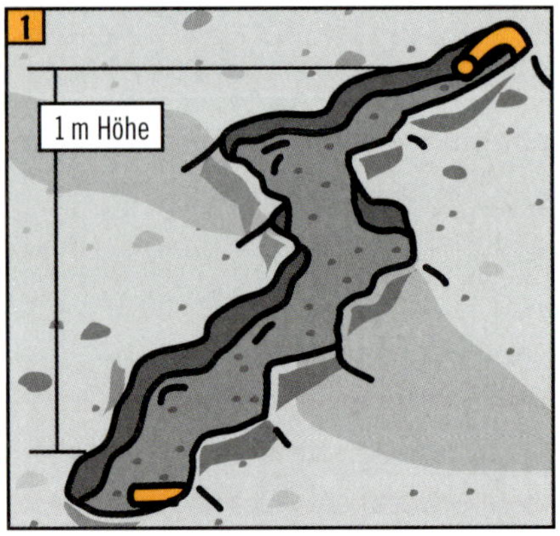

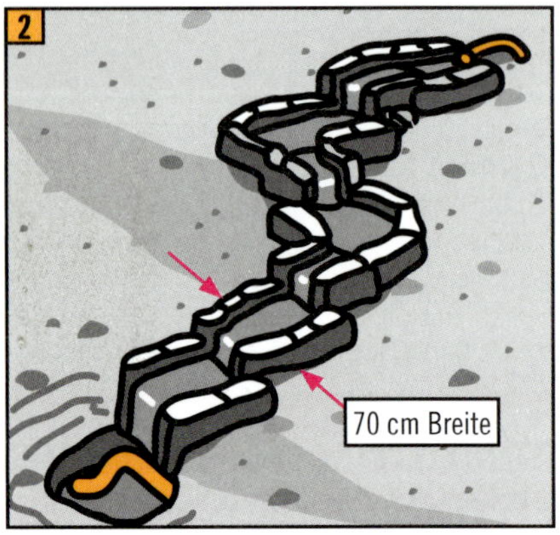

Bachlauf mit Bachlaufschalen herstellen

1 Zuerst den Verlauf des Bachlaufs festlegen und ausheben. Breite und Tiefe richten sich nach der Ausführung der Bachlaufschalen. Mit dem Aushub die Randbereiche individuell modellieren. Zum Verlegen des Wasserzulaufschlauches ebenfalls einen Graben ausheben und den Schlauch so verlegen, dass der Ein- und Auslauf mit dem Anfang und dem Ende des Bachbettes verbunden ist. Dann die Pumpe am unteren Ende des Baches im Teich einbauen. **2** Die Bachlaufschalen werden nun von unten nach oben verlegt. Die Schalen lassen eine individuelle Gestaltung und einen individuellen Verlauf des Bachbettes zu. Eingebaute Staustufen verhindern ein sofortiges Austrocknen beim Abschalten der Pumpe.

3 Mit Steinen, Kiesel, Pflanzen und Dekofiguren können nun die Bachränder gestaltet werden. Vermeiden Sie freiliegende Stellen und gestalten Sie den Bachlauf so natürlich wie möglich.

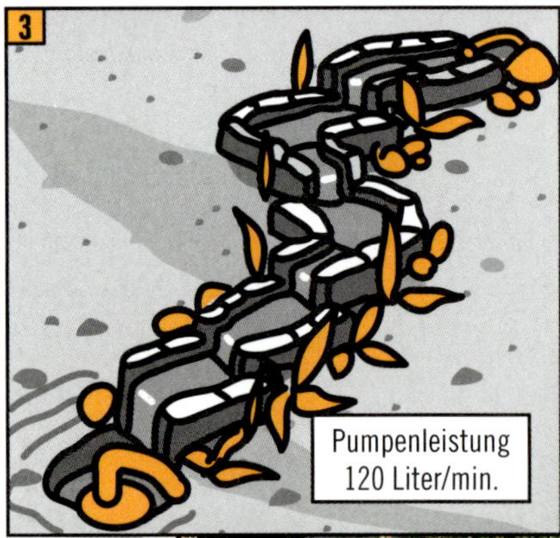

RANDBEFESTIGUNG.

Da unser Teich kein Schwimmbecken ist, wo der Rand einen nahtlosen Übergang zwischen Wasser und Beton darstellt, sollten an die Frage der Randbefestigung noch ein paar Gedanken verschwendet werden. Letzten Endes bleibt es, wie so oft, eine Sache des persönlichen Geschmacks.

Randgestaltung

Beim Rand des Teiches muss auf ein paar wichtige Aspekte geachtet werden. Er muss ausreichend befestigt sein, damit er nicht wegbricht, wenn man ihn betritt, oder das Ufer nach einiger Zeit absackt. Am besten eignen sich Bordsteine, Pflastersteine oder dicke Holzplanken, die man am Rand eingräbt. Wenn Sie dabei eine Stelle berücksichtigen, die etwas tiefer liegt als der restliche Rand, kann das Wasser kontrolliert überlaufen. Diese Stelle sollte möglichst nicht in Richtung des Kellerfensters oder Nachbars Grundstück liegen – Flutungsgefahr!
Wasser kann aber auch ohne große Regenflut aus dem Teich auslaufen, indem es sich in den Folienfalten und an Pflanzen hinaufzieht wie bei einem Kerzendocht und in die Erde sickert. Das nennt man Dochteffekt oder Kapillareffekt. Zur Verhinderung baut man eine Kapillarsperre.
Die überstehende Teichfolie wird dafür nicht einfach im Boden eingegraben, sondern noch mal an die Oberfläche geführt, und zwar 3 cm höher als der Uferrand. An dieser Stelle legen Sie kleinere Steine aus, oder Sie benutzen die eingegrabenen Steine der Uferbefestigung gleichzeitig als Kapillarsperre.

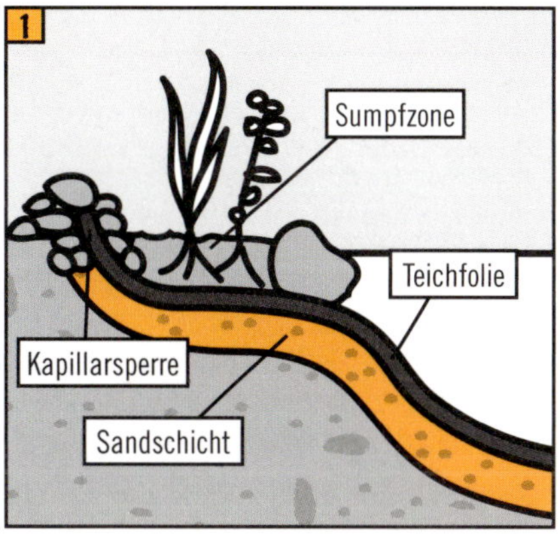

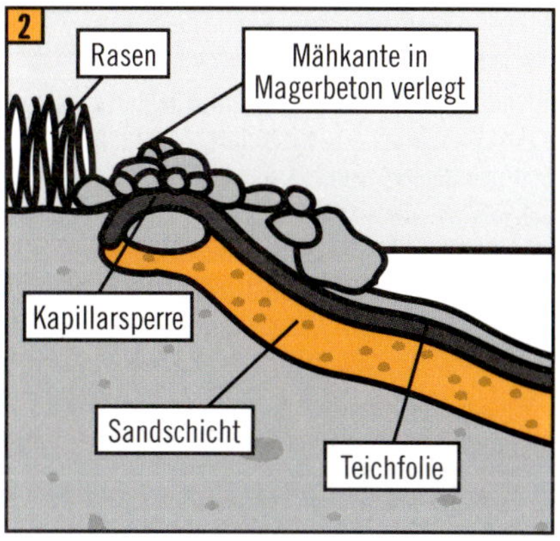

ACHTUNG! PROFITIPP

Benutzen Sie zur Ausgestaltung des Teiches und des Ufers am besten Kies, keinesfalls aber Erde. Kies ist nährstoffarm, und inzwischen wissen Sie ja, dass es ziemlich schnell zu einem Nährstoffüberangebot kommen kann, was den Teich langsam umbringt.

WASSERPFLANZEN SETZEN.

Ein Teich ohne Pflanzen wäre wohl eher „Wasserloch" zu nennen. Klar, dass die Vegetation der zentrale Blickfang beim Gartentümpel ist. Neben gezüchteten Spezialsorten und einigen Exoten gibt es eine Vielzahl sehr hübscher einheimischer Wasser- und Sumpfpflanzen.

WIE MAN TEICHPFLANZEN EINSETZT.

Am besten benutzt man Pflanzkörbe und -taschen aus Kokoswolle, die mit Nährboden gefüllt sind. Die Kokoswolle verhindert, dass die Nährstoffe ausgespült werden. Kokoskörbe gibt es in 5 Größen. Als Untergrund für die Pflanzkörbe legt man eine Schicht Sand an. Die Körbe mit den Pflanzen für die tieferen Zonen werden vorsichtig abgesenkt und mit Sand bedeckt. Die Kandidaten aus der Ufer-Sumpf-Zone gräbt man in eine Sandschicht ein, bis die Pflanztaschen nicht mehr zu sehen sind. Denken Sie daran, dass die angegebenen Zahlen über die Wassertiefe der Pflanzen Maximalwerte sind, graben Sie sie deshalb tendenziell flacher ein. Stark wuchernde Pflanzen sollten Sie immer wieder auslichten, sonst verdrängen sie alles andere und der Teich ist im Nu zugewachsen. Hoch wachsende Pflanzen gruppiert man am Rand, als Hintergrund für ihre niedrigeren Kollegen. Im ersten Jahr werden die Pflanzen noch nicht so stark wachsen. Machen Sie sich keine Sorgen, das ist normal. Allerdings sollten Sie in dieser Zeit noch keine Schwimmpflanzen einsetzen, denn die anderen Pflanzen brauchen so viele Nährstoffe, dass für die schwimmenden Freunde nicht mehr genug Nahrung im Wasser verbleibt.

ACHTUNG ALGEN!

Algen mögen sich am liebsten in der Sonne im kalkhaltigen Wasser den Bauch voll schlagen. Deswegen beugt man ihnen durch Nährstoffentzug und Schatten vor. Dafür braucht man keine Chemie, denn manche Pflanzen und Tiere sind gute Algenbekämpfer: Schnecken entziehen dem Wasser den Kalk, um daraus ihr Gehäuse zu bauen, und weiden den Algenteppich von Steinen ab. Schwimmblattpflanzen halten mit ihren Blättern das Wasser kühl. Einige Pflanzen wie Tannenwedel oder Krebsschere entziehen ihm besonders viele Nährstoffe. Manche Unterwasserpflanzen wie Wasserpest oder Hornkraut versorgen das Wasser besonders gut mit Sauerstoff. Wichtig ist, gar nicht erst zu viele Nährstoffe ins Wasser gelangen zu lassen. Geben Sie deshalb auf keinen Fall Humus oder Pflanzenerde in den Teich! Die Pflanzen sollen ihre Nährstoffe hauptsächlich aus dem Wasser beziehen.

Die Teichzonen

- **A** Uferzone: kann hin und wieder überschwemmt werden und bildet den Übergang zwischen Teich und Garten.
- **B** Feuchtzone: bis 15 cm tief. Hier wachsen Uferpflanzen, die nicht zu tief im Wasser stehen möchten.
- **C** Sumpfzone: 15–50 cm tief. Hier gedeihen die wichtigsten Sumpf- und Wasserpflanzen. Dieser Bereich ist biologisch extrem wichtig.
- **D** Tiefzone: 1 m und tiefer. Hier überwintern Fische, gedeihen Seerosen und leben kleine Tierchen und Organismen im Schutz der Dunkelheit des trüben Wassers. Sonnenlicht vertragen sie nicht. Je tiefer der Teich ist, desto eher bleibt er auch im Sommer kühl genug, um ausreichend Sauerstoff im Wasser zu halten und Algenwachstum einzudämmen.

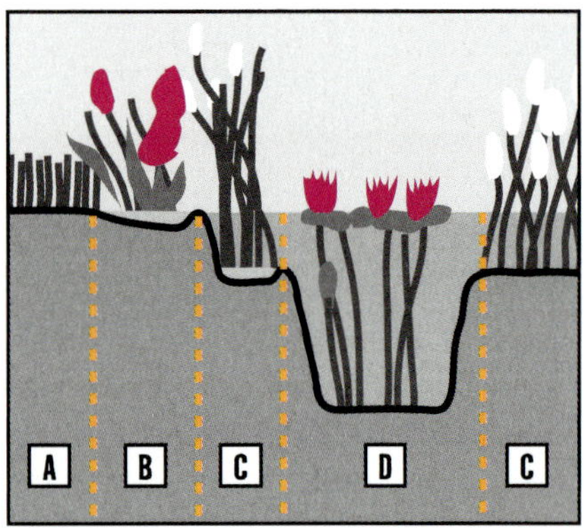

Pflanzenauswahl nach Teichzonen.

PFLANZ-ZONE	DEUTSCHER NAME	BOTANISCHER NAME	ANMERKUNG
Tiefwasserzone: Unterwasserpflanzen	Dickblättrige Wasserpest	Egeria densa	Überwintert in tiefem Wasser.
	Tausendblatt	Ceratophyllum demersum	Schöne Girlanden unter Wasser, über Wasser Ähre mit Blütenquirlen.
	Brachsenkraut	Isoetes lacustris	Ziemlich brüchig, kann daher nicht mit rüpelhaften Fischen zusammen gehalten werden.
	Kleine Wasserlinse, Entengrütze	Lemma minor	Breitet sich schnell aus und bildet einen Teppich, der das Wasser kühl hält.
	Wasserfeder	Hottonia palustris	Pflanze lässt sich leicht verdrängen.
	Gelbe Teichrose, Mummel	Nuphar lutea	Braucht viel Platz und eine Wassertiefe von mehr als 1 m.
Sumpf- und Feuchtzone	Rundblättriger Froschlöffel	Alisma plantago-aquatica	Zierliche Blütenrispe mit kleinen weißen bis zartrosa Blüten, steht bis 1 m in die Höhe.
	Breitblättriger Rohrkolben	Typha latifolia	Bildet starke Wurzeln und wird bis zu 2 m hoch.
	Pfeilkraut	Sagittaria sagittifolia	Überwinterungsknollen sind essbar.
	Blumenbinse, Schwanenblume	Butomus umbellatus	Binse mit schönen, zartrosa Blüten an einer großen Blütendolde.
	Igelkolben	Sarganium simplex	Auffällige Fruchtstände, die aussehen wie Morgensterne. Wuchert nicht so wie andere Kolben.
	Schilfrohr	Phragmites australis	Wächst sehr hoch: 3–4 m; eignet sich daher als Sichtschutz.
	Bachbunge	Veronica beccabunga	Bodendecker begrünt gut größere Flächen am Rand von Bächen.
	Wasserdost	Eupatorium cannabinum	Blüht wochenlang in reichem, kupferrotem Flor.
	Wasserminze	Metha aquatica	Eine der wenigen duftenden Wasserpflanzen.
	Sumpfvergissmeinnicht	Myosotis palustris	Viele kleine himmelblaue Blüten; wächst sehr üppig.
	Blutweiderich	Lythrum salicina	Bis zu 1 m hohe rotviolette Blütenstände.
	Fieberklee	Menyantes trifoliata	Braucht wenig Platz.
	Froschbiss	Hydrocharia morsus-ranae	Mag saures Wasser. Entzieht Nährstoffe und hilft so bei der Selbstreinigung des Wassers.
	Echter Kalmus	Acorus calamus	Aromatisch riechende Wurzeln sind essbar. Er wird zwischen 80 und 150 cm hoch.
	Sumpfkalla, Drachenwurz, Schlangenwurz	Calla palustris	Ca. 30 cm hohe Sumpfstaude mit kolbenförmigem Blütenstand, im August dekorative rote Beeren.
	Segge	Carex	Grasartige Pflanze kommt häufig an Stränden vor, vor allem die Ufer-Segge, die Sumpf-Segge und die Morgenstern-Segge.
	Pfennigkraut	Lysimachia numularis	Bodendecker, wird bis zu 5 cm hoch.
Schwimmpflanzen	Wassersalat, Muschelblume	Pista stratiotes	Am besten ist es, wenn die Pflanze in seichtem Wasser in den Sumpf einwurzeln kann, auch wenn sie freischwimmend ist. Hilft bei der Selbstreinigung des Wassers.
	Kanadische Wasserpest	Elodea densa	Wächst schnell und hält das Wasser durch starken Nährstoffentzug sauber.
	Seekanne	Nymphoides paltata	Die anspruchslose, aber seltene Pflanze verträgt keine kalten Winter.
	Wasseraloe, Krebsschere	Stratiotes aloides	Treibt frei, kann sich aber im flachen Wasser auch im Boden verankern.
	Wasserhyazinthe	Eihhornia crassipes	Die Blüten ragen an einem 30 cm langen Stiel empor und sind hellviolett. Überwintert schlecht. Trägt zur Selbstreinigung des Wassers bei.
	Wassernuss	Trapa natans	Erneuert sich durch Nüsse, die im Herbst ins Wasser fallen. Die Überwinterungsknollen sind essbar. Sie gedeiht nur in kalkarmem Wasser.
Uferpflanzen	Schachbrettblume	Frittillaria meleagris	Die vom Aussterben bedrohte Blume hat hübsche, schachbrettartig gemusterte, violette Glockenblüten.
	Wiesenknöterich	Polygonum bistora	Die zartrosa Blütendolden sind bei Bienen sehr beliebt.
	Orchideenprimel	Primula vialii	Die aus China stammende Pflanze hat blassviolette Blütenähren.

POPULÄRE WASSERPFLANZEN.

Sumpfdotterblume/Caltha palustris

Standort: Sumpfzone. Mag lehmhaltige Böden. Die Wassertiefe sollte nicht mehr als 20 cm betragen.

Wuchs: Die niedrige, buschige Pflanze wird bis zu 40 cm hoch und ebenso breit.

Blüte: Die dottergelben Blüten leuchten weithin und sind im zeitigen Frühjahr ein Blickfang an jedem Uferrand. Sie erreichen einen Durchmesser von ca. 4 cm.

Blatt: Die herzförmigen, leicht gezahnten Blätter der Sumpfdotterblume zeigen eine grasgrüne Färbung.

Tannenwedel/Hippuris vulgaris

Standort: Sumpfzone. Wächst gut in kalkhaltigen und lehmigen Sumpfböden, sowohl in der Sonne als auch in halbschattigen Bereichen. Die Wassertiefe sollte 1 m nicht überschreiten.

Wuchs: Der sich stark vermehrende Tannenwedel wird bis zu 40 cm hoch.

Blüte: Seine Blüten sind unscheinbar.

Blatt: Die kräftig grünen, quirligen Blättchen erinnern an Tannenwedel.

Zungenhahnenfuß/Ranunculus lingua

Standort: Sumpfzone. Vollsonniger Bereich am Rande von Bachläufen und Teichen.

Wuchs: Der Ausläufer bildende Ranunculus lingua erreicht eine Höhe von bis zu 1,5 m und breitet sich bis zu 2 m aus.

Blüte: Die dekorativen, becherförmigen, kräftig gelben Blüten des Zungenhahnenfußes erreichen einen Durchmesser von bis zu 5 cm.

Blatt: Seine bläulich grünen Blätter sind schmal und lanzettlich geformt.

Schmalblättriger Rohrkolben und Zwergrohrkolben/Typha angustifolia und minima

Standort: Sumpfzone. Vollsonniger Standort in ufernahen Zonen von Gewässern. Er bevorzugt saure Sumpfböden. Die Wassertiefe sollte maximal 30 cm betragen.

Wuchs: Die Gruppen bildenden Typhasorten wachsen alle aufrecht. Typha angustifolia kann bis zu 1,5 m hoch werden. Typha minima erreicht eine maximale Höhe von bis zu 75 cm.

Blüte: Typha angustifolia besitzt 10–20 cm lange, braune Blütenkolben, bei Typha minima sind sie nur 1–5 cm.

Blatt: Die schmalen, langen Blätter zeigen sich graugrün.

Seerosen/Nymphaea

Standort: Tiefwasserzone. Sonnige Stelle des Teiches. Die Sorten haben unterschiedliche Ansprüche, was die Wassertiefe angeht.

Wuchs: Die sich ausbreitende Nymphaea ragt ca. 10–15 cm aus dem Wasser.

Blüte: Seerosenblüten sind von faszinierender Schönheit. Sie zeigen sich je nach Sorte in diversen Rot-, Rosé-, Zartgelb- bis hin zu Weißtönen. Sie öffnen sich am Morgen und schließen sich bei Sonnenuntergang.

Blatt: Die tellerförmigen, grünen, leicht bronzefarbenen Blätter liegen schwimmend auf dem Wasser.

Lanzenblättriges Hechtkraut/Pontederia lanceolata

Standort: Sumpfzone. Ufernahe, sumpfige Zone an Teichen oder Bachläufen in voller Sonne. Der Wasserstand sollte nicht höher als ca. 30 cm sein. Bei niedrigem Wasserstand sollte die Pflanze im Winter abgedeckt werden.

Wuchs: Pontederia lanceolata wächst aufrecht und wird bis zu 1 m hoch.

Blüte: An langen, kräftigen Stielen stehen die ausgesprochen schönen, ährenförmigen, stahlblauen Blüten des Pontederia lanceolata.

Blatt: Die grasgrünen Blätter sind, wie der Name besagt, lanzettlich geformt.

DU KANNST ES!

STICHST MIT DEINEM SPATEN, TIEF IN LEHMIGEN GRUND.
SCHAFFST GARTEN, WO VORHER NUR ACKER.
DOCH DER BODEN WIRD HÄRTER.
DEIN OBERARM WEICHER.
DEINE SCHULTERN ZU STEIN.
DEIN SPATEN ZU KLEIN.
WAS DU GESCHAFFT HAST, WIRD WINZIG.
DEINE BLASEN RIESIG.
DOCH DU WEISST, DU KANNST ES.

TEICHBEWOHNER.

Einige Tierchen und Kleinstorganismen bringt die Natur innerhalb kürzester Zeit selber mit, was recht erstaunlich ist. Man fragt sich, wo die nur herkommen, selbst wenn meilenweit kein Gewässer zu sehen ist. Zu ihnen können Sie noch ein paar Teichbewohner gesellen, die Sie selbst aussuchen.

Verschiedene Tierarten im Überblick.

TIERART	DEUTSCHER NAME	LATEINISCHER NAME	ANMERKUNG
Fische	Koi	Cyprinus carpio Koi	Eine edle japanische Karpfenzüchtung, deren Ansprüche ähnlich denen von Goldfischen sind. Müssen in speziellen Koiteichen gehalten werden.
	Shubukin	Carassius auratus Shubukin	Sind Goldfischverwandte. Bunte, vielfältige Fische, die sich gut mit Koi vertragen.
	Schleierschwanz	Carassius auratus	Sehen etwas plump aus mit ihren knolligen Augen und ihrem geteilten Schwanz.
	Nase	Chondrostoma nasus	Schwarmfisch, der fließendes Wasser mag. Mit dem nasenähnlichen Wulst auf der Oberlippe schabt er Algen von Steinen ab. Wird bis zu 30 cm groß.
	Goldorfe	Leuciscus idus L.	Sehr scheue und flinke Fische, die sich manchmal tagelang in einer Spalte verstecken. Mit dem Karpfen verwandt.
	Rotfeder	Scardinius erythrophthalmus	Lebt in Schwärmen im Schilfrand und ernährt sich von Laichkraut, Tausendblatt und Insekten von der Wasseroberfläche. Hat keine besonderen Ansprüche an die Qualität des Wassers.
	Stacheliger Stichling	Gasterosteus aculeatus	Wie der Name, so das Verhalten. Der Stichling kann schon mal biestig werden gegenüber anderen Fischen. Setzen Sie nur wenige Tiere ein, er vermehrt sich oft.
	Elritze	Phoxinus phoxinus	Schwarmfische, die kühle, sauerstoffreiche Gewässer mögen. Um sich fortzupflanzen, brauchen sie eine konstante Wassertemperatur von mehr als 13 °C im Sommer. Sie fressen Kleintiere, Insekten und Algen.
	Goldfisch	Carassius auratus auratus	Er ist robust, aktiv und leicht zu pflegen. Seine Körpergröße passt er den Gegebenheiten an. Er vermehrt sich jedoch rasant und frisst gerne alle Pflanzen auf, wenn sein Bestand zu groß geworden ist.
Schnecken	Spitzschlammschnecke	Lymnaea stagnali	Sie bewegen sich an der Wasseroberfläche und fressen Algen, wodurch sie das Wasser reinigen. Sie fressen aber auch junge Pflanzentriebe und vermehren sich sehr schnell.
	Sumpfdeckelschnecke	Viviparus viviparus	Vermehrt sich getrenntgeschlechtlich, hat Kiemen und wird bis zu 5 cm groß. Sie frisst abgestorbenes Pflanzenmaterial, wodurch sie zur Teichreinigung beiträgt.
	Posthornschnecke	Helisoma nigrans	Vermehrt sich gleichgeschlechtlich (Zwitter), atmet durch Lungen und schwimmt deshalb hauptsächlich an der Wasseroberfläche herum. Dort frisst sie den Algenbelag von Steinen etc.
Frösche und Kröten	Teichfrosch	Rana esculenta	Überwintert im tiefen Wasser. Sieht anfangs dunkel und verwegen aus, gegen Sommer färbt er sich schön grün mit bunt gemusterten Hinterbeinen. Er ist bekannt für laute Quakkonzerte.
	Grasfrosch	Rana temporaria	Siedelt im dichten feuchten Gebüsch am Teichrand. Hat eine braune Färbung.
	Knoblauchkröte	Pelobates fuscus	Lebt in den feuchten Ecken zwischen Steinen und Pflanzen.

Stichling

Goldorfe

Koi

Goldfisch

Schleierschwanz

Fische setzt man erst nach etwa einem Jahr ein, wenn das Ökosystem des Teiches stabil ist. Fische verschmutzen zwar in der Regel nicht das Wasser – das kommt auf die Größe des Teiches und die Anzahl und Art der Fische an – wenn man sie aber viel füttert, kann das durchaus zu einer Kontaminierung des Teiches führen. Deshalb sollte man sie sich am besten selbst von dem, was im Teich angeboten wird, ernähren lassen. Zusätzlich siedelt man Schnecken an, etwa 5 pro m^2 Wasseroberfläche – sie sind erstklassige Wasserreiniger. Kleine Teiche und besonders Koi- oder Goldfischteiche kommen ohne Filteranlage jedoch nicht aus.

FISCHFUTTER.

Fische sind zwar keine Ernährungsfreaks, aber sie schätzen, genau wie die Menschen, eine ausgewogene Ernährung. In der Natur finden sie diese selbst vor. Wenn der Teich den natürlichen Bedingungen nicht ähnelt, müssen Sie die Fische füttern. Einseitige und falsche Fütterung führt zu Krankheiten wie Darmentzündung, Fettleber, Stressanfälligkeit und Immunschwäche. Füttern Sie nicht immer das Gleiche, sondern wechseln Sie ab, um eine ausgewogene Mischung zu erhalten.

Die Nahrung sollte Folgendes in ausreichender Menge enthalten:

- Proteine (Eiweiße); Wachstum und Energieversorgung brauchen Proteine; 12 der in Proteinen enthaltenen Aminosäuren sind für Fische lebensnotwendig. Andere Fische und Pflanzen enthalten Proteine.
- Fette; Wachstum, Gesundheit, Färbung und Stoffwechsel der Fische erfordern bestimmte Fettsäuren. Am besten eignen sich Wasserlebewesen als Fettquelle.
- Vitamine und Mineralien; Immunsystem und Stoffwechselsystem kommen nicht ohne Vitamine aus. Mangel führt zu Schäden am gesamten Organismus des Fischs.
- Kohlenhydrate; Stärke, Zellulose und Zucker sind die wichtigsten Kohlenhydrate. In Fischfutter sind sie erhitzt worden, um für die Fische leichter aufnehmbar zu sein als in roher Form als Pflanzenteil.

Unterschiedliche Fische brauchen auf ihre Lebens- und Ernährungsweise zugeschnittenes Futter. Fische, die am Teichboden leben, brauchen Futter, das rasch zu ihnen herabsinkt, ehe die anderen Fische es fressen. Fische, die viel an der Oberfläche abhängen, wollen auch dort fressen. Das Futter muss also eine Weile schwimmen.
Lebendfutter bietet in natürlicher Form eine Menge an Stoffen, die die Fische brauchen. Manchen Fischen macht auch das Suchen und Jagen nach Würmern im Schlamm Spaß. Lebendfutter muss frisch und kühl gelagert sein. Kaufen Sie nichts Verdorbenes oder Abgestorbenes! Gutes Futter hat seinen Preis, das gilt auch für die Trockennahrung. Es sollte vakuumverpackt sein und einen gut sitzenden, fest verschließbaren Deckel haben.

BROTZEIT!

Wer im Schlamm wühlt, hat irgendwann Hunger. Wir empfehlen die Anglerstulle.

Viel Aufwand kann man das wahrlich nicht nennen. Schmeckt aber total lecker und ist für den Magen deutlich mehr als der berühmte Happen zwischendurch. Alles, was dazu gebraucht wird, ist ein Glas eingelegte Heringe, Gewürzgurken und so viele Brötchen wie reinpassen.

TIPPS.

Zu einem guten Gelingen gehören viele kleine Nebenaspekte, die zunächst unwichtig erscheinen. Auch die Pflege des Teiches rund ums Jahr ist für einen gesunden, schönen Teich Pflichtprogramm. Die Kür ist eine individuelle, kreative Dekoration des Gewässers. Hier ein paar Tipps und Hinweise.

TEICHPFLEGE RUND UM DIE JAHRESZEITEN.

Frühling

Im März steht eine Generalreinigung an: tote Pflanzenteile, Laub und was der Wind noch so angeweht hat, entfernen. Wuchernde Pflanzen beschneiden oder teilen und gegebenenfalls umpflanzen. Bis Mai können dann neue Pflanzen eingefügt werden. Manchmal muss das Wasser teilweise ausgetauscht und der Teich aufgefüllt werden. Wenn der Teichschlamm überhandgenommen hat und dadurch zu viele Nährstoffe ans Wasser abgegeben werden, kann man auch den Teichschlamm teilweise absaugen. Aber nur, wenn dies wirklich nötig ist und Verlandung droht, denn im Teichschlamm wohnen viele Kleinstlebewesen, die für das Ökosystem des Teiches wichtig sind. Manche Geräte geben dabei das Wasser direkt zurück in den Teich, sodass dies nicht verloren geht.

Sommer

Fadenalgen mit Rechen oder Kescher abfischen, Schädlingsbefall an Pflanzen im Auge behalten und bei zu starker Verdunstung Wasser auffüllen.

Herbst

Wenn die Wassertemperatur unter 10 °C fällt, hören die Fische auf zu fressen und ziehen sich in die Tiefe zurück. Hören Sie also auf zu füttern! Wenn die Fische nicht im Teich überwintern können, müssen sie herausgeholt werden. Ebenso holt man überwinternde Pflanzen und Teichgeräte heraus. Pumpen NIE trocken überwintern, sondern in einem Wassereimer. Schneiden Sie zu groß gewordene und wuchernde Seerosen und Rohrkolben aus. Einige verwelkte Stängel für den Gasaustausch unterm Eis aber stehen lassen. Tote Pflanzenreste und Laub immer wieder abfischen, damit nicht zu viel rottendes Material das biologische Gleichgewicht im Winter belastet.

Winter

Trotz der Winterruhe setzen Mikroorganismen Stoffe um, was zur Gasbildung führt. Damit diese entweichen können, lässt man Schilfstängel, Pflanzenstiele oder Strohbündelchen im Wasser, die ein paar Stellen eisfrei halten. Die hohlen Schilfrohre dienen auch Insekten als Winterquartier. Keine Löcher ins Eis hacken, denn das erschreckt die Fische und kann sogar ihre Schwimmblase zerstören. Fische, die im Haus überwintern, stehen an einem frostsicheren Ort mit Tageslicht, damit sie den Tagesablauf mitbekommen. Notfalls simulieren Sie Tag und Nacht mit einer Lampe. Wechseln Sie das Wasser regelmäßig. Gegebenenfalls können Sie die Pumpe hier sogar weiter betreiben. Füttern müssen Sie nur, wenn die Fische bei einer Wassertemperatur über 10 °C überwintern.

ABRUNDEN MIT DER PASSENDEN DEKO.

Die Dekorationsmöglichkeiten sind vielfältig. Wasserspiele wie ruhige Wasserglocken, Schaumquellen und erfrischende Kaskaden reichern das Wasser im Teich mit Sauerstoff an und sind natürlich auch optisch äußerst reizvoll. Teichfiguren sorgen ebenso für frische Luft und einen anmutigen Anblick. Sprudelnde Quellen erfrischen das Wasser und bilden Lebensräume für wichtige Mikroorganismen. Seine wahre Pracht entfaltet Ihr Gartenteich durch kunstvoll eingesetzte Beleuchtungen. Sie werden große Freude am Zusammenspiel der verschiedenen stimmungsvollen Lichter mit der glitzernden Wasseroberfläche und in Farbe getauchten Fontänen haben. Leuchten können sowohl im Teich, als auch außerhalb platziert werden. Sie werden durch einen Transformator mit 12-Volt-Strom versorgt, wobei mehrere Leuchten an einen Transformator angeschlossen werden können. Aber Achtung an heißen Tagen: Fontänen können im Sommer zu viel Wärme aus der Luft mit ins Wasser nehmen und so die Wassertemperatur übermäßig erhöhen.

Wissenswertes über die Umsetzungsprozesse im Teich

Durch das Verfaulen von Pflanzenteilen, Fischfutter und Exkrementen entstehen die giftigen Stoffe Ammoniak und Nitrit. Sie werden durch zwei verschiedene Bakteriengruppen hergestellt. Eine dritte Bakteriengruppe setzt Nitrit in Nitrat um, was ein Pflanzennährstoff ist. Der Kreislauf ist geschlossen. Dieses System funktioniert nur, wenn genug Sauerstoff im Wasser ist und die Bakterien nicht durch zu große Mengen umzusetzender Stoffe überfordert werden.

Hier kann man die Seele baumeln lassen, prachtvolle Libellen beobachten, Seerosen bewundern und den Fröschen lauschen.

GARTEN AUTOMATISCH BEWÄSSERN.

GARTEN AUTOMATISCH BEWÄSSERN.

SOMMER IN MITTELEUROPA. ERST REGNET'S UNUNTERBROCHEN, DANN WOCHENLANG GAR NICHT, DANN JAGT WIEDER EIN GEWITTER DAS NÄCHSTE. AUF REGELMÄSSIGEN WECHSEL VON REGEN UND SONNE, WIE PFLANZEN ES MÖGEN, IST DA KEIN VERLASS. MAN MUSS NACHHELFEN, DAMIT DER RASEN NICHT VERTROCKNET UND DIE BLUMEN NICHT VERDORREN. DAS GEHT PROFESSIONELL MIT EINER AUTOMATISCHEN BEWÄSSERUNGSANLAGE.

RICHTIG BEWÄSSERN.

Das Erste, was Sie brauchen, ist mindestens ein Wasseranschluss im Garten. Zweitens geht nichts ohne einen entsprechend langen Gartenschlauch. Dazu gehört ein Spritz- oder Brausekopf. Das ist die simple Variante. Wer nicht ständig Gießzeit, Wassermenge und Gießhäufigkeit im Auge haben will, sollte die Gartenbewässerung in die Hände eines Computers legen. Der wässert, auch wenn Sie im Urlaub sind, und weiß, welche Pflanzen wann wie viel Wasser brauchen. Mit den richtigen Regnern können Sie außerdem für jeden Bereich im Garten die Bewässerungsart den Bedürfnissen der Pflanzen anpassen. Rosen und Tomaten beispielsweise mögen nämlich nicht von oben bis unten nass gespritzt werden, während man den Rasen sanft sprengt.

PLANEN EINER BEWÄSSERUNGSANLAGE.

Zuerst sollten Sie klären, wie groß die zu beregnende Fläche ist. Am einfachsten geht das mit einer maßstabgerechten Zeichnung. Je nach Aussehen der Grundstücksfläche zeichnen Sie die Gesamtfläche am besten auf Millimeterpapier und markieren Gebäude, nicht zu beregnende Flächen und die Wasseranschlüsse darauf. Wenn diese Vorarbeit geleistet ist, haben Sie schon eine recht brauchbare Grundlage für die Planung. Ermitteln Sie nun die Beregnungsfläche in Quadratmetern.
Beachten Sie bei der Planung Ihrer Bewässerungsanlage, dass sich die Spritzbereiche der einzelnen Sprinkler schneiden. Nur so kann gewährleistet werden, dass Ihr Garten lückenlos bewässert wird. Stellen Sie zunächst fest, wie viele Sprinkler benötigt werden. Überlegen Sie, wo Rechteck- und Kreisregner sinnvoll sind, und an welchen Stellen Sie lieber mit Tropf- oder Sprühschläuchen bewässern möchten.
Wenn feststeht, wo die Sprinkler sitzen, können Sie diese in Ihrem Plan auf verschiedene Leitungen verteilen. Dies ist sinnvoll, wenn so viele Sprinkler benutzt werden sollen, dass eine einzige Wasserleitung überlastet werden würde.

DAS IST ZU BEACHTEN.

- Menge: Prüfen Sie nach dem Bewässern den Boden. Er sollte 20 cm tief durchnässt sein. Neu gesetzte Pflanzen brauchen mehr Wasser.
- Zeitpunkt: Man wässert abends, nachts oder morgens, dann verdunstet das Wasser nicht direkt wieder und kann tief einziehen. Außerdem können Wassertropfen auf Blättern wie ein Brennglas wirken, so dass die Pflanze durch die Sonnenstrahlen Verbrennungen erleidet.
- Je näher am Boden bewässert wird, desto weniger Wasser geht verloren, weil es die Pflanzen benetzt und direkt von dort verdunstet.
- Besser als das meist kalkhaltige Leitungswasser ist Regenwasser. Vielleicht können Sie die Beregnungsanlage an eine Regenwasserzisterne anschließen.
- Der Regnerstrahl sollte sanft sein, damit die Erde nicht weggespült und die Pflanze nicht verletzt wird.

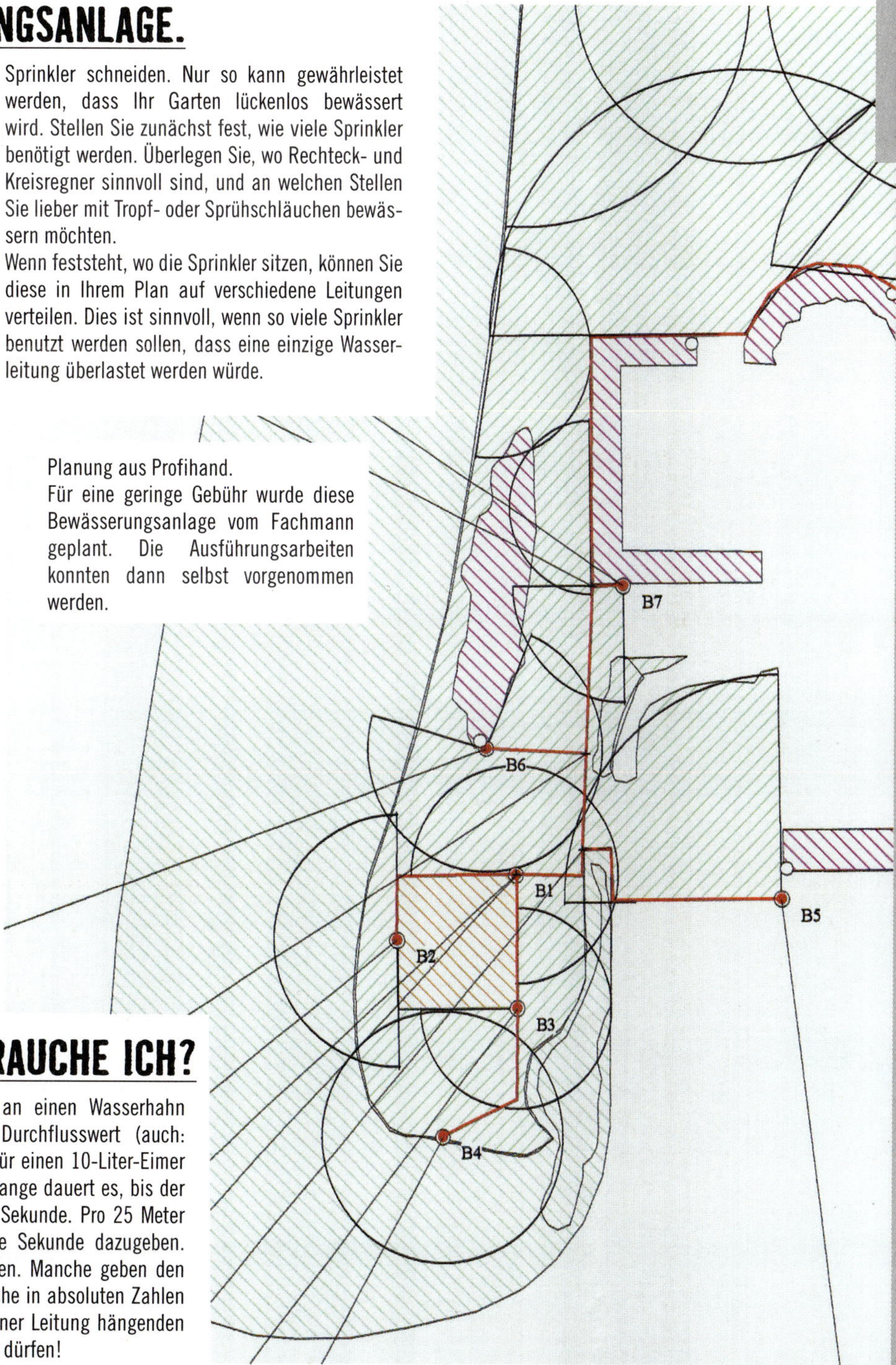

Planung aus Profihand.
Für eine geringe Gebühr wurde diese Bewässerungsanlage vom Fachmann geplant. Die Ausführungsarbeiten konnten dann selbst vorgenommen werden.

WIE VIEL WASSERDRUCK BRAUCHE ICH?

Bevor Sie einen Schlauch mit mehreren Regnern an einen Wasserhahn anschließen, müssen Sie wissen, wie hoch der Durchflusswert (auch: Verbrauchswert) des Wasserhahns ist. Stellen Sie dafür einen 10-Liter-Eimer unter den Hahn und drehen Sie schnell voll auf: Wie lange dauert es, bis der Eimer voll ist? Sie erhalten einen Wert in Litern pro Sekunde. Pro 25 Meter anzuschließender Leitung muss man noch mal eine Sekunde dazugeben. Diesen Wert müssen Sie je nach Hersteller umrechnen. Manche geben den Durchflusswert der Regner in Litern pro Stunde, manche in absoluten Zahlen an. Wichtig ist, dass zusammengenommen alle an einer Leitung hängenden Regner den Wert des Wasserhahns nicht überschreiten dürfen!

DIE TEILE EINER BEWÄSSERUNGSANLAGE.

Gießkannen sind für Balkon- und Zimmerpflanzen ja ganz nett, aber zum Gartengießen bringen sie's nicht mehr. Dafür brauchen Sie mindestens einen Gartenschlauch mit Brausekopf. Wenn Sie sich das nicht geben wollen, täglich mit dem Schlauch durch den Garten zu rennen, werden Sie

Teile einer Anlage zur Gartenbewässerung

TEIL		FUNKTION
Kreisregner		Kreisregner geben aus kleinen Düsen Wasserstrahlen ab und drehen sich dabei, so dass der Gartenbereich schön gleichmäßig beregnet wird. Die Reichweite ist bei den meisten Kreisregnern einstellbar. Falls nicht, kann man über den Wasserdruck – also wie weit der Wasserhahn geöffnet ist – die Wurfweite beeinflussen.
Impulsregner		Impulsregner schleudern das Wasser sehr weit. Der Strahl wird von einem kleinen Stopper ständig unterbrochen, damit er nicht zu hart auf den Boden trifft. Sie können über Hindernisse hinwegspritzen, Pflanzen in der unmittelbaren Umgebung leiden aber unter der Wucht des Strahls.
Versenkregner		Wenn sie nicht in Betrieb sind, sieht man sie kaum. Sie schlummern unter der Erde. Sobald das Wasser angestellt wird, schiebt der Wasserdruck die kleinen Türmchen mit den Düsen aus ihrem versteckten Gehäuse. Je nach gewünschter Spritzweite gibt es verschiedene Regnerarten und -größen.
Sprühschlauch		Aus feinen Löchern im Schlauch kommt ein gleichmäßiger Sprühnebel. Die Reichweite ist nicht hoch, dafür sind die Tropfen klein, Erde und Pflanzen werden sanft benetzt und Erde nicht weggeschwemmt.
Mehrflächen-regner		An diesem Regner kann man unterschiedliche Bewässerungsarten einstellen, so dass er mehreren Anforderungen genügt. Optimal für kleine Gärten mit Winkeln und abwechslungsreicher Vegetation.
Kleinflächen-regner		Ein leichtes Plätschern versorgt ein Gartenstück bis zu einem Radius von 40 cm sanft mit Wasser. Blüten und Blätter werden nicht nass.
Tropfdüse		Diese Düse, die das Wasser tröpfchenweise abgibt, kann man je nach System an das Ende oder irgendwo in der Mitte eines Schlauches einklinken bzw. einstecken. Damit die Düsen nicht verstopfen, muss weiter vorne im Schlauch ein Filterstück eingebaut werden. Das Wasser verdunstet nicht so schnell, weil es direkt an die Erde abgegeben wird. Erde wird nicht weggeschwemmt und Blätter und Blüten bleiben trocken. Eignet sich auch gut für Blumenkästen!
Perlschlauch/ Tropfschlauch		Das Material des Schlauches ist gewollt porös, so dass er permanent kleine Tröpfchen absondert, die die Erde in der Umgebung konstant feucht halten. Das Wasser verdunstet nicht so schnell, weil es direkt an die Erde abgegeben wird. Erde wird nicht weggeschwemmt und Blätter und Blüten bleiben trocken. Sie sind erhältlich mit speziellen selbstschließenden Tropfern für den unsichtbaren unterirdischen Einbau oder in einfacherer Ausführung für die Verlegung über der Erde. Zwischen Wasserhahn und Tropfschlauch koppelt man einen Gartenschlauch. Eignet sich auch gut für Blumenkästen!

eine Bewässerungsanlage mit Sprinklern und Sprühern schätzen. Es muss ja nicht gleich vollautomatisch sein. Und Wasser sparen Sie dabei auch noch. Aus den einzelnen Zubehörteilen stellen Sie sich recht leicht eine eigene Beregnungsanlage zusammen.

Teile einer Anlage zur Gartenbewässerung

TEIL	FUNKTION
Sprühregner 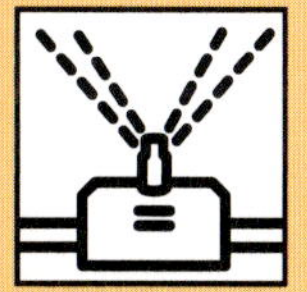	Man kann die Höhe des Sprühregners an die Höhe der Pflanzen anpassen. Die Düsen besprühen eine Fläche im Winkel von 90°, 180° oder 360°, die Reichweite geht bis 3 m. Eine Abwandlung ist der Rotorsprühregner.
Viereckregner 	Die Wasserstrahlen kommen fächerartig aus nebeneinanderliegenden Düsen. Der Wasserdruck lässt den Regner hin und her pendeln, so dass eine rechteckige Beregnungsfläche entsteht.
Wassersteckdose 	Funktioniert genau wie bei Strom: Man verlegt eine Gartenbewässerungsanleitung und schließt an der gewünschten Stelle die Wassersteckdose an. Hier kann man jetzt immer, wenn man will, einen Gartenschlauch anschließen und hat sofort Wasser. Ein Deckel verhindert, dass Schmutz eindringt.
Wasserverteiler 	Mit diesen Zwischenstücken kann man mehrere Schläuche an einen Wasserhahn anschließen.
Feuchtefühler 	Dieser Fühler aus Ton und Plexiglas steckt im Wurzelbereich und misst die Feuchtigkeit des Bodens. Bei trockenem Boden erhält die Bewässerungsanlage ein Signal und startet mit der Bewässerung. Sobald der Boden feuchter ist als ein eingestellter Wert, wird die Bewässerung wieder gestoppt.
Verbindungen 	Zum Abzweigen von Leitungen gibt es kreuz- und T-förmige Verbindungsteile. Ein L-Stück führt um die Ecke. Mit Verbindern werden Rohre einfach verlängert, mit Verschlussventilen kann man Rohre und damit Anlagenteile temporär verschließen. Um dünnere mit dickeren Schläuchen zu verbinden, gibt es entsprechende Reduzierverbinder. Auf die Enden steckt man Verschlussstopfen.
Bewässerungs-computer 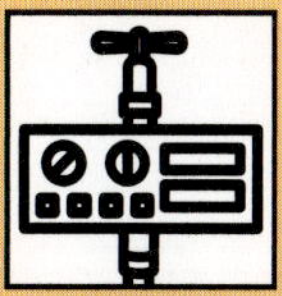	Es gibt verschieden komplexe Ausführungen. Sie steuern die Bewässerungsanlage, empfangen Signale vom Feuchtemesser etc.
Bewässerungsuhr 	Die Bewässerungsuhr funktioniert wie eine Küchenuhr. Man stellt manuell eine bestimmte Bewässerungszeit ein. Ist die Zeit abgelaufen, wird die Bewässerung automatisch abgeschaltet.
Basisgerät 	Ein Basisgerät, das zwischen den Wasserhahn und die Leitung gehängt wird, filtert das Wasser, um die feinen Düsen vor Verunreinigungen zu schützen. Es mindert außerdem den Wasserdruck.

VERLEGEN UND VERBINDEN.

Wie auch immer Ihre Anlage nun aussieht, die folgenden Arbeitsschritte bleiben die gleichen: Die Leitungen werden nach dem Verlegeplan verlegt und verbunden, Versenkregner angeschlossen, Wassersteckdosen gesetzt. Dank des Stecksystems geht das alles sehr einfach.

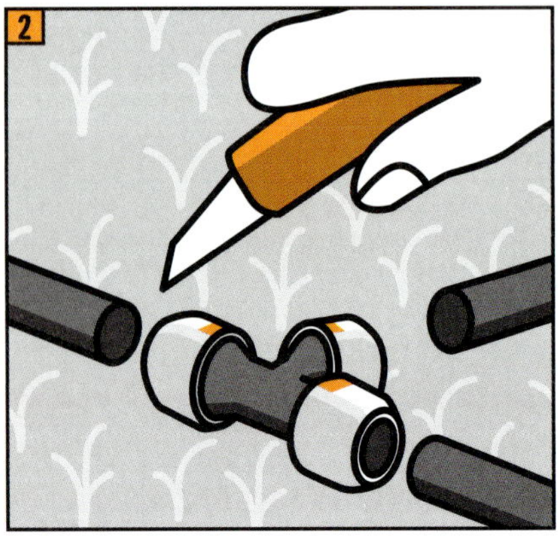

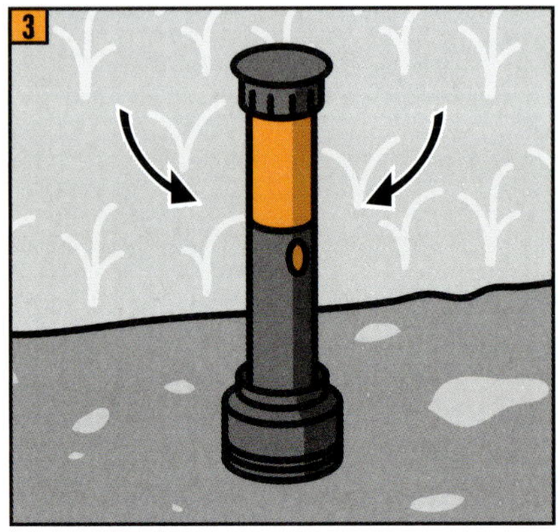

1 Legen Sie alle Teile nach Ihrem Verlegeplan oder den Planungsunterlagen des Herstellers auf der Garten- bzw. Rasenfläche aus. Beginnen Sie dann mit Ihrer Verlegearbeit am Anfang Ihrer Bewässerungsanlage, dem Wasseranschluss. **2** Schneiden Sie die Rohre entsprechend zu und verbinden Sie die Bausteine miteinander. Achten Sie darauf, dass keine Erde in die Rohrleitung gerät. Wichtig: Rohre so zusammenfügen, dass eine dichte Verbindung gesichert ist. **3** Stellen Sie die Sprührichtung, die Sektoren und die Reichweite am Regner noch vor der Verlegung in die Erde ein. Führen Sie nach Herstellung aller Verbindungen und vor Verlegung in die Erde einen Probelauf durch. **4** Stechen Sie die Erde oder den Rasen V-förmig

ca. 20–25 cm tief ein, und nehmen Sie dann die Grassode ab. Legen Sie diese beiseite und heben Sie den Graben komplett aus. Zum Zwischenlagern der Erde auf der Rasenfläche eine Folie unterlegen. **5** An die tiefste Stelle der verlegten Rohre kommt ein Entwässerungsventil. Zur Verbesserung der Dränage eine Lage gewaschenen Kies unterlegen. **6** Das Rohrleitungsnetz mit den Regnern und den anderen Anschlussteilen im Graben platzieren. Um Beschädigungen (z. B. beim Rasenmähen) zu vermeiden, müssen alle unterirdisch verlegten Regner und Dosen bündig zur Erdoberfläche verlegt werden.

7 Den Graben wieder zuschütten, Grassoden einsetzen und festtreten. Vorsichtiges Wässern von Graben und Rasendecke beschleunigt die Anwachsphase.

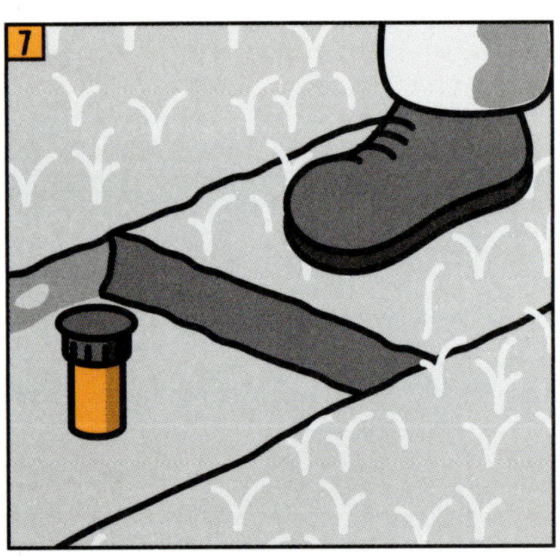

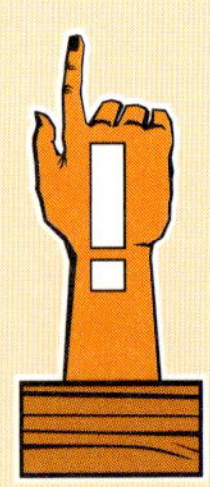

PROFITIPP!

Machen Sie Fotos während der Verlegung des Rohrleitungsnetzes. So können Sie später bei Bedarf die einzelnen Leitungen leichter wiederfinden.

AUTOMATISCHE BEWÄSSERUNG.

Je nach Größe der Anlage kann eine vollautomatische Steuerung sinnvoll sein. Ein Bewässerungscomputer speichert entsprechende Informationen zu den Bewässerungstagen, der Bewässerungsuhrzeit und der Dauer der Bewässerung.

WERKZEUG.

- ✓ Spaten
- ✓ Schaufel
- ✓ Richtlatte
- ✓ Zollstock

MATERIAL.

- ✓ Kies
- ✓ Sand
- ✓ Kunststoffrohr
- ✓ Schläuche
- ✓ Leitungen
- ✓ Sonstiges Zubehör

STEUERUNG MANUELL ODER EINFACHE AUTOMATIK.

MANUELL

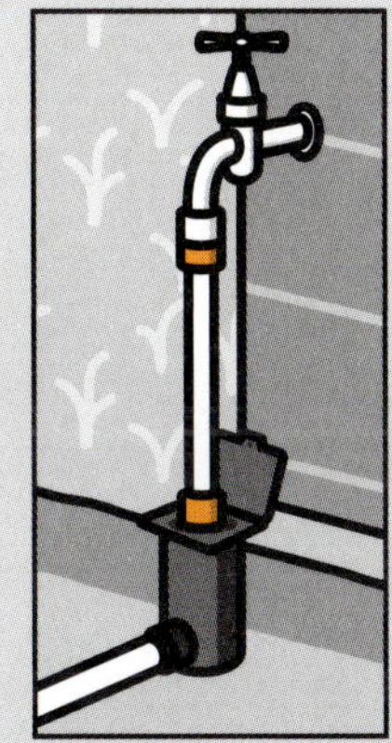

Einfache Steuerung
Die manuelle Steuerung ist ausreichend bei einer einzigen Versorgungsleitung.

Mehrfach-Steuerung
Bei mehreren Strängen wird ein 2-Wege-Verteiler oder ein 4-Wege-Verteiler angeschlossen.

AUTOMATISCH

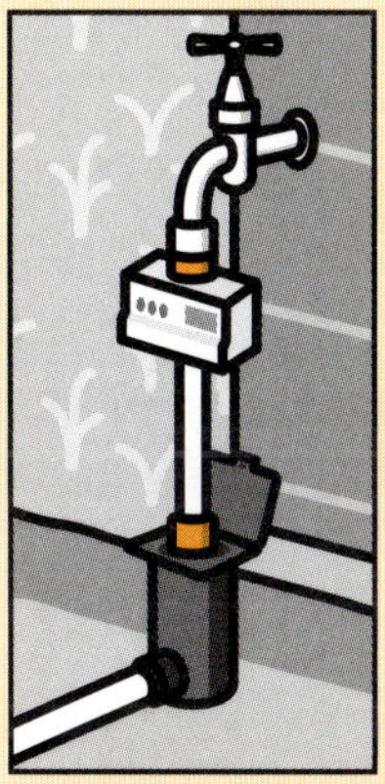

Einfache Steuerung
Der Bewässerungscomputer steuert direkt den angeschlossenen Bewässerungsstrang.

Mehrfach-Steuerung
Über einen automatischen Wasserverteiler werden bis zu 6 Bewässerungsstränge gesteuert.

VOLLAUTOMATISCHE STEUERUNG.

- Zur vollautomatischen Steuerung beliebig vieler Bewässerungsstränge gibt es kabelgebundene oder kabellose Steuereinheiten. Je nach Modell kann der Bewässerungscomputer mehrere verschiedene Bewässerungsprogramme, verschiedene Anweisungen für aufeinanderfolgende Tage oder, in der einfachen Variante, nur eine tägliche Bewässerungszeit speichern.
- Kabellos arbeitende Bewässerungsanlagen arbeiten mit individuell programmierbaren Steuereinheiten, die fest mit den Ventilen verbunden sind. Die Ventile schalten dann, je nach Programm, die einzelnen Bewässerungszonen zu und ab. Auf diese Weise werden verschiedene Bereiche in Ihrem Garten unterschiedlich stark bewässert.
- Es gibt Bewässerungscomputer, die über Funk mit einem Erdfeuchte-Messgerät verbunden sind. Der Computer wertet die gesendete Information aus und stellt eigenständig die nötige Bewässerung ein. Nur noch über den gewünschten Zeitpunkt müssen Sie bestimmen.
- Eine andere Variante der Bewässerungssteuerung richtet sich nach der Evapo-Transpiration. Mit Sensoren misst die Anlage regelmäßig die Verdunstung aus den Pflanzen, der Lufttemperatur, der Sonneneinstrahlung, der Luftfeuchtigkeit und der Niederschlagsmenge. Daraus ermittelt sie den Wasserbedarf der Pflanzen. Außerdem werden das Alter und die Pflanzenart, die Beschaffenheit des Bodens, die Art der Beregnung und weitere Daten berücksichtigt. Diese Methode ist sehr genau und spart dadurch enorm viel Wasser.
- Die meisten Bewässerungscomputer haben eine Solarzelle, aus der sie ihren Betriebsstrom beziehen. Vor dem ersten Frost muss man das Gerät vom Wasserhahn abschrauben und frostsicher lagern.

Bodenfeuchtesensor zur Steuerung der automatischen Bewässerung.

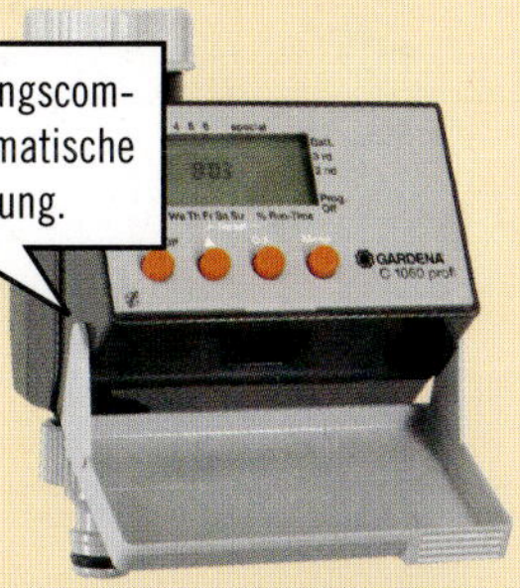

Typischer Bewässerungscomputer für die automatische Bewässerungssteuerung.

NICHTS GEHT OHNE SCHLAUCH.

Biegsam soll er sein und stabil. Er soll nicht knicken und nicht reißen, Hitze und Kälte aushalten und dabei nicht zu teuer sein. All das auf einmal geht nun wirklich nicht. Für einen guten Schlauch muss man schon ein bisschen mehr Geld abdrücken. Und frostsicher ist sowieso keiner.

SCHLAUCH AUSWÄHLEN.

Billige Schläuche sind aus faserverstärktem Kunststoff. Das macht sie leicht, aber dafür knicken sie gerne und werden erst ab 10 °C schön biegsam. Besser ist da schon Gummi, wenn auch schwerer und teurer. Es knickt nicht und ist immer schön geschmeidig. Hochwertige Schläuche bestehen aus mehreren Schichten. Das macht die Schläuche hart, einigermaßen frostsicher und trotzdem flexibel. Die Schläuche halten auch unterschiedlich starken Druck aus. Dieser Wert ist auf der Verpackung angegeben. Üblich sind 20 Bar bei 20 °C, aber es gibt auch noch stabilere.

TIPPS ZUM SCHLUSS.

- Wer kein wertvolles Trinkwasser im Garten verspritzen will, sollte über den Anschluss an eine Regenwasserzisterne nachdenken. Mehr Informationen zum Thema Regenwassernutzung finden Sie ab Seite 594.
- Gestalten Sie Ihren Garten der Umgebung entsprechend: In trockeneren Gebieten sind Pflanzen, die viel Wasser brauchen, eher unpassend.
- Ein praktisches Accessoire ist die Umlenkrolle. Sie verhindert, dass Sie bei Ihrem Gang durch den Garten den Schlauch quer durch alle Beete zerren.

Schlauch aufbewahren
Ein Gartenschlauch will aufgerollt gelagert werden, sonst wird er brüchig und bekommt viele Knicke. Es gibt verschiedene Wandhalter und Schlauchtrommeln, auf die man den Schlauch aufwickelt.

SCHLAUCH REPARIEREN.

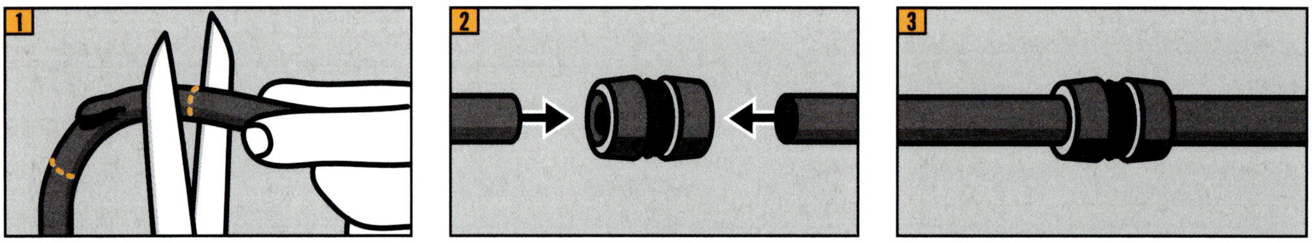

1 Wenn sich ein Loch im Gartenschlauch befindet, ist das noch kein Grund, diesen gleich in den Abfall zu werfen und einen neuen zu kaufen. Er ist einfach zu reparieren. Schneiden Sie den Schlauch rechts und links der beschädigten Stelle mit einer Schere gerade durch. **2** Nun werden die beiden entstandenen Enden durch einen Reparator verbunden. **3** Fertig!

Nicht nur Pflanzen freuen sich über Wasser: Eine Dusche unterm Gartenschlauch ist im Sommer eine herrliche Erfrischung, bringt Kindern jede Menge Spaß und das Gartenfest in Schwung. Warmduscher können sich das Wasser im Schlauch kostenlos von der Sonne erwärmen lassen.

VORSICHT TREND!

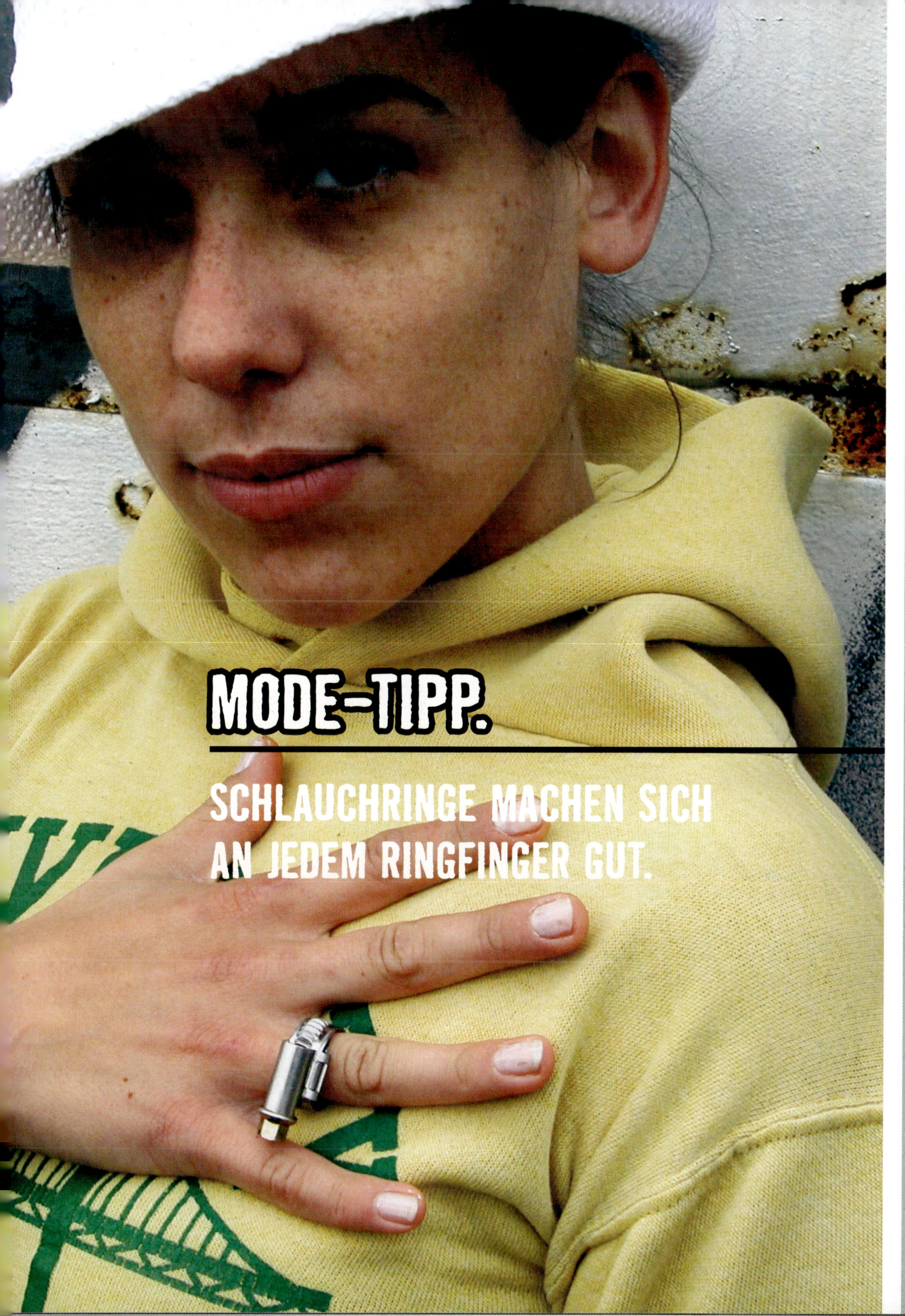
MODE-TIPP.
SCHLAUCHRINGE MACHEN SICH AN JEDEM RINGFINGER GUT.

REGENWASSER NUTZEN.

REGENWASSER NUTZEN.

ES GIBT VIELE ARTEN, WASSER ZU SPAREN. DOCH NICHT JEDE KOMMT AUCH BEI IHREN MITMENSCHEN GUT AN. SIE BRAUCHEN NICHT MIT WASSER ZU GEIZEN, WENN MUTTER NATUR SIE MIT REGENWASSER BESCHENKT.

DAS KOSTBARE NASS.

Wir leben auf dem Blauen Planeten. An einer Substanz sollte es uns also auf keinen Fall mangeln: an Wasser! Tatsächlich ist es aber so, dass wir mit Meerwasser kaum etwas anfangen können. Das für uns Menschen und andere Landbewohner verwendbare Süßwasser wird jedoch immer knapper.

VORTEILE DER REGENWASSERNUTZUNG.

Fortschrittliches Denken zeichnet sich unter anderem dadurch aus, dass man es versteht, sinnvoll und vorausschauend mit Ressourcen umzugehen. Wenn man dazu auch noch eine ganze Menge Geld sparen kann, ist die Sache perfekt. Wir können Regenwasser zwar nicht trinken, aber jede Menge anderer Wasserverbraucher in unserem Haushalt mit dem kostbaren Nass versorgen: Überlegen Sie mal, wie viel Wasser wir täglich durch die Toiletten jagen. Die Waschmaschine steht uns auch ständig zu Diensten und das Ausgussbecken in der Garage oder im Hobbyraum will auch am Wasserkreislauf angeschlossen sein.

Pro Person und Tag werden im Privathaushalt ca. 130 Liter Trinkwasser verbraucht. Davon werden nur etwa 2 % tatsächlich getrunken. Für die Waschmaschine, die Toilettenspülung und den Garten muss es also kein teures Trinkwasser sein. Für das Wäschewaschen eignet sich das weiche Regenwasser besonders gut. Es schont Wäsche und Waschmaschine, und man braucht obendrein auch noch weniger Waschmittel. Und der Garten liebt sein Regenwasser ohnehin. Kurz: 50 % des täglichen Wasserbedarfs können durch Regenwasser abgedeckt werden.

50 % TRINKWASSER SPAREN.

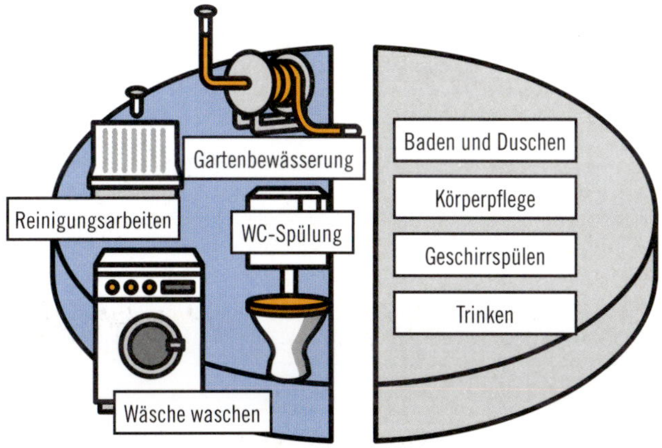

50 % Ihres täglichen Wasserbedarfs können mit Regenwasser abgedeckt werden.

Für die restlichen 50 % muss Trinkwasser verwendet werden.

WENN'S DRAUSSEN REGNET, WIRD DRINNEN GESPART.

Hier sparen Sie pro Person und Tag mindestens 24 Liter Trinkwasser durch die Nutzung von Regenwasser.

REGENWASSER SAMMELN.

Regenwasser gibt es bei uns zwar reichlich, aber nicht immer dann, wenn es gerade gebraucht wird. Es muss für die Nutzung aufgefangen und gespeichert werden. Theoretisch eignet sich hierfür alles, was ein Behälter und dicht ist – in der Praxis aber nicht.

WELCHE ANLAGEN GIBT ES FÜR DIE NUTZUNG VON REGENWASSER?

Regentonnen

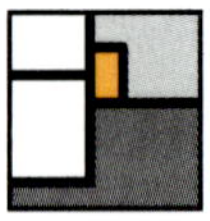

Regentonnen kommen überall da zum Einsatz, wo es um das alleinige Gießen von Blumen oder das gelegentliche Anschließen einer Gartenpumpe geht. Die Regentonne ist wohl die gebräuchlichste Form des Wassersammelns und nicht unbedingt die schlechteste.

Regentonnen sollten nach Möglichkeit mit einer Abdeckung versehen werden, damit keine Kleintiere und kein Schmutz hineingelangen können. Das überwiegend verwendete dunkle Material (schwarz oder grün) für die Regentonnen reduziert die Lichteinwirkung auf das Regenwasser und verhindert damit eine schnelle Veralgung des Wassers. Wählen Sie als Standort einen schattigen Platz. Das Wasser bleibt dann auch schön kühl.

Vorteile: Regentonnen können – mit dem entsprechenden Zubehör ausgestattet – ein kleines, aber feines Wasserreservoir darstellen. Geeignet sind Regentonnen überwiegend für kleine Gärten. Durch das Zusammenschließen mehrerer Tonnen kann der Wasservorrat vergrößert und der Kleingarten auch in einer längeren Trockenperiode bewässert werden.

Nachteile: Bei größeren Gärten reicht der Wasservorrat nicht aus. Verbraucher innerhalb des Hauses, wie z. B. die Toilettenspülung, können nicht angeschlossen werden.

Regenwasseranlagen

Hier unterscheidet man zwischen oberirdischen Anlagen und Anlagen für den Erdeinbau.

Oberirdische Anlagen

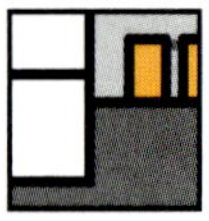

Oberirdische Anlagen kommen nur da in Frage, wo ein Erdeinbau z. B. durch felsigen und steinigen Boden nicht möglich ist oder sich im Erdreich bereits Rohre und Kabel befinden, die ein Versenken des Tanks unmöglich machen. Leider sind sie im Winter nicht nutzbar und im Sommer erwärmt sich das gespeicherte Wasser mitunter stark.

Vorteile: Sie lassen sich überall da aufstellen, wo kein Erdeinbau möglich ist und mittelgroße bis große Gärten bewässert werden sollen. Leichte Montage: Der Tank wird nur aufgestellt und die Pumpe angeschlossen.

Nachteile: Der Gartenanblick ist durch den Tank beeinträchtigt. Dieses System kann nur für die Gartenbewässerung, nicht aber für Verbraucher im Haus genutzt werden, da das Wasser im Winter abgelassen werden muss.

Unterirdische Tankanlagen

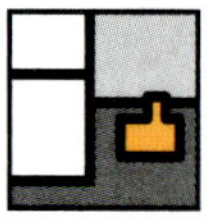

Unterirdische Tankanlagen sind nach dem heutigen Stand der Technik die beste Lösung, wenn es darum geht, richtig Geld zu sparen, und eine Amortisation der Anlage in wenigen Jahren angestrebt wird.

Hier sind auch die vielfältigsten Ausstattungen möglich. Erst eine richtig dimensionierte und reibungslos funktionierende Anlage bringt den entsprechenden Spareffekt. Die Anlagen sind für alle Haushalts- und Gartengrößen erhältlich und werden durch eine Reihe von Zubehörteilen ergänzt. Mit etwas Muskel- oder Maschineneinsatz können Sie diese Anlagen ohne weiteres selbst aufbauen. Bei den unterirdischen Anlagen unterscheidet man zwischen Betonzisternen und Anlagen mit Kunststofftank.

Betonzisternen werden entweder in einem Stück gegossen und dann mit einem Kran in das Erdloch gesetzt oder aus Betonringen im Erdloch aufeinandergesetzt. Da nicht jeder einfach einen Kran zu Hause rumstehen hat, bietet es sich an, bereits beim Neubau eines Hauses die Zisterne aufzubauen.

Kunststofftanks haben den Vorteil, dass sie nachträglich leicht eingebaut werden können. Je nach Tankgröße ist allerdings auch hier die Hilfe eines Baggers willkommen. Gegenüber Betonzisternen haben Kunststofftanks den Vorteil, dass sie in allen Tankgrößen und Formen angeboten werden. Alle möglichen Anschlussstutzen sind verfügbar, was die Installation sehr vereinfacht. Durch spezielle Profilierungen der Seitenwände erreichen Kunststofftanks mittlerweile eine annähernd vergleichbar hohe Stabilität wie Betonzisternen. Teilweise können sie sogar das Gewicht eines PKW aushalten, der auf der Fläche über dem Tank parkt.

Vorteile: Unterirdische Anlagen nehmen keinen wertvollen Platz auf dem Grundstück weg. Sie sind je nach Ausstattung für den Anschluss von Verbrauchern im Haus geeignet. Sie können auch im Winter betrieben werden.

Nachteile: Der Montageaufwand ist höher als bei oberirischen Tanks.

Kelleranlagen.

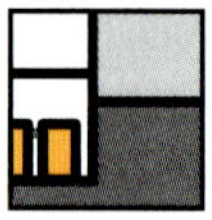

Kelleranlagen sind überall da von Vorteil, wo nicht genügend Platz zum Aufstellen im Freien vorhanden ist. Für eine umfangreiche Nutzung trotz räumlich begrenzter Möglichkeiten ist die Kelleranlage die richtige Wahl. Logischerweise muss dafür ein entsprechender Raum verfügbar sein. Die Kelleranlage ist jederzeit kontrollierbar und die Wartung gestaltet sich einfach. Kellertanks können durch ihre geringen Abmessungen auch unter engen Verhältnissen eingebaut werden. Durch das Zusammenschließen mehrerer kleinerer Tanks können Sie das gleiche Wasservolumen erreichen wie mit einem großen Tank.

Vorteile: Kelleranlagen nehmen keinen wertvollen Gartenplatz weg und können auch im Winter betrieben werden. Einfaches Aufstellen der Kellertanks.

Nachteile: Der benötigte Kellerraum ist anderweitig kaum noch nutzbar.

Alternativen.

Auch Gartenteiche können unter bestimmten Umständen für die Nutzung einer Gartenbewässerung herangezogen werden. Am besten sind hierfür Folienteiche mit einer Tiefzone von 100–150 cm und einer Wasseroberfläche von 30–40 m^2 geeignet. Diese Lösung stellt natürlich keinen vollwertigen Ersatz für eine spezielle Regenwasseranlage dar, kann aber in bestimmten Fällen ausreichend sein.

Zu beachten ist jedoch, dass der Fisch- und Pflanzenbesatz durch die Wasserentnahme nicht gefährdet wird.

PRAXIS-TIPP.

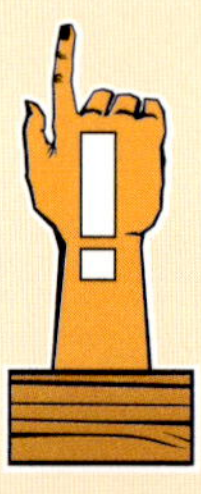

Theoretisch könnten auch ausgediente Heizöltanks für das Sammeln von Regenwasser genutzt werden. Davon ist aber dringend abzuraten, denn selbst geringe Reste an Heizöl können das Regenwasser verseuchen. Eine spezielle Reinigung durch Spezialfirmen verursacht hohe Kosten und macht die Sache dadurch für den Privathaushalt unrentabel.

WELCHE ANLAGE BRAUCHE ICH?

Die meisten wünschen sich einen möglichst großen Wassertank mit viel Fassungsvermögen. Wie groß ein Tank aber wirklich sein muss, damit er sich rechnet und zu den Bedürfnissen des Haushalts passt, muss anhand verschiedener Faktoren berechnet werden.

REGENTONNE ODER REGENWASSERANLAGE.

Reicht eine Regentonne oder wird eine Regenwasseranlage benötigt? Die Größe der Dachflächen, von denen das Regenwasser in den Tank läuft, die Anzahl der Personen im Haushalt und nicht zuletzt der Nutzungsumfang des Regenwassers entscheiden über die Größe einer Anlage. Wer Waschmaschine, Toilettenspülung und die Gartenbewässerung anschließen möchte, hat einen größeren Wasserbedarf. Wer ausschließlich Rasen und Pflanzen mit Regenwasser versorgt, benötigt in der Regel weniger Tankvolumen.

Gewünschter Einsatzbereich.	Das wird benötigt.
Nur Gartenbewässerung	Regentonne(n)
	Regenwasseranlage mit oberirdischem Tank oder Erdtank
Nur Wasserverbraucher im Haus (WC, Waschmaschine)	Regenwasseranlage mit Erd- oder Kellertank
Wasserverbraucher im Haus und Gartenbewässerung	Regenwasseranlage mit Erd- oder Kellertank

SO HÄUFIG REGNET ES BEI UNS.

Der mittlere Jahresniederschlag ist jeder Region farblich zugeordnet. Diese Durchschnittswerte sind allerdings keine Garantie dafür, dass die Regenmenge auch tatsächlich jedes Jahr zutrifft. Grundsätzlich gilt: Je mehr Regen fällt, desto schneller rechnet sich die Anlage.

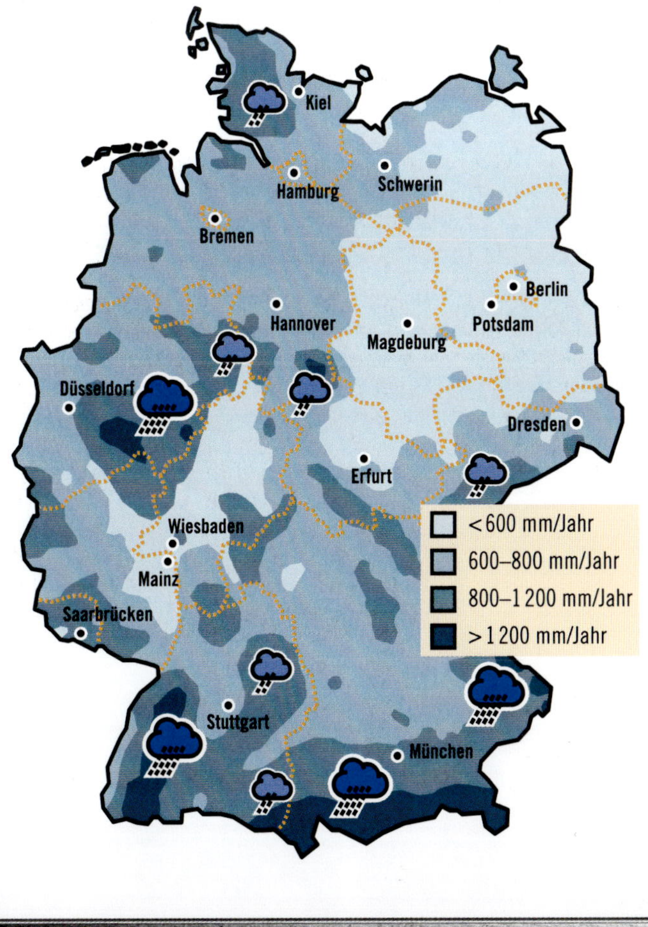

SO GROSS SOLLTE DER TANK SEIN.

Es macht wenig Sinn, eine Regenwasseranlage zu groß zu wählen, denn die Investition sollte sich ja in möglichst kurzer Zeit rechnen. Daher kommt der Berechnung schon eine gewisse Bedeutung zu. Alle nötigen Komponenten, die Sie für den Bau einer Regenwasseranlage brauchen, sind im Handel erhältlich. Dort können Sie sich Ihre Anlage individuell zusammenstellen lassen. Grobe Planungen können Sie vorab anhand der nachfolgenden Tabelle vornehmen.

Anlagen für Haus und Garten	Haushaltsgröße		Angeschlossene Verbraucher			Tankgröße in Liter
	Personen	Dachfläche* in m²	Toilette	Waschmaschine	Gartengröße	
	2–3	75	X	X	100	3 500
	3–4	100	X	X	200	4 500
	4–6	> 130	X	X	300	6 000

Anlagen für die Gartenbewässerung	Dachfläche* in m²	Gartengröße in m²			Tankgröße in Liter
		100	100–200	> 300	
	< 50	X			1 000
	50	X	X		2 400
	75		X		3 400
	100		X	X	4 500
	> 130			X	6 000

*Nur die tatsächlich nutzbare Dachfläche.

Die nutzbare Dachfläche entspricht der Grundfläche des Hauses zuzüglich Dachüberständen. Je nach Dacheindeckung sind sogenannte Beiwerte bei der Berechnung zu berücksichtigen. Diese beinhalten z. B. die Verdunstung des Regenwassers, bevor es in den Tank fließen kann. Glatte Tonziegel haben einen besseren Wirkungsgrad als z. B. ein Flachdach mit Kiesschüttung.

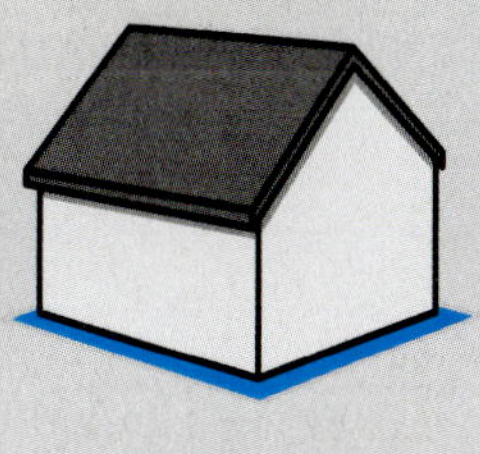

HAUS- UND GARTENANLAGE BAUEN.

Hier zeigen wir Ihnen den Bau einer Regenwasseranlage, bestehend aus einem Erdtank, einem Hauswasserwerk mit Trinkwassernachspeisung und einer schwimmenden Wasserentnahme. Als Bausatz vor die Haustür geliefert, muss jetzt „nur noch“ beim Tankeinbau richtig Hand angelegt werden.

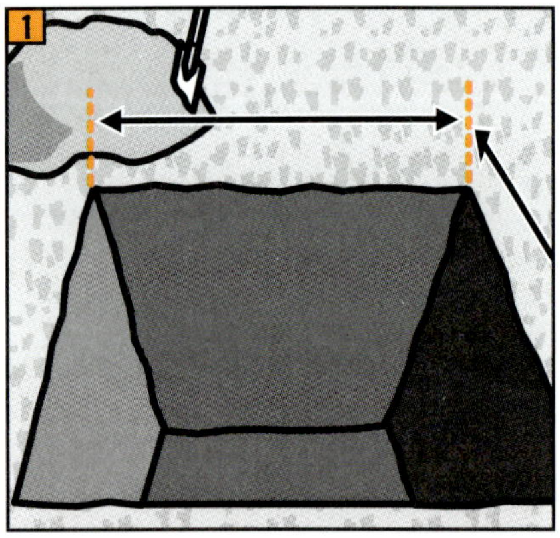

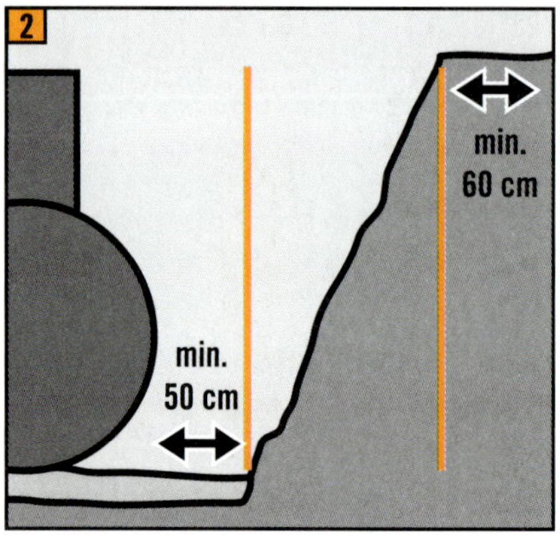

1 Für den Erdtank muss eine passende Grube vorbereitet werden. Hierbei kann der Einsatz eines Minibaggers hilfreich sein. **2** Beachten Sie, dass das Ausheben einer Grube Gefahren birgt. Nicht nur wegen des sprichwörtlichen Hineinfallens. Je nach Bodenbeschaffenheit muss eine Böschungsneigung eingehalten werden, sonst bricht das Loch eventuell in sich zusammen. Lassen Sie im Inneren der Grube einen Arbeitsraum von mindestens 50 cm zwischen dem Tank und der Böschung frei, um sich bequem und ohne Gefahr dort unten bewegen zu können. Auch oben, am Rand der Grube, sollten 60 cm Arbeitsraum freigehalten werden. **3** Nun wird der Tank in die Grube gestellt. Auch hier kann der Bagger hervorragende Dienste leisten. **4** Es geht aber auch ohne. Schnappen Sie sich zusätzliche Helfer und lassen Sie den Tank an zwei Seilen in die Grube gleiten. Schräg in das Loch gestellte Bretter vereinfachen den Arbeitsschritt: unser gutes Stück kann geschmeidig nach unten rutschen. Wichtig ist ein fachgerechtes Verfüllen und Einschlämmen des Tanks. Beachten Sie auch hierzu die Angaben des Herstellers. Ein unzureichend eingeschlämmter Tank kann durch Bodensetzungen beschädigt werden.

SICHERHEIT!

Prüfen Sie zu Beginn des Projekts unbedingt, ob Gas-, Strom-, Telefon-, TV-, Wasser- oder Abwasserleitungen, die im Erdreich verlegt sind, Ihr Vorhaben kreuzen. Erkundigen Sie sich auf jeden Fall nach den aktuellen Vorschriften, in denen Mindestabstände zu den Grundstücksgrenzen und öffentlichen Versorgungsleitungen festgelegt sind.

WASSERZULAUF HERSTELLEN.

Der Montageaufwand ist in der Regel gering, da vorinstallierte Module die halbe Arbeit abnehmen. Zu- und Ableitungen sind rasch herzustellen. Der Wasserzulauf von den Dachflächen wird über eine Abzweigung am Fallrohr direkt in den Erdtank geleitet.

5

6

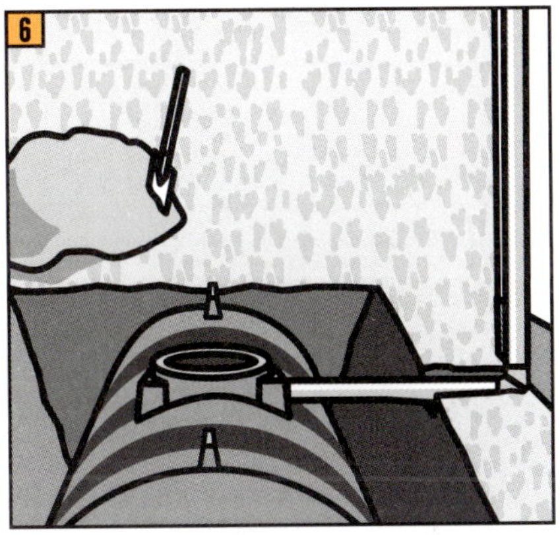

Schließen Sie jetzt die Zu- und Ableitung an den Erdtank an. 5 Das Fallrohr wird in entsprechender Höhe aufgetrennt und mit zwei 45°-KG-Winkeln versehen. Ein einzelner 90°-Winkel würde theoretisch auch gehen, jedoch ungünstige Strömungen verursachen. 6 Nun kann die Verbindung mit KG-Rohren zum Erdtank hergestellt werden. Vom Abzweigwinkel bis zum Anschlussstutzen am Tank sollte ein Gefälle von 1 cm auf 1 m Rohrlänge vorhanden sein. Hinweis: Verwenden Sie hier im Außenbereich keine HT-Rohre (grau). Diese sind mechanisch nicht so stark belastbar wie KG-Rohre (rot). Am Tank sind noch zwei weitere Anschlussstutzen vorhanden. Einer wird für den Überlauf in den Regenwasserkanal der Straße benötigt bzw. für die Versickerung auf dem Grundstück. Für die Versickerung gibt es passend zu Ihrer Regenwasseranlage sogenannte Versickerungsmodule. Der andere Anschluss wird für die Rohrverbindung zur Technik im Keller benötigt.

WERKZEUG.

- ✔ Schaufel
- ✔ Spaten
- ✔ Schubkarre
- ✔ Holzbretter
- ✔ Seile
- ✔ Arbeitshandschuhe
- ✔ Eventuell Minibagger

MATERIAL.

- ✔ Erdtank
- ✔ KG-Rohre
- ✔ Auffüllsand zum Einschlämmen

DIE TECHNIK IM KELLER.

Der Erdtank ist gesetzt. Nun wird die Installation des Technikpakets vorgenommen. Dieses besteht aus vorinstallierten Komponenten, die eine Selbstmontage leicht machen. Dennoch kann der Sanitärfachmann wertvolle Hilfe leisten, wenn es um die Anschlüsse zu den Verbrauchern im Haus geht.

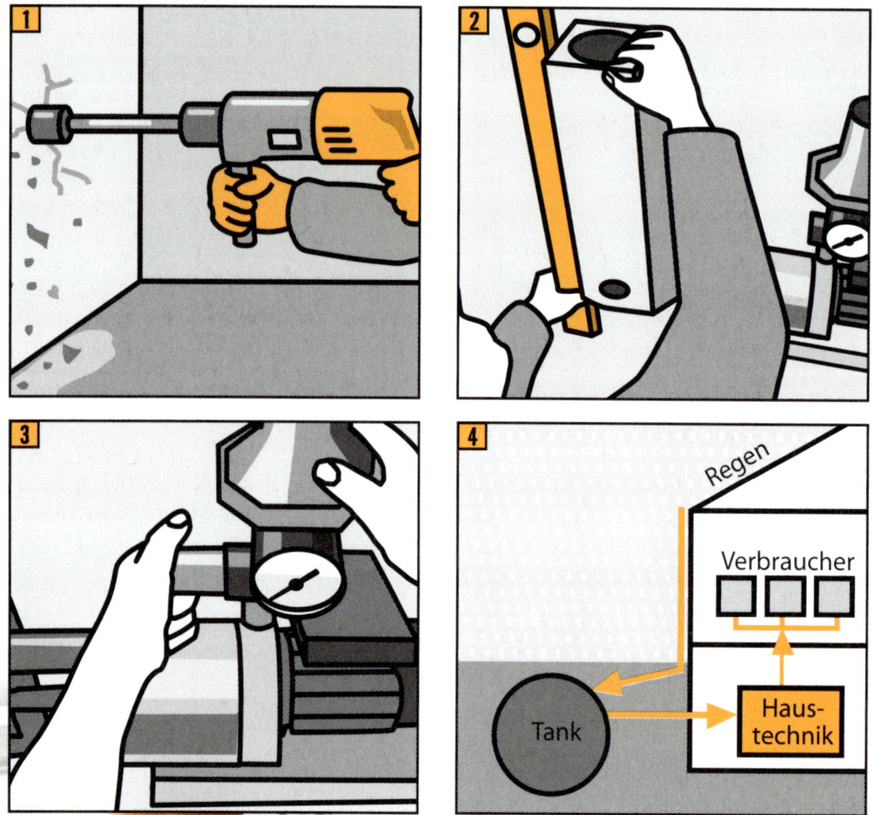

1 Zunächst muss eine Kernbohrung vorgenommen werden, um die Rohrverbindung von außen nach innen herzustellen. Für diese Arbeit gibt es Leihgeräte, mit denen mühelos der gewünschte Durchmesser gebohrt werden kann. Ohne diese „schwere" Technik kann der Wanddurchbruch auch mit mehreren, kreisförmig angeordneten, dünnen Bohrungen erfolgen (wie beschrieben auf Seite 604). **2** Der nächste Montageschritt ist das Aufbauen der Pumpe (Hauswasserwerk) und die Installation des Nachspeisemoduls. Richten Sie sich bei den einzelnen Komponenten nach den mitgelieferten Montageanleitungen. **3** Bereiten Sie dann die Rohrverbindungen zu den einzelnen Verbrauchern (WC-Spülung usw.) vor. Beachten Sie hierbei die Installationshinweise des Herstellers. **4** Jetzt wird der Kreis geschlossen und der Erdtank wird befüllt, und zwar ohne auf den nächsten Regen zu warten, denn die Anlage muss gestestet werden, bevor sie in Betrieb genommen wird.

Wichtig: Alle regenwasserführenden Leitungen müssen mit einem entsprechenden Hinweisschild „Regenwasser" gekennzeichnet werden. Bei der Installation ist unbedingt darauf zu achten, dass keine Querverbindung zwischen Trinkwasser und Regenwasser hergestellt wird.

PROFITIPP!

Lassen Sie gleich bei Ihrem Neubau Leerrohre für eine spätere Regenwassernutzung mitverlegen und entsprechende Wanddurchführungen vornehmen. So brauchen Sie bei Bedarf nur noch das gewünschte System zu installieren – ganz ohne Dreck und Lärm.

WELCHES TEIL MACHT WAS?

KLARES WASSER IM TANK.

Die Qualität des gesammelten Wassers ist für den reibungslosen Betrieb der Regenwasseranlage wichtig. Die hier aufgelisteten Zubehörteile verhindern das Eindringen von Schmutzstoffen in den Erdtank und ermöglichen die Entnahme von sauberem Wasser für die angeschlossenen Verbraucher.

Zulaufberuhiger

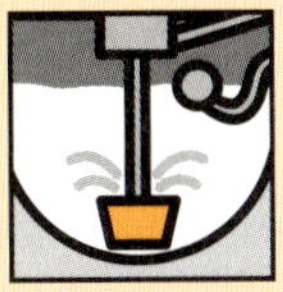

So ein Zulaufberuhiger ist eine feine Sache. Beruhigt er doch das von den Dachflächen zufließende Regenwasser, bevor es sich mit dem bereits vorhandenen Wasser im Erdtank vermischt. Das Prinzip ist ganz einfach: Eine Topfkappe bremst das zulaufende Regenwasser ab, damit es nicht die Ablagerungen am Boden des Tanks aufwirbelt und den gesamten Inhalt verunreinigt.

Schwimmer nimmt's ab

In einer perfekten Regenwasseranlage saugt ein Schwimmer das Wasser knapp unterhalb der Wasseroberfläche im Tank ab. Der Vorteil des Schwimmers ist klar: Ablagerungen von Schmutz und Laub bleiben außen vor und werden nicht mit dem Regenwasser ins Haus befördert.

Filter im Einlauf

Damit das Regenwasser möglichst sauber in den Tank gelangt, wird dem Einlauf ein Filter vorgeschaltet, der Schmutz, Vogelkot oder Moos von den Dachflächen zurückhält. Es empfiehlt sich, den Einlauffilter mindestens einmal jährlich zu reinigen.

Unterwasserdruckpumpe (Tauchpumpe)

Die Tauchpumpe kommt, wie der Name schon sagt, ins Wasser. Sie taucht gewissermaßen im Erdtank. Je weiter weg vom Haus der Tank eingegraben ist, desto mehr empfiehlt sich die Tauchpumpe, weil sie das Regenwasser direkt in die Leitung drückt und somit auch größere Distanzen problemlos überbrückt.

Kreiselpumpe

Eine selbst ansaugende, mehrstufige Kreiselpumpe hat den Vorteil, dass sie nicht nur kräftig saugt, sondern auch richtig leise arbeitet. Der Dauerbetrieb macht ihr nichts aus. Die Kreiselpumpe kann im Haus oder geschützt im Garten aufgestellt werden.

Gartenpumpe

Die Gartenpumpe ist die einfachste Ausführung. Sie dient ausschließlich der Gartenbewässerung, steht im Freien und ist durch einen Schlauch direkt mit dem Tank verbunden.

Hauswasserstation

Eine Hauswasserstation besteht aus Pumpe, Durchflussregulierer, Rückschlagventil und Manometer.

DER LAUF DES WASSERS.

Wasserzulauf

Für den Wasserzulauf werden bestehende Dachflächen genutzt. Das Fallrohr ❶ ist über einen Filter direkt an den Erdtank ❷ angeschlossen. Um Aufwirbelungen beim Wassereinlauf zu vermeiden, sollten Sie einen Zulaufberuhiger ❸ einsetzen. Nur dadurch können sich Schwebstoffe am Tankboden absetzen und das biologische Gleichgewicht des Wassers halten.

Wasserentnahme

Eine schwimmende Saugleitung ❹ entnimmt das Wasser direkt unterhalb des Wasserspiegels. So werden keine Schmutzpartikel angesaugt. Falls der Tank einmal restlos gefüllt sein sollte, kann überschüssiges Regenwasser durch einen Siphon in einen Regenwasserkanal ❺ überlaufen. Die Pumpenstation im Keller ❻ versorgt die angeschlossenen Verbraucher ❼. Bei Bedarf springt die Pumpe an, saugt das Regenwasser aus dem Erdtank und liefert es den angeschlossenen Verbrauchern.

Trinkwassernachspeisung (gemäß DIN 1989)

Fällt der Wasserspiegel im Erdtank einmal so stark, dass kein Regenwasser entnommen werden kann, muss Trinkwasser nachgespeist werden. So läuft die Versorgung der angeschlossenen Verbraucher problemlos weiter. Das Trinkwasser wird direkt über das Leitungsnetz nachgespeist und nicht über den Tank. Dadurch verbrauchen Sie nur so viel Trinkwasser wie nötig. Ein Modul ❽ regelt die Trinkwassernachspeisung entsprechend. Man kann sie manuell mit einem Kugelhahn oder automatisch über ein Magnetventil ❾ steuern.

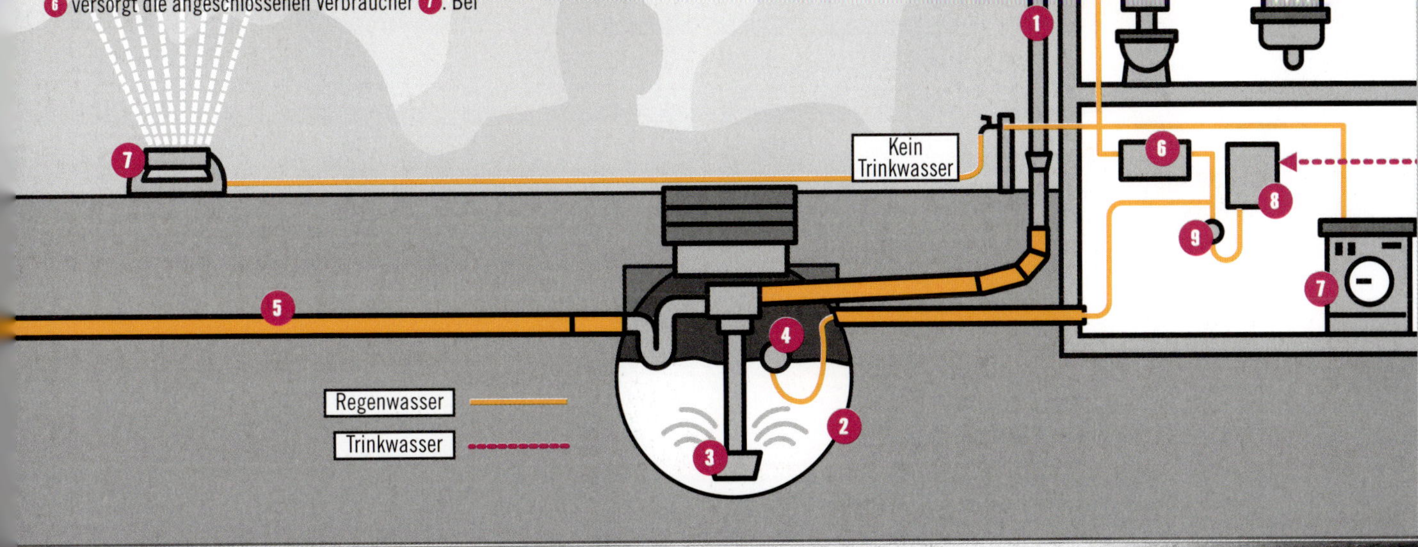

REGENWASSER IM KELLER.

Auch ohne Parkanlage hinterm Haus können Sie die Vorteile einer eigenen Regenwasseranlage nutzen. Alles, was Sie als Grundvoraussetzung zur Regenwassernutzung brauchen, ist ein Kellerraum, in dem die Sammeltanks fürs Regenwasser aufgestellt werden können.

ZWEI HALBE TANKS.

Kellertanks bestehen entweder aus zwei Schalenhälften, die problemlos transportiert werden können und durch fast jedes Treppenhaus und jede Tür passen. Im Keller werden sie dann zusammengesetzt, wobei darauf geachtet werden muss, dass die beiden Schalen absolut dicht miteinander verbunden sind. Eine weitere Möglichkeit sind Tanks, die zur Mehrfachbatterie erweiterbar sind. Bei einer Abmessung von ca. 800 x 1 600 x 1 750 mm haben sie ein Fassungsvermögen von 1 700 Litern. Die Haustechnik ist vergleichbar mit der zuvor beschriebenen Technik bei Erdtanks. Das Regenwasser wird dann vom Fallrohr direkt in den Kellertank geleitet. Hinweis: Aus statischen Gründen ist von einem Aufstellen der Tanks im Dachgeschoss abzuraten. Auch ein eventueller Wasserschaden hätte dann schlimme Folgen.

PROFITIPP!

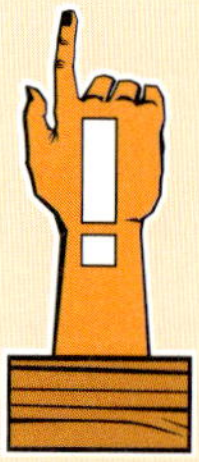

Regenwasser sollte lichtgeschützt und nicht über 18 °C gelagert werden. Bauen Sie Kellertanks daher nicht in der Nähe von Heizungsanlagen auf. Die Bauteile der Anlage sollten aus dauerhaftem, rostfreiem Material bestehen. Kein Regenwasser von asbesthaltigen Dachflächen sammeln!

WERKZEUGKUNDE VON PROFIS!

KERNBOHRUNG EINFACH HERSTELLEN.

Zum Herstellen größerer Bohrungen in festem Material wird eine Kernbohrmaschine verwendet. Bei dünnen Wänden kann mit entsprechender Bohrerlänge folgende Technik angewendet werden: Zeichnen Sie sich den Durchmesser der Bohrung an entsprechender Stelle auf die Wand, z. B. 12 cm Ø für ein 100er-KG-Rohr.

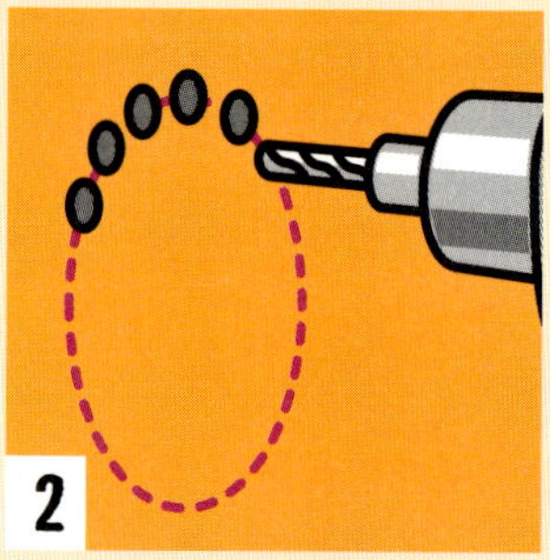

Nun mit einem 10-mm-Steinbohrer einen Kranz mit Löchern entlang des Kreises bohren. Die Löcher dürfen nicht zu eng beieinander liegen, da der Bohrer sonst in ein daneben liegendes Bohrloch abrutscht. Ein zu großer Abstand zwischen den Bohrlöchern erschwert hingegen die weitere Arbeit.

Jetzt werden die einzelnen Stege zwischen den Bohrungen mit dem Meißel aufgetrennt. Je nach Wanddicke können auch entsprechende Hammerschläge auf die Ausbruchfläche nachhelfen. Nach dem Durchführen des Rohres muss der Zwischenraum gut abgedichtet werden. Abdeckrosetten überdecken die Bohrkante.

EINFACH UND EFFEKTIV.

Kein Platz im Garten oder Keller? Wie wär's mit der guten alten Regentonne? Sie passt in jede Ecke, lässt sich prima an das Regenwasserkreislaufsystem des Hauses anschließen und verfügt je nach Ausführung über genügend Wasserspeicher, um den einen oder anderen Verbraucher zu bedienen.

EIMER ODER KANNE.

Natürlich lassen sich an eine Regentonne auch Pumpensysteme anschließen. Das kleinere Fassungsvermögen dieses Wasserspeichers wird aber meist nur einem Verbraucher (z. B. Waschmaschine) ausreichend gerecht. Wer ausschließlich seine Pflanzen versorgen möchte, findet in Eimer und Kanne die besten Helfer zur Wasserentnahme. Eine Wasserweiche mit Rückstauklappe zwischen Fallrohr und Tonne verhindert automatisch ein Überlaufen der Tonne.

IM STEIN VERSTECKT.

Außer den klassischen Tonnen und Tanks gibt es auch noch andere interessante Varianten. Zum Beispiel wurden Wassersammler entwickelt, die in einem großen Stein versteckt sind. Dieser Stein ist wie die anderen Tanks aus Kunststoff hergestellt, was auf den ersten Blick aber nicht auffällt. Eine optisch ansprechende Art des Wasserspeicherns! Eine andere Variante ist die Regenwassersäule. Mit ihrem recht großen Fassungsvermögen hilft sie prima beim Rasensprengen und Wäschewaschen. Clever im Garten positioniert dient die attraktive Wassersammlerin auch noch als Sicht-, Sonnen- oder Windschutz.

DIE „AUTOMATISCHE" REGENTONNE.

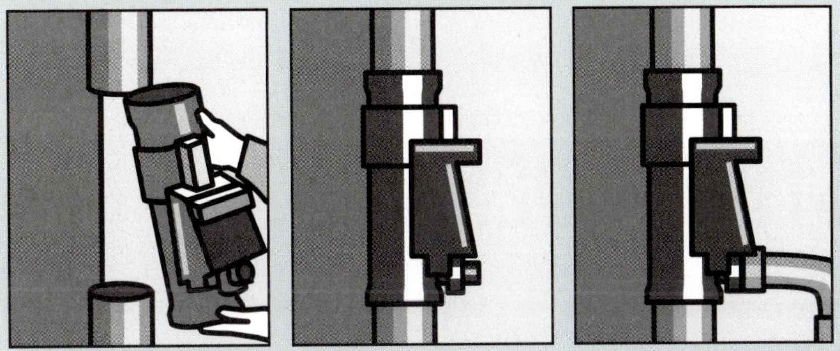

Der Fallrohranschluss wird nach dem Auftrennen des Rohres eingesetzt und an die Regentonne oder sonstige Wassersammler angeschlossen. Filter und Laubabscheider sind in den meisten Geräten bereits eingebaut.

Regentonnen lassen sich einfach über den Wasserüberlauf verbinden. Eine der Tonnen muss natürlich einen Überlaufanschluss bekommen. Ist kein Anschluss an einen Regenwasserkanal möglich, tut's auch eine Versickerung im Garten. Selbst eine Füllstandsanzeige ist möglich und nicht nur auf teure Regenwasseranlagen begrenzt.

1 Hinkelsteine oder sonstige Phantasiegehäuse können unauffällig im Garten platziert werden.

2 Regentonnen sind mit bis zu 800 Liter Fassungsvermögen rund oder eckig erhältlich.

3 Regentonnenanschluss.

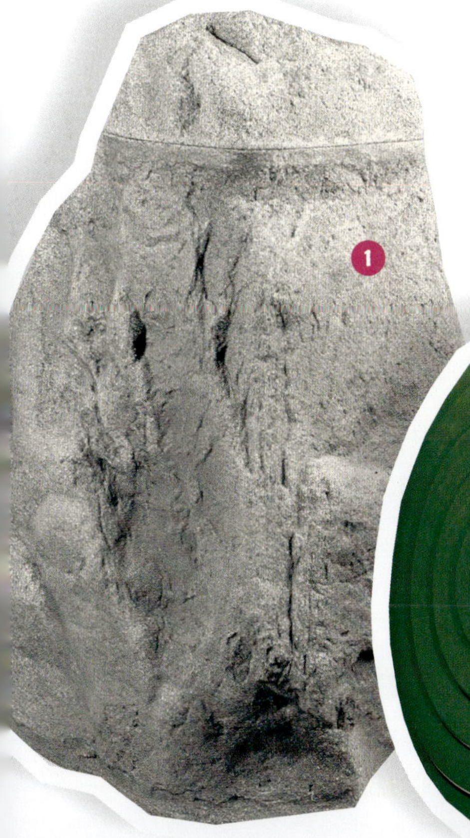

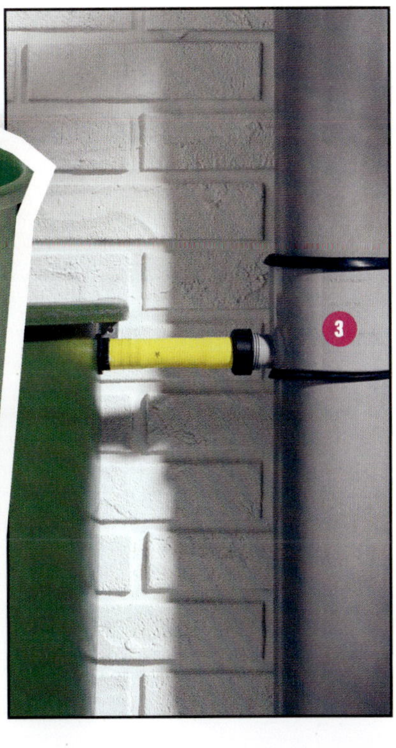

FÖRDERUNGEN.

Die Regenwassernutzung halbiert im Idealfall nicht nur täglich Ihre Trinkwasserkosten. Sie ist auch ein hervorragend umweltgerechtes Verfahren zur Erfüllung der Abwasserbeseitigungspflicht. Deshalb fördert Vater Staat Anlagen zur Nutzung von Regenwasser – auf Antrag, versteht sich.

So ein Antrag muss allerdings bereits vor Kauf und Einbau einer Regenwasseranlage gestellt werden. Bayern, Hessen, Bremen, Nordrhein-Westfalen, das Saarland und andere Bundesländer fördern die Nutzung von Regenwasser. Da sich die Förderbedingungen meist von Kommune zu Kommune unterscheiden, raten wir, rechtzeitig bei Ihrer zuständigen Gemeindeverwaltung nachzufragen.

Zahlreiche Infos finden Sie auch im Internet. Geben Sie einfach „Förderung von Regenwassernutzung" in Ihre Suchmaschine ein. Wir verzichten an dieser Stelle darauf, Ihnen detaillierte Webadressen aufzulisten, da Informationen über Förderprogramme ständig aktualisiert ins Internet gestellt werden. Nehmen Sie sich die Zeit und informieren Sie sich. Es lohnt sich!

STIMMT DENN DAS?

Regenwasser ist doch schmutzig. Wird mein Tank nicht mit Ruß, Pollen, Staub und anderem verdrecken?

Nein. Vom Dach wird das Niederschlagswasser durch einen Filter in den Wasserspeicher geleitet. Selbstreinigende Filter halten Schmutz, Pollen, Blätter und Vogelkot draußen, so dass ca. 90 % des Wassers sauber in den Tank fließen. Allerdings sollten Sie den Tank trotzdem alle 5–10 Jahre reinigen.

Bilden sich nicht Bakterien und Algen im stehenden Wasser?

Nicht, wenn das Wasser kühl und dunkel gelagert wird (lichtundurchlässiger Tank, schattiger Ort). Wenn Grünalgen oder Bakterien weder Licht noch Wärme bekommen, wachsen sie auch nicht.

Wie verhindert man, dass die kleinen Schmutzpartikelchen, die trotz Filterung in den Tank gelangen, in die Leitungen geraten?

Diese sogenannten Schwebteilchen sinken auf den Boden. Damit sie von dort nicht aufgewirbelt werden, muss das Wasser über einen strömungsberuhigten Zulauf nachfließen. Entnommen wird das Wasser am besten mit einer Saugpumpe von weiter oben im Tank.

Ist die Verwendung von Regenwasser gesundheitlich bedenklich?

Eigentlich nicht. Sie verwenden es ja ausschließlich für solche Zwecke, die unbedenklich sind (Wäsche, Toilette). Wir empfinden Regen zwar als Natur und genießen ihn mitunter, wenn er auf uns niederprasselt, doch zum Trinken oder zum Geschirrspülen sollten Sie das gesammelte Regenwasser nicht benutzen. Auch wenn das gefilterte Regenwasser reiner ist als jenes, das vom Himmel fällt und unabhängige Institute die hygienische Unbedenklichkeit von Wasser aus Regenwasseranlagen belegen.

Wie lange dauert es, bis sich die Anschaffung der Anlage gelohnt hat?

Das hängt von mehreren Faktoren ab: Wie hoch sind die Wasserpreise und die zu entrichtenden Abwassergebühren? Bestehen Förderungsmöglichkeiten? Können Sie staatliche Zuschüsse in Anspruch nehmen? Wie sind Ihre Lebensgewohnheiten? Brauchen Sie viel Wasser oder eher weniger? Wird das gesammelte Regenwasser nur zur Gartenbewässerung genutzt oder auch im Haushalt (WC, Waschmaschine etc.)? Je nachdem wie die einzelnen Faktoren zusammenspielen, rechnet sich Ihre Anlage bereits nach 5 Jahren oder erst nach 30 Jahren.

Sind behördliche Vorschriften zu beachten?

Für die Einleitung des Niederschlagswassers in den Boden ist unter Umständen eine wasserrechtliche Erlaubnis erforderlich. Dies ist immer bei unterirdischen Versickerungsverfahren der Fall, beispielsweise bei Notüberläufen von Zisternen in Rohrrigolen (unterirdische Regenwasserleitungen). Anlagen, die auch für die Hausversorgung benutzt werden, müssen gemäß Trinkwasserverordnung (TVO) beim Gesundheitsamt angemeldet werden. Solche, die nur zur Gartenbewässerung genutzt werden, sind nicht meldepflichtig. Gebühren für das Regenabwasser berechnen Gemeinden und Städte unterschiedlich. Einige Kommunen verlangen separate Wasserzähler, damit das verbrauchte Regenwasser getrennt erfasst werden kann. Wichtig ist die handwerklich korrekte Installation der Anlage, damit die absolute Trennung des Regenwassers vom Trinkwasser dauerhaft und verlässlich gewährleistet ist. Die Verantwortung für Reinheit des Trinkwassers trägt allein der Betreiber der Regenwasseranlage. Regenwasserleitungen müssen mit dem Hinweis „Kein Trinkwasser" gekennzeichnet werden. Hähne müssen gegen unbefugtes Abzapfen (z. B. durch Kinder) gesichert oder gesperrt werden.

Wie lange hält der Erdtank?

Der Erdtank ist verrottungssicher. Die Garantie beträgt im Schnitt 15 Jahre.

Muss die Anlage regelmäßig geprüft werden?

Folgendes sollte jährlich geprüft werden:

- Zustand, Anschlüsse und Gefälle von Dachrinnen und Fallleitungen
- Aussehen und Geruch des Regenwassers im Speicher
- Dichtheit, Anschlüsse und Abdeckung des Speichers
- Druckerhöhungsanlage und Elektroinstallation
- Regenwasser-Verteilleitungen und Entnahmestellen

Alle 5–10 Jahre sollte der Wasserspeicher gereinigt werden. Je nach Herstellerangaben sollte der Filter kontrolliert und, falls nötig, ebenfalls gereinigt werden.

IN 7 JAHREN AMORTISIERT.

Die Investition in eine Regenwasseranlage kann sich bei richtiger Anlagengröße schon nach wenigen Jahren lohnen. Daher ist es besonders wichtig, die Anlagenplanung sorgfältig vorzunehmen. Bei Bedarf können Sie auch einen Fachmann mit der Berechnung beauftragen. Begünstigt wird die Amortisation durch stetig steigende Wasserpreise.

„Meine neue Regenwasseranlage habe ich als Bausatz gekauft und dann selbst aufgebaut. Wenn ich noch den Kasten Bier für die beiden Helfer hinzurechne, macht sich die Anlage in 7 Jahren bezahlt."

Als Betreiber einer Regenwasseranlage werden Sie das „Sauwetter" mit ganz anderen Augen sehen. Über dunkle Wolken wie diese können Sie sich in Zukunft freuen.

FARBE, LACK UND HOLZSCHUTZ.

FARBE, LACK UND HOLZSCHUTZ.

HABEN SIE RUHIG MUT ZUR FARBE. EINTÖNIGKEIT IST ZWAR WEIT VERBREITET, EINEN GUTEN GRUND GIBT ES DAFÜR JEDOCH NICHT.

DIE WELT DER FARBEN.

Kennen Sie das? Sie haben sich mühevoll eine neue Farbe für die Küche zusammengemischt und auf den letzten Metern ist der Farbeimer leer? Wie sollen Sie jemals wieder den gleichen Farbton hinbekommen? Gehen Sie doch etwas stressfreier an die ganze Sache ran und wählen Sie bequem anhand einer Farbtonkarte Ihre Wunschfarbe aus. Jede Farbe besitzt dort einen Zahlencode. Ist Ihre gewählte Farbe eine Mischfarbe, kann mit dem Code das exakte Mischungsverhältnis bestimmt werden. So können Sie sich anhand des Zahlencodes Ihre Farbe immer wieder exakt nachmischen lassen, wenn am Ende der Farbe noch so viel Wand übrig ist.

Es gibt viele Möglichkeiten, Farben und Lacke zu kategorisieren. Sie werden unterschieden:

- nach ihren Anwendungsbereichen: innen oder außen
- nach dem zu streichenden Untergrundmaterial: Holz, Metall, Putz, Tapete, Kunststoff
- nach ihren Inhaltsstoffen: wasserlöslich, wasserverdünnbar oder lösemittelhaltig, mit oder ohne Bindemittel etc.
- nach ihrer Funktion: Grundierungen, Imprägnierungen und Abbeizer werden von allen anderen Anstrichen unterschieden
- nach ihrem Aussehen: z. B. Klarlack/Buntlack oder seidenmatt, matt, glänzend
- nach ihrem besonderen Zweck: Fensterlack, Bootslack, Deckenfarbe
- nach anderen besonderen Eigenschaften: z. B. Dickschichtlasur, Nikotinsperrfarbe

Die wichtigsten Unterscheidungsmerkmale sind die Art des Lösemittels und der Anwendungsbereich.

Was drin ist:
In allen Farben sind Lösemittel (organische Lösemittel und/oder Wasser), Bindemittel, Farbpigmente, in manchen auch Zusatzstoffe wie Konservierungsmittel, Entschäumer oder Hautverhinderer usw. Wasserlösliche Lacke haben sich der Gesundheit und der Umwelt zuliebe durchgesetzt.

Was eine gute Farbe ausmacht:
Sie ersparen sich viel Ärger über Ihre Arbeitsergebnisse, wenn Sie auf eine gute Qualität des Anstrichmaterials achten. Farben sollten folgende Eigenschaften aufweisen.

Für den Innenbereich:
- fleckenbeständig und leicht sauber zu halten
- glatt und gleichmäßig aufzutragen
- gutes Deckvermögen und dauerhaft haltend.

Für den Außenbereich:
- glatt und gleichmäßig aufzutragen
- gutes Deckvermögen
- pilzabwehrend und schmutzabweisend
- witterungsbeständig
- farbtonbeständig
- dauerhaft haltend, ohne schnell abzublättern.

Die Vorbereitungen für den Anstrich eines Gartenhauses beginnen.

FARBEN UND LACKE IN DER ÜBERSICHT.

Es ist gar nicht so einfach, einen Überblick über die zahlreichen Anstrichmittel und ihre Eigenschaften zu gewinnen. Je exzentrischer die Anforderungen, desto spezieller sind die Eigenschaften der Farben und Lacke. Weil Sie aber vermutlich weder U-Boote gegen Rost schützen müssen noch

LACKE.

FARBE	LÖSEMITTEL/ ANDERE INHALTSSTOFFE	ANWENDUNGSGEBIET	ANMERKUNG
Buntlack, Klarlack und Sonderfarben wie Fußbodenlack, Dekoeffektlacke u. a. Grundsätzlich: Sie überziehen den Untergrund mit einem Film. Im Gegensatz zu Klarlack wirkt Buntlack deckend. Lackierte Oberflächen sind gegen Schmutz und mechanische Belastung geschützt.	Naturharzlack		Qualitativ hochwertiger Öllack auf der Basis von pflanzlichen Harzen und Leinöl.
	Alkydharzlack	Innen- und Außenlacke für Holz, Metall und Putz.	Kunstharzlacke auf der Basis von Leinöl. Die Lackschicht ist gegen mechanische Beanspruchung sehr widerstandsfähig.
	Nitrozelluloselack	Möbellackierung.	Schnelltrocknender, wasserfester Lack, schwer zu verarbeiten, da er beim Überstreichen die erste Schicht wieder anlöst.
	Polymerisatharzlacke, Polyurethanlacke (DD-Lacke), Epoxidharzlacke. Polyesterlacke		Lacke auf der Basis verschiedener Kunstharze. Sie sind für unterschiedliche und höchste Ansprüche wegen ihrer Säurefestigkeit, Hitzebeständigkeit, Stoß-, Schlag- und Abriebfestigkeit geeignet. Die Inhaltsstoffe sind teilweise sehr giftig.
	Acrylharzlack	Holz, Kunststoff innen. Für Fensterlackierungen gibt es Ventilationsgründe, die das Entweichen von Wasserdampf ermöglichen.	Die Harze sind mit Emulgatoren versetzt, so dass sie mit Wasser verdünnbar sind. Acrylharzlacke gehören zu den schadstoffarmen Lacken, da sie nur bis zu 10 % organische Lösemittel enthalten. Sie sind von ihrer Belastbarkeit her den Alkydharzlackoberflächen fast ebenbürtig.
Metallschutz-Farben und -Lacke	Acryl-Basis	Tore, Abflussrohre, Gartenmöbel, Garagentore usw.	Diese auf Schutzwirkung ausgelegten Produkte auf Basis einer Reinacrylat-Technologie sind sehr haltbar. Es gibt seit einiger Zeit Metallschutzlacke, die drei Funktionen in einem bieten: Rostschutz, Grundierung und Decklack.
Hitzebeständige Lacke	Acryl-Basis	Herde, Heizkörper, Rohre.	Diese Farben sind nicht feuerbeständig.
High Solid Lack	Geringer Lösemittelanteil	Vielseitig einsetzbar.	Decklacke mit sehr hohem Festkörperanteil (70 %). Durch Reduzierung des Lösungsmittelanteils ist dieser Lacktyp sehr ergiebig und umweltfreundlicher als konventionelle Lacke.
Dispersionslack	Wasserbasis	Je nach Produkt.	Wässrige Kunststoffdispersion, die einen lackartigen Anstrichfilm ergibt.

PROFITIPP!

Lagern Sie angebrochene Farbdosen immer gestürzt mit dem Deckel nach unten! Dadurch gibt es keinen Lufteintritt und die Farbe kann keine Haut bilden und verdicken.

eine vollautomatische Industriespritzanlage betreiben, sondern einfach „nur“ Ihr Haus verschönern möchten, kann man das Farbenfeld eingrenzen. Diese Tabelle vermittelt einen Eindruck, wie viele verschiedene Streichmittel es gibt, wofür sie benutzt werden und worauf es dabei ankommt.

LASUREN, DISPERSIONEN UND WEITERE.

FARBE	LÖSEMITTEL/ ANDERE INHALTSSTOFFE	ANWENDUNGSGEBIET	ANMERKUNG
Lasur	Acrylharz	Hauptsächlich Holz und Beton.	Enthält besonders fein verteilte, geringe Pigmentierung oder färbende, aber nicht deckende Pigmente; schützt Holz vor Witterungseinflüssen, UV-Licht, Pilzen und Insekten; bildet einen transparenten Film; wird in Dickschicht- und Dünnschichtlasuren unterschieden.
Dispersionsfarbe, auch Binderfarben genannt. Sonderfarben: Latexfarbe, Deckenfarbe, Nikotinsperrfarbe, Kinderzimmerfarbe, Küchen- und Badfarbe u. a.	Wasserbasis	Wände und Decken innen, immer öfter auch für Holz und Metall geeignet.	Bestehen aus Kunststoffdispersionen und Pigmenten sowie Füllstoffen, werden auch Latexfarben genannt. Es gibt flüssige, cremige (kompakte) und feste Dispersionsfarben sowie „Feste Farbe“. Je weniger die Farbe tropft, desto verarbeitungsfreundlicher und hochwertiger ist sie. Trocknet schnell und riecht wenig; Bindemittel sind Acrylharz, Latex, Silikate oder Silikonharz.
Fassadenfarbe (Dispersionsfarbe für außen)	Wasserbasis	Wände außen.	Enthält Fungizide, ist witterungsbeständig, schlagregenfest. Solche Anstriche haben mikrofeine Poren, so dass der Untergrund „atmen“ kann, wodurch negative Effekte wie Blasenbildung und Abblättern minimiert werden.
Voll- und Abtönfarbe	Wasserbasis	Vielseitig – innen wie außen – einsetzbar.	Mit weißer Dispersionsfarbe mischbar; witterungs- und scheuerbeständig; keine umweltbelastenden Inhaltsstoffe.
Acrylatfarbe	Kunststoffdispersionsfarbe/Dispersionslackfarbe	Je nach Produkt.	Bindemittel aus Acrylat- und/oder Methacrylatdispersion.
Leimfarbe	Bindemittel: Pflanzlicher Stärkeleim oder Zelluloseleim, Lösemittel: Wasser	Decken, Wände, Raufasertapeten, nichtsaugende und nichtsandende mineralische Untergründe (Innenputz); nicht in Kellern, Küchen oder Bädern verwendbar.	Anstrich ist nur wischfest und bleibt wasserlöslich; Farbe wird als Pulver gekauft und mit Wasser angerührt; gesundheitlich unbedenklich, preiswert und gut deckend; lässt sich nicht überstreichen: Vor neuem Anstrich muss alte Farbe restlos mit Wasser abgewaschen werden.
Kalkfarbe	Lösemittel: Wasser, Bindemittel und Pigment: Kalk	An Decken und Wänden in Küchen und Bädern, Kellern und Lagerräumen. Auf Kalk-, Kalkzement- und Zementputzen, auf Schalungsbeton, gebrannten und ungebrannten Mauersteinen. Außenbereich wegen des sauren Regens nicht mehr zu empfehlen. Nicht geeignet für Sichtbeton und alle Holz- und Metalluntergründe.	Aus ökologischen und baubiologischen Aspekten sehr empfehlenswert; zum Abtönen sind nur kalkechte Buntpigmente geeignet. Starke Farbtöne sind nicht möglich; feuchtigkeitsunempfindlich, desinfizierend und fungizid; unbedingt Schutzbrille und Arbeitshandschuhe tragen, da Kalk und Zement ätzende Laugen bilden.
Beize	Meist auf Wasserbasis.	Holz innen.	Färbt Holz semitransparent, ohne Maserung und Struktur zu verdecken oder die porige Holzfläche durch einen Film zu verschließen.

WAS EIGNET SICH WOFÜR?

Wenn Sie sich jetzt denken, dass das alles ganz schön verwirrend ist und Sie doch nur dem Wohnzimmerstuhl ein frischeres Aussehen verleihen wollten, dann wird Ihnen diese Übersicht helfen. Von den U-Booten mal abgesehen, finden Sie hier, ausgehend vom Material, das Sie bearbeiten

MEIN MATERIAL		MÖGLICHE ANSTRICHMITTEL	VOR DEM ANSTRICH
HOLZ	Außen	Alkydharzlack	1 Alte Anstriche anschleifen. 2 Mit Holzgrund grundieren.
		Acryllack	1 Alte Anstriche anschleifen. 2 Mit Acrylhaftgrund grundieren.
		Lasur	1 Alte Anstriche anschleifen. 2 Mit Imprägniergrund vorstreichen.
		Beize	1 Holz von Schmutz und Fett befreien, harzige Stellen mit spezieller Holzseife entharzen. 2 Das Holz mit Wasser abreiben, damit die Fasern quellen. 3 Nach dem Trocknen Fläche abschleifen. 4 Mit Vorbeize behandeln, erneut abschleifen. (Nach dem Beizen mit Öl oder Wachs nachbehandeln.)
	Innen	Alkydharzlack	1 Alte Anstriche anschleifen. 2 Mit Alkydvorlack grundieren.
		Acryllack	1 Alte Anstriche anschleifen. 2 Mit Acrylhaftgrund grundieren.
		Lasur (wasserverdünnbar)	1 Alte Anstriche anschleifen. 2 Mit passender Holzgrundierung vorbehandeln und abschleifen.
METALL	Außen	Alkydharzlack	1 Altanstriche anschleifen. 2 Entrosten. 3 Mit Universal-Rostschutzgrund grundieren.
		Acryllack	1 Altanstriche anschleifen. 2 Entrosten. 3 Mit Universal-Rostschutzgrund grundieren.
	Innen	Alkydharzlack	1 Altanstriche anschleifen. 2 Entrosten. 3 Mit Universal-Rostschutzgrund grundieren.
		Acryllack	1 Altanstriche anschleifen. 2 Entrosten. 3 Mit Universal-Rostschutzgrund grundieren.
BETON	Außen	Betonacrylharzlack	1 Untergrund von Staubteilchen und Schmutz befreien. 2 Mit lösemittelhaltiger Grundierung vorbehandeln.
		Dispersionsfarbe	1 Untergrund von Staubteilchen und Schmutz befreien. 2 Mit lösemittelreduzierter Grundierung vorbehandeln.
	Innen	Betonacrylharzlack	1 Untergrund von Staubteilchen und Schmutz befreien. 2 Mit lösemittelhaltiger Grundierung vorbehandeln.
		Dispersionsfarbe	1 Untergrund von Staubteilchen und Schmutz befreien. 2 Mit lösemittelreduziertem Tiefgrund vorbehandeln.

1 2 3 4 Arbeitsschritte nacheinander ausführen

wollen, zum passenden Anstrichmittel die nötige Vorgehensweise. Und übrigens, um mal nicht nur von chemischen Inhaltsstoffen zu sprechen: Wussten Sie, dass es bei vielen Anstrichen inzwischen möglich ist, sich Wunschfarbtöne mischen zu lassen?

MEIN MATERIAL		MÖGLICHE ANSTRICHMITTEL	VOR DEM ANSTRICH
PUTZ	Außen	Fassadendispersionsfarbe	1 Untergrund von Staubteilchen und Schmutz befreien. 2 Mit Tiefgrund vorbehandeln.
		Silikatfarbe	1 Untergrund von Staubteilchen und Schmutz befreien. 2 Mit Silikatgrundierung vorbehandeln.
		Silikonfarbe	1 Untergrund von Staubteilchen und Schmutz befreien. 2 Mit Silikongrundierung vorbehandeln.
	Innen	Dispersionsfarbe innen	1 Untergrund von Staubteilchen und Schmutz befreien. 2 Mit Tiefgrund vorbehandeln.
		Silikatdispersionsfarbe	1 Untergrund von Staubteilchen und Schmutz befreien. 2 Mit Silikatgrundierung vorbehandeln.
		Kunstharzlack	1 Untergrund von Staubteilchen und Schmutz befreien. 2 Mit Kunstharzgrund vorbehandeln.
		Acryllack	1 Untergrund von Staubteilchen und Schmutz befreien. 2 Mit Acrylhaftgrund vorbehandeln.
		Kalkfarbe	1 Kann in mehreren Schichten aufgetragen werden. 2 Schutzbrille und Handschuhe tragen, da Kalk mit Zement ätzende Laugen bildet.
		Leimfarbe	1 Sofern der Untergrund nicht saugend und nicht sandend ist, kann Leimfarbe in zwei Schichten aufgetragen werden.
TAPETE	Innen	Dispersionsfarbe	1 Ohne Tiefgrund auf gereinigte Oberfläche streichen.
		Leimfarbe	Leimfarbe in zwei Schritten auftragen: 1 Erst als Grundierung, 2 dann als Farbanstrich.
KUNST-STOFF	Außen	Lack	1 Untergrund von Staubteilchen und Schmutz befreien. 2 Mit Schleifpapier abschleifen und Staub abwischen. 3 Mit speziellem Kunststoffprimer grundieren. 4 24 Stunden trocknen lassen.
	Innen	Lack	1 Untergrund von Staubteilchen und Schmutz befreien. 2 Mit Schleifpapier abschleifen und Staub abwischen. 3 Mit Universalgrund grundieren. 4 24 Stunden trocknen lassen.

DER RICHTIGE PINSEL.

Wenn Ihre Wand am Ende einem Borstenschwein gleicht und der Pinsel ein Glatzkopf geworden ist, wissen Sie, dass Sie lieber ein bisschen mehr Geld investiert hätten. Woran aber erkennt man einen guten Pinsel? Das Wichtigste ist die Qualität der Borsten und ihrer Bindung.

FARBE	EIGENSCHAFTEN	VERWENDUNGSZWECK	ANMERKUNG
Rundpinsel/ Ringpinsel	Der Stiel ist rund und läuft konisch aus, eine eingearbeitete Korkscheibe in der Farbkammer und ein Fadenvorband sind ein Zeichen hoher Qualität, denn sie garantieren ein gutes Farbhaltevermögen.	Für Mal- und Lackiererarbeiten auf kleineren oder gewölbten Flächen, wie beispielsweise Rohren, Fenster, oder Ecken.	Die Qualität des Pinsels hängt von der Art der Borste und der Borstenlänge ab.
Flachpinsel/ Lackierpinsel	Der Stiel ist breit und flach oder in Biberschwanzform, die Borsten sind in breiten Blechen gefasst; in der Farbkammer steckt ein schmaler Holz- oder Kartonstreifen.	Meist als Lackierpinsel eingesetzt, aufgrund seiner Form besonders für ebene Flächen geeignet.	Diese Pinsel gibt es in verschiedenen Stärken. Je größer die Stärke, desto höher ist die Qualität.
Flächenstreicher	In verschiedenen Breiten von 7 cm bis 14 cm erhältlich.	Besonders gut beim Anstreichen von großen Flächen wie Fassaden oder Wänden.	Für Lack und Lasur.
Heizkörperpinsel	Hat einen langen, teilweise abgewinkelten Stiel mit verstärkter Metallzwinge.	Dieser Pinsel wurde zum Streichen der Rippen des Heizkörpers entwickelt. Er eignet sich aber auch für Ecken und Kanten und schwer zugängliche Stellen im Raum.	Zu den Heizkörperpinseln gehört auch der besonders flache Plattpinsel. Durch seine abgewinkelte Form kommt er in die kleinsten Ecken.
Schrägstrichzieher	Die Borsten aus Naturhaaren sind abgeschrägt.	Erzielt saubere und scharf abgrenzende Striche.	Ergibt exakten Konturverlauf an Kanten und Rändern.
Malerbürste	Sie hat einen hellen Chinaborstenmantel, die Borsteneinlage ist gebündelt.	Für Anstriche auf losen Untergründen und Tiefgrundierungen.	Auch zum Einkleistern beim Tapezieren.
Schablonierpinsel	Die Borsten sind kurz und kräftig.	Für Wandbemalungen mit Schablonen	Damit lässt sich Farbe gut auftupfen.
Beizpinsel	Beizen sind meist ätzend und dürfen nicht mit Metall in Berührung kommen. Der Beizpinsel hat daher eine Kunststofffassung und laugenresistente Nylonborsten.	Zum Arbeiten mit Beizen.	Es gibt auch weniger aggressive Beizen. Achten Sie auf die Herstellerangaben.
Abbeizpinsel	Der Abbeizpinsel besitzt kräftige Nylonborsten, die in einer Kunststofffassung stecken. Dadurch hält er den stärksten Abbeizern stand.	Zum Abbeizen von Lacken und Farben auf Holz.	Neuartige Beizen sind umweltfreundlicher und biologisch abbaubar. Ziehen Sie diese den extrem aggressiven Produkten vor.
Fensterpinsel	Der Pinsel ist flach und die Borsten sind schräg geschnitten.	Zum Erstellen präziser Linien am Fensterrahmen.	Auch mit seitlich angebrachter Blechabdeckung erhältlich.
Lasurpinsel	Die Borsten sind aus einer hochwertigen Kunstfasermischung, das macht ihn besonders langlebig und widerstandsfähig,	Speziell für Lasuren und wasserverdünnbare Holzschutzanstriche.	Die Borsten sind hohl, wodurch sie dünnflüssige Anstrichmittel besonders gut aufnehmen und auf der zu streichenden Fläche verteilen.
Acryl-Pinsel	Die Borsten sind aus einer hochwertigen Kunstfasermischung.	Speziell für Acrylate und wasserverdünnbare Lacke.	Nicht für lösemittelhaltige Produkte geeignet.

ACHTUNG! PROFITIPP

Auch hochwertige Pinsel haaren anfangs. Entfernen Sie die losen Borsten vor dem Streichen, indem Sie ihn ein paarmal über Schleifpapier ziehen. Bleibt dennoch mal ein Pinselhaar im Lack hängen, nehmen Sie dieses vorsichtig mit Kreppklebeband auf.

REINIGUNG UND LAGERUNG.

Ein guter Pinsel wird mit der Zeit immer besser, weil seine Spitzen eingearbeitet sind. Reinigen Sie ihn nach jedem Streichen gründlich, lassen Sie ihn gut trocknen und lagern Sie ihn hängend. Denken Sie beim Reinigen auch an die Farbreste am Zwingenrand. Damit sich die Pigmentrückstände lösen, am besten den Pinselkopf gut durchreiben. Pinsel, die mit Acryllack benutzt wurden, nur mit Wasser und eventuell einem Zusatz von Seife oder Spülmittel reinigen. Eingetrocknete Pinsel muss man wegwerfen, da Acryllacke nur mit Nitroverdünnern gelöst werden können, die Kunststoffborsten angreifen. Alkydharzlacke und Kunstharzlacke entfernt man mit Kunstharzverdünner oder Terpentinersatz. Halten Sie sich beim Reinigen auch an die Angaben der Farbenhersteller.

ACHTUNG! PROFITIPP

Wenn Sie den Pinsel nur kurzfristig für eine Arbeitspause oder über Nacht lagern wollen, wickeln Sie ihn luftdicht in Plastikfolie. So trocknet die Farbe nicht ein und der Pinsel leidet nicht unter ständigem Reinigen. Pinsel mit Natur- oder Chinaborsten lassen sich auch in einem Glas Wasser lagern. Das Wasser vor dem Weiterarbeiten einfach auf einem Stück Zeitungspapier ausstreichen.

EIN PAAR WORTE ÜBER BORSTEN.

Das Wichtigste am Pinsel sind die Borsten und wie sie gefasst sind. Es gibt Pinsel aus Naturhaaren oder -borsten und solche aus Kunststoffborsten.

NATURBORSTEN.

Sie stammen von Schweinen und sind unter dem Namen Chinaborsten bekannt, weil dort die meisten Schweineborsten produziert werden. Die Borsten laufen konisch zu und sind am Ende zwei- bis vierfach gesplissen, was die Farbaufnahme erleichtert. Naturborsten sind besonders saug- und widerstandsfähig, bei unsachgemäßer Behandlung jedoch auch sehr empfindlich. Da sie leicht aufquellen, eignen sie sich nicht zur Verarbeitung wasserverdünnbarer oder -basierender Farben oder Lacke. Lösemittelhaltige Lacke dagegen lassen sich mit diesen Borsten sehr gut verarbeiten.

KUNSTSTOFFBORSTEN.

Sie werden synthetisch hergestellt. Qualitativ hochwertige Pinsel haben einen den Naturborsten ähnlichen Schaft und geschlitzte Spitzen zur besseren Farbaufnahme. Ungesplisste Spitzen weisen auf schlechte Qualität hin. Kunststoffborsten sind sehr robust und lassen sich leicht reinigen. Polyester-, Nylon- und Silverprenborsten sind lösemittelbeständig. Polyesterborsten sind gut zur Verarbeitung von wasserverdünnbaren und -basierenden Lacken, Lasuren und Holzschutzmitteln geeignet. Nylonborsten eignen sich besonders zum Beizen oder für Kleister. Bei der Verarbeitung von Tiefengrund verwendet man dagegen Pinsel mit Silverprenborsten.

MISCHBORSTEN.

In ihnen vereinigen sich die Eigenschaften der Kunststofffaser mit denen der Natur: Sie sind stabil, saug- und widerstandsfähig, nehmen Farbe besonders gut auf und geben sie gleichmäßig wieder ab und sind leicht zu reinigen. Wasserverdünnbare oder -basierende Lacke, Lasuren und Beizen lassen sich mit ihnen optimal verarbeiten.

HOLZ LACKIEREN.

Um einen glatten, sauberen und lange haltenden Anstrich zu schaffen, müssen Sie ein paar wichtige Grundregeln einhalten, auf die wir hier näher eingehen werden. Abgesehen davon ist das Lackieren von Holz eine recht einfache Angelegenheit.

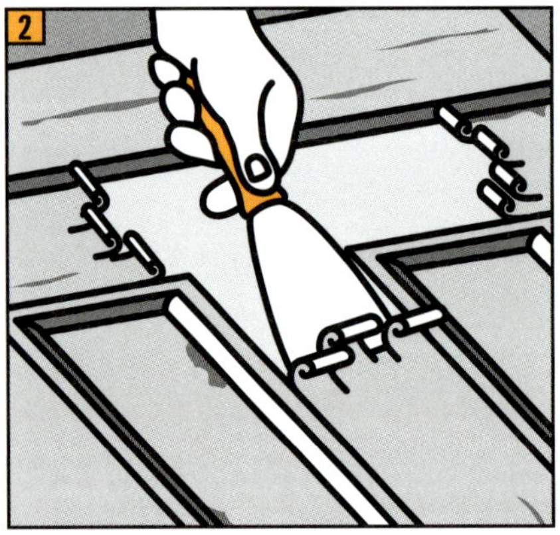

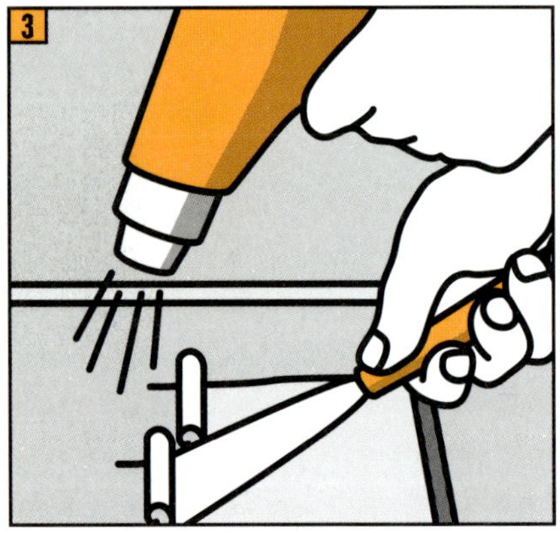

1 **2** **3** Die alten Lackschichten müssen entfernt werden, zumal wenn es bereits sehr viele oder sie beschädigt sind. Verwenden Sie dafür entweder Abbeizmittel oder einen Heißluftföhn. Abbeize trägt man mit einem Pinsel auf (auf das richtige Material achten, sonst lösen sich die Borsten auf), lässt sie etwa eine halbe Stunde einweichen und schiebt dann den gekräuselten Lack mit einem Spachtel ab. Der Föhn erzielt den gleichen Effekt mit Hitze, so dass der Lack sich ebenso abkratzen lässt. **4** Das nun „nackte" Holz muss, genauso wie neues, unbehandeltes, noch abgeschliffen wer-

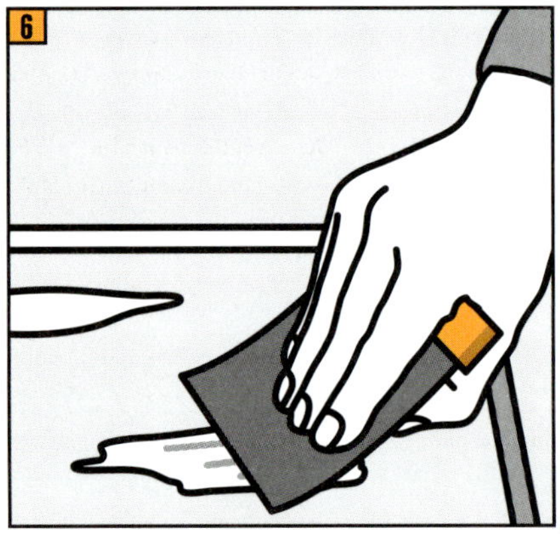

den. Benutzen Sie dafür ein 120er-Schleifpapier. Unbehandeltes Holz im Innenbereich wird vorher mit einer dem Lack entsprechenden Grundierung vorbehandelt. **5** Entfernen Sie den Schleifstaub mit einem Handfeger oder einem Tuch. **6** Spachteln Sie Kerben, Kratzer und Risse mit einem Japanspachtel und Spachtelmasse zu und schleifen Sie die Fläche erneut ab. **7** Streichen Sie die Fläche mit einem Vorlack, der auf den gleichen Inhaltsstoffen basiert wie der Decklack. Nehmen Sie dafür eine leicht abweichende Farbe – sofern Sie nicht mit Klarlack hantieren – denn dann sehen Sie beim Hauptgang

besser, wo Sie gestrichen haben. Nach dem Vorlackieren muss das Werkstück 10 Stunden trocknen und mit 150er-Schleifpapier leicht angeschliffen werden, damit der Decklack gut haftet. **8** Tragen Sie den Decklack mit einem passenden Pinsel oder einer Lackrolle auf. Achten Sie dabei darauf, dass die Arbeitsfläche sauber ist, damit sich keine Staubpartikel mit dem Lack vermischen.

HOLZ LASIEREN.

Oberflächlich betrachtet funktioniert Lasieren genauso wie Lackieren. Ein paar Feinheiten gibt es allerdings, auf die im Speziellen geachtet werden sollte. Auf die entscheidenden Unterschiede werden wir auf dieser Seite näher eingehen.

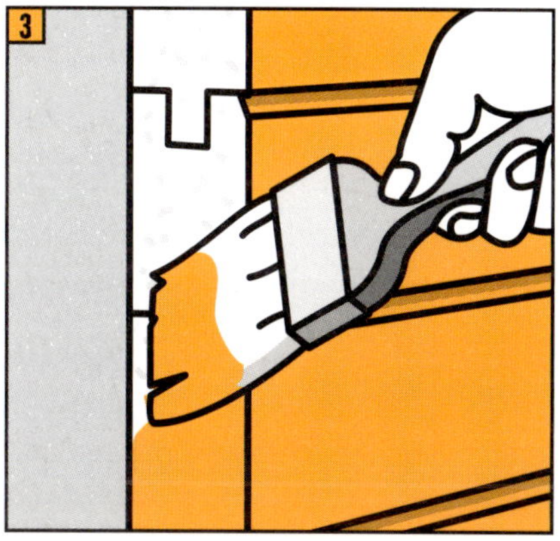

Im Außenbereich muss rohes Holz vorher mit Imprägniergrund behandelt werden, um es gegen Witterungseinflüsse zu schützen. Im Innenbereich grundieren Sie das Holz mit einer normalen Holzgrundierung. Achten Sie darauf, dass die Inhaltsstoffe von Grundierung und Lasur zusammenpassen! 1 Vor jedem Anstrich muss das Holz mit einem 180er-Schleifpapier angeschliffen werden. 2 Dann ein- oder zweimal lasieren. Im Innenbereich kann die Lasur auf Wasserbasis sein. Fenster und Außentüren sollten eine Schutzlasur verpasst bekommen. 3 Die Stirnseite von Balken etc. saugt Feuchtigkeit gut auf, deshalb muss sie schön dick eingestrichen werden. Lasieren Sie nie in der prallen Sonne und bei feuchtem Wetter. Vor dem Gebrauch und während der Arbeit muss die Lasur gut durchgerührt werden, um eine gleichmäßige Konsistenz zu behalten. Wenn Sie die Oberfläche nach dem Trocknen mit einem Stofftuch abreiben, wird sie schön glänzen.

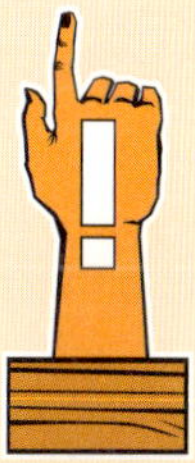

PROFITIPP!

Schleifen Sie immer in Richtung der Holzmaserung. So können Sie das Auftreten von Schleifspuren vermeiden.

HOLZ SCHÜTZEN.

Es gibt konstruktiven (baulichen), chemisch vorbeugenden und bekämpfenden chemischen Holzschutz. Während der vorbeugende den Befall durch Pilze und Insekten verhindern soll, zielt der bekämpfende auf die Vernichtung bereits vorhandener Schädlinge. Und um keine Verwechslung mit Schutzanstrichen aufkommen zu lassen: Holzschutzmittel sind keine Anstrichmittel – also Lasuren oder Lacke –, die den Boden vor Ihren hochhackigen Schuhabsätzen schützen, sondern „...Wirkstoffe (...), die aufgrund ihrer bioziden Eigenschaft dazu bestimmt sind, einem Befall von Holz (...) durch holzzerstörende oder holzverfärbende Organismen vorzubeugen (oder einen solchen Befall zu bekämpfen)" (europaweite Definition). Also Chemie, die nicht nur im Holz, sondern auch auf Sie und die restliche Umwelt wirkt! Daher sind Bauherren gesetzlich verpflichtet, vor dem Einsatz chemischen Holzschutzes alle baulichen Holzschutzmaßnahmen auszuschöpfen.

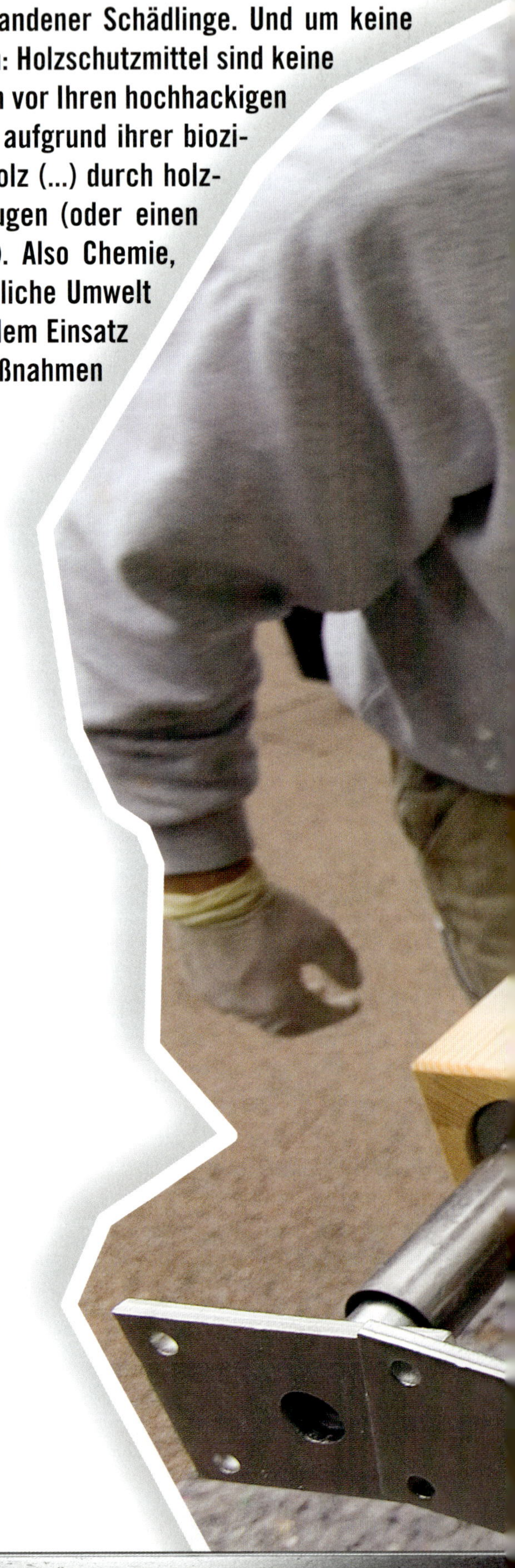

Wie geht das Holz kaputt?

Zuerst wirken Licht und Wasser. UV-Strahlen zerstören das Lignin im Holz, so dass es grau wird. Anstriche haften nicht mehr so gut. Feuchtigkeit lässt das Holz quellen, bei Trockenheit schwindet es wieder, was zu Rissen führt. Ein Anstrich blättert jetzt noch leichter ab, Feuchtigkeit gelangt ins Innere, wo sie eventuell nicht mehr richtig wegtrocknet. In die Risse dringen auch Pilzsporen ein. Manche Pilze siedeln sich nur auf der Oberfläche an, verfärben das Holz und zerstören den Anstrich. Andere zerstören die Substanz: Das Holz wird morsch und zerfällt. Befallene Bauteile sind nicht mehr funktionstüchtig, bei tragenden Balken oder Dielen kann das sehr gefährlich werden. Holz zerstörende Insekten sind Hausbock, Nagekäfer und Splintholz-Käfer und deren Larven. Diese finden sich hauptsächlich im Innenbereich, wo sie von Balken bis Schnitzereien alles Mögliche befallen können. Gegen sie muss das Holz chemisch behandelt werden.

Wespen, die hin und wieder am Holz nagen, um Material für ihr Nest zu bekommen, stellen zumindest für das Holz keine Gefahr dar.

Konstruktiver Holzschutz

Das Ziel des konstruktiven Holzschutzes ist, Wasser vom Holz fernzuhalten, indem Regen und Spritzwasser abgehalten werden, stehende Nässe verhindert und Niederschlagswasser abgeleitet wird. Das wird erreicht durch genug Abstand vom Boden (~ 30 cm) gegen Spritzwasser und eine Konstruktion, die Niederschläge vom Holz fernhält (Abdeckung) oder, so dies nicht möglich ist, es schnell von der Oberfläche ableitet (Schräge, Tropfkanten). Außerdem sollte die Konstruktion gut belüftet sein, damit sie, wenn sie nass wird, schnell wieder richtig trocknet.

Chemisch vorbeugender Holzschutz (DIN 68800)

Durch chemische Holzschutzmittel wird verhindert, dass Schädlinge in das Holz eindringen und es zerstören. Nach dem Umweltrecht darf vorbeugender Holzschutz nur in stationären und zugelassenen Imprägnierwerken vorgenommen werden. Man kauft das Holz vorbehandelt, wobei darauf zu achten ist, dass Holzschutzmittel mit bauaufsichtlicher Zulassung und dem entsprechenden Prüfsiegel verwendet wurden. Beim Kauf gibt man genau an, welche Art des Schutzes man wünscht. Vom Verarbeiter bekommt man dann eine Bescheinigung über das gewünschte Produkt. Für die Nachbehandlung von Rissen und Schnittstellen etc. gibt es im Handel Holzschutzanstriche für den Heimwerker.

Der Einsatz nicht zugelassener Holzschutzmittel an tragenden und aussteifenden Bauteilen verstößt gegen das Baurecht!

Bekämpfender chemischer Holzschutz

Bei tragenden Bauteilen ist die Bekämpfung von Schädlingsbefall vorgeschrieben. Doch bevor irgendetwas getan wird, muss ein Statiker die Situation beurteilen und ein Holzschutzfachmann prüfen, um welchen Schädling es sich handelt. Dann wird entschieden, was getan wird: Bauteil komplett austauschen, mit Heißluft behandeln, begasen oder verschiedene Chemikalien einsetzen. Gegebenenfalls muss der Befall bei der Bauaufsicht gemeldet werden. Es macht Sinn, als Hausbesitzer sein Gebälk ab und an zu untersuchen.

WICHTIGE NORMEN UND VORSCHRIFTEN.

Die Landesbauordnungen

Sie variieren von Bundesland zu Bundesland, alle sind aber an die Musterbauordnung angelehnt, die besagt: „Bauliche Anlagen (...) müssen so beschaffen (...) sein, dass durch Wasser, Feuchtigkeit, pflanzliche und tierische Schädlinge sowie andere chemische, physikalische oder biologische Einflüsse Gefahren oder unzumutbare Belästigungen nicht entstehen."

In manchen Bundesländern besteht Meldepflicht bei Auftreten von Hausbock, echtem Hausschwamm und Termiten.

Die technischen Baubestimmungen

Im Auftrag der Bundesländer bearbeitet das Deutsche Institut für Bautechnik (DIBt) eine Liste technischer Baubestimmungen. Darin sind alle technischen Regeln für die Planung und Konstruktion von Bauten und Bauteilen aufgeführt. Den aktuellen Stand kann man beim DIBt einsehen.

Die Gefahrstoffverordnung

Für die Anwendung chemischer Holzschutzmittel gilt auch die Gefahrstoffverordnung. Sie betrifft die Arbeit mit Gefahrstoffen und schreibt vor, dass gesundheitliche Risiken auf ein Minimum begrenzt werden müssen, indem man auf Gefahrstoffe verzichtet oder Produkte mit dem kleinsten gesundheitlichen Risiko einsetzt.

DIN und DIN EN Normen

- Mit Holzschutz beschäftigt sich die DIN 68800 1–5. In den letzten Jahren wurde sie dahingehend verändert, dass der konstruktive Holzschutz über den chemischen gestellt wurde. Das heißt, dass zuerst alle baulichen Schutzmaßnahmen getroffen werden müssen, ehe man mit der Chemiekeule ans Werk gehen kann. Und das ist keine unverbindliche Empfehlung, sondern geltendes Recht! Eine kommentierte Ausgabe dieser Norm mit Hinweisen für die Praxis kann man erwerben.
- Eine Liste mit Holzarten und ihren Widerstandsfähigkeitn findet man in der DIN 68 364 und in der DIN EN 305-2.

KONSTRUKTIV SCHÜTZEN.

Man muss nicht die DIN runterbeten können, um Wasser von einer Holzkonstruktion fernzuhalten. Wenn Sie sich diese paar Regeln und Tipps merken und sie beachten, wann immer Sie draußen etwas aus Holz bauen, sind Sie schon im grünen Bereich, was den baulichen Holzschutz angeht.

Pfähle, die direkt in die Erde gerammt werden, brauchen ein Dränagebett aus Sand und Kies, damit das Wasser direkt nach unten abgeleitet wird.

Immer von unten verschrauben, damit sich in den Schraublöchern kein Wasser sammelt.

Pfosten und Stützen möglichst auf Stützenfüße aus Edelstahl setzen, damit kein Erdkontakt entsteht und Holz weit genug von Spritzwasser weg ist.

Verwenden Sie im Außenbereich nur dafür geeignete, wetterresistente Holzarten, Tabelle siehe Kapitel „Terrasse bauen" auf Seite 469.

Vermeiden Sie waagrechte Flächen. Konstruieren Sie stets ein Gefälle von 2 % (= 2 cm pro 100 cm Länge). So kann das Wasser ablaufen.

Holzschnittkanten und Hirnholzbereiche müssen besonders gut gegen Nässe geschützt werden: am besten mit Blech oder Kunststoff abdecken oder imprägnieren.

Zwischen zwei aufeinanderliegende Holzbauteile kann man auch eine Blechabdeckung, eine Kunststofffolie oder einen Neoprenstreifen legen.

Holzkanten am besten immer anfasen, dann tropft das Wasser besser ab.

Bei liegenden Brettern und Balken ist es wichtig, dass die dem Kern (Markröhre) zugewandte Seite der Jahresringe nach oben zeigt, das erzeugt beim trocknungsbedingten Schwinden eine gewölbte Oberfläche, von der das Wasser besser abläuft. Bei extrem marknahen Brettern kann das allerdings zu Ringrissen und Ablösung der innersten Jahresringe führen. In diesem Fall installieren Sie sinnvollerweise die kernabgewandte Seite nach oben.

CHEMIEKEULE.

Wenn schon Chemie, dann bitte mit Amt und Siegel! Außerdem sollte man das richtige Mittel aussuchen können. Das heißt ordentlich informieren, bevor man damit um sich schmeißt.

Bauholz ist einer bestimmten Gefährdungsklasse zugewiesen, die besagt, wodurch das Holz gefährdet ist und welchen Schutz es dementsprechend benötigt. Trotzdem geht der bauliche Holzschutz vor und bestimmte Holzsorten sind von Natur aus so resistent, dass sie nicht behandelt werden müssen. Daran sollte stets gedacht werden. Hier der Zusammenhang zwischen Gefährdungsklassen und Holzschutz-Prüfplaketten:

GEFÄHRDUNGSKLASSE (GK) UND BESCHREIBUNG		Gefährdet durch				Erforderliche Prüfprädikate	
		INSEKTEN	PILZE	AUSWASCHUNG	MODERFÄULE	KÜRZEL	BEDEUTUNG
1	Innen verbautes Holz, ständig trocken.	X				Iv	Insektenvorbeugend.
2	Weder Erdkontakt noch direkt der Witterung oder Auswaschung ausgesetzt, vorübergehende Befeuchtung möglich.	X	X			Iv, P	Insektenvorbeugend, pilzwidrig (Fäulnisschutz).
3	Holz der Witterung oder Kondensation ausgesetzt, aber nicht in ständigem Erdkontakt.	X	X	X		Iv, P, W	Insektenvorbeugend, pilzwidrig, witterungsbeständig.
4	Holz in ständigem Erdkontakt oder ständiger starker Befeuchtung ausgesetzt.	X	X	X	X	Iv, P, W, E	Insektenvorbeugend, pilzwidrig, witterungsbeständig, vor Moderfäule geschützt.

Wann nehme ich was?

WO?	WELCHE BAUTEILE?	GEGEN WAS?	WELCHES MITTEL?
Außen	Türen, Tore und Fenster und deren Rahmen, Fensterläden, Wandverkleidungen, Dachüberstände	Zerstörerischer Pilzbefall, Insekten (selten)	Holzschutzgrundierung bzw. -imprägnierung, dann Anstrichmittel (Lasur o. Ä.), falls nötig.
		Bläuepilz	Bläueschutz, dann eventuell Anstrichmittel. Auf UBA-Registriernummer für Bläueschutzmittel achten!
		Verwitterung (UV + Wasser)	Wetterschutzlasur.
	Holzterrassen, Gartendecks, Holzfliesen, Brücken, Stege, Zäune, Pfähle, Palisaden, Pergolen, Rankgitter, Lauben, Carports, Sichtschutzwände	Zerstörerische Pilze, Bläuepilz, Moderfäule und Insekten (selten)	Werkseitige Holzschutzgrundierung bzw. -imprägnierung (z. B. Kesseldruck, Thermo etc.). Dann gegebenenfalls Holzschutzlasur o. Ä.
		Verwitterung (UV + Wasser)	Wetterschutzlasur.
Innen	Decken- und Wandvertäfelungen, Türen, Möbel, Parkett, Dielen, Treppen	Verschmutzung, Kratzer, Stoßbelastung etc.	Holzschutzmittel unzulässig. Nur Anstrichmittel für Oberflächenschutz (Lasur, Farbe, Beize, Lack, Wachs, Öl) oder Holzversiegelung.
		Befall durch Insekten	Sofern keine tragenden Bauteile: bekämpfende Holzschutzmittel in Kleingebinden bis maximal 750 ml (Gütesiegel!).
Überall	Statisch tragende Bauteile (Balken etc.)	Insekten und Pilze	Werkseitige Vorbehandlung durch bauaufsichtlich zugelassene Holzschutzmittel.
		Insektenbefall	Einsatz thermischer oder gastechnischer Verfahren oder bauaufsichtlich zugelassener chemischer Bekämpfungsmittel durch einen Fachbetrieb.
Achten Sie auf die Gütesiegel, machen Sie sich niemals selbst an die Behandlung statischer Bauteile und denken Sie zuerst an den konstruktiven Holzschutz sowie die am besten geeignete Holzart, das vermeidet viel Chemie!			

Insektenbefall

Bei Befall kommt es darauf an, welche Wirkstoffe im Bekämpfungsmitteln enthalten sind. Abhängig davon ist, wie lange die Behandlung dauert. Nervengifte wirken schnell, Fraßgifte eher langsam. Hormonell wirksame Mittel wirken zeitversetzt.

Gütegemeinschaft Holzschutzmittel.

Die Mitglieder dieses Herstellerverbands haben sich freiwillig zusammengeschlossen, um auch für den Bereich nicht zulassungspflichtiger Holzschutzmittel Produkte anzubieten, die den Forderungen nach geprüfter Wirksamkeit, gesundheitlicher Unbedenklichkeit und Umweltverträglichkeit entsprechen.
Mit dem Blauen Engel werden Produkte für den Oberflächenschutz von Holz (keine Holzschutzmittel!) gekennzeichnet, die nur wenig Lösungsmittel (unter 10 %) und keine Wirkstoffe gegen holzzerstörende Pilze und Insekten enthalten.
Von ungeprüften Mitteln sollten Sie sich fernhalten. Ihre Wirksamkeit ist zweifelhaft, die Deklaration ungenügend und die Gebrauchsanweisungen bedenklich.

Übersicht Holzschutzmittel (HSM) und -anstriche.

BASIS	TYP	VERWENDUNG
Lösemittel	Grundierungen	Holzschützende Vorbehandlung für nachfolgende Anstrichmittel.
	Lasuren	Oberflächenanstrich mit Holzschutzfunktion.
	Farben	Oberflächenanstrich, z.T. mit Holzschutzfunktion, deren Verlässlichkeit aber fraglich ist.
	Ohne Bindemittel	Nur Holzschutz, kein Anstrichmittel für Oberflächenschutz.
Öl	Teerölhaltige HSM	Holzschutz im Außenbau, wenn Dunkelfärbung erwünscht.
Wasser	Holzschutz salze	Aus bis zu 25 verschiedenen anorganischen Salzen, als Festsalz, Flüssigsalz, Vorlösung oder anwendungsfertige Lösung, für den vorbeugenden Holzschutz.
	Sonstige Wasserlösliche	Flüssige organische Verbindung für den vorbeugenden Holzschutz.

METALL LACKIEREN.

Das Wichtigste ist hier die Behandlung der Oberfläche, damit das Metall nicht unter der Lackschicht unbemerkt rostet. Um das Material besonders gut zu schützen, gibt es spezielle Metallschutzlacke. Einige erfüllen sogar alle drei Funktionen – Rostschutz, Grundierung und Decklack – in einem.

ACHTUNG! PROFITIPP

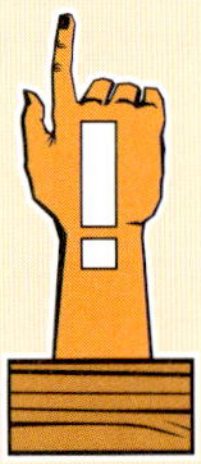

Streichen Sie im Außenbereich nicht an windigen Tagen. Staub und Schmutz werden in den Lackfilm geblasen und lassen sich nur schwer wieder entfernen.

1 Die Flächen müssen fettfrei und sauber sein. Reinigen Sie sie gegebenenfalls mit Wasser und Spülmittel. Schleifen oder bürsten Sie alle rostigen Stellen mit Schleifpapier bzw. einer Drahtbürste ab. **2** Richtig tief rostende Stellen bestreichen Sie mit einem chemischen Rostumwandler. Eisen und Stahl müssen mit einem Rostschutzmittel grundiert werden, für Alu und Zink nimmt man Universalgrund. **3** Nach dem Trocknen mit 220er-Schleifpapier leicht anschleifen und Vorlack auftragen. **4** Wenn auch dieser getrocknet ist (nach ca. 10 Stunden), schleifen Sie ihn leicht an und streichen ihn mit dem Decklack.

FRAGEN & ANTWORTEN.

Im Zusammenhang mit Farben und Lacken tauchen immer wieder ähnliche Fragen auf. Führen Sie sich diese Seite in Ruhe zu Gemüte. Die Chance ist groß, dass sich Ihre Frage mit der dazugehörigen Antwort auch hier versteckt hat.

Was sind Chinaborsten?

Chinaborsten sind Naturborsten, die meist von Schweinen stammen. Sie eignen sich besonders gut für lösemittelhaltige Lacke und sind sehr aufnahme- und widerstandsfähig. Da sie leicht aufquellen sind sie für wasserverdünnbare Farben ungeeignet.

Was ist Lochfraß?

Lochfraß findet sich häufig auf stark korrosionsbefallenen Metallen. Rost frisst häufig tiefe Löcher in Eisen.
Abhilfe schaffen zunächst das Abschleifen und Abkratzen des Rostes. Danach sollten die befallenen Stellen mit einem chemischen Rostumwandler gestrichen werden. Für Eisen ist grundsätzlich ein Rostschutz notwendig.

Was gibt es noch zu beachten beim Streichen von Holzfenstern?

Als Allererstes sollten die Fugen zwischen Mauerwerk und Fenster mit einem überstreichbaren Dichtungsmaterial abgedichtet werden. Anschließend kann das Fenster angeschliffen werden und der notwendige Anstrich erfolgen.

Was ist wichtig beim Grundieren von Eiche und Red Cedar mit hellen Acryllacken?

Beide sind wasserhaltige Hölzer und sollten deshalb vor der Grundierung mit einem Isoliergrund versehen werden. Dies ist vor allem zu empfehlen, wenn die Hölzer später draußen stehen.

Warum sollten keine farblosen Lasuren beim Auffrischen von Hölzern, die sich im Freien befinden, verwendet werden?

Schutz vor den UV-Strahlen der Sonne können nur pigmenthaltige Farben bieten. Bei farblosen Lasuren wird das Holz sehr schnell blass und grau.

Der Lack auf dem neu lackierten Holz wirft Blasen, obwohl ich grundiert habe – was kann ich tun?

Wenn ein Holz grobe Porengänge hat und zu mager grundiert wurde, kann es beim Überziehen mit Lack zu Luftblasenbildung kommen. Auch wenn das Holz größerer Wärme – etwa Sonneneinstrahlung – ausgesetzt wurde, kann sich die Luft in den Porengängen ausdehnen und Bläschen bilden. Am besten immer satt grundieren und nicht zu dick mit Lack überziehen. Um die Blasen zu beheben, behandeln Sie die noch nasse Lackschicht mit einer Nitroverdünnung, im schlimmsten Fall muss der ganze Lack samt Grundierung aufgelöst und von vorne begonnen werden.

Die Farbe auf meiner neu gestrichenen Fläche will nicht trocknen – was habe ich falsch gemacht?

Wenn die Temperatur im Arbeitsraum zu niedrig war (unter 18 °C) oder die Luftfeuchtigkeit zu hoch (über 70 %), trocknen die Farben wesentlich langsamer. Außerdem kann zu viel Fett, Harz oder Paraffin im Untergrund eine Ursache für die mangelnde Trocknung sein. In diesem Fall wird der Anstrich gar nicht mehr richtig trocknen und Sie müssen ihn komplett entfernen und von Neuem beginnen.

Die Farbe verläuft schlecht und lässt sich schwierig streichen.

Dafür kann es mehrere Gründe geben. Eventuell haben Sie die falsche Verdünnung beigegeben. Benutzen Sie nur die vom Hersteller angegebenen Verdünnungsmittel. Auch eine zu niedrige Temperatur im Arbeitsraum kann ein Grund für schlechten Verlauf sein. Oder Sie haben einen zu dünnflüssigen oder zu zähen Anstrich für Ihren Zweck gewählt. Lassen Sie den Anstrich trocknen, schleifen Sie ihn an und überstreichen Sie ihn erneut unter den richtigen Bedingungen.

Worin besteht der Unterschied zwischen hochglänzendem, seidenmattem und mattem Lack?

Hochglanzlack produziert eine spiegelnde Oberfläche. Der Glanz wirkt sehr edel und strahlend, dafür sieht man aber auch jedes Staubkorn und jeden Kratzer sofort. Seidenmatter Lack gibt immer noch eine schön glänzende Oberfläche, jedoch ohne starken Spiegeleffekt. Matter Lack hat keine Strahlkraft, auf der stumpfen Oberfläche stechen dementsprechend Schmutz und Macken nicht so hervor.

SPRITZLACKIERUNG.

Bei großen Flächen empfiehlt es sich, mit Spritzpistole zu arbeiten. Sie kann auch auf unregelmäßigen Flächen eine gleichmäßige Farbschicht auftragen und ergibt so das optisch schönste Ergebnis. Allerdings ist sie nicht für alle Werkstücke geeignet und erfordert einiges an Übung und Geschick.

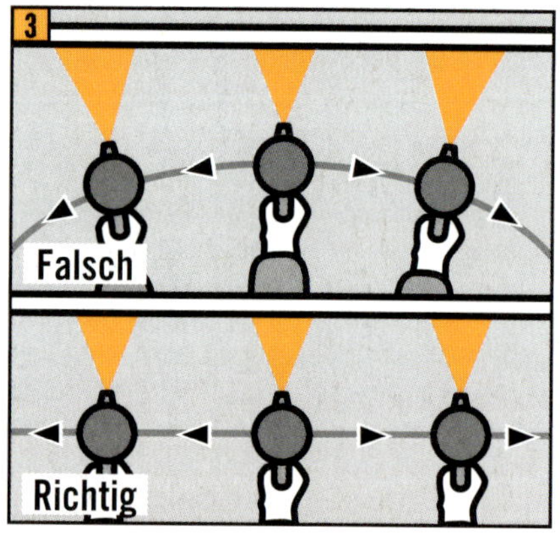

Wenn man mit der Spritztechnik arbeitet, dann ist es absolut unerlässlich, eine Atemmaske zu benutzen. Es reicht hier keineswegs aus, einen einfachen Mundschutz oder ein banditenartig hochgezogenes Halstuch zu verwenden. Sieht vielleicht cooler aus, bringt aber gar nichts, wenn es darum geht, die giftigen Dämpfe von der Lunge fernzuhalten. **1** Da beim Spritzen ein Lacknebel entsteht, sollte alles drum herum sorgfältig abgedeckt werden. Kleben Sie dazu Malerfolie mit einem Textilklebeband exakt an den Flächengrenzen an. Malerkrepp eignet sich nicht so gut, da es durchweichen kann. **2** Den zu spritzenden Untergrund abschleifen und Staub abwischen. **3** Machen Sie am besten vor jeder Lackierarbeit eine Spritzprobe auf einem Stück Holz oder Karton. Der Abstand zwischen Farbspritzpistole und zu lackierender Fläche sollte 20 bis 30 cm betragen. Spritzen Sie gleichmäßig, in gleicher Geschwindigkeit und ohne Unterbrechung und führen Sie die Düse stets senkrecht, nur so entsteht eine schön gleichmäßige Fläche. Die einzelnen Spritzbahnen sollen sich zu ca. 1/3 überschneiden. Spritzen Sie in einem Zug, wobei Sie außerhalb der Fläche beginnen und auch über diese hinausziehen. Die Pistole dabei in gleichmäßigem Abstand halten.

ACHTUNG! PROFITIPP

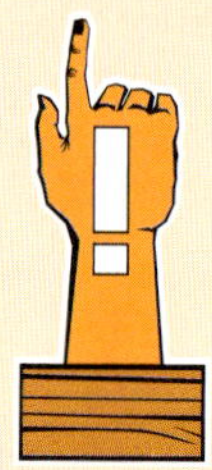

Wenn Sie Zäune und andere rasterförmige Gegenstände spritzen, sollten Sie den Hintergrund vor dem Sprühnebel schützen. Stellen Sie ein großes Stück Karton o. Ä. dahinter.

Immerhin hantieren Sie mit einem Sprühkopf, der an einem leistungsstarken Kompressor hängt. Das fühlt sich schon ganz anders an als eine kleine Sprühdose. Am Ende müssen aber Sie entscheiden, ob Sie lieber Mofa oder Motorrad fahren wollen.

4 Die zweite Lackschicht wird über Kreuz zur ersten gespritzt. **5** Bei einem kleinen Werkstück setzt man die Pistole vor dem Rand an und führt sie über das andere Ende hinaus. Unebene Gegenstände spritzt man von den Ecken ausgehend. Nach Beendigung der Arbeit säubern Sie die Spritzpistole gemäß Herstelleranleitung mit Lösungsmittel und schmieren sie gegebenenfalls ein. Dann funktioniert sie auch beim nächsten Mal.

SCHLUSSSTRICH.

Wände, Stühle, Tische, Böden, Fenster, Zaun, Garagentor, Sie, Ihre Klamotten, der Hund – alles ist bunt. Und jetzt, wohin mit den Farbresten? Hier finden Sie alles, was Sie über die umweltgerechte Entsorgung der Materialien wissen sollten.

ENTSORGUNG.

Schütten Sie Farbreste, Lösemittel, Beizen etc. niemals in den Ausguss, in die Toilette oder in den Restmüll. Es handelt sich hierbei um giftige, umwelt- und gesundheitsgefährdende Stoffe. Sie müssen bei Ihrem örtlichen Abfallunternehmen oder Schadstoffsammelstellen als Problemmüll abgegeben werden. Eingetrocknete, harte Farb- und Lackreste dagegen können mit dem Hausmüll entsorgt werden. Leere Spraydosen gehören in den Altmetallcontainer.

UMWELTSCHUTZ.

Neben der fachgerechten Entsorgung der Anstrichmittel gibt es eine Reihe weiterer umweltschutztechnischer Aspekte im Umgang mit Farben und Lacken. Denn leider ist nicht immer drin, was draufsteht. Die Begriffe „Bio" oder „Öko" sind nicht geschützt. Was darunter verstanden wird, ist herstellerabhängig. Das Argument, es würden nur natürliche Rohstoffe verwendet, sagt nicht viel aus, denn auch aus der Natur gewonnene Stoffe können giftig und gesundheitsschädigend sein. Terpentinöl etwa, das aus Nadelhölzern gewonnen wird, kann den allergieauslösenden Stoff 3-Caren enthalten und ist als einer der reaktivsten Stoffe in der Luft mitverantwortlich für Sommersmog und Ozonbildung am Boden. Auch gibt es noch keine ökologische Bewertung der Gewinnung von Terpentin.

Darüber hinaus sind auch natürliche Inhaltsstoffe heute häufig chemisch modifiziert, der Unterschied zwischen Naturharzen, modifiziertem Naturharz und Kunstharz ist fließend und nicht genau definiert.

Die einzige Sicherheit über die Inhaltsstoffe bietet das Umweltabzeichen „Blauer Engel". Es kennzeichnet Produkte, die im Vergleich zu anderen deutlich umweltfreundlicher sind. Die Vorschriften des Blauen Engels sehen vor, dass Tiefgrund bis zu 2 % Lösemittel enthalten darf, wasserbasierende Lacke bis zu 7 % und lösemittelbasierende Lacke bis zu 15 %. Naturharzlacke haben übrigens aus technischen Gründen oft einen viel höheren Anteil an „natürlichen" Lösemitteln (bis zu 50 %).

Wenn Sie ganz auf Nummer sicher gehen wollen, lassen Sie sich ausführlich von Fachleuten des ökologischen Renovierens beraten.

SICHERHEIT!

Informieren Sie sich über die Art der verwendeten Pigmente. Einige (z. B. Chrom, Blei- und Cadmiumpigmente) sind giftig, Erd- und Pflanzenpigmente dagegen umweltfreundlich und gesundheitsschonend.

Sie machen sich nicht verdächtig,
ein Graffitikünstler zu sein,
nur weil sie farbige Wände mögen.
Farbe ist Ausdruck von Lebensfreude.

ES GIBT
IMMER
WAS ZU TUN.

AN DEINEN TATEN WERDEN SIE DICH MESSEN, NICHT AN DEINEN WORTEN!

GLOSSAR.

Falls es bei der Lektüre dieses Werks Begriffe gab, die Sie vergebens gesucht haben, dann sollten Sie einen Blick in das Glossar werfen. Auf den kommenden Seiten widmen wir uns ausschließlich der Erklärung einzelner Fachbegriffe.

A

Abbeizen. Alter Farbanstrich wird mit einem chemischen Mittel – der Abbeize – bestrichen und quillt auf. Er wird dann mit einem *Spachtel* abgezogen. Anstatt mit Chemie kann man auch mit Heißluftpistolen arbeiten.

Abdichten. Das Dichtmachen von Bauwerken oder Bauteilen zum Schutz gegen Bodenfeuchtigkeit, Stau- und Sickerwasser; im sanitären Bereich sowie auf Balkonen und Terrassen gegen Oberflächenwasser.

Abflussbeiwert. Verhältnis von Niederschlag und Abfluss, angegeben in Zahlen zwischen 0 und 1, wobei „1" 100%igen Abfluss bedeutet.

Abriebklasse. *Abriebzahl.*

Abriebzahl. Wert, mit dem die Abriebbeständigkeit eines Bodenbelags angegeben wird. Er wird im sogenannten Taber-Test ermittelt und nach der Euro-Norm in Abriebklassen eingeteilt. Diese sind ein wichtiger Bestandteil der *Beanspruchungsklassen.*

Abschlussprofil. Eine Schiene, die den Abschluss eines Bauteils – eine Ecke oder Kante – abdeckt. So entsteht ein optisch sauberer Übergang und das Bauteil wird gegen Beschädigung geschützt. Es gibt *Profile* aus diversen Kunststoffen und Metallen.

Absorbieren. *Absorption.*

Absorption. Vom lateinischen Verb „absorbere": saugen, aufsaugen; bezeichnet den Vorgang, wenn ein Stoff einen anderen in sich aufnimmt. Beispiel: Die Solarzelle absorbiert Sonnenenergie oder ein poröser Stein absorbiert Feuchtigkeit.

Abziehlatte. Auch Richtlatte, Richtscheit. 8–10 cm breite und 1–5 m lange *Latte* aus Aluminium oder Holz, mit der man *Putz* und Beton abzieht. Zusammen mit einer Wasserwaage hilft die Abziehlatte auch beim Ausrichten von Flächen und Konstruktionen in die *Waagrechte.*

Adaptionsprofil. Spezielles Zubehörteil für Türschließer mit Scherengestänge. Als Türschließer bezeichnet man jenes Bauteil, das eine Tür automatisch ins Schloss fallen lässt.

Amortisation. Prozess, bei dem die Kosten für eine Anschaffung durch die Erträge oder Einsparungen wieder gedeckt werden, z. B. bei Solaranlagen oder Regenwassernutzung. Die Dauer dieses Prozesses heißt Amortisationszeit.

Anker. Bezeichnung für meist stabförmige Bauelemente, die zugfeste Verbindungen zwischen zwei Bauteilen herstellen, z. B. eine Stahlkonstruktion mit dem massiven Unterbau verbinden. Anker sind meist aus Stahl. Nach ihrem Einsatzbereich werden verschiedene Arten unterschieden: Maueranker, Wandanker, Fassadenanker, Gerüstanker etc.

Ankerschiene. Befestigungsschiene, um weitere Bauteile wie Fassadenplatten oder Leitungen an einer Betonmauer zu montieren. Direkt beim Betonieren der Wand wird die Schiene miteingegossen. Die Bolzen auf der Rückseite verankern die Schienen fest im Beton.

Antrittstufe. *Treppenaustritt.*

Armatur. Sammelbegriff für Hebel, Griffräder, Schalter, Ventile, Klappen, Schieber u. Ä., insbesondere Absperr- und Drosselvorrichtungen an Rohrleitungen. Meistens sind die Sanitärarmaturen gemeint, also die Wasserzapfstellen in Küche und Bad.

Armierung. Auch Bewehrung genannt. Spezielle Stäbe, Gitter, Gewebe und Netze dienen als Armierung, je nach Einsatzgebiet. Sie werden in Beton oder Putzschichten (*Putz*) eingelegt, um Druck- und Zugspannungen aufzunehmen und den Mörtel bzw. Beton rissfester zu machen, was die Belastbarkeit erhöht.

Astgetrocknetes Holz. Holz, das etwa zwei Monate im Wald trocknet, bezeichnet man als „astgetrocknet". Es ist widerstandsfähiger, reißt und verzieht sich nicht so leicht und ist daher wertvoller als herkömmlich getrocknetes Holz.

Auflager. So bezeichnet man den betonierten Randstreifen einer gemauerten Wand. Er dient der kontrollierten Kräfteübertragung von einer Wand auf die andere.

Aufständern. Etwas auf Ständer montieren oder mit Stützen aufstellen, z. B. Solarmodule auf dem Dach oder eine Holzterrasse auf unebenem Gelände.

Ausblühung. Wenn Flecken, meist Kalk oder Salzkristalle, an der Oberfläche von Baustoffen erscheinen, nennt man das Ausblühung. Sie entstehen durch Feuchtigkeit im Baustoff, die durch den *Kapillareffekt* an die Oberfläche wandert. Wenn das Wasser verdunstet ist, bleiben die festen Stoffe zurück.

Auskoffern. Das Ausheben einer Grube, um den Unterbau für eine Straße, Einfahrt, Terrasse etc. anzulegen.

Außengrat. *Grat* auf der Außenseite eines Werkstücks.

Austrittstufe. *Treppenaustritt.*

Auswinkeln. Beim Auswinkeln eines Raumes werden die Ecken auf Rechtwinkligkeit kontrolliert.

B

Balken. *Kantholz*, dessen größere Querschnittsseite mindestens 200 mm misst. Häufig eingesetzt als waagrechter Träger (z. B. Decke, Dach).

Balkeneisen. Stabilisierende Eisenklammer für *Balken*, heute wegen des rustikalen Aussehens hauptsächlich zur Zierde eingesetzt.

Balkenkopf. Das Ende eines Balkens nennt man Balkenkopf. Das freiliegende *Hirnholz* muss besonders gut gegen eindringende Feuchtigkeit geschützt werden. Im Fachwerkbau ist ein Balkenkopf ein über die Mauer herausragendes, mit Schnitzereien verziertes Balkenende.

Balustrade. *Brüstung* oder *Geländer* aus kleinen Säulen, den Balustern. Baluster sind meist stark profiliert und mindestens 40 mm breit. Kleinere Geländerstäbe heißen Staketen.

Baustoffklasse. Baustoffe werden nach ihrem Brandverhalten in Klassen eingeteilt (DIN 4102). Sie sind mit den Buchstaben A und B und den Zahlen 1–3 gekennzeichnet:
A 1 = nicht brennbar, ohne jegliche brennbaren Bestandteile;
A 2 = nicht brennbar, mit geringen brennbaren Bestandteilen;
B 1 = schwer entflammbar;
B 2 = normal entflammbar;
B 3 = leicht entflammbar (nicht als Baustoff verwendbar).

Beanspruchungsklasse. Qualitätskategorie nach der Euro-Norm EN 13329, die den Einsatzbereich eines Laminatfußbodens kennzeichnet. Man unterteilt zwischen „wohnen" und „gewerblich" bei mäßiger, normaler und starker Nutzung. Die Einordnung in eine Klasse hängt von Abriebbeständigkeit, Stoßfestigkeit, Fleckenunempfindlichkeit, Verhalten gegenüber Zigarettenglut, Verhalten beim Verschieben eines Möbelfußes, Stuhlrolleneignung und Quellverhalten ab.

Beleuchtungsniveau. Die mittlere *Beleuchtungsstärke* in einem Raum.

Beleuchtungsstärke. Wird in Lux gemessen. Sie gibt an, wie viel *Lichtstrom* auf einer bestimmten, von der Lichtquelle beleuchteten Fläche ankommt.

Beplankung. Verkleidung einer Konstruktion, z. B. einer Metallständerwand, mit Platten aus Holz, Gipskarton o. Ä. Die Beplankung kann mittragend und aussteifend sein.

Beschläge. Alle Metallbauteile an Möbeln, Fenstern und Türen nennt man Beschläge. Dazu zählen *Scharniere*, Griffe, Bänder, Schlösser etc.

Bewegungsfuge. Eine *Dehnungsfuge* und/oder *Gleitfuge.*

Bewehrung. *Armierung.*

Big Bag. 1–2 Kubikmeter fassende Kunststofftaschen zum Transport von Erde, Sand oder Kies.

Binder. Ein Stein, der quer zur Mauerrichtung gesetzt wird. Binder braucht man z. B. bei Trockensteinmauern.

Biotop. Bezeichnung für den natürlichen Lebensraum einer Gemeinschaft aus Tieren und Pflanzen. Das Schaffen und Erhalten von Biotopen dient dem Artenschutz.

Biozid. Ein Stoff ist biozid, wenn er schädliche Organismen tötet. Analog tötet ein *Fungizid* Pilze, ein *Herbizid* Unkräuter, ein *Pestizid* Tiere.

Bitumen. Schwarze zähe Masse, die aus schwerem, Rohöl gewonnen wird. Man macht daraus Asphalt für den Straßenbau, Schutzanstriche, Spachtelmasse, Dachpappen u.Ä., da Bitumen wasserabweisend ist und dadurch sehr gut abdichtet.

Blendrahmen. Blendrahmen nennt man den äußeren Rahmen einer Tür oder eines Fensters. Meistens ist er aus Holz oder Metall und wird in der *Laibung* oder am Maueranschlag befestigt. Er hat die Aufgabe, den Maueranschluss zu verdecken (verblenden).

Bohle. Eine *Diele* von mindestens 40 mm Stärke und einer doppelt so großen Breite.

Bordüre. Auch Borte. Verzierte Kante oder Rand bei Teppichen, Tapeten, Möbeln oder in der Gestaltung einer Wand, z. B. mit Fliesen, Farbe oder Tapete.

Brandschutz. Darunter versteht man alle Maßnahmen, die der Sicherheit im Brandfall dienen und Sachwerte vor der Zerstörung durch Feuer schützen. Baustoffe teilt man in *Baustoffklassen*, Bauteile in *Feuerwiderstandsklassen* ein, um ihre Brandschutzeigenschaften zu bewerten. Dazu gibt es noch Klassen für Sonderbauteile, die mit anderen Buchstaben bezeichnet werden (z. B. G 30 – G 120 für Fenster).

Brett. Ein Stück Holz, das mindestens 8–40 mm stark und mindestens 80 mm breit ist.

Brettschichtholz. Aus Lamellen zusammengeleimte Hölzer mit hoher statischer Beanspruchung.

Brüstung. Ein etwa „brusthoher" Abschluss einer Maueröffnung (z. B. Fenster), sichert gegen Absturz. Kann gemauert, aber auch aus Holz oder Metallgitter sein. Die richtige Brüstungshöhe hängt von der Absturzhöhe ab und ist in den Landesbauverordnungen geregelt.

D

Dachhaut. Gegen Witterung abdichtender Teil des Daches, meist aus Bitumenbahnen (*Bitumen*).

Dachlack. Dachlack ist ein leicht lösemittelhaltiger Schutzanstrich für Dächer aus Bitumen, Metall oder Beton. Er dringt tief in die alte *Dachpappe* ein und verbindet sie wieder fest mit dem Untergrund.

Dachpappe. *Teerpappe.*

Dachrinne. Die Dachrinne sammelt das vom Dach ablaufende Regenwasser und leitet es über das *Fallrohr* ab. Meistens sind Dachrinnen halbrund oder kastenförmig und aus Kupfer, Zink oder Kunststoff.

Dämmmörtel. *Dämmputz.*

Dämmputz. *Putz* bzw. Mörtel mit wärmedämmenden Zuschlagsstoffen wie Schaumstoffperlen oder Blähton. Wird verwendet, wenn die Fassade z. B. aus Denkmalschutzgründen nicht verändert werden darf und daher ein *WDVS* nicht in Frage kommt.

Dampfbremse. Eine Folie oder Pappe, die das Eindringen von Raumluftfeuchtigkeit in die Dämmschicht bremst. Eine Dampfbremse erlaubt einen minimalen Dampf- bzw. Feuchteaustausch.

Dampfsperre. Wasserdampfundurchlässige Sperrschicht, die das Eindringen von Raumluftfeuchtigkeit in die Baukonstruktion verhindert. Sie wird auf eine Wärmedämmschicht zur Raumseite hin angebracht.

Dampfsperrfolie. Wasserundurchlässige Alu- oder Kupferfolie (siehe auch *Dampfsperre*).

Dehnfuge. *Dehnungsfuge.*

Dehnungsfuge. Bewegungsfuge, die Bauteile vor Rissen durch Volumenänderung schützt. Das Volumen starrer Materialien kann sich nämlich durch Temperaturänderung, Schwinden, Aufquellen o. Ä. so sehr verändern, dass es zu starken Spannungen und Rissen kommt.

Dekorleiste. Jede *Leiste*, die anhand ihres Profils und ihrer farbigen Beschichtung rein dekorative Zwecke erfüllt. Kann aus Holz, Kunststoff oder Aluminium sein.

Dichtring. Ring, meist aus Kunststoff, der ein Bauteil gegen Eindringen oder Austreten von Flüssigkeit oder Gas abdichten soll.

Dichtschlämme. Stoff zur Abdichtung von Mauern gegen eindringende Feuchtigkeit und Wasser. Wird dünn wie Farbe aufgetragen. Dichtschlämme ist eine Mischung aus Quarzsand, *Zement* und chemischen Zusätzen. Es gibt auch eine flexible, rissüberbrückende Variante. Alternativ kann man *Sperrputz* verwenden.

Dichtung. Bauelement oder Konstruktion, die verhindert, dass Flüssigkeit oder Gas irgendwo ein- oder austritt.

Dichtungsschlämme. *Dichtschlämme.*

Diele. Einzelnes Verlegeelement für Laminat-, Parkett- und Massivholzbodenbelag.

Diffusion. Übertragen auf den Heimwerkerbereich beschreibt Diffusion, das Wandern von Wasserdampf von „feucht" nach „trocken" bzw. von „warm" nach „kalt". Ziel dieses Prozesses ist das Ausgleichen von Konzentrationsunterschieden. Der Dampf wandert dabei durch feste Stoffe/Bauteile hindurch.

Diffusionswiderstand. Gibt an, wie gut Bauteile gegen *Diffusion* gewappnet sind. Je größer der Widerstand gegen die Diffusion ist, desto schlechter kann der Wasserdampf hindurch.

DIN. Das Deutsche Institut für Normung e.V. erarbeitet *Normen*. Es vertritt die deutschen Interessen in den internationalen Normungsverbänden CEN und ISO. Das DIN ist ein privater, freier Verein, der einen Vertrag mit der Bundesrepublik Deutschland hat. In ihm verhandeln Hersteller, Wissenschaftler, Verbraucher, Behörden und Prüfinstitute über die Einführung von Normen. Diese dienen der Sicherheit und dem Schutz von Menschen und Umwelt, aber auch der Kompatibilität und der Qualitätssicherung.

Dossierung. So heißt die Neigung bei Mauern, die der Hangabstützung dienen. Aus statischen Gründen müssen sie, im Querschnitt betrachtet, etwa 20 % gegen den Hang geneigt werden.

DPL. Abkürzung für (engl.) Direct Pressure Laminate (= direkt verpresstes Laminat). Dabei handelt es sich um ein Verfahren, bei dem Dekorschicht und *Gegenzug* direkt mit der *Trägerplatte* verpresst werden.

Dränage. Auch Drainage, Dränung; Form der Erdentwässerung. Um Niederschlagsfeuchte und aufsteigendes Wasser von Hauswänden fernzuhalten, werden perforierte Rohre im Erdreich verlegt, die das Wasser in die Kanalisation oder einen *Sickerschacht* ableiten.

Dränagerohr. Flexibles, meist gelbes Kunststoffrohr mit kleinen Löchern, durch die Wasser aus dem umgebenden Boden in das Rohr sickert.

Dränrohr. *Dränagerohr.*

Dränschicht. Schicht aus wasserdurchlässigem Material (Kies oder Spezialvlies). Ihre Aufgabe ist es, Wasser schnell nach unten abzuleiten, damit es sich nicht stauen kann.

E

Eindeckrahmen. Rahmen, der den Übergang zwischen Dachfenster und Dach abdichtet, damit Wasser, Schmutz oder Schnee nicht ins Dach eindringen können.

Einfriedung. Eingrenzung eines Geländes mit einem Zaun, einer Mauer oder einer Hecke.

Einschlagbodenhülse. Bauteil zur Verankerung von Zaunpfosten im Boden, ohne dass der *Pfosten* oder *Pfahl* direkten Erdkontakt hat (konstruktiver Holzschutz).

Eintauchsäge. *Tauchsäge.*

Elektrosmog. Bezeichnung für Verunreinigung des menschlichen Umfelds mit niederenergetischer elektromagnetischer Strahlung. Diese entsteht durch die zunehmende Elektrifizierung unseres Alltags. Neben Mobilfunk und Mikrowellen strahlen auch alle elektrischen Leitungen ein elektromagnetisches Feld ab, sobald Strom fließt. Welche Folgen das für die menschliche Gesundheit hat, ist noch nicht ausreichend erforscht.

Emaille (die) oder das Email. Glasartige Masse aus natürlichen Rohstoffen wie Quarz, Soda und Metalloxiden, die als Korrosionsschutz von metallenen Oberflächen dient, z. B: bei Töpfen oder Badewannen.

Emissionsklasse. Begriff, der in Produktinformationen häufig verwendet wird. Die Bezeichnung E1 bedeutet, dass der gesetzlich vorgeschriebene Formaldehyd-Grenzwert von 0,1 ppm (= 0,12 mg/m^3 Luft) eingehalten wird.

EnEV. Energie-Einspar-Verordnung. Deutsche Verordnung, gültig seit dem 1. Februar 2002. Sie ersetzt die Wärmeschutzverordnung und die Heizungsanlagenverordnung. Darin werden Mindeststandards bezüglich Wärmedämmung und Heizungsanlagen für neue und bestehende Gebäude festgelegt.

Estrich. Untergrund aus einer Art Beton (Nass-Estrich) oder aus Platten (Trocken-Estrich) für den Fußboden. Estrich bildet eine ebene, feste Schicht, auf die man *Fliesen*, *Dielen*, *Laminat*, Teppich und anderes verlegen kann. In einen speziellen Heizungsestrich integriert man eine Fußbodenheizung.

Evapotranspiration. Summe der Wasserverdunstung aus dem Boden (Evaporation) und aus den Pflanzen (Transpiration).

F

Fallrohr. Durch ein Gebäude senkrecht verlaufendes Abflussrohr, das über das Dach entlüftet wird. Ein Sonderfall ist das Regenfallrohr, das Regenwasser aus der *Dachrinne* abtransportiert.

Falz. Aussparung an der Kante eines Werkstückes, damit sich dieses mit einem anderen Stück überlappen kann. Häufig bei Holzbauteilen, aber auch Dachziegeln.

Farbwiedergabe-Index. Ein Maß dafür, wie natürlich Farben im Licht einer Lampe wirken (Farbwiedergabetreue). Der höchste und damit beste Wert ist 100. In Büroräumen ist ein Wert von 80–100 empfehlenswert.

Fase. Eine leicht abgeschrägte Kante an einem Stück Holz.

Fensterlaibung. Auch Fensterleibung. Die Seitenflächen der Maueröffnung, in die das Fenster eingebaut ist. Der obere Teil der Maueröffnung heißt *Fenstersturz.*

Fenstersturz. Damit bezeichnet man den oberen Teil einer Fensteröffnung. Er soll die Lasten und Kräfte aus der über ihm liegenden Hauswand aufnehmen und seitlich ableiten. So werden die Kräfte nicht auf das Fenster selbst übertragen, das die Last nicht tragen könnte. Jede Bauwerksöffnung hat einen Sturz, so z. B. auch die Tür. Die anderen Seiten der Maueröffnung nennt man *Laibung.*

Fette Mischung. Man bezeichnet alle Mischungen dann als fett, wenn sie viel Bindematerial (z. B. *Zement*) enthalten. Mager ist eine Mischung dann, wenn sie viel *Füllstoff* (z. B. Sand) enthält.

Feuerwiderstandsklassen. Bauteile werden nach ihrem Brandverhalten in Feuerwiderstandsklassen eingeteilt. Dabei benutzt man als Kürzel ein F und eine Zahl, die in Minuten angibt, wie lange das Bauteil einem Feuer mindestens standhalten würde. Das wird manchmal noch mit den Buchstaben der *Baustoffklasse* kombiniert, um anzugeben, wie brennbar das Material des Bauteils ist. F 90 A bezeichnet z. B. eine Wand aus nicht brennbarem Material, die einem Feuer 90 Minuten lang standhält. Während der angegebenen Feuerwiderstandszeit muss ein Bauteil einer Vielzahl von weiteren Anforderungen entsprechen, siehe auch DIN 4102.

Filzbinde. Bandförmiges Stück Filz, das man unter Putz als Dämmung um ein Rohr wickelt.

First. Auch Dachfirst. Oberste, horizontale Kante des Daches. Über den First wird das Dach entlüftet. Das Gegenstück zum First des Daches ist die *Traufe.*

Fitting. Abgeleitet vom englischen Wort „to fit" = befestigen; Oberbegriff für Metallbauteile zum Befestigen und Verbinden von Rohrleitungen.

Flächenversiegelung. Wenn Bodenfläche zugebaut wird, so dass weder Licht noch Luft und Wasser an und in den Boden gelangen können, gilt diese Fläche als versiegelt. Sie steht für Pflanzenwachstum nicht mehr zur Verfügung, Niederschlagswasser kann nicht in den Boden gelangen, was zum Absinken des Grundwasserspiegels führt. Viele natürliche Prozesse im Boden werden gestoppt. Zudem heizt sich versiegelte Fläche stärker auf und kühlt langsamer ab, daher ist es in der Stadt immer wärmer als auf dem Land. Deshalb soll Flächenversiegelung möglichst vermieden und Ausgleich geschaffen werden.

Flexrohr. Ziehharmonikaartig gefaltetes, flexibel bewegliches Rohr, das meistens zum Entlüften eingesetzt wird, z. B. bei einem Wäschetrockner oder am Ende eines *Fallrohres.* Kann aus verschiedenen Materialien hergestellt sein.

Fliese. Eine Fliese ist eine dünne keramische Platte, die als Bodenbelag oder zur Verkleidung von Wänden verwendet wird. Sie besteht aus einer Mischung von Ton, Sand, Flussmitteln, Farbstoffen und anderen mineralischen Rohstoffen. In Feuchträumen wie im Bad oder im Bereich der Küchenspüle ist sie sehr beliebt. Sie schützt die Wand vor Feuchtigkeit und ist sehr pflegeleicht.

Fluchtgerecht. Gebäude, Bauteile oder Gegenstände an einer gedachten, meist horizontalen Linie ausrichten oder aufreihen, nennt man ausfluchten. Befinden sie sich „in der Flucht", sind sie fluchtgerecht.

Fugenvergütung. Pulverförmiger Zusatz für Fugenmörtel. Fugenvergütung verleiht Fugenmörtel elastische und wasserabweisende Eigenschaften und erhöht die Flankenhaftung.

Füllstab. Senkrecht angebrachter Geländerstab aus Metall, Holz oder Kunststoff. Meistens befinden sich zwischen Geländerpfosten mehrere Füllstäbe in engem Abstand (maximal 12 cm), damit man nicht durch das *Geländer* rutschen und abstürzen kann.

Füllstoff. Zusatzstoff in einem Stoffgemisch, der das Volumen erhöht und gegebenenfalls dessen Eigenschaften verbessert. Füllstoffe werden in Bindemitteln, Klebstoffen, Mörteln sowie in *Putzen* und Anstrichen eingesetzt. Beim Bauen kann es sich auch einfach um *Kies*, *Splitt* oder Sand handeln, mit dem man eine Grube etc. auffüllt.

Fungizid. Chemisches Mittel, das Pilze tötet und/oder verhindert, dass Pilze sich ansiedeln.

Furnier. Dünne Holzschicht, die durch Schälen, Schneiden oder Sägen vom Stamm meist edler Baumarten abgetrennt und dann auf *Bretter* und Platten aus weniger wertvollen Holzarten aufgeklebt wird.

Fußlauf. Findet man an *Geländern*, aber auch an Bartresen. Eine *Leiste* oder Stange, auf der die Füße abgestellt werden können oder die einfach nur einen Abschluss in Höhe der Füße bildet. Analog dazu: der *Handlauf* eines Geländers bzw. einer *Balustrade.*

Fußleiste. Schließen den Boden zur Wand hin ab. Im Handel sind passend zu den Dekoren eine Vielzahl unterschiedlicher Produkte erhältlich.

G

Gefälle. Damit bezeichnet man eine abwärts gerichtete Neigung. Ein Gefälle braucht man für den Abfluss von Regen- oder Abwasser, vor allem bei Konstruktionen im Outdoor-Bereich und bei Rohrverlegungen.

Gegenzug. Bezeichnung für die imprägnierte Schicht auf der Unterseite einer Trägerplatte. Diese Schicht trägt auch zur Formstabilität bei.

Gehrung. Verbindung von zwei Werkstücken, z. B. Fußbodenleisten, in einem Winkel von meist 90°. Die zwei aufeinandertreffenden Enden werden dafür jeweils auf die Hälfte des Winkels (45°) zugeschnitten.

Geländer. Einfassung einer Treppe oder eines Balkons zur Absturzsicherung. Es muss mindestens 90 cm hoch sein, die Geländersprossen dürfen maximal 12 cm auseinanderliegen.

Gewindeschraube. Auch Schlossschraube. Umgangssprachlicher Ausdruck für eine Schraube ohne Spitze. Nicht zu verwechseln mit der gewindeschneidenden Schraube, die selbst ein Gewinde in ein (vorgebohrtes) Loch schneidet.

Giebel. Wandfläche zwischen den beiden Dachschrägen an der Stirnseite eines Hauses. Häufig anzutreffen bei Häusern mit Satteldach (dreieckiger Giebel). Die drei Eckpunkte sind *First* und die beiden *Traufen*, die beiden Dachkanten heißen *Ortgang.*

Gießharz. Kunstharz, das flüssig verarbeitet (vergossen) wird. Wird verwendet für elektrische Isolation, Einhüllung von Bauteilen gegen Feuchte, Staub etc. oder zur Stabilisierung und Fixierung von Bauteilen.

Glasur. Glasartige Oberflächenbeschichtung für keramische und steinerne Gegenstände, z. B. *Fliesen.* Die poröse Oberfläche wird damit vor Verwitterung und mechanischer Beschädigung geschützt.

Gleitfuge. Eine Fuge zwischen zwei Bauteilen, die leichte, voneinander unabhängige Bewegungen der Bauteile zulässt.

Graphit. Dieser Weichkohlestoff dient in Pulverform als Schmiermittel für Schlösser und in Anstrichen als Rostschutzmittel.

Grat. 1. Kante, an der zwei Dachflächen zusammentreffen und eine Außenecke bilden. Eine Innenecke nennt man Kehle. 2. scharfkantiger Rand, der beim Durchtrennen von Kunststoff- oder Metallteilen entsteht. Das Entfernen des abstehenden Rands nennt man Entgraten.

Grundierung. Auch Primer. Erstbeschichtung, mit der der Untergrund für die nachfolgende Behandlung vorbereitet wird. Meist geht es darum, ihn tragfähiger zu machen, damit aufgetragene Beschichtungen oder Anstriche besser haften.

Gummirakel. Umgangssprachlich auch „Gummischieber" genannt. Werkzeug mit Gummikante zum Verteilen und Abziehen flüssiger Beschichtungen.

H

Handlauf. Oberer Abschluss eines *Geländers* oder einer *Brüstung*, an dem man sich festhalten kann. Kann auch eine direkt an der Wand in Griffhöhe befestigte Führungshilfe sein.

Harz. Zähe Flüssigkeit aus verschiedenen chemischen Substanzen. Naturharz wird von Bäumen produziert, z. B. um Verletzungen zu schließen. Kunstharz wird industriell hergestellt. Harze werden zur Herstellung von Lacken, Seifen, Klebstoffen, aber auch in Kunstharzbeton oder -putz eingesetzt.

HDF. Abkürzung für engl. High Density Fibreboard (= hochverdichtete Faserplatte) Sie wird häufig als *Trägerplatte* für Laminatboden eingesetzt. Aufgrund der hohen Materialdichte ist HDF besonders stark belastbar.

Herbizid. Chemisches Mittel um das Gedeihen unerwünschter Pflanzen zu verhindern oder unerwünschte Pflanzen abzutöten.

Hirnholz. Auch Stirnholz. Quer zur Faser liegende Schnittfläche eines Stücks Holz. Hirnholz nimmt wegen der offenen Poren Feuchtigkeit leichter auf. Aus diesem Grund müssen diese Flächen besonders gut geschützt werden. Dafür ist es wesentlich druckfester als längs zur Faser liegende Holzflächen und wird z. B. als Holzpflaster eingesetzt.

Holm. Stiel oder Stange, z. B. an einer Axt. Im Bauwesen ein querliegender, mit Stützen verbundener *Balken.*

Horizontal. Parallel zum Horizont, *waagrecht*, quer zur Senkrechten bzw. *Lotrechten.*

HPL. Abkürzung für engl. High Pressure Laminate (= Hochdruck-Schicht-Pressstoff). Dabei handelt es sich um ein Verfahren, bei dem zunächst Dekorpapier und Overlay mit speziellen Kraftpapieren verpresst werden. Erst in einem zweiten Schritt wird dieser sogenannte Hochdruck-Schicht-Pressstoff auf die *Trägerplatte* verleimt. Aufgrund der zusätzlichen Kraftpapiere im Schichtpressstoff ist der Boden besonders stark belastbar.

HT-Rohr. „Hochtemperaturbeständiges" Rohr, Abflussrohr aus grauem Polypropylen-Kunststoff (PP), in verschieden starken Durchmessern erhältlich. Nur zum Einsatz im Hausbereich. Unterirdisch verlegt man *KG-Rohre.*

Hydrophob. Wasserabweisend.

I

Imprägnieren. Ein Material mit einer Substanz behandeln, die in die Poren eindringt und die Oberfläche festigt. Die Saugfähigkeit des Materials wird verringert, das Material wird widerstandsfähiger gegen Verwitterung und Schädlingsbefall. Meist wird Holz imprägniert, aber auch Beton kann imprägniert werden.

Infrarotstrahlung. Elektromagnetische Strahlung, die unsichtbar für das menschliche Auge ist. Wir empfinden sie als Wärmestrahlung. Man benutzt Infrarottechnologie für Bewegungsmelder, zur Bestrahlung, zur *Thermographie* u. v. m.

Innendämmung. Wärmedämmung an der Innenseite von Außenwänden. Da die Dämmung nur in Raumhöhe und -breite eingebaut ist, entstehen schwerwiegende *Wärmebrücken* an den angrenzenden Wänden. Die Außenmauer bleibt kalt und wird stark dem Klima ausgesetzt. Deswegen ist Innendämmung nur bei großen, kurzfristig zu beheizenden Räumen (Turnhallen, Kirchen etc.) sinnvoll.

Innengrat. *Grat* auf der Innenseite eines Werkstücks.

Isolieren. 1. Das Abdichten von Fenstern, Türen, Fassaden und Heizungsrohren zur Wärme- und Schalldämmung. Als Dämmstoff wird am häufigsten Mineralwolle verwendet, die als Platte oder gerollte Bahn erhältlich ist. Eine gute Isolierung hilft Heizkosten zu sparen und erhöht den Wohnkomfort. 2. Im elektrischen Bereich ist die Isolierung ein nicht leitendes Material, das einen ungewollten Stromfluss verhindern soll (z. B. Ummantelung von Elektrokabeln, selbstklebendes Isolierband).

J

Jalousie. Sonnenschutzvorrichtung vor Fenstern. Sie besteht aus *horizontalen Lamellen*, die mit einem Schnurzug per Hand oder elektrisch herauf- und heruntergezogen werden. Um den Lichteinfall zu variieren, kann man die Lamellen mit einem Drehstab bis zu 180° drehen. Jalousien gibt es für den Innen- und Außenbereich, sie sind aus Metall, Kunststoff, Bambus oder Holz.

Justieren. Genaues Einrichten oder Einstellen eines Gerätes bzw. Instruments. Umgangssprachlich auch genaues aufeinander Abstimmen von Bauteilen beim Einbau.

K

Kapillare. Sehr feine, lange Kanäle oder Röhrchen, kommen in porösen Materialien vor, z. B. im Holz, im Mauerwerk, im Erdboden oder in einem Kerzendocht.

Kapillareffekt. So nennt man das Verhalten von Flüssigkeiten, sich in dünnen Kanälen, den *Kapillaren*, gegen die Schwerkraft nach oben zu ziehen. Bekanntestes Beispiel: Der Docht einer Öllampe. Auch wenn nur noch wenig Öl in der Lampe ist, brennt die Flamme weiter, weil die Flüssigkeit in der porösen Struktur des Dochtes nach oben wandert. Das Gleiche kann man beobachten in Mauern oder in den Falten von Teichfolien.

Kapillarwasser. Das Wasser, das in den *Kapillaren* irgendwelcher Baustoffe oder in der Erde aufsteigt (*Kapillareffekt*).

Kartätsche. Bis zu 1,20 m langes, brettartiges Werkzeug aus Holz oder Metall zum gleichmäßigen Auftragen von *Putz*. Auf der Rückseite hat es einen Griff, an dem man es beidhändig halten kann.

Kautschuk. Rohstoff, aus dem Gummi hergestellt wird. Es gibt natürlichen Kautschuk, der aus dem Pflanzensaft bestimmter Bäume gewonnen wird, und synthetisch hergestellten. Man macht daraus z. B. Autoreifen, Schläuche, Kondome u. v. m.

Kelle. Werkzeug zum Auftragen und Glätten von Mörtel und *Putz* und zum Verfugen. Das Kellenblatt ist aus Stahl, die Form variiert mit der Art der Kelle. Es gibt verschiedene je nach Arbeitsgebiet: Maurerkelle, Fugenkelle, Glättekelle, Putzkelle, Stuckateurkelle, Zungenkelle, Spachtel u. v. m.

Kerbe. Einschnitt oder Vertiefung in einem Bauteil, z. B. einem Stück Holz. Die Kerbe kann gewollt sein, etwa um zwei Teile miteinander zu *verblatten* oder eine ungewollte Beschädigung sein.

Kernholz. Das ist das Holz aus der Mitte bzw. aus dem Kern des Baumstammes. Es ist dunkler, resistenter und hochwertiger als das umgebende *Splintholz*.

Kesseldruckimprägnierung. Unter sehr hohem Druck werden gelöste Salze in das Holz gepresst, so dass dieses auf Dauer gegen Verwitterung und Schädlingsbefall resistent wird.

KG-Rohr. Kanal-Grund-Rohr. Orangebraun farbenes Abwasserrohr für die unterirdische Verlegung außerhalb des Hauses. KG-Rohre sind nicht hochtemperaturbeständig und dürfen daher nicht im Haus eingesetzt werden (*HT-Rohr*).

Knirsch. Etwas „auf Knirsch" verlegen bedeutet, Steine oder Platten ohne Fugenabstand zu verlegen. Üblich bei der Verlegung von Betonsteinpflaster.

Komponente. Von lateinisch „componere" = zusammensetzen. Ein Teil oder Aspekt eines zusammengesetzten Ganzen, eines Systems, einer Konstruktion etc.

Konstruktionsvollholz (KVH). So wird Bauholz aus Fichte, Tanne, Lärche oder Kiefer bezeichnet, das auf Grund seiner Eigenschaften besonders hochwertig ist.

Konterbrett. Von lat. „contra" = gegen: Gegenbrett. Quer zu einem ersten *Brett* verlaufendes Brett.

Konterlattung. Von lat. „contra" = gegen: Gegenlattung. Gemeint ist eine quer zur *Traglattung* verlaufende zweite Lattung.

Kontrast. Deutlicher Gegensatz oder Unterschied, z. B. schwarz – weiß, hell – dunkel, bunt – eintönig, warm – kalt etc.

Korrosion. Allmähliche, chemische Zersetzung eines Stoffes durch das Einwirken anderer Stoffe aus der Umgebung, z. B. Metall, das durch Einwirkung von Luft, Wasser und Säure langsam verrostet.

Kreuzfuge. Kreuzungspunkt zweier Fugen, d. h. der Punkt, an dem zwei Fugen senkrecht aufeinandertreffen (z. B. beim Fliesen verlegen).

L

Lagerbalken. *Balken*, der als Auflage für einen Belag dient, z. B. bei Fußböden.

Lagerholz. *Lagerbalken.*

Laibung. *Fensterlaibung.*

Lamellen. Schmale, lange Blättchen, Scheiben, Stoffbahnen oder Rippen, die neben- oder übereinander angeordnet irgendwo eingebaut sind, z. B. bei einer *Jalousie*, einem Fächer oder einem Heizkörper.

Laminat. Laminieren heißt so viel wie: „mit einer Schutzschicht versehen". Laminat bezeichnet einen Fußbodenbelag aus Pressstoffplatten, die mit einer dekorativen Papierschicht überzogen sind. Das Papier ist mit widerstandsfähigem Harz oder Lack beschichtet. Oft wird mit Laminat umgangssprachlich eine preisgünstige Parkettimitation gemeint.

Latte. Ein Holzteil, das nicht breiter als 80 mm ist. In der Regel sind die Querschnittsmaße 24 x 48 mm, 30 x 50 mm und 40 x 60 mm.

Läufer. Ein Stein in einem Mauerwerk, der längs zur Mauerrichtung gesetzt wird. Er ziegt mit der breiten Fläche nach außen.

Lauflinie. Gedachte Linie, mit der man die Vorderkante der *Antrittstufe* mit der Vorderkante der *Austrittstufe* einer Treppe verbindet. Die Linie kennzeichnet die Laufrichtung der Treppe, innerhalb einer Lauflinie darf sich die Treppensteigung nicht ändern.

Laufschiene. Schiene, die als Führung für bewegliche Teile dient, z. B. ein Garagentor, ein Rollladen o. Ä.

Leibung. *Fensterlaibung.*

Leichtbauwand. Unter Leichtbauwand versteht man eine nichttragende Trennwand, die aus einer Holz- oder Metallständerkonstruktion besteht. Sie wird üblicherweise mit Gipskarton-, Gipsfaser- oder Spanplatten verkleidet. Füllt man den Zwischenraum mit Dämmmaterial, kann die Wärme- und Schalldämmung verbessert werden.

Leimholz. Zu Platten verleimtes Massivholz, das nur noch wenig arbeitet. Im Gegensatz zu *Brettschichtholz* ist Leimholz jedoch nicht tragend.

Leiste. Holzteil mit den Querschnittsmaßen 12–38 mm x 25–63 mm. Zur Kaschierung von Abschlüssen oder Übergängen gibt es spezielle Zierleisten wie Bodenleiste/*Fußleiste*, Deckenleiste etc.

Lichte Breite/Höhe (LB/LH). Abstand zwischen zwei Bauteilen, z. B. Oberkante Fußboden zu Unterkante Decke.

Lichtechtheit. Hinweis auf das Verhalten eines Materials gegenüber starker Lichteinwirkung. Je höher die Einstufung des Materials (z. B. Farbe, Lack) in der „Blauskala" desto farbechter bleibt es – auch bei intensiver Sonneneinstrahlung.

Lichtstrom. Die von einer Lampe abgestrahlte Lichtleistung; wird in Lumen (Lm) gemessen.

Lochfraß. *Korrosion*, die sich auf eine kleine Fläche beschränkt, dafür aber in die Tiefe wirkt.

Lot. 1. Das Lötmittel, das man beim Löten benutzt. 2. Eine gerade Linie die senkrecht auf einer Fläche oder einer Geraden steht. 3. Auch Richtblei, Senkblei, Senklot. Symmetrisches, nach unten spitz zulaufendes Stück Metall, das an einem Faden hängt. Mit ihm bestimmt man die Senkrechte (*Vertikale*) zur Erdoberfläche, da das Lot dank Erdanziehungskraft immer exakt zum Erdmittelpunkt zeigt.

Lotrecht. Senkrecht. „Im *Lot*".

M

Magerbeton. Betonmischung mit geringem Zementanteil (1:5 oder 1:6 Zement zu Kies), die dadurch nicht besonders fest ist. Man benutzt sie zur Befestigung von Pflasterrandsteinen.

Malerkrepp. Klebeband aus Krepppapier, das man beim Streichen oder Tapezieren zum Abkleben von Flächen benutzt, die geschützt werden sollen. Es haftet gut, lässt sich aber auch leicht wieder abziehen.

Manometer. Druckmessgerät für Gase und Flüssigkeiten.

Massivholz. Wird auch Vollholz genannt und bezeichnet Holz in seiner natürlichen, gewachsenen Struktur. Es wird dann zu *Brettern*, *Balken*, *Dielen*, *Leisten* etc. verarbeitet.

Maßtoleranz. Da kein Bauwerk auf den Millimeter genau gebaut werden kann, gibt es geduldete Abweichungen von den geplanten Maßen. Dabei gibt es ein größtes und ein kleinstes zulässiges Maß für jedes Bauteil. Die Differenz zwischen diesem Höchst- und Mindestmaß bezeichnet man als Maßtoleranz.

Maurerschnur. *Richtschnur.*

MDF-Platte. MDF steht für mitteldichte Faserplatte. Feinstzerfasertes Holz wird mit Bindemitteln verpresst, so dass ein in Längs- und Querrichtung gleichmäßiger Werkstoff entsteht, der einer sehr dicken Pappe ähnelt. Die Platten sind diffusionsoffen und in Dicken von 2–60 mm erhältlich. Kanten und Flächen können wegen der besonders feinen Oberfläche gut bearbeitet und profiliert werden, Anleimer wie bei den ihnen ähnlichen Spanplatten sind nicht nötig. Man benutzt MDF-Platten im Möbelbau, im Innenausbau oder als *Paneele.*

Meißel. Keilförmiges, scharfes Werkzeug aus Stahl, mit dem man meist Stein und Metalle bearbeitet. Hauptsächlich wird es zum Ausstemmen benutzt. Für die verschiedenen Anwendungsbereiche gibt es entsprechende Meißel: Spitzmeißel, Flachmeißel, Stechbeitel, Spatmeißel, Hohlmeißel, Fliesenmeißel, Fugenmeißel u. v. m.

Mittellage (Tür). Füllung zwischen den zwei *Türblättern* in einer Tür.

Monierzange. Auch Rabitzzange, Flechterzange oder Betonzange. Sieht aus wie eine Kneifzange, hat aber einen kürzeren Kopf. Man setzt sie zum Beschneiden und Verdrillen von Bindedraht ein, insbesondere beim Verlegen von Armierungsgittern (*Armierung*).

Mörtelbett. Wenn *Fliesen* oder Platten auf einem unebenen Untergrund verlegt werden sollen, geht man nach dem Mörtelbett- bzw. Dickbettverfahren vor. Auf die Rückseite der Fliese oder Platte wird eine ca. 1,5 cm dicke Mörtelschicht aufgetragen. Beim Andrücken an den Untergrund verteilt sich der Mörtel und füllt alle Unebenheiten aus.

Muffe. Rohrteil, mit dem man zwei Rohre oder Kabel miteinander verbindet. Dabei wird die Muffe über die Enden der beiden zusammenzufügenden Rohre geschoben, für die Dichtigkeit sorgen Dichtungsgewinde, -ringe o. Ä. – je nach Rohrmaterial und Rohrinhalt. Neben solchen Verbindungsmuffen gibt es auch Abzweigmuffen, mit denen an einem Rohr ein Seitenarm eingefügt wird.

Mulch. *Rindenmulch.*

N

Naturstein. Als Naturstein bezeichnet man eine in der Natur vorkommende Gesteinsart wie Kalkstein, Dolomit oder Sandstein. Natursteine werden ohne Aufarbeitung oder Brennprozesse abgebaut und verarbeitet. Es gibt sie in natürlicher und bearbeiteter Form. Als Wandverkleidung oder Bodenbelag kommen Natursteine sowohl im Innen- als auch im Außenbereich zum Einsatz. Draußen ist es ratsam frostsicheren Stein zu verwenden.

Noppen. Knoten, Hubbel, Ausbuchtung, Ausbeulung auf einer Fläche, oft viele aneinandergereiht auf Folien, Platten, Matten etc. Dienen, z. B. zur Federung bei Verpackungsmaterial, zur besseren Haftung auf Anti-Rutsch-Oberflächen oder zur Wasserableitung bei Dränagematten.

Norm. Im Bau- und Heimwerkerbereich hat man es meist mit den *DIN-Normen* zu tun. Normen legen Mindeststandards, Maße, Verarbeitungsmaßstäbe u. Ä. fest oder vereinheitlichen diese. So sollen Sicherheit und Qualität von Leistungen und Produkten verbessert werden. Ihre Einhaltung kann laut Gesetz vorgeschrieben sein.

Notwendige Treppe. Treppe, die gemäß Bauordnung vorhanden sein und bestimmte Mindestanforderungen erfüllen muss.

Nut und Feder. Seitlich angefräste Profilkonstruktion, die das Ineinanderschieben einzelner *Paneele* und *Dielen* ermöglicht.

O

Oberfräse. Elektrogerät mit rotierenden Aufsätzen zur spanenden Holzbearbeitung, z. B. zum Fräsen einer *Nut.* Aufsätze können auch Hohlkehlfräser, Zinkenfräser, Fasenfräser u. v. m. sein.

Ortgang. Auch Giebelkante. Seitlicher Rand (von der *Traufe* zum *First*) eines geneigten Daches. Er muss unbedingt geschlossen sein, daher sind die speziellen Ortgangziegel an der Seite abgewinkelt.

Overlay. Bezeichnung für die oberste Schicht eines *Laminatbodens* (auch Lauf- oder Nutzschicht). Das Overlay besteht aus Melaminharz, das dem Boden seine hohe Strapazierfähigkeit verleiht. Es schützt die darunterliegende Dekorschicht.

P

Palisade. 1. Nach oben zugespitzter Pfahl. Palisaden wurden früher – zu Verteidigungszwecken – eng aneinander gereiht zur Befestigung von Wehranlagen verwendet. 2. Seit den 70er Jahren ein Element der Landschafts- und Gartengestaltung (Beet- und Pflastereinfassung, Hangbefestigung). Meist in Form runder Betonpfosten oder kesseldruckimprägnierter Rundhölzer.

Paneel. Element zur Verkleidung von Wänden, kann aus verschiedenen Materialien bestehen. Meist sind *Bretter* aus Spanplatten mit einem *Furnier* aus Echtholz gemeint. Paneel kann die ganze Verkleidung oder die einzelnen Elemente meinen. Auch Solarmodule werden manchmal als Solarpaneel bezeichnet.

Parkett. Bodenbelag für Innenräume aus vorgefertigten Holzteilen. Ursprünglich immer Massivholz, mittlerweile gibt es aber auch Einschicht- und Mehrschichtparkett (als Fertigparkett bekannt). Parkettböden sind sehr langlebig. Die verschiedenen Arten des Parketts unterscheiden sich anhand der Form der Parkettbauteile: Stabparkett, Mosaikparkett, Lamellenparkett, Hochkantlamellenparkett, Tafelparkett und Intarsienparkett. Diese können in verschiedenen Mustern verlegt werden.

Partikel. Kleines Teilchen eines Stoffes, z. B. Staubpartikel, Rußpartikel etc.

Pergola. Offene Zierholzkonstruktion für den Garten. Meist als Laube, Säulengang, Rankgerüst oder Wind- und Sichtschutz angelegt. Es gibt einholmige (z. B. Rosenspalier) und doppelholmige (z. B. Säulengang) Pergolen. Die häufigsten Konstruktionsweisen sind Kassettenpergola, Lamellenpergola, Rahmenpergola, Kantholzpergola.

Perimeterdämmung. So heißt die Dämmung an der Grundmauer unterhalb der Erdoberfläche. Sie ist nicht sichtbar und besteht aus speziell für diesen Zweck hergestellten Platten und Matten.

Pestizid. Chemisches Mittel zur Bekämpfung unerwünschter, lästiger oder schädlicher Lebewesen. Gemeint sind oft Pflanzenschutzmittel oder Holzschutzmittel. Ein auf Insekten spezialisiertes Pestizid heißt Insektizid. Analog dazu: das *Fungizid* zur Pilzbekämpfung und das *Herbizid* zur Unkrautbekämpfung. Der Oberbegriff ist *Biozid.*

Pfahl. Stab oder *Balken*, der unten spitz zuläuft und mit dieser Spitze in den Boden gebohrt oder gerammt wird. Er soll die Last eines Bauwerks o. Ä. in tiefer liegende Bodenbereiche ableiten (*Palisade*).

Pfette. Waagrechter Längsträger in einer Konstruktion, auf dem quer die *Sparren* liegen. Pfetten werden beim Bau eines Holzdachstuhls und bei anderen Holzkonstruktionen (*Pergola*, *Carport*) verwendet.

Pfosten. Senkrecht stehendes, tragendes Bauteil, oft im Boden verankert. Meist Rund- oder Kantholz, auch Metall (z. B. Zaunpfosten). Auch Seiten- und Mittelteil einer Tür oder eines Fensters wird als Pfosten bezeichnet (z. B. Türpfosten).

Pfostenanker. Auch Pfostenschuh, Pfostenstütze, Pfostenträger. Metallträger für *Pfosten*, *Balken* etc. aus Holz. Werden bei Holzkonstruktionen im Freien eingesetzt. Der Pfostenanker wird in den Boden einbetoniert oder aufgeschraubt und verhindert, dass das Holz in ständigem Kontakt mit dem Boden ist, was zu Fäulnis führen könnte. Es gibt Pfostenanker in H-, L-, U- und T-Form.

Pfostenschuh. *Pfostenanker.*

Pfostenstütze. *Pfostenanker.*

Pigmente. Kleinste, zu Pulver zerriebene, unlösliche Farbteilchen, die Farbton, Deckkraft, Glanzgrad, Wetter- und Lichtbeständigkeit eines Anstriches (mit-)bestimmen.

Plexiglas. Auch Acrylglas. Korrekte Bezeichnung: Polymethylmethacrylat (PMMA). Plexiglas ist ein Markenname. Es handelt sich um einen harten, bruchfesten, transparenten, glasähnlichen Kunststoff, der Licht sogar besser durchlässt als Glas. Es ist leicht zu bearbeiten, aber kratzempfindlich.

Primer. *Grundierung.*

Profil. 1. Umriss, Längs- oder Querschnitt eines Bauteils. z.B. U-Profil bei Metallständern. 2. Eingestanztes oder eingefrästes Muster (z. B. Rillen) auf der Oberfläche eines Baustoffes.

Putz. Speziell aufgebaute Beschichtung, die Außen- und Innenwände schützt. Im Innenbereich haben sich Mörtel- und Gipsputz durchgesetzt. Innenputz dient als ebener Untergrund für Tapeten oder Anstriche. Er wirkt raumklimatisierend, indem er Luftfeuchtigkeit aufnimmt, speichert und bei trockener Raumluft wieder abgibt. Außenputz (mineralischer Putz, Kunstharzputz) muss Temperaturschwankungen aushalten, witterungsbeständig, farbecht und rissfest sein.

Putzlage. *Putz* wird in mehreren Schichten = Lagen aufgetragen.

PVC. Abkürzung für Polyvinylchlorid; Kunststoff aus der Gruppe der Thermoplaste. Man unterscheidet Hart-PVC und Weich-PVC. Aus hartem PVC sind Rohre, Dachrinnen,

Fensterprofile oder Dachbedeckungen, aus weichem PVC macht man Kunstleder, Gartenschläuche, Dichtungsbahnen, Kabel, diverse Folien und Bodenbeläge. Weich-PVC beinhaltet Weichmacher (gesundheitsschädlich), die ausdünsten und den typischen Plastikgeruch verbreiten. PVC ist leicht, säure- und ölresistent, witterungsbeständig, unverrottbar, formbeständig und braucht keine Nachbehandlung oder Pflege.

R

Rankgitter. Gitter, an dem sich Rank- und Kletterpflanzen festhalten können.

Raumschall. Schall in einem geschlossenen Raum. Man unterscheidet den Raumschall vom Trittschall. Die Stärke des Raumschalls wird nach der EPLF-Raumschall-Norm in Sone-Werten angegeben. Sone-Werte sind absolute Zahlen, die miteinander vergleichbar sind und dadurch einen objektiven Bewertungs-Maßstab darstellen.

Reflexion. Rückstrahlung. Eine Welle (Licht, Schall, elektromagnetische Strahlung oder Wärmestrahlung) trifft auf eine Oberfläche und wird von dieser zurückgeworfen. Beispiel: Ein Spiegel, auf den Licht trifft. Der Teil der Strahlen, der nicht reflektiert wird, wird aufgenommen, *absorbiert*.

Reibebrett. Werkzeug, mit dem man durch Auf- und Ab- oder kreisförmiges Reiben eine Putzoberfläche strukturiert. Je nach Einsatzgebiet gibt es auch entsprechende Auflagen für Reibebretter.

Revisionsöffnung. Zugang zu Installationen, technischen Anlagen, Rohren etc., die hinter einer Verkleidung oder anderswie versteckt sind. Mit einer eingebauten Revisionsöffnung vermeidet man, dass die Verkleidung beschädigt werden muss, wenn man Zugang zu den entsprechenden Installationen benötigt.

Revisionsschacht. Auch Kontrollschacht. Schacht, oft als Fertigteil mit Steigeisen und Abdeckung, der als Zugang für die Kontrolle, Reparatur oder Reinigung einer Rohrleitung oder einer technischen Anlage dient.

Richtlatte. *Abziehlatte.*

Richtscheit. *Abziehlatte.*

Richtschnur. Auch Maurerschnur. Schnur aus eingefärbtem Kunststoff, die straff gespannt den Verlauf von Kanten, Fluchtlinien und Mauern anzeigt.

Rindenmulch. Auch Mulch. Zerkleinerte Baumrinde, die man in einer 5–10 cm dicken Schicht zwischen frisch gesetzten Pflanzen oder allgemein um Pflanzen herum verteilt. Dadurch kann sich Unkraut nicht so schnell ansiedeln, die Erde bleibt länger feucht und gefriert bei Bodenfrost nicht so leicht.

Rödeldraht. Auch Bindedraht. Spezieller Draht zum Verbinden der Armierungs-Stahlgitter im Betonbau (*Armierung*).

Röhrenspanplatte. *Spanplatte* mit röhrenförmigen Luftlöchern, die leichter ist als eine Vollspanplatte. Sie wird als *Mittellage* in Türen eingesetzt.

Rücklauftemperatur. Temperatur, die das Heizungswasser hat, wenn es vom Heizkörper zurück zum Wärmeerzeuger fließt.

S

Sanitär. Der Gesundheit und Hygiene dienend; die Gesundheit und Hygiene betreffend. „Sanitär" steht nie allein als Begriff. Ein Wort, das mit „Sanitär" gebildet wird, meint immer einen Gegenstand oder Umstand in Hygienebereichen, z. B. Sanitäranlage, Sanitärarmatur, Sanitärkeramik etc.

Schaftschraube. Spezielle Schraube, Stift oder Bolzen mit langem Schaft und kurzem Gewinde, um z. B. zwei Bauteile auf Abstand zu halten.

Schalung. Auch Verschalung. 1. Das Verkleiden einer Wand mit Holzbrettern oder *Paneelen*. 2. Holzeinfassung, die in ein Fundamentloch gestellt wird, um einer Betonmasse Form zu geben. Sie bleibt so lage stehen, bis der Beton fest und tragfähig geworden ist.

Schamotte. Auch Schamott. Feuerfester, doppelt gebrannter Tonstein aus Aluminiumsilikat, der Wärme sehr gut speichert und daher im Ofenbau benutzt wird.

Scharnier. Ein Scharnier besteht aus zwei Teilen, meist aus Metall, die gelenkartig miteinander verbunden sind. Es verbindet zwei Bauteile beweglich miteinander. Scharniere gibt es an Türen, Fenstern, Möbeln etc.

Schindel. Flaches, schuppenförmiges Holz- oder Steinbauteil zur Dacheindeckung oder Fassadenverkleidung.

Schlauchklemme. 1. Auch Schlauchring. Ring zum Befestigen und festen Verbinden von Schläuchen. 2. Werkzeug zum Abklemmen eines Schlauchabschnitts, z. B. für Wartungsarbeiten.

Schließzylinder. Oberbegriff für alle Arten von Schlössern, also jener Bauteile, die man mit einem Schlüssel auf- und zusperren kann.

Schotter. Grobes, gebrochenes Gesteinsmaterial; wird für den Unterbau bei Pflasterung und Plattierung meist in Größe 0–48 verwendet.

Schraubzwinge. Werkzeug zum Fixieren von Werkstücken und Bauteilen.

Schwemmstoff. Alles, was im Wasser schwimmt und beim Fließen mitgetragen wird. Wenn Wasser zu langsam oder zu schnell durch Leitungen fließt, können sich Schwemmstoffe absetzen und Leitungen verstopfen.

Schwerlastanker. Schrauben-Dübel-System aus Stahl, mit dem schwere Lasten in Beton befestigt werden können, ohne dass sie ausreißen. Beim Anziehen der Schraube spreizt sich der Dübel fest in den Untergrund.

Schwerspat. Auch Baryt. Mineral, das zur Herstellung von Schwerbeton benutzt wird. Es findet auch in der Medizin, Papier-, Kunststoff- und Gummiindustrie Anwendung.

Schwimmend eingebaut. Mit dem Wort „schwimmend" soll angedeutet werden, dass das Bauteil (meist Fußboden) keine feste Verbindung zum Unterbau oder zur Wand hat, was der Schalldämmung dient.

Schwitzwasser. Umgangssprachlich für Kondensat. Wenn feuchte, warme Luft auf ein kaltes Bauteil trifft, setzt sich das Wasser aus der Luft (Luftfeuchtigkeit) auf der kalten Oberfläche ab (Kondensation).

Senker. Auch Versenker. Aufsatz für die Bohrmaschine oder Bohrwinde, um die Öffnung eines Bohrlochs so auszubilden, dass die Schraube komplett mit Kopf darin versinkt.

Sensor. Messfühler, der physikalische oder chemische Eigenschaften (z. B. Temperatur, Feuchtigkeit, Helligkeit etc.) seiner Umgebung misst und in Form elektrischer Signale weiterleitet.

Setzstufe. Auch Futterstufe, Futterbrett, Stoßfuge. Lotrechtes oder annähernd *lotrechtes* Stufenteil im Treppenbau.

Sicherung. Schutzeinrichtung, die einen Stromkreis vor zu hoher Stromstärke schützt, indem sie im entsprechenden Moment den Stromkreis unterbricht. Bei manchen Systemen wird die Sicherung dabei selbst zerstört.

Sickerschacht. Grube, in der Wasser tief in den Boden versickern soll. Früher auch für Abwasser benutzt, heute nur noch zur *Dränage* von Regenwasser. Für die Einrichtung eines Sickerschachts muss die Sickerfähigkeit des Bodens nachgewiesen werden.

Silikonfuge. Fuge oder Spalt, die/der mit Silikon ausgespritzt wurde. Das macht man hauptsächlich in Feuchträumen, um das Eindringen von Wasser in die Fuge zu verhindern und an Materialübergängen (z. B. Fensterbankanschluss ans Mauerwerk).

Siphon. Im Heimwerkerbereich auch Schwanenhals genannt, Geruchsverschluss. Gebogenes Stück Rohr, das einen Abfluss mit der Abwasserleitung verbindet. Im gebogenen Teil steht immer etwas Wasser, so dass eklige Gerüche und Gase aus dem Kanal nicht durch den Abfluss in den Raum gelangen können.

Sohlbankblech. Die Sohlbank ist der untere Abschluss der Fensteröffnung im Mauerwerk. Man versieht sie mit einem Blech, das den auftreffenden Regen ableitet. Das Blech soll ein Stück über die Mauer vorspringen, damit das Wasser abtropft, ohne die Wand zu berühren.

Sonnensegel. Im Heimwerkerbereich: falscher Begriff für Sonnenschutzsegel. Ein stabiles Tuch, z. B. ein Segeltuch, das zum Schutz vor der Sonne aufgespannt wird. Gleichzeitig erfüllt es die Funktion des Sichtschutzes.

Spachtel. 1. Werkzeug aus Metallblatt und Holz-/Kunststoffgriff zum Verarbeiten von Mörtel, *Putz* und anderer Spachtelmasse. 2. Auch Spachtelmasse. Pastenartige Masse zum Verputzen, Verfugen, Mörteln etc.

Spalier. Gitterartiges Gerüst aus Holzlatten, Eisen oder Draht, an dem man Pflanzen hochranken lässt oder Obstbäume entlangzieht.

Spannmutter. Mutter, mit der etwas festgeschraubt und eingespannt wird. Häufig an Maschinen zu finden, bei denen man ein Werkstück einspannen muss.

Spanplatte. Aus feinen Holzspänen und Bindemitteln unter hohem Druck gepresste Platte, die preiswert, leicht zu verarbeiten und für alles Mögliche einsetzbar ist.

Sparren. *Balken*, der bei einem Steildach von der *Traufe* bis zum *First* reicht und auf den *Pfetten* ruht. Auf den Sparren werden die Dachlatten angebracht.

Spax-Schraube. Markenname für eine Spanplattenschraube (SPA) mit Kreuzschlitzantrieb (X). Mit ihrem speziellen Gewinde schneidet sie sich leicht in den Werkstoff ein, ohne dass man vorbohren muss.

Sperrholz. Sammelbegriff für Holzplatten, die aus mindestens drei miteinander verleimten Holzschichten bestehen. Die einzelnen Schichten sind zueinander „abgesperrt", das heißt über Kreuz versetzt, so kann sich das Holz nicht verziehen. Man benutzt sie wegen ihrer Festigkeit, Witterungsbeständigkeit und Elastizität für tragende Konstruktionen im Holzbau, zur Aussteifung oder für Dachschalungen. Sie sind teurer als Spanplatten und Holzfaserplatten.

Sperrmörtel. Damit schützt man eine Wand gegen eindringende Feuchtigkeit und Wasser. Das kann normale Bodenfeuchtigkeit, Sickerwasser, Oberflächenwasser oder Druckwasser sein. Eine andere Möglichkeit ist *Dichtschlämme.*

Sperrputz. *Sperrmörtel.*

Sperrschicht. Schutzschicht oder Dichtung, die verhindert, dass Feuchtigkeit in ein Bauteil eindringen kann. Es kann sich um eine einfache Folie handeln oder um eine aufwändiger gestaltete Abdichtung.

Splintholz. So heißt der Mantel um das *Kernholz* herum. Das Holz ist heller und weicher und hat einen geringeren Wert als das hochwertigere Kernholz.

Splitt. Feines, gebrochenes Gesteinsmaterial, meist aus Naturstein, wird in der Körnung 2–5 und 5–8 als Verlegebett für Pflaster und Bodenplatten verwendet.

Stahlsand. Feinkörniges Granulat aus Stahl.

Statik. Lehre vom Gleichgewicht der Kräfte, die auf einen unbewegten Körper einwirken. Die Ermittlung der wirkenden Kräfte auf ein Gebäude oder Bauteil und der daraus resultierenden baulichen Maßnahmen ist Aufgabe des Tragwerkplaners bzw. Bauingenieurs (umgangssprachlich Statiker). Anhand seiner statischen Berechnungen wird ein Bauvorhaben geplant und umgesetzt.

Stechbeitel. Auch Stichbeitel, Stemmeisen, Stecheisen. Werkzeug zum Stemmen und Bearbeiten von Holz. Man treibt die stählerne Klinge mit dem Hammer in das Holz, um z. B. *Kerben* für *Scharniere* oder *Überblattungen* herzustellen.

Stemmeisen. *Stechbeitel.*

Stockschraube. Schraube, die an beiden Enden ein Gewinde hat: auf der einen Seite ein Ende zum Einschrauben in Holz oder in einen Dübel, auf der anderen Seite ein Ende zum Befestigen eines Gegenstandes mit einer Mutter oder einem Gegengewinde. Wird häufig für Sanitärinstallationen verwendet.

Stoßfuge. Senkrechte Fuge in einem Mauerwerk, wird in der Regel mit Mörtel aufgefüllt. Die waagerechten Fugen heißen Längsfugen.

Strebe. Schräg, meist *diagonal* eingebaute, balkenförmige Stütze in Bauwerken (*Balken*).

Synthetisch. Bedeutet „künstlich hergestellt". Das Wort verweist auf die chemische oder technische Synthese, in der aus der Kombination existierender Stoffe etwas Neues geschaffen wird.

T

Taber-Test. Verfahren zur Ermittlung des Abriebverhaltens eines *Laminatbodens.* Dabei rotiert ein Prüfstück unter zwei Abriebrädern, die mit Schmirgelpapier versehen sind. Die Anzahl der Umdrehungen bis zu einem bestimmten Punkt, dem IP (= Initial-Point), ergibt die *Abriebzahl.*

Tapezieren. Eine Wandverkleidung, Tapete genannt und meistens aus Papier gemacht, an die Wand kleben.

Tauchsäge. Spezielle Handkreissäge, bei der man das Sägeblatt von oben in das Werkstück eintaucht. Die Tiefe des Schnitts kann millimetergenau eingestellt werden.

Teerpappe. Umgangssprachlich auch Dachpappe. Filzpappe mit einer Bitumen- oder Teerschicht, die häufig mit Sand oder Kies bestreut ist.

Thermographie. Aufnahmen der Infrarotstrahlung (Wärmestrahlung) eines Körpers mit Hilfe einer Wärmebildkamera. Mit dieser Methode lassen sich Temperaturunterschiede an der Oberfläche eines Körpers oder auch eines Hauses farbig darstellen. Man nutzt das Verfahren z. B. um Dämmlücken und *Wärmebrücken* an Gebäudeoberflächen zu finden.

Thermoholz. In einer Trockenkammer bis 250 °C erhitztes Holz, meistens Nadelholz. Bei dieser Behandlung trocknet das Holz extrem stark und wird resistenter gegen Pilzbefall. Es verzieht sich weniger und braucht nicht mehr imprägniert zu werden. Es ist für den Außenbereich geeignet und ein guter Ersatz für Tropenholz.

Thermostat. Temperaturregler.

Trägerplatte. Mittlere Schicht eines Laminatbodens. Sie besteht aus *HDF*, *MDF* oder *Spanplatte.* Auf die Trägerplatte werden Dekorschicht, *Overlay* (Oberseite) und *Gegenzug* (Unterseite) verpresst.

Traglattung. 1. Ein Gerüst aus Holzlatten, das in bestimmten Abständen an der Wand oder Decke befestigt wird, um eine Paneel- oder Holzverkleidung anzubringen. 2. Auf dem Dach hat eine Traglattung die Aufgabe, die Dacheindeckung zu halten (z. B. *Ziegel*). Sie wird quer auf eine *Konterlattung* geschraubt.

Traufbohle. Unterste *Latte* einer Dachlattung, auf der die unterste Ziegelreihe lagert.

Traufe. Auch Dachfuß. Der untere Abschluss eines geneigten Daches, Gegenstück zum *First.* Zur Traufe gehören die Regenrinnen und die Öffnungen für die Hinterlüftung des Daches.

Treppenauftritt. Das waagrechte Maß von der Vorderkante einer Stufe bis zur Vorderkante der nächst höheren Stufe.

Treppenaustritt. Auch Austrittstufe. Die oberste Stufe eines *Treppenlaufs.* Im Gegensatz dazu bezeichnet man die unterste Stufe als Antritt.

Treppenholm. Auch Treppenbalken. Der Teil einer Treppe, der die Stufen trägt.

Treppenlauf. Fachbezeichnung für die Stufenkonstruktion einer Treppe. Das Geländer zählt nicht dazu.

Treppenwange. Sonderform des Treppenholmes. In die Wangen sind die Treppenstufen seitlich eingelassen, so dass sie die Stufen seitlich begrenzen.

Trittschall. Mit Trittschall bezeichnet man das Geräusch, das beim Begehen eines Bodens in den darunterliegenden Räumen wahrgenommen wird.

Türband. Auch Türscharnier. *Scharnier*, das die Bewegung der Tür im *Türstock* ermöglicht.

Türblatt. Auch Türflügel. Beweglicher Teil der Tür, oft einfach nur „Tür" genannt.

Türstock. *Türzarge.*

Türzarge. Auch Türstock. Der Rahmen der Türöffnung, an dem das *Türblatt* befestigt ist.

U

Überblattung. *Verblattung.*

Unterdach. Schicht unter der Dacheindeckung, die zusätzlich dämmt und Feuchtigkeit aussperrt.

Unterdachschürze. Abdichtendes Übergangsbauteil zwischen Dachflächenfenster und Dach.

Unterschneidung. Differenz zwischen Breite der Trittfläche einer Treppenstufe und *Treppenauftritt.*

V

Vegetation. Gesamtheit der Pflanzen, die in einem Gebiet wachsen.

Ventil. Bauteil, mit dem man das Ein- und Auslassen von Gasen und Flüssigkeiten kontrolliert und regelt.

Verband. Regelmäßige Anordnung von Steinen, in der man eine Mauer errichtet oder Pflastersteine legt. Es gibt verschiedene Arten der Anordnung.

Verblatten. *Verblattung.*

Verblattung. Auch Überblattung. Beschreibt eine Technik, zwei Holzbalken miteinander zu verbinden. An beiden Balkenenden werden gleichgroße Aussparungen herausgesägt. Die Balkenenden werden passgenau übereinandergefügt und mit Holznägeln oder -schrauben fixiert.

Verbund. 1. Bezeichnung für die Kraftübertragung zwischen Stahl und Beton im Stahlbetonbau. 2. Ein Verbundpflaster ist eine Straßenpflasterung mit einem speziellen *Verband*, der die Steine so fest hält, dass sie sich auch bei größerer Belastung nicht lösen.

Verschalung. *Schalung.*

Vertikal. In einem 90°-Winkel zum Boden senkrecht stehend oder hängend. *Lotrecht.* Das Gegenteil von *Horizontal.*

Verzapfen. Elegante Art, zwei Holzbalken miteinander zu verbinden. Ein Zapfen am Ende des einen Balkens fügt sich passgenau in das Zapfenloch am Ende des zweiten Balkens.

Vlies. Technisch richtiger Begriff: Vliesstoff. Filzartiger, textiler Stoff aus miteinander verfestigten einzelnen Fasern. Der Stoff hält nur durch die Haftung der Fasern untereinander.

Vollholz. *Massivholz.*

Vollspankern. Ein durchgehend aus Spanplatte bestehender Kern in der *Mittellage* einer Tür.

Vollsparrendämmung. Dämmung, bei der der komplette Hohlraum zwischen den *Sparren* (ganze Sparrenhöhe) durch einen Dämmstoff ausgefüllt wird.

Vorlauftemperatur. Temperatur des Heizungswassers auf dem Weg vom Wärmeerzeuger zum Heizkörper (siehe auch *Rücklauftemperatur*).

W

Waagrecht. An der Erdoberfläche bzw. am Horizont ausgerichtet (*horizontal*). Das Gegenteil von Senkrecht.

Wabeneinlage. Auch Wabenfüllung. Preiswerteste *Mittellage* einer Tür aus wabenartig gefaltetem Karton.

Wandabschlussleiste. *Fußleiste.*

Wandanker. 1. Anderes Wort für *Maueranker.* 2. Bauteil aus Metall, mit dem man etwas zugfest an einer Wand befestigt.

Wärmebrücke. „Loch" in der Dämmung, das durch die unterschiedliche Wärmeleitfähigkeit von Baustoffen entsteht. Wärme wird an dieser Stelle schneller nach außen geleitet als im gedämmten Bereich. Oft entstehen Wärmebrücken an Übergängen zwischen zwei Bauteilen. Wärmebrücken werden oft fälschlicherweise als Kältebrücken bezeichnet.

Wärmedämmverbundsystem (WDVS). WDVS wird in erster Linie zur nachträglichen Wärmedämmung von Altbauten verwendet. Spezielle Wärmedämmung auf der Außenfassade eines Gebäudes. Die Wärmedämmung besteht aus drei exakt aufeinander abgestimmten Schichten: zuerst die Wärmedämmplatten, dann die Armierungsschicht und darüber abschließend der Außenputz. Wichtig: Jedes WDVS muss von der Bauaufsichtsbehörde zugelassen sein!

Wärmestrahlung. Jeder Körper, der wärmer ist als seine Umgebung, gibt Wärme in Form von Wärmestrahlung ab und erwärmt so andere Körper. Das beste Beispiel dafür ist die Sonne, die die Erde und alles, was sich auf ihr befindet, erwärmt. Bei Heizungen wird diese Art der Wärme von den meisten Menschen als angenehm empfunden, da nicht die Luft aufgeheizt wird, sondern direkt der menschliche Körper.

Wasserdampfdiffusion. *Diffusion.*

WDVS. *Wärmedämmverbundsystem.*

Winkel. Werkzeug, das bei der Holz- und Metallbearbeitung verwendet wird. Er besteht aus zwei Schenkeln, die in einem rechten Winkel zueinander angeordnet sind. Mit diesem Werkzeug kann man Linien im rechten Winkel zu einer Kante oder einer anderen Linie zeichnen.

Winkeleisen. Werkzeug zum Übertragen und Überprüfen rechter Winkel. Es besteht aus zwei rechtwinklig zueinander stehenden Schenkeln aus Metall.

Winkelschleifgerät. Auch Winkelschleifer, Trennschleifer, Trennhexe, Schleifhexe oder einfach „Flex", wobei „Flex" ein Markenname ist. Elektrogerät mit schnell rotierender Scheibe. Diese wird durch ein Winkelgetriebe angetrieben, daher der Name. Man kann mit verschiedenen Aufsätzen arbeiten und dann je nachdem Metall, Stein, Beton oder Keramik durchtrennen, Schweißnähte säubern, Kanten brechen, Metall entrosten und Lackschichten abschleifen oder polieren.

Wohnfeuchtigkeit. Raumluftfeuchtigkeit, die durch die normale Wohnnutzung entsteht.

Wohnklima. Zusammenspiel von Raumtemperatur, Luftfeuchtigkeit und Luftaustausch.

Z

Zarge. *Türzarge.*

Zement. Graues Pulver, das aus einer bestimmten Mischung von Kalkstein und Ton besteht. Er wird überall beim Bau als härtendes Bindemittel für Beton, Mörtel, Anstriche, *Putze* oder *Estriche* verwendet. Die gängigste Zementart ist der Portlandzement – bestens geeignet für den Heimwerkerbedarf.

Ziegel. Steine aus bei hoher Temperatur gebranntem Ton. Je nach Brenntemperatur und Verarbeitung gibt es verschiedene Ziegel. Sie haben unterschiedliche Eigenschaften. Porenziegel sind gut wärmedämmend, Vollziegel eher schalldämmend und Klinker wasser- und dampfdicht.

Zollstock. Auch Meterstab, korrekte Bezeichnung: Gliedermaßstab. Werkzeug zum Ausmessen von Längen und Distanzen. Meist zusammengefaltet und auf 2 m ausklappbar.

Zuschlag. Auch Zuschlagsstoff. Gemeinsam mit einem Bindemittel und Wasser ergeben verschiedene Zuschlagsstoffe Mörtel und Beton verschiedener Qualitäten. Es gibt natürlichen (Sand, *Kies*, *Splitt*, *Schotter*, Bims) und künstlich hergestellten (Hüttensand, Ziegelsplitt, Hochofenschlacke) Zuschlag. Auch das Natursteingranulat, das man Substraten beimengt, bezeichnet man als Zuschlag.

Zwangskräfte. Auch Zwängungskräfte. Diese Kräfte treten in Bauteilen auf, die aufgrund von Temperatur- oder Feuchtigkeitsschwankungen ihr Volumen verändern wollen, daran aber gehindert sind, weil sie beispielsweise fest eingebaut sind.

Zwängungskräfte. *Zwangskräfte.*

INDEX.

A

B

C

D

T

U

V

W

Z

DANKE.

Danke sagen möchten wir allen, die uns durch ihren Einsatz, durch Streicheleinheiten, Seelenzuspruch oder einfach mit Keksen unterstützt haben.

Besonderer Dank geht an die HORNBACHER Jutta Hüll, Jennifer Fahn, Tina Heinz, Sascha Hillen, Anton Bayer, Diana Koob, Daniela Multer, Bernd Spilker, Stephan Rihm, Andreas Bachtler, Tobias Essiger, Anja Thom.

Wir danken dem Einsatz der HORNBACH-Fachberater, die mit ihrem Projekt-Wissen dieses Buch ermöglichten.

Danke an den HORNBACH-Markt Bornheim:
Markus Abel, Marco Bauer, Sabine Löhmer, Michael Materna, Peter Schwartz, Tobias Wurtz.

Danke an den HORNBACH-Markt Ludwigshafen-Oggersheim:
Vincenzo Gabriele, Madolores Scheu, Gudrun Strebinger, Thorsten Theis.

Danke an den HORNBACH-Markt Kaiserslautern:
Sven Gebhardt, Sabine Habermann-Hohenadel, Theodor König.

Danke an den HORNBACH-Markt Pirmasens:
Wolfgang Eiler, Roman Erhard, Anton Heitzmann, Thomas Melcher.

Wir danken den zahlreichen Fachleuten, die den Inhalt dieses Buches auf Herz und Nieren prüften.

Danke an Diana Braun (Diplom-Ingenieurin FH), Bernd Fuchs (Installations- und Heizungsbaumeister), Wolfgang Geisthardt (Zimmermann), Frank Kupper (Malermeister), Roman Müller (Diplom-Ingenieur FH, Sachverständiger für Massivbau), Dieter Schöttinger (Fliesenlegermeister), Michael Schuller (Garten- und Landschaftsbauer), Wolfgang Simon (Maurermeister), Timo Trauth (Tischlermeister), Jürgen Weis (Glasermeister).

Und zu guter Letzt danke an: Heidi Bomans, Heinz Kuhn, Werner Ringle, Alfred Schrampfer.

DAS TEAM.

Ein Team mit viel Herzblut erschuf dieses Buch:

Projektleitung: Thomas Auer, HORNBACH Baumarkt AG
Konzeption, Inhalt: Werner Bomans
Künstlerische Leitung, Layout: Ulli Bomans
Autoren: Daniela Trauthwein, Theresa Bullmann, Hans-Uwe Strumberger, Werner Bomans
Illustration: Finn Croucher, Gerd Kornmann, Wanja Schaub
Fotografie: Michael Weis
Druckvorlage: Martin Geßner

ES GIBT

IMMER

WAS ZU TUN.